Sefer Zemanim

Original Hand-written Script of Rambam

18

ספר ראשון

שכלל בו כל המצוות שהן עקר דת משה רבינו וצריך אדם לידע אותן תחלת הכל כגון ייחוד שמו ברוך הוא ואיסור עבודה זרה וקראתי שם ספר זה

ספר המדע

ספר שני

שכלול בו המצוות שהן תדירות שנצטוינו בהם כדי לאהוב את המקום ולזכרו תמיד כגון קריאת שמע ותפלה ותפילין וברכות ומילה בכללן לפי שהיא אות בבשרינו להזכיר תמיד בשעה שאין שם לא תפילין ולא ציצית וכיוצא בהן וקראתי שם ספר זה

ספר אהבה

ספר שלישי

שכלול בו המצוות שהם בזמנים ידועים כגון שבת ומועדות וקראתי שם ספר זה

ספר זמנים

ספר רביעי

שכלול בו מצות של בעילה כגון קידושין וגירושין וייבום וחליצה וקראתי שם ספר זה ספר נשי׳

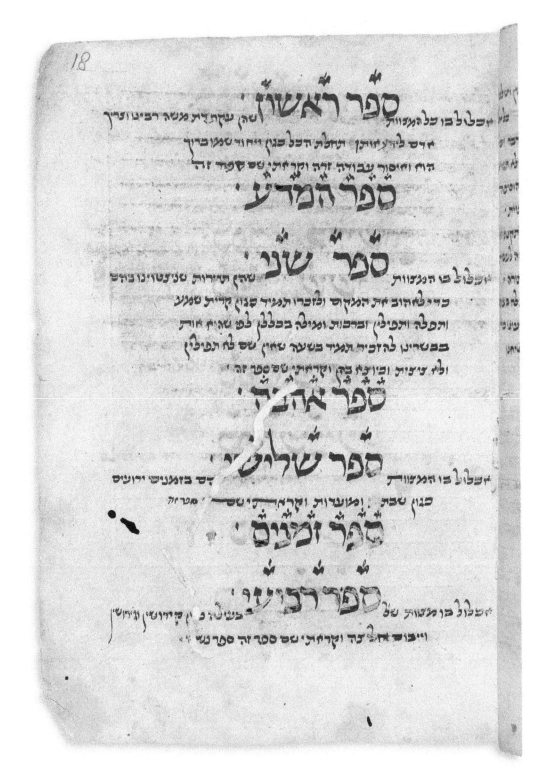

'נָחַלְתִּי

עֵדְוֹתֶיךָ

לְעוֹלָם כִּי שְׂשׂוֹן לִבִּי הֵמָּה...'

(תהלים קיט:קיא)

'I have accepted Your **testimonies** *as an eternal heritage, for they are the rejoicing of my heart'*

(Psalms 119:111)

Additional, Useful Features of Interest
for Studying Rambam's Mishneh Torah

Scan QR code onto your mobile device to link to our website.
https://rambampress.com/

Rambam's
Sefer Zemanim

WITH AN ENGLISH SUMMARY BY

Baruch Davidoff

Studying Rambam: A Companion Volume to the Mishneh Torah.
Comprehensive Summary. Book 3 Sefer Zemanim

© 2019 Dr Baruch Davidoff BDS (Rand) DGDP RCS (Eng.)
baruch@davidoff.org.uk

Rambam Press.
https//rambampress.com

Typesetting by Renana Typesetting
www.renanatype.com
raphael@renanatype.com

Cover design by Mrs Rivkah Wolfson
Graphic Design / Web Design
rivkahwolfson@gmail.com
www.rivkahwolfson.com

Thanks to the Bodleian Library for permission to use images from Rambam's hand-written Mishneh Torah, in cover design. – Shelfmark: MS. Hunt. 80, ff. 34r, 165r.

ISBN 978-1-912744-10-7

Rambam Press

ספר שלישי – אכלל בו כל המצות שהם בזמנים ידועים, כגון שבת ומועדות. וקראתי שם ספר זה 'ספר **זמנים**'.

৯৯

THE THIRD BOOK – I will include within it all the *mitzvot* that are associated with specific times – e.g., the Sabbath and the festivals. I have called this book *The Book of the Seasons*.

Book Three
Sefer Zemanim

THE BOOK OF SEASONS

הלכות שבת

Hilchot Shabbat

THE LAWS OF THE SHABBAT

They consist of five *mitzvot:*	יש בכללן ה' מצות.
Two positive commandments and three negative commandments.	ב' מצות עשה וג' מצות לא תעשה
They are:	וזהו פרטן:
1. To rest on the seventh day	א. לשבות בשביעי
2. Not to do work on it	ב. שלא לעשות בו מלאכה
3. Not to inflict punishment on the Sabbath	ג. שלא לענוש בשבת
4. Not to travel beyond the limits of one's place on the Sabbath	ד. שלא לצאת חוץ לגבול בשבת
5. To sanctify the day by remembering it.	ה. לקדש היום בזכירה

It is forbidden to work on *Shabbat.* This work will be defined more fully from perek ז' onwards.

Perek 1

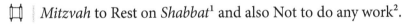

Mitzvah to Rest on *Shabbat*[1] and also Not to do any work[2].

Terminologies discussed regarding whether one would be liable for one's acts in relation to *Shabbat* laws.

Definitions:

Chayav (liable, and punishment could be:)

- *Karet* (sudden death), if he performs a forbidden labour as a conscious act of defiance.
- *Skilah* (stoning), if he was warned by two witnesses who were present, and he disobeyed.
- *Korban Chatat* (Sin offering), if he performed a labour by accident.

Patur (exempt) – from above but actions still forbidden. *Derabanan*

Assur (disallowed) *Derabanan* also

Mutar (allowed)

Kavanah

Reminder:
Pack on Punishment for Sefer Zemanim

	Chayav (Liable) (But still punishable *Derabanan* even if not *chayav*)	Explanation
Performs entire act from beginning to end of forbidden labour (minimum measure or more) intentionally	✓	
Performs labour partially with intent and partially unintentionally	✗	
Performs act without intention and it is unclear whether a forbidden labour will eventuate.	✗	e.g. Drags a bed and bed makes a furrow (making a furrow is forbidden)
Performs act without intention but a forbidden labour will certainly eventuate.	✓	e.g. cuts of head of chicken to use head for a toy – *psik resha*. For sure the chicken will die.
Intended one forbidden labour, but another forbidden labour resulted.	✗	Intent was not carried out
Intended to do a forbidden act on one item but by accident did same act on different item.	✓	e.g. Put out one candle instead of other.
Wanted to pick a black fig, and instead picked a white	✗	Intent was not carried out
Carried out forbidden act more effectively than intended	✓	Intention achieved
Carried out forbidden act less effectively than intended	✗	Intention not achieved
Did not finish forbidden act intended but completed the shiur needed to incur liability	✓	e.g. He wrote the first 2 letters of an intended word. He is chayav even though his intention was not completed
Two people do a forbidden labour together where each could have done it himself	✗	e.g. Carrying a light article together
Two people perform this labour where they were not able to perform individually	✓	e.g. carrying a very heavy article together
Forbidden labour carried out destructively	✗	

פרק א׳

א. שְׁבִיתָה בַּשְּׁבִיעִי מִמְּלָאכָה מִצְוַת עֲשֵׂה שֶׁנֶּאֱמַר (שמות לד כא) "וּבַיּוֹם הַשְּׁבִיעִי תִּשְׁבֹּת". וְכָל הָעוֹשֶׂה בּוֹ מְלָאכָה בִּטֵּל מִצְוַת עֲשֵׂה וְעָבַר עַל לֹא תַּעֲשֶׂה שֶׁנֶּאֱמַר (דברים ה יד) "לֹא תַעֲשֶׂה כָל מְלָאכָה". וּמַה הוּא חַיָּב עַל עֲשִׂיַּת מְלָאכָה. אִם עָשָׂה בִּרְצוֹנוֹ בְּזָדוֹן חַיָּב כָּרֵת. וְאִם הָיוּ שָׁם עֵדִים וְהַתְרָאָה נִסְקָל. וְאִם עָשָׂה בִּשְׁגָגָה חַיָּב קָרְבַּן חַטָּאת קְבוּעָה:

ב. כָּל מָקוֹם שֶׁנֶּאֱמַר בְּהִלְכוֹת שַׁבָּת שֶׁהָעוֹשֶׂה דָּבָר זֶה חַיָּב הֲרֵי זֶה חַיָּב כָּרֵת. וְאִם הָיוּ שָׁם עֵדִים וְהַתְרָאָה חַיָּב סְקִילָה. וְאִם הָיָה שׁוֹגֵג חַיָּב חַטָּאת:

ג. וְכָל מָקוֹם שֶׁנֶּאֱמַר שֶׁהָעוֹשֶׂה דָּבָר זֶה פָּטוּר הֲרֵי זֶה פָּטוּר מִן הַכָּרֵת וּמִן הַסְּקִילָה וּמִן הַקָּרְבָּן אֲבָל אָסוּר לַעֲשׂוֹת אוֹתוֹ דָּבָר בְּשַׁבָּת וְאִסּוּרוֹ מִדִּבְרֵי סוֹפְרִים וְהוּא הַרְחָקָה מִן הַמְּלָאכָה. וְהָעוֹשֶׂה אוֹתוֹ בְּזָדוֹן מַכִּין אוֹתוֹ מַכַּת מַרְדּוּת. וְכֵן כָּל מָקוֹם שֶׁנֶּאֱמַר אֵין עוֹשִׂין כָּךְ וְכָךְ אוֹ אָסוּר לַעֲשׂוֹת כָּךְ וְכָךְ בְּשַׁבָּת הָעוֹשֶׂה אוֹתוֹ דָּבָר בְּזָדוֹן מַכִּין אוֹתוֹ מַכַּת מַרְדּוּת:

ד. וְכָל מָקוֹם שֶׁנֶּאֱמַר מֻתָּר לַעֲשׂוֹת כָּךְ וְכָךְ הֲרֵי זֶה מֻתָּר לְכַתְּחִלָּה. וְכֵן כָּל מָקוֹם שֶׁנֶּאֱמַר אֵינוֹ חַיָּב כְּלוּם אוֹ פָּטוּר מִכְּלוּם אֵין מַכִּין אוֹתוֹ כְּלָל:

ה. דְּבָרִים הַמֻּתָּרִים לַעֲשׂוֹתָן בְּשַׁבָּת וּבִשְׁעַת עֲשִׂיָּתָן אֶפְשָׁר שֶׁתֵּעָשֶׂה בִּגְלָלָן מְלָאכָה וְאֶפְשָׁר שֶׁלֹּא תֵּעָשֶׂה. אִם לֹא נִתְכַּוֵּן לְאוֹתָהּ מְלָאכָה הֲרֵי זֶה מֻתָּר. כֵּיצַד. גּוֹרֵר אָדָם מִטָּה וְכִסֵּא וְסַפְסָל וְכַיּוֹצֵא בָּהֶן בְּשַׁבָּת וּבִלְבַד שֶׁלֹּא יִתְכַּוֵּן לַחְפֹּר חָרִיץ בַּקַּרְקַע בִּשְׁעַת גְּרִירָתָן. וּלְפִיכָךְ אִם חָפְרוּ הַקַּרְקַע אֵינוֹ חוֹשֵׁשׁ בְּכָךְ לְפִי שֶׁלֹּא נִתְכַּוֵּן. וְכֵן מְהַלֵּךְ אָדָם עַל גַּבֵּי עֲשָׂבִים בְּשַׁבָּת וּבִלְבַד שֶׁלֹּא יִתְכַּוֵּן לַעֲקֹר אוֹתָן. לְפִיכָךְ אִם נֶעֶקְרוּ אֵינוֹ חוֹשֵׁשׁ. וְרוֹחֵץ יָדָיו בַּעֲפַר הַפֵּרוֹת וְכַיּוֹצֵא בּוֹ וּבִלְבַד שֶׁלֹּא יִתְכַּוֵּן לְהַשִּׁיר הַשֵּׂעָר. לְפִיכָךְ אִם נָשַׁר אֵינוֹ חוֹשֵׁשׁ. וְכֵן פִּרְצָה דְּחוּקָה מֻתָּר לְהִכָּנֵס בָּהּ בְּשַׁבָּת אַף עַל פִּי שֶׁמַּשִּׁיר צְרוֹרוֹת. וְכֵן כָּל דָּבָר שֶׁאֵין מִתְכַּוֵּן כְּגוֹן זֶה הֲרֵי זֶה מֻתָּר:

ו. אֲבָל עָשָׂה מַעֲשֶׂה וְנַעֲשֵׂית בִּגְלָלוֹ מְלָאכָה שֶׁוַּדַּאי תֵּעָשֶׂה בִּשְׁבִיל אוֹתוֹ מַעֲשֶׂה אַף עַל פִּי שֶׁלֹּא נִתְכַּוֵּן לָהּ חַיָּב. שֶׁהַדָּבָר יָדוּעַ שֶׁאִי אֶפְשָׁר שֶׁלֹּא תֵּעָשֶׂה אוֹתָהּ מְלָאכָה. כֵּיצַד. הֲרֵי שֶׁצָּרִיךְ לְרֹאשׁ עוֹף לְצַחֵק בּוֹ הַקָּטָן וְחָתַךְ רֹאשׁוֹ בְּשַׁבָּת אַף עַל פִּי שֶׁאֵין סוֹף מְגַמָּתוֹ לַהֲרִיגַת הָעוֹף בִּלְבַד חַיָּב שֶׁהַדָּבָר יָדוּעַ שֶׁאִי אֶפְשָׁר שֶׁיַּחְתֹּךְ רֹאשׁ הַחַי וְיִחְיֶה אֶלָּא הַמָּוֶת בָּא בִּשְׁבִילוֹ. וְכֵן כָּל כַּיּוֹצֵא בָּזֶה:

ז. כָּל הָעוֹשֶׂה מְלָאכָה בְּשַׁבָּת אַף עַל פִּי שֶׁאֵינוֹ צָרִיךְ לְגוּפָהּ שֶׁל מְלָאכָה חַיָּב עָלֶיהָ. כֵּיצַד. הֲרֵי שֶׁכִּבָּה אֶת הַנֵּר מִפְּנֵי שֶׁהוּא צָרִיךְ לַשֶּׁמֶן אוֹ לַפְּתִילָה כְּדֵי שֶׁלֹּא יֹאבַד אוֹ כְּדֵי שֶׁלֹּא יִשָּׂרֵף אוֹ כְּדֵי שֶׁלֹּא יִבָּקַע חֶרֶשׂ שֶׁל נֵר. מִפְּנֵי שֶׁהַכִּבּוּי מְלָאכָה וַהֲרֵי נִתְכַּוֵּן לְכַבּוֹת וְאַף עַל פִּי שֶׁאֵינוֹ צָרִיךְ לְגוּף הַכִּבּוּי וְלֹא כִּבָּה אֶלָּא מִפְּנֵי הַשֶּׁמֶן אוֹ מִפְּנֵי הַחֶרֶשׂ אוֹ מִפְּנֵי הַפְּתִילָה הֲרֵי זֶה חַיָּב. וְכֵן הַמַּעֲבִיר אֶת הַקּוֹץ אַרְבַּע אַמּוֹת בִּרְשׁוּת הָרַבִּים אוֹ הַמְכַבֶּה אֶת הַגַּחֶלֶת כְּדֵי שֶׁלֹּא יַזּוֹקוּ בָּהֶן רַבִּים חַיָּב וְאַף עַל פִּי שֶׁאֵינוֹ צָרִיךְ לְגוּף הַכִּבּוּי אוֹ לְגוּף הַהַעֲבָרָה אֶלָּא לְהַרְחִיק הַהֶזֵּק הֲרֵי זֶה חַיָּב. וְכֵן כָּל כַּיּוֹצֵא בָּזֶה:

ח. כָּל הַמִּתְכַּוֵּן לַעֲשׂוֹת מְלָאכָה וְנַעֲשָׂה לוֹ מְלָאכָה אַחֶרֶת שֶׁלֹּא נִתְכַּוֵּן לָהּ פָּטוּר עָלֶיהָ לְפִי שֶׁלֹּא נַעֲשֵׂית מַחֲשַׁבְתּוֹ. כֵּיצַד. זָרַק אֶבֶן אוֹ חֵץ בַּחֲבֵרוֹ אוֹ בִּבְהֵמָה כְּדֵי לְהָרְגָן וְהָלַךְ וְעָקַר אִילָן בַּהֲלִיכָתוֹ וְלֹא הָרַג הֲרֵי זֶה פָּטוּר. הֲרֵי זֶה קַל וָחֹמֶר אִם נִתְכַּוֵּן לְאִסּוּר קַל וְנַעֲשָׂה אִסּוּר חָמוּר. כְּגוֹן שֶׁנִּתְכַּוֵּן לִזְרֹק בְּכַרְמְלִית וְעָבְרָה הָאֶבֶן לִרְשׁוּת הָרַבִּים שֶׁהוּא פָּטוּר. וְכֵן כָּל כַּיּוֹצֵא בָּזֶה. נִתְכַּוֵּן לַעֲשׂוֹת דָּבָר הַמֻּתָּר וְעָשָׂה דָּבָר אַחֵר כְּגוֹן שֶׁנִּתְכַּוֵּן לַחְתֹּךְ אֶת הַתָּלוּשׁ וְחָתַךְ אֶת הַמְחֻבָּר אֵינוֹ חַיָּב כְּלוּם. וְכֵן כָּל כַּיּוֹצֵא בָּזֶה:

ט. נִתְכַּוֵּן לִלְקֹט תְּאֵנִים שְׁחוֹרוֹת וְלִקֵּט לְבָנוֹת אוֹ שֶׁנִּתְכַּוֵּן לִלְקֹט תְּאֵנִים וְאַחַר כָּךְ עֲנָבִים וְנֶהְפַּךְ הַדָּבָר וְלִקֵּט הָעֲנָבִים בַּתְּחִלָּה וְאַחַר כָּךְ תְּאֵנִים פָּטוּר אַף עַל פִּי שֶׁלִּקֵּט כָּל מַה שֶּׁחָשַׁב הוֹאִיל וְלֹא לִקֵּט כַּסֵּדֶר שֶׁחָשַׁב פָּטוּר שֶׁבְּלֹא כַּוָּנָה עָשָׂה שֶׁלֹּא אָסְרָה תּוֹרָה אֶלָּא מְלֶאכֶת מַחֲשֶׁבֶת:

י. הָיוּ לְפָנָיו שְׁתֵּי נֵרוֹת דּוֹלְקוֹת אוֹ כְּבוּיוֹת נִתְכַּוֵּן לְכַבּוֹת זוֹ וְכִבָּה אֶת זוֹ לְהַדְלִיק זוֹ וְהִדְלִיק אֶת זוֹ חַיָּב שֶׁהֲרֵי עָשָׂה מִן הַמְּלָאכָה שֶׁחָשַׁב לַעֲשׂוֹתָהּ. הָא לְמָה הוּא דּוֹמֶה לְמִי שֶׁנִּתְכַּוֵּן לִלְקֹט תְּאֵנָה זוֹ וְלִקֵּט תְּאֵנָה אַחֶרֶת. אוֹ לְמִי שֶׁנִּתְכַּוֵּן לַהֲרֹג אֶת זֶה וְהָרַג אֶת זֶה שֶׁהֲרֵי נַעֲשֵׂית מְלָאכָה שֶׁחָשַׁב לַעֲשׂוֹתָהּ:

יא. אֲבָל אִם נִתְכַּוֵּן לְהַדְלִיק רִאשׁוֹנָה וּלְכַבּוֹת שְׁנִיָּה אַחֲרֶיהָ וְנֶהְפַּךְ הַדָּבָר וְכִבָּה רִאשׁוֹנָה וְאַחַר כָּךְ הִדְלִיק שְׁנִיָּה אַחֲרֶיהָ פָּטוּר. כִּבָּה זוֹ וְהִדְלִיק זוֹ בִּנְשִׁימָה אַחַת חַיָּב. שֶׁאַף עַל פִּי שֶׁלֹּא הִקְדִּים הַהַדְלָקָה הֲרֵי זֶה לֹא אִחֵר אוֹתָהּ אֶלָּא

שְׁתֵּיהֶן כְּאַחַת וּלְפִיכָךְ חַיָּב. וְכֵן כָּל כַּיּוֹצֵא בָּזֶה. וְכָל הָעוֹשֶׂה מְלָאכָה בְּמִתְעַסֵּק וְלֹא נִתְכַּוֵּן לָהּ פָּטוּר:

יב. כָּל הַמִּתְכַּוֵּן לַעֲשׂוֹת מְלָאכָה וְנַעֲשֵׂית בְּיוֹתֵר עַל כַּוָּנָתוֹ חַיָּב. בְּפָחוֹת מִכַּוָּנָתוֹ פָּטוּר. כֵּיצַד. הֲרֵי שֶׁנִּתְכַּוֵּן לְהוֹצִיא מַשָּׂא לְאַחֲרָיו וּבָא לוֹ לְפָנָיו חַיָּב שֶׁהֲרֵי נִתְכַּוֵּן לִשְׁמִירָה פְּחוּתָה וְנַעֲשֵׂית שְׁמִירָה מְעֻלָּה. אֲבָל אִם נִתְכַּוֵּן לְהוֹצִיא לְפָנָיו וּבָא לוֹ לְאַחֲרָיו פָּטוּר שֶׁהֲרֵי נִתְכַּוֵּן לְהוֹצִיא בִּשְׁמִירָה מְעֻלָּה וְהוֹצִיא בִּשְׁמִירָה פְּחוּתָה. וְכֵן כָּל כַּיּוֹצֵא בָּזֶה:

יג. הָיָה חָגוּר בְּסִנָּר וְהִשְׁלִיךְ הַמַּשָּׂא בֵּין בְּשָׂרוֹ וַחֲלוּקוֹ בֵּין שֶׁבָּא זֶה הַמַּשָּׂא שֶׁדַּרְכּוֹ לְהוֹצִיאוֹ בַּדֶּרֶךְ הַזֹּאת לְפָנָיו בֵּין שֶׁבָּא לְאַחֲרָיו חַיָּב שֶׁכֵּן דַּרְכּוֹ לִהְיוֹת חוֹזֵר:

יד. כָּל הַמִּתְכַּוֵּן לַעֲשׂוֹת מְלָאכָה בְּשַׁבָּת וְהִתְחִיל בָּהּ וְעָשָׂה כְּשִׁעוּר חַיָּב. אַף עַל פִּי שֶׁלֹּא הִשְׁלִים כָּל הַמְּלָאכָה שֶׁנִּתְכַּוֵּן לְהַשְׁלִימָהּ. כֵּיצַד. הֲרֵי שֶׁנִּתְכַּוֵּן לִכְתֹּב אִגֶּרֶת אוֹ שְׁטָר בְּשַׁבָּת אֵין אוֹמְרִים לֹא יִתְחַיֵּב זֶה עַד שֶׁיַּשְׁלִים חֶפְצוֹ וְיִכְתֹּב כָּל הַשְּׁטָר אוֹ כָּל הָאִגֶּרֶת אֶלָּא מִשֶּׁיִּכְתֹּב שְׁתֵּי אוֹתִיּוֹת חַיָּב. וְכֵן אִם נִתְכַּוֵּן לֶאֱרֹג בֶּגֶד שָׁלֵם מִשֶּׁיֶּאֱרֹג שְׁנֵי חוּטִין חַיָּב וְאַף עַל פִּי שֶׁכַּוָּנָתוֹ לְהַשְׁלִים הַבֶּגֶד הוֹאִיל וְעָשָׂה כְּשִׁעוּר בְּכַוָּנָה חַיָּב. וְכֵן כָּל כַּיּוֹצֵא בָּזֶה:

טו. כָּל מְלָאכָה שֶׁהַיָּחִיד יָכוֹל לַעֲשׂוֹת אוֹתָהּ לְבַדּוֹ וְעָשׂוּ אוֹתָהּ שְׁנַיִם בְּשֻׁתָּפוּת בֵּין שֶׁעָשָׂה זֶה מִקְצָתָהּ וְזֶה מִקְצָתָהּ כְּגוֹן שֶׁעָקַר זֶה הַחֵפֶץ מֵרְשׁוּת זוֹ וְהִנִּיחוֹ הַשֵּׁנִי בִּרְשׁוּת אַחֶרֶת בֵּין שֶׁעָשׂוּ אוֹתָהּ שְׁנֵיהֶם כְּאֶחָד מִתְּחִלָּה וְעַד סוֹף כְּגוֹן שֶׁאָחֲזוּ שְׁנֵיהֶם בְּקֻלְמוֹס וְכָתְבוּ אוֹ אָחֲזוּ כִּכָּר וְהוֹצִיאוּהוּ מֵרְשׁוּת לִרְשׁוּת הֲרֵי אֵלּוּ פְּטוּרִין:

טז. וְאִם אֵין אֶחָד מֵהֶן יָכוֹל לַעֲשׂוֹתָהּ לְבַדּוֹ עַד שֶׁיִּצְטָרְפוּ כְּגוֹן שְׁנַיִם שֶׁאָחֲזוּ קוֹרָה וְהוֹצִיאוּהָ לִרְשׁוּת הָרַבִּים הוֹאִיל וְאֵין כֹּחַ בְּאֶחָד מֵהֶן לַעֲשׂוֹתָהּ לְבַדּוֹ וְעָשׂוּ אוֹתָהּ בְּשֻׁתָּפוּת מִתְּחִלָּה וְעַד סוֹף שְׁנֵיהֶן חַיָּבִין וְשִׁעוּר אֶחָד לִשְׁנֵיהֶן. הָיָה כֹּחַ בְּאֶחָד לְהוֹצִיא קוֹרָה זוֹ לְבַדּוֹ וְהַשֵּׁנִי אֵינוֹ יָכוֹל לְהוֹצִיאָהּ לְבַדּוֹ וְנִשְׁתַּתְּפוּ שְׁנֵיהֶם וְהוֹצִיאוּהָ. זֶה הָרִאשׁוֹן שֶׁיָּכוֹל חַיָּב וְהַשֵּׁנִי מְסַיֵּעַ הוּא וּמְסַיֵּעַ אֵינוֹ חַיָּב כְּלוּם. וְכֵן כָּל כַּיּוֹצֵא בָּזֶה:

יז. כָּל הַמְקַלְקְלִין פְּטוּרִין. כֵּיצַד. הֲרֵי שֶׁחָבַל בַּחֲבֵרוֹ אוֹ בִּבְהֵמָה דֶּרֶךְ הַשְׁחָתָה וְכֵן אִם קָרַע בְּגָדִים אוֹ שְׂרָפָן אוֹ שָׁבַר כֵּלִים דֶּרֶךְ הַשְׁחָתָה הֲרֵי זֶה פָּטוּר. חָפַר גּוּמָא וְאֵינוֹ צָרִיךְ אֶלָּא לַעֲפָרָהּ הֲרֵי זֶה מְקַלְקֵל וּפָטוּר. אַף עַל פִּי שֶׁעָשָׂה מְלָאכָה הוֹאִיל וְכַוָּנָתוֹ לְקַלְקֵל פָּטוּר:

יח. כָּל הַמְקַלְקֵל עַל מְנָת לְתַקֵּן חַיָּב. כֵּיצַד. הֲרֵי שֶׁסָּתַר כְּדֵי לִבְנוֹת בִּמְקוֹמוֹ אוֹ שֶׁמָּחַק כְּדֵי לִכְתֹּב בַּמָּקוֹם שֶׁמָּחַק אוֹ שֶׁחָפַר גּוּמָא כְּדֵי לִבְנוֹת בְּתוֹכָהּ יְסוֹדוֹת וְכָל כַּיּוֹצֵא בָּזֶה חַיָּב. וְשִׁעוּרָן כְּשִׁעוּר הַמְתַקֵּן:

יט. כָּל הָעוֹשֶׂה מְלָאכָה בְּשַׁבָּת מִקְצָתָהּ בְּשׁוֹגֵג וּמִקְצָתָהּ בְּזָדוֹן בֵּין שֶׁהֵזִיד וּלְבַסּוֹף שָׁגַג בֵּין שֶׁשָּׁגַג וּלְבַסּוֹף הֵזִיד פָּטוּר עַד שֶׁיַּעֲשֶׂה שִׁעוּר הַמְּלָאכָה כֻּלָּהּ מִתְּחִלָּה וְעַד סוֹף בְּזָדוֹן וְאַחַר כָּךְ יִהְיֶה חַיָּב כָּרֵת. וְאִם יִהְיֶה בְּעֵדִים וְהַתְרָאָה חַיָּב סְקִילָה. אוֹ שֶׁיַּעֲשֶׂה שִׁעוּר מְלָאכָה כֻּלָּהּ בִּשְׁגָגָה מִתְּחִלָּה וְעַד סוֹף וְאַחַר כָּךְ יִהְיֶה חַיָּב חַטָּאת קְבוּעָה:

Perek 2

Shabbat Laws are pushed aside to save a life.

	Shabbat Laws violated	Explanation
Sickness endangering life	✓	By anyone. Definition of dangerously ill
Sickness not endangering life	×	However, a Gentile may be told to perform forbidden labours
Woman in process of child birth	✓	
Childbirth to 3 days	✓	

Day 3 to 7 after childbirth		Depends if woman feels that she needs treatment. If she is unsure, rules can be broken.
Day 7 – 30	✕	However, a Gentile may be told to perform forbidden labours
Fire kindling for childbirth	✓	
Fire kindling for other sickness	✕	
Washing new born baby with hot water	✓	Also applies to day of brit and 3 days thereafter
Saving someone in a life-threatening situation	✓	
Enemies lay siege to a city for financial gain	✕	
Enemies attack city for Jewish life	✓	
A border town attacked for any reason	✓	Because whole land would be endangered
We go out to war against enemies	✓	

<h1 style="text-align:center">פֶּרֶק ב׳</h1>

א. דְּחוּיָה הִיא שַׁבָּת אֵצֶל סַכָּנַת נְפָשׁוֹת כִּשְׁאָר כָּל הַמִּצְוֹת. לְפִיכָךְ חוֹלֶה שֶׁיֵּשׁ בּוֹ סַכָּנָה עוֹשִׂין לוֹ כָּל צְרָכָיו בְּשַׁבָּת עַל פִּי רוֹפֵא אֻמָּן שֶׁל אוֹתוֹ מָקוֹם. סָפֵק שֶׁהוּא צָרִיךְ לְחַלֵּל עָלָיו אֶת הַשַּׁבָּת סָפֵק שֶׁאֵינוֹ צָרִיךְ. וְכֵן אִם אָמַר רוֹפֵא לְחַלֵּל עָלָיו אֶת הַשַּׁבָּת וְרוֹפֵא אַחֵר אוֹמֵר אֵינוֹ צָרִיךְ מְחַלְּלִין עָלָיו אֶת הַשַּׁבָּת שֶׁסָּפֵק נְפָשׁוֹת דּוֹחֶה אֶת הַשַּׁבָּת:

ב. אֲמָדוּהוּ בְּיוֹם הַשַּׁבָּת שֶׁהוּא צָרִיךְ לְכָךְ וְכָךְ לִשְׁמוֹנָה יָמִים אֵין אוֹמְרִים נַמְתִּין עַד הָעֶרֶב כְּדֵי שֶׁלֹּא לְחַלֵּל עָלָיו שְׁתֵּי שַׁבָּתוֹת אֶלָּא מַתְחִילִין מֵהַיּוֹם שֶׁהוּא שַׁבָּת וּמְחַלְּלִין עָלָיו אֲפִלּוּ מֵאָה שַׁבָּתוֹת כָּל זְמַן שֶׁהוּא צָרִיךְ וְיֵשׁ בּוֹ סַכָּנָה אוֹ סָפֵק סַכָּנָה מְחַלְּלִין. וּמַדְלִיקִין לוֹ אֶת הַנֵּר וּמְכַבִּין מִלְּפָנָיו אֶת הַנֵּר וְשׁוֹחֲטִין לוֹ וְאוֹפִין וּמְבַשְּׁלִין וּמְחַמִּין לוֹ חַמִּין בֵּין לְהַשְׁקוֹתוֹ בֵּין לִרְחִיצַת גּוּפוֹ. כְּלָלוֹ שֶׁל דָּבָר שַׁבָּת לְגַבֵּי חוֹלֶה שֶׁיֵּשׁ בּוֹ סַכָּנָה הֲרֵי הִיא כְּחֹל לְכָל הַדְּבָרִים שֶׁהוּא צָרִיךְ לָהֶן:

ג. כְּשֶׁעוֹשִׂים דְּבָרִים הָאֵלּוּ אֵין עוֹשִׂין אוֹתָן לֹא עַל יְדֵי נָכְרִים וְלֹא עַל יְדֵי קְטַנִּים וְלֹא עַל יְדֵי עֲבָדִים וְלֹא עַל יְדֵי נָשִׁים כְּדֵי שֶׁלֹּא תְּהֵא שַׁבָּת קַלָּה בְּעֵינֵיהֶם. אֶלָּא עַל יְדֵי

גְּדוֹלֵי יִשְׂרָאֵל וְחַכְמֵיהֶם. וְאָסוּר לְהִתְמַהְמֵהַּ בְּחִלּוּל שַׁבָּת לְחוֹלֶה שֶׁיֵּשׁ בּוֹ סַכָּנָה שֶׁנֶּאֱמַר (ויקרא יח ה) "אֲשֶׁר יַעֲשֶׂה אוֹתָם הָאָדָם וָחַי בָּהֶם" וְלֹא שֶׁיָּמוּת בָּהֶם. הָא לָמַדְתָּ שֶׁאֵין מִשְׁפְּטֵי הַתּוֹרָה נְקָמָה בָּעוֹלָם אֶלָּא רַחֲמִים וָחֶסֶד וְשָׁלוֹם בָּעוֹלָם. וְאֵלּוּ הָאֶפִּיקוֹרוֹסִים שֶׁאוֹמְרִים שֶׁזֶּה חִלּוּל שַׁבָּת וְאָסוּר עֲלֵיהֶן הַכָּתוּב אוֹמֵר (יחזקאל כ כה) "גַּם אֲנִי נָתַתִּי לָהֶם חֻקִּים לֹא טוֹבִים וּמִשְׁפָּטִים לֹא יִחְיוּ בָּהֶם":

ד. הַחוֹשֵׁשׁ בְּעֵינָיו וְהוּא שֶׁיִּהְיֶה בִּשְׁתֵּיהֶן אוֹ בְּאַחַת מֵהֶם צִיר אוֹ שֶׁהָיוּ דִּמְעוֹת שׁוֹתְתוֹת מֵהֶן מֵרֹב הַכְּאֵב אוֹ שֶׁהָיָה דָּם שׁוֹתֵת מֵהֶן אוֹ שֶׁהָיָה בָּהֶן קַדַּחַת וְכַיּוֹצֵא בַּחֳלָאִים אֵלּוּ הֲרֵי זֶה בִּכְלַל חוֹלִים שֶׁיֵּשׁ בָּהֶן סַכָּנָה וּמְחַלְּלִין עָלָיו אֶת הַשַּׁבָּת וְעוֹשִׂין לוֹ כָּל צָרְכֵי רְפוּאָה:

ה. וְכֵן אִם יֵשׁ מַכָּה בַּחֲלַל גּוּפוֹ מִן הַשָּׂפָה וּלְפָנִים בֵּין בְּפִיו בֵּין בְּמֵעָיו בֵּין בִּכְבֵדוֹ וּטְחוֹלוֹ אוֹ בִּשְׁאָר מְקוֹמוֹת כָּל שֶׁיֵּשׁ בַּחֲלָלוֹ הֲרֵי זֶה חוֹלֶה שֶׁיֵּשׁ בּוֹ סַכָּנָה וְאֵינוֹ צָרִיךְ אֹמֶד שֶׁחָלְיוֹ כָּבֵד הוּא לְפִיכָךְ מְחַלְּלִין עָלָיו אֶת הַשַּׁבָּת מִיָּד בְּלֹא אֲמִידָה. וּמַכָּה שֶׁהִיא בַּגַּב הַיָּד וְגַב הָרֶגֶל הֲרֵי הִיא כְּמַכָּה שֶׁל חָלָל וְאֵינָהּ צְרִיכָה אֹמֶד וּמְחַלְּלִין עָלֶיהָ אֶת הַשַּׁבָּת.

וְהֵם שֶׁמְּסַמֵּר אֶת הַבָּשָׂר כְּמַכָּה שֶׁל חָלָל דָּמִי וּמְחַלְּלִין עָלָיו אֶת הַשַּׁבָּת וְכֵן כָּל חֳלִי שֶׁהָרוֹפְאִים אוֹמְרִין שֶׁזֶּה יֵשׁ בּוֹ סַכָּנָה אַף עַל פִּי שֶׁהוּא בְּעוֹר הַבָּשָׂר מִבַּחוּץ מְחַלְּלִין עָלָיו אֶת הַשַּׁבָּת עַל פִּיהֶם:

ו. הַבּוֹלֵעַ נִימָה שֶׁל מַיִם מְחַמִּין לוֹ חַמִּין בְּשַׁבָּת וְעוֹשִׂין לוֹ כָּל צָרְכֵי רְפוּאָה מִפְּנֵי שֶׁהִיא סַכָּנַת נְפָשׁוֹת. וְכֵן מִי שֶׁנְּשָׁכוֹ כֶּלֶב שׁוֹטֶה אוֹ אֶחָד מִזּוֹחֲלֵי הֶעָפָר שֶׁמְּמִיתִין אֲפִלּוּ הָיוּ סָפֵק מְמִיתִין סָפֵק אֵין מְמִיתִין עוֹשִׂין לוֹ כָּל צָרְכֵי רְפוּאָה לְהַצִּילוֹ:

ז. חוֹלֶה שֶׁאֲמָדוּהוּ רוֹפְאִים לְהָבִיא לוֹ גְרוֹגֶרֶת אַחַת וְרָצוּ עֲשָׂרָה בְּנֵי אָדָם וְהֵבִיאוּ לוֹ עֶשֶׂר גְּרוֹגָרוֹת בְּבַת אַחַת כֻּלָּן פְּטוּרִין מִכְּלוּם. וַאֲפִלּוּ הֵבִיאוּ בְּזֶה אַחַר זֶה וַאֲפִלּוּ הִבְרִיא בָּרִאשׁוֹנָה שֶׁהֲרֵי כֻלָּם בִּרְשׁוּת הֵבִיאוּ:

ח. חוֹלֶה שֶׁהָיָה צָרִיךְ לִשְׁתֵּי גְרוֹגָרוֹת וְלֹא מָצְאוּ אֶלָּא שְׁתֵּי גְרוֹגָרוֹת בִּשְׁנֵי עֻקְצִין וְשָׁלֹשׁ גְּרוֹגָרוֹת בְּעֹקֶץ אֶחָד כּוֹרְתִין הָעֹקֶץ שֶׁיֵּשׁ בּוֹ שָׁלֹשׁ אַף עַל פִּי שֶׁאֵין צְרִיכִין אֶלָּא לִשְׁתַּיִם כְּדֵי שֶׁלֹּא יַרְבּוּ בַּבְּצִירָה אֶלָּא יִכְרְתוּ עֹקֶץ אֶחָד וְלֹא יִכְרְתוּ שְׁנַיִם. וְכֵן כָּל כַּיּוֹצֵא בָּזֶה:

ט. הַמְּבַשֵּׁל לְחוֹלֶה בְּשַׁבָּת וְאָכַל הַחוֹלֶה וְהוֹתִיר אָסוּר לַבָּרִיא לֶאֱכֹל מִן הַמּוֹתָר גְּזֵרָה שֶׁמָּא יַרְבֶּה בִּשְׁבִילוֹ. אֲבָל הַשּׁוֹחֵט לְחוֹלֶה בְּשַׁבָּת מֻתָּר לַבָּרִיא לֶאֱכֹל מִמֶּנּוּ בָּשָׂר חַי שֶׁאֵין בַּדָּבָר תּוֹסֶפֶת כְּדֵי שֶׁנִּגְזֹר שֶׁמָּא יַרְבֶּה בִּשְׁבִילוֹ. וְכֵן כָּל כַּיּוֹצֵא בָּזֶה:

י. חוֹלֶה שֶׁאֵין בּוֹ סַכָּנָה עוֹשִׂין לוֹ כָּל צְרָכָיו עַל יְדֵי נָכְרִי. כֵּיצַד. אוֹמְרִים לְנָכְרִי לַעֲשׂוֹת לוֹ וְהוּא עוֹשֶׂה. לְבַשֵּׁל לוֹ וְלֶאֱפוֹת וּלְהָבִיא רְפוּאָה מֵרְשׁוּת לִרְשׁוּת וְכַיּוֹצֵא בְּאֵלּוּ. וְכֵן כּוֹחֵל עֵינָיו מִן הַנָּכְרִי בְּשַׁבָּת אַף עַל פִּי שֶׁאֵין שָׁם סַכָּנָה. וְאִם הָיוּ צְרִיכִים לִדְבָרִים שֶׁאֵין בָּהֶן מְלָאכָה עוֹשִׂין אוֹתָן אֲפִלּוּ יִשְׂרָאֵל. לְפִיכָךְ מַעֲלִין אָזְנַיִם בְּשַׁבָּת וּמַעֲלִין אַנְקְלִי וּמַחְזִירִין אֶת הַשֶּׁבֶר וְכָל כַּיּוֹצֵא בָּזֶה מֻתָּר:

יא. הַיּוֹלֶדֶת כְּשֶׁכּוֹרַעַת לֵילֵד הֲרֵי הִיא בְּסַכָּנַת נְפָשׁוֹת וּמְחַלְּלִין עָלֶיהָ אֶת הַשַּׁבָּת. קוֹרְאִין לָהּ חֲכָמָה מִמָּקוֹם לְמָקוֹם וְחוֹתְכִים אֶת הַטַּבּוּר וְקוֹשְׁרִין אוֹתוֹ. וְאִם הָיְתָה צְרִיכָה לְנֵר בְּשָׁעָה שֶׁהִיא צוֹעֶקֶת בַּחֲבָלֶיהָ מַדְלִיקִין לָהּ אֶת הַנֵּר. וַאֲפִלּוּ הָיְתָה סוּמָא מִפְּנֵי שֶׁדַּעְתָּהּ מִתְיַשֶּׁבֶת עָלֶיהָ בַּנֵּר וְאַף עַל פִּי שֶׁאֵינָהּ רוֹאָה. וְאִם הָיְתָה צְרִיכָה לְשֶׁמֶן וְכַיּוֹצֵא בּוֹ מְבִיאִין לָהּ. וְכָל שֶׁאֶפְשָׁר לְשַׁנּוֹת מְשַׁנִּין בִּשְׁעַת הַבָּאָה כְּגוֹן שֶׁתָּבִיא לָהּ חֲבֶרְתָּהּ כְּלִי תָּלוּי בִּשְׂעָרָהּ. וְאִם אִי אֶפְשָׁר מְבִיאָה כְּדַרְכָּהּ:

יב. אֵין מְיַלְּדִין אֶת הָעוֹבֶדֶת כּוֹכָבִים וּמַזָּלוֹת בְּשַׁבָּת וַאֲפִלּוּ בְּשָׂכָר וְאֵין חוֹשְׁשִׁין לְאֵיבָה וְאַף עַל פִּי שֶׁאֵין שָׁם חִלּוּל. אֲבָל מְיַלְּדִין אֶת בַּת גֵּר תּוֹשָׁב מִפְּנֵי שֶׁאָנוּ מְצֻוִּין לְהַחֲיוֹתוֹ. וְאֵין מְחַלְּלִין עָלֶיהָ אֶת הַשַּׁבָּת:

יג. חַיָּה מִשֶּׁתַּתְחִיל הַדָּם לִהְיוֹת שׁוֹתֵת עַד שֶׁתֵּלֵד וְאַחַר שֶׁתֵּלֵד עַד שְׁלֹשָׁה יָמִים מְחַלְּלִין עָלֶיהָ אֶת הַשַּׁבָּת וְעוֹשִׂין לָהּ כָּל צְרָכֶיהָ. בֵּין שֶׁאָמְרָה צְרִיכָה אֲנִי בֵּין שֶׁאָמְרָה אֵינִי צְרִיכָה. וּמִשְּׁלֹשָׁה עַד שִׁבְעָה אִם אָמְרָה אֵינִי צְרִיכָה אֵין מְחַלְּלִין עָלֶיהָ אֶת הַשַּׁבָּת. וְאִם שָׁתְקָה וְאֵין צָרִיךְ לוֹמַר אִם אָמְרָה צְרִיכָה אֲנִי שֶׁמְּחַלְּלִין עָלֶיהָ אֶת הַשַּׁבָּת. וּמִשִּׁבְעָה וְעַד שְׁלֹשִׁים יוֹם הֲרֵי הִיא כְּחוֹלֶה שֶׁאֵין בּוֹ סַכָּנָה וַאֲפִלּוּ אָמְרָה צְרִיכָה אֲנִי אֵין עוֹשִׂין לָהּ מְלָאכָה אֶלָּא עַל יְדֵי נָכְרִים:

יד. עוֹשִׂין מְדוּרָה לְחַיָּה וַאֲפִלּוּ בִּימוֹת הַחַמָּה מִפְּנֵי שֶׁהַצִּנָּה קָשָׁה לְחַיָּה הַרְבֵּה בַּמְּקוֹמוֹת הַקָּרִים. אֲבָל אֵין עוֹשִׂין מְדוּרָה לְחוֹלֶה לְהִתְחַמֵּם בָּהּ. הִקִּיז דָּם וְנִצְטַנֵּן עוֹשִׂין לוֹ מְדוּרָה אֲפִלּוּ בִּתְקוּפַת תַּמּוּז. וּמַרְחִיצִין אֶת הַוָּלָד בְּשַׁבָּת בַּיּוֹם שֶׁנּוֹלַד אַחַר שֶׁחוֹתְכִין אֶת טַבּוּרוֹ וַאֲפִלּוּ בְּחַמִּין שֶׁהוּחַמּוּ בְּשַׁבָּת. וּמוֹלְחִין אוֹתוֹ וּמְלַפְּפִין אוֹתוֹ מִפְּנֵי שֶׁסַּכָּנָה הִיא לוֹ אִם לֹא יַעֲשׂוּ לוֹ כָּל אֵלּוּ. וְכֵן מַרְחִיצִים אוֹתוֹ לִפְנֵי הַמִּילָה וּלְאַחַר הַמִּילָה וּבַיּוֹם הַשְּׁלִישִׁי לַמִּילָה בְּחַמִּין שֶׁהוּחַמּוּ בְּשַׁבָּת מִפְּנֵי הַסַּכָּנָה:

טו. הָאִשָּׁה שֶׁיָּשְׁבָה עַל הַמַּשְׁבֵּר וּמֵתָה מְבִיאִין סַכִּין בְּשַׁבָּת אֲפִלּוּ דֶּרֶךְ רְשׁוּת הָרַבִּים וְקוֹרְעִין אֶת כְּרֵסָהּ וּמוֹצִיאִין אֶת הַוָּלָד שֶׁמָּא יִמָּצֵא חַי שֶׁסְּפֵק נְפָשׁוֹת דּוֹחֶה אֶת הַשַּׁבָּת וַאֲפִלּוּ לָזֶה שֶׁאֵין חֶזְקָתוֹ חַי:

טז. מְפַקְּחִין פִּקּוּחַ נֶפֶשׁ בְּשַׁבָּת וְאֵין צָרִיךְ לִטֹּל רְשׁוּת מִבֵּית דִּין. וְהַמַּקְדִּים לְהַצִּיל הַנֶּפֶשׁ הֲרֵי זֶה מְשֻׁבָּח. כֵּיצַד. רָאָה תִּינוֹק שֶׁנָּפַל לַיָּם פּוֹרֵשׂ מְצוּדָה וּמַעֲלֵהוּ וְאַף עַל פִּי שֶׁהוּא צָד הַדָּגִים עִמּוֹ. שָׁמַע שֶׁטָּבַע תִּינוֹק בַּיָּם וּפֵרַשׂ מְצוּדָה לְהַעֲלוֹתוֹ וְהֶעֱלָה דָּגִים בִּלְבַד פָּטוּר מִכְּלוּם. נִתְכַּוֵּן לְהַעֲלוֹת דָּגִים וְהֶעֱלָה דָּגִים וְתִינוֹק פָּטוּר אֲפִלּוּ לֹא שָׁמַע שֶׁטָּבַע הוֹאִיל וְהֶעֱלָה תִּינוֹק עִם הַדָּגִים פָּטוּר:

יז. נָפַל תִּינוֹק לַבּוֹר עוֹקֵר חֻלְיָה וּמַעֲלֵהוּ וְאַף עַל פִּי שֶׁהוּא מְתַקֵּן בָּהּ מַדְרֵגָה בִּשְׁעַת עֲקִירָתוֹ. נִנְעַל דֶּלֶת בִּפְנֵי תִּינוֹק שׁוֹבֵר הַדֶּלֶת וּמוֹצִיאוֹ וְאַף עַל פִּי שֶׁהוּא מְפַצֵּל אוֹתָהּ כְּמִין עֵצִים שֶׁרְאוּיִין לִמְלָאכָה שֶׁמָּא יִבָּעֵת הַתִּינוֹק וְיָמוּת. נָפְלָה דְּלֵקָה וְיֵשׁ שָׁם אָדָם שֶׁחוֹשְׁשִׁין שֶׁמָּא יִשָּׂרֵף מְכַבִּין אוֹתָהּ

לְהַצִּילוֹ מִן הָאֵשׁ וְאַף עַל פִּי שֶׁהוּא כּוֹבֵשׁ דֶּרֶךְ וּמְתַקְּנָהּ בִּשְׁעַת כִּבּוּי. וְכָל הַקּוֹדֵם לְהַצִּיל הֲרֵי זֶה מְשֻׁבָּח וְאֵינוֹ צָרִיךְ לִטֹּל רְשׁוּת מִבֵּית דִּין בְּכָל דָּבָר שֶׁיֵּשׁ בּוֹ סַכָּנָה:

יח. מִי שֶׁנָּפְלָה עָלָיו מַפֹּלֶת סָפֵק הוּא שָׁם סָפֵק אֵינוֹ שָׁם מְפַקְּחִין עָלָיו. מְצָאוּהוּ חַי אַף עַל פִּי שֶׁנִּתְרוֹצֵץ וְאִי אֶפְשָׁר שֶׁיִּבָּרֵא מְפַקְּחִין עָלָיו וּמוֹצִיאִין אוֹתוֹ לְחַיֵּי אוֹתָהּ שָׁעָה:

יט. בָּדְקוּ עַד חָטְמוֹ וְלֹא מָצְאוּ בּוֹ נְשָׁמָה מַנִּיחִין אוֹתוֹ שָׁם שֶׁכְּבָר מֵת. בָּדְקוּ וּמָצְאוּ עֶלְיוֹנִים מֵתִים לֹא יֹאמְרוּ כְּבָר מֵתוּ תַּחְתּוֹנִים אֶלָּא מְפַקְּחִין עַל הַכֹּל שֶׁאֶפְשָׁר בְּמַפֹּלֶת שֶׁיָּמוּת הָעֶלְיוֹן וְיִחְיֶה הַתַּחְתּוֹן חַי:

כ. הָיְתָה חָצֵר שֶׁיֵּשׁ בָּהּ עוֹבְדֵי כּוֹכָבִים וּמַזָּלוֹת וְיִשְׂרְאֵלִים אֲפִלּוּ יִשְׂרָאֵל אֶחָד וְאֶלֶף עוֹבְדֵי כּוֹכָבִים וּמַזָּלוֹת וְנָפְלָה עֲלֵיהֶם מַפֹּלֶת מְפַקְּחִין עַל הַכֹּל מִפְּנֵי יִשְׂרָאֵל. פֵּרַשׁ אֶחָד מֵהֶם לְחָצֵר אַחֶרֶת וְנָפְלָה עָלָיו אוֹתָהּ חָצֵר מְפַקְּחִים עָלָיו שֶׁמָּא זֶה שֶׁפֵּרַשׁ הָיָה יִשְׂרָאֵל וְהַנִּשְׁאָרִים עוֹבְדֵי כּוֹכָבִים וּמַזָּלוֹת:

כא. נֶעֶקְרוּ כֻּלָּן מֵחָצֵר זוֹ לֵילֵךְ לְחָצֵר אַחֶרֶת וּבְעֵת עֲקִירָתָם פֵּרַשׁ אֶחָד מֵהֶן וְנִכְנַס לְחָצֵר אַחֶרֶת וְנָפְלָה עָלָיו מַפֹּלֶת וְאֵין יָדוּעַ מִי הוּא אֵין מְפַקְּחִין עָלָיו. שֶׁכֵּיוָן שֶׁנֶּעֶקְרוּ כֻּלָּם אֵין כָּאן יִשְׂרָאֵל וְכָל הַפּוֹרֵשׁ מֵהֶן כְּשֶׁהֵן מְהַלְּכִין הֲרֵי הוּא בְּחֶזְקַת שֶׁפֵּרַשׁ מִן הָרֹב. לְפִיכָךְ אִם הָיָה הָרֹב יִשְׂרָאֵל אַף עַל פִּי שֶׁנֶּעֶקְרוּ כֻּלָּם וּפֵרַשׁ אֶחָד מֵהֶם לְחָצֵר אַחֶרֶת וְנָפְלָה עָלָיו מַפֹּלֶת מְפַקְּחִין:

כב. הַמְהַלֵּךְ בַּמִּדְבָּר וְלֹא יָדַע מָתַי הוּא יוֹם שַׁבָּת מוֹנֶה מִיּוֹם שֶׁטָּעָה שִׁשָּׁה וּמְקַדֵּשׁ שְׁבִיעִי וּמְבָרֵךְ בּוֹ בִּרְכוֹת הַיּוֹם וּמַבְדִּיל בְּמוֹצָאֵי שַׁבָּת. וּבְכָל יוֹם וָיוֹם וַאֲפִלּוּ בְּיוֹם זֶה שֶׁהוּא מְקַדֵּשׁ וּמַבְדִּיל בּוֹ מֻתָּר לוֹ לַעֲשׂוֹת כְּדֵי פַּרְנָסָתוֹ בִּלְבַד כְּדֵי שֶׁלֹּא יָמוּת. וְאָסוּר לוֹ לַעֲשׂוֹת יוֹתֵר עַל פַּרְנָסָתוֹ שֶׁכָּל יוֹם וָיוֹם סָפֵק שַׁבָּת הוּא. וְאִם יָדַע שֶׁהוּא שְׁמִינִי לִיצִיאָתוֹ אוֹ חֲמִשָּׁה עָשָׂר לִיצִיאָתוֹ וְכַיּוֹצֵא בָּזֶה הַמִּנְיָן הֲרֵי זֶה מֻתָּר לַעֲשׂוֹת מְלָאכָה בְּאוֹתוֹ הַיּוֹם שֶׁהֲרֵי הַדָּבָר וַדַּאי שֶׁלֹּא יָצָא בְּשַׁיָּרָא בְּשַׁבָּת. וּשְׁאָר הַיָּמִים חוּץ מִיּוֹם זֶה עוֹשֶׂה כְּדֵי פַּרְנָסָה בִּלְבַד:

כג. עוֹבְדֵי כּוֹכָבִים וּמַזָּלוֹת שֶׁצָּרוּ עַל עֲיָרוֹת יִשְׂרָאֵל אִם בָּאוּ עַל עִסְקֵי מָמוֹן אֵין מְחַלְּלִין עֲלֵיהֶן אֶת הַשַּׁבָּת וְאֵין עוֹשִׂין עִמָּהֶן מִלְחָמָה. וּבְעִיר הַסְּמוּכָה לַסְּפָר אֲפִלּוּ לֹא בָּאוּ אֶלָּא עַל עִסְקֵי תֶּבֶן וָקַשׁ יוֹצְאִין עֲלֵיהֶן בִּכְלֵי זַיִן וּמְחַלְּלִין עֲלֵיהֶן אֶת הַשַּׁבָּת. וּבְכָל מָקוֹם אִם בָּאוּ עַל עִסְקֵי נְפָשׁוֹת אוֹ שֶׁעָרְכוּ מִלְחָמָה אוֹ שֶׁצָּרוּ סְתָם יוֹצְאִין עֲלֵיהֶן בִּכְלֵי זַיִן וּמְחַלְּלִין עֲלֵיהֶן אֶת הַשַּׁבָּת. וּמִצְוָה עַל כָּל יִשְׂרָאֵל שֶׁיְּכוֹלִין לָבוֹא וְלָצֵאת וְלַעֲזֹר לַאֲחֵיהֶם שֶׁבַּמָּצוֹר וּלְהַצִּילָם מִיַּד הָעוֹבְדֵי כּוֹכָבִים וּמַזָּלוֹת בְּשַׁבָּת. וְאָסוּר לָהֶן לְהִתְמַהְמֵהַּ לְמוֹצָאֵי שַׁבָּת. וּכְשֶׁיַּצִּילוּ אֶת אֲחֵיהֶן מֻתָּר לָהֶן לַחֲזֹר בִּכְלֵי זַיִן שֶׁלָּהֶן לִמְקוֹמָם בְּשַׁבָּת כְּדֵי שֶׁלֹּא לְהַכְשִׁילָן לֶעָתִיד לָבוֹא:

כד. וְכֵן סְפִינָה הַמִּטָּרֶפֶת בַּיָּם אוֹ עִיר שֶׁהִקִּיפָהּ כַּרְקוֹם אוֹ נָהָר מִצְוָה לָצֵאת בְּשַׁבָּת לְהַצִּילָן בְּכָל דָּבָר שֶׁיָּכוֹל לְהַצִּילָן. וַאֲפִלּוּ יָחִיד הַנִּרְדָּף מִפְּנֵי הָעוֹבְדֵי כּוֹכָבִים וּמַזָּלוֹת אוֹ מִפְּנֵי נָחָשׁ אוֹ דֹּב שֶׁהוּא רוֹדֵף אַחֲרָיו לְהָרְגוֹ מִצְוָה לְהַצִּילוֹ. וַאֲפִלּוּ בַּעֲשִׂיַּת כַּמָּה מְלָאכוֹת בְּשַׁבָּת וַאֲפִלּוּ לְתַקֵּן כְּלֵי זַיִן לְהַצִּילוֹ מֻתָּר. וְזוֹעֲקִים עֲלֵיהֶן וּמִתְחַנְּנִים בְּשַׁבָּת וּמַתְרִיעִין עֲלֵיהֶן לַעֲזֹר אוֹתָם. וְאֵין מִתְחַנְּנִים וְלֹא זוֹעֲקִין עַל הַדֶּבֶר בְּשַׁבָּת:

כה. צָרִין עַל עֲיָרוֹת הָעוֹבְדֵי כּוֹכָבִים וּמַזָּלוֹת שְׁלֹשָׁה יָמִים קֹדֶם לַשַּׁבָּת. וְעוֹשִׂין עִמָּהֶן מִלְחָמָה בְּכָל יוֹם וָיוֹם וַאֲפִלּוּ בְּשַׁבָּת עַד שֶׁכּוֹבְשִׁין אוֹתָהּ וְאַף עַל פִּי שֶׁהִיא מִלְחֶמֶת הָרְשׁוּת. מִפִּי הַשְּׁמוּעָה לָמְדוּ (דברים כ כ) "עַד רִדְתָּהּ" וַאֲפִלּוּ בְּשַׁבָּת. וְאֵין צָרִיךְ לוֹמַר בְּמִלְחֶמֶת מִצְוָה. וְלֹא כָּבַשׁ יְהוֹשֻׁעַ יְרִיחוֹ אֶלָּא בְּשַׁבָּת:

Perek 3

Work started before *Shabbat* which continues into *Shabbat*

I.e. Forbidden labor which is carried out on its own accord on *Shabbat*.

Normally this is permissible.

Cooking is one of these activities.

Cooking is not allowed on *Shabbat* but if it happens by itself it is allowed. However, we are not allowed on Shabbat to help the cooking along.

Therefore, because the *Rabanan* were worried that cooking would lead to forbidden *Shabbat* acts, they prohibited some cooking activities.

 i.e. all cooking which would possibly lead one to stoke the fire and increase the heat on *Shabbat*, are forbidden.

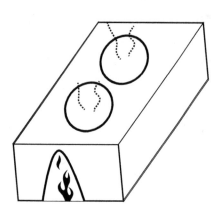 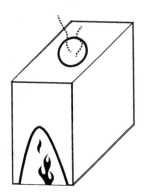 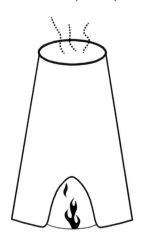

Kirah (Two holed hob)	*Kupach* (Single hole hob)	*Tanur* (Oven)
Hot	Hotter	Hottest

Reminder:
Ovens and Cookers Impurity
Ref: Sefer Taharah, Hilchot Tumat Kelim, Chapter 15
Pack on Impurity of Vessels

	Lead to stoking	Explanation
Food ready cooked	✗	Therefore, allowed to leave food on cooker before Shabbat begins
Boiled water	✗	
Food cooked but extra cooking improves taste	✓	Therefore, not allowed to leave food on cooker
Cover coals with sand to reduce the heat		Perhaps one still must be careful because some cookers are hotter than others
Wood or a heavy fuel used	✓	One is not allowed to start a wood fire before Shabbat (to use for heat or light) unless it has already properly caught fire
Very inflammable fuel used	✗	Therefore, one can let it burn into Shabbat

Fire fully formed before Shabbat	×	Allowed even where wood or heavy fuel is used to keep the fire going

Once one takes allowed food off from cooker on *Shabbat* and it has cooled down, one may not replace it onto cooker, because this would cause it to cook.

Similarly, one may not stir the food on the cooker on *Shabbat* as it speeds up the cooking.

פרק ג׳

א. מֻתָּר לְהַתְחִיל מְלָאכָה מֵעֶרֶב שַׁבָּת אַף עַל פִּי שֶׁהִיא נִגְמֶרֶת מֵאֵלֶיהָ בְּשַׁבָּת. שֶׁלֹּא נֶאֱסַר עָלֵינוּ לַעֲשׂוֹת מְלָאכָה אֶלָּא בְּעַצְמוֹ שֶׁל יוֹם. אֲבָל כְּשֶׁתֵּעָשֶׂה הַמְּלָאכָה מֵעַצְמָהּ בְּשַׁבָּת מֻתָּר לָנוּ לֵהָנוֹת בְּמַה שֶּׁנַּעֲשָׂה בְּשַׁבָּת מֵאֵלָיו:

ב. כֵּיצַד. פּוֹתְקִין מַיִם לְגִנָּה עֶרֶב שַׁבָּת עִם חֲשֵׁכָה וְהִיא מִתְמַלֵּאת וְהוֹלֶכֶת כָּל הַיּוֹם כֻּלּוֹ. וּמַנִּיחִין מֻגְמָר תַּחַת הַכֵּלִים וְהֵן מִתְגַּמְּרִין וְהוֹלְכִין כָּל הַשַּׁבָּת כֻּלָּהּ. וּמַנִּיחִים קִילוֹר עַל גַּב הָעַיִן וְאִסְפְּלָנִית עַל גַּבֵּי הַמַּכָּה וּמִתְרַפְּאִין וְהוֹלְכִין כָּל הַשַּׁבָּת כֻּלָּהּ. וְשׁוֹרִין דְּיוֹ וְסַמָּנִין עִם חֲשֵׁכָה וְהֵן שׁוֹרִין וְהוֹלְכִין כָּל הַשַּׁבָּת כֻּלָּהּ. וְנוֹתְנִין צֶמֶר לְיוֹרָה וְאוֹנִין שֶׁל פִּשְׁתָּן לַתַּנּוּר וְהֵם מִשְׁתַּנִּין וְהוֹלְכִין כָּל הַשַּׁבָּת כֻּלָּהּ. וּפוֹרְשִׂים מְצוּדוֹת לְחַיָּה וּלְעוֹפוֹת וּלְדָגִים עִם חֲשֵׁכָה וְהֵן נִצּוֹדִין וְהוֹלְכִין כָּל הַשַּׁבָּת כֻּלָּהּ. וְטוֹעֲנִין בְּקוֹרוֹת בֵּית הַבַּד וּבְעִגּוּלֵי הַגַּת עִם חֲשֵׁכָה וְהַמַּשְׁקִין זָבִין וְהוֹלְכִין כָּל הַשַּׁבָּת כֻּלָּהּ. וּמַדְלִיקִין אֶת הַנֵּר אוֹ אֶת הַמְּדוּרָה מִבָּעֶרֶב וְהִיא דּוֹלֶקֶת וְהוֹלֶכֶת כָּל הַשַּׁבָּת כֻּלָּהּ:

ג. מַנִּיחִין קְדֵרָה עַל גַּבֵּי הָאֵשׁ אוֹ בָּשָׂר בַּתַּנּוּר אוֹ עַל גַּבֵּי גֶּחָלִים וְהֵן מִתְבַּשְּׁלִים וְהוֹלְכִין כָּל הַשַּׁבָּת וְאוֹכְלִין אוֹתָהּ בְּשַׁבָּת. וְיֵשׁ בְּדָבָר זֶה דְּבָרִים שֶׁהֵן אֲסוּרִין גְּזֵרָה שֶׁמָּא יַחְתֶּה בַּגֶּחָלִים בְּשַׁבָּת:

ד. כֵּיצַד. תַּבְשִׁיל שֶׁלֹּא בָּשֵׁל כָּל צָרְכּוֹ וְחַמִּין שֶׁלֹּא הוּחַמּוּ כָּל צָרְכָּן אוֹ תַּבְשִׁיל שֶׁבָּשֵׁל כָּל צָרְכּוֹ וְכָל זְמַן שֶׁמִּצְטַמֵּק הוּא יָפֶה לוֹ אֵין מַשְׁהִין אוֹתוֹ עַל גַּבֵּי הָאֵשׁ בְּשַׁבָּת אַף עַל פִּי שֶׁהֻנַּח מִבְּעוֹד יוֹם גְּזֵרָה שֶׁמָּא יַחְתֶּה בַּגֶּחָלִים כְּדֵי לְהַשְׁלִים בִּשּׁוּלוֹ אוֹ כְּדֵי לְצַמְּקוֹ. לְפִיכָךְ אִם גָּרַף הָאֵשׁ אוֹ שֶׁכִּסָּה אֵשׁ הַכִּירָה בְּאֵפֶר אוֹ בִּנְעֹרֶת פִּשְׁתָּן הַדַּקָּה אוֹ שֶׁעָמְמוּ הַגֶּחָלִים שֶׁהֲרֵי הֵן כִּמְכֻסּוֹת בְּאֵפֶר אוֹ שֶׁהִסִּיקוּהָ בְּקַשׁ אוֹ בִּגְבָבָא אוֹ בְּגְלָלֵי בְּהֵמָה דַּקָּה שֶׁהֲרֵי אֵין שָׁם גֶּחָלִים בּוֹעֲרוֹת הֲרֵי זֶה מֻתָּר לִשְׁהוֹת עָלֶיהָ. שֶׁהֲרֵי הִסִּיחַ דַּעְתּוֹ מִזֶּה הַתַּבְשִׁיל וְאֵין גּוֹזְרִין שֶׁמָּא יַחְתֶּה בָּאֵשׁ:

ה. בַּמֶּה דְּבָרִים אֲמוּרִים בְּכִירָה שֶׁהֶבְלָהּ מְעַט. אֲבָל הַתַּנּוּר אַף עַל פִּי שֶׁגָּרַף הָאֵשׁ אוֹ כִּסָּה בְּאֵפֶר אוֹ שֶׁהִסִּיקוּהוּ בְּקַשׁ אוֹ בִּגְבָבָא אֵין מַשְׁהִין בְּתוֹכוֹ וְלֹא עַל גַּבָּיו וְלֹא סוֹמְכִין לוֹ תַּבְשִׁיל שֶׁלֹּא בָּשֵׁל כָּל צָרְכּוֹ אוֹ שֶׁבָּשֵׁל כָּל צָרְכּוֹ וּמִצְטַמֵּק וְיָפֶה לוֹ. הוֹאִיל וְהֶבְלוֹ חַם בְּיוֹתֵר אֵינוֹ מַסִּיחַ דַּעְתּוֹ וְחוֹשְׁשִׁים שֶׁמָּא יַחְתֶּה בְּזוֹ הָאֵשׁ הַמְּעוּטָה אַף עַל פִּי שֶׁהוּא אֵשׁ קַשׁ וּגְבָבָא אוֹ מְכֻסָּה:

ו. וְלָמָּה אָסְרוּ לִשְׁהוֹת בַּתַּנּוּר אַף עַל פִּי שֶׁגָּרוּף. מִפְּנֵי שֶׁהַגּוֹרֵף אֵינוֹ גּוֹרֵף אֶלָּא רֹב הָאֵשׁ וְעַצְמָהּ. וְאִי אֶפְשָׁר לִגְרֹף כָּל הָאֵשׁ עַד שֶׁלֹּא תִּשָּׁאֵר נִיצוֹץ אַחַת מִפְּנֵי שֶׁהֶבְלוֹ חַם שֶׁמָּא יַחְתֶּה כְּדֵי לְבַעֵר הַנִּיצוֹצוֹת הַנִּשְׁאָרוֹת בַּתַּנּוּר:

ז. הַכֻּפָּח הֶבְלוֹ רַב מֵהֶבֶל הַכִּירָה וּמְעַט מֵהֶבֶל הַתַּנּוּר. לְפִיכָךְ אִם הִסִּיקוּהוּ בְּגֶפֶת אוֹ בְּעֵצִים הֲרֵי הוּא כְּתַנּוּר וְאֵין מַשְׁהִין בְּתוֹכוֹ וְלֹא עַל גַּבָּיו וְלֹא סוֹמְכִין לוֹ תַּבְשִׁיל שֶׁלֹּא בָּשֵׁל כָּל צָרְכּוֹ אוֹ מִצְטַמֵּק וְיָפֶה לוֹ אַף עַל פִּי שֶׁגָּרַף אוֹ כִּסָּה בְּאֵפֶר. וְאִם הִסִּיקוּהוּ בְּקַשׁ אוֹ בִּגְבָבָא הֲרֵי הוּא כְּכִירָה שֶׁהֻסְּקָה בְּקַשׁ וּגְבָבָא וּמַשְׁהִין עָלָיו. וּמֻתָּר לִסְמֹךְ לְכִירָה מִבָּעֶרֶב וְאַף עַל פִּי שֶׁאֵינָהּ גְּרוּפָה וּקְטוּמָה. וְאֵיזוֹ הִיא כִּירָה וְאֵי זוֹ כֻּפָּח כִּירָה מְקוֹם שְׁפִיתַת שְׁתֵּי קְדֵרוֹת כֻּפָּח מְקוֹם שְׁפִיתַת קְדֵרָה אַחַת:

ח. תַּבְשִׁיל חַי שֶׁלֹּא בָּשֵׁל כְּלָל אוֹ שֶׁבָּשֵׁל כָּל צָרְכּוֹ וּמִצְטַמֵּק וְרַע לוֹ מֻתָּר לְשַׁהוֹתוֹ עַל גַּבֵּי הָאֵשׁ בֵּין בְּכִירָה וְכֻפָּח בֵּין בְּתַנּוּר. וְכֵן כָּל תַּבְשִׁיל שֶׁבָּשֵׁל וְלֹא בָּשֵׁל כָּל צָרְכּוֹ אוֹ בָּשֵׁל כָּל צָרְכּוֹ וּמִצְטַמֵּק וְיָפֶה לוֹ אִם הִשְׁלִיךְ לְתוֹכוֹ אֵבֶר חַי סָמוּךְ לְבֵין הַשְּׁמָשׁוֹת נַעֲשָׂה הַכֹּל כְּתַבְשִׁיל חַי וּמֻתָּר לְשַׁהוֹתוֹ עַל הָאֵשׁ אַף עַל פִּי שֶׁלֹּא גָּרַף וְלֹא כִּסָּה. מִפְּנֵי שֶׁכְּבָר הִסִּיחַ דַּעְתּוֹ מִמֶּנּוּ וְאֵינוֹ בָּא לַחְתּוֹת בְּגֶחָלִים:

ט. כָּל תַּבְשִׁיל שֶׁאָסוּר לְשַׁהוֹתוֹ אִם עָבַר וְשִׁהָה אוֹתוֹ אָסוּר לְאָכְלוֹ עַד מוֹצָאֵי שַׁבָּת וְיַמְתִּין בִּכְדֵי שֶׁיֵּעָשׂוּ. וְאִם שָׁכַח. אִם תַּבְשִׁיל שֶׁלֹּא בָּשֵׁל כָּל צָרְכּוֹ הוּא אָסוּר עַד מוֹצָאֵי שַׁבָּת. וְאִם תַּבְשִׁיל שֶׁבָּשֵׁל כָּל צָרְכּוֹ הוּא וּמִצְטַמֵּק וְיָפֶה לוֹ מֻתָּר לְאָכְלוֹ מִיָּד בְּשַׁבָּת:

י. כָּל שֶׁמֻּתָּר לְשַׁהוֹתוֹ עַל גַּבֵּי הָאֵשׁ כְּשֶׁנּוֹטְלִים אוֹתוֹ בְּשַׁבָּת אָסוּר לְהַחֲזִירוֹ לִמְקוֹמוֹ. וְאֵין מַחְזִירִין לְעוֹלָם אֶלָּא עַל גַּבֵּי כִּירָה גְּרוּפָה אוֹ מְכֻסָּה אוֹ בְּכִירָה וְכֻפָּח שֶׁהֻסְּקוּ בְּקַשׁ וּגְבָבָה. וְהוּא שֶׁלֹּא הִנִּיחַ הַקְּדֵרָה עַל גַּבֵּי הַקַּרְקַע אֲבָל מִשֶּׁהִנִּיחָהּ עַל גַּבֵּי קַרְקַע אֵין מַחְזִירִין אוֹתָהּ. וַאֲפִלּוּ עַל גַּבֵּי כִּירָה גְּרוּפָה אוֹ מְכֻסָּה. וְאֵין מַחְזִירִין לַתַּנּוּר וְלֹא לְכֻפָּח שֶׁהֻסְּקוּ בְּגֶפֶת אוֹ בְּעֵצִים אַף עַל פִּי שֶׁגָּרַף אוֹ כִּסָּה מִפְּנֵי שֶׁהֶבְלָן חַם בְּיוֹתֵר. וְכָל שֶׁאֵין מַחְזִירִין עָלָיו אֵין סוֹמְכִין לוֹ בְּשַׁבָּת:

יא. אָסוּר לְהַכְנִיס מַגְרֵפָה לִקְדֵרָה בְּשַׁבָּת וְהִיא עַל הָאֵשׁ לְהוֹצִיא מִמֶּנָּה בְּשַׁבָּת מִפְּנֵי שֶׁמֵּגִיס בָּהּ וְזֶה מִצָּרְכֵי הַבִּשּׁוּל הוּא וְנִמְצָא כִּמְבַשֵּׁל בְּשַׁבָּת. וּמֻתָּר לְהַחֲזִיר מִכִּירָה לְכִירָה אֲפִלּוּ מִכִּירָה שֶׁהֶבְלָהּ מְעַט לְכִירָה שֶׁהֶבְלָהּ מְרֻבֶּה אֲבָל לֹא מִכִּירָה לִטְמִינָה וְלֹא מִטְּמִינָה לְכִירָה:

יב. לֹא יְמַלֵּא אָדָם קְדֵרָה עֲסִסִיּוֹת וְתוּרְמוּסִין אוֹ חָבִית שֶׁל מַיִם וְיִתֵּן לְתוֹךְ הַתַּנּוּר עֶרֶב שַׁבָּת עִם חֲשֵׁכָה וְיַשְׁהֶה אוֹתָן. שֶׁאֵלּוּ וְכָל כַּיּוֹצֵא בָּהֶן אַף עַל פִּי שֶׁלֹּא בָּשְׁלוּ כָּל עִקָּר כְּתַבְשִׁיל שֶׁלֹּא בָּשֵׁל כָּל צָרְכּוֹ הֵן מִפְּנֵי שֶׁאֵינָן צְרִיכִים בִּשּׁוּל הַרְבֵּה וְדַעְתּוֹ עֲלֵיהֶן לְאָכְלָן לְאַלְתַּר. וּלְפִיכָךְ אָסוּר לְשַׁהוֹתָן בַּתַּנּוּר. וְאִם עָבַר וְשִׁהָה אֲסוּרִין עַד מוֹצָאֵי שַׁבָּת וְיַמְתִּין בִּכְדֵי שֶׁיֵּעָשׂוּ:

יג. תַּנּוּר שֶׁנָּתַן לְתוֹכוֹ בָּשָׂר מִבְּעוֹד יוֹם וְשִׁהָה אוֹתוֹ בְּשַׁבָּת אִם בְּשַׂר גְּדִי הוּא וְכַיּוֹצֵא בּוֹ מֻתָּר. שֶׁאִם יַחְתֶּה בַּגֶּחָלִים יִתְחָרֵךְ הַבָּשָׂר שֶׁאֵינוֹ צָרִיךְ אֶלָּא חֲמִימוּת הָאֵשׁ בִּלְבַד. וְאִם בְּשַׂר עֵז אוֹ בְּשַׂר שׁוֹר הוּא אָסוּר שֶׁמָּא יַחְתֶּה בַּגֶּחָלִים לְבַשְּׁלוֹ. וְאִם טָח פִּי הַתַּנּוּר בְּטִיט מֻתָּר. שֶׁאִם בָּא לִפְתֹּחַ הַתַּנּוּר וְלַחְתּוֹת תִּכָּנֵס הָרוּחַ וְיִתְקַשֶּׁה הַבָּשָׂר וְיִפָּסֵד וְיִצְטַנֵּן הַתַּנּוּר וְיַפְסִיד הַבָּשָׂר:

יד. וְכֵן כָּל דָּבָר שֶׁהָרוּחַ מַפְסֶדֶת אוֹתוֹ אֵין גּוֹזְרִין עָלָיו שֶׁמָּא יְגַלֵּהוּ וְיַחְתֶּה. וּמִפְּנֵי זֶה נוֹתְנִין אוּנִין שֶׁל פִּשְׁתָּן לְתוֹךְ הַתַּנּוּר עִם חֲשֵׁכָה שֶׁאִם גִּלָּהוּ יִפָּסְדוּ:

טו. נָתַן גְּדִי שָׁלֵם לְתוֹךְ הַתַּנּוּר הֲרֵי הוּא כִּבְשַׂר עֵז אוֹ כִּבְשַׂר שׁוֹר וְאָסוּר לְשַׁהוֹתוֹ שֶׁמָּא יַחְתֶּה בַּגֶּחָלִים אֶלָּא אִם כֵּן טָח הַתַּנּוּר. וּמֻתָּר לְשַׁלְשֵׁל כֶּבֶשׂ הַפֶּסַח לַתַּנּוּר עִם חֲשֵׁכָה וְאַף עַל פִּי שֶׁאֵינוֹ טָח מִפְּנֵי שֶׁבְּנֵי חֲבוּרָה זְרִיזִים הֵן:

טז. אֵין צוֹלִין בָּשָׂר וּבָצָל וּבֵיצָה עַל גַּבֵּי הָאֵשׁ אֶלָּא כְּדֵי שֶׁיִּצּוֹלוּ מִבְּעוֹד יוֹם וְיִהְיוּ רְאוּיִין לַאֲכִילָה. וְאִם נִשְׁאֲרוּ אַחַר כֵּן עַל הָאֵשׁ בְּשַׁבָּת עַד שֶׁיִּצּוֹלוּ הַרְבֵּה מֻתָּר מִפְּנֵי שֶׁהֵן כְּמִצְטַמֵּק וְרַע לוֹ שֶׁאִם יַחְתֶּה יַחֲרֵךְ אוֹתָן שֶׁעַל גּוּף הָאֵשׁ הֵם. וּמִפְּנֵי זֶה מַנִּיחִין מֻגְמָר תַּחַת הַכֵּלִים עִם חֲשֵׁכָה שֶׁאִם יַחְתֶּה בַּגֶּחָלִים יִשָּׂרֵף הַמֻּגְמָר וְיֶעֱשַׁן הַכֵּלִים:

יז. הָא לָמַדְתָּ שֶׁכָּל דָּבָר שֶׁאָנוּ אוֹסְרִין בְּעִנְיָן זֶה אֵינוֹ אָסוּר מִשּׁוּם שֶׁהוּא נַעֲשָׂה בְּשַׁבָּת אֶלָּא גְּזֵרָה שֶׁמָּא יַחְתֶּה בַּגֶּחָלִים. לְפִיכָךְ אֵין נוֹתְנִין צֶמֶר לְיוֹרָה אֶלָּא אִם כֵּן הָיְתָה עֲקוּרָה מֵעַל הָאֵשׁ שֶׁמָּא יַחְתֶּה בַּגֶּחָלִים. וְהוּא שֶׁיִּהְיֶה פִּיהָ טוּחַ בְּטִיט שֶׁמָּא יָגִיס בָּהּ מִשֶּׁחֲשֵׁכָה:

יח. אֵין נוֹתְנִין אֶת הַפַּת בַּתַּנּוּר עִם חֲשֵׁכָה וְלֹא חֲרָרָה עַל גַּבֵּי הַגֶּחָלִים אֶלָּא כְּדֵי שֶׁיִּקָּרְמוּ פָּנֶיהָ שֶׁהֵם מְדֻבָּקִים בַּתַּנּוּר אוֹ בָּאֵשׁ. וְאִם נִשְׁאֲרוּ אַחֲרֵי כֵן עַד שֶׁיִּגְמֹר אֲפִיָּתָן מֻתָּר שֶׁאִם יַחְתֶּה יַפְסִיד אוֹתָן. וְאִם נָתַן סָמוּךְ לַחֲשֵׁכָה וְחָשְׁכָה וַעֲדַיִן לֹא קָרְמוּ פָּנֶיהָ. אִם בְּמֵזִיד אָסוּר לֶאֱכֹל מֵהֶן עַד מוֹצָאֵי שַׁבָּת וְיַמְתִּין בִּכְדֵי שֶׁיֵּעָשׂוּ. וְאִם בְּשׁוֹגֵג מֻתָּר לוֹ לִרְדּוֹת מִמֶּנָּה מְזוֹן שָׁלֹשׁ סְעֻדּוֹת שֶׁל שַׁבָּת. וּכְשֶׁהוּא רוֹדֶה לֹא יִרְדֶּה בְּמִרְדֶּה כְּדֶרֶךְ שֶׁהוּא עוֹשֶׂה בְּחֹל אֶלָּא בְּסַכִּין וְכַיּוֹצֵא בָּהּ:

יט. עוֹשֶׂה אָדָם מְדוּרָה מִכָּל דָּבָר שֶׁיִּרְצֶה בֵּין עַל גַּבֵּי קַרְקַע בֵּין עַל גַּבֵּי מְנוֹרָה וּמַדְלִיקָהּ מִבְּעוֹד יוֹם וּמִשְׁתַּמֵּשׁ לְאוֹרָהּ אוֹ מִתְחַמֵּם כְּנֶגְדָּהּ בְּשַׁבָּת. וְצָרִיךְ שֶׁיַּדְלִיק רֹב הַמְּדוּרָה קֹדֶם חֲשֵׁכָה עַד שֶׁתְּהֵא שַׁלְהֶבֶת עוֹלָה מֵאֵלֶיהָ קֹדֶם הַשַּׁבָּת. וְאִם לֹא הִדְלִיק רֻבָּהּ אָסוּר לֵהָנוֹת בָּהּ בְּשַׁבָּת גְּזֵרָה שֶׁמָּא יַחְתֶּה בָּהּ וְיָנִיד הָעֵצִים כְּדֵי שֶׁתַּעֲלֶה הַשַּׁלְהֶבֶת. וְאִם הִדְלִיק עֵץ יְחִידִי צָרִיךְ לְהַדְלִיק רֹב עָבְיוֹ וְרֹב הֶקֵּפוֹ מִבְּעוֹד יוֹם:

כ. בַּמֶּה דְּבָרִים אֲמוּרִים בִּגְבוּלִין אֲבָל בַּמִּקְדָּשׁ מַאֲחִיזִין אֶת הָאוּר בָּעֵצִים בִּמְדוּרַת בֵּית הַמּוֹקֵד עִם חֲשֵׁכָה וְאֵין חוֹשְׁשִׁין שֶׁמָּא יַחְתֶּה בַּגֶּחָלִים שֶׁהַכֹּהֲנִים זְרִיזִין הֵן:

כא. הָיְתָה מְדוּרָה שֶׁל קָנִים אוֹ שֶׁל גַּרְעִינִין אֵינוֹ צָרִיךְ לְהַדְלִיק הָרֹב אֶלָּא כֵּיוָן שֶׁהִתְחִיל בָּהֶן הָאֵשׁ קֹדֶם הַשַּׁבָּת מֻתָּר לְהִשְׁתַּמֵּשׁ בָּהּ. מִפְּנֵי שֶׁהָאֵשׁ נִתְלֵית בָּהֶן בִּמְהֵרָה וְאֵינוֹ צָרִיךְ לַחְתּוֹת. לְפִיכָךְ אִם אָגַד הַקָּנִים אוֹ הִנִּיחַ הַגַּרְעִינִין בְּחוֹתָלוֹת הֲרֵי הֵן כְּעֵצִים וְצָרִיךְ שֶׁתַּעֲלֶה בָּהֶן שַׁלְהֶבֶת מֵאֵלֶיהָ קֹדֶם הַשַּׁבָּת:

כב. מְדוּרָה שֶׁל זֶפֶת אוֹ שֶׁל גָּפְרִית אוֹ שֶׁל רְבָב אוֹ שֶׁל קִירָה אוֹ שֶׁל קַשׁ אוֹ שֶׁל גְּבָבָא אֵינוֹ צָרִיךְ לְהַדְלִיק רֻבָּהּ קֹדֶם הַשַּׁבָּת מִפְּנֵי שֶׁהָאֵשׁ מַדְלֶקֶת אוֹתָם בִּמְהֵרָה:

Perek 4

Work in relation to cooking continued

Hatmanah – covering food to keep the heat, or increase the heat

Substances which increase heat e.g. unprocessed wool.

In the same way as one would be allowed to place cooked food on the fire before *Shabbat*, one should also be allowed to cover food with these substances.

However, the *Rabanim* forbade covering food with these substances before *Shabbat*. (but they did allow in the period of *ben hashmashot* because now food would no longer be boiling)

Substances which merely preserve heat

One should have been allowed to place these over foods even on *Shabbat* itself.

However, the Sages forbade this as well, as a precaution.

Cold food may be covered with these substances to prevent it becoming colder.

פרק ד׳

א. יֵשׁ דְּבָרִים שֶׁאִם טָמַן בָּהֶן הַתַּבְשִׁיל הוּא מִתְחַמֵּם וּמוֹסִיפִין בְּבִשּׁוּלוֹ כְּעֵין הָאֵשׁ. כְּגוֹן הַגֶּפֶת וְזֶבֶל וּמֶלַח וְסִיד וְחוֹל אוֹ זַגִּין וּמוֹכִין וַעֲשָׂבִים בִּזְמַן שֶׁשְּׁלָשְׁתָּן לַחִים וַאֲפִלּוּ מֵחֲמַת עַצְמָן. וּדְבָרִים אֵלּוּ נִקְרָאִין דָּבָר הַמּוֹסִיף הֶבֶל. וְיֵשׁ דְּבָרִים שֶׁאִם טָמַן בָּהֶן הַתַּבְשִׁיל יִשָּׁאֵר בַּחֲמִימוּתוֹ בִּלְבַד וְאֵינָן מוֹסִיפִין לוֹ בִּשּׁוּל אֶלָּא מוֹנְעִין אוֹתוֹ מִלְּהִצְטַנֵּן. כְּגוֹן זַגִּין וּמוֹכִין וַעֲשָׂבִים יְבֵשִׁין וּכְסוּת וּפֵרוֹת וְכַנְפֵי יוֹנָה וּנְעֹרֶת הַפִּשְׁתָּן וּנְסֹרֶת חָרָשִׁים וּשְׁלָחִין וְגִזֵּי צֶמֶר. וּדְבָרִים אֵלּוּ נִקְרָאִין דָּבָר שֶׁאֵינוֹ מוֹסִיף הֶבֶל:

ב. מִן הַדִּין הָיָה שֶׁטּוֹמְנִין בְּדָבָר הַמּוֹסִיף הֶבֶל מִבְּעוֹד יוֹם וְיִשָּׁאֵר הַתַּבְשִׁיל טָמוּן בְּשַׁבָּת. שֶׁהֲרֵי מַשְׁהִין עַל גַּבֵּי הָאֵשׁ בְּשַׁבָּת. אֲבָל אָסְרוּ חֲכָמִים לְהַטְמִין בְּדָבָר הַמּוֹסִיף הֶבֶל מִבְּעוֹד יוֹם גְּזֵרָה שֶׁמָּא תַּרְתִּיחַ הַקְּדֵרָה בְּשַׁבָּת וְיִצְטָרֵךְ לְגַלּוֹתָהּ עַד שֶׁתָּנוּחַ הָרְתִיחָה וְיַחֲזֹר וִיכַסֶּה בְּשַׁבָּת וְנִמְצָא טוֹמֵן בְּדָבָר הַמּוֹסִיף הֶבֶל בְּשַׁבָּת שֶׁהוּא אָסוּר. לְפִיכָךְ מֻתָּר לְהַטְמִין בְּדָבָר הַמּוֹסִיף הֶבֶל בֵּין הַשְּׁמָשׁוֹת שֶׁסְּתָם קְדֵרוֹת בֵּין הַשְּׁמָשׁוֹת כְּבָר רָתְחוּ וְנָחוּ מִבַּעֲבוּעָן וְכֵיוָן שֶׁנָּחוּ שׁוּב אֵינָן רוֹתְחִין:

ג. וְכֵן מִן הַדִּין הָיָה לִטְמֹן הַתַּבְשִׁיל בְּדָבָר שֶׁאֵינוֹ מוֹסִיף הֶבֶל בְּשַׁבָּת עַצְמָהּ. אֲבָל אָסְרוּ חֲכָמִים דָּבָר זֶה גְּזֵרָה שֶׁמָּא יַטְמִין בְּרֶמֶץ וְיִהְיֶה בּוֹ נִיצוֹצוֹת שֶׁל אֵשׁ וְנִמְצָא חוֹתֶה בַּגֶּחָלִים. לְפִיכָךְ אָסְרוּ לְהַטְמִין דָּבָר חַם בְּשַׁבָּת וַאֲפִלּוּ בְּדָבָר שֶׁאֵינוֹ מוֹסִיף הֶבֶל:

ד. סָפֵק חֲשֵׁכָה סָפֵק אֵינָהּ חֲשֵׁכָה מֻתָּר לִטְמוֹן אֶת דָּבָר חַם. וּמֻתָּר לִטְמוֹן אֶת דָּבָר הַצּוֹנֵן בְּשַׁבָּת בְּדָבָר שֶׁאֵינוֹ מוֹסִיף כְּדֵי שֶׁלֹּא יִצְטַנֵּן בְּיוֹתֵר אוֹ כְּדֵי שֶׁתָּפוּג צִנָּתָן. חַמִּין שֶׁטְּמָנָן מֵעֶרֶב שַׁבָּת וְנִתְגַּלּוּ בְּשַׁבָּת מֻתָּר לְכַסּוֹתָן. שֶׁהֲרֵי אֵינוֹ מוֹסִיף. וּמֻתָּר לְהַחֲלִיף הַכִּסּוּי בְּשַׁבָּת. כֵּיצַד. נוֹטֵל כְּסוּת וּמַנִּיחַ כַּנְפֵי יוֹנָה אוֹ נוֹטֵל כַּנְפֵי יוֹנָה וּמַנִּיחַ הַכְּסוּת:

ה. פִּנָּה הַתַּבְשִׁיל אוֹ הַמַּיִם הַחַמִּין מִכְּלִי לִכְלִי אַחֵר מֻתָּר לְהַטְמִין הַכְּלִי הָאַחֵר בְּשַׁבָּת בְּדָבָר שֶׁאֵינוֹ מוֹסִיף. כְּמוֹ הַדָּבָר הַצּוֹנֵן. שֶׁלֹּא אָסְרוּ לְהַטְמִין בְּשַׁבָּת אֶלָּא דָּבָר חַם שֶׁהוּא בִּכְלִי רִאשׁוֹן שֶׁנִּתְבַּשֵּׁל בּוֹ אֲבָל אִם פִּנָּהוּ מֻתָּר:

ו. מַנִּיחִין מֵיחַם עַל גַּבֵּי מֵיחַם בְּשַׁבָּת וּקְדֵרָה עַל גַּבֵּי קְדֵרָה וּקְדֵרָה עַל גַּבֵּי מֵיחַם וּמֵיחַם עַל גַּבֵּי קְדֵרָה וְטָח פִּיהֶם בְּבָצֵק לֹא בִּשְׁבִיל שֶׁיּוּחַמּוּ אֶלָּא בִּשְׁבִיל שֶׁיַּעַמְדוּ עַל חֻמָּם. שֶׁלֹּא אָסְרוּ אֶלָּא לְהַטְמִין בְּשַׁבָּת אֲבָל לְהַנִּיחַ כְּלִי חַם עַל גַּב כְּלִי חַם כְּדֵי שֶׁיִּהְיוּ עוֹמְדִין בַּחֲמִימוּתָן מֻתָּר. אֲבָל אֵין מַנִּיחִין כְּלִי שֶׁיֵּשׁ בּוֹ דָּבָר צוֹנֵן עַל גַּבֵּי כְּלִי חַם בְּשַׁבָּת שֶׁהֲרֵי מוֹלִיךְ בּוֹ חֹם בְּשַׁבָּת וְאִם הִנִּיחוֹ מִבְּעֶרֶב מֻתָּר וְאֵינוֹ כְּטוֹמֵן בְּדָבָר הַמּוֹסִיף:

Reminder:

Chanukah

Ref: Sefer Zemanim, Hilchot Megilah Vechanukah, Chapter 4

Perek 5

Work and rest related to *Shabbat* candles

Lighting before *Shabbat* is a *chov* (obligation) instituted by *Rabanim* and a *brachah* is recited. It is included in the *mitzvah* of delighting in the *Shabbat.*

Although the obligation rests on both men and women, women have a greater obligation here than men.

The following prohibitions relating to candles exist where they bring one close to increasing the fire or diminishing/extinguishing it.

PETIL (WICKS)

A substance should be used which gives a steady flame (i.e. not flickering)

CANDLE

Fuel needs to draw easily into the wick i.e. oil, wax, etc. The fuel should not leave an unpleasant smell, nor be highly flammable.

It is forbidden to use the candle fuel on *Shabbat* for another purpose even once the fire has gone out, as it is *muktzeh* (set aside).

6 *Shofar* blasts in every Jewish city on Friday. These blasts instruct the people in stages to get ready for *Shabbat.*

Similarly, the *shofar* should be sounded *motzi Shabbat* (Saturday night) to re-permit weekday affairs.

פרק ה׳

א. הַדְלָ[קַ]ת נֵר בְּשַׁבָּת אֵינָהּ רְשׁוּת אִם רָצָה מַדְלִיק וְאִם רָצָה אֵינוֹ מַדְלִיק. וְלֹא מִצְוָה שֶׁאֵינוֹ חַיָּב לִרְדֹּף אַחֲרֶיהָ עַד שֶׁיַּעֲשֶׂנָּה כְּגוֹן עֵרוּבֵי חֲצֵרוֹת אוֹ נְטִילַת יָדַיִם לַאֲכִילָה אֶלָּא זֶה חוֹבָה. וְאֶחָד אֲנָשִׁים וְאֶחָד נָשִׁים חַיָּבִין לִהְיוֹת בְּבָתֵּיהֶן נֵר דָּלוּק בְּשַׁבָּת. אֲפִלּוּ אֵין לוֹ מַה יֹּאכַל שׁוֹאֵל עַל הַפְּתָחִים וְלוֹקֵחַ שֶׁמֶן וּמַדְלִיק אֶת הַנֵּר שֶׁזֶּה בִּכְלַל עֹנֶג שַׁבָּת. וְחַיָּב לְבָרֵךְ קֹדֶם הַדְלָקָה בָּרוּךְ אַתָּה ה׳ אֱלֹהֵינוּ מֶלֶךְ הָעוֹלָם אֲשֶׁר קִדְּשָׁנוּ בְּמִצְוֹתָיו וְצִוָּנוּ לְהַדְלִיק נֵר שֶׁל שַׁבָּת. כְּדֶרֶךְ שֶׁמְּבָרֵךְ עַל כָּל הַדְּבָרִים שֶׁהוּא חַיָּב בָּהֶם מִדִּבְרֵי סוֹפְרִים:

ב. מֻתָּר לְהִשְׁתַּמֵּשׁ בְּנֵר שֶׁל שַׁבָּת. וְהוּא שֶׁלֹּא יְהֵא הַדָּבָר צָרִיךְ עִיּוּן הַרְבֵּה. אֲבָל דָּבָר שֶׁצָּרִיךְ לְדַקְדֵּק בִּרְאִיָּתוֹ אָסוּר לְהַבְחִינוֹ לְאוֹר הַנֵּר גְּזֵרָה שֶׁמָּא יַטֶּה:

ג. הַמַּדְלִיק צָרִיךְ לְהַדְלִיק מִבְּעוֹד יוֹם קֹדֶם שְׁקִיעַת הַחַמָּה. וְנָשִׁים מֻזְהָרוֹת עַל דָּבָר זֶה יוֹתֵר מִן הָאֲנָשִׁים לְפִי שֶׁהֵן מְצוּיוֹת בַּבָּתִּים וְהֵן הָעֲסוּקוֹת בִּמְלֶאכֶת הַבַּיִת. וְאַף עַל פִּי כֵן צָרִיךְ הָאִישׁ לְהַזְהִירָן וְלִבְדֹּק אוֹתָן עַל כָּךְ וְלוֹמַר לָהֶן וּלְאַנְשֵׁי בֵּיתוֹ עֶרֶב שַׁבָּת קֹדֶם שֶׁתֶּחְשַׁךְ הַדְלִיקוּ אֶת הַנֵּר. סְפֵק חֲשֵׁכָה וּנִכְנַס הַשַּׁבָּת סָפֵק לֹא נִכְנַס אֵין מַדְלִיקִין:

ד. מִשֶּׁתִּשְׁקַע הַחַמָּה עַד שֶׁיֵּרָאוּ שְׁלֹשָׁה כּוֹכָבִים בֵּינוֹנִים הוּא הַזְּמַן הַנִּקְרָא בֵּין הַשְּׁמָשׁוֹת בְּכָל מָקוֹם. וְהוּא סָפֵק מִן הַיּוֹם סָפֵק מִן הַלַּיְלָה וְדָנִין בּוֹ לְהַחֲמִיר בְּכָל מָקוֹם. וּלְפִיכָךְ אֵין מַדְלִיקִין בּוֹ. וְהָעוֹשֶׂה מְלָאכָה בֵּין הַשְּׁמָשׁוֹת בְּעֶרֶב שַׁבָּת וּבְמוֹצָאֵי שַׁבָּת בְּשׁוֹגֵג חַיָּב חַטָּאת מִכָּל מָקוֹם. וְכוֹכָבִים אֵלּוּ לֹא גְּדוֹלִים הַנִּרְאִים בַּיּוֹם וְלֹא קְטַנִּים שֶׁאֵין נִרְאִין אֶלָּא בַּלַּיְלָה אֶלָּא בֵּינוֹנִים. וּמִשֶּׁיֵּרָאוּ שְׁלֹשָׁה כּוֹכָבִים אֵלּוּ הַבֵּינוֹנִים הֲרֵי זֶה לַיְלָה וַדַּאי:

ה. פְּתִילָה שֶׁמַּדְלִיקִין בָּהּ לְשַׁבָּת אֵין עוֹשִׂין אוֹתָהּ מִדָּבָר שֶׁהָאוּר מְסַכְסֶכֶת בּוֹ כְּגוֹן צֶמֶר וְשֵׂעָר וּמֶשִׁי וְצֶמֶר הָאֶרֶז וּפִשְׁתָּן שֶׁלֹּא נִפֵּץ וְסִיב שֶׁל דֶּקֶל וּמִינֵי הָעֵץ הָרַכִּים וְכַיּוֹצֵא בָּהֶן. אֶלָּא מִדָּבָר שֶׁהָאוּר נִתְלֵית בּוֹ. כְּגוֹן פִּשְׁתָּה נְפוּצָה וּבִגְדֵי שֵׁשׁ וְצֶמֶר גֶּפֶן וְכַיּוֹצֵא בָּהֶן. וְהַמַּדְלִיק צָרִיךְ שֶׁיַּדְלִיק בְּרֹב הַיּוֹצֵא מִן הַפְּתִילָה:

ו. הַכּוֹרֵךְ דָּבָר שֶׁמַּדְלִיקִין בּוֹ עַל גַּבֵּי דָּבָר שֶׁאֵין מַדְלִיקִין בּוֹ. אִם לְהַעֲבוֹת הַפְּתִילָה כְּדֵי לְהוֹסִיף אוֹרָהּ אָסוּר. וְאִם לְהַקְשׁוֹת הַפְּתִילָה כְּדֵי שֶׁתְּהֵא עוֹמֶדֶת וְלֹא תִשְׁתַּלְשֵׁל לְמַטָּה מֻתָּר:

ז. נוֹתְנִין גַּרְגִּיר שֶׁל מֶלַח וּגְרִיס שֶׁל פּוֹל עַל פִּי הַנֵּר בְּעֶרֶב שַׁבָּת שֶׁיִּהְיֶה דוֹלֵק בְּלֵיל שַׁבָּת. וְכָל הַפְּתִילוֹת שֶׁאֵין מַדְלִיקִין בָּהֶן בְּשַׁבָּת עוֹשִׂין מֵהֶן מְדוּרָה בֵּין לְהִתְחַמֵּם כְּנֶגְדָּהּ בֵּין לְהִשְׁתַּמֵּשׁ לְאוֹרָהּ בֵּין עַל גַּבֵּי מְנוֹרָה בֵּין עַל גַּבֵּי קַרְקַע. וְלֹא אָסְרוּ אֶלָּא לַעֲשׂוֹתָן פְּתִילָה לְנֵר בִּלְבַד:

ח. שֶׁמֶן שֶׁמַּדְלִיקִין בּוֹ לְשַׁבָּת צָרִיךְ שֶׁיְּהֵא נִמְשָׁךְ אַחַר הַפְּתִילָה אֲבָל שְׁמָנִין שֶׁאֵין נִמְשָׁכִין אַחַר הַפְּתִילָה כְּגוֹן זֶפֶת וְשַׁעֲוָה וְשֶׁמֶן קִיק וְאַלְיָה וְחֵלֶב אֵין מַדְלִיקִין בָּהֶן. וּמִפְּנֵי מָה אֵין מַדְלִיקִין בִּפְתִילוֹת שֶׁאֵין הָאוּר נִתְלֵית בָּהֶן וְלֹא בִּשְׁמָנִים שֶׁאֵין נִמְשָׁכִים אַחַר הַפְּתִילָה גְּזֵרָה שֶׁמָּא יִהְיֶה אוֹר הַנֵּר אָפֵל וְיַטֶּה אוֹתָהּ בְּשָׁעָה שֶׁיִּשְׁתַּמֵּשׁ לְאוֹרָהּ:

ט. חֵלֶב שֶׁהִתִּיכוֹ וְקִרְבֵי דָּגִים שֶׁנִּמּוֹחוּ נוֹתֵן לְתוֹכָן שֶׁמֶן כָּל שֶׁהוּא וּמַדְלִיק. אֲבָל שְׁמָנִין שֶׁאֵין מַדְלִיקִין בָּהֶן אֲפִלּוּ עֵרְבָן בִּשְׁמָנִים שֶׁמַּדְלִיקִין בָּהֶן לֹא יַדְלִיק מִפְּנֵי שֶׁאֵין נִמְשָׁכִין:

י. אֵין מַדְלִיקִין בְּעִטְרָן מִפְּנֵי שֶׁרֵיחוֹ רַע שֶׁמָּא יַנִּיחֶנּוּ וְיֵצֵא וְחוֹבָה עָלָיו לֵישֵׁב לְאוֹר הַנֵּר. וְלֹא בְּצֳרִי מִפְּנֵי שֶׁרֵיחוֹ טוֹב שֶׁמָּא יִקַּח מִמֶּנּוּ מִן הַנֵּר וְעוֹד מִפְּנֵי שֶׁהוּא עָף. וְלֹא בְּנֵפְט לָבָן וַאֲפִלּוּ בְּחֹל מִפְּנֵי שֶׁהוּא עָף וְיָבוֹא לִידֵי סַכָּנָה:

יא. מֻתָּר לְהַדְלִיק לְכַתְּחִלָּה בִּשְׁאָר שְׁמָנִים כְּגוֹן שֶׁמֶן צְנוֹן וְשֻׁמְשְׁמִין וְלֶפֶת וְכָל כַּיּוֹצֵא בָּהֶן. אֵין אָסוּר אֶלָּא אֵלּוּ שֶׁמָּנוּ חֲכָמִים בִּלְבַד:

יב. לֹא יִתֵּן אָדָם כְּלִי מְנֻקָּב מָלֵא שֶׁמֶן עַל פִּי הַנֵּר בִּשְׁבִיל שֶׁיְּהֵא מְנַטֵּף. וְלֹא יְמַלֵּא קְעָרָה שֶׁמֶן וְיִתְּנֶנָּה בְּצַד הַנֵּר וְיִתֵּן רֹאשׁ הַפְּתִילָה לְתוֹכָהּ בִּשְׁבִיל שֶׁתְּהֵא שׁוֹאֶבֶת. גְּזֵרָה שֶׁמָּא יִקַּח מִן הַשֶּׁמֶן שֶׁבַּכְּלִי שֶׁהֲרֵי לֹא נִמְאַס בַּנֵּר. וְאָסוּר לֵהָנוֹת בְּשַׁבָּת מִן הַשֶּׁמֶן שֶׁהֻדְלַק בּוֹ וַאֲפִלּוּ כָּבְתָה הַנֵּר וַאֲפִלּוּ נָטַף מִן הַנֵּר מִפְּנֵי שֶׁהוּא מֻקְצֶה מֵחֲמַת אִסּוּר. וְאִם חִבֵּר הַכְּלִי שֶׁיֵּשׁ בּוֹ הַשֶּׁמֶן אֶל הַנֵּר בְּסִיד וּבְחַרְסִית וְכַיּוֹצֵא בָּהֶן מֻתָּר:

יג. אֵין נוֹתְנִין כְּלִי תַּחַת הַנֵּר לְקַבֵּל בּוֹ שֶׁמֶן בְּשַׁבָּת שֶׁהֲרֵי מְבַטֵּל הַכְּלִי מֵהֵיכָנוֹ. וְאִם נְתָנוֹ מִבְּעוֹד יוֹם מֻתָּר. וְנוֹתְנִין כְּלִי תַּחַת הַנֵּר בְּשַׁבָּת לְקַבֵּל בּוֹ נִיצוֹצוֹת מִפְּנֵי שֶׁאֵין בָּהֶן מַמָּשׁ וַהֲרֵי לֹא בִּטְּלוֹ מִלְּטַלְטְלוֹ. וְאָסוּר לִתֵּן לְתוֹכוֹ מַיִם וַאֲפִלּוּ מֵעֶרֶב שַׁבָּת מִפְּנֵי שֶׁהוּא מְקָרֵב כִּבּוּי הַנִּיצוֹצוֹת:

יד. אֵין פּוֹלִין לְאוֹר הַנֵּר וְלֹא קוֹרִין לְאוֹר הַנֵּר וַאֲפִלּוּ גְּבוֹהָה שְׁתֵּי קוֹמוֹת וַאֲפִלּוּ עֲשָׂרָה בָּתִּים זֶה עַל גַּב זֶה וְהַנֵּר בָּעֶלְיוֹנָה לֹא יִקְרָא וְלֹא יְפַלֶּה לְאוֹרָהּ בַּתַּחְתּוֹנָה שֶׁמָּא יִשְׁכַּח וְיַטֶּה. וְאִם הָיוּ שְׁנַיִם קוֹרִין בְּעִנְיָן אֶחָד מֻתָּרִין לִקְרוֹת לִפְנֵי הַנֵּר שֶׁכָּל אֶחָד מֵהֶן מַזְכִּיר חֲבֵרוֹ אִם שָׁכַח. אֲבָל לֹא בִּשְׁנֵי עִנְיָנִים שֶׁכָּל אֶחָד מֵהֶן טָרוּד בְּעִנְיָנוֹ:

טו. הַתִּינוֹקוֹת קוֹרִין לִפְנֵי רַבָּן לְאוֹר הַנֵּר מִפְּנֵי שֶׁהָרַב מְשַׁמְּרָן. אֲבָל הוּא לֹא יִקְרָא מִפְּנֵי שֶׁאֵין אֵימָתָן עָלָיו. וְיֵשׁ לוֹ לִרְאוֹת בַּסֵּפֶר לְאוֹר הַנֵּר עַד שֶׁיִּרְאֶה רֹאשׁ הַפָּרָשָׁה שֶׁהוּא צָרִיךְ לְהַקְרוֹתָן. וְאַחַר כָּךְ נוֹתֵן הַסֵּפֶר בְּיָדָן וְהֵם קוֹרְאִין לְפָנָיו:

טז. כֵּלִים הַדּוֹמִים זֶה לָזֶה וְאֵינָן נִכָּרִין אֶלָּא בְּעִיּוּן הַרְבֵּה אָסוּר לְהַקְרִיבָן לְאוֹר הַנֵּר וּלְהַבְחִין בֵּינֵיהֶן שֶׁמָּא יִשְׁכַּח וְיַטֶּה. לְפִיכָךְ שַׁמָּשׁ שֶׁאֵינוֹ קָבוּעַ אָסוּר לוֹ לִבְדֹּק כּוֹסוֹת וּקְעָרוֹת לְאוֹר הַנֵּר מִפְּנֵי שֶׁאֵינוֹ מַכִּירָן. בֵּין בְּנֵר שֶׁל שֶׁמֶן זַיִת בֵּין בְּנֵר שֶׁל נֵפְט שֶׁאוֹרוֹ רַב. אֲבָל שַׁמָּשׁ קָבוּעַ מֻתָּר לוֹ לִבְדֹּק לְאוֹר הַנֵּר כּוֹסוֹת וּקְעָרוֹת מִפְּנֵי שֶׁאֵינוֹ צָרִיךְ עִיּוּן הַרְבֵּה. וְאִם הָיָה נֵר שֶׁל שֶׁמֶן זַיִת אֵין מוֹרִין לוֹ לִבְדֹּק וְאַף עַל פִּי שֶׁהוּא מֻתָּר, גְּזֵרָה שֶׁמָּא יִסְתַּפֵּק מִמֶּנּוּ:

יז. נֵר שֶׁאֲחוֹרֵי הַדֶּלֶת אָסוּר לִפְתֹּחַ הַדֶּלֶת וְלִנְעֹל כְּדַרְכּוֹ מִפְּנֵי שֶׁהוּא מְכַבֵּהוּ אֶלָּא יִזָּהֵר בְּשָׁעָה שֶׁפּוֹתֵחַ וּבְשָׁעָה שֶׁנּוֹעֵל. וְאָסוּר לִפְתֹּחַ אֶת הַדֶּלֶת כְּנֶגֶד הַמְּדוּרָה בְּשַׁבָּת כְּדֵי שֶׁתְּהֵא הָרוּחַ מְנַשֶּׁבֶת בָּהּ וְאַף עַל פִּי שֶׁאֵין שָׁם אֶלָּא רוּחַ מְצוּיָה. וּמַנִּיחִין הַנֵּר שֶׁל שַׁבָּת עַל גַּבֵּי אִילָן הַמְּחֻבָּר לַקַּרְקַע וְאֵינוֹ חוֹשֵׁשׁ:

יח. כָּל מְדִינוֹת וַעֲיָרוֹת שֶׁל יִשְׂרָאֵל תּוֹקְעִין בָּהֶן שֵׁשׁ תְּקִיעוֹת בְּעֶרֶב שַׁבָּת. וּבְמָקוֹם גָּבוֹהַּ הָיוּ תּוֹקְעִין כְּדֵי לְהַשְׁמִיעַ כָּל אַנְשֵׁי הַמְּדִינָה וְכָל אַנְשֵׁי הַמִּגְרָשׁ שֶׁלָּהּ:

יט. תְּקִיעָה רִאשׁוֹנָה נִמְנְעוּ הָעוֹמְדִים בַּשָּׂדוֹת מִלַּחֲרשׁ וּמִלַּעְדֵּר וּמִלַּעֲשׂוֹת מְלָאכָה שֶׁבַּשָּׂדֶה. וְאֵין הַקְּרוֹבִין רַשָּׁאִין לִכָּנֵס לָעִיר עַד שֶׁיָּבוֹאוּ רְחוֹקִים וְיִכָּנְסוּ כֻּלָּם בְּבַת אַחַת. וַעֲדַיִן הַחֲנֻיּוֹת פְּתוּחוֹת וְהַתְּרִיסִין מֻנָּחִין. הִתְחִיל לִתְקֹעַ שְׁנִיָּה נִסְתַּלְּקוּ הַתְּרִיסִין וְנִנְעֲלוּ הַחֲנֻיּוֹת. וַעֲדַיִן הַחַמִּין וְהַקְּדֵרוֹת מֻנָּחִין עַל גַּבֵּי כִּירָה. הִתְחִיל לִתְקֹעַ תְּקִיעָה שְׁלִישִׁית סִלֵּק הַמְסַלֵּק וְהִטְמִין הַמַּטְמִין וְהִדְלִיקוּ אֶת הַנֵּרוֹת וְשׁוֹהֶה כְּדֵי לִצְלוֹת דָּג קָטָן אוֹ כְּדֵי לְהַדְבִּיק פַּת בַּתַּנּוּר. וְתוֹקֵעַ וּמֵרִיעַ וְתוֹקֵעַ וְשׁוֹבֵת:

כ. תְּקִיעָה רִאשׁוֹנָה תּוֹקֵעַ אוֹתָהּ בַּמִּנְחָה. וְהַשְּׁלִישִׁית קָרוֹב לִשְׁקִיעַת הַחַמָּה. וְכֵן תּוֹקְעִין בְּמוֹצָאֵי שַׁבָּת אַחַר צֵאת הַכּוֹכָבִים לְהַתִּיר הָעָם לְמַעֲשֵׂיהֶן:

כא. יוֹם הַכִּפּוּרִים שֶׁחָל לִהְיוֹת בְּעֶרֶב שַׁבָּת לֹא הָיוּ תּוֹקְעִין. חָל לִהְיוֹת בְּמוֹצָאֵי שַׁבָּת לֹא תּוֹקְעִין וְלֹא מַבְדִּילִין. יוֹם טוֹב שֶׁחָל לִהְיוֹת בְּעֶרֶב שַׁבָּת תּוֹקְעִין וְלֹא מַבְדִּילִין. חָל לִהְיוֹת לְאַחַר הַשַּׁבָּת מַבְדִּילִין וְלֹא תּוֹקְעִין:

Perek 6

Indirect Work.

Work done in an indirect way for a Jew by a Gentile.

It is forbidden to tell a gentile to do work for one's benefit on *Shabbat* – *Derabanan.*

Even if a Gentile performs a forbidden labour of his own accord for a Jew, it is forbidden to benefit from that labour on *Shabbat.* He can benefit on *motzi Shabbat* but he must wait for the time it would take to do that labour.

If the Gentile performed forbidden work on *Shabbat* for his own sake alone, then a Jew can benefit from it even on *Shabbat* e.g. If gentile lowers a ramp from a ship for himself on *Shabbat*, a Jew may also use it.

If a Jew makes a contract with a Gentile to do for him a particular *melachah* and pays him per month, the Gentile could work on *Shabbat* because it is as if he is working for his own benefit. However, if the work he does is visible to the public, it is not allowed (because people may presume that the Jew asked the Gentile to work on *Shabbat*)

One can invite a Gentile for a meal on *Shabbat*, and in this case, it is permissible for the Gentile to walk out of the house carrying food.

פרק ו׳

א. אָסוּר לוֹמַר לְנָכְרִי לַעֲשׂוֹת לָנוּ מְלָאכָה בְּשַׁבָּת אַף עַל פִּי שֶׁאֵינוֹ מְצֻוֶּה עַל הַשַּׁבָּת. וְאַף עַל פִּי שֶׁאָמַר לוֹ מִקֹּדֶם הַשַּׁבָּת. וְאַף עַל פִּי שֶׁאֵינוֹ צָרִיךְ לְאוֹתָהּ מְלָאכָה אֶלָּא לְאַחַר הַשַּׁבָּת. וְדָבָר זֶה אָסוּר מִדִּבְרֵי סוֹפְרִים כְּדֵי שֶׁלֹּא תִּהְיֶה שַׁבָּת קַלָּה בְּעֵינֵיהֶן וְיָבוֹאוּ לַעֲשׂוֹת בְּעַצְמָן:

ב. נָכְרִי שֶׁעָשָׂה מְלָאכָה מֵעַצְמוֹ בְּשַׁבָּת אִם בִּשְׁבִיל יִשְׂרָאֵל עָשָׂה אוֹתָהּ אָסוּר לֵהָנוֹת בְּאוֹתָהּ מְלָאכָה עַד מוֹצָאֵי שַׁבָּת וְיַמְתִּין בִּכְדֵי שֶׁתֵּעָשֶׂה. וְהוּא שֶׁלֹּא יְהֵא הַדָּבָר בְּפַרְהֶסְיָא עַד שֶׁיֵּדְעוּ בּוֹ רַבִּים שֶׁדָּבָר זֶה בִּשְׁבִיל פְּלוֹנִי הוּא נַעֲשָׂה בְּשַׁבָּת. וְאִם בִּשְׁבִיל עַצְמוֹ בִּלְבַד עָשָׂה מֻתָּר לֵהָנוֹת בָּהּ בְּשַׁבָּת:

ג. כֵּיצַד. נָכְרִי שֶׁהִדְלִיק אֶת הַנֵּר מִשְׁתַּמֵּשׁ לְאוֹרוֹ יִשְׂרָאֵל וְאִם בִּשְׁבִיל יִשְׂרָאֵל אָסוּר. עָשָׂה נָכְרִי כֶּבֶשׁ לֵירֵד בּוֹ מִן הַסְּפִינָה יֵרֵד אַחֲרָיו יִשְׂרָאֵל וְאִם בִּשְׁבִיל יִשְׂרָאֵל אָסוּר. מִלֵּא מַיִם לְהַשְׁקוֹת בְּהֶמְתּוֹ מַשְׁקֶה אַחֲרָיו יִשְׂרָאֵל וְאִם בִּשְׁבִיל יִשְׂרָאֵל אָסוּר. לִקֵּט עֲשָׂבִים לְהַאֲכִיל לִבְהֶמְתּוֹ מַנִּיחַ יִשְׂרָאֵל בְּהֶמְתּוֹ לֶאֱכֹל מֵהֶן. וְהוּא שֶׁלֹּא יְהֵא אוֹתוֹ הַנָּכְרִי מַכִּיר לְאוֹתוֹ יִשְׂרָאֵל שֶׁמָּא יַרְבֶּה בִּמְלַאכְתּוֹ בִּשְׁבִילוֹ וְנִמְצָא עוֹשֶׂה בִּשְׁבִיל יִשְׂרָאֵל. וְכֵן כָּל דָּבָר שֶׁאֶפְשָׁר לְהַרְבּוֹת בּוֹ לֹא יֵהָנֶה בּוֹ בְּשַׁבָּת אֶלָּא אִם כֵּן אֵינוֹ מַכִּירוֹ:

ד. אֲבָל דָּבָר שֶׁאֵין בּוֹ לְהַרְבּוֹת וּלְמַעֵט כְּגוֹן נֵר וְכֶבֶשׁ הוֹאִיל וְעָשָׂה בִּשְׁבִיל עַצְמוֹ נֶהֱנֶה אַחֲרָיו יִשְׂרָאֵל בְּשַׁבָּת וְאַף עַל פִּי שֶׁהוּא מַכִּירוֹ. נֵר הַדָּלוּק בִּמְסִבָּה בְּשַׁבָּת. אִם רֹב יִשְׂרָאֵל אָסוּר לְהִשְׁתַּמֵּשׁ לְאוֹרָהּ שֶׁהַמַּדְלִיק עַל דַּעַת הָרֹב מַדְלִיק. וְאִם רֹב נָכְרִים מֻתָּר לְהִשְׁתַּמֵּשׁ לְאוֹרָהּ. מֶחֱצָה לְמֶחֱצָה אָסוּר. נָפְלָה דְּלֵקָה בְּשַׁבָּת וּבָא נָכְרִי לְכַבּוֹת אֵין אוֹמְרִין לוֹ כַּבֵּה וְאַל תְּכַבֶּה מִפְּנֵי שֶׁאֵין שְׁבִיתָתוֹ עָלֵינוּ. וְכֵן כָּל כַּיּוֹצֵא בָּזֶה:

ה. מֵת שֶׁעָשׂוּ לוֹ נָכְרִים אָרוֹן וְחָפְרוּ לוֹ קֶבֶר בְּשַׁבָּת אוֹ הֵבִיאוּ לוֹ חֲלִילִין לִסְפֹּד בָּהֶן. אִם בִּצְנְעָה יַמְתִּין בִּכְדֵי שֶׁיֵּעָשׂוּ לְמוֹצָאֵי שַׁבָּת וְיִקָּבֵר בּוֹ. וְאִם הָיָה הַקֶּבֶר בִּסְרַטְיָא גְּדוֹלָה וְהָאָרוֹן עַל גַּבָּיו וְכָל הָעוֹבְרִין וְהַשָּׁבִין אוֹמְרִים שֶׁזֶּה שֶׁהַנָּכְרִים עוֹשִׂין עַכְשָׁו בְּשַׁבָּת לִפְלוֹנִי הוּא. הֲרֵי זֶה לֹא יִקָּבֵר בּוֹ אוֹתוֹ יִשְׂרָאֵל עוֹלָמִית. מִפְּנֵי שֶׁהוּא בְּפַרְהֶסְיָא. וּמֻתָּר לִקָּבֵר בּוֹ יִשְׂרָאֵל אַחֵר וְהוּא שֶׁיַּמְתִּין בִּכְדֵי שֶׁיֵּעָשֶׂה. וְכֵן כָּל כַּיּוֹצֵא בָּזֶה:

ו. נָכְרִי שֶׁהֵבִיא חֲלִילִין בְּשַׁבָּת לְמֵת אַף עַל פִּי שֶׁהֱבִיאָן מִצַּד הַחוֹמָה יַמְתִּין לְמוֹצָאֵי שַׁבָּת בִּכְדֵי שֶׁיָּבוֹא מִמָּקוֹם קָרוֹב וְאַחַר כָּךְ יִסְפְּדוּ בָּהֶן. שֶׁמָּא בַּלַּיְלָה הֱבִיאוּם מִמָּקוֹם אַחֵר עַד הַחוֹמָה וּבַבֹּקֶר נִכְנְסוּ בָּהֶן. וְאִם יָדַע בְּוַדַּאי שֶׁמִּמָּקוֹם פְּלוֹנִי הֱבִיאוּם בְּשַׁבָּת יַמְתִּין בִּכְדֵי שֶׁיָּבוֹאוּ מֵאוֹתוֹ מָקוֹם אַחַר הַשַּׁבָּת. וְהוּא שֶׁלֹּא יְהֵא הַדָּבָר בִּסְרַטְיָא גְּדוֹלָה כְּמוֹ שֶׁאָמַרְנוּ:

ז. עִיר שֶׁיִּשְׂרָאֵל וְנָכְרִים דָּרִין בְּתוֹכָהּ וְהָיְתָה בָּהּ מֶרְחָץ הַמַּרְחֶצֶת בְּשַׁבָּת. אִם רֹב נָכְרִים מֻתָּר לִרְחֹץ בָּהּ לְמוֹצָאֵי שַׁבָּת מִיָּד. וְאִם רֹב יִשְׂרָאֵל יַמְתִּין בִּכְדֵי שֶׁיֵּחַמּוּ חַמִּין. שֶׁבִּשְׁבִיל הָרֹב הוּחַמּוּ. מֶחֱצָה לְמֶחֱצָה יַמְתִּין בִּכְדֵי שֶׁיֵּחַמּוּ חַמִּין. וְכֵן כָּל כַּיּוֹצֵא בָּזֶה:

ח. יִשְׂרָאֵל שֶׁאָמַר לְנָכְרִי לַעֲשׂוֹת לוֹ מְלָאכָה זוֹ בְּשַׁבָּת אַף עַל פִּי שֶׁעָבַר וּמַכִּין אוֹתוֹ מַכַּת מַרְדּוּת מֻתָּר לוֹ לֵהָנוֹת בְּאוֹתָהּ מְלָאכָה לָעֶרֶב אַחַר שֶׁיַּמְתִּין בִּכְדֵי שֶׁתֵּעָשֶׂה. וְלֹא אָסְרוּ בְּכָל מָקוֹם עַד שֶׁיַּמְתִּין בִּכְדֵי שֶׁיֵּעָשׂוּ אֶלָּא מִפְּנֵי דָּבָר זֶה. שֶׁאִם תֹּאמַר יְהֵא מֻתָּר מִיָּד שֶׁמָּא יֹאמַר לְנָכְרִי לַעֲשׂוֹת לוֹ וְיִמְצָא הַדָּבָר מוּכָן מִיָּד. וְכֵיוָן שֶׁאָסְרוּ עַד שֶׁיַּמְתִּין בִּכְדֵי שֶׁיֵּעָשׂוּ לֹא יֹאמַר לְנָכְרִי לַעֲשׂוֹת לוֹ שֶׁהֲרֵי אֵינוֹ מִשְׂתַּכֵּר כְּלוּם מִפְּנֵי שֶׁהוּא מִתְעַכֵּב לָעֶרֶב בִּכְדֵי שֶׁיֵּעָשֶׂה דָּבָר זֶה שֶׁנַּעֲשָׂה בְּשַׁבָּת:

ט. דָּבָר שֶׁאֵינוֹ מְלָאכָה וְאֵין אָסוּר לַעֲשׂוֹתוֹ בְּשַׁבָּת אֶלָּא מִשּׁוּם שְׁבוּת מֻתָּר לְיִשְׂרָאֵל לוֹמַר לְנָכְרִי לַעֲשׂוֹתוֹ בְּשַׁבָּת. וְהוּא שֶׁיִּהְיֶה שָׁם מִקְצָת חֹלִי אוֹ יִהְיֶה צָרִיךְ לַדָּבָר צֹרֶךְ הַרְבֵּה אוֹ מִפְּנֵי מִצְוָה:

י. כֵּיצַד. אוֹמֵר יִשְׂרָאֵל לְנָכְרִי בְּשַׁבָּת לַעֲלוֹת בָּאִילָן אוֹ לָשׁוּט עַל פְּנֵי הַמַּיִם כְּדֵי לְהָבִיא לוֹ שׁוֹפָר. אוֹ סַכִּין לְמִילָה. אוֹ מֵבִיא לוֹ מֵחָצֵר לְחָצֵר שֶׁאֵין עֵרוּב בֵּינֵיהֶן מַיִם חַמִּין לְהַרְחִיץ בָּהֶם קָטָן וּמִצְטַעֵר. וְכֵן כָּל כַּיּוֹצֵא בָּזֶה:

יא. הַלּוֹקֵחַ בַּיִת בְּאֶרֶץ יִשְׂרָאֵל מִן הַנָּכְרִי מֻתָּר לוֹ לוֹמַר לַנָּכְרִי לִכְתֹּב לוֹ שְׁטָר בְּשַׁבָּת. שֶׁאֲמִירָה לְנָכְרִי בְּשַׁבָּת אֲסוּרָה מִדִּבְרֵיהֶם וּמִשּׁוּם יִשּׁוּב אֶרֶץ יִשְׂרָאֵל לֹא גָּזְרוּ בְּדָבָר זֶה. וְכֵן הַלּוֹקֵחַ בַּיִת מֵהֶם בְּסוּרְיָא, שֶׁסּוּרְיָא כְּאֶרֶץ יִשְׂרָאֵל לְדָבָר זֶה:

יב. פּוֹסֵק אָדָם עִם הַנָּכְרִי עַל הַמְּלָאכָה וְקוֹצֵץ דָּמִים וְהַנָּכְרִי עוֹשֶׂה לְעַצְמוֹ וְאַף עַל פִּי שֶׁהוּא עוֹשֶׂה בְּשַׁבָּת מֻתָּר. וְכֵן הַשּׂוֹכֵר אֶת הַנָּכְרִי לְיָמִים הַרְבֵּה מֻתָּר אַף עַל פִּי שֶׁהוּא עוֹשֶׂה בְּשַׁבָּת. כֵּיצַד. כְּגוֹן שֶׁשָּׂכַר הַנָּכְרִי לְשָׁנָה אוֹ לִשְׁתַּיִם שֶׁיִּכְתֹּב לוֹ אוֹ שֶׁיֶּאֱרֹג לוֹ. הֲרֵי זֶה כּוֹתֵב וְאוֹרֵג בְּשַׁבָּת וּמֻתָּר כְּאִלּוּ קָצַץ עִמּוֹ שֶׁיִּכְתֹּב לוֹ סֵפֶר אוֹ שֶׁיֶּאֱרֹג לוֹ בֶּגֶד שֶׁהוּא עוֹשֶׂה בְּכָל עֵת שֶׁיִּרְצֶה. וְהוּא שֶׁלֹּא יַחְשֹׁב עִמּוֹ יוֹם יוֹם:

יג. בַּמֶּה דְּבָרִים אֲמוּרִים בִּצְנְעָה שֶׁאֵין מַכִּירִים הַכֹּל שֶׁזּוֹ הַמְּלָאכָה הַנַּעֲשֵׂית בְּשַׁבָּת שֶׁל יִשְׂרָאֵל הִיא. אֲבָל אִם הָיְתָה יְדוּעָה וּגְלוּיָה וּמְפֻרְסֶמֶת אֲסוּרָה שֶׁהָרוֹאֶה אֶת הַנָּכְרִי עוֹסֵק אֵינוֹ יוֹדֵעַ שֶׁקָּצַץ וְאוֹמֵר שֶׁפְּלוֹנִי שָׂכַר הַנָּכְרִי לַעֲשׂוֹת לוֹ מְלָאכָה בְּשַׁבָּת:

יד. לְפִיכָךְ הַפּוֹסֵק עִם הַנָּכְרִי לִבְנוֹת לוֹ חֲצֵרוֹ אוֹ כָּתְלוֹ אוֹ לִקְצֹר אֶת שָׂדֵהוּ אוֹ שֶׁשְּׂכָרוֹ שָׁנָה אוֹ שְׁתַּיִם לִבְנוֹת לוֹ חָצֵר אוֹ לִטַּע לוֹ כֶּרֶם. אִם הָיְתָה הַמְּלָאכָה בַּמְּדִינָה אוֹ בְּתוֹךְ הַתְּחוּם אָסוּר לוֹ לְהַנִּיחָן לַעֲשׂוֹת בְּשַׁבָּת מִפְּנֵי הָרוֹאִים שֶׁאֵינָם יוֹדְעִים שֶׁפָּסַק. וְאִם הָיְתָה הַמְּלָאכָה חוּץ לַתְּחוּם מֻתָּר שֶׁאֵין שָׁם יִשְׂרָאֵל שֶׁיִּרְאֶה אֶת הַפּוֹעֲלִין כְּשֶׁהֵן עוֹשִׂין בְּשַׁבָּת:

טו. וְכֵן מֻתָּר לְאָדָם לְהַשְׂכִּיר כַּרְמוֹ אוֹ שָׂדֵהוּ לְנָכְרִי אַף עַל פִּי שֶׁהוּא זוֹרְעָן וְנוֹטְעָן בְּשַׁבָּת. שֶׁהָרוֹאֶה יוֹדֵעַ שֶׁשְּׂכוּרִין הֵן אוֹ בַּאֲרִיסוּת נָתַן לָהֶן. וְדָבָר שֶׁשֵּׁם יִשְׂרָאֵל בְּעָלָיו קָרוּי עָלָיו וְאֵין דֶּרֶךְ רֹב אַנְשֵׁי אוֹתוֹ הַמָּקוֹם לְהַשְׂכִּירוֹ אוֹ לִתְּנוֹ בַּאֲרִיסוּת אָסוּר לְהַשְׂכִּירוֹ לְנָכְרִי. מִפְּנֵי שֶׁהַנָּכְרִי עוֹשֶׂה בְּאוֹתוֹ הַמָּקוֹם מְלָאכָה בְּשַׁבָּת וְהוּא נִקְרָא עַל שֵׁם הַיִּשְׂרָאֵל בְּעָלָיו:

טז. מֻתָּר לְהַשְׁאִיל כֵּלִים וּלְהַשְׂכִּירָן לְנָכְרִי וְאַף עַל פִּי שֶׁהוּא עוֹשֶׂה בָּהֶן מְלָאכָה בְּשַׁבָּת מִפְּנֵי שֶׁאֵין אָנוּ מְצֻוִּים עַל שְׁבִיתַת הַכֵּלִים. אֲבָל בְּהֶמְתּוֹ וְעַבְדּוֹ אָסוּר מִפְּנֵי שֶׁאָנוּ מְצֻוִּין עַל שְׁבִיתַת בְּהֵמָה וְעֶבֶד:

יז. הַמִּשְׁתַּתֵּף עִם הַנָּכְרִי בִּמְלָאכָה אוֹ בִּסְחוֹרָה אוֹ בַּחֲנוּת. אִם הִתְנוּ בַּתְּחִלָּה שֶׁיִּהְיֶה שְׂכַר הַשַּׁבָּת לַנָּכְרִי לְבַדּוֹ אִם מְעַט אִם הַרְבֵּה וּשְׂכַר יוֹם אַחֵר כְּנֶגֶד יוֹם הַשַּׁבָּת לְיִשְׂרָאֵל לְבַדּוֹ מֻתָּר. וְאִם לֹא הִתְנוּ בַּתְּחִלָּה. כְּשֶׁיָּבוֹאוּ לַחֲלֹק נוֹטֵל הַנָּכְרִי שְׂכַר הַשַּׁבָּתוֹת כֻּלָּן לְבַדּוֹ וְהַשְּׁאָר חוֹלְקִין אוֹתוֹ. וְאֵינוֹ מוֹסִיף לוֹ כְּלוּם כְּנֶגֶד יוֹם הַשַּׁבָּת אֶלָּא אִם כֵּן הִתְנוּ בַּתְּחִלָּה. וְכֵן אִם קִבְּלוּ שָׂדֶה בְּשֻׁתָּפוּת דִּין אֶחָד הוּא:

יח. וְאִם לֹא הִתְנוּ וּבָאוּ לַחֲלֹק הַשָּׂכָר וְלֹא הָיָה שְׂכַר שַׁבָּת יָדוּעַ יֵרָאֶה לִי שֶׁהַנָּכְרִי נוֹטֵל לְבַדּוֹ שְׁבִיעִית הַשָּׂכָר וְהַשְּׁאָר חוֹלְקִין. הַנּוֹתֵן מָעוֹת לְנָכְרִי לְהִתְעַסֵּק בָּהֶן אַף עַל פִּי שֶׁהַנָּכְרִי נוֹשֵׂא וְנוֹתֵן בְּשַׁבָּת חוֹלֵק עִמּוֹ בַּשָּׂכָר בְּשָׁוֶה וְכֵן הוֹרוּ כָּל הַגְּאוֹנִים:

יט. לֹא יִתֵּן אָדָם בְּעֶרֶב שַׁבָּת כֵּלִים לְאֻמָּן נָכְרִי לַעֲשׂוֹתָן אַף עַל פִּי שֶׁפָּסַק עִמּוֹ. אֶלָּא בִּכְדֵי שֶׁיֵּצֵא בָּהֶן מִבֵּיתוֹ קֹדֶם שֶׁחֲשֵׁכָה. וְכֵן לֹא יִמְכֹּר אָדָם חֲפָצָיו לְנָכְרִי וְלֹא יַשְׁאִילֶנּוּ וְלֹא יַלְוֶנּוּ וְלֹא יְמַשְׁכְּנֶנּוּ וְלֹא יִתֵּן לוֹ בְּמַתָּנָה אֶלָּא בִּכְדֵי שֶׁיֵּצֵא בְּאוֹתוֹ חֵפֶץ מִפֶּתַח בֵּיתוֹ קֹדֶם הַשַּׁבָּת. שֶׁכָּל זְמַן שֶׁהוּא בְּבֵיתוֹ אֵין אָדָם יוֹדֵעַ אֵימָתַי נָתַן לוֹ וּכְשֶׁיֵּצֵא הַנָּכְרִי מִבֵּיתוֹ בְּשַׁבָּת וְחֵפֶץ יִשְׂרָאֵל בְּיָדוֹ יֵרָאֶה כְּמִי שֶׁהִלְוָהוּ לַנָּכְרִי אוֹ מִשְׁכְּנוֹ אוֹ פָּסַק עִמּוֹ אוֹ מָכַר לוֹ בְּשַׁבָּת:

כ. הַנּוֹתֵן אִגֶּרֶת לְנָכְרִי לְהוֹלִיכָהּ לְעִיר אַחֶרֶת אִם קָצַץ

עִמּוֹ שְׂכַר הוֹלָכָה מֻתָּר. וַאֲפִלּוּ נְתָנָהּ לוֹ עֶרֶב שַׁבָּת עִם חֲשֵׁכָה. וְהוּא שֶׁיֵּצֵא בָּהּ מִפֶּתַח בֵּיתוֹ קֹדֶם הַשַּׁבָּת. וְאִם לֹא קָצַץ אִם יֵשׁ בַּמְּדִינָה אָדָם קָבוּעַ שֶׁהוּא מְקַבֵּץ הָאִגְּרוֹת וְשׁוֹלֵחַ אוֹתָם לְכָל מְדִינָה וּמְדִינָה עִם שְׁלוּחָיו מֻתָּר לִתֵּן לַנָּכְרִי הָאִגֶּרֶת. וְהוּא שֶׁיִּהְיֶה שְׁהוּת בַּיּוֹם כְּדֵי שֶׁיַּגִּיעַ לַבַּיִת הַסָּמוּךְ לַחוֹמָה קֹדֶם הַשַּׁבָּת. שֶׁמָּא זֶה שֶׁמְּקַבֵּל הָאִגְּרוֹת וְשׁוֹלְחָן בֵּיתוֹ סָמוּךְ לַחוֹמָה הוּא. וְאִם אֵין שָׁם אָדָם קָבוּעַ לְכָךְ אֶלָּא הַנָּכְרִי שֶׁנּוֹתְנִין לוֹ הָאִגֶּרֶת הוּא שֶׁמּוֹלִיכָהּ לְעִיר אַחֶרֶת אָסוּר לִשְׁלֹחַ בְּיַד נָכְרִי הָאִגֶּרֶת לְעוֹלָם אֶלָּא אִם כֵּן קָצַץ לוֹ דָּמִים:

כא. נָכְרִי שֶׁהֵבִיא חֲפָצָיו בְּשַׁבָּת וְהִכְנִיסָן לְבֵית יִשְׂרָאֵל מֻתָּר. וַאֲפִלּוּ אָמַר לוֹ הַנִּיחָן בְּזָוִית זוֹ הֲרֵי זֶה מֻתָּר. וּמְזַמְּנִין אֶת הַנָּכְרִי בְּשַׁבָּת וְנוֹתְנִין לְפָנָיו מְזוֹנוֹת לְאָכְלָן. וְאִם נְטָלָן וְיָצָא אֵין נִזְקָקִין לוֹ מִפְּנֵי שֶׁאֵין שְׁבִיתָתוֹ עָלֵינוּ. וְכֵן נוֹתְנִין מְזוֹנוֹת לִפְנֵי הַכֶּלֶב בֶּחָצֵר וְאִם נְטָלָן וְיָצָא אֵין נִזְקָקִין לוֹ:

כב. מִי שֶׁהָיָה בָּא בַּדֶּרֶךְ וְקָדַשׁ עָלָיו הַיּוֹם וְהָיוּ עִמּוֹ מָעוֹת נוֹתֵן כִּיסוֹ לְנָכְרִי לְהוֹלִיכוֹ לוֹ וּלְמוֹצָאֵי שַׁבָּת לוֹקְחוֹ מִמֶּנּוּ. וְאַף עַל פִּי שֶׁלֹּא נָתַן לוֹ שָׂכָר עַל זֶה. וְאַף עַל פִּי שֶׁנְּתָנוֹ לוֹ מִשֶּׁחֲשֵׁכָה מֻתָּר מִפְּנֵי שֶׁאָדָם בָּהוּל עַל מָמוֹנוֹ וְאִי אֶפְשָׁר שֶׁיַּשְׁלִיכֶנּוּ. וְאִם לֹא תַּתִּיר לוֹ דָּבָר זֶה שֶׁאֵין אִסּוּרוֹ אֶלָּא מִדִּבְרֵי סוֹפְרִים יָבוֹא לַהֲבִיאוֹ בְּיָדוֹ וְעוֹבֵר עַל מְלָאכָה שֶׁל תּוֹרָה. בַּמֶּה דְּבָרִים אֲמוּרִים בְּכִיסוֹ אֲבָל מְצִיאָה לֹא יִתֵּן לַנָּכְרִי אֶלָּא מוֹלִיכָהּ בְּפָחוֹת פָּחוֹת מֵאַרְבַּע אַמּוֹת:

כג. יִשְׂרָאֵל שֶׁעָשָׂה מְלָאכָה בְּשַׁבָּת אִם עָבַר וְעָשָׂה בְּזָדוֹן אָסוּר לוֹ לֵהָנוֹת בְּאוֹתָהּ מְלָאכָה לְעוֹלָם. וּשְׁאָר יִשְׂרָאֵל מֻתָּר לָהֶם לֵהָנוֹת בָּהּ לְמוֹצָאֵי שַׁבָּת מִיָּד שֶׁנֶּאֱמַר (שמות לא יד) "וּשְׁמַרְתֶּם אֶת הַשַּׁבָּת כִּי קֹדֶשׁ הִיא", הִיא קֹדֶשׁ וְאֵין מַעֲשֶׂיהָ קֹדֶשׁ. כֵּיצַד. יִשְׂרָאֵל שֶׁבִּשֵּׁל בְּשַׁבָּת בְּמֵזִיד. לְמוֹצָאֵי שַׁבָּת יֵאָכֵל לַאֲחֵרִים אֲבָל לוֹ לֹא יֵאָכֵל עוֹלָמִית. וְאִם בִּשֵּׁל בִּשְׁגָגָה לְמוֹצָאֵי שַׁבָּת יֹאכַל בֵּין הוּא בֵּין אֲחֵרִים מִיָּד. וְכֵן כָּל כַּיּוֹצֵא בָּזֶה:

כד. פֵּרוֹת שֶׁיָּצְאוּ חוּץ לַתְּחוּם וְחָזְרוּ. בְּשׁוֹגֵג יֵאָכְלוּ בְּשַׁבָּת שֶׁהֲרֵי לֹא נַעֲשָׂה בְּגוּפָן מַעֲשֶׂה וְלֹא נִשְׁתַּנּוּ. בְּמֵזִיד לֹא יֵאָכְלוּ עַד מוֹצָאֵי שַׁבָּת:

כה. הַשּׂוֹכֵר אֶת הַפּוֹעֵל לִשְׁמֹר לוֹ אֶת הַפָּרָה וְאֶת הַתִּינוֹק לֹא יִתֵּן לוֹ שְׂכָרוֹ שֶׁל שַׁבָּת. לְפִיכָךְ אֵין אַחֲרָיוּת שַׁבָּת עָלָיו. וְאִם הָיָה הַשָּׂכִיר שְׂכִיר שַׁבָּת אוֹ שְׂכִיר שָׁנָה נוֹתֵן לוֹ שְׂכָרוֹ מְשֻׁלָּם. לְפִיכָךְ אַחֲרָיוּת שַׁבָּת עָלָיו. וְלֹא יֹאמַר לוֹ תֵּן לִי שְׂכָרִי שֶׁל שַׁבָּת אֶלָּא אוֹמֵר לוֹ תֵּן לִי שְׂכָרִי שֶׁל שָׁנָה אוֹ שֶׁל עֲשָׂרָה יָמִים:

Perek 7

Definition of work.

There are 39 (sometimes referred to as 40-1) categories of forbidden work on *Shabbat*. These are called *avot melachot*. (The fathers).

These *av melachot* are derived from the categories of work that were performed on the *mishkan* i.e. the Mini Temple which Mosheh built after coming out of *Mitzrayim*.

On *Shabbat*, no work took place on the *mishkan*. From these 39 *melachot* (which were performed on the *mishkan*) we derive all the works which we are forbidden to do on *Shabbat*.

The 39 *av melachot* are as follows:

(The 4 categories set out below is an opinion but not as set out in the *Mishneh Torah*)

WORK NEEDED IN *MISHKAN* FOR BREAD OR DYES **(11)**

Charishah – Ploughing

Zeriah – Sowing

Ketzirah – Reaping

Imur – Sheaf gathering (Bundling)

Dishah – Threshing (Extracting produce from stalks or its 'shell')

Zeriah – Winnowing (To separate grain from chaff)

Berirah – Separating (To remove debris from grain)

Techinah – Grinding

Harkadah – Sifting

Lishah – Kneading

Afiyah – Baking. This includes cooking and softening or hardening an entity with fire.

WORK NEEDED IN *MISHKAN* FOR MATERIAL CURTAINS **(13)**

Gezizah – Shearing

Libun – Whitening wool, linen etc.

Niputz – Beating of fabric to produce threads

Tzeviyah – Dyeing of threads

Teviyah – Spinning

Asiyat Hanirin – Heddles (a process of weaving)

Nesachat Hamasechah – Warp (Process of weaving)

Arigah – Weaving – Final process of weaving

Betziah – Undoing weave

Kesherah – Tying a knot

Hatarah – Untying

Tefirah – Sewing

Kriyah – Tearing of a fabric

WORK NEEDED IN *MISHKAN* FOR LEATHER CURTAINS **(6)**

Tzidah – Trapping of living creature

Shechitah – Slaughtering

Hafshatah – Skinning

Haavadah – Processing hides

Mechikat Haor – Smoothing hides. Hair removal

Chitucho – Cutting leather

WORK NEEDED IN *MISHKAN* FOR CONSTRUCTION OF BUILDING OF *MISHKAN* **(9)**

Binyan – Building

Stirah – Demolishing (with the purpose to build. Destructive demolishing is not considered as work).

Makeh Bepatish – The final hammer blow. This refers to any finalization of an article.

Ketivah – Writing

Mechikah – Erasing

Shirtut – Ruling lines

Havarah – Enflame

Kibui – Extinguishing flame for a purpose.

Hotzaah mereshut lereshut – Transfers an item from one domain to another.

Meein melachah achat are categories of work which have the same single intent as the *av melachah* (e.g. sowing is *av* and pruning is *meein)*, or have the same activity (e.g. Ploughing is av and making groove in ground is *meein*)

Each *av* category has many subsidiary categories, called *toldot* (children).

These acts are only like the *av.* E.g. cutting up a vegetable into very thin slices is like the *av melachah* of grinding (the one act pulverises and the other cuts up, and the intent in the 2 cases may be different).

פרק ז׳

א. מְלָאכוֹת שֶׁחַיָּבִין עֲלֵיהֶן סְקִילָה וְכָרֵת בְּמֵזִיד אוֹ קָרְבַּן חַטָּאת בִּשְׁגָגָה. מֵהֶן אָבוֹת וּמֵהֶן תּוֹלָדוֹת. וּמִנְיַן כָּל אֲבוֹת מְלָאכוֹת אַרְבָּעִים חָסֵר אַחַת. וְאֵלּוּ הֵן. הַחֲרִישָׁה. וְהַזְּרִיעָה. וְהַקְּצִירָה. וְהָעִמּוּר. וְהַדִּישָׁה. וְהַזְּרִיָּה. וְהַבְּרִירָה. וְהַטְּחִינָה. וְהַהַרְקָדָה. וְהַלִּישָׁה. וְהָאֲפִיָּה. וְהַגְּזִיזָה. וְהַלִּבּוּן. וְהַנִּפּוּץ. וְהַצְּבִיעָה. וְהַטְּוִיָּה. וַעֲשִׂיַּת הַנִּירִין. וְהַנְּסָכַת הַמַּסֵּכָה. וְהָאֲרִיגָה. וְהַבְּצִיעָה. וְהַקְּשִׁירָה. וְהַהַתָּרָה. וְהַתְּפִירָה. וְהַקְּרִיעָה. וְהַבִּנְיָן. וְהַסְּתִירָה. וְהַכָּאָה בְּפַטִּישׁ. וְהַצֵּידָה. וְהַשְּׁחִיטָה. וְהַהַפְשָׁטָה. וְהַהַעֲבָדָה. וּמְחִיקַת הָעוֹר. וְחִתּוּכוֹ. וְהַכְּתִיבָה. וְהַמְּחִיקָה. וְהַשִּׂרְטוּט. וְהַהַבְעָרָה. וְהַכִּבּוּי. וְהַהוֹצָאָה מֵרְשׁוּת לִרְשׁוּת:

ב. כָּל אֵלּוּ הַמְּלָאכוֹת וְכָל שֶׁהוּא מֵעִנְיָנָם הֵם הַנִּקְרָאִין אֲבוֹת מְלָאכוֹת. כֵּיצַד הוּא עִנְיָנָן. אֶחָד הַחוֹרֵשׁ אוֹ הַחוֹפֵר אוֹ הָעוֹשֶׂה חָרִיץ הֲרֵי זֶה אַב מְלָאכָה. שֶׁכָּל אַחַת וְאַחַת מֵהֶן חֲפִירָה בַּקַּרְקַע וְעִנְיָן אֶחָד הוּא:

ג. וְכֵן הַזּוֹרֵעַ זְרָעִים אוֹ הַנּוֹטֵעַ אִילָנוֹת אוֹ הַמַּבְרִיךְ אִילָנוֹת אוֹ הַמַּרְכִּיב אוֹ הַזּוֹמֵר. כָּל אֵלּוּ אָב אֶחָד הֵן מֵאֲבוֹת מְלָאכוֹת וְעִנְיָן אֶחָד הוּא. שֶׁכָּל אַחַת מֵהֶן לְצַמֵּחַ דָּבָר הוּא מִתְכַּוֵּן:

ד. וְכֵן הַקּוֹצֵר תְּבוּאָה אוֹ קִטְנִית אוֹ הַבּוֹצֵר עֲנָבִים אוֹ הַגּוֹדֵר תְּמָרִים אוֹ הַמּוֹסֵק זֵיתִים אוֹ הָאוֹרֶה תְּאֵנִים. כָּל אֵלּוּ אַב מְלָאכָה אַחַת הֵן. שֶׁכָּל אַחַת מֵהֶן לַעֲקֹר דָּבָר מִגִּדּוּלָיו מִתְכַּוֵּן. וְעַל דֶּרֶךְ זוֹ שְׁאָר הָאָבוֹת:

ה. הַתּוֹלָדָה הִיא הַמְּלָאכָה הַדּוֹמָה לְאָב מֵאֵלּוּ הָאָבוֹת. כֵּיצַד. הַמְחַתֵּךְ אֶת הַיָּרָק מְעַט לְבַשְּׁלוֹ הֲרֵי זֶה חַיָּב שֶׁזּוֹ הַמְּלָאכָה תּוֹלֶדֶת טְחִינָה. שֶׁהַטּוֹחֵן לוֹקֵחַ גּוּף אֶחָד וּמְחַלְּקוֹ לְגוּפִים הַרְבֵּה. וְכָל הָעוֹשֶׂה דָּבָר הַדּוֹמֶה לָזֶה הֲרֵי זֶה תּוֹלֶדֶת טוֹחֵן. וְכֵן הַלּוֹקֵחַ לָשׁוֹן שֶׁל מַתֶּכֶת וְשָׁף אוֹתוֹ כְּדֵי לִקַּח מֵעֲפָרוֹ כְּדֶרֶךְ שֶׁעוֹשִׂים צוֹרְפֵי הַזָּהָב הֲרֵי זֶה תּוֹלֶדֶת טְחִינָה:

ו. וְכֵן הַלּוֹקֵחַ חָלָב וְנָתַן בּוֹ קֵיבָה כְּדֵי לְחָבְצוֹ הֲרֵי זֶה חַיָּב מִשּׁוּם תּוֹלֶדֶת בּוֹרֵר שֶׁהֲרֵי הִפְרִישׁ הַקּוֹם מִן הֶחָלָב. וְאִם גִּבְּנוֹ וַעֲשָׂהוּ גְּבִינָה חַיָּב מִשּׁוּם בּוֹנֶה. שֶׁכָּל הַמְקַבֵּץ חֵלֶק אֶל חֵלֶק וְדִבֵּק הַכֹּל עַד שֶׁיֵּעָשׂוּ גּוּף אֶחָד הֲרֵי זֶה דּוֹמֶה לְבִנְיָן. וְכֵן לְכָל מְלָאכָה וּמְלָאכָה מֵאֵלּוּ הָאָבוֹת יֵשׁ לָהֶן תּוֹלָדוֹת עַל דֶּרֶךְ זוֹ שֶׁאָמַרְנוּ. וּמִגּוּף הַמְּלָאכָה הַנַּעֲשֵׂית בְּשַׁבָּת תֵּדַע מֵעַיִן אֵי זֶה אָב הִיא וְתוֹלֶדֶת אֵי זֶה אָב הִיא:

ז. אֶחָד הָעוֹשֶׂה אָב מֵאֲבוֹת מְלָאכוֹת אוֹ תּוֹלָדָה מִן הַתּוֹלָדוֹת בְּמֵזִיד חַיָּב כָּרֵת. וְאִם בָּאוּ עֵדִים נִסְקָל. בְּשׁוֹגֵג חַיָּב חַטָּאת קְבוּעָה. אִם כֵּן מַה הֶפְרֵשׁ יֵשׁ בֵּין הָאָבוֹת וְהַתּוֹלָדוֹת. אֵין בֵּינֵיהֶן הֶפְרֵשׁ אֶלָּא לְעִנְיַן הַקָּרְבָּן בִּלְבַד. שֶׁהָעוֹשֶׂה בְּשׁוֹגֵג אִם עָשָׂה אָבוֹת הַרְבֵּה בְּהֶעְלֵם אֶחָד חַיָּב חַטָּאת אַחַת עַל כָּל אָב וְאָב. וְאִם עָשָׂה אָב וְתוֹלְדוֹתָיו בְּהֶעְלֵם אֶחָד אֵינוֹ חַיָּב אֶלָּא חַטָּאת אַחַת:

ח. כֵּיצַד. הֲרֵי שֶׁחָרַשׁ וְזָרַע וְקָצַר בְּשַׁבָּת בְּהֶעְלֵם אֶחָד חַיָּב שָׁלֹשׁ חַטָּאוֹת. וַאֲפִלּוּ עָשָׂה הָאַרְבָּעִים חָסֵר אַחַת בִּשְׁגָגָה כְּגוֹן שֶׁשָּׁכַח שֶׁאֵלּוּ הַמְּלָאכוֹת אֲסוּרוֹת לַעֲשׂוֹת בְּשַׁבָּת חַיָּב עַל כָּל מְלָאכָה וּמְלָאכָה חַטָּאת אַחַת. אֲבָל אִם טָחַן וְחָתַךְ הַיָּרָק וְשָׁף לָשׁוֹן שֶׁל מַתֶּכֶת בְּהֶעְלֵם אֶחָד אֵינוֹ חַיָּב אֶלָּא חַטָּאת אַחַת. שֶׁהֲרֵי לֹא עָשָׂה אֶלָּא אָב אֶחָד וְתוֹלְדוֹתָיו. וְכֵן כָּל כַּיּוֹצֵא בָּזֶה:

ט. הָעוֹשֶׂה מְלָאכוֹת הַרְבֵּה מֵעֵין מְלָאכָה אַחַת בְּהֶעְלֵם אֶחָד אֵינוֹ חַיָּב אֶלָּא חַטָּאת אַחַת. כֵּיצַד. הֲרֵי שֶׁזָּרַע וְנָטַע וְהִבְרִיךְ וְהִרְכִּיב וְזָמַר בְּהֶעְלֵם אֶחָד אֵינוֹ חַיָּב אֶלָּא חַטָּאת אַחַת שֶׁכֻּלָּן אָב אֶחָד הֵן. וְכֵן כָּל כַּיּוֹצֵא בָּזֶה:

Perek 8

Categories of work. (*Av Melachot*)

Reminder:
Pack on Weights and Measures

Ploughing, Sowing, Reaping, Gather into sheaves, Threshing, Winnowing, Sorting, Grinding, Sifting, Kneading

The *shiur* (measure) for which one is culpable for each *melachah* varies. This could be:

Kolshehu – even the slightest amount

Grogeret – size of dried fig = ⅓ size of egg

Pi gdi – amount necessary to fill the mouth of a young kid (Where animal consumption involved)

Levashel betzah – amount necessary to cook an egg (Where lighting a fire is involved)

Betzah – average size chicken egg

Pi cur – amount necessary to make a crucible for a gold smith

Sit – between thumb and first finger stretched. This is approx. two thirds of a *zeret*.

Zeret – between thumb and pinky stretched

Etzba – thumb-breadth

Tefach – hand breadth

Av melachah	Eg of *Meein Melachah* (has same intent or same action as *av*)	E.g. of *Toldah* (act is similar to *Av*)	*Shiur*	Explanation
Ploughing	Making a groove in ground (act is same)	Weeding	*Kol shehu*	
Sowing	Pruning (intention is same)	Watering	*Kol shehu*	
Reaping		Picking fruit	*Grogeret*	If picks for animals: *pi gdi* If picks for kindling: *levashel betzah*
Bundling into sheaves		Packs figs together		
Threshing grain		Milking cow	*Grogeret*	
Winnowing grain		Separating dregs from liquids	*Grogeret*	Winnowing, Sorting and Sifting resemble each other

Sorting grain			*Grogeret*	
Sifting grain			*Grogeret*	
Grinding grain		Crushes spices or herbs	*Grogeret*	
Kneads dough		Mixing cement	*Grogeret*	

פרק ח׳

א. הַחוֹרֵשׁ כָּל שֶׁהוּא חַיָּב. הַמְנַכֵּשׁ בְּעִקְּרֵי הָאִילָנוֹת וְהַמְקַרְסֵם עֲשָׂבִים אוֹ הַמְזָרֵד אֶת הַשָּׂרִיגִים כְּדֵי לְיַפּוֹת אֶת הַקַּרְקַע הֲרֵי זֶה תּוֹלֶדֶת חוֹרֵשׁ וּמִשֶּׁיַּעֲשֶׂה כָּל שֶׁהוּא חַיָּב. וְכֵן הַמַּשְׁוֶה פְּנֵי הַשָּׂדֶה כְּגוֹן שֶׁהִשְׁפִּיל הַתֵּל וְרִדְּדוֹ אוֹ מִלֵּא הַגַּיְא חַיָּב מִשּׁוּם חוֹרֵשׁ. וְשִׁעוּרוֹ כָּל שֶׁהוּא. וְכֵן כָּל הַמַּשְׁוֶה גֻּמּוֹת שִׁעוּרוֹ כָּל שֶׁהוּא:

ב. הַזּוֹרֵעַ כָּל שֶׁהוּא חַיָּב. הַזּוֹמֵר אֶת הָאִילָן כְּדֵי שֶׁיִּצְמַח הֲרֵי זֶה מֵעֵין זוֹרֵעַ. אֲבָל הַמַּשְׁקֶה צְמָחִין וְאִילָנוֹת בְּשַׁבָּת הֲרֵי זֶה תּוֹלֶדֶת זוֹרֵעַ וְחַיָּב בְּכָל שֶׁהוּא. וְכֵן הַשּׁוֹרֶה חִטִּין וּשְׂעוֹרִין וְכַיּוֹצֵא בָּהֶן בְּמַיִם הֲרֵי זֶה תּוֹלֶדֶת זוֹרֵעַ וְחַיָּב בְּכָל שֶׁהוּא:

ג. הַקּוֹצֵר כִּגְרוֹגֶרֶת חַיָּב. וְתוֹלֵשׁ תּוֹלֶדֶת קוֹצֵר הוּא. וְכָל הָעוֹקֵר דָּבָר מִגִּדּוּלוֹ חַיָּב מִשּׁוּם קוֹצֵר. לְפִיכָךְ צְרוֹר שֶׁעָלוּ בּוֹ עֲשָׂבִים וּכְשׁוּת שֶׁעָלָה בִּסְנֶה וַעֲשָׂבִים שֶׁצָּמְחוּ עַל גַּב הֶחָבִית. הַתּוֹלֵשׁ מֵהֶן חַיָּב שֶׁזֶּה הוּא מְקוֹם גִּדּוּלָן. אֲבָל הַתּוֹלֵשׁ מֵעָצִיץ שֶׁאֵינוֹ נָקוּב פָּטוּר מִפְּנֵי שֶׁאֵין זֶה מְקוֹם גִּדּוּלוֹ. וְעָצִיץ נָקוּב בִּכְדֵי שֹׁרֶשׁ קָטָן הֲרֵי הוּא כָּאָרֶץ וְהַתּוֹלֵשׁ מִמֶּנּוּ חַיָּב:

ד. כָּל זֶרַע שֶׁקְּצִירָתוֹ מַצְמַחַת אוֹתוֹ וּמְגַדַּלְתּוֹ כְּגוֹן אַסְפַּסְתָּא וְסִלְקָא. הַקּוֹצְרוֹ בִּשְׁגָגָה חַיָּב שְׁתֵּי חַטָּאוֹת. אַחַת מִפְּנֵי שֶׁהוּא קוֹצֵר וְאַחַת מִפְּנֵי שֶׁהוּא נוֹטֵעַ. וְכֵן הַזּוֹמֵר וְהוּא צָרִיךְ לָעֵצִים חַיָּב מִשּׁוּם קוֹצֵר וּמִשּׁוּם נוֹטֵעַ. גַּבְשׁוּשִׁית שֶׁל עָפָר שֶׁעָלוּ בָּהּ עֲשָׂבִים, הִגְבִּיהָהּ מֵעַל הָאָרֶץ וְהִנִּיחָהּ עַל גַּבֵּי יְתֵדוֹת חַיָּב מִשּׁוּם תּוֹלֵשׁ. הָיְתָה עַל גַּבֵּי יְתֵדוֹת וְהִנִּיחָהּ עַל הָאָרֶץ חַיָּב מִשּׁוּם זוֹרֵעַ. תְּאֵנִים שֶׁיָּבְשׁוּ בְּאִבֵּיהֶן וְכֵן אִילָן שֶׁיָּבְשׁוּ פֵּרוֹתָיו בּוֹ. הַתּוֹלֵשׁ מֵהֶן בְּשַׁבָּת חַיָּב אַף עַל פִּי שֶׁהֵן כַּעֲקוּרִין לְעִנְיַן טֻמְאָה:

ה. הַתּוֹלֵשׁ עֻלְשִׁין הַמְזָרֵד זְרָדִין. אִם לַאֲכִילָה שִׁעוּרוֹ כִּגְרוֹגֶרֶת. וְאִם לִבְהֵמָה שִׁעוּרוֹ כִּמְלוֹא פִּי גְּדִי. וְאִם לְהַסָּקָה שִׁעוּרוֹ כְּדֵי לְבַשֵּׁל בֵּיצָה. הַמְעַמֵּר אֳכָלִין אִם לַאֲכִילָה שִׁעוּרוֹ כִּגְרוֹגֶרֶת. וְאִם עִמֵּר לִבְהֵמָה שִׁעוּרוֹ כִּמְלוֹא פִּי גְּדִי. וְאִם לְהַסָּקָה שִׁעוּרוֹ כְּדֵי לְבַשֵּׁל בֵּיצָה. וּבֵיצָה הָאֲמוּרָה בְּכָל מָקוֹם הִיא בֵּיצָה בֵּינוֹנִית שֶׁל תַּרְנְגוֹלִין. וְכָל מָקוֹם שֶׁנֶּאֱמַר כְּדֵי לְבַשֵּׁל בֵּיצָה הוּא כְּדֵי לְבַשֵּׁל כִּגְרוֹגֶרֶת מִבֵּיצָה וּגְרוֹגֶרֶת אֶחָד מִשְּׁלשָׁה בְּבֵיצָה. וְאֵין עָמִיר אֶלָּא בְּגִדּוּלֵי קַרְקַע:

ו. הַמְקַבֵּץ דְּבֵלָה וְעָשָׂה מִמֶּנָּה עִגּוּלָה אוֹ שֶׁנִּקֵּב תְּאֵנִים וְהִכְנִיס הַחֶבֶל בָּהֶן עַד שֶׁנִּתְקַבְּצוּ גּוּף אֶחָד. הֲרֵי זֶה תּוֹלֶדֶת מְעַמֵּר וְחַיָּב. וְכֵן כָּל כַּיּוֹצֵא בָּזֶה:

ז. הַדָּשׁ כִּגְרוֹגֶרֶת חַיָּב וְאֵין דִּישָׁה אֶלָּא בְּגִדּוּלֵי קַרְקַע. וְהַמְפָרֵק הֲרֵי הִיא תּוֹלֶדֶת הַדָּשׁ וְחַיָּב וְכֵן כָּל כַּיּוֹצֵא בָּזֶה. הַחוֹלֵב אֶת הַבְּהֵמָה חַיָּב מִשּׁוּם מְפָרֵק וְכֵן הַחוֹבֵל בְּחַי שֶׁיֵּשׁ לוֹ עוֹר חַיָּב מִשּׁוּם מְפָרֵק. וְהוּא שֶׁיִּהְיֶה צָרִיךְ לְדָם שֶׁיֵּצֵא מִן הַחַבּוּרָה. אֲבָל אִם נִתְכַּוֵּן לְהַזִּיק בִּלְבַד פָּטוּר מִפְּנֵי שֶׁהוּא מְקַלְקֵל. וְאֵינוֹ חַיָּב עַד שֶׁיִּהְיֶה בַּדָּם אוֹ בֶּחָלָב שֶׁהוֹצִיא כִּגְרוֹגֶרֶת:

ח. בַּמֶּה דְּבָרִים אֲמוּרִים בְּחוֹבֵל בִּבְהֵמָה וְחַיָּה וְעוֹף וְכַיּוֹצֵא בָּהֶם. אֲבָל הַחוֹבֵל בַּחֲבֵרוֹ אַף עַל פִּי שֶׁנִּתְכַּוֵּן לְהַזִּיק חַיָּב מִפְּנֵי נַחַת רוּחוֹ שֶׁהֲרֵי נִתְקָרְרָה דַּעְתּוֹ וְשָׁכְכָה חֲמָתוֹ וַהֲרֵי הוּא כִּמְתַקֵּן. וְאַף עַל פִּי שֶׁאֵינוֹ צָרִיךְ לַדָּם שֶׁהוֹצִיא מִמֶּנּוּ חַיָּב:

ט. שְׁמוֹנָה שְׁרָצִים הָאֲמוּרִים בַּתּוֹרָה הֵן שֶׁיֵּשׁ לָהֶן עוֹרוֹת לְעִנְיַן שַׁבָּת כְּמוֹ חַיָּה וּבְהֵמָה וְעוֹף. אֲבָל שְׁאָר שְׁקָצִים וּרְמָשִׂים אֵין לָהֶן עוֹר. לְפִיכָךְ הַחוֹבֵל בָּהֶן פָּטוּר. וְאֶחָד הַחוֹבֵל בִּבְהֵמָה חַיָּה וְעוֹף אוֹ בִּשְׁמוֹנָה שְׁרָצִים וְעָשָׂה בָּהֶן חַבּוּרָה וְיָצָא מֵהֶם דָּם אוֹ שֶׁנִּצְרַר הַדָּם אַף עַל פִּי שֶׁלֹּא יָצָא חַיָּב:

י. הַסּוֹחֵט אֶת הַפֵּרוֹת לְהוֹצִיא מֵימֵיהֶן חַיָּב מִשּׁוּם מְפָרֵק. וְאֵינוֹ חַיָּב עַד שֶׁיִּהְיֶה בַּמַּשְׁקִין שֶׁסָּחַט כִּגְרוֹגֶרֶת. וְאֵין חַיָּבִים מִן הַתּוֹרָה אֶלָּא עַל דְּרִיכַת זֵיתִים וַעֲנָבִים בִּלְבַד. וּמֻתָּר לִסְחֹט אֶשְׁכּוֹל שֶׁל עֲנָבִים לְתוֹךְ הָאֹכֶל. שֶׁמַּשְׁקֶה הַבָּא לְאֹכֶל אֹכֶל הוּא וְנִמְצָא כִּמְפָרֵק אֹכֶל מֵאֹכֶל. אֲבָל אִם סָחַט לִכְלִי שֶׁאֵין בּוֹ אֹכֶל הֲרֵי זֶה דּוֹרֵךְ וְחַיָּב. וְהַחוֹלֵב

לְתוֹךְ הָאֹכֶל אוֹ הַיּוֹנֵק בְּפִיו פָּטוּר וְאֵינוֹ חַיָּב עַד שֶׁיְּחַלֵּב לְתוֹךְ הַכְּלִי:

יא. הַזּוֹרֶה אוֹ הַבּוֹרֵר כִּגְרוֹגֶרֶת חַיָּב. וְהַמְחַבֵּץ הֲרֵי הוּא תּוֹלֶדֶת בּוֹרֵר. וְכֵן הַבּוֹרֵר שְׁמָרִים מִתּוֹךְ הַמַּשְׁקִין הֲרֵי זֶה תּוֹלֶדֶת בּוֹרֵר אוֹ תּוֹלֶדֶת מְרַקֵּד וְחַיָּב. שֶׁהַזּוֹרֶה וְהַבּוֹרֵר וְהַמְרַקֵּד דּוֹמִין עִנְיְנֵיהֶם זֶה לָזֶה. וּמִפְּנֵי מָה מָנוּ אוֹתָן בִּשְׁלֹשָׁה מִפְּנֵי שֶׁכָּל מְלָאכָה שֶׁהָיְתָה בַּמִּשְׁכָּן מוֹנִין אוֹתָהּ בִּפְנֵי עַצְמָהּ:

יב. הַבּוֹרֵר אֹכֶל מִתּוֹךְ פְּסֹלֶת אוֹ שֶׁהָיוּ לְפָנָיו שְׁנֵי מִינֵי אֳכָלִין וּבֵרֵר מִין מִמִּין אַחֵר בְּנָפָה וּבִכְבָרָה חַיָּב. בְּקָנוֹן אוֹ בְּתַמְחוּי פָּטוּר. וְאִם בֵּרֵר בְּיָדוֹ לֶאֱכֹל לְאַלְתַּר מֻתָּר:

יג. וְהַבּוֹרֵר פְּסֹלֶת מִתּוֹךְ הָאֹכֶל וַאֲפִלּוּ בְּיָדוֹ אַחַת חַיָּב. וְהַבּוֹרֵר תֻּרְמוֹסִין מִתּוֹךְ פְּסֹלֶת שֶׁלָּהֶן חַיָּב מִפְּנֵי שֶׁהַפְּסֹלֶת שֶׁלָּהֶן מְמַתֶּקֶת אוֹתָן כְּשֶׁיִּשָּׁלְקוּ אוֹתָן עִמָּהֶם וְנִמְצָא כְּבוֹרֵר פְּסֹלֶת מִתּוֹךְ אֹכֶל וְחַיָּב. הַבּוֹרֵר אֹכֶל מִתּוֹךְ פְּסֹלֶת בְּיָדוֹ לְהַנִּיחוֹ אֲפִלּוּ לְבוֹ בַּיּוֹם נַעֲשָׂה כְּבוֹרֵר לָאוֹצָר וְחַיָּב. הָיוּ לְפָנָיו שְׁנֵי מִינֵי אֳכָלִין מְעֹרָבִין בּוֹרֵר אֶחָד מֵאַחֵר וּמַנִּיחַ לֶאֱכֹל מִיָּד. וְאִם בֵּרֵר וְהִנִּיחַ לְאַחַר זְמַן אֲפִלּוּ לְבוֹ בַּיּוֹם כְּגוֹן שֶׁבֵּרֵר בְּשַׁחֲרִית לֶאֱכֹל בֵּין הָעַרְבַּיִם חַיָּב:

יד. הַמְשַׁמֵּר יַיִן אוֹ שֶׁמֶן אוֹ מַיִם וְכֵן שְׁאָר הַמַּשְׁקִין בַּמְשַׁמֶּרֶת שֶׁלָּהֶן חַיָּב. וְהוּא שֶׁיְּשַׁמֵּר כִּגְרוֹגֶרֶת. אֲבָל מְסַנְּנִין יַיִן שֶׁאֵין בּוֹ שְׁמָרִים אוֹ מַיִם צְלוּלִין בְּסוּדָרִין וּבִכְפִיפָה מִצְרִית כְּדֵי שֶׁיְּהֵא צָלוּל בְּיוֹתֵר. וְנוֹתְנִין מַיִם עַל גַּבֵּי שְׁמָרִים בִּשְׁבִיל שֶׁיִּצּוֹלוּ. וְנוֹתְנִין בֵּיצָה טְרוּפָה לִמְסַנֶּנֶת שֶׁל חַרְדָּל כְּדֵי שֶׁיִּצָּלֵל. חַרְדָּל שֶׁלָּשׁוֹ מֵעֶרֶב שַׁבָּת. לְמָחָר מְמַחֶה וְשׁוֹתֶה בֵּין בַּיָּד בֵּין בִּכְלִי. וְכֵן יַיִן מִגִּתּוֹ כָּל זְמַן שֶׁהוּא תּוֹסֵס טוֹרֵף חָבִית בִּשְׁמָרֶיהָ וְנוֹתֵן לְתוֹךְ הַסּוּדָרִין. שֶׁעֲדַיִן לֹא נִפְרְשׁוּ הַשְּׁמָרִים מִן הַיַּיִן יָפֶה יָפֶה וְכָל הַיַּיִן כְּגוּף אֶחָד הוּא. וְכֵן הַחַרְדָּל וְכָל כַּיּוֹצֵא בּוֹ:

טו. הַטּוֹחֵן כִּגְרוֹגֶרֶת חַיָּב. וְכָל הַשּׁוֹחֵק תַּבְלִין וְסַמָּנִין בְּמַכְתֶּשֶׁת הֲרֵי זֶה טוֹחֵן וְחַיָּב. הַמְחַתֵּךְ יָרָק תָּלוּשׁ הֲרֵי זֶה תּוֹלֶדֶת טוֹחֵן. וְכֵן הַנּוֹסֵר עֵצִים לֵהָנוֹת בִּנְסֹרֶת שֶׁלָּהֶן אוֹ הַשָּׁף לָשׁוֹן שֶׁל מַתֶּכֶת חַיָּב מִשֶּׁיָּשׁוּף כָּל שֶׁהוּא. אֲבָל הַמְחַתֵּךְ עֵצִים אֵינוֹ חַיָּב עַד שֶׁיְּדַקְדֵּק מֵהֶן כְּדֵי לְבַשֵּׁל כִּגְרוֹגֶרֶת מִבֵּיצָה:

טז. הַמְרַקֵּד כִּגְרוֹגֶרֶת חַיָּב. הַלָּשׁ כִּגְרוֹגֶרֶת חַיָּב הַמְגַבֵּל אֶת הֶעָפָר הֲרֵי זֶה תּוֹלֶדֶת לָשׁ. וְכַמָּה שִׁעוּרוֹ כְּדֵי לַעֲשׂוֹת פִּי כּוּר שֶׁל צוֹרְפֵי זָהָב. וְאֵין גִּבּוּל בְּאֵפֶר וְלֹא בְּחוֹל הַגַּס וְלֹא בְּמֻרְסָן וְלֹא בְּכַיּוֹצֵא בָּהֶן. וְהַנּוֹתֵן זֶרַע שֻׁמְשְׁמִין אוֹ זֶרַע פִּשְׁתָּן וְכַיּוֹצֵא בָּהֶן בְּמַיִם חַיָּב מִשּׁוּם לָשׁ. מִפְּנֵי שֶׁהֵן מִתְעָרְבִין וְנִתְלִין זֶה בָּזֶה:

Perek 9

Work categories.

Baking, Shearing, Whitening, Beating wool, Dyeing, Spinning, Heddles, Warp, Weaving, Undoing of weave.

Av melachah	Eg of *Meein Melachah* (has same intent or same action as *av*)	E.g. of *Toldah* (act is similar to *av*)	*Shiur*	Explanation
Baking /cooking				
Shearing wool		Cuts nails or hair	*2 × sit*	*Shiur* applies to shearing wool
Whitening		Laundering clothes	*2 × sit = 4 tefach*	

Beating wool		Beating animal sinews	*2 × sit*	
Dyeing		Makes dyes	*2 × sit*	Colour change must be permanent
Spinning		Makes felt	*2 × sit*	
Heddles		Makes a basket	*2 heddles*	2 frames which house the threads
Warp			*2 etzba wide fabric*	Warp is mounted i.e. threads extended
Weaving		Hair braiding		
Weave undoing		Undoing of braid	*2 threads*	Liable only if not done for destructive reason

פרק ט׳

א. הָאוֹפֶה כִּגְרוֹגֶרֶת חַיָּב. אֶחָד הָאוֹפֶה אֶת הַפַּת אוֹ הַמְבַשֵּׁל אֶת הַמַּאֲכָל אוֹ אֶת הַסַּמְמָנִין אוֹ הַמְחַמֵּם אֶת הַמַּיִם הַכֹּל עִנְיָן אֶחָד הוּא. שִׁעוּר הַמְחַמֵּם אֶת הַמַּיִם כְּדֵי לִרְחֹץ בָּהֶן אֵיבָר קָטָן. וְשִׁעוּר מְבַשֵּׁל סַמְמָנִין כְּדֵי שֶׁיִּהְיוּ רְאוּיִין לְדָבָר שֶׁמְּבַשְּׁלִין אוֹתָן לוֹ:

ב. הַנּוֹתֵן בֵּיצָה בְּצַד הַמֵּיחַם בִּשְׁבִיל שֶׁתִּתְגַּלְגֵּל וְנִתְגַּלְגְּלָה חַיָּב. שֶׁהַמְבַשֵּׁל בְּתוֹלֶדֶת הָאוּר כִּמְבַשֵּׁל בָּאוּר עַצְמָהּ. וְכֵן הַמֵּדִיחַ בְּחַמִּין דָּג מָלִיחַ הַיָּשָׁן אוֹ קוּלְיָיס הָאִסְפָּנִין וְהוּא דָּג דַּק וְרַךְ בְּיוֹתֵר הֲרֵי זֶה חַיָּב. שֶׁהֲדָחָתָן בְּחַמִּין זֶה הוּא גְּמַר בִּשּׁוּלָן. וְכֵן כָּל כַּיּוֹצֵא בָּהֶן:

ג. הַמַּפְקִיעַ אֶת הַבֵּיצָה בְּבֶגֶד חַם אוֹ בְּחוֹל וּבַאֲבַק דְּרָכִים שֶׁהֵן חַמִּים מִפְּנֵי הַשֶּׁמֶשׁ אַף עַל פִּי שֶׁנִּצְלֵית פָּטוּר. שֶׁתּוֹלְדוֹת חַמָּה אֵינָם כְּתוֹלְדוֹת הָאֵשׁ. אֲבָל גָּזְרוּ עֲלֵיהֶן מִפְּנֵי תּוֹלְדוֹת הָאוּר. וְכֵן הַמְבַשֵּׁל בְּחַמֵּי טְבֶרְיָה וְכַיּוֹצֵא בָּהֶם פָּטוּר. הַמְבַשֵּׁל עַל הָאוּר דָּבָר שֶׁהָיָה מְבֻשָּׁל כָּל צָרְכּוֹ אוֹ דָּבָר שֶׁאֵינוֹ צָרִיךְ בִּשּׁוּל כְּלָל פָּטוּר:

ד. אֶחָד נָתַן אֶת הָאוּר וְאֶחָד נָתַן אֶת הָעֵצִים וְאֶחָד נָתַן אֶת הַקְּדֵרָה וְאֶחָד נָתַן אֶת הַמַּיִם וְאֶחָד נָתַן אֶת הַבָּשָׂר וְאֶחָד נָתַן אֶת הַתַּבְלִין וּבָא אַחֵר וְהֵגִיס כֻּלָּם חַיָּבִים מִשּׁוּם מְבַשֵּׁל. שֶׁכָּל הָעוֹשֶׂה דָּבָר מִצָּרְכֵי הַבִּשּׁוּל הֲרֵי זֶה מְבַשֵּׁל. אֲבָל אִם שָׁפַת אֶחָד אֶת הַקְּדֵרָה תְּחִלָּה וּבָא אַחֵר וְנָתַן אֶת הַמַּיִם וּבָא אַחֵר וְנָתַן אֶת הַבָּשָׂר וּבָא אַחֵר וְנָתַן אֶת הַתַּבְלִין וּבָא אַחֵר וְנָתַן אֶת הָאוּר וּבָא אַחֵר וְנָתַן עֵצִים עַל הָאוּר וּבָא אַחֵר וְהֵגִיס. שְׁנַיִם הָאַחֲרוֹנִים בִּלְבַד חַיָּבִין מִשּׁוּם מְבַשֵּׁל:

ה. הִנִּיחַ בָּשָׂר עַל גַּבֵּי גֶּחָלִים אִם נִצְלָה בּוֹ כִּגְרוֹגֶרֶת אֲפִלּוּ בִּשְׁנַיִם וּשְׁלֹשָׁה מְקוֹמוֹת חַיָּב. לֹא נִצְלָה בּוֹ כִּגְרוֹגֶרֶת אֲבָל נִתְבַּשֵּׁל כֻּלּוֹ חֲצִי בִּשּׁוּל חַיָּב. נִתְבַּשֵּׁל חֲצִי בִּשּׁוּל מִצַּד אֶחָד פָּטוּר. עַד שֶׁיַּהֲפֹךְ בּוֹ וְיִתְבַּשֵּׁל חֲצִי בִּשּׁוּל מִשְּׁנֵי צְדָדִין. שָׁכַח וְהִדְבִּיק פַּת בַּתַּנּוּר בְּשַׁבָּת וְנִזְכַּר מֻתָּר לוֹ לִרְדּוֹתָהּ קֹדֶם שֶׁתֵּאָפֶה וְיָבוֹא לִידֵי מְלָאכָה:

ו. הַמַּתִּיךְ אֶחָד מִמִּינֵי מַתָּכוֹת כָּל שֶׁהוּא אוֹ הַמְחַמֵּם אֶת הַמַּתָּכוֹת עַד שֶׁתֵּעָשֶׂה גַּחֶלֶת הֲרֵי זֶה תּוֹלֶדֶת מְבַשֵּׁל. וְכֵן הַמְמַסֵּס אֶת הַדּוֹנַג אוֹ אֶת הַחֵלֶב אוֹ אֶת הַזֶּפֶת וְהַכֹּפֶר וְהַגָּפְרִית וְכַיּוֹצֵא בָּהֶם הֲרֵי זֶה תּוֹלֶדֶת מְבַשֵּׁל וְחַיָּב. וְכֵן הַמְבַשֵּׁל כְּלֵי אֲדָמָה עַד שֶׁיֵּעָשׂוּ חֶרֶס חַיָּב מִשּׁוּם מְבַשֵּׁל. כְּלָלוֹ שֶׁל דָּבָר בֵּין שֶׁרִפָּה גּוּף קָשֶׁה בָּאֵשׁ אוֹ שֶׁהִקְשָׁה גּוּף רַךְ הֲרֵי זֶה חַיָּב מִשּׁוּם מְבַשֵּׁל:

ז. הַגּוֹזֵז צֶמֶר אוֹ שֵׂעָר בֵּין מִן הַבְּהֵמָה בֵּין מִן הַחַיָּה בֵּין מִן הַחַי בֵּין מִן הַמֵּת אֲפִלּוּ מִן הַשֶּׁלַח שֶׁלָּהֶן חַיָּב. כַּמָּה שִׁעוּרוֹ כְּדֵי לִטְווֹת מִמֶּנּוּ חוּט שֶׁאָרְכּוֹ כְּרֹחַב הַסִּיט כָּפוּל. וְכַמָּה רֹחַב הַסִּיט כְּדֵי לִמְתֹּחַ מִן בֹּהֶן שֶׁל יָד עַד הָאֶצְבַּע הָרִאשׁוֹנָה כְּשֶׁיִּפְתַּח בֵּינֵיהֶן בְּכָל כֹּחוֹ וְהוּא קָרוֹב לִשְׁנֵי שְׁלִישֵׁי זֶרֶת. הַתּוֹלֵשׁ כָּנָף מִן הָעוֹף הֲרֵי זֶה תּוֹלֶדֶת גּוֹזֵז. הַטּוֹוֶה אֶת הַצֶּמֶר מִן הַחַי פָּטוּר שֶׁאֵין דֶּרֶךְ גְּזִיזָה בְּכָךְ וְאֵין דֶּרֶךְ נִפּוּץ בְּכָךְ וְאֵין דֶּרֶךְ טְוִיָּה בְּכָךְ:

ח. הַנּוֹטֵל צִפָּרְנָיו אוֹ שְׂעָרוֹ אוֹ שְׂפָמוֹ אוֹ זְקָנוֹ הֲרֵי זֶה תּוֹלֶדֶת גּוֹזֵז וְחַיָּב. וְהוּא שֶׁיִּטֹּל בִּכְלִי. אֲבָל אִם נְטָלָן בְּיָדוֹ בֵּין לוֹ בֵּין לְאַחֵר פָּטוּר. וְכֵן הַחוֹתֵךְ יַבֶּלֶת מִגּוּפוֹ בֵּין בְּיָד בֵּין בִּכְלִי פָּטוּר בֵּין לוֹ בֵּין לְאַחֵר. וּמֻתָּר לַחְתֹּךְ יַבֶּלֶת בַּמִּקְדָּשׁ בְּיָד אֲבָל לֹא בִּכְלִי. וְאִם הָיְתָה יְבֵשָׁה חוֹתְכָהּ אַף בִּכְלִי וְעוֹבֵד עֲבוֹדָה:

ט. הַנּוֹטֵל שְׂעָרוֹ בִּכְלִי כַּמָּה יִטֹּל וְיִהְיֶה חַיָּב. שְׁתֵּי שְׂעָרוֹת. וְאִם לִקֵּט לְבָנוֹת מִתּוֹךְ שְׁחוֹרוֹת אֲפִלּוּ אַחַת חַיָּב. צִפֹּרֶן שֶׁפֵּרְשָׁה רֻבָּהּ וְצִיצִין שֶׁל עוֹר שֶׁפֵּרְשׁוּ רֻבָּן אִם פֵּרְשׁוּ כְּלַפֵּי מַעְלָה וּמְצַעֲרוֹת אוֹתוֹ מֻתָּר לִטֹּל אוֹתָן בְּיָדוֹ אֲבָל לֹא בִּכְלִי. וְאִם נְטָלָן בִּכְלִי פָּטוּר. וְאִם אֵינָן מְצַעֲרוֹת אוֹתוֹ אֲפִלּוּ בְּיָד אָסוּר. וְאִם לֹא פֵּרְשׁוּ רֻבָּן אֲפִלּוּ מְצַעֲרוֹת אוֹתוֹ אָסוּר לְנָטְלָן בְּיָדוֹ וְאִם נְטָלָן בִּכְלִי חַיָּב:

י. הַמְלַבֵּן אֶת הַצֶּמֶר אוֹ אֶת הַפִּשְׁתָּן אוֹ אֶת הַשָּׁנִי. וְכֵן כָּל כַּיּוֹצֵא בָּהֶן מִמַּה שֶּׁדַּרְכָּן לְהִתְלַבֵּן חַיָּב. וְכַמָּה שִׁעוּרוֹ כְּדֵי לִטְווֹת מִמֶּנּוּ חוּט אֶחָד אָרְכּוֹ כִּמְלֹא רֹחַב הַסִּיט כָּפוּל שֶׁהוּא אֹרֶךְ אַרְבָּעָה טְפָחִים:

יא. הַמְכַבֵּס בְּגָדִים הֲרֵי הוּא תּוֹלֶדֶת מְלַבֵּן וְחַיָּב. וְהַסּוֹחֵט אֶת הַבֶּגֶד עַד שֶׁיּוֹצִיא הַמַּיִם שֶׁבּוֹ הֲרֵי זֶה מְכַבֵּס וְחַיָּב. שֶׁהַסְּחִיטָה מִצָּרְכֵי כִּבּוּס הִיא כְּמוֹ שֶׁהַהֲגָסָה מִצָּרְכֵי הַבִּשּׁוּל. וְאֵין סְחִיטָה בְּשֵׂעָר וְהוּא הַדִּין לְעוֹר שֶׁאֵין חַיָּבִין עַל סְחִיטָתוֹ:

יב. הַמְנַפֵּץ אֶת הַצֶּמֶר אוֹ אֶת הַפִּשְׁתָּן אוֹ אֶת הַשָּׁנִי וְכַיּוֹצֵא בָּהֶן חַיָּב. וְכַמָּה שִׁעוּרוֹ כְּדֵי לִטְווֹת מִמֶּנּוּ חוּט אֶחָד אָרְכּוֹ אַרְבָּעָה טְפָחִים. וְהַמְנַפֵּץ אֶת הַגִּידִים עַד שֶׁיֵּעָשׂוּ כְּצֶמֶר כְּדֵי לִטְווֹת אוֹתָן הֲרֵי זֶה תּוֹלֶדֶת מְנַפֵּץ וְחַיָּב:

יג. הַצּוֹבֵעַ חוּט שֶׁאָרְכּוֹ אַרְבָּעָה טְפָחִים אוֹ דָּבָר שֶׁאֶפְשָׁר לִטְווֹת מִמֶּנּוּ חוּט כָּזֶה חַיָּב. וְאֵין הַצּוֹבֵעַ חַיָּב עַד שֶׁיְּהֵא צֶבַע הַמִּתְקַיֵּם. אֲבָל צֶבַע שֶׁאֵינוֹ מִתְקַיֵּם כְּלָל כְּגוֹן שֶׁהֶעֱבִיר סָרָק אוֹ שָׁשַׁר עַל גַּבֵּי בַּרְזֶל אוֹ נְחֹשֶׁת וּצְבָעוֹ פָּטוּר. שֶׁהֲרֵי אַתָּה מַעֲבִירוֹ לְשַׁעְתּוֹ וְאֵינוֹ צוֹבֵעַ כְּלוּם. וְכָל שֶׁאֵין מְלַאכְתּוֹ מִתְקַיֶּמֶת בְּשַׁבָּת פָּטוּר:

יד. הָעוֹשֶׂה עֵין הַצֶּבַע הֲרֵי זֶה תּוֹלֶדֶת צוֹבֵעַ וְחַיָּב. כֵּיצַד. כְּגוֹן שֶׁנָּתַן קַנְקַנְתּוֹם לְתוֹךְ מֵי עַפְצָא שֶׁנַּעֲשָׂה הַכֹּל שָׁחוֹר. אוֹ שֶׁנָּתַן אִיסְטִיס לְתוֹךְ מֵי כַּרְכֹּם שֶׁנַּעֲשָׂה הַכֹּל יָרֹק. וְכֵן כָּל כַּיּוֹצֵא בָּזֶה. וְכַמָּה שִׁעוּרוֹ כְּדֵי לִצְבֹּעַ בּוֹ חוּט שֶׁאָרְכּוֹ אַרְבָּעָה טְפָחִים:

טו. הַטּוֹוֶה אֹרֶךְ אַרְבָּעָה טְפָחִים מִכָּל דָּבָר הַנִּטְוֶה חַיָּב. אֶחָד הַטּוֹוֶה אֶת הַצֶּמֶר אוֹ אֶת הַפִּשְׁתָּן אוֹ אֶת הַנּוֹצָה אוֹ אֶת הַשֵּׂעָר אוֹ אֶת הַגִּידִין. וְכֵן כָּל כַּיּוֹצֵא בָּהֶן. הָעוֹשֶׂה אֶת הַלֶּבֶד הֲרֵי זֶה תּוֹלֶדֶת טוֹוֶה וְחַיָּב. וְהוּא שֶׁיְּלַבֵּד דָּבָר שֶׁאֶפְשָׁר לִטְווֹת מִמֶּנּוּ חוּט אֹרֶךְ אַרְבָּעָה טְפָחִים בְּעֳבִי בֵּינוֹנִי:

טז. הָעוֹשֶׂה שְׁנֵי בָּתֵּי נִירִין חַיָּב. הָעוֹשֶׂה נָפָה אוֹ כְּבָרָה אוֹ סַל אוֹ סְבָכָה אוֹ שֶׁסָּרַג מִטָּה בַּחֲבָלִים הֲרֵי זֶה תּוֹלֶדֶת עוֹשֶׂה נִירִין וּמִשֶּׁיַּעֲשֶׂה שְׁנֵי בָּתִּים בְּאֶחָד מִכָּל אֵלּוּ חַיָּב. וְכֵן כָּל הָעוֹשֶׂה שְׁנֵי בָּתֵּי נִירִין בְּדָבָר שֶׁעוֹשִׂין אוֹתוֹ בָּתִּים בָּתִּים כְּגוֹן אֵלּוּ חַיָּב:

יז. דֶּרֶךְ הָאוֹרְגִין שֶׁמּוֹתְחִין הַחוּטִין תְּחִלָּה בְּאֹרֶךְ הַיְרִיעָה וּבְרָחְבָּהּ וּשְׁנַיִם אוֹחֲזִין זֶה מִכָּאן וְזֶה מִכָּאן וְאֶחָד שׁוֹבֵט בְּשֵׁבֶט עַל הַחוּטִין וּמְתַקֵּן אוֹתָן זֶה בְּצַד זֶה עַד שֶׁתֵּעָשֶׂה כֻּלָּהּ שְׁתִי בְּלֹא עֵרֶב. וּמְתִיחַת הַחוּטִין כְּדֶרֶךְ הָאוֹרְגִין הִיא הַנְּסָכַת הַמַּסֶּכֶת וְזֶה הַמּוֹתֵחַ נִקְרָא מֵסֵךְ. וּכְשֶׁכּוֹפְלִין אוֹתָהּ וּמַתְחִיל לְהַכְנִיס הַשְּׁתִי בָּעֵרֶב נִקְרָא אוֹרֵג:

יח. הַמֵּסֵךְ חַיָּב וְהִיא מְלָאכָה מֵאֲבוֹת מְלָאכוֹת. וְהַשּׁוֹבֵט עַל הַחוּטִין עַד שֶׁיִּפָּרְקוּ וְיִתַּקְּנוּ הֲרֵי זֶה תּוֹלֶדֶת מֵסֵךְ. וְכַמָּה שִׁעוּרוֹ מִשֶּׁיְּתַקֵּן רֹחַב שְׁתֵּי אֶצְבָּעוֹת. וְכֵן הָאוֹרֵג שְׁנֵי חוּטִין בְּרֹחַב שְׁתֵּי אֶצְבָּעוֹת חַיָּב. בֵּין שֶׁאֲרָגָן בַּתְּחִלָּה בֵּין שֶׁהָיָה מִקְצָת הַבֶּגֶד אָרוּג וְאָרַג עַל הָאָרוּג שִׁעוּרוֹ שְׁנֵי חוּטִין. וְאִם אָרַג חוּט אֶחָד וְהִשְׁלִים בּוֹ הַבֶּגֶד חַיָּב. אָרַג בִּשְׂפַת הַיְרִיעָה שְׁנֵי חוּטִין בְּרֹחַב שְׁלֹשָׁה בָּתֵּי נִירִין חַיָּב. הָא לְמָה זֶה דּוֹמֶה לְאוֹרֵג צִלְצוּל קָטָן בְּרֹחַב שְׁלֹשָׁה בָּתֵּי נִירִין:

יט. הַמְדַקְדֵּק אֶת הַחוּטִין וּמַפְרִידָן בְּעֵת הָאֲרִיגָה הֲרֵי זֶה תּוֹלֶדֶת אוֹרֵג. וְכֵן הַקּוֹלֵעַ אֶת הַנִּימִין הֲרֵי זֶה תּוֹלֶדֶת אוֹרֵג וְשִׁעוּרוֹ מִשֶּׁיַּעֲשֶׂה קְלִיעָה בְּאֹרֶךְ שְׁתֵּי אֶצְבָּעוֹת:

כ. הַבּוֹצֵעַ שְׁנֵי חוּטִין חַיָּב. וּבוֹצֵעַ הוּא הַמַּפְרִישׁ אֶת הָאָרוּג. בֵּין שֶׁהוֹצִיא הָעֵרֶב מִן הַשְּׁתִי אוֹ שֶׁהֶעֱבִיר הַשְּׁתִי מֵעַל הָעֵרֶב הֲרֵי זֶה בּוֹצֵעַ וְחַיָּב. וְהוּא שֶׁלֹּא יְהֵא מְקַלְקֵל אֶלָּא יִתְכַּוֵּן לְתַקֵּן כְּדֶרֶךְ שֶׁעוֹשִׂין אֵלּוּ שֶׁמְּאַחִין אֶת הַבְּגָדִים הַקַּלִּים בְּיוֹתֵר שֶׁבּוֹצְעִין וְאַחַר כָּךְ מְאַחִין וְחוֹזְרִין וְאוֹרְגִין חוּטִין שֶׁבְּצָעוּ עַד שֶׁיֵּעָשׂוּ שְׁנֵי הַבְּגָדִים אוֹ שְׁנֵי הַקְּרָעִים אֶחָד. וְהַסּוֹתֵר אֶת הַקְּלִיעָה לְתַקֵּן הֲרֵי זֶה תּוֹלֶדֶת בּוֹצֵעַ וְשִׁעוּרוֹ כְּשִׁעוּר הַבּוֹצֵעַ:

Perek 10

Work categories.

Tying a knot, Untying, Sewing, Tearing, Building, Demolishing, Hammering, Trapping.

Av melachah	Eg of *Meein Melachah* (has same intent or same action as *av*)	E.g. of *Toldah* (act is similar to *av*)	*Shiur*	Explanation
Knotting		Makes a rope		Knot must be permanent to be liable
Untying		Unwinds a rope		
Sewing		Sticks papers together	2 stitches	
Tearing fabric		Separates paper		If tears to ruin then not liable
Building		Erects a tent Creates a vessel	Kolshehu	
Demolishing			Kolshehu	To be liable, the demolishing must be for sake of construction
Final hammer blow		Completion of any task		
Trapping a living creature		Sends out dogs to catch animals		Dangerous animals may be trapped on *Shabbat*

פרק י'

א. הַקּוֹשֵׁר קֶשֶׁר שֶׁל קַיָּמָא וְהוּא מַעֲשֵׂה אֻמָּן חַיָּב. כְּגוֹן קֶשֶׁר הַגַּמָּלִין וְקֶשֶׁר הַסַּפָּנִין וְקִשְׁרֵי רְצוּעוֹת מִנְעָל וְסַנְדָּל שֶׁקּוֹשְׁרִין הָרַצְעָנִין בִּשְׁעַת עֲשִׂיָּתָן. וְכֵן כָּל כַּיּוֹצֵא בָּזֶה. אֲבָל הַקּוֹשֵׁר קֶשֶׁר שֶׁל קַיָּמָא וְאֵינוֹ מַעֲשֵׂה אֻמָּן פָּטוּר. וְקֶשֶׁר שֶׁאֵינוֹ שֶׁל קַיָּמָא וְאֵינוֹ מַעֲשֵׂה אֻמָּן מֻתָּר לְקָשְׁרוֹ לְכַתְּחִלָּה:

ב. כֵּיצַד. נִפְסְקָה לוֹ רְצוּעָה וּקְשָׁרָהּ, נִפְסַק הַחֶבֶל וּקְשָׁרוֹ, אוֹ שֶׁקָּשַׁר חֶבֶל בִּדְלִי אוֹ שֶׁקָּשַׁר רֶסֶן בִּבְהֵמָה הֲרֵי זֶה פָּטוּר. וְכֵן כָּל כַּיּוֹצֵא בְּאֵלּוּ הַקְּשָׁרִים שֶׁהֵן מַעֲשֵׂה הֶדְיוֹט וְכָל אָדָם קוֹשֵׁר אוֹתָן לְקַיָּמָא. וְכָל קֶשֶׁר שֶׁאֵינוֹ שֶׁל קַיָּמָא אִם קְשָׁרוֹ קֶשֶׁר אֻמָּן הֲרֵי זֶה אָסוּר:

ג. קוֹשֶׁרֶת אִשָּׁה מִפְתְּחֵי הֶחָלוּק אַף עַל פִּי שֶׁיֵּשׁ לוֹ שְׁנֵי פְתָחִים, וְחוּטֵי סְבָכָה אַף עַל פִּי שֶׁהוּא רָפוּי בְּרֹאשָׁהּ, וּרְצוּעוֹת מִנְעָל וְסַנְדָּל שֶׁקּוֹשְׁרִין אוֹתָן עַל הָרֶגֶל בִּשְׁעַת מַלְבּוּשׁ, וְנוֹדוֹת יַיִן וְשֶׁמֶן אַף עַל פִּי שֶׁיֵּשׁ לוֹ שְׁתֵּי אָזְנַיִם, וּקְדֵרָה שֶׁל בָּשָׂר אַף עַל פִּי שֶׁיְּכוֹלָה לְהוֹצִיא הַבָּשָׂר וְלֹא תַּתִּיר הַקֶּשֶׁר. וְקוֹשְׁרִין דְּלִי בִּמְשִׁיחָה אוֹ בְּאַבְנֵט וְכַיּוֹצֵא בוֹ אֲבָל לֹא בְּחֶבֶל. וְקוֹשְׁרִין לִפְנֵי הַבְּהֵמָה אוֹ בְּרַגְלָהּ בִּשְׁבִיל שֶׁלֹּא תֵּצֵא אַף עַל פִּי שֶׁיֵּשׁ לָהּ שְׁנֵי אִסָּרוֹת. וְחֶבֶל שֶׁהָיָה קָשׁוּר בַּפָּרָה קוֹשְׁרוֹ בָּאֵבוּס. הָיָה קָשׁוּר בָּאֵבוּס קוֹשְׁרוֹ בַּפָּרָה. אֲבָל לֹא יָבִיא חֶבֶל מִתּוֹךְ בֵּיתוֹ וְיִקְשֹׁר

בַּפָּרָה וּבָאֵבוּס. וְאִם הָיָה חֶבֶל גַּרְדִּי שֶׁמֻּתָּר לְטַלְטְלוֹ הֲרֵי זֶה מֵבִיא וְקוֹשֵׁר בַּפָּרָה וּבָאֵבוּס. מִפְּנֵי שֶׁכָּל אֵלּוּ הַקְּשָׁרִים מַעֲשֵׂה הֶדְיוֹט הֵן וְאֵינָן שֶׁל קַיָּמָא אֶלָּא פַּעַם קוֹשֵׁר וּפַעַם מַתִּיר וּלְפִיכָךְ מֻתָּר לִקְשֹׁר אוֹתָן לְכַתְּחִלָּה. חוֹתָלוֹת שֶׁל תְּמָרִים וְשֶׁל גְּרוֹגָרוֹת מַתִּיר וּמַפְקִיעַ וְחוֹתֵךְ וְנוֹטֵל וְאוֹכֵל:

ד. כָּל שֶׁרָאוּי לְמַאֲכַל בְּהֵמָה מֻתָּר לִקְשֹׁר אוֹתוֹ בְּשַׁבָּת. לְפִיכָךְ אִם נִפְסְקָה רְצוּעַת סַנְדָּלוֹ בְּכַרְמְלִית נוֹטֵל גֶּמִי לַח הָרָאוּי לְמַאֲכַל בְּהֵמָה וְכוֹרֵךְ עָלָיו וְקוֹשֵׁר הַגֶּמִי. נִשְׁמְטָה לוֹ רְצוּעַת מִנְעָל וְסַנְדָּל אוֹ שֶׁנִּשְׁמַט רֹב הָרֶגֶל מֻתָּר לְהַחֲזִיר הָרְצוּעוֹת לִמְקוֹמָן וּבִלְבַד שֶׁלֹּא יִקְשֹׁר:

ה. הָעֲנִיבָה מֻתֶּרֶת לְפִי שֶׁאֵינָהּ מִתְחַלֶּפֶת בִּקְשִׁירָה. לְפִיכָךְ הַחֶבֶל שֶׁנִּפְסַק מְקַבֵּץ שְׁנֵי קְצוֹתָיו וְכוֹרֵךְ עָלָיו מְשִׁיחָה וְעוֹנֵב עֲנִיבָה:

ו. מֻתָּר לִקְשֹׁר קֶשֶׁר שֶׁאֵינוֹ שֶׁל קַיָּמָא לִדְבַר מִצְוָה. כְּגוֹן שֶׁיִּקְשֹׁר לִמְדֹּד שִׁעוּר מִשִּׁעוּרֵי הַתּוֹרָה. נִימַת כִּנּוֹר שֶׁנִּפְסַק קוֹשְׁרִין אוֹתָהּ בַּמִּקְדָּשׁ אֲבָל לֹא בַּמְּדִינָה. וְלֹא יִקְשֹׁר נִימָא לְכַתְּחִלָּה אֲפִלּוּ בַּמִּקְדָּשׁ:

ז. כָּל קֶשֶׁר שֶׁחַיָּבִין עַל קִשּׁוּרוֹ כָּךְ חַיָּבִין עַל הֶתֵּרוֹ. וְכָל קֶשֶׁר שֶׁהַקּוֹשֵׁר אוֹתוֹ פָּטוּר כָּךְ הַמַּתִּיר אוֹתוֹ פָּטוּר. וְכָל קֶשֶׁר שֶׁמֻּתָּר לְקָשְׁרוֹ כָּךְ מֻתָּר לְהַתִּירוֹ:

ח. הַפּוֹתֵל חֲבָלִים מִן הַהוּצִין וּמִן הֶחָלֶף אוֹ מִחוּטֵי צֶמֶר אוֹ מִחוּטֵי פִּשְׁתָּן אוֹ חוּטֵי שֵׂעָר וְכַיּוֹצֵא בָּהֶן הֲרֵי זֶה תּוֹלֶדֶת קוֹשֵׁר וְחַיָּב. וְשִׁעוּרוֹ כְּדֵי שֶׁיַּעֲמֹד הַחֶבֶל בִּפְתִילָתוֹ בְּלֹא קְשִׁירָה שֶׁנִּמְצֵאת מְלַאכְתּוֹ מִתְקַיֶּמֶת. וְכֵן הַמַּפְרִיד אֶת הַפְּתִיל הֲרֵי זֶה תּוֹלֶדֶת מַתִּיר וְחַיָּב. וְהוּא שֶׁלֹּא יִתְכַּוֵּן לְקַלְקֵל בִּלְבַד. וְשִׁעוּרוֹ כְּשִׁעוּר הַפּוֹתֵל:

ט. הַתּוֹפֵר שְׁתֵּי תְּפִירוֹת חַיָּב. וְהוּא שֶׁקָּשַׁר רָאשֵׁי הַחוּט מִכָּאן וּמִכָּאן כְּדֵי שֶׁתַּעֲמֹד הַתְּפִירָה וְלֹא תִּשָּׁמֵט. אֲבָל אִם תָּפַר יֶתֶר עַל שְׁתֵּי תְּפִירוֹת אַף עַל פִּי שֶׁלֹּא קָשַׁר חַיָּב שֶׁהֲרֵי מִתְקַיֶּמֶת הַתְּפִירָה. וְהַמּוֹתֵחַ חוּט שֶׁל תְּפִירָה בְּשַׁבָּת חַיָּב מִפְּנֵי שֶׁהוּא מִצָּרְכֵי הַתְּפִירָה:

י. הַקּוֹרֵעַ כְּדֵי לִתְפֹּר שְׁתֵּי תְּפִירוֹת עַל מְנָת לִתְפֹּר שְׁתֵּי תְּפִירוֹת חַיָּב. אֲבָל הַקּוֹרֵעַ לְהַפְסִידָהּ פָּטוּר מִפְּנֵי שֶׁהוּא מְקַלְקֵל. הַקּוֹרֵעַ בַּחֲמָתוֹ אוֹ עַל מֵת שֶׁהוּא חַיָּב לִקְרֹעַ עָלָיו חַיָּב מִפְּנֵי שֶׁמְּיַשֵּׁב אֶת דַּעְתּוֹ בְּדָבָר זֶה וְיָנוּחַ יִצְרוֹ וְהוֹאִיל וַחֲמָתוֹ שׁוֹכֶכֶת בְּדָבָר זֶה הֲרֵי הוּא כִּמְתַקֵּן וְחַיָּב. וְהַפּוֹתֵחַ בֵּית הַצַּוָּאר בְּשַׁבָּת חַיָּב:

יא. הַמְדַבֵּק נְיָרוֹת אוֹ עוֹרוֹת בְּקוֹלָן שֶׁל סוֹפְרִים וְכַיּוֹצֵא בּוֹ הֲרֵי זֶה תּוֹלֶדֶת תּוֹפֵר וְחַיָּב. וְכֵן הַמְפָרֵק נְיָרוֹת דְּבוּקִין אוֹ עוֹרוֹת דְּבוּקִין וְלֹא נִתְכַּוֵּן לְקַלְקֵל בִּלְבַד הֲרֵי זֶה תּוֹלֶדֶת קוֹרֵעַ וְחַיָּב:

יב. הַבּוֹנֶה כָּל שֶׁהוּא חַיָּב. הַמַּשְׁוֶה פְּנֵי הַקַּרְקַע בְּבַיִת כְּגוֹן שֶׁהִשְׁפִּיל תֵּל אוֹ מִלֵּא גּוּמָא אוֹ גַּיְא הֲרֵי זֶה בּוֹנֶה וְחַיָּב. אֶחָד נָתַן אֶת הָאֶבֶן וְאֶחָד נָתַן אֶת הַטִּיט הַנּוֹתֵן הַטִּיט חַיָּב. וּבַנִּדְבָּךְ הָעֶלְיוֹן אֲפִלּוּ הֶעֱלָה אֶת הָאֶבֶן וְהִנִּיחָהּ עַל גַּבֵּי הַטִּיט חַיָּב. שֶׁהֲרֵי אֵין מַנִּיחִין עָלֶיהָ טִיט אַחֵר. וְהַבּוֹנֶה עַל גַּבֵּי כֵּלִים פָּטוּר:

יג. הָעוֹשֶׂה אֹהֶל קָבוּעַ הֲרֵי זֶה תּוֹלֶדֶת בּוֹנֶה וְחַיָּב. וְכֵן הָעוֹשֶׂה כְּלֵי אֲדָמָה כְּגוֹן תַּנּוּר וְחָבִית קֹדֶם שֶׁיִּשָּׂרְפוּ הֲרֵי זֶה תּוֹלֶדֶת בּוֹנֶה וְחַיָּב. וְכֵן הַמְגַבֵּן אֶת הַגְּבִינָה הֲרֵי זֶה תּוֹלֶדֶת בּוֹנֶה. וְאֵינוֹ חַיָּב עַד שֶׁיְּגַבֵּן כִּגְרוֹגֶרֶת. הַמַּכְנִיס יַד הַקַּרְדֹּם בְּתוֹךְ הָעֵץ שֶׁלּוֹ הֲרֵי זֶה תּוֹלֶדֶת בּוֹנֶה. וְכֵן כָּל כַּיּוֹצֵא בּוֹ. וְכֵן הַתּוֹקֵעַ עֵץ בְּעֵץ בֵּין שֶׁתָּקַע בְּמַסְמֵר בֵּין שֶׁתָּקַע בָּעֵץ עַצְמוֹ עַד שֶׁנִּתְאַחֵד הֲרֵי זֶה תּוֹלֶדֶת בּוֹנֶה וְחַיָּב:

יד. הָעוֹשֶׂה נֶקֶב כָּל שֶׁהוּא בְּלוּל שֶׁל תַּרְנְגוֹלִים כְּדֵי שֶׁיִּכָּנֵס לָהֶן הָאוֹרָה חַיָּב מִשּׁוּם בּוֹנֶה. הַמַּחֲזִיר דֶּלֶת שֶׁל בּוֹר וְשֶׁל דּוּת וְשֶׁל יָצִיעַ חַיָּב מִשּׁוּם בּוֹנֶה:

טו. הַסּוֹתֵר כָּל שֶׁהוּא חַיָּב. וְהוּא שֶׁיִּסְתֹּר עַל מְנָת לִבְנוֹת. אֲבָל אִם סָתַר דֶּרֶךְ הַשְׁחָתָה פָּטוּר. הַסּוֹתֵר אֹהֶל קָבוּעַ אוֹ שֶׁפֵּרֵק עֵץ תָּקוּעַ הֲרֵי זֶה תּוֹלֶדֶת סוֹתֵר וְחַיָּב וְהוּא שֶׁיִּתְכַּוֵּן לְתַקֵּן:

טז. הַמַּכֶּה בְּפַטִּישׁ הַכָּאָה אַחַת חַיָּב. וְכָל הָעוֹשֶׂה דָּבָר שֶׁהוּא גְּמַר מְלָאכָה הֲרֵי זֶה תּוֹלֶדֶת מַכֶּה בְּפַטִּישׁ וְחַיָּב. כֵּיצַד. הַמְנַפֵּחַ בִּכְלֵי זְכוּכִית וְהַצָּר בִּכְלֵי צוּרָה אֲפִלּוּ מִקְצָת הַצּוּרָה וְהַמְגָרֵד כָּל שֶׁהוּא וְהָעוֹשֶׂה נֶקֶב כָּל שֶׁהוּא בֵּין בְּעֵץ בֵּין בְּמַתֶּכֶת בֵּין בְּבִנְיָן בֵּין בְּכֵלִים הֲרֵי זֶה תּוֹלֶדֶת מַכֶּה בְּפַטִּישׁ וְחַיָּב. וְכָל פֶּתַח שֶׁאֵינוֹ עָשׂוּי לְהַכְנִיס וּלְהוֹצִיא אֵין חַיָּבִין עַל עֲשִׂיָּתוֹ:

יז. הַמֵּפִיס שְׁחִין בְּשַׁבָּת כְּדֵי לְהַרְחִיב פִּי הַמַּכָּה כְּדֶרֶךְ שֶׁהָרוֹפְאִין עוֹשִׂין שֶׁהֵן מִתְכַּוְּנִין בִּרְפוּאָה לְהַרְחִיב פִּי הַמַּכָּה הֲרֵי זֶה חַיָּב מִשּׁוּם מַכֶּה בְּפַטִּישׁ שֶׁזּוֹ הִיא מְלֶאכֶת הָרוֹפֵא. וְאִם הֵפִיסָהּ לְהוֹצִיא מִמֶּנָּה הַלֵּחָה שֶׁבָּהּ הֲרֵי זֶה מֻתָּר:

יח. הַמְסַתֵּת אֶת הָאֶבֶן כָּל שֶׁהוּא חַיָּב מִשּׁוּם מַכֶּה בְּפַטִּישׁ. הַמְצַדֵּד אֶת הָאֶבֶן בִּיסוֹד הַבִּנְיָן וְתִקְּנָהּ בְּיָדוֹ וְהוֹשִׁיבָהּ בַּמָּקוֹם הָרָאוּי לָהּ חַיָּב מִשּׁוּם מַכֶּה בְּפַטִּישׁ. הַלּוֹקֵט יַבּוֹלֶת שֶׁעַל גַּבֵּי בְּגָדִים בְּיָדוֹ כְּגוֹן אֵלּוּ הַיַּבּוֹלוֹת שֶׁבִּכְלֵי צֶמֶר חַיָּב מִשּׁוּם מַכֶּה בְּפַטִּישׁ. וְהוּא שֶׁיַּקְפִּיד עֲלֵיהֶן. אֲבָל אִם הֱסִירָן דֶּרֶךְ עֵסֶק הֲרֵי זֶה פָּטוּר. הַמְנַעֵר טַלִּית חֲדָשָׁה שְׁחוֹרָה כְּדֵי

לְנָאוּתָהּ וּלְהָסִיר הַצֶּמֶר הַלָּבָן הַנִּתְלֶה בָּהּ כְּדֶרֶךְ שֶׁהָאֻמָּנִין עוֹשִׂין חַיָּב חַטָּאת. וְאִם אֵינוֹ מַקְפִּיד מֻתָּר:

יט. הַצָּד דָּבָר שֶׁדֶּרֶךְ מִינוֹ לָצוּד אוֹתוֹ חַיָּב. כְּגוֹן חַיָּה וְעוֹפוֹת וְדָגִים. וְהוּא שֶׁיָּצוּד אוֹתָן לְמָקוֹם שֶׁאֵינוֹ מְחֻסַּר צֵידָה. כֵּיצַד. כְּגוֹן שֶׁרָדַף אַחֲרֵי צְבִי עַד שֶׁהִכְנִיסוֹ לְבַיִת אוֹ לְגִנָּה אוֹ לְחָצֵר וְנָעַל בְּפָנָיו. אוֹ שֶׁהִפְרִיחַ אֶת הָעוֹף עַד שֶׁהִכְנִיסוֹ לְמִגְדָּל וְנָעַל בְּפָנָיו. אוֹ שֶׁשָּׁלָה דָּגִים מִן הַיָּם בְּתוֹךְ סֵפֶל שֶׁל מַיִם הֲרֵי זֶה חַיָּב. אֲבָל אִם הִפְרִיחַ צִפּוֹר לְבַיִת וְנָעַל בְּפָנָיו. אוֹ שֶׁהִבְרִיחַ דָּג וַעֲקָרוֹ מִן הַיָּם לִבְרֵכָה שֶׁל מַיִם. אוֹ שֶׁרָדַף אַחַר צְבִי עַד שֶׁנִּכְנַס לִטְרַקְלִין רָחָב וְנָעַל בְּפָנָיו הֲרֵי זֶה פָּטוּר. שֶׁאֵין זוֹ צֵידָה גְּמוּרָה שֶׁאִם יָבוֹא לְקַחְתּוֹ צָרִיךְ לִרְדֹּף אַחֲרָיו וְלָצוּד אוֹתוֹ מִשָּׁם. לְפִיכָךְ הַצָּד אֲרִי אֵינוֹ חַיָּב עַד שֶׁיַּכְנִיסֶנּוּ לַכִּפָּה שֶׁלּוֹ שֶׁהוּא נֶאֱסָר בָּהּ:

כ. כָּל מָקוֹם שֶׁאִם יָרוּץ בּוֹ יַגִּיעַ לַחַיָּה בִּשְׁחִיָּה אַחַת. אוֹ שֶׁהָיוּ הַכְּתָלִים קְרוֹבִין זֶה לָזֶה עַד שֶׁיִּפֹּל צֵל שְׁנֵיהֶם לָאֶמְצַע כְּאֶחָד הֲרֵי זֶה מָקוֹם קָטָן. וְאִם הִבְרִיחַ הַצְּבִי וְכַיּוֹצֵא בּוֹ לְתוֹכוֹ חַיָּב. וּמָקוֹם שֶׁהוּא גָּדוֹל מִזֶּה הַמַּבְרִיחַ חַיָּה וָעוֹף לְתוֹכוֹ פָּטוּר:

כא. אֶחָד שְׁמֹנָה שְׁרָצִים הָאֲמוּרִין בַּתּוֹרָה וְאֶחָד שְׁאָר שְׁקָצִים וּרְמָשִׂים שֶׁיֵּשׁ לְמִינָן צֵידָה הַצָּד אֶחָד מִכֻּלָּן בֵּין לְצֹרֶךְ בֵּין שֶׁלֹּא לְצֹרֶךְ אוֹ לְשַׂחֵק בָּהֶן חַיָּב הוֹאִיל וְנִתְכַּוֵּן לָצוּד וְצָד. שֶׁמְּלָאכָה שֶׁאֵינָהּ צְרִיכָה לְגוּפָהּ חַיָּב עָלֶיהָ. הַצָּד אֶת הַיָּשֵׁן וְאֶת הַסּוּמָא חַיָּב:

כב. הַמְשַׁלֵּחַ כְּלָבִים כְּדֵי שֶׁיָּצוּדוּ צְבָאִים וְאַרְנָבִים וְכַיּוֹצֵא בָּהֶן וּבָרַח הַצְּבִי מִפְּנֵי הַכֶּלֶב וְהָיָה הוּא רוֹדֵף אַחַר הַצְּבִי אוֹ שֶׁעָמַד בְּפָנָיו וְהִבְהִילוֹ עַד שֶׁהִגִּיעַ הַכֶּלֶב וּתְפָשׂוֹ הֲרֵי זֶה תּוֹלֶדֶת הַצָּד וְחַיָּב. וְכֵן הָעוֹשֶׂה כַּדֶּרֶךְ הַזּוֹ בְּעוֹפוֹת:

כג. צְבִי שֶׁנִּכְנַס לְבַיִת וְנָעַל אֶחָד בְּפָנָיו חַיָּב. נְעָלוּהוּ שְׁנַיִם פְּטוּרִין. אִם אֵין אֶחָד יָכוֹל לִנְעֹל וּנְעָלוּהוּ שְׁנַיִם חַיָּבִין. יָשַׁב אֶחָד עַל הַפֶּתַח וְלֹא מִלְאָהוּ וְיָשַׁב הַשֵּׁנִי וּמִלְאָהוּ הַשֵּׁנִי חַיָּב. יָשַׁב הָרִאשׁוֹן וּמִלְאָהוּ וּבָא הַשֵּׁנִי וְיָשַׁב בְּצִדּוֹ אַף עַל פִּי שֶׁעָמַד הָרִאשׁוֹן וְהָלַךְ לוֹ הָרִאשׁוֹן חַיָּב וְהַשֵּׁנִי לֹא עָשָׂה כְּלוּם וּמֻתָּר לוֹ לֵישֵׁב בִּמְקוֹמוֹ עַד הָעֶרֶב וְלוֹקֵחַ הַצְּבִי. לְמָה זֶה דּוֹמֶה לְנוֹעֵל בֵּיתוֹ לְשָׁמְרוֹ וְנִמְצָא צְבִי שָׁמוּר בְּתוֹכוֹ שֶׁלֹּא עָשָׂה כְּלוּם. נִכְנְסָה לוֹ צִפּוֹר תַּחַת כְּנָפָיו יוֹשֵׁב וּמְשַׁמְּרָהּ עַד שֶׁתֶּחְשַׁךְ וּמֻתָּר:

כד. הַצָּד צְבִי זָקֵן אוֹ חִגֵּר אוֹ חוֹלֶה אוֹ קָטָן פָּטוּר. הַמְפָרֵק בְּהֵמָה חַיָּה וָעוֹף מִן הַמְצוּדָה פָּטוּר. הַצָּד חַיָּה וָעוֹף שֶׁבִּרְשׁוּתוֹ כְּגוֹן אֲוָזִין וְתַרְנְגוֹלִין וְיוֹנֵי (עֲלִיָּה) פָּטוּר. הַצָּד דָּבָר שֶׁאֵין בְּמִינוֹ צֵידָה כְּגוֹן חֲגָבִים הַגַּזִּין צְרָעִין וְיַתּוּשִׁין וּפַרְעוֹשִׁין וְכַיּוֹצֵא בְּאֵלּוּ הֲרֵי זֶה פָּטוּר:

כה. רְמָשִׂים הַמַּזִּיקִין כְּגוֹן נְחָשִׁים וְעַקְרַבִּים וְכַיּוֹצֵא בָּהֶן אַף עַל פִּי שֶׁאֵינָן מְמִיתִין הוֹאִיל וְנוֹשְׁכִין מֻתָּר לָצוּד אוֹתָם בְּשַׁבָּת. וְהוּא שֶׁיִּתְכַּוֵּן לְהִנָּצֵל מִנְּשִׁיכָתָן. כֵּיצַד הוּא עוֹשֶׂה. כּוֹפֶה כְּלִי עֲלֵיהֶן אוֹ מַקִּיף עֲלֵיהֶן אוֹ קוֹשְׁרָן כְּדֵי שֶׁלֹּא יַזִּיקוּ:

Perek 11

Work categories.

Slaughtering, Flaying, Tanning (Processing), Scraping (Smoothing), Cutting a hide, Writing, Erasing, Ruling lines.

Av melachah	Eg of *Meein Melachah* (has same intent or same action as *av*)	E.g. of *Toldah* (act is similar to *av*)	*Shiur*	Explanation
Slaughtering. Any killing, even insects		Removes fish from water until it dies		Permitted to kill dangerous animals and insects if they are posing a threat
Skinning		Makes *klaf* (parchment)	*Amulet size*	

Tanning		Treads or massages leather	*Amulet size*	
Smoothing hide / removing hair		Pulls feathers from a bird	*Amulet size*	
Cutting hide		Cuts a piece of wood or metal	*Amulet size*	If destructive or inaccurate, not liable
Writing		Making designs	*2 letters*	Marking must be permanent
Erasing		Erases designs	*Space of 2 letters*	Erasure must be of permanent ink

פרק י״א

א. הַשּׁוֹחֵט חַיָּב. וְלֹא שׁוֹחֵט בִּלְבַד אֶלָּא כָּל הַנּוֹטֵל נְשָׁמָה לְאֶחָד מִכָּל מִינֵי חַיָּה וּבְהֵמָה וְעוֹף וְדָג וְשֶׁרֶץ בֵּין בִּשְׁחִיטָה אוֹ בִּנְחִירָה אוֹ בְּהַכָּאָה חַיָּב. הַחוֹנֵק אֶת הַחַי עַד שֶׁיָּמוּת הֲרֵי זֶה תּוֹלֶדֶת שׁוֹחֵט. לְפִיכָךְ אִם הֶעֱלָה דָּג מִסֵּפֶל שֶׁל מַיִם וְהִנִּיחוֹ עַד שֶׁמֵּת חַיָּב מִשּׁוּם חוֹנֵק. וְלֹא עַד שֶׁיָּמוּת אֶלָּא כֵּיוָן שֶׁיָּבֵשׁ בּוֹ כְּסֶלַע בֵּין סְנַפִּירָיו חַיָּב שֶׁעוֹד אֵינוֹ יָכוֹל לִחְיוֹת. הוֹשִׁיט יָדוֹ לִמְעֵי הַבְּהֵמָה וְדִלְדֵּל עֻבָּר שֶׁבְּמֵעֶיהָ חַיָּב:

ב. רְמָשִׂים שֶׁהֵן פָּרִין וְרָבִין מִזָּכָר וּנְקֵבָה אוֹ נֶהֱוִין מִן הֶעָפָר כְּמוֹ הַפַּרְעוֹשִׁין הַהוֹרֵג אוֹתָן חַיָּב כְּהוֹרֵג בְּהֵמָה וְחַיָּה. אֲבָל רְמָשִׂים שֶׁהֲוָיָתָן מִן הַגְּלָלִים וּמִן הַפֵּרוֹת שֶׁהִבְאִישׁוּ וְכַיּוֹצֵא בָּהֶן כְּגוֹן תּוֹלָעִים שֶׁל בָּשָׂר וְתוֹלָעִים שֶׁבְּתוֹךְ הַקִּטְנִיּוֹת הַהוֹרְגָן פָּטוּר:

ג. הַמְפַלֶּה כֵּלָיו בְּשַׁבָּת מוֹלֵל אֶת הַכִּנִּים וְזוֹרְקָן. וּמֻתָּר לַהֲרֹג אֶת הַכִּנִּים בְּשַׁבָּת מִפְּנֵי שֶׁהֵן מִן הַזֵּעָה:

ד. חַיָּה וְרֶמֶשׂ שֶׁהֵן נוֹשְׁכִין וּמְמִיתִין וַדַּאי כְּגוֹן זְבוּב שֶׁבְּמִצְרַיִם וְצִרְעָה שֶׁבְּנִינְוֵה וְעַקְרָב שֶׁבַּחֲדַיֵּיב וְנָחָשׁ שֶׁבְּאֶרֶץ יִשְׂרָאֵל וְכֶלֶב שׁוֹטֶה בְּכָל מָקוֹם מֻתָּר לְהָרְגָן בְּשַׁבָּת כְּשֶׁיֵּרָאוּ. וּשְׁאָר כָּל הַמַּזִּיקִין אִם הָיוּ רָצִין אַחֲרָיו מֻתָּר לְהָרְגָן וְאִם הָיוּ יוֹשְׁבִין בִּמְקוֹמָן אוֹ בּוֹרְחִין מִלְּפָנָיו אָסוּר לְהָרְגָן. וְאִם דּוֹרְסָן לְפִי תֻּמּוֹ בִּשְׁעַת הִלּוּכוֹ וְהוֹרְגָן מֻתָּר:

ה. הַמַּפְשִׁיט מִן הָעוֹר כְּדֵי לַעֲשׂוֹת קָמֵעַ חַיָּב. וְכֵן הַמְעַבֵּד מִן הָעוֹר כְּדֵי לַעֲשׂוֹת קָמֵעַ חַיָּב. וְאֶחָד הַמּוֹלֵחַ וְאֶחָד הַמְעַבֵּד שֶׁהַמְּלִיחָה מִין עִבּוּד הוּא וְאֵין עִבּוּד בָּאֳכָלִין. וְכֵן הַמּוֹחֵק מִן הָעוֹר כְּדֵי לַעֲשׂוֹת קָמֵעַ חַיָּב. וְאֵי זֶהוּ מוֹחֵק זֶה הַמַּעֲבִיר שֵׂעָר אוֹ הַצֶּמֶר מֵעַל הָעוֹר אַחַר מִיתָה עַד שֶׁיַּחֲלִיק פְּנֵי הָעוֹר:

ו. הַמְפָרֵק דּוּכְסוּסְטוּס מֵעַל הַקְּלָף הֲרֵי זֶה תּוֹלֶדֶת מַפְשִׁיט וְחַיָּב. (הַמְפָרֵק מִן הָעוֹר כְּדֵי לַעֲשׂוֹת קָמֵעַ חַיָּב). הַדּוֹרֵס עַל הָעוֹר בְּרַגְלוֹ עַד שֶׁיִּתְקַשֶּׁה אוֹ הַמְרַכְּכוֹ בְּיָדוֹ וּמוֹשְׁכוֹ וּמַשְׁוֶה אוֹתוֹ כְּדֶרֶךְ שֶׁהָרַצְעָנִין עוֹשִׂין הֲרֵי זֶה תּוֹלֶדֶת מְעַבֵּד וְחַיָּב. הַמּוֹרֵט נוֹצָה מִן הָאֶבְרָה הֲרֵי זֶה תּוֹלֶדֶת מוֹחֵק וְחַיָּב. וְכֵן הַמְמָרֵחַ רְטִיָּה כָּל שֶׁהוּא אוֹ שַׁעֲוָה אוֹ זֶפֶת וְכַיּוֹצֵא בָּהֶן מִדְּבָרִים הַמִּתְמָרְחִין עַד שֶׁיַּחֲלִיק פְּנֵיהֶם חַיָּב מִשּׁוּם מוֹחֵק. וְכֵן הַשָּׁף בְּיָדוֹ עַל הָעוֹר הַמָּתוּחַ בֵּין הָעַמּוּדִים חַיָּב מִשּׁוּם מוֹחֵק:

ז. הַמְחַתֵּךְ מִן הָעוֹר כְּדֵי לַעֲשׂוֹת קָמֵעַ חַיָּב. וְהוּא שֶׁיִּתְכַּוֵּן לְמִדַּת אָרְכּוֹ וּמִדַּת רָחְבּוֹ וְיַחְתֹּךְ בְּכַוָּנָה שֶׁהִיא מְלָאכָה. אֲבָל אִם חָתַךְ דֶּרֶךְ הֶפְסֵד אוֹ בְּלֹא כַּוָּנָה לְמִדָּתוֹ אֶלָּא כְּמִתְעַסֵּק אוֹ כִּמְשַׂחֵק הֲרֵי זֶה פָּטוּר. הַקּוֹטֵם אֶת הַכָּנָף הֲרֵי זֶה תּוֹלֶדֶת מְחַתֵּךְ וְחַיָּב. וְכֵן הַמְגָרֵד רָאשֵׁי כְּלוֹנְסוֹת שֶׁל אֶרֶז חַיָּב מִשּׁוּם מְחַתֵּךְ. וְכֵן כָּל חֲתִיכָה שֶׁיַּחְתֹּךְ חָרַשׁ עֵץ מִן הָעֵצִים אוֹ חָרַשׁ מַתֶּכֶת מִן הַמַּתָּכוֹת חַיָּב מִשּׁוּם מְחַתֵּךְ. הַנּוֹטֵל קֵיסָם שֶׁל עֵץ מִלְּפָנָיו וּקְטָמוֹ לַחֲצֹץ בּוֹ שִׁנָּיו אוֹ לִפְתֹּחַ בּוֹ אֶת הַדֶּלֶת חַיָּב:

ח. כָּל דָּבָר שֶׁהוּא רָאוּי לְמַאֲכַל בְּהֵמָה כְּגוֹן תֶּבֶן וַעֲשָׂבִים לַחִים וְהוּצִין וְכַיּוֹצֵא בָּהֶן מֻתָּר לִקְטֹם אוֹתָן בְּשַׁבָּת מִפְּנֵי

שֶׁאֵין בָּהֶן תִּקּוּן כֵּלִים. וּמֻתָּר לִקְטֹם עֲצֵי בְּשָׂמִים לַהֲרִיחַ בָּהֶן אַף עַל פִּי שֶׁהֵן קָשִׁים וִיבֵשִׁין. וּמְפַשֵּׁחַ מֵהֶן כָּל מַה שֶּׁיִּרְצֶה בֵּין שֶׁפָּשַׁח עֵץ גָּדוֹל בֵּין שֶׁפָּשַׁח עֵץ קָטָן:

ט. הַכּוֹתֵב שְׁתֵּי אוֹתִיּוֹת חַיָּב. הַמּוֹחֵק כְּתָב עַל מְנָת לִכְתֹּב בִּמְקוֹם הַמַּחַק שְׁתֵּי אוֹתִיּוֹת חַיָּב. הַכּוֹתֵב אוֹת אַחַת גְּדוֹלָה כִּשְׁתַּיִם פָּטוּר. מָחַק אוֹת אַחַת גְּדוֹלָה וְיֵשׁ בִּמְקוֹמָהּ כְּדֵי לִכְתֹּב שְׁתַּיִם חַיָּב. כָּתַב אוֹת אַחַת וְהִשְׁלִים בָּהּ אֶת הַסֵּפֶר חַיָּב. הַכּוֹתֵב עַל מְנָת לְקַלְקֵל הָעוֹר חַיָּב שֶׁאֵין חִיּוּבוֹ עַל מְקוֹם הַכְּתָב אֶלָּא עַל הַכְּתָב. אֲבָל הַמּוֹחֵק עַל מְנָת לְקַלְקֵל פָּטוּר. נָפְלָה דְּיוֹ עַל גַּבֵּי סֵפֶר וּמָחַק אוֹתָהּ. נָפְלָה שַׁעֲוָה עַל גַּבֵּי הַפִּנְקָס וּמָחַק אוֹתָהּ. אִם יֵשׁ בִּמְקוֹמָהּ כְּדֵי לִכְתֹּב שְׁתֵּי אוֹתִיּוֹת חַיָּב:

י. הַכּוֹתֵב אוֹת כְּפוּלָה פַּעֲמַיִם וְהוּא שֵׁם אֶחָד כְּמוֹ דָּד תֵּת גַּג רָר שָׁשׁ סָס חָח חַיָּב. וְהַכּוֹתֵב בְּכָל כְּתָב וּבְכָל לָשׁוֹן חַיָּב וַאֲפִלּוּ מִשְּׁנֵי סִימָנִיּוֹת:

יא. הַכּוֹתֵב אוֹת אַחַת סָמוּךְ לַכְּתָב אוֹ כְּתָב עַל גַּבֵּי כְּתָב וְהַמִּתְכַּוֵּן לִכְתֹּב חֵי"ת וְכָתַב שְׁנֵי זַיְנִי"ן וְכֵן כַּיּוֹצֵא בָּזֶה בִּשְׁאָר אוֹתִיּוֹת וְהַכּוֹתֵב אוֹת אַחַת בָּאָרֶץ וְאוֹת אַחַת בַּקּוֹרָה שֶׁהֲרֵי אֵין נֶהֱגִין זֶה עִם זֶה אוֹ שֶׁכָּתַב שְׁתֵּי אוֹתִיּוֹת בִּשְׁנֵי דַּפֵּי פִּנְקָס וְאֵינָן נֶהֱגִין זֶה עִם זֶה פָּטוּר. כְּתָבָן בִּשְׁנֵי כָּתְלֵי זָוִית אוֹ בִּשְׁנֵי דַּפֵּי פִּנְקָס וְהֵן נֶהֱגִין זֶה עִם זֶה חַיָּב:

יב. לָקַח גְּוִיל וְכַיּוֹצֵא בּוֹ וְכָתַב עָלָיו אוֹת אַחַת בִּמְדִינָה זוֹ וְהָלַךְ בְּאוֹתוֹ הַיּוֹם וְכָתַב אוֹת שְׁנִיָּה בִּמְדִינָה אַחֶרֶת בִּמְגִלָּה אַחֶרֶת חַיָּב. שֶׁבִּזְמַן שֶׁמְּקָרְבָן נֶהֱגִין זֶה עִם זֶה וְאֵינָן מְחֻסָּרִין מַעֲשֶׂה לְקָרִיבָתָן:

יג. הַכּוֹתֵב אוֹת אַחַת אַף עַל פִּי שֶׁקּוֹרִים מִמֶּנָּה תֵּבָה שְׁלֵמָה פָּטוּר. כֵּיצַד. כְּגוֹן שֶׁכָּתַב מ' וְהַכֹּל קוֹרִין אוֹתָהּ מַעֲשֵׂר. אוֹ שֶׁכְּתָבָהּ בִּמְקוֹם מִנְיָן שֶׁהֲרֵי הִיא כְּמוֹ שֶׁכָּתַב אַרְבָּעִים הֲרֵי זֶה פָּטוּר. הַמַּגִּיהַּ אוֹת אַחַת וְעָשָׂה אוֹתָהּ שְׁתַּיִם כְּגוֹן שֶׁחִלֵּק גַּג הַחֵי"ת וְנַעֲשֵׂית שְׁנֵי זַיְנִי"ן חַיָּב. וְכֵן כָּל כַּיּוֹצֵא בָּזֶה:

יד. הַכּוֹתֵב בִּשְׂמֹאלוֹ אוֹ לְאַחַר יָדוֹ בְּרַגְלוֹ בְּפִיו וּבְמַרְפֵּקוֹ פָּטוּר. אִטֵּר שֶׁכָּתַב בִּימִינוֹ שֶׁהִיא לוֹ כִּשְׂמֹאל כָּל אָדָם פָּטוּר. וְאִם כָּתַב בִּשְׂמֹאלוֹ חַיָּב. וְהַשּׁוֹלֵט בִּשְׁתֵּי יָדָיו בְּשָׁוֶה וְכָתַב בֵּין בִּימִינוֹ בֵּין בִּשְׂמֹאלוֹ חַיָּב. קָטָן אוֹחֵז בְּקֻלְמוֹס וְגָדוֹל אוֹחֵז בְּיָדוֹ וְכוֹתֵב חַיָּב. גָּדוֹל אוֹחֵז בְּקֻלְמוֹס וְקָטָן אוֹחֵז בְּיָדוֹ וְכוֹתֵב פָּטוּר:

טו. אֵין הַכּוֹתֵב חַיָּב עַד שֶׁיִּכְתֹּב בְּדָבָר הָרוֹשֵׁם וְעוֹמֵד כְּגוֹן דְּיוֹ וְשָׁחוֹר וְסִקְרָא וְקוֹמוֹס וְקַנְקַנְתּוֹס וְכַיּוֹצֵא בָּהֶם. וְיִכְתֹּב עַל דָּבָר שֶׁמִּתְקַיֵּם הַכְּתָב עָלָיו כְּגוֹן עוֹר וּקְלָף וּנְיָר וְעֵץ וְכַיּוֹצֵא בָּהֶם. אֲבָל הַכּוֹתֵב בְּדָבָר שֶׁאֵין רִשּׁוּמוֹ עוֹמֵד כְּגוֹן מַשְׁקִין וּמֵי פֵּרוֹת. אוֹ שֶׁכָּתַב בִּדְיוֹ וְכַיּוֹצֵא בּוֹ עַל עֲלֵי יְרָקוֹת וְעַל כָּל דָּבָר שֶׁאֵינוֹ עוֹמֵד פָּטוּר. אֵינוֹ חַיָּב עַד שֶׁיִּכְתֹּב בְּדָבָר הָעוֹמֵד עַל דָּבָר הָעוֹמֵד. וְכֵן אֵין הַמּוֹחֵק חַיָּב עַד שֶׁיִּמְחֹק כְּתָב הָעוֹמֵד מֵעַל דָּבָר הָעוֹמֵד:

טז. הַכּוֹתֵב עַל בְּשָׂרוֹ חַיָּב מִפְּנֵי שֶׁהוּא עוֹר אַף עַל פִּי שֶׁחֲמִימוּת בְּשָׂרוֹ מַעֲבֶרֶת הַכְּתָב לְאַחַר זְמַן הֲרֵי זֶה דּוֹמֶה לִכְתָב שֶׁנִּמְחַק. אֲבָל הַמְשָׂרֵט עַל בְּשָׂרוֹ צוּרַת כְּתָב פָּטוּר. הַקּוֹרֵעַ עַל הָעוֹר כְּתַבְנִית כְּתָב חַיָּב מִשּׁוּם כּוֹתֵב. הָרוֹשֵׁם עַל הָעוֹר כְּתַבְנִית כְּתָב פָּטוּר. הַמַּעֲבִיר דְּיוֹ עַל גַּבֵּי סִקְרָא חַיָּב שְׁתַּיִם אַחַת מִשּׁוּם כּוֹתֵב וְאַחַת מִשּׁוּם מוֹחֵק. הֶעֱבִיר דְּיוֹ עַל גַּבֵּי דְּיוֹ וְסִקְרָא עַל גַּבֵּי סִקְרָא אוֹ סִקְרָא עַל גַּבֵּי דְּיוֹ פָּטוּר:

יז. רוֹשֵׁם תּוֹלֶדֶת כּוֹתֵב הוּא. כֵּיצַד. הָרוֹשֵׁם רְשָׁמִים וְצוּרוֹת בַּכֹּתֶל וּבְשָׁשַׁר וְכַיּוֹצֵא בָּהֶן כְּדֶרֶךְ שֶׁהַצַּיָּרִין רוֹשְׁמִים הֲרֵי זֶה חַיָּב מִשּׁוּם כּוֹתֵב. וְכֵן הַמּוֹחֵק אֶת הָרִשּׁוּם לְתַקֵּן הֲרֵי זֶה תּוֹלֶדֶת מוֹחֵק וְחַיָּב. הַמְשַׂרְטֵט כְּדֵי לִכְתֹּב שְׁתֵּי אוֹתִיּוֹת תַּחַת אוֹתוֹ שִׂרְטוּט חַיָּב. חָרָשֵׁי הָעֵצִים שֶׁמַּעֲבִירִין חוּט שֶׁל סִקְרָא עַל גַּבֵּי הַקּוֹרָה כְּדֵי שֶׁיִּנְסֹר בְּשָׁוֶה הֲרֵי זֶה תּוֹלֶדֶת מְשַׂרְטֵט. וְכֵן הַגַּבָּלִים שֶׁעוֹשִׂים כֵּן בָּאֲבָנִים כְּדֵי שֶׁיְּפַצֵּל הָאֶבֶן בְּשָׁוֶה. וְאֶחָד הַמְשַׂרְטֵט בְּצֶבַע אוֹ בְּלֹא צֶבַע הֲרֵי זֶה חַיָּב:

Perek 12

Work categories.

Kindling, Extinguishing fire, Transferring articles from one domain to another (Carrying).

Av melachah	Eg of *Meein Melachah* (has same intent or same action as *av*)	E.g. of *Toldah* (act is similar to *av*)	*Shiur*	Explanation
Kindling		Blacksmith heating iron to strengthen	*Kolshehu*	Constructively, used for the light and warmth or ashes
Extinguishing		Blacksmith put hot iron in water	*Kolshehu*	
Carrying an item from one domain to another				This includes carrying an item **4 Amah** in a public domain. However, one would only be chayav if he carried it a minimum distance of **5⅗** *amah*

 The Rambam describes carrying as a Mosheh Misinai with also reference in the Written Torah.

There are **2** aspects to this carrying

Moving an article from one domain to another

Carrying an article from within a square of **4 × 4** *amah*. Since it can be viewed as if he is carrying the object within the square diagonally, he would only be chayav if he carried it a minimum distance of approx. **5⅗** *amah*.

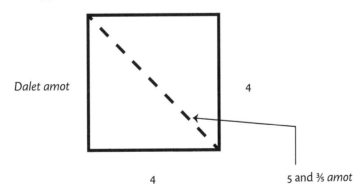

Dalet amot   4

4

5 and ⅗ *amot*

To complete the work of carrying, other factors must also be in place.

• Article must be of a substantial size
• Article must be
  – Picked up

- Carried
- Put down

- To be liable, carrying must be in a normal manner

פרק י״ב

א. הַמַּבְעִיר כָּל שֶׁהוּא חַיָּב. וְהוּא שֶׁיְּהֵא צָרִיךְ לָאֵפֶר. אֲבָל אִם הִבְעִיר דֶּרֶךְ הַשְׁחָתָה פָּטוּר מִפְּנֵי שֶׁהוּא מְקַלְקֵל. וְהַמַּבְעִיר גְּדִישׁוֹ שֶׁל חֲבֵרוֹ אוֹ הַשּׂוֹרֵף דִּירָתוֹ חַיָּב אַף עַל פִּי שֶׁהוּא מַשְׁחִית. מִפְּנֵי שֶׁכַּוָּנָתוֹ לְהִנָּקֵם מִשּׂוֹנְאוֹ וַהֲרֵי נִתְקָרְרָה דַּעְתּוֹ וְשָׁכְכָה חֲמָתוֹ וְנַעֲשָׂה כְּקוֹרֵעַ עַל מֵתוֹ אוֹ בַּחֲמָתוֹ שֶׁהוּא חַיָּב וּבְחוֹבֵל בַּחֲבֵרוֹ בִּשְׁעַת מְרִיבָה שֶׁכָּל אֵלּוּ מְתַקְּנִים הֵן אֵצֶל יִצְרָן הָרַע. וְכֵן הַמַּדְלִיק אֶת הַנֵּר אוֹ אֶת הָעֵצִים בֵּין לְהִתְחַמֵּם בֵּין לְהָאִיר הֲרֵי זֶה חַיָּב. הַמְחַמֵּם אֶת הַבַּרְזֶל כְּדֵי לְצָרְפוֹ בְּמַיִם הֲרֵי זֶה תּוֹלֶדֶת מַבְעִיר וְחַיָּב:

ב. הַמְכַבֶּה כָּל שֶׁהוּא חַיָּב. אֶחָד הַמְכַבֶּה אֶת הַנֵּר וְאֶחָד הַמְכַבֶּה אֶת הַגַּחֶלֶת שֶׁל עֵץ. אֲבָל הַמְכַבֶּה גַּחֶלֶת שֶׁל מַתֶּכֶת פָּטוּר. וְאִם נִתְכַּוֵּן לְצָרֵף חַיָּב. שֶׁכֵּן לוֹטְשֵׁי הַבַּרְזֶל עוֹשִׂים מְחַמְּמִים אֶת הַבַּרְזֶל עַד שֶׁיֵּעָשֶׂה גַּחֶלֶת וּמְכַבִּין אוֹתוֹ בְּמַיִם כְּדֵי לְחַסְּמוֹ. וְזֶהוּ לְצָרֵף שֶׁהָעוֹשֶׂה אוֹתוֹ חַיָּב וְהוּא תּוֹלֶדֶת מְכַבֶּה. וּמֻתָּר לְכַבּוֹת גַּחֶלֶת שֶׁל מַתֶּכֶת בִּרְשׁוּת הָרַבִּים כְּדֵי שֶׁלֹּא יִזּוֹקוּ בָּהּ רַבִּים. הַנּוֹתֵן שֶׁמֶן לְתוֹךְ הַנֵּר הַדּוֹלֵק חַיָּב מִשּׁוּם מַבְעִיר. וְהַמִּסְתַּפֵּק מִן הַשֶּׁמֶן שֶׁבַּנֵּר חַיָּב מִשּׁוּם מְכַבֶּה:

ג. דְּלֵקָה שֶׁנָּפְלָה בְּשַׁבָּת הַמְכַבֶּה אוֹתָהּ מִפְּנֵי אִבּוּד מָמוֹן חַיָּב שֶׁאֵין אִבּוּד מָמוֹן דּוֹחֶה שַׁבָּת אֶלָּא אִבּוּד נְפָשׁוֹת. לְפִיכָךְ יֵצְאוּ בְּנֵי אָדָם כְּדֵי שֶׁלֹּא יָמוּתוּ וְיַנִּיחוּ הָאֵשׁ תְּלַהֵט וַאֲפִלּוּ שׂוֹרֶפֶת כָּל דִּירָתוֹ כֻּלָּהּ:

ד. מֻתָּר לַעֲשׂוֹת מְחִצָּה בְּכָל הַכֵּלִים בֵּין מְלֵאִים בֵּין רֵיקָנִים כְּדֵי שֶׁלֹּא תַּעֲבֹר הַדְּלֵקָה. אֲפִלּוּ כְּלֵי חֶרֶשׂ חֲדָשִׁים מְלֵאִים מַיִם עוֹשִׂין מֵהֶן מְחִצָּה אַף עַל פִּי שֶׁוַּדַּאי מִתְבַּקְּעִין וּמְכַבִּים. שֶׁגְּרַם כִּבּוּי מֻתָּר. וְכוֹפִין קְעָרָה עַל גַּבֵּי הַנֵּר בִּשְׁבִיל שֶׁלֹּא תֶּאֱחֹז בַּקּוֹרָה:

ה. תֵּבָה שִׁדָּה וּמִגְדָּל שֶׁאָחַז בָּהֶן הָאוּר מֵבִיא עוֹר גְּדִי וְכַיּוֹצֵא בּוֹ מִדְּבָרִים שֶׁאֵין הָאוּר מְלַהֶטֶת אוֹתָן וּפוֹרְשׂוֹ עַל הַקָּצֶה שֶׁעֲדַיִן לֹא נִשְׂרַף כְּדֵי שֶׁלֹּא תַּעֲבֹר שָׁם הָאֵשׁ:

ו. טַלִּית שֶׁאָחַז בָּהּ הָאוּר פּוֹשְׁטָהּ וּמִתְכַּסֶּה בָּהּ וְאִם כָּבְתָה כָּבְתָה. וְכֵן סֵפֶר תּוֹרָה שֶׁאָחַז בּוֹ הָאוּר פּוֹשְׁטוֹ וְקוֹרֵא בּוֹ וְאִם כָּבָה כָּבָה. וְנוֹתֵן מַיִם מִן הַצַּד שֶׁעֲדַיִן לֹא נִתְלָה בּוֹ הָאוּר וְאִם כָּבְתָה כָּבְתָה. שָׁכַח נֵר דָּלוּק עַל גַּבֵּי טַבְלָא מְנַעֵר אֶת הַטַּבְלָא וְהוּא נוֹפֵל וְאִם כָּבָה כָּבָה. אֲבָל הִנִּיחוֹ מִבְּעֶרֶב אַף עַל פִּי שֶׁכָּבָה אָסוּר לְטַלְטְלוֹ:

ז. נָכְרִי שֶׁבָּא לְכַבּוֹת אֵין אוֹמְרִים לוֹ כַּבֵּה וְאַל תְּכַבֶּה מִפְּנֵי שֶׁאֵין שְׁבִיתָתוֹ עָלֵינוּ. אֲבָל קָטָן שֶׁבָּא לְכַבּוֹת אֵין שׁוֹמְעִין לוֹ. וְהוּא שֶׁיִּהְיֶה עוֹשֶׂה עַל דַּעַת אָבִיו. אֲבָל מִדַּעַת עַצְמוֹ אֵין בֵּית דִּין מְצֻוִּין לְהַפְרִישׁוֹ. וּבִדְלֵקָה הִתִּירוּ לוֹמַר כָּל הַמְכַבֶּה אֵינוֹ מַפְסִיד:

ח. הוֹצָאָה וְהַכְנָסָה מֵרְשׁוּת לִרְשׁוּת מְלָאכָה מֵאֲבוֹת מְלָאכוֹת הִיא. וְאַף עַל פִּי שֶׁדָּבָר זֶה עִם כָּל גּוּפֵי תּוֹרָה מִפִּי מֹשֶׁה מִסִּינַי נֶאֶמְרוּ. הֲרֵי הוּא אוֹמֵר בַּתּוֹרָה (שמות לו ו) "אִישׁ וְאִשָּׁה אַל יַעֲשׂוּ עוֹד מְלָאכָה לִתְרוּמַת הַקֹּדֶשׁ וַיִּכָּלֵא הָעָם מֵהָבִיא". הָא לָמַדְתָּ שֶׁהַהֲבָאָה מְלָאכָה קוֹרֵא אוֹתָהּ. וְכֵן לָמְדוּ מִפִּי הַשְּׁמוּעָה שֶׁהַמַּעֲבִיר בִּרְשׁוּת הָרַבִּים מִתְּחִלַּת אַרְבַּע לְסוֹף אַרְבַּע הֲרֵי הוּא כְּמוֹצִיא מֵרְשׁוּת לִרְשׁוּת וְחַיָּב:

ט. אֵין הַמּוֹצִיא מֵרְשׁוּת לִרְשׁוּת חַיָּב עַד שֶׁיּוֹצִיא כַּשִּׁעוּר הַמּוֹעִיל. מֵרְשׁוּת הַיָּחִיד לִרְשׁוּת הָרַבִּים אוֹ מֵרְשׁוּת הָרַבִּים לִרְשׁוּת הַיָּחִיד. וְיַעֲקֹר מֵרְשׁוּת זוֹ וְיַנִּיחַ בִּרְשׁוּת שְׁנִיָּה. אֲבָל אִם עָקַר וְלֹא הִנִּיחַ אוֹ הִנִּיחַ וְלֹא עָקַר אוֹ שֶׁהוֹצִיא פָּחוֹת מִכַּשִּׁעוּר פָּטוּר. וְכֵן הַמַּעֲבִיר מִתְּחִלַּת אַרְבַּע לְסוֹף אַרְבַּע בִּרְשׁוּת הָרַבִּים אֵינוֹ חַיָּב עַד שֶׁיַּעֲקֹר כַּשִּׁעוּר מִצַּד זֶה וְיַנִּיחֶנּוּ מִצַּד אַחֶרֶת:

י. הַזּוֹרֵק מֵרְשׁוּת לִרְשׁוּת אוֹ הַמּוֹשִׁיט הֲרֵי זֶה תּוֹלֶדֶת מוֹצִיא וְחַיָּב. וְכֵן הַזּוֹרֵק אוֹ הַמּוֹשִׁיט בְּיָדוֹ מִתְּחִלַּת אַרְבַּע לְסוֹף אַרְבַּע הֲרֵי זֶה תּוֹלֶדֶת מוֹצִיא וְחַיָּב. וְהַזּוֹרֵק כִּלְאַחַר יָד פָּטוּר:

יא. הַמּוֹצִיא מִקְצָת הַחֵפֶץ מֵרְשׁוּת מִשְּׁתֵּי רְשׁוּיוֹת אֵלּוּ לִרְשׁוּת שְׁנִיָּה פָּטוּר. עַד שֶׁיּוֹצִיא אֶת כָּל הַחֵפֶץ כֻּלּוֹ מֵרְשׁוּת זוֹ לִרְשׁוּת זוֹ. קֻפָּה שֶׁהִיא מְלֵאָה חֲפָצִים אֲפִלּוּ מְלֵאָה חַרְדָּל וְהוֹצִיא רֻבָּהּ מֵרְשׁוּת זוֹ לִרְשׁוּת זוֹ פָּטוּר עַד שֶׁיּוֹצִיא אֶת כָּל הַקֻּפָּה וְכֵן כָּל הַדּוֹמֶה לָזֶה שֶׁהַכְּלִי מֵשִׂים כָּל שֶׁיֵּשׁ בּוֹ כְּחֵפֶץ אֶחָד:

יב. הַמּוֹצִיא בֵּין בִּימִינוֹ בֵּין בִּשְׂמֹאלוֹ בֵּין בְּתוֹךְ חֵיקוֹ אוֹ שֶׁיָּצָא בְּמָעוֹת צְרוּרִין לוֹ בִּסְדִינוֹ חַיָּב מִפְּנֵי שֶׁהוֹצִיא כְּדֶרֶךְ

הַמּוֹצִיאִין. וְכֵן הַמּוֹצִיא עַל כְּתֵפוֹ חַיָּב אַף עַל פִּי שֶׁהַמַּשּׂאוֹי לְמַעְלָה מֵעֲשָׂרָה טְפָחִים בִּרְשׁוּת הָרַבִּים. שֶׁכֵּן הָיָה מַשָּׂא בְּנֵי קְהָת בַּמִּשְׁכָּן לְמַעְלָה מֵעֲשָׂרָה שֶׁנֶּאֱמַר (במדבר ז ט) "בַּכָּתֵף יִשָּׂאוּ". וְכָל הַמְּלָאכוֹת מִמִּשְׁכָּן לוֹמְדִין אוֹתָן:

יג. אֲבָל הַמּוֹצִיא לְאַחַר יָדוֹ בְּרַגְלוֹ בְּפִיו וּבְמַרְפֵּקוֹ בְּאָזְנוֹ וּבִשְׂעָרוֹ וּבְכִיס שֶׁתָּפוּר בְּבִגְדּוֹ וּפִי הַכִּיס לְמַטָּה בֵּין בֶּגֶד לְבֶגֶד, בְּפִי בִּגְדּוֹ בְּמִנְעָלוֹ וּבְסַנְדָּלוֹ פָּטוּר שֶׁלֹּא הוֹצִיא כְּדֶרֶךְ הַמּוֹצִיאִין:

יד. הַמּוֹצִיא מַשּׂאוֹי עַל רֹאשׁוֹ. אִם הָיָה מַשּׂאוֹי כָּבֵד כְּגוֹן שַׂק מָלֵא אוֹ תֵּבָה וּמִגְדָּל וְכַיּוֹצֵא בָּהֶן שֶׁהוּא מֵשִׂים עַל רֹאשׁוֹ וְתוֹפֵשׂ בְּיָדוֹ חַיָּב. שֶׁכֵּן דֶּרֶךְ הַמּוֹצִיאִין וְנִמְצָא כְּמוֹצִיא עַל כְּתֵפוֹ אוֹ בְּיָדוֹ. אֲבָל אִם לָקַח חֵפֶץ קַל כְּגוֹן שֶׁהִנִּיחַ בֶּגֶד אוֹ סֵפֶר אוֹ סַכִּין עַל רֹאשׁוֹ וְהוֹצִיאוֹ וְהוּא אֵינוֹ אוֹחֵז בְּיָדוֹ הֲרֵי זֶה פָּטוּר שֶׁלֹּא הוֹצִיא כְּדֶרֶךְ הַמּוֹצִיאִין. שֶׁאֵין דֶּרֶךְ רֹב הָעוֹלָם לְהוֹצִיא הַחֲפָצִין מֻנָּחִין עַל רָאשֵׁיהֶם. הַמַּעֲבִיר חֵפֶץ מִתְּחִלַּת אַרְבַּע לְסוֹף אַרְבַּע בִּרְשׁוּת הָרַבִּים אַף עַל פִּי שֶׁהֶעֱבִירוֹ לְמַעְלָה מֵרֹאשׁוֹ חַיָּב:

טו. מֻתָּר לְאָדָם לְטַלְטֵל בִּרְשׁוּת הָרַבִּים בְּתוֹךְ אַרְבַּע אַמּוֹת עַל אַרְבַּע אַמּוֹת שֶׁהוּא עוֹמֵד בְּצִדָּן. וְיֵשׁ לוֹ לְטַלְטֵל בְּכָל הַמְּרֻבָּע הַזֶּה. וּבְאַמָּה שֶׁלּוֹ מוֹדְדִין. וְאִם הָיָה נַנָּס בְּאֵיבָרָיו נוֹתְנִין לוֹ אַרְבַּע אַמּוֹת כְּבֵינוֹנִיּוֹת שֶׁל כָּל אָדָם. וּמִפִּי הַקַּבָּלָה אָמְרוּ שֶׁזֶּה שֶׁנֶּאֱמַר בַּתּוֹרָה (שמות טז כט) "שְׁבוּ אִישׁ תַּחְתָּיו" שֶׁלֹּא יְטַלְטֵל חוּץ לִמְרֻבָּע זֶה אֶלָּא בִּמְרֻבָּע זֶה שֶׁהוּא כְּמִדַּת אֹרֶךְ אָדָם כְּשֶׁיִּפְשֹׁט יָדָיו וְרַגְלָיו בּוֹ בִּלְבַד יֵשׁ לְטַלְטֵל:

טז. הָיוּ שְׁנַיִם מִקְצָת אַרְבַּע אַמּוֹת שֶׁל זֶה לְתוֹךְ אַרְבַּע אַמּוֹת שֶׁל זֶה מְבִיאִין וְאוֹכְלִין בָּאֶמְצַע. וּבִלְבַד שֶׁלֹּא יוֹצִיא זֶה מִתּוֹךְ שֶׁלּוֹ לְתוֹךְ שֶׁל חֲבֵרוֹ. וְאִם הָיוּ שְׁלֹשָׁה וְהָאֶמְצָעִי מֻבְלָע בֵּינְתַיִם. הוּא מֻתָּר עִמָּהֶן וְהֵן מֻתָּרִין עִמּוֹ וּשְׁנַיִם הַחִיצוֹנִים אֲסוּרִים זֶה עִם זֶה:

יז. לְפִיכָךְ מֻתָּר לְאָדָם לַעֲקֹר חֵפֶץ מֵרְשׁוּת הָרַבִּים וְלִתְּנוֹ לַחֲבֵרוֹ שֶׁעִמּוֹ בְּתוֹךְ אַרְבַּע אַמּוֹת. וְכֵן חֲבֵרוֹ לַחֲבֵרוֹ הָאַחֵר שֶׁבְּצִדּוֹ אֲפִלּוּ הֵן מֵאָה. וְאַף עַל פִּי שֶׁהַחֵפֶץ הוֹלֵךְ כַּמָּה מִילִין בְּשַׁבָּת מֻתָּר. מִפְּנֵי שֶׁכָּל אֶחָד מֵהֶן לֹא טִלְטֵל אֶלָּא בְּתוֹךְ אַרְבַּע אַמּוֹת שֶׁלּוֹ:

יח. הוֹאִיל וְיֵשׁ לוֹ לְאָדָם לְטַלְטֵל בְּכָל הַמְּרֻבָּע שֶׁהוּא אַרְבַּע אַמּוֹת עַל אַרְבַּע אַמּוֹת נִמְצָא מְטַלְטֵל בְּאֹרֶךְ אֲלַכְסוֹנוֹ שֶׁל מְרֻבָּע זֶה חָמֵשׁ אַמּוֹת וּשְׁלֹשָׁה חֻמְשֵׁי אַמָּה. לְפִיכָךְ אֵין הַמַּעֲבִיר אוֹ הַזּוֹרֵק בִּרְשׁוּת הָרַבִּים חַיָּב עַד שֶׁיַּעֲבִיר חוּץ לְחָמֵשׁ אַמּוֹת וּשְׁלֹשָׁה חֻמְשֵׁי אַמָּה. וְכָל מָקוֹם שֶׁאָמַרְנוּ מִתְּחִלַּת אַרְבַּע לְסוֹף אַרְבַּע אוֹ הַמַּעֲבִיר אַרְבַּע אַמּוֹת חַיָּב הוּא מִתְּחִלַּת הָאֲלַכְסוֹן שֶׁל אַרְבַּע אַמּוֹת עַד סוֹפוֹ וְאִם הֶעֱבִיר פָּחוֹת מִזֶּה פָּטוּר:

יט. נִמְצָא כָּאן שָׁלֹשׁ מִדּוֹת. כֵּיצַד. הָעוֹקֵר חֵפֶץ מֵרְשׁוּת הָרַבִּים מִמָּקוֹם זֶה וְהִנִּיחוֹ בְּמָקוֹם אַחֵר בִּרְשׁוּת הָרַבִּים אִם הָיָה בֵּין שְׁנֵי הַמְּקוֹמוֹת עַד אַרְבַּע אַמּוֹת הֲרֵי זֶה מֻתָּר. הָיָה בֵּינֵיהֶן יֶתֶר מֵאַרְבַּע אַמּוֹת וַעֲדַיִן הֵן בְּתוֹךְ חָמֵשׁ אַמּוֹת וּשְׁלֹשָׁה חֻמְשֵׁי אַמָּה פָּטוּר. הָיָה בֵּינֵיהֶן חָמֵשׁ אַמּוֹת וּשְׁלֹשָׁה חֻמְשֵׁי אַמָּה בְּשָׁוֶה הֲרֵי זֶה חַיָּב שֶׁהֲרֵי הֶעֱבִיר הַחֵפֶץ חוּץ לַאֲלַכְסוֹנוֹ שֶׁל מְרֻבָּע:

Perek 13

Work categories. · Carrying continued

	Liable for carrying	Explanation
Place of lifting and place of resting are each 4 × 4 *tefach*	✓	If size less, not liable
Lifts article from hand in domain 1 and places in hand of someone else in domain 2	✓	Human hand is considered as 4 × 4 *tefach*
Picks up articles but does not place in another domain or vice versa	×	Person must do both actions himself to be liable

Colleague took article from domain 1 and gave to a colleague in domain 2	✓	One who gave is liable. The other is not
Standing in domain 1 with article in hand. Moves to domain 2 and then stands still	✓	Beginning to walk and then resting are like lifting and placing
Walk less than 4 *amah*	×	Theoretically a person can carry a long distance using this procedure of stopping and starting
Drags article with one end lying on ground	✓	For although the item has not been lifted off the ground, it has been "uprooted" from the first place.
Intends to move article only within one domain and then changes his mind and moves it into a second	×	Because the lifting was done without an intention to move the item into a different domain.
Throws article from one domain into another to a place intended	✓	
Throws article from one domain to another but it does not get to intended destination	×	Again, intention is important
Thrown articles goes from a private domain through public domain to another private domain	×	Provided that the article remained more than 3 *tefach* above ground and did not rest on anything in the public domain. 3 *tefach* or less is regarded as an extension of the ground.
Passes article from private domain through a public domain to another private domain, where the 2 private domains span over the length of the public domain.	✓	Because this is exactly how it was done in the mishkan i.e. passing boards from wagon to wagon. Each wagon was regarded as a private domain, with the public domain in between. However, it is important to remember that the wagons were one behind the other.

פרק י״ג

א. אֵין הַמּוֹצִיא מֵרְשׁוּת לִרְשׁוּת אוֹ הַמַּעֲבִיר בִּרְשׁוּת הָרַבִּים חוּץ לְאַרְבַּע אַמּוֹת חַיָּב עַד שֶׁיַּעֲקֹר חֵפֶץ מֵעַל גַּבֵּי מָקוֹם שֶׁיֵּשׁ בּוֹ אַרְבָּעָה טְפָחִים עַל אַרְבָּעָה טְפָחִים אוֹ יָתֵר וְיַנִּיחַ עַל גַּבֵּי מָקוֹם שֶׁיֵּשׁ בּוֹ אַרְבָּעָה עַל אַרְבָּעָה טְפָחִים:

ב. יָדוֹ שֶׁל אָדָם חֲשׁוּבָה לוֹ כְּאַרְבָּעָה עַל אַרְבָּעָה. לְפִיכָךְ אִם עָקַר הַחֵפֶץ מִיַּד אָדָם הָעוֹמֵד בִּרְשׁוּת זוֹ וְהִנִּיחוֹ בְּיַד אָדָם אַחֵר הָעוֹמֵד בִּרְשׁוּת שְׁנִיָּה חַיָּב. וְכֵן אִם הָיָה עוֹמֵד בְּאַחַת מִשְּׁתֵּי רְשׁוּיוֹת אֵלּוּ וּפָשַׁט יָדוֹ לִרְשׁוּת שְׁנִיָּה וְעָקַר הַחֵפֶץ מִמֶּנָּה אוֹ מִיַּד אָדָם הָעוֹמֵד בָּהּ וְהֶחֱזִיר יָדוֹ אֵלָיו חַיָּב. וְאַף עַל פִּי שֶׁלֹּא הִנִּיחַ הַחֵפֶץ בְּמָקוֹם שֶׁהוּא עוֹמֵד בּוֹ הוֹאִיל וְהוּא בְּיָדוֹ הֲרֵי הוּא כְּמֻנָּח בָּאָרֶץ:

ג. הָיָה אוֹכֵל וְיוֹצֵא מֵרְשׁוּת לִרְשׁוּת וְחִשֵּׁב לְהוֹצִיא הָאֹכֶל שֶׁבְּפִיו מֵרְשׁוּת לִרְשׁוּת חַיָּב. מִפְּנֵי שֶׁמַּחֲשַׁבְתּוֹ מְשִׂימָה פִּיו מְקוֹם אַרְבָּעָה אַף עַל פִּי שֶׁלֹּא הוֹצִיא כְּדֶרֶךְ הַמּוֹצִיאִין. וְכֵן מִי שֶׁהָיָה עוֹמֵד בְּאַחַת מִשְּׁתֵּי רְשׁוּיוֹת אֵלּוּ וְהִשְׁתִּין מַיִם אוֹ רָקַק בִּרְשׁוּת שְׁנִיָּה חַיָּב שֶׁהֲרֵי עָקַר מֵרְשׁוּת זוֹ וְהִנִּיחַ בִּרְשׁוּת שְׁנִיָּה וּמַחֲשַׁבְתּוֹ עוֹשָׂה אוֹתוֹ כְּאִלּוּ עָקַר מֵעַל גַּבֵּי מְקוֹם אַרְבָּעָה. הָיָה עוֹמֵד בִּרְשׁוּת זוֹ וּפִי אַמָּה בִּרְשׁוּת שְׁנִיָּה וְהִשְׁתִּין בָּהּ פָּטוּר:

ד. הָיָה עוֹמֵד בְּאַחַת מִשְּׁתֵּי רְשׁוּיוֹת וּפָשַׁט יָדוֹ לִרְשׁוּת שְׁנִיָּה וְנָטַל מִשָּׁם מַיִם מֵעַל גַּבֵּי גּוּמָא מְלֵאָה מַיִם וְהוֹצִיאָן חַיָּב. שֶׁהַמַּיִם כֻּלָּן כְּאִלּוּ הֵן מֻנָּחִין עַל הָאָרֶץ. אֲבָל אִם הָיָה כְּלִי צָף עַל גַּבֵּי מַיִם וּפֵרוֹת בְּתוֹךְ הַכְּלִי וּפָשַׁט יָדוֹ וְלָקַח מִן הַפֵּרוֹת וְהוֹצִיא פָּטוּר. שֶׁהֲרֵי לֹא נָחוּ הַפֵּרוֹת עַל גַּבֵּי הָאָרֶץ וְנִמְצָא שֶׁלֹּא עָקַר מֵעַל גַּבֵּי מְקוֹם אַרְבָּעָה. וְאֵין צָרִיךְ לוֹמַר אִם הָיוּ הַפֵּרוֹת צָפִין עַל פְּנֵי הַמַּיִם וְהוֹצִיאָם שֶׁהוּא פָּטוּר. וְכֵן אִם הָיָה שֶׁמֶן צָף עַל פְּנֵי הַמַּיִם וְקָלַט מִן הַשֶּׁמֶן וְהוֹצִיאוֹ פָּטוּר:

ה. כְּבָר אָמַרְנוּ שֶׁאֵין הַמּוֹצִיא מֵרְשׁוּת לִרְשׁוּת חַיָּב עַד שֶׁיֵּעָקֵר וְיַנִּיחַ. אֲבָל אִם עָקַר וְלֹא הִנִּיחַ אוֹ הִנִּיחַ וְלֹא עָקַר פָּטוּר. לְפִיכָךְ מִי שֶׁהָיָה עוֹמֵד בְּאַחַת מִשְּׁתֵּי רְשׁוּיוֹת וּפָשַׁט יָדוֹ לִרְשׁוּת שְׁנִיָּה וְחֵפֶץ בְּיָדוֹ וּנְטָלוֹ אַחֵר מִמֶּנּוּ אוֹ שֶׁנָּתַן אַחֵר לְיָדוֹ חֵפֶץ וְהֶחֱזִיר יָדוֹ אֵלָיו שְׁנֵיהֶם פְּטוּרִים שֶׁזֶּה עָקַר וְזֶה הִנִּיחַ:

ו. בַּמֶּה דְּבָרִים אֲמוּרִים כְּשֶׁהָיְתָה יָדוֹ לְמַעְלָה מִשְּׁלֹשָׁה. אֲבָל הָיְתָה יָדוֹ בְּתוֹךְ שְׁלֹשָׁה סָמוּךְ לָאָרֶץ הֲרֵי זֶה כְּמִי שֶׁהִנִּיחַ בָּאָרֶץ וְחַיָּב:

ז. הָיָה עוֹמֵד בְּאַחַת מִשְּׁתֵּי רְשׁוּיוֹת אֵלּוּ וּפָשַׁט חֲבֵרוֹ יָד מֵרְשׁוּת שְׁנִיָּה וְנָטַל חֵפֶץ מִיַּד זֶה הָעוֹמֵד בִּרְשׁוּת זוֹ וְהִכְנִיסוֹ אֶצְלוֹ אוֹ שֶׁהוֹצִיא חֵפֶץ מֵאֶצְלוֹ וְהִנִּיחַ בְּיַד זֶה הָעוֹמֵד. זֶה הָעוֹמֵד לֹא עָשָׂה כְּלוּם שֶׁהֲרֵי חֲבֵרוֹ נָתַן בְּיָדוֹ אוֹ נָטַל מִיָּדוֹ וַחֲבֵרוֹ חַיָּב שֶׁהֲרֵי עָקַר וְהִנִּיחַ:

ח. הָיָה עוֹמֵד בְּאַחַת מִשְּׁתֵּי רְשׁוּיוֹת אֵלּוּ וְנָתַן חֲבֵרוֹ חֵפֶץ בְּיָדוֹ אוֹ עַל גַּבָּיו וְיָצָא בְּאוֹתוֹ הַחֵפֶץ לִרְשׁוּת שְׁנִיָּה וְעָמַד שָׁם חַיָּב. מִפְּנֵי שֶׁעֲקִירַת גּוּפוֹ בַּחֵפֶץ שֶׁעָלָיו כַּעֲקִירַת חֵפֶץ מֵאוֹתָהּ רְשׁוּת וַעֲמִידָתוֹ בְּאוֹתוֹ הַחֵפֶץ כַּהֲנָחַת הַחֵפֶץ בַּקַּרְקַע שֶׁעָמַד בָּהּ. לְפִיכָךְ אִם יָצָא בַּחֵפֶץ שֶׁבְּיָדוֹ אוֹ עַל גַּבָּיו וְלֹא עָמַד בִּרְשׁוּת שְׁנִיָּה אֶלָּא חָזַר וְנִכְנַס וְהוּא בְּיָדוֹ אֲפִלּוּ יָצָא וְנִכְנַס כָּל הַיּוֹם כֻּלּוֹ עַד שֶׁיָּצָא הַיּוֹם פָּטוּר. לְפִי שֶׁעָקַר וְלֹא הִנִּיחַ. וַאֲפִלּוּ עָמַד לְתַקֵּן הַמַּשּׂאוֹי שֶׁעָלָיו עֲדַיִן הוּא פָּטוּר עַד שֶׁיַּעֲמֹד לָנוּחַ:

ט. וְכֵן מִי שֶׁהָיְתָה חֲבִילָתוֹ עַל כְּתֵפוֹ וְרָץ בָּהּ אֲפִלּוּ כָּל הַיּוֹם אֵינוֹ חַיָּב עַד שֶׁיַּעֲמֹד. וְהוּא שֶׁיִּהְיֶה רָץ בָּהּ. אֲבָל אִם הָלַךְ מְעַט מְעַט הֲרֵי זֶה כְּעוֹקֵר וּמַנִּיחַ וְאָסוּר. לְפִיכָךְ מִי שֶׁקָּדַשׁ עָלָיו הַיּוֹם וַחֲבִילָתוֹ עַל כְּתֵפוֹ רָץ בָּהּ עַד שֶׁיַּגִּיעַ לְבֵיתוֹ וְזוֹרְקָהּ שָׁם כִּלְאַחַר יָד:

י. עָקַר הַחֵפֶץ מֵרְשׁוּת הָרַבִּים וְהָלַךְ בּוֹ פָּחוֹת מֵאַרְבַּע אַמּוֹת וְעָמַד וְחָזַר וְהָלַךְ פָּחוֹת מֵאַרְבַּע אַמּוֹת וְעָמַד אֲפִלּוּ כָּל הַיּוֹם כֻּלּוֹ פָּטוּר. בַּמֶּה דְּבָרִים אֲמוּרִים בְּשֶׁעָמַד לָנוּחַ. אֲבָל אִם עָמַד לְתַקֵּן מַשָּׂאוֹ הֲרֵי זֶה כִּמְהַלֵּךְ וּכְשֶׁיַּעֲמֹד חוּץ לְאַרְבַּע אַמּוֹת חַיָּב. וְהוּא שֶׁיַּעֲמֹד חוּץ לְאַרְבַּע אַמּוֹת לָנוּחַ. אֲבָל אִם יַעֲמֹד לְתַקֵּן מַשָּׂאוֹ עֲדַיִן הוּא כִּמְהַלֵּךְ וְאֵינוֹ חַיָּב עַד שֶׁיַּעֲמֹד לָנוּחַ חוּץ לְאַרְבַּע אַמּוֹת:

יא. הָיָה קָנֶה אוֹ רֹמַח וְכַיּוֹצֵא בּוֹ מֻנָּח עַל הָאָרֶץ וְהִגְבִּיהַּ הַקָּצֶה הָאֶחָד וְהָיָה הַקָּצֶה הַשֵּׁנִי מֻנָּח בָּאָרֶץ וְהִשְׁלִיכוֹ לְפָנָיו וְחָזַר וְהִגְבִּיהַּ הַקָּצֶה הַשֵּׁנִי שֶׁהָיָה מֻנָּח בָּאָרֶץ וְהִשְׁלִיכוֹ לְפָנָיו עַל דֶּרֶךְ זוֹ עַד שֶׁהֶעֱבִיר הַחֵפֶץ כַּמָּה מִילִין פָּטוּר. לְפִי שֶׁלֹּא עָקַר הַחֵפֶץ כֻּלּוֹ מֵעַל גַּבֵּי הָאָרֶץ. וְאִם מָשַׁךְ הַחֵפֶץ וּגְרָרוֹ עַל הָאָרֶץ מִתְּחִלַּת אַרְבַּע לְסוֹף אַרְבַּע חַיָּב שֶׁהַמְגַלְגֵּל עוֹקֵר הוּא:

יב. עָקַר הַחֵפֶץ מִזָּוִית זוֹ לְהַנִּיחוֹ בְּזָוִית אַחֶרֶת שֶׁנִּמְצֵאת זוֹ הָעֲקִירָה עֲקִירָה הַמֻּתֶּרֶת וְנִמְלַךְ בַּדֶּרֶךְ וְהוֹצִיאוֹ לִרְשׁוּת שְׁנִיָּה פָּטוּר. מִפְּנֵי שֶׁלֹּא הָיְתָה עֲקִירָה רִאשׁוֹנָה לְכָךְ וְנִמְצֵאת כָּאן הֲנָחָה בְּלֹא עֲקִירָה. וְכֵן הָעוֹקֵר חֵפֶץ וְהִנִּיחוֹ עַל חֲבֵרוֹ כְּשֶׁהוּא מְהַלֵּךְ וּבְעֵת שֶׁיִּרְצֶה חֲבֵרוֹ לַעֲמֹד נְטָלוֹ מֵעַל גַּבֵּי חֲבֵרוֹ הֲרֵי זֶה פָּטוּר שֶׁהֲרֵי יֵשׁ כָּאן עֲקִירָה בְּלֹא הֲנָחָה:

יג. הַזּוֹרֵק חֵפֶץ מֵרְשׁוּת לִרְשׁוּת אוֹ מִתְּחִלַּת אַרְבַּע לְסוֹף אַרְבַּע בִּרְשׁוּת הָרַבִּים וְקֹדֶם שֶׁיָּנוּחַ קְלָטוֹ אַחֵר בְּיָדוֹ אוֹ קְלָטוֹ כֶּלֶב אוֹ נִשְׂרַף פָּטוּר. מִפְּנֵי שֶׁאֵין זוֹ הַהֲנָחָה שֶׁנִּתְכַּוֵּן לָהּ. לְפִיכָךְ אִם נִתְכַּוֵּן בִּשְׁעַת זְרִיקָה לְכָךְ חַיָּב:

יד. הַזּוֹרֵק חֵפֶץ מֵרְשׁוּת לִרְשׁוּת וְהָיָה קָשׁוּר בְּחֶבֶל וַאֲגָדוֹ בְּיָדוֹ. אִם יָכוֹל לִמְשֹׁךְ הַחֵפֶץ אֶצְלוֹ פָּטוּר. שֶׁהֲרֵי אֵין כָּאן הֲנָחָה גְּמוּרָה וְנִמְצָא כְּמִי שֶׁעָקַר וְלֹא הִנִּיחַ:

טו. הַזּוֹרֵק וְנָחָה בְּתוֹךְ יָדוֹ שֶׁל חֲבֵרוֹ. אִם עָמַד חֲבֵרוֹ בִּמְקוֹמוֹ וְקִבְּלָהּ הַזּוֹרֵק חַיָּב שֶׁהֲרֵי עָקַר וְהִנִּיחַ. וְאִם נֶעֱקַר חֲבֵרוֹ מִמְּקוֹמוֹ וְקִבְּלָהּ פָּטוּר. זָרַק וְרָץ הַזּוֹרֵק עַצְמוֹ אַחַר הַחֵפֶץ וְקִבְּלוֹ בְּיָדוֹ בִּרְשׁוּת אַחֶרֶת אוֹ חוּץ לְאַרְבַּע אַמּוֹת פָּטוּר כְּאִלּוּ נֶעֱקַר אַחֵר וְקִבְּלוֹ. שֶׁאֵין הַהֲנָחָה גְּמוּרָה עַד שֶׁיָּנוּחַ הַחֵפֶץ בְּמָקוֹם שֶׁהָיָה לוֹ לָנוּחַ בּוֹ בִּשְׁעַת עֲקִירָה:

טז. הַזּוֹרֵק מֵרְשׁוּת הַיָּחִיד לִרְשׁוּת הַיָּחִיד וּרְשׁוּת הָרַבִּים בָּאֶמְצַע אַף עַל פִּי שֶׁעָבַר הַחֵפֶץ בַּאֲוִיר רְשׁוּת הָרַבִּים פָּטוּר. וְהוּא שֶׁיַּעֲבֹר לְמַעְלָה מִשְּׁלֹשָׁה טְפָחִים אֲבָל אִם עָבַר בִּפְחוֹת מִשְּׁלֹשָׁה סָמוּךְ לָאָרֶץ וְנָח עַל גַּבֵּי מַשֶּׁהוּ אַף עַל פִּי שֶׁנֶּעֱקַר אוֹ נִתְגַּלְגֵּל וְיָצָא הַחֵפֶץ מֵרְשׁוּת הַיָּחִיד לִרְשׁוּת הַיָּחִיד אַחֶרֶת הֲרֵי הוּא כְּמִי שֶׁנִּשְׁאַר עוֹמֵד בִּרְשׁוּת הָרַבִּים וּלְפִיכָךְ חַיָּב. וְכֵן הַזּוֹרֵק מֵרְשׁוּת הָרַבִּים לִרְשׁוּת הָרַבִּים וּרְשׁוּת הַיָּחִיד בָּאֶמְצַע פָּטוּר. וְאִם עָבַר הַחֵפֶץ

בִּפְחוֹת מִשְּׁלֹשָׁה סָמוּךְ לָאָרֶץ וְנָח עַל גַּבֵּי מַשֶּׁהוּ אַף עַל פִּי שֶׁחָזַר וְנִתְגַּלְגֵּל וְיָצָא לִרְשׁוּת הָרַבִּים הַשְּׁנִיָּה הֲרֵי הוּא כְּמִי שֶׁנִּשְׁאַר עוֹמֵד בִּרְשׁוּת הַיָּחִיד וּלְפִיכָךְ חַיָּב:

יז. הַמַּעֲבִיר אַרְבַּע אַמּוֹת בִּרְשׁוּת הָרַבִּים זוֹ עִם רְשׁוּת הָרַבִּים הַשְּׁנִיָּה חַיָּב מִפְּנֵי שֶׁאַרְבַּע אַמּוֹת בִּשְׁתֵּי רְשׁוּיוֹת הָרַבִּים מִצְטָרְפִים מִפְּנֵי שֶׁלֹּא נָח הַחֵפֶץ בָּרְשׁוּת שֶׁבֵּינֵיהֶן:

יח. הַמּוֹשִׁיט מֵרְשׁוּת הַיָּחִיד לִרְשׁוּת הַיָּחִיד וּרְשׁוּת הָרַבִּים בָּאֶמְצַע חַיָּב. וַאֲפִלּוּ הוֹשִׁיט לְמַעְלָה מֵאֲוִיר רְשׁוּת הָרַבִּים. שֶׁכֵּן הָיְתָה עֲבוֹדַת הַלְוִיִּם בַּמִּשְׁכָּן מוֹשִׁיטִין אֶת הַקְּרָשִׁים מֵעֲגָלָה לַעֲגָלָה וּרְשׁוּת הָרַבִּים בֵּין שְׁתֵּי הָעֲגָלוֹת וְכָל עֲגָלָה וַעֲגָלָה רְשׁוּת הַיָּחִיד הִיא:

יט. בַּמֶּה דְּבָרִים אֲמוּרִים כְּשֶׁהָיוּ שְׁתֵּי רְשׁוּת הַיָּחִיד בְּאֹרֶךְ רְשׁוּת הָרַבִּים כְּמוֹ שֶׁהָעֲגָלוֹת מְהַלְּכוֹת בִּרְשׁוּת הָרַבִּים זוֹ אַחַר זוֹ. אֲבָל אִם הָיוּ שְׁתֵּי הָרְשֻׁיּוֹת בִּשְׁנֵי צִדֵּי רְשׁוּת הָרַבִּים אַף הַמּוֹשִׁיט מֵרְשׁוּת הַיָּחִיד זוֹ לִרְשׁוּת הַיָּחִיד שֶׁכְּנֶגְדָּהּ פָּטוּר:

כ. שָׁכַח וּפָשַׁט יָדוֹ וְהִיא מְלֵאָה פֵּרוֹת וְהוֹצִיאָהּ מֵחָצֵר זוֹ לְהַכְנִיסָהּ לֶחָצֵר שֶׁבְּצִדָּהּ וְנִזְכַּר קֹדֶם שֶׁיַּכְנִיס וַהֲרֵי יָדוֹ תְּלוּיָה בַּאֲוִיר רְשׁוּת הָרַבִּים מֻתָּר לְהַחֲזִירָהּ אֵלָיו לַחֲצֵרוֹ. אֲבָל לְהַכְנִיסָהּ לְאוֹתָהּ הֶחָצֵר הַשְּׁנִיָּה אָסוּר. כְּדֵי שֶׁלֹּא יֵעָשֶׂה מַחֲשַׁבְתּוֹ שֶׁחָשַׁב בִּשְׁעַת שְׁגָגָה. וְאִם הוֹצִיא יָדוֹ בְּמֵזִיד הֲרֵי זֶה אָסוּר לְהַחֲזִירָהּ אֶצְלוֹ אֶלָּא קָנְסוּ אוֹתוֹ שֶׁתְּהֵא יָדוֹ תְּלוּיָה עַד שֶׁתֶּחְשַׁךְ:

כא. הַמִּתְכַּוֵּן לִזְרֹק שְׁמוֹנֶה אַמּוֹת בִּרְשׁוּת הָרַבִּים וְנָח הַחֵפֶץ בְּסוֹף אַרְבַּע חַיָּב שֶׁהֲרֵי נַעֲשָׂה כְּשִׁעוּר הַמְּלָאכָה וְנַעֲשֵׂית מַחֲשַׁבְתּוֹ. שֶׁהַדָּבָר יָדוּעַ שֶׁאֵין זֶה הַחֵפֶץ מַגִּיעַ לְסוֹף שְׁמוֹנֶה עַד שֶׁיַּעֲבֹר עַל כָּל מָקוֹם וּמָקוֹם מִכָּל הַשְּׁמוֹנֶה. אֲבָל אִם נִתְכַּוֵּן לִזְרֹק אַרְבַּע וְנָח הַחֵפֶץ בְּסוֹף שְׁמוֹנֶה פָּטוּר. לְפִי שֶׁנָּח בְּמָקוֹם שֶׁלֹּא חָשַׁב שֶׁתַּעֲבֹר בּוֹ וְכָל שֶׁכֵּן שֶׁתָּנוּחַ. לְפִיכָךְ אִם חָשַׁב בְּעֵת זְרִיקָה שֶׁיָּנוּחַ הַחֵפֶץ בְּכָל מָקוֹם שֶׁיִּרְצֶה חַיָּב:

כב. זָרַק לְתוֹךְ אַרְבַּע אַמּוֹת וְנִתְגַּלְגֵּל חוּץ לְאַרְבַּע אַמּוֹת פָּטוּר. זָרַק חוּץ לְאַרְבַּע אַמּוֹת וְנִתְגַּלְגֵּל לְתוֹךְ אַרְבַּע אַמּוֹת אִם נָח עַל גַּבֵּי מַשֶּׁהוּ חוּץ לְאַרְבַּע אַמּוֹת וְאַחַר כָּךְ נִתְגַּלְגֵּל וְנִכְנַס לְתוֹךְ אַרְבַּע אַמּוֹת חַיָּב וְאִם לֹא נָח כְּלָל הֲרֵי זֶה פָּטוּר

Perek 14

Work categories. · Carrying continued

Four *reshuyot* (domains)

To help define carrying (i.e. transferring objects from private domain to public domain and vice versa), the Sages explained **4** domains

- *Reshut harabim* (public domain) e.g. the market and its roads.
- *Reshut hayachid* (private domain) e.g. a private house
- *Karmelit* – This is an intermediate zone i.e. it is not a private dwelling and it is not a place traversed by many people. According to Torah this zone would be regarded as makom *patur* (i.e. no liability as far as carrying). However, as a precaution to carrying, the *Rabanim* considered it a *reshut harabim.* An e.g. is fields or the sea.
- *Makom Patur.* One can carry to and from this zone and within it.

	Reshut Harabim	*Reshut Hayachid*	*Karmelit*	*Makom Patur*	Explanation
Minimum size	Maximum height is ***10 tefach*** Roads must be minimum ***16 amah***	Minimum area ***4 × 4 tefach*** Minimum height ***10 tefach***	Minimum area ***4 × 4*** ***tefach.***	An area less than ***4 × 4 tefach*** and sitting at least ***3 tefach*** above or below the earth.	*Whatever is within **3** **tefach** from the ground is considered reshut harabim*

Walls	Does not have walls or a roof	Has 4 walls or say in a courtyard 3 walls & a pole at 4th side (*lechi*)	Height at least 3 but less than 10 tefach	At least 3 *tefach*	Reshut hayachid relates to a dwelling. But even a box of correct size is defined as reshut hayachid
Space above domain	Space above ***10 tefach*** is *makom patur*	Till the Heavens above belongs to that *reshut*	Above ***10 tefach*** is *makom patur*		
Carrying within a domain	Only within ***4 × 4 amot***	Permitted throughout	Only within ***4 × 4 amot***	Permitted	
Transferring between 2 domains	If transferred to or from a private domain, one is liable.	If transferred to or from a public domain, one is liable.	If one transferred to or from a private domain, one is not liable.	Permitted	If transfer between 2 domains takes place via a *karmelit* then not liable
Water fills the *reshut*	If deeper than ***10 tefach*** it becomes *karmelit*	Water does not alter dimension	E.g. with sea, whole sea regarded as earth and *karmelit* only starts on surface		
Produce fills *reshut*		This reduces its dimensions			

פרק י״ד

א. אַרְבַּע רְשׁוּיוֹת לְשַׁבָּת. רְשׁוּת הַיָּחִיד וּרְשׁוּת הָרַבִּים וְכַרְמְלִית וּמְקוֹם פְּטוּר. אֵי זוֹ הִיא רְשׁוּת הָרַבִּים מִדְבָּרוֹת וַעֲיָרוֹת וּשְׁוָקִים וּדְרָכִים הַמְפֻלָּשִׁין לָהֶן. וּבִלְבַד שֶׁיִּהְיֶה רֹחַב הַדֶּרֶךְ שֵׁשׁ עֶשְׂרֵה אַמָּה וְלֹא יִהְיֶה עָלָיו תִּקְרָה. וְאֵי זוֹ רְשׁוּת הַיָּחִיד תֵּל שֶׁגָּבוֹהַּ עֲשָׂרָה טְפָחִים וְרָחָב אַרְבָּעָה טְפָחִים עַל אַרְבָּעָה טְפָחִים אוֹ יֶתֶר עַל כֵּן. וְכֵן חָרִיץ שֶׁהוּא עָמֹק עֲשָׂרָה וְרָחָב אַרְבָּעָה עַל אַרְבָּעָה אוֹ יֶתֶר עַל כֵּן. וְכֵן מָקוֹם שֶׁהוּא מֻקָּף אַרְבַּע מְחִצּוֹת גָּבְהָן עֲשָׂרָה וּבֵינֵיהֶן אַרְבָּעָה עַל אַרְבָּעָה אוֹ יֶתֶר עַל כֵּן אֲפִלּוּ יֵשׁ בּוֹ כַּמָּה מִילִין אִם הֻקַּף לְדִירָה כְּגוֹן מְדִינָה הַמֻּקֶּפֶת חוֹמָה שֶׁדַּלְתוֹתֶיהָ נִנְעָלוֹת בַּלַּיְלָה וּמְבוֹאוֹת שֶׁיֵּשׁ לָהֶן שְׁלֹשָׁה כְּתָלִים וְלֶחִי בְּרוּחַ רְבִיעִית. וְכֵן חָצֵר וְדִיר וְסַהַר שֶׁהֻקְּפוּ לְדִירָה כֻּלָּן רְשׁוּת הַיָּחִיד גְּמוּרָה הֵן:

ב. אֲפִלּוּ כֵּלִים כְּגוֹן סְפִינָה אוֹ מִגְדָּל שֶׁל עֵץ וְכַוֶּרֶת וְכַיּוֹצֵא בָּהֶן אִם יֵשׁ בָּהֶן אַרְבָּעָה עַל אַרְבָּעָה בְּגֹבַהּ עֲשָׂרָה אוֹ יֶתֶר עַל זֶה הֲרֵי הֵן רְשׁוּת הַיָּחִיד גְּמוּרָה:

ג. עֳבִי הַכְּתָלִים שֶׁל רְשׁוּת הַיָּחִיד כִּרְשׁוּת הַיָּחִיד. לַאֲחֵרִים עוֹשֶׂה מְחִצָּה לְעַצְמוֹ לֹא כָּל שֶׁכֵּן. אֲוִיר רְשׁוּת הַיָּחִיד כִּרְשׁוּת הַיָּחִיד עַד לָרָקִיעַ. אֲבָל אֲוִיר רְשׁוּת הָרַבִּים אֵינוֹ כִּרְשׁוּת הָרַבִּים אֶלָּא עַד עֲשָׂרָה טְפָחִים. וּלְמַעְלָה מֵעֲשָׂרָה בַּאֲוִיר רְשׁוּת הָרַבִּים מְקוֹם פְּטוֹר הוּא:

ד. אֵי זוֹ הִיא כַּרְמְלִית תֵּל שֶׁיֵּשׁ בּוֹ אַרְבָּעָה עַל אַרְבָּעָה אוֹ יֶתֶר עַל כֵּן וְגָבְהוֹ מִשְּׁלֹשָׁה וְעַד עֲשָׂרָה. שֶׁהַכַּרְמְלִית אֵינָהּ תּוֹפֶשֶׂת אֶלָּא עַד עֲשָׂרָה וְאֵינָהּ רְחָבָה פָּחוֹת מֵאַרְבָּעָה עַל אַרְבָּעָה. וְכֵן חָרִיץ שֶׁיֵּשׁ בּוֹ אַרְבָּעָה עַל אַרְבָּעָה אוֹ יֶתֶר עַל כֵּן וְעָמֹק מִשְּׁלֹשָׁה עַד עֲשָׂרָה. וְכֵן מָקוֹם שֶׁהֻקַּף בְּאַרְבַּע מְחִצּוֹת גָּבְהָן מִשְּׁלֹשָׁה וְעַד עֲשָׂרָה וּבֵינֵיהֶן אַרְבָּעָה עַל אַרְבָּעָה אוֹ יֶתֶר עַל כֵּן. וְכֵן קֶרֶן זָוִית הַסְּמוּכָה לִרְשׁוּת הָרַבִּים וְהוּא הַמָּקוֹם שֶׁמֻּקָּף שָׁלֹשׁ מְחִצּוֹת וְהָרוּחַ הָרְבִיעִית רְשׁוּת הָרַבִּים כְּגוֹן מָבוֹי שֶׁאֵין לוֹ לֶחִי אוֹ קוֹרָה בְּרוּחַ רְבִיעִית וְכֵן הַיַּמִּים וְהַבִּקְעָה בֵּין בִּימוֹת הַחַמָּה בֵּין בִּימוֹת הַגְּשָׁמִים כָּל אֵלּוּ כַּרְמְלִית הֵן:

ה. אֲוִיר הַכַּרְמְלִית הֲרֵי הוּא כְּכַרְמְלִית עַד עֲשָׂרָה טְפָחִים. וּלְמַעְלָה מֵעֲשָׂרָה טְפָחִים בַּאֲוִיר הַכַּרְמְלִית הֲרֵי הוּא מְקוֹם פְּטוֹר. לְפִיכָךְ מֵעַל פְּנֵי הַמַּיִם שֶׁבַּיַּמִּים וְשֶׁבַּנְּהָרוֹת עַד עֲשָׂרָה טְפָחִים כַּאֲוִיר כַּרְמְלִית. וּלְמַעְלָה מֵעֲשָׂרָה מְקוֹם פְּטוֹר. אֲבָל כָּל הָעֹמֶק הַמָּלֵא מַיִם הֲרֵי הוּא כְּקַרְקַע עָבָה:

ו. בּוֹר שֶׁבְּכַרְמְלִית הֲרֵי הוּא כְּכַרְמְלִית אֲפִלּוּ עָמֹק מֵאָה אַמָּה אִם אֵין בּוֹ אַרְבָּעָה. רְשׁוּת הָרַבִּים שֶׁהָיְתָה עָלֶיהָ תִּקְרָה אוֹ שֶׁאֵין בְּרָחְבָּהּ ט"ז אַמָּה הֲרֵי הִיא כְּכַרְמְלִית. אִצְטְבָא שֶׁבֵּין הָעַמּוּדִים הָעוֹמְדִים בִּרְשׁוּת הָרַבִּים הֲרֵי הִיא כְּכַרְמְלִית. וְצִדֵּי רְשׁוּת הָרַבִּים כְּכַרְמְלִית. אֲבָל בֵּין הָעַמּוּדִים הוֹאִיל וְרַבִּים דּוֹרְסִין בֵּינֵיהֶן הֲרֵי הֵן רְשׁוּת הָרַבִּים:

ז. אֵי זֶהוּ מְקוֹם פְּטוֹר. מָקוֹם שֶׁיֵּשׁ בּוֹ פָּחוֹת מֵאַרְבָּעָה עַל אַרְבָּעָה וְגָבְהוֹ שְׁלֹשָׁה עַד לָרָקִיעַ שֶׁכָּל פָּחוֹת מִשְּׁלֹשָׁה הֲרֵי הוּא כָּאָרֶץ. אֲפִלּוּ קוֹצִים וּבַרְקָנִים אוֹ גְּלָלִים בִּרְשׁוּת הָרַבִּים גָּבְהָן שְׁלֹשָׁה וְאֵין רָחְבָּן אַרְבָּעָה עַל אַרְבָּעָה הֲרֵי הֵן מְקוֹם פְּטוֹר. וְכֵן חָרִיץ שֶׁאֵין בּוֹ אַרְבָּעָה עַל אַרְבָּעָה וְעָמְקוֹ מִשְּׁלֹשָׁה עַד הַתְּהוֹם. וְכֵן מָקוֹם הַמֻּקָּף שֶׁאֵין בּוֹ אַרְבָּעָה עַל אַרְבָּעָה אֲפִלּוּ הָיָה אָרְכּוֹ אֶלֶף מִיל וְרָחְבּוֹ אַרְבָּעָה פָּחוֹת שְׂעוֹרָה וְגָבְהוֹ מִשְּׁלֹשָׁה וּלְמַעְלָה הֲרֵי זֶה מְקוֹם פְּטוֹר. וְכֵן אֲוִיר רְשׁוּת הָרַבִּים אוֹ אֲוִיר כַּרְמְלִית לְמַעְלָה מֵעֲשָׂרָה הֲרֵי הוּא מְקוֹם פְּטוֹר:

ח. מָקוֹם שֶׁיֵּשׁ בְּגָבְהוֹ תִּשְׁעָה טְפָחִים מְצֻמְצָמִים לֹא פָּחוֹת וְלֹא יֶתֶר בִּרְשׁוּת הָרַבִּים הֲרֵי הוּא כִּרְשׁוּת הָרַבִּים. וְאֵין מַשְׁגִּיחִין עַל מִדַּת אָרְכּוֹ וּמִדַּת רָחְבּוֹ בֵּין רָחָב בֵּין קָצָר מִפְּנֵי שֶׁרַבִּים מְכַתְּפִין עָלָיו. אֲבָל אִם הָיָה יֶתֶר עַל תִּשְׁעָה אוֹ פָּחוֹת אִם הָיָה בּוֹ אַרְבָּעָה עַל אַרְבָּעָה אוֹ יֶתֶר הֲרֵי הוּא כַּרְמְלִית. וְאִם אֵין בּוֹ אַרְבָּעָה עַל אַרְבָּעָה הֲרֵי הוּא מְקוֹם פְּטוֹר:

ט. גַּג הַסָּמוּךְ לִרְשׁוּת הָרַבִּים בְּתוֹךְ עֲשָׂרָה טְפָחִים הוֹאִיל וְרַבִּים מְכַתְּפִין עָלָיו אָסוּר לְטַלְטֵל בַּגַּג עַד שֶׁיַּעֲשֶׂה לוֹ סֻלָּם קָבוּעַ לְהַתִּירוֹ. עַמּוּד בִּרְשׁוּת הָרַבִּים גָּבוֹהַּ עֲשָׂרָה וְרָחָב אַרְבָּעָה הֲרֵי זֶה רְשׁוּת הַיָּחִיד. נָעַץ בְּגָבְהוֹ יָתֵד כָּל שֶׁהוּא אֲפִלּוּ אֵינָהּ גְּבוֹהָה שְׁלֹשָׁה הוֹאִיל וְרָאוּי לִתְלוֹת בַּיָּתֵד וּלְהִשְׁתַּמֵּשׁ בּוֹ הֲרֵי זֶה מִמַּעֲטוֹ וְנַעֲשָׂה כַּרְמְלִית. וְאֵין מוֹדְדִין לוֹ אֶלָּא מִן הַיָּתֵד וּלְמַעְלָה. וַאֲפִלּוּ מִלְּאָהוּ כֻּלּוֹ יְתֵדוֹת הֲרֵי זֶה מְמַעֵט גָּבְהוֹ. שֶׁהֲרֵי תּוֹלִין בְּאוֹתָן הַיְתֵדוֹת וּמִשְׁתַּמְּשִׁים בָּהֶן:

י. חוֹרֵי רְשׁוּת הַיָּחִיד הֲרֵי הֵן כִּרְשׁוּת הַיָּחִיד. אֲבָל חוֹרֵי רְשׁוּת הָרַבִּים אֵינָם כִּרְשׁוּת הָרַבִּים אֶלָּא הֲרֵי הֵן כְּפִי מִדָּתָן. כֵּיצַד. חוֹר בְּצַד רְשׁוּת הָרַבִּים אִם יֵשׁ בּוֹ אַרְבָּעָה עַל אַרְבָּעָה וְגָבוֹהַּ עֲשָׂרָה הֲרֵי הוּא רְשׁוּת הַיָּחִיד. וְאִם אֵין גָּבוֹהַּ עֲשָׂרָה הֲרֵי זֶה כַּרְמְלִית. וְאִם אֵין בּוֹ אַרְבָּעָה עַל אַרְבָּעָה הֲרֵי זֶה מְקוֹם פְּטוֹר. וְהוּא שֶׁגָּבוֹהַּ שְׁלֹשָׁה. שֶׁכָּל הַפָּחוֹת מִשְּׁלֹשָׁה הֲרֵי הוּא כָּאָרֶץ:

יא. רְשׁוּת הַיָּחִיד וּמְקוֹם פְּטוֹר מֻתָּר לְטַלְטֵל בְּכֻלָּן אֲפִלּוּ הָיָה אֹרֶךְ כָּל אַחַת מִשְּׁתֵּיהֶן כַּמָּה מִילִין מְטַלְטֵל בְּכֻלָּהּ. אֲבָל רְשׁוּת הָרַבִּים וְהַכַּרְמְלִית אֵין מְטַלְטְלִין בָּהֶן אֶלָּא בְּאַרְבַּע אַמּוֹת. וְאִם הֶעֱבִיר אוֹ הוֹשִׁיט אוֹ זָרַק חוּץ לְאַרְבַּע אַמּוֹת בִּרְשׁוּת הָרַבִּים חַיָּב וּבְכַרְמְלִית פָּטוּר. שֶׁאִסּוּר הַכַּרְמְלִית מִדִּבְרֵיהֶם מִפְּנֵי שֶׁהִיא דּוֹמָה לִרְשׁוּת הָרַבִּים שֶׁמָּא תִּתְחַלֵּף בִּרְשׁוּת הָרַבִּים. לְפִיכָךְ אִם לֹא הָיָה צָרִיךְ לְגוּף הַהוֹצָאָה כְּגוֹן שֶׁהֶעֱבִיר קוֹץ בְּכַרְמְלִית כְּדֵי שֶׁלֹּא יַזּוֹקוּ בּוֹ רַבִּים הֲרֵי זֶה מֻתָּר. וַאֲפִלּוּ הֶעֱבִירוֹ כַּמָּה אַמּוֹת. וְכֵן כָּל כַּיּוֹצֵא בָּזֶה:

יב. כְּשֵׁם שֶׁמֻּתָּר לְטַלְטֵל בְּכָל מְקוֹם פְּטוֹר כָּךְ מֻתָּר לְהַכְנִיס מִמֶּנּוּ לִרְשׁוּת הַיָּחִיד אוֹ לִרְשׁוּת הָרַבִּים וְאֵין צָרִיךְ לוֹמַר לְכַרְמְלִית. וּמוֹצִיאִין לוֹ מֵרְשׁוּת הַיָּחִיד וּמֵרְשׁוּת הָרַבִּים וְאֵין צָרִיךְ לוֹמַר מִן הַכַּרְמְלִית:

יג. כְּשֵׁם שֶׁאָסוּר לְטַלְטֵל בְּכָל הַכַּרְמְלִית כָּךְ אָסוּר לְהוֹצִיא מִמֶּנָּה לִרְשׁוּת הַיָּחִיד אוֹ לִרְשׁוּת הָרַבִּים אוֹ לְהַכְנִיס לְכַרְמְלִית מֵרְשׁוּת הַיָּחִיד אוֹ מֵרְשׁוּת הָרַבִּים. וְאִם הוֹצִיא אוֹ הִכְנִיס פָּטוּר:

יד. הַמּוֹצִיא מֵרְשׁוּת הַיָּחִיד לִרְשׁוּת הַיָּחִיד אוֹ מֵרְשׁוּת הָרַבִּים לִרְשׁוּת הָרַבִּים וְכַרְמְלִית בָּאֶמְצַע פָּטוּר. וְכֵן הַמּוֹשִׁיט אוֹ הַזּוֹרֵק מִזּוֹ לְזוֹ וְכַרְמְלִית בָּאֶמְצַע פָּטוּר. הַמּוֹצִיא חֵפֶץ מֵרְשׁוּת הָרַבִּים לְכַרְמְלִית וְהִנִּיחוֹ שָׁם וְחָזַר וַעֲקָרוֹ מִכַּרְמְלִית וְהִכְנִיסוֹ לִרְשׁוּת הַיָּחִיד. אוֹ שֶׁהוֹצִיאוֹ מֵרְשׁוּת הַיָּחִיד לְכַרְמְלִית וְהִנִּיחוֹ שָׁם וְחָזַר וַעֲקָרוֹ מִכַּרְמְלִית וְהוֹצִיאוֹ לִרְשׁוּת הָרַבִּים הֲרֵי זֶה פָּטוּר:

טו. הַמּוֹצִיא מֵרְשׁוּת הַיָּחִיד לִרְשׁוּת הָרַבִּים וְעָבַר עַל מְקוֹם פְּטוּר שֶׁהָיָה בֵּינֵיהֶן בַּהֲלִיכָתוֹ חַיָּב. שֶׁמְּהַלֵּךְ אֵינוֹ כְּעוֹמֵד. וְאֵין צָרִיךְ לוֹמַר בְּזוֹרֵק שֶׁעָבַר הַחֵפֶץ בִּמְקוֹם פְּטוּר שֶׁאֵינוֹ חָשׁוּב כְּמִי שֶׁנָּח שָׁם. הָיָה עוֹמֵד בִּמְקוֹם פְּטוּר וְנָטַל חֵפֶץ מֵרְשׁוּת הַיָּחִיד אוֹ מֵאָדָם הָעוֹמֵד שָׁם וְהִנִּיחוֹ בִּרְשׁוּת הָרַבִּים אוֹ בְּיַד אָדָם הָעוֹמֵד שָׁם פָּטוּר. וְכֵן אִם הִכְנִיס מֵרְשׁוּת הָרַבִּים לִרְשׁוּת הַיָּחִיד וְעָמַד בִּמְקוֹם פְּטוּר, פָּטוּר:

טז. עַמּוּד בִּרְשׁוּת הָרַבִּים גָּבוֹהַּ עֲשָׂרָה וְרָחָב אַרְבָּעָה וְאֵין בְּעִקָּרוֹ אַרְבָּעָה וְיֵשׁ בְּגָבְהוֹ הַקָּצָר שֶׁלּוֹ שְׁלֹשָׁה הֲרֵי הוּא רְשׁוּת הַיָּחִיד וְאִם זָרַק מֵרְשׁוּת הָרַבִּים וְנָח עַל גַּבָּיו חַיָּב. תֵּל הַמִּתְלַקֵּט גּוֹבַהּ עֲשָׂרָה טְפָחִים מִתּוֹךְ אֹרֶךְ אַרְבַּע אַמּוֹת הֲרֵי הוּא רְשׁוּת הַיָּחִיד וְאִם זָרַק מֵרְשׁוּת הָרַבִּים וְנָח עַל גַּבָּיו חַיָּב:

יז. נָעַץ קָנֶה בִּרְשׁוּת הַיָּחִיד אֲפִלּוּ גָּבוֹהַּ מֵאָה אַמָּה וְזָרַק מֵרְשׁוּת הָרַבִּים וְנָח עַל גַּבָּיו חַיָּב. שֶׁרְשׁוּת הַיָּחִיד עוֹלָה עַד לָרָקִיעַ. אִילָן שֶׁהוּא עוֹמֵד בִּרְשׁוּת הַיָּחִיד וְנוֹפוֹ נוֹטֶה לִרְשׁוּת הָרַבִּים וְזָרַק וְנָח עַל נוֹפוֹ פָּטוּר. שֶׁאֵין הַנּוֹף הוֹלֵךְ אַחַר הָעִקָּר:

יח. נָעַץ קָנֶה בִּרְשׁוּת הָרַבִּים וּבְרֹאשׁוֹ טְרַסְקַל וְזָרַק וְנָח עַל גַּבָּיו פָּטוּר שֶׁאֵין רְשׁוּת הָרַבִּים אֶלָּא עַד עֲשָׂרָה. הַזּוֹרֵק אַרְבַּע אַמּוֹת בִּרְשׁוּת הָרַבִּים וְנָח הַחֵפֶץ בַּכֹּתֶל. כְּגוֹן שֶׁזָּרַק חֵלֶב אוֹ בָּצֵק וְנִדְבַּק בַּכֹּתֶל. אִם נִדְבַּק לְמַעְלָה מֵעֲשָׂרָה טְפָחִים כְּזוֹרֵק בָּאֲוִיר. שֶׁלְּמַעְלָה מֵעֲשָׂרָה בִּרְשׁוּת הָרַבִּים מְקוֹם פְּטוּר הוּא. נִדְבַּק לְמַטָּה מֵעֲשָׂרָה טְפָחִים כְּזוֹרֵק בָּאָרֶץ וְחַיָּב. זָרַק לְמַעְלָה מֵעֲשָׂרָה וְנָח בְּחוֹר כָּל שֶׁהוּא פָּטוּר:

יט. זָרַק קָנֶה אוֹ רֹמַח מֵרְשׁוּת הַיָּחִיד וְנִתְקַע בִּרְשׁוּת הָרַבִּים כְּשֶׁהוּא עוֹמֵד פָּטוּר. שֶׁהֲרֵי מִקְצָתוֹ בִּמְקוֹם פְּטוּר. זָרַק כְּלִי מֵרְשׁוּת הַיָּחִיד לִרְשׁוּת הָרַבִּים וְהָיָה אוֹתוֹ כְּלִי גָּדוֹל וְיֵשׁ בּוֹ אַרְבָּעָה עַל אַרְבָּעָה בְּגֹבַהּ עֲשָׂרָה פָּטוּר. מִפְּנֵי שֶׁכְּלִי זֶה רְשׁוּת הַיָּחִיד גְּמוּרָה וְנִמְצָא כְּמוֹצִיא מֵרְשׁוּת הַיָּחִיד לִרְשׁוּת הַיָּחִיד:

כ. בּוֹר תִּשְׁעָה בִּרְשׁוּת הָרַבִּים וְעָקַר חֻלְיָא מִקַּרְקָעִיתוֹ וְהִשְׁלִימוֹ לַעֲשָׂרָה. אַף עַל פִּי שֶׁעֲקִירַת הַחֵפֶץ וַעֲשִׂיַּת הַמְּחִצָּה בָּאִין כְּאַחַת פָּטוּר. מִפְּנֵי שֶׁלֹּא הָיְתָה הַמְּחִצָּה עֲשָׂרָה בַּתְּחִלָּה. הָיָה הַבּוֹר עֲשָׂרָה וְהִשְׁלִיךְ בּוֹ חֻלְיָה וּמִעֲטוֹ מֵעֲשָׂרָה פָּטוּר. שֶׁהֲרֵי הֲנָחַת הַחֵפֶץ וְסִלּוּק הַמְּחִצָּה בָּאִין כְּאַחַת:

כא. הַזּוֹרֵק דַּף וְנָח עַל גַּבֵּי יְתֵדוֹת בִּרְשׁוּת הָרַבִּים וְנַעֲשָׂה רְשׁוּת הַיָּחִיד אֲפִלּוּ הָיָה כְּלִי עַל גַּבֵּי הַדַּף פָּטוּר. שֶׁהֲרֵי עֲשִׂיַּת הַמְּחִצָּה עִם נוּחַת הַכְּלִי בָּאִין כְּאַחַת:

כב. בּוֹר שֶׁהוּא עָמֹק עֲשָׂרָה וְרָחָב שְׁמוֹנָה בִּרְשׁוּת הָרַבִּים וְזָרַק מַחְצֶלֶת מֵרְשׁוּת הָרַבִּים וְחִלְּקָה הַבּוֹר בְּרָחְבּוֹ לִשְׁנַיִם פָּטוּר. שֶׁהֲרֵי עִם הֲנָחַת הַכְּלִי בָּטְלוּ הַמְּחִצּוֹת וְנַעֲשָׂה כָּל מָקוֹם מֵהֶן פָּחוֹת מֵאַרְבָּעָה עַל אַרְבָּעָה:

כג. בּוֹר בִּרְשׁוּת הָרַבִּים עָמֹק עֲשָׂרָה וְרָחָב אַרְבָּעָה מָלֵא מַיִם וְזָרַק לְתוֹכוֹ חֵפֶץ וְנָח עַל גַּבֵּי הַמַּיִם חַיָּב. שֶׁאֵין הַמַּיִם מְבַטְּלִין הַמְּחִצּוֹת. הָיָה מָלֵא פֵּרוֹת וְזָרַק לְתוֹכוֹ פָּטוּר. שֶׁהֲרֵי מִעֲטוּ הַפֵּרוֹת אֶת שִׁעוּרוֹ:

כד. רְקָק מַיִם שֶׁהוּא עוֹבֵר בִּרְשׁוּת הָרַבִּים וְרַבִּים מְהַלְּכִין בּוֹ. אִם אֵין בְּעָמְקוֹ עֲשָׂרָה טְפָחִים הֲרֵי הוּא כִּרְשׁוּת הָרַבִּים. בֵּין שֶׁהָיָה רָחָב אֲפִלּוּ אַרְבַּע אַמּוֹת בֵּין שֶׁלֹּא הָיָה בְּרָחְבּוֹ אַרְבָּעָה טְפָחִים. שֶׁהֲרֵי רֹב הָעָם מְדַלְּגִין עָלָיו וְאֵין מְהַלְּכִין בְּתוֹכוֹ. הוֹאִיל וְאֵין בְּעָמְקוֹ עֲשָׂרָה הֲרֵי הוּא רְשׁוּת הָרַבִּים. וְאִם יֵשׁ בְּעָמְקוֹ עֲשָׂרָה אוֹ יֶתֶר הֲרֵי הוּא כְּכַרְמְלִית כִּשְׁאָר הַיַּמִּים. וְהוּא שֶׁיֵּשׁ בְּרָחְבּוֹ אַרְבָּעָה טְפָחִים אוֹ יֶתֶר עַל כֵּן. שֶׁאֵין כַּרְמְלִית פְּחוּתָה מֵאַרְבָּעָה:

Perek 15

Categories of work. · Carrying continued

Four domains and transferring continued

Complex cases of carrying

In each case, once one clarifies which domain is being described, it is possible to work out if carrying is allowed.

פרק ט״ו

א. עוֹמֵד אָדָם בִּרְשׁוּת הָרַבִּים וּמְטַלְטֵל בִּרְשׁוּת הַיָּחִיד כֻּלָּהּ. וְעוֹמֵד בִּרְשׁוּת הַיָּחִיד וּמְטַלְטֵל בִּרְשׁוּת הָרַבִּים וּבִלְבַד שֶׁלֹּא יוֹצִיא חוּץ לְאַרְבַּע אַמּוֹת. וְאִם הוֹצִיא פָּטוּר מִפְּנֵי שֶׁהוּא בִּרְשׁוּת אַחֶרֶת. וְכֵן עוֹמֵד אָדָם בִּרְשׁוּת הַיָּחִיד וּפוֹתֵחַ בִּרְשׁוּת הָרַבִּים, בִּרְשׁוּת הָרַבִּים וּפוֹתֵחַ בִּרְשׁוּת הַיָּחִיד. בְּהֵמָה שֶׁהָיְתָה רְבוּצָה בַּחוּץ וְרֹאשָׁהּ בִּפְנִים אוֹבְסִין אוֹתָהּ. וּבְגָמָל עַד שֶׁיְּהֵא רֹאשׁוֹ וְרֻבּוֹ בִּפְנִים הוֹאִיל וְצַוָּארוֹ אָרֹךְ:

ב. לֹא יַעֲמֹד אָדָם בִּרְשׁוּת הַיָּחִיד וְיִשְׁתֶּה בִּרְשׁוּת הָרַבִּים. בִּרְשׁוּת הָרַבִּים וְיִשְׁתֶּה בִּרְשׁוּת הַיָּחִיד. אֶלָּא אִם כֵּן הִכְנִיס רֹאשׁוֹ וְרֻבּוֹ לְמָקוֹם שֶׁהוּא שׁוֹתֶה. בַּמֶּה דְּבָרִים אֲמוּרִים כְּשֶׁהָיָה שׁוֹתֶה בְּכֵלִים נָאִים שֶׁהוּא צָרִיךְ לָהֶן. גְּזֵרָה שֶׁמָּא יוֹצִיאֵם. אֲבָל אִם הָיוּ כֵּלִים שֶׁאֵינָן נָאִים שֶׁאֵינוֹ צָרִיךְ לָהֶן. אוֹ שֶׁהָיָה הַבּוֹר בְּכַרְמְלִית אַף עַל פִּי שֶׁהַכֵּלִים נָאִים. מַכְנִיס רֹאשׁוֹ בִּלְבַד וְשׁוֹתֶה בִּמְקוֹמוֹ וְאַף עַל פִּי שֶׁלֹּא הִכְנִיס רֹאשׁוֹ וְרֻבּוֹ:

ג. עוֹמֵד אָדָם בִּרְשׁוּת הָרַבִּים וְקוֹלֵט מִן הָאֲוִיר מִן הַמַּיִם הַמְקַלְּחִין מִן הַצִּנּוֹר אוֹ מִן הַכֹּתֶל וְשׁוֹתֶה. וּבִלְבַד שֶׁלֹּא יִגַּע בַּצִּנּוֹר אוֹ בַּכֹּתֶל וְיִקְלֹט מֵעַל גַּבָּן. וְאִם נָגַע אִם הָיָה מָקוֹם שֶׁנָּגַע בּוֹ לְמַעְלָה מֵעֲשָׂרָה בְּפָחוֹת מִשְּׁלֹשָׁה סָמוּךְ לַגַּג הֲרֵי זֶה אָסוּר. שֶׁנִּמְצָא כְּעוֹקֵר מֵעַל הַגַּג שֶׁהוּא רְשׁוּת הַיָּחִיד. וְכֵן אִם הָיָה בַּצִּנּוֹר אַרְבָּעָה עַל אַרְבָּעָה בֵּין שֶׁהָיָה הַצִּנּוֹר בְּתוֹךְ עֲשָׂרָה בֵּין שֶׁהָיָה לְמַעְלָה מֵעֲשָׂרָה וְקָלַט מִמֶּנּוּ מַיִם הֲרֵי זֶה אָסוּר. וְלָמָּה אֵינוֹ חַיָּב מִפְּנֵי שֶׁלֹּא נָחוּ הַמַּיִם אֶלָּא הֲרֵי הֵן נִזְחָלִין וְהוֹלְכִין:

ד. זִיז שֶׁלִּפְנֵי הַחַלּוֹן יוֹצֵא בָּאֲוִיר שֶׁעַל רְשׁוּת הָרַבִּים. אִם הָיָה לְמַעְלָה מֵעֲשָׂרָה טְפָחִים מֻתָּר לְהִשְׁתַּמֵּשׁ עָלָיו שֶׁאֵין רְשׁוּת הָרַבִּים תּוֹפֶסֶת אֶלָּא עֲשָׂרָה טְפָחִים. לְפִיכָךְ מֻתָּר לְהִשְׁתַּמֵּשׁ בְּכָל הַכֹּתֶל עַד עֲשָׂרָה טְפָחִים הַתַּחְתּוֹנִים:

ה. בַּמֶּה דְּבָרִים אֲמוּרִים כְּשֶׁהָיָה זִיז אֶחָד יוֹצֵא בָּאֲוִיר. אֲבָל אִם הָיוּ יוֹצְאִים בַּכֹּתֶל שְׁנֵי זִיזִין זֶה לְמַטָּה מִזֶּה אַף עַל פִּי שֶׁשְּׁנֵיהֶם לְמַעְלָה מֵעֲשָׂרָה. אִם יֵשׁ בַּזִּיז הָעֶלְיוֹן שֶׁלִּפְנֵי הַחַלּוֹן רֹחַב אַרְבָּעָה עַל אַרְבָּעָה אָסוּר לְהִשְׁתַּמֵּשׁ עָלָיו. מִפְּנֵי שֶׁהוּא רְשׁוּת בִּפְנֵי עַצְמוֹ וְהַזִּיז שֶׁתַּחְתָּיו רְשׁוּת אַחֶרֶת. וְאָסְרוּ זֶה עַל זֶה. שֶׁאֵין שְׁתֵּי רְשׁוּיוֹת מִשְׁתַּמְּשׁוֹת בִּרְשׁוּת אַחַת:

ו. אֵין בָּעֶלְיוֹן אַרְבָּעָה וְאֵין בַּתַּחְתּוֹן אַרְבָּעָה. מִשְׁתַּמֵּשׁ בִּשְׁנֵיהֶן וְכֵן בְּכָל הַכֹּתֶל עַד עֲשָׂרָה טְפָחִים הַתַּחְתּוֹנִים. הָיָה בַּתַּחְתּוֹן אַרְבָּעָה וְהָעֶלְיוֹן אֵין בּוֹ אַרְבָּעָה אֵינוֹ מִשְׁתַּמֵּשׁ בָּעֶלְיוֹן אֶלָּא כְּנֶגֶד חַלּוֹנוֹ בִּלְבַד. אֲבָל בִּשְׁאָר הַזִּיז שֶׁבִּשְׁנֵי צִדְדֵי הַחַלּוֹן אָסוּר לְהִשְׁתַּמֵּשׁ מִפְּנֵי זֶה שֶׁתַּחְתָּיו שֶׁחָלַק רְשׁוּת לְעַצְמוֹ:

ז. כָּל זִיז הַיּוֹצֵא עַל אֲוִיר רְשׁוּת הָרַבִּים שֶׁמֻּתָּר לְהִשְׁתַּמֵּשׁ עָלָיו. כְּשֶׁהוּא מִשְׁתַּמֵּשׁ בּוֹ אֵין נוֹתְנִין עָלָיו וְאֵין נוֹטְלִין מִמֶּנּוּ אֶלָּא כְּלֵי חֶרֶס וּזְכוּכִית וְכַיּוֹצֵא בָּהֶן שֶׁאִם יִפְּלוּ לִרְשׁוּת הָרַבִּים יִשָּׁבְרוּ. אֲבָל שְׁאָר כֵּלִים וָאֳכָלִין אֲסוּרִים שֶׁמָּא יִפְּלוּ לִרְשׁוּת הָרַבִּים וִיבִיאֵם:

ח. שְׁנֵי בָּתִּים בִּשְׁנֵי צִדֵּי רְשׁוּת הָרַבִּים זָרַק מִזּוֹ לָזוֹ לְמַעְלָה מֵעֲשָׂרָה פָּטוּר וְהוּא שֶׁיִּהְיוּ שְׁנֵיהֶם שֶׁלּוֹ אוֹ שֶׁיִּהְיֶה בֵּינֵיהֶם עֵרוּב. וַאֲפִלּוּ בְּגָדִים וּכְלֵי מַתָּכוֹת מֻתָּר לִזְרֹק. וְאִם הָיָה זֶה לְמַעְלָה מִזֶּה וְלֹא הָיָה בְּשָׁוֶה אָסוּר לִזְרֹק בֶּגֶד וְכַיּוֹצֵא בּוֹ שֶׁמָּא יִפֹּל וִיבִיאֶנּוּ. אֲבָל כְּלֵי חֶרֶס וְכַיּוֹצֵא בָּהֶן זוֹרֵק:

ט. בּוֹר בִּרְשׁוּת הָרַבִּים וְחַלּוֹן עַל גַּבָּיו הַבּוֹר וְחֻלְיָתוֹ מִצְטָרְפִים לַעֲשָׂרָה וּמְמַלְּאִין מִמֶּנּוּ בְּשַׁבָּת. בַּמֶּה דְּבָרִים אֲמוּרִים כְּשֶׁהָיָה סָמוּךְ לַכֹּתֶל בְּתוֹךְ אַרְבָּעָה טְפָחִים שֶׁאֵין אָדָם יָכוֹל לַעֲבֹר שָׁם. אֲבָל אִם הָיָה מֻפְלָג אֵין מְמַלְּאִין מִמֶּנּוּ אֶלָּא אִם כֵּן הָיְתָה חֻלְיָתוֹ גְּבוֹהָה עֲשָׂרָה שֶׁנִּמְצָא הַדְּלִי כְּשֶׁיֵּצֵא מִן הַחֻלְיָא יֵצֵא לְמָקוֹם פָּטוּר:

י. אַשְׁפָּה בִּרְשׁוּת הָרַבִּים גְּבוֹהָה עֲשָׂרָה טְפָחִים וְחַלּוֹן עַל

גַּבָּהּ שׁוֹפְכִין לָהּ מַיִם בְּשַׁבָּת. בַּמֶּה דְּבָרִים אֲמוּרִים בְּאַשְׁפָּה שֶׁל רַבִּים שֶׁאֵין דַּרְכָּהּ לְהִפָּנוֹת. אֲבָל שֶׁל יָחִיד אֵין שׁוֹפְכִין עָלֶיהָ שֶׁמָּא תִּתְפַּנֶּה וְנִמְצְאוּ שׁוֹפְכִין כְּדַרְכָּן בִּרְשׁוּת הָרַבִּים:

יא. אַמַּת הַמַּיִם שֶׁהִיא עוֹבֶרֶת בֶּחָצֵר אִם יֵשׁ בְּגָבְהָהּ עֲשָׂרָה טְפָחִים וּבְרָחְבָּהּ אַרְבָּעָה אוֹ יוֹתֵר עַל כֵּן עַד עֶשֶׂר אַמּוֹת אֵין מְמַלְּאִין מִמֶּנָּה בְּשַׁבָּת אֶלָּא אִם כֵּן עָשׂוּ לָהּ מְחִצָּה גְּבוֹהָה עֲשָׂרָה טְפָחִים בִּכְנִיסָה וּבִיצִיאָה. וְאִם אֵין בְּגָבְהָהּ עֲשָׂרָה אוֹ שֶׁאֵין בְּרָחְבָּהּ אַרְבָּעָה מְמַלְּאִין מִמֶּנָּה בְּלֹא מְחִצָּה:

יב. הָיָה בְּרָחְבָּהּ יֶתֶר מֵעֶשֶׂר אַמּוֹת אַף עַל פִּי שֶׁאֵין בְּגָבְהָהּ עֲשָׂרָה אֵין מְמַלְּאִין מִמֶּנָּה עַד שֶׁיַּעֲשֶׂה לָהּ מְחִצָּה. שֶׁכָּל יֶתֶר עַל עֶשֶׂר פִּרְצָה הִיא וּמַפְסֶדֶת הַמְּחִצּוֹת. וּמַהוּ לְטַלְטֵל בְּכָל הֶחָצֵר. אִם נִשְׁאַר מִצַּד הַפִּרְצָה פַּס מִכָּאן וּפַס מִכָּאן בְּכָל שֶׁהוּא אוֹ פַּס רֹחַב אַרְבָּעָה טְפָחִים מֵרוּחַ אַחַת מֻתָּר לְטַלְטֵל בְּכָל הֶחָצֵר וְאֵין אָסוּר אֶלָּא לְמַלְּאוֹת מִן הָאַמָּה בִּלְבַד. אֲבָל אִם לֹא נִשְׁאַר פַּס כְּלָל אָסוּר לְטַלְטֵל בְּכָל הֶחָצֵר שֶׁהֲרֵי נִפְרְצָה חָצֵר לַיָּם שֶׁהוּא כַּרְמְלִית:

יג. וְהֵיאַךְ מַעֲמִידִין אֶת הַמְּחִצָּה בַּמַּיִם. אִם הָיְתָה לְמַעְלָה מִן הַמַּיִם צָרִיךְ שֶׁיִּהְיֶה טֶפַח מִן הַמְּחִצָּה יוֹרֵד בְּתוֹךְ הַמַּיִם. וְאִם הָיְתָה הַמְּחִצָּה כֻּלָּהּ יוֹרֶדֶת בְּתוֹךְ הַמַּיִם צָרִיךְ שֶׁיִּהְיֶה טֶפַח מִמֶּנָּה יוֹצֵא לְמַעְלָה מִן הַמַּיִם. כְּדֵי שֶׁיִּהְיוּ הַמַּיִם שֶׁבֶּחָצֵר מֻבְדָּלִין אַף עַל פִּי שֶׁאֵין הַמְּחִצָּה מַגַּעַת עַד הַקַּרְקַע הוֹאִיל וְיֵשׁ בָּהּ עֲשָׂרָה טְפָחִים הֲרֵי זוֹ מֻתֶּרֶת. וְלֹא הִתִּירוּ מְחִצָּה תְּלוּיָה אֶלָּא בַּמַּיִם בִּלְבַד. שֶׁאִסּוּר טִלְטוּל בַּמַּיִם מִדִּבְרֵיהֶם וְהֵקֵלּוּ בִּמְחִצָּה שֶׁאֵינָהּ אֶלָּא כְּדֵי לַעֲשׂוֹת הֶכֵּר:

יד. אַמַּת הַמַּיִם הָעוֹבֶרֶת בֵּין הַחֲצֵרוֹת וְחַלּוֹנוֹת פְּתוּחוֹת אֵלֶיהָ. אִם אֵין בָּהּ כְּשִׁעוּר מְשַׁלְשְׁלִין דְּלִי מִן הַחַלּוֹנוֹת וּמְמַלְּאִים מִמֶּנָּה בְּשַׁבָּת. בַּמֶּה דְּבָרִים אֲמוּרִים בְּשֶׁאֵינָהּ מֻפְלֶגֶת מִן הַכֹּתֶל שְׁלֹשָׁה טְפָחִים. אֲבָל אִם הָיְתָה מֻפְלֶגֶת מִן הַכֹּתֶל שְׁלֹשָׁה טְפָחִים אֵין מְמַלְּאִים מִמֶּנָּה אֶלָּא אִם כֵּן הָיוּ פַּסִּין יוֹצְאִין מִן הַכְּתָלִים מִכָּאן וּמִכָּאן שֶׁנִּמְצָא הָאַמָּה כְּאִלּוּ הִיא עוֹבֶרֶת בְּתוֹךְ הֶחָצֵר:

טו. כְּצוּצְרָה שֶׁהִיא לְמַעְלָה מִן הַיָּם וְחַלּוֹן בְּתוֹכָהּ עַל גַּבֵּי הַמַּיִם. אֵין מְמַלְּאִים מִמֶּנָּה בְּשַׁבָּת אֶלָּא אִם כֵּן עָשׂוּ מְחִצָּה גְּבוֹהָה עֲשָׂרָה טְפָחִים עַל גַּבֵּי הַמַּיִם כְּנֶגֶד הַחַלּוֹן שֶׁבַּכְּצוּצְרָה. אוֹ תִּהְיֶה הַמְּחִצָּה יוֹרֶדֶת מִן הַכְּצוּצְרָה כְּנֶגֶד הַמַּיִם וְרוֹאִין אוֹתָהּ כְּאִלּוּ יָרְדָה וְנָגְעָה עַד הַמַּיִם. וּכְשֵׁם שֶׁמְּמַלְּאִין מִזּוֹ שֶׁעָשׂוּ לָהּ מְחִצָּה כָּךְ שׁוֹפְכִין מִמֶּנָּה עַל הַיָּם. שֶׁהֲרֵי עַל הַכַּרְמְלִית הֵן שׁוֹפְכִין:

טז. חָצֵר שֶׁהִיא פְּחוּתָה מֵאַרְבַּע אַמּוֹת עַל אַרְבַּע אַמּוֹת אֵין שׁוֹפְכִין בְּתוֹכָהּ מַיִם בְּשַׁבָּת מִפְּנֵי שֶׁהֵן יוֹצְאִין לִרְשׁוּת הָרַבִּים בִּמְהֵרָה. לְפִיכָךְ צָרִיךְ לַעֲשׂוֹת גּוּמָּה מַחֲזֶקֶת סָאתַיִם בְּתוֹךְ הֶחָצֵר אוֹ בִּרְשׁוּת הָרַבִּים בְּצַד הֶחָצֵר כְּדֵי שֶׁיִּהְיוּ הַמַּיִם נִקְבָּצִים בְּתוֹכָהּ. וְצָרִיךְ לִבְנוֹת עָלֶיהָ כִּפָּה מִבַּחוּץ כְּדֵי שֶׁלֹּא תֵּרָאֶה הָעוּקָה הַזֹּאת בִּרְשׁוּת הָרַבִּים. וְהֶחָצֵר וְהָאַכְסַדְרָה מִצְטָרְפִין לְאַרְבַּע אַמּוֹת. וְכַמָּה הוּא הַמָּקוֹם שֶׁמַּחֲזִיק סָאתַיִם חֲצִי אַמָּה עַל חֲצִי אַמָּה בְּרוּם שְׁלֹשָׁה חֻמְשֵׁי אַמָּה:

יז. הָיְתָה הָעוּקָה פְּחוּתָה מִסָּאתַיִם שׁוֹפְכִין לָהּ בִּמְלוֹאָהּ. הָיְתָה מַחֲזֶקֶת סָאתַיִם שׁוֹפְכִין לָהּ אֲפִלּוּ שִׁשִּׁים סְאָה שֶׁל מַיִם. וְאַף עַל פִּי שֶׁהַמַּיִם יִתְגַּבְּרוּ וְיָפוּצוּ מֵעַל הַגּוּמָה לַחוּץ. בַּמֶּה דְּבָרִים אֲמוּרִים בִּימוֹת הַגְּשָׁמִים שֶׁהַחֲצֵרוֹת מִתְקַלְקְלוֹת וּסְתָם צִנּוֹרוֹת מְקַלְּחִין וְלֹא יָבוֹאוּ הָרוֹאִים לוֹמַר שֶׁזֶּה מִשְׁתַּמֵּשׁ בִּרְשׁוּת הָרַבִּים וְהַמַּיִם יוֹצְאִים מִכֹּחוֹ בִּרְשׁוּת הָרַבִּים. אֲבָל בִּימוֹת הַחַמָּה אִם הָיְתָה מַחֲזֶקֶת סָאתַיִם אֵין שׁוֹפְכִין לָהּ אֶלָּא סָאתַיִם. הָיְתָה פְּחוּתָה מִסָּאתַיִם אֵין שׁוֹפְכִין לָהּ כָּל עִקָּר:

יח. בִּיב שֶׁשּׁוֹפְכִין לוֹ מַיִם וְהֵן נִזְחָלִין וְהוֹלְכִין תַּחַת הַקַּרְקַע וְיוֹצְאִין לִרְשׁוּת הָרַבִּים. וְכֵן צִנּוֹר שֶׁשּׁוֹפְכִין עַל פִּיו מַיִם וְהֵן נִזְחָלִין עַל הַכֹּתֶל וְיוֹרְדִין לִרְשׁוּת הָרַבִּים. אֲפִלּוּ הָיָה אֹרֶךְ הַכֹּתֶל אוֹ אֹרֶךְ הַדֶּרֶךְ שֶׁתַּחַת הָאָרֶץ מֵאָה אַמָּה אָסוּר לִשְׁפֹּךְ עַל פִּי הַבִּיב אוֹ עַל פִּי הַצִּנּוֹר מִפְּנֵי שֶׁהַמַּיִם יוֹצְאִין מִכֹּחוֹ לִרְשׁוּת הָרַבִּים. אֶלָּא שׁוֹפֵךְ חוּץ לַבִּיב וְהֵן יוֹרְדִין לַבִּיב:

יט. בַּמֶּה דְּבָרִים אֲמוּרִים בִּימוֹת הַחַמָּה אֲבָל בִּימוֹת הַגְּשָׁמִים שׁוֹפֵךְ וְשׁוֹנֶה וְאֵינוֹ נִמְנָע. שֶׁסְּתָם צִנּוֹרוֹת מְקַלְּחִין הֵן וְאָדָם רוֹצֶה שֶׁיִּבָּלְעוּ הַמַּיִם בִּמְקוֹמָן. הָיָה שׁוֹפֵךְ עַל פִּי הַבִּיב וְהַמַּיִם יוֹצְאִין לְכַרְמְלִית הֲרֵי זֶה מֻתָּר וַאֲפִלּוּ בִּימוֹת הַחַמָּה שֶׁלֹּא גָּזְרוּ עַל כֹּחוֹ בְּכַרְמְלִית. לְפִיכָךְ מֻתָּר לִשְׁפֹּךְ עַל כָּתְלֵי הַסְּפִינָה וְהֵם יוֹרְדִין לַיָּם:

כ. לֹא יְמַלֵּא אָדָם מַיִם מִן הַיָּם וְהוּא בְּתוֹךְ הַסְּפִינָה אֶלָּא אִם כֵּן עָשָׂה מָקוֹם אַרְבָּעָה עַל אַרְבָּעָה יוֹצֵא מִן הַסְּפִינָה עַל הַיָּם. בַּמֶּה דְּבָרִים אֲמוּרִים כְּשֶׁהָיָה תּוֹךְ עֲשָׂרָה אֲבָל אִם הָיָה לְמַעְלָה מֵעֲשָׂרָה מִן הַיָּם מוֹצִיא זִיז כָּל שֶׁהוּא וּמְמַלֵּא. שֶׁהֲרֵי דֶּרֶךְ מְקוֹם פְּטוּר מְמַלֵּא וְאֵינוֹ צָרִיךְ לְזִיז זֶה אֶלָּא מִשּׁוּם הֶכֵּר:

כא. הַקּוֹרֵא בְּסֵפֶר בְּכַרְמְלִית וְנִתְגַּלְגֵּל מִקְצָת הַסֵּפֶר לִרְשׁוּת הָרַבִּים וּמִקְצָתוֹ בְּיָדוֹ. אִם נִתְגַּלְגֵּל לְחוּץ לְאַרְבַּע אַמּוֹת הוֹפְכוֹ עַל הַכְּתָב וּמַנִּיחוֹ. גְּזֵרָה שֶׁמָּא יִשָּׁמֵט כֻּלּוֹ

מִיָּדוֹ וְיַעֲבִירֶנּוּ אַרְבַּע אַמּוֹת. נִתְגַּלְגֵּל לְתוֹךְ אַרְבַּע אַמּוֹת גּוֹלְלוֹ אֶצְלוֹ. וְכֵן אִם נִתְגַּלְגֵּל לִרְשׁוּת הַיָּחִיד גּוֹלְלוֹ אֶצְלוֹ. הָיָה קוֹרֵא בִּרְשׁוּת הַיָּחִיד וְנִתְגַּלְגֵּל לִרְשׁוּת הָרַבִּים אִם נָח בָּהּ הוֹפְכוֹ עַל הַכְּתָב. וְאִם לֹא נָח אֶלָּא הָיָה תָּלוּי בַּאֲוִיר רְשׁוּת הָרַבִּים וְלֹא הִגִּיעַ לָאָרֶץ גּוֹלְלוֹ אֶצְלוֹ:

כב. הַמַּעֲבִיר קוֹץ כְּדֵי שֶׁלֹּא יִזּוֹקוּ בּוֹ רַבִּים. אִם הָיָה בִּרְשׁוּת הָרַבִּים מוֹלִיכוֹ פָּחוֹת פָּחוֹת מֵאַרְבַּע אַמּוֹת. וְאִם הָיָה בְּכַרְמְלִית מוֹלִיכוֹ כְּדַרְכּוֹ אֲפִלּוּ מֵאָה אַמָּה. וְכֵן מֵת שֶׁהִסְרִיחַ וְנִתְבַּזָּה יֶתֶר מִדַּאי וְלֹא יָכְלוּ שְׁכֵנִים לַעֲמֹד מוֹצִיאִין אוֹתוֹ מֵרְשׁוּת הַיָּחִיד לְכַרְמְלִית. הַיּוֹרֵד לִרְחֹץ בַּיָּם כְּשֶׁהוּא עוֹלֶה מְנַגֵּב עַצְמוֹ שֶׁמָּא יַעֲבִיר מַיִם שֶׁעָלָיו אַרְבַּע אַמּוֹת בְּכַרְמְלִית:

Perek 16

Categories of work.· Carrying continued

Non-dwelling enclosed area. I.e. open spaces area must be enclosed by a fence or wall **10** ***tefach*** or higher.

If area is equal to or less than the size of area sown by **2** ***seah*** of grain – can carry.

2 *seah* of grain area = 50 *amah* × 50 × 2 = 5000 square cubits (in any form or shape)

Reminder:
Pack on Weights and Measures

SHAPES

If square, then the dimensions will be **70 *amah* and a bit × 70 *amah* and a bit**

Where rectangular, if the area is 5000 square cubits, then the length cannot be more than **2 ×** **the** width. This is because it is derived from the courtyard of the Mishkan. (The Courtyard of the *mishkan* was **100 × 50**)

AREA OF ENCLOSURE **GREATER THAN 5000 SQ. *AMAH***

It is possible to render **an area greater than 5000 sq. *amah* that was fenced in to be a dwelling, a** *karmelit.*

- Trees allow the area to remain a private domain.
- Filled with clean water. Like trees
- Filled with dirty water. Prevents carriage
- Roof. Relaxes laws of carrying
- Partition
- Backyard

A caravan of Jews (**3 or more)** If they camp in the open and set up partitions for *Shabbat,* they are allowed to carry in an area **greater than 5000 sq. *amot*** etc.

Partition	Suitable	Explanation
Keeps standing when there is a regular wind	✓	

10 ***tefach*** **or higher** necessary to be fence regarding carrying	✓	*Mosheh Misinai*
Less than **10** ***tefach***	×	
Open portion of fence exceeds closed portion	×	This refers to gaps being present in fence
Open portion equal to closed portion	✓	But there cannot be a gap of **10** ***amah*** **or more**, because this could be regarded as an entrance which needs a frame – *Mosheh Misinai*
Opening in partition is greater than **10** ***amah*** but is enclosed by a doorframe	✓	But open space must still not exceed closed space
Open spaces are **3** ***tefach*** **or less**	✓	These gaps are regarded as solid (i.e. closed). This applies vertically – e.g. reeds and horizontally – e.g. ropes.
The doorframe must be strong enough to hold a door	✓	Door can however be light
The doorframe must be on the centre of wall	✓	The string that creates the "frame" must run above the walls or the poles and may not run on the side.
Fence can be made from any substance even animals or human beings standing next to each other	✓	Must be bound so that it stays together
Branches of tree which are still attached acting as fence	✓	

פרק ט״ז

א. מָקוֹם שֶׁלֹּא הֻקַּף לְדִירָה אֶלָּא שֶׁיִּהְיֶה תַּשְׁמִישׁוֹ לַאֲוִיר כְּגוֹן גַּנּוֹת וּפַרְדֵּסִים וּכְגוֹן הַמַּקִּיף מָקוֹם מִן הָאָרֶץ לְשָׁמְרוֹ וְכַיּוֹצֵא בָּהֶן. אִם יֵשׁ בְּגֹבַהּ הַמְּחִצּוֹת עֲשָׂרָה טְפָחִים אוֹ יֶתֶר הֲרֵי הוּא כִּרְשׁוּת הַיָּחִיד לְחַיֵּב הַמּוֹצִיא וְהַזּוֹרֵק וְהַמּוֹשִׁיט מִמֶּנּוּ לִרְשׁוּת הָרַבִּים אוֹ מֵרְשׁוּת הָרַבִּים לְתוֹכוֹ. וְאֵין מְטַלְטְלִין בְּכֻלּוֹ אֶלָּא אִם כֵּן יֵשׁ בּוֹ בֵּית סָאתַיִם אוֹ פָּחוֹת. אֲבָל אִם הָיָה בּוֹ יֶתֶר עַל בֵּית סָאתַיִם אָסוּר לְטַלְטֵל בּוֹ אֶלָּא בְּאַרְבַּע אַמּוֹת כְּכַרְמְלִית:

ב. וְכֵן עַמּוּד שֶׁגָּבוֹהַּ עֲשָׂרָה טְפָחִים וְרָחָב עַד בֵּית סָאתַיִם מְטַלְטְלִין עַל כֻּלּוֹ. הָיָה רָחָב עַל בֵּית סָאתַיִם אֵין מְטַלְטְלִין בּוֹ אֶלָּא בְּאַרְבַּע אַמּוֹת. סֶלַע שֶׁבַּיָּם הָיָה גָּבוֹהַּ פָּחוֹת מֵעֲשָׂרָה מְטַלְטְלִין מִתּוֹכוֹ לַיָּם וּמִן הַיָּם לְתוֹכוֹ שֶׁהַכֹּל כַּרְמְלִית. הָיָה גָּבוֹהַּ עֲשָׂרָה אִם הָיָה רָחְבּוֹ מֵאַרְבָּעָה טְפָחִים עַד בֵּית סָאתַיִם הוֹאִיל וּמֻתָּר לְטַלְטֵל בְּכֻלּוֹ אֵין מְטַלְטְלִין לֹא מִתּוֹכוֹ לַיָּם וְלֹא מִן הַיָּם לְתוֹכוֹ. הָיָה יֶתֶר מִבֵּית סָאתַיִם אַף עַל פִּי שֶׁהוּא רְשׁוּת הַיָּחִיד הוֹאִיל וְאָסוּר לְטַלְטֵל בּוֹ אֶלָּא בְּאַרְבַּע אַמּוֹת כְּכַרְמְלִית הֲרֵי זֶה מֻתָּר לְטַלְטֵל מִתּוֹכוֹ לַיָּם וּמִן הַיָּם לְתוֹכוֹ שֶׁזֶּה דָּבָר שֶׁאֵינוֹ מָצוּי הוּא וְלֹא גָּזְרוּ בּוֹ:

ג. כַּמָּה הִיא בֵּית סְאָה חֲמִשִּׁים אַמָּה עַל חֲמִשִּׁים אַמָּה. נִמְצָא בֵּית סָאתַיִם מָקוֹם שֶׁיֵּשׁ בְּתִשְׁבָּרְתּוֹ חֲמֵשֶׁת אֲלָפִים אַמָּה. וְכָל מָקוֹם שֶׁיֵּשׁ בּוֹ כַּמִּדָּה הַזֹּאת בֵּין שֶׁהָיָה מְרֻבָּע שֶׁהוּא שִׁבְעִים אַמָּה וְשִׁירַיִם עַל שִׁבְעִים אַמָּה וְשִׁירַיִם בֵּין שֶׁהָיָה עָגֹל בֵּין שְׁאָר הַצּוּרוֹת הֲרֵי זֶה נִקְרָא בֵּית סָאתַיִם:

ד. מָקוֹם שֶׁלֹּא הֻקַּף לְדִירָה שֶׁיֵּשׁ בּוֹ בֵּית סָאתַיִם אִם הָיָה אָרְכּוֹ פִּי שְׁנַיִם כְּרָחְבּוֹ כְּדֵי שֶׁיִּהְיֶה מֵאָה עַל חֲמִשִּׁים כַּחֲצַר הַמִּשְׁכָּן מֻתָּר לְטַלְטֵל בְּכֻלּוֹ. אֲבָל אִם הָיָה אָרְכּוֹ יֶתֶר עַל שְׁנַיִם כְּרָחְבּוֹ אֲפִלּוּ אַמָּה אֵין מְטַלְטְלִין בּוֹ אֶלָּא בְּאַרְבַּע אַמּוֹת. שֶׁלֹּא עָשׂוּ בֵּית סָאתַיִם שֶׁתַּשְׁמִישׁוֹ לַאֲוִיר כְּשְׁאָר הַחֲצֵרוֹת אֶלָּא מֵחֲצַר הַמִּשְׁכָּן:

ה. מָקוֹם שֶׁהֻקַּף שֶׁלֹּא לְשֵׁם דִּירָה אִם פָּרַץ בּוֹ פִּרְצָה יֶתֶר עַל עֶשֶׂר אַמּוֹת בְּגָבְהָהּ עֲשָׂרָה טְפָחִים וְגָדַר בָּהּ לְשֵׁם דִּירָה עַד עֲשָׂרָה מֻתָּר לְטַלְטֵל בְּכֻלּוֹ. וַאֲפִלּוּ פָּרַץ אַמָּה וְגָדְרָהּ לְשֵׁם דִּירָה וּפָרַץ אַמָּה וְגָדְרָהּ לְשֵׁם דִּירָה עַד שֶׁהִשְׁלִימָה לְיֶתֶר מֵעֲשָׂר מֻתָּר לְטַלְטֵל בְּכֻלּוֹ אַף עַל פִּי שֶׁיֵּשׁ בּוֹ כַּמָּה מִילִין:

ו. מָקוֹם יָתֵר מִבֵּית סָאתַיִם שֶׁהֻקַּף לְדִירָה אִם נִזְרַע רֻבּוֹ הֲרֵי הוּא כְּגִנָּה וְאָסוּר לְטַלְטֵל בְּכֻלּוֹ. נִזְרַע מִעוּטוֹ אִם נִזְרַע מִמֶּנּוּ בֵּית סָאתַיִם מֻתָּר לְטַלְטֵל בְּכֻלּוֹ. וְאִם הָיָה הַמָּקוֹם הַזָּרוּעַ יֶתֶר מִבֵּית סָאתַיִם אָסוּר לְטַלְטֵל בְּכֻלּוֹ. נָטַע רֻבּוֹ הֲרֵי הוּא כְּחָצֵר וּמֻתָּר לְטַלְטֵל בְּכֻלּוֹ. נִתְמַלֵּא מַיִם אֲפִלּוּ הָיוּ עֲמֻקִּים הַרְבֵּה אִם הָיוּ רְאוּיִין לְתַשְׁמִישׁ הֲרֵי הֵן כְּנִטְעִים וּמֻתָּר לְטַלְטֵל בְּכֻלּוֹ. וְאִם אֵינָן רְאוּיִין לְתַשְׁמִישׁ אֵין מְטַלְטְלִין בּוֹ אֶלָּא בְּאַרְבַּע אַמּוֹת:

ז. מָקוֹם שֶׁהֻקַּף שֶׁלֹּא לְשֵׁם דִּירָה שֶׁיֵּשׁ בּוֹ בֵּית שָׁלֹשׁ סָאִין וְקָרוּי בּוֹ בֵּית סָאָה קָרוּי מַתִּירוֹ שֶׁפִּי תִּקְרָה יוֹרֵד וְסוֹתֵם. נִפְרַץ בִּמְלוֹאוֹ לֶחָצֵר וְנִפְרְצָה חָצֵר כְּנֶגְדּוֹ. חָצֵר מֻתֶּרֶת כְּשֶׁהָיְתָה וְהַקַּרְפֵּף אָסוּר כְּשֶׁהָיָה. שֶׁאֵין אֲוִיר הֶחָצֵר מַתִּירוֹ:

ח. הָיָה יֶתֶר מִבֵּית סָאתַיִם וּבָא לְמַעֲטוֹ בָּאִילָנוֹת אֵינוֹ מִעוּט. בָּנָה בּוֹ עַמּוּד בְּצַד הַכֹּתֶל גָּבֹהַּ עֲשָׂרָה וְרֹחַב שְׁלֹשָׁה אוֹ יֶתֶר הֲרֵי זֶה מִעוּט. פָּחוֹת מִשְּׁלֹשָׁה אֵינוֹ מִעוּט שֶׁכָּל פָּחוֹת מִשְּׁלֹשָׁה כְּלָבוּד דָּמֵי. וְכֵן אִם הִרְחִיק מִן הַכֹּתֶל שְׁלֹשָׁה וְעָשָׂה מְחִצָּה הֲרֵי זֶה מִעוּט. פָּחוֹת מִשְּׁלֹשָׁה הֲרֵי זֶה לֹא עָשָׂה כְּלוּם:

ט. טָח אֶת הַכֹּתֶל בְּטִיט אַף עַל פִּי שֶׁאֵינוֹ יָכוֹל לַעֲמֹד בִּפְנֵי עַצְמוֹ הֲרֵי זֶה מִעוּט. הִרְחִיק מִן הַתֵּל שְׁלֹשָׁה וְעָשָׂה מְחִצָּה הוֹעִיל. עָשָׂה מְחִצָּה עַל שְׂפַת הַתֵּל אֵינוֹ מוֹעִיל שֶׁהָעוֹשֶׂה מְחִצָּה עַל גַּבֵּי מְחִצָּה אֵינוֹ מוֹעִיל. נִבְלְעָה מְחִצָּה הַתַּחְתּוֹנָה וַהֲרֵי הָעֶלְיוֹנָה קַיֶּמֶת. הוֹאִיל וְנַעֲשֵׂית הָעֶלְיוֹנָה לְשֵׁם דִּירָה וַהֲרֵי אֵין שָׁם נִרְאֶה אֶלָּא הִיא הֲרֵי זֶה הוֹעִיל וּמֻתָּר לְטַלְטֵל בְּכֻלּוֹ:

י. רְחָבָה שֶׁאֲחוֹרֵי בָּתִּים יְתֵרָה עַל בֵּית סָאתַיִם אֵין מְטַלְטְלִין בָּהּ אֶלָּא בְּאַרְבַּע. וַאֲפִלּוּ הָיָה פֶּתַח הַבַּיִת פָּתוּחַ לְתוֹכָהּ.

וְאִם פָּתַח הַפֶּתַח לְשָׁם וְאַחַר כָּךְ הִקִּיפָהּ הֲרֵי זוֹ כְּמֻקֶּפֶת לְדִירָה וּמֻתָּר לְטַלְטֵל בְּכֻלָּהּ:

יא. רְחָבָה הַפְּתוּחָה לַמְּדִינָה מִצַּד אֶחָד וּמִצַּד אַחֵר פְּתוּחָה לַשְּׁבִיל הַמַּגִּיעַ לַנָּהָר. עוֹשֶׂה לָהּ לֶחִי מִצַּד הַמְּדִינָה וְיִהְיֶה מֻתָּר לְטַלְטֵל בְּכֻלָּהּ וּמִתּוֹכָהּ לַמְּדִינָה וּמִן הַמְּדִינָה לְתוֹכָהּ:

יב. יָחִיד שֶׁשָּׁבַת בְּבִקְעָה וְעָשָׂה מְחִצָּה סָבִיב לוֹ אִם יֵשׁ בָּהּ עַד בֵּית סָאתַיִם מֻתָּר לְטַלְטֵל בְּכֻלָּהּ. וְאִם הָיְתָה יֶתֶר עַל בֵּית סָאתַיִם אֵינוֹ מְטַלְטֵל בָּהּ אֶלָּא בְּאַרְבַּע אַמּוֹת. וְכֵן אִם הָיוּ שְׁנַיִם. אֲבָל שְׁלֹשָׁה יִשְׂרְאֵלִים אוֹ יֶתֶר עֲלֵיהֶן שֶׁשָּׁבְתוּ בְּבִקְעָה הֲרֵי הֵן שַׁיָּרָא וּמֻתָּר לָהֶם לְטַלְטֵל בְּכָל צָרְכָּן אֲפִלּוּ כַּמָּה מִילִין. וְהוּא שֶׁלֹּא יִשָּׁאֵר מִן הַמְּחִצָּה שֶׁהִקִּיפוּ בֵּית סָאתַיִם פָּנוּי בְּלֹא כֵּלִים. אֲבָל אִם נִשְׁאַר בֵּית סָאתַיִם פָּנוּי בְּלֹא כֵּלִים וְלֹא הָיוּ צְרִיכִים לוֹ אֲסוּרִים לְטַלְטֵל בְּכָל הַמְּחִצָּה אֶלָּא בְּאַרְבַּע אַמּוֹת. וְאֵין הַקָּטָן מַשְׁלִים לַשַּׁיָּרָא:

יג. שְׁלֹשָׁה שֶׁהִקִּיפוּ כְּדֵי צָרְכָּן וְקָנוּ שְׁבִיתָה וְאַחַר כָּךְ מֵת אֶחָד מֵהֶן הֲרֵי הֵם מֻתָּרִין לְטַלְטֵל בְּכֻלָּהּ. קָנוּ שְׁנַיִם שְׁבִיתָה בְּיֶתֶר מִבֵּית סָאתַיִם וְאַחַר כָּךְ בָּא לָהֶם שְׁלִישִׁי אֲסוּרִין לְטַלְטֵל אֶלָּא בְּאַרְבַּע אַמּוֹת כְּשֶׁהָיוּ קֹדֶם שֶׁיָּבוֹא זֶה. שֶׁהַשְּׁבִיתָה הִיא הַגּוֹרֶמֶת לֹא הַדִּיּוּרִין:

יד. שְׁלֹשָׁה מְקוֹמוֹת הַמֻּקָּפִין שֶׁלֹּא לְשֵׁם דִּירָה זֶה בְּצַד זֶה וּפְתוּחִים זֶה לָזֶה שְׁנַיִם הַחִיצוֹנִים רְחָבִים וְהָאֶמְצָעִי קָצָר שֶׁנִּמְצְאוּ לַשְּׁנַיִם הַחִיצוֹנִים פַּסִּין מִכָּאן וּמִכָּאן וְהָיָה יָחִיד בָּזֶה וְיָחִיד בָּזֶה וְיָחִיד בָּזֶה נַעֲשׂוּ כְּשַׁיָּרָא וְנוֹתְנִין לָהֶם כָּל צָרְכָּן. הָיָה הָאֶמְצָעִי רָחָב וּשְׁנַיִם הַחִיצוֹנִים קְצָרִים שֶׁנִּמְצָא הָאֶמְצָעִי בְּפַסִּין מִשְּׁנֵי רוּחוֹתָיו הֲרֵי הוּא מַבְדִּיל מִשְּׁנֵי הַחִיצוֹנִים. לְפִיכָךְ אִם שָׁבַת יָחִיד בָּזֶה וְיָחִיד בָּזֶה וְיָחִיד בָּזֶה אֵין נוֹתְנִין לָהֶן כָּל צָרְכָּן אֶלָּא כָּל אֶחָד וְאֶחָד יֵשׁ לוֹ בֵּית סָאתַיִם בִּמְקוֹמוֹ. הָיָה יָחִיד בָּזֶה וְיָחִיד בָּזֶה וּשְׁנַיִם בָּאֶמְצָעִי אוֹ שְׁנַיִם בָּזֶה וּשְׁנַיִם בָּזֶה וְאֶחָד בָּאֶמְצָעִי נוֹתְנִין לָהֶן כָּל צָרְכָּן:

טו. כָּל מְחִצָּה שֶׁאֵינָהּ יְכוֹלָה לַעֲמֹד בְּרוּחַ מְצוּיָה אֵינָהּ מְחִצָּה. וְכָל מְחִצָּה שֶׁאֵינָהּ עֲשׂוּיָה לְנַחַת אֵינָהּ מְחִצָּה. וְכָל מְחִצָּה שֶׁאֵינָהּ עֲשׂוּיָה אֶלָּא לִצְנִיעוּת בִּלְבַד אֵינָהּ מְחִצָּה. וְכָל מְחִצָּה שֶׁאֵין בְּגָבְהָהּ עֲשָׂרָה טְפָחִים אוֹ יוֹתֵר אֵינָהּ מְחִצָּה גְּמוּרָה. גֹּדֶל חֲמִשָּׁה וּמְחִצָּה חֲמִשָּׁה מִצְטָרְפִין:

טז. כָּל מְחִצָּה שֶׁיֵּשׁ בָּהּ פָּרוּץ מְרֻבֶּה עַל הָעוֹמֵד אֵינָהּ מְחִצָּה. אֲבָל אִם הָיָה פָּרוּץ כְּעוֹמֵד הֲרֵי זוֹ מֻתֶּרֶת. וּבִלְבַד שֶׁלֹּא יִהְיֶה בְּאוֹתָן הַפְּרָצוֹת פִּרְצָה יֶתֶר עַל עֶשֶׂר אַמּוֹת. אֲבָל עֶשֶׂר אַמּוֹת הֲרֵי הִיא כְּפֶתַח. אִם הָיָה לַפִּרְצָה

זוֹ צוּרַת פֶּתַח אַף עַל פִּי שֶׁיֵּשׁ בָּהּ יוֹתֵר מֵעֶשֶׂר אֵינָהּ מַפְסֶדֶת הַמְּחִצָּה. וְהוּא שֶׁלֹּא יְהֵא הַפָּרוּץ מְרֻבֶּה עַל הָעוֹמֵד:

יז. בַּמֶּה דְּבָרִים אֲמוּרִים בִּזְמַן שֶׁהַפְּרָצוֹת מִשְּׁלֹשָׁה טְפָחִים וּלְמַעְלָה. אֲבָל אִם הָיוּ הַפְּרָצוֹת כָּל פִּרְצָה מֵהֶן פְּחוּתָה מִשְּׁלֹשָׁה הֲרֵי זוֹ מֻתֶּרֶת. וְאַף עַל פִּי שֶׁהַפָּרוּץ מְרֻבֶּה עַל הָעוֹמֵד. שֶׁכָּל פָּחוֹת מִשְּׁלֹשָׁה הֲרֵי הוּא כְּלָבוּד:

יח. כֵּיצַד. הֲרֵי שֶׁהִקִּיף בְּקָנִים וְאֵין בֵּין קָנֶה לַחֲבֵרוֹ שְׁלֹשָׁה טְפָחִים. אוֹ שֶׁהִקִּיף בַּחֲבָלִים וְאֵין בֵּין חֶבֶל לַחֲבֵרוֹ שְׁלֹשָׁה טְפָחִים. הֲרֵי זוֹ מְחִצָּה גְּמוּרָה. אַף עַל פִּי שֶׁהִיא שְׁתִי בְּלֹא עֵרֶב אוֹ עֵרֶב בְּלֹא שְׁתִי. וְצָרִיךְ שֶׁיִּהְיֶה גֹּבַהּ הַקָּנֶה עֲשָׂרָה אוֹ שֶׁיִּהְיֶה מִן הָאָרֶץ עַד סוֹף עֳבִי הַחֶבֶל הָעֶלְיוֹן עֲשָׂרָה אִם הִקִּיף בַּחֲבָלִים. שֶׁאֵין מְחִצָּה פְּחוּתָה מֵעֲשָׂרָה. וְכָל הַשִּׁעוּרִין הָאֵלּוּ הֲלָכָה לְמשֶׁה מִסִּינַי הֵן:

יט. צוּרַת פֶּתַח הָאֲמוּרָה בְּכָל מָקוֹם הִיא אֲפִלּוּ קָנֶה וְכַיּוֹצֵא בּוֹ מִכָּאן וְקָנֶה מִכָּאן וְקָנֶה עַל גַּבֵּיהֶן. גֹּבַהּ שְׁנֵי הַלְּחָיַיִם עֲשָׂרָה טְפָחִים אוֹ יֶתֶר וְהַקָּנֶה וְכַיּוֹצֵא בּוֹ שֶׁעַל גַּבֵּיהֶן אַף עַל פִּי שֶׁאֵינוֹ נוֹגֵעַ בִּשְׁנֵי הַלְּחָיַיִם אֶלָּא יֵשׁ בֵּינֵיהֶן כַּמָּה אַמּוֹת הוֹאִיל וְגֹבַהּ הַלְּחָיַיִם עֲשָׂרָה הֲרֵי זוֹ צוּרַת פֶּתַח. וְצוּרַת פֶּתַח שֶׁאָמְרוּ צְרִיכָה שֶׁתְּהֵא בְּרִיאָה לְקַבֵּל דֶּלֶת אֲפִלּוּ דֶּלֶת שֶׁל קַשׁ:

כ. פֶּתַח שֶׁצּוּרָתוֹ כִּפָּה אִם יֵשׁ בְּאֹרֶךְ רַגְלֵי הַכִּפָּה עֲשָׂרָה טְפָחִים הֲרֵי זֶה צוּרַת פֶּתַח. וְצוּרַת פֶּתַח שֶׁעָשָׂה אוֹתָהּ מִן הַצַּד אֵינָהּ כְּלוּם שֶׁאֵין דֶּרֶךְ הַפְּתָחִים לִהְיוֹת בְּקֶרֶן זָוִית אֶלָּא בְּאֶמְצַע:

כא. בַּכֹּל עוֹשִׂין מְחִצָּה בֵּין בְּכֵלִים בֵּין בָּאֳכָלִים בֵּין בְּאָדָם אֲפִלּוּ בִּבְהֵמָה וּשְׁאָר מִינֵי חַיָּה וְעוֹף וְהוּא שֶׁיִּהְיוּ כְּפוּתִים כְּדֵי שֶׁלֹּא יָנוּדוּ:

כב. מְחִצָּה הָעוֹמֶדֶת מֵאֵלֶיהָ הֲרֵי זוֹ כְּשֵׁרָה. וּמְחִצָּה הַנַּעֲשֵׂית בְּשַׁבָּת הֲרֵי זוֹ מְחִצָּה. וְאִם נַעֲשֵׂית בִּשְׁגָגָה מֻתָּר לְטַלְטֵל בָּהּ בְּאוֹתָהּ שַׁבָּת. וְהוּא שֶׁתֵּעָשֶׂה שֶׁלֹּא לְדַעַת הַמְטַלְטֵל. אֲבָל אִם נִתְכַּוֵּן אָדָם לְזוֹ הַמְּחִצָּה שֶׁתֵּעָשֶׂה בְּשַׁבָּת כְּדֵי לְטַלְטֵל בָּהּ אַף עַל פִּי שֶׁעָשָׂה אוֹתָהּ הָעוֹשֶׂה בִּשְׁגָגָה אָסוּר לְטַלְטֵל בָּהּ בְּאוֹתָהּ שַׁבָּת. וְכֵן אִם נַעֲשֵׂית בְּמֵזִיד אַף עַל פִּי שֶׁלֹּא נִתְכַּוֵּן זֶה לְטַלְטֵל בָּהּ הֲרֵי זֶה אָסוּר לְטַלְטֵל בָּהּ:

כג. מֻתָּר לַעֲשׂוֹת מְחִצָּה שֶׁל בְּנֵי אָדָם בְּשַׁבָּת שֶׁיַּעֲמֹד זֶה בְּצַד זֶה וּבִלְבַד שֶׁלֹּא יֵדְעוּ אֵלּוּ הָעוֹמְדִין שֶׁבִּשְׁבִיל לַעֲשׂוֹתָן מְחִצָּה הֶעֱמִידָן. וְלֹא יַעֲמִיד אוֹתָן אָדָם שֶׁהוּא רוֹצֶה לְהִשְׁתַּמֵּשׁ בִּמְחִצָּה זוֹ אֶלָּא יַעֲמִיד אוֹתָן אַחֵר שֶׁלֹּא לְדַעְתּוֹ:

כד. אִילָן שֶׁהוּא מֵסֵךְ עַל הָאָרֶץ אִם אֵין נוֹפוֹ גָּבוֹהַּ מִן הָאָרֶץ שְׁלֹשָׁה טְפָחִים מְמַלֵּא בֵּין בַּדָּיו וְעָלָיו תֶּבֶן וְקַשׁ וְכַיּוֹצֵא בָּהֶן וְקוֹשְׁרָן בָּאָרֶץ עַד שֶׁיַּעֲמֹד בְּרוּחַ מְצוּיָה וְלֹא יִתְנַדְנֵד וּמְטַלְטֵל תַּחַת כֻּלּוֹ. וְהוּא שֶׁיִּהְיוּ תַּחְתָּיו עַד בֵּית סָאתַיִם. אֲבָל אִם הָיָה יֶתֶר מִבֵּית סָאתַיִם אֵין מְטַלְטְלִין תַּחְתָּיו אֶלָּא בְּאַרְבַּע אַמּוֹת מִפְּנֵי שֶׁתַּחְתָּיו מָקוֹם שֶׁלֹּא הֻקַּף לְדִירָה הוּא:

Perek 17

Work categories. · Carrying continued.

*Mavoy (*Alleys), *Chatzerot* (courtyards), *Borot* (wells), Exedra

In previous times, houses would open into courtyard, and the courtyards would be connected by lanes to the public domain.

Their status therefore needs to be defined regarding carrying on *Shabbat.*

Reminder:

Pack on Courtyards

A *mavoy* (lane)

There are **2** types of Lanes

- Closed lane (cul de sac) – **3** walls
- Open lane – **2** walls opposite each other

To make a closed lane into a private domain, one must create a 'fourth side' this is done by placing a pole against the wall at the entrance (*lechi*), or a beam running across from one side to the other at the entrance (*korah*).

Rabanim allowed one to carry in a closed lane if a pole or beam was set up at entrance.

To allow carrying within an open lane, one must erect a frame for entrance on one side, and either a pole or beam on the other side.

For carrying to be allowed in a lane with a pole or beam, other conditions need to be met.

- Several houses and courtyards open onto it

- It is **4 *amot*** or more long

- Length exceeds width

If these conditions are not met, one would have to increase the demarcations as follows

- Erect **2** poles, one at either side or

- A barrier on one side which is **4 *tefach*** wide (this is considered as a wall)

Chatzer (Courtyard)

With a lane, the length exceeds the width.

In a *chatzer,* the length equals the width.

Allowed to carry in *chatzer* if 2 poles placed at entrance or a barrier of four *tefachim* wide at one side.

Korah (beam) is minimum **1 *tefach*** wide and sturdy enough to hold a small brick of 3 × 3 tefachim i.e. thickness must be strong enough.

Unless the lane has a doorframe, the lechi (pole) would have to have a minimum **height of 10 *tefachim*** (there is no requirement for width) **and** the size of entrance to the lane would have to be – **10 *tefach* to 20 *amot*** high, and width not more than **10 *amot*.**

If its height is more than 20 *amot*, the beam would not be noticed by people. If some factor allowed the beam to be recognised, then it could be higher than 20 *amot*.

Regarding width, the definition of an entrance is that it cannot be wider than 10 *amot*. If entrance is wider one could make a partition.

Beer (well)

A well in *Eretz Yisrael* –must have a wall constructed around it to allow people and animals to drink on *Shabbat*.

To allow animals to enter and leave, there needs to be large gaps in the wall, which may exceed the width of the wall. However, this is only allowed if there are **2** walls at each corner.

If one puts **2 walls** at each corner, then the gap between each corner cannot be more than **13⅓ *amah*** (i.e. the space of **8 cattle – 4** entering and **4** leaving)

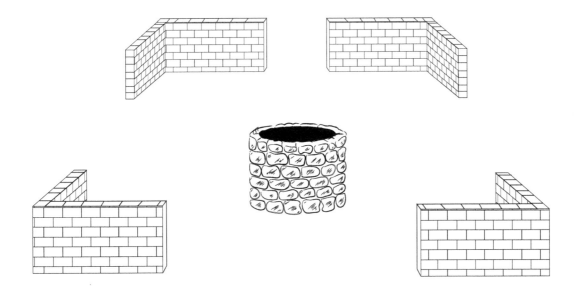

The dimensions of these walls should be **10** ***tefach*** high and **6** ***tefach*** wide (normally 4 *tefach* is adequate but here the measure is increased because of the large spaces needed for animals.

One can shift these walls further away from the well but the spaces between the walls should never exceed **13⅓** ***amah***. The whole enclosure is now a private domain and one can therefore draw water from the well (a private domain) into a private domain and drink.

Exedra

Has **3** walls and a roof.

Here the edge of the roof gives demarcation to the fourth side and one is allowed to carry within. (i.e. no pole or beam is needed.)

פרק י"ז

א. מָבוֹי שֶׁיֵּשׁ לוֹ שְׁלֹשָׁה כְּתָלִים הוּא הַנִּקְרָא מָבוֹי סָתוּם. וּמָבוֹי שֶׁיֵּשׁ לוֹ שְׁנֵי כְּתָלִים בִּלְבַד זֶה כְּנֶגֶד זֶה וְהָעָם נִכְנָסִין בְּרוּחַ זוֹ וְיוֹצְאִין בְּשֶׁכְּנֶגְדָּהּ הוּא הַנִּקְרָא מָבוֹי הַמְפֻלָּשׁ:

ב. הֵיאַךְ מַתִּירִין מָבוֹי הַסָּתוּם. עוֹשֶׂה לוֹ בְּרוּחַ רְבִיעִית לֶחִי אֶחָד אוֹ עוֹשֶׂה עָלָיו קוֹרָה וְדַיּוֹ. וְתֵחָשֵׁב אוֹתָהּ קוֹרָה אוֹ אוֹתוֹ לֶחִי כְּאִלּוּ סָתַם רוּחַ רְבִיעִית וְיֵעָשֶׂה רְשׁוּת הַיָּחִיד וְיִהְיֶה מֻתָּר לְטַלְטֵל בְּכֻלּוֹ. שֶׁדִּין תּוֹרָה בְּשָׁלֹשׁ מְחִצּוֹת בִּלְבַד מֻתָּר לְטַלְטֵל וּמִדִּבְרֵי סוֹפְרִים הִיא הָרוּחַ הָרְבִיעִית וּלְפִיכָךְ דַּי לָהּ בְּלֶחִי אוֹ קוֹרָה:

ג. וְהֵיאַךְ מַתִּירִין מָבוֹי מְפֻלָּשׁ. עוֹשֶׂה לוֹ צוּרַת פֶּתַח מִכָּאן וְלֶחִי אוֹ קוֹרָה מִכָּאן. וּמָבוֹי עָקֹם תּוֹרָתוֹ כִּמְפֻלָּשׁ:

ד. מָבוֹי שֶׁהוּא שָׁוֶה מִתּוֹכוֹ וּמִדְרוֹן לִרְשׁוּת הָרַבִּים אוֹ שָׁוֶה לִרְשׁוּת הָרַבִּים וּמִדְרוֹן לְתוֹכוֹ אֵינוֹ צָרִיךְ לֹא לֶחִי וְלֹא קוֹרָה שֶׁהֲרֵי הוּא מֻבְדָּל מֵרְשׁוּת הָרַבִּים:

ה. מָבוֹי שֶׁצִּדּוֹ אֶחָד כָּלֶה לַיָּם וְצִדּוֹ אֶחָד כָּלֶה לְאַשְׁפָּה שֶׁל רַבִּים אֵינוֹ צָרִיךְ כְּלוּם. שֶׁאַשְׁפָּה שֶׁל רַבִּים אֵינָהּ עֲשׂוּיָה לְהִתְפַּנּוֹת וְאֵין חוֹשְׁשִׁין שֶׁמָּא יַעֲלֶה הַיָּם שִׂרְטוֹן:

ו. מָבוֹי מְפֻלָּשׁ שֶׁהוּא כָּלֶה לְאֶמְצַע רְחָבָה שֶׁל רַבִּים. אִם לֹא הָיָה מְכֻוָּן כְּנֶגֶד פֶּתַח הָרְחָבָה הֲרֵי זֶה כְּסָתוּם וְאֵינוֹ צָרִיךְ מִצַּד הָרְחָבָה כְּלוּם. אֲבָל אִם הָיָה כָּלֶה לְצִדְדֵי הָרְחָבָה אָסוּר. וְאִם הָיְתָה שֶׁל יָחִיד אַף לְאֶמְצָעָהּ אָסוּר. פְּעָמִים בּוֹנֶה מִצַּד אֶחָד וְנִמְצָא כָּלֶה לְצִדָּהּ שֶׁל רְחָבָה:

ז. אֵין הַמָּבוֹי נִתָּר בְּלֶחִי אוֹ קוֹרָה עַד שֶׁיִּהְיוּ בָּתִּים וַחֲצֵרוֹת פְּתוּחוֹת לְתוֹכוֹ וְיִהְיֶה אָרְכּוֹ מֵאַרְבַּע אַמּוֹת וּלְמַעְלָה וְיִהְיֶה אָרְכּוֹ יָתֵר עַל רָחְבּוֹ. אֲבָל מָבוֹי שֶׁאָרְכּוֹ כְּרָחְבּוֹ הֲרֵי הוּא כְּחָצֵר וְאֵינוֹ נִתָּר אֶלָּא בִּשְׁנֵי לְחָיַיִם מִשְּׁנֵי רוּחוֹתָיו כָּל לֶחִי בְּמַשֶּׁהוּ. אוֹ בְּפַס רָחָב אַרְבָּעָה מֵרוּחַ אַחַת:

ח. חָצֵר שֶׁאָרְכָּהּ יָתֵר עַל רָחְבָּהּ הֲרֵי הִיא כְּמָבוֹי וְנִתֶּרֶת בְּלֶחִי אוֹ קוֹרָה. וּמָבוֹי שֶׁאֵין בָּתִּים וַחֲצֵרוֹת פְּתוּחוֹת לְתוֹכוֹ כְּגוֹן שֶׁלֹּא הָיָה בּוֹ אֶלָּא בַּיִת אֶחָד אוֹ חָצֵר אַחַת וְכֵן מָבוֹי

שֶׁאֵין בְּאָרְכּוֹ אַרְבַּע אַמּוֹת אֵינוֹ נִתָּר אֶלָּא בִּשְׁנֵי לְחָיַיִם אוֹ בְּפַס אַרְבָּעָה וּמַשֶּׁהוּ:

ט. מָבוֹי שֶׁאֵין בְּרָחְבּוֹ שְׁלֹשָׁה טְפָחִים אֵינוֹ צָרִיךְ לֹא לֶחִי וְלֹא קוֹרָה וּמֻתָּר לְטַלְטֵל בְּכֻלּוֹ. שֶׁכָּל פָּחוּת מִשְּׁלֹשָׁה הֲרֵי הוּא כְּלָבוּד. מָבוֹי שֶׁהֶכְשֵׁרוֹ בְּקוֹרָה אַף עַל פִּי שֶׁמֻּתָּר לְטַלְטֵל בְּכֻלּוֹ כִּרְשׁוּת הַיָּחִיד הַזּוֹרֵק מִתּוֹכוֹ לִרְשׁוּת הָרַבִּים אוֹ מֵרְשׁוּת הָרַבִּים לְתוֹכוֹ פָּטוּר. שֶׁהַקּוֹרָה מִשּׁוּם הֶכֵּר הִיא עֲשׂוּיָה. אֲבָל אִם הֶכְשֵׁרוֹ בְּלֶחִי הַזּוֹרֵק מִתּוֹכוֹ לִרְשׁוּת הָרַבִּים אוֹ מֵרְשׁוּת הָרַבִּים לְתוֹכוֹ חַיָּב שֶׁהַלֶּחִי הֲרֵי הוּא כִּמְחִצָּה בְּרוּחַ רְבִיעִית:

י. שְׁנֵי כְּתָלִים בִּרְשׁוּת הָרַבִּים וְהָעָם עוֹבְרִים בֵּינֵיהֶם כֵּיצַד מַכְשִׁיר בֵּינֵיהֶם. עוֹשֶׂה דְּלָתוֹת מִכָּאן וּדְלָתוֹת מִכָּאן וְאַחַר כָּךְ יֵעָשֶׂה בֵּינֵיהֶם רְשׁוּת הַיָּחִיד. וְאֵינוֹ צָרִיךְ לִנְעֹל הַדְּלָתוֹת בַּלַּיְלָה אֲבָל צָרִיךְ שֶׁיִּהְיוּ רְאוּיוֹת לְהִנָּעֵל. הָיוּ מְשֻׁקָּעוֹת בֶּעָפָר מְפַנֶּה אוֹתָן וּמְתַקְּנָן לְהִנָּעֵל. אֲבָל צוּרַת פֶּתַח אוֹ לֶחִי וְקוֹרָה אֵינָן מוֹעִילִין בְּהֶכְשֵׁר רְשׁוּת הָרַבִּים:

יא. מֻתָּר לְטַלְטֵל בְּמָבוֹי תַּחַת הַקּוֹרָה אוֹ בֵּין הַלְּחָיַיִם. בַּמֶּה דְּבָרִים אֲמוּרִים בְּשֶׁהָיָה סָמוּךְ לִרְשׁוּת הָרַבִּים. אֲבָל אִם הָיָה סָמוּךְ לְכַרְמְלִית אָסוּר לְטַלְטֵל תַּחַת הַקּוֹרָה אוֹ בֵּין הַלְּחָיַיִם עַד שֶׁיַּעֲשֶׂה לֶחִי אַחֵר לְהַתִּיר תּוֹךְ הַפֶּתַח שֶׁהֲרֵי מָצָא מִין אֶת מִינוֹ וְנֵעוֹר:

יב. בַּכֹּל עוֹשִׂין לְחָיַיִם אֲפִלּוּ בְּדָבָר שֶׁיֵּשׁ בּוֹ רוּחַ חַיִּים וַאֲפִלּוּ בְּאִסּוּרֵי הֲנָיָה. עֲבוֹדָה זָרָה עַצְמָהּ אוֹ אֲשֵׁרָה שֶׁעָשָׂה אוֹתָהּ לֶחִי כָּשֵׁר שֶׁהַלֶּחִי עָבְיוֹ כָּל שֶׁהוּא. גֹּבַהּ הַלֶּחִי אֵין פָּחוּת מֵעֲשָׂרָה טְפָחִים רָחְבּוֹ וְעָבְיוֹ כָּל שֶׁהוּא:

יג. בַּכֹּל עוֹשִׂין קוֹרָה אֲבָל לֹא בַּאֲשֵׁרָה לְפִי שֶׁיֵּשׁ לְרֹחַב הַקּוֹרָה שִׁעוּר. וְכָל הַשִּׁעוּרִין אֲסוּרִים מִן הָאֲשֵׁרָה. וְכֵן רֹחַב הַקּוֹרָה אֵין פָּחוּת מִטֶּפַח וְעָבְיָהּ כָּל שֶׁהוּא. וְהוּא שֶׁתִּהְיֶה בְּרִיאָה לְקַבֵּל אָרִיחַ שֶׁהוּא חֲצִי לְבֵנָה שֶׁל שְׁלֹשָׁה טְפָחִים עַל שְׁלֹשָׁה טְפָחִים. וּמַעֲמִידֵי קוֹרָה צְרִיכִין שֶׁיִּהְיוּ בְּרִיאִין כְּדֵי לְקַבֵּל קוֹרָה וַחֲצִי לְבֵנָה:

יד. כַּמָּה יִהְיֶה פֶּתַח הַמָּבוֹי וְיִהְיֶה דַּי לְהַכְשִׁירוֹ בְּלֶחִי אוֹ קוֹרָה. גָּבְהוֹ אֵין פָּחוּת מֵעֲשָׂרָה טְפָחִים וְלֹא יֶתֶר עַל עֶשְׂרִים אַמָּה וְרָחְבּוֹ עַד עֶשֶׂר אַמּוֹת. בַּמֶּה דְּבָרִים אֲמוּרִים שֶׁלֹּא הָיָה לוֹ צוּרַת פֶּתַח. אֲבָל אִם הָיָה לוֹ צוּרַת פֶּתַח אֲפִלּוּ הָיָה גָּבוֹהַּ מֵאָה אַמָּה אוֹ פָּחוּת מֵעֲשָׂרָה אוֹ רֹחַב מֵאָה אַמָּה הֲרֵי זֶה מֻתָּר:

טו. וְכֵן אִם הָיָה בְּקוֹרָה שֶׁל מָבוֹי כִּיּוּר וְצִיּוּר עַד שֶׁיִּהְיוּ הַכֹּל מִסְתַּכְּלִין בָּהּ אַף עַל פִּי שֶׁהִיא לְמַעְלָה מֵעֶשְׂרִים אַמָּה כְּשֵׁרָה. שֶׁהַקּוֹרָה מִשּׁוּם הֶכֵּר עֲשׂוּיָה וְאִם הָיְתָה לְמַעְלָה מֵעֶשְׂרִים אֵינָהּ נִכֶּרֶת וְאִם יֵשׁ בָּהּ צִיּוּר וְכִיּוּר מִסְתַּכְּלִים בָּהּ וְנִמְצָא שָׁם הֶכֵּר:

טז. מָבוֹי שֶׁהָיָה גָּבְהוֹ מִן הָאָרֶץ עַד קַרְקָעִית קוֹרָה עֶשְׂרִים אַמָּה וְעָבִי הַקּוֹרָה לְמַעְלָה מֵעֶשְׂרִים כָּשֵׁר. הָיָה גָּבְהוֹ יֶתֶר מֵעֶשְׂרִים וּבָא לְמַעֲטוֹ בַּקּוֹרָה שֶׁמַּנִּיחַ אוֹתָהּ לְמַטָּה צָרִיךְ לִהְיוֹת בְּרָחְבָּהּ טֶפַח כְּקוֹרָה. הָיָה גָּבְהוֹ פָּחוּת מֵעֲשָׂרָה חוֹקֵק בּוֹ מֶשֶׁךְ אַרְבַּע עַל אַרְבַּע אַמּוֹת וּמַעֲמִיק כְּדֵי לְהַשְׁלִימוֹ לַעֲשָׂרָה:

יז. נִפְרַץ בּוֹ פִּרְצָה מִצִּדּוֹ כְּלַפֵּי רֹאשׁוֹ אִם נִשְׁאַר עוֹמֵד בְּרֹאשׁוֹ פַּס רֹחַב אַרְבָּעָה טְפָחִים מֻתָּר וְהוּא שֶׁלֹּא תִּהְיֶה הַפִּרְצָה יֶתֶר עַל עֶשֶׂר. וְאִם לֹא נִשְׁאַר פַּס אַרְבָּעָה אָסוּר אֶלָּא אִם כֵּן הָיְתָה הַפִּרְצָה פָּחוּת מִשְּׁלֹשָׁה שֶׁכָּל פָּחוּת מִשְּׁלֹשָׁה כְּלָבוּד:

יח. נִפְרַץ הַמָּבוֹי בִּמְלוֹאוֹ לֶחָצֵר וְנִפְרְצָה חָצֵר כְּנֶגְדּוֹ לִרְשׁוּת הָרַבִּים הֲרֵי זֶה אָסוּר מִפְּנֵי שֶׁהוּא מָבוֹי מְפֻלָּשׁ. וְהֶחָצֵר מֻתֶּרֶת שֶׁהֶחָצֵר שֶׁרַבִּים בּוֹקְעִין בָּהּ וְנִכְנָסִין בָּזוֹ וְיוֹצְאִין בָּזוֹ הֲרֵי הִיא רְשׁוּת הַיָּחִיד גְּמוּרָה:

יט. מָבוֹי שֶׁהָיוּ לוֹ שְׁבִילִים מִצַּד זֶה וּשְׁבִילִים מִצַּד אַחֵר שֶׁנִּמְצְאוּ מְפֻלָּשִׁין לִרְשׁוּת הָרַבִּים אַף עַל פִּי שֶׁאֵינָן מְכֻוָּנִין זֶה כְּנֶגֶד זֶה הֲרֵי כָּל אֶחָד מֵהֶן מָבוֹי מְפֻלָּשׁ. כֵּיצַד מַכְשִׁירִין אוֹתוֹ. עוֹשֶׂה צוּרַת פֶּתַח לְכָל אֶחָד וְאֶחָד מִן הַשְּׁבִילִים שֶׁבַּצַּד הָאֶחָד. וְכֵן לַפֶּתַח הַגָּדוֹל. וְעוֹשֶׂה לְכָל הַשְּׁבִילִים שֶׁבַּצַּד הַשֵּׁנִי לֶחִי אוֹ קוֹרָה:

כ. מָבוֹי שֶׁצִּדּוֹ אֶחָד אָרֹךְ וְצִדּוֹ הַשֵּׁנִי קָצָר מַנִּיחַ אֶת הַקּוֹרָה כְּנֶגֶד הַקָּצָר. הֶעֱמִיד לֶחִי בַּחֲצִי הַמָּבוֹי הַפְּנִימִי שֶׁהוּא לִפְנִים מִן הַלֶּחִי מֻתָּר לְטַלְטֵל בּוֹ וְהַחֵצִי הַחִיצוֹן שֶׁהוּא חוּץ מִן הַלֶּחִי אָסוּר:

כא. מָבוֹי שֶׁהוּא רָחָב עֶשְׂרִים אַמָּה עוֹשֶׂה פַּס גָּבוֹהַּ עֲשָׂרָה טְפָחִים בְּמֶשֶׁךְ אַרְבַּע אַמּוֹת שֶׁהוּא שִׁעוּר מֶשֶׁךְ הַמָּבוֹי וּמַעֲמִידוֹ בָּאֶמְצַע וְנִמְצָא כִּשְׁנֵי מְבוֹאוֹת שֶׁיֵּשׁ בְּפֶתַח כָּל אֶחָד מֵהֶן עֶשֶׂר אַמּוֹת. אוֹ מַרְחִיק שְׁתֵּי אַמּוֹת מִכָּאן וּמַעֲמִיד פַּס שָׁלֹשׁ אַמּוֹת וּמַרְחִיק שְׁתֵּי אַמּוֹת מִכָּאן וּמַעֲמִיד פַּס שָׁלֹשׁ אַמּוֹת מִכָּאן וְנִמְצָא פֶּתַח הַמָּבוֹי עֶשֶׂר אַמּוֹת וְהַצְּדָדִין הֲרֵי הֵן כִּסְתוּמִין שֶׁהֲרֵי עוֹמֵד מְרֻבֶּה עַל הַפָּרוּץ:

כב. לֶחִי הַבּוֹלֵט מִדָּפְנוֹ שֶׁל מָבוֹי כָּשֵׁר. וְלֶחִי הָעוֹמֵד מֵאֵלָיו אִם סָמְכוּ עָלָיו מִקֹּדֶם הַשַּׁבָּת כָּשֵׁר. וְלֶחִי שֶׁהוּא נִרְאֶה מִבִּפְנִים לֶחִי וּמִבַּחוּץ אֵינוֹ נִרְאֶה לֶחִי. אוֹ שֶׁהָיָה נִרְאֶה מִבַּחוּץ לֶחִי וּמִבִּפְנִים נִרְאֶה שֶׁהוּא שָׁוֶה וּכְאִלּוּ אֵין שָׁם לֶחִי.

הֲרֵי זֶה נִדּוֹן מִשּׁוּם לֶחִי. לֶחִי שֶׁהִגְבִּיהוֹ מִן הַקַּרְקַע שְׁלֹשָׁה טְפָחִים אוֹ שֶׁהִפְלִיגוֹ מִן הַכֹּתֶל שְׁלֹשָׁה לֹא עָשָׂה כְּלוּם. אֲבָל פָּחוֹת מִשְּׁלֹשָׁה טְפָחִים כָּשֵׁר שֶׁכָּל פָּחוֹת מִשְּׁלֹשָׁה כְּלָבוּד. לֶחִי שֶׁהָיָה רָחָב הַרְבֵּה. בֵּין שֶׁהָיָה רָחְבּוֹ פָּחוֹת מֵחֲצִי רֹחַב הַמָּבוֹי בֵּין שֶׁהָיָה רָחְבּוֹ כַּחֲצִי רֹחַב הַמָּבוֹי כָּשֵׁר וְנִדּוֹן מִשּׁוּם לֶחִי. אֲבָל אִם הָיָה יָתֵר עַל חֲצִי רֹחַב הַמָּבוֹי נִדּוֹן מִשּׁוּם עוֹמֵד מְרֻבֶּה עַל הַפָּרוּץ:

כג. קוֹרָה שֶׁפֵּרֵס עָלֶיהָ מַחְצֶלֶת הֲרֵי בְּטֵלָה שֶׁהֲרֵי אֵינָהּ נִכֶּרֶת. לְפִיכָךְ אִם הָיְתָה הַמַּחְצֶלֶת מְסֻלֶּקֶת מִן הָאָרֶץ שְׁלֹשָׁה טְפָחִים אוֹ יֶתֶר אֵינָהּ מְחִצָּה. נָעַץ שְׁתֵּי יְתֵדוֹת בִּשְׁנֵי כָּתְלֵי מָבוֹי מִבַּחוּץ וְהִנִּיחַ עֲלֵיהֶן הַקּוֹרָה לֹא עָשָׂה כְּלוּם. שֶׁצָּרִיךְ לִהְיוֹת הַקּוֹרָה עַל גַּבֵּי הַמָּבוֹי לֹא סָמוּךְ לוֹ:

כד. קוֹרָה הַיּוֹצְאָה מִכֹּתֶל זֶה וְאֵינָהּ נוֹגַעַת בַּכֹּתֶל הַשֵּׁנִי וְכֵן שְׁתֵּי קוֹרוֹת אַחַת יוֹצְאָה מִכֹּתֶל זֶה וְאַחַת יוֹצְאָה מִכֹּתֶל זֶה וְאֵינָן מַגִּיעוֹת זוֹ לָזוֹ פָּחוֹת מִשְּׁלֹשָׁה אֵינוֹ צָרִיךְ לְהָבִיא קוֹרָה אַחֶרֶת. הָיָה בֵּינֵיהֶן שְׁלֹשָׁה צָרִיךְ לְהָבִיא קוֹרָה אַחֶרֶת:

כה. וְכֵן שְׁתֵּי קוֹרוֹת הַמַּתְאִימוֹת לֹא בָּזוֹ כְּדֵי לְקַבֵּל אָרִיחַ וְלֹא בָּזוֹ כְּדֵי לְקַבֵּל אָרִיחַ אִם יֵשׁ בִּשְׁתֵּיהֶן כְּדֵי לְקַבֵּל אָרִיחַ אֵינוֹ צָרִיךְ לְהָבִיא קוֹרָה אַחֶרֶת. הָיְתָה אַחַת לְמַטָּה וְאַחַת לְמַעְלָה רוֹאִין אֶת הָעֶלְיוֹנָה כְּאִלּוּ הִיא לְמַטָּה וְהַתַּחְתּוֹנָה כְּאִלּוּ הִיא לְמַעְלָה. וּבִלְבַד שֶׁלֹּא תִּהְיֶה עֶלְיוֹנָה לְמַעְלָה מֵעֶשְׂרִים וְלֹא תַּחְתּוֹנָה לְמַטָּה מֵעֲשָׂרָה. וְלֹא יִהְיֶה בֵּינֵיהֶן שְׁלֹשָׁה טְפָחִים כְּשֶׁרוֹאִין אוֹתָהּ שֶׁיָּרְדָה זוֹ וְעָלְתָה זוֹ בְּכַוָּנָה עַד שֶׁיֵּעָשׂוּ זוֹ בְּצַד זוֹ:

כו. הָיְתָה הַקּוֹרָה עֲקֻמָּה רוֹאִין אוֹתָהּ כְּאִלּוּ הִיא פְּשׁוּטָה. עֲגֻלָּה רוֹאִין אוֹתָהּ כְּאִלּוּ הִיא מְרֻבַּעַת. וְאִם הָיָה בְּהֶקֵּפָהּ שְׁלֹשָׁה טְפָחִים יֵשׁ בָּהּ רֹחַב טֶפַח. הָיְתָה הַקּוֹרָה בְּתוֹךְ הַמָּבוֹי וַעֲקֻמָּה חוּץ לַמָּבוֹי. אוֹ שֶׁהָיְתָה עֲקֻמָּה לְמַעְלָה מֵעֶשְׂרִים אוֹ לְמַטָּה מֵעֲשָׂרָה. רוֹאִין כֹּל שֶׁאִלּוּ יִנָּטֵל הָעִקּוּם וְיִשָּׁאֲרוּ שְׁנֵי רָאשֶׁיהָ אֵין בֵּין זֶה לָזֶה שְׁלֹשָׁה אֵינוֹ צָרִיךְ לְהָבִיא קוֹרָה אַחֶרֶת. וְאִם לָאו צָרִיךְ לְהָבִיא קוֹרָה אַחֶרֶת:

כז. בְּאֵר שֶׁעָשָׂה לָהּ שְׁמוֹנָה פַּסִּין מֵאַרְבַּע זָוִיּוֹת שְׁנֵי פַּסִּין דְּבוּקִין בְּכָל זָוִית הֲרֵי אֵלּוּ כִּמְחִצָּה. וְאַף עַל פִּי שֶׁהַפָּרוּץ מְרֻבֶּה עַל הָעוֹמֵד בְּכָל רוּחַ וְרוּחַ. הוֹאִיל וְאַרְבַּע הַזָּוִיּוֹת עוֹמְדוֹת הֲרֵי זֶה מֻתָּר לְמַלְּאוֹת מִן הַבְּאֵר וּלְהַשְׁקוֹת לִבְהֵמָה. וְכַמָּה יִהְיֶה גֹּבַהּ כָּל פַּס מֵהֶן עֲשָׂרָה טְפָחִים וְרָחְבּוֹ שִׁשָּׁה טְפָחִים וּבֵין כָּל פַּס לְפַס כִּמְלֹא שְׁתֵּי רְבָקוֹת שֶׁל אַרְבָּעָה אַרְבָּעָה בָּקָר אַחַת נִכְנֶסֶת וְאַחַת יוֹצְאָה. שִׁעוּר רֹחַב זֶה אֵין יֶתֶר עַל שְׁלֹשׁ עֶשְׂרֵה אַמָּה וּשְׁלִישׁ:

כח. הָיָה בְּמָקוֹם אֶחָד מִן הַזָּוִיּוֹת אוֹ בְּכָל זָוִית מֵאַרְבַּעְתָּן אֶבֶן גְּדוֹלָה אוֹ אִילָן אוֹ תֵּל הַמִּתְלַקֵּט עֲשָׂרָה מִתּוֹךְ אַרְבַּע אַמּוֹת אוֹ חֲבִילָה שֶׁל קָנִים. רוֹאִין כֹּל שֶׁאִלּוּ יֵחָלֵק וְיֵשׁ בּוֹ אַמָּה לְכָאן וְאַמָּה לְכָאן בְּגֹבַהּ עֲשָׂרָה נִדּוֹן מִשּׁוּם זָוִית שֶׁיֵּשׁ בָּהּ שְׁנֵי פַּסִּין. חֲמִשָּׁה קָנִים וְאֵין בֵּין זֶה לָזֶה שְׁלֹשָׁה וְיֵשׁ בֵּינֵיהֶן שִׁשָּׁה טְפָחִים לְכָאן וְשִׁשָּׁה טְפָחִים לְכָאן נִדּוֹנִים מִשּׁוּם זָוִית שֶׁיֵּשׁ בָּהּ שְׁנֵי פַּסִּין:

כט. מֻתָּר לְהַקְרִיב אַרְבַּע הַזָּוִיּוֹת הָאֵלּוּ לִבְאֵר. וְהוּא שֶׁתִּהְיֶה פָּרָה רֹאשָׁהּ וְרֻבָּהּ לִפְנִים מִן הַפַּסִּין וְשׁוֹתָה. אַף עַל פִּי שֶׁלֹּא יֹאחַז רֹאשׁ הַבְּהֵמָה עִם הַכְּלִי שֶׁבּוֹ הַמַּיִם הוֹאִיל וְרֹאשָׁהּ וְרֻבָּהּ בִּפְנִים מֻתָּר אֲפִלּוּ לְגָמָל. הָיוּ קְרוֹבִים יֶתֶר מִזֶּה אָסוּר לְהַשְׁקוֹת מֵהֶן אֲפִלּוּ לִגְדִי שֶׁהוּא כֻּלּוֹ נִכְנָס לִפְנִים. וּמֻתָּר לְהַרְחִיק כָּל שֶׁהוּא וּבִלְבַד שֶׁיַּרְבֶּה בְּפַסִּים פְּשׁוּטִים שֶׁמַּנִּיחִין אוֹתָן בְּכָל רוּחַ וְרוּחַ כְּדֵי שֶׁלֹּא יְהֵא בֵּין פַּס לַחֲבֵרוֹ יוֹתֵר עַל שְׁלֹשׁ עֶשְׂרֵה אַמָּה וּשְׁלִישׁ:

ל. לֹא הִתִּירוּ הַפַּסִּים הָאֵלּוּ אֶלָּא בְּאֶרֶץ יִשְׂרָאֵל וְלִבְהֶמַת עוֹלֵי רְגָלִים בִּלְבַד וְהוּא שֶׁיִּהְיֶה בְּאֵר מַיִם חַיִּים שֶׁל רַבִּים. אֲבָל בִּשְׁאָר אֲרָצוֹת אָדָם יֵרֵד לִבְאֵר וְיִשְׁתֶּה אוֹ יַעֲשֶׂה לוֹ מְחִצָּה מַקֶּפֶת לִבְאֵר גְּבוֹהָה עֲשָׂרָה טְפָחִים וְיַעֲמֹד בְּתוֹכָהּ וְיִדְלֶה וְיִשְׁתֶּה. וְאִם הָיָה הַבְּאֵר רָחָב הַרְבֵּה שֶׁאֵין אָדָם יָכוֹל לֵירֵד בּוֹ הֲרֵי זֶה יִדְלֶה וְיִשְׁתֶּה בֵּין הַפַּסִּין:

לא. וְכֵן בּוֹר הָרַבִּים וּבְאֵר הַיָּחִיד אֲפִלּוּ בְּאֶרֶץ יִשְׂרָאֵל אֵין מְמַלְּאִין מֵהֶן אֶלָּא אִם כֵּן עָשׂוּ לָהֶן מְחִצָּה גְּבוֹהָה עֲשָׂרָה טְפָחִים:

לב. הַמְמַלֵּא לִבְהֶמְתּוֹ בֵּין הַפַּסִּים מְמַלֵּא וְנוֹתֵן בִּכְלִי לְפָנֶיהָ. וְאִם הָיָה אֵבוּס רֹאשׁוֹ נִכְנָס לְבֵין הַפַּסִּים וְהָיָה גָּבוֹהַּ עֲשָׂרָה וְרָחָב אַרְבָּעָה לֹא יְמַלֵּא וְיִתֵּן לְפָנֶיהָ שֶׁמָּא יִתְקַלְקֵל הָאֵבוּס וְיוֹצִיא הַדְּלִי לָאֵבוּס וּמִן הָאֵבוּס לְקַרְקַע רְשׁוּת הָרַבִּים אֶלָּא מְמַלֵּא וְשׁוֹפֵךְ וְהִיא שׁוֹתָה מֵאֵלֶיהָ:

לג. הַזּוֹרֵק מֵרְשׁוּת הָרַבִּים לְבֵין הַפַּסִּין חַיָּב הוֹאִיל וְיֵשׁ בְּכָל זָוִית וְזָוִית מְחִצָּה גְּמוּרָה שֶׁיֵּשׁ בָּהּ גֹּבַהּ עֲשָׂרָה וְיוֹתֵר מֵאַרְבָּעָה עַל אַרְבָּעָה וַהֲרֵי הָרִבּוּעַ נִכָּר וְנִרְאֶה וְנַעֲשָׂה כָּל שֶׁבֵּינֵיהֶם רְשׁוּת הַיָּחִיד. וַאֲפִלּוּ הָיָה בְּבִקְעָה וְאֵין שָׁם בֵּינֵיהֶם בְּאֵר שֶׁהֲרֵי בְּכָל רוּחַ וְרוּחַ פַּס מִכָּאן וּפַס מִכָּאן. וַאֲפִלּוּ הָיוּ רַבִּים בּוֹקְעִין וְעוֹבְרִין בֵּין הַפַּסִּין לֹא בָּטְלוּ הַמְּחִצּוֹת וַהֲרֵי הֵן כַּחֲצֵרוֹת שֶׁהָרַבִּים בּוֹקְעִין בָּהֶן וְהַזּוֹרֵק לְתוֹכָן חַיָּב. וּמֻתָּר לְהַשְׁקוֹת הַבְּהֵמָה בֵּינֵיהֶן אִם הָיָה בֵּינֵיהֶן בְּאֵר:

לד. חָצֵר שֶׁרֹאשָׁהּ אֶחָד נִכְנָס לְבֵין הַפַּסִּין מֻתָּר לְטַלְטֵל מִתּוֹכָהּ לְבֵין הַפַּסִּין וּמִבֵּין הַפַּסִּין לְתוֹכָהּ. הָיוּ שְׁתֵּי חֲצֵרוֹת

אֲסוּרִין עַד שֶׁיְּעָרְבוּ. יָבְשׁוּ הַמַּיִם בְּשַׁבָּת אָסוּר לְטַלְטֵל בֵּין הַפַּסִּין שֶׁלֹּא נֶחְשְׁבוּ מְחִצָּה לְטַלְטֵל בְּתוֹכָן אֶלָּא מִשּׁוּם הַמַּיִם. בָּאוּ לוֹ מַיִם בְּשַׁבָּת מֻתָּר לְטַלְטֵל בֵּינֵיהֶן. שֶׁכָּל מְחִצָּה שֶׁנַּעֲשֵׂית בְּשַׁבָּת שְׁמָהּ מְחִצָּה. מָבוֹי שֶׁנִּטְּלָה קוֹרָתוֹ אוֹ לֶחְיוֹ בְּשַׁבָּת אָסוּר לְטַלְטֵל בּוֹ אַף עַל פִּי שֶׁנִּפְרַץ לְכַרְמְלִית:

לה. אַכְסַדְרָה בְּבִקְעָה מֻתָּר לְטַלְטֵל בְּכֻלָּהּ וְאַף עַל פִּי שֶׁהִיא בַּת שָׁלֹשׁ מְחִצּוֹת וְתִקְרָה. שֶׁאָנוּ רוֹאִין כְּאִלּוּ פִּי תִּקְרָה יוֹרֵד וְסוֹתֵם רוּחַ רְבִיעִית. וְהַזּוֹרֵק מֵרְשׁוּת הָרַבִּים לְתוֹכָהּ פָּטוּר כְּזוֹרֵק לְמָבוֹי סָתוּם שֶׁיֵּשׁ לוֹ קוֹרָה. בַּיִת אוֹ חָצֵר שֶׁנִּפְרַץ קֶרֶן זָוִית שֶׁלָּהּ בְּעֶשֶׂר אַמּוֹת הֲרֵי זֶה אָסוּר לְטַלְטֵל בְּכֻלּוֹ אַף עַל פִּי שֶׁכָּל פִּרְצָה שֶׁהִיא עַד עֶשֶׂר אַמּוֹת כְּפֶתַח. אֵין עוֹשִׂין פֶּתַח בְּקֶרֶן זָוִית. וְאִם הָיְתָה שָׁם קוֹרָה מִלְמַעְלָה עַל אֹרֶךְ הַפִּרְצָה רוֹאִין אוֹתָהּ שֶׁיָּרְדָה וְסָתְמָה וּמֻתָּר לְטַלְטֵל בְּכֻלּוֹ וְהוּא שֶׁלֹּא תִּהְיֶה בַּאֲלַכְסוֹן:

לו. הָאֶצְבַּע שֶׁמְּשַׁעֲרִין בָּהּ בְּכָל מָקוֹם הִיא רֹחַב הַגּוּדָל שֶׁל יָד. וְהַטֶּפַח אַרְבַּע אֶצְבָּעוֹת. וְכָל אַמָּה הָאֲמוּרָה בְּכָל מָקוֹם בֵּין בְּשַׁבָּת בֵּין בְּסֻכָּה וְכִלְאַיִם הִיא אַמָּה בַּת שִׁשָּׁה טְפָחִים. וּפְעָמִים מְשַׁעֲרִין בְּאַמָּה בַּת שִׁשָּׁה טְפָחִים דְּחוּקוֹת זוֹ לְזוֹ. וּפְעָמִים מְשַׁעֲרִין בְּאַמָּה בַּת שִׁשָּׁה שׂוֹחֲקוֹת וְרוֹוָחוֹת וְזֶה וָזֶה לְהַחֲמִיר. כֵּיצַד. מֶשֶׁךְ מָבוֹי בְּאַרְבַּע אַמּוֹת שׂוֹחֲקוֹת וְגָבְהוֹ עֶשְׂרִים אַמָּה עֲצֵבוֹת. רֹחַב הַפִּרְצָה עֶשֶׂר אַמּוֹת עֲצֵבוֹת. וְכַיּוֹצֵא בָּהֶן לְעִנְיַן סֻכָּה וְכִלְאַיִם:

Perek 18

Categories of work. · Carrying continued

Measurements for carrying i.e. minimum quantities

Factors

These measurements vary for different substances, and they apply only when they are carried without a specific intent.

- However, when intention is involved with the carrying, then even the slightest amount makes one liable. E.g. If one carried a single tiny seed for sowing, then one would be liable for carrying on *Shabbat*
- Article being carried must be fit to be stored and should be something that people generally store. (i.e. person must regard the item as important)
- Burdensome items will make one liable for carrying. It is interesting to note that when one carries a live human being, he assists in the carrying i.e. it is easier to carry a live person than the same person dead. Therefore, there are cases where carrying a live person is allowed because it is not burdensome.

פרק י״ח

א. הַמּוֹצִיא דָּבָר מֵרְשׁוּת הַיָּחִיד לִרְשׁוּת הרבים אוֹ מֵרְשׁוּת הָרַבִּים לִרְשׁוּת הַיָּחִיד אֵינוֹ חַיָּב עַד שֶׁיּוֹצִיא מִמֶּנּוּ שִׁעוּר שֶׁמּוֹעִיל כְּלוּם. וְאֵלּוּ הֵן שִׁעוּרֵי הַהוֹצָאָה. הַמּוֹצִיא אָכְלֵי אָדָם כִּגְרוֹגֶרֶת. וּמִצְטָרְפִין זֶה עִם זֶה. וְהוּא שֶׁיִּהְיֶה כִּגְרוֹגֶרֶת מִן הָאֹכֶל עַצְמוֹ חוּץ מִן הַקְּלִפִּים וְהַגַּרְעִינִין וְהָעֻקְצִין וְהַסֻּבִּין וְהַמֻּרְסָן:

ב. יַיִן כְּדֵי רֹבַע רְבִיעִית וְאִם הָיָה קָרוּשׁ בִּכְזַיִת. חֲלֵב בְּהֵמָה טְהוֹרָה כְּדֵי גְּמִיעָה וַחֲלֵב טְמֵאָה כְּדֵי לִכְחֹל עַיִן אַחַת. חֲלֵב אִשָּׁה וְלֹבֶן בֵּיצָה כְּדֵי לִתֵּן בְּמִשְׁיפָה. שֶׁמֶן כְּדֵי לָסוּךְ אֶצְבַּע קְטַנָּה שֶׁל רֶגֶל קָטָן בֶּן יוֹמוֹ. טַל כְּדֵי לָשׁוּף אֶת הַקִּילוֹרִין. וְקִילוֹר כְּדֵי לָשׁוּף בַּמַּיִם. וּמַיִם כְּדֵי לִרְחֹץ פְּנֵי מְדוֹכָה. דְּבַשׁ כְּדֵי לִתֵּן עַל רֹאשׁ הַכָּתִית. דָּם וּשְׁאָר כָּל הַמַּשְׁקִין וְכָל הַשּׁוֹפְכִין כְּדֵי רְבִיעִית:

ג. תֶּבֶן תְּבוּאָה כִּמְלֹא פִּי פָּרָה. תֶּבֶן קִטְנִיּוֹת כִּמְלֹא פִּי גָּמָל. וְאִם הוֹצִיא תֶּבֶן קִטְנִיּוֹת לְהַאֲכִילוֹ לְפָרָה כִּמְלֹא פִּי פָּרָה. שֶׁהָאֲכִילָה עַל יְדֵי הַדְּחָק שְׁמָהּ אֲכִילָה. עָמִיר כִּמְלֹא פִּי טָלֶה. עֲשָׂבִים כִּמְלֹא פִּי גְּדִי. עֲלֵי שׁוּם וַעֲלֵי בְּצָלִים אִם הָיוּ לַחִים כִּגְרוֹגֶרֶת מִפְּנֵי שֶׁהֵן אָכְלֵי אָדָם. וִיבֵשִׁים כִּמְלֹא פִּי גְּדִי. וְאֵין מִצְטָרְפִין זֶה עִם זֶה לֶחָמוּר שֶׁבָּהֶן אֲבָל מִצְטָרְפִין לַקַּל שֶׁבָּהֶן. כֵּיצַד. הוֹצִיא תֶּבֶן תְּבוּאָה וְקִטְנִית. אִם יֵשׁ

בִּשְׁנֵיהֶם כִּמְלֹא פִּי פָּרָה פָּטוּר. כִּמְלֹא פִּי גָּמָל חַיָּב. וְכֵן כָּל כַּיּוֹצֵא בָּזֶה לְעִנְיַן הַשַּׁבָּת:

ד. הַמּוֹצִיא עֵצִים כְּדֵי לְבַשֵּׁל כִּגְרוֹגֶרֶת מִבֵּיצַת הַתַּרְנְגוֹלִים טְרוּפָה בְּשֶׁמֶן וּנְתוּנָה בְּאִלְפָּס. הַמּוֹצִיא קָנֶה כְּדֵי לַעֲשׂוֹת קֻלְמוֹס הַמַּגִּיעַ לְרָאשֵׁי אֶצְבְּעוֹתָיו. וְאִם הָיָה עָבֶה אוֹ מְרֻצָּץ שִׁעוּרוֹ כְּעֵצִים:

ה. הַמּוֹצִיא תַּבְלִין כְּדֵי לְתַבֵּל בֵּיצָה וּמִצְטָרְפִין זֶה עִם זֶה. פִּלְפֵּל כָּל שֶׁהוּא. עִטְרָן כָּל שֶׁהוּא. רֵיחַ טוֹב כָּל שֶׁהוּא. רֵיחַ רַע כָּל שֶׁהוּא. מִינֵי בְּשָׂמִים כָּל שֶׁהֵן. אַרְגָּמָן טוֹב כָּל שֶׁהוּא. בְּתוּלַת הַוֶּרֶד אַחַת. מִינֵי מַתָּכוֹת הַקָּשִׁים כְּגוֹן נְחֹשֶׁת וּבַרְזֶל כָּל שֶׁהֵן. מֵעֲפַר הַמִּזְבֵּחַ וּמֵאַבְנֵי הַמִּזְבֵּחַ וּמִמֶּקֶק סְפָרִים וּמִמֶּקֶק מִטְפָּחוֹת שֶׁלָּהֶן כָּל שֶׁהֵן. מִפְּנֵי שֶׁמַּצְנִיעִין אוֹתָם לִגְנִיזָה. גַּחֶלֶת כָּל שֶׁהוּא. וְהַמּוֹצִיא שַׁלְהֶבֶת פָּטוּר:

ו. הַמּוֹצִיא זֵרְעוֹנֵי גִּנָּה שֶׁאֵינָן נֶאֱכָלִין לְאָדָם שִׁעוּרָן פָּחוֹת מִכִּגְרוֹגֶרֶת. מִזֶּרַע קִשּׁוּאִין שְׁנַיִם. וּמִזֶּרַע הַדְּלוּעִין שְׁנַיִם. מִזֶּרַע פּוֹל הַמִּצְרִי שְׁנַיִם. הַמּוֹצִיא סְבִין כְּדֵי לִתֵּן עַל פִּי כּוּר שֶׁל צוֹרְפֵי זָהָב. הַמּוֹצִיא מֻרְסָן אִם לַאֲכִילָה שִׁעוּרוֹ כִּגְרוֹגֶרֶת. לִבְהֵמָה שִׁעוּרוֹ כִּמְלֹא פִּי גְּדִי. לִצְבִיעָה כְּדֵי לִצְבֹּעַ בֶּגֶד קָטָן. לוּלְבֵי זְרָדִין וְהַחֲרוּבִין עַד שֶׁלֹּא יַמְתִּיקוּ כִּגְרוֹגֶרֶת. וּמִשֶּׁיַּמְתִּיקוּ כִּמְלֹא פִּי גְּדִי. אֲבָל הַלּוּף וְהַחַרְדָּל וְהַתֻּרְמוֹסִין וּשְׁאָר כָּל הַנִּכְבָּשִׁין בֵּין שֶׁיַּמְתִּיקוּ בֵּין עַד שֶׁלֹּא יַמְתִּיקוּ כִּגְרוֹגֶרֶת:

ז. הַמּוֹצִיא גַּרְעִינִין. אִם לַאֲכִילָה חָמֵשׁ. וְאִם לְהַסָּקָה הֲרֵי הֵן כְּעֵצִים. וְאִם לְחֶשְׁבּוֹן שְׁתַּיִם. וְאִם לִזְרִיעָה שְׁתַּיִם. הַמּוֹצִיא אֵזוֹב לָאֳכָלִים כִּגְרוֹגֶרֶת. לִבְהֵמָה כִּמְלֹא פִּי גְּדִי. לְעֵצִים כְּשִׁעוּר הָעֵצִים. לְהַזָּיָה כְּשִׁעוּר הַזָּיָה:

ח. הַמּוֹצִיא קְלִפֵּי אֱגוֹזִין וּקְלִפֵּי רִמּוֹנִים אִסְטִיס וּפוּאָה וּשְׁאָר הַצְּבָעִין כְּדֵי לִצְבֹּעַ בָּהֶן בֶּגֶד קָטָן כִּסְבָכָה שֶׁמַּנִּיחִין הַבָּנוֹת עַל רָאשֵׁיהֶן. וְכֵן הַמּוֹצִיא מֵי רַגְלַיִם בֶּן אַרְבָּעִים יוֹם אוֹ נֶתֶר אֲלֶכְּסַנְדְּרִיָּא אוֹ בֹּרִית קִימוֹנְיָא וְאַשְׁלָג וּשְׁאָר כָּל הַמְנַקִּין כְּדֵי לְכַבֵּס בָּהֶן בֶּגֶד קָטָן כִּסְבָכָה. הוֹצִיא סַמָּנִין שְׁרוּיִין כְּדֵי לִצְבֹּעַ בָּהֶן דֻּגְמָא לְאִירָא:

ט. הַמּוֹצִיא דְּיוֹ עַל הַקֻּלְמוֹס שִׁעוּרוֹ כְּדֵי לִכְתֹּב מִמֶּנּוּ שְׁתֵּי אוֹתִיּוֹת. אֲבָל אִם הוֹצִיא הַדְּיוֹ בִּפְנֵי עַצְמוֹ אוֹ בְּקֶסֶת צָרִיךְ שֶׁיִּהְיֶה בּוֹ יֶתֶר עַל זֶה כְּדֵי שֶׁיַּעֲלֶה מִמֶּנּוּ עַל הַקֻּלְמוֹס כְּדֵי לִכְתֹּב שְׁתֵּי אוֹתִיּוֹת. הָיָה בַּקֶּסֶת כְּדֵי אוֹת אַחַת וּבַקֻּלְמוֹס כְּדֵי אוֹת אַחַת אוֹ בַּדְּיוֹ לְבַדּוֹ כְּדֵי אוֹת אַחַת וּבַקֻּלְמוֹס כְּדֵי אוֹת אַחַת הֲרֵי זֶה סָפֵק. הוֹצִיא שְׁתֵּי אוֹתִיּוֹת וּכְתָבָן כְּשֶׁהוּא מְהַלֵּךְ חַיָּב. כְּתִיבָתָן זוֹ הִיא הֲנָחָתָן. הוֹצִיא אוֹת אַחַת וּכְתָבָהּ וְחָזַר וְהוֹצִיא אוֹת שְׁנִיָּה וּכְתָבָהּ פָּטוּר. שֶׁכְּבָר חָסְרָה הָאוֹת הָרִאשׁוֹנָה:

י. הַמּוֹצִיא כְּחֹל בֵּין לִרְפוּאָה בֵּין לְתַכְשִׁיט כְּדֵי לִכְחֹל עַיִן אַחַת. וּבְמָקוֹם שֶׁאֵין דַּרְכָּן לְהִתְקַשֵּׁט אֶלָּא בִּכְחִילַת שְׁתֵּי עֵינַיִם וְהוֹצִיאוֹ לְהִתְקַשֵּׁט עַד שֶׁיּוֹצִיא כְּדֵי לִכְחֹל שְׁתֵּי עֵינַיִם. זֶפֶת וְגָפְרִית כְּדֵי לַעֲשׂוֹת נֶקֶב. שַׁעֲוָה כְּדֵי לִתֵּן עַל פִּי נֶקֶב קָטָן. דֶּבֶק כְּדֵי לִתֵּן בְּרֹאשׁ הַשַּׁפְשָׁף. רְבָב כְּדֵי לִמְשֹׁחַ תַּחַת רָקִיק כְּסֶלַע:

יא. הַמּוֹצִיא אֲדָמָה כְּדֵי לַעֲשׂוֹת חוֹתַם הָאִגֶּרֶת. טִיט כְּדֵי לַעֲשׂוֹת פִּי כּוּר. זֶבֶל אוֹ חוֹל דַּק כְּדֵי לְזַבֵּל כְּרִישָׁה. חוֹל גַּס כְּדֵי לְעָרֵב עִם מְלֹא כַּף שֶׁל סַיָּדִין. חַרְסִית כְּדֵי לַעֲשׂוֹת פִּי כּוּר שֶׁל צוֹרְפֵי זָהָב. שֵׂעָר כְּדֵי לְגַבֵּל טִיט לַעֲשׂוֹת פִּי כּוּר שֶׁל צוֹרְפֵי זָהָב. סִיד כְּדֵי לָסוּד אֶצְבַּע קְטַנָּה שֶׁבַּבָּנוֹת. עָפָר וָאֵפֶר כְּדֵי לְכַסּוֹת דַּם צִפּוֹר קְטַנָּה. צְרוֹר אֶבֶן כְּדֵי לִזְרֹק בִּבְהֵמָה וְתַרְגִּישׁ. וְהוּא מִשְׁקַל עֲשָׂרָה זוּזִים. חֶרֶס כְּדֵי לְקַבֵּל בּוֹ רְבִיעִית:

יב. הַמּוֹצִיא חֶבֶל כְּדֵי לַעֲשׂוֹת אֹזֶן לְקֻפָּה. גֶּמִי כְּדֵי לַעֲשׂוֹת תְּלַאי לְנָפָה וְלִכְבָרָה. הוּצִין כְּדֵי לַעֲשׂוֹת אֹזֶן לִכְפִיפָה מִצְרִית. סִיב כְּדֵי לִתֵּן עַל פִּי מַשְׁפֵּךְ קָטָן שֶׁל יַיִן. מוֹכִין כְּדֵי לַעֲשׂוֹת בּוֹ כַּדּוּר כֶּאֱגוֹז. עֶצֶם כְּדֵי לַעֲשׂוֹת תַּרְוָד. זְכוּכִית כְּדֵי לִגְרֹד בָּהּ רֹאשׁ הַכַּרְכָּר אוֹ עַד שֶׁיִּפְצַע שְׁתֵּי נִימִין כְּאַחַת:

יג. הַמּוֹצִיא שְׁתֵּי נִימִין מִזְּנַב הַסּוּס וּמִזְּנַב הַפָּרָה חַיָּב. הוֹצִיא אַחַת מִן הַקָּשֶׁה שֶׁבַּחֲזִיר חַיָּב. נִצְרֵי דֶּקֶל וְהֵן חוּטֵי הָעֵץ שְׁתַּיִם. חוּרֵי דֶּקֶל וְהֵן קְלִפֵּי הַחֲרָיוֹת אַחַת. מִצֶּמֶר גֶּפֶן וּמִצֶּמֶר כָּלָךְ וְצֶמֶר גְּמַלִּים וַאֲרָנָבִים וְחַיָּה שֶׁבַּיָּם וּשְׁאָר כָּל הַנִּטְוִין כְּדֵי לִטְווֹת חוּט אֹרֶךְ אַרְבָּעָה טְפָחִים. הַמּוֹצִיא מִן הַבֶּגֶד אוֹ מִן הַשַּׂק אוֹ מִן הָעוֹר כְּשִׁעוּרָן לְטֻמְאָה כָּךְ שִׁעוּרָן לְהוֹצָאָה. הַבֶּגֶד שְׁלֹשָׁה עַל שְׁלֹשָׁה. הַשַּׂק אַרְבָּעָה עַל אַרְבָּעָה. הָעוֹר חֲמִשָּׁה עַל חֲמִשָּׁה:

יד. הַמּוֹצִיא עוֹר שֶׁלֹּא נִתְעַבֵּד כְּלָל אֶלָּא עֲדַיִן הוּא רַךְ שִׁעוּרוֹ כְּדֵי לָצוּר מִשְׁקֹלֶת קְטַנָּה שֶׁמִּשְׁקָלָהּ שֶׁקֶל. הָיָה מָלוּחַ וַעֲדַיִן לֹא נַעֲשָׂה בְּקֶמַח וְלֹא בַּעֲפָצָה שִׁעוּרוֹ כְּדֵי לַעֲשׂוֹת קָמֵעַ. הָיָה עָשׂוּי בְּקֶמַח וַעֲדַיִן לֹא נִתְעַבֵּד בַּעֲפָצָה שִׁעוּרוֹ כְּדֵי לִכְתֹּב עָלָיו אֶת הַגֵּט. נִגְמַר עִבּוּדוֹ שִׁעוּרוֹ חֲמִשָּׁה עַל חֲמִשָּׁה:

טו. הַמּוֹצִיא קְלָף מְעֻבָּד כְּדֵי לִכְתֹּב עָלָיו פָּרָשַׁת שְׁמַע עַד וּבִשְׁעָרֶיךָ. דּוּכְסוּסְטוּס כְּדֵי לִכְתֹּב עָלָיו מְזוּזָה. נְיָר כְּדֵי לִכְתֹּב עָלָיו שְׁתֵּי אוֹתִיּוֹת שֶׁל קֶשֶׁר מוֹכְסִין שֶׁהֵן גְּדוֹלוֹת מֵאוֹתִיּוֹת שֶׁלָּנוּ. הַמּוֹצִיא קֶשֶׁר מוֹכְסִין חַיָּב אַף עַל פִּי

שֶׁכְּבָר הֶרְאָהוּ לַמּוֹכֵס וְנִפְטַר בּוֹ שֶׁהֲרֵי רְאָיָה הִיא לְעוֹלָם. הַמּוֹצִיא שְׁטָר פָּרוּעַ וּנְיָר מָחוּק כְּדֵי לִכְרֹךְ עַל פִּי צְלוֹחִית קְטַנָּה שֶׁל פְּלַיְיטוֹן. וְאִם יֵשׁ בַּלֹּבֶן שֶׁלּוֹ כְּדֵי לִכְתֹּב שְׁתֵּי אוֹתִיּוֹת שֶׁל קֶשֶׁר מוֹכְסִין חַיָּב:

טז. הַמּוֹצִיא בְּהֵמָה חַיָּה וְעוֹף אַף עַל פִּי שֶׁהֵן חַיִּים חַיָּב. אֲבָל אָדָם חַי אֵינוֹ מַשּׂאוֹי. וְאִם הָיָה כָּפוּת אוֹ חוֹלֶה הַמּוֹצִיא אוֹתוֹ חַיָּב. וְהָאִשָּׁה מְדַדָּה אֶת בְּנָהּ בִּזְמַן שֶׁנּוֹטֵל אַחַת וּמַנִּיחַ אַחַת:

יז. הַמּוֹצִיא תִּינוֹק חַי וְכִיס תָּלוּי בְּצַוָּארוֹ חַיָּב מִשּׁוּם הַכִּיס שֶׁאֵין הַכִּיס טְפֵלָה לַתִּינוֹק. אֲבָל אִם הוֹצִיא אֶת הַגָּדוֹל אַף עַל פִּי שֶׁהוּא מְלֻבָּשׁ בְּכֵלָיו וְטַבְּעוֹתָיו בְּיָדוֹ פָּטוּר שֶׁהַכֹּל טְפֵלָה לוֹ. הָיוּ כֵּלָיו מְקֻפָּלִין עַל כְּתֵפוֹ הַנּוֹשֵׂא אוֹתוֹ חַיָּב:

יח. הַמּוֹצִיא חָגָב חַי כָּל שֶׁהוּא. וּמֵת כִּגְרוֹגֶרֶת. צִפֹּרֶת כְּרָמִים בֵּין חַיָּה בֵּין מֵתָה כָּל שֶׁהוּא מִפְּנֵי שֶׁמַּצְנִיעִין אוֹתָהּ לִרְפוּאָה. וְכֵן כָּל כַּיּוֹצֵא בָּהּ. הַמֵּת וְהַנְּבֵלָה וְהַשֶּׁרֶץ כְּשִׁעוּר טֻמְאָתָן כָּךְ שִׁעוּר הוֹצָאָתָן. מֵת וּנְבֵלָה כְּזַיִת וְשֶׁרֶץ כָּעֲדָשָׁה:

יט. הָיָה שָׁם כְּזַיִת מְצֻמְצָם וְהוֹצִיא מִמֶּנּוּ כַּחֲצִי זַיִת חַיָּב שֶׁהֲרֵי הוֹעִיל בְּמַעֲשָׂיו שֶׁנִּתְמַעֵט הַשִּׁעוּר מִלְּטַמֵּא. אֲבָל אִם הוֹצִיא כַּחֲצִי זַיִת מִכְּזַיִת וּמֶחֱצָה פָּטוּר. וְכֵן כָּל כַּיּוֹצֵא בָּזֶה בִּשְׁאָר הַטֻּמְאוֹת:

כ. בַּמֶּה דְּבָרִים אֲמוּרִים שֶׁאֵינוֹ חַיָּב אֶלָּא עַל הַהוֹצָאָה כַּשִּׁעוּר, כְּשֶׁהוֹצִיא סְתָם. אֲבָל הַמּוֹצִיא לְזֶרַע אוֹ לִרְפוּאָה אוֹ לְהַרְאוֹת מִמֶּנּוּ דֻּגְמָא וּלְכָל כַּיּוֹצֵא בָּזֶה חַיָּב בְּכָל שֶׁהוּא:

כא. הַמַּצְנִיעַ דָּבָר לִזְרִיעָה אוֹ לִרְפוּאָה אוֹ לְדֻגְמָא וְשָׁכַח לָמָּה הִצְנִיעוֹ וְהוֹצִיאוֹ סְתָם חַיָּב עָלָיו בְּכָל שֶׁהוּא שֶׁעַל דַּעַת מַחֲשָׁבָה רִאשׁוֹנָה הוֹצִיא. וּשְׁאָר הָאָדָם אֵין חַיָּבִין עָלָיו אֶלָּא כְּשִׁעוּרוֹ. זָרַק זֶה שֶׁהוֹצִיא כְּבָר לְתוֹךְ הָאוֹצָר אַף עַל פִּי שֶׁמְּקוֹמוֹ נִכָּר כְּבָר בָּטְלָה מַחֲשַׁבְתּוֹ הָרִאשׁוֹנָה. לְפִיכָךְ אִם חָזַר וְהִכְנִיסוֹ אֵינוֹ חַיָּב עַד שֶׁיַּכְנִיס כַּשִּׁעוּר:

כב. דָּבָר שֶׁאֵין דֶּרֶךְ בְּנֵי אָדָם לְהַצְנִיעוֹ וְאֵינוֹ רָאוּי לְהַצְנִיעַ כְּגוֹן דַּם הַנִּדָּה אִם הִצְנִיעוֹ אֶחָד וְהוֹצִיאוֹ חַיָּב. וּשְׁאָר הָאָדָם פְּטוּרִין עָלָיו. שֶׁאֵין חַיָּבִין אֶלָּא עַל הוֹצָאַת דָּבָר הַכָּשֵׁר לְהַצְנִיעַ וּמַצְנִיעִין כָּמוֹהוּ:

כג. הַמּוֹצִיא חֲצִי שִׁעוּר פָּטוּר. וְכֵן כָּל הָעוֹשֶׂה מְלָאכָה מִן הַמְּלָאכוֹת חֲצִי שִׁעוּר פָּטוּר. הוֹצִיא חֲצִי שִׁעוּר וְהִנִּיחוֹ וְחָזַר וְהוֹצִיא הַחֵצִי הָאַחֵר חַיָּב. וְאִם קָדַם וְהִגְבִּיהַּ הַחֵצִי הָרִאשׁוֹן קֹדֶם הֲנָחַת הַחֵצִי הַשֵּׁנִי נַעֲשָׂה כְּמִי שֶׁנִּשְׂרַף וּפָטוּר. הוֹצִיא חֲצִי שִׁעוּר וְהִנִּיחוֹ וְחָזַר וְהוֹצִיא חֵצִי אַחֵר וְהֶעֱבִירוֹ עַל הָרִאשׁוֹן בְּתוֹךְ שְׁלֹשָׁה חַיָּב. שֶׁהַמַּעֲבִיר כְּמִי שֶׁהִנִּיחַ עַל גַּבֵּי מַשֶּׁהוּ. אֲבָל אִם זְרָקוֹ אֵינוֹ חַיָּב עַד שֶׁיָּנוּחַ שָׁם עַל גַּבֵּי מַשֶּׁהוּ:

כד. הוֹצִיא חֲצִי שִׁעוּר וְחָזַר וְהוֹצִיא חֲצִי שִׁעוּר בְּהֶעְלֵם אַחַת לִרְשׁוּת אַחַת חַיָּב. לִשְׁתֵּי רְשׁוּיוֹת אִם יֵשׁ בֵּינֵיהֶן רְשׁוּת שֶׁחַיָּבִין עָלֶיהָ פָּטוּר. הָיְתָה בֵּינֵיהֶן כַּרְמְלִית הֲרֵי הֵן כִּרְשׁוּת אַחַת וְחַיָּב חַטָּאת:

כה. הַמּוֹצִיא פָּחוֹת מִכַּשִּׁעוּר וְקֹדֶם שֶׁיַּנִּיחוֹ נִתְפַּח וְחָזַר כַּשִּׁעוּר. וְכֵן הַמּוֹצִיא כַּשִּׁעוּר וְקֹדֶם שֶׁיַּנִּיחַ צָמַק וְחָזַר פָּחוֹת מִכַּשִּׁעוּר פָּטוּר:

כו. הַמּוֹצִיא כִּגְרוֹגֶרֶת לַאֲכִילָה וְצָמְקָה קֹדֶם הַנָּחָה וְחָשַׁב עָלֶיהָ לִזְרִיעָה אוֹ לִרְפוּאָה שֶׁאֵינוֹ צָרִיךְ שִׁעוּר הֲרֵי זֶה חַיָּב כְּמַחֲשַׁבְתּוֹ שֶׁל עֵת הַנָּחָה. הוֹצִיא פָּחוֹת מִכִּגְרוֹגֶרֶת לִזְרִיעָה וְקֹדֶם הַנָּחָה חָזַר וְחָשַׁב עָלֶיהָ לַאֲכִילָה פָּטוּר. וְאִם תָּפְחָה קֹדֶם הַנָּחָה וְנַעֲשֵׂית כִּגְרוֹגֶרֶת קֹדֶם שֶׁיִּמָּלֵךְ עָלֶיהָ לַאֲכִילָה חַיָּב. שֶׁאֲפִלּוּ לֹא חִשֵּׁב הָיָה מִתְחַיֵּב עַל מַחְשֶׁבֶת הַהוֹצָאָה:

כז. הוֹצִיא כִּגְרוֹגֶרֶת לַאֲכִילָה וְצָמְקָה וְחָזְרָה וְתָפְחָה קֹדֶם הַנָּחָה הֲרֵי זֶה סָפֵק אִם נִדְחָה אוֹ לֹא נִדְחָה. זָרַק כְּזַיִת אֳכָלִין לְבַיִת טָמֵא וְהִשְׁלִים כְּזַיִת זֶה לָאֳכָלִים שֶׁהָיוּ שָׁם וְנַעֲשָׂה הַכֹּל כְּבֵיצָה הֲרֵי זֶה סָפֵק אִם נִתְחַיֵּב עַל כְּזַיִת מִפְּנֵי שֶׁהִשְׁלִים הַשִּׁעוּר לְעִנְיַן טֻמְאָה אוֹ לֹא נִתְחַיֵּב:

כח. הַמּוֹצִיא פָּחוֹת מִכַּשִּׁעוּר אַף עַל פִּי שֶׁהוֹצִיאוֹ בִּכְלִי פָּטוּר. שֶׁהַכְּלִי טְפֵלָה לוֹ וְאֵין כַּוָּנָתוֹ לְהוֹצָאַת הַכְּלִי אֶלָּא לְהוֹצָאַת מַה שֶּׁבְּתוֹכוֹ וַהֲרֵי אֵין בּוֹ כַּשִּׁעוּר. לְפִיכָךְ אִם הוֹצִיא אָדָם חַי שֶׁאֵינוֹ כָּפוּת בְּמִטָּה פָּטוּר אַף עַל הַמִּטָּה שֶׁהַמִּטָּה טְפֵלָה לוֹ. וְכֵן כָּל כַּיּוֹצֵא בָּזֶה. הַמּוֹצִיא קֻפַּת הָרוֹכְלִים אַף עַל פִּי שֶׁיֵּשׁ בָּהּ מִינִין הַרְבֵּה וַאֲפִלּוּ הוֹצִיאָן בְּתוֹךְ כַּפּוֹ אֵינוֹ חַיָּב אֶלָּא אַחַת. שֵׁם הוֹצָאָה אַחַת הִיא:

Perek 19

Categories of work. · Carrying in relation to different types of attire

Factors

- Items worn as a garment are allowed
- Jewellery can be worn but it must be appropriate for person. E.g. a signet – less ring is considered appropriate jewellery for a woman and not for a man. Therefore, if a man wore a signet less ring on *Shabbat* he would be liable for carrying.
- If article is not carried in an ordinary manner one would not be liable.
- If article being worn could easily fall off, or person would be tempted to take it off and show friends in public domain, they would tend to be disallowed.

פרק י״ט

א. כָּל כְּלֵי הַמִּלְחָמָה אֵין יוֹצְאִין בָּהֶן בְּשַׁבָּת. וְאִם יָצָא אִם הָיוּ כֵּלִים שֶׁהֵן דֶּרֶךְ מַלְבּוּשׁ כְּגוֹן שִׁרְיוֹן וְכוֹבַע וּמַגָּפַיִם שֶׁעַל הָרַגְלַיִם הֲרֵי זֶה פָּטוּר. וְאִם יָצָא בְּכֵלִים שֶׁאֵינָן דֶּרֶךְ מַלְבּוּשׁ כְּגוֹן רֹמַח וְסַיִף וְקֶשֶׁת וְאַלָּה וּתְרִיס הֲרֵי זֶה חַיָּב:

ב. אֵין יוֹצְאִין בְּסַנְדָּל מְסֻמָּר שֶׁסְּמָרוֹ לְחַזְּקוֹ. וַאֲפִלּוּ בְּיוֹם טוֹב גָּזְרוּ עָלָיו שֶׁלֹּא יֵצֵא בּוֹ. וּמֻתָּר לָצֵאת בְּאַבְנֵט שֶׁיֵּשׁ עָלָיו חֲתִיכוֹת קְבוּעוֹת שֶׁל כֶּסֶף וְשֶׁל זָהָב כְּמוֹ שֶׁהַמְּלָכִים עוֹשִׂין. מִפְּנֵי שֶׁהוּא תַּכְשִׁיט וְכָל שֶׁהוּא תַּכְשִׁיט מֻתָּר. וְהוּא שֶׁלֹּא יְהֵא רָפוּי שֶׁמָּא יִפֹּל בִּרְשׁוּת הָרַבִּים וְיָבוֹא לַהֲבִיאוֹ:

ג. טַבַּעַת שֶׁיֵּשׁ עָלֶיהָ חוֹתָם מִתַּכְשִׁיטֵי הָאִישׁ הִיא וְאֵינָהּ מִתַּכְשִׁיטֵי הָאִשָּׁה. וְשֶׁאֵין עָלֶיהָ חוֹתָם מִתַּכְשִׁיטֵי אִשָּׁה וְאֵינָהּ מִתַּכְשִׁיטֵי הָאִישׁ. לְפִיכָךְ אִשָּׁה שֶׁיָּצְאת בְּטַבַּעַת שֶׁיֵּשׁ עָלֶיהָ חוֹתָם. וְאִישׁ שֶׁיָּצָא בְּטַבַּעַת שֶׁאֵין עָלֶיהָ חוֹתָם חַיָּבִין. וּמִפְּנֵי מָה הֵן חַיָּבִין וַהֲרֵי הוֹצִיאוּ אוֹתָן שֶׁלֹּא כְּדֶרֶךְ הַמּוֹצִיאִין שֶׁאֵין דֶּרֶךְ הָאִישׁ לְהוֹצִיא בְּאֶצְבָּעוֹ אֶלָּא טַבַּעַת הָרְאוּיָה לוֹ וְכֵן הָאִשָּׁה אֵין דַּרְכָּהּ לְהוֹצִיא בְּאֶצְבָּעָהּ אֶלָּא טַבַּעַת הָרְאוּיָה לָהּ. מִפְּנֵי שֶׁפְּעָמִים נוֹתֵן הָאִישׁ טַבַּעְתּוֹ לְאִשְׁתּוֹ לְהַצְנִיעָהּ בַּבַּיִת וּמַנַּחַת אוֹתָהּ בְּאֶצְבָּעָהּ בְּעֵת הוֹלָכָה. וְכֵן הָאִשָּׁה נוֹתֶנֶת טַבַּעְתָּהּ לְבַעְלָהּ לְתַקְּנָהּ אֵצֶל הָאֻמָּן וּמַנִּיחַ אוֹתָהּ בְּאֶצְבָּעוֹ בְּעֵת הוֹלָכָה עַד חֲנוּת הָאֻמָּן וְנִמְצְאוּ שֶׁהוֹצִיאוּ אוֹתָן כְּדֶרֶךְ שֶׁדַּרְכָּן לְהוֹצִיאָן וּלְפִיכָךְ חַיָּבִין:

ד. לֹא תֵּצֵא אִשָּׁה בְּטַבַּעַת שֶׁאֵין עָלֶיהָ חוֹתָם אַף עַל פִּי שֶׁהוּא מִתַּכְשִׁיטֶיהָ גְּזֵרָה שֶׁמָּא תּוֹצִיאָהּ בִּרְשׁוּת הָרַבִּים לְהַרְאוֹת לַחֲבֵרוֹתֶיהָ כְּדֶרֶךְ שֶׁהַנָּשִׁים עוֹשׂוֹת תָּמִיד. וְאִם יָצְאת בָּהּ פְּטוּרָה. אֲבָל הָאִישׁ מֻתָּר לָצֵאת בְּטַבַּעַת שֶׁיֵּשׁ עָלֶיהָ חוֹתָם מִפְּנֵי שֶׁהוּא תַּכְשִׁיט וְאֵין דַּרְכּוֹ לְהֵרָאוֹת. וְנָהֲגוּ כָּל הָעָם שֶׁלֹּא יֵצְאוּ בְּטַבַּעַת כְּלָל:

ה. אִשָּׁה שֶׁיָּצְאָה בְּמַחַט נְקוּבָה חַיֶּבֶת וְהָאִישׁ פָּטוּר. וְאִישׁ שֶׁיָּצָא בְּמַחַט שֶׁאֵינָהּ נְקוּבָה חַיָּב וְהָאִשָּׁה פְּטוּרָה מִפְּנֵי שֶׁהִיא מִתַּכְשִׁיטֶיהָ וְאֵינָהּ אֲסוּרָה אֶלָּא גְּזֵרָה שֶׁמָּא תַּרְאֶה לַחֲבֵרוֹתֶיהָ. זֶה הַכְּלָל כָּל הַיּוֹצֵא בְּדָבָר שֶׁאֵינוֹ מִתַּכְשִׁיטָיו וְאֵינוֹ דֶּרֶךְ מַלְבּוּשׁ וְהוֹצִיאוֹ כְּדֶרֶךְ שֶׁמּוֹצִיאִין אוֹתוֹ דָּבָר חַיָּב. וְכָל הַיּוֹצֵא בְּדָבָר שֶׁהוּא מִתַּכְשִׁיטָיו וְהָיָה רָפוּי וְאֶפְשָׁר שֶׁיִּפֹּל בִּמְהֵרָה וְיָבֹא לַהֲבִיאוֹ בִּרְשׁוּת הָרַבִּים. וְכֵן אִשָּׁה שֶׁיָּצְאת בְּתַכְשִׁיטִין שֶׁדַּרְכָּן לִשְׁלֹף אוֹתָן וּלְהַרְאוֹתָן הֲרֵי אֵלּוּ פְּטוּרִין. וְכָל דָּבָר שֶׁהוּא תַּכְשִׁיט וְאֵינוֹ נוֹפֵל וְאֵין דַּרְכָּהּ לְהַרְאוֹתוֹ הֲרֵי זֶה מֻתָּר לָצֵאת בּוֹ. לְפִיכָךְ אֶצְעָדָה שֶׁמַּנִּיחִין אוֹתָהּ בַּזְּרוֹעַ אוֹ בַּשּׁוֹק יוֹצְאִין בָּהּ בְּשַׁבָּת וְהוּא שֶׁתִּהְיֶה דְּבוּקָה לַבָּשָׂר וְלֹא תִּשָּׁמֵט. וְכֵן כָּל כַּיּוֹצֵא בָּזֶה:

ו. לֹא תֵּצֵא אִשָּׁה בְּחוּטֵי צֶמֶר אוֹ בְּחוּטֵי פִּשְׁתָּן אוֹ בִּרְצוּעוֹת הַקְּשׁוּרוֹת לָהּ עַל רֹאשָׁהּ שֶׁמָּא תַּחְלִיץ אוֹתָהּ בִּשְׁעַת טְבִילָה וְתַעֲבִירָהּ בִּרְשׁוּת הָרַבִּים. וְלֹא בְּצִיץ שֶׁמַּנַּחַת בֵּין עֵינֶיהָ וְלֹא בִּלְחָיַיִם שֶׁל זָהָב שֶׁיּוֹרְדִין מִן הַצִּיץ עַל לְחָיֶיהָ בִּזְמַן שֶׁאֵינָן תְּפוּרִין זֶה בָּזֶה. וְלֹא בַּעֲטָרָה שֶׁל זָהָב שֶׁמְּנַחַת בְּרֹאשָׁהּ וְלֹא בִּכְבָלִים שֶׁיּוֹצְאִין בָּהֶן הַבָּנוֹת בְּרַגְלֵיהֶן כְּדֵי שֶׁלֹּא יִפְסְעוּ פְּסִיעָה גַּסָּה שֶׁלֹּא יַפְסִידוּ בְּתוּלֵיהֶן. כָּל אֵלּוּ אֲסוּרִין לָצֵאת בָּהֶן בְּשַׁבָּת שֶׁמָּא יִפְּלוּ וּתְבִיאֵן בְּיָדָהּ:

ז. לֹא תֵּצֵא אִשָּׁה בְּקַטְלָא שֶׁבְּצַוָּארָהּ וְלֹא בִּנְזָמֵי הָאַף וְלֹא בִּצְלוֹחִית שֶׁל פְּלַיְיטוֹן הַקְּבוּעָה עַל זְרוֹעָהּ. וְלֹא בַּכִּיס הַקָּטָן הֶעָגֹל שֶׁמַּנִּיחִין בּוֹ שֶׁמֶן הַטּוֹב וְהוּא הַנִּקְרָא כּוֹבֶלֶת. וְלֹא בְּפֵאָה שֶׁל שֵׂעָר שֶׁמַּנַּחַת עַל רֹאשָׁהּ כְּדֵי שֶׁתֵּרָאֶה בַּעֲלַת

שֵׂעָר הַרְבֵּה. וְלֹא בְּכָבוּל שֶׁל צֶמֶר שֶׁמַּקֶּפֶת אוֹתוֹ סָבִיב לְפָנֶיהָ. וְלֹא בְּשֵׁן שֶׁמַּנַּחַת בְּפִיהָ בִּמְקוֹם שֵׁן שֶׁנָּפַל. וְלֹא בְּשֵׁן שֶׁל זָהָב שֶׁמַּנַּחַת עַל שֵׁן שָׁחֹר אוֹ אָדֹם שֶׁיֵּשׁ בְּשִׁנֶּיהָ. אֲבָל שֵׁן שֶׁל כֶּסֶף מֻתָּר מִפְּנֵי שֶׁאֵינוֹ נִכָּר. כָּל אֵלּוּ אֲסוּרִין לָצֵאת בָּהֶן שֶׁמָּא יִפְּלוּ וּתְבִיאֵם בְּיָדָהּ אוֹ תַּחְלִיץ וְתַרְאֶה לַחֲבְרוֹתֶיהָ:

ח. כָּל שֶׁאָסְרוּ חֲכָמִים לָצֵאת בּוֹ לִרְשׁוּת הָרַבִּים אָסוּר לוֹ לָצֵאת בּוֹ אֲפִלּוּ בְּחָצֵר שֶׁאֵינָהּ מְעֹרֶבֶת. חוּץ מִכָּבוּל וּפֵאָה שֶׁל שֵׂעָר שֶׁמֻּתָּר לָצֵאת בָּהֶן לְחָצֵר שֶׁאֵינָהּ מְעֹרֶבֶת כְּדֵי שֶׁלֹּא תִּתְגַּנֶּה עַל בַּעְלָהּ. וְהַיּוֹצֵאת בִּצְלוֹחִית שֶׁל פְּלַיְיטוֹן שֶׁאֵין בָּהּ בֹּשֶׂם כְּלָל חַיֶּבֶת:

ט. יוֹצְאָה אִשָּׁה בְּחוּטֵי שֵׂעָר הַקְּשׁוּרִים לָהּ עַל רֹאשָׁהּ מִפְּנֵי שֶׁהַמַּיִם בָּאִין בָּהֶן וְאֵינָן חוֹצְצִין וְאֵינָהּ חוֹלַצְתָּן אִם אֵרְעָה לָהּ טְבִילָה עַד שֶׁנִּגְזֹר שֶׁמָּא תְּבִיאֵם לִרְשׁוּת הָרַבִּים. בֵּין שֶׁהָיוּ הַחוּטִין שֶׁלָּהּ בֵּין שֶׁל חֲבֶרְתָּהּ בֵּין שֶׁל בְּהֵמָה. וְלֹא תֵּצֵא הַזְּקֵנָה בְּשֶׁל יַלְדָּה שֶׁשֶּׁבַח הֵן לָהּ וְשֶׁמָּא תַּחְלִיץ וְתַרְאֵם לַחֲבְרוֹתֶיהָ. אֲבָל יַלְדָּה יוֹצֵאת בְּחוּטֵי זְקֵנָה. וְכָל שֶׁהוּא אָרוּג יוֹצֵאת בּוֹ עַל רֹאשָׁהּ:

י. יוֹצְאָה אִשָּׁה בְּחוּטִין שֶׁבְּצַוָּארָהּ מִפְּנֵי שֶׁאֵינָהּ חוֹנֶקֶת עַצְמָהּ בָּהֶן וְאֵינָן חוֹצְצִין. וְאִם הָיוּ צְבוּעִין אֲסוּרִים שֶׁמָּא תַּרְאֶה אוֹתָן לַחֲבְרוֹתֶיהָ. וְיוֹצְאָה אִשָּׁה בִּכְלִיל שֶׁל זָהָב בְּרֹאשָׁהּ שֶׁאֵין יוֹצְאָה בּוֹ אֶלָּא אִשָּׁה חֲשׁוּבָה שֶׁאֵין דַּרְכָּהּ לַחֲלִיץ וּלְהַרְאוֹת. וְיוֹצְאָה בְּצִיץ וּבִלְחָיַיִם שֶׁל זָהָב בִּזְמַן שֶׁהֵן תְּפוּרִין בִּשְׂבָכָה שֶׁעַל רֹאשָׁהּ כְּדֵי שֶׁלֹּא יִפְּלוּ. וְכֵן כָּל כַּיּוֹצֵא בָּהֶם:

יא. יוֹצְאָה אִשָּׁה בְּמוֹךְ שֶׁבְּאָזְנָהּ וְהוּא שֶׁיִּהְיֶה קָשׁוּר בְּאָזְנָהּ. וּבְמוֹךְ שֶׁבְּסַנְדָּלָהּ וְהוּא שֶׁיִּהְיֶה קָשׁוּר בְּסַנְדָּלָהּ. וּבְמוֹךְ שֶׁהִתְקִינָה לְנִדָּתָהּ וְאַף עַל פִּי שֶׁאֵינוֹ קָשׁוּר וַאֲפִלּוּ עָשְׂתָה לוֹ בֵּית יָד שֶׁאִם נָפַל אֵינָהּ מְבִיאָה אוֹתוֹ מִפְּנֵי מְאִיסוּתוֹ:

יב. וְיוֹצְאָה בְּפִלְפֵּל וּבְגַרְגִּיר מֶלַח וּבְכָל דָּבָר שֶׁתִּתֵּן לְתוֹךְ פִּיהָ מִפְּנֵי רֵיחַ הַפֶּה. וְלֹא תִּתֵּן לְכַתְּחִלָּה בְּשַׁבָּת. יוֹצְאוֹת הַנָּשִׁים בְּקֵיסָמִין שֶׁבְּאָזְנֵיהֶן וּבִרְעָלוֹת שֶׁבְּצַוָּארָן אוֹ שֶׁבִּכְסוּתָן וּבְדַרְדִּיד הַפָּרוּף וּפוֹרֶפֶת בַּתְּחִלָּה בְּשַׁבָּת עַל הָאֶבֶן וְעַל הָאֱגוֹז וְיוֹצְאָה. וְלֹא תַּעֲרִים וְתִפְרֹף עַל הָאֱגוֹז כְּדֵי לְהוֹצִיאוֹ לִבְנָהּ הַקָּטָן. וְכֵן לֹא תִּפְרֹף עַל הַמַּטְבֵּעַ לְכַתְּחִלָּה מִפְּנֵי שֶׁאָסוּר לְטַלְטְלוֹ. וְאִם פֵּרְפָה יוֹצְאָה בּוֹ:

יג. יוֹצֵא אָדָם בְּקֵיסָם שֶׁבְּשִׁנָּיו וְשֶׁבְּסַנְדָּלוֹ לִרְשׁוּת הָרַבִּים. וְאִם נָפַל לֹא יַחֲזִיר. וּבְמוֹךְ וּבִסְפוֹג שֶׁעַל גַּבֵּי הַמַּכָּה וּבִלְבַד שֶׁלֹּא יִכְרֹךְ עֲלֵיהֶן חוּט אוֹ מְשִׁיחָה שֶׁהֲרֵי הַחוּט וְהַמְּשִׁיחָה חֲשׁוּבִין אֶצְלוֹ וְאֵינָם מוֹעִילִין לַמַּכָּה. וְיוֹצֵא בִּקְלִפַּת הַשּׁוּם וּבִקְלִפַּת הַבָּצָל שֶׁעַל הַמַּכָּה וּבְאֶגֶד שֶׁעַל גַּבֵּי מַכָּה וְקוֹשְׁרוֹ וּמַתִּירוֹ בְּשַׁבָּת. וּבְאִסְפְּלָנִית וּמְלוּגְמָא וּרְטִיָּה שֶׁעַל גַּבֵּי הַמַּכָּה וּבְסֶלַע שֶׁעַל הַצִּינִית וּבְבֵיצַת הַחַרְגּוֹל וּבְשֵׁן הַשּׁוּעָל וּבְמַסְמֵר הַצָּלוּב. וּבְכָל דָּבָר שֶׁתּוֹלִין אוֹתוֹ מִשּׁוּם רְפוּאָה וְהוּא שֶׁיֹּאמְרוּ הָרוֹפְאִים שֶׁהוּא מוֹעִיל:

יד. יוֹצֵאת הָאִשָּׁה בְּאֶבֶן תְּקוּמָה וּבְמִשְׁקַל אֶבֶן תְּקוּמָה שֶׁנִּתְכַּוֵּן וּשְׁקָלוֹ לִרְפוּאָה. וְלֹא אִשָּׁה עֻבָּרָה בִּלְבַד אֶלָּא אֲפִלּוּ שְׁאָר הַנָּשִׁים שֶׁמָּא תִּתְעַבֵּר וְתַפִּיל. וְיוֹצְאִין בְּקָמֵעַ מֻמְחֶה. וְאֵי זֶה הוּא קָמֵעַ מֻמְחֶה זֶה שֶׁרִפֵּא לִשְׁלֹשָׁה בְּנֵי אָדָם אוֹ שֶׁעֲשָׂהוּ אָדָם שֶׁרִפֵּא שְׁלֹשָׁה בְּנֵי אָדָם בִּקְמֵעִין אֲחֵרִים. וְאִם יָצָא בְּקָמֵעַ שֶׁאֵינוֹ מֻמְחֶה פָּטוּר. מִפְּנֵי שֶׁהוֹצִיאוֹ דֶּרֶךְ מַלְבּוּשׁ. וְכֵן הַיּוֹצֵא בִּתְפִלִּין פָּטוּר:

טו. מִי שֶׁיֵּשׁ בְּרַגְלוֹ מַכָּה יוֹצֵא בְּסַנְדָּל יְחִידִי בְּרַגְלוֹ הַבְּרִיאָה. וְאִם אֵין בְּרַגְלוֹ מַכָּה לֹא יֵצֵא בְּסַנְדָּל יָחִיד. וְלֹא יֵצֵא קָטָן בְּמִנְעָל גָּדוֹל אֲבָל יוֹצֵא הוּא בְּחָלוּק גָּדוֹל. וְלֹא תֵּצֵא אִשָּׁה בְּמִנְעָל רָפוּי וְלֹא בְּמִנְעָל חָדָשׁ שֶׁלֹּא יָצְאָה בּוֹ שָׁעָה אַחַת מִבְּעוֹד יוֹם. וְאֵין הַקִּטֵּעַ יוֹצֵא בְּקַב שֶׁלּוֹ. אַנְקַטְמִין שֶׁל עֵץ אֵין יוֹצְאִין בָּהֶן בְּשַׁבָּת מִפְּנֵי שֶׁאֵינָן מִדַּרְכֵי הַמַּלְבּוּשׁ. וְאִם יָצְאוּ פְּטוּרִין:

טז. יוֹצְאִין בְּפִקְרִיוֹן וּבְצִיפָּה שֶׁבְּרָאשֵׁי בַּעֲלֵי חֲטָטִין. אֵימָתַי בִּזְמַן שֶׁצְּבָעָן בְּשֶׁמֶן וּכְרָכָן אוֹ שֶׁיָּצָא בָּהֶן שָׁעָה אַחַת מִבְּעוֹד יוֹם. אֲבָל אִם לֹא עָשָׂה בָּהֶן מַעֲשֶׂה וְלֹא יָצָא בָּהֶן קֹדֶם הַשַּׁבָּת אָסוּר לָצֵאת בָּהֶן:

יז. יוֹצְאִין בְּשַׂק עָבֶה וּבִירִיעָה וּבְסָגוֹס עָבֶה וּבַחֲמִילָה מִפְּנֵי הַגְּשָׁמִים. אֲבָל לֹא בְּתֵבָה וְלֹא בְּקֻפָּה וְלֹא בְּמַחְצֶלֶת מִפְּנֵי הַגְּשָׁמִים. הַכַּר וְהַכֶּסֶת אִם הָיוּ רַכִּין וְדַקִּין כְּמוֹ הַבְּגָדִים מֻתָּר לְהוֹצִיאָן מֻנָּחִין עַל רֹאשׁוֹ בְּשַׁבָּת דֶּרֶךְ מַלְבּוּשׁ. וְאִם הָיוּ קָשִׁין הֲרֵי הֵן כְּמַשָּׂאוֹי וַאֲסוּרִין:

יח. יוֹצְאִין בְּזוּגִין הָאֲרוּגִין בַּבְּגָדִים. וְיוֹצֵא הָעֶבֶד בְּחוֹתָם שֶׁל טִיט שֶׁבְּצַוָּארוֹ אֲבָל לֹא בְּחוֹתָם שֶׁל מַתֶּכֶת שֶׁמָּא יִפֹּל וִיבִיאֶנּוּ. הַמִּתְעַטֵּף בְּטַלִּיתוֹ וְקִפְּלָהּ מִכָּאן וּמִכָּאן בְּיָדוֹ אוֹ עַל כְּתֵפוֹ אִם נִתְכַּוֵּן לְקַבֵּץ כְּנָפָיו כְּדֵי שֶׁלֹּא יִקָּרְעוּ אוֹ שֶׁלֹּא יִתְלַכְלְכוּ אָסוּר. וְאִם קִבְּצָן לְהִתְנָאוֹת בָּהֶן כְּמִנְהַג אַנְשֵׁי הַמָּקוֹם בְּמַלְבּוּשָׁן מֻתָּר:

יט. הַיּוֹצֵא בְּטַלִּית מְקֻפֶּלֶת וּמֻנַּחַת עַל כְּתֵפוֹ חַיָּב. אֲבָל יוֹצֵא הוּא בְּסוּדָר שֶׁעַל כְּתֵפוֹ אַף עַל פִּי שֶׁאֵין נִימָה קְשׁוּרָה לוֹ בְּאֶצְבָּעוֹ. וְכָל סוּדָר שֶׁאֵינוֹ חוֹפֶה רֹאשׁוֹ וְרֻבּוֹ אָסוּר לָצֵאת

יט. הָיְתָה סַכְּנִית קְצָרָה שֶׁאֵינָהּ רְחָבָה קוֹשֵׁר שְׁנֵי רָאשֶׁיהָ לְמַטָּה מִכְּתֵפַיִם וְנִמְצֵאת כְּמוֹ אַבְנֵט וּמֻתָּר לָצֵאת בָּהּ:

כ. מֻתָּר לְהִתְעַטֵּף בְּטַלִּית שֶׁיֵּשׁ בִּשְׂפָתוֹתֶיהָ מֶלֶל אַף עַל פִּי שֶׁהֵן חוּטִין אֲרֻכִּין וְאַף עַל פִּי שֶׁאֵינָן נוֹי הַטַּלִּית מִפְּנֵי שֶׁהֵן בְּטֵלִים לְגַבֵּי הַטַּלִּית וְאֵינוֹ מַקְפִּיד עֲלֵיהֶן בֵּין הָיוּ בֵּין לֹא הָיוּ. לְפִיכָךְ הַיּוֹצֵא בְּטַלִּית שֶׁאֵינָהּ מְצֻיֶּצֶת כְּהִלְכָתָהּ חַיָּב מִפְּנֵי שֶׁאוֹתָן הַחוּטִין חֲשׁוּבִין הֵן אֶצְלוֹ וְדַעְתּוֹ עֲלֵיהֶן עַד שֶׁיַּשְׁלִים חֶסְרוֹנָן וְיֵעָשׂוּ צִיצִית. אֲבָל טַלִּית הַמְצֻיֶּצֶת כְּהִלְכָתָהּ מֻתָּר לָצֵאת בָּהּ בֵּין בַּיּוֹם בֵּין בַּלַּיְלָה. שֶׁאֵין הַצִּיצִית הַגְּמוּרָה מַשּׂאוֹי אֶלָּא הֲרֵי הִיא מִנּוֹי הַבֶּגֶד וּמִתַּכְסִיסָיו כְּמוֹ הָאִמְרָא וְכַיּוֹצֵא בָּהּ. וְאִלּוּ הָיוּ חוּטֵי הַצִּיצִית שֶׁהִיא מְצֻיֶּצֶת כְּהִלְכָתָהּ מַשּׂאוֹי הָיָה חַיָּב הַיּוֹצֵא בָּהּ אֲפִלּוּ בְּיוֹם הַשַּׁבָּת שֶׁאֵין מִצְוַת עֲשֵׂה שֶׁאֵין בָּהּ כָּרֵת דּוֹחָה שַׁבָּת:

כא. לֹא יֵצֵא הַחַיָּט בְּשַׁבָּת בְּמַחַט הַתְּחוּבָה לוֹ בְּבִגְדוֹ. וְלֹא נַגָּר בְּקֵיסָם שֶׁבְּאָזְנוֹ. וְלֹא גַּרְדִּי בָּאִירָא שֶׁבְּאָזְנוֹ. וְלֹא סוֹרֵק בִּמְשִׁיחָה שֶׁבְּאָזְנוֹ. וְלֹא שֻׁלְחָנִי בְּדִינָר שֶׁבְּצַוָּארוֹ. וְלֹא צַבָּע בְּדֻגְמָא שֶׁבְּאָזְנוֹ. וְאִם יָצָא פָּטוּר אַף עַל פִּי שֶׁיָּצָא דֶּרֶךְ אֻמָּנוּתוֹ מִפְּנֵי שֶׁלֹּא הוֹצִיא כְּדֶרֶךְ הַמּוֹצִיאִין:

כב. הַזָּב שֶׁיָּצָא בְּכִיס שֶׁלּוֹ חַיָּב מִפְּנֵי שֶׁאֵין דֶּרֶךְ כִּיס זֶה לְהוֹצִיאוֹ אֶלָּא כַּדֶּרֶךְ הַזֹּאת וְאַף עַל פִּי שֶׁאֵינוֹ צָרִיךְ לְגוּף הַהוֹצָאָה אֶלָּא כְּדֵי שֶׁלֹּא יִתְלַכְלְכוּ בְּגָדָיו שֶׁהַמְּלָאכָה שֶׁאֵינָהּ צְרִיכָה לְגוּפָהּ חַיָּב עָלֶיהָ:

כג. הַמּוֹצֵא תְּפִלִּין בְּשַׁבָּת בִּרְשׁוּת הָרַבִּים כֵּיצַד הוּא עוֹשֶׂה. לוֹבְשָׁן כְּדַרְכָּן, מֵנִיחַ שֶׁל יָד בְּיָדוֹ שֶׁל רֹאשׁ בְּרֹאשׁוֹ וְנִכְנָס וְחוֹלְצָן בַּבַּיִת וְחוֹזֵר וְיוֹצֵא וְלוֹבֵשׁ זוּג שֵׁנִי וְחוֹלְצָן עַד שֶׁיַּכְנִיס אֶת כֻּלָּן. וְאִם הָיוּ הַרְבֵּה וְלֹא נִשְׁאַר מִן הַיּוֹם כְּדֵי לְהַכְנִיסָן דֶּרֶךְ מַלְבּוּשׁ הֲרֵי זֶה מַחְשִׁיךְ עֲלֵיהֶם וּמַכְנִיסָן בְּמוֹצָאֵי שַׁבָּת. וְאִם הָיָה בִּימֵי הַגְּזֵרָה שֶׁמִּתְיָרֵא לֵישֵׁב וּלְשָׁמְרָן עַד הָעֶרֶב מִפְּנֵי הַכּוּתִים מְכַסָּן בִּמְקוֹמָן וּמַנִּיחָן וְהוֹלֵךְ:

כד. הָיָה מִתְיָרֵא לְהַחְשִׁיךְ עֲלֵיהֶן מִפְּנֵי הַלִּסְטִים נוֹטֵל אֶת כֻּלָּן כְּאַחַת וּמוֹלִיכָן פָּחוֹת פָּחוֹת מֵאַרְבַּע אַמּוֹת אוֹ נוֹתְנָן לַחֲבֵרוֹ בְּתוֹךְ אַרְבַּע אַמּוֹת וַחֲבֵרוֹ לַחֲבֵרוֹ עַד שֶׁמַּגִּיעַ לֶחָצֵר הַחִיצוֹנָה. בַּמֶּה דְּבָרִים אֲמוּרִים כְּשֶׁהָיוּ בָּהֶן רְצוּעוֹתֵיהֶן וְהֵן מְקֻשָּׁרִין קֶשֶׁר שֶׁל תְּפִלִּין שֶׁוַּדַּאי תְּפִלִּין הֵן אֲבָל אִם לֹא הָיוּ רְצוּעוֹתֵיהֶן מְקֻשָּׁרוֹת אֵינוֹ נִזְקָק לָהֶן:

כה. הַמּוֹצֵא סֵפֶר תּוֹרָה יוֹשֵׁב וּמְשַׁמְּרוֹ וּמַחְשִׁיךְ עָלָיו. וּבְסַכָּנָה מַנִּיחוֹ וְהוֹלֵךְ לוֹ. וְאִם הָיוּ גְּשָׁמִים יוֹרְדִין מִתְעַטֵּף בְּעוֹר וְחוֹזֵר וּמְכַסֶּה אוֹתוֹ וְנִכְנָס בּוֹ:

כו. לֹא יֵצֵא הַחַיָּט בְּמַחֲטוֹ בְּיָדוֹ וְלֹא הַלַּבְלָר בְּקֻלְמוֹסוֹ עֶרֶב שַׁבָּת סָמוּךְ לַחֲשֵׁכָה שֶׁמָּא יִשְׁכַּח וְיוֹצִיא. וְחַיָּב אָדָם לְמַשְׁמֵשׁ בְּבִגְדוֹ עֶרֶב שַׁבָּת עִם חֲשֵׁכָה שֶׁמָּא יִהְיֶה שָׁם דָּבָר שָׁכוּחַ וְיֵצֵא בּוֹ בְּשַׁבָּת. מֻתָּר לָצֵאת בִּתְפִלִּין עֶרֶב שַׁבָּת עִם חֲשֵׁכָה הוֹאִיל וְחַיָּב אָדָם לְמַשְׁמֵשׁ בִּתְפִלָּיו בְּכָל עֵת אֵינוֹ שׁוֹכְחָן. שָׁכַח וְיָצָא בָּהֶן לִרְשׁוּת הָרַבִּים וְנִזְכַּר שֶׁיֵּשׁ לוֹ תְּפִלִּין בְּרֹאשׁוֹ מְכַסֶּה אֶת רֹאשׁוֹ עַד שֶׁמַּגִּיעַ לְבֵיתוֹ אוֹ לְבֵית הַמִּדְרָשׁ:

Perek 20

Categories of work.

Carrying in relation to animals and servants

It is forbidden to transfer a burden on an animal on *Shabbat.*

It is permitted to lead an animal with a bridle but the bridle must be appropriate for that animal. If restraint is excessive or insufficient, it is a burden for the animal and is forbidden.

One cannot rent out a large animal to a Gentile on *Shabbat* for work, because an animal belonging to a Jew must not work on *Shabbat.*

The attire of animals also must be assessed to see if it is burdensome or not.

Similarly, servants and maidservants must rest on *Shabbat* (i.e. those who have been circumcised and immersed)

A *ger toshav* (resident alien) is permitted to work on *Shabbat* for himself but not for his master.

פרק כ׳

א. אָסוּר לְהוֹצִיא מַשָּׂא עַל הַבְּהֵמָה בְּשַׁבָּת שֶׁנֶּאֱמַר (שמות כג יב) "לְמַעַן יָנוּחַ שׁוֹרְךָ וַחֲמֹרֶךָ" וְכָל בְּהֶמְתֶּךָ. אֶחָד שׁוֹר וַחֲמוֹר וְאֶחָד כָּל בְּהֵמָה חַיָּה וָעוֹף. וְאִם הוֹצִיא עַל הַבְּהֵמָה אַף עַל פִּי שֶׁהוּא מְצֻוֶּה עַל שְׁבִיתָתָהּ אֵינוֹ לוֹקֶה לְפִי שֶׁאִסּוּרוֹ בָּא מִכְּלַל עֲשֵׂה. לְפִיכָךְ הַמְחַמֵּר אַחַר בְּהֶמְתּוֹ בְּשַׁבָּת וְהָיָה עָלֶיהָ מַשּׂאוֹי פָּטוּר:

ב. וַהֲלֹא לָאו מְפֹרָשׁ בַּתּוֹרָה שֶׁנֶּאֱמַר (שמות כ י) "לֹא תַעֲשֶׂה כָל מְלָאכָה אַתָּה וּבִנְךָ וּבִתֶּךָ וְעַבְדְּךָ וַאֲמָתְךָ וּבְהֶמְתֶּךָ", שֶׁלֹּא יַחֲרשׁ בָּהּ וְכַיּוֹצֵא בַּחֲרִישָׁה. וְנִמְצָא לָאו שֶׁנִּתָּן לְאַזְהָרַת מִיתַת בֵּית דִּין וְאֵין לוֹקִין עָלָיו:

ג. אָסוּר לְיִשְׂרָאֵל לְהַשְׁאִיל אוֹ לְהַשְׂכִּיר בְּהֵמָה גַּסָּה לְנָכְרִי שֶׁלֹּא יַעֲשֶׂה בָּהּ מְלָאכָה בְּשַׁבָּת וַהֲרֵי הוּא מְצֻוֶּה עַל שְׁבִיתַת בְּהֶמְתּוֹ. אָסְרוּ חֲכָמִים לִמְכֹּר בְּהֵמָה גַּסָּה לְנָכְרִי שֶׁמָּא יַשְׁאִיל אוֹ יַשְׂכִּיר. וְאִם מָכַר קוֹנְסִין אוֹתוֹ עַד עֲשָׂרָה בְּדָמֶיהָ וּמַחֲזִירָהּ. וַאֲפִלּוּ שְׁבוּרָה אֵין מוֹכְרִין. וּמֻתָּר לוֹ לִמְכֹּר לָהֶם עַל יְדֵי סַרְסוּר שֶׁהַסַּרְסוּר אֵינוֹ מַשְׂכִּיר וְאֵינוֹ מַשְׁאִיל:

ד. וּמֻתָּר לִמְכֹּר לָהֶם סוּס שֶׁאֵין הַסּוּס עוֹמֵד אֶלָּא לִרְכִיבַת אָדָם לֹא לְמַשּׂאוֹי וְהַחַי נוֹשֵׂא אֶת עַצְמוֹ. וּכְדֶרֶךְ שֶׁאָסְרוּ לִמְכֹּר לְנָכְרִי כָּךְ אָסְרוּ לִמְכֹּר לְיִשְׂרָאֵל הֶחָשׁוּד לִמְכֹּר לְנָכְרִי. וּמֻתָּר לִמְכֹּר לָהֶם פָּרָה לִשְׁחִיטָה וְשׁוֹחֵט אוֹתָהּ בְּפָנָיו. וְלֹא יִמְכֹּר סְתָם אֲפִלּוּ שׁוֹר שֶׁל פְּטָם שֶׁמָּא יַשְׁהֵא אוֹתוֹ וְיַעֲבֹד בּוֹ:

ה. מָקוֹם שֶׁנָּהֲגוּ לִמְכֹּר לָהֶן בְּהֵמָה דַּקָּה מוֹכְרִין. מָקוֹם שֶׁנָּהֲגוּ שֶׁלֹּא לִמְכֹּר אֵין מוֹכְרִין. וּבְכָל מָקוֹם אֵין מוֹכְרִין לָהֶם חַיָּה גַּסָּה כְּמוֹ שֶׁאֵין מוֹכְרִין לָהֶם בְּהֵמָה גַּסָּה אֶלָּא עַל יְדֵי סַרְסוּר:

ו. מִי שֶׁהֶחְשִׁיךְ בַּדֶּרֶךְ וְלֹא הָיָה עִמּוֹ נָכְרִי שֶׁיִּתֵּן לוֹ כִּיסוֹ וְהָיְתָה עִמּוֹ בְּהֵמָה. מַנִּיחַ כִּיסוֹ עָלֶיהָ כְּשֶׁהִיא מְהַלֶּכֶת וּכְשֶׁתִּרְצֶה לַעֲמֹד נוֹטְלוֹ מֵעָלֶיהָ כְּדֵי שֶׁלֹּא תַּעֲמֹד וְהוּא עָלֶיהָ וּכְדֵי שֶׁלֹּא תִּהְיֶה שָׁם לֹא עֲקִירָה וְלֹא הַנָּחָה. וְאָסוּר לוֹ לְהַנְהִיגָהּ וַאֲפִלּוּ בְּקוֹל כָּל זְמַן שֶׁהַכִּיס עָלֶיהָ כְּדֵי שֶׁלֹּא יִהְיֶה מְחַמֵּר בְּשַׁבָּת. וּגְזֵרַת חֲכָמִים הִיא שֶׁלֹּא יַנִּיחַ כִּיסוֹ עַל גַּבֵּי בְּהֵמָה אֶלָּא אִם אֵין עִמּוֹ נָכְרִי:

ז. הָיָה עִמּוֹ חֵרֵשׁ שׁוֹטֶה וְקָטָן מַנִּיחַ כִּיסוֹ עַל הַחֲמוֹר וְאֵינוֹ נוֹתְנוֹ לְאֶחָד מֵהֶן מִפְּנֵי שֶׁהֵן אָדָם מִיִּשְׂרָאֵל. הָיָה עִמּוֹ חֵרֵשׁ וְשׁוֹטֶה וְאֵין עִמּוֹ בְּהֵמָה נוֹתְנוֹ לְשׁוֹטֶה. שׁוֹטֶה וְקָטָן נוֹתְנוֹ לְשׁוֹטֶה. חֵרֵשׁ וְקָטָן נוֹתְנוֹ לְאֵי זֶה מֵהֶן שֶׁיִּרְצֶה. לֹא הָיְתָה עִמּוֹ בְּהֵמָה וְלֹא נָכְרִי וְלֹא אֶחָד מִכָּל אֵלּוּ מְהַלֵּךְ בּוֹ פָּחוֹת פָּחוֹת מֵאַרְבַּע אַמּוֹת. וַאֲפִלּוּ מְצִיאָה שֶׁבָּאָה לְיָדוֹ מְהַלֵּךְ בָּהּ פָּחוֹת פָּחוֹת מֵאַרְבַּע אַמּוֹת. אֲבָל קֹדֶם שֶׁתָּבוֹא לְיָדוֹ אִם יָכוֹל לְהַחְשִׁיךְ עָלֶיהָ מַחְשִׁיךְ וְאִם לָאו מוֹלִיכָהּ פָּחוֹת פָּחוֹת מֵאַרְבַּע אַמּוֹת:

ח. מֻתָּר לִמְשֹׁךְ אֶת הַבְּהֵמָה בְּמֶתֶג וָרֶסֶן שֶׁלָּהּ לִרְשׁוּת הָרַבִּים וְהוּא שֶׁתִּהְיֶה רְאוּיָה לְאוֹתוֹ הָרֶסֶן. כְּגוֹן שִׁיר לְסוּס וְאַפְסָר לְגָמָל וַחֲטָם לְנָאקָה וְסוּגַר לְכֶלֶב. אֲבָל אִם הוֹצִיא בְּהֵמָה בְּמֶתֶג שֶׁאֵין מִשְׁתַּמֶּרֶת בּוֹ כְּגוֹן שֶׁקָּשַׁר חֶבֶל בְּפִי הַסּוּס אוֹ בְּמֶתֶג שֶׁאֵינָהּ צְרִיכָה לוֹ אֶלָּא מִשְׁתַּמֶּרֶת בְּפָחוֹת מִמֶּנּוּ. כְּגוֹן שֶׁהוֹצִיא חֲמוֹר בְּשִׁיר שֶׁל סוּס אוֹ חָתוּל בְּסוּגַר הֲרֵי זֶה מַשּׂאוֹי. שֶׁכָּל שְׁמִירָה מְעֻלָּה אוֹ שְׁמִירָה פְּחוּתָה מַשּׂאוֹי הוּא לָהּ:

ט. לֹא יִקְשֹׁר גְּמַלִּים זֶה בָּזֶה וְיִמְשֹׁךְ אֲפִלּוּ הָיוּ קְשׁוּרִין מֵעֶרֶב שַׁבָּת אֵינָן נִמְשָׁכִין בְּשַׁבָּת. אֲבָל מַכְנִיס הוּא חֲבָלִים לְתוֹךְ יָדוֹ וְהוּא שֶׁלֹּא יֵצֵא חֶבֶל מִתּוֹךְ יָדוֹ טֶפַח. וְצָרִיךְ שֶׁיִּהְיֶה הַחֶבֶל שֶׁמִּפִּי הַבְּהֵמָה עַד יָדוֹ גָּבוֹהַּ מִן הָאָרֶץ טֶפַח אוֹ יוֹתֵר. וּמִפְּנֵי מָה לֹא יִמְשֹׁךְ הַגְּמַלִּים הַקְּשׁוּרִים זֶה בָּזֶה מִפְּנֵי שֶׁהוּא נִרְאֶה כְּמִי שֶׁמּוֹלִיכָן לְשׁוּק שֶׁמּוֹכְרִין בּוֹ הַבְּהֵמוֹת אוֹ שֶׁמְּשַׂחֲקִין בָּהֶן שָׁם. וּמִפְּנֵי זֶה לֹא תֵּצֵא בְּהֵמָה בְּזוּג שֶׁבְּצַוָּארָהּ וַאֲפִלּוּ הָיָה פָּקוּק שֶׁאֵין לוֹ קוֹל:

י. לֹא תֵּצֵא בְּהֵמָה בְּזוּג שֶׁבִּכְסוּתָהּ וְלֹא בְּחוֹתָם שֶׁבְּצַוָּארָהּ וְלֹא בְּחוֹתָם שֶׁבִּכְסוּתָהּ וְלֹא בִּרְצוּעָה שֶׁבְּרַגְלָהּ וְלֹא בְּסֻלָּם שֶׁבְּצַוָּארָהּ. וְאֵין חֲמוֹר יוֹצֵא בְּמַרְדַּעַת אֶלָּא אִם כֵּן הָיְתָה קְשׁוּרָה לוֹ מֵעֶרֶב שַׁבָּת. וְלֹא יֵצֵא גָּמָל בַּמְטוּטֶלֶת הַתְּלוּיָה לוֹ בְּדַבַּשְׁתּוֹ אוֹ בִּזְנָבוֹ אֶלָּא אִם כֵּן הָיְתָה קְשׁוּרָה בִּזְנָבוֹ וְחוֹטַרְתּוֹ. וְלֹא יֵצֵא הַגָּמָל עֲקוּד יָד וְלֹא עֲקוּד רֶגֶל וְכֵן שְׁאָר כָּל הַבְּהֵמוֹת:

יא. אֵין הַתַּרְנְגוֹלִים יוֹצְאִין בְּחוּטִין וְלֹא בִּרְצוּעוֹת שֶׁבְּרַגְלֵיהֶם. וְאֵין הַכְּבָשִׂין יוֹצְאִין בָּעֲגָלָה שֶׁתַּחַת אַלְיָה שֶׁלָּהֶן. וְאֵין הַכְּבָשׂוֹת יוֹצְאוֹת בָּעֵצִים שֶׁמַּנִּיחִים לָהֶן בְּחָטְמָן כְּדֵי שֶׁיִּתְעַטְּשׁוּ וְיִפְּלוּ הַתּוֹלָעִין שֶׁבְּמֹחָן. וְאֵין הָעֵגֶל יוֹצֵא בְּעֹל קָטָן שֶׁמַּנִּיחִין לוֹ עַל צַוָּארוֹ כְּדֵי שֶׁיִּכָּנַע וְיִהְיֶה נוֹחַ לַחֲרִישָׁה. וְלֹא תֵּצֵא בְּהֵמָה בִּשְׂבָכָה שֶׁמַּנִּיחִין לָהּ בְּפִיהָ כְּדֵי שֶׁלֹּא תִּשֹּׁךְ אוֹ שֶׁלֹּא תֹּאכַל. לֹא תֵּצֵא הַפָּרָה בְּעוֹר הַקּוּפָּר שֶׁמַּנִּיחִין לָהּ עַל דַּדֶּיהָ כְּדֵי שֶׁלֹּא יִינַק מִמֶּנָּה הַשֶּׁרֶץ כְּשֶׁהִיא יְשֵׁנָה. וְלֹא תֵּצֵא בִּרְצוּעָה שֶׁבֵּין קַרְנֶיהָ בֵּין לְנוֹי בֵּין לְשַׁמֵּר.

עֵז שֶׁחָקַק לָהּ בְּקַרְנֶיהָ יוֹצְאָה בְּאַפְסָר הַקָּשׁוּר בְּחֶקֶק בְּשַׁבָּת. וְאִם תְּחָבוֹ בִּזְקֵנָהּ אָסוּר שֶׁמָּא תְּנַתְּחֶנּוּ וִיבִיאֶנּוּ בְּיָדוֹ בִּרְשׁוּת הָרַבִּים. וְכֵן כָּל כַּיּוֹצֵא בָּזֶה:

יב. הַזְּכָרִים יוֹצְאִים בָּעוֹר הַקָּשׁוּר לָהֶן עַל זַכְרוּתָן כְּדֵי שֶׁלֹּא יַעֲלוּ עַל הַנְּקֵבוֹת. וּבָעוֹר הַקָּשׁוּר לָהֶם עַל לִבֵּיהֶם כְּדֵי שֶׁלֹּא יִפְּלוּ עֲלֵיהֶם זְאֵבִים. וּבְמַטְלָנִיּוֹת הַמְרֻקָּמוֹת שֶׁמְּיַפִּין אוֹתָן בָּהֶן. וְהָרְחֵלוֹת יוֹצְאוֹת וְאַלְיָה שֶׁלָּהֶן קְשׁוּרָה לְמַעְלָה עַל גַּבָּן כְּדֵי שֶׁיַּעֲלוּ עֲלֵיהֶן הַזְּכָרִים. אוֹ קְשׁוּרָה לְמַטָּה כְּדֵי שֶׁלֹּא יַעֲלוּ עֲלֵיהֶם הַזְּכָרִים. וְיוֹצְאוֹת מְלֻפָּפוֹת בְּמַטְלָנִיּוֹת כְּדֵי שֶׁיִּהְיֶה הַצֶּמֶר שֶׁלָּהֶן נָקִי. הָעִזִּים יוֹצְאוֹת וְדַדֵּיהֶן קְשׁוּרוֹת כְּדֵי שֶׁיִּיבַשׁ מֵהֶן הֶחָלָב. אֲבָל אִם קְשָׁרָן כְּדֵי שֶׁלֹּא יֵצֵא הֶחָלָב עַד שֶׁיַּחֲלֹב אוֹתוֹ לָעֶרֶב הֲרֵי אֵלּוּ לֹא יֵצְאוּ:

יג. אֵין חֲמוֹר יוֹצֵא בְּאֻכָּף אַף עַל פִּי שֶׁקָּשׁוּר מֵעֶרֶב שַׁבָּת. וְלֹא יֵצֵא הַסּוּס בִּזְנַב שׁוּעָל וְלֹא בִּזְהוֹרִית שֶׁבֵּין עֵינָיו. וְלֹא תֵּצֵא בְּהֵמָה בְּקַרְסְטָל שֶׁבְּפִיהָ וְלֹא בְּסַנְדָּל שֶׁבְּרַגְלָהּ וְלֹא בְּקָמֵעַ שֶׁאֵינוֹ מֻמְחֶה לִבְהֵמָה. אֲבָל יוֹצְאָה הִיא בְּאֶגֶד שֶׁעַל גַּב הַמַּכָּה וּבְקַשְׁקַשִּׁים שֶׁעַל גַּבֵּי הַשֶּׁבֶר. וּבְשִׁלְיָה הַמְדֻלְדֶּלֶת בָּהּ. וּפוֹקֵק לָהּ זוֹג שֶׁבְּצַוָּארָהּ וּמְטַיֶּלֶת בּוֹ בֶּחָצֵר. וְנוֹתֵן לוֹ מַרְדַּעַת עַל הַחֲמוֹר בְּשַׁבָּת וּמְטַיֵּל בֶּחָצֵר. אֲבָל אֵין תּוֹלִין לָהּ קַרְסְטָל בְּפִיהָ בְּשַׁבָּת:

יד. כְּשֵׁם שֶׁאָדָם מְצֻוֶּה עַל שְׁבִיתַת בְּהֶמְתּוֹ בְּשַׁבָּת כָּךְ הוּא מְצֻוֶּה עַל שְׁבִיתַת עַבְדּוֹ וַאֲמָתוֹ וְאַף עַל פִּי שֶׁהֵן בְּנֵי דַּעַת וּלְדַעַת עַצְמָן עוֹשִׂין מִצְוָה עָלֵינוּ לְשָׁמְרָן וּלְמָנְעָן מֵעֲשִׂיַּת מְלָאכָה בְּשַׁבָּת שֶׁנֶּאֱמַר (שמות כג יב) "לְמַעַן יָנוּחַ שׁוֹרְךָ וַחֲמֹרֶךָ וְיִנָּפֵשׁ בֶּן אֲמָתְךָ וְהַגֵּר". עֶבֶד וְאָמָה שֶׁאָנוּ מְצֻוִּין עַל שְׁבִיתָתָן הֵם עֲבָדִים שֶׁמָּלוּ וְטָבְלוּ לְשֵׁם עַבְדוּת וְקִבְּלוּ מִצְוֹת שֶׁהָעֲבָדִים חַיָּבִין בָּהֶן. אֲבָל עֲבָדִים שֶׁלֹּא מָלוּ וְלֹא טָבְלוּ אֶלָּא קִבְּלוּ עֲלֵיהֶן שֶׁבַע מִצְוֹת שֶׁנִּצְטַוּוּ בְּנֵי נֹחַ בִּלְבַד הֲרֵי הֵן כְּגֵר תּוֹשָׁב וּמֻתָּרִין לַעֲשׂוֹת מְלָאכָה בְּשַׁבָּת לְעַצְמָן בְּפַרְהֶסְיָא כְּיִשְׂרָאֵל בְּחֹל. וְאֵין מְקַבְּלִין גֵּר תּוֹשָׁב אֶלָּא בִּזְמַן שֶׁהַיּוֹבֵל נוֹהֵג. הוֹאִיל וְגֵר תּוֹשָׁב עוֹשֶׂה מְלָאכָה לְעַצְמוֹ בְּשַׁבָּת וְגֵר צֶדֶק הֲרֵי הוּא כְּיִשְׂרָאֵל לְכָל דָּבָר. בְּמִי נֶאֱמַר וְיִנָּפֵשׁ בֶּן אֲמָתְךָ וְהַגֵּר. זֶה גֵּר תּוֹשָׁב שֶׁהוּא לְקִיטוֹ וּשְׂכִירוֹ שֶׁל יִשְׂרָאֵל כְּמוֹ בֶּן אֲמָתוֹ. שֶׁלֹּא יַעֲשֶׂה מְלָאכָה לְיִשְׂרָאֵל רַבּוֹ בְּשַׁבָּת אֲבָל לְעַצְמוֹ עוֹשֶׂה. וַאֲפִלּוּ הָיָה הַגֵּר זֶה עַבְדּוֹ הֲרֵי זֶה עוֹשֶׂה לְעַצְמוֹ:

Perek 21

Work. · *Shvut*

These are not main categories of work i.e. *avot* or *toldot,* but prohibited for various reasons. Either they resemble forbidden labours, or activities which may lead to forbidden labours.

Shvut listings, follow the same order as *av melachot.*

The prohibitions classified as *shvut* do not apply in the Temple because the Priests are careful.

An example (in relation to the first *av melachah* of ploughing which includes filling up the holes in the ground) – if a person has mud on his foot, he may clean it off on a wall or on a beam, but not on the ground – because it may lead to filling up the holes in the ground.

An example of a preventive prohibition is that one is not allowed to climb a tree on *Shabbat,* in case one would come to pick a fruit (i.e. *av melachah* of reaping) etc.

Ploughing, Sowing, Reaping, Gathering into sheaves, Threshing, Winnowing, Sorting, Grinding, Sifting, Kneading

פרק כ"א

א. נֶאֱמַר בַּתּוֹרָה (שמות כב יב) (שמות לד כא) "תִּשְׁבֹּת" אֲפִלּוּ מִדְּבָרִים שֶׁאֵינָן מְלָאכָה חַיָּב לִשְׁבֹּת מֵהֶן. וּדְבָרִים הַרְבֵּה הֵן שֶׁאָסְרוּ חֲכָמִים מִשּׁוּם שְׁבוּת. מֵהֶן דְּבָרִים אֲסוּרִים מִפְּנֵי שֶׁהֵן דּוֹמִים לִמְלָאכוֹת וּמֵהֶן דְּבָרִים אֲסוּרִים גְּזֵרָה שֶׁמָּא יָבוֹא מֵהֶן אִסּוּר סְקִילָה. וְאֵלּוּ הֵן:

ב. כָּל הַמַּשְׁוֶה גֻּמּוֹת הֲרֵי זֶה חַיָּב מִשּׁוּם חוֹרֵשׁ. לְפִיכָךְ אָסוּר לְהִפָּנוֹת בִּשְׂדֵה הַנִּירָה בְּשַׁבָּת גְּזֵרָה שֶׁמָּא יַשְׁוֶה גֻּמּוֹת. הַמְפַנֶּה אֶת הָאוֹצָר בְּשַׁבָּת מִפְּנֵי שֶׁהוּא צָרִיךְ לוֹ לִדְבַר מִצְוָה כְּגוֹן שֶׁיַּכְנִיס בּוֹ אוֹרְחִים אוֹ יִקְבַּע בּוֹ מִדְרָשׁ לֹא יִגְמֹר אֶת כָּל הָאוֹצָר שֶׁמָּא יָבוֹא לְהַשְׁווֹת גֻּמּוֹת. טִיט שֶׁעַל גַּבֵּי רַגְלוֹ מְקַנְּחוֹ בַּכֹּתֶל אוֹ בְּקוֹרָה אֲבָל לֹא בַּקַּרְקַע שֶׁמָּא יָבֹא לְהַשְׁווֹת גֻּמּוֹת. לֹא יָרֹק בַּקַּרְקַע וְיָשׁוּף בְּרַגְלוֹ שֶׁמָּא יַשְׁוֶה גֻּמּוֹת. וּמֻתָּר לִדְרֹס הָרֹק שֶׁעַל גַּבֵּי קַרְקַע וְהוֹלֵךְ לְפִי תֻּמּוֹ:

ג. נָשִׁים הַמְשַׂחֲקוֹת בֶּאֱגוֹזִים וּשְׁקֵדִים וְכַיּוֹצֵא בָּהֶן אֲסוּרוֹת לְשַׂחֵק בָּהֶן בְּשַׁבָּת שֶׁמָּא יָבֹאוּ לְהַשְׁווֹת גֻּמּוֹת. וְאָסוּר לְכַבֵּד אֶת הַקַּרְקַע שֶׁמָּא יַשְׁוֶה גֻּמּוֹת אֶלָּא אִם כֵּן הָיָה רָצוּף בַּאֲבָנִים. וּמֻתָּר לְזַלֵּף מַיִם עַל גַּבֵּי הַקַּרְקַע וְאֵינוֹ חוֹשֵׁשׁ שֶׁמָּא יַשְׁוֶה גֻּמּוֹת שֶׁהֲרֵי אֵינוֹ מִתְכַּוֵּן לְכָךְ. אֵין סָכִין אֶת הַקַּרְקַע וַאֲפִלּוּ הָיָה רָצוּף בַּאֲבָנִים וְאֵין נוֹפְחִין אוֹתוֹ וְאֵין מְדִיחִין אוֹתוֹ אֲפִלּוּ בְּיוֹם טוֹב כָּל שֶׁכֵּן בְּשַׁבָּת. שֶׁלֹּא יַעֲשֶׂה כְּדֶרֶךְ שֶׁהוּא עוֹשֶׂה בְּחֹל וְיָבֹא לְהַשְׁווֹת גֻּמּוֹת בִּזְמַן שֶׁהוּא עוֹשֶׂה כֵּן בְּמָקוֹם שֶׁאֵינוֹ רָצוּף:

ד. חָצֵר שֶׁנִּתְקַלְקְלָה בְּמֵימֵי הַגְּשָׁמִים מֵבִיא תֶּבֶן וּמְרַדֶּה בָּהּ. וּכְשֶׁהוּא מְרַדֶּה לֹא יְרַדֶּה לֹא בְּסַל וְלֹא בְּקֻפָּה אֶלָּא בְּשׁוּלֵי הַקֻּפָּה שֶׁלֹּא יַעֲשֶׂה כְּדֶרֶךְ שֶׁהוּא עוֹשֶׂה בְּחֹל וְיָבֹא לְהַשְׁווֹת גֻּמּוֹת:

ה. הַמַּשְׁקֶה אֶת הַזְּרָעִים חַיָּב מִשּׁוּם זוֹרֵעַ. לְפִיכָךְ אָסוּר לִשְׁאֹב מִן הַבּוֹר בְּגַלְגַּל גְּזֵרָה שֶׁמָּא יְמַלֵּא לְגִנָּתוֹ וּלְחֻרְבָּתוֹ. וּמִפְּנֵי זֶה אִם הָיָה הַבּוֹר שֶׁל גַּלְגַּל בֶּחָצֵר מֻתָּר לְמַלְאוֹת מִמֶּנּוּ בְּגַלְגַּל:

ו. הַתּוֹלֵשׁ חַיָּב מִשּׁוּם קוֹצֵר. לְפִיכָךְ אָסוּר לִרְדּוֹת דְּבַשׁ מִכַּוֶּרֶת בְּשַׁבָּת מִפְּנֵי שֶׁהוּא כְּתוֹלֵשׁ. אֵין עוֹלִין בְּאִילָן בֵּין לַח בֵּין יָבֵשׁ וְאֵין נִתְלִין בְּאִילָן וְאֵין נִסְמָכִין בְּאִילָן. וְלֹא יַעֲלֶה מִבְּעוֹד יוֹם לֵישֵׁב שָׁם כָּל הַיּוֹם כֻּלּוֹ. וְאֵין מִשְׁתַּמְּשִׁין בִּמְחֻבָּר לַקַּרְקַע כְּלָל גְּזֵרָה שֶׁמָּא יִתְלשׁ:

ז. פֵּרוֹת שֶׁנָּשְׁרוּ בְּשַׁבָּת אָסוּר לְאָכְלָן עַד מוֹצָאֵי שַׁבָּת גְּזֵרָה שֶׁמָּא יִתְלשׁ. הֲדַס הַמְחֻבָּר מֻתָּר לְהָרִיחַ בּוֹ שֶׁאֵין הֲנָיָתוֹ אֶלָּא לְהָרִיחַ בּוֹ וַהֲרֵי רֵיחוֹ מָצוּי. אֲבָל אֶתְרוֹג וְתַפּוּחַ וְכָל הָרָאוּי לַאֲכִילָה אָסוּר לְהָרִיחַ בּוֹ בִּמְחֻבָּר גְּזֵרָה שֶׁמָּא יָקֹץ אוֹתוֹ לְאָכְלוֹ:

ח. אִילָן שֶׁהָיוּ שָׁרָשָׁיו גְּבוֹהִין מִן הָאָרֶץ שְׁלֹשָׁה טְפָחִים אָסוּר לֵישֵׁב עֲלֵיהֶן. וְאִם אֵינָן גְּבוֹהִין שְׁלֹשָׁה הֲרֵי הֵן כָּאָרֶץ. הָיוּ בָּאִין מִלְּמַעְלָה מִשְּׁלֹשָׁה לְתוֹךְ שְׁלֹשָׁה מֻתָּר לְהִשְׁתַּמֵּשׁ בָּהֶן. הָיוּ גְּבוֹהִין שְׁלֹשָׁה אַף עַל פִּי שֶׁצִּדָּן אֶחָד שָׁוֶה לָאָרֶץ אוֹ שֶׁיֵּשׁ חָלָל תַּחְתֵּיהֶן שְׁלֹשָׁה אָסוּר לֵישֵׁב עֲלֵיהֶן:

ט. אֵין רוֹכְבִין עַל גַּבֵּי בְּהֵמָה בְּשַׁבָּת גְּזֵרָה שֶׁמָּא יַחְתֹּךְ זְמוֹרָה לְהַנְהִיגָהּ. וְאֵין נִתְלִין בִּבְהֵמָה וְלֹא יַעֲלֶה מִבְּעוֹד יוֹם לֵישֵׁב עָלֶיהָ בְּשַׁבָּת. וְאֵין נִסְמָכִין לְצִדֵּי בְּהֵמָה. וְצִדֵּי צְדָדִין מֻתָּרִין. עָלָה בָּאִילָן בְּשַׁבָּת בְּשׁוֹגֵג מֻתָּר לֵירֵד. בְּמֵזִיד אָסוּר לֵירֵד. וּבִבְהֵמָה אֲפִלּוּ בְּמֵזִיד יֵרֵד מִשּׁוּם צַעַר בַּעֲלֵי חַיִּים. וְכֵן פּוֹרְקִין הַמַּשּׂאוֹי מֵעַל הַבְּהֵמָה בְּשַׁבָּת מִשּׁוּם צַעַר בַּעֲלֵי חַיִּים:

י. כֵּיצַד. הָיְתָה בְּהֶמְתּוֹ טְעוּנָה שָׁלִיף שֶׁל תְּבוּאָה מַכְנִיס רֹאשׁוֹ תַּחְתָּיו וּמְסַלְּקוֹ לְצַד אַחֵר וְהוּא נוֹפֵל מֵאֵלָיו. הָיָה בָּא מִן הַדֶּרֶךְ בְּלֵיל שַׁבָּת וּבְהֶמְתּוֹ טְעוּנָה. כְּשֶׁיַּגִּיעַ לֶחָצֵר הַחִיצוֹנָה נוֹטֵל אֶת הַכֵּלִים הַנִּטָּלִין בְּשַׁבָּת וְשֶׁאֵינָן נִטָּלִין מַתִּיר הַחֲבָלִים וְהַשַּׂקִּין נוֹפְלִין. הָיוּ בַּשַּׂקִּין דְּבָרִים הַמִּשְׁתַּבְּרִין. אִם הָיוּ שַׂקִּין קְטַנִּים מֵבִיא כָּרִים וּכְסָתוֹת וּמַנִּיחַ תַּחְתֵּיהֶן וְהַשַּׂקִּין נוֹפְלִין עַל הַכָּרִים. שֶׁהֲרֵי אִם יִרְצֶה לִשְׁלֹף הַכַּר שׁוֹלֵף מִפְּנֵי שֶׁהַשַּׂקִּים קְטַנִּים וְקַלִּים וְנִמְצָא שֶׁלֹּא בָּטֵל הַכְּלִי מֵהֵיכָנוֹ. הָיְתָה טְעוּנָה עֲשָׁשִׁיּוֹת שֶׁל זְכוּכִית מַתִּיר הַשַּׂקִּים וְהֵן נוֹפְלִין שֶׁאַף עַל פִּי שֶׁיִּשָּׁבְרוּ אֵין בְּכָךְ הֶפְסֵד גָּדוֹל שֶׁהֲרֵי הַכֹּל לְהַתָּכָה עוֹמֵד וּלְהֶפְסֵד מֻעָט לֹא חָשְׁשׁוּ. הָיוּ הַשַּׂקִּים גְּדוֹלִים וּמְלֵאִים כְּלֵי זְכוּכִית וְכַיּוֹצֵא בָּהֶם פּוֹרֵק בְּנַחַת. וּמִכָּל מָקוֹם לֹא יַנִּיחָן שָׁם עַל גַּבֵּי בְּהֵמָה מִשּׁוּם צַעַר בַּעֲלֵי חַיִּים:

יא. הַמְדַבֵּק פֵּרוֹת עַד שֶׁיֵּעָשׂוּ גּוּף אֶחָד חַיָּב מִשּׁוּם מְעַמֵּר. לְפִיכָךְ מִי שֶׁנִּתְפַּזְּרוּ לוֹ פֵּרוֹת בַּחֲצֵרוֹ מְלַקֵּט עַל יָד עַל יָד וְאוֹכֵל. אֲבָל לֹא יִתֵּן לֹא לְתוֹךְ הַסַּל וְלֹא לְתוֹךְ הַקֻּפָּה כְּדֶרֶךְ שֶׁהוּא עוֹשֶׂה בְּחֹל. שֶׁאִם יַעֲשֶׂה כְּדֶרֶךְ שֶׁהוּא עוֹשֶׂה בְּחֹל שֶׁמָּא יִכְבְּשֵׁם בְּיָדוֹ בְּתוֹךְ הַקֻּפָּה וְיָבֹא לִידֵי עִמּוּר. וְכֵן אֵין מְקַבְּצִין אֶת הַמֶּלַח וְכַיּוֹצֵא בּוֹ מִפְּנֵי שֶׁנִּרְאֶה כִּמְעַמֵּר:

יב. מְפָרֵק חַיָּב מִשּׁוּם דָּשׁ. וְהַסּוֹחֵט זֵיתִים וַעֲנָבִים חַיָּב מִשּׁוּם מְפָרֵק. לְפִיכָךְ אָסוּר לִסְחֹט תּוּתִים וְרִמּוֹנִים הוֹאִיל וּמִקְצָת

בְּנֵי אָדָם סוֹחֲטִים אוֹתָם כְּזֵיתִים וַעֲנָבִים שֶׁמָּא יָבוֹא לִסְחֹט זֵיתִים וַעֲנָבִים. אֲבָל שְׁאָר פֵּרוֹת כְּגוֹן פְּרִישִׁין וְתַפּוּחִים וְעוּזְרָדִין מֻתָּר לְסָחֲטָן בְּשַׁבָּת מִפְּנֵי שֶׁאֵינָן בְּנֵי סְחִיטָה:

יג. כְּבָשִׁין וּשְׁלָקוֹת שֶׁסְּחָטָן. אִם לְרַכֵּךְ גּוּפָן מֻתָּר וְאִם לְהוֹצִיא מֵימֵיהֶן אָסוּר. וְאֵין מְרַסְּקִין אֶת הַשֶּׁלֶג שֶׁיָּזוּבוּ מֵימָיו. אֲבָל מְרַסֵּק הוּא לְתוֹךְ הַקְּעָרָה אוֹ לְתוֹךְ הַכּוֹס. הַשּׁוּם וְהַבֹּסֶר וְהַמְּלִילוֹת שֶׁרִסְּקָן מִבְּעוֹד יוֹם. אִם מְחֻסָּרִין דִּיכָה אָסוּר לוֹ לִגְמֹר דִּיכָתָן בְּשַׁבָּת. וְאִם מְחֻסָּרִין שְׁחִיקָה בְּיָד מֻתָּר לוֹ לִגְמֹר שְׁחִיקָתָן בְּשַׁבָּת. לְפִיכָךְ מֻתָּר לִגְמֹר שְׁחִיקַת הָרִיפוֹת בָּעֵץ הַפָּרוּר בְּתוֹךְ הַקְּדֵרָה בְּשַׁבָּת אַחַר שֶׁמּוֹרִידִין אוֹתָהּ מֵעַל הָאֵשׁ:

יד. הַמּוֹלֵל מְלִילוֹת מוֹלֵל בְּשִׁנּוּי כְּדֵי שֶׁלֹּא יֵרָאֶה כְּדָשׁ. הַיּוֹנֵק בְּפִיו פָּטוּר. וְאִם הָיָה גּוֹנֵחַ מֻתָּר לוֹ לִינֹק בְּפִיו מִפְּנֵי שֶׁהוּא מְפָרֵק כִּלְאַחַר יָד וּמִשּׁוּם צַעֲרוֹ לֹא גָּזְרוּ וְאַף עַל פִּי שֶׁאֵין שָׁם סַכָּנָה:

טו. פֵּרוֹת שֶׁזָּבוּ מֵהֶן מַשְׁקִין בְּשַׁבָּת. אִם זֵיתִים וַעֲנָבִים הֵן אָסוּר לִשְׁתּוֹת אוֹתָן הַמַּשְׁקִין עַד מוֹצָאֵי שַׁבָּת גְּזֵרָה שֶׁמָּא יִתְכַּוֵּן וְיִסְחֹט אוֹתָן בְּשַׁבָּת. וְאִם תּוּתִים וְרִמּוֹנִים הֵן. אִם הִכְנִיסָן לַאֲכִילָה מַשְׁקִין שֶׁזָּבוּ מֵהֶן מֻתָּרִין. וְאִם הִכְנִיסָן לְדָרְכָן מַשְׁקִין שֶׁזָּבוּ מֵהֶן אֲסוּרִין עַד מוֹצָאֵי שַׁבָּת:

טז. זֵיתִים וַעֲנָבִים שֶׁרִסְּקָן מֵעֶרֶב שַׁבָּת וְיָצְאוּ מֵהֶן מַשְׁקִין מֵעַצְמָן מֻתָּרִין. וְכֵן חַלּוֹת דְּבַשׁ שֶׁרִסְּקָן מֵעֶרֶב שַׁבָּת מַשְׁקִין הַיּוֹצְאִין מֵהֶן בְּשַׁבָּת מֻתָּרִין. שֶׁאֵין כָּאן מָקוֹם לִגְזֵרָה שֶׁכְּבָר רִסְּקָן מִבָּעֶרֶב:

יז. זוֹרֶה וּבוֹרֵר מֵאֲבוֹת מְלָאכוֹת הֵן לְפִיכָךְ אַף עַל פִּי שֶׁמֻּתָּר לִמְלֹל מְלִילוֹת בְּרָאשֵׁי אֶצְבְּעוֹתָיו. כְּשֶׁהוּא מְנַפֵּחַ מְנַפֵּחַ בְּיָדוֹ אַחַת בְּכָל כֹּחוֹ. אֲבָל לֹא בְּקָנוֹן וְלֹא בְּתַמְחוּי גְּזֵרָה שֶׁמָּא יְנַפֶּה בְּנָפָה וּבִכְבָרָה שֶׁהוּא חַיָּב. וְהַמְשַׁמֵּר שְׁמָרִים תּוֹלֶדֶת בּוֹרֵר אוֹ מְרַקֵּד הוּא. לְפִיכָךְ אַף עַל פִּי שֶׁמֻּתָּר לְסַנֵּן יַיִן צָלוּל אוֹ מַיִם צְלוּלִין בְּסוּדָרִין אוֹ בִּכְפִיפָה מִצְרִית. לֹא יַעֲשֶׂה גּוּמָא בַּסּוּדָר שֶׁלֹּא יַעֲשֶׂה כְּדֶרֶךְ שֶׁהוּא עוֹשֶׂה בְּחֹל וְיָבֹא לְשַׁמֵּר בִּמְשַׁמֶּרֶת. וְכֵן אָסוּר לִתְלוֹת אֶת הַמְשַׁמֶּרֶת כְּדֶרֶךְ שֶׁהוּא עוֹשֶׂה בְּחֹל שֶׁמָּא יָבֹא לְשַׁמֵּר. וְכֵן הַמְחַבֵּץ תּוֹלֶדֶת בּוֹרֵר הוּא. לְפִיכָךְ אַף עַל פִּי שֶׁנּוֹתְנִין שֻׁמְשְׁמִין וֶאֱגוֹזִים לִדְבַשׁ לֹא יְחַבְּצֵם בְּיָדוֹ:

יח. הַמְחַתֵּךְ אֶת הַיָּרָק דַּק דַּק כְּדֵי לְבַשְּׁלוֹ הֲרֵי זֶה תּוֹלֶדֶת טוֹחֵן וְחַיָּב. לְפִיכָךְ אֵין מְרַסְּקִין לֹא אֶת הַשַּׁחַת וְלֹא אֶת הֶחָרוּבִין לִפְנֵי בְּהֵמָה בֵּין דַּקָּה בֵּין גַּסָּה מִפְּנֵי שֶׁנִּרְאֶה כְּטוֹחֵן. אֲבָל מְחַתְּכִין אֶת הַדְּלוּעִין לִפְנֵי הַבְּהֵמָה וְאֶת הַנְּבֵלָה לִפְנֵי הַכְּלָבִים שֶׁאֵין טְחִינָה בְּפֵרוֹת. וּמַתִּירִין אֲלֻמּוֹת שֶׁל עָמִיר לִפְנֵי בְּהֵמָה וּמְפַסְפֵּס בְּיָדוֹ אֲלֻמּוֹת קְטַנּוֹת אֲבָל לֹא אֲלֻמּוֹת גְּדוֹלוֹת מִפְּנֵי הַטֹּרַח שֶׁבָּהֶן:

יט. חֲבִילֵי פֵּאָה וְאֵזוֹב וְקוֹרָנִית וְכַיּוֹצֵא בָּהֶן שֶׁהִכְנִיסָן לְמַאֲכַל בְּהֵמָה מִסְתַּפֵּק מֵהֶן וְקוֹטֵם וְאוֹכֵל בְּרָאשֵׁי אֶצְבְּעוֹתָיו אֲבָל לֹא בְּיָדוֹ הַרְבֵּה שֶׁלֹּא יַעֲשֶׂה כְּדֶרֶךְ שֶׁהוּא עוֹשֶׂה בְּחֹל וְיָבֹא לָדוּק:

כ. הַצָּרִיךְ לָדוּק פִּלְפְּלִים וְכַיּוֹצֵא בָּהֶן לִתֵּן לְתוֹךְ הַמַּאֲכָל בְּשַׁבָּת הֲרֵי זֶה כּוֹתֵשׁ בְּיַד הַסַּכִּין וּבִקְעָרָה אֲבָל לֹא בִּמְכַתֶּשֶׁת מִפְּנֵי שֶׁהוּא טוֹחֵן. לְפִיכָךְ אָסוּר לַבָּרִיא לְהִתְרַפְּאוֹת בְּשַׁבָּת גְּזֵרָה שֶׁמָּא יִשְׁחֹק הַסַּמְמָנִין:

כא. כֵּיצַד. לֹא יֹאכַל דְּבָרִים שֶׁאֵינָן מַאֲכַל בְּרִיאִים כְּגוֹן אֵזוֹבְיוֹן וּפֵיאָה. וְלֹא דְּבָרִים הַמְשַׁלְשְׁלִים כְּגוֹן לַעֲנָה וְכַיּוֹצֵא בָּהֶם. וְכֵן לֹא יִשְׁתֶּה דְּבָרִים שֶׁאֵין דֶּרֶךְ הַבְּרִיאִים לִשְׁתּוֹתָן כְּגוֹן מַיִם שֶׁבִּשְּׁלוּ בָּהֶן סַמְמָנִין וַעֲשָׂבִים:

כב. אוֹכֵל אָדָם אֳכָלִין וּמַשְׁקִין שֶׁדֶּרֶךְ הַבְּרִיאִים לְאָכְלָן וְלִשְׁתּוֹתָן כְּגוֹן הַכֻּסְבָּרָא וְהַכְּשׁוּת וְהָאֵזוֹב אַף עַל פִּי שֶׁהֵן מְרַפְּאִין וְאוֹכְלָן כְּדֵי לְהִתְרַפְּאוֹת בָּהֶם מֻתָּר הוֹאִיל וְהֵם מַאֲכַל בְּרִיאִים. שָׁתָה חִלְתִּית מִקֹּדֶם הַשַּׁבָּת וַהֲרֵי הוּא שׁוֹתֶה וְהוֹלֵךְ מֻתָּר לִשְׁתּוֹתוֹ בְּשַׁבָּת [אֲפִלּוּ] בִּמְקוֹמוֹת [שֶׁלֹּא] נָהֲגוּ הַבְּרִיאִים לִשְׁתּוֹת הַחִלְתִּית. וְשׁוֹתִין זֵיתוֹם הַמִּצְרִי בְּכָל מָקוֹם:

כג. וְכֵן שְׁמָנִים שֶׁדֶּרֶךְ הַבְּרִיאִים לָסוּךְ בָּהֶן מֻתָּר לָסוּךְ בָּהֶן בְּשַׁבָּת וְאַף עַל פִּי שֶׁנִּתְכַּוֵּן לִרְפוּאָה. וְשֶׁאֵין הַבְּרִיאִים סָכִין בָּהֶן אֲסוּרִין. הַחוֹשֵׁשׁ בְּמָתְנָיו לֹא יָסוּךְ יַיִן וָחֹמֶץ אֲבָל סָךְ הוּא אֶת הַשֶּׁמֶן. וְלֹא שֶׁמֶן וֶרֶד אֶלָּא בְּמָקוֹם שֶׁהַבְּרִיאִים סָכִין אוֹתוֹ. וּמֻתָּר לָסוּךְ שֶׁמֶן וּמֶלַח בְּכָל מָקוֹם. נִגְּפָה יָדוֹ אוֹ רַגְלוֹ צוֹמְתָהּ בְּיַיִן וְאֵינוֹ צוֹמְתָהּ בְּחֹמֶץ. וְאִם הָיָה עָנֹג אַף בְּיַיִן אָסוּר:

כד. הַחוֹשֵׁשׁ בְּשִׁנָּיו לֹא יִגְמַע בָּהֶן אֶת הַחֹמֶץ וְיִפְלֹט אֲבָל מְגַמֵּעַ הוּא וּבוֹלֵעַ. הַחוֹשֵׁשׁ בִּגְרוֹנוֹ לֹא יְעַרְעֶנּוּ בְּשֶׁמֶן אֲבָל בּוֹלֵעַ הוּא שֶׁמֶן הַרְבֵּה וְאִם נִתְרַפֵּא נִתְרַפֵּא. אֵין לוֹעֲסִין אֶת הַמַּסְטְכִי וְאֵין שָׁפִין אֶת הַשִּׁנַּיִם בְּסַם בְּשַׁבָּת בִּזְמַן שֶׁנִּתְכַּוֵּן לִרְפוּאָה. וְאִם נִתְכַּוֵּן לְרֵיחַ הַפֶּה מֻתָּר:

כה. אֵין נוֹתְנִין יַיִן לְתוֹךְ הָעַיִן אֲבָל נוֹתֵן הוּא עַל גַּב הָעַיִן. וְרֹק תָּפֵל אֲפִלּוּ עַל גַּב הָעַיִן אָסוּר. קִילוֹר שֶׁשָּׁרָה אוֹתוֹ מֵעֶרֶב שַׁבָּת מַעֲבִירוֹ עַל גַּב עֵינוֹ בְּשַׁבָּת וְאֵינוֹ חוֹשֵׁשׁ. מִי שֶׁלָּקָה בְּאֶצְבָּעוֹ לֹא יִכְרֹךְ עָלָיו גֶּמִי כְּדֵי לְרַפְּאוֹתוֹ וְלֹא יִדְחָקֶנּוּ בְּיָדוֹ כְּדֵי לְהוֹצִיא מִמֶּנּוּ דָּם:

כו. אֵין נוֹתְנִין חַמִּין וְשֶׁמֶן עַל גַּבֵּי הַמַּכָּה. וְלֹא עַל גַּבֵּי מוֹךְ שֶׁעַל גַּבֵּי הַמַּכָּה. וְלֹא עַל גַּבֵּי מוֹךְ לִתְּנוֹ עַל הַמַּכָּה בְּשַׁבָּת. אֲבָל נוֹתֵן הוּא חוּץ לַמַּכָּה וְשׁוֹתֵת וְיוֹרֵד לַמַּכָּה. וְנוֹתְנִין מוֹךְ יָבֵשׁ עַל גַּבֵּי הַמַּכָּה. וְאִם הָיָה עַתִּיק אָסוּר מִפְּנֵי שֶׁהוּא כִּרְטִיָּה:

כז. רְטִיָּה שֶׁפָּרְשָׁה עַל גַּבֵּי כְּלִי מַחְזִירִין אוֹתָהּ. וְאִם פָּרְשָׁה עַל גַּבֵּי קַרְקַע אָסוּר לְהַחֲזִירָהּ. וּמַנִּיחִין רְטִיָּה עַל גַּבֵּי הַמַּכָּה לְכַתְּחִלָּה בַּמִּקְדָּשׁ שֶׁאֵין אִסּוּר שְׁבוּת בַּמִּקְדָּשׁ. וּבְכָל מָקוֹם מְקַנְּחִין פִּי הַמַּכָּה וְאֵין מְקַנְּחִין אֶת הָרְטִיָּה שֶׁמָּא יְמָרֵחַ:

כח. סָכִין וּמְמַשְׁמְשִׁין בִּבְנֵי מֵעַיִם בְּשַׁבָּת וְהוּא שֶׁיָּסוּךְ וִימַשְׁמֵשׁ בְּבַת אַחַת כְּדֵי שֶׁלֹּא יַעֲשֶׂה כְּדֶרֶךְ שֶׁהוּא עוֹשֶׂה בְּחֹל. וְאֵין מִתְעַמְּלִין בְּשַׁבָּת. אֵי זֶה הוּא מִתְעַמֵּל זֶה שֶׁדּוֹרְסִים עַל גּוּפוֹ בְּכֹחַ עַד שֶׁיִּיגַע וְיַזִּיעַ אוֹ שֶׁיְּהַלֵּךְ עַד שֶׁיִּיגַע וְיַזִּיעַ. שֶׁאָסוּר לְיַגֵּעַ אֶת עַצְמוֹ כְּדֵי שֶׁיַּזִּיעַ בְּשַׁבָּת מִפְּנֵי שֶׁהִיא רְפוּאָה. וְכֵן אָסוּר לַעֲמֹד בְּקַרְקַע דִּימוֹסִית שֶׁבְּאֶרֶץ יִשְׂרָאֵל מִפְּנֵי שֶׁמְּעַמֶּלֶת וּמְרַפֵּאת:

כט. אֵין רוֹחֲצִין בְּמַיִם שֶׁמְּשַׁלְשְׁלִין וְלֹא בְּטִיט שֶׁטּוֹבְעִין בּוֹ וְלֹא בְּמֵי מִשְׁרָה הַבְּאוּשִׁים וְלֹא בְּיָם סְדוֹם וְלֹא בַּמַּיִם הָרָעִים שֶׁבַּיָּם הַגָּדוֹל מִפְּנֵי שֶׁכָּל אֵלּוּ צַעַר הֵן וְכָתוּב (ישעיה נח יג) "וְקָרָאתָ לַשַּׁבָּת עֹנֶג". לְפִיכָךְ אִם לֹא נִשְׁתַּהָה בָּהֶם אֶלָּא עָלָה מִיָּד אַף עַל פִּי שֶׁיֵּשׁ לוֹ חֲטָטִין בְּרֹאשׁוֹ מֻתָּר:

ל. אֵין מִתְגָּרְדִין בְּמַגְרֶדֶת וְאִם הָיוּ יָדָיו מְלֻכְלָכוֹת בְּצוֹאָה אוֹ בְּטִיט גּוֹרֵד כְּדַרְכּוֹ וְאֵינוֹ חוֹשֵׁשׁ. סָכִין וּמְפָרְכִין לְאָדָם לְעַנֵּג אֲבָל לֹא לִבְהֵמָה. וְאִם הָיָה לָהּ צַעַר מֻתָּר לְהָסִיר צַעֲרָהּ בְּסִיכָה וּפֵרוּךְ. בְּהֵמָה שֶׁאָכְלָה כַּרְשִׁינִין הַרְבֵּה מְרִיצִין אוֹתָהּ בֶּחָצֵר בִּשְׁבִיל שֶׁתִּתְרַפֵּא. וְאִם אֲחָזָהּ דָּם מַעֲמִידִין אוֹתָהּ בְּמַיִם בִּשְׁבִיל שֶׁתִּצְטַנֵּן וְאֵין חוֹשְׁשִׁין שֶׁמָּא יִשְׁחַק לָהּ סַמָּנִין:

לא. אֵין מְקִיאִין אֶת הָאֹכֶל בְּשַׁבָּת. בַּמֶּה דְּבָרִים אֲמוּרִים בְּסַם שֶׁמָּא יִשְׁחַק סַמָּנִין אֲבָל לְהַכְנִיס יָדוֹ לְתוֹךְ פִּיו וּלְהָקִיא מֻתָּר. וְאָסוּר לִדְחֹק כְּרֵסוֹ שֶׁל תִּינוֹק כְּדֵי לְהוֹצִיא הָרְעִי שֶׁלּוֹ שֶׁמָּא יָבֹא לְהַשְׁקוֹתוֹ סַמָּנִין הַמְשַׁלְשְׁלִין. וּמֻתָּר לִכְפּוֹת כּוֹס עַל הַטַּבּוּר בְּשַׁבָּת כְּדֵי לְהַעֲלוֹתוֹ. וְכֵן מֻתָּר לְיַחֵנְק וּלְלַפֵּף אֶת הַקָּטָן וּלְהַעֲלוֹת אָזְנַיִם בֵּין בְּיָד בֵּין בִּכְלִי. וּלְהַעֲלוֹת אֻנְקְלִי. שֶׁכָּל אֵלּוּ וְכַיּוֹצֵא בָּהֶן אֵין עוֹשִׂין אוֹתָן בְּסַמָּנִין כְּדֵי לָחוּשׁ לִשְׁחִיקָה וְיֵשׁ לוֹ צַעַר מֵהֶן:

לב. הַמְרַקֵּד מֵאֲבוֹת מְלָאכוֹת. לְפִיכָךְ אֵין כּוֹבְרִין אֶת הַתֶּבֶן בִּכְבָרָה וְלֹא יַנִּיחַ הַכְּבָרָה שֶׁיֵּשׁ בָּהּ תֶּבֶן בְּמָקוֹם גָּבוֹהַּ בִּשְׁבִיל שֶׁיֵּרֵד הַמֹּץ מִפְּנֵי שֶׁהוּא כִּמְרַקֵּד. אֲבָל נוֹטֵל הַתֶּבֶן בַּכְּבָרָה וּמוֹלִיךְ לָאֵבוּס אַף עַל פִּי שֶׁיֵּרֵד הַמֹּץ בִּשְׁעַת הוֹלָכָה שֶׁהֲרֵי אֵינוֹ מִתְכַּוֵּן לְכָךְ:

לג. מְגַבֵּל חַיָּב מִשּׁוּם לָשׁ. לְפִיכָךְ אֵין מְגַבְּלִין קֶמַח קָלִי הַרְבֵּה שֶׁמָּא יָבוֹא לָלוּשׁ קֶמַח שֶׁאֵינוֹ קָלִי. וּמֻתָּר לְגַבֵּל אֶת הַקָּלִי מְעַט מְעַט. אֲבָל תְּבוּאָה שֶׁלֹּא הֵבִיאָה שְׁלִישׁ שֶׁקָּלוּ אוֹתָהּ וְאַחַר כָּךְ טְחָנוּ אוֹתָהּ טְחִינָה גַּסָּה שֶׁהֲרֵי הוּא כְּחוֹל וְהִיא הַנִּקְרֵאת שָׁתִית מֻתָּר לְגַבֵּל מִמֶּנָּה בְּחֹמֶץ וְכַיּוֹצֵא בּוֹ הַרְבֵּה בְּבַת אַחַת. וְהוּא שֶׁיִּהְיֶה רַךְ אֲבָל קָשֶׁה אָסוּר מִפְּנֵי שֶׁנִּרְאֶה כְּלָשׁ וְצָרִיךְ לְשַׁנּוֹת. כֵּיצַד. נוֹתֵן אֶת הַשָּׁתִית וְאַחַר כָּךְ נוֹתֵן אֶת הַחֹמֶץ:

לד. הַמֻּרְסָן אַף עַל פִּי שֶׁאֵינוֹ רָאוּי לִגְבּוֹל אֵין גּוֹבְלִין אוֹתוֹ שֶׁמָּא יָבוֹא לְגַבֵּל הֶעָפָר וְכַיּוֹצֵא בּוֹ. וְנוֹתְנִין מַיִם עַל גַּבֵּי מֻרְסָן וּמוֹלִיךְ בּוֹ הַתַּרְוָד שְׁתִי וָעֵרֶב. אֲבָל אֵינוֹ מְמָרֵס בְּיָדוֹ שֶׁלֹּא יֵרָאֶה כְּלָשׁ. אִם לֹא נִתְעָרֵב מְנַעֲרוֹ מִכְּלִי לִכְלִי עַד שֶׁיִּתְעָרֵב וְנוֹתֵן לִפְנֵי הַתַּרְנְגוֹלִין אוֹ לִפְנֵי הַשְּׁוָרִים. וּמֻתָּר לְעָרֵב הַמֻּרְסָן עַל דֶּרֶךְ זוֹ בִּכְלִי אֶחָד וּמְחַלֵּק אוֹתוֹ בְּכֵלִים הַרְבֵּה וְנוֹתֵן לִפְנֵי כָּל בְּהֵמָה וּבְהֵמָה וּמְעָרֵב בִּכְלִי אֶחָד אֲפִלּוּ כּוֹר וַאֲפִלּוּ כּוֹרַיִים:

לה. אֵין מַאֲכִילִין בְּהֵמָה חַיָּה וְעוֹף בְּשַׁבָּת כְּדֶרֶךְ שֶׁהוּא מַאֲכִיל בְּחֹל שֶׁמָּא יָבוֹא לִידֵי כְּתִישַׁת קִטְנִיּוֹת אוֹ לִידֵי לִישַׁת קֶמַח וְכַיּוֹצֵא בּוֹ. כֵּיצַד. לֹא יַאֲכִיל הַגָּמָל בְּשַׁבָּת מַאֲכַל שְׁלֹשָׁה אוֹ אַרְבָּעָה יָמִים וְלֹא יַרְבִּיץ עֵגֶל וְכַיּוֹצֵא בּוֹ וְיִפְתַּח פִּיו וְיִתֵּן לְתוֹכוֹ כַּרְשִׁינִין וּמַיִם בְּבַת אַחַת. וְכֵן לֹא יִתֵּן לְתוֹךְ פִּי יוֹנִים וְתַרְנְגוֹלִים לְמָקוֹם שֶׁאֵינָן יְכוֹלִין לְהַחֲזִיר. אֲבָל מַאֲכִיל הוּא אֶת הַבְּהֵמָה מְעֻמָּד וּמַשְׁקֶה אוֹתָהּ מְעֻמָּד אוֹ נוֹתֵן לְתוֹךְ פִּיהָ מַיִם בִּפְנֵי עַצְמָן וְכַרְשִׁינִין בִּפְנֵי עַצְמָן בְּמָקוֹם שֶׁיְּכוֹלָה לְהַחֲזִיר. וְכֵן מַאֲכִיל הָעוֹף בְּיָדוֹ בְּמָקוֹם שֶׁיָּכוֹל לְהַחֲזִיר וְאֵין צָרִיךְ לוֹמַר שֶׁיִּתֵּן לִפְנֵיהֶן וְהֵן אוֹכְלִין:

לו. בַּמֶּה דְּבָרִים אֲמוּרִים בְּמִי שֶׁמְּזוֹנוֹתָיו עָלָיו כְּגוֹן בְּהֶמְתּוֹ וְחַיָּתוֹ וְיוֹנֵי הַבַּיִת וַאֲוָזִין וְתַרְנְגוֹלִין. אֲבָל מִי שֶׁאֵין מְזוֹנוֹתָיו עָלָיו כְּגוֹן חֲזִיר וְיוֹנֵי שׁוֹבָךְ וּדְבוֹרִים לֹא יִתֵּן לִפְנֵיהֶם לֹא מָזוֹן וְלֹא מַיִם. וּמֻתָּר לְאָדָם לְהַעֲמִיד בְּהֶמְתּוֹ עַל גַּבֵּי עֲשָׂבִים [מְחֻבָּרִים] וְהִיא אוֹכֶלֶת. אֲבָל לֹא יַעֲמִיד אוֹתָהּ עַל גַּבֵּי דָּבָר שֶׁהֻקְצָה אֲבָל עוֹמֵד בְּפָנֶיהָ כְּדֵי שֶׁתַּחֲזִיר פָּנֶיהָ לַדָּבָר הַמֻּקְצֶה וְתֹאכַל מִמֶּנּוּ. וְכֵן בְּיוֹם טוֹב:

Perek 22

Work. · *Shvut* continued.

Baking, Shearing, Whitening, Dyeing, Sewing, Tearing, Building, Demolishing.

פרק כ״ב

א. רְדִיַּת הַפַּת אַף עַל פִּי שֶׁאֵינָהּ מְלָאכָה אָסְרוּ אוֹתָהּ חֲכָמִים שֶׁמָּא יָבוֹא לֶאֱפוֹת. הַמַּדְבִּיק פַּת בַּתַּנּוּר מִבְּעוֹד יוֹם וְקָדַשׁ עָלָיו הַיּוֹם מַצִּיל מִמֶּנָּה מְזוֹן שָׁלֹשׁ סְעוּדוֹת וְאוֹמֵר לַאֲחֵרִים בּוֹאוּ וְהַצִּילוּ לָכֶם. וְאַף עַל פִּי שֶׁהָרְדִיָּה אֵינָהּ מְלָאכָה כְּשֶׁהוּא מַצִּיל לֹא יִרְדֶּה בְּמִרְדֶּה אֶלָּא בְּסַכִּין כְּדֵי לְשַׁנּוֹת:

ב. מִפְּנֵי מָה אָסְרוּ חֲכָמִים לִכָּנֵס בַּמֶּרְחָץ בְּשַׁבָּת. מִפְּנֵי הַבַּלָּנִין שֶׁהָיוּ מְחַמִּין חַמִּין בְּשַׁבָּת וְאוֹמְרִין מֵעֶרֶב שַׁבָּת הוּחַמּוּ. לְפִיכָךְ גָּזְרוּ שֶׁלֹּא יִכָּנֵס אָדָם לַמֶּרְחָץ בְּשַׁבָּת אֲפִלּוּ לְהַזִּיעַ. וְגָזְרוּ שֶׁלֹּא יִשְׁתַּטֵּף כָּל גּוּפוֹ בְּחַמִּין וַאֲפִלּוּ בְּחַמִּין שֶׁהוּחַמּוּ מֵעֶרֶב שַׁבָּת. אֲבָל פָּנָיו יָדָיו וְרַגְלָיו מֻתָּר. בַּמֶּה דְּבָרִים אֲמוּרִים בְּחַמֵּי הָאוּר גְּזֵרָה מִשּׁוּם מֶרְחָץ. אֲבָל בְּחַמֵּי טְבֶרְיָא וְכַיּוֹצֵא בָּהֶן מֻתָּר לְהִשְׁתַּטֵּף בָּהֶן כָּל גּוּפוֹ. וְאָסוּר לִרְחֹץ בְּמַיִם חַמִּין שֶׁבַּמְּעָרוֹת מִפְּנֵי שֶׁהַמְּעָרָה יֵשׁ בָּהּ הֶבֶל וְיָבוֹא לִידֵי זֵעָה וְנִמְצֵאת כְּמֶרְחָץ:

ג. מִתְחַמֵּם אָדָם כְּנֶגֶד הַמְּדוּרָה וְיוֹצֵא וּמִשְׁתַּטֵּף כָּל גּוּפוֹ בְּצוֹנֵן. אֲבָל אֵינוֹ מִשְׁתַּטֵּף כָּל גּוּפוֹ בְּצוֹנֵן וּמִתְחַמֵּם כְּנֶגֶד הַמְּדוּרָה מִפְּנֵי שֶׁמַּפְשִׁיר מַיִם שֶׁעָלָיו וְנִמְצָא כְּרוֹחֵץ כָּל גּוּפוֹ בְּחַמִּין. הַמֵּבִיא סִילוֹן שֶׁל צוֹנֵן בְּתוֹךְ מַיִם חַמִּין אֲפִלּוּ בְּתוֹךְ חַמֵּי טְבֶרְיָא הֲרֵי אֵלּוּ כְּחַמִּין שֶׁהוּחַמּוּ בְּשַׁבָּת וַאֲסוּרִין בִּרְחִיצָה וּבִשְׁתִיָּה:

ד. מֵבִיא אָדָם קִיתוֹן שֶׁל מַיִם וּמַנִּיחוֹ כְּנֶגֶד הַמְּדוּרָה לֹא בִּשְׁבִיל שֶׁיֵּחַמּוּ אֶלָּא כְּדֵי שֶׁתָּפוּג צִנָּתָן. וְכֵן מַנִּיחַ פַּךְ שֶׁל שֶׁמֶן כְּנֶגֶד הַמְּדוּרָה כְּדֵי שֶׁיִּפְשַׁר לֹא שֶׁיֵּחַם. וְסָךְ אָדָם יָדוֹ בְּמַיִם אוֹ בְּשֶׁמֶן וּמְחַמֵּם כְּנֶגֶד הַמְּדוּרָה. וְהוּא שֶׁלֹּא יֵחַמּוּ הַמַּיִם שֶׁעַל יָדוֹ עַד שֶׁתְּהֵא כְּרֵסוֹ שֶׁל תִּינוֹק נִכְוֵית בָּהֶן. וּמְחַמֵּם בֶּגֶד וּמַנִּיחוֹ עַל גַּבֵּי מֵעַיִם בְּשַׁבָּת:

ה. אַמְבַּטִי שֶׁל מֶרְחָץ שֶׁהִיא מְלֵאָה מַיִם חַמִּים אֵין נוֹתְנִין לָהּ מַיִם צוֹנֵן שֶׁהֲרֵי מְחַמְּמָן הַרְבֵּה. וְכֵן לֹא יִתֵּן לְתוֹכָהּ פַּךְ שֶׁל שֶׁמֶן מִפְּנֵי שֶׁהוּא כִּמְבַשְּׁלוֹ. אֲבָל נוֹתֵן הוּא מַיִם חַמִּין לְתוֹךְ אַמְבַּטִי שֶׁל צוֹנֵן:

ו. מֵיחַם שֶׁפִּנָּה מִמֶּנּוּ מַיִם חַמִּין מֻתָּר לִתֵּן לְתוֹכוֹ מַיִם צוֹנֵן כְּדֵי לְהַפְשִׁירָן. וּמֻתָּר לִצֹּק מַיִם חַמִּין לְתוֹךְ מַיִם צוֹנֵן אוֹ צוֹנֵן לְתוֹךְ הַחַמִּין וְהוּא שֶׁלֹּא יִהְיוּ בִּכְלִי רִאשׁוֹן מִפְּנֵי שֶׁהוּא מְחַמְּמָן הַרְבֵּה. וְכֵן קְדֵרָה רוֹתַחַת אַף עַל פִּי שֶׁהוֹרִידָהּ מֵעַל הָאֵשׁ לֹא יִתֵּן לְתוֹכָהּ תַּבְלִין אֲבָל נוֹתֵן לְתוֹכָהּ מֶלַח שֶׁהַמֶּלַח אֵינוֹ מִתְבַּשֵּׁל אֶלָּא עַל גַּבֵּי אֵשׁ גְּדוֹלָה. וְאִם יָצַק הַתַּבְשִׁיל מִקְּדֵרָה לִקְעָרָה אַף עַל פִּי שֶׁהוּא רוֹתֵחַ בַּקְּעָרָה מֻתָּר לוֹ לִתֵּן לְתוֹךְ הַקְּעָרָה תַּבְלִין שֶׁכְּלִי שֵׁנִי אֵינוֹ מְבַשֵּׁל:

ז. אֵין שׁוֹרִין אֶת הַחִלְתִּית בֵּין בְּפוֹשְׁרִין בֵּין בְּצוֹנֵן אֲבָל שׁוֹרֶה אוֹתוֹ בְּתוֹךְ הַחֹמֶץ. וְאִם שְׁתָהוּ בְּיוֹם חֲמִישִׁי וְשִׁשִּׁי הֲרֵי זֶה שׁוֹרֶה בְּשַׁבָּת בְּצוֹנֵן וּמַנִּיחוֹ בַּחַמָּה עַד שֶׁיֵּחַם וְשׁוֹתֶה. כְּדֵי שֶׁלֹּא יֶחֱלֶה אִם פָּסַק מִלִּשְׁתּוֹת:

ח. דָּבָר שֶׁנִּתְבַּשֵּׁל קֹדֶם הַשַּׁבָּת אוֹ נִשְׁרָה בְּחַמִּין מִלִּפְנֵי הַשַּׁבָּת אַף עַל פִּי שֶׁהוּא עַכְשָׁו צוֹנֵן מֻתָּר לִשְׁרוֹתוֹ בְּחַמִּין בְּשַׁבָּת. וְדָבָר שֶׁהוּא צוֹנֵן מֵעִקָּרוֹ וְלֹא בָּא בְּחַמִּין מֵעוֹלָם מְדִיחִין אוֹתוֹ בְּחַמִּין בְּשַׁבָּת אִם לֹא הָיְתָה הֲדָחָתוֹ גְּמַר מְלַאכְתּוֹ אֲבָל אֵין שׁוֹרִין אוֹתוֹ בְּחַמִּין:

ט. מֻתָּר לְהָחֵם בַּחַמָּה אַף עַל פִּי שֶׁאָסוּר לְהָחֵם בְּתוֹלְדוֹת חַמָּה שֶׁאֵינוֹ בָּא לִטְעוּת מֵחַמָּה לָאוּר. לְפִיכָךְ מֻתָּר לִתֵּן מַיִם צוֹנֵן בַּשֶּׁמֶשׁ כְּדֵי שֶׁיֵּחַמּוּ. וְכֵן נוֹתְנִין מַיִם יָפִים לְתוֹךְ מַיִם רָעִים בִּשְׁבִיל שֶׁיֵּצֹנּוּ. וְנוֹתְנִין תַּבְשִׁיל לְתוֹךְ הַבּוֹר בִּשְׁבִיל שֶׁיְּהֵא שָׁמוּר:

י. מְעָרֵב אָדָם מַיִם וּמֶלַח וְשֶׁמֶן וְטוֹבֵל בּוֹ פִּתּוֹ אוֹ נוֹתְנוֹ לְתוֹךְ הַתַּבְשִׁיל. וְהוּא שֶׁיַּעֲשֶׂה מְעַט אֲבָל הַרְבֵּה אָסוּר מִפְּנֵי שֶׁנִּרְאֶה כְּעוֹשֶׂה מְלָאכָה מִמְּלֶאכֶת הַתַּבְשִׁיל. וְכֵן לֹא יַעֲשֶׂה מֵי מֶלַח עַזִּין וְהֵן שְׁנֵי שְׁלִישֵׁי מֶלַח וּשְׁלִישׁ מַיִם מִפְּנֵי שֶׁנִּרְאֶה כְּעוֹשֶׂה מוּרְיָס. וּמֻתָּר לִמְלֹחַ בֵּיצָה אֲבָל צְנוֹן וְכַיּוֹצֵא בּוֹ אָסוּר מִפְּנֵי שֶׁנִּרְאֶה כְּכוֹבֵשׁ כְּבָשִׁים בְּשַׁבָּת וְהַכּוֹבֵשׁ אָסוּר מִפְּנֵי שֶׁהוּא כִּמְבַשֵּׁל. וּמֻתָּר לִטְבֹּל צְנוֹן וְכַיּוֹצֵא בּוֹ בְּמֶלַח וְאוֹכֵל:

יא. מֻתָּר לְעָרֵב יַיִן וּדְבַשׁ וּפִלְפְּלִין בְּשַׁבָּת לְאָכְלָן אֲבָל יַיִן וּמַיִם וְשֶׁמֶן אֲפַרְסְמוֹן אָסוּר שֶׁאֵין זֶה רָאוּי לַאֲכִילַת בְּרִיאִים. וְכֵן כָּל כַּיּוֹצֵא בָּזֶה:

יב. חַרְדָּל שֶׁלָּשׁוֹ מֵעֶרֶב שַׁבָּת לְמָחָר מְמַחוֹ בֵּין בְּיָד בֵּין בִּכְלִי וְנוֹתֵן לְתוֹכוֹ דְּבַשׁ וְלֹא יִטְרֹף אֶלָּא מְעָרֵב. שַׁחֲלַיִם

שֶׁטְּרָפָן מֵעֶרֶב שַׁבָּת לְמָחָר נוֹתֵן לְתוֹכוֹ שֶׁמֶן וְחֹמֶץ וְתַבְלִין וְלֹא יִטְרֹף אֶלָּא מֵעָרֶב. שׁוּם שֶׁרְסָקוֹ מֵעֶרֶב שַׁבָּת לְמָחָר נוֹתְנוֹ לְתוֹךְ הַגְּרִיסִין וְלֹא יִשְׁחֹק אֶלָּא מֵעָרֶב:

יג. הַנּוֹטֵל שֵׂעָר מִגּוּף הָאָדָם חַיָּב מִשּׁוּם גּוֹזֵז. לְפִיכָךְ אָסוּר לִרְחֹץ אֶת הַיָּדַיִם בְּדָבָר שֶׁמַּשִּׁיר אֶת הַשֵּׂעָר וַדַּאי כְּגוֹן אֲהָלָה וְכַיּוֹצֵא בּוֹ. וּמֻתָּר לָחֹף אֶת הַיָּדַיִם בַּעֲפַר לְבוֹנָה וַעֲפַר פִּלְפְּלִין וַעֲפַר יַסְמִין וְכַיּוֹצֵא בָּהֶן וְאֵינוֹ חוֹשֵׁשׁ שֶׁמָּא יַשִּׁיר שֵׂעָר שֶׁעַל יָדוֹ שֶׁהֲרֵי אֵינוֹ מִתְכַּוֵּן. עֵרֵב דָּבָר שֶׁמַּשִּׁיר אֶת הַשֵּׂעָר וַדַּאי עִם דָּבָר שֶׁאֵינוֹ מַשִּׁיר וַדַּאי אִם הָיָה הָרֹב מִדָּבָר הַמַּשִּׁיר אָסוּר לָחֹף בּוֹ וְאִם לָאו מֻתָּר:

יד. אָסוּר לִרְאוֹת בְּמַרְאָה שֶׁל מַתֶּכֶת בְּשַׁבָּת גְּזֵרָה שֶׁמָּא יַשִּׁיר בָּהּ נִימִין הַמְדֻלְדָּלִין מִן הַשֵּׂעָר וַאֲפִלּוּ קָבוּעַ בַּכֹּתֶל. אֲבָל מַרְאָה שֶׁאֵינָהּ שֶׁל מַתֶּכֶת מֻתָּר לִרְאוֹת בָּהּ אֲפִלּוּ אֵינָהּ קְבוּעָה:

טו. הַמְכַבֵּס חַיָּב מִשּׁוּם מְלַבֵּן. וְהַסּוֹחֵט כְּסוּת חַיָּב מִפְּנֵי שֶׁהוּא מְכַבֵּס. לְפִיכָךְ אָסוּר לִדְחֹק מַטְלִית אוֹ מוֹךְ וְכַיּוֹצֵא בָּהֶן בְּפִי הָאֲשִׁישָׁה וְכַיּוֹצֵא בָּהּ כְּדֵי לְסָתְמָהּ שֶׁמָּא יָבֹא לִידֵי סְחִיטָה. וְאֵין מְקַנְּחִין בִּסְפוֹג אֶלָּא אִם כֵּן יֵשׁ לוֹ בֵּית אֲחִיזָה שֶׁלֹּא יִסְחֹט. וְאֵין מְכַסִּין חָבִית שֶׁל מַיִם וְכַיּוֹצֵא בָּהּ בְּבֶגֶד שֶׁאֵינוֹ מוּכָן לָהּ גְּזֵרָה שֶׁמָּא יִסְחֹט:

טז. נִשְׁבְּרָה לוֹ חָבִית בְּשַׁבָּת מַצִּיל מִמֶּנָּה מַה שֶּׁהוּא צָרִיךְ לְשַׁבָּת לוֹ וּלְאוֹרְחָיו וּבִלְבַד שֶׁלֹּא יִסְפֹּג בְּיַיִן אוֹ יְטַפַּח בְּשֶׁמֶן שֶׁאִם יַעֲשֶׂה כְּדֶרֶךְ שֶׁהוּא עוֹשֶׂה בְּחֹל שֶׁמָּא יָבוֹא לִידֵי סְחִיטָה. וְכֵיצַד מַצִּיל מִמֶּנָּה. מֵבִיא כְּלִי וּמַנִּיחַ תַּחְתֶּיהָ. וְלֹא יָבִיא כְּלִי אַחֵר וְיִקְלֹט כְּלִי אַחֵר וִיצָרֵף גְּזֵרָה שֶׁמָּא יָבִיא כְּלִי דֶּרֶךְ רְשׁוּת הָרַבִּים. נִזְדַּמְּנוּ לוֹ אוֹרְחִים מֵבִיא כְּלִי אַחֵר וְקוֹלֵט כְּלִי אַחֵר וּמְצָרְפוֹ לָרִאשׁוֹן. וְלֹא יִקְלֹט וְאַחַר כָּךְ יַזְמִין אֶלָּא יַזְמִין וְאַחַר כָּךְ יִקְלֹט. וְאִם הֶעֱרִים בְּדָבָר זֶה מֻתָּר:

יז. טִיט שֶׁעַל גַּבֵּי בִּגְדוֹ מְכַסְכְּסוֹ מִבִּפְנִים וְאֵינוֹ מְכַסְכְּסוֹ מִבַּחוּץ גְּזֵרָה שֶׁמָּא יְכַבֵּס. וּמֻתָּר לְגָרְדוֹ בְּצִפֹּרֶן וְאֵינוֹ חוֹשֵׁשׁ שֶׁמָּא יְלַבְּנוֹ. הַמְכַסְכֵּס אֶת הַסּוּדָר אָסוּר מִפְּנֵי שֶׁהוּא מְלַבְּנוֹ אֲבָל הֶחָלוּק מֻתָּר מִפְּנֵי שֶׁאֵין כַּוָּנָתוֹ אֶלָּא לְרַכְּכוֹ:

יח. מִנְעָל אוֹ סַנְדָּל שֶׁנִּתְלַכְלֵךְ בְּטִיט וּבְצוֹאָה מֻתָּר לְשַׁכְשְׁכוֹ בְּמַיִם אֲבָל לְכַבְּסוֹ אָסוּר. וְאֵין מְגָרְדִין לֹא מִנְעָלִים וְלֹא סַנְדָּלִים חֲדָשִׁים אֲבָל סָכִין (אוֹתָם) וּמְקַנְּחִין אֶת הַיְשָׁנִים. כַּר אוֹ כֶּסֶת שֶׁהָיָה עֲלֵיהֶן צוֹאָה אוֹ טִנּוּף מְקַנְּחוֹ בִּסְמַרְטוּט. וְאִם הָיְתָה עַל שֶׁל עוֹר נוֹתְנִין עָלֶיהָ מַיִם עַד שֶׁתִּכְלֶה:

יט. מִי שֶׁנִּתְלַכְלְכָה יָדוֹ בְּטִיט מְקַנְּחָהּ בִּזְנַב הַסּוּס וּבִזְנַב הַפָּרָה וּבְמַפָּה הַקָּשָׁה הָעֲשׂוּיָה לֶאֱחֹז בָּהּ הַקּוֹצִים. אֲבָל לֹא בְּמַפָּה שֶׁמְּקַנְּחִין בָּהּ אֶת הַיָּדַיִם שֶׁלֹּא יַעֲשֶׂה כְּדֶרֶךְ שֶׁהוּא עוֹשֶׂה בְּחֹל וְיָבוֹא לְכַבֵּס אֶת הַמַּפָּה:

כ. מִי שֶׁרָחַץ בְּמַיִם מִסְתַּפֵּג בַּאֲלֻנְטִיתוֹ וּמְבִיאָהּ בְּיָדוֹ וְאֵין חוֹשְׁשִׁין שֶׁמָּא יִסְחֹט. וְכֵן מִי שֶׁנָּשְׁרוּ כֵּלָיו בְּמַיִם מְהַלֵּךְ בָּהֶן וְאֵין חוֹשְׁשִׁין שֶׁמָּא יִסְחֹט. וְאָסוּר לוֹ לְשָׁטְחָן וַאֲפִלּוּ בְּתוֹךְ בֵּיתוֹ גְּזֵרָה שֶׁמָּא יֹאמַר הָרוֹאֶה הֲרֵי זֶה כִּבֵּס כְּסוּתוֹ בְּשַׁבָּת וּשְׁטָחָהּ לְיַבְּשָׁהּ. וְכָל מָקוֹם שֶׁאָסְרוּ חֲכָמִים מִפְּנֵי מַרְאִית הָעַיִן אֲפִלּוּ בְּחַדְרֵי חֲדָרִים אָסוּר:

כא. שְׁתֵּי מְטַהֲרוֹת זוֹ עַל גַּב זוֹ נוֹטֵל אֶת הַפְּקָק מִבֵּינְתַיִם וּמַשִּׁיקָן וּמַחֲזִיר אֶת הַפְּקָק לִמְקוֹמוֹ מִפְּנֵי שֶׁאֵינוֹ בָּא לִידֵי סְחִיטָה שֶׁהֲרֵי דַּעְתּוֹ שֶׁיֵּצְאוּ הַמַּיִם. וּפוֹקְקִין אֶת הַבִּיב בְּסוּדָרִין וּבְכָל דָּבָר הַמִּטַּלְטֵל כְּדֵי שֶׁלֹּא יָצוּפוּ הַמַּיִם עַל הָאֳכָלִים וְעַל הַכֵּלִים. אֲבָל אֵין פּוֹקְקִין אֶת הַבִּיב כְּדֵי שֶׁיֵּרְדוּ הַמַּיִם לַבּוֹר שֶׁמָּא יִסְחֹט בְּעֵת שֶׁדּוֹחֵק שֶׁהֲרֵי הַפְּקָק שָׁרוּי בְּמַיִם:

כב. אָסוּר לְתַקֵּן בֵּית יָד שֶׁל בְּגָדִים וּלְשַׁבְּרָם שְׁבָרִים כְּדֶרֶךְ שֶׁמְּתַקְּנִין בְּחֹל הַבְּגָדִים כְּשֶׁמְּכַבְּסִין אוֹתָן. וְכֵן אֵין מְקַפְּלִים הַבְּגָדִים בְּשַׁבָּת כְּדֶרֶךְ שֶׁעוֹשִׂין בְּחֹל בַּבְּגָדִים כְּשֶׁיְּכַבְּסוּ אוֹתָן. וְאִם לֹא הָיָה לוֹ כְּלִי אַחֵר לְהַחֲלִיפוֹ מֻתָּר לְקַפְּלוֹ וּלְפָשְׁטוֹ וּלְהִתְכַּסּוֹת בּוֹ כְּדֵי שֶׁיִּתְנָאֶה בּוֹ בְּשַׁבָּת. וְהוּא שֶׁיִּהְיֶה בֶּגֶד חָדָשׁ לָבָן שֶׁהֲרֵי הוּא מִתְמַעֵךְ וּמִתְלַכְלֵךְ מִיָּד. וּכְשֶׁיְּקַפֵּל לֹא יְקַפֵּל אֶלָּא אִישׁ אֶחָד אֲבָל לְקַפֵּל בִּשְׁנַיִם אָסוּר:

כג. הַצּוֹבֵעַ מֵאֲבוֹת מְלָאכוֹת לְפִיכָךְ אָסוּר לְאִשָּׁה לְהַעֲבִיר סְרָק עַל פָּנֶיהָ מִפְּנֵי שֶׁהִיא כְּצוֹבַעַת. וְהַתּוֹפֵר מֵאֲבוֹת מְלָאכוֹת לְפִיכָךְ אָסוּר לְמַלְאוֹת הַכַּר וְהַכֶּסֶת הַחֲדָשִׁים בְּמוֹכִין גְּזֵרָה שֶׁמָּא יִתְפֹּר. אֲבָל מוֹכִין שֶׁנָּשְׁרוּ מִן הַכַּר אוֹ מִן הַכֶּסֶת מַחֲזִירִין אוֹתָן בְּשַׁבָּת:

כד. הַקּוֹרֵעַ מֵאֲבוֹת מְלָאכוֹת. לְפִיכָךְ מִי שֶׁנִּסְתַּבְּכוּ בְּגָדָיו בְּקוֹצִים מַפְרִישָׁן בִּצְנִעָה וּמִתְמַהְמֵהַּ כְּדֵי שֶׁלֹּא יִקְרַע. וְאִם נִקְרְעוּ אֵינוֹ חַיָּב כְּלוּם שֶׁהֲרֵי לֹא נִתְכַּוֵּן. וּמֻתָּר לִלְבֹּשׁ בְּגָדִים חֲדָשִׁים וְאִם נִקְרְעוּ נִקְרְעוּ. פּוֹצְעִין אֶת הָאֱגוֹז בְּמַטְלִית וְאֵין חוֹשְׁשִׁין שֶׁמָּא תִּקָּרַע:

כה. הַתּוֹקֵעַ חַיָּב מִשּׁוּם בּוֹנֶה. לְפִיכָךְ כָּל הַדְּלָתוֹת הַמְחֻבָּרוֹת לַקַּרְקַע לֹא נוֹטְלִין אוֹתָן וְלֹא מַחֲזִירִין גְּזֵרָה שֶׁמָּא יִתְקַע. אֲבָל דֶּלֶת שִׁדָּה תֵּבָה וּמִגְדָּל וּשְׁאָר דַּלְתוֹת הַכֵּלִים נוֹטְלִין וְלֹא מַחֲזִירִין. וְאִם נִשְׁמַט צִיר הַתַּחְתּוֹן שֶׁלָּהֶן דּוֹחֲקִין אוֹתוֹ לִמְקוֹמוֹ. וּבַמִּקְדָּשׁ מַחֲזִירִין אוֹתוֹ.

אֲבָל צִיר הָעֶלְיוֹן שֶׁנִּשְׁמַט אָסוּר לְהַחֲזִירוֹ בְּכָל מָקוֹם גְּזֵרָה שֶׁמָּא יִתְקַע:

כו. אֵין גּוֹדְלִין אֶת שְׂעַר הָרֹאשׁ וְאֵין פּוֹקְסִין אוֹתוֹ מִפְּנֵי שֶׁנִּרְאֶה כְּבוֹנֶה. וְאֵין מַחֲזִירִין מְנוֹרָה שֶׁל חֻלְיוֹת וְלֹא כִּסֵּא הַמְפֻצָּל וְלֹא שֻׁלְחָן הַמְפֻצָּל וְכַיּוֹצֵא בָּהֶן מִפְּנֵי שֶׁנִּרְאֶה כְּבוֹנֶה. וְאִם הֶחֱזִיר פָּטוּר שֶׁאֵין בִּנְיָן בְּכֵלִים וְאֵין סְתִירָה בְּכֵלִים. וְאִם הָיָה רָפוּי מֻתָּר לְהַחֲזִירוֹ. וְאֵין מְתַקְּנִין חֻלְיוֹת שֶׁל שִׁדְרָה שֶׁל קָטָן זוֹ בְּצַד זוֹ מִפְּנֵי שֶׁנִּרְאֶה כְּבוֹנֶה:

כז. הָעוֹשֶׂה אֹהֶל קָבוּעַ חַיָּב מִשּׁוּם בּוֹנֶה. לְפִיכָךְ אֵין עוֹשִׂין אֹהֶל עֲרַאי לְכַתְּחִלָּה וְלֹא סוֹתְרִין אֹהֶל עֲרַאי גְּזֵרָה שֶׁמָּא יַעֲשֶׂה אוֹ יִסְתֹּר אֹהֶל קָבוּעַ. וְאִם עָשָׂה אוֹ סָתַר אֹהֶל עֲרַאי פָּטוּר. וּמֻתָּר לְהוֹסִיף עַל אֹהֶל עֲרַאי בְּשַׁבָּת. כֵּיצַד. טַלִּית שֶׁהָיְתָה פְּרוּסָה עַל הָעַמּוּדִים אוֹ עַל הַכְּתָלִים וְהָיְתָה כְּרוּכָה קֹדֶם הַשַּׁבָּת אִם נִשְׁאַר מִמֶּנָּה גַּג טֶפַח מָתוּחַ הֲרֵי זֶה מוֹתֵחַ אֶת כֻּלָּהּ בְּשַׁבָּת עַד שֶׁיֵּעָשֶׂה אֹהֶל גָּדוֹל. וְכֵן כָּל כַּיּוֹצֵא בָּזֶה:

כח. אֵין תּוֹלִין אֶת הַכִּלָּה שֶׁהֲרֵי נַעֲשֵׂית תַּחְתֶּיהָ אֹהֶל עֲרַאי. וּמֻתָּר לְהַנִּיחַ מִטָּה וְכִסֵּא וְטַרְסְקָל וְאַף עַל פִּי שֶׁיֵּעָשֶׂה תַּחְתֵּיהֶן אֹהֶל שֶׁאֵין זֶה דֶּרֶךְ עֲשִׂיַּת אֹהֶל לֹא קֶבַע וְלֹא עֲרַאי:

כט. כָּל אֹהֶל מְשֻׁפָּע שֶׁאֵין בְּגַגּוֹ טֶפַח וְלֹא בְּפָחוֹת מִשְּׁלֹשָׁה סָמוּךְ לְגַגּוֹ רֹחַב טֶפַח הֲרֵי זֶה אֹהֶל עֲרַאי וְהָעוֹשֶׂה אוֹתוֹ לְכַתְּחִלָּה בְּשַׁבָּת פָּטוּר. טַלִּית כְּפוּלָה שֶׁהָיוּ עָלֶיהָ חוּטִין שֶׁהִיא תְּלוּיָה בָּהֶן מֵעֶרֶב שַׁבָּת מֻתָּר לְנָטוֹתָהּ וּמֻתָּר לְפָרְקָהּ וְכֵן הַפָּרֹכֶת:

ל. כִּלַּת חֲתָנִים שֶׁאֵין בְּגַגָּהּ טֶפַח וְאֵין בְּפָחוֹת מִשְּׁלֹשָׁה סָמוּךְ לְגַגָּהּ רֹחַב טֶפַח. הוֹאִיל שֶׁהִיא מְתֻקֶּנֶת לְכָךְ מֻתָּר לְנָטוֹתָהּ וּמֻתָּר לְפָרְקָהּ וְהוּא שֶׁלֹּא תְּהֵא מְשֻׁלְשֶׁלֶת מֵעַל הַמִּטָּה טֶפַח. פְּקַק הַחַלּוֹן בִּזְמַן שֶׁהוּא מְתֻקָּן לְכָךְ אַף עַל פִּי שֶׁאֵינוֹ קָשׁוּר וְאֵינוֹ תָּלוּי מֻתָּר לִפְקֹק בּוֹ הַחַלּוֹן:

לא. כּוֹבַע שֶׁעוֹשִׂין עַל הָרֹאשׁ וְיֵשׁ לוֹ שָׂפָה מַקֶּפֶת שֶׁהִיא עוֹשָׂה צֵל כְּמוֹ אֹהֶל עַל לְבוּשׁוֹ מֻתָּר לְלָבְשׁוֹ. וְאִם הוֹצִיא מִן הַבֶּגֶד סָבִיב לְרֹאשׁוֹ אוֹ כְּנֶגֶד פָּנָיו כְּמוֹ אֹהֶל וְהָיָה מְהַדֵּק עַל רֹאשׁוֹ וְהָיְתָה הַשָּׂפָה שֶׁהוֹצִיאָהּ קָשָׁה בְּיוֹתֵר כְּמוֹ גַּג אָסוּר מִפְּנֵי שֶׁהוּא עוֹשֶׂה אֹהֶל עֲרַאי:

לב. הַנּוֹטֶה פָּרֹכֶת וְכַיּוֹצֵא בָּהּ צָרִיךְ לְהִזָּהֵר שֶׁלֹּא יַעֲשֶׂה אֹהֶל בְּשָׁעָה שֶׁנּוֹטֶה לְפִיכָךְ אִם הָיְתָה פָּרֹכֶת גְּדוֹלָה תּוֹלִין אוֹתָהּ שְׁנַיִם אֲבָל אֶחָד אָסוּר. וְאִם הָיְתָה כִּלָּה שֶׁיֵּשׁ לָהּ גַּג אֵין מוֹתְחִין אוֹתָהּ וַאֲפִלּוּ עֲשָׂרָה שֶׁאִי אֶפְשָׁר שֶׁלֹּא תִּגְבַּהּ מְעַט מֵעַל הָאָרֶץ וְתֵעָשֶׂה אֹהֶל עֲרַאי:

לג. בֶּגֶד שֶׁמְּכַסֶּה בּוֹ פִּי הֶחָבִית לֹא יְכַסֶּה בּוֹ אֶת כֻּלָּהּ מִפְּנֵי שֶׁנַּעֲשָׂה אֹהֶל אֲבָל מְכַסֶּה הוּא מִקְצָת פִּיהָ. הַמְסַנֵּן בִּכְפִיפָה מִצְרִית לֹא יַגְבִּיהַּ קַרְקָעִית הַכְּפִיפָה מִן הַכְּלִי טֶפַח כְּדֵי שֶׁלֹּא יַעֲשֶׂה אֹהֶל עֲרַאי בְּשַׁבָּת:

Perek 23

Work. · *Shvut* continued.

Final hammer blow, Processing leather, Smoothing, Writing, Erasing, Extinguishing fire.

פרק כ״ג

א. הָעוֹשֶׂה נֶקֶב שֶׁהוּא עָשׂוּי לְהַכְנִיס וּלְהוֹצִיא כְּגוֹן נֶקֶב שֶׁבְּלוּל הַתַּרְנְגוֹלִין שֶׁהוּא עָשׂוּי לְהַכְנִיס הָאוֹרָה וּלְהוֹצִיא הַהֶבֶל הֲרֵי זֶה חַיָּב מִשּׁוּם מַכֶּה בְּפַטִּישׁ. לְפִיכָךְ גָּזְרוּ עַל כָּל נֶקֶב אֲפִלּוּ הָיָה עָשׂוּי לְהוֹצִיא בִּלְבַד אוֹ לְהַכְנִיס בִּלְבַד שֶׁמָּא יָבוֹא לַעֲשׂוֹת נֶקֶב שֶׁחַיָּבִין עָלָיו. וּמִפְּנֵי זֶה אֵין נוֹקְבִין בְּחָבִית נֶקֶב חָדָשׁ וְאֵין מוֹסִיפִין בּוֹ. אֲבָל פּוֹתְחִין נֶקֶב יָשָׁן. וְהוּא שֶׁלֹּא יִהְיֶה הַנֶּקֶב לְמַטָּה מִן הַשְּׁמָרִים שֶׁאִם הָיָה לְמַטָּה מִן הַשְּׁמָרִים הֲרֵי זֶה עָשׂוּי לְחַזֵּק וְאָסוּר לְפָתְחוֹ:

ב. נוֹקְבִין מְגוּפָה שֶׁל חָבִית לְהוֹצִיא מִמֶּנָּה יַיִן וּבִלְבַד שֶׁיִּנְקְבֶנָּה מִלְמַעְלָה אֲבָל מִצִּדָּהּ אָסוּר מִפְּנֵי שֶׁהוּא כִּמְתַקֵּן כְּלִי. שׁוֹבֵר אָדָם אֶת הֶחָבִית לֶאֱכֹל מִמֶּנָּה גְּרוֹגָרוֹת וּבִלְבַד שֶׁלֹּא יִתְכַּוֵּן לַעֲשׂוֹת כְּלִי. וּמֵבִיא אָדָם חָבִית שֶׁל יַיִן וּמַתִּיז אֶת רֹאשָׁהּ בְּסַיִף לִפְנֵי הָאוֹרְחִין וְאֵינוֹ חוֹשֵׁשׁ. שֶׁאֵין כַּוָּנָתוֹ אֶלָּא לְהַרְאוֹת נְדִיבַת לִבּוֹ:

ג. וּכְשֵׁם שֶׁאָסוּר לִפְתֹּחַ כָּל נֶקֶב כָּךְ אָסוּר לִסְתֹּם כָּל נֶקֶב. לְפִיכָךְ אָסוּר לִסְתֹּם נֶקֶב הֶחָבִית וַאֲפִלּוּ בְּדָבָר שֶׁאֵינוֹ מִתְמָרֵחַ וְאֵינוֹ בָּא לִידֵי סְחִיטָה כְּגוֹן שֶׁיִּסְתֹּם בְּקֵיסָם אוֹ בִּצְרוֹר קָטָן. אֲבָל אִם הִנִּיחַ שָׁם אֹכֶל כְּדֵי לְהַצְנִיעוֹ וְנִמְצָא הַנֶּקֶב נִסְתָּם מֻתָּר. וּמֻתָּר לְהַעֲרִים בְּדָבָר זֶה:

ד. כָּל דָּבָר שֶׁהוּא גְּמַר מְלָאכָה חַיָּב עָלָיו מִשּׁוּם מַכֶּה

בְּפַטִּישׁ. וּמִפְּנֵי זֶה הַגּוֹרֵד כָּל שֶׁהוּא אוֹ הַמְתַקֵּן כְּלִי בְּאֵיזֶה דָּבָר שֶׁיִּתַקֵּן חַיָּב. לְפִיכָךְ אָסוּר לְהַשְׁמִיעַ קוֹל שֶׁל שִׁיר בְּשַׁבָּת בֵּין בִּכְלֵי שִׁיר כְּגוֹן כִּנּוֹרוֹת וּנְבָלִים בֵּין בִּשְׁאָר דְּבָרִים. אֲפִלּוּ לְהַכּוֹת בְּאֶצְבַּע עַל הַקַּרְקַע אוֹ עַל הַלּוּחַ אוֹ אַחַת כְּנֶגֶד אַחַת כְּדֶרֶךְ הַמְשׁוֹרְרִים אוֹ לְקַשְׁקֵשׁ אֶת הָאֱגוֹז לְתִינוֹק אוֹ לְשַׂחֵק בּוֹ בְּזוֹג כְּדֵי שֶׁיִּשְׁתֹּק כָּל זֶה וְכַיּוֹצֵא בּוֹ אָסוּר גְּזֵרָה שֶׁמָּא יְתַקֵּן כְּלֵי שִׁיר:

ה. אֵין מְסַפְּקִין וְלֹא מְרַקְּדִין וְאֵין מְטַפְּחִין בְּשַׁבָּת גְּזֵרָה שֶׁמָּא יְתַקֵּן כְּלֵי שִׁיר. וּלְסַפֵּק כִּלְאַחַר יָד מֻתָּר. אֵין שָׁטִין עַל פְּנֵי הַמַּיִם גְּזֵרָה שֶׁמָּא יְתַקֵּן חָבִית שֶׁל שַׁיָּטִין. בְּרֵכָה שֶׁבֶּחָצֵר מֻתָּר לָשׁוּט בְּתוֹכָהּ שֶׁאֵינוֹ בָּא לַעֲשׂוֹת חָבִית שֶׁל שַׁיָּטִין וְהוּא שֶׁיִּהְיֶה לָהּ שָׂפָה מֻקֶּפֶת שֶׁלֹּא יֵעָקֵר מִמֶּנָּה הַמַּיִם. כְּדֵי שֶׁיִּהְיֶה הֶכֵּר וְהֶפְרֵשׁ בֵּינָהּ וּבֵין הַיָּם:

ו. אֵין חוֹתְכִין שְׁפוֹפֶרֶת שֶׁל קָנֶה מִפְּנֵי שֶׁהוּא כִּמְתַקֵּן כְּלִי. הָיְתָה חֲתוּכָה אַף עַל פִּי שֶׁאֵינָהּ מְתֻקֶּנֶת מֻתָּר לְהַכְנִיסָהּ בְּנֶקֶב הֶחָבִית בְּשַׁבָּת לְהוֹצִיא מִמֶּנָּה יַיִן וְאֵין חוֹשְׁשִׁין שֶׁמָּא יְתַקֵּן. וְאָסוּר לְהַנִּיחַ עָלֶה שֶׁל הֲדַס וְכַיּוֹצֵא בּוֹ בְּתוֹךְ הַנֶּקֶב שֶׁל חָבִית כְּדֵי שֶׁיְּקַלֵּחַ אֶת הַיַּיִן מִפְּנֵי שֶׁהוּא כְּעוֹשֶׂה מַרְזֵב בְּשַׁבָּת. וְאֵין שׁוֹבְרִין אֶת הַחֶרֶס וְאֵין קוֹרְעִין אֶת הַנְּיָר מִפְּנֵי שֶׁהוּא כִּמְתַקֵּן כְּלִי:

ז. זְמוֹרָה שֶׁהִיא קְשׁוּרָה בְּטָפִיחַ מְמַלְּאִין בָּהּ בְּשַׁבָּת. וְאִם אֵינָהּ קְשׁוּרָה אֵין מְמַלְּאִין בָּהּ גְּזֵרָה שֶׁמָּא יִקְטֹם אוֹתָהּ וְיִתְקָעֶהָ. אָסוּר לָחֹף כְּלֵי כֶּסֶף בְּגַרְתָּקוֹן מִפְּנֵי שֶׁהוּא מְלַבְּנָן כְּדֶרֶךְ שֶׁהָאֻמָּנִין עוֹשִׂין וְנִמְצָא כִּמְתַקֵּן כְּלִי וְגוֹמֵר מְלַאכְתּוֹ בְּשַׁבָּת. אֲבָל חוֹפְפִין אוֹתוֹ בְּחוֹל וּבְנֶתֶר. וְכֵן כָּל הַכֵּלִים חוֹפְפִין אוֹתָן בְּכָל דָּבָר. וְאָסוּר לְהָדִיחַ קְעָרוֹת וְאִלְפָּסִין וְכַיּוֹצֵא בָּהֶן מִפְּנֵי שֶׁהוּא כִּמְתַקֵּן אֶלָּא אִם כֵּן הֱדִיחָן לֶאֱכֹל בָּהֶן סְעֻדָּה אַחֶרֶת בְּאוֹתָהּ שַׁבָּת. אֲבָל כְּלֵי שְׁתִיָּה כְּגוֹן כּוֹסוֹת וְקִיתוֹנוֹת מֻתָּר לַהֲדִיחָן בְּכָל עֵת שֶׁאֵין קֶבַע לִשְׁתִיָּה. וְאֵין מַצִּיעִין אֶת הַמִּטּוֹת בְּשַׁבָּת כְּדֵי לִישֹׁן עֲלֵיהֶן לְמוֹצָאֵי שַׁבָּת אֲבָל מַצִּיעִין מִלֵּילֵי שַׁבָּת לְשַׁבָּת:

ח. אָסוּר לְהַטְבִּיל כֵּלִים טְמֵאִין בְּשַׁבָּת מִפְּנֵי שֶׁהוּא כִּמְתַקֵּן כְּלִי. אֲבָל אָדָם טָמֵא מֻתָּר לִטְבֹּל מִפְּנֵי שֶׁנִּרְאֶה כְּמֵיקֵר. וְאֵין מַזִּין עָלָיו בְּשַׁבָּת. הַמַּטְבִּיל כֵּלִים בְּשַׁבָּת בְּשׁוֹגֵג יִשְׁתַּמֵּשׁ בָּהֶן. בְּמֵזִיד לֹא יִשְׁתַּמֵּשׁ בָּהֶן עַד לְמוֹצָאֵי שַׁבָּת. וּמֻתָּר לְהַטְבִּיל אֶת הַמַּיִם הַטְּמֵאִים בְּשַׁבָּת. כֵּיצַד יַעֲשֶׂה. נוֹתְנָן בִּכְלִי שֶׁאֵינוֹ מְקַבֵּל טֻמְאָה כְּגוֹן כְּלֵי אֲבָנִים וּמַטְבִּיל הַכֵּלִים בַּמִּקְוֶה עַד שֶׁיַּעֲלֶה מֵי הַמִּקְוֶה עֲלֵיהֶן וְיִטְהֲרוּ:

ט. אֵין מַגְבִּיהִין תְּרוּמוֹת וּמַעַשְׂרוֹת בְּשַׁבָּת מִפְּנֵי שֶׁנִּרְאֶה כִּמְתַקֵּן דָּבָר שֶׁלֹּא הָיָה מְתֻקָּן:

י. מְעַבֵּד מֵאֲבוֹת מְלָאכוֹת הוּא. וְהַמְרַכֵּךְ עוֹר בְּשֶׁמֶן כְּדֶרֶךְ שֶׁהָעַבְּדָנִים עוֹשִׂים הֲרֵי זֶה מְעַבֵּד וְחַיָּב. לְפִיכָךְ לֹא יָסוּךְ אָדָם רַגְלוֹ בְּשֶׁמֶן וְהוּא בְּתוֹךְ הַמִּנְעָל אוֹ בְּתוֹךְ הַסַּנְדָּל הַחֲדָשִׁים. אֲבָל סָךְ הוּא אֶת רַגְלוֹ שֶׁמֶן וְלוֹבֵשׁ מִנְעָלוֹ אוֹ סַנְדָּלוֹ אַף עַל פִּי שֶׁהֵן חֲדָשִׁים. וְסָךְ כָּל גּוּפוֹ שֶׁמֶן וּמִתְעַגֵּל עַל גַּבֵּי קַטַבְלְיָא חֲדָשָׁה וְאֵינוֹ חוֹשֵׁשׁ. בַּמֶּה דְּבָרִים אֲמוּרִים כְּשֶׁהָיָה הַשֶּׁמֶן מְעַט כְּדֵי שֶׁיְּצַחְצֵחַ הָעוֹר בִּלְבַד אֲבָל אִם הָיָה בִּבְשָׂרוֹ שֶׁמֶן הַרְבֵּה כְּדֵי שֶׁיְּרַכֵּךְ הָעוֹר הֲרֵי זֶה אָסוּר מִפְּנֵי שֶׁהוּא כִּמְעַבְּדוֹ. וְהַכֹּל בַּחֲדָשִׁים אֲבָל בִּישָׁנִים מֻתָּר:

יא. הַמְמָרֵחַ רְטִיָּה בְּשַׁבָּת חַיָּב מִשּׁוּם מוֹחֵק אֶת הָעוֹר. לְפִיכָךְ אֵין סוֹתְמִין נֶקֶב בְּשַׁעֲוָה וְכַיּוֹצֵא בָּהּ שֶׁמָּא יְמָרֵחַ וַאֲפִלּוּ בְּשֶׁמֶן אֵין סוֹתְמִין אֶת הַנֶּקֶב גְּזֵרָה מִשּׁוּם שַׁעֲוָה:

יב. כּוֹתֵב מֵאֲבוֹת מְלָאכוֹת. לְפִיכָךְ אָסוּר לִכְחֹל בַּפּוּךְ וְכַיּוֹצֵא בּוֹ בְּשַׁבָּת מִפְּנֵי שֶׁהוּא כְּכוֹתֵב. וְאָסוּר לִלְווֹת וּלְהַלְווֹת גְּזֵרָה שֶׁמָּא יִכְתֹּב. וְכֵן אָסוּר לִקְנוֹת וְלִמְכֹּר וְלִשְׂכֹּר וּלְהַשְׂכִּיר גְּזֵרָה שֶׁמָּא יִכְתֹּב. לֹא יִשְׂכֹּר אָדָם פּוֹעֲלִים בְּשַׁבָּת וְלֹא יֹאמַר לַחֲבֵרוֹ לִשְׂכֹּר לוֹ פּוֹעֲלִין. אֲבָל לִשְׁאֹל וּלְהַשְׁאִיל מֻתָּר. שׁוֹאֵל אָדָם מֵחֲבֵרוֹ כַּדֵּי יַיִן וְכַדֵּי שֶׁמֶן וּבִלְבַד שֶׁלֹּא יֹאמַר לוֹ הַלְוֵינִי:

יג. אֶחָד הַמּוֹכֵר בַּפֶּה אוֹ בִּמְסִירָה אָסוּר. [וְאָסוּר לִשְׁקֹל] בֵּין בְּמֹאזְנַיִם בֵּין שֶׁלֹּא בְּמֹאזְנַיִם. וּכְשֵׁם שֶׁאָסוּר לִשְׁקֹל כָּךְ אָסוּר לִמְנוֹת וְלִמְדֹּד בֵּין בִּכְלִי מִדָּה בֵּין בַּיָּד בֵּין בְּחֶבֶל:

יד. אֵין דָּנִין בְּשַׁבָּת וְלֹא חוֹלְצִין וְלֹא מְיַבְּמִין וְלֹא מְקַדְּשִׁין גְּזֵרָה שֶׁמָּא יִכְתֹּב. וְאֵין מַקְדִּישִׁין וְלֹא מַעֲרִיכִין וְלֹא מַחְרִימִין מִפְּנֵי שֶׁהוּא כְּמִקָּח וּמִמְכָּר. וְאֵין מַגְבִּיהִין תְּרוּמוֹת וּמַעַשְׂרוֹת שֶׁזֶּה דּוֹמֶה לְמַקְדִּישׁ אוֹתָן פֵּרוֹת שֶׁהִפְרִישׁ. וְעוֹד מִפְּנֵי שֶׁהוּא כִּמְתַקֵּן אוֹתָן בְּשַׁבָּת. וְאֵין מְעַשְּׂרִין אֶת הַבְּהֵמָה גְּזֵרָה שֶׁמָּא יִרְשֹׁם בְּסִיקְרָא. וּמַקְדִּישׁ אָדָם פִּסְחוֹ בְּשַׁבָּת וַחֲגִיגָתוֹ בְּיוֹם טוֹב שֶׁזּוֹ מִצְוַת הַיּוֹם הִיא. וּכְשֵׁם שֶׁאֵין מַקְדִּישִׁין כָּךְ אֵין מְקַדְּשִׁין מֵי חַטָּאת:

טו. הַמַּגְבִּיהַּ תְּרוּמוֹת וּמַעַשְׂרוֹת בְּשַׁבָּת אוֹ בְּיוֹם טוֹב בְּשׁוֹגֵג יֹאכַל מִמַּה שֶּׁהִתְקִין. בְּמֵזִיד לֹא יֹאכַל עַד מוֹצָאֵי שַׁבָּת. וּבֵין כָּךְ וּבֵין כָּךְ תִּקֵּן אֶת הַפֵּרוֹת. וְכֵן הַמַּקְדִּישׁ אוֹ הַמַּעֲרִיךְ אוֹ הַמַּחֲרִים בְּשַׁבָּת בֵּין בְּשׁוֹגֵג בֵּין בְּמֵזִיד מַה שֶּׁעָשָׂה עָשׂוּי וְאֵין צָרִיךְ לוֹמַר בְּיוֹם טוֹב. וְכֵן הַמַּקְנֶה לַחֲבֵרוֹ בְּשַׁבָּת קָנָה. מְעַשְּׂרִין אֶת הַדְּמַאי בֵּין הַשְּׁמָשׁוֹת אֲבָל לֹא אֶת הַוַּדַּאי:

טז. מִי שֶׁקָּרָא שֵׁם לִתְרוּמַת מַעֲשֵׂר שֶׁל דְּמַאי אוֹ לְמַעֲשַׂר

עָנִי שֶׁל וַדַּאי לֹא יִטֹּל בְּשַׁבָּת אַף עַל פִּי שֶׁיִּחֵד מְקוֹמָן מִקֹּדֶם הַשַּׁבָּת וַהֲרֵי הֵן יְדוּעִין וּמֻנָּחִין בְּצַד הַפֵּרוֹת. וְאִם הָיָה כֹּהֵן אוֹ עָנִי לְמוּדִים לֶאֱכֹל אֶצְלוֹ יָבוֹאוּ וְיֹאכְלוּ. וּבִלְבַד שֶׁיּוֹדִיעַ לַכֹּהֵן שֶׁזּוֹ שֶׁאֲנִי מַאֲכִילְךָ תְּרוּמַת מַעֲשֵׂר וְיוֹדִיעַ לֶעָנִי שֶׁזּוֹ שֶׁאֲנִי מַאֲכִילְךָ מַעֲשַׂר עָנִי:

יז. אָסוּר לְהָפִיס וּלְשַׂחֵק בְּקֻבְיָא בְּשַׁבָּת מִפְּנֵי שֶׁהוּא כְּמִקָּח וּמִמְכָּר. וּמֵפִיס אָדָם עִם בָּנָיו וְעִם בְּנֵי בֵּיתוֹ עַל מָנָה גְּדוֹלָה כְּנֶגֶד מָנָה קְטַנָּה מִפְּנֵי שֶׁאֵין מַקְפִּידִין:

יח. אָסוּר לְחַשֵּׁב חֶשְׁבּוֹנוֹת שֶׁהוּא צָרִיךְ לָהֶן בְּשַׁבָּת בֵּין שֶׁעָבַר בֵּין שֶׁעָתִיד לִהְיוֹת גְּזֵרָה שֶׁמָּא יִכְתֹּב. לְפִיכָךְ חֶשְׁבּוֹנוֹת שֶׁאֵין בָּהֶן צֹרֶךְ מֻתָּר לְחַשְּׁבָן. כֵּיצַד. כַּמָּה סְאִין תְּבוּאָה הָיָה לָנוּ בְּשָׁנָה פְּלוֹנִית, כַּמָּה דִּינָרִין הוֹצִיא בְּחַתְנוּת בְּנוֹ, וְכַיּוֹצֵא בְּאֵלּוּ שֶׁהֵן בִּכְלַל שִׂיחָה בְּטֵלָה שֶׁאֵין בָּהֶן צֹרֶךְ כְּלָל, הַמְחַשֵּׁב אוֹתָן בְּשַׁבָּת כִּמְחַשֵּׁב בְּחֹל:

יט. אָסוּר לִקְרוֹת בְּשִׁטְרֵי הֶדְיוֹטוֹת בְּשַׁבָּת שֶׁלֹּא יְהֵא כְּדֶרֶךְ חֹל וְיָבֹא לִמְחֹק. מוֹנֶה אָדָם פַּרְפְּרוֹתָיו וְאֶת אוֹרְחָיו מִפִּיו אֲבָל לֹא מִן הַכְּתָב כְּדֵי שֶׁלֹּא יִקְרָא בְּשִׁטְרֵי הֶדְיוֹטוֹת. לְפִיכָךְ אִם הָיוּ הַשֵּׁמוֹת חֲקוּקִין עַל הַטַּבְלָה אוֹ עַל הַכֹּתֶל מֻתָּר לִקְרוֹתָן מִפְּנֵי שֶׁאֵינוֹ מִתְחַלֵּף בִּשְׁטָר. וְאָסוּר לִקְרוֹת בִּכְתָב הַמְהַלֵּךְ תַּחַת הַצּוּרָה וְתַחַת הַדְּיוֹקְנִי בְּשַׁבָּת. אַף לִקְרוֹת בַּכְּתוּבִים בְּשַׁבָּת בִּשְׁעַת בֵּית הַמִּדְרָשׁ אָסוּר גְּזֵרָה מִשּׁוּם בִּטּוּל בֵּית הַמִּדְרָשׁ שֶׁלֹּא יִהְיֶה כָּל אֶחָד יוֹשֵׁב בְּבֵיתוֹ וְקוֹרֵא וְיִמָּנַע מִבֵּית הַמִּדְרָשׁ:

כ. נָפְלָה דְּלֵקָה בְּחָצֵר בְּשַׁבָּת אֵינוֹ מַצִּיל כָּל מַה שֶּׁיֵּשׁ בֶּחָצֵר לְחָצֵר אַחֶרֶת שֶׁבְּאוֹתוֹ הַמָּבוֹי אַף עַל פִּי שֶׁעֵרְבוּ גְּזֵרָה שֶׁמָּא יְכַבֶּה הַדְּלֵקָה כְּדֵי שֶׁיַּצִּיל מִפְּנֵי שֶׁאָדָם בָּהוּל עַל מָמוֹנוֹ. לְפִיכָךְ גָּזְרוּ שֶׁלֹּא יַצִּיל אֶלָּא מְזוֹן שֶׁהוּא צָרִיךְ לוֹ לְאוֹתוֹ שַׁבָּת וְכֵלִים שֶׁצָּרִיךְ לְהִשְׁתַּמֵּשׁ בָּהֶן בְּשַׁבָּת וּבְגָדִים שֶׁיָּכוֹל לִלְבֹּשׁ. שֶׁנִּמְצָא מִתְיָאֵשׁ מִן הַכֹּל וְאֵינוֹ בָּא לִידֵי כִּבּוּי. וְאִם לֹא עֵרְבוּ אַף מְזוֹנוֹ וְכֵלָיו אֵינוֹ מַצִּיל:

כא. וּמַה הוּא מַצִּיל לִמְזוֹנוֹ. אִם נָפְלָה דְּלֵקָה בְּלֵילֵי שַׁבָּת מַצִּילִין מְזוֹן שָׁלֹשׁ סְעֻדּוֹת. הָרָאוּי לְאָדָם לְאָדָם וְהָרָאוּי לִבְהֵמָה לִבְהֵמָה. נָפְלָה בְּשַׁחֲרִית מַצִּילִין מְזוֹן שְׁתֵּי סְעֻדּוֹת. בְּמִנְחָה מַצִּילִין מְזוֹן סְעֻדָּה אַחַת:

כב. בַּמֶּה דְּבָרִים אֲמוּרִים בְּמַצִּיל בְּכֵלִים הַרְבֵּה אוֹ שֶׁהָיָה מְמַלֵּא כְּלִי וּמוֹצִיאוֹ וּמְעָרֶה וְחוֹזֵר וּמְמַלֵּא אוֹתוֹ שֵׁנִית הוּא שֶׁאֵין מַצִּיל אֶלָּא מַה שֶּׁהוּא צָרִיךְ לוֹ. אֲבָל אִם הוֹצִיא כְּלִי אֶחָד בְּהוֹצָאָה אַחַת אַף עַל פִּי שֶׁיֵּשׁ בּוֹ כַּמָּה סְעֻדּוֹת מֻתָּר:

כג. כֵּיצַד. מַצִּיל סַל מָלֵא כִּכָּרוֹת אַף עַל פִּי שֶׁיֵּשׁ בּוֹ כַּמָּה סְעֻדּוֹת. וְעִגּוּל שֶׁל דְּבֵלָה וְחָבִית שֶׁל יַיִן. וְכֵן אִם פָּרַשׂ טַלִּיתוֹ וְקִבֵּץ בָּהּ כָּל מַה שֶּׁיָּכוֹל לְהוֹצִיא וְהוֹצִיאָהּ מְלֵאָה בְּבַת אַחַת מֻתָּר:

כד. וְאוֹמֵר לַאֲחֵרִים בּוֹאוּ וְהַצִּילוּ לָכֶם וְכָל אֶחָד וְאֶחָד מַצִּיל מְזוֹן שֶׁהוּא צָרִיךְ לוֹ אוֹ כְּלִי אֶחָד שֶׁמַּחֲזִיק אֲפִלּוּ דָּבָר גָּדוֹל וַהֲרֵי הוּא שֶׁל מַצִּיל. וְאִם לֹא רָצָה הַמַּצִּיל לְקַחְתּוֹ וּנְתָנוֹ לִבְעָלָיו מֻתָּר לוֹ לִטֹּל מִמֶּנּוּ אַחַר הַשַּׁבָּת שְׂכַר עֲמָלוֹ וְאֵין זֶה שְׂכַר שַׁבָּת שֶׁהֲרֵי אֵין שָׁם מְלָאכָה וְלֹא אִסּוּר שֶׁלֹּא הוֹצִיאוֹ אֶלָּא בְּמָקוֹם מְעֹרָב:

כה. הִצִּיל פַּת נְקִיָּה אֵינוֹ חוֹזֵר וּמַצִּיל פַּת שֶׁאֵינָהּ נְקִיָּה. אֲבָל אִם הִצִּיל פַּת שֶׁאֵינָהּ נְקִיָּה חוֹזֵר וּמַצִּיל פַּת נְקִיָּה. וּמַצִּיל בְּיוֹם הַכִּפּוּרִים מַה שֶּׁהוּא צָרִיךְ לְשַׁבָּת אִם הָיָה יוֹם הַכִּפּוּרִים בְּעֶרֶב שַׁבָּת אֲבָל אֵינוֹ מַצִּיל בְּשַׁבָּת לְיוֹם הַכִּפּוּרִים. וְאֵין צָרִיךְ לוֹמַר לְיוֹם טוֹב. וְלֹא מִשַּׁבָּת זוֹ לְשַׁבָּת הַבָּאָה. וּמַה שֶּׁהוּא מַצִּיל לִלְבֹּשׁ. לוֹבֵשׁ כָּל מַה שֶּׁהוּא יָכוֹל לִלְבֹּשׁ וְעוֹטֵף כָּל מַה שֶּׁהוּא יָכוֹל לַעֲטֹף וּמוֹצִיא וְאוֹמֵר לַאֲחֵרִים בּוֹאוּ וְהַצִּילוּ לָכֶם. וְכָל אֶחָד וְאֶחָד לוֹבֵשׁ וּמִתְעַטֵּף בְּכֵלָיו וּמוֹצִיא. וַהֲרֵי הוּא שֶׁלּוֹ כְּמוֹ הַמַּאֲכָל שֶׁהֲרֵי מִן הַהֶפְקֵר הֵן זוֹכִין:

כו. מֻתָּר לְהַצִּיל כָּל כִּתְבֵי הַקֹּדֶשׁ שֶׁיֵּשׁ בֶּחָצֵר לְחָצֵר אַחֶרֶת שֶׁבְּאוֹתוֹ הַמָּבוֹי וְאַף עַל פִּי שֶׁלֹּא עֵרְבוּ. וּבִלְבַד שֶׁיִּהְיֶה לַמָּבוֹי שָׁלֹשׁ מְחִצּוֹת וְלֶחִי אֶחָד. וְהוּא שֶׁיִּהְיוּ כְּתוּבִין אַשּׁוּרִית וּבִלְשׁוֹן הַקֹּדֶשׁ אֲבָל אִם הָיָה כְּתוּבִין בְּכָל לָשׁוֹן אוֹ בִּכְתָב אַחֵר אֵין מַצִּילִין אוֹתָן אֲפִלּוּ הָיָה שָׁם עֵרוּב. וּבְחֹל אָסוּר לִקְרוֹת בָּהֶם אֶלָּא מַנִּיחָן בִּמְקוֹם הַתֹּרֶף וְהֵן מִתְאַבְּדִין מֵאֲלֵיהֶן:

כז. הָיוּ כְּתוּבִין בְּסַם וּבְסִיקְרָא אַף עַל פִּי שֶׁאֵינוֹ כְּתָב שֶׁל קַיָּמָא הוֹאִיל וְהֵן כְּתוּבִין אַשּׁוּרִית וּבִלְשׁוֹן קֹדֶשׁ מַצִּילִין אוֹתָן. גִּלָּיוֹן שֶׁל סְפָרִים שֶׁלְּמַעְלָה וְשֶׁלְּמַטָּה וְשֶׁבֵּין פָּרָשָׁה לְפָרָשָׁה וְשֶׁבֵּין דַּף לְדַף וְשֶׁבִּתְחִלַּת הַסֵּפֶר וְשֶׁבְּסוֹף הַסֵּפֶר אֵין מַצִּילִין אוֹתָן. הַבְּרָכוֹת וְהַקְּמֵעִין אַף עַל פִּי שֶׁיֵּשׁ בָּהֶן אוֹתִיּוֹת שֶׁל שֵׁם וּמֵעִנְיָנוֹת הַרְבֵּה שֶׁל תּוֹרָה אֵין מַצִּילִין אוֹתָן מִפְּנֵי הַדְּלֵקָה:

כח. סֵפֶר תּוֹרָה שֶׁיֵּשׁ בּוֹ לְלַקֵּט שְׁמוֹנִים וְחָמֵשׁ אוֹתִיּוֹת מִתּוֹךְ תֵּבוֹת שְׁלֵמוֹת וַאֲפִלּוּ בִּכְלָלָן (בראשית לא מז) "יְגַר שָׂהֲדוּתָא". וְכֵן אִם הָיְתָה בָּהּ פָּרָשָׁה שֶׁאֵין בָּהּ שְׁמוֹנִים וְחָמֵשׁ אוֹתִיּוֹת וְיֵשׁ בָּהּ הַזְכָּרוֹת כְּגוֹן (במדבר י לה) "וַיְהִי בִּנְסֹעַ הָאָרֹן". מַצִּילִין אוֹתָן מִפְּנֵי הַדְּלֵקָה. וּמַצִּילִין תִּיק הַסֵּפֶר עִם הַסֵּפֶר וְתִיק תְּפִלִּין עִם הַתְּפִלִּין אַף עַל פִּי שֶׁיֵּשׁ בְּתוֹכָן מָעוֹת:

Perek 24

Work. · *Vechibadeto measot derachecha, mimtzo cheftzecha, vedaber davar.*

These are prohibitions which are neither *avot, toldot* nor *shvut.*

These activities refer to avoiding mundane matters (even not speaking about them) and making regular weekday acts different on *Shabbat.*

I.e. we avoid matters involving our mundane desires (*cheftzecha*).

However similar acts which involve Hashems desires (i.e. *mitzvot*) are allowed.

E.g. one should not discuss one's business finances, but one could discuss finances to help arrange the marriage for a girl.

Even although *mitzvot* may be carried out on *Shabbat*, the courts may not administer punishments (which is a positive *mitzvah*). This is because the observance of a positive command does not push off *Shabbat.*

Judicial punishments may not be carried out on *Shabbat*[3]

פרק כ"ד

א. יֵשׁ דְּבָרִים שֶׁהֵן אֲסוּרִין בְּשַׁבָּת אַף עַל פִּי שֶׁאֵינָם דּוֹמִין לִמְלָאכָה וְאֵינָם מְבִיאִין לִידֵי מְלָאכָה. וּמִפְּנֵי מָה נֶאֶסְרוּ מִשּׁוּם שֶׁנֶּאֱמַר (ישעיה נח יג) "אִם תָּשִׁיב מִשַּׁבָּת רַגְלֶךָ עֲשׂוֹת חֲפָצֶיךָ בְּיוֹם קָדְשִׁי" וְנֶאֱמַר (ישעיה נח יג) "וְכִבַּדְתּוֹ מֵעֲשׂוֹת דְּרָכֶיךָ מִמְּצוֹא חֶפְצְךָ וְדַבֵּר דָּבָר". לְפִיכָךְ אָסוּר לְאָדָם לְהַלֵּךְ בַּחֲפָצָיו בְּשַׁבָּת וַאֲפִלּוּ לְדַבֵּר בָּהֶן כְּגוֹן שֶׁיְּדַבֵּר עִם שֻׁתָּפוֹ מַה יִּמְכֹּר לְמָחָר אוֹ מַה יִּקְנֶה אוֹ הֵיאַךְ יִבְנֶה בַּיִת זֶה וּבְאֵי זֶה סְחוֹרָה יֵלֵךְ לְמָקוֹם פְּלוֹנִי. כָּל זֶה וְכַיּוֹצֵא בּוֹ אָסוּר שֶׁנֶּאֱמַר וְדַבֵּר דָּבָר דִּבּוּר אָסוּר הִרְהוּר מֻתָּר:

ב. אָסוּר לְאָדָם לִפְקֹד גִּנּוֹתָיו וּשְׂדוֹתָיו בְּשַׁבָּת כְּדֵי לִרְאוֹת מַה הֵן צְרִיכִין אוֹ הֵיאַךְ הֵן פֵּרוֹתֵיהֶן. שֶׁהֲרֵי זֶה מְהַלֵּךְ לַעֲשׂוֹת חֶפְצוֹ. וְכֵן אָסוּר לְאָדָם שֶׁיֵּצֵא בְּשַׁבָּת עַד סוֹף הַתְּחוּם וְיֵשֵׁב שָׁם עַד שֶׁתֶּחְשַׁךְ כְּדֵי שֶׁיִּהְיֶה קָרוֹב לַעֲשׂוֹת חֲפָצָיו בְּמוֹצָאֵי שַׁבָּת. שֶׁהֲרֵי נִמְצָא הִלּוּכוֹ בְּשַׁבָּת לַעֲשׂוֹת חֲפָצָיו:

ג. בַּמֶּה דְּבָרִים אֲמוּרִים בְּשֶׁהֶחְשִׁיךְ עַל הַתְּחוּם לַעֲשׂוֹת דָּבָר שֶׁאָסוּר בְּשַׁבָּת לַעֲשׂוֹתוֹ. אֲבָל אִם הֶחְשִׁיךְ לַעֲשׂוֹת דָּבָר שֶׁמֻּתָּר לַעֲשׂוֹתוֹ בְּשַׁבָּת הֲרֵי זֶה מֻתָּר. כֵּיצַד. אֵין מַחְשִׁיכִין עַל הַתְּחוּם לְהָבִיא פֵּרוֹת מְחֻבָּרִין אוֹ לִשְׂכֹּר פּוֹעֲלִין. אֲבָל מַחְשִׁיךְ הוּא לִשְׁמֹר פֵּרוֹת שֶׁהֲרֵי מֻתָּר לִשְׁמֹר בְּשַׁבָּת. וּמַחְשִׁיךְ לְהָבִיא בְּהֵמָה אוֹ פֵּרוֹת תְּלוּשִׁין. שֶׁהַבְּהֵמָה קוֹרֵא לָהּ וְהִיא בָּאָה אַף עַל פִּי שֶׁהִיא חוּץ לַתְּחוּם. וּפֵרוֹת תְּלוּשִׁין אִלּוּ הָיוּ שָׁם מְחִצּוֹת הָיָה מֻתָּר לַהֲבִיאָן בְּשַׁבָּת. וְכֵן אוֹמֵר אָדָם לַחֲבֵרוֹ לְכֶרֶךְ פְּלוֹנִי אֲנִי הוֹלֵךְ לְמָחָר שֶׁאִם הָיוּ שָׁם בּוּרְגָּנִים הָיָה הוֹלֵךְ לְשָׁם בְּשַׁבָּת. וְכֵן כָּל כַּיּוֹצֵא בָּזֶה:

ד. מֻתָּר לְאָדָם לוֹמַר לְפוֹעֵל הַנִּרְאֶה שֶׁתַּעֲמֹד עִמִּי לָעֶרֶב. אֲבָל לֹא יֹאמַר לוֹ הֱיֵה נָכוֹן לִי לָעֶרֶב שֶׁנִּמְצָא עוֹשֶׂה חֶפְצוֹ בְּשַׁבָּת. וְאָסוּר לָרוּץ וּלְדַלֵּג בְּשַׁבָּת שֶׁנֶּאֱמַר (ישעיה נח יג) "מֵעֲשׂוֹת דְּרָכֶיךָ" שֶׁלֹּא יְהֵא הִלּוּכְךָ שֶׁל שַׁבָּת כְּהִלּוּכְךָ שֶׁל חֹל. וְיוֹרֵד אָדָם לְבוֹר וְשִׂיחַ וּמְעָרָה אֲפִלּוּ הֵן מֵאָה אַמָּה וּמְטַפֵּס וְיוֹרֵד וְשׁוֹתֶה וּמְטַפֵּס וְעוֹלֶה. וְאָסוּר לְהַרְבּוֹת בְּשִׂיחָה בְּטֵלָה שֶׁנֶּאֱמַר (ישעיה נח יג) "וְדַבֵּר דָּבָר" שֶׁלֹּא יְהֵא דִּבּוּרְךָ שֶׁל שַׁבָּת כְּדִבּוּרְךָ שֶׁל חֹל:

ה. מֻתָּר לָרוּץ בְּשַׁבָּת לִדְבַר מִצְוָה כְּגוֹן שֶׁיָּרוּץ לְבֵית הַכְּנֶסֶת אוֹ לְבֵית הַמִּדְרָשׁ. וּמְחַשְּׁבִין חֶשְׁבּוֹנוֹת שֶׁל מִצְוָה וּמוֹדְדִין מְדִידָה שֶׁל מִצְוָה כְּגוֹן מִקְוֶה לֵידַע אִם יֵשׁ כַּשִּׁעוּר אוֹ בֶּגֶד לֵידַע אִם מְקַבֵּל טֻמְאָה. וּפוֹסְקִין צְדָקָה לָעֲנִיִּים. וְהוֹלְכִין לְבָתֵּי כְּנֵסִיּוֹת וּלְבָתֵּי מִדְרָשׁוֹת וַאֲפִלּוּ לְטַרְטִיאוֹת וּטְרַקְלִין שֶׁל כּוּתִים לְפַקֵּחַ עַל עִסְקֵי רַבִּים בְּשַׁבָּת. וּמְשַׁדְּכִין עַל הַתִּינוֹקֶת לְאָרֵס וְעַל הַתִּינוֹק לְלַמְּדוֹ סֵפֶר וּלְלַמְּדוֹ אֻמָּנוּת. וּמְבַקְּרִין חוֹלִין וּמְנַחֲמִים אֲבֵלִים. וְהַנִּכְנָס לְבַקֵּר אֶת הַחוֹלֶה אוֹמֵר שַׁבָּת הִיא מִלִּזְעֹק וּרְפוּאָה קְרוֹבָה לָבוֹא. וּמַחְשִׁיכִין עַל הַתְּחוּם לְפַקֵּחַ עַל עִסְקֵי כַּלָּה וְעַל עִסְקֵי הַמֵּת לְהָבִיא לוֹ אָרוֹן וְתַכְרִיכִין. וְאוֹמֵר לוֹ לֵךְ לְמָקוֹם פְּלוֹנִי לֹא מָצָאתָ שָׁם הָבֵא מִמָּקוֹם פְּלוֹנִי לֹא מָצָאתָ בְּמָנֶה הָבֵא בְּמָאתַיִם. וּבִלְבַד שֶׁלֹּא יַזְכִּיר לוֹ סְכוּם מִקָּח. שֶׁכָּל אֵלּוּ וְכַיּוֹצֵא בָּהֶן

מִצְוָה הֵן וְנֶאֱמַר (ישעיה נח יג) "עֲשׂוֹת חֲפָצֶיךָ" וְכוּ' חֲפָצֶךָ אֲסוּרִין חֶפְצֵי שָׁמַיִם מֻתָּרִין:

ו. מַפְלִיגִין בַּיָּם הַגָּדוֹל בְּעֶרֶב שַׁבָּת לִדְבַר מִצְוָה וּפוֹסֵק עִמּוֹ לִשְׁבֹּת וְאֵינוֹ שׁוֹבֵת. וּמְפִירִין נְדָרִים בְּשַׁבָּת בֵּין לְצֹרֶךְ שַׁבָּת בֵּין שֶׁלֹּא לְצֹרֶךְ שַׁבָּת. וְנִשְׁאָלִין לְחָכָם עַל הַנְּדָרִים שֶׁהֵן לְצֹרֶךְ הַשַּׁבָּת וּמַתִּירִין אַף עַל פִּי שֶׁהָיָה לָהֶן פְּנַאי לְהַתִּירָן קֹדֶם הַשַּׁבָּת שֶׁדְּבָרִים אֵלּוּ מִצְוָה הֵן:

ז. אֵין עוֹנְשִׁין בְּשַׁבָּת אַף עַל פִּי שֶׁהָעֹנֶשׁ מִצְוַת עֲשֵׂה אֵינָהּ דּוֹחָה שַׁבָּת. כֵּיצַד. הֲרֵי שֶׁנִּתְחַיֵּב בְּבֵית דִּין מַלְקוֹת אוֹ מִיתָה אֵין מַלְקִין אוֹתוֹ וְאֵין מְמִיתִין אוֹתוֹ בְּשַׁבָּת שֶׁנֶּאֱמַר (שמות לה ג) "לֹא תְבַעֲרוּ אֵשׁ בְּכֹל מֹשְׁבֹתֵיכֶם בְּיוֹם הַשַּׁבָּת" זוֹ אַזְהָרָה לְבֵית דִּין שֶׁלֹּא יִשְׂרְפוּ בְּשַׁבָּת מִי שֶׁנִּתְחַיֵּב שְׂרֵפָה וְהוּא הַדִּין לִשְׁאָר עֳנָשִׁין:

ח. מֻתָּר לְאָדָם לִשְׁמֹר פֵּרוֹתָיו בְּשַׁבָּת בֵּין תְּלוּשִׁים בֵּין מְחֻבָּרִין. וְאִם בָּא אָדָם לִטֹּל מֵהֶן אוֹ בְּהֵמָה וְחַיָּה לֶאֱכֹל מֵהֶן גּוֹעֵר בָּהֶן וּמַכֶּה בָּהֶם וּמַרְחִיקָן. וַהֲלֹא דָּבָר זֶה מֵחֲפָצָיו הוּא וְלָמָּה הוּא מֻתָּר. מִפְּנֵי שֶׁלֹּא נֶאֱסַר אֶלָּא לְהַקְנוֹת לְעַצְמוֹ חֲפָצִים שֶׁאֵינָן עַתָּה מְצוּיִים אוֹ לְהִשְׂתַּכֵּר וּלְהַרְוִיחַ וּלְהִטָּפֵל בַּהֲנָאָה שֶׁתָּבוֹא לְיָדוֹ. אֲבָל לִשְׁמֹר מָמוֹנוֹ שֶׁכְּבָר בָּא לְיָדוֹ עַד שֶׁיַּעֲמֹד כְּמוֹת שֶׁהוּא מֻתָּר. הָא לְמָה זֶה דּוֹמֶה לְנוֹעֵל בֵּיתוֹ מִפְּנֵי הַגַּנָּבִים:

ט. הַמְשַׁמֵּר זְרָעָיו מִפְּנֵי הָעוֹפוֹת וּמִקְשָׁאָיו וּמִדְלָעָיו מִפְּנֵי הַחַיָּה לֹא יְסַפֵּק וְלֹא יְרַקֵּד כְּדֶרֶךְ שֶׁעוֹשֶׂה בְּחֹל גְּזֵרָה שֶׁמָּא יִטֹּל צְרוֹר וְיִזְרֹק אַרְבַּע אַמּוֹת בִּרְשׁוּת הָרַבִּים:

י. כָּל הַדְּבָרִים שֶׁהֵן אֲסוּרִין מִשּׁוּם שְׁבוּת לֹא גָּזְרוּ עֲלֵיהֶן בֵּין הַשְּׁמָשׁוֹת אֶלָּא בְּעַצְמוֹ שֶׁל יוֹם הוּא שֶׁהֵן אֲסוּרִין אֲבָל בֵּין הַשְּׁמָשׁוֹת מֻתָּרִין. וְהוּא שֶׁיִּהְיֶה שָׁם דְּבַר מִצְוָה אוֹ דֹּחַק. כֵּיצַד. מֻתָּר לוֹ בֵּין הַשְּׁמָשׁוֹת לַעֲלוֹת בְּאִילָן אוֹ לָשׁוּט עַל פְּנֵי הַמַּיִם לְהָבִיא לוּלָב אוֹ שׁוֹפָר. וְכֵן מוֹרִיד מִן הָאִילָן אוֹ מוֹצִיא מִן הַכַּרְמְלִית עֵרוּב שֶׁעָשָׂה. וְכֵן אִם הָיָה טָרוּד וְנֶחְפָּז וְנִצְרָךְ לְדָבָר שֶׁהוּא מִשּׁוּם שְׁבוּת בֵּין הַשְּׁמָשׁוֹת הֲרֵי זֶה מֻתָּר. אֲבָל אִם לֹא הָיָה שָׁם דֹּחַק וְלֹא דְּבַר מִצְוָה אָסוּר. לְפִיכָךְ אֵין מְעַשְּׂרִין אֶת הַוַּדַּאי בֵּין הַשְּׁמָשׁוֹת אַף עַל פִּי שֶׁאִסּוּר הַפְרָשַׁת הַמַּעֲשֵׂר בְּשַׁבָּת מִשּׁוּם שְׁבוּת. אֲבָל מְעַשְּׂרִים אֶת הַדְּמַאי:

יא. קָטָן שֶׁעָשָׂה בְּשַׁבָּת דָּבָר שֶׁהוּא מִשּׁוּם שְׁבוּת כְּגוֹן שֶׁתָּלַשׁ מֵעָצִיץ שֶׁאֵינוֹ נָקוּב אוֹ טִלְטֵל בְּכַרְמְלִית אֵין בֵּית דִּין מְצֻוִּין לְהַפְרִישׁוֹ. וְכֵן אִם הִנִּיחוֹ אָבִיו אֵין מְמַחִין בְּיָדוֹ:

יב. אָסְרוּ חֲכָמִים לְטַלְטֵל מִקְצָת דְּבָרִים בְּשַׁבָּת כְּדֶרֶךְ שֶׁהוּא עוֹשֶׂה בְּחֹל. וּמִפְּנֵי מָה נָגְעוּ בְּאִסּוּר זֶה. אָמְרוּ וּמָה אִם הִזְהִירוּ נְבִיאִים וְצִוּוּ שֶׁלֹּא יִהְיֶה הִלּוּכְךָ בְּשַׁבָּת כְּהִלּוּכְךָ בְּחֹל וְלֹא שִׂיחַת הַשַּׁבָּת כְּשִׂיחַת הַחֹל שֶׁנֶּאֱמַר (ישעיה נח יג) "וְדַבֵּר דָּבָר" קַל וָחֹמֶר שֶׁלֹּא יִהְיֶה טִלְטוּל בְּשַׁבָּת כְּטִלְטוּל בְּחֹל כְּדֵי שֶׁלֹּא יִהְיֶה כְּיוֹם חֹל בְּעֵינָיו וְיָבוֹא לְהַגְבִּיהַּ וּלְתַקֵּן כֵּלִים מִפִּנָּה לְפִנָּה אוֹ מִבַּיִת לְבַיִת אוֹ לְהַצְנִיעַ אֲבָנִים וְכַיּוֹצֵא בָּהֶן שֶׁהֲרֵי הוּא בָּטֵל וְיוֹשֵׁב בְּבֵיתוֹ וִיבַקֵּשׁ דָּבָר שֶׁיִּתְעַסֵּק בּוֹ וְנִמְצָא שֶׁלֹּא שָׁבַת וּבִטֵּל הַטַּעַם שֶׁנֶּאֱמַר בַּתּוֹרָה (שמות כג יב) (דברים ה יג) "לְמַעַן יָנוּחַ":

יג. וְעוֹד כְּשֶׁיְּבַקֵּר וִיטַלְטֵל כֵּלִים שֶׁמְּלַאכְתָּן לְאִסּוּר אֶפְשָׁר שֶׁיִּתְעַסֵּק בָּהֶן מְעַט וְיָבֹא לִידֵי מְלָאכָה. וְעוֹד מִפְּנֵי שֶׁמִּקְצָת הָעָם אֵינָם בַּעֲלֵי אֻמָּנִיּוֹת אֶלָּא בְּטֵלִין כָּל יְמֵיהֶן כְּגוֹן הַטַּיָּלִין וְיוֹשְׁבֵי קְרָנוֹת שֶׁכָּל יְמֵיהֶן הֵן שׁוֹבְתִים מִמְּלָאכָה וְאִם יִהְיֶה מֻתָּר לְהַלֵּךְ וּלְדַבֵּר וּלְטַלְטֵל כִּשְׁאָר הַיָּמִים נִמְצָא שֶׁלֹּא שָׁבַת שְׁבִיתָה הַנִּכֶּרֶת. לְפִיכָךְ שְׁבִיתָה מִדְּבָרִים אֵלּוּ הִיא שְׁבִיתָה הַשָּׁוָה בְּכָל אָדָם. וּמִפְּנֵי דְּבָרִים אֵלּוּ נָגְעוּ בְּאִסּוּר הַטִּלְטוּל. וְאָסְרוּ שֶׁלֹּא יְטַלְטֵל אָדָם בְּשַׁבָּת אֶלָּא כֵּלִים הַצָּרִיךְ לָהֶם כְּמוֹ שֶׁיִּתְבָּאֵר:

Perek 25

Muktzeh (i.e. utensils which are not permitted to be moved in permissible areas.)

There are various degrees of permissibility in different circumstances.

It depends if the utensil is permitted to be carried on *Shabbat* or not

- Utensils permitted to be used on *Shabbat* e.g. dishes – *kli shemelachto leheter*
  - They may be carried or moved (within a private domain) on *Shabbat*
    - To make use of it
    - To make place for something else
    - For itself e.g. to prevent it from getting damaged
- Utensils forbidden on *Shabbat* e.g. a hammer – *kli shemelachto leissur*
  - They may be carried or moved (within a private domain) on *Shabbat*
    - To make place for something else
    - To make use of it (of course only if it's a permitted *Shabbat* activity e.g. if one uses the hammer to crack nuts and not its normal purpose)
- Items which are not utensils i.e. stones or beams – *eino kli*
  - These may not be moved at all on *Shabbat*
- Utensils which are very expensive and which owner is careful to look after – *muktzeh machmat chisaron kis*
  - May not be moved on *Shabbat*
- Utensils set aside for *Shabbat* where use prohibited e.g. candles – *muktzeh machmat haissur*
  - Moving on *Shabbat* prohibited
- Broken utensils
  - If the broken pieces remain usable as a utensil, then they can be moved. If piece can no longer be defined as a utensil, it is forbidden to move it.

The prohibition to move above articles on *Shabbat* applies only to moving them normally i.e. with the front of one's hands.

One is not allowed to nullify a usable utensil on *Shabbat* e.g. put a plate below an oil candle to collect drippings of oil (because the oil of lamp had been set aside for being used for burning).

Of course, he may place the plate there before *Shabbat*.

פרק כ"ה

א. יֵשׁ כְּלִי שֶׁמְּלַאכְתּוֹ לְהֶתֵּר וְהוּא הַכְּלִי שֶׁמֻּתָּר לַעֲשׂוֹת בּוֹ בְּשַׁבָּת דָּבָר שֶׁנַּעֲשָׂה לוֹ בְּחֹל. כְּגוֹן כּוֹס לִשְׁתּוֹת בּוֹ וּקְעָרָה לֶאֱכֹל בָּהּ וְסַכִּין לַחְתּוֹךְ בּוֹ בָּשָׂר וּפַת וְקֻרְנָס לְפַצֵּעַ בּוֹ אֱגוֹזִים וְכַיּוֹצֵא בָּהֶן:

ב. וְיֵשׁ כְּלִי שֶׁמְּלַאכְתּוֹ לְאִסּוּר וְהוּא הַכְּלִי שֶׁאָסוּר לַעֲשׂוֹת בּוֹ בְּשַׁבָּת דָּבָר שֶׁנַּעֲשָׂה בּוֹ. כְּגוֹן מַכְתֶּשֶׁת וְרֵיחַיִם וְכַיּוֹצֵא בָּהֶן שֶׁאָסוּר לִכְתֹּשׁ וְלִטְחֹן בְּשַׁבָּת:

ג. כָּל כְּלִי שֶׁמְּלַאכְתּוֹ לְהֶתֵּר בֵּין הָיָה שֶׁל עֵץ אוֹ שֶׁל חֶרֶס אוֹ שֶׁל אֶבֶן אוֹ שֶׁל מַתֶּכֶת מֻתָּר לְטַלְטְלוֹ בְּשַׁבָּת. בֵּין בִּשְׁבִיל עַצְמוֹ שֶׁל כְּלִי בֵּין לְצֹרֶךְ מְקוֹמוֹ בֵּין לְצֹרֶךְ גּוּפוֹ. וְכָל כְּלִי שֶׁמְּלַאכְתּוֹ לְאִסּוּר בֵּין הָיָה שֶׁל עֵץ אוֹ שֶׁל חֶרֶס אוֹ שֶׁל אֲבָנִים אוֹ שֶׁל מַתֶּכֶת מֻתָּר לְטַלְטְלוֹ בְּשַׁבָּת בֵּין לְצֹרֶךְ גּוּפוֹ בֵּין לְצֹרֶךְ מְקוֹמוֹ אֲבָל בִּשְׁבִיל עַצְמוֹ שֶׁל כְּלִי אָסוּר:

ד. כֵּיצַד. מְטַלְטֵל הוּא אֶת הַקְּעָרָה שֶׁל עֵץ לֶאֱכֹל בָּהּ אוֹ לֵישֵׁב בִּמְקוֹמָהּ. אוֹ כְּדֵי שֶׁלֹּא תִּגָּנֵב. וְזֶה הוּא בִּשְׁבִיל עַצְמָהּ. וְכֵן אִם טִלְטֵל אוֹתָהּ מִן הַחַמָּה כְּדֵי שֶׁלֹּא תִּתְיַבֵּשׁ וְתִשָּׁבֵר אוֹ מִן הַגְּשָׁמִים כְּדֵי שֶׁלֹּא תִּתְפַּח וְתִפָּסֵד הֲרֵי זֶה מְטַלְטֵל בִּשְׁבִיל עַצְמָהּ וּמֻתָּר מִפְּנֵי שֶׁמְּלַאכְתָּהּ לְהֶתֵּר:

ה. וְכֵן מְטַלְטֵל הוּא הָרֵחַיִם אוֹ הַמַּכְתֶּשֶׁת לִשְׁבֹּר עָלֶיהָ אֱגוֹזִים אוֹ לַעֲלוֹת עָלֶיהָ לְמִטָּה וְזֶה הוּא לְצֹרֶךְ גּוּפוֹ אוֹ לֵישֵׁב בִּמְקוֹמוֹ. אֲבָל אֵינוֹ מְטַלְטְלָהּ כְּדֵי שֶׁלֹּא תִּשָּׁבֵר וְלֹא כְּדֵי שֶׁלֹּא תִּגָּנֵב. וְכֵן כָּל כַּיּוֹצֵא בָּזֶה:

ו. וְכָל שֶׁאֵינוֹ כְּלִי כְּגוֹן אֲבָנִים וּמָעוֹת וְקָנִים וְקוֹרוֹת וְכַיּוֹצֵא בָּהֶן אָסוּר לְטַלְטְלָן. אֶבֶן גְּדוֹלָה אוֹ קוֹרָה גְּדוֹלָה אַף עַל פִּי שֶׁהִיא נִטֶּלֶת בַּעֲשָׂרָה בְּנֵי אָדָם אִם יֵשׁ תּוֹרַת כְּלִי עָלֶיהָ מְטַלְטְלִים אוֹתָהּ. דַּלְתוֹת הַבַּיִת אַף עַל פִּי שֶׁהֵן כֵּלִים לֹא הוּכְנוּ לְטַלְטֵל לְפִיכָךְ אִם נִתְפָּרְקוּ אֲפִלּוּ בְּשַׁבָּת אֵין מְטַלְטְלִין אוֹתָן. וְכֵן הֶעָפָר וְהַחוֹל וְהַמֵּת אֵין מְזִיזִין אוֹתָן מִמְּקוֹמָן. וּבֶן שְׁמוֹנָה חַי הֲרֵי הוּא כְּאֶבֶן וְאָסוּר לְטַלְטְלוֹ:

ז. מֻתָּר לְטַלְטֵל הַכְּלִי אֲפִלּוּ שֶׁלֹּא לְצֹרֶךְ תַּשְׁמִישׁוֹ אֶלָּא לַעֲשׂוֹת בּוֹ מְלָאכָה שֶׁלֹּא נַעֲשָׂה לְתַשְׁמִישָׁהּ. כֵּיצַד. נוֹטֵל אָדָם קֻרְנָס לְפַצֵּעַ בּוֹ אֱגוֹזִים. קוֹרְדּוֹם לַחְתֹּךְ בּוֹ דְּבֵלָה. מְגֵרָה לְגָרֵר בָּהּ אֶת הַגְּבִינָה. מַגְרֵפָה לִגְרֹף בָּהּ אֶת הַגְּרוֹגָרוֹת. אֶת הָרַחַת וְאֶת הַמַּזְלֵג לָתֵת עָלָיו אֹכֶל לְקָטָן. אֶת הַכּוּשׁ וְאֶת הַכַּרְכָּר לִתְחֹב בּוֹ. מַחַט שֶׁל סַקָּאִין לִפְתֹּחַ בּוֹ אֶת הַדֶּלֶת. אֶת הַמַּכְתֶּשֶׁת לֵישֵׁב עָלֶיהָ. וְכֵן כָּל כַּיּוֹצֵא בָּזֶה:

ח. וּמְטַלְטֵל אָדָם מַחַט שֶׁל יָד הַשְּׁלֵמָה לִטֹּל בָּהּ אֶת הַקּוֹץ. אֲבָל אִם נִטַּל הַקָּצֶה הַנָּקוּב שֶׁלָּהּ אוֹ הַקָּצֶה הַחַד שֶׁלָּהּ אֵין מְטַלְטְלִין אוֹתָהּ. וְאִם הָיְתָה גֹּלֶם וַעֲדַיִן לֹא נִקְּבָה מֻתָּר לְטַלְטְלָהּ:

ט. כָּל כְּלִי שֶׁמַּקְפִּיד עָלָיו שֶׁמָּא יִפְחֲתוּ דָּמָיו כְּגוֹן כֵּלִים הַמֻּקְצִים לִסְחוֹרָה וְכֵלִים הַיְקָרִים בְּיוֹתֵר שֶׁמַּקְפִּיד עֲלֵיהֶן שֶׁמָּא יִפָּסְדוּ אָסוּר לְטַלְטְלָן בְּשַׁבָּת וְזֶה הוּא הַנִּקְרָא מֻקְצֶה מֵחֲמַת חֶסְרוֹן כִּיס. כְּגוֹן הַמַּסָּר הַגָּדוֹל וְיָתֵד שֶׁל מַחֲרֵשָׁה וְסַכִּין שֶׁל טַבָּחִים וְחֶרֶב שֶׁל אוּשְׁכָּפִים וְחִצִּין הַחֲרָשִׁים וְקֻרְנָס שֶׁל בַּשָּׂמִים וְכַיּוֹצֵא בָּהֶן:

י. כָּל כְּלִי שֶׁהֻקְצָה מֵחֲמַת הָאִסּוּר אָסוּר לְטַלְטְלוֹ. כְּגוֹן נֵר שֶׁהִדְלִיקוּ בּוֹ בְּשַׁבָּת וְהַמְּנוֹרָה שֶׁהָיָה הַנֵּר עָלֶיהָ וְשֻׁלְחָן שֶׁהָיוּ עָלָיו מָעוֹת אַף עַל פִּי שֶׁכָּבָה הַנֵּר אוֹ שֶׁנָּפְלוּ הַמָּעוֹת אָסוּר לְטַלְטְלָן. שֶׁכָּל כְּלִי שֶׁהָיָה אָסוּר לְטַלְטְלוֹ בֵּין הַשְּׁמָשׁוֹת נֶאֱסַר לְטַלְטְלוֹ כָּל הַשַּׁבָּת כֻּלָּהּ אַף עַל פִּי שֶׁהָלַךְ הַדָּבָר שֶׁגָּרַם לוֹ הָאִסּוּר:

יא. אֲבָל כְּלִי הַמֻּקְצֶה מֵחֲמַת מֵאוּסוֹ כְּגוֹן נֵר יָשָׁן שֶׁל נֵפְט וּכְלֵי הַצּוֹאָה וְכַיּוֹצֵא בָּהֶן מֻתָּר לְטַלְטְלָן בְּשַׁבָּת אִם הֻצְרַךְ לָהֶן:

יב. כָּל הַכֵּלִים הַנִּטָּלִין בְּשַׁבָּת שֶׁנִּתְפָּרְקוּ דַּלְתוֹתֵיהֶן כְּגוֹן דַּלְתוֹת שִׁדָּה תֵּבָה וּמִגְדָּל בֵּין שֶׁנִּתְפָּרְקוּ בְּשַׁבָּת בֵּין שֶׁנִּתְפָּרְקוּ קֹדֶם הַשַּׁבָּת מֻתָּר לְטַלְטֵל אוֹתָן דְּלָתוֹת. וְכֵן כָּל הַכֵּלִים הַנִּטָּלִין בְּשַׁבָּת שֶׁנִּשְׁבְּרוּ בֵּין קֹדֶם הַשַּׁבָּת בֵּין בְּשַׁבָּת שִׁבְרֵיהֶן נִטָּלִין וְהוּא שֶׁיִּהְיוּ שִׁבְרֵיהֶן עוֹשִׂין מֵעֵין מְלַאכְתָּן. כֵּיצַד. שִׁבְרֵי עֲרֵבָה לְכַסּוֹת בָּהֶן אֶת פִּי הֶחָבִית. שִׁבְרֵי זְכוּכִית לְכַסּוֹת בָּהֶן אֶת פִּי הַפַּךְ. וְכֵן כָּל כַּיּוֹצֵא בָּזֶה. אֲבָל אִם אֵין הַשְּׁבָרִים רְאוּיִין לִמְלָאכָה כְּלָל אָסוּר לְטַלְטְלָן:

יג. כָּל כִּסּוּיֵי הַכֵּלִים נִטָּלִים בְּשַׁבָּת וְהוּא שֶׁיֵּשׁ תּוֹרַת כְּלִי עֲלֵיהֶן. הָיָה כְּלִי מְחֻבָּר בַּקַּרְקַע כְּגוֹן חָבִית הַטְּמוּנָה בָּאָרֶץ. אִם יֵשׁ בְּכִסּוּי שֶׁלָּהּ בֵּית אֲחִיזָה מְטַלְטְלִין אוֹתוֹ וְאִם לָאו אֵין מְטַלְטְלִין אוֹתוֹ. וְכֵן כִּסּוּיֵי הַקַּרְקָעוֹת כְּגוֹן בּוֹרוֹת וַחֲרִיצִין אֵין מְטַלְטְלִין כִּסּוּי שֶׁלָּהֶן אֶלָּא אִם כֵּן יֵשׁ לוֹ בֵּית אֲחִיזָה. כִּסּוּי הַתַּנּוּר אַף עַל פִּי שֶׁאֵין לוֹ בֵּית אֲחִיזָה מֻתָּר לְטַלְטְלוֹ:

יד. שְׁנֵי דְּבָרִים אֶחָד אָסוּר לְטַלְטְלוֹ וְאֶחָד מֻתָּר לְטַלְטְלוֹ וְהֵן סְמוּכִים זֶה לָזֶה אוֹ זֶה עַל זֶה אוֹ זֶה בָּזֶה וּבִזְמַן שֶׁמְּטַלְטְלִין אֶחָד מֵהֶן יִטַּלְטֵל הַשֵּׁנִי. אִם הָיָה צָרִיךְ לַדָּבָר שֶׁמֻּתָּר לְטַלְטְלוֹ מְטַלְטְלוֹ וְאַף עַל פִּי שֶׁדָּבָר הָאָסוּר מִטַּלְטֵל עִמּוֹ. וְאִם צָרִיךְ לְטַלְטֵל דָּבָר הָאָסוּר לֹא יְטַלְטְלֶנּוּ בְּאוֹתוֹ דְּבַר הַמֻּתָּר:

טו. כֵּיצַד. פַּגָּה שֶׁהָיְתָה טְמוּנָה בְּתֶבֶן וַחֲרָרָה שֶׁהָיְתָה עַל גַּבֵּי גֶּחָלִים תּוֹחֲבָן בְּכוּשׁ אוֹ בְּכַרְכָּר וְנוֹטְלָן וְאַף עַל פִּי שֶׁהַתֶּבֶן וְהַגֶּחָלִים נִנְעָרִים בְּשַׁבָּת בִּשְׁעַת נְטִילָה. וְכֵן לֶפֶת אוֹ צְנוֹנוֹת שֶׁהָיוּ טְמוּנִים בְּעָפָר וּמִקְצָת הֶעָלִים מְגֻלִּים שׁוֹמְטָן בְּשַׁבָּת בֶּעָלֶה שֶׁלָּהֶן וְאַף עַל פִּי שֶׁהֶעָפָר נִנְעָר. אֲבָל אִם הָיָה כִּכָּר אוֹ תִּינוֹק עַל גַּבֵּי הָאֶבֶן אוֹ עַל גַּבֵּי הַקּוֹרָה לֹא יְטַלְטֵל הָאֶבֶן אוֹ הַקּוֹרָה בַּכִּכָּר אוֹ בַּתִּינוֹק שֶׁיֵּשׁ עָלֶיהָ. וְכֵן כָּל כַּיּוֹצֵא בָּזֶה:

טז. נוֹטֵל אָדָם אֶת בְּנוֹ שֶׁיֵּשׁ לוֹ גַּעְגּוּעִין עָלָיו וְהָאֶבֶן בְּיָדוֹ אֲבָל לֹא דִּינָר שֶׁאִם יִפֹּל הַדִּינָר יִטְּלֶנּוּ הָאָב בְּיָדוֹ. כַּלְכָּלָה שֶׁהָיְתָה נְקוּבָה וְסָתַם נֶקֶב שֶׁלָּהּ בְּאֶבֶן מֻתָּר לְטַלְטְלָהּ שֶׁהֲרֵי הָאֶבֶן נַעֲשֵׂית כְּדֹפֶן. הָיְתָה הַכַּלְכָּלָה מְלֵאָה פֵּרוֹת וְהָאֶבֶן בְּתוֹךְ הַפֵּרוֹת אִם הָיוּ הַפֵּרוֹת רְטֻבִּים כְּגוֹן עֲנָבִים וְתוּתִים נוֹטֵל אוֹתָהּ כְּמוֹת שֶׁהִיא שֶׁאִם יְנַעֵר הַפֵּרוֹת יִטָּנְפוּ בֶּעָפָר וּבִמְקוֹם הֶפְסֵד לֹא גָּזְרוּ:

יז. חָבִית שֶׁשָּׁכַח אֶבֶן עַל פִּיהָ מַטָּהּ עַל צִדָּהּ וְהִיא נוֹפֶלֶת. הָיְתָה בֵּין הֶחָבִיּוֹת וְהָאֶבֶן עָלֶיהָ מַגְבִּיהָהּ לְמָקוֹם אַחֵר וּמַטֶּה עַל צִדָּהּ שָׁם וְהָאֶבֶן נוֹפֶלֶת. וְכֵן הַשּׁוֹכֵחַ מָעוֹת עַל הַכַּר וְצָרַךְ לַכַּר נוֹעֵר אֶת הַכַּר וְהֵן נוֹפְלוֹת. וְאִם צָרִיךְ לִמְקוֹם הַכַּר נוֹטֵל אֶת הַכַּר וְהַמָּעוֹת עָלָיו. אֲבָל אִם הִנִּיחַ הַמָּעוֹת מֵעֶרֶב שַׁבָּת עַל הַכַּר אוֹ הִנִּיחַ הָאֶבֶן עַל פִּי הֶחָבִית הֲרֵי אֵלּוּ אֲסוּרִין לְטַלְטְלָן וַאֲפִלּוּ נִטְּלוּ הַמָּעוֹת וְהָאֶבֶן שֶׁהֲרֵי נַעֲשׂוּ בָּסִיס לְדָבָר הָאָסוּר:

יח. הָאֶבֶן שֶׁבַּקֵּרוּיָה אִם מְמַלְּאִין בָּהּ וְאֵינָהּ נוֹפֶלֶת הֲרֵי הִיא כְּמִקְצַת הַקֵּרוּיָה וּמֻתָּר לְמַלְּאוֹת בָּהּ וְאִם לָאו אֵין מְמַלְּאִין בָּהּ. בֶּגֶד שֶׁעַל הַקָּנֶה שׁוֹמְטוֹ מֵעַל הַקָּנֶה:

יט. פֵּרוֹת שֶׁאָסוּר לֶאֱכֹל כְּגוֹן פֵּרוֹת שֶׁאֵינָם מְעֻשָּׂרִין אֲפִלּוּ הֵן חַיָּבִין בְּמַעֲשֵׂר מִדִּבְרֵיהֶם אוֹ מַעֲשֵׂר רִאשׁוֹן שֶׁלֹּא נִטְּלָה תְּרוּמָתוֹ אוֹ תְּרוּמָה טְמֵאָה אוֹ מַעֲשֵׂר שֵׁנִי וְהֶקְדֵּשׁ שֶׁלֹּא נִפְדּוּ כְּהִלְכָתָן אָסוּר לְטַלְטְלָן. אֲבָל הַדְּמַאי הוֹאִיל וְרָאוּי לָעֲנִיִּים וְכֵן מַעֲשֵׂר שֵׁנִי וְהֶקְדֵּשׁ שֶׁפְּדָאָן אַף עַל פִּי שֶׁלֹּא נָתַן הַחֹמֶשׁ מֻתָּר לְטַלְטְלָן:

כ. מְטַלְטֵל יִשְׂרָאֵל הַתְּרוּמָה אַף עַל פִּי שֶׁאֵינָהּ רְאוּיָה לוֹ. וּמְטַלְטְלִין תְּרוּמָה טְמֵאָה עִם הַטְּהוֹרָה אוֹ עִם הַחֻלִּין אִם הָיוּ שְׁנֵיהֶם בִּכְלִי אֶחָד. בַּמֶּה דְּבָרִים אֲמוּרִים כְּשֶׁהָיְתָה הַטְּהוֹרָה לְמַטָּה וְהָיוּ פֵּרוֹת הַמִּתְטַנְּפִין בַּקַּרְקַע שֶׁאִם יְנַעֵר אוֹתָן יִפָּסְדוּ. אֲבָל אִם הָיוּ אֱגוֹזִים וּשְׁקֵדִים וְכַיּוֹצֵא בָּהֶן נוֹעֵר הַכְּלִי וְנוֹטֵל הַטְּהוֹרָה אוֹ הַחֻלִּין וּמַנִּיחַ הַטְּמֵאָה. וְאִם הָיָה צָרִיךְ לִמְקוֹם הַכְּלִי בֵּין שֶׁהַטְּהוֹרָה לְמַעְלָה בֵּין שֶׁהָיְתָה לְמַטָּה מְטַלְטֵל הַכֹּל כְּאֶחָד:

כא. נִדְבָּךְ שֶׁל אֲבָנִים שֶׁחָשַׁב עָלָיו מִבְּעוֹד יוֹם אִם לִמְדּוּס מֻתָּר לֵישֵׁב עֲלֵיהֶן לְמָחָר וְאִם לָאו אָסוּר. חֲרָיוֹת שֶׁל דֶּקֶל שֶׁגְּדָרָן לְעֵצִים וְנִמְלַךְ עֲלֵיהֶן מֵעֶרֶב שַׁבָּת לִישִׁיבָה מֻתָּר לְטַלְטְלָן. וְכֵן אִם יָשַׁב עֲלֵיהֶן מִבְּעוֹד יוֹם מֻתָּר לְטַלְטְלָן:

כב. הַקַּשׁ שֶׁעַל הַמִּטָּה לֹא יְנַעְנְעֶנּוּ בְּיָדוֹ אֲבָל מְנַעְנְעוֹ בְּגוּפוֹ. וְאִם הוּא מַאֲכַל בְּהֵמָה מֻתָּר לְטַלְטְלוֹ. וְכֵן אִם הָיָה עָלָיו כַּר אוֹ סָדִין וְכַיּוֹצֵא בָּהֶן מְנַעְנְעוֹ בְּיָדוֹ שֶׁהֲרֵי נַעֲשָׂה כְּמִי שֶׁיָּשַׁב עָלָיו מִבְּעוֹד יוֹם. הַמַּכְנִיס קֻפָּה שֶׁל עָפָר בְּבֵיתוֹ אִם יִחֵד לָהּ קֶרֶן זָוִית מֵעֶרֶב שַׁבָּת מְטַלְטְלוֹ בְּשַׁבָּת וְעוֹשֶׂה בּוֹ כָּל צְרָכָיו:

כג. אָסוּר לְבַטֵּל כְּלִי מֵהֵיכָנוֹ מִפְּנֵי שֶׁהוּא כְּסוֹתֵר. כֵּיצַד. לֹא יִתֵּן כְּלִי תַּחַת הַנֵּר בְּשַׁבָּת לְקַבֵּל אֶת הַשֶּׁמֶן הַנּוֹטֵף. שֶׁהַשֶּׁמֶן שֶׁבַּנֵּר אָסוּר לְטַלְטְלוֹ וּכְשֶׁיִּפּוֹל לַכְּלִי יֵאָסֵר טִלְטוּל הַכְּלִי שֶׁהָיָה מֻתָּר. וְכֵן כָּל כַּיּוֹצֵא בָּזֶה. לְפִיכָךְ אֵין נוֹתְנִין כְּלִי תַּחַת הַתַּרְנְגֹלֶת לְקַבֵּל בֵּיצָתָהּ. אֲבָל כּוֹפֶה הוּא הַכְּלִי עָלֶיהָ. וְכֵן כּוֹפֶה הַכְּלִי עַל כָּל דָּבָר שֶׁאָסוּר לְטַלְטְלוֹ שֶׁהֲרֵי לֹא בִּטְּלוֹ שֶׁאִם יַחְפֹּץ יִטְּלֶנּוּ:

כד. נוֹתְנִין כְּלִי תַּחַת הַדֶּלֶף וְאִם נִתְמַלֵּא הַכְּלִי שׁוֹפֵךְ וְשׁוֹנֶה וְאֵינוֹ נִמְנָע. וְהוּא שֶׁיִּהְיֶה הַדֶּלֶף רָאוּי לִרְחִיצָה אֲבָל אִם אֵינוֹ רָאוּי אֵין נוֹתְנִין וְאִם נָתַן מֻתָּר לְטַלְטְלוֹ בַּמַּיִם הַמְּאוּסִין שֶׁבּוֹ. שֶׁאֵין עוֹשִׂין גְּרַף שֶׁל רְעִי לְכַתְּחִלָּה:

כה. חָבִית שֶׁל טֶבֶל שֶׁנִּשְׁבְּרָה מֵבִיא כְּלִי וּמַנִּיחַ תַּחְתֶּיהָ הוֹאִיל וְאִם עָבַר וְתִקְּנוֹ מְתֻקָּן הֲרֵי הוּא כִּמְתֻקָּן. וְנוֹתְנִין כְּלִי תַּחַת הַנֵּר לְקַבֵּל נִיצוֹצוֹת מִפְּנֵי שֶׁאֵין בָּהֶן מַמָּשׁ וּמֻתָּר לְטַלְטֵל הַכְּלִי. קוֹרָה שֶׁנִּשְׁבְּרָה אֵין סוֹמְכִין אוֹתָהּ בְּסַפְסָל אוֹ בַּאֲרוּכוֹת הַמִּטָּה אֶלָּא אִם כֵּן הָיוּ רְוָחִים וְכָל זְמַן שֶׁיַּחְפֹּץ יִטְּלֵם כְּדֵי שֶׁלֹּא יְבַטֵּל כְּלִי מֵהֵיכָנוֹ. פּוֹרְסִין מַחְצֶלֶת עַל גַּבֵּי אֲבָנִים בְּשַׁבָּת אוֹ עַל גַּבֵּי כַּוֶּרֶת דְּבוֹרִים בַּחַמָּה מִפְּנֵי הַחַמָּה וּבַגְּשָׁמִים מִפְּנֵי הַגְּשָׁמִים וּבִלְבַד שֶׁלֹּא יִתְכַּוֵּן לָצוּד שֶׁהֲרֵי נוֹטְלָהּ בְּכָל עֵת שֶׁיִּרְצֶה. וְכוֹפִין אֶת הַסַּל בְּשַׁבָּת לִפְנֵי הָאֶפְרוֹחִים בִּשְׁבִיל שֶׁיַּעֲלוּ עָלָיו וְיֵרְדוּ שֶׁהֲרֵי מֻתָּר לְטַלְטְלוֹ כְּשֶׁיֵּרְדוּ מֵעָלָיו. וְכֵן כָּל כַּיּוֹצֵא בָּזֶה:

כו. בְּהֵמָה שֶׁנָּפְלָה לְבוֹר אוֹ לְאַמַּת הַמַּיִם אִם יָכוֹל לִתֵּן לָהּ פַּרְנָסָה בִּמְקוֹמָהּ מְפַרְנְסִין אוֹתָהּ עַד מוֹצָאֵי שַׁבָּת וְאִם לָאו מֵבִיא כָּרִים וּכְסָתוֹת וּמַנִּיחַ תַּחְתֶּיהָ וְאִם עָלְתָה עָלְתָה. וְאַף עַל פִּי שֶׁמְּבַטֵּל כְּלִי מֵהֵיכָנוֹ שֶׁהֲרֵי מַשְׁלִיכוֹ לַבּוֹר לְתוֹךְ הַמַּיִם מִפְּנֵי צַעַר בַּעֲלֵי חַיִּים לֹא גָּזְרוּ. וְאָסוּר לְהַעֲלוֹתָהּ בְּיָדוֹ.

וְכֵן אֵין עוֹקְרִין בְּהֵמָה וְחַיָּה וְעוֹף בְּחָצֵר אֲבָל דּוֹחִין אוֹתָן עַד שֶׁיִּכָּנְסוּ. וּמְדַדִּין עֲגָלִים וּסְיָחִים. תַּרְנְגֹלֶת שֶׁבָּרְחָה אֵין מְדַדִּין אוֹתָן מִפְּנֵי שֶׁהִיא נִשְׁמֶטֶת מִן הַיָּד וְנִמְצְאוּ אֲגַפֶּיהָ נִתְלָשִׁין אֲבָל דּוֹחִין אוֹתָהּ עַד שֶׁתִּכָּנֵס:

Perek 26

Muktzeh continued.

Analysis of various utensils, items and food as to their status and whether they may be carried on *Shabbat.*

פרק כ״ו

א. כָּל כְּלֵי הָאוֹרֵג וַחֲבָלָיו וְקָנִים שֶׁלּוֹ מֻתָּר לְטַלְטְלָן כִּכְלִי שֶׁמְּלַאכְתּוֹ לְאִסּוּר חוּץ מִכֹּבֶד הָעֶלְיוֹן וְכֹבֶד הַתַּחְתּוֹן לְפִי שֶׁאֵין נִטָּלִין מִפְּנֵי שֶׁהֵן תְּקוּעִין. וְכֵן הָעַמּוּדִים שֶׁל אוֹרֵג אָסוּר לְטַלְטְלָן שֶׁמָּא יְתַקֵּן הַגֻּמּוֹת שֶׁלָּהֶן. וּשְׁאָר כְּלֵי הָאוֹרֵג מֻתָּרִין:

ב. מִכְבָּדוֹת שֶׁל תְּמָרָה וְכַיּוֹצֵא בָּהֶן שֶׁמְּכַבְּדִין בָּהֶן אֶת הַקַּרְקַע הֲרֵי הֵן כִּכְלִי שֶׁמְּלַאכְתּוֹ לְהֶתֵּר שֶׁהֲרֵי מֻתָּר לְכַבֵּד בְּשַׁבָּת. לְבֵנִים שֶׁנִּשְׁאֲרוּ מִן הַבִּנְיָן הֲרֵי הֵן כִּכְלִי שֶׁמְּלַאכְתּוֹ לְהֶתֵּר מִפְּנֵי שֶׁרְאוּיִין לְהָסֵב עֲלֵיהֶן שֶׁהֲרֵי שָׁפִין אוֹתָן וּמְתַקְּנִין אוֹתָן. וְאִם צָבַר אוֹתָן הֲרֵי הִקְצָם וְאָסוּר לְטַלְטְלָם:

ג. חֶרֶס קְטַנָּה מֻתָּר לְטַלְטְלָהּ אֲפִלּוּ בִּרְשׁוּת הָרַבִּים הוֹאִיל וּרְאוּיָה הִיא בְּחָצֵר לְכַסּוֹת בָּהּ פִּי כְּלִי קָטָן. מְגוּפַת חָבִית שֶׁנִּתְכַּתְּתָה הִיא וּשְׁבָרֶיהָ מֻתָּר לְטַלְטְלָהּ וְאִם זְרָקָהּ לָאַשְׁפָּה מִבְּעוֹד יוֹם אָסוּר לְטַלְטְלָהּ. כְּלִי שֶׁנִּתְרוֹעֵעַ לֹא יִתְלֹשׁ מִמֶּנּוּ חֶרֶס לְכַסּוֹת בּוֹ אוֹ לִסְמֹךְ בּוֹ:

ד. מֻתָּר לְהַכְנִיס לְבֵית הַכִּסֵּא שָׁלֹשׁ אֲבָנִים מְקֻרְזָלוֹת לְקַנֵּחַ בָּהֶן וְכַמָּה שִׁעוּרָן כִּמְלֹא הַיָּד. אֲבָל אֲדָמָה שֶׁהִיא קְרוּבָה לְהִתְפָּרֵךְ אָסוּר לְטַלְטְלָהּ לְקַנֵּחַ בָּהּ. וּמֻתָּר לְהַעֲלוֹת אֲבָנִים לַגַּג לְקַנֵּחַ בָּהֶן. יָרְדוּ עֲלֵיהֶן גְּשָׁמִים וְנִשְׁתַּקְּעוּ בְּטִיט אִם רִשּׁוּמָן נִכָּר מֻתָּר לְטַלְטֵל. אֶבֶן שֶׁיֵּשׁ עָלֶיהָ טִנּוּף שֶׁוַּדַּאי לְקַנֵּחַ הִיא מֻתָּר לְטַלְטְלָהּ וַאֲפִלּוּ הִיא גְּדוֹלָה:

ה. הָיָה לְפָנָיו צְרוֹר וְחֶרֶשׂ מְקַנֵּחַ בִּצְרוֹר וְאִם הָיָה הַחֶרֶשׂ מֵאוֹגְנֵי כֵּלִים מְקַנֵּחַ בַּחֶרֶשׂ. הָיוּ לְפָנָיו צְרוֹר וַעֲשָׂבִים אִם הָיוּ עֲשָׂבִים רַכִּים מְקַנֵּחַ בָּהֶן וְאִם לָאו מְקַנֵּחַ בִּצְרוֹר:

ו. שְׁיָרֵי מַחְצָלָאוֹת שֶׁבָּלוּ הֲרֵי הֵן כִּכְלִי שֶׁמְּלַאכְתּוֹ לְהֶתֵּר מִפְּנֵי שֶׁרְאוּיִין לְכַסּוֹת בָּהֶן הַטִּנּוּף. אֲבָל שְׁיָרֵי בְּגָדִים שֶׁבָּלוּ שֶׁאֵין בָּהֶן שְׁלֹשָׁה עַל שְׁלֹשָׁה אָסוּר לְטַלְטְלָן שֶׁאֵינָן רְאוּיִין לֹא לַעֲנִיִּים וְלֹא לַעֲשִׁירִים. שִׁבְרֵי הַתַּנּוּר מֻתָּר לְטַלְטְלָן וַהֲרֵי הֵן כְּכָל הַכֵּלִים שֶׁמְּלַאכְתָּן לְהֶתֵּר. כִּירָה שֶׁנִּשְׁמְטָה אַחַת מִיַּרְכוֹתֶיהָ אָסוּר לְטַלְטְלָהּ שֶׁמָּא יִתְקַע:

ז. סֻלָּם שֶׁל עֲלִיָּה אָסוּר לְטַלְטְלוֹ שֶׁאֵין עָלָיו תּוֹרַת כְּלִי. וְשֶׁל שׁוֹבָךְ מֻתָּר לְהַטּוֹתוֹ. אֲבָל לֹא יוֹלִיכוֹ מִשּׁוֹבָךְ לְשׁוֹבָךְ שֶׁלֹּא יַעֲשֶׂה כְּדֶרֶךְ שֶׁהוּא עוֹשֶׂה בְּחֹל וְיָבוֹא לָצוּד. קָנֶה שֶׁמּוֹסְקִין בּוֹ הַזֵּיתִים אִם יֵשׁ עָלָיו תּוֹרַת כְּלִי הֲרֵי הוּא כִּכְלִי שֶׁמְּלַאכְתּוֹ לְאִסּוּר. קָנֶה שֶׁהִתְקִינוֹ בַּעַל הַבַּיִת לִהְיוֹת פּוֹתֵחַ וְנוֹעֵל בּוֹ אִם יֵשׁ תּוֹרַת כְּלִי עָלָיו הֲרֵי הוּא כִּכְלִי שֶׁמְּלַאכְתּוֹ לְהֶתֵּר:

ח. דֶּלֶת שֶׁהָיָה לָהּ צִיר אַף עַל פִּי שֶׁאֵין לָהּ עַתָּה צִיר שֶׁהֱכִינָהּ לִסְתֹּם בָּהּ מָקוֹם מֻקְצֶה וְהִיא נִגְרֶרֶת שֶׁנּוֹטְלִין אוֹתָהּ וְסוֹתְמִין בָּהּ. וְכֵן חֲדָקִים שֶׁסּוֹתְמִין בָּהֶן הַפִּרְצָה. וְכֵן מַחְצֶלֶת הַנִּגְרֶרֶת. בִּזְמַן שֶׁקְּשׁוּרִין וּתְלוּיִין בַּכֹּתֶל סוֹתְמִין בָּהֶן וְנוֹעֲלִים בָּהֶם וְאִם לָאו אֵין נוֹעֲלִין בָּהֶן. וְאִם הָיוּ גְּבוֹהִים מֵעַל הָאָרֶץ נוֹעֲלִין בָּהֶן:

ט. דֶּלֶת שֶׁהָיָה לָהּ לוּחַ אֶחָד שֶׁשּׁוֹמְטִין אוֹתָהּ וְנוֹעֲלִין בָּהּ אִם לֹא הָיָה לָהּ לְמַטָּה כֵּן כְּמוֹ אַסְקֻפָּה שֶׁמּוֹכִיחַ עָלֶיהָ שֶׁהִיא כְּלִי מוּכָן לִנְעִילָה אֵין נוֹעֲלִין בָּהּ. וְאִם יֵשׁ לְמַטָּה אַסְקֻפָּה נוֹעֲלִים בָּהּ. וְכֵן נֶגֶר שֶׁיֵּשׁ בְּרֹאשׁוֹ קְלֻסְטְרָא שֶׁמּוֹכַחַת עָלָיו שֶׁהוּא כְּלִי מוּכָן לִנְעִילָה וְאֵינוֹ קוֹרָה כִּשְׁאָר כָּל הַקּוֹרוֹת נוֹעֲלִין בּוֹ בְּשַׁבָּת:

י. נֶגֶר שֶׁאֵין בְּרֹאשׁוֹ קְלֻסְטְרָא אִם הָיָה קָשׁוּר וְתָלוּי בַּדֶּלֶת נוֹעֲלִין בּוֹ. וְכֵן אִם הָיָה נִטָּל וְאֶגְדּוֹ עִמּוֹ. אֲבָל אִם הָיָה אֶגְדּוֹ קָבוּעַ בַּדֶּלֶת וְהָיָה הַנֶּגֶר נִשְׁמָט כְּמוֹ קוֹרָה וּמַנִּיחִין אוֹתוֹ בַּזָּוִית וְחוֹזְרִין וְנוֹעֲלִין בּוֹ בְּעֵת שֶׁרוֹצִין הֲרֵי זֶה אָסוּר לִנְעֹל בּוֹ שֶׁאֵין עָלָיו תּוֹרַת כְּלִי וְאֵינוֹ אָגוּד וְאֵין בּוֹ אֶגֶד לְהוֹכִיחַ עָלָיו:

יא. מְנוֹרָה שֶׁל חֻלְיוֹת בֵּין גְּדוֹלָה בֵּין קְטַנָּה אֵין מְטַלְטְלִין אוֹתָהּ שֶׁמָּא יַחֲזִירֶנָּה בְּשַׁבָּת. הָיוּ בָּהּ חֲדָקִים וְהִיא נִרְאֵית

כְּבַעֲלַת חֲלָיוֹת. אִם הָיְתָה גְּדוֹלָה הַנִּטֶּלֶת בִּשְׁתֵּי יָדַיִם אָסוּר לְטַלְטְלָהּ מִפְּנֵי כְּבֵדָהּ. הָיְתָה קְטַנָּה מִזּוֹ מֻתָּר לְטַלְטְלָהּ:

יב. מִנְעָל שֶׁעַל גַּבֵּי הָאִמּוּס שׁוֹמְטִין אוֹתוֹ בְּשַׁבָּת. מַכְבֵּשׁ שֶׁל בַּעֲלֵי בָּתִּים מַתִּירִין אֲבָל לֹא כּוֹבְשִׁין. וְשֶׁל כּוֹבְסִין לֹא יִגַּע בּוֹ מִפְּנֵי שֶׁהוּא מֻקְצֶה מֵחֲמַת חֶסְרוֹן כִּיס. וְכֵן גִּזֵּי צֶמֶר אֵין מְטַלְטְלִין אוֹתָן מִפְּנֵי שֶׁהוּא מַקְפִּיד עֲלֵיהֶן. לְפִיכָךְ אִם יִחֲדָן לְתַשְׁמִישׁ מֻתָּרִין. וְהַשְּׁלָחִין מֻתָּר לְטַלְטְלָן בֵּין שֶׁהָיוּ שֶׁל בַּעַל הַבַּיִת אוֹ שֶׁל אֻמָּן מִפְּנֵי שֶׁאֵינוֹ מַקְפִּיד עֲלֵיהֶם:

יג. כָּל דָּבָר מְטֻנָּף כְּגוֹן רְעִי וְקִיא וְצוֹאָה וְכַיּוֹצֵא בָּהֶן אִם הָיוּ בְּחָצֵר שֶׁיּוֹשְׁבִין בָּהּ מֻתָּר לְהוֹצִיאָן לָאַשְׁפָּה אוֹ לְבֵית הַכִּסֵּא וְזֶה הוּא הַנִּקְרָא גְּרָף שֶׁל רְעִי. וְאִם הָיוּ בְּחָצֵר אַחֶרֶת כּוֹפִין עֲלֵיהֶן כְּלִי כְּדֵי שֶׁלֹּא יֵצֵא הַקָּטָן וְיִתְלַכְלֵךְ בָּהֶן. רֹק שֶׁעַל הַקַּרְקַע דּוֹרְסוֹ לְפִי תֻּמּוֹ וְהוֹלֵךְ. מְטַלְטְלִין כְּנוּנָא מִפְּנֵי אֶפְרוֹ אַף עַל פִּי שֶׁיֵּשׁ עָלָיו שִׁבְרֵי עֵצִים מִפְּנֵי שֶׁהוּא כִּגְרָף שֶׁל רְעִי. וְאֵין עוֹשִׂין גְּרָף שֶׁל רְעִי לְכַתְּחִלָּה בְּשַׁבָּת. אֲבָל אִם נַעֲשָׂה מֵאֵלָיו אוֹ שֶׁעָבַר וְעָשָׂהוּ מוֹצִיאִין אוֹתוֹ:

יד. שֶׁמֶן שֶׁיּוֹצֵא מִתַּחַת הַקּוֹרָה שֶׁל בֵּית הַבַּד בְּשַׁבָּת וְכֵן תְּמָרִים וּשְׁקֵדִים הַמּוּכָנִים לִסְחוֹרָה מֻתָּר לְאָכְלָם בְּשַׁבָּת. וַאֲפִלּוּ אוֹצָר שֶׁל תְּבוּאָה אוֹ תְּבוּאָה צְבוּרָה מַתְחִיל לְהִסְתַּפֵּק מִמֶּנָּה בְּשַׁבָּת שֶׁאֵין שׁוּם אֹכֶל שֶׁהוּא מֻקְצֶה בְּשַׁבָּת כְּלָל אֶלָּא הַכֹּל מוּכָן הוּא. חוּץ מִגְּרוֹגָרוֹת וְצִמּוּקִין שֶׁבַּמֻּקְצֶה בִּזְמַן שֶׁמְּיַבְּשִׁים אוֹתָם הוֹאִיל וּמַסְרִיחוֹת בֵּינְתַיִם וְאֵינָם רְאוּיִין לַאֲכִילָה הֲרֵי הֵן אֲסוּרִין בְּשַׁבָּת מִשּׁוּם מֻקְצֶה. חָבִית שֶׁנִּתְגַּלְּתָה וַאֲבַטִּיחַ שֶׁנִּשְׁבְּרָה אַף עַל פִּי שֶׁאֵינָן רְאוּיִין לַאֲכִילָה נוֹטְלָן וּמַנִּיחָן בְּמָקוֹם הַמֻּצְנָע. כַּיּוֹצֵא בּוֹ קָמֵעַ שֶׁאֵינוֹ מֻמְחֶה אַף עַל פִּי שֶׁאֵין יוֹצְאִין בּוֹ מְטַלְטְלִין אוֹתוֹ. מוֹתַר הַשֶּׁמֶן שֶׁבַּנֵּר וְשֶׁבַּקְּעָרָה שֶׁהִדְלִיקוּ בָּהֶן בְּאוֹתָהּ שַׁבָּת אָסוּר לְהִסְתַּפֵּק מִמֶּנּוּ בְּאוֹתָהּ שַׁבָּת מִפְּנֵי שֶׁהוּא מֻקְצֶה מֵחֲמַת אִסּוּר:

טו. אוֹצָר שֶׁל תְּבוּאָה אוֹ שֶׁל כַּדֵּי יַיִן אַף עַל פִּי שֶׁמֻּתָּר לְהִסְתַּפֵּק מִמֶּנּוּ אָסוּר לְהַתְחִיל בּוֹ לְפַנּוֹתוֹ אֶלָּא לִדְבַר מִצְוָה כְּגוֹן שֶׁפִּנָּהוּ לְהַכְנָסַת אוֹרְחִין אוֹ לִקְבֹּעַ בּוֹ בֵּית הַמִּדְרָשׁ וְכֵיצַד מְפַנִּין אוֹתוֹ. כָּל אֶחָד וְאֶחָד מְמַלֵּא אַרְבַּע אוֹ חָמֵשׁ קֻפּוֹת עַד שֶׁגּוֹמְרִין. וְלֹא יְכַבְּדוּ קַרְקָעִיתוֹ שֶׁל אוֹצָר כְּמוֹ שֶׁבֵּאַרְנוּ אֶלָּא נִכְנָס וְיוֹצֵא בּוֹ וְעוֹשֶׂה שְׁבִיל בְּרַגְלָיו בִּכְנִיסָתוֹ וּבִיצִיאָתוֹ:

טז. כָּל שֶׁהוּא רָאוּי לְמַאֲכַל בְּהֵמָה וְחַיָּה וְעוֹף הַמְּצוּיִין מְטַלְטְלִין אוֹתוֹ בְּשַׁבָּת. כֵּיצַד. מְטַלְטְלִין אֶת הַתֻּרְמוּס הַיָּבֵשׁ מִפְּנֵי שֶׁהוּא מַאֲכָל לְעִזִּים אֲבָל לֹא אֶת הַלַּח. אֶת הֶחָצָב מִפְּנֵי שֶׁהוּא מַאֲכָל לִצְבָאִים. אֶת הַחַרְדָּל מִפְּנֵי שֶׁהוּא מַאֲכָל לְיוֹנִים. אֶת הָעֲצָמוֹת מִפְּנֵי שֶׁהֵן מַאֲכָל לִכְלָבִים. וְכֵן כָּל הַקְּלִפִּין וְהַגַּרְעִינִין הָרְאוּיִין לְמַאֲכַל בְּהֵמָה מְטַלְטְלִין אוֹתָן. וְשֶׁאֵינָן רְאוּיִין אוֹכֵל אֶת הָאֹכֶל וְזוֹרְקָן לַאֲחוֹרָיו וְאָסוּר לְטַלְטְלָן. מְטַלְטְלִין בְּשַׂר תַּפּוּחַ מִפְּנֵי שֶׁהוּא מַאֲכָל לְחַיָּה. וּמְטַלְטְלִין בָּשָׂר חַי בֵּין תָּפֵל בֵּין מָלִיחַ מִפְּנֵי שֶׁרָאוּי לְאָדָם. וְכֵן דָּג מָלִיחַ. אֲבָל הַתָּפֵל אָסוּר לְטַלְטְלוֹ:

יז. אֵין מְטַלְטְלִין שִׁבְרֵי זְכוּכִית אַף עַל פִּי שֶׁהֵן מַאֲכָל לְנַעֲמִיּוֹת. וְלֹא חֲבִילֵי זְמוֹרוֹת אַף עַל פִּי שֶׁהֵן מַאֲכָל לְפִילִים. וְלֹא אֶת הַלּוּף אַף עַל פִּי שֶׁהֵן מַאֲכָל לְעוֹרְבִים. מִפְּנֵי שֶׁאֵין אֵלּוּ וְכַיּוֹצֵא בָּהֶן מְצוּיִין אֵצֶל רֹב בְּנֵי אָדָם:

יח. חֲבִילֵי קַשׁ וַחֲבִילֵי זְרָדִין אִם הִתְקִינָן לְמַאֲכַל בְּהֵמָה מְטַלְטְלִין אוֹתָן וְאִם לָאו אֵין מְטַלְטְלִין אוֹתָן. חֲבִילֵי סֵיאָה פּוּאָה וְאֵזוֹב וְקוֹרָנִית. הִכְנִיסָן לְעֵצִים אֵין מִסְתַּפֵּק מֵהֶם בְּשַׁבָּת. לְמַאֲכַל בְּהֵמָה מִסְתַּפֵּק מֵהֶן. וְכֵן בַּאֲמִינְתָא וְכֵן בְּפֵיגָם וְכֵן בִּשְׁאָר מִינֵי תַבְלִין:

יט. אֵין גּוֹרְפִין מַאֲכָל מִלִּפְנֵי הַפְּטָם בֵּין בְּאֵבוּס שֶׁל כְּלִי בֵּין בְּאֵבוּס שֶׁל קַרְקַע. וְאֵין מְסַלְּקִין לַצְּדָדִין מִפְּנֵי הָרְעִי גְּזֵרָה שֶׁמָּא יַשְׁוֶה גֻּמּוֹת. נוֹטְלִין מִלִּפְנֵי הַחֲמוֹר וְנוֹתְנִין לִפְנֵי הַשּׁוֹר. אֲבָל אֵין נוֹטְלִין מִלִּפְנֵי הַשּׁוֹר וְנוֹתְנִין לִפְנֵי הַחֲמוֹר מִפְּנֵי שֶׁהַמַּאֲכָל שֶׁלִּפְנֵי הַשּׁוֹר מְטֻנָּף בְּרִירוֹ וְאֵין רָאוּי לְמַאֲכַל בְּהֵמָה אַחֶרֶת. וְכֵן עָלִים שֶׁרֵיחָם רַע וּמְאוּסִין וְאֵין הַבְּהֵמָה אוֹכַלְתָּן אָסוּר לְטַלְטְלָן. לְפִיכָךְ תְּלַאי שֶׁל דָּגִים אָסוּר לְטַלְטְלוֹ וְשֶׁל בָּשָׂר מֻתָּר. וְכֵן כָּל כַּיּוֹצֵא בָּזֶה:

כ. אַף עַל פִּי שֶׁאָסוּר לְטַלְטֵל אֶת הַמֵּת בְּשַׁבָּת סָכִין אוֹתוֹ וּמְדִיחִין אוֹתוֹ וּבִלְבַד שֶׁלֹּא יָזִיזוּ בּוֹ אֵבָר. וְשׁוֹמְטִין אֶת הַכַּר מִתַּחְתָּיו כְּדֵי שֶׁיְּהֵא מֻטָּל עַל הַחוֹל בִּשְׁבִיל שֶׁיַּמְתִּין וְלֹא יַסְרִיחַ. וּמְבִיאִין כְּלֵי מֵיקַר וּכְלֵי מַתָּכוֹת וּמַנִּיחִין לוֹ עַל כְּרֵסוֹ כְּדֵי שֶׁלֹּא יִתְפַּח. וּפוֹקְקִין אֶת נְקָבָיו שֶׁלֹּא יִכָּנֵס בָּהֶן הָרוּחַ. וְקוֹשְׁרִין אֶת הַלֶּחִי לֹא שֶׁיַּעֲלֶה אֶלָּא שֶׁלֹּא יוֹסִיף. וְאֵין מְעַמְּצִין אֶת עֵינָיו בְּשַׁבָּת:

כא. מֵת הַמֻּטָּל בַּחַמָּה מַנִּיחַ עָלָיו כִּכָּר אוֹ תִּינוֹק וּמְטַלְטְלוֹ. וְכֵן אִם נָפְלָה דְּלֵקָה בְּחָצֵר שֶׁיֵּשׁ בָּהּ מֵת מַנִּיחַ עָלָיו כִּכָּר אוֹ תִּינוֹק וּמְטַלְטְלוֹ. וְאִם אֵין שָׁם כִּכָּר וְלֹא תִּינוֹק מַצִּילִין אוֹתוֹ מִן הַדְּלֵקָה מִכָּל מָקוֹם שֶׁמָּא יָבֹא לְכַבּוֹת מִפְּנֵי שֶׁהוּא בָּהוּל עַל מֵתוֹ שֶׁלֹּא יִשָּׂרֵף. וְלֹא הִתִּירוּ לְטַלְטֵל בְּכִכָּר אוֹ תִּינוֹק אֶלָּא לְמֵת בִּלְבַד מִפְּנֵי שֶׁאָדָם בָּהוּל עַל מֵתוֹ:

כב. הָיָה מֻטָּל בַּחַמָּה וְאֵין לָהֶם מָקוֹם לְטַלְטְלוֹ אוֹ שֶׁלֹּא רָצוּ לַהֲזִיזוֹ מִמְּקוֹמוֹ בָּאִין שְׁנֵי בְּנֵי אָדָם וְיוֹשְׁבִים מִשְּׁנֵי

צְדָדָיו. חַם לָהֶם מִלְּמַטָּה זֶה מֵבִיא מִטָּתוֹ וְיוֹשֵׁב עָלֶיהָ וְזֶה מֵבִיא מִטָּתוֹ וְיוֹשֵׁב עָלֶיהָ. חַם לָהֶם מִלְמַעְלָה זֶה מֵבִיא מַחְצֶלֶת וּפוֹרֵשׂ עַל גַּבָּיו. וְזֶה מֵבִיא מַחְצֶלֶת וּפוֹרֵשׂ עַל גַּבָּיו. זֶה זוֹקֵף מִטָּתוֹ וְנִשְׁמָט וְהוֹלֵךְ לוֹ וְזֶה זוֹקֵף מִטָּתוֹ וְנִשְׁמָט וְהוֹלֵךְ לוֹ וְנִמְצָא מְחִצָּה עֲשׂוּיָה מֵאֵלֶיהָ. שֶׁהֲרֵי מַחְצֶלֶת זֶה וּמַחְצֶלֶת זֶה גַּגֵּיהֶן סְמוּכוֹת זוֹ לָזוֹ וּשְׁנֵי קְצוֹתֵיהֶם עַל הַקַּרְקַע מִשְּׁנֵי צִדֵּי הַמֵּת:

כג. מֵת שֶׁהִסְרִיחַ בְּבַיִת וְנִמְצָא מִתְבַּזֶּה בֵּין הַחַיִּים וְהֵם מִתְבַּזִּים מִמֶּנּוּ מֻתָּר לְהוֹצִיאוֹ לְכַרְמְלִית. גָּדוֹל כְּבוֹד הַבְּרִיּוֹת שֶׁדּוֹחֶה אֶת לֹא תַעֲשֶׂה שֶׁבַּתּוֹרָה שֶׁהוּא (דברים יז יא) "לֹא תָסוּר מִן הַדָּבָר אֲשֶׁר יַגִּידוּ לְךָ יָמִין וּשְׂמֹאל". וְאִם הָיָה לָהֶן מָקוֹם אַחֵר לָצֵאת בּוֹ אֵין מוֹצִיאִין אוֹתוֹ אֶלָּא מַנִּיחִין אוֹתוֹ בִּמְקוֹמוֹ וְיוֹצְאִין הֵם:

Mishne Torah Project · http://rambam.plus

Perek 27

Tchum Shabbat

Not to travel beyond the limits of one's place on *Shabbat*[4].

One may walk anywhere within a city no matter how large it is.

The Torah does not allow one to go out of the city beyond 12 *mil* (**12 mil = ± 12 km**) of city's border.

However, as a safe guard the *Rabanim* reduced the size of the *tchum* to **2000** amah. (**= 1** mil)

i.e. *tchum*= **2000** *amah* in any direction beyond the city.

One must draw a square around the city and the *tchum* starts beyond the square.

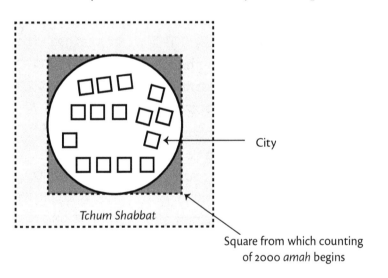

Tchum Shabbat

City

Square from which counting of 2000 *amah* begins

If one goes out beyond 2000 *amah* but less than 12 *mil*, punishment is *makat mardut*.

If one goes out beyond 12 *mil*, punishment is *malkot*.

> **Reminder**
> Pack on Punishment for *Sefer Zemanim*
> Pack on Weights and Measures

If one goes beyond this distance on *Shabbat*, one must be restricted to an area of **4 × 4** *amah*.

However, there are several circumstances where flexibility can be gained to increase one's area of movement.

When a person intends to reach a place before *Shabbat*, then this establishes for him a new place from which a further 2000 *amah* could be travelled. This why if he arrives within the tchum and falls asleep before *Shabbat*, he would be allowed to travel the extra 2000 after *Shabbat* starts

However, if he does not establish a new place and ends up there unintentionally, the limits of his original place would apply, thus restricting his movement. (Some flexibilities could apply depending on where his limit ends)

פרק כ״ז

א. הַיּוֹצֵא חוּץ לִתְחוּם הַמְּדִינָה בְּשַׁבָּת לוֹקֶה שֶׁנֶּאֱמַר (שמות טז כט) ״אַל יֵצֵא אִישׁ מִמְּקֹמוֹ בַּיּוֹם הַשְּׁבִיעִי״. מָקוֹם זֶה הוּא תְּחוּם הָעִיר. וְלֹא נָתְנָה תּוֹרָה שִׁעוּר לִתְחוּם זֶה אֲבָל חֲכָמִים הֶעְתִּיקוּ שֶׁתְּחוּם זֶה הוּא חוּץ לִשְׁנֵים עָשָׂר מִיל כְּנֶגֶד מַחֲנֵה יִשְׂרָאֵל. וְכָךְ אָמַר לָהֶם מֹשֶׁה רַבֵּנוּ לֹא תֵּצְאוּ חוּץ לַמַּחֲנֶה. וּמִדִּבְרֵי סוֹפְרִים שֶׁלֹּא יֵצֵא אָדָם חוּץ לָעִיר אֶלָּא עַד אַלְפַּיִם אַמָּה אֲבָל חוּץ לְאַלְפַּיִם אַמָּה אָסוּר. שֶׁאַלְפַּיִם אַמָּה הוּא מִגְרַשׁ הָעִיר:

ב. נִמְצֵאתָ לָמֵד שֶׁמֻּתָּר לְאָדָם בְּשַׁבָּת לְהַלֵּךְ אֶת כָּל הָעִיר כֻּלָּהּ אֲפִלּוּ הָיְתָה כְּנִינְוֵה. בֵּין שֶׁהָיְתָה מֻקֶּפֶת חוֹמָה בֵּין שֶׁלֹּא הָיְתָה מֻקֶּפֶת חוֹמָה. וְכֵן מֻתָּר לוֹ לְהַלֵּךְ חוּץ לָעִיר אַלְפַּיִם אַמָּה לְכָל רוּחַ מְרֻבָּעוֹת כְּטַבְלָה מְרֻבַּעַת כְּדֵי שֶׁיִּהְיֶה נִשְׂכָּר אֶת הַזָּוִיּוֹת. וְאִם יָצָא חוּץ לְאַלְפַּיִם אַמָּה מַכִּין אוֹתוֹ מַכַּת מַרְדּוּת עַד שְׁנֵים עָשָׂר מִיל. אֲבָל אִם יָצָא וְהִרְחִיק מִן הָעִיר יֶתֶר עַל שְׁנֵים עָשָׂר מִיל אֲפִלּוּ אַמָּה אַחַת לוֹקֶה מִן הַתּוֹרָה:

ג. הַמְהַלֵּךְ חוּץ לַתְּחוּם לְמַעְלָה מֵעֲשָׂרָה טְפָחִים כְּגוֹן שֶׁקָּפַץ עַל גַּבֵּי עַמּוּדִים שֶׁגְּבוֹהִין עֲשָׂרָה וְאֵין בְּכָל אֶחָד מֵהֶן אַרְבָּעָה עַל אַרְבָּעָה טְפָחִים הֲרֵי זֶה סָפֵק אִם יֵשׁ תְּחוּמִין לְמַעְלָה מֵעֲשָׂרָה אוֹ אֵין תְּחוּמִין לְמַעְלָה מֵעֲשָׂרָה. אֲבָל אִם הָלַךְ עַל מָקוֹם שֶׁיֵּשׁ בּוֹ אַרְבָּעָה עַל אַרְבָּעָה הֲרֵי זֶה כִּמְהַלֵּךְ עַל הָאָרֶץ וְיֵשׁ אִסּוּר תְּחוּמִין שָׁם:

ד. מִי שֶׁשָּׁבַת בְּדִיר שֶׁבַּמִּדְבָּר אוֹ בְּסַהַר אוֹ בִּמְעָרָה וְכַיּוֹצֵא בָּהֶן מֵרְשׁוּת הַיָּחִיד מְהַלֵּךְ אֶת כֻּלָּהּ וְחוּצָה לָהּ אַלְפַּיִם אַמָּה לְכָל רוּחַ בְּרִבּוּעַ. וְכֵן הַשּׁוֹבֵת בְּבִקְעָה אֲפִלּוּ הָיָה יָשֵׁן בְּשָׁעָה שֶׁנִּכְנַס הַשַּׁבָּת שֶׁלֹּא קָנָה שְׁבִיתָה יֵשׁ לוֹ לְהַלֵּךְ מִמְּקוֹמוֹ אַלְפַּיִם אַמָּה לְכָל רוּחַ בְּרִבּוּעַ. הָיָה מְהַלֵּךְ בְּבִקְעָה וְאֵינוֹ יוֹדֵעַ תְּחוּם שַׁבָּת מְהַלֵּךְ אַלְפַּיִם פְּסִיעוֹת בֵּינוֹנִיּוֹת וְזֶה הוּא תְּחוּם שַׁבָּת:

ה. הַמְהַלֵּךְ אַלְפַּיִם אַמָּה שֶׁיֵּשׁ לוֹ לְהַלֵּךְ וְשָׁלְמָה מִדָּתוֹ בְּתוֹךְ דִּיר אוֹ סַהַר אוֹ מְעָרָה אוֹ בְּתוֹךְ הַמְּדִינָה אֵינוֹ מְהַלֵּךְ אֶלָּא עַד סוֹף מִדָּתוֹ. וְאֵין אוֹמְרִין הוֹאִיל וְכָלְתָה מִדָּתוֹ בְּתוֹךְ רְשׁוּת הַיָּחִיד מְהַלֵּךְ אֶת כֻּלָּהּ. בַּמֶּה דְּבָרִים אֲמוּרִים בְּשֶׁכָּלְתָה מִדָּתוֹ בְּמִקְצַת הָעִיר אוֹ בְּמִקְצַת הַמְּעָרָה אֲבָל אִם הָיְתָה אוֹתָהּ רְשׁוּת הַיָּחִיד מֻבְלַעַת בְּתוֹךְ אַלְפַּיִם אַמָּה שֶׁלּוֹ תֵּחָשֵׁב לוֹ כָּל אוֹתָהּ הָרְשׁוּת כְּאַרְבַּע אַמּוֹת וּמַשְׁלִימִין לוֹ אֶת הַשְּׁאָר:

ו. כֵּיצַד. הֲרֵי שֶׁהָיָה אֶלֶף אַמָּה מִמְּקוֹם שְׁבִיתָתוֹ אִם מִחוּץ לָעִיר עַד מְדִינָה אוֹ מְעָרָה שֶׁיֵּשׁ בְּאָרְכָּהּ אֶלֶף אַמָּה אוֹ פָּחוֹת מֵאֶלֶף מְהַלֵּךְ אֶת כָּל הַמְּדִינָה אוֹ הַמְּעָרָה שֶׁפָּגַע בָּהּ וּמְהַלֵּךְ חוּצָה לָהּ אֶלֶף אַמָּה פָּחוֹת אַרְבַּע אַמּוֹת:

ז. אֲבָל אִם הָיָה בַּמְּדִינָה אוֹ בַּמְּעָרָה שֶׁפָּגַע בָּהּ בְּתוֹךְ מִדָּתוֹ אֶלֶף אַמָּה וְאַמָּה אֵינוֹ מְהַלֵּךְ בָּהּ אֶלָּא אֶלֶף אַמָּה בִּלְבַד שֶׁהוּא תַּשְׁלוּם אַלְפַּיִם אַמָּה שֶׁיֵּשׁ לוֹ:

ח. מִי שֶׁכָּלְתָה מִדָּתוֹ בַּחֲצִי הָעִיר אַף עַל פִּי שֶׁאֵינוֹ מְהַלֵּךְ אֶלָּא עַד סוֹף מִדָּתוֹ מֻתָּר לְטַלְטֵל בְּכָל הָעִיר עַל יְדֵי זְרִיקָה. וְכֵן מִי שֶׁשָּׁבַת בְּבִקְעָה וְהִקִּיפוּהוּ נָכְרִים מְחִצָּה בְּשַׁבָּת אֵינוֹ מְהַלֵּךְ בָּהּ אֶלָּא אַלְפַּיִם אַמָּה לְכָל רוּחַ אַף עַל פִּי שֶׁהוּא בְּתוֹךְ הַמְּחִצָּה. וּמֻתָּר לוֹ לְטַלְטֵל בְּכָל הַמְּחִצָּה עַל יְדֵי זְרִיקָה אִם הִקִּיפוּהָ לְשֵׁם דִּירָה:

ט. מִי שֶׁהָיָה בָּא בַּדֶּרֶךְ לִכָּנֵס לַמְּדִינָה בֵּין שֶׁהָיָה בָּא בַּיָּם בֵּין שֶׁהָיָה בָּא בֶּחָרָבָה. אִם נִכְנַס בְּתוֹךְ אַלְפַּיִם אַמָּה קָרוֹב לָעִיר קֹדֶם שֶׁיִּכָּנֵס הַשַּׁבָּת אַף עַל פִּי שֶׁלֹּא הִגִּיעַ לַמְּדִינָה אֶלָּא בְּשַׁבָּת הֲרֵי זֶה יִכָּנֵס וִיהַלֵּךְ אֶת כֻּלָּהּ וְחוּצָה לָהּ אַלְפַּיִם אַמָּה לְכָל רוּחַ:

י. הָיָה בָּא לַמְּדִינָה וְיָשֵׁן בַּדֶּרֶךְ וְלֹא נֵעוֹר אֶלָּא בְּשַׁבָּת וּכְשֶׁנֵּעוֹר מָצָא עַצְמוֹ בְּתוֹךְ הַתְּחוּם הֲרֵי זֶה יִכָּנֵס לָהּ וִיהַלֵּךְ אֶת כֻּלָּהּ וְחוּצָה לָהּ אַלְפַּיִם אַמָּה לְכָל רוּחַ. מִפְּנֵי שֶׁדַּעְתּוֹ הָיְתָה לְהַלֵּךְ לַמְּדִינָה זוֹ וּלְפִיכָךְ קָנָה שְׁבִיתָה עִם בְּנֵי הַמְּדִינָה כְּמוֹתָן שֶׁהֲרֵי נִכְנַס עִמָּהֶן בַּתְּחוּם:

יא. מִי שֶׁיָּצָא חוּץ לַתְּחוּם אֲפִלּוּ אַמָּה אַחַת לֹא יִכָּנֵס שֶׁהָאַרְבַּע אַמּוֹת שֶׁיֵּשׁ לוֹ לָאָדָם תְּחִלָּתָן מִמָּקוֹם שֶׁהוּא עוֹמֵד בּוֹ. לְפִיכָךְ כֵּיוָן שֶׁיָּצָא חוּץ מִתְּחוּמוֹ אַמָּה אוֹ יֶתֶר יֵשֵׁב בִּמְקוֹמוֹ וְאֵין לוֹ לְהַלֵּךְ אֶלָּא בְּתוֹךְ אַרְבַּע אַמּוֹת מֵעֲמִידַת רַגְלָיו וְלַחוּץ. וְכֵן מִי שֶׁהֶחְשִׁיךְ חוּץ לִתְחוּם הַמְּדִינָה אֲפִלּוּ אַמָּה אַחַת הֲרֵי זֶה לֹא יִכָּנֵס לָהּ אֶלָּא מְהַלֵּךְ מִמָּקוֹם שֶׁנִּכְנַס עָלָיו הַשַּׁבָּת וְהוּא עוֹמֵד בּוֹ אַלְפַּיִם אַמָּה בִּלְבַד. וְאִם כָּלְתָה מִדָּתוֹ בִּמְקָצַת הָעִיר מְהַלֵּךְ עַד סוֹף מִדָּתוֹ כְּמוֹ שֶׁאָמַרְנוּ. הָיְתָה רַגְלוֹ אַחַת בְּתוֹךְ הַתְּחוּם וְרַגְלוֹ אַחַת חוּץ לַתְּחוּם הֲרֵי זֶה יִכָּנֵס:

יב. מִי שֶׁיָּצָא חוּץ לַתְּחוּם שֶׁלֹּא לְדַעְתּוֹ כְּגוֹן שֶׁהוֹצִיאוּהוּ נָכְרִים אוֹ רוּחַ רָעָה אוֹ שֶׁשָּׁגַג וְיָצָא אֵין לוֹ אֶלָּא אַרְבַּע אַמּוֹת. חָזַר לְדַעַת אֵין לוֹ אֶלָּא אַרְבַּע אַמּוֹת. הֶחְזִירוּהוּ כְּאִלּוּ לֹא יָצָא. וְאִם נְתָנוּהוּ בִּרְשׁוּת הַיָּחִיד כְּגוֹן שֶׁנְּתָנוּהוּ נָכְרִים בַּדִּיר וְסַהַר וּמְעָרָה אוֹ בְּעִיר אַחֶרֶת יֵשׁ לוֹ לְהַלֵּךְ אֶת כֻּלָּהּ. וְכֵן אִם יָצָא לְאֶחָד מֵאֵלּוּ בִּשְׁגָגָה וְנִזְכַּר וְהוּא בְּתוֹכָן מְהַלֵּךְ אֶת כֻּלָּהּ:

יג. יָצָא חוּץ לַתְּחוּם לְדַעַת אַף עַל פִּי שֶׁחָזַר שֶׁלֹּא לְדַעַת כְּגוֹן שֶׁהֶחְזִירוּהוּ נָכְרִים אוֹ רוּחַ רָעָה אֵין לוֹ אֶלָּא אַרְבַּע אַמּוֹת. וְכֵן אִם יָצָא חוּץ לַתְּחוּם לְדַעַת אַף עַל פִּי שֶׁהוּא בְּתוֹךְ רְשׁוּת הַיָּחִיד כְּגוֹן דִּיר וְסַהַר אֵין לוֹ אֶלָּא אַרְבַּע אַמּוֹת. הַמְפָרֵשׁ בַּיָּם הַגָּדוֹל אַף עַל פִּי שֶׁהוּא חוּץ לַתְּחוּם שֶׁשָּׁבַת בּוֹ מְהַלֵּךְ אֶת כָּל הַסְּפִינָה כֻּלָּהּ וּמְטַלְטֵל בְּכֻלָּהּ:

יד. מִי שֶׁיָּצָא חוּץ לַתְּחוּם שֶׁלֹּא לְדַעַת וְהֻקַּף בִּמְחִצָּה בְּשַׁבָּת יֵשׁ לוֹ לְהַלֵּךְ כָּל אוֹתָהּ הַמְּחִצָּה וְהוּא שֶׁלֹּא תִּהְיֶה יֶתֶר עַל אַלְפַּיִם אַמָּה. וְאִם הָיָה תְּחוּם שֶׁיָּצָא מִמֶּנּוּ מֻבְלָע מִקְצָתוֹ בְּתוֹךְ הַמְּחִצָּה שֶׁנַּעֲשֵׂית שֶׁלֹּא לְדַעְתּוֹ הוֹאִיל וְיֵשׁ לוֹ לְהַלֵּךְ אֶת כָּל הַמְּחִצָּה הֲרֵי זֶה נִכְנָס לִתְחוּמוֹ וְכֵיוָן שֶׁיִּכָּנֵס הֲרֵי הוּא כְּאִלּוּ לֹא יָצָא:

טו. כָּל מִי שֶׁאֵין לוֹ לָזוּז מִמְּקוֹמוֹ אֶלָּא בְּתוֹךְ אַרְבַּע אַמּוֹת אִם נִצְרַךְ לִנְקָבָיו הֲרֵי זֶה יוֹצֵא וּמַרְחִיק וְנִפְנֶה וְחוֹזֵר לִמְקוֹמוֹ. וְאִם נִכְנַס לִמְקָצַת תְּחוּם שֶׁיָּצָא מִמֶּנּוּ בְּעֵת שֶׁיִּתְרַחֵק לְהִפָּנוֹת הוֹאִיל וְנִכְנַס יִכָּנֵס וּכְאִלּוּ לֹא יָצָא. וְהוּא שֶׁלֹּא יָצָא בַּתְּחִלָּה לְדַעַת אֲבָל אִם יָצָא לְדַעַת אַף עַל פִּי שֶׁנִּכְנַס אֵין לוֹ אֶלָּא אַרְבַּע אַמּוֹת:

טז. כָּל מִי שֶׁיָּצָא בִּרְשׁוּת בֵּית דִּין כְּגוֹן הָעֵדִים שֶׁבָּאוּ לְהָעִיד עַל רְאִיַּת הַלְּבָנָה וְכַיּוֹצֵא בָּהֶן מִמִּי שֶׁמֻּתָּר לוֹ לָצֵאת לִדְבַר מִצְוָה יֵשׁ לוֹ אַלְפַּיִם אַמָּה לְכָל רוּחַ בְּאוֹתוֹ מָקוֹם שֶׁהִגִּיעַ לוֹ. וְאִם הִגִּיעַ לִמְדִינָה הֲרֵי הוּא כְּאַנְשֵׁי הָעִיר וְיֵשׁ לוֹ אַלְפַּיִם אַמָּה לְכָל רוּחַ חוּץ לַמְּדִינָה:

יז. הָיָה יוֹצֵא בִּרְשׁוּת וְאָמְרוּ לוֹ וְהוּא הוֹלֵךְ בַּדֶּרֶךְ כְּבָר נַעֲשֵׂית הַמִּצְוָה שֶׁיָּצָאתָ לַעֲשׂוֹת יֵשׁ לוֹ מִמְּקוֹמוֹ אַלְפַּיִם אַמָּה לְכָל רוּחַ. וְאִם הָיָה מִקְצָת תְּחוּם שֶׁיָּצָא מִמֶּנּוּ בִּרְשׁוּת מֻבְלָע בְּתוֹךְ אַלְפַּיִם אַמָּה שֶׁיֵּשׁ לוֹ מִמְּקוֹמוֹ הֲרֵי זֶה חוֹזֵר לִמְקוֹמוֹ וּכְאִלּוּ לֹא יָצָא. וְכָל הַיּוֹצְאִין לְהַצִּיל נַפְשׁוֹת יִשְׂרָאֵל מִיַּד עוֹבְדֵי כּוֹכָבִים וּמַזָּלוֹת אוֹ מִן הַנָּהָר אוֹ מִן הַמַּפֹּלֶת יֵשׁ לָהֶם אַלְפַּיִם אַמָּה לְכָל רוּחַ מִמָּקוֹם שֶׁהִצִּילוּ בּוֹ. וְאִם הָיְתָה יַד הָעוֹבְדֵי כּוֹכָבִים וּמַזָּלוֹת תַּקִּיפָה וְהָיוּ מְפַחֲדִים לִשְׁבֹּת בַּמָּקוֹם שֶׁהִצִּילוּ בּוֹ הֲרֵי אֵלּוּ חוֹזְרִין בְּשַׁבָּת לִמְקוֹמָן וּבִכְלֵי זֵינָן:

Perek 28

Tchum Shabbat.

Tchum in relation to extent and shape of cities and how to measure.

If a house or certain structures are found within **70⅔** ***amah*** outside a city, then the measurement of the *tchum* start from this structure i.e. it gets included as part of the city.

All diagrams in this Chapter are from 'Mishne Torah Project.' http://rambam.plus, and with their kind permission.

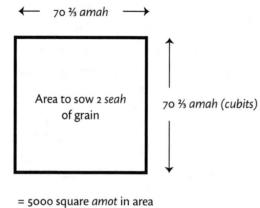

I.e. the square from which we measure the **2000** *amot* should start from this house.

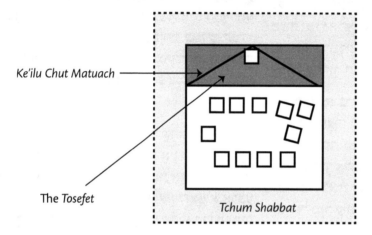

The extra measure of **70⅔ *amah*** is called a *karpef.*

Methods of measuring different shaped cities.

- Irregular shape (create imaginary square around city and measure from there

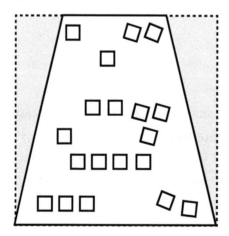

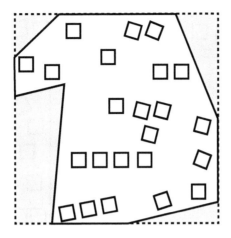

Karpef

- 2 Towns with distance between them less than **70⅔ *amah*** (considered to be a single city)
- 3 Towns in a triangle
- Rectangular or square city. (Leave as is and measure)
- Circular / triangular (construct square first)
- Trapezoid
- Where the houses form an L-shaped or crescent shaped etc., then if the distance between the extremities is less than 4000 *amah*, then the inhabited area in between is considered as part of the city:

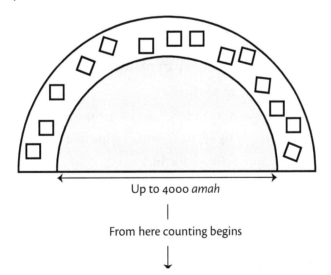

Up to 4000 *amah*

From here counting begins

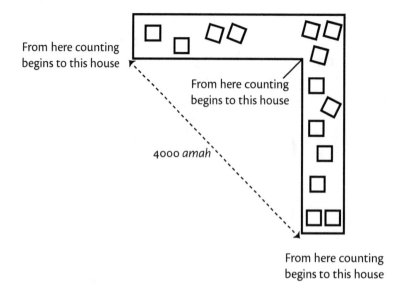

From here counting
begins to this house

From here counting
begins to this house

4000 *amah*

From here counting
begins to this house

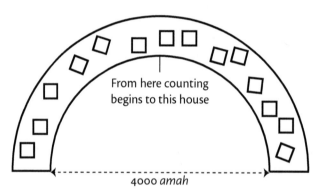

From here counting
begins to this house

4000 *amah*

If the distance between the extremities is equal to or greater than 4,000 *amah*, then the inhabited area in between is not considered as part of the city:

• Distances are measured with a rope of **50 amot.**

The rope is made of flax so that it will not stretch. Special techniques are needed to measure valleys (may be necessary for 2 people to measure with a rope of **4 amah**)

• Wall which comes in way (just approximate its thickness)

• Mountains (May be necessary to measure with 2 people and a **4-amah** rope)

When there is a difference of opinion as to the extent of the *tchum* we accept the measure which is larger.

פרק כ"ח

א. כָּל בֵּית דִּירָה שֶׁהוּא יוֹצֵא מִן הַמְּדִינָה אִם הָיָה בֵּינוֹ וּבֵין הַמְּדִינָה שִׁבְעִים אַמָּה וּשְׁנֵי שְׁלִישֵׁי אַמָּה שֶׁהוּא צֶלַע בֵּית סָאתַיִם הַמְרֻבַּעַת אוֹ פָּחוֹת מִזֶּה הֲרֵי זֶה מִצְטָרֵף לַמְּדִינָה וְנֶחְשָׁב מִמֶּנָּה. וּכְשֶׁמּוֹדְדִין לָהּ אַלְפַּיִם אַמָּה לְכָל רוּחַ מוֹדְדִין חוּץ מִבֵּית דִּירָה זֶה:

ב. הָיָה בַּיִת זֶה קָרוֹב לַמְּדִינָה בְּשִׁבְעִים אַמָּה וּבַיִת שֵׁנִי קָרוֹב לְבַיִת רִאשׁוֹן בְּשִׁבְעִים אַמָּה וּבַיִת שְׁלִישִׁי קָרוֹב לַשֵּׁנִי בְּשִׁבְעִים אַמָּה וְכֵן עַד מַהֲלַךְ כַּמָּה יָמִים הֲרֵי הַכֹּל כִּמְדִינָה אַחַת וּכְשֶׁמּוֹדְדִין מוֹדְדִין מִחוּץ לַבַּיִת הָאַחֲרוֹן. וְהוּא שֶׁיִּהְיֶה בֵּית דִּירָה זֶה אַרְבַּע אַמּוֹת עַל אַרְבַּע אַמּוֹת אוֹ יֶתֶר:

ג. וְכֵן בֵּית הַכְּנֶסֶת שֶׁיֵּשׁ בּוֹ בֵּית דִּירָה לַחַזָּנִין וּבֵית עֲבוֹדַת כּוֹכָבִים וּמַזָּלוֹת שֶׁיֵּשׁ בּוֹ בֵּית דִּירָה לְכֹהֲנֵיהֶם וְהָאוֹצָרוֹת שֶׁיֵּשׁ בָּהֶן בֵּית דִּירָה וְהַגֶּשֶׁר וְהַקֶּבֶר שֶׁיֵּשׁ בָּהֶן בֵּית דִּירָה וְשָׁלֹשׁ מְחִצּוֹת שֶׁאֵין עָלֶיהָ תִּקְרָה וְיֵשׁ בָּהֶן אַרְבַּע עַל אַרְבַּע אַמּוֹת וְהַבִּרְגָּנִין וְהַבַּיִת הַבָּנוּי בַּיָּם וּשְׁתֵּי מְחִצּוֹת שֶׁיֵּשׁ עֲלֵיהֶן תִּקְרָה וּמְעָרָה שֶׁיֵּשׁ בִּנְיָן עַל פִּיהָ וְיֵשׁ בָּהּ בֵּית דִּירָה. כָּל אֵלּוּ מִצְטָרְפִין עִמָּהּ אִם הָיוּ בְּתוֹךְ שִׁבְעִים אַמָּה וְשִׁירַיִם. וּמֵאוֹתוֹ הַבַּיִת הַיּוֹצֵא רוֹאִין כְּאִלּוּ חוּט מָתוּחַ עַל פְּנֵי כָּל הַמְּדִינָה וּמוֹדְדִין חוּץ לְאוֹתוֹ הַחוּט אַלְפַּיִם אַמָּה:

ד. וְאֵלּוּ שֶׁאֵין מִצְטָרְפִין עִמָּהּ. שְׁתֵּי מְחִצּוֹת שֶׁאֵין עֲלֵיהֶן תִּקְרָה אַף עַל פִּי שֶׁדָּרִין בֵּינֵיהֶן. וְהַגֶּשֶׁר וְהַקֶּבֶר וּבֵית הַכְּנֶסֶת וּבֵית עֲבוֹדַת כּוֹכָבִים וּמַזָּלוֹת וְהָאוֹצָרוֹת שֶׁאֵין בָּהֶן בֵּית דִּירָה וְהַבּוֹר וְהַשִּׁיחַ וְהַמְּעָרָה וְהַשּׁוֹבָךְ וּבַיִת שֶׁבִּסְפִינָה כָּל אֵלּוּ וְכַיּוֹצֵא בָּהֶן אֵין מִצְטָרְפִין עִמָּהּ:

ה. הָיוּ שְׁתֵּי עֲיָרוֹת זוֹ סְמוּכָה לָזוֹ אִם יֵשׁ בֵּינֵיהֶן מֵאָה וְאַרְבָּעִים וְאַחַת וּשְׁלִישׁ כְּדֵי שֶׁיִּהְיֶה שִׁבְעִים אַמָּה וְשִׁירַיִם לָזוֹ וְשִׁבְעִים אַמָּה וְשִׁירַיִם לָזוֹ חוֹשְׁבִין שְׁתֵּיהֶן כְּעִיר אַחַת וְנִמְצֵאת כָּל עִיר מֵהֶן מְהַלֶּכֶת אֶת כָּל הָעִיר הַשְּׁנִיָּה וְחוּצָה לָהּ אַלְפַּיִם אַמָּה. הָיוּ שְׁלֹשָׁה כְּפָרִים מְשֻׁלָּשִׁין אִם יֵשׁ בֵּין הָאֶמְצָעִי וּבֵין כָּל אֶחָד וְאֶחָד מִן הַחִיצוֹנִים אַלְפַּיִם אַמָּה אוֹ פָּחוֹת מִכָּאן וּבֵין הַשְּׁנַיִם הַחִיצוֹנִים מָאתַיִם שָׁלֹשׁ וּשְׁמוֹנִים פָּחוֹת שְׁלִישׁ כְּדֵי שֶׁיִּהְיֶה בֵּין כָּל אֶחָד מֵהֶן וּבֵין הָאֶמְצָעִי כְּשֶׁתִּרְאֶה אוֹתוֹ כְּאִלּוּ הוּא בֵּינֵיהֶן מֵאָה וְאַרְבָּעִים וְאַחַת אַמָּה וּשְׁלִישׁ הֲרֵי שְׁלָשְׁתָּן כִּמְדִינָה אַחַת וּמוֹדְדִין אַלְפַּיִם אַמָּה לְכָל רוּחַ מִחוּץ לִשְׁלָשְׁתָּן. עִיר שֶׁהֻקְּפָה וּלְבַסּוֹף יָשְׁבָה מוֹדְדִין לָהּ מִיְּשִׁיבָתָהּ. יָשְׁבָה וּלְבַסּוֹף הֻקְּפָה מוֹדְדִין לָהּ מֵחוֹמוֹתֶיהָ:

ו. עִיר שֶׁהָיְתָה אֲרֻכָּה אוֹ מְרֻבַּעַת הוֹאִיל וְיֵשׁ לָהּ אַרְבַּע זָוִיּוֹת שָׁווֹת מַנִּיחִין אוֹתָהּ כְּמוֹת שֶׁהִיא וּמוֹדְדִין לָהּ אַלְפַּיִם אַמָּה לְכָל רוּחַ מֵאַרְבַּע רוּחוֹתֶיהָ. הָיְתָה עֲגֻלָּה עוֹשִׂין לָהּ זָוִיּוֹת וְרוֹאִין אוֹתָהּ כְּאִלּוּ הוּא בְּתוֹךְ הַמְרֻבָּע וּמוֹדְדִין חוּץ מִצַּלְעוֹת אוֹתוֹ מְרֻבָּע אַלְפַּיִם אַמָּה לְכָל רוּחַ שֶׁנִּמְצָא מִשְׂתַּכֵּר הַזָּוִיּוֹת:

ז. וְכֵן אִם הָיְתָה הָעִיר מְשֻׁלֶּשֶׁת אוֹ שֶׁיֵּשׁ לָהּ צְלָעוֹת רַבּוֹת מְרַבְּעִין אוֹתָהּ וְאַחַר כָּךְ מוֹדְדִין חוּץ לַמְרֻבָּע אַלְפַּיִם אַמָּה לְכָל רוּחַ. וּכְשֶׁהוּא מְרַבְּעָהּ מְרַבְּעָהּ בְּרִבּוּעַ הָעוֹלָם כְּדֵי שֶׁתְּהֵא כָּל רוּחַ מִמֶּנָּה מְשׁוּכָה כְּנֶגֶד רוּחַ מֵרוּחוֹת הָעוֹלָם וּמְכֻוֶּנֶת כְּנֶגְדָּהּ:

ח. הָיְתָה רְחָבָה מִצַּד אֶחָד וּקְצָרָה מִצַּד אֶחָד רוֹאִין אוֹתָהּ כְּאִלּוּ הִיא כֻּלָּהּ רְחָבָה. הָיְתָה עֲשׂוּיָה כְּמִין ג"ם אוֹ שֶׁהָיְתָה עֲשׂוּיָה כְּקֶשֶׁת אִם יֵשׁ בֵּין שְׁנֵי רָאשֶׁיהָ פָּחוֹת מֵאַרְבַּעַת אֲלָפִים אַמָּה מוֹדְדִין לָהּ מִן הַיֶּתֶר וְרוֹאִין אֶת כָּל הָרֹחַב שֶׁבֵּין הַיֶּתֶר וְהַקֶּשֶׁת כְּאִלּוּ הוּא מָלֵא בָּתִּים. וְאִם הָיָה בֵּין שְׁנֵי רָאשֶׁיהָ אַרְבַּעַת אֲלָפִים אֵין מוֹדְדִין לָהּ אֶלָּא מִן הַקֶּשֶׁת:

ט. עִיר שֶׁיּוֹשֶׁבֶת עַל שְׂפַת הַנַּחַל. אִם יֵשׁ לְפָנֶיהָ דַּקָּה רֹחַב אַרְבַּע אַמּוֹת עַל שְׂפַת הַנַּחַל כְּדֵי שֶׁיַּעַמְדוּ עָלֶיהָ וְיִשְׁתַּמְּשׁוּ בַּנַּחַל נִמְצָא הַנַּחַל בִּכְלַל הָעִיר וּמוֹדְדִין לָהּ אַלְפַּיִם אַמָּה מִשְּׂפַת הַנַּחַל הַשְּׁנִיָּה וְיֵעָשֶׂה הַנַּחַל כֻּלּוֹ בִּכְלַל הַמְּדִינָה מִפְּנֵי הַדַּקָּה הַבְּנוּיָה מִצִּדּוֹ. וְאִם לֹא הָיָה שָׁם דַּקָּה אֵין מוֹדְדִין לָהֶן אֶלָּא מִפֶּתַח בָּתֵּיהֶן וְנִמְצָא הַנַּחַל נִמְדָּד מִן הָאַלְפַּיִם שֶׁלָּהֶם:

י. יוֹשְׁבֵי צְרִיפִין אֵין מוֹדְדִין לָהֶן אֶלָּא מִפֶּתַח בָּתֵּיהֶן. וְאִם יֵשׁ שָׁם שָׁלֹשׁ חֲצֵרוֹת שֶׁל שְׁנֵי שְׁנֵי בָּתִּים הֻקְבְּעוּ כֻּלָּם וּמְרַבְּעִין אוֹתָהּ וְנוֹתְנִין לָהֶם אַלְפַּיִם אַמָּה לְכָל רוּחַ כִּשְׁאָר הָעֲיָרוֹת:

יא. אֵין מוֹדְדִין אֶלָּא בְּחֶבֶל שֶׁל חֲמִשִּׁים אַמָּה לֹא פָּחוֹת וְלֹא יֶתֶר וּבְחֶבֶל שֶׁל פִּשְׁתָּן כְּדֵי שֶׁלֹּא יִמָּשֵׁךְ יוֹתֵר מִדַּאי. הִגִּיעַ לְגַיְא אִם הָיָה רָחְבּוֹ חֲמִשִּׁים אַמָּה שֶׁיָּכוֹל לְהַבְלִיעוֹ בְּחֶבֶל הַמִּדָּה מַבְלִיעוֹ וְהוּא שֶׁיִּהְיֶה בְּעָמְקוֹ פָּחוֹת מֵאַרְבַּעַת אֲלָפִים:

יב. בַּמֶּה דְּבָרִים אֲמוּרִים שֶׁהָיָה חוּט הַמִּשְׁקֹלֶת יוֹרֵד כְּנֶגְדּוֹ שֶׁאִי אֶפְשָׁר לְהִשְׁתַּמֵּשׁ בּוֹ. אֲבָל אִם אֵין חוּט הַמִּשְׁקֹלֶת יוֹרֵד כְּנֶגְדּוֹ אֵינוֹ מַבְלִיעוֹ אֶלָּא אִם כֵּן הָיָה עָמְקוֹ אַלְפַּיִם אוֹ פָּחוֹת מִכֵּן:

יג. הָיָה גַּיְא מְעֻקָּם מְקַדֵּר וְעוֹלֶה מְקַדֵּר וְיוֹרֵד. הָיָה גַּיְא רָחָב מֵחֲמִשִּׁים שֶׁאֵינוֹ יָכוֹל לְהַבְלִיעוֹ הוֹלֵךְ לְמָקוֹם שֶׁהוּא יָכוֹל לְהַבְלִיעוֹ וּמַבְלִיעוֹ וְצוֹפֶה כְּנֶגֶד מִדָּתוֹ וְחוֹזֵר:

יד. הִגִּיעַ לְכֹתֶל אֵין אוֹמְרִים יִקֹּב אֶת הַכֹּתֶל אֶלָּא אוֹמֵד רָחְבּוֹ וְהוֹלֵךְ לוֹ. וְאִם אֶפְשָׁר לְהִשְׁתַּמֵּשׁ בּוֹ מוֹדְדוֹ מְדִידָה יָפָה. וְאִם הָיָה חוּט הַמִּשְׁקֹלֶת יוֹרֵד כְּנֶגְדּוֹ מוֹדֵד רָחְבּוֹ מְדִידָה יָפָה:

טו. הִגִּיעַ לְהַר אִם הָיָה הַר מִתְלַקֵּט מִמֶּנּוּ גָּבְהוֹ עֲשָׂרָה טְפָחִים בְּאֹרֶךְ חָמֵשׁ אַמּוֹת מַבְלִיעוֹ וְחוֹזֵר לְמִדָּתוֹ. וְאִם הָיָה גָּבוֹהַּ הַרְבֵּה עַד שֶׁיִּתְלַקֵּט מִמֶּנּוּ עֲשָׂרָה טְפָחִים מִתּוֹךְ מֶשֶׁךְ אַרְבַּע אַמּוֹת אוֹמְדוֹ וְהוֹלֵךְ לוֹ. וְאִם אֵינוֹ יָכוֹל לְהַבְלִיעוֹ כְּגוֹן שֶׁהָיָה רָחְבּוֹ יֶתֶר מֵחֲמִשִּׁים מְקַדְּרוֹ מְעַט מְעַט. וְזֶה הוּא שֶׁאָמְרוּ מְקַדְּרִין בֶּהָרִים:

טז. כֵּיצַד מְקַדְּרִין בֶּהָרִים אוֹ בְּגֵיאָיוֹת שֶׁאֵינוֹ יָכוֹל לְהַבְלִיעָן. אוֹחֲזִין שְׁנַיִם חֶבֶל שֶׁל אַרְבַּע אַמּוֹת הָעֶלְיוֹן אוֹחֵז קְצָתוֹ מִכְּנֶגֶד מַרְגְּלוֹתָיו וְהַתַּחְתּוֹן אוֹחֵז בַּקָּצֶה הַשֵּׁנִי כְּנֶגֶד לִבּוֹ וְחוֹזֵר הָעֶלְיוֹן לַעֲמֹד בִּמְקוֹם הַתַּחְתּוֹן וְהַתַּחְתּוֹן יוֹרֵד וּמַרְחִיק מִמֶּנּוּ מִדַּת הַחֶבֶל וְכֵן מִתְגַּלְגְּלִים וְהוֹלְכִין עַד שֶׁמּוֹדְדִין אֶת כֻּלּוֹ. וּכְשֶׁיֵּלֵךְ הַמּוֹדֵד לְהַבְלִיעַ הָהָר אוֹ הַגַּיְא לֹא יֵצֵא חוּץ לַתְּחוּם שֶׁלֹּא יִרְאוּ אוֹתוֹ הָעוֹבְרִים וְיֹאמְרוּ מִדַּת תְּחוּמִין בָּאָה לְכָאן:

יז. אֵין סוֹמְכִין אֶלָּא עַל מְדִידַת אָדָם מֻמְחֶה שֶׁהוּא יוֹדֵעַ מִדַּת הַקַּרְקַע. הָיוּ לָנוּ תְּחוּמֵי שַׁבָּת מֻחְזָקִין וּבָא מֻמְחֶה וּמָדַד רִבָּה בִּתְחוּם מֵהֶן וּמִעֵט בִּתְחוּם. שׁוֹמְעִין לוֹ בַּתְּחוּם שֶׁרִבָּה. וְכֵן אִם בָּאוּ שְׁנַיִם מֻמְחִין וּמָדְדוּ הַתְּחוּם אֶחָד רִבָּה וְאֶחָד מִעֵט שׁוֹמְעִין לַמְרַבֶּה. וּבִלְבַד שֶׁלֹּא יְרַבֶּה יֶתֶר מִמִּדַּת אֲלַכְסוֹנָהּ שֶׁל עִיר:

יח. כֵּיצַד. בְּעֵת שֶׁיְּרַבֶּה זֶה נֹאמַר שֶׁמָּא הָרִאשׁוֹן מִקֶּרֶן אֲלַכְסוֹן שֶׁל עִיר מָדַד הָאַלְפַּיִם וּלְפִיכָךְ מִעֵט מִדָּתוֹ וְנִמְצָא צֶלַע הַתְּחוּם בֵּינוֹ וּבֵין הַמְּדִינָה פָּחוֹת מֵאַלְפַּיִם. וְזֶה הָאַחֲרוֹן מָדַד אַלְפַּיִם מִצֶּלַע הַמְּדִינָה. וְאֵין מַחֲזִיקִין עַל הָרִאשׁוֹן שֶׁטָּעָה בְּיוֹתֵר עַל זֶה. לְפִיכָךְ אִם רִבָּה זֶה הָאַחֲרוֹן יֶתֶר עַל הָרִאשׁוֹן אֲפִלּוּ בַּחֲמֵשׁ מֵאוֹת וּשְׁמוֹנִים אַמָּה בְּקֵרוּב שׁוֹמְעִין לוֹ. בְּיוֹתֵר עַל זֶה אֵין שׁוֹמְעִין לוֹ:

יט. אֲפִלּוּ עֶבֶד אֲפִלּוּ שִׁפְחָה נֶאֱמָנִין לוֹמַר עַד כָּאן תְּחוּם הַשַּׁבָּת. וְנֶאֱמָן הַגָּדוֹל לוֹמַר זָכוּר אֲנִי שֶׁעַד כָּאן הָיִינוּ בָּאִים בְּשַׁבָּת כְּשֶׁהָיִיתִי קָטָן. וְסוֹמְכִין עַל עֵדוּתוֹ בְּדָבָר זֶה. שֶׁלֹּא אָמְרוּ חֲכָמִים בְּדָבָר לְהַחְמִיר אֶלָּא לְהָקֵל מִפְּנֵי שֶׁשִּׁעוּר אַלְפַּיִם אַמָּה מִדִּבְרֵיהֶם:

Perek 29

Kidush and *Havdalah*

Sanctify *Shabbat* by remembering it with words of praise[5].

This remembrance is done at the entrance and conclusion of *Shabbat.*

Entrance – *Kidush* (we recite *kidush* over wine. Essentially at night – may also recite *kidush* throughout the day of *Shabbat*)

Conclusion – *Havdalah* (we recite *havdalah* over wine or beer, at night – if missed out, may recite any time up until Tuesday night)

	Kidush by night	*Kidush* by day	*Havdalah*	Explanation
Forbidden to eat or drink before sanctifying	✓	✓	✓	*Kidush* by day is called *Kiddusha Raba.* It is also a *mitzvah*
Derabanan to recite over wine	✓	✓	✓	

Can make over bread	✓	✓	×	
Can sanctify slightly earlier than official times	✓	n/a	✓	There is no time restriction on *kidush* by day
Wine that has gone like vinegar	×	×	×	
Remnant wine from another *kidush*	×	×	×	Called *pagum* (blemished) and may be used once additional wine or water is added to it
Using beer or national drink	×	×	✓	
Yom Tov	✓	✓	✓	

Procedure for *Kidush*

- Use *kos* that contains **1 *reviit* or more**
- Wash it with water
- Fill with wine
- Hold *kos* in right hand lifting it off the table, **1 *tefach*** or more.
- Recite blessings

Procedure for *Havdalah*

- Blessings over wine in *kos*
- Blessing over spices (smell gladdens the soul which is upset that *Shabbat* has passed)
- Blessing over flame (this is included in *havdalah* to commemorate the discovery of fire by *Adam* after the first *Shabbat* of Creation) – we use a multi-wicked candle.

Havdalah after *Yom Tov* does not include the spices nor the flame.

פרק כ"ט

א. מִצְוַת עֲשֵׂה מִן הַתּוֹרָה לְקַדֵּשׁ אֶת יוֹם הַשַּׁבָּת בִּדְבָרִים שֶׁנֶּאֱמַר (שמות כ ח) "זָכוֹר אֶת יוֹם הַשַּׁבָּת לְקַדְּשׁוֹ". כְּלוֹמַר זָכְרֵהוּ זְכִירַת שֶׁבַח וְקִדּוּשׁ. וְצָרִיךְ לְזָכְרֵהוּ בִּכְנִיסָתוֹ וּבִיצִיאָתוֹ. בִּכְנִיסָתוֹ בְּקִדּוּשׁ הַיּוֹם וּבִיצִיאָתוֹ בְּהַבְדָּלָה:

ב. וְזֶה הוּא נֹסַח קִדּוּשׁ הַיּוֹם. בָּרוּךְ אַתָּה ה' אֱלֹהֵינוּ מֶלֶךְ הָעוֹלָם אֲשֶׁר קִדְּשָׁנוּ בְּמִצְוֹתָיו וְרָצָה בָנוּ וְשַׁבַּת קָדְשׁוֹ בְּאַהֲבָה וְרָצוֹן הִנְחִילָנוּ זִכָּרוֹן לְמַעֲשֵׂה בְרֵאשִׁית תְּחִלָּה לְמִקְרָאֵי קֹדֶשׁ זֵכֶר לִיצִיאַת מִצְרַיִם כִּי בָנוּ בָחַרְתָּ וְאוֹתָנוּ קִדַּשְׁתָּ מִכָּל הָעַמִּים וְשַׁבַּת קָדְשְׁךָ בְּאַהֲבָה וּבְרָצוֹן הִנְחַלְתָּנוּ בָּרוּךְ אַתָּה ה' מְקַדֵּשׁ הַשַּׁבָּת:

ג. וְזֶה הוּא נֹסַח הַהַבְדָּלָה. בָּרוּךְ אַתָּה ה' אֱלֹהֵינוּ מֶלֶךְ הָעוֹלָם הַמַּבְדִּיל בֵּין קֹדֶשׁ לְחֹל וּבֵין אוֹר לְחֹשֶׁךְ בֵּין יִשְׂרָאֵל לָעַמִּים וּבֵין יוֹם הַשְּׁבִיעִי לְשֵׁשֶׁת יְמֵי הַמַּעֲשֶׂה בָּרוּךְ אַתָּה ה' הַמַּבְדִּיל בֵּין קֹדֶשׁ לְחֹל:

ד. עִקַּר הַקִּדּוּשׁ בַּלַּיְלָה. אִם לֹא קִדֵּשׁ בַּלַּיְלָה בֵּין בְּשׁוֹגֵג בֵּין בְּמֵזִיד מְקַדֵּשׁ וְהוֹלֵךְ כָּל הַיּוֹם כֻּלּוֹ. וְאִם לֹא הִבְדִּיל בַּלַּיְלָה מַבְדִּיל לְמָחָר וּמַבְדִּיל וְהוֹלֵךְ עַד סוֹף יוֹם שְׁלִישִׁי. אֲבָל אֵינוֹ מְבָרֵךְ עַל הָאוּר אֶלָּא בְּלֵיל מוֹצָאֵי שַׁבָּת בִּלְבַד:

ה. אָסוּר לְאָדָם לֶאֱכֹל אוֹ לִשְׁתּוֹת יַיִן מִשֶּׁקָּדַשׁ הַיּוֹם

עַד שֶׁיְּקַדֵּשׁ. וְכֵן מִשֶּׁיָּצָא הַיּוֹם אָסוּר לוֹ לְהַתְחִיל לֶאֱכֹל וְלִשְׁתּוֹת וְלַעֲשׂוֹת מְלָאכָה אוֹ לִטְעֹם כְּלוּם עַד שֶׁיַּבְדִּיל. וְלִשְׁתּוֹת מַיִם מֻתָּר. שָׁכַח אוֹ עָבַר וְאָכַל וְשָׁתָה קֹדֶם שֶׁיְּקַדֵּשׁ אוֹ קֹדֶם שֶׁיַּבְדִּיל הֲרֵי זֶה מְקַדֵּשׁ וּמַבְדִּיל אַחַר שֶׁאָכַל:

ו. מִדִּבְרֵי סוֹפְרִים לְקַדֵּשׁ עַל הַיַּיִן וּלְהַבְדִּיל עַל הַיַּיִן. וְאַף עַל פִּי שֶׁהִבְדִּיל בַּתְּפִלָּה צָרִיךְ לְהַבְדִּיל עַל הַכּוֹס. וּמֵאַחַר שֶׁיַּבְדִּיל וְיֹאמַר בֵּין קֹדֶשׁ לְחֹל מֻתָּר לוֹ לַעֲשׂוֹת מְלָאכָה אַף עַל פִּי שֶׁלֹּא הִבְדִּיל עַל הַכּוֹס. וּמְבָרֵךְ עַל הַיַּיִן תְּחִלָּה וְאַחַר כָּךְ מְקַדֵּשׁ. וְאֵינוֹ נוֹטֵל אֶת יָדָיו עַד שֶׁיְּקַדֵּשׁ:

ז. כֵּיצַד הוּא עוֹשֶׂה. לוֹקֵחַ כּוֹס שֶׁהוּא מַחֲזִיק רְבִיעִית אוֹ יֶתֶר וּמְדִיחוֹ מִבִּפְנִים וְשׁוֹטְפוֹ מִבַּחוּץ וּמְמַלְּאֵהוּ יַיִן וְאוֹחֲזוֹ בִּימִינוֹ וּמַגְבִּיהוֹ מִן הַקַּרְקַע טֶפַח אוֹ יֶתֶר וְלֹא יַסִּיעַ בִּשְׂמֹאל. וּמְבָרֵךְ עַל הַגֶּפֶן וְאַחַר כָּךְ מְקַדֵּשׁ. וּמִנְהָג פָּשׁוּט בְּכָל יִשְׂרָאֵל לִקְרוֹת בַּתְּחִלָּה פָּרָשַׁת (בראשית ב א) "וַיְכֻלּוּ" וְאַחַר כָּךְ מְבָרֵךְ עַל הַיַּיִן וְאַחַר כָּךְ מְקַדֵּשׁ וְשׁוֹתֶה מְלֹא לֻגְמָיו וּמַשְׁקֶה לְכָל בְּנֵי חֲבוּרָה וְאַחַר כָּךְ נוֹטֵל יָדָיו וּמְבָרֵךְ הַמּוֹצִיא וְאוֹכֵל:

ח. אֵין קִדּוּשׁ אֶלָּא בִּמְקוֹם סְעֻדָּה. כֵּיצַד. לֹא יְקַדֵּשׁ בְּבַיִת זֶה וְיֹאכַל בְּבַיִת אַחֵר. אֲבָל אִם קִדֵּשׁ בְּזָוִית זוֹ אוֹכֵל בְּזָוִית שְׁנִיָּה. וְלָמָּה מְקַדְּשִׁין בְּבֵית הַכְּנֶסֶת מִפְּנֵי הָאוֹרְחִין שֶׁאוֹכְלִין וְשׁוֹתִין שָׁם:

ט. הָיָה מִתְאַוֶּה לַפַּת יוֹתֵר מִן הַיַּיִן אוֹ שֶׁלֹּא הָיָה לוֹ יַיִן הֲרֵי זֶה נוֹטֵל יָדָיו תְּחִלָּה וּמְבָרֵךְ הַמּוֹצִיא וּמְקַדֵּשׁ וְאַחַר כָּךְ בּוֹצֵעַ וְאוֹכֵל. וְאֵין מַבְדִּילִין עַל הַפַּת אֶלָּא עַל הַכּוֹס:

י. מִי שֶׁנִּתְכַּוֵּן לְקַדֵּשׁ עַל הַיַּיִן בְּלֵילֵי שַׁבָּת וְשָׁכַח וְנָטַל יָדָיו קֹדֶם שֶׁיְּקַדֵּשׁ הֲרֵי זֶה מְקַדֵּשׁ עַל הַפַּת וְאֵינוֹ מְקַדֵּשׁ עַל הַיַּיִן אַחַר שֶׁנָּטַל יָדָיו לִסְעֻדָּה. וּמִצְוָה לְבָרֵךְ עַל הַיַּיִן בְּיוֹם הַשַּׁבָּת קֹדֶם שֶׁיִּסְעֹד סְעֻדָּה שְׁנִיָּה. וְזֶה הוּא הַנִּקְרָא קִדּוּשָׁא רַבָּה. מְבָרֵךְ בּוֹרֵא פְּרִי הַגֶּפֶן בִּלְבַד וְשׁוֹתֶה וְאַחַר כָּךְ יִטֹּל יָדָיו וְיִסְעֹד. וְאָסוּר לוֹ לְאָדָם שֶׁיִּטְעֹם כְּלוּם קֹדֶם שֶׁיְּקַדֵּשׁ. וְגַם קִדּוּשׁ זֶה לֹא יִהְיֶה אֶלָּא בִּמְקוֹם סְעֻדָּה:

יא. יֵשׁ לוֹ לְאָדָם לְקַדֵּשׁ עַל הַכּוֹס עֶרֶב שַׁבָּת מִבְּעוֹד יוֹם אַף עַל פִּי שֶׁלֹּא נִכְנְסָה הַשַּׁבָּת. וְכֵן מַבְדִּיל עַל הַכּוֹס מִבְּעוֹד יוֹם אַף עַל פִּי שֶׁעֲדַיִן הִיא שַׁבָּת. שֶׁמִּצְוַת זְכִירָה לְאָמְרָהּ בֵּין בִּשְׁעַת כְּנִיסָתוֹ וִיצִיאָתוֹ בֵּין קֹדֶם לְשָׁעָה זוֹ כִּמְעַט:

יב. מִי שֶׁהָיָה אוֹכֵל בְּעֶרֶב שַׁבָּת וְקָדַשׁ עָלָיו הַיּוֹם וְהוּא בְּתוֹךְ הַסְּעֻדָּה פּוֹרֵס מַפָּה עַל הַשֻּׁלְחָן וּמְקַדֵּשׁ וְגוֹמֵר סְעֻדָּתוֹ וְאַחַר כָּךְ מְבָרֵךְ בִּרְכַּת הַמָּזוֹן. הָיָה אוֹכֵל בְּשַׁבָּת וְיָצָא הַשַּׁבָּת וְהוּא בְּתוֹךְ סְעֻדָּתוֹ גּוֹמֵר סְעֻדָּתוֹ וְנוֹטֵל יָדָיו וּמְבָרֵךְ בִּרְכַּת הַמָּזוֹן עַל הַכּוֹס וְאַחַר כָּךְ מַבְדִּיל עָלָיו. וְאִם הָיָה בְּתוֹךְ הַשְּׁתִיָּה פּוֹסֵק וּמַבְדִּיל וְאַחַר כָּךְ חוֹזֵר לִשְׁתִיָּתוֹ:

יג. הָיָה אוֹכֵל וְגָמַר אֲכִילָתוֹ עִם הַכְנָסַת שַׁבָּת מְבָרֵךְ בִּרְכַּת הַמָּזוֹן תְּחִלָּה וְאַחַר כָּךְ מְקַדֵּשׁ עַל כּוֹס שֵׁנִי. וְלֹא יְבָרֵךְ וִיקַדֵּשׁ עַל כּוֹס אֶחָד שֶׁאֵין עוֹשִׂין שְׁתֵּי מִצְוֹת בְּכוֹס אֶחָד. שֶׁמִּצְוַת קִדּוּשׁ וּמִצְוַת בִּרְכַּת הַמָּזוֹן שְׁתֵּי מִצְוֹת שֶׁל תּוֹרָה הֵן:

יד. אֵין מְקַדְּשִׁין אֶלָּא עַל הַיַּיִן הָרָאוּי לְנַסֵּךְ עַל גַּבֵּי הַמִּזְבֵּחַ. לְפִיכָךְ אִם נִתְעָרֵב בּוֹ דְּבַשׁ אוֹ שְׂאוֹר אֲפִלּוּ כְּטִפַּת הַחַרְדָּל בְּחָבִית גְּדוֹלָה אֵין מְקַדְּשִׁין עָלָיו. כָּךְ אָנוּ מוֹרִין בְּכָל הַמַּעֲרָב. וְיֵשׁ מִי שֶׁמַּתִּיר לְקַדֵּשׁ עָלָיו וְאוֹמֵר לֹא נֶאֱמַר הַיַּיִן הָרָאוּי לְנַסֵּךְ עַל גַּבֵּי הַמִּזְבֵּחַ אֶלָּא לְהוֹצִיא יַיִן שֶׁרֵיחוֹ רַע אוֹ מְגֻלֶּה אוֹ מְבֻשָּׁל שֶׁאֵין מְקַדְּשִׁין עַל אֶחָד מֵהֶן:

טו. יַיִן שֶׁטַּעֲמוֹ טַעַם חֹמֶץ אַף עַל פִּי שֶׁרֵיחוֹ רֵיחַ יַיִן אֵין מְקַדְּשִׁין עָלָיו. וְכֵן שְׁמָרִים שֶׁנָּתַן עֲלֵיהֶן מַיִם אַף עַל פִּי שֶׁיֵּשׁ בָּהֶן טַעַם יַיִן אֵין מְקַדְּשִׁין עֲלֵיהֶן. בַּמֶּה דְּבָרִים אֲמוּרִים בְּשֶׁנָּתַן עַל הַשְּׁמָרִים שְׁלֹשָׁה מַיִם וְהוֹצִיא פָּחוֹת מֵאַרְבָּעָה. אֲבָל אִם הוֹצִיא אַרְבָּעָה הֲרֵי זֶה יַיִן מָזוּג וּמְקַדְּשִׁין עָלָיו:

טז. כְּלִי שֶׁהָיָה מָלֵא יַיִן אֲפִלּוּ מַחֲזִיק כַּמָּה רְבִיעִיּוֹת אִם שָׁתָה מִמֶּנּוּ מְעַט הֲרֵי זֶה פְּגָמוֹ וְנִפְסַל וְאֵין מְקַדְּשִׁין עַל הַשְּׁאָר מִפְּנֵי שֶׁהוּא כְּשִׁיּוּרֵי כּוֹסוֹת:

יז. יַיִן שֶׁרֵיחוֹ רֵיחַ הַחֹמֶץ וְטַעֲמוֹ טַעַם יַיִן מְקַדְּשִׁין עָלָיו. וְכֵן יַיִן מָזוּג. וְכֵן יַיִן צִמּוּקִים מְקַדְּשִׁין עָלָיו וְהוּא שֶׁיִּהְיוּ צִמּוּקִים שֶׁיֵּשׁ בָּהֶן לַחְלוּחִית שֶׁאִם יִדְרֹךְ אוֹתָן יֵצֵא מֵהֶן דִּבְשָׁן. וְכֵן יַיִן חָדָשׁ מִגִּתּוֹ מְקַדְּשִׁין עָלָיו. וְסוֹחֵט אָדָם אֶשְׁכּוֹל שֶׁל עֲנָבִים וּמְקַדֵּשׁ עָלָיו בִּשְׁעָתוֹ. מְדִינָה שֶׁרֹב יֵינָהּ שֵׁכָר אַף עַל פִּי שֶׁהוּא פָּסוּל לְקִדּוּשׁ מֻתָּר לְהַבְדִּיל עָלָיו הוֹאִיל וְהוּא חֲמַר הַמְּדִינָה:

יח. כְּשֵׁם שֶׁמְּקַדְּשִׁין בְּלֵילֵי שַׁבָּת וּמַבְדִּילִין בְּמוֹצָאֵי שַׁבָּת כָּךְ מְקַדְּשִׁין בְּלֵילֵי יָמִים טוֹבִים וּמַבְדִּילִין בְּמוֹצָאֵיהֶן וּבְמוֹצָאֵי יוֹם הַכִּפּוּרִים שֶׁכֻּלָּם שַׁבְּתוֹת ה' הֵן. וּמַבְדִּילִין בְּמוֹצָאֵי יָמִים טוֹבִים לְחֻלּוֹ שֶׁל מוֹעֵד וּבְמוֹצָאֵי שַׁבָּת לְיוֹם טוֹב. אֲבָל אֵין מַבְדִּילִים בְּמוֹצָאֵי יוֹם טוֹב לְשַׁבָּת:

יט. נֹסַח קִדּוּשׁ יוֹם טוֹב. בָּרוּךְ אַתָּה ה' אֱלֹהֵינוּ מֶלֶךְ הָעוֹלָם אֲשֶׁר בָּחַר בָּנוּ מִכָּל עָם וְרוֹמְמָנוּ מִכָּל לָשׁוֹן בָּחַר בָּנוּ וְיִגְדְּלֵנוּ רָצָה בָּנוּ וַיְפָאֲרֵנוּ. וַתִּתֶּן לָנוּ ה' אֱלֹהֵינוּ בְּאַהֲבָה מוֹעֲדִים לְשִׂמְחָה חַגִּים וּזְמַנִּים לְשָׂשׂוֹן אֶת יוֹם טוֹב מִקְרָא קֹדֶשׁ הַזֶּה אֶת יוֹם חַג הַמַּצּוֹת הַזֶּה אוֹ חַג הַשָּׁבוּעוֹת אוֹ חַג הַסֻּכּוֹת זְמַן חֵרוּתֵנוּ אוֹ זְמַן מַתַּן תּוֹרָתֵנוּ אוֹ זְמַן שִׂמְחָתֵנוּ בְּאַהֲבָה זֵכֶר לִיצִיאַת מִצְרָיִם כִּי בָנוּ בָחַרְתָּ וְאוֹתָנוּ קִדַּשְׁתָּ

מִכָּל הָעַמִּים וּמוֹעֲדֵי קָדְשֶׁךָ בְּשִׂמְחָה וּבְשָׂשׂוֹן הִנְחַלְתָּנוּ בָּרוּךְ אַתָּה ה' מְקַדֵּשׁ יִשְׂרָאֵל וְהַזְּמַנִּים. וְאִם חָל לִהְיוֹת בְּשַׁבָּת מַזְכִּיר שַׁבָּת וְחוֹתֵם כְּדֶרֶךְ שֶׁחוֹתֵם בַּתְּפִלָּה מְקַדֵּשׁ הַשַּׁבָּת וְיִשְׂרָאֵל וְהַזְּמַנִּים:

כ. בְּרֹאשׁ הַשָּׁנָה אוֹמֵר. וַתִּתֶּן לָנוּ ה' אֱלֹהֵינוּ בְּאַהֲבָה אֶת יוֹם טוֹב מִקְרָא קֹדֶשׁ הַזֶּה זִכְרוֹן תְּרוּעָה מִקְרָא קֹדֶשׁ בְּאַהֲבָה זֵכֶר לִיצִיאַת מִצְרַיִם כִּי בָנוּ בָחַרְתָּ וְאוֹתָנוּ קִדַּשְׁתָּ מִכָּל הָעַמִּים וּדְבָרְךָ אֱמֶת וְקַיָּם לָעַד בָּרוּךְ אַתָּה ה' מֶלֶךְ עַל כָּל הָאָרֶץ מְקַדֵּשׁ יִשְׂרָאֵל וְיוֹם הַזִּכָּרוֹן. וְאִם חָל לִהְיוֹת בְּשַׁבָּת חוֹתֵם מְקַדֵּשׁ הַשַּׁבָּת וְיִשְׂרָאֵל וְיוֹם הַזִּכָּרוֹן כְּדֶרֶךְ שֶׁחוֹתֵם בַּתְּפִלָּה:

כא. בְּלֵילֵי יוֹם טוֹב מְקַדֵּשׁ עַל הַיַּיִן כְּבְשַׁבָּת. וְאִם אֵין לוֹ יַיִן אוֹ שֶׁהָיָה מִתְאַוֶּה לְפַת מְקַדֵּשׁ עַל הַפַּת. וְכֵן בְּיוֹם טוֹב מְקַדֵּשׁ קִדּוּשָׁא רַבָּא כְּדֶרֶךְ שֶׁמְּקַדֵּשׁ בְּשַׁבָּת:

כב. כֵּיצַד מְבָרְכִין בְּלֵילֵי יוֹם טוֹב שֶׁחָל לִהְיוֹת בְּאֶחָד בְּשַׁבָּת. בַּתְּחִלָּה מְבָרֵךְ עַל הַגֶּפֶן. וְאַחַר כָּךְ מְקַדֵּשׁ קִדּוּשׁ יוֹם טוֹב. וְאַחַר כָּךְ מְבָרֵךְ עַל הַנֵּר. וְאַחַר כָּךְ מַבְדִּיל וְחוֹתֵם בְּהַבְדָּלָה הַמַּבְדִּיל בֵּין קֹדֶשׁ לְקֹדֶשׁ. וְאַחַר כָּךְ מְבָרֵךְ שֶׁהֶחֱיָנוּ:

כג. כָּל לֵילֵי יוֹם טוֹב וּבְלֵיל יוֹם הַכִּפּוּרִים אוֹמְרִים שֶׁהֶחֱיָנוּ. וּבִשְׁבִיעִי שֶׁל פֶּסַח אֵין מְבָרְכִין שֶׁהֶחֱיָנוּ מִפְּנֵי שֶׁאֵינוֹ רֶגֶל בִּפְנֵי עַצְמוֹ וּכְבָר בֵּרַךְ עַל הַזְּמַן בִּתְחִלַּת הַפֶּסַח:

כד. סֵדֶר הַבְדָּלָה בְּמוֹצָאֵי שַׁבָּת. מְבָרֵךְ עַל הַיַּיִן וְאַחַר כָּךְ עַל הַבְּשָׂמִים וְאַחַר כָּךְ עַל הַנֵּר. וְכֵיצַד מְבָרֵךְ עַל הַנֵּר, בּוֹרֵא מְאוֹרֵי הָאֵשׁ. וְאַחַר כָּךְ מַבְדִּיל:

כה. אֵין מְבָרְכִין עַל הַנֵּר עַד שֶׁיֵּאוֹתוּ לְאוֹרוֹ כְּדֵי שֶׁיַּכִּיר בֵּין מַטְבֵּעַ מְדִינָה זוֹ לְמַטְבֵּעַ מְדִינָה אַחֶרֶת. וְאֵין מְבָרְכִין עַל הַנֵּר שֶׁל עוֹבְדֵי כּוֹכָבִים וּמַזָּלוֹת שֶׁסְּתָם מְסִבָּתָן לַעֲבוֹדַת כּוֹכָבִים וּמַזָּלוֹת. וְאֵין מְבָרְכִין לֹא עַל הַנֵּר שֶׁל עֲבוֹדַת כּוֹכָבִים וּמַזָּלוֹת וְלֹא עַל הַנֵּר שֶׁל מֵתִים:

כו. יִשְׂרָאֵל שֶׁהִדְלִיק מֵעוֹבֵד כּוֹכָבִים וּמַזָּלוֹת אוֹ עוֹבֵד כּוֹכָבִים וּמַזָּלוֹת מִיִּשְׂרָאֵל מְבָרְכִין עָלָיו. עוֹבֵד כּוֹכָבִים וּמַזָּלוֹת מֵעוֹבְדֵי כּוֹכָבִים וּמַזָּלוֹת אֵין מְבָרְכִין עָלָיו. הָיָה מְהַלֵּךְ חוּץ לַכְּרַךְ וְרָאָה אוֹר אִם רֹב אַנְשֵׁי הַכְּרַךְ עוֹבְדֵי כּוֹכָבִים וּמַזָּלוֹת אֵינוֹ מְבָרֵךְ וְאִם רֹב יִשְׂרָאֵל מְבָרֵךְ. אוֹר שֶׁל כִּבְשָׁן שֶׁל תַּנּוּר וְשֶׁל כִּירַיִם לְכַתְּחִלָּה לֹא יְבָרֵךְ עָלָיו. הַגֶּחָלִים אִם כְּשֶׁיַּכְנִיס קֵיסָם בֵּינֵיהֶן דּוֹלֵק מֵאֵלָיו מְבָרְכִין עֲלֵיהֶן. אוֹר שֶׁל בֵּית הַמִּדְרָשׁ אִם יֵשׁ שָׁם אָדָם חָשׁוּב שֶׁמַּדְלִיקִים בִּשְׁבִילוֹ מְבָרְכִין עָלָיו. שֶׁל בֵּית הַכְּנֶסֶת אִם יֵשׁ שָׁם חַזָּן שֶׁהוּא דָּר שָׁם מְבָרְכִין עָלָיו. וַאֲבוּקָה לְהַבְדָּלָה מִצְוָה מִן הַמֻּבְחָר. וְאֵין מְחַזְּרִין עַל הָאוֹר כְּדֶרֶךְ שֶׁמְּחַזְּרִין עַל כָּל הַמִּצְוֹת אֶלָּא אִם יֵשׁ לוֹ מְבָרְכִין עָלָיו:

כז. אוֹר שֶׁהֻדְלַק בְּשַׁבָּת לְחוֹלֶה וּלְחַיָּה מְבָרְכִין עָלָיו בְּמוֹצָאֵי שַׁבָּת. אוֹר שֶׁהֻקְדַּח מִן הָעֵצִים וּמִן הָאֲבָנִים מְבָרְכִין עָלָיו בְּמוֹצָאֵי שַׁבָּת שֶׁהִיא הָיְתָה תְּחִלַּת בְּרִיָּתוֹ בִּידֵי אָדָם. אֲבָל אֵין מְבָרְכִין עָלָיו בְּמוֹצָאֵי יוֹם הַכִּפּוּרִים שֶׁאֵין מְבָרְכִין בְּמוֹצָאֵי יוֹם הַכִּפּוּרִים אֶלָּא עַל אוֹר שֶׁשָּׁבַת. אַף עַל פִּי שֶׁהֻדְלַק לְחוֹלֶה אוֹ לְחַיָּה בְּיוֹם הַכִּפּוּרִים מְבָרְכִין עָלָיו שֶׁהֲרֵי שַׁבָּת מֵעֲבֵרָה:

כח. יוֹם טוֹב שֶׁחָל לִהְיוֹת בְּאֶמְצַע שַׁבָּת אוֹמֵר בְּהַבְדָּלָה הַמַּבְדִּיל בֵּין קֹדֶשׁ לְחֹל וּבֵין אוֹר לְחֹשֶׁךְ וּבֵין יִשְׂרָאֵל לָעַמִּים וּבֵין יוֹם הַשְּׁבִיעִי לְשֵׁשֶׁת יְמֵי הַמַּעֲשֶׂה כְּדֶרֶךְ שֶׁאוֹמֵר בְּמוֹצָאֵי שַׁבָּת שֶׁסֵּדֶר הַהַבְדָּלוֹת הוּא מוֹנֶה. וְאֵינוֹ צָרִיךְ לְבָרֵךְ לֹא עַל הַבְּשָׂמִים וְלֹא עַל הַנֵּר. וְכֵן אֵינוֹ צָרִיךְ לְבָרֵךְ עַל הַבְּשָׂמִים בְּמוֹצָאֵי יוֹם הַכִּפּוּרִים:

כט. וְלָמָּה מְבָרְכִים עַל הַבְּשָׂמִים בְּמוֹצָאֵי שַׁבָּת מִפְּנֵי שֶׁהַנֶּפֶשׁ דּוֹאֶבֶת לִיצִיאַת שַׁבָּת מְשַׂמְּחִין אוֹתָהּ וּמְיַשְּׁבִין אוֹתָהּ בְּרֵיחַ טוֹב:

Perek 30

Oneg (delight) and *Kavod* (honour) *Shabbat*.

There are **4** dimensions to *Shabbat*

- *Zachor* (Remember) – *Kidush* and *Havdalah*
- *Shamor* (Keep) – Don't work

Deoraita

- *Oneg* (delight)
- *Kavod* (honour

Neviim – explained in this chapter

KAVOD (HONOUR)

- Washing in hot water before *Shabbat*
- Get dressed in fine clothes
- To limit one's meal before *Shabbat*
- Prepare table with food and *Shabbat* candles
- Other works to prepare house

ONEG (DELIGHT)

- Pleasant foods and drinks
- Eat 3 meals
- Not to travel long distances on Friday
- Sexual relations
- We do not cry out to *Hashem* on *Shabbat*. The spirit of *Shabbat* is rest and spiritual pleasure.

Reminder:
Mourning on Shabbat, Festivals and other Holy Days
Ref: Sefer Shoftim, Hilchot Evel, Chapters 10 &11

Observance of *Shabbat* is equivalent to observing all the *mitzvot.*

It is stated 'Whoever observes *Shabbat* fully and honours it and delights in it according to his abilities, will receive rewards in this world in addition to the rewards in the World to Come'

And 'You will then delight in G-d, and I will cause you to be part of the high places on earth, and I will nourish you with the inheritance of *Yaakov*, so says *Hashem*'

פרק ל׳

א. אַרְבָּעָה דְּבָרִים נֶאֶמְרוּ בְּשַׁבָּת. שְׁנַיִם מִן הַתּוֹרָה. וּשְׁנַיִם מִדִּבְרֵי סוֹפְרִים וְהֵן מְפֹרָשִׁין עַל יְדֵי הַנְּבִיאִים. שֶׁבַּתּוֹרָה (שמות כ ז) "זָכוֹר" וְ (דברים ה יא) "שָׁמוֹר". וְשֶׁנִּתְפָּרְשׁוּ עַל יְדֵי הַנְּבִיאִים כָּבוֹד וָעֹנֶג שֶׁנֶּאֱמַר (ישעיה נח יג) "וְקָרָאתָ לַשַּׁבָּת עֹנֶג וְלִקְדוֹשׁ ה׳ מְכֻבָּד":

ב. אֵיזֶהוּ כָּבוֹד זֶה שֶׁאָמְרוּ חֲכָמִים שֶׁמִּצְוָה עַל אָדָם לִרְחֹץ פָּנָיו יָדָיו וְרַגְלָיו בְּחַמִּין בְּעֶרֶב שַׁבָּת מִפְּנֵי כְּבוֹד הַשַּׁבָּת וּמִתְעַטֵּף בְּצִיצִית וְיוֹשֵׁב בְּכֹבֶד רֹאשׁ מְיַחֵל לְהַקְבָּלַת פְּנֵי הַשַּׁבָּת כְּמוֹ שֶׁהוּא יוֹצֵא לִקְרַאת הַמֶּלֶךְ. וַחֲכָמִים הָרִאשׁוֹנִים הָיוּ מְקַבְּצִין תַּלְמִידֵיהֶן בְּעֶרֶב שַׁבָּת וּמִתְעַטְּפִים וְאוֹמְרִים בּוֹאוּ וְנֵצֵא לִקְרַאת שַׁבָּת הַמֶּלֶךְ:

ג. וּמִכְּבוֹד הַשַּׁבָּת שֶׁיִּלְבַּשׁ כְּסוּת נְקִיָּה. וְלֹא יִהְיֶה מַלְבּוּשׁ הַחֹל כְּמַלְבּוּשׁ הַשַּׁבָּת. וְאִם אֵין לוֹ לְהַחֲלִיף מְשַׁלְשֵׁל טַלִּיתוֹ כְּדֵי שֶׁלֹּא יְהֵא מַלְבּוּשׁוֹ כְּמַלְבּוּשׁ הַחֹל. וְעֶזְרָא תִּקֵּן שֶׁיְּהוּ הָעָם מְכַבְּסִים בַּחֲמִישִׁי מִפְּנֵי כְּבוֹד הַשַּׁבָּת:

ד. אָסוּר לִקְבֹּעַ סְעֻדָּה וּמִשְׁתֶּה בְּעֶרֶב שַׁבָּת מִפְּנֵי כְּבוֹד הַשַּׁבָּת. וּמֻתָּר לֶאֱכֹל וְלִשְׁתּוֹת עַד שֶׁתֶּחְשַׁךְ. וְאַף עַל פִּי כֵן מִכְּבוֹד הַשַּׁבָּת שֶׁיִּמָּנַע אָדָם מִן הַמִּנְחָה וּלְמַעְלָה מִלִּקְבֹּעַ סְעֻדָּה כְּדֵי שֶׁיִּכָּנֵס לַשַּׁבָּת כְּשֶׁהוּא מִתְאַוֶּה לֶאֱכֹל:

ה. מְסַדֵּר אָדָם שֻׁלְחָנוֹ בְּעֶרֶב שַׁבָּת וְאַף עַל פִּי שֶׁאֵינוֹ צָרִיךְ אֶלָּא לִכְזַיִת. וְכֵן מְסַדֵּר שֻׁלְחָנוֹ בְּמוֹצָאֵי שַׁבָּת וְאַף עַל פִּי שֶׁאֵינוֹ צָרִיךְ אֶלָּא לִכְזַיִת. כְּדֵי לְכַבְּדוֹ בִּכְנִיסָתוֹ וּבִיצִיאָתוֹ.

וְצָרִיךְ לְתַקֵּן בֵּיתוֹ מִבְּעוֹד יוֹם מִפְּנֵי כְּבוֹד הַשַּׁבָּת. וְיִהְיֶה נֵר דָּלוּק וְשֻׁלְחָן עָרוּךְ לֶאֱכֹל וּמִטָּה מֻצַּעַת שֶׁכָּל אֵלּוּ לִכְבוֹד שַׁבָּת הֵן:

ו. אַף עַל פִּי שֶׁהָיָה אָדָם חָשׁוּב בְּיוֹתֵר וְאֵין דַּרְכּוֹ לִקַּח דְּבָרִים מִן הַשּׁוּק וְלֹא לְהִתְעַסֵּק בִּמְלָאכוֹת שֶׁבַּבַּיִת חַיָּב לַעֲשׂוֹת דְּבָרִים שֶׁהֵן לְצֹרֶךְ הַשַּׁבָּת בְּגוּפוֹ שֶׁזֶּה הוּא כְּבוֹדוֹ. חֲכָמִים הָרִאשׁוֹנִים מֵהֶם מִי שֶׁהָיָה מְפַצֵּל הָעֵצִים לְבַשֵּׁל בָּהֶן. וּמֵהֶן מִי שֶׁהָיָה מְבַשֵּׁל אוֹ מוֹלֵחַ בָּשָׂר אוֹ גּוֹדֵל פְּתִילוֹת אוֹ מַדְלִיק נֵרוֹת. וּמֵהֶן מִי שֶׁהָיָה יוֹצֵא וְקוֹנֶה דְּבָרִים שֶׁהֵן לְצֹרֶךְ הַשַּׁבָּת מִמַּאֲכָל וּמַשְׁקֶה אַף עַל פִּי שֶׁאֵין דַּרְכּוֹ בְּכָךְ. וְכָל הַמַּרְבֶּה בְּדָבָר זֶה הֲרֵי זֶה מְשֻׁבָּח:

ז. אֵיזֶהוּ עֹנֶג זֶהוּ שֶׁאָמְרוּ חֲכָמִים שֶׁצָּרִיךְ לְתַקֵּן תַּבְשִׁיל שָׁמֵן בְּיוֹתֵר וּמַשְׁקֶה מְבֻשָּׂם לְשַׁבָּת הַכֹּל לְפִי מָמוֹנוֹ שֶׁל אָדָם. וְכָל הַמַּרְבֶּה בְּהוֹצָאַת שַׁבָּת וּבְתִקּוּן מַאֲכָלִים רַבִּים וְטוֹבִים הֲרֵי זֶה מְשֻׁבָּח. וְאִם אֵין יָדוֹ מַשֶּׂגֶת אֲפִלּוּ לֹא עָשָׂה אֶלָּא שֶׁלֶק וְכַיּוֹצֵא בּוֹ מִשּׁוּם כְּבוֹד שַׁבָּת הֲרֵי זֶה עֹנֶג שַׁבָּת. וְאֵינוֹ חַיָּב לְהָצֵר לְעַצְמוֹ וְלִשְׁאֹל מֵאֲחֵרִים כְּדֵי לְהַרְבּוֹת בְּמַאֲכָל בְּשַׁבָּת. אָמְרוּ חֲכָמִים הָרִאשׁוֹנִים עֲשֵׂה שַׁבַּתְּךָ חֹל וְאַל תִּצְטָרֵךְ לַבְּרִיּוֹת:

ח. מִי שֶׁהָיָה עָנֹג וְעָשִׁיר וַהֲרֵי כָּל יָמָיו כְּשַׁבָּת צָרִיךְ לְשַׁנּוֹת מַאֲכַל שַׁבָּת מִמַּאֲכַל הַחֹל. וְאִם אִי אֶפְשָׁר לְשַׁנּוֹת מְשַׁנֶּה זְמַן הָאֲכִילָה אִם הָיָה רָגִיל לְהַקְדִּים מְאַחֵר וְאִם הָיָה רָגִיל לְאַחֵר מַקְדִּים:

ט. חַיָּב אָדָם לֶאֱכֹל שָׁלֹשׁ סְעֻדּוֹת בְּשַׁבָּת אַחַת עַרְבִית וְאַחַת שַׁחֲרִית וְאַחַת בְּמִנְחָה. וְצָרִיךְ לְהִזָּהֵר בְּשָׁלֹשׁ סְעֻדּוֹת אֵלּוּ שֶׁלֹּא יִפְחֹת מֵהֶן כְּלָל. וַאֲפִלּוּ עָנִי הַמִּתְפַּרְנֵס מִן הַצְּדָקָה סוֹעֵד שָׁלֹשׁ סְעֻדּוֹת. וְאִם הָיָה חוֹלֶה מֵרֹב הָאֲכִילָה אוֹ שֶׁהָיָה מִתְעַנֶּה תָּמִיד פָּטוּר מִשָּׁלֹשׁ סְעֻדּוֹת. וְצָרִיךְ לִקְבֹּעַ כָּל סְעֻדָּה מִשָּׁלָשְׁתָּן עַל הַיַּיִן וְלִבְצֹעַ עַל שְׁתֵּי כִּכָּרוֹת. וְכֵן בְּיָמִים טוֹבִים:

י. אֲכִילַת בָּשָׂר וּשְׁתִיַּת יַיִן בְּשַׁבָּת עֹנֶג הוּא לוֹ. וְהוּא שֶׁהָיְתָה יָדוֹ מַשֶּׂגֶת. וְאָסוּר לִקְבֹּעַ סְעֻדָּה עַל הַיַּיִן בְּשַׁבָּת וּבְיָמִים טוֹבִים בִּשְׁעַת בֵּית הַמִּדְרָשׁ. אֶלָּא כָּךְ הָיָה מִנְהַג הַצַּדִּיקִים הָרִאשׁוֹנִים מִתְפַּלֵּל אָדָם בְּשַׁבָּת שַׁחֲרִית וּמוּסָף בְּבֵית הַכְּנֶסֶת וְיָבוֹא לְבֵיתוֹ וְיִסְעַד סְעֻדָּה שְׁנִיָּה וְיֵלֵךְ לְבֵית הַמִּדְרָשׁ יִקְרָא וְיִשְׁנֶה עַד הַמִּנְחָה וְיִתְפַּלֵּל מִנְחָה וְאַחַר כָּךְ יִקְבַּע סְעֻדָּה שְׁלִישִׁית עַל הַיַּיִן וְיֹאכַל וְיִשְׁתֶּה עַד מוֹצָאֵי שַׁבָּת:

יא. אָסוּר לוֹ לְאָדָם שֶׁיְּהַלֵּךְ בְּעַרְבֵי שַׁבָּתוֹת יוֹתֵר מִשָּׁלֹשׁ פַּרְסָאוֹת מִתְּחִלַּת הַיּוֹם כְּדֵי שֶׁיַּגִּיעַ לְבֵיתוֹ וְעוֹד הַיּוֹם רַב וְיָכִין סְעֻדָּה לְשַׁבָּת. שֶׁהֲרֵי אֵין אַנְשֵׁי בֵּיתוֹ יוֹדְעִין שֶׁהַיּוֹם יָבוֹא כְּדֵי לְהָכִין לוֹ. וְאֵין צָרִיךְ לוֹמַר אִם הָיָה מִתְאָרֵחַ אֵצֶל אֲחֵרִים שֶׁהֲרֵי מְבַיְּשָׁן מִפְּנֵי שֶׁלֹּא הֵכִינוּ לָהֶן דָּבָר הָרָאוּי לְאוֹרְחִין:

יב. אָסוּר לְהִתְעַנּוֹת וְלִזְעֹק וּלְהִתְחַנֵּן וּלְבַקֵּשׁ רַחֲמִים בְּשַׁבָּת וַאֲפִלּוּ בְּצָרָה מִן הַצָּרוֹת שֶׁהַצִּבּוּר מִתְעַנִּין וּמַתְרִיעִין עֲלֵיהֶן אֵין מִתְעַנִּין וְלֹא מַתְרִיעִין בְּשַׁבָּת. וְלֹא בְּיָמִים טוֹבִים. חוּץ מֵעִיר שֶׁהִקִּיפוּהָ עוֹבְדֵי כּוֹכָבִים וּמַזָּלוֹת אוֹ נָהָר אוֹ סְפִינָה הַמִּטָּרֶפֶת בַּיָּם שֶׁמַּתְרִיעִין עֲלֵיהֶן בְּשַׁבָּת לְעָזְרָן וּמִתְחַנְּנִין וּמְבַקְּשִׁין עֲלֵיהֶן רַחֲמִים:

יג. אֵין צָרִין עַל עֲיָרוֹת שֶׁל עוֹבְדֵי כּוֹכָבִים וּמַזָּלוֹת פָּחוֹת מִשְּׁלֹשָׁה יָמִים קֹדֶם הַשַּׁבָּת. כְּדֵי שֶׁתִּתְיַשֵּׁב דַּעַת אַנְשֵׁי הַמִּלְחָמָה עֲלֵיהֶן וְלֹא יִהְיוּ מְבֹהָלִים וּטְרוּדִים בְּשַׁבָּת. אֵין מַפְלִיגִין בִּסְפִינָה פָּחוֹת מִשְּׁלֹשָׁה יָמִים קֹדֶם הַשַּׁבָּת כְּדֵי שֶׁתִּתְיַשֵּׁב דַּעְתּוֹ עָלָיו קֹדֶם הַשַּׁבָּת וְלֹא יִצְטַעֵר יֶתֶר מִדַּאי. וְלִדְבַר מִצְוָה מַפְלִיג בַּיָּם אֲפִלּוּ בְּעֶרֶב שַׁבָּת. וּפוֹסֵק עִמּוֹ לִשְׁבֹּת וְאֵינוֹ שׁוֹבֵת. וּמִצּוֹר לְצִידוֹן וְכַיּוֹצֵא בָּהֶן אֲפִלּוּ לִדְבַר הָרְשׁוּת מֻתָּר לְהַפְלִיג בְּעֶרֶב שַׁבָּת. וּמָקוֹם שֶׁנָּהֲגוּ שֶׁלֹּא יַפְלִיג בְּעֶרֶב שַׁבָּת כְּלָל אֵין מַפְלִיגִין:

יד. תַּשְׁמִישׁ הַמִּטָּה מֵעֹנֶג שַׁבָּת הוּא. לְפִיכָךְ עוֹנַת תַּלְמִידֵי חֲכָמִים הַבְּרִיאִים מִשַּׁמְּשִׁין מִלֵּילֵי שַׁבָּת לְלֵילֵי שַׁבָּת. וּמֻתָּר לִבְעֹל בְּתוּלָה לְכַתְּחִלָּה בְּשַׁבָּת וְאֵין בָּזֶה לֹא מִשּׁוּם חוֹבֵל וְלֹא מִשּׁוּם צַעַר לָהּ:

טו. הַשַּׁבָּת וַעֲבוֹדַת כּוֹכָבִים וּמַזָּלוֹת כָּל אַחַת מִשְּׁתֵּיהֶן שְׁקוּלָה כְּנֶגֶד שְׁאָר כָּל מִצְוֹת הַתּוֹרָה. וְהַשַּׁבָּת הִיא הָאוֹת שֶׁבֵּין הַקָּדוֹשׁ בָּרוּךְ הוּא וּבֵינֵינוּ לְעוֹלָם. לְפִיכָךְ כָּל הָעוֹבֵר עַל שְׁאָר הַמִּצְוֹת הֲרֵי הוּא בִּכְלַל רִשְׁעֵי יִשְׂרָאֵל. אֲבָל הַמְחַלֵּל שַׁבָּת בְּפַרְהֶסְיָא הֲרֵי הוּא כְּעוֹבֵד עֲבוֹדַת כּוֹכָבִים וּמַזָּלוֹת וּשְׁנֵיהֶם כְּעוֹבְדֵי כּוֹכָבִים וּמַזָּלוֹת לְכָל דִּבְרֵיהֶם. לְפִיכָךְ מְשַׁבֵּחַ הַנָּבִיא וְאוֹמֵר (ישעיה נו ב) "אַשְׁרֵי אֱנוֹשׁ יַעֲשֶׂה זֹּאת וּבֶן אָדָם יַחֲזִיק בָּהּ שֹׁמֵר שַׁבָּת מֵחַלְּלוֹ" וְגוֹ'. וְכָל הַשּׁוֹמֵר אֶת הַשַּׁבָּת כְּהִלְכָתָהּ וּמְכַבְּדָהּ וּמְעַנְּגָהּ כְּפִי כֹּחוֹ כְּבָר מְפֹרָשׁ בַּקַּבָּלָה שְׂכָרוֹ בָּעוֹלָם הַזֶּה יֶתֶר עַל הַשָּׂכָר הַצָּפוּן לָעוֹלָם הַבָּא. שֶׁנֶּאֱמַר (ישעיה נח יד) "אָז תִּתְעַנַּג עַל ה' וְהִרְכַּבְתִּיךָ עַל בָּמֳתֵי אָרֶץ וְהַאֲכַלְתִּיךָ נַחֲלַת יַעֲקֹב אָבִיךָ כִּי פִּי ה' דִּבֵּר".

Additional, Useful Features of Interest
for Studying Rambam's Mishneh Torah

Scan QR code onto your mobile device to link to our website.
https://rambampress.com/

הלכות עירובין
Hilchot Eruvin

THE LAWS OF ERUVIN

They consist of one positive commandments, which is Rabbinic in origin and is not included among the 613 commandments of the Torah

מצות עשה אחת והיא מד"ס ואינה מן המנין.

Perek 1

Introduction

According to Torah, when there are several sharing a *chatzer* (courtyard) from their private homes, the entire courtyard is considered connected to the homes and regarded as a private domain. Therefore, all the neighbours are permitted to carry from their homes to the courtyard and in the courtyard itself.

Similarly with a *mavoy* (lane) which has been demarcated halachically (with an upright pole and cross-beam at its entrance). The lane is then regarded as a private domain on *Shabbat.*

Similarly in a city surrounded by a wall at least **10** ***tefach*** high, and has gates that are locked. The city is then regarded as a private domain throughout on *Shabbat.*

However, the *Rabanan* (in this case *Shlomo Hamelech* and his court) introduced restrictions to safeguard and prevent people carrying on *Shabbat* as follows.

Whenever there are a group of private dwellings and they are jointly connected to a common additional area (e.g. a *chatzer* with houses opening onto it), then the jointly owned area is considered a public domain. It is forbidden to carry between house and courtyard and within the courtyard, unless a special arrangement called an *eruv* is set up i.e. all the individuals join by owning a common food, as one, before *Shabbat.* The food joins the whole party together as one domain.

All understand that a special procedure has taken place which now allows them to carry freely from say house to courtyard or within courtyard on *Shabbat.*

TERMINOLOGIES

- *Eruvei Chatzerot* (courtyards) – Food used is a whole loaf of bread
- *Shituf* – (*lanes* [*mavoy*] and cities) – Food used is bread or other foods

Reminder:
Pack on Courtyards

Measure of food needed for an *eruv* is **1** whole loaf of bread of any size.

For a *shituf* of up to 18 members, each member must provide a food of size **1 *grogeret* (fig).**

Minimum measures for *shituf* of more than 18 members is amount of **2 meals = 18 *grogeret* = 6 medium eggs. 2 meals** can also be made of side dishes as follows: i.e. the amount of side dishes eaten at **2 meals**

- Wine 2 *reviit*
- Beer 2 *reviit*
- 2 eggs
- 2 pomegranates
- 1 etrog
- 5 nuts
- 5 peaches
- 1 *Roman* pound vegetables
- 1 *uchla* of spices
- *Kav* of dates
- *Kav* of dried figs
- 1 *maneh* of crushed figs
- 1 *kav* of apples
- 1 handful of cusmita
- 1 handful of fresh beans
- 1 *litra* edible lichens

Reminder
Pack on Weights and Measures

PROCEDURE

- Collect food from each participant and place in a single container (However, a person may establish an *eruv* on behalf of others, because it is for their benefit)
- Then says a *brachah*
- Food placed in one of the houses or in the case of a *shituf* it could also be placed in one of the courtyards and in other places not allowed for an *eruv chatzer.* The house where food is placed does not have to contribute.
- The collection of foods should stay together and not be divided out.
- Food must be edible and accessible before *Shabbat* (an extension of time is given till end of *ben hashmashot*) if for some reason the food became inedible, inaccessible or lost, then the *eruv* no longer applies and one may not carry.
- Once *eruv* effective before *Shabbat,* it continues to be effective the whole *Shabbat,* even if something occurs to the food on *Shabbat.*

פרק א׳

א. חָצֵר שֶׁיֵּשׁ בָּהּ שְׁכֵנִים הַרְבֵּה כָּל אֶחָד מֵהֶם בְּבַיִת לְעַצְמוֹ דִּין תּוֹרָה הוּא שֶׁיִּהְיוּ כֻּלָּן מֻתָּרִין לְטַלְטֵל בְּכָל הֶחָצֵר וּמִבָּתִּים לֶחָצֵר וּמֵהֶחָצֵר לַבָּתִּים מִפְּנֵי שֶׁכָּל הֶחָצֵר רְשׁוּת הַיָּחִיד אַחַת וּמֻתָּר לְטַלְטֵל בְּכֻלָּהּ. וְכֵן הַדִּין בְּמָבוֹי שֶׁיֵּשׁ לוֹ לֶחִי אוֹ קוֹרָה שֶׁיִּהְיוּ כָּל בְּנֵי הַמָּבוֹי מֻתָּרִים לְטַלְטֵל בְּכֻלּוֹ וּמֵחֲצֵרוֹת לַמָּבוֹי וּמִמָּבוֹי לַחֲצֵרוֹת שֶׁכָּל הַמָּבוֹי רְשׁוּת הַיָּחִיד הוּא. וְכֵן הַדִּין בִּמְדִינָה שֶׁהִיא מֻקֶּפֶת חוֹמָה גְּבוֹהָה עֲשָׂרָה טְפָחִים שֶׁיֵּשׁ לָהּ דְּלָתוֹת וְנִנְעָלוֹת בַּלַּיְלָה שֶׁכֻּלָּהּ רְשׁוּת הַיָּחִיד הִיא. זֶה הוּא דִּין תּוֹרָה:

ב. אֲבָל מִדִּבְרֵי סוֹפְרִים אָסוּר לִשְׁכֵנִים לְטַלְטֵל בִּרְשׁוּת הַיָּחִיד שֶׁיֵּשׁ בָּהּ חֲלוּקָה בְּדִיּוּרִין עַד שֶׁיְּעָרְבוּ כָּל הַשְּׁכֵנִים כֻּלָּן מֵעֶרֶב שַׁבָּת. אֶחָד חָצֵר וְאֶחָד מָבוֹי וְאֶחָד הַמְּדִינָה. וְדָבָר זֶה תַּקָּנַת שְׁלֹמֹה וּבֵית דִּינוֹ:

ג. וְכֵן יוֹשְׁבֵי אֹהָלִים אוֹ סֻכּוֹת אוֹ מַחֲנֶה שֶׁהִקִּיפוּהוּ מְחִצָּה אֵין מְטַלְטְלִין מֵאֹהֶל לְאֹהֶל עַד שֶׁיְּעָרְבוּ כֻּלָּן. אֲבָל שַׁיָּרָא שֶׁהִקִּיפָהּ מְחִצָּה אֵין צְרִיכִין לְעָרֵב אֶלָּא מוֹצִיאִין מֵאֹהֶל לְאֹהֶל בְּלֹא עֵרוּב לְפִי שֶׁהֵן כֻּלָּן מְעֹרָבִין וְאֵין אוֹתָן אֹהָלִים קְבוּעִין לָהֶן:

ד. וּמִפְּנֵי מָה תִּקֵּן שְׁלֹמֹה דָּבָר זֶה. כְּדֵי שֶׁלֹּא יִטְעוּ הָעָם וְיֹאמְרוּ כְּשֵׁם שֶׁמֻּתָּר לְהוֹצִיא מִן הַחֲצֵרוֹת לִרְחוֹבוֹת הַמְּדִינָה וּשְׁוָקֶיהָ וּלְהַכְנִיס מֵהֶם לַחֲצֵרוֹת כָּךְ מֻתָּר לְהוֹצִיא מִן הַמְּדִינָה לַשָּׂדֶה וּלְהַכְנִיס מִן הַשָּׂדֶה לַמְּדִינָה. וְיַחְשְׁבוּ שֶׁהַשְּׁוָקִים וְהָרְחוֹבוֹת הוֹאִיל וְהֵן רְשׁוּת לַכֹּל הֲרֵי הֵן כְּשָׂדוֹת וּכְמִדְבָּרוֹת וְיֹאמְרוּ שֶׁהַחֲצֵרוֹת בִּלְבַד הֵן רְשׁוּת הַיָּחִיד וְיִדַמּוּ שֶׁאֵין הַהוֹצָאָה מְלָאכָה וְשֶׁמֻּתָּר לְהוֹצִיא וּלְהַכְנִיס מֵרְשׁוּת הַיָּחִיד לִרְשׁוּת הָרַבִּים:

ה. לְפִיכָךְ תִּקֵּן שֶׁכָּל רְשׁוּת הַיָּחִיד שֶׁתֶּחְלַק בְּדִיּוּרִין וְיֹאחַז כָּל אֶחָד וְאֶחָד בָּהּ רְשׁוּת לְעַצְמוֹ וְיִשָּׁאֵר מִמֶּנָּה מָקוֹם בִּרְשׁוּת כֻּלָּן וְיַד כֻּלָּן שָׁוָה בּוֹ כְּגוֹן חָצֵר לַבָּתִּים. שֶׁנֶּחְשָׁב אוֹתוֹ הַמָּקוֹם שֶׁיַּד כֻּלָּן שָׁוָה בּוֹ כְּאִלּוּ הוּא רְשׁוּת לָרַבִּים. וְנֶחְשָׁב כָּל מָקוֹם וּמָקוֹם שֶׁאָחַז כָּל אֶחָד מִן הַשְּׁכֵנִים וְחִלְּקוֹ לְעַצְמוֹ שֶׁהוּא בִּלְבַד רְשׁוּת הַיָּחִיד. וְיִהְיֶה אָסוּר לְהוֹצִיא מֵרְשׁוּת שֶׁחָלַק לְעַצְמוֹ לִרְשׁוּת שֶׁיַּד כֻּלָּם שָׁוָה בּוֹ. כְּמוֹ שֶׁאֵין מוֹצִיאִין מֵרְשׁוּת הַיָּחִיד לִרְשׁוּת הָרַבִּים. אֶלָּא יִשְׁתַּמֵּשׁ כָּל אֶחָד בָּרְשׁוּת שֶׁחָלַק לְעַצְמוֹ בִּלְבַד עַד שֶׁיְּעָרְבוּ כֻּלָּן אַף עַל פִּי שֶׁהַכֹּל רְשׁוּת הַיָּחִיד:

ו. וּמַה הוּא הָעֵרוּב הַזֶּה. הוּא שֶׁיִּתְעָרְבוּ בְּמַאֲכָל אֶחָד שֶׁמַּנִּיחִין אוֹתוֹ מֵעֶרֶב שַׁבָּת. כְּלוֹמַר שֶׁכֻּלָּנוּ מְעֹרָבִין וְאֹכֶל אֶחָד לְכֻלָּנוּ וְאֵין כָּל אֶחָד מִמֶּנּוּ חוֹלֵק רְשׁוּת מֵחֲבֵרוֹ אֶלָּא כְּשֵׁם שֶׁיַּד כֻּלָּנוּ שָׁוָה בְּמָקוֹם זֶה שֶׁנִּשְׁאַר לְכֻלָּנוּ כָּךְ יַד כֻּלָּנוּ שָׁוָה בְּכָל מָקוֹם שֶׁיֹּאחֵז כָּל אֶחָד לְעַצְמוֹ וַהֲרֵי כֻּלָּנוּ רְשׁוּת אֶחָד. וּבְמַעֲשֶׂה הַזֶּה לֹא יָבוֹאוּ לִטְעוֹת וּלְדַמּוֹת שֶׁמֻּתָּר לְהוֹצִיא וּלְהַכְנִיס מֵרְשׁוּת הַיָּחִיד לִרְשׁוּת הָרַבִּים:

ז. הָעֵרוּב שֶׁעוֹשִׂים בְּנֵי הֶחָצֵר זֶה עִם זֶה הוּא הַנִּקְרָא עֵרוּבֵי חֲצֵרוֹת. וְשֶׁעוֹשִׂין אַנְשֵׁי מָבוֹי זֶה עִם זֶה אוֹ כָּל בְּנֵי הַמְּדִינָה הוּא הַנִּקְרָא שִׁתּוּף:

ח. אֵין מְעָרְבִין בַּחֲצֵרוֹת אֶלָּא בְּפַת שְׁלֵמָה בִּלְבַד. אֲפִלּוּ כִּכַּר מַאֲפֵה סְאָה וְהִיא פְּרוּסָה אֵין מְעָרְבִין בָּהּ. הָיְתָה שְׁלֵמָה וְהִיא כְּאִיסָר מְעָרְבִין בָּהּ. וּכְשֵׁם שֶׁמְּעָרְבִין בְּפַת תְּבוּאָה כָּךְ מְעָרְבִין בְּפַת אֹרֶז וּבְפַת עֲדָשִׁים אֲבָל לֹא בְּפַת דֹּחַן. וְשִׁתּוּף בֵּין בְּפַת בֵּין בִּשְׁאָר אֳכָלִים. בְּכָל אֹכֶל מִשְׁתַּתְּפִין חוּץ מִן הַמַּיִם בִּפְנֵי עַצְמָן אוֹ מֶלַח בִּפְנֵי עַצְמוֹ. וְכֵן כְּמֵהִין וּפִטְרִיּוֹת אֵין מִשְׁתַּתְּפִין בָּהֶן שֶׁאֵינָן חֲשׁוּבִין כָּאֳכָלִים. עֵרֵב מַיִם עִם מֶלַח נַעֲשָׂה כְּמוּרְיָס וּמִשְׁתַּתְּפִין:

ט. וְכַמָּה שִׁעוּר הָאֹכֶל שֶׁמִּשְׁתַּתְּפִין בּוֹ. כִּגְרוֹגֶרֶת לְכָל אֶחָד וְאֶחָד מִבְּנֵי הַמָּבוֹי אוֹ מִבְּנֵי הַמְּדִינָה. וְהוּא שֶׁיִּהְיוּ שְׁמוֹנֶה עֶשְׂרֵה אוֹ פָּחוֹת. אֲבָל אִם הָיוּ מְרֻבִּים עַל זֶה שִׁעוּרוֹ שְׁתֵּי סְעֻדּוֹת שֶׁהֵן כִּשְׁמוֹנֶה עֶשְׂרֵה גְּרוֹגָרוֹת שֶׁהֵן כְּשֵׁשׁ בֵּיצִים בֵּינוֹנִיּוֹת. אֲפִלּוּ הָיוּ הַמִּשְׁתַּתְּפִין אֲלָפִים וּרְבָבוֹת שְׁתֵּי סְעֻדּוֹת לְכֻלָּן:

י. כָּל אֹכֶל שֶׁהוּא נֶאֱכָל כְּמוֹת שֶׁהוּא כְּגוֹן פַּת וּמִינֵי דָּגָן וּבָשָׂר חַי אִם נִשְׁתַּתְּפוּ בּוֹ שִׁעוּרוֹ מְזוֹן שְׁתֵּי סְעֻדּוֹת. וְכָל שֶׁהוּא לְפִתָּן וְדֶרֶךְ הָעָם לֶאֱכֹל בּוֹ פִּתָּן כְּגוֹן יַיִן מְבֻשָּׁל וּבָשָׂר צָלִי וְחֹמֶץ וּמוּרְיָס וְזֵיתִים וְאִמָּהוֹת שֶׁל בְּצָלִים שִׁעוּרוֹ כְּדֵי לֶאֱכֹל בּוֹ שְׁתֵּי סְעֻדּוֹת:

יא. נִשְׁתַּתְּפוּ בְּיַיִן חַי שִׁעוּרוֹ שְׁתֵּי רְבִיעִיּוֹת לְכֻלָּן. וְכֵן בְּשֵׁכָר שְׁתֵּי רְבִיעִיּוֹת. בֵּיצִים שְׁתַּיִם וּמִשְׁתַּתְּפִין בָּהֶן וַאֲפִלּוּ הֵן חַיּוֹת. וְרִמּוֹנִים שְׁנַיִם. אֶתְרוֹג אֶחָד. חֲמִשָּׁה אֱגוֹזִים. חֲמִשָּׁה אֲפַרְסְקִים. לִיטְרָא שֶׁל יָרָק בֵּין חַי בֵּין שָׁלוּק וְאִם הָיָה בָּשִׁיל וְלֹא בָּשִׁיל אֵין מְעָרְבִין בּוֹ לְפִי שֶׁאֵינוֹ רָאוּי לַאֲכִילָה. עֻכְלָא תַּבְלִין. קַב תְּמָרִים. קַב גְּרוֹגָרוֹת. מָנֶה דְּבֵלָה. קַב תַּפּוּחִין. כְּשׁוּת כִּמְלוֹא הַיָּד. פּוֹלִין לַחִין כִּמְלוֹא הַיָּד. חֲזִין לִיטְרָא. וְהַתְּרָדִין הֲרֵי הֵן בִּכְלַל הַיָּרָק וּמְעָרְבִין בָּהֶן. עֲלֵי בְּצָלִים אֵין מְעָרְבִין בָּהֶן. אֶלָּא אִם הִבְצִילוּ וְנַעֲשָׂה אֹרֶךְ כָּל עָלֶה מֵהֶן זֶרֶת. אֲבָל פָּחוֹת מִכָּאן אֵינוֹ אֹכֶל. וְכָל אֵלּוּ הַדְּבָרִים

הָאֲמוּרִין כְּלִפְתָּן הֵן. וּלְפִיכָךְ נָתְנוּ בָּהֶן שִׁעוּרִין אֵלּוּ. וְכֵן כָּל כַּיּוֹצֵא בָּהֶן. וְכָל הָאֳכָלִין מִצְטָרְפִין לְשִׁעוּר הַשִּׁתּוּף:

יב. לִיטְרָא הָאֲמוּרָה בְּכָל מָקוֹם מְלֹא שְׁתֵּי רְבִיעִיּוֹת. וְעָכְלָא חֲצִי רְבִיעִית. וּמָנֶה הָאֲמוּרָה בְּכָל מָקוֹם מֵאָה דִּינָר. וְהַדִּינָר שֵׁשׁ מָעִין. וְהַמָּעָה מִשְׁקַל שֵׁשׁ עֶשְׂרֵה שְׂעוֹרוֹת. וְהַסֶּלַע אַרְבָּעָה דִּינָרִין. וְהָרְבִיעִית מַחֲזֶקֶת מִן הַמַּיִם אוֹ מִן הַיַּיִן מִשְׁקַל שִׁבְעָה עָשָׂר דִּינָרִין וַחֲצִי דִּינָר בְּקֵרוּב. נִמְצָא הַלִּיטְרָא מִשְׁקַל חֲמִשָּׁה וּשְׁלֹשִׁים דִּינָר. וְהָעָכְלָא מִשְׁקַל תִּשְׁעָה דִּינָרִין פָּחוֹת רְבִיעַ:

יג. סְאָה הָאֲמוּרָה בְּכָל מָקוֹם שֵׁשֶׁת קַבִּין. וְהַקַּב אַרְבָּעָה לוּגִין. וְהַלּוֹג אַרְבַּע רְבִיעִיּוֹת. וּכְבָר בֵּאַרְנוּ מִדַּת הָרְבִיעִית וּמִשְׁקָלָהּ. וְאֵלּוּ הַשִּׁעוּרִין שֶׁאָדָם צָרִיךְ לִזְכֹּר אוֹתָן תָּמִיד:

יד. אֹכֶל שֶׁהוּא מֻתָּר בַּאֲכִילָה אַף עַל פִּי שֶׁהוּא אָסוּר לְזֶה הַמְעָרֵב הֲרֵי זֶה מְעָרֵב בּוֹ וּמִשְׁתַּתֵּף בּוֹ. כֵּיצַד. מִשְׁתַּתֵּף הַנָּזִיר בְּיַיִן וְיִשְׂרָאֵל בִּתְרוּמָה. וְכֵן הַנּוֹדֵר מֵאֹכֶל זֶה אוֹ שֶׁנִּשְׁבַּע שֶׁלֹּא יֹאכְלֶנּוּ מְעָרֵב בּוֹ וּמִשְׁתַּתֵּף בּוֹ. שֶׁאִם אֵינוֹ רָאוּי לָזֶה הֲרֵי הוּא רָאוּי לְאַחֵר:

טו. אֲבָל דָּבָר הָאָסוּר לַכֹּל כְּגוֹן טֶבֶל אֲפִלּוּ טֶבֶל שֶׁל דִּבְרֵי סוֹפְרִים. וְכֵן מַעֲשֵׂר רִאשׁוֹן שֶׁלֹּא נִטְּלָה תְּרוּמָתוֹ כַּהֹגֶן. וְכֵן מַעֲשֵׂר שֵׁנִי וְהֶקְדֵּשׁ שֶׁלֹּא נִפְדּוּ כַּהֲלָכָה. אֵין מְעָרְבִין וּמִשְׁתַּתְּפִין בָּהֶן. אֲבָל מְעָרְבִין וּמִשְׁתַּתְּפִין בִּדְמַאי מִפְּנֵי שֶׁרָאוּי לָעֲנִיִּים. וּבְמַעֲשֵׂר רִאשׁוֹן שֶׁנִּטְּלָה תְּרוּמָתוֹ. וּבְמַעֲשֵׂר שֵׁנִי וְהֶקְדֵּשׁ שֶׁנִּפְדּוּ אַף עַל פִּי שֶׁלֹּא נָתַן אֶת הַחֹמֶשׁ שֶׁאֵין הַחֹמֶשׁ מְעַכֵּב. וּמְעָרְבִין בְּמַעֲשֵׂר שֵׁנִי בִּירוּשָׁלַיִם מִפְּנֵי שֶׁהוּא רָאוּי שָׁם לַאֲכִילָה אֲבָל לֹא בִּגְבוּלִין:

טז. כֵּיצַד מְעָרְבִין בַּחֲצֵרוֹת. גּוֹבִין חַלָּה אַחַת שְׁלֵמָה מִכָּל בַּיִת וּבַיִת וּמַנִּיחִין הַכֹּל בִּכְלִי אֶחָד בְּבַיִת אֶחָד מִבָּתֵּי הֶחָצֵר אֲפִלּוּ בְּבֵית הַתֶּבֶן אוֹ בְּבֵית הַבָּקָר אוֹ בְּבֵית הָאוֹצָר. אֲבָל אִם נְתָנוּ בְּבֵית שַׁעַר אֲפִלּוּ בֵּית שַׁעַר שֶׁל יָחִיד אוֹ בְּאַכְסַדְרָה אוֹ בְּמִרְפֶּסֶת אוֹ בְּבַיִת שֶׁאֵין בּוֹ אַרְבַּע אַמּוֹת עַל אַרְבַּע אַמּוֹת אֵינוֹ עֵרוּב. וּכְשֶׁמְּקַבֵּץ הָעֵרוּב מְבָרֵךְ בָּרוּךְ אַתָּה ה׳ אֱלֹהֵינוּ מֶלֶךְ הָעוֹלָם אֲשֶׁר קִדְּשָׁנוּ בְּמִצְוֹתָיו וְצִוָּנוּ עַל מִצְוַת עֵרוּב. וְאוֹמֵר בְּעֵרוּב זֶה יִהְיֶה מֻתָּר לְכָל בְּנֵי הֶחָצֵר לְהוֹצִיא וּלְהַכְנִיס מִבַּיִת לְבַיִת בְּשַׁבָּת. וְיֵשׁ לְקָטָן לִגְבּוֹת עֵרוּבֵי חֲצֵרוֹת. וּבַיִת שֶׁמַּנִּיחִין בּוֹ עֵרוּב אֵינוֹ צָרִיךְ לִתֵּן אֶת הַפַּת. וְאִם הָיוּ רְגִילִין לְהַנִּיחַ בּוֹ אֵין מְשַׁנִּין אוֹתוֹ מִפְּנֵי דַּרְכֵי שָׁלוֹם:

יז. וְכֵיצַד מִשְׁתַּתְּפִין בְּמָבוֹי. גּוֹבֶה אֹכֶל כִּגְרוֹגֶרֶת מִכָּל אֶחָד וְאֶחָד אוֹ פָּחוֹת מִכִּגְרוֹגֶרֶת אִם הָיוּ מְרֻבִּין. וּמַנִּיחַ הַכֹּל בִּכְלִי אֶחָד בְּחָצֵר מֵחַצְרוֹת הַמָּבוֹי אוֹ בְּבַיִת מִן הַבָּתִּים אֲפִלּוּ בַּיִת קָטָן אוֹ אַכְסַדְרָה אוֹ מִרְפֶּסֶת הֲרֵי זֶה שִׁתּוּף. אֲבָל אִם הִנִּיחוֹ בַּאֲוִיר מָבוֹי אֵינוֹ שִׁתּוּף. וְאִם הִנִּיחַ הַכְּלִי בֶּחָצֵר צָרִיךְ לְהַגְבִּיהַּ הַכְּלִי מִן הַקַּרְקַע טֶפַח כְּדֵי שֶׁיִּהְיֶה נִכָּר. וּמְבָרֵךְ עַל מִצְוַת עֵרוּב. וְאוֹמֵר בְּזֶה הַשִּׁתּוּף יִהְיֶה מֻתָּר לְכָל בְּנֵי הַמָּבוֹי לְהוֹצִיא וּלְהַכְנִיס מֵחֲצֵרוֹת לַמָּבוֹי בְּשַׁבָּת:

יח. חָלְקוּ אֶת הָעֵרוּב אוֹ אֶת הַשִּׁתּוּף אַף עַל פִּי שֶׁהוּא בְּבַיִת אֶחָד אֵינוֹ עֵרוּב. אֲבָל אִם מִלְאוּ אֶת הַכְּלִי מִן הָעֵרוּב וְנִשְׁאַר מִמֶּנּוּ מְעַט וְהִנִּיחוּהוּ בִּכְלִי אַחֵר מֻתָּר:

יט. הַמִּשְׁתַּתְּפִין בַּמָּבוֹי צְרִיכִים לְעָרֵב בַּחֲצֵרוֹת כְּדֵי שֶׁלֹּא יִשְׁכְּחוּ הַתִּינוֹקוֹת תּוֹרַת עֵרוּב. שֶׁהֲרֵי אֵין הַתִּינוֹקוֹת מַכִּירִין מַה נַּעֲשָׂה בַּמָּבוֹי. לְפִיכָךְ אִם נִשְׁתַּתְּפוּ בַּמָּבוֹי בְּפַת סוֹמְכִין עָלָיו וְאֵין צְרִיכִין לְעָרֵב בַּחֲצֵרוֹת שֶׁהֲרֵי הַתִּינוֹקוֹת מַכִּירִין בַּפַּת. בְּנֵי חֲבוּרָה שֶׁהָיוּ מְסֻבִּין וְקָדַשׁ עֲלֵיהֶן הַיּוֹם פַּת שֶׁעַל הַשֻּׁלְחָן סוֹמְכִין עָלֶיהָ מִשּׁוּם עֵרוּבֵי חֲצֵרוֹת. וְאִם רָצוּ לִסְמֹךְ עָלֶיהָ מִשּׁוּם שִׁתּוּף סוֹמְכִין אַף עַל פִּי שֶׁהֵן מְסֻבִּין בֶּחָצֵר:

כ. לָקַח אֶחָד מִבְּנֵי הֶחָצֵר פַּת אַחַת וְאָמַר הֲרֵי זוֹ לְכָל בְּנֵי הֶחָצֵר אוֹ שֶׁהוּא אֹכֶל כִּשְׁתֵּי סְעֻדּוֹת וְאָמַר הֲרֵי זֶה לְכָל בְּנֵי הַמָּבוֹי אֵינוֹ צָרִיךְ לִגְבּוֹת מִכָּל אֶחָד וְאֶחָד. אֲבָל צָרִיךְ לְזַכּוֹת לָהֶן בּוֹ עַל יְדֵי אַחֵר. וְיֵשׁ לוֹ לְזַכּוֹת עַל יְדֵי בְּנוֹ וּבִתּוֹ הַגְּדוֹלִים וְעַל יְדֵי עַבְדּוֹ הָעִבְרִי וְעַל יְדֵי אִשְׁתּוֹ. אֲבָל לֹא עַל יְדֵי בְּנוֹ וּבִתּוֹ הַקְּטַנִּים וְלֹא עַל יְדֵי עַבְדּוֹ וְשִׁפְחָתוֹ הַכְּנַעֲנִים מִפְּנֵי שֶׁיָּדָן כְּיָדוֹ. וְכֵן יֵשׁ לוֹ לְזַכּוֹת לָהֶן עַל יְדֵי שִׁפְחָתוֹ הָעִבְרִית אַף עַל פִּי שֶׁהִיא קְטַנָּה. שֶׁהַקָּטָן זוֹכֶה לַאֲחֵרִים בְּדָבָר שֶׁהוּא מִדִּבְרֵי סוֹפְרִים. וְאֵינוֹ צָרִיךְ לְהוֹדִיעַ לִבְנֵי הֶחָצֵר אוֹ לִבְנֵי הַמָּבוֹי שֶׁהֲרֵי זָכָה לָהֶן וְעֵרֵב עֲלֵיהֶן שֶׁזְּכוּת הִיא לָהֶן וְזָכִין לוֹ לְאָדָם שֶׁלֹּא בְּפָנָיו:

כא. אֵין מְעָרְבִין וְלֹא מִשְׁתַּתְּפִין בְּשַׁבָּת אֶלָּא מִבְּעוֹד יוֹם. וּמְעָרְבִין עֵרוּבֵי חֲצֵרוֹת וְשִׁתּוּפֵי מְבוֹאוֹת בֵּין הַשְּׁמָשׁוֹת אַף עַל פִּי שֶׁהוּא סָפֵק מִן הַיּוֹם סָפֵק מִן הַלַּיְלָה. וּלְעוֹלָם צָרִיךְ שֶׁיְּהֵא הָעֵרוּב אוֹ הַשִּׁתּוּף מָצוּי וְאֶפְשָׁר לְאָכְלוֹ כָּל בֵּין הַשְּׁמָשׁוֹת. לְפִיכָךְ אִם נָפַל עָלָיו גַּל אוֹ אָבַד אוֹ נִשְׂרַף אוֹ שֶׁהָיָה תְּרוּמָה וְנִטְמֵאת מִבְּעוֹד יוֹם אֵינוֹ עֵרוּב. מִשֶּׁחֲשֵׁכָה הֲרֵי זֶה עֵרוּב. וְאִם סָפֵק הֲרֵי זֶה עֵרוּב שֶׁסְּפֵק הָעֵרוּב כָּשֵׁר:

כב. נָתַן הָעֵרוּב אוֹ הַשִּׁתּוּף בְּמִגְדָּל וְנָעַל עָלָיו וְאָבַד הַמַּפְתֵּחַ קֹדֶם שֶׁחֲשֵׁכָה אִם אִי אֶפְשָׁר לוֹ לְהוֹצִיא הָעֵרוּב אֶלָּא אִם כֵּן עָשָׂה מְלָאכָה בֵּין הַשְּׁמָשׁוֹת הֲרֵי זֶה כְּמִי שֶׁאָבַד וְאֵינוֹ עֵרוּב שֶׁהֲרֵי אִי אֶפְשָׁר לְאָכְלוֹ. הִפְרִישׁ תְּרוּמַת מַעֲשֵׂר אוֹ תְּרוּמָה גְּדוֹלָה וְהִתְנָה עָלֶיהָ שֶׁלֹּא תִּהְיֶה תְּרוּמָה עַד שֶׁתֶּחְשַׁךְ אֵין מְעָרְבִין בָּהּ שֶׁעֲדַיִן הִיא טֶבֶל כָּל בֵּין הַשְּׁמָשׁוֹת וְצָרִיךְ שֶׁתִּהְיֶה סְעֻדָּה הָרְאוּיָה מִבְּעוֹד יוֹם:

Perek 2

Eruvei chatzerot

Participants.

Several circumstances could arise where not all the people living in a common area can participate in the *eruv.* I.e.

- One Jew does not want to participate
- One of dwellers is a Gentile or *ger toshav*
- One of dwellers is an *apikores*

Reminder:
Pack on Misbehaviour

The *Rabanim* have come up with solutions to circumvent the above problems.

'*Bitul*' of one's property

'Renting'

These procedures are not proper agreements. They are only to make a distinction, and as such they may even be performed on *Shabbat.*

They work as follows:

If the Jew who did not want to join the *eruv* is *mevatel* (nullifies) his property to the others, this allows carrying because he no longer 'owns' his property and is considered a 'guest'. He must make a specific statement to each neighbour saying that he has nullified his property to them. *Bitul* of property does not apply to a Gentile. Here the *Rabanim* introduced concept of 'renting' the property from him so that he also now becomes a guest. Now that the Gentile property is 'rented' to a Jew, the *eruv* can be established.

פרק ב׳

א. אַנְשֵׁי הֶחָצֵר שֶׁעֵרְבוּ כֻּלָּן חוּץ מֵאֶחָד מֵהֶן שֶׁלֹּא עֵרֵב עִמָּהֶן בֵּין מֵזִיד בֵּין שׁוֹכֵחַ הֲרֵי זֶה אוֹסֵר עֲלֵיהֶן. וְאָסוּר לְכֻלָּן לְהוֹצִיא מִבָּתֵּיהֶן לֶחָצֵר אוֹ מֵחָצֵר לְבָתֵּיהֶן. בִּטֵּל לָהֶן זֶה שֶׁלֹּא עֵרֵב רְשׁוּת חֲצֵרוֹ בִּלְבַד הֲרֵי אֵלּוּ מֻתָּרִין לְהוֹצִיא וּלְהַכְנִיס מִבָּתֵּיהֶן לֶחָצֵר וּמֵחָצֵר לְבָתֵּיהֶן אֲבָל לְבֵיתוֹ אָסוּר. בִּטֵּל לָהֶן רְשׁוּת בֵּיתוֹ וּרְשׁוּת חֲצֵרוֹ הֲרֵי כֻּלָּם מֻתָּרִין. הֵן מִפְּנֵי שֶׁעֵרְבוּ וַהֲרֵי בִּטֵּל לָהֶן רְשׁוּת בֵּיתוֹ וַחֲצֵרוֹ. וְגַם הוּא מֻתָּר מִפְּנֵי שֶׁלֹּא נִשְׁאַר לוֹ רְשׁוּת וַהֲרֵי הוּא כְּאוֹרֵחַ אֶצְלָם וְהָאוֹרֵחַ אֵינוֹ אוֹסֵר:

ב. הַמְבַטֵּל רְשׁוּתוֹ סְתָם רְשׁוּת חֲצֵרוֹ בִּטֵּל רְשׁוּת בֵּיתוֹ לֹא בִּטֵּל. וְהַמְבַטֵּל רְשׁוּתוֹ לִבְנֵי חָצֵר צָרִיךְ לְבַטֵּל לְכָל אֶחָד וְאֶחָד בְּפֵרוּשׁ וְאוֹמֵר רְשׁוּתִי מְבֻטֶּלֶת לְךָ וּלְךָ וּלְךָ. וְהַיּוֹרֵשׁ מְבַטֵּל רְשׁוּת אַף עַל פִּי שֶׁמֵּת מוֹרִישׁוֹ בְּשַׁבָּת שֶׁהַיּוֹרֵשׁ קָם תַּחַת מוֹרִישׁוֹ לְכָל דָּבָר. וּבִטּוּל רְשׁוּת בְּשַׁבָּת מֻתָּר לְכַתְּחִלָּה:

ג. בִּטְּלוּ אֵלּוּ הַמְעָרְבִין רְשׁוּתָן לְזֶה שֶׁלֹּא עֵרֵב. הוּא מֻתָּר שֶׁהֲרֵי נִשְׁאָר לְבַדּוֹ. וְהֵם אֲסוּרִין שֶׁלֹּא נִשְׁאָר לָהֶן רְשׁוּת. וְאֵין אוֹמְרִים יִהְיוּ כְּאוֹרְחִים אֶצְלוֹ שֶׁאֵין רַבִּים אוֹרְחִין אֵצֶל אֶחָד:

ד. הָיוּ אֵלּוּ שֶׁלֹּא עֵרְבוּ שְׁנַיִם אוֹ יֶתֶר. אִם בִּטְּלוּ רְשׁוּתָם לַמְעָרְבִין הַמְעָרְבִין מֻתָּרִין וְאֵלּוּ שֶׁלֹּא עֵרְבוּ אֲסוּרִין. וְאֵין הַמְעָרְבִין יְכוֹלִים לְבַטֵּל רְשׁוּתָם לִשְׁנַיִם שֶׁלֹּא עֵרְבוּ שֶׁכָּל אֶחָד מֵהֶן אוֹסֵר עַל חֲבֵרוֹ. וַאֲפִלּוּ חָזַר הָאֶחָד שֶׁלֹּא עֵרֵב וּבִטֵּל רְשׁוּתוֹ לַשֵּׁנִי שֶׁלֹּא עֵרֵב הֲרֵי זֶה אוֹסֵר שֶׁבְּשָׁעָה שֶׁבִּטְּלוּ לוֹ הַמְעָרְבִין אָסוּר הָיָה. אֶחָד שֶׁעֵרֵב אֵינוֹ מְבַטֵּל רְשׁוּתוֹ לְאֶחָד שֶׁלֹּא עֵרֵב אֲבָל הָאֶחָד שֶׁלֹּא עֵרֵב מְבַטֵּל רְשׁוּתוֹ לְאֶחָד שֶׁעֵרֵב:

ה. כְּשֵׁם שֶׁבַּעַל הַבַּיִת זֶה מְבַטֵּל רְשׁוּתוֹ לְבַעַל הַבַּיִת זֶה בְּחָצֵר אַחַת כָּךְ מְבַטְּלִין מֵחָצֵר לְחָצֵר. וּמְבַטְּלִין וְחוֹזְרִין וּמְבַטְּלִין. כֵּיצַד. שְׁנַיִם שֶׁשְּׁרוּיִים בְּחָצֵר וְלֹא עֵרְבוּ. אֶחָד מֵהֶן מְבַטֵּל רְשׁוּתוֹ לַשֵּׁנִי וְנִמְצָא הַשֵּׁנִי מְטַלְטֵל בִּרְשׁוּתוֹ שֶׁבִּטֵּל לוֹ חֲבֵרוֹ עַד שֶׁיֵּעָשֶׂה צְרָכָיו. וְחוֹזֵר הַשֵּׁנִי וּמְבַטֵּל רְשׁוּתוֹ לָרִאשׁוֹן וּמְטַלְטֵל הָרִאשׁוֹן בִּרְשׁוּתוֹ שֶׁבִּטֵּל לוֹ. וְכֵן כַּמָּה פְּעָמִים. וְיֵשׁ בִּטּוּל רְשׁוּת בְּחָרְבָּה כְּדֶרֶךְ שֶׁהוּא בְּחָצֵר:

ו. מִי שֶׁבִּטֵּל רְשׁוּתוֹ וְחָזַר וְטִלְטֵל בִּרְשׁוּתוֹ שֶׁבִּטֵּל. אִם בְּמֵזִיד הוֹצִיא הֲרֵי זֶה אוֹסֵר עֲלֵיהֶן שֶׁהֲרֵי לֹא עָמַד בְּבִטּוּלוֹ. וְאִם בְּשׁוֹגֵג הוֹצִיא אֵינוֹ אוֹסֵר שֶׁהֲרֵי הוּא עוֹמֵד בְּבִטּוּלוֹ. בַּמֶּה דְּבָרִים אֲמוּרִים שֶׁלֹּא קָדְמוּ וְהֶחֱזִיקוּ אֵלּוּ שֶׁבִּטֵּל לָהֶן. אֲבָל אִם קָדְמוּ וְהֶחֱזִיקוּ וְהוֹצִיאוּ אִם חָזַר הוּא וְהוֹצִיא בֵּין בְּשׁוֹגֵג בֵּין בְּמֵזִיד אֵינוֹ אוֹסֵר עֲלֵיהֶן:

ז. שְׁנֵי בָּתִּים בִּשְׁנֵי צִדֵּי רְשׁוּת הָרַבִּים וְהֶקִּיפוּם נָכְרִים מְחִצָּה בְּשַׁבָּת אֵין מְבַטְּלִין זֶה לָזֶה הוֹאִיל וְאִי אֶפְשָׁר לָהֶם לְעָרֵב מֵאֶמֶשׁ. אֶחָד מִבְּנֵי חָצֵר שֶׁמֵּת וְהֵנִיחַ רְשׁוּתוֹ לְאֶחָד מִן הַשּׁוּק. אִם מֵת מִבְּעוֹד יוֹם הֲרֵי הַיּוֹרֵשׁ שֶׁאֵינוֹ מִבְּנֵי הֶחָצֵר אוֹסֵר עֲלֵיהֶם. וְאִם מֵת מִשֶּׁחֲשֵׁכָה אֵינוֹ אוֹסֵר עֲלֵיהֶם. וְאֶחָד מִן הַשּׁוּק שֶׁמֵּת וְהֵנִיחַ רְשׁוּתוֹ לְאֶחָד מִבְּנֵי הֶחָצֵר. אִם מִבְּעוֹד יוֹם מֵת אֵינוֹ אוֹסֵר עֲלֵיהֶם שֶׁהֲרֵי כֻּלָּן מְעָרְבִים. וְאִם מֵת מִשֶּׁחֲשֵׁכָה אוֹסֵר עֲלֵיהֶם עַד שֶׁיְּבַטֵּל רְשׁוּת מוֹרִישׁוֹ לָהֶן:

ח. יִשְׂרָאֵל וְגֵר שֶׁשְּׁרוּיִים בִּמְעָרָה אַחַת וּמֵת הַגֵּר מִבְּעוֹד יוֹם אַף עַל פִּי שֶׁלֹּא הֶחֱזִיק יִשְׂרָאֵל אַחֵר בִּנְכָסָיו עַד שֶׁחֲשֵׁכָה הֲרֵי זֶה הַמַּחֲזִיק אוֹסֵר עַד שֶׁיְּבַטֵּל שֶׁהֲרֵי הוּא כְּיוֹרֵשׁ. וְאִם מֵת הַגֵּר מִשֶּׁחֲשֵׁכָה אַף עַל פִּי שֶׁהֶחֱזִיק יִשְׂרָאֵל אַחֵר בִּנְכָסָיו אֵינוֹ אוֹסֵר עָלָיו אֶלָּא בְּהֶתֵּרוֹ הָרִאשׁוֹן הוּא עוֹמֵד:

ט. יִשְׂרָאֵל הַדָּר עִם הָעוֹבֵד כּוֹכָבִים וּמַזָּלוֹת אוֹ עִם גֵּר תּוֹשָׁב בְּחָצֵר אֵינוֹ אוֹסֵר עָלָיו שֶׁדִּירַת הָעוֹבֵד כּוֹכָבִים וּמַזָּלוֹת אֵינָהּ דִּירָה אֶלָּא כִּבְהֵמָה הוּא חָשׁוּב. וְאִם הָיוּ שְׁנֵי יִשְׂרְאֵלִים אוֹ יָתֵר וְעוֹבֵד כּוֹכָבִים וּמַזָּלוֹת שָׁכֵן עִמָּהֶן הֲרֵי זֶה אוֹסֵר עֲלֵיהֶם. וְדָבָר זֶה גְּזֵרָה שֶׁלֹּא יַשְׁכִּינוּ עוֹבֵד כּוֹכָבִים וּמַזָּלוֹת עִמָּהֶן שֶׁלֹּא יִלְמְדוּ מִמַּעֲשָׂיו. וְלָמָּה לֹא גָּזְרוּ בְּיִשְׂרָאֵל אֶחָד וְעוֹבֵד כּוֹכָבִים וּמַזָּלוֹת אֶחָד. מִפְּנֵי שֶׁאֵינוֹ דָּבָר מָצוּי. שֶׁהֲרֵי יִפְחַד שֶׁמָּא יִתְיַחֵד עִמּוֹ וְיַהַרְגֶנּוּ וּכְבָר אָסְרוּ לְהִתְיַחֵד עִם הָעוֹבֵד כּוֹכָבִים וּמַזָּלוֹת:

י. שְׁנֵי יִשְׂרְאֵלִים וְעוֹבֵד כּוֹכָבִים וּמַזָּלוֹת הַשּׁוֹכְנִים בְּחָצֵר אַחַת וְעֵרְבוּ הַיִּשְׂרְאֵלִים לְעַצְמָן לֹא הוֹעִילוּ כְּלוּם. וְכֵן אִם בִּטְּלוּ לְעוֹבֵד כּוֹכָבִים וּמַזָּלוֹת אוֹ בִּטֵּל לָהֶן אוֹ בִּטְּלוּ הַיִּשְׂרְאֵלִים זֶה לָזֶה וְנַעֲשׂוּ כְּיָחִיד עִם הָעוֹבֵד כּוֹכָבִים וּמַזָּלוֹת לֹא הוֹעִילוּ כְּלוּם. שֶׁאֵין עֵרוּב מוֹעִיל בִּמְקוֹם עוֹבֵד כּוֹכָבִים וּמַזָּלוֹת. וְאֵין בִּטּוּל רְשׁוּת מוֹעִיל בִּמְקוֹם עוֹבֵד כּוֹכָבִים וּמַזָּלוֹת. וְאֵין לָהֶן תַּקָּנָה אֶלָּא שֶׁיִּשְׂכְּרוּ מִמֶּנּוּ רְשׁוּתוֹ וְיֵעָשֶׂה הָעוֹבֵד כּוֹכָבִים וּמַזָּלוֹת כְּאִלּוּ הוּא אוֹרֵחַ עִמָּהֶן. וְכֵן אִם הָיוּ עוֹבְדֵי כּוֹכָבִים וּמַזָּלוֹת רַבִּים מַשְׂכִּירִין רְשׁוּתָם לְיִשְׂרְאֵלִים וְהַיִּשְׂרְאֵלִים מְעָרְבִין וּמֻתָּרִין. וְיִשְׂרָאֵל אֶחָד שֶׁשָּׂכַר מִן הָעוֹבֵד כּוֹכָבִים וּמַזָּלוֹת מְעָרֵב עִם שְׁאָר הַיִּשְׂרְאֵלִים וְיֻתְּרוּ כֻּלָּם. וְאֵין כָּל אֶחָד צָרִיךְ לִשְׂכֹּר מִן הָעוֹבֵד כּוֹכָבִים וּמַזָּלוֹת:

יא. שְׁתֵּי חֲצֵרוֹת זוֹ לִפְנִים מִזּוֹ וְיִשְׂרָאֵל וְעוֹבֵד כּוֹכָבִים וּמַזָּלוֹת דָּרִים בַּפְּנִימִית וְיִשְׂרָאֵל אַחֵר בַּחִיצוֹנָה. אוֹ שֶׁהָיָה יִשְׂרָאֵל וְעוֹבֵד כּוֹכָבִים וּמַזָּלוֹת בַּחִיצוֹנָה וְיִשְׂרָאֵל אַחֵר בַּפְּנִימִית הֲרֵי זֶה אוֹסֵר עַל הַחִיצוֹנָה עַד שֶׁיִּשְׂכֹּר מִמֶּנּוּ. שֶׁהֲרֵי רַגְלֵי שְׁנֵי יִשְׂרְאֵלִים וְעוֹבֵד כּוֹכָבִים וּמַזָּלוֹת מְצוּיִים שָׁם. וְהַפְּנִימִי מֻתָּר בַּפְּנִימִית:

יב. שׂוֹכְרִין מִן הָעוֹבֵד כּוֹכָבִים וּמַזָּלוֹת אֲפִלּוּ בְּשַׁבָּת. שֶׁהַשְּׂכִירוּת כְּבִטּוּל רְשׁוּת הִיא שֶׁאֵינָהּ שְׂכִירוּת וַדָּאִית אֶלָּא הֶכֵּר בִּלְבַד. לְפִיכָךְ שׂוֹכְרִין מִן הָעוֹבֵד כּוֹכָבִים וּמַזָּלוֹת אֲפִלּוּ בִּפְחוֹת מִשְּׁוֵה פְּרוּטָה. וְאִשְׁתּוֹ שֶׁל עוֹבֵד כּוֹכָבִים וּמַזָּלוֹת מַשְׂכֶּרֶת שֶׁלֹּא לְדַעְתּוֹ. וְכֵן שְׂכִירוֹ וְשַׁמָּשׁוֹ מַשְׂכִּירִין שֶׁלֹּא לְדַעְתּוֹ. וַאֲפִלּוּ הָיָה שְׂכִירוֹ אוֹ שַׁמָּשׁוֹ יִשְׂרְאֵלִי הֲרֵי זֶה מַשְׂכִּיר שֶׁלֹּא לְדַעְתּוֹ. שָׁאַל מִן הָעוֹבֵד כּוֹכָבִים וּמַזָּלוֹת מָקוֹם לְהַנִּיחַ בּוֹ חֲפָצָיו וְהִשְׁאִילוֹ הֲרֵי נִשְׁתַּתֵּף עִמּוֹ בִּרְשׁוּתוֹ וּמַשְׂכִּיר שֶׁלֹּא לְדַעְתּוֹ. הָיוּ לְעוֹבֵד כּוֹכָבִים וּמַזָּלוֹת זֶה שְׂכִירִים אוֹ שַׁמָּשִׁים אוֹ נָשִׁים רַבִּים אִם הִשְׂכִּיר אֶחָד מֵהֶן דַּיּוֹ:

יג. שְׁנֵי יִשְׂרְאֵלִים וְעוֹבֵד כּוֹכָבִים וּמַזָּלוֹת הַדָּרִים בְּחָצֵר אַחַת וְשָׂכְרוּ מִן הָעוֹבֵד כּוֹכָבִים וּמַזָּלוֹת בְּשַׁבָּת חוֹזֵר הָאֶחָד וּמְבַטֵּל רְשׁוּתוֹ לַשֵּׁנִי וּמֻתָּר. וְכֵן אִם מֵת הָעוֹבֵד כּוֹכָבִים וּמַזָּלוֹת בְּשַׁבָּת מְבַטֵּל הַיִּשְׂרְאֵלִי לַיִּשְׂרְאֵלִי הָאַחֵר וְיִהְיֶה מֻתָּר לְטַלְטֵל:

יד. עוֹבֵד כּוֹכָבִים וּמַזָּלוֹת שֶׁהִשְׂכִּיר לְעוֹבֵד כּוֹכָבִים וּמַזָּלוֹת אִם אֵין הָרִאשׁוֹן יָכוֹל לְהוֹצִיא הָעוֹבֵד כּוֹכָבִים וּמַזָּלוֹת הַשֵּׁנִי עַד שֶׁיַּשְׁלִים זְמַן שְׂכִירוּתוֹ שׂוֹכְרִין מִזֶּה הָעוֹבֵד כּוֹכָבִים וּמַזָּלוֹת הַשֵּׁנִי שֶׁהֲרֵי נִכְנַס תַּחַת הַבְּעָלִים. וְאִם יֵשׁ רְשׁוּת לָרִאשׁוֹן לְהוֹצִיא הָעוֹבֵד כּוֹכָבִים וּמַזָּלוֹת הַשּׂוֹכֵר מִמֶּנּוּ בְּכָל עֵת שֶׁיִּרְצֶה. אִם לֹא הָיָה הַשֵּׁנִי עוֹמֵד וְשָׂכְרוּ הַיִּשְׂרְאֵלִים מִן הָרִאשׁוֹן הֲרֵי אֵלּוּ מֻתָּרִין:

טו. חָצֵר שֶׁיִּשְׂרְאֵלִים וְעוֹבֵד כּוֹכָבִים וּמַזָּלוֹת שְׁרוּיִין בָּהּ וְהָיוּ

חַלּוֹנוֹת פְּתוּחוֹת מִבֵּית יִשְׂרְאֵלִי זֶה לְבֵית יִשְׂרְאֵלִי זֶה וְעָשׂוּ עֵרוּב דֶּרֶךְ חַלּוֹנוֹת. אַף עַל פִּי שֶׁהֵן מֻתָּרִין לְהוֹצִיא מִבַּיִת לְבַיִת דֶּרֶךְ חַלּוֹנוֹת הֲרֵי הֵן אֲסוּרִין לְהוֹצִיא מִבַּיִת לְבַיִת דֶּרֶךְ פְּתָחִים מִפְּנֵי הָעוֹבֵד כּוֹכָבִים וּמַזָּלוֹת עַד שֶׁיַּשְׂכִּיר. שֶׁאֵין רַבִּים נַעֲשִׂים בְּעֵרוּב כְּיָחִיד בִּמְקוֹם הָעוֹבֵד כּוֹכָבִים וּמַזָּלוֹת:

טז. יִשְׂרָאֵל שֶׁהוּא מְחַלֵּל שַׁבָּת בְּפַרְהֶסְיָא אוֹ שֶׁהוּא עוֹבֵד עֲבוֹדַת כּוֹכָבִים וּמַזָּלוֹת הֲרֵי הוּא כְּעוֹבֵד כּוֹכָבִים וּמַזָּלוֹת לְכָל דְּבָרָיו. וְאֵין מְעָרְבִין עִמּוֹ וְאֵינוֹ מְבַטֵּל רְשׁוּת אֶלָּא שׂוֹכְרִין מִמֶּנּוּ כְּעוֹבֵד כּוֹכָבִים וּמַזָּלוֹת. אֲבָל אִם הָיָה מִן הָאֶפִּיקוֹרוֹסִין שֶׁאֵין עוֹבְדִין עֲבוֹדַת כּוֹכָבִים וּמַזָּלוֹת וְאֵין מְחַלְּלִין שַׁבָּת כְּגוֹן צְדוֹקִין וּבַיְתוֹסִין וְכָל הַכּוֹפְרִים בַּתּוֹרָה שֶׁבְּעַל פֶּה, כְּלָלוֹ שֶׁל דָּבָר כָּל מִי שֶׁאֵינוֹ מוֹדֶה בְּמִצְוַת עֵרוּב, אֵין מְעָרְבִין עִמּוֹ לְפִי שֶׁאֵינוֹ מוֹדֶה בָּעֵרוּב. וְאֵין שׂוֹכְרִין מִמֶּנּוּ לְפִי שֶׁאֵינוֹ כְּעוֹבֵד כּוֹכָבִים וּמַזָּלוֹת. אֲבָל מְבַטֵּל הוּא רְשׁוּתוֹ לְיִשְׂרָאֵל הַכָּשֵׁר וְזוֹ הִיא תַּקָּנָתוֹ. וְכֵן אִם הָיָה יִשְׂרָאֵל אֶחָד כָּשֵׁר וְזֶה הַצְּדוֹקִי בֶּחָצֵר הֲרֵי זֶה אוֹסֵר עָלָיו עַד שֶׁיְּבַטֵּל לוֹ רְשׁוּתוֹ:

Perek 3

Eruvei chatzerot.

Linking **2** groups of properties

Two adjacent areas to each other could either make two separate *eruvim* or they could join to make one *eruv*. Basically, a gateway between two areas will allow the creation of one *eruv*.

Different appendices to a building could act as this gateway i.e.

- Windows. Depends on size and height within wall.
- A ladder. Allows access between adjacent areas. (e.g. to get over a wall) and therefore could act as a gateway and allow one *eruv*.
- Steps
- Wall – depends on dimension and material that it is made of e.g. straw wall will inhibit people from crossing and is therefore not a gateway. Therefore, two *eruvim* will need to be made. Breaches in wall also depend on size
- Trees
- Trench
- Balconies
- Wells

etc.

פרק ג'

א. חַלּוֹן שֶׁבֵּין שְׁתֵּי חֲצֵרוֹת אִם יֵשׁ בּוֹ אַרְבָּעָה טְפָחִים עַל אַרְבָּעָה טְפָחִים אוֹ יֶתֶר עַל זֶה וְהָיָה קָרוֹב מִן הָאָרֶץ בְּתוֹךְ עֲשָׂרָה טְפָחִים. אֲפִלּוּ כֻּלּוֹ לְמַעְלָה מֵעֲשָׂרָה וּמִקְצָתוֹ בְּתוֹךְ עֲשָׂרָה אוֹ כֻּלּוֹ בְּתוֹךְ עֲשָׂרָה וּמִקְצָתוֹ לְמַעְלָה מֵעֲשָׂרָה אִם רָצוּ יוֹשְׁבֵי שְׁתֵּי הַחֲצֵרוֹת לְעָרֵב כֻּלָּן עֵרוּב אֶחָד הָרְשׁוּת בְּיָדָן וְיֵעָשׂוּ כְּחָצֵר אַחַת וִיטַלְטְלוּ מִזּוֹ לָזוֹ. וְאִם רָצוּ מְעָרְבִין שְׁנֵי עֵרוּבִין אֵלּוּ לְעַצְמָן וְאֵלּוּ לְעַצְמָן. הָיָה הַחַלּוֹן פָּחוֹת מֵאַרְבָּעָה אוֹ שֶׁהָיָה כֻּלּוֹ לְמַעְלָה מֵעֲשָׂרָה מְעָרְבִין שְׁנֵי עֵרוּבִין אֵלּוּ לְעַצְמָן וְאֵלּוּ לְעַצְמָן:

ב. בַּמֶּה דְּבָרִים אֲמוּרִים בְּחַלּוֹן שֶׁבֵּין שְׁתֵּי חֲצֵרוֹת אֲבָל שֶׁבֵּין שְׁנֵי בָּתִּים אֲפִלּוּ הָיָה לְמַעְלָה מֵעֲשָׂרָה. וְכֵן חַלּוֹן שֶׁבֵּין בַּיִת לַעֲלִיָּה אִם רָצוּ מְעָרְבִין עֵרוּב אֶחָד אֲפִלּוּ שֶׁאֵין בֵּינֵיהֶם סֻלָּם. וְהוּא שֶׁיִּהְיֶה בּוֹ אַרְבָּעָה עַל אַרְבָּעָה. הָיָה חַלּוֹן עָגֹל אִם יֵשׁ בּוֹ כְּדֵי לְרַבֵּעַ בּוֹ אַרְבָּעָה עַל אַרְבָּעָה הֲרֵי הוּא כִּמְרֻבָּע:

ג. כֹּתֶל שֶׁבֵּין שְׁתֵּי חֲצֵרוֹת אוֹ מַתְבֵּן שֶׁבֵּין שְׁתֵּי חֲצֵרוֹת פָּחוֹת מֵעֲשָׂרָה טְפָחִים מְעָרְבִין עֵרוּב אֶחָד וְאֵין מְעָרְבִין שְׁנַיִם. הָיָה גָּבֹהַּ עֲשָׂרָה אוֹ יֶתֶר עַל כֵּן מְעָרְבִין שְׁנֵי עֵרוּבִין אֵלּוּ

לְעַצְמָן וְאֵלּוּ לְעַצְמָן. וְאִם הָיָה בֵּינֵיהֶם סֻלָּם מִכָּאן וְסֻלָּם מִכָּאן הֲרֵי הֵן כְּפֶתַח. וְאִם רָצוּ מְעָרְבִין אֶחָד. וַאֲפִלּוּ הָיָה הַסֻּלָּם זָקוּף וְסָמוּךְ לַכֹּתֶל שֶׁהֲרֵי אֵין יְכוֹלִין לַעֲלוֹת בּוֹ עַד שֶׁיִּמָּשֵׁךְ וְיִתְרַחֵק מִתַּחְתָּיו מִן הַכֹּתֶל הֲרֵי זֶה מַתִּיר. וַאֲפִלּוּ לֹא הָיָה מַגִּיעַ רֹאשׁ הַסֻּלָּם לְרֹאשׁ הַכֹּתֶל אִם נִשְׁאַר בֵּינֵיהֶן פָּחוֹת מִשְּׁלֹשָׁה הֲרֵי זֶה מַתִּיר וּמְעָרְבִין אֶחָד אִם רָצוּ:

ד. הָיָה הַכֹּתֶל רָחָב אַרְבָּעָה וְעָשָׂה סֻלָּם מִכָּאן וְסֻלָּם מִכָּאן אַף עַל פִּי שֶׁהַסֻּלָּמוֹת מְרֻחָקִים זֶה מִזֶּה אִם רָצוּ מְעָרְבִין אֶחָד. אֵין בְּרֹחַב הַכֹּתֶל אַרְבָּעָה אִם אֵין בֵּין הַסֻּלָּמוֹת שְׁלֹשָׁה מְעָרְבִין שְׁנַיִם: הָיָה בֵּינֵיהֶם שְׁלֹשָׁה מְעָרְבִין שְׁנָיִם:

ה. בָּנָה מַצֵּבָה עַל גַּבֵּי מַצֵּבָה בְּצַד הַכֹּתֶל. אִם יֵשׁ בַּתַּחְתּוֹנָה אַרְבָּעָה מְמַעֵט. אֵין בַּתַּחְתּוֹנָה אַרְבָּעָה וְאֵין בֵּינָהּ לְבֵין הָעֶלְיוֹנָה שְׁלֹשָׁה מְמַעֵט. וְאִם רָצוּ מְעָרְבִין אֶחָד. וְכֵן בְּמַדְרֵגוֹת שֶׁל עֵץ שֶׁסְּמָכָן לַכֹּתֶל:

ו. כֹּתֶל גָּבוֹהַּ שֶׁבֵּין שְׁתֵּי חֲצֵרוֹת וְזִיז יוֹצֵא בְּאֶמְצָעִיתוֹ אִם נִשְׁאַר מִן הַזִּיז עַד רֹאשׁ הַכֹּתֶל פָּחוֹת מֵעֲשָׂרָה מַנִּיחַ סֻלָּם לִפְנֵי הַזִּיז וּמְעָרְבִין אֶחָד אִם רָצוּ. אֲבָל אִם הִנִּיחַ הַסֻּלָּם בְּצַד הַזִּיז אֵינוֹ מְמַעֵט. הָיָה הַכֹּתֶל גָּבוֹהַּ תִּשְׁעָה עָשָׂר טְפָחִים מוֹצִיא זִיז אֶחָד בָּאֶמְצַע וּמְעָרְבִין אֶחָד אִם רָצוּ שֶׁהֲרֵי מִן הַזִּיז עַד הָאָרֶץ פָּחוֹת מֵעֲשָׂרָה וּמִן הַזִּיז הָעֶלְיוֹן עַד רֹאשׁ הַכֹּתֶל פָּחוֹת מֵעֲשָׂרָה. הָיָה הַכֹּתֶל גָּבוֹהַּ עֶשְׂרִים טְפָחִים צָרִיךְ שְׁנֵי זִיזִין זֶה שֶׁלֹּא כְנֶגֶד זֶה. עַד שֶׁיִּהְיֶה בֵּין הַזִּיז הַתַּחְתּוֹן וּבֵין הָאָרֶץ פָּחוֹת מֵעֲשָׂרָה וּבֵין הַזִּיז הָעֶלְיוֹן וּבֵין רֹאשׁ הַכֹּתֶל פָּחוֹת מֵעֲשָׂרָה. וּמְעָרְבִין אֶחָד אִם רָצוּ:

ז. דֶּקֶל שֶׁחֲתָכוֹ וּסְמָכוֹ עַל רֹאשׁ הַכֹּתֶל וְעַל הָאָרֶץ מְעָרְבִין אִם רָצוּ וְאֵינוֹ צָרִיךְ לְקָבְעוֹ בַּבִּנְיָן. וְכֵן הַסֻּלָּם כְּבָדוֹ קוֹבְעוֹ וְאֵינוֹ צָרִיךְ לְחַבְּרוֹ בַּבִּנְיָן. הָיוּ קַשִּׁין מַבְדִּילִין בֵּין שְׁתֵּי הַחֲצֵרוֹת וְסֻלָּם מִכָּאן וְסֻלָּם מִכָּאן אֵין מְעָרְבִין אֶחָד שֶׁהֲרֵי אֵין כַּף הָרֶגֶל עוֹלֶה בַּסֻּלָּם לְפִי שֶׁאֵין לוֹ עַל מַה שֶּׁיִּסְמֹךְ. הָיָה סֻלָּם בָּאֶמְצַע וְקַשִּׁין מִכָּאן וְקַשִּׁין מִכָּאן אִם רָצוּ מְעָרְבִין שְׁנַיִם:

ח. הָיָה אִילָן בְּצַד הַכֹּתֶל וְעָשָׂהוּ סֻלָּם לַכֹּתֶל. אִם רָצוּ מְעָרְבִין אֶחָד הוֹאִיל וְאִסּוּר שְׁבוּת הוּא שֶׁגָּרַם לוֹ שֶׁלֹּא יַעֲלֶה בָאִילָן. עָשָׂה אֲשֵׁרָה סֻלָּם לַכֹּתֶל אֵין מְעָרְבִין אֶחָד מִפְּנֵי שֶׁאָסוּר לַעֲלוֹת עָלֶיהָ מִן הַתּוֹרָה שֶׁהֲרֵי הִיא אֲסוּרָה בַּהֲנָיָה:

ט. כֹּתֶל שֶׁגָּבוֹהַּ עֲשָׂרָה וּבָא לְמַעֲטוֹ כְּדֵי לְעָרֵב עֵרוּב אֶחָד אִם יֵשׁ בְּאֹרֶךְ הַמִּעוּט אַרְבָּעָה טְפָחִים מְעָרְבִין אֶחָד. סָתַר מִקְצָת הַכֹּתֶל עַד שֶׁנִּתְמַעֵט מֵעֲשָׂרָה. צִדּוֹ הַקָּצָר נוֹתְנִין אוֹתוֹ לֶחָצֵר זוֹ וּשְׁאָר הַכֹּתֶל הַגָּבוֹהַּ לְבֵין שְׁתֵּי הַחֲצֵרוֹת:

י. נִפְרַץ הַכֹּתֶל הַגָּבוֹהַּ שֶׁבֵּינֵיהֶן. אִם הָיְתָה הַפִּרְצָה עַד עֶשֶׂר אַמּוֹת מְעָרְבִין שְׁנֵי עֵרוּבִין. וְאִם רָצוּ מְעָרְבִין אֶחָד מִפְּנֵי שֶׁהִיא כְּפֶתַח. הָיְתָה יֶתֶר מֵעֶשֶׂר מְעָרְבִין עֵרוּב אֶחָד וְאֵין מְעָרְבִין שְׁנֵי עֵרוּבִין:

יא. הָיְתָה הַפִּרְצָה פְּחוּתָה מֵעֶשֶׂר וּבָא לְהַשְׁלִימָהּ לְיֶתֶר מֵעֶשֶׂר חוֹקֵק בַּכֹּתֶל גֹּבַהּ עֲשָׂרָה טְפָחִים וּמְעָרְבִין עֵרוּב אֶחָד. וְאִם בָּא לִפְרֹץ לְכַתְּחִלָּה פִּרְצָה יֶתֶר מֵעֶשֶׂר בְּכָל הַכֹּתֶל צָרִיךְ לִהְיוֹת גֹּבַהּ הַפִּרְצָה מְלֹא קוֹמָתוֹ:

יב. חָרִיץ שֶׁבֵּין שְׁתֵּי חֲצֵרוֹת עָמֹק עֲשָׂרָה וְרָחָב אַרְבָּעָה אוֹ יֶתֶר מְעָרְבִין שְׁנֵי עֵרוּבִין. פָּחוֹת מִכָּאן מְעָרְבִין אֶחָד וְאֵין מְעָרְבִין שְׁנַיִם. וְאִם מִעֵט עָמְקוֹ בְּעָפָר אוֹ בִּצְרוֹרוֹת מְעָרְבִין אֶחָד וְאֵין מְעָרְבִין שְׁנַיִם שֶׁסְּתָם עָפָר וּצְרוֹרוֹת בַּחֲרִיץ מְבֻטָּלִין הֵן. אֲבָל אִם מִלְאָהוּ תֶּבֶן אוֹ קַשׁ אֵין מְמַעֲטִין עַד שֶׁיְּבַטֵּל:

יג. וְכֵן אִם מִעֵט רָחְבּוֹ בְּלוּחַ אוֹ בְּקָנֶה שֶׁהוֹשִׁיטוֹ בְּאֹרֶךְ כָּל הֶחָרִיץ מְעָרְבִין אֶחָד וְאֵין מְעָרְבִין שְׁנַיִם. וְכָל הַדָּבָר הַנִּטָּל בְּשַׁבָּת כְּגוֹן הַסַּל וְהַסַּפְסָל אֵין מְמַעֲטִין בּוֹ אֶלָּא אִם כֵּן חִבְּרוֹ בָּאָרֶץ חִבּוּר שֶׁאִי אֶפְשָׁר לְשָׁמְטוֹ עַד שֶׁיַּחְפֹּר בְּדֶקֶר:

יד. נָתַן לוּחַ שֶׁרָחְבּוֹ אַרְבָּעָה טְפָחִים עַל רֹחַב הֶחָרִיץ מְעָרְבִין אֶחָד וְאִם רָצוּ מְעָרְבִין שְׁנֵי עֵרוּבִין. וְכֵן שְׁתֵּי גְזֻזְטְרָאוֹת זוֹ כְּנֶגֶד זוֹ אִם הוֹשִׁיט לוּחַ שֶׁרָחְבּוֹ אַרְבָּעָה טְפָחִים מִזּוֹ לְזוֹ מְעָרְבִין עֵרוּב אֶחָד. וְאִם רָצוּ מְעָרְבִין שְׁנֵי עֵרוּבִין אֵלּוּ לְעַצְמָן וְאֵלּוּ לְעַצְמָן. הָיוּ זוֹ בְּצַד זוֹ וְאֵינָן בְּשָׁוֶה אֶלָּא אַחַת לְמַעְלָה מֵחֲבֶרְתָּהּ אִם יֵשׁ בֵּינֵיהֶן פָּחוֹת מִשְּׁלֹשָׁה טְפָחִים הֲרֵי הֵן כִּכְצוֹצְטְרָא אַחַת וּמְעָרְבִין אַחַת. וְאִם יֵשׁ בֵּינֵיהֶם שְׁלֹשָׁה אוֹ יֶתֶר מְעָרְבִין שְׁנַיִם אֵלּוּ לְעַצְמָן וְאֵלּוּ לְעַצְמָן:

טו. כֹּתֶל שֶׁבֵּין שְׁתֵּי חֲצֵרוֹת שֶׁהוּא רָחָב אַרְבָּעָה וְהָיָה גָּבוֹהַּ עֲשָׂרָה טְפָחִים מֵחָצֵר זוֹ וְשָׁוֶה לְקַרְקַע חָצֵר שְׁנִיָּה נוֹתְנִין רָחְבּוֹ לִבְנֵי הֶחָצֵר שֶׁהוּא שָׁוֶה לָהֶן וְיֵחָשֵׁב מֵחֲצֵרָן. הוֹאִיל וְתַשְׁמִישׁוֹ בְּנַחַת לְאֵלּוּ וְתַשְׁמִישׁוֹ בְּקָשֶׁה לְאֵלּוּ נוֹתְנִין אוֹתוֹ לְאֵלּוּ שֶׁתַּשְׁמִישׁוֹ לָהֶן בְּנַחַת. וְכֵן חָרִיץ שֶׁבֵּין שְׁתֵּי חֲצֵרוֹת עָמֹק עֲשָׂרָה טְפָחִים מִצַּד חָצֵר זוֹ וְשָׁוֶה לְקַרְקַע חָצֵר שְׁנִיָּה נוֹתְנִין רָחְבּוֹ לֶחָצֵר שֶׁהִיא שָׁוֶה לָהּ. מִפְּנֵי שֶׁתַּשְׁמִישׁוֹ נַחַת לָזֶה וְקָשֶׁה לָזֶה נוֹתְנִין אוֹתוֹ לְאֵלּוּ שֶׁתַּשְׁמִישׁוֹ לָהֶן בְּנַחַת:

טז. הָיָה הַכֹּתֶל שֶׁבֵּין שְׁתֵּי הַחֲצֵרוֹת נָמוּךְ מֵחָצֵר הָעֶלְיוֹנָה וְגָבוֹהַּ מֵחָצֵר הַתַּחְתּוֹנָה שֶׁנִּמְצְאוּ בְּנֵי הָעֶלְיוֹנָה מִשְׁתַּמְּשִׁין בְּעָבְיוֹ עַל יְדֵי שִׁלְשׁוּל וּבְנֵי הַתַּחְתּוֹנָה מִשְׁתַּמְּשִׁין בּוֹ עַל יְדֵי זְרִיקָה שְׁנֵיהֶן אֲסוּרִין בּוֹ עַד שֶׁיְּעָרְבוּ שְׁתֵּיהֶן עֵרוּב

אֶחָד. אֲבָל אִם לֹא עֵרְבוּ אֵין מַכְנִיסִין מֵעֲבִי כֹּתֶל זוֹ לַבָּתִּים וְאֵין מוֹצִיאִין מֵהַבָּתִּים לְעָבְיוֹ:

יז. שְׁנֵי בָּתִּים שֶׁבֵּינֵיהֶן חֻרְבָּה שֶׁהִיא רְשׁוּת הַיָּחִיד אִם יְכוֹלִין שְׁנֵיהֶם לְהִשְׁתַּמֵּשׁ בַּחֻרְבָּה עַל יְדֵי זְרִיקָה אוֹסְרִין זֶה עַל זֶה. וְאִם הָיָה תַּשְׁמִישָׁהּ לָזֶה בְּנַחַת וְהָאַחֵר אֵינוֹ יָכוֹל לִזְרֹק לָהּ מִפְּנֵי שֶׁהִיא עֲמֻקָּה מִמֶּנּוּ הֲרֵי זֶה שֶׁהִיא לוֹ בְּנַחַת מִשְׁתַּמֵּשׁ בָּהּ עַל יְדֵי זְרִיקָה:

יח. כָּל גַּגּוֹת הָעִיר אַף עַל פִּי שֶׁזֶּה גָּבוֹהַּ וְזֶה נָמוּךְ עִם כָּל הַחֲצֵרוֹת וְעִם כָּל הַקַּרְפֵּיפוֹת שֶׁהֻקְּפוּ שֶׁלֹּא לְשֵׁם דִּירָה שֶׁאֵין בְּכָל אֶחָד מֵהֶן יֶתֶר עַל בֵּית סָאתַיִם עִם עֳבִי הַכְּתָלִים שֶׁבֵּין הַחֲצֵרוֹת עִם הַמְּבוֹאוֹת שֶׁיֵּשׁ לָהֶן לֶחִי אוֹ קוֹרָה כֻּלָּן רְשׁוּת אַחַת הֵן וּמְטַלְטְלִין בְּכֻלָּן בְּלֹא עֵרוּב כֵּלִים שֶׁשָּׁבְתוּ בְּתוֹכָן. אֲבָל לֹא כֵּלִים שֶׁשָּׁבְתוּ בְּתוֹךְ הַבַּיִת אֶלָּא אִם כֵּן עֵרְבוּ:

יט. כֵּיצַד. כְּלִי שֶׁשָּׁבַת בְּתוֹךְ הֶחָצֵר בֵּין עֵרְבוּ אַנְשֵׁי הֶחָצֵר בֵּין לֹא עֵרְבוּ מֻתָּר לְהַעֲלוֹתוֹ מִן הֶחָצֵר לַגַּג אוֹ לְרֹאשׁ הַכֹּתֶל. וּמִן הַגַּג לְגַג אַחֵר הַסָּמוּךְ לוֹ אֲפִלּוּ הָיָה גָּבוֹהַּ מִמֶּנּוּ כָּל שֶׁהוּא אוֹ נָמוּךְ. וּמִן הַגַּג הָאַחֵר לְחָצֵר שְׁנִיָּה וּמֵחָצֵר שְׁנִיָּה לְגַג שְׁלִישִׁי שֶׁל חָצֵר שְׁלִישִׁית. וּמִגַּג שְׁלִישִׁי לְמָבוֹי. וּמִן הַמָּבוֹי לְגַג רְבִיעִי עַד שֶׁיַּעֲבִירֶנּוּ כָּל הַמְּדִינָה כֻּלָּהּ דֶּרֶךְ גַּגּוֹת וַחֲצֵרוֹת אוֹ דֶּרֶךְ גַּגּוֹת וְקַרְפֵּיפוֹת אוֹ דֶּרֶךְ חֲצֵרוֹת וְקַרְפֵּיפוֹת אוֹ דֶּרֶךְ שְׁלָשְׁתָּן מִזֶּה לָזֶה וּמִזֶּה לָזֶה. וּבִלְבַד שֶׁלֹּא יִכָּנֵס בִּכְלִי זֶה לְבַיִת מִן הַבָּתִּים אֶלָּא אִם כֵּן עֵרְבוּ אַנְשֵׁי כָּל הַמְּקוֹמוֹת הָאֵלּוּ עֵרוּב אֶחָד:

כ. וְכֵן אִם שָׁבַת הַכְּלִי בַּבַּיִת וְהוֹצִיאוֹ לֶחָצֵר לֹא יַעֲבִירֶנּוּ לְחָצֵר אַחֶרֶת אוֹ לְגַג אַחֵר אוֹ לְרֹאשׁ הַכֹּתֶל אוֹ לְקַרְפֵּף אֶלָּא אִם כֵּן עֵרְבוּ אַנְשֵׁי כָּל הַמְּקוֹמוֹת שֶׁמַּעֲבִירִין בָּהֶן כְּלִי זֶה עֵרוּב אֶחָד:

כא. בּוֹר שֶׁבֵּין שְׁתֵּי חֲצֵרוֹת אֵין מְמַלְּאִין מִמֶּנּוּ בְּשַׁבָּת אֶלָּא אִם כֵּן עָשׂוּ לוֹ מְחִצָּה גְּבוֹהָה עֲשָׂרָה טְפָחִים כְּדֵי שֶׁיִּהְיֶה כָּל אֶחָד וְאֶחָד דּוֹלֶה מֵרְשׁוּתוֹ. וְהֵיכָן מַעֲמִידִין אֶת הַמְּחִצָּה. אִם הָיְתָה לְמַעְלָה מִן הַמַּיִם צָרִיךְ שֶׁיִּהְיֶה טֶפַח מִן הַמְּחִצָּה יוֹרֵד בְּתוֹךְ הַמַּיִם. וְאִם הָיְתָה הַמְּחִצָּה כֻּלָּהּ בְּתוֹךְ הַמַּיִם צָרִיךְ שֶׁיִּהְיֶה טֶפַח מִמֶּנָּה יוֹצֵא לְמַעְלָה מִן הַמַּיִם כְּדֵי שֶׁתִּהְיֶה נִכֶּרֶת רְשׁוּת זֶה מֵרְשׁוּת זֶה:

כב. וְכֵן אִם עָשׂוּ עַל פִּי הַבּוֹר קוֹרָה רְחָבָה אַרְבָּעָה טְפָחִים זֶה מְמַלֵּא מִצַּד הַקּוֹרָה וְזֶה מְמַלֵּא מִצִּדָּהּ הָאַחֵר וּכְאִלּוּ הִבְדִּילָה חֵלֶק זֶה מֵחֵלֶק זֶה אַף עַל פִּי שֶׁהַמַּיִם מְעֹרָבִין מִלְּמַטָּה קַל הוּא שֶׁהֵקֵלּוּ חֲכָמִים בְּמַיִם:

כג. בְּאֵר שֶׁבְּאֶמְצַע הַשְּׁבִיל בֵּין שְׁנֵי כָּתְלֵי חֲצֵרוֹת אַף עַל פִּי שֶׁהִיא מֻפְלֶגֶת מִכֹּתֶל זֶה אַרְבָּעָה טְפָחִים וּמִכֹּתֶל זֶה אַרְבָּעָה טְפָחִים שְׁנֵיהֶם מְמַלְּאִין מִמֶּנָּה וְאֵין צְרִיכִין לְהוֹצִיא זִיזִין עַל גַּבָּהּ שֶׁאֵין אָדָם אוֹסֵר עַל חֲבֵרוֹ דֶּרֶךְ אֲוִיר:

כד. חָצֵר קְטַנָּה שֶׁנִּפְרְצָה בִּמְלוֹאָהּ לְחָצֵר גְּדוֹלָה מִבְּעוֹד יוֹם. אַנְשֵׁי גְּדוֹלָה מְעָרְבִין לְעַצְמָן וּמֻתָּרִים שֶׁהֲרֵי נִשְׁאַר לָהֶן פַּצִּימִין מִכָּאן וּמִכָּאן. וְאַנְשֵׁי קְטַנָּה אֲסוּרִין לְהוֹצִיא מִבָּתֵּיהֶן לֶחָצֵר שֶׁלָּהֶן עַד שֶׁיְּעָרְבוּ עִם בְּנֵי הַגְּדוֹלָה עֵרוּב אֶחָד. שֶׁדִּיּוּרִין שֶׁל גְּדוֹלָה חֲשׁוּבִין כִּקְטַנָּה וְאֵין דִּיּוּרֵי קְטַנָּה חֲשׁוּבִין כִּגְדוֹלָה:

כה. שְׁתֵּי חֲצֵרוֹת שֶׁעֵרְבוּ עֵרוּב אֶחָד דֶּרֶךְ הַפֶּתַח שֶׁבֵּינֵיהֶן אוֹ דֶּרֶךְ הַחַלּוֹן וְנִסְתַּם הַפֶּתַח אוֹ הַחַלּוֹן בְּשַׁבָּת כָּל אַחַת וְאַחַת מֻתֶּרֶת לְעַצְמָהּ הוֹאִיל וְהֻתְּרָה מִקְצָת שַׁבָּת הֻתְּרָה כֻּלָּהּ. וְכֵן שְׁתֵּי חֲצֵרוֹת שֶׁעֵרְבָה זוֹ לְעַצְמָהּ וְזוֹ לְעַצְמָהּ וְנָפַל הַכֹּתֶל שֶׁבֵּינֵיהֶן בְּשַׁבָּת אֵלּוּ מֻתָּרִים לְעַצְמָן וּמוֹצִיאִין מִבָּתֵּיהֶן וּמְטַלְטְלִין עַד עִקַּר הַמְּחִצָּה. וְאֵלּוּ מְטַלְטְלִין כֵּן עַד עִקַּר הַמְּחִצָּה הוֹאִיל וְהֻתְּרָה מִקְצָת שַׁבָּת הֻתְּרָה כֻּלָּהּ. וְאַף עַל פִּי שֶׁנִּתְוַסְּפוּ הַדִּיּוּרִין שֶׁהַדִּיּוּרִין הַבָּאִין בְּשַׁבָּת אֵינָן אוֹסְרִין. נִפְתַּח הַחַלּוֹן וְנַעֲשָׂה הַפֶּתַח בִּשְׁגָגָה אוֹ שֶׁעָשׂוּ נָכְרִים לְדַעְתָּן חָזְרוּ לְהֶתֵּרָן. וְכֵן שְׁתֵּי סְפִינוֹת שֶׁהָיוּ קְשׁוּרוֹת זוֹ בָּזוֹ וְעֵרְבוּ וְנִפְסְקוּ אָסוּר לְטַלְטֵל מִזּוֹ לָזוֹ וַאֲפִלּוּ הָיָה מֻקָּפוֹת מְחִצָּה. חָזְרוּ וְנִקְשְׁרוּ בְּשׁוֹגֵג חָזְרוּ לְהֶתֵּרָן:

Perek 4

Eruvei chatzerot.

Designs of domain linkings and how they affect *eruv.*

The principle of *eruvim* is that separate people become linked through food.

- A single household who all eat at one table do not need an *eruv.*
- If the inhabitants of a courtyard all eat at one table, they don't need an *eruv* and may carry

freely. They are considered as one household. Also, if they establish an *eruv* with another courtyard, this courtyard of many people only needs to bring one loaf.

- The inhabitants of a courtyard who all eat meals separately in their own homes may come together as one household by making an *eruv* (where they all contribute a loaf of bread. (except the house where the bread is kept)
- Father and sons (or teacher and students) living in adjacent dwellings are considered as one household.
- A guest does not disturb the concept of one household
- A place of walking (i.e. a gatehouse) or a place of sleeping also do not affect the single household status. Only a place of eating can do this. Even if a person consistently ate in a gatehouse he would not alter the single household status and therefore one would be allowed to carry in that area.

The above points help dictate the way to design the linking of different combinations of domains.

The principle of carrying through these domains is as follows:

One who is forbidden to carry in his domain because he shares it with others, if he generally passes through a second domain, the single household status of the second domain would be altered, and carrying would be forbidden there. If he is permitted to carry in his own domain since he lives there alone, then his passage through the second domain does not have any deleterious effect on that domain.

פרק ד׳

א. אַנְשֵׁי חָצֵר שֶׁהָיוּ כֻּלָּם אוֹכְלִין עַל שֻׁלְחָן אֶחָד אַף עַל פִּי שֶׁכָּל אֶחָד וְאֶחָד יֵשׁ לוֹ בַּיִת בִּפְנֵי עַצְמוֹ אֵין צְרִיכִין עֵרוּב מִפְּנֵי שֶׁהֵן כְּאַנְשֵׁי בַּיִת אֶחָד. וּכְשֵׁם שֶׁאֵין אִשְׁתּוֹ שֶׁל אָדָם וּבְנֵי בֵּיתוֹ וַעֲבָדָיו אוֹסְרִין עָלָיו וְאֵינוֹ צָרִיךְ לְעָרֵב עִמָּהֶן כָּךְ אֵלּוּ כְּאַנְשֵׁי בַּיִת אֶחָד הֵן מִפְּנֵי שֶׁהֵן כֻּלָּן סוֹמְכִין עַל שֻׁלְחָן אֶחָד:

ב. וְכֵן אִם הֻצְרְכוּ לַעֲשׂוֹת עֵרוּב עִם אַנְשֵׁי חָצֵר אַחֶרֶת עֵרוּב אֶחָד לְכֻלָּן וּפַת אַחַת בִּלְבַד מוֹלִיכִין לְאוֹתוֹ מָקוֹם שֶׁמְּעָרְבִין עִמּוֹ. וְאִם הָיָה הָעֵרוּב בָּא אֶצְלָן אֵינָן צְרִיכִין לְעָרֵב כְּמוֹ הַבַּיִת שֶׁמַּנִּיחִין בּוֹ הָעֵרוּב שֶׁאֵינוֹ צָרִיךְ לִתֵּן אֶת הַפַּת שֶׁכָּל אֵלּוּ הַבָּתִּים כְּבַיִת אֶחָד הֵן חֲשׁוּבִין:

ג. וְכֵן אַנְשֵׁי חָצֵר שֶׁעֵרְבוּ נַעֲשׂוּ כֻּלָּן כְּבַיִת אֶחָד. וְאִם הֻצְרְכוּ לְעָרֵב עִם חָצֵר שְׁנִיָּה כִּכָּר אֶחָד בִּלְבַד הוּא שֶׁמּוֹלִיכִין עַל יְדֵי כֻּלָּן לַמָּקוֹם שֶׁמְּעָרְבִין בּוֹ. וְאִם הָיָה הָעֵרוּב בָּא אֶצְלָן אֵינָן צְרִיכִין לִתֵּן פַּת:

ד. חֲמִשָּׁה שֶׁגָּבוּ אֶת הָעֵרוּב לְהוֹלִיכוֹ לְמָקוֹם שֶׁמַּנִּיחִין בּוֹ הָעֵרוּב כְּשֶׁהֵם מוֹלִיכִין אֵינָן צְרִיכִין לְהוֹלִיךְ עַל יְדֵי חֲמִשְׁתָּן אֶלָּא כִּכָּר אַחַת שֶׁכֵּיוָן שֶׁגָּבוּ כֻּלָּן נַעֲשׂוּ כְּאַנְשֵׁי בַּיִת אֶחָד:

ה. הָאָב וּבְנוֹ וְהָרַב וְתַלְמִידוֹ שֶׁהֵן שְׁרוּיִין בְּחָצֵר אֵינָן צְרִיכִין לְעָרֵב מִפְּנֵי שֶׁהֵן כְּבַיִת אֶחָד. וְאַף עַל פִּי שֶׁפְּעָמִים אוֹכְלִין עַל שֻׁלְחָן אֶחָד וּפְעָמִים אֵינָן אוֹכְלִין הֲרֵי הֵן כְּבַיִת אֶחָד:

ו. הָאַחִים שֶׁכָּל אֶחָד מֵהֶם לוֹ בַּיִת בִּפְנֵי עַצְמוֹ וְאֵינָן סוֹמְכִין עַל שֻׁלְחַן אֲבִיהֶן. וְכֵן הַנָּשִׁים אוֹ הָעֲבָדִים שֶׁאֵינָן סוֹמְכִין עַל שֻׁלְחַן בַּעֲלֵיהֶן אוֹ רַבָּן תָּמִיד אֲבָל אוֹכְלִין הֵם עַל שֻׁלְחָנוֹ בִּשְׂכַר מְלָאכָה שֶׁעוֹשִׂין לוֹ אוֹ בְּטוֹבָה יָמִים יְדוּעִין כְּמִי שֶׁסּוֹעֵד אֵצֶל חֲבֵרוֹ שָׁבוּעַ אוֹ חֹדֶשׁ. אִם אֵין עִמָּהֶן דִּיּוּרִין אֲחֵרִים בֶּחָצֵר אֵינָן צְרִיכִין לְעָרֵב. וְאִם עֵרְבוּ עִם חָצֵר אַחֶרֶת עֵרוּב אֶחָד לְכֻלָּן. וְאִם בָּא הָעֵרוּב אֶצְלָן אֵין נוֹתְנִין פַּת. וְאִם הָיוּ דִּיּוּרִין עִמָּהֶן בֶּחָצֵר צְרִיכִין פַּת לְכָל אֶחָד וְאֶחָד כִּשְׁאָר אַנְשֵׁי הֶחָצֵר מִפְּנֵי שֶׁאֵינָן סוֹמְכִין עַל שֻׁלְחָן אֶחָד תָּמִיד:

ז. חָמֵשׁ חֲבוּרוֹת שֶׁשָּׁבְתוּ בִּטְרַקְלִין אֶחָד. אִם הָיָה מַפְסִיק בֵּין כָּל חֲבוּרָה וַחֲבוּרָה מְחִצָּה הַמַּגַּעַת לַתִּקְרָה הֲרֵי כָּל חֲבוּרָה מֵהֶן כְּאִלּוּ הִיא בְּחֶדֶר בִּפְנֵי עַצְמוֹ אוֹ בַּעֲלִיָּה בִּפְנֵי עַצְמָהּ לְפִיכָךְ צְרִיכִין פַּת מִכָּל חֲבוּרָה. וְאִם אֵין הַמְּחִצּוֹת מַגִּיעוֹת לַתִּקְרָה כִּכָּר אֶחָד לְכֻלָּן שֶׁכֻּלָּן כְּאַנְשֵׁי בַּיִת אֶחָד חֲשׁוּבִין:

ח. מִי שֶׁיֵּשׁ לוֹ בַּחֲצַר חֲבֵרוֹ בֵּית שַׁעַר שֶׁרַבִּים דּוֹרְסִין בּוֹ אוֹ אַכְסַדְרָה אוֹ מִרְפֶּסֶת אוֹ בֵּית הַבָּקָר אוֹ בֵּית הַתֶּבֶן אוֹ בֵּית הָעֵצִים אוֹ אוֹצָר הֲרֵי זֶה אֵינוֹ אוֹסֵר עָלָיו עַד שֶׁיִּהְיֶה לוֹ עִמּוֹ בֶּחָצֵר מְקוֹם דִּירָה שֶׁהוּא סוֹמֵךְ עָלָיו לֶאֱכֹל בּוֹ פִּתּוֹ וְאַחַר כָּךְ יִהְיֶה אוֹסֵר עָלָיו עַד שֶׁיְּעָרֵב עִמּוֹ. אֲבָל מְקוֹם לִינָה אֵינוֹ אוֹסֵר. לְפִיכָךְ אִם קָבַע לוֹ מָקוֹם לֶאֱכֹל בּוֹ בְּבֵית שַׁעַר אוֹ בְּאַכְסַדְרָה וּמִרְפֶּסֶת אֵינוֹ אוֹסֵר עָלָיו לְפִי שֶׁאֵינוֹ מְקוֹם דִּירָה:

ט. עֲשָׂרָה בָּתִּים זֶה לִפְנִים מִזֶּה הַבַּיִת הַפְּנִימִי וְהַשֵּׁנִי לוֹ הֵם שֶׁנּוֹתְנִין אֶת הָעֵרוּב וְהַשְּׁמוֹנָה בָּתִּים הַחִיצוֹנִים אֵינָן נוֹתְנִין אֶת הָעֵרוּב הוֹאִיל וְרַבִּים דּוֹרְסִין בָּהֶן הֲרֵי הֵן כְּבֵית שַׁעַר וְהַדָּר בְּבֵית שַׁעַר אֵינוֹ אוֹסֵר. אֲבָל הַתְּשִׁיעִי אֵין דּוֹרְסִין בּוֹ רַבִּים אֶלָּא יָחִיד לְפִיכָךְ אוֹסֵר עַד שֶׁיִּתֵּן עֵרוּבוֹ:

י. שְׁתֵּי חֲצֵרוֹת וּבֵינֵיהֶן שְׁלֹשָׁה בָּתִּים פְּתוּחִים זֶה לָזֶה וּפְתוּחִים לַחֲצֵרוֹת וְהֵבִיאוּ בְּנֵי חָצֵר זוֹ עֵרוּבָן דֶּרֶךְ הַבַּיִת הַפָּתוּחַ לָהֶן וְהִנִּיחוּהוּ בְּבַיִת אֶמְצָעִי. וְכֵן הֵבִיאוּ בְּנֵי הֶחָצֵר הָאַחֵר עֵרוּבָן דֶּרֶךְ הַפָּתוּחַ לָהֶן וְהִנִּיחוּהוּ בַּבַּיִת הָאֶמְצָעִי. אוֹתָן הַשְּׁלֹשָׁה בָּתִּים אֵינָן צְרִיכִין לִתֵּן אֶת הַפַּת. הָאֶמְצָעִי מִפְּנֵי שֶׁהִנִּיחוּ בּוֹ הָעֵרוּב וְהַשְּׁנַיִם שֶׁמִּצְּדָדָיו מִפְּנֵי שֶׁכָּל אֶחָד מֵהֶן בֵּית שַׁעַר לְאַנְשֵׁי חָצֵר:

יא. שְׁתֵּי חֲצֵרוֹת וּשְׁנֵי בָּתִּים פְּתוּחִין זֶה לָזֶה בֵּינֵיהֶן וְהֵבִיאוּ אֵלּוּ עֵרוּבָן דֶּרֶךְ הַבַּיִת הַפָּתוּחַ לָהֶן וְהִנִּיחוּהוּ בַּבַּיִת הַשֵּׁנִי הַסָּמוּךְ לֶחָצֵר הָאַחֶרֶת וְהֵבִיאוּ אֵלּוּ עֵרוּבָן דֶּרֶךְ הַפֶּתַח הַסָּמוּךְ לָהֶן וְהִנִּיחוּהוּ בַּבַּיִת הָאַחֵר. שְׁתֵּיהֶן לֹא קָנוּ עֵרוּב. שֶׁכָּל אֶחָד מֵהֶן הִנִּיחַ עֵרוּבוֹ בְּבֵית שַׁעַר שֶׁל חָצֵר אַחֶרֶת:

יב. אֶחָד מִבְּנֵי הֶחָצֵר שֶׁהָיָה גּוֹסֵס אַף עַל פִּי שֶׁאֵינוֹ יָכוֹל לִחְיוֹת בּוֹ בַּיּוֹם הֲרֵי זֶה אוֹסֵר עַל בְּנֵי הֶחָצֵר עַד שֶׁיִּזַכּוּ לוֹ בְּפַת וִיעָרְבוּ עָלָיו. וְכֵן קָטָן אַף עַל פִּי שֶׁאֵינוֹ יָכוֹל לֶאֱכֹל כַּזַּיִת הֲרֵי זֶה אוֹסֵר עַד שֶׁיְּעָרְבוּ עָלָיו. אֲבָל הָאוֹרֵחַ אֵינוֹ אוֹסֵר לְעוֹלָם כְּמוֹ שֶׁבֵּאַרְנוּ:

יג. אֶחָד מִבְּנֵי חָצֵר שֶׁהִנִּיחַ בֵּיתוֹ וְהָלַךְ וְשָׁבַת בְּחָצֵר אַחֶרֶת אֲפִלּוּ הָיְתָה סְמוּכָה לַחֲצֵרוֹ. אִם הִסִּיעַ מִלִּבּוֹ וְאֵין דַּעְתּוֹ לַחֲזֹר לְבֵיתוֹ בְּשַׁבָּת הֲרֵי זֶה אֵינוֹ אוֹסֵר עֲלֵיהֶן. בַּמֶּה דְּבָרִים אֲמוּרִים בְּיִשְׂרָאֵל. אֲבָל עוֹבֵד כּוֹכָבִים אֲפִלּוּ הָלַךְ לִשְׁבֹּת בְּעִיר אַחֶרֶת אוֹסֵר עֲלֵיהֶן עַד שֶׁיִּשְׂכְּרוּ מִמֶּנּוּ מְקוֹמוֹ שֶׁהֲרֵי אֶפְשָׁר שֶׁיָּבוֹא בְּשַׁבָּת:

יד. בַּעַל הֶחָצֵר שֶׁהִשְׂכִּיר מִבָּתֵּי חֲצֵרוֹ לַאֲחֵרִים וְהִנִּיחַ לוֹ כֵּלִים אוֹ מִינֵי סְחוֹרָה בְּכָל בַּיִת וּבַיִת מֵהֶן אֵינָן אוֹסְרִין עָלָיו הוֹאִיל וְיֵשׁ לוֹ תְּפִיסַת יָד בְּכָל בַּיִת מֵהֶן נַעֲשׂוּ הַכֹּל כְּאוֹרְחִין אֶצְלוֹ. בַּמֶּה דְּבָרִים אֲמוּרִים בְּשֶׁהִנִּיחַ שָׁם דָּבָר שֶׁאָסוּר לְטַלְטְלוֹ בְּשַׁבָּת כְּגוֹן טֶבֶל וַעֲשָׁשִׁיּוֹת. אֲבָל אִם נִשְׁאַר לוֹ בְּכָל בַּיִת מֵהֶן כֵּלִים שֶׁמֻּתָּר לְטַלְטְלָן הוֹאִיל וְאֶפְשָׁר שֶׁיּוֹצִיאֵם הַיּוֹם וְלֹא יִשָּׁאֵר לוֹ שָׁם תְּפִיסַת יָד הֲרֵי אֵלּוּ אוֹסְרִין עָלָיו עַד שֶׁיְּעָרְבוּ:

טו. אַנְשֵׁי הֶחָצֵר שֶׁשָּׁכְחוּ וְלֹא עֵרְבוּ אֵין מוֹצִיאִים מִבָּתִּים לֶחָצֵר וְלֹא מֵחָצֵר לְבָתִּים אֲבָל מְטַלְטְלִין הֵן כֵּלִים שֶׁשָּׁבְתוּ בֶּחָצֵר בְּכָל הֶחָצֵר וּבְכָל הַנֶּחְשָׁב עִם הֶחָצֵר. וְאִם הָיְתָה שָׁם מִרְפֶּסֶת אוֹ עֲלִיָּה וְעֵרְבוּ אַנְשֵׁי הֶחָצֵר לְעַצְמָן וְאַנְשֵׁי הַמִּרְפֶּסֶת לְעַצְמָן. אַנְשֵׁי הַמִּרְפֶּסֶת אוֹ אַנְשֵׁי הָעֲלִיָּה מְטַלְטְלִין כֵּלִים שֶׁשָּׁבְתוּ בְּבָתֵּיהֶן בְּכָל הַמִּרְפֶּסֶת וּבְכָל הַנֶּחְשָׁב עִמָּהּ אוֹ בְּכָל רֹחַב הָעֲלִיָּה וּבְכָל הַנֶּחְשָׁב עִמָּהּ. וְאַנְשֵׁי הֶחָצֵר מְטַלְטְלִין בְּכָל הֶחָצֵר וּבְכָל הַנֶּחְשָׁב עִמָּהּ. וְכֵן אִם הָיָה יָחִיד דָּר בֶּחָצֵר וְיָחִיד דָּר בַּעֲלִיָּה וְשָׁכְחוּ וְלֹא עֵרְבוּ. זֶה מְטַלְטֵל בְּכָל הָעֲלִיָּה וְהַנֶּחְשָׁב עִמָּהּ וְזֶה מְטַלְטֵל בְּכָל הֶחָצֵר וְהַנֶּחְשָׁב עִמָּהּ:

טז. כֵּיצַד. הַסֶּלַע אוֹ תֵּל וְכַיּוֹצֵא בּוֹ שֶׁבְּתוֹךְ הֶחָצֵר אִם אֵינָן גְּבוֹהִין עֲשָׂרָה טְפָחִים הֲרֵי אֵלּוּ נֶחְשָׁבִין בֵּין הֶחָצֵר וּבֵין הַמִּרְפֶּסֶת וּשְׁנֵיהֶן אֲסוּרִין לְהוֹצִיא שָׁם כֵּלִים שֶׁבַּבָּתִּים. וְאִם גְּבוֹהִין עֲשָׂרָה וְהָיָה בֵּינֵיהֶן וּבֵין הַמִּרְפֶּסֶת פָּחוֹת מֵאַרְבָּעָה טְפָחִים הֲרֵי אֵלּוּ נֶחְשָׁבִין עִם הַמִּרְפֶּסֶת שֶׁהֲרֵי הֵן שָׁוִין לָהּ וּבְנֵי מִרְפֶּסֶת מֻתָּרִין בָּהֶם. וְאִם הָיוּ רְחוֹקִין מִן הַמִּרְפֶּסֶת אַרְבָּעָה טְפָחִים אוֹ יֶתֶר עַל כֵּן אַף עַל פִּי שֶׁגְּבוֹהִין עֲשָׂרָה הֲרֵי אֵלּוּ בִּכְלַל הֶחָצֵר וְהַמִּרְפֶּסֶת לְפִי שֶׁשְּׁנֵיהֶן אֶפְשָׁר לְהִשְׁתַּמֵּשׁ בָּהֶן עַל יְדֵי זְרִיקָה. לְפִיכָךְ שְׁנֵיהֶן אֲסוּרִין לְהוֹצִיא לְשָׁם כְּלֵי הַבָּתִּים עַד שֶׁיְּעָרְבוּ. הָיְתָה מַצֵּבָה רְחָבָה אַרְבָּעָה טְפָחִים לִפְנֵי הַמִּרְפֶּסֶת אֵין הַמִּרְפֶּסֶת אוֹסֶרֶת עַל בְּנֵי הֶחָצֵר שֶׁהֲרֵי נֶחְלְקָה מֵהֶן:

יז. זִיזִין הַיּוֹצְאִין מִן הַכְּתָלִים. כָּל שֶׁהוּא לְמַטָּה מֵעֲשָׂרָה טְפָחִים הֲרֵי זֶה נֶחְשָׁב מִן הֶחָצֵר וּבְנֵי הֶחָצֵר מִשְׁתַּמְּשִׁין בּוֹ. וְכָל שֶׁהוּא בְּתוֹךְ עֲשָׂרָה טְפָחִים הָעֶלְיוֹנִים הַסְּמוּכִין לָעֲלִיָּה. אַנְשֵׁי עֲלִיָּה מִשְׁתַּמְּשִׁין בּוֹ וְהַנִּשְׁאָר בֵּין עֲשָׂרָה הַתַּחְתּוֹנִים עַד תְּחִלַּת עֲשָׂרָה הָעֶלְיוֹנִים מִן הַזִּיזִין הַיּוֹצְאִין שָׁם שְׁנֵיהֶן אֲסוּרִין בּוֹ וְאֵין מִשְׁתַּמְּשִׁין בָּהֶן בַּכֵּלִים שֶׁבַּבָּתִּים אֶלָּא אִם כֵּן עֵרְבוּ:

יח. בּוֹר שֶׁבֶּחָצֵר אִם הָיָה מָלֵא פֵּרוֹת טְבָלִים שֶׁאָסוּר לְטַלְטְלָן בְּשַׁבָּת וְכַיּוֹצֵא בָּהֶן הֲרֵי הוּא וְחֻלְיָתוֹ כְּסֶלַע אוֹ תֵּל שֶׁבֶּחָצֵר. אִם הָיָה גָּבוֹהַּ עֲשָׂרָה וְהָיָה סָמוּךְ לַמִּרְפֶּסֶת הֲרֵי

הוּא נֶחְשָׁב עִם הַמִּרְפֶּסֶת. אֲבָל אִם הָיָה מָלֵא מַיִם אֵין בְּנֵי חָצֵר וְלֹא בְּנֵי מִרְפֶּסֶת מַכְנִיסִין מִמֶּנּוּ לַבָּתִּים עַד שֶׁיְּעָרְבוּ:

יט. שְׁתֵּי חֲצֵרוֹת זוֹ לִפְנִים מִזּוֹ וְאַנְשֵׁי הַפְּנִימִית יוֹצְאִין וְנִכְנָסִין וְעוֹבְרִין עַל הַחִיצוֹנָה. עֵרְבָה הַפְּנִימִית וְלֹא עֵרְבָה הַחִיצוֹנָה הַפְּנִימִית מֻתֶּרֶת וְהַחִיצוֹנָה אֲסוּרָה. עֵרְבָה הַחִיצוֹנָה וְלֹא עֵרְבָה הַפְּנִימִית שְׁתֵּיהֶן אֲסוּרוֹת. הַפְּנִימִית מִפְּנֵי שֶׁלֹּא עֵרְבָה וְהַחִיצוֹנָה מִפְּנֵי אֵלּוּ שֶׁלֹּא עֵרְבוּ שֶׁעוֹבְרִין עֲלֵיהֶן. עֵרְבוּ זוֹ לְעַצְמָהּ וְזוֹ לְעַצְמָהּ זוֹ מֻתֶּרֶת בִּפְנֵי עַצְמָהּ וְזוֹ מֻתֶּרֶת בִּפְנֵי עַצְמָהּ אֲבָל אֵין מְטַלְטְלִין מִזּוֹ לָזוֹ:

כ. שָׁכַח אֶחָד מִן הַחִיצוֹנָה וְלֹא עֵרֵב הַפְּנִימִית בְּהֶתֵּרָהּ עוֹמֶדֶת. שָׁכַח אֶחָד מִן בְּנֵי הַפְּנִימִית וְלֹא עֵרֵב עִמָּהֶן אַף הַחִיצוֹנָה אֲסוּרָה מִפְּנֵי אֵלּוּ בְּנֵי הַפְּנִימִית שֶׁלֹּא עָלָה לָהֶן עֵרוּב שֶׁהֵן עוֹבְרִין עֲלֵיהֶן:

כא. עָשׂוּ שְׁתֵּיהֶן עֵרוּב אֶחָד אִם הִנִּיחוּהוּ בַּחִיצוֹנָה וְשָׁכַח אֶחָד מֵהֶן וְלֹא עֵרֵב בֵּין שֶׁהָיָה מִבְּנֵי הַחִיצוֹנָה בֵּין מִבְּנֵי הַפְּנִימִית שְׁתֵּיהֶן אֲסוּרוֹת עַד שֶׁיְּבַטֵּל לָהֶן שֶׁהֲרֵי בֵּאַרְנוּ שֶׁמְּבַטְּלִין מֵחָצֵר לְחָצֵר. וְאִם הִנִּיחוּ עֵרוּבָן בַּפְּנִימִית וְשָׁכַח אֶחָד מִבְּנֵי הַחִיצוֹנָה וְלֹא עֵרֵב הַחִיצוֹנָה אֲסוּרָה וּפְנִימִית מֻתֶּרֶת בִּמְקוֹמָהּ. שָׁכַח אֶחָד מִבְּנֵי הַפְּנִימִית וְלֹא עֵרֵב שְׁתֵּיהֶן אֲסוּרוֹת עַד שֶׁיְּבַטֵּל לָהֶן:

כב. הָיָה אֶחָד דָּר בְּחָצֵר זוֹ וְאֶחָד דָּר בְּחָצֵר זוֹ אֵינָן צְרִיכִין לְעָרֵב אֶלָּא כָּל אֶחָד מֵהֶן מִשְׁתַּמֵּשׁ בְּכָל חֲצֵרוֹ. וְאִם הָיָה עוֹבֵד כּוֹכָבִים וּמַזָּלוֹת בַּפְּנִימִית אַף עַל פִּי שֶׁהוּא אֶחָד הֲרֵי הוּא כְּרַבִּים וְאוֹסֵר עַל הַחִיצוֹנָה עַד שֶׁיִּשְׂכְּרוּ מְקוֹמוֹ:

כג. שָׁלֹשׁ חֲצֵרוֹת הַפְּתוּחוֹת זוֹ לָזוֹ וְרַבִּים בְּכָל חָצֵר מֵהֶן. עֵרְבוּ שְׁתַּיִם הַחִיצוֹנוֹת עִם הָאֶמְצָעִית הִיא מֻתֶּרֶת עִמָּהֶן וְהֵן מֻתָּרוֹת עִמָּהּ וּשְׁתַּיִם הַחִיצוֹנוֹת אֲסוּרוֹת זוֹ עִם זוֹ עַד שֶׁיַּעֲשׂוּ שְׁלָשְׁתָּן עֵרוּב אֶחָד. הָיָה בְּכָל חָצֵר מֵהֶן אֶחָד אַף עַל פִּי שֶׁרַבִּים דּוֹרְסִין בַּחִיצוֹנָה אֵינָן צְרִיכִין לְעָרֵב שֶׁכָּל אֶחָד מֵהֶן מֻתָּר בִּמְקוֹמוֹ. הָיוּ שְׁנַיִם בַּפְּנִימִית הוֹאִיל וְהֵן אֲסוּרִין בִּמְקוֹמָן עַד שֶׁיְּעָרְבוּ הֲרֵי הֵן אוֹסְרִין עַל הַיְחִידִים שֶׁבָּאֶמְצָעִית וְשֶׁבַּחִיצוֹנָה עַד שֶׁיְּעָרְבוּ שְׁנַיִם שֶׁבַּפְּנִימִית. זֶה הַכְּלָל רֶגֶל הָאֲסוּרָה בִּמְקוֹמָהּ אוֹסֶרֶת שֶׁלֹּא בִּמְקוֹמָהּ וְרֶגֶל הַמֻּתֶּרֶת בִּמְקוֹמָהּ אֵינָהּ אוֹסֶרֶת שֶׁלֹּא בִּמְקוֹמָהּ מִפְּנֵי שֶׁעוֹבֶרֶת עֲלֵיהֶן:

כד. שְׁתֵּי כְּצוֹצְטְרִיּוֹת זוֹ לְמַעְלָה מִזּוֹ שֶׁהֵן לְמַעְלָה מִן הַמַּיִם אַף עַל פִּי שֶׁעָשְׂתָה כָּל אַחַת מֵהֶן מְחִצָּה גְּבוֹהָה עֲשָׂרָה טְפָחִים יוֹרֶדֶת מִכָּל אַחַת וְאַחַת. אִם הָיוּ שְׁתֵּי הַכְּצוֹצְטְרִיּוֹת בְּתוֹךְ עֲשָׂרָה טְפָחִים הֲרֵי אֵלּוּ אֲסוּרִין לְמַלְּאוֹת עַד שֶׁיְּעָרְבוּ שְׁתֵּיהֶן עֵרוּב אֶחָד מִפְּנֵי שֶׁהֵן כִּכְצוֹצְטְרָא אַחַת. וְאִם הָיָה בֵּין הָעֶלְיוֹנָה וְהַתַּחְתּוֹנָה יוֹתֵר עַל עֲשָׂרָה טְפָחִים וְעֵרְבָה זוֹ לְעַצְמָהּ וְזוֹ לְעַצְמָהּ שְׁתֵּיהֶן מֻתָּרוֹת לְמַלְּאוֹת:

כה. לֹא עָשְׂתָה הָעֶלְיוֹנָה מְחִצָּה וְעָשְׂתָה הַתַּחְתּוֹנָה אַף הַתַּחְתּוֹנָה אֲסוּרָה לְמַלְּאוֹת מִפְּנֵי דְּלִי שֶׁל בְּנֵי הָעֶלְיוֹנָה שֶׁהֵן אֲסוּרִין שֶׁעוֹבֵר עָלֶיהָ. עָשְׂתָה הָעֶלְיוֹנָה מְחִצָּה וְלֹא עָשְׂתָה הַתַּחְתּוֹנָה הָעֶלְיוֹנָה מֻתֶּרֶת לְמַלְּאוֹת וְהַתַּחְתּוֹנָה אֲסוּרָה. וְאִם נִשְׁתַּתְּפוּ בְּנֵי הַתַּחְתּוֹנָה עִם בְּנֵי הָעֶלְיוֹנָה בַּמְּחִצָּה שֶׁעָשׂוּ שְׁתֵּיהֶן אֲסוּרוֹת לְמַלְּאוֹת עַד שֶׁיְּעָרְבוּ עֵרוּב אֶחָד:

כו. שָׁלֹשׁ דִּיאֲטוֹת זוֹ לְמַעְלָה מִזּוֹ עֶלְיוֹנָה וְתַחְתּוֹנָה שֶׁל אֶחָד וְאֶמְצָעִית שֶׁל אֶחָד לֹא יְשַׁלְשֵׁל מִן הָעֶלְיוֹנָה לַתַּחְתּוֹנָה דֶּרֶךְ אֶמְצָעִית שֶׁאֵין מְשַׁלְשְׁלִין מֵרְשׁוּת לִרְשׁוּת דֶּרֶךְ רְשׁוּת אַחֵר. אֲבָל מְשַׁלְשֵׁל הוּא מִן הָעֶלְיוֹנָה לְהַתַּחְתּוֹנָה שֶׁלֹּא דֶּרֶךְ אֶמְצָעִית:

כז. שְׁתֵּי דִּיאֲטוֹת זוֹ כְּנֶגֶד זוֹ וְחָצֵר אַחַת תַּחְתֵּיהֶן שֶׁשּׁוֹפְכִין לְתוֹכָהּ הַמַּיִם לֹא יִשְׁפְּכוּ לְתוֹכָהּ עַד שֶׁיְּעָרְבוּ שְׁתֵּיהֶן עֵרוּב אֶחָד. עָשׂוּ מִקְצָתָן עוּקָה בֶּחָצֵר לִשְׁפֹּךְ בָּהּ הַמַּיִם וּמִקְצָתָן לֹא עָשׂוּ. אֵלּוּ שֶׁעָשׂוּ שׁוֹפְכִים לָעוּקָה שֶׁלָּהֶן וְאֵלּוּ שֶׁלֹּא עָשׂוּ לֹא יִשְׁפְּכוּ לֶחָצֵר עַד שֶׁיְּעָרְבוּ. וְאִם עָשׂוּ אֵלּוּ עוּקָה וְאֵלּוּ עוּקָה כָּל אַחַת מִשְּׁתֵּיהֶן שׁוֹפֶכֶת לָעוּקָה שֶׁלָּהֶן אַף עַל פִּי שֶׁלֹּא עֵרְבוּ:

Perek 5

Shituf. – Lanes and Cities.

Similar set up exists for Lanes and Cities.

For both lanes and cities, both an *eruv* and a *shituf* should be set up i.e. an *eruv* in the courtyard, and then a *shituf* between courtyards and lane or between courtyards and city. This is so that the children will be able to see their local *eruv* and remind them about the restrictions of carrying on *Shabbat.*

The food used for a *shituf* does not have to be bread alone as with an *eruv*. It also must be stored in a single container and the food should be accessible for all.

For a city, as with a lane, all the courtyards set up an *eruv* and then a *shituf* is set up with the city as with a lane.

פרק ה׳

א. אַנְשֵׁי מָבוֹי שֶׁהָיָה בֵּינֵיהֶן שִׁתּוּף בְּמַאֲכָל אֶחָד לְעִנְיַן סְחוֹרָה כְּגוֹן שֶׁקָּנוּ יַיִן בְּשֻׁתָּפוּת אוֹ שֶׁמֶן אוֹ דְּבַשׁ וְכַיּוֹצֵא בָּהֶן אֵינָן צְרִיכִין שִׁתּוּף אַחֵר לְעִנְיַן שַׁבָּת אֶלָּא סוֹמְכִין עַל שִׁתּוּף שֶׁל סְחוֹרָה. וְהוּא שֶׁיִּהְיֶה הַמִּין שֶׁהֵן שֻׁתָּפִין בּוֹ מִין אֶחָד וּבִכְלִי אֶחָד. אֲבָל אִם הָיָה אֶחָד מֵהֶן שֻׁתָּף לָזֶה בְּיַיִן וּלְאַחֵר בְּשֶׁמֶן אוֹ שֶׁהָיָה הַכֹּל יַיִן וְהָיָה בִּשְׁנֵי כֵּלִים הֲרֵי אֵלּוּ צְרִיכִין שִׁתּוּף אַחֵר לְעִנְיַן שַׁבָּת:

ב. אֶחָד מִבְּנֵי הַמָּבוֹי שֶׁבִּקֵּשׁ מֵחֲבֵרוֹ יַיִן אוֹ שֶׁמֶן קֹדֶם הַשַּׁבָּת וְלֹא נָתַן לוֹ בָּטֵל הַשִּׁתּוּף. שֶׁהֲרֵי גִּלָּה דַּעְתּוֹ שֶׁאֵינָן כֻּלָּן כְּשֻׁתָּפִין שֶׁאֵין מַקְפִּידִין זֶה עַל זֶה. אֶחָד מִבְּנֵי הַמָּבוֹי שֶׁרָגִיל לְהִשְׁתַּתֵּף עִם בְּנֵי הַמָּבוֹי וְלֹא נִשְׁתַּתֵּף. בְּנֵי מָבוֹי נִכְנָסִין לְבֵיתוֹ וְנוֹטְלִין מִמֶּנּוּ שִׁתּוּף בְּעַל כָּרְחוֹ. וְאֶחָד מִבְּנֵי הַמָּבוֹי שֶׁאֵינוֹ רוֹצֶה לְהִשְׁתַּתֵּף כְּלָל עִם בְּנֵי הַמָּבוֹי כּוֹפִין אוֹתוֹ לְהִשְׁתַּתֵּף עִמָּהֶן:

ג. אֶחָד מִבְּנֵי הַמָּבוֹי שֶׁהָיָה לוֹ אוֹצָר שֶׁל יַיִן אוֹ שֶׁמֶן וְכַיּוֹצֵא בָּהֶן הֲרֵי זֶה מְזַכֶּה מִמֶּנּוּ מְעַט לְכָל בְּנֵי הַמָּבוֹי לְהִשְׁתַּתֵּף בּוֹ וּמְעָרֵב בּוֹ עֲלֵיהֶם. וְאַף עַל פִּי שֶׁלֹּא הִפְרִישׁוּ וְלֹא יִחֲדוּ אֶלָּא הֲרֵי הוּא מְעֹרָב בָּאוֹצָר הֲרֵי זֶה שִׁתּוּף:

ד. חָצֵר שֶׁיֵּשׁ לָהּ שְׁנֵי פְּתָחִים לִשְׁנֵי מְבוֹאוֹת אִם נִשְׁתַּתְּפָה עִם אֶחָד מֵהֶן בִּלְבַד נֶאֶסְרָה בַּמָּבוֹי הַשֵּׁנִי וְאֵינָהּ מוֹצִיאָה וּמַכְנִיסָה בּוֹ. לְפִיכָךְ אִם זִכָּה אֶחָד בְּשִׁתּוּף לְכָל בְּנֵי הַמָּבוֹי וְשִׁתֵּף עֲלֵיהֶן צָרִיךְ לְהוֹדִיעַ לְאַנְשֵׁי הֶחָצֵר זוֹ. שֶׁאֵינָן מִשְׁתַּתְּפִין אֶלָּא מִדַּעְתָּן שֶׁאֵינָהּ זְכוּת לָהֶן שֶׁמָּא בַּמָּבוֹי הַשֵּׁנִי רוֹצִים לְהִשְׁתַּתֵּף וְלֹא בָּזֶה:

ה. אִשְׁתּוֹ שֶׁל אָדָם מְעָרֶבֶת לוֹ שֶׁלֹּא מִדַּעְתּוֹ וְהוּא שֶׁלֹּא יֵאָסְרוּ עַל שְׁכֵנָיו. אֲבָל אִם אוֹסֵר אֵינָהּ מְעָרֶבֶת עָלָיו וְלֹא מִשְׁתַּתֶּפֶת עָלָיו אֶלָּא מִדַּעְתּוֹ. כֵּיצַד אוֹסֵר. כְּגוֹן שֶׁאָמַר אֵינִי מְעָרֵב עִמָּכֶם אוֹ אֵינִי מִשְׁתַּתֵּף עִמָּכֶם:

ו. נִשְׁתַּתְּפוּ אַנְשֵׁי חָצֵר זוֹ עִם אֶחָד מִשְּׁנֵי הַמְּבוֹאוֹת אִם בְּמִין אֶחָד נִשְׁתַּתְּפוּ אֲפִלּוּ כָּלָה אוֹתוֹ הַמִּין הֲרֵי זֶה עוֹשֶׂה שִׁתּוּף אַחֵר וּמְזַכֶּה לָהֶן וְאֵינוֹ צָרִיךְ לְהוֹדִיעָם פַּעַם שְׁנִיָּה. וְאִם בִּשְׁנֵי מִינִין נִשְׁתַּתְּפוּ וְנִתְמַעֵט הָאֹכֶל מוֹסִיף וּמְזַכֶּה וְאֵינוֹ צָרִיךְ לְהוֹדִיעָן. וְאִם כָּלוּ מְזַכֶּה לָהֶם וְצָרִיךְ לְהוֹדִיעָם. נִתּוֹסְפוּ שְׁכֵנִים בְּחָצֵר זוֹ מְזַכֶּה לָהֶם וְצָרִיךְ לְהוֹדִיעָם:

ז. נִשְׁתַּתְּפָה חָצֵר זוֹ עִם בְּנֵי הַמָּבוֹי זֶה מִפֶּתַח זֶה וְעִם בְּנֵי הַמָּבוֹי הַשֵּׁנִי מִן הַפֶּתַח הָאַחֵר מֻתֶּרֶת עִם שְׁנֵיהֶן וְהֵן מֻתָּרִין עִמָּהּ וּשְׁנֵי הַמְּבוֹאוֹת אֲסוּרִין זֶה עִם זֶה. לֹא עֵרְבָה עִם אֶחָד מֵהֶם אוֹסֶרֶת עַל שְׁנֵיהֶן:

ח. הָיְתָה חָצֵר זוֹ רְגִילָה בְּפֶתַח אֶחָד וְהַפֶּתַח הַשֵּׁנִי אֵינָהּ רְגִילָה. זֶה שֶׁרְגִילָה לְהִכָּנֵס וְלָצֵאת בּוֹ אוֹסֵר וְשֶׁאֵינָהּ רְגִילָה בּוֹ אֵינוֹ אוֹסֵר. עֵרְבָה עִם מָבוֹי שֶׁאֵינָהּ רְגִילָה בּוֹ הִתִּיר הַמָּבוֹי הָאַחֵר לְעַצְמוֹ וְאֵינוֹ צָרִיךְ לְעָרֵב עִמָּהּ:

ט. עֵרְבוּ בְּנֵי הַמָּבוֹי שֶׁהִיא רְגִילָה בּוֹ לְעַצְמָן וְהִיא לֹא עֵרְבָה עִמּוֹ וְלֹא עִם בְּנֵי הַמָּבוֹי הָאַחֵר שֶׁאֵינָהּ רְגִילָה בּוֹ וְגַם לֹא עֵרְבוּ בְּנֵי הַמָּבוֹי שֶׁאֵינָהּ רְגִילָה בּוֹ. דּוֹחִין אוֹתָהּ אֵצֶל זֶה הַמָּבוֹי שֶׁאֵינָהּ רְגִילָה מִפְּנֵי שֶׁלֹּא עֵרֵב. הוֹאִיל וְהִיא לֹא עֵרְבָה וְהוּא לֹא עֵרֵב דּוֹחִין אוֹתָהּ אֶצְלוֹ כְּדֵי שֶׁלֹּא תֶּאֱסֹר עַל מָבוֹי זֶה שֶׁעֵרֵב לְעַצְמוֹ:

י. חָצֵר שֶׁיֵּשׁ לָהּ פֶּתַח לְמָבוֹי וּפֶתַח אַחֵר לְבִקְעָה אוֹ לְקַרְפֵּף יָתֵר מִבֵּית סָאתַיִם הוֹאִיל וְאָסוּר לְטַלְטֵל מֵחָצֵר לְאוֹתוֹ הַקַּרְפֵּף אֵינוֹ סוֹמֵךְ אֶלָּא עַל פֶּתַח שֶׁל מָבוֹי לְפִיכָךְ אוֹסֵר עַל בְּנֵי הַמָּבוֹי עַד שֶׁיִּשְׁתַּתֵּף עִמָּהֶן. אֲבָל אִם הָיָה הַקַּרְפֵּף בֵּית סָאתַיִם אוֹ פָּחוֹת אֵינוֹ אוֹסֵר עַל בְּנֵי הַמָּבוֹי שֶׁעַל הַפֶּתַח הַמְיֻחָד לוֹ סוֹמֵךְ הוֹאִיל וּמֻתָּר לְטַלְטֵל בְּכָל הַקַּרְפֵּף:

יא. אֶחָד מִבְּנֵי מָבוֹי שֶׁהָלַךְ לִשְׁבֹּת בְּמָבוֹי אַחֵר אֵינוֹ אוֹסֵר עֲלֵיהֶן. וְכֵן אֶחָד מִבְּנֵי מָבוֹי שֶׁבָּנָה מַצֵּבָה רְחָבָה אַרְבָּעָה טְפָחִים עַל פִּתְחוֹ אֵינוֹ אוֹסֵר עֲלֵיהֶן שֶׁהֲרֵי הִפְרִישׁ עַצְמוֹ מֵהֶן וְחִלֵּק רְשׁוּתוֹ:

יב. אַנְשֵׁי מָבוֹי שֶׁנִּשְׁתַּתְּפוּ מִקְצָתָן וְשָׁכְחוּ מִקְצָתָן וְלֹא נִשְׁתַּתְּפוּ מְבַטְּלִין רְשׁוּתָן לְאֵלּוּ שֶׁנִּשְׁתַּתְּפוּ. וְדִינָם לְעִנְיַן בִּטּוּל רְשׁוּת כְּדִין אַנְשֵׁי חָצֵר שֶׁשָּׁכַח אֶחָד מֵהֶן אוֹ שְׁנַיִם וְלֹא עֵרְבוּ. וּכְבָר אָמַרְנוּ שֶׁכָּל אָדָם עִם אַנְשֵׁי בֵּיתוֹ הַסְּמוּכִים עַל שֻׁלְחָנוֹ כְּאִישׁ אֶחָד הֵן חֲשׁוּבִין בֵּין לְעֵרוּבֵי חֲצֵרוֹת בֵּין לְשִׁתּוּפֵי מְבוֹאוֹת:

יג. מָבוֹי שֶׁעֵרְבוּ כָּל חֲצֵרוֹת שֶׁבּוֹ כָּל חָצֵר וְחָצֵר בִּפְנֵי עַצְמָהּ וְאַחַר כָּךְ נִשְׁתַּתְּפוּ כֻּלָּן בַּמָּבוֹי. שָׁכַח אֶחָד מִבְּנֵי הֶחָצֵר וְלֹא עֵרֵב עִם בְּנֵי חֲצֵרוֹ לֹא הִפְסִיד כְּלוּם. שֶׁהֲרֵי כֻּלָּם נִשְׁתַּתְּפוּ וְעַל הַשִּׁתּוּף סוֹמְכִין וְלֹא הִצְרִיכוּ לְעָרֵב בַּחֲצֵרוֹת עִם הַשִּׁתּוּף אֶלָּא שֶׁלֹּא לְשַׁכֵּחַ לַתִּינוֹקוֹת תּוֹרַת עֵרוּב וַהֲרֵי עֵרְבוּ בַּחֲצֵרוֹת. אֲבָל אִם שָׁכַח אֶחָד מִבְּנֵי הַמָּבוֹי וְלֹא נִשְׁתַּתֵּף אֲסוּרִים בַּמָּבוֹי וּמֻתָּרִין כָּל בְּנֵי חָצֵר לְטַלְטֵל בַּחֲצֵרָן שֶׁהַמָּבוֹי לַחֲצֵירוֹת כְּחָצֵר לַבָּתִּים:

יד. נִשְׁתַּתְּפוּ בַּמָּבוֹי וְשָׁכְחוּ כֻּלָּן לְעָרֵב בַּחֲצֵרוֹת. אִם אֵין מַקְפִּידִין עַל פְּרוּסָתָן סוֹמְכִין עַל הַשִּׁתּוּף בַּשַּׁבָּת הָרִאשׁוֹנָה בִּלְבַד. וְאֵין מַתִּירִין לָהֶן דָּבָר זֶה אֶלָּא מִדֹּחַק:

טו. מָבוֹי שֶׁלֹּא נִשְׁתַּתְּפוּ בּוֹ אִם עֵרְבוּ חֲצֵרוֹת עִם הַבָּתִּים אֵין מְטַלְטְלִין בּוֹ אֶלָּא בְּאַרְבַּע אַמּוֹת כְּכַרְמְלִית. מֵאַחַר שֶׁעֵרְבוּ חֲצֵרוֹת עִם הַבָּתִּים נַעֲשָׂה הַמָּבוֹי כְּאִלּוּ אֵינוֹ פָּתוּחַ לוֹ אֶלָּא בָּתִּים בִּלְבַד בְּלֹא חֲצֵרוֹת. וּלְפִיכָךְ אֵין מְטַלְטְלִין בְּכֻלָּן. וְאִם לֹא עֵרְבוּ אַנְשֵׁי הַחֲצֵרוֹת מְטַלְטְלִין בְּכֻלָּן כֵּלִים שֶׁשָּׁבְתוּ בְּתוֹכוֹ כְּחָצֵר שֶׁלֹּא עֵרְבוּ בָּהּ:

טז. עוֹבֵד כּוֹכָבִים אוֹ צְדוֹקִי הַשָּׁרוּי בְּחָצֵר שֶׁבַּמָּבוֹי דִּינוֹ עִם בְּנֵי הַמָּבוֹי כְּדִינוֹ עִם בְּנֵי הֶחָצֵר שֶׁשּׂוֹכְרִים מִן הָעוֹבֵד כּוֹכָבִים אוֹ מֵאֶחָד מִבְּנֵי בֵּיתוֹ רְשׁוּתוֹ שֶׁבַּמָּבוֹי. אוֹ מְבַטֵּל לָהֶן הַצְּדוֹקִי. וְאִם הָיָה בַּמָּבוֹי עוֹבֵד כּוֹכָבִים וְיִשְׂרָאֵל אֶחָד אֵינוֹ צָרִיךְ שִׁתּוּף. וְדִין יִשְׂרָאֵל אֶחָד וְדִין רַבִּים שֶׁהֵן סוֹמְכִין עַל שֻׁלְחָן אֶחָד דִּין אֶחָד הוּא:

יז. עוֹבֵד כּוֹכָבִים שֶׁהָיָה דָּר בַּמָּבוֹי אִם יֵשׁ לוֹ בַּחֲצֵרוֹ פֶּתַח אֶחָד לַבִּקְעָה אֵינוֹ אוֹסֵר עַל בְּנֵי הַמָּבוֹי. וַאֲפִלּוּ הָיָה פֶּתַח קָטָן אַרְבָּעָה עַל אַרְבָּעָה. וְאַף עַל פִּי שֶׁמּוֹצִיא גְּמַלִּים וּקְרוֹנוֹת דֶּרֶךְ הַפֶּתַח שֶׁבַּמָּבוֹי אֵינוֹ אוֹסֵר עֲלֵיהֶן שֶׁאֵין דַּעְתּוֹ אֶלָּא עַל פֶּתַח הַמְיֻחָד לוֹ שֶׁהוּא לַבִּקְעָה. וְכֵן אִם הָיָה פָּתוּחַ לְקַרְפֵּף שֶׁהוּא יֶתֶר עַל בֵּית סָאתַיִם הֲרֵי זֶה כְּפָתוּחַ לַבִּקְעָה וְאֵינוֹ אוֹסֵר עֲלֵיהֶן. הָיָה בֵּית סָאתַיִם אוֹ פָּחוֹת אֵינוֹ סוֹמֵךְ עֲלֵיהֶן וְאוֹסֵר עֲלֵיהֶן עַד שֶׁיִּשְׂכְּרוּ מִמֶּנּוּ:

יח. מָבוֹי שֶׁצִּדּוֹ אֶחָד עוֹבֵד כּוֹכָבִים וְצִדּוֹ אֶחָד יִשְׂרְאֵלִים וְהָיוּ חַלּוֹנוֹת פְּתוּחוֹת מֵחָצֵר לְחָצֵר שֶׁל יִשְׂרָאֵל וְעֵרְבוּ כֻּלָּן דֶּרֶךְ חַלּוֹנוֹת. אַף עַל פִּי שֶׁנַּעֲשׂוּ כְּאַנְשֵׁי בַּיִת אֶחָד וּמֻתָּרִין לְהוֹצִיא וּלְהַכְנִיס דֶּרֶךְ חַלּוֹנוֹת הֲרֵי אֵלּוּ אֲסוּרִין לְהִשְׁתַּמֵּשׁ בַּמָּבוֹי דֶּרֶךְ פְּתָחִים עַד שֶׁיִּשְׂכְּרוּ מִן הָעוֹבֵד כּוֹכָבִים. שֶׁאֵין נַעֲשִׂים כְּיָחִיד בִּמְקוֹם עוֹבֵד כּוֹכָבִים:

יט. כֵּיצַד מִשְׁתַּתְּפִין בַּמְּדִינָה. כָּל חָצֵר וְחָצֵר מְעָרֶבֶת לְעַצְמָהּ שֶׁלֹּא לְשַׁכֵּחַ הַתִּינוֹקוֹת. וְאַחַר כָּךְ מִשְׁתַּתְּפִין כָּל אַנְשֵׁי הַמְּדִינָה כְּדֶרֶךְ שֶׁמִּשְׁתַּתְּפִין בַּמָּבוֹי. וְאִם הָיְתָה הַמְּדִינָה קִנְיַן יָחִיד אֲפִלּוּ נַעֲשֵׂית שֶׁל רַבִּים מִשְׁתַּתְּפִין כֻּלָּן שִׁתּוּף אֶחָד וִיטַלְטְלוּ בְּכָל הַמְּדִינָה. וְכֵן אִם הָיְתָה שֶׁל רַבִּים וְיֵשׁ לָהּ פֶּתַח אֶחָד מִשְׁתַּתְּפִין כֻּלָּן שִׁתּוּף אֶחָד:

כ. אֲבָל אִם הָיְתָה שֶׁל רַבִּים וְיֵשׁ לָהּ שְׁנֵי פְּתָחִים שֶׁהָעָם נִכְנָסִין בָּזֶה וְיוֹצְאִין בָּזֶה אֲפִלּוּ נַעֲשֵׂית שֶׁל יָחִיד אֵין מְעָרְבִין אֶת כֻּלָּהּ אֶלָּא מַנִּיחִין מִמֶּנָּה מָקוֹם אֶחָד אֲפִלּוּ בַּיִת אֶחָד בְּחָצֵר אַחַת וּמִשְׁתַּתְּפִין הַשְּׁאָר. וְיִהְיוּ אֵלּוּ הַמִּשְׁתַּתְּפִין כֻּלָּן מֻתָּרִין בְּכָל הַמְּדִינָה חוּץ מֵאוֹתוֹ מָקוֹם שֶׁשִּׁיְּרוּ. וְיִהְיוּ אוֹתָן הַנִּשְׁאָרִים מֻתָּרִין בִּמְקוֹמָן בַּשִּׁתּוּף שֶׁעוֹשִׂין לְעַצְמָן אִם הָיוּ הַנִּשְׁאָרִים רַבִּים. וַאֲסוּרִין לְטַלְטֵל בִּשְׁאָר כָּל הַמְּדִינָה:

כא. וְדָבָר זֶה מִשּׁוּם הֶכֵּר הוּא כְּדֵי שֶׁיֵּדְעוּ שֶׁהָעֵרוּב הִתִּיר לָהֶן לְטַלְטֵל בִּמְדִינָה זוֹ שֶׁרַבִּים בּוֹקְעִין בָּהּ. שֶׁהֲרֵי הַמָּקוֹם שֶׁנִּשְׁאַר וְלֹא נִשְׁתַּתֵּף עִמָּהֶן אֵין מְטַלְטְלִין בּוֹ אֶלָּא אֵלּוּ לְעַצְמָן וְאֵלּוּ לְעַצְמָן:

כב. מְדִינָה שֶׁל רַבִּים שֶׁיֵּשׁ לָהּ פֶּתַח אֶחָד וְסֻלָּם בְּמָקוֹם אֶחָד מְעָרְבִין אֶת כֻּלָּהּ וְאֵינָהּ צְרִיכָה שִׁיּוּר שֶׁאֵין הַסֻּלָּם שֶׁבַּחוֹמָה חָשׁוּב כְּפֶתַח. הַבָּתִּים שֶׁמַּנִּיחִין אוֹתוֹ שִׁיּוּר אַף עַל פִּי שֶׁאֵינָן פְּתוּחִין לָעִיר אֶלָּא אֲחוֹרֵיהֶן לָעִיר וּפְנֵיהֶם לַחוּץ עוֹשִׂין אוֹתוֹ שִׁיּוּר וּמְעָרְבִין אֶת הַשְּׁאָר:

כג. הַמְזַכֶּה בְּשִׁתּוּף לִבְנֵי הַמְּדִינָה. אִם עֵרְבוּ כֻּלָּן עֵרוּב אֶחָד אֵינוֹ צָרִיךְ לְהוֹדִיעָן שֶׁזְּכוּת הוּא לָהֶן. וְדִין מִי שֶׁשָּׁכַח וְלֹא נִשְׁתַּתֵּף עִם בְּנֵי הַמְּדִינָה אוֹ מִי שֶׁהָלַךְ לִשְׁבֹּת בְּעִיר אַחֶרֶת אוֹ עוֹבֵד כּוֹכָבִים שֶׁהָיָה עִמָּהֶן בַּמְּדִינָה דִּין הַכֹּל כְּדִינָם בְּחָצֵר וּמָבוֹי:

כד. מְדִינָה שֶׁנִּשְׁתַּתְּפוּ כָּל יוֹשְׁבֶיהָ חוּץ מִמָּבוֹי אֶחָד הֲרֵי זֶה אוֹסֵר עַל כֻּלָּן. וְאִם בָּנוּ מַצֵּבָה עַל פֶּתַח הַמָּבוֹי אֵינוֹ אוֹסֵר לְפִיכָךְ אֵין מְעָרְבִין מְדִינָה לַחֲצָאִין אֶלָּא אוֹ כֻּלָּהּ אוֹ מָבוֹי מָבוֹי. וּבוֹנֶה כָּל מָבוֹי וּמָבוֹי מַצֵּבָה עַל פִּתְחוֹ אִם רָצָה לַחֲלֹק רְשׁוּתוֹ מֵהֶן כְּדֵי שֶׁלֹּא יֶאֱסֹר עַל שְׁאָר הַמְּבוֹאוֹת:

Perek 6

Eruv Techumim

Definition

One is not allowed to move more than **2000 *amah*** from one's place on *Shabbat*. However, making an *eruv techumim* allows one to redefine one's place temporarily. This gives one the flexibility to move further than **2000 *amah***. I.e. he can move from the new place 2000 *amah* in all directions.

One defines the new place by depositing food there for *Shabbat.* The measure for food is the same as that for a *shituf.* **I.e. enough for 2 meals.**

Factors

- *Eruv* should be set up on Friday
- Establishment of *eruv* should be for the purpose of a *mitzvah* (however it would still be valid for other reasons)
- If *eruv* placed beyond the *tchum,* it is invalid
- If *eruv* placed within a city, the *tchum* remains as previously.
- The measure of food for two meals is per person using the *eruv*
- Establishment of *eruv* takes place *ben hashmashot* (twilight)
- *Eruv* can be set up by a *shaliach*
- Food must be edible by person using the *eruv*
- Blessing must be recited as for a courtyard and *shituf*

פרק ו׳

א. מִי שֶׁיָּצָא מִן הַמְּדִינָה בְּעֶרֶב שַׁבָּת וְהִנִּיחַ מְזוֹן שְׁתֵּי סְעֻדּוֹת רָחוֹק מִן הַמְּדִינָה בְּתוֹךְ הַתְּחוּם וְקָבַע שְׁבִיתָתוֹ שָׁם. אַף עַל פִּי שֶׁחָזַר לַמְּדִינָה וְלָן בְּבֵיתוֹ נֶחְשָׁב אוֹתוֹ כְּאִלּוּ שָׁבַת בְּמָקוֹם שֶׁהִנִּיחַ בּוֹ שְׁתֵּי הַסְּעֻדּוֹת. וְזֶה הוּא הַנִּקְרָא עֵרוּבֵי תְּחוּמִין:

ב. וְיֵשׁ לוֹ לְהַלֵּךְ מִמְּקוֹם עֵרוּבוֹ לְמָחָר אַלְפַּיִם אַמָּה לְכָל רוּחַ. לְפִיכָךְ כְּשֶׁהוּא מְהַלֵּךְ מִמְּקוֹם עֵרוּבוֹ לְמָחָר אַלְפַּיִם אַמָּה כְּנֶגֶד הַמְּדִינָה אֵינוֹ מְהַלֵּךְ בַּמְּדִינָה אֶלָּא עַד סוֹף מִדָּתוֹ. וְאִם הָיְתָה הַמְּדִינָה מֻבְלַעַת בְּתוֹךְ מִדָּתוֹ תֵּחָשֵׁב הַמְּדִינָה כֻּלָּהּ כְּאַרְבַּע אַמּוֹת וְיַשְׁלִים מִדָּתוֹ חוּצָה לָהּ:

ג. כֵּיצַד. הֲרֵי שֶׁהִנִּיחַ אֶת עֵרוּבוֹ בְּרִחוּק אֶלֶף אַמָּה מִבֵּיתוֹ שֶׁבַּמְּדִינָה לְרוּחַ מִזְרָח נִמְצָא מְהַלֵּךְ לְמָחָר מִמְּקוֹם עֵרוּבוֹ אַלְפַּיִם אַמָּה לְמִזְרָח. וּמְהַלֵּךְ מִמְּקוֹם עֵרוּבוֹ אַלְפַּיִם אַמָּה לְמַעֲרָב. אֶלֶף שֶׁמִּן הָעֵרוּב עַד בֵּיתוֹ וְאֶלֶף אַמָּה מִבֵּיתוֹ בְּתוֹךְ הַמְּדִינָה. וְאֵינוֹ מְהַלֵּךְ בַּמְּדִינָה אֶלָּא עַד סוֹף הָאֶלֶף. הָיָה מִבֵּיתוֹ עַד סוֹף הַמְּדִינָה פָּחוֹת מֵאֶלֶף אֲפִלּוּ אַמָּה אַחַת שֶׁנִּמְצֵאת מִדָּתוֹ כָּלְתָה חוּץ לַמְּדִינָה תֵּחָשֵׁב הַמְּדִינָה כֻּלָּהּ כְּאַרְבַּע אַמּוֹת וִיהַלֵּךְ חוּצָה לָהּ תְּשַׁע מֵאוֹת שֵׁשׁ וְתִשְׁעִים אַמָּה תַּשְׁלוּם הָאַלְפַּיִם:

ד. לְפִיכָךְ אִם הִנִּיחַ עֵרוּבוֹ בְּרִחוּק אַלְפַּיִם אַמָּה מִבֵּיתוֹ שֶׁבַּמְּדִינָה הִפְסִיד אֶת כָּל הַמְּדִינָה כֻּלָּהּ. וְנִמְצָא מְהַלֵּךְ מִבֵּיתוֹ עַד עֵרוּבוֹ אַלְפַּיִם אַמָּה וּמֵעֵרוּבוֹ אַלְפַּיִם וְאֵינוֹ מְהַלֵּךְ מִבֵּיתוֹ בַּמְּדִינָה לְרוּחַ מַעֲרָב אֲפִלּוּ אַמָּה אַחַת. הַמַּנִּיחַ עֵרוּבוֹ בִּרְשׁוּת הַיָּחִיד אֲפִלּוּ הָיְתָה מְדִינָה גְּדוֹלָה כְּנִינְוֵה וַאֲפִלּוּ עִיר חֲרֵבָה אוֹ מְעָרָה הָרְאוּיָה לְדִיּוּרִין מְהַלֵּךְ אֶת כֻּלָּהּ וְחוּצָה לָהּ אַלְפַּיִם אַמָּה לְכָל רוּחַ:

ה. הַמַּנִּיחַ עֵרוּבוֹ בְּתוֹךְ הַמְּדִינָה שֶׁשָּׁבַת בָּהּ לֹא עָשָׂה כְּלוּם וְאֵין מוֹדְדִין לוֹ מִמְּקוֹם עֵרוּבוֹ אֶלָּא הֲרֵי הוּא כִּבְנֵי הַמְּדִינָה כֻּלָּן שֶׁיֵּשׁ לָהֶן אַלְפַּיִם אַמָּה לְכָל רוּחַ חוּץ לַמְּדִינָה. וְכֵן אִם נָתַן עֵרוּבוֹ בַּמְּקוֹמוֹת הַמִּצְטָרְפִין לָעִיר שֶׁמּוֹדְדִין

הַתְּחוּם חוּץ מֵהֶם הֲרֵי זֶה כְּנוֹתְנוֹ בְּתוֹךְ הָעִיר. נָתַן עֵרוּבוֹ חוּץ לַתְּחוּם אֵינוֹ עֵרוּב:

ו. אֵין מְעָרְבִין עֵרוּבֵי תְּחוּמִין אֶלָּא לִדְבַר מִצְוָה כְּגוֹן שֶׁהָיָה רוֹצֶה לֵילֵךְ לְבֵית הָאָבֵל אוֹ לְמִשְׁתֶּה שֶׁל נִשּׂוּאִין אוֹ לְהַקְבִּיל פְּנֵי רַבּוֹ אוֹ חֲבֵרוֹ שֶׁבָּא מִן הַדֶּרֶךְ וְכַיּוֹצֵא בְּאֵלּוּ. אוֹ מִפְּנֵי הַיִּרְאָה כְּגוֹן שֶׁהָיָה רוֹצֶה לִבְרֹחַ מִן הָעוֹבְדֵי כּוֹכָבִים אוֹ מִן הַלִּסְטִים וְכַיּוֹצֵא בָּזֶה. וְאִם עֵרֵב שֶׁלֹּא לְאֶחָד מִכָּל אֵלּוּ אֶלָּא לְדִבְרֵי הָרְשׁוּת הֲרֵי זֶה עֵרוּב:

ז. כָּל שֶׁמִּשְׁתַּתְּפִין בּוֹ מְעָרְבִין בּוֹ עֵרוּבֵי תְּחוּמִין. וְכָל שֶׁאֵין מִשְׁתַּתְּפִין בּוֹ אֵין מְעָרְבִין בּוֹ תְּחוּמִין. וְכַמָּה שִׁעוּר עֵרוּבֵי תְּחוּמִין מְזוֹן שְׁתֵּי סְעֻדּוֹת לְכָל אֶחָד וְאֶחָד. וְאִם הָיָה לִפְתָּן כְּדֵי לֶאֱכֹל בּוֹ שְׁתֵּי סְעֻדּוֹת. כְּמוֹ הַשִּׁתּוּף:

ח. וְצָרִיךְ שֶׁיִּהְיֶה הוּא וְעֵרוּבוֹ בְּמָקוֹם אֶחָד כְּדֵי שֶׁיִּהְיֶה אֶפְשָׁר לוֹ לְאָכְלוֹ בֵּין הַשְּׁמָשׁוֹת. לְפִיכָךְ אִם נִתְכַּוֵּן לִשְׁבֹּת בִּרְשׁוּת הָרַבִּים וְהִנִּיחַ עֵרוּבוֹ בִּרְשׁוּת הַיָּחִיד. אוֹ בִּרְשׁוּת הַיָּחִיד וְהִנִּיחַ עֵרוּבוֹ בִּרְשׁוּת הָרַבִּים אֵינוֹ עֵרוּב. שֶׁאִי אֶפְשָׁר לוֹ לְהוֹצִיא מֵרְשׁוּת הַיָּחִיד לִרְשׁוּת הָרַבִּים בֵּין הַשְּׁמָשׁוֹת אֶלָּא בַּעֲבֵרָה:

ט. אֲבָל אִם נִתְכַּוֵּן לִשְׁבֹּת בִּרְשׁוּת הַיָּחִיד אוֹ בִּרְשׁוּת הָרַבִּים וְהִנִּיחַ עֵרוּבוֹ בְּכַרְמְלִית. אוֹ שֶׁנִּתְכַּוֵּן לִשְׁבֹּת בְּכַרְמְלִית וְהִנִּיחַ עֵרוּבוֹ בִּרְשׁוּת הַיָּחִיד אוֹ בִּרְשׁוּת הָרַבִּים הֲרֵי זֶה עֵרוּב. שֶׁבִּשְׁעַת קְנִיַּת הָעֵרוּב שֶׁהוּא בֵּין הַשְּׁמָשׁוֹת מֻתָּר לְהוֹצִיא וּלְהַכְנִיס מִכָּל אַחַת מִשְּׁתֵּי הָרְשׁוּיוֹת לְכַרְמְלִית לִדְבַר מִצְוָה. שֶׁכָּל דָּבָר שֶׁהוּא מִדִּבְרֵי סוֹפְרִים לֹא גָּזְרוּ עָלָיו בֵּין הַשְּׁמָשׁוֹת בִּמְקוֹם מִצְוָה אוֹ בִּשְׁעַת הַדְּחָק:

י. נְתָנוֹ בְּמִגְדָּל וְנָעַל וְאָבַד הַמַּפְתֵּחַ אִם יָכוֹל לְהוֹצִיאוֹ בְּלֹא עֲשִׂיַּת מְלָאכָה הֲרֵי זֶה עֵרוּב. שֶׁאֵין אָסוּר לַעֲשׂוֹת בֵּין הַשְּׁמָשׁוֹת בִּמְקוֹם מִצְוָה אֶלָּא מְלָאכָה. נְתָנוֹ בְּרֹאשׁ הַקָּנֶה אוֹ הַקֻּנְדָּס הַצּוֹמְחִין מִן הָאָרֶץ אֵינוֹ עֵרוּב גְּזֵרָה שֶׁמָּא יִתְלֹשׁ. וְאִם הָיוּ תְּלוּשִׁין וּנְעוּצִין הֲרֵי זֶה עֵרוּב:

יא. כָּל הַמַּנִּיחַ עֵרוּבוֹ יֵשׁ לוֹ בִּמְקוֹם עֵרוּבוֹ אַרְבַּע אַמּוֹת. לְפִיכָךְ הַמַּנִּיחַ עֵרוּבֵי תְּחוּמִין שֶׁלּוֹ בְּסוֹף הַתְּחוּם וְנִתְגַּלְגֵּל הָעֵרוּב וְיָצָא חוּץ לַתְּחוּם בְּתוֹךְ שְׁתֵּי אַמּוֹת הֲרֵי זֶה עֵרוּב וּכְאִלּוּ לֹא יָצָא מִמְּקוֹמוֹ. וְאִם יָצָא חוּץ לִשְׁתֵּי אַמּוֹת אֵינוֹ עֵרוּב שֶׁהֲרֵי נַעֲשָׂה חוּץ לַתְּחוּם וְהַמַּנִּיחַ עֵרוּבוֹ חוּץ לַתְּחוּם אֵינוֹ עֵרוּב מִפְּנֵי שֶׁאֵינוֹ יָכוֹל לְהַגִּיעַ אֶל עֵרוּבוֹ:

יב. נִתְגַּלְגֵּל הָעֵרוּב וְיָצָא שְׁתֵּי אַמּוֹת חוּץ לַתְּחוּם אוֹ אָבַד אוֹ נִשְׂרַף אוֹ שֶׁהָיָה תְּרוּמָה וְנִטְמֵאת מִבְּעוֹד יוֹם אֵינוֹ עֵרוּב. מִשֶּׁחֲשֵׁכָה הֲרֵי זֶה עֵרוּב. שֶׁקְּנִיַּת הָעֵרוּב בֵּין הַשְּׁמָשׁוֹת. וְאִם סָפֵק הֲרֵי זֶה עֵרוּב שֶׁסְּפֵק הָעֵרוּב כָּשֵׁר. לְפִיכָךְ אִם נֶאֱכַל הָעֵרוּב בֵּין הַשְּׁמָשׁוֹת הֲרֵי זֶה עֵרוּב:

יג. אָמְרוּ לוֹ שְׁנַיִם צֵא וְעָרֵב עָלֵינוּ. אֶחָד עֵרֵב עָלָיו מִבְּעוֹד יוֹם וְאֶחָד עֵרֵב עָלָיו בֵּין הַשְּׁמָשׁוֹת. וְזֶה שֶׁעֵרֵב עָלָיו מִבְּעוֹד יוֹם נֶאֱכַל עֵרוּבוֹ בֵּין הַשְּׁמָשׁוֹת וְזֶה שֶׁעֵרֵב עָלָיו בֵּין הַשְּׁמָשׁוֹת נֶאֱכַל עֵרוּבוֹ מִשֶּׁחֲשֵׁכָה שְׁנֵיהֶם קָנוּ עֵרוּב. שֶׁבֵּין הַשְּׁמָשׁוֹת סָפֵק הוּא וּסְפֵק הָעֵרוּב כָּשֵׁר. אַף עַל פִּי כֵן סָפֵק חֲשֵׁכָה סָפֵק לֹא חֲשֵׁכָה אֵין מְעָרְבִין עֵרוּבֵי תְּחוּמִין לְכַתְּחִלָּה וְאִם עֵרֵב הֲרֵי זֶה עֵרוּב:

יד. נָפַל עַל הָעֵרוּב גַּל מִבְּעוֹד יוֹם אִם יָכוֹל לְהוֹצִיאוֹ בְּלֹא עֲשִׂיַּת מְלָאכָה הֲרֵי זֶה כָּשֵׁר שֶׁמֻּתָּר לְהוֹצִיאוֹ בֵּין הַשְּׁמָשׁוֹת שֶׁהִיא שְׁעַת קְנִיַּת הָעֵרוּב. וְאִם נָפַל עָלָיו גַּל מִשֶּׁחֲשֵׁכָה הֲרֵי זֶה עֵרוּב וְאַף עַל פִּי שֶׁאִי אֶפְשָׁר לְהוֹצִיאוֹ אֶלָּא בַּעֲשִׂיַּת מְלָאכָה. סָפֵק מִבְּעוֹד יוֹם נָפַל אוֹ מִשֶּׁחֲשֵׁכָה הֲרֵי זֶה כָּשֵׁר שֶׁסְּפֵק הָעֵרוּב כָּשֵׁר:

טו. אֲבָל אִם עֵרֵב בִּתְרוּמָה שֶׁהִיא סָפֵק טְמֵאָה אֵינוֹ עֵרוּב שֶׁאֵינָהּ סְעֻדָּה הָרְאוּיָה. וְכֵן אִם הָיוּ לְפָנָיו שְׁתֵּי כִּכָּרוֹת שֶׁל תְּרוּמָה אַחַת טְהוֹרָה וְאַחַת טְמֵאָה וְאֵינוֹ יוֹדֵעַ אֵי זוֹ הִיא מִשְּׁתֵּיהֶן וְאָמַר עֵרוּבִי בַּטְּהוֹרָה בְּכָל מָקוֹם שֶׁהוּא אֵינוֹ עֵרוּב. שֶׁאֵין כָּאן סְעֻדָּה הָרְאוּיָה לַאֲכִילָה:

טז. אָמַר כִּכָּר זֶה הַיּוֹם חֹל וּלְמָחָר קֹדֶשׁ וְעֵרֵב בָּהּ הֲרֵי זֶה עֵרוּב. שֶׁבֵּין הַשְּׁמָשׁוֹת עֲדַיִן לֹא נִתְקַדְּשָׁה וַדַּאי וּרְאוּיָה הָיְתָה מִבְּעוֹד יוֹם. אֲבָל אִם אָמַר הַיּוֹם קֹדֶשׁ וּלְמָחָר חֹל אֵין מְעָרְבִין בָּהּ שֶׁאֵינָהּ רְאוּיָה עַד שֶׁתֶּחְשַׁךְ. וְכֵן אִם הִפְרִישׁ תְּרוּמָה וְהִתְנָה עָלֶיהָ שֶׁלֹּא תִּהְיֶה תְּרוּמָה עַד שֶׁתֶּחְשַׁךְ אֵין מְעָרְבִין בָּהּ. שֶׁהֲרֵי הִיא טֶבֶל כָּל בֵּין הַשְּׁמָשׁוֹת וְצָרִיךְ שֶׁתִּהְיֶה הַסְּעֻדָּה רְאוּיָה מִבְּעוֹד יוֹם:

יז. הַנּוֹתֵן עֵרוּבוֹ בְּבֵית הַקְּבָרוֹת אֵינוֹ עֵרוּב לְפִי שֶׁבֵּית הַקְּבָרוֹת אָסוּר בַּהֲנָיָה וְכֵיוָן שֶׁרוֹצֶה בְּקִיּוּם הָעֵרוּב שָׁם אַחַר קְנִיָּה הֲרֵי נֶהֱנֶה בּוֹ. נְתָנוֹ בְּבֵית הַפְּרָס הֲרֵי זֶה עֵרוּב וַאֲפִלּוּ הָיָה כֹּהֵן מִפְּנֵי שֶׁיָּכוֹל לִכָּנֵס שָׁם בְּמִגְדָּל הַפּוֹרֵחַ אוֹ שֶׁיְּנַפֵּחַ וְהוֹלֵךְ:

יח. רַבִּים שֶׁרָצוּ לְהִשְׁתַּתֵּף בְּעֵרוּבֵי תְּחוּמִין מְקַבְּצִין כֻּלָּן עֵרוּבָן שְׁתֵּי סְעֻדּוֹת לְכָל אֶחָד וְאֶחָד וּמַנִּיחִין אוֹתוֹ בִּכְלִי אֶחָד בְּמָקוֹם שֶׁיִּרְצוּ. וְאִם עָשָׂה אֶחָד עֵרוּב עַל יְדֵי כֻּלָּן צָרִיךְ לְזַכּוֹת לָהֶן עַל יְדֵי אַחֵר. וְצָרִיךְ לְהוֹדִיעָם שֶׁאֵין מְעָרְבִין לוֹ לָאָדָם עֵרוּבֵי תְּחוּמִין אֶלָּא לְדַעְתּוֹ שֶׁמָּא אֵינוֹ רוֹצֶה לְעָרֵב בְּאוֹתָהּ הָרוּחַ שֶׁרָצָה זֶה. וְאִם הוֹדִיעוֹ מִבְּעוֹד יוֹם אַף עַל פִּי

שֶׁלֹּא רָצָה אֶלָּא מִשֶּׁתֶּחְשַׁךְ הֲרֵי זֶה עֵרוּב. וְאִם לֹא הוֹדִיעוֹ
עַד שֶׁחֲשֵׁכָה אֵינוֹ יוֹצֵא בּוֹ שֶׁאֵין מְעָרְבִין מִשֶּׁתֶּחְשַׁךְ:

יט. כָּל הַזּוֹכֶה בְּעֵרוּבֵי חֲצֵרוֹת מְזַכִּין עַל יָדוֹ בְּעֵרוּבֵי תְּחוּמִין.
וְכָל מִי שֶׁאֵין מְזַכִּין עַל יָדוֹ עֵרוּבֵי חֲצֵרוֹת אֵין מְזַכִּין עַל יָדוֹ
עֵרוּבֵי תְּחוּמִין:

כ. נוֹתֵן אָדָם מָעָה לְבַעַל הַבַּיִת כְּדֵי שֶׁיִּקַּח לוֹ פַּת וִיעָרֵב
לוֹ בָּהּ עֵרוּבֵי תְּחוּמִין. אֲבָל אִם נָתַן לְחֶנְוָנִי אוֹ לְנַחְתּוֹם
וְאָמַר לוֹ זְכֵה לִי בְּמָעָה זוֹ אֵינוֹ עֵרוּב. וְאִם אָמַר לוֹ עָרֵב
עָלַי בְּמָעָה זוֹ הֲרֵי זֶה לוֹקֵחַ בָּהּ פַּת אוֹ אֹכֶל מִן הָאֳכָלִין
וּמְעָרֵב עָלָיו. וְאִם נָתַן לוֹ כְּלִי וְאָמַר לוֹ תֵּן לִי בָּזֶה אֹכֶל וְזַכֵּה
לִי בּוֹ הֲרֵי זֶה לוֹקֵחַ אֹכֶל וּמְעָרֵב עָלָיו בּוֹ:

כא. מְעָרֵב אָדָם עֵרוּבֵי תְּחוּמִין עַל יְדֵי בְּנוֹ וּבִתּוֹ הַקְּטַנִּים
וְעַל יְדֵי עַבְדּוֹ וְשִׁפְחָתוֹ הַכְּנַעֲנִים בֵּין מִדַּעְתָּן בֵּין שֶׁלֹּא
מִדַּעְתָּן. לְפִיכָךְ אִם עֵרֵב עֲלֵיהֶן וְעֵרְבוּ לְעַצְמָן יוֹצְאִין בְּשֶׁל
רַבָּן. אֲבָל אֵינוֹ מְעָרֵב לֹא עַל יְדֵי בְּנוֹ וּבִתּוֹ הַגְּדוֹלִים וְלֹא
עַל יְדֵי עַבְדּוֹ וְשִׁפְחָתוֹ הָעִבְרִים וְלֹא עַל יְדֵי אִשְׁתּוֹ אֶלָּא
מִדַּעְתָּן. וְאַף עַל פִּי שֶׁהֵן אוֹכְלִין אֶצְלוֹ עַל שֻׁלְחָנוֹ. וְאִם
עֵרֵב עֲלֵיהֶן וְשָׁמְעוּ וְשָׁתְקוּ וְלֹא מִחוּ יוֹצְאִין בְּעֵרוּבוֹ. עֵרֵב
עַל אֶחָד מֵהֶן וְעֵרְבוּ הֵן לְעַצְמָן אֵין לְךָ מְחָאָה גְּדוֹלָה מִזּוֹ
וְיוֹצְאִין בְּעֵרוּב עַצְמָן. קָטָן בֶּן שֵׁשׁ שָׁנִים אוֹ פָּחוֹת יוֹצֵא
בְּעֵרוּב אִמּוֹ וְאֵין צָרִיךְ לְהַנִּיחַ עָלָיו מְזוֹן שְׁתֵּי סְעֻדּוֹת לְעַצְמוֹ:

כב. הָרוֹצֶה לִשְׁלֹחַ עֵרוּבוֹ בְּיַד אַחֵר לְהַנִּיחוֹ לוֹ בְּמָקוֹם

שֶׁהוּא רוֹצֶה לִקְבֹּעַ שְׁבִיתָתוֹ שָׁם הָרְשׁוּת בְּיָדוֹ. וּכְשֶׁהוּא
מְשַׁלְּחוֹ אֵינוֹ מְשַׁלְּחוֹ בְּיַד חֵרֵשׁ שׁוֹטֶה וְקָטָן וְלֹא בְּיַד מִי
שֶׁאֵינוֹ מוֹדֶה בְּמִצְוַת עֵרוּב. וְאִם שָׁלַח אֵינוֹ עֵרוּב. וְאִם
שָׁלְחוֹ בְּיַד אֶחָד מֵאֵלּוּ הַפְּסוּלִין לְהוֹלִיכוֹ לְאָדָם כָּשֵׁר כְּדֵי
שֶׁיּוֹלִיכוֹ הַכָּשֵׁר וְיַנִּיחוֹ בִּמְקוֹם הָעֵרוּב הֲרֵי זֶה כָּשֵׁר. וַאֲפִלּוּ
שָׁלְחוֹ עַל הַקּוֹף אוֹ עַל הַפִּיל. וְהוּא שֶׁיִּהְיֶה עוֹמֵד מֵרָחוֹק
עַד שֶׁיִּרְאֶה זֶה הַפָּסוּל אוֹ הַבְּהֵמָה שֶׁהִגִּיעוּ אֵצֶל הַכָּשֵׁר
שֶׁאָמַר לוֹ לְהוֹלִיךְ אֶת הָעֵרוּב. וְכֵן רַבִּים שֶׁנִּשְׁתַּתְּפוּ בְּעֵרוּבֵי
תְּחוּמִין וְרָצוּ לִשְׁלֹחַ עֵרוּבָן בְּיַד אַחֵר הֲרֵי אֵלּוּ מְשַׁלְּחִין:

כג. אֶחָד אוֹ רַבִּים שֶׁאָמְרוּ לְאֶחָד צֵא וַעֲרֵב עָלֵינוּ וְעֵרֵב
עֲלֵיהֶן בְּאֵי זֶה רוּחַ שֶׁרָצָה הֲרֵי זֶה עֵרוּב וְיוֹצְאִין בּוֹ שֶׁהֲרֵי
לֹא יִחֲדוּ לוֹ רוּחַ. הָאוֹמֵר לַחֲבֵרוֹ עָרֵב עָלַי בִּתְמָרִים וְעֵרֵב
עָלָיו בִּגְרוֹגָרוֹת. בִּגְרוֹגָרוֹת וְעֵרֵב עָלָיו בִּתְמָרִים. אָמַר לוֹ
הַנַּח עֵרוּבִי בַּמִּגְדָּל וְהִנִּיחוֹ בַּשּׁוֹבָךְ. בַּשּׁוֹבָךְ וְהִנִּיחוֹ בַּמִּגְדָּל.
בַּבַּיִת וְהִנִּיחוֹ בָּעֲלִיָּה בָּעֲלִיָּה וְהִנִּיחוֹ בַּבַּיִת אֵינוֹ עֵרוּב. אֲבָל
אִם אָמַר לוֹ עָרֵב עָלַי סְתָם וְעֵרֵב עָלָיו בֵּין בִּגְרוֹגָרוֹת בֵּין
בִּתְמָרִים בֵּין בַּבַּיִת בֵּין בָּעֲלִיָּה הֲרֵי זֶה עֵרוּב:

כד. כְּשֵׁם שֶׁמְּבָרְכִין עַל עֵרוּבֵי חֲצֵרוֹת וְשִׁתּוּפֵי מְבוֹאוֹת
כָּךְ מְבָרְכִין עַל עֵרוּבֵי תְּחוּמִין. וְאוֹמֵר בָּזֶה הָעֵרוּב יִהְיֶה
מֻתָּר לִי לְהַלֵּךְ לַמָּקוֹם זֶה אַלְפַּיִם אַמָּה לְכָל רוּחַ. וְאִם הָיָה
אֶחָד מְעָרֵב עַל יְדֵי רַבִּים אוֹמֵר בָּזֶה הָעֵרוּב יִהְיֶה מֻתָּר
לִפְלוֹנִי אוֹ לִבְנֵי מָקוֹם פְּלוֹנִי אוֹ לִבְנֵי עִיר זוֹ לְהַלֵּךְ מִמָּקוֹם
זֶה אַלְפַּיִם אַמָּה לְכָל רוּחַ:

Perek 7

Eruv Techumim

Procedure

- Goes to designated *Shabbat* place to deposit food for two meals (even just to resolve to go to this place is sufficient to establish the *eruv* ie if he began walking there and was held up)

- Place should be enclosed, but if not, and the area size was no larger than the **area to grow 2** *seah* **of grain**, he can carry within this area and walk beyond his domain in all directions **2000** *amah*.

פרק ז׳

א. מִי שֶׁיָּצָא מֵעֶרֶב שַׁבָּת חוּץ לַמְּדִינָה וְעָמַד בְּמָקוֹם יָדוּעַ
בְּתוֹךְ הַתְּחוּם אוֹ בְּסוֹפוֹ וְאָמַר שְׁבִיתָתִי בְּמָקוֹם זֶה וְחָזַר
לְעִירוֹ וְלָן שָׁם. יֵשׁ לוֹ לְהַלֵּךְ לְמָחָר מֵאוֹתוֹ מָקוֹם אַלְפַּיִם
אַמָּה לְכָל רוּחַ. וְזֶה הוּא עִקַּר עֵרוּבֵי תְּחוּמִין לְעָרֵב בְּרַגְלָיו.

וְלֹא אָמְרוּ לְעָרֵב בְּהַנָּחַת מְזוֹן שְׁתֵּי סְעֻדּוֹת בִּלְבַד בַּמָּקוֹם
אַף עַל פִּי שֶׁלֹּא יָצָא וְלֹא עָמַד שָׁם אֶלָּא לְהָקֵל עַל הֶעָשִׁיר
שֶׁלֹּא יֵצֵא אֶלָּא יִשְׁלַח עֵרוּבוֹ בְּיַד אַחֵר וְיַנִּיחוֹ לוֹ:

ב. וְכֵן אִם נִתְכַּוֵּן לִקְבֹּעַ שְׁבִיתָתוֹ בְּמָקוֹם יָדוּעַ אֶצְלוֹ כְּגוֹן אִילָן אוֹ בַּיִת אוֹ גָּדֵר שֶׁהוּא מַכִּיר מְקוֹמוֹ וְיֵשׁ בֵּינוֹ וּבֵינוֹ כְּשֶׁהָשְׁכָה אַלְפַּיִם אַמָּה אוֹ פָּחוֹת וְהֶחֱזִיק בַּדֶּרֶךְ וְהָלַךְ כְּדֵי שֶׁיַּגִּיעַ לְאוֹתוֹ מָקוֹם וְיִקְנֶה בּוֹ שְׁבִיתָה אַף עַל פִּי שֶׁלֹּא הִגִּיעַ וְלֹא עָמַד שָׁם אֶלָּא הֶחְזִירוֹ חֲבֵרוֹ לָלוּן אֶצְלוֹ אוֹ שֶׁחָזַר מֵעַצְמוֹ לָלוּן אוֹ נִתְעַכֵּב. לְמָחָר יֵשׁ לוֹ לְהַלֵּךְ עַד מָקוֹם שֶׁנִּתְכַּוֵּן לוֹ וּמֵאוֹתוֹ הַמָּקוֹם אַלְפַּיִם אַמָּה לְכָל רוּחַ. שֶׁכֵּיוָן שֶׁגָּמַר בְּלִבּוֹ לִקְבֹּעַ שָׁם שְׁבִיתָתוֹ וְהֶחֱזִיק בַּדֶּרֶךְ נַעֲשָׂה כְּמִי שֶׁעָמַד שָׁם אוֹ שֶׁהִנִּיחַ עֵרוּבוֹ שָׁם:

ג. בַּמֶּה דְּבָרִים אֲמוּרִים בְּעָנִי שֶׁאֵין מַטְרִיחִין אוֹתוֹ לְהַנִּיחַ עֵרוּב אוֹ בְּרָחוֹק כְּגוֹן מִי שֶׁהָיָה בָּא בַּדֶּרֶךְ וְהָיָה יָרֵא שֶׁמָּא תֶּחְשַׁךְ. וְהוּא שֶׁיִּשָּׁאֵר מִן הַיּוֹם כְּדֵי לְהַגִּיעַ לְאוֹתוֹ מָקוֹם שֶׁקָּנָה בּוֹ שְׁבִיתָה קֹדֶם שֶׁתֶּחְשַׁךְ אִם רָץ בְּכָל כֹּחוֹ וְהָיָה בֵּינוֹ וּבֵין אוֹתוֹ מָקוֹם כְּשֶׁתֶּחְשַׁךְ אַלְפַּיִם אַמָּה אוֹ פָּחוֹת. אֲבָל אִם לֹא הָיָה רָחוֹק וְלֹא עָנִי אוֹ שֶׁלֹּא נִשְׁאַר מִן הַיּוֹם כְּדֵי שֶׁיַּגִּיעַ אֲפִלּוּ רָץ בְּכָל כֹּחוֹ אוֹ שֶׁהָיָה בֵּין הַמָּקוֹם שֶׁנִּתְכַּוֵּן לִשְׁבֹּת בּוֹ וּבֵין הַמָּקוֹם שֶׁהוּא עוֹמֵד בּוֹ כְּשֶׁחָשְׁכָה יֶתֶר מֵאַלְפַּיִם אַמָּה אוֹ שֶׁלֹּא כִּוֵּן הַמָּקוֹם שֶׁקָּנָה בּוֹ שְׁבִיתָה. הֲרֵי זֶה לֹא קָנָה שְׁבִיתָה בְּרִחוּק מָקוֹם וְאֵין לוֹ אֶלָּא אַלְפַּיִם אַמָּה לְכָל רוּחַ מִמָּקוֹם שֶׁהוּא עוֹמֵד בּוֹ כְּשֶׁחָשְׁכָה:

ד. מִי שֶׁעָמַד מִבְּעוֹד יוֹם בִּרְשׁוּת הַיָּחִיד וְקָנָה שָׁם שְׁבִיתָה אוֹ שֶׁהָיָה בָּא בַּדֶּרֶךְ וְנִתְכַּוֵּן לִשְׁבֹּת בִּרְשׁוּת הַיָּחִיד הַיָּדוּעַ אֶצְלוֹ וְקָנָה שָׁם שְׁבִיתָתוֹ הֲרֵי זֶה מְהַלֵּךְ אֶת כֻּלָּהּ וְחוּצָה לָהּ אַלְפַּיִם אַמָּה לְכָל רוּחַ. וְאִם הָיְתָה רְשׁוּת הַיָּחִיד זוֹ מָקוֹם שֶׁלֹּא הֻקַּף לְדִירָה אוֹ תֵּל אוֹ בִּקְעָה אִם הָיָה בָּהּ בֵּית סָאתַיִם אוֹ פָּחוֹת מְהַלֵּךְ אֶת כֻּלָּהּ וְחוּצָה לָהּ אַלְפַּיִם אַמָּה לְכָל רוּחַ. וְאִם הָיְתָה יוֹתֵר עַל בֵּית סָאתַיִם אֵין לוֹ בָּהּ אֶלָּא אַרְבַּע אַמּוֹת וְחוּצָה מֵהֶן אַלְפַּיִם אַמָּה לְכָל רוּחַ. וְכֵן אִם הִנִּיחַ עֵרוּבוֹ בְּמָקוֹם שֶׁלֹּא הֻקַּף לְדִירָה:

ה. הַקּוֹנֶה שְׁבִיתָה בְּרִחוּק מָקוֹם וְלֹא סִיֵּם מְקוֹם שְׁבִיתָתוֹ לֹא קָנָה שְׁבִיתָה שָׁם. כֵּיצַד. הָיָה בָּא בַּדֶּרֶךְ וְאָמַר שְׁבִיתָתִי בְּמָקוֹם פְּלוֹנִי אוֹ בְּשָׂדֶה פְּלוֹנִית אוֹ בְּבִקְעָה פְּלוֹנִית אוֹ בְּרִחוּק אֶלֶף אַמָּה אוֹ אַלְפַּיִם מִמְּקוֹמִי זֶה הֲרֵי זֶה לֹא קָנָה שְׁבִיתָה בְּרָחוֹק וְאֵין לוֹ אֶלָּא אַלְפַּיִם אַמָּה לְכָל רוּחַ מִמָּקוֹם שֶׁהוּא עוֹמֵד בּוֹ כְּשֶׁחָשְׁכָה:

ו. אָמַר שְׁבִיתָתִי תַּחַת אִילָן פְּלוֹנִי אוֹ תַּחַת סֶלַע פְּלוֹנִי אִם יֵשׁ תַּחַת אוֹתוֹ אִילָן אוֹ אוֹתוֹ סֶלַע שְׁמוֹנֶה אַמּוֹת אוֹ יֶתֶר לֹא קָנָה שְׁבִיתָה שֶׁהֲרֵי לֹא כִּוֵּן מְקוֹם שְׁבִיתָתוֹ. שֶׁאִם בָּא לִשְׁבֹּת בְּתוֹךְ אַרְבַּע אַמּוֹת אֵלּוּ שֶׁמָּא בְּאַרְבַּע אַמּוֹת הָאֲחֵרוֹת הוּא שֶׁקָּנָה שְׁבִיתָה:

ז. לְפִיכָךְ צָרִיךְ לְהִתְכַּוֵּן לִשְׁבֹּת בְּעִקָּרוֹ אוֹ בְּאַרְבַּע אַמּוֹת שֶׁבִּדְרוֹמוֹ אוֹ שֶׁבִּצְפוֹנוֹ. וְאִם הָיָה תַּחְתָּיו פָּחוֹת מִשְּׁמוֹנֶה אַמּוֹת וְנִתְכַּוֵּן לִשְׁבֹּת תַּחְתָּיו קָנָה שֶׁהֲרֵי אֵין שָׁם שִׁעוּר שְׁנֵי מְקוֹמוֹת וַהֲרֵי מִקְצָת מְקוֹמוֹ מְסֻיָּם. הָיוּ שְׁנַיִם בָּאִים בַּדֶּרֶךְ אֶחָד מֵהֶן מַכִּיר אִילָן אוֹ גָּדֵר אוֹ מָקוֹם שֶׁהוּא קוֹבֵעַ בּוֹ שְׁבִיתָה וְהַשֵּׁנִי אֵינוֹ מַכִּיר. זֶה שֶׁאֵינוֹ מַכִּיר מוֹסֵר שְׁבִיתָתוֹ לַמַּכִּיר וְהַמַּכִּיר מִתְכַּוֵּן לִשְׁבֹּת הוּא וַחֲבֵרוֹ בַּמָּקוֹם שֶׁהוּא מַכִּיר:

ח. אַנְשֵׁי הָעִיר שֶׁשָּׁלְחוּ אֶחָד מֵהֶן לְהוֹלִיךְ לָהֶן עֵרוּבָן לְמָקוֹם יָדוּעַ וְהֶחֱזִיק בַּדֶּרֶךְ וְהֶחְזִירוֹ חֲבֵרוֹ וְלֹא הוֹלִיךְ עֵרוּבָן. הֵן לֹא קָנוּ שְׁבִיתָה בְּאוֹתוֹ מָקוֹם שֶׁהֲרֵי לֹא הֻנַּח שָׁם עֵרוּבָן וְאֵין לָהֶן לְהַלֵּךְ מִמְּדִינָתָן אֶלָּא אַלְפַּיִם אַמָּה לְכָל רוּחַ. וְהוּא קָנָה שָׁם עֵרוּב שֶׁהֲרֵי הוּא בָּא בַּדֶּרֶךְ וְנִתְכַּוֵּן לִשְׁבֹּת שָׁם וְהֶחֱזִיק בַּדֶּרֶךְ. לְפִיכָךְ יֵשׁ לוֹ לְהַלֵּךְ לְאוֹתוֹ מָקוֹם לְמָחָר וּלְהַלֵּךְ מִמֶּנּוּ אַלְפַּיִם אַמָּה לְכָל רוּחַ:

ט. זֶה שֶׁאָמַרְנוּ שֶׁצָּרִיךְ הַקּוֹנֶה שְׁבִיתָה בְּרִחוּק מָקוֹם שֶׁיַּחֲזִיק בַּדֶּרֶךְ. לֹא שֶׁיֵּצֵא וְיֵלֵךְ בַּשָּׂדֶה אֶלָּא אֲפִלּוּ יֵרֵד מִן הָעֲלִיָּה לֵילֵךְ לְאוֹתוֹ מָקוֹם וְקֹדֶם שֶׁיֵּצֵא מִפֶּתַח הֶחָצֵר הֶחְזִירוֹ חֲבֵרוֹ הֲרֵי זֶה הֶחֱזִיק וְקָנָה שְׁבִיתָה. וְכָל הַקּוֹנֶה שְׁבִיתָה בְּרִחוּק מָקוֹם אֵינוֹ צָרִיךְ לוֹמַר שְׁבִיתָתִי בְּמָקוֹם פְּלוֹנִי אֶלָּא כֵּיוָן שֶׁגָּמַר בְּלִבּוֹ וְהֶחֱזִיק בַּדֶּרֶךְ כָּל שֶׁהוּא קָנָה שָׁם שְׁבִיתָה. וְאֵין צָרִיךְ לוֹמַר מִי שֶׁיָּצָא בְּרַגְלָיו וְעָמַד בְּמָקוֹם שֶׁקּוֹנֶה בּוֹ שְׁבִיתָה שֶׁאֵינוֹ צָרִיךְ לוֹמַר כְּלוּם אֶלָּא כֵּיוָן שֶׁגָּמַר בְּלִבּוֹ קָנָה:

י. הַתַּלְמִידִים שֶׁהוֹלְכִין וְאוֹכְלִין בְּלֵילֵי שַׁבָּת בַּשָּׂדוֹת וּבַכְּרָמִים אֵצֶל בַּעֲלֵי הַבָּתִּים שֶׁפִּתָּן מְצוּיָה לְעוֹבְרֵי דְּרָכִים הַבָּאִים שָׁם וּבָאִים וְלָנִים בְּבֵית הַמִּדְרָשׁ. מְהַלְּכִין אַלְפַּיִם אַמָּה לְכָל רוּחַ מִבֵּית הַמִּדְרָשׁ לֹא מִמְּקוֹם הָאֲכִילָה. שֶׁאִלּוּ מָצְאוּ סְעֻדָּתָן בְּבֵית הַמִּדְרָשׁ לֹא הָיוּ יוֹצְאִין לַשָּׂדֶה וְאֵין דַּעְתָּן סוֹמֶכֶת לַדִּירָה אֶלָּא עַל בֵּית מִדְרָשָׁם:

Perek 8

Eruv Techumim

Two *eruvim* not allowed on the one *Shabbat.*

If it happens he is restricted by both.

I.e. he can only walk in the area common to both the *eruvim.*

An extreme example is that if the two *eruvim* are 2000 *amah* apart from each other, he cannot move at all from his place (because there is no common area between the two)

Similarly, it is forbidden to proceed beyond the *tchum* on *Yom Tov* and *Yom Kippur.*

The holiness of these days differs as follows:

- *Shabbat* regarded as one day
- *Yom Tov* in *Eretz Yisrael* as one day
- *Rosh Hashanah* as one long day (Therefore even although it is 2 days, one cannot set up 2 *eruvim*)
- *Yom Tov* in Diaspora is two days (Here therefore it is possible to set up 2 *eruvim*)
- *Yom Kippur*

The establishment of 2 *eruvim* on the *Yom Tov* where it is possible to do it, only applies when the person can reach both of his *eruvim* on the first day.

This is because the meal of the *eruv* must be fit to be eaten by day. Therefore, if person cannot reach his *eruv* by day then meal could not have been eaten by day, thus invalidating the *eruv* for the second day.

פרק ח׳

א. אֵין מַנִּיחִין שְׁנֵי עֵרוּבִין אֶחָד בַּמִּזְרָח וְאֶחָד בַּמַּעֲרָב כְּדֵי שֶׁיְּהַלֵּךְ בְּמִקְצָת הַיּוֹם עַל אֶחָד מִשְּׁנֵי הָעֵרוּבִין וּבִשְׁאָר הַיּוֹם עַל הָעֵרוּב הַשֵּׁנִי. שֶׁאֵין מְעָרְבִין שְׁנֵי עֵרוּבִין לְיוֹם אֶחָד. טָעָה וְעֵרֵב לִשְׁתֵּי רוּחוֹת כִּמְדֻמֶּה הוּא שֶׁמְּעָרְבִין לִשְׁתֵּי רוּחוֹת. אוֹ שֶׁאָמַר לִשְׁנַיִם צְאוּ וְעָרְבוּ עָלַי אֶחָד עֵרֵב עָלָיו לַצָּפוֹן וְאֶחָד עֵרֵב עָלָיו לַדָּרוֹם מְהַלֵּךְ כְּרַגְלֵי שְׁנֵיהֶם:

ב. כֵּיצַד מְהַלֵּךְ כְּרַגְלֵי שְׁנֵיהֶם. שֶׁאֵינוֹ יָכוֹל לְהַלֵּךְ אֶלָּא בְּמָקוֹם שֶׁיֵּשׁ לִשְׁנֵיהֶם לְהַלֵּךְ בּוֹ. נָתַן הָאֶחָד עֵרוּב בְּרִחוּק אֶלֶף אַמָּה לְרוּחַ מִזְרָח וְהִנִּיחַ הַשֵּׁנִי מֵהֶן עֵרוּבוֹ בְּרִחוּק חֲמֵשׁ מֵאוֹת אַמָּה לְרוּחַ מַעֲרָב. אֵין זֶה שֶׁעֵרְבוּ עָלָיו מְהַלֵּךְ בַּמַּעֲרָב אֶלָּא אֶלֶף אַמָּה כְּרַגְלֵי מִי שֶׁעֵרֵב עָלָיו בַּמִּזְרָח. וְלֹא יְהַלֵּךְ בַּמִּזְרָח אֶלָּא אֶלֶף וַחֲמֵשׁ מֵאוֹת אַמָּה כְּרַגְלֵי מִי שֶׁעֵרֵב עָלָיו בַּמַּעֲרָב. לְפִיכָךְ אִם עֵרֵב אוֹ עֵרְבוּ עָלָיו שְׁנֵי עֵרוּבִין אֵלּוּ אֶחָד בְּרִחוּק אַלְפַּיִם אַמָּה לַמִּזְרָח וְאֶחָד בְּרִחוּק אַלְפַּיִם אַמָּה לַמַּעֲרָב הֲרֵי זֶה לֹא יָזוּז מִמְּקוֹמוֹ:

ג. מְעָרֵב אָדָם שְׁנֵי עֵרוּבִין בִּשְׁתֵּי רוּחוֹת וּמַתְנֶה וְאוֹמֵר אִם אֵרַע לִי דְּבַר מִצְוָה אוֹ נִלְחַצְתִּי לְמָחָר וְנִצְרַכְתִּי לְרוּחַ זוֹ זֶה הָעֵרוּב הוּא שֶׁאֲנִי סוֹמֵךְ עָלָיו וְהָעֵרוּב שֶׁבָּרוּחַ הַשֵּׁנִית אֵינוֹ כְּלוּם. וְאִם נִצְרַכְתִּי לְרוּחַ זוֹ הַשֵּׁנִית זֶה הָעֵרוּב הוּא שֶׁאֲנִי סוֹמֵךְ עָלָיו וְשֶׁבָּרוּחַ הָרִאשׁוֹנָה אֵינוֹ כְּלוּם. וְאִם נִצְרַכְתִּי לִשְׁתֵּי הָרוּחוֹת יֵשׁ לִי לִסְמֹךְ עַל אֵיזֶה עֵרוּב שֶׁאֶרְצֶה וּלְאֵיזֶה שֶׁאֶרְצֶה אֵלֵךְ. וְאִם לֹא אֵרַע לִי דָּבָר וְלֹא נִצְרַכְתִּי לְרוּחַ מֵהֶן אֵין שְׁנֵי הָעֵרוּבִין הָאֵלּוּ עֵרוּב וְאֵינִי סוֹמֵךְ עַל אֶחָד מֵהֶן אֶלָּא הֲרֵינִי כִּבְנֵי עִירִי שֶׁיֵּשׁ לוֹ אַלְפַּיִם אַמָּה לְכָל רוּחַ מִחוּץ לַחוֹמָה:

ד. כְּשֵׁם שֶׁאָסוּר לָצֵאת חוּץ לַתְּחוּם בְּשַׁבָּת כָּךְ אָסוּר לָצֵאת בְּיוֹם טוֹב וּבְיוֹם הַכִּפּוּרִים. וּכְשֵׁם שֶׁהַמּוֹצִיא מֵרְשׁוּת לִרְשׁוּת בְּשַׁבָּת חַיָּב כָּךְ הַמּוֹצִיא מֵרְשׁוּת לִרְשׁוּת בְּיוֹם הַכִּפּוּרִים חַיָּב. אֲבָל בְּיוֹם טוֹב מֻתָּר לְהוֹצִיא מֵרְשׁוּת לִרְשׁוּת. לְפִיכָךְ מְעָרְבִין עֵרוּבֵי חֲצֵרוֹת וּמִשְׁתַּתְּפִין בַּמְּבוֹאוֹת לְיוֹם הַכִּפּוּרִים כְּשַׁבָּת. וּמְעָרְבִין עֵרוּבֵי תְּחוּמִין לְיוֹם הַכִּפּוּרִים וּלְיָמִים טוֹבִים כְּדֶרֶךְ שֶׁמְּעָרְבִין לְשַׁבָּת:

ה. יוֹם טוֹב שֶׁחָל לִהְיוֹת סָמוּךְ לְשַׁבָּת בֵּין מִלְּפָנֶיהָ בֵּין מִלְּאַחֲרֶיהָ אוֹ שְׁנֵי יָמִים טוֹבִים שֶׁל גָּלֻיּוֹת יֵשׁ לוֹ לְעָרֵב

שְׁנֵי עֵרוּבִין לִשְׁתֵּי רוּחוֹת וְסוֹמֵךְ עַל אֵי זֶה מֵהֶן שֶׁיִּרְצֶה לַיּוֹם הָרִאשׁוֹן וְעַל הָעֵרוּב שֶׁבָּרוּחַ הַשְּׁנִיָּה לַיּוֹם הַשֵּׁנִי. אוֹ מְעָרֵב עֵרוּב אֶחָד לְרוּחַ אַחַת וְסוֹמֵךְ עָלָיו לְאֶחָד מִשְּׁנֵי יָמִים וּבַיּוֹם הַשֵּׁנִי יִהְיֶה כִּבְנֵי הָעִיר וּכְאִלּוּ לֹא עָשָׂה עֵרוּב וְיֵשׁ לוֹ אַלְפַּיִם אַמָּה לְכָל רוּחַ. בַּמֶּה דְּבָרִים אֲמוּרִים בִּשְׁנֵי יָמִים טוֹבִים שֶׁל גָּלֻיּוֹת אֲבָל בִּשְׁנֵי יָמִים טוֹבִים שֶׁל רֹאשׁ הַשָּׁנָה הֲרֵי הֵן כְּיוֹם אֶחָד וְאֵינוֹ מְעָרֵב לִשְׁנֵי יָמִים אֶלָּא לְרוּחַ אַחַת:

ו. וְכֵן מַתְנֶה אָדָם עַל עֵרוּבוֹ וְאוֹמֵר עֵרוּבִי לְשַׁבָּת זוֹ אֲבָל לֹא לְשַׁבָּת אַחֶרֶת. אוֹ לְשַׁבָּת אַחֶרֶת אֲבָל לֹא לְשַׁבָּת זוֹ. לְשַׁבָּתוֹת וְלֹא לְיָמִים טוֹבִים לְיָמִים טוֹבִים וְלֹא לְשַׁבָּתוֹת:

ז. אָמַר לַחֲמִשָּׁה הֲרֵינִי מְעָרֵב עַל אֵיזֶה מִכֶּם שֶׁאֶרְצֶה רָצִיתִי אֵלֵךְ לֹא רָצִיתִי לֹא אֵלֵךְ. אַף עַל פִּי שֶׁרָצָה מִשֶּׁחָשְׁכָה יֵלֵךְ. דָּבָר שֶׁהוּא מִדִּבְרֵי סוֹפְרִים יֵשׁ בּוֹ בְּרֵרָה. וְכֵן הַמְעָרֵב לְשַׁבָּתוֹת שֶׁל כָּל הַשָּׁנָה וְאָמַר רָצִיתִי אֵלֵךְ לֹא רָצִיתִי לֹא אֵלֵךְ אֶלָּא אֶהְיֶה כִּבְנֵי עִירִי כָּל שַׁבָּת שֶׁיִּרְצֶה יֵלֵךְ אַף עַל פִּי שֶׁרָצָה מִשֶּׁתֶּחְשַׁךְ:

ח. הַמְעָרֵב לִשְׁנֵי יָמִים טוֹבִים שֶׁל גָּלֻיּוֹת אוֹ לְשַׁבָּת וְיוֹם טוֹב אַף עַל פִּי שֶׁהוּא עֵרוּב אֶחָד לְרוּחַ אַחַת לִשְׁנֵי הַיָּמִים צָרִיךְ שֶׁיִּהְיֶה הָעֵרוּב בִּמְקוֹמוֹ מָצוּי בְּלֵיל הָרִאשׁוֹן וּבְלֵיל שֵׁנִי כָּל בֵּין הַשְּׁמָשׁוֹת. כֵּיצַד הוּא עוֹשֶׂה. מוֹלִיכוֹ בְּעֶרֶב יוֹם טוֹב אוֹ בְּעֶרֶב שַׁבָּת וּמַחְשִׁיךְ עָלָיו וְנוֹטְלוֹ בְּיָדוֹ וּבָא לוֹ אִם הָיָה לֵיל יוֹם טוֹב. וּלְמָחָר מוֹלִיכוֹ לְאוֹתוֹ מָקוֹם וּמַנִּיחוֹ שָׁם עַד שֶׁתֶּחְשַׁךְ וְאוֹכְלוֹ אִם הָיָה לֵיל שַׁבָּת אוֹ מְבִיאוֹ אִם הָיָה לֵיל יוֹם טוֹב. מִפְּנֵי שֶׁהֵן שְׁתֵּי קְדֻשּׁוֹת וְאֵינָן כְּיוֹם אֶחָד כְּדֵי שֶׁנֹּאמַר מִלֵּיל רִאשׁוֹן קָנָה הָעֵרוּב לִשְׁנֵי יָמִים:

ט. נֶאֱכַל הָעֵרוּב בָּרִאשׁוֹן קָנָה הָעֵרוּב לָרִאשׁוֹן וְאֵין לוֹ עֵרוּב לַשֵּׁנִי. עֵרֵב בְּרַגְלָיו בָּרִאשׁוֹן צָרִיךְ לְעָרֵב בְּרַגְלָיו בַּשֵּׁנִי וְהוּא שֶׁיֵּלֵךְ וְיַעֲמֹד בְּאוֹתוֹ מָקוֹם וְיַחֲשֹׁב בְּלִבּוֹ שֶׁיִּקְנֶה שָׁם שְׁבִיתָה. עֵרֵב בְּפַת בָּרִאשׁוֹן אִם רָצָה לְעָרֵב בְּרַגְלָיו בַּשֵּׁנִי הֲרֵי זֶה עֵרוּב. וְאִם רָצָה לְעָרֵב בְּפַת צָרִיךְ לְעָרֵב בְּאוֹתָהּ הַפַּת עַצְמָהּ שֶׁעֵרֵב בָּהּ בָּרִאשׁוֹן:

י. יוֹם הַכִּפּוּרִים שֶׁחָל לִהְיוֹת עֶרֶב שַׁבָּת אוֹ לְאַחַר שַׁבָּת בִּזְמַן שֶׁמְּקַדְּשִׁין עַל פִּי הָרְאִיָּה יֵרָאֶה לִי שֶׁהֵן כְּיוֹם אֶחָד וּקְדֻשָּׁה אַחַת הֵם:

יא. זֶה שֶׁאָמַרְנוּ שֶׁיֵּשׁ לוֹ לְעָרֵב שְׁנֵי עֵרוּבִין בִּשְׁתֵּי רוּחוֹת לִשְׁנֵי הַיָּמִים וְהוּא שֶׁיִּהְיֶה אֶפְשָׁר לוֹ לְהַגִּיעַ לְכָל אֶחָד מִשְּׁנֵי הָעֵרוּבִין בַּיּוֹם הָרִאשׁוֹן. אֲבָל אִם אִי אֶפְשָׁר לוֹ לְהַגִּיעַ לָעֵרוּב שֶׁל יוֹם הַשֵּׁנִי בַּיּוֹם הָרִאשׁוֹן אֵין עֵרוּב הַשֵּׁנִי עֵרוּב. שֶׁהָעֵרוּב מִצְוָתוֹ שֶׁיִּהְיֶה בִּסְעֻדָּה הָרְאוּיָה מִבְּעוֹד יוֹם וְזֶה הוֹאִיל וְאֵינוֹ יָכוֹל לְהַגִּיעַ לְזֶה הָעֵרוּב בַּיּוֹם הָרִאשׁוֹן הֲרֵי זוֹ אֵינָהּ רְאוּיָה מִבְּעוֹד יוֹם:

יב. כֵּיצַד. הֲרֵי שֶׁהִנִּיחַ עֵרוּבוֹ בְּרִחוּק אַלְפַּיִם אַמָּה מִבֵּיתוֹ לְרוּחַ מִזְרָח וְסָמַךְ עָלָיו לְיוֹם רִאשׁוֹן וְהִנִּיחַ עֵרוּב שֵׁנִי בְּרִחוּק אַמָּה אַחַת אוֹ מֵאָה אוֹ אֶלֶף בְּרוּחַ מַעֲרָב וְסָמַךְ עָלָיו לְיוֹם שֵׁנִי אֵין זֶה הַשֵּׁנִי עֵרוּב. שֶׁהֲרֵי בַּיּוֹם הָרִאשׁוֹן אֵין זֶה הָעֵרוּב הַשֵּׁנִי רָאוּי לוֹ מִבְּעוֹד יוֹם לְפִי שֶׁאֵינוֹ יָכוֹל לְהַגִּיעַ אֵלָיו שֶׁהֲרֵי לֹא נִשְׁאַר לוֹ בְּרוּחַ מַעֲרָב כְּלוּם:

יג. אֲבָל אִם הִנִּיחַ עֵרוּבוֹ בְּרִחוּק אֶלֶף וַחֲמֵשׁ מֵאוֹת אַמָּה מִבֵּיתוֹ בְּרוּחַ מִזְרָח וְסָמַךְ עָלָיו לְיוֹם רִאשׁוֹן וְהִנִּיחַ עֵרוּב שֵׁנִי רָחוֹק מִבֵּיתוֹ לְרוּחַ מַעֲרָב בְּתוֹךְ חֲמֵשׁ מֵאוֹת אַמָּה וְסָמַךְ עָלָיו לְיוֹם שֵׁנִי הֲרֵי זֶה עֵרוּב. שֶׁהֲרֵי אֶפְשָׁר לוֹ שֶׁיַּגִּיעַ לוֹ בַּיּוֹם הָרִאשׁוֹן:

יד. יוֹם טוֹב שֶׁחָל לִהְיוֹת בְּעֶרֶב שַׁבָּת אֵינוֹ עוֹשֶׂה עֵרוּב בְּיוֹם טוֹב לֹא עֵרוּבֵי חֲצֵרוֹת וְלֹא עֵרוּבֵי תְּחוּמִין אֶלָּא מְעָרֵב הוּא בְּיוֹם חֲמִישִׁי שֶׁהוּא עֶרֶב יוֹם טוֹב. וְאִם חָלוּ שְׁנֵי יָמִים טוֹבִים שֶׁל גָּלֻיּוֹת בַּחֲמִישִׁי וְעֶרֶב שַׁבָּת מְעָרֵב מִיּוֹם רְבִיעִי עֵרוּבֵי תְּחוּמִין וְעֵרוּבֵי חֲצֵרוֹת. וְאִם שָׁכַח וְלֹא עֵרֵב הֲרֵי זֶה מְעָרֵב עֵרוּבֵי חֲצֵרוֹת בַּחֲמִישִׁי וּבְעֶרֶב שַׁבָּת וּמַתְנֶה אֲבָל לֹא עֵרוּבֵי תְּחוּמִין:

טו. כֵּיצַד מַתְנֶה. אוֹמֵר בַּחֲמִישִׁי אִם הַיּוֹם יוֹם טוֹב אֵין בִּדְבָרַי כְּלוּם וְאִם לָאו הֲרֵי זֶה עֵרוּב. וּלְמָחָר חוֹזֵר וּמְעָרֵב וְאוֹמֵר אִם הַיּוֹם יוֹם טוֹב כְּבָר עֵרַבְתִּי מֵאֶמֶשׁ וְאֵין בִּדְבָרַי הַיּוֹם כְּלוּם וְאִם אֶמֶשׁ הָיָה יוֹם טוֹב הֲרֵי זֶה עֵרוּב. בַּמֶּה דְּבָרִים אֲמוּרִים בִּשְׁנֵי יָמִים טוֹבִים שֶׁל גָּלֻיּוֹת אֲבָל בִּשְׁנֵי יָמִים טוֹבִים שֶׁל רֹאשׁ הַשָּׁנָה הֲרֵי הֵן כְּיוֹם אֶחָד וְאֵינוֹ מְעָרֵב לָהֶן אֶלָּא מֵעֶרֶב יוֹם טוֹב: סָלִיק הִלְכוֹת עֵרוּבִין:

הלכות שביתת עשור
Hilchot Shvitat Asor

THE LAWS OF RESTING ON THE TENTH DAY YOM KIPPUR

They consist of four *mitzvot*:

Two positive commandments and two negative commandments:

They are:

1. To rest on this day
2. Not to do work on it
3. To fast on this day
4. Not to eat or drink on it.

יש בכללן ד׳ מצות

שתי מצות עשה ושתי מצות לא תעשה

וזהו פרטן:

א. לשבות בו ממלאכה

ב. שלא לעשות בו מלאכה

ג. להתענות בו

ד. שלא לאכול ולשתות בו

Reminder:

Pack on Punishment for Sefer Zemanim

Perek 1

Yom Kippur (Day of Atonement)

To rest on *Yom Kippur*[1], Not to do work (on *Yom Kippur*)[2], To fast (on *Yom Kippur*)[3]

(*Mipi Hashmuah*, afflicting the soul means fasting),

Not to eat or drink (on *Yom Kippur*)[4]

The general principle is that regarding rest and work, there is no difference between *Shabbat* and *Yom Kippur* except that a person who wilfully performs a forbidden labour on *Shabbat* is liable for execution by stoning and on *Yom Kippur* the punishment is *karet*.

Whatever is forbidden on *Shabbat* is forbidden on *Yom Kippur*.

The following items are also forbidden *Mipi Hashmuah*

Forbidden to wash

Forbidden to anoint oneself

Forbidden to wear shoes

Forbidden to engage in sexual relations

However, these activities if transgressed only warrant the punishment of *makat mardut*. The punishment for eating on *Yom Kippur* is *karet*.

The period for fasting is

• An entire 24-hour period, beginning at sunset and ending the following night

• An additional amount of time, added to both the beginning and end of the fast

פרק א׳

א. מִצְוַת עֲשֵׂה לִשְׁבֹּת מִמְּלָאכָה בֶּעָשׂוֹר לַחֹדֶשׁ הַשְּׁבִיעִי שֶׁנֶּאֱמַר (ויקרא כג לב) "שַׁבַּת שַׁבָּתוֹן הוּא לָכֶם". וְכָל הָעוֹשֶׂה בּוֹ מְלָאכָה בִּטֵּל מִצְוַת עֲשֵׂה וְעָבַר עַל לֹא תַעֲשֶׂה שֶׁנֶּאֱמַר (במדבר כט ז) "וּבֶעָשׂוֹר" וְגוֹ׳ (במדבר כט ז) "כָּל מְלָאכָה לֹא תַעֲשׂוּ". וּמַה הוּא חַיָּב עַל עֲשִׂיַּת מְלָאכָה בְּיוֹם זֶה. אִם עָשָׂה בִּרְצוֹנוֹ בְּזָדוֹן חַיָּב כָּרֵת. וְאִם עָשָׂה בִּשְׁגָגָה חַיָּב קָרְבַּן חַטָּאת קְבוּעָה:

ב. כָּל מְלָאכָה שֶׁחַיָּבִין עַל זְדוֹנָהּ בְּשַׁבָּת סְקִילָה חַיָּבִין עַל זְדוֹנָהּ בֶּעָשׂוֹר כָּרֵת. וְכָל שֶׁחַיָּבִין עָלָיו קָרְבַּן חַטָּאת בְּשַׁבָּת חַיָּבִין עָלָיו קָרְבַּן חַטָּאת בְּיוֹם הַכִּפּוּרִים. וְכָל דָּבָר שֶׁאָסוּר לַעֲשׂוֹתוֹ בְּשַׁבָּת אַף עַל פִּי שֶׁאֵינוֹ מְלָאכָה אָסוּר לַעֲשׂוֹתוֹ בְּיוֹם הַכִּפּוּרִים. וְאִם עָשָׂה מַכִּין אוֹתוֹ מַכַּת מַרְדּוּת כְּדֶרֶךְ שֶׁמַּכִּין אוֹתוֹ עַל הַשַּׁבָּת. וְכָל שֶׁאָסוּר לְטַלְטְלוֹ בְּשַׁבָּת אָסוּר לְטַלְטְלוֹ בְּיוֹם הַכִּפּוּרִים. וְכָל שֶׁאָסוּר לְאָמְרוֹ אוֹ לַעֲשׂוֹתוֹ לְכַתְּחִלָּה בְּשַׁבָּת כָּךְ אָסוּר בְּיוֹם הַכִּפּוּרִים. כְּלָלוֹ שֶׁל דָּבָר אֵין בֵּין שַׁבָּת לְיוֹם הַכִּפּוּרִים בְּעִנְיָנִים אֵלּוּ אֶלָּא שֶׁזְּדוֹן מְלָאכָה בְּשַׁבָּת בִּסְקִילָה וּבְיוֹם הַכִּפּוּרִים בְּכָרֵת:

ג. וּמֻתָּר לְקַנֵּב אֶת הַיָּרָק בְּיוֹם הַכִּפּוּרִים מִן הַמִּנְחָה וּלְמַעְלָה. וּמַהוּ הַקִּינוּב שֶׁיָּסִיר אֶת הֶעָלִים הַמְעֻפָּשׁוֹת וִיקַצֵּץ הַשְּׁאָר וִיתַקֵּן אוֹתוֹ לַאֲכִילָה. וְכֵן מְפַצְּעִין בֶּאֱגוֹזִין וּמְפָרְכִין בְּרִמּוֹנִים מִן הַמִּנְחָה וּלְמַעְלָה מִפְּנֵי עָגְמַת נֶפֶשׁ. וְיוֹם הַכִּפּוּרִים שֶׁחָל לִהְיוֹת בְּשַׁבָּת אָסוּר בִּקְנִיבַת יָרָק וּבִפְצִיעַת אֱגוֹזִים וּבִפְרִיכַת רִמּוֹנִים כָּל הַיּוֹם. וּכְבָר נָהֲגוּ הָעָם בְּשִׁנְעָר וּבַמַּעֲרָב שֶׁלֹּא יַעֲשׂוּ אַחַת מִכָּל אֵלּוּ בְּיוֹם הַצּוֹם אֶלָּא הֲרֵי הוּא כְּשַׁבָּת לְכָל דְּבָרָיו:

ד. מִצְוַת עֲשֵׂה אַחֶרֶת יֵשׁ בְּיוֹם הַכִּפּוּרִים וְהִיא לִשְׁבֹּת בּוֹ מֵאֲכִילָה וּשְׁתִיָּה שֶׁנֶּאֱמַר (ויקרא טז כט) "תְּעַנּוּ אֶת נַפְשֹׁתֵיכֶם". מִפִּי הַשְּׁמוּעָה לָמְדוּ אֵי זֶה הוּא עִנּוּי שֶׁהוּא לַנֶּפֶשׁ זֶה הַצּוֹם. וְכָל הַצָּם בּוֹ קִיֵּם מִצְוַת עֲשֵׂה. וְכָל הָאוֹכֵל וְשׁוֹתֶה בּוֹ בִּטֵּל מִצְוַת עֲשֵׂה וְעָבַר עַל לֹא תַעֲשֶׂה שֶׁנֶּאֱמַר (ויקרא כג כט) "כִּי כָל הַנֶּפֶשׁ אֲשֶׁר לֹא תְעֻנֶּה בְּעֶצֶם הַיּוֹם הַזֶּה וְנִכְרְתָה". מֵאַחַר שֶׁעָנַשׁ הַכָּתוּב כָּרֵת לְמִי שֶׁלֹּא נִתְעַנָּה לָמַדְנוּ שֶׁמֻּזְהָרִין אָנוּ בּוֹ עַל אֲכִילָה וּשְׁתִיָּה. וְכָל הָאוֹכֵל אוֹ הַשּׁוֹתֶה בּוֹ בְּשׁוֹגֵג חַיָּב קָרְבַּן חַטָּאת קְבוּעָה:

ה. וְכֵן לָמַדְנוּ מִפִּי הַשְּׁמוּעָה שֶׁאָסוּר לִרְחֹץ בּוֹ אוֹ לָסוּךְ אוֹ לִנְעֹל אֶת הַסַּנְדָּל אוֹ לִבְעֹל. וּמִצְוָה לִשְׁבֹּת מִכָּל אֵלּוּ כְּדֶרֶךְ שֶׁשּׁוֹבֵת מֵאֲכִילָה וּשְׁתִיָּה שֶׁנֶּאֱמַר (ויקרא טז לא) (ויקרא כג לב) שַׁבַּת שַׁבָּתוֹן שַׁבָּת לְעִנְיַן (אֲכִילָה) וְשַׁבָּתוֹן לְעִנְיָנִים אֵלּוּ. וְאֵין חַיָּבִין כָּרֵת אוֹ קָרְבָּן אֶלָּא עַל אֲכִילָה וּשְׁתִיָּה. אֲבָל אִם רָחַץ אוֹ סָךְ אוֹ נָעַל אוֹ בָּעַל מַכִּין אוֹתוֹ מַכַּת מַרְדּוּת:

ו. כְּשֵׁם שֶׁשְּׁבוּת מְלָאכָה בּוֹ בֵּין בַּיּוֹם וּבֵין בַּלַּיְלָה כָּךְ שְׁבוּת לְעִנּוּי בֵּין בַּיּוֹם בֵּין בַּלַּיְלָה. וְצָרִיךְ לְהוֹסִיף מֵחֹל עַל הַקֹּדֶשׁ בִּכְנִיסָתוֹ וּבִיצִיאָתוֹ שֶׁנֶּאֱמַר (ויקרא כג לב) "וְעִנִּיתֶם אֶת נַפְשֹׁתֵיכֶם בְּתִשְׁעָה לַחֹדֶשׁ בָּעֶרֶב". כְּלוֹמַר הַתְחִיל לָצוּם וּלְהִתְעַנּוֹת מֵעֶרֶב תְּשִׁעָה הַסָּמוּךְ לַעֲשִׂירִי. וְכֵן בִּיצִיאָה שׁוֹהֶה בְּעִנּוּיוֹ מְעַט מִלֵּיל אַחַד עָשָׂר סָמוּךְ לַעֲשִׂירִי שֶׁנֶּאֱמַר מֵעֶרֶב וְעַד עֶרֶב (ויקרא כג לב) "תִּשְׁבְּתוּ שַׁבַּתְּכֶם":

ז. נָשִׁים שֶׁאוֹכְלוֹת וְשׁוֹתוֹת עַד שֶׁחֲשֵׁכָה וְהֵן אֵינָן יוֹדְעוֹת שֶׁמִּצְוָה לְהוֹסִיף מֵחֹל עַל הַקֹּדֶשׁ אֵין מְמַחִין בְּיָדָן שֶׁלֹּא יָבוֹאוּ לַעֲשׂוֹת בְּזָדוֹן. שֶׁהֲרֵי אִי אֶפְשָׁר שֶׁיִּהְיֶה שׁוֹטֵר בְּבֵית כָּל אֶחָד וְאֶחָד לְהַזְהִיר נָשָׁיו. וְהַנַּח לָהֶן שֶׁיִּהְיוּ שׁוֹגְגִין וְאַל יִהְיוּ מְזִידִין. וְכֵן כָּל הַדּוֹמֶה לָזֶה:

Perek 2

Yom Kippur.

Measures of food allowed and disallowed.

Liability for eating = size of a large ripe *chotevet* (date) (This is just less than a *beitzah* (egg size)

Liability for drinking = size of a *lugma* (cheekful) (This is less than a *reviit)*

Reminder:
Pack on Weights and Measures

There are cases where it is permitted to eat on *Yom Kippur* e.g. a dangerously ill person, which can sometimes be a pregnant woman.

From the time a child is 9 or 10 years old he should be trained into fasting until he becomes Biblically obligated at *bar* and *bat mitzvah i.e.* female **12 years and a day**, male **13 years and a day** (signs of physical maturity need to be present i.e. 2 pubic hairs)

Reminder:
Age Definitions
Ref: Sefer Nashim, Hilchot Ishut, Chapter 2.

פרק ב׳

א. הָאוֹכֵל בְּיוֹם הַכִּפּוּרִים מַאֲכָלִין הָרְאוּיִין לֶאֱכֹל לָאָדָם כְּכוֹתֶבֶת הַגַּסָּה שֶׁהִיא פָּחוֹת מִכְּבֵיצָה כִּמְעַט הֲרֵי זֶה חַיָּב. וְכָל הָאֳכָלִים מִצְטָרְפִין לְשִׁעוּר זֶה. וְכֵן הַשּׁוֹתֶה מַשְׁקִין הָרְאוּיִין לִשְׁתִיַּת אָדָם כִּמְלוֹא לֻגְמָיו שֶׁל שׁוֹתֶה כָּל אֶחָד וְאֶחָד לְפִי לֻגְמָיו חַיָּב. וְכַמָּה מְלוֹא לֻגְמָיו כְּדֵי שֶׁיְּסַלְּקֵם לְצַד אֶחָד וְיֵרָאֶה מָלֵא לֻגְמָיו. וְשִׁעוּר זֶה בְּאָדָם בֵּינוֹנִי פָּחוֹת מֵרְבִיעִית. וְכָל הַמַּשְׁקִין מִצְטָרְפִין לְשִׁעוּר זֶה. וְהָאֲכִילָה וּשְׁתִיָּה אֵין מִצְטָרְפִין לְשִׁעוּר אֶחָד:

ב. אֶחָד הָאוֹכֵל אֳכָלִים הַמֻּתָּרִים אוֹ שֶׁאָכַל דְּבָרִים הָאֲסוּרִין כְּגוֹן פִּגּוּל וְנוֹתָר וְטֶבֶל וּנְבֵלוֹת וּטְרֵפוֹת וְחֵלֶב אוֹ דָּם הוֹאִיל וְאָכַל אֳכָלִים הָרְאוּיִין לָאָדָם הֲרֵי זֶה חַיָּב כָּרֵת מִשּׁוּם אוֹכֵל בְּיוֹם הַכִּפּוּרִים:

ג. אָכַל אוֹ שָׁתָה פָּחוֹת מִשִּׁעוּר זֶה אֵינוֹ חַיָּב כָּרֵת. אַף עַל פִּי שֶׁהוּא אָסוּר מִן הַתּוֹרָה בַּחֲצִי שִׁעוּר אֵין חַיָּבִין כָּרֵת אֶלָּא עַל כַּשִּׁעוּר. וְהָאוֹכֵל אוֹ הַשּׁוֹתֶה חֲצִי שִׁעוּר מַכִּין אוֹתוֹ מַכַּת מַרְדּוּת:

ד. אָכַל מְעַט וְחָזַר וְאָכַל אִם יֵשׁ מִתְּחִלַּת אֲכִילָה רִאשׁוֹנָה עַד סוֹף אֲכִילָה אַחֲרוֹנָה כְּדֵי אֲכִילַת שָׁלֹשׁ בֵּיצִים הֲרֵי אֵלּוּ מִצְטָרְפוֹת לְכַשִּׁעוּר וְאִם לָאו אֵין מִצְטָרְפוֹת לְכַשִּׁעוּר. שָׁתָה מְעַט וְחָזַר וְשָׁתָה אִם יֵשׁ מִתְּחִלַּת שְׁתִיָּה רִאשׁוֹנָה עַד סוֹף שְׁתִיָּה אַחֲרוֹנָה כְּדֵי שְׁתִיַּת רְבִיעִית מִצְטָרְפִין לְשִׁעוּר וְאִם לָאו אֵין מִצְטָרְפִין:

ה. אָכַל אֳכָלִים שֶׁאֵינָן רְאוּיִין לְמַאֲכַל אָדָם כְּגוֹן עֲשָׂבִים הַמָּרִים אוֹ שְׂרָפִים הַבְּאוּשִׁין אוֹ שֶׁשָּׁתָה מַשְׁקִין שֶׁאֵינָן רְאוּיִין לִשְׁתִיָּה כְּגוֹן צִיר אוֹ מוּרְיָס וְחֹמֶץ חַי אֲפִלּוּ אָכַל וְשָׁתָה מֵהֶן הַרְבֵּה הֲרֵי זֶה פָּטוּר מִן הַכָּרֵת. אֲבָל מַכִּין אוֹתוֹ מַכַּת מַרְדּוּת:

ו. שָׁתָה חֹמֶץ מָזוּג בְּמַיִם חַיָּב. הַכּוֹסֵס פִּלְפְּלִין וְזַנְגְּבִיל יָבֵשׁ וְכַיּוֹצֵא בָּהֶן פָּטוּר. אֲבָל זַנְגְּבִיל רָטֹב חַיָּב. אָכַל עֲלֵי גְּפָנִים פָּטוּר. לוּלְבֵי גְּפָנִים חַיָּב. וְאֵלּוּ הֵן לוּלְבֵי גְּפָנִים כָּל שֶׁלִּבְלְבוּ בְּאֶרֶץ יִשְׂרָאֵל מֵרֹאשׁ הַשָּׁנָה וְעַד יוֹם הַכִּפּוּרִים. יֶתֶר עַל זֶה הֲרֵי הֵן כְּעֵצִים וּפָטוּר. וְכֵן כָּל כַּיּוֹצֵא בָּאֵלּוּ:

ז. אָכַל צָלִי בְּמֶלַח מִצְטָרֵף הַמֶּלַח לַבָּשָׂר. צִיר שֶׁעַל גַּבֵּי יָרָק מִצְטָרֵף. מִפְּנֵי שֶׁמַּכְשִׁירֵי הָאֹכֶל הַמְעֹרָבִים עִם הָאֹכֶל כְּאֹכֶל הֵן חֲשׁוּבִים. הָיָה שָׂבֵעַ מֵאֲכִילָה גַּסָּה שֶׁאָכַל עַד שֶׁקָּץ בִּמְזוֹנוֹ וְאָכַל יֶתֶר עַל שָׂבְעוֹ פָּטוּר כְּמִי שֶׁאָכַל אֳכָלִין שֶׁאֵינָם רְאוּיִין לַאֲכִילָה. שֶׁאַף עַל פִּי שֶׁזֶּה הַמַּאֲכָל הַיָּתֵר רָאוּי לְרָעֵב אֵינוֹ רָאוּי לְכָל מִי שֶׁשָּׂבֵעַ כָּזֶה:

ח. חוֹלֶה שֶׁיֵּשׁ בּוֹ סַכָּנָה שֶׁשָּׁאַל לֶאֱכֹל בְּיוֹם הַכִּפּוּרִים אַף עַל פִּי שֶׁהָרוֹפְאִים הַבְּקִיאִין אוֹמְרִין אֵינוֹ צָרִיךְ מַאֲכִילִין אוֹתוֹ עַל פִּי עַצְמוֹ עַד שֶׁיֹּאמַר דַּיִּי. אָמַר הַחוֹלֶה אֵינִי צָרִיךְ וְהָרוֹפֵא אוֹמֵר צָרִיךְ מַאֲכִילִין אוֹתוֹ עַל פִּיו. וְהוּא שֶׁיִּהְיֶה רוֹפֵא בָּקִי. רוֹפֵא אֶחָד אוֹמֵר צָרִיךְ וְאֶחָד אוֹמֵר אֵינוֹ צָרִיךְ מַאֲכִילִין אוֹתוֹ. מִקְצָת הָרוֹפְאִין אוֹמְרִין צָרִיךְ וּמִקְצָתָן אוֹמְרִין אֵינוֹ צָרִיךְ הוֹלְכִין אַחַר הָרֹב אוֹ אַחַר הַבְּקִיאִין. וּבִלְבַד שֶׁלֹּא יֹאמַר הַחוֹלֶה צָרִיךְ אֲנִי. אֲבָל אִם אָמַר צָרִיךְ אֲנִי מַאֲכִילִין אוֹתוֹ. לֹא אָמַר הַחוֹלֶה שֶׁהוּא צָרִיךְ וְנֶחְלְקוּ הָרוֹפְאִים וְהָיוּ כֻּלָּם בְּקִיאִין וְאֵלּוּ שֶׁאָמְרוּ אֵינוֹ צָרִיךְ כְּמִנְיָן שֶׁאָמְרוּ צָרִיךְ מַאֲכִילִין אוֹתוֹ:

ט. עֻבָּרָה שֶׁהֵרִיחָה לוֹחֲשִׁין לָהּ בְּאָזְנָהּ שֶׁיּוֹם הַכִּפּוּרִים הוּא. אִם נִתְקָרְרָה דַּעְתָּהּ בְּזִכָּרוֹן זֶה מוּטָב וְאִם לָאו מַאֲכִילִין אוֹתָהּ עַד שֶׁתִּתְיַשֵּׁב נַפְשָׁהּ. וְכֵן מִי שֶׁאֲחָזוֹ בֻּלְמוּס מַאֲכִילִין אוֹתוֹ עַד שֶׁיֵּאוֹרוּ עֵינָיו. וַאֲפִלּוּ נְבֵלוֹת וּשְׁקָצִים מַאֲכִילִין אוֹתוֹ מִיָּד וְאֵין מַשְׁהִין אוֹתוֹ עַד שֶׁיִּמְצְאוּ דְּבָרִים הַמֻּתָּרִין:

י. קָטָן בֶּן תֵּשַׁע שָׁנִים וּבֶן עֶשֶׂר שָׁנִים מְחַנְּכִין אוֹתוֹ לְשָׁעוֹת. כֵּיצַד. הָיָה רָגִיל לֶאֱכֹל בִּשְׁתֵּי שָׁעוֹת בַּיּוֹם מַאֲכִילִין אוֹתוֹ בְּשָׁלֹשׁ. הָיָה רָגִיל בְּשָׁלֹשׁ מַאֲכִילִין אוֹתוֹ בְּאַרְבַּע. לְפִי כֹּחַ הַבֵּן מוֹסִיפִין לְעַנּוֹת אוֹתוֹ בְּשָׁעוֹת. בֶּן אַחַת עֶשְׂרֵה שָׁנָה

בֵּין זָכָר בֵּין נְקֵבָה מִתְעַנֶּה וּמַשְׁלִים מִדִּבְרֵי סוֹפְרִים כְּדֵי לְחַנְּכוֹ בְּמִצְוֹת:

יא. בַּת שְׁתֵּים עֶשְׂרֵה שָׁנָה וְיוֹם אֶחָד וּבֶן שְׁלֹשׁ עֶשְׂרֵה שָׁנָה וְיוֹם אֶחָד שֶׁהֵבִיאוּ שְׁתֵּי שְׂעָרוֹת הֲרֵי הֵן כִּגְדוֹלִים לְכָל הַמִּצְוֹת וּמַשְׁלִימִין מִן הַתּוֹרָה. אֲבָל אִם לֹא הֵבִיאוּ שְׁתֵּי שְׂעָרוֹת עֲדַיִן קְטַנִּים הֵן וְאֵינָם מַשְׁלִימִין אֶלָּא מִדִּבְרֵי סוֹפְרִים. קָטָן שֶׁהוּא פָּחוֹת מִבֶּן תֵּשַׁע אֵין מְעַנִּין אוֹתוֹ בְּיוֹם הַכִּפּוּרִים כְּדֵי שֶׁלֹּא יָבֹא לִידֵי סַכָּנָה:

Perek 3

Yom Kippur.

Other forbidden activities

Washing, wearing of shoes, anointing and sexual relations.

These add to the *mitzvah* of afflicting oneself.

WASHING

It is forbidden to even dip one's small finger in water for enjoyment.

There are however extenuating circumstances where partial washing is allowed.

SHOES

Leather shoes are forbidden but flimsy shoes in another material are allowed.

ANOINTING

Again, there are extenuating circumstances in cases of illness where one may be allowed.

SEXUAL RELATIONS

Some communities have a custom to keep a candle burning in the bedroom on *Yom Kippur* to prevent such activities.

פרק ג׳

א. אָסוּר לִרְחֹץ בְּיוֹם הַכִּפּוּרִים בֵּין בְּחַמִּין בֵּין בְּצוֹנֵן. בֵּין כָּל גּוּפוֹ בֵּין אֵיבָר אֶחָד אֲפִלּוּ אֶצְבַּע קְטַנָּה אָסוּר לְהוֹשִׁיטָהּ בַּמַּיִם. וְהַמֶּלֶךְ וְהַכַּלָּה רוֹחֲצִין אֶת פְּנֵיהֶן. כַּלָּה כְּדֵי שֶׁלֹּא תִּתְגַּנֶּה עַל בַּעְלָהּ. וְהַמֶּלֶךְ כְּדֵי שֶׁיֵּרָאֶה בְּיָפְיוֹ שֶׁנֶּאֱמַר (ישעיה לג יז) "מֶלֶךְ בְּיָפְיוֹ תֶּחֱזֶינָה עֵינֶיךָ". וְעַד כַּמָּה נִקְרֵאת כַּלָּה עַד שְׁלֹשִׁים יוֹם:

ב. מִי שֶׁהָיָה מְלֻכְלָךְ בְּצוֹאָה אוֹ טִיט רוֹחֵץ מְקוֹם הַטִּנֹּפֶת כְּדַרְכּוֹ וְאֵינוֹ חוֹשֵׁשׁ. וּמְדִיחָה אִשָּׁה יָדָהּ אַחַת בְּמַיִם וְנוֹתֶנֶת פַּת לְתִינוֹק. וְהַחוֹלֶה רוֹחֵץ כְּדַרְכּוֹ אַף עַל פִּי שֶׁאֵינוֹ מְסֻכָּן. וְכָל חַיָּבֵי טְבִילוֹת טוֹבְלִין כְּדַרְכָּן בֵּין בְּתִשְׁעָה בְּאָב בֵּין בְּיוֹם הַכִּפּוּרִים:

ג. מִי שֶׁרָאָה קֶרִי בַּזְּמַן הַזֶּה בְּיוֹם הַכִּפּוּרִים. אִם לַח הוּא מְקַנֵּחַ בְּמַפָּה וְדַיּוֹ. וְאִם יָבֵשׁ הוּא אוֹ שֶׁנִּתְלַכְלֵךְ רוֹחֵץ מְקוֹמוֹת הַמְלֻכְלָכִין בִּלְבַד וּמִתְפַּלֵּל. וְאָסוּר לוֹ לִרְחֹץ כָּל גּוּפוֹ אוֹ לִטְבֹּל. שֶׁאֵין הַטּוֹבֵל בַּזְּמַן הַזֶּה טָהוֹר מִפְּנֵי טֻמְאַת מֵת וְאֵין הָרְחִיצָה מִקֶּרִי לִתְפִלָּה בַּזְּמַן הַזֶּה אֶלָּא מִנְהָג וְאֵין מִנְהָג לְבַטֵּל דָּבָר הָאָסוּר אֶלָּא לֶאֱסֹר אֶת הַמֻּתָּר. וְלֹא אָמְרוּ שֶׁהָרוֹאֶה קֶרִי בְּיוֹם הַכִּפּוּרִים טוֹבֵל אֶלָּא כְּשֶׁתִּקְּנוּ טְבִילָה לְבַעֲלֵי קְרָיִין וּכְבָר בֵּאַרְנוּ שֶׁבָּטְלָה תַּקָּנָה זוֹ:

ד. טִיט שֶׁהוּא לַח בְּיוֹתֵר כְּדֵי שֶׁיַּנִּיחַ אָדָם יָדוֹ עָלָיו וְתַעֲלֶה בָּהּ לַחְלוּחִית שֶׁאִם הִדְבִּיק אוֹתָהּ לְיָדוֹ הָאַחֶרֶת תִּדְבַּק בָּהּ לַחְלוּחִית אָסוּר לֵישֵׁב עָלָיו. לֹא יְמַלֵּא אָדָם כְּלִי חֶרֶשׂ מַיִם וְיִצְטַנֵּן בּוֹ שֶׁהַמַּיִם נִזְחָלִים מִדְּפָנָיו. אֲפִלּוּ כְּלֵי מַתָּכוֹת אָסוּר שֶׁמָּא יִנָּתְזוּ מַיִם עַל בְּשָׂרוֹ. וּמֻתָּר לְהִצְטַנֵּן בְּפֵרוֹת:

ה. לוֹקֵחַ אָדָם מִטְפַּחַת מֵעֶרֶב יוֹם הַכִּפּוּרִים וְשׁוֹרֶה אוֹתָהּ בְּמַיִם וּמְנַגְּבָהּ מְעַט וּמַנִּיחָהּ תַּחַת הַבְּגָדִים וּלְמָחָר מַעֲבִירָהּ עַל פָּנָיו וְאֵינוֹ חוֹשֵׁשׁ וְאַף עַל פִּי שֶׁיֵּשׁ בָּהּ קֹר הַרְבֵּה:

ו. הַהוֹלֵךְ לְהַקְבִּיל פְּנֵי רַבּוֹ אוֹ פְּנֵי אָבִיו אוֹ מִי שֶׁהוּא גָּדוֹל מִמֶּנּוּ בְּחָכְמָה אוֹ לִקְרוֹת בְּבֵית הַמִּדְרָשׁ עוֹבֵר בַּמַּיִם עַד צַוָּארוֹ וְאֵינוֹ חוֹשֵׁשׁ וְעוֹשֶׂה מִצְוָה שֶׁהָלַךְ לַעֲשׂוֹתָהּ וְחוֹזֵר בַּמַּיִם לִמְקוֹמוֹ. שֶׁאִם לֹא תַּתִּיר לוֹ לַחֲזֹר אֵינוֹ הוֹלֵךְ וְנִמְצָא

נִכְשָׁל מִן הַמִּצְוָה. וְכֵן הַהוֹלֵךְ לִשְׁמֹר פֵּרוֹתָיו עוֹבֵר בַּמַּיִם עַד צַוָּארוֹ וְאֵינוֹ חוֹשֵׁשׁ וּבִלְבַד שֶׁלֹּא יוֹצִיאוּ יְדֵיהֶם מִתַּחַת שׁוּלֵי מְעִילֵיהֶם כְּדֶרֶךְ שֶׁעוֹשִׂין בְּחֹל:

ז. אָסוּר לִנְעֹל מִנְעָל וְסַנְדָּל אֲפִלּוּ בְּרַגְלוֹ אַחַת. וּמֻתָּר לָצֵאת בְּסַנְדָּל שֶׁל שַׁעַם וְשֶׁל גֶּמִי וְכַיּוֹצֵא בָּהֶן. וְכוֹרֵךְ אָדָם בֶּגֶד עַל רַגְלָיו וְיוֹצֵא בּוֹ שֶׁהֲרֵי קֹשִׁי הָאָרֶץ מַגִּיעַ לְרַגְלָיו וּמַרְגִּישׁ שֶׁהוּא יָחֵף. הַתִּינוֹקוֹת אַף עַל פִּי שֶׁהֵן מֻתָּרִין בַּאֲכִילָה וּבִשְׁתִיָּה וּרְחִיצָה וְסִיכָה מוֹנְעִין אוֹתָן מִמִּנְעָל וְסַנְדָּל:

ח. מֻתָּר לְכָל אָדָם לִנְעֹל אֶת הַסַּנְדָּל מֵחֲמַת עַקְרָב וְכַיּוֹצֵא בָּהּ כְּדֵי שֶׁלֹּא תִּשָּׁכֶנּוּ. וְהַחַיָּה מֻתֶּרֶת לִנְעֹל אֶת הַסַּנְדָּל מִשּׁוּם צִנָּה כָּל שְׁלֹשִׁים יוֹם. וְהַחוֹלֶה כַּיּוֹצֵא בָּהּ אַף עַל פִּי שֶׁאֵין שָׁם סַכָּנָה:

ט. אָסוּר לָסוּךְ מִקְצָת גּוּפוֹ כְּכָל גּוּפוֹ בֵּין סִיכָה שֶׁל תַּעֲנוּג בֵּין סִיכָה שֶׁאֵינָהּ שֶׁל תַּעֲנוּג. וְאִם הָיָה חוֹלֶה אַף עַל פִּי שֶׁאֵין בּוֹ סַכָּנָה אוֹ שֶׁיֵּשׁ לוֹ חֲטָטִין בְּרֹאשׁוֹ סָךְ כְּדַרְכּוֹ וְאֵינוֹ חוֹשֵׁשׁ:

י. יֵשׁ מְקוֹמוֹת שֶׁנָּהֲגוּ לְהַדְלִיק אֶת הַנֵּר בְּלֵילֵי יוֹם הַכִּפּוּרִים כְּדֵי שֶׁיִּהְיֶה לוֹ בֹּשֶׁת פָּנִים מֵאִשְׁתּוֹ וְלֹא יָבוֹא לִידֵי תַּשְׁמִישׁ הַמִּטָּה. וְיֵשׁ מְקוֹמוֹת שֶׁנָּהֲגוּ שֶׁלֹּא לְהַדְלִיק שֶׁמָּא יִרְאֶה אִשְׁתּוֹ וְתִשָּׂא חֵן בְּעֵינָיו וְיָבוֹא לִידֵי תַּשְׁמִישׁ. וְאִם חָל יוֹם הַכִּפּוּרִים לִהְיוֹת בְּשַׁבָּת חַיָּבִין הַכֹּל לְהַדְלִיק בְּכָל מָקוֹם שֶׁהַדְלָקַת נֵר בְּשַׁבָּת חוֹבָה: סָלִיק הִלְכוֹת שְׁבִיתַת עָשׂוֹר:

Additional, Useful Features of Interest
for Studying Rambam's Mishneh Torah

Scan QR code onto your mobile device to link to our website.
https://rambampress.com/

הלכות שביתת יום טוב

Hilchot Shvitat Yom Tov

THE LAWS OF RESTING ON HOLIDAYS

They consist of twelve *mitzvot*	יש בכללן י"ב מצות
Six positive commandments and six negative commandments.	שש מצות עשה ושש מצות לא תעשה.
They are:	וזהו פרטן:
1. To rest on the first day of *Pesach*	א. לשבות בראשון של פסח
2. Not to work on that day	ב. שלא לעשות בו מלאכה
3. To rest on the seventh day of *Pesach*	ג. לשבות בשביעי של פסח
4. Not to work on that day	ד. שלא לעשות בו מלאכה
5. To rest on the holiday of *Shavuot*	ה. לשבות ביום חג שבועות
6. Not to work on that day	ו. שלא לעשות בו מלאכה
7. To rest on the first day of *Rosh Hashanah*	ז. לשבות בראש השנה
8. Not to work on that day	ח. שלא לעשות בו מלאכה
9. To rest on the first day of the festival of *Sukot*	ט. לשבות בראשון של חג הסוכות
10. Not to work on that day	י. שלא לעשות בו מלאכה
11. To rest on the eight day of the festival of *Sukot- Shemini Atzeret*	יא. לשבות בשמיני של חג
12. Not to work on that day	יב. שלא לעשות בו מלאכה

Perek 1

Yom Tov

Introduction.

There are **6** days called *Yom Tov,* where it is a *mitzvah* to rest:

To rest on first day *Pesach*[1], Not to do work on that day[2], To rest on seventh day *Pesach*[3], Not to do work on that day[4], To rest on *Shavuos*[5], Not to do work on *Shavuot*[6], To rest on *Rosh Hashanah*[7], Not to work on *Rosh Hashanah*[8], To rest on first day of *Sukot*[9], Not to work on first day of *Sukot*[10], To rest on the eighth day of *Sukot (Shemini Atzeret)*[11]. Not to do work on the eighth day of *Sukot*[12].

On the *Yamim Tovim* (Holidays) there is an obligation to rest as on *Shabbat,* but the laws are more lenient. This leniency mainly allows for work related to the preparation of food to be permissible.

In addition, **2** other labours which are indirectly linked to food preparation are also allowed i.e. carrying and kindling a fire.

The *Rabanim* have been further lenient with the latter two labours by allowing activities even if they are not related to food preparation for example carrying books, keys, children etc. on *Yom Tov*.

- Further, even other labours connected with food may be allowed e.g. slaughtering, kneading, baking etc. However, if it was equally possible to do these labours before *Yom Tov*, then it is forbidden to do these on *Yom Tov* (because the labours are arduous and will detract from the joy of *Yom Tov*) In contrast carrying items which could have been prepared before *Yom Tov* is allowed because the work is not arduous and it adds to the joy of *Yom Tov*.

Similarly, it is forbidden to bake or cook on *Yom Tov* for eating *after Yom Tov*.

- Bathing and anointing are labours which have also been given leniency for *Yom Tov* but one may not wash one's entire body, and one can use hot water.
- *"Muktzeh"* (something set aside for another purpose) *and "nolad"* (something newly created) is forbidden on *Yom* Tov. An example of "muktzeh" is an apple that one plans on selling. He may not decide on Yom Tov to eat it. An example of "nolad" is a shirt made by a gentile on Yom Tov. He may not use the shirt until after Yom Tov. This is an area where *Yom Tov* is stricter than *Shabbat*.

Differences between *Shabbat* and *Yom Tov*

On *Shabbat* or *Yom Tov*	Shabbat	Yom Tov	More lenient	More stringent	Explanation
All 39 *melachot* forbidden	✓	✗		Shabbat	
Preparation of food i.e. cooking	✗	✓		Shabbat	
Kindling a fire	✗	✓		Shabbat	Relates to food preparation
Slaughtering	✗	✓		Shabbat	Connected with food
Kneading	✗	✓		Shabbat	Connected with food
Baking	✗	✓		Shabbat	Connected with food
Nolad		✗	Shabbat		More lenient on *Shabbat*
Muktzeh (something set aside for another purpose)		✗	Shabbat		More lenient on *Shabbat*.
Carrying food from one domain to another	✗	✓		Shabbat	
Carrying other items from one domain to another	✗	✓		Shabbat	
Heat water for bathing and anointing	✗	✓		Shabbat	But not the whole body

Punishment				Shabbat	Violation of *Shabbat* is *skilah* (stoning) and for *Yom Tov malkot* i.e. *Yom Tov* more lenient

There are other fine differences between *Shabbat* and *Yom Tov*.

Although nowadays the months are established by a calendar and Biblically we do not need to keep 2 days Yom Tov due to a doubt, a custom was instituted by the Rabbis that in the Diaspora one must nevertheless keep *Yom Tov* for an extra day. *Rosh Hashanah* is kept for two days in both *Eretz Yisroel and Diaspora.*

It is forbidden to fast or mourn on *Yom Tov.*

Reminder

Mourning on *Shabbat*, Festivals and other Holy Days
Ref: Sefer Shoftim, Hilchot Evel, Chapters 10 and 11

Mourning on Shabbat and Yom Tov

- Shabbat is counted as one of the days of mourning. However, all the public matters of mourning are nullified e.g. can wear clean clothes etc. The private matters e.g. marital relations are still not allowed.
- On Yom Tov, Rosh Hashanah and Yom Kippur, no mourning rites are kept.
- If burial takes place before Yom Tov, the 7 days of mourning are nullified
  - If burial takes place 7 days before Yom Tov, then the **30 days** mourning become nullified
  - Other more complicated factors affecting calculation of days of mourning

Tearing garments on Shabbat, Yom Tov etc.

Also effect of:

- *Chanukah*
- *Purim*
- *Rosh Chodesh*
- Wedding celebrations **(7 days)**

Tearing garments

Even though mourning rites do not take place on *Shabbat*, *Yom Tov* etc., on *Chol Hamoed* garments are torn if death takes place then. We also bring meal of comfort to the mourner *Chanukah, Purim, Rosh Chodesh.*

We observe mourning rites but do not deliver eulogies

7 days of wedding

These are comparable to a *Yom Tov* i.e. 7 days of celebration should be completed before mourning starts.

פרק א׳

א. שֵׁשֶׁת יָמִים הָאֵלּוּ שֶׁאֲסָרָן הַכָּתוּב בַּעֲשִׂיַּת מְלָאכָה שֶׁהֵן רִאשׁוֹן וּשְׁבִיעִי שֶׁל פֶּסַח וְרִאשׁוֹן וּשְׁמִינִי שֶׁל חַג הַסֻּכּוֹת וּבְיוֹם חַג הַשָּׁבוּעוֹת וּבְאֶחָד לַחֹדֶשׁ הַשְּׁבִיעִי הֵן הַנִּקְרָאִין יָמִים טוֹבִים. וּשְׁבִיתַת כֻּלָּן שָׁוָה שֶׁהֵן אֲסוּרִין בְּכָל מְלֶאכֶת עֲבוֹדָה חוּץ מִמְּלָאכָה שֶׁהִיא לְצֹרֶךְ אֲכִילָה שֶׁנֶּאֱמַר (שמות יב טז) ״אַךְ אֲשֶׁר יֵאָכֵל לְכָל נֶפֶשׁ״ וגו׳:

ב. כָּל הַשּׁוֹבֵת מִמְּלֶאכֶת עֲבוֹדָה בְּאֶחָד מֵהֶן הֲרֵי קִיֵּם מִצְוַת עֲשֵׂה שֶׁהֲרֵי נֶאֱמַר בָּהֶן (ויקרא כג כד) (ויקרא כג לט) ״שַׁבָּתוֹן״ כְּלוֹמַר שְׁבֹת. וְכָל הָעוֹשֶׂה בְּאֶחָד מֵהֶן מְלָאכָה שֶׁאֵינָהּ לְצֹרֶךְ אֲכִילָה כְּגוֹן שֶׁבָּנָה אוֹ הָרַס אוֹ אָרַג וְכַיּוֹצֵא בָּאֵלּוּ הֲרֵי בִּטֵּל מִצְוַת עֲשֵׂה וְעָבַר עַל לֹא תַעֲשֶׂה. שֶׁנֶּאֱמַר כָּל מְלֶאכֶת עֲבֹדָה לֹא תַעֲשׂוּ. (שמות יב טז) ״כָּל מְלָאכָה לֹא יֵעָשֶׂה בָהֶם״. וְאִם עָשָׂה בְּעֵדִים וְהַתְרָאָה לוֹקֶה מִן הַתּוֹרָה:

ג. הָעוֹשֶׂה אֲבוֹת מְלָאכוֹת הַרְבֵּה בְּיוֹם טוֹב בְּהַתְרָאָה אַחַת כְּגוֹן שֶׁזָּרַע וּבָנָה וְסָתַר וְאָרַג בְּהַתְרָאָה אַחַת אֵינוֹ לוֹקֶה אֶלָּא אַחַת. חִלּוּק מְלָאכוֹת לְשַׁבָּת וְאֵין חִלּוּק מְלָאכוֹת לְיוֹם טוֹב:

ד. כָּל מְלָאכָה שֶׁחַיָּבִין עָלֶיהָ בְּשַׁבָּת אִם עָשָׂה אוֹתָהּ בְּיוֹם טוֹב שֶׁלֹּא לְצֹרֶךְ אֲכִילָה לוֹקֶה חוּץ מִן הַהוֹצָאָה מֵרְשׁוּת לִרְשׁוּת וְהַהַבְעָרָה שֶׁמִּתּוֹךְ שֶׁהֻתְּרָה הוֹצָאָה בְּיוֹם טוֹב לְצֹרֶךְ אֲכִילָה הֻתְּרָה שֶׁלֹּא לְצֹרֶךְ אֲכִילָה. לְפִיכָךְ מֻתָּר בְּיוֹם טוֹב לְהוֹצִיא קָטָן אוֹ סֵפֶר תּוֹרָה אוֹ מַפְתֵּחַ וְכַיּוֹצֵא בָּאֵלּוּ מֵרְשׁוּת לִרְשׁוּת. וְכֵן מֻתָּר לְהַבְעִיר אַף עַל פִּי שֶׁאֵינוֹ לְצֹרֶךְ אֲכִילָה. וּשְׁאָר מְלָאכוֹת כָּל שֶׁיֵּשׁ בּוֹ צֹרֶךְ אֲכִילָה מֻתָּר כְּגוֹן שְׁחִיטָה וַאֲפִיָּה וְלִישָׁה וְכַיּוֹצֵא בָּהֶן. וְכָל שֶׁאֵין בָּהֶן צֹרֶךְ אֲכִילָה אָסוּר כְּגוֹן כְּתִיבָה וַאֲרִיגָה וּבִנְיָן וְכַיּוֹצֵא בָּהֶן:

ה. כָּל מְלָאכָה שֶׁאֶפְשָׁר לְהֵעָשׂוֹת מֵעֶרֶב יוֹם טוֹב וְלֹא יִהְיֶה בָּהּ הֶפְסֵד וְלֹא חִסָּרוֹן אִם נַעֲשֵׂית מִבְּעֶרֶב אֲסָרוּ חֲכָמִים לַעֲשׂוֹת אוֹתָהּ בְּיוֹם טוֹב אַף עַל פִּי שֶׁהִיא לְצֹרֶךְ אֲכִילָה. וְלָמָּה אָסְרוּ דָּבָר זֶה גְּזֵרָה שֶׁמָּא יַנִּיחַ אָדָם מְלָאכוֹת שֶׁאֶפְשָׁר לַעֲשׂוֹתָן מֵעֶרֶב יוֹם טוֹב לְיוֹם טוֹב וְנִמְצָא יוֹם טוֹב כֻּלּוֹ הוֹלֵךְ בַּעֲשִׂיַּת אוֹתָן מְלָאכוֹת וְיִמָּנַע מִשִּׂמְחַת יוֹם טוֹב וְלֹא יִהְיֶה לוֹ פְּנַאי לֶאֱכֹל:

ו. וּמִזֶּה הַטַּעַם עַצְמוֹ לֹא אָסְרוּ הַהוֹצָאָה בְּיוֹם טוֹב וְאַף עַל פִּי שֶׁכָּל הַהוֹצָאָה הִיא מְלָאכָה שֶׁאֶפְשָׁר לַעֲשׂוֹתָהּ מֵעֶרֶב יוֹם טוֹב וְלָמָּה לֹא אֲסָרוּהָ כְּדֵי לְהַרְבּוֹת בְּשִׂמְחַת יוֹם טוֹב וְיוֹלִיךְ וְיָבִיא כָּל מַה שֶּׁיִּרְצֶה וְיַשְׁלִים חֲפָצָיו וְלֹא יִהְיֶה כְּמִי שֶׁיָּדָיו אֲסוּרוֹת. אֲבָל שְׁאָר מְלָאכוֹת שֶׁאֶפְשָׁר לַעֲשׂוֹתָן מֵעֶרֶב יוֹם טוֹב הוֹאִיל וְיֵשׁ בָּהֶן עֵסֶק אֵין עוֹשִׂין אוֹתָן בְּיוֹם טוֹב:

ז. כֵּיצַד. אֵין קוֹצְרִין וְלֹא דָּשִׁין וְלֹא זוֹרִין וְלֹא בּוֹרְרִין וְלֹא טוֹחֲנִין אֶת הַחִטִּים וְלֹא מְרַקְּדִין בְּיוֹם טוֹב שֶׁכָּל אֵלּוּ וְכַיּוֹצֵא בָּהֶם אֶפְשָׁר לַעֲשׂוֹתָן מֵעֶרֶב יוֹם טוֹב וְאֵין בְּכָךְ הֶפְסֵד וְלֹא חִסָּרוֹן:

ח. אֲבָל לָשִׁין וְאוֹפִין וְשׁוֹחֲטִין וּמְבַשְּׁלִין בְּיוֹם טוֹב. שֶׁאִם עָשָׂה אֵלּוּ מִבְּעֶרֶב יֵשׁ בְּכָךְ הֶפְסֵד אוֹ חִסָּרוֹן טַעַם. שֶׁאֵין לֶחֶם חַם אוֹ תַּבְשִׁיל שֶׁבִּשֵּׁל הַיּוֹם כְּלֶחֶם שֶׁנֶּאֱפָה מֵאֶמֶשׁ וּכְתַבְשִׁיל שֶׁנִּתְבַּשֵּׁל מֵאֶמֶשׁ. וְלֹא בָּשָׂר שֶׁנִּשְׁחַט הַיּוֹם כְּבָשָׂר שֶׁנִּשְׁחַט מֵאֶמֶשׁ. וְכֵן כָּל כַּיּוֹצֵא בָּאֵלּוּ. וְכֵן מַכְשִׁירֵי אֹכֶל נֶפֶשׁ שֶׁיֵּשׁ בָּהֶן חִסָּרוֹן אִם נַעֲשׂוּ מִבְּעֶרֶב עוֹשִׂין אוֹתָן בְּיוֹם טוֹב. כְּגוֹן שְׁחִיקַת תַּבְלִין וְכַיּוֹצֵא בָּהֶן:

ט. אֵין אוֹפִין וּמְבַשְּׁלִין בְּיוֹם טוֹב מַה שֶּׁיֵּאָכֵל בְּחֹל. וְלֹא הִתִּירָה מְלָאכָה שֶׁהִיא לְצֹרֶךְ אֲכִילָה אֶלָּא כְּדֵי לֵהָנוֹת בָּהּ בְּיוֹם טוֹב. עָשָׂה כְּדֵי לֶאֱכֹל בְּיוֹם טוֹב וְהוֹתִיר מֻתָּר לֶאֱכֹל הַמּוֹתָר בְּחֹל:

י. מְמַלְּאָה אִשָּׁה קְדֵרָה בָּשָׂר אַף עַל פִּי שֶׁאֵינָהּ צְרִיכָה אֶלָּא לַחֲתִיכָה אַחַת. מְמַלֵּא נַחְתּוֹם חָבִית שֶׁל מַיִם אַף עַל פִּי שֶׁאֵינוֹ צָרִיךְ אֶלָּא לְקִיתוֹן אֶחָד. וּמְמַלְּאָה אִשָּׁה תַּנּוּר פַּת אַף עַל פִּי שֶׁאֵינָהּ צְרִיכָה אֶלָּא לְכִכָּר אֶחָד. שֶׁבִּזְמַן שֶׁהַפַּת מְרֻבָּה בַּתַּנּוּר הִיא נֶאֱפֵית יָפֶה. וּמוֹלֵחַ אָדָם כַּמָּה חֲתִיכוֹת בָּשָׂר בְּבַת אַחַת אַף עַל פִּי שֶׁאֵינוֹ צָרִיךְ אֶלָּא לַחֲתִיכָה אַחַת. וְכֵן כָּל כַּיּוֹצֵא בָּזֶה:

יא. הַמְבַשֵּׁל אוֹ הָאוֹפֶה בְּיוֹם טוֹב כְּדֵי לֶאֱכֹל בּוֹ בַּיּוֹם אוֹ שֶׁזִּמֵּן אוֹרְחִים וְלֹא בָּאוּ וְנִשְׁאַר הַתַּבְשִׁיל וְהַפַּת הֲרֵי זֶה מֻתָּר לֶאֱכֹל לְמָחָר בֵּין בְּחֹל בֵּין בְּשַׁבָּת. וּבִלְבַד שֶׁלֹּא יַעֲרִים. וְאִם הֶעֱרִים אָסוּר וַאֲפִלּוּ בְּשַׁבָּת שֶׁאַחַר יוֹם טוֹב מִפְּנֵי שֶׁהֶחְמִירוּ בְּמַעֲרִים יוֹתֵר מִן הַמֵּזִיד:

יב. מִי שֶׁהָיְתָה לוֹ בְּהֵמָה מְסֻכֶּנֶת לֹא יִשְׁחֹט אוֹתָהּ בְּיוֹם טוֹב אֶלָּא אִם כֵּן יוֹדֵעַ שֶׁיָּכוֹל לֶאֱכֹל מִמֶּנָּה כְּזַיִת צָלִי מִבְּעוֹד יוֹם. כְּדֵי שֶׁלֹּא יִשְׁחֹט בְּיוֹם טוֹב מַה שֶּׁיֵּאָכֵל בְּחֹל. וְכֵן כָּל כַּיּוֹצֵא בָּזֶה:

יג. אֵין אוֹפִין וּמְבַשְּׁלִין בְּיוֹם טוֹב כְּדֵי לְהַאֲכִיל כּוּתִים אוֹ כְּלָבִים שֶׁנֶּאֱמַר (שמות יב טז) ״הוּא לְבַדּוֹ יֵעָשֶׂה לָכֶם״ לָכֶם וְלֹא לְכוּתִים לָכֶם וְלֹא לִכְלָבִים. לְפִיכָךְ מְזַמְּנִין אֶת הַכּוּתִי בְּשַׁבָּת וְאֵין מְזַמְּנִין אוֹתוֹ בְּיוֹם טוֹב גְּזֵרָה שֶׁמָּא יַרְבֶּה

בִּשְׁבִילוֹ. אֲבָל אִם בָּא הַכּוּתִי מֵאֵלָיו אוֹכֵל עִמָּהֶן מַה שֶּׁהֵן אוֹכְלִין שֶׁכְּבָר הֱכִינוּהָ:

יד. בְּהֵמָה שֶׁחֶצְיָהּ שֶׁל כּוּתִי וְחֶצְיָהּ שֶׁל יִשְׂרָאֵל מֻתָּר לְשָׁחֲטָהּ בְּיוֹם טוֹב שֶׁאִי אֶפְשָׁר לֶאֱכֹל מִמֶּנָּה כְּזַיִת בָּשָׂר בְּלֹא שְׁחִיטָה. אֲבָל עִסָּה שֶׁחֶצְיָהּ לְכוּתִים וְחֶצְיָהּ לְיִשְׂרָאֵל אָסוּר לֶאֱפוֹת אוֹתָהּ מִפְּנֵי שֶׁיָּכוֹל לְחַלֵּק הַבָּצֵק. בְּנֵי הַחַיִל שֶׁנָּתְנוּ קֶמַח לְיִשְׂרָאֵל לַעֲשׂוֹת לָהֶם פַּת בְּיוֹם טוֹב. אִם כְּשֶׁנּוֹתְנִין פַּת מִמֶּנָּה לְתִינוֹק אֵין מַקְפִּידִין מֻתָּר לֶאֱפוֹתוֹ לָהֶן בְּיוֹם טוֹב שֶׁכָּל פַּת וּפַת רָאוּי לַתִּינוֹק. עִסַּת הַכְּלָבִים בִּזְמַן שֶׁהָרוֹעִים אוֹכְלִין מִמֶּנָּה נֶאֱפֵית בְּיוֹם טוֹב:

טו. הַמְבַשֵּׁל בְּיוֹם טוֹב לְכוּתִים אוֹ לִבְהֵמָה אוֹ לְהַנִּיחַ לְחֹל אֵינוֹ לוֹקֶה שֶׁאִלּוּ בָּאוּ לוֹ אוֹרְחִים הָיָה אוֹתוֹ תַּבְשִׁיל רָאוּי לָהֶן. עָשָׂה לְנַפְשׁוֹ וְהוֹתִיר מֻתָּר לְהַאֲכִיל מִמֶּנּוּ לְכוּתִים וְלִבְהֵמָה:

טז. רְחִיצָה וְסִיכָה הֲרֵי הֵן בִּכְלַל אֲכִילָה וּשְׁתִיָּה וְעוֹשִׂין אוֹתָן בְּיוֹם טוֹב שֶׁנֶּאֱמַר (שמות יב טז) "אַךְ אֲשֶׁר יֵאָכֵל לְכָל נֶפֶשׁ" לְכָל שֶׁצָּרִיךְ הַגּוּף. לְפִיכָךְ מְחַמִּין חַמִּין בְּיוֹם טוֹב וְרוֹחֵץ בָּהֶן פָּנָיו יָדָיו וְרַגְלָיו. אֲבָל כָּל גּוּפוֹ אָסוּר מִשּׁוּם גְּזֵרַת מֶרְחָץ. וְחַמִּין שֶׁהוּחַמּוּ מֵעֶרֶב יוֹם טוֹב רוֹחֵץ בָּהֶן כָּל גּוּפוֹ בְּיוֹם טוֹב שֶׁלֹּא גָּזְרוּ עַל דָּבָר זֶה אֶלָּא בְּשַׁבָּת בִּלְבַד:

יז. כָּל שֶׁאָסוּר בְּשַׁבָּת בֵּין מִשּׁוּם שֶׁהוּא דּוֹמֶה לִמְלָאכָה אוֹ מֵבִיא לִידֵי מְלָאכָה בֵּין שֶׁהוּא מִשּׁוּם שְׁבוּת הֲרֵי הוּא אָסוּר בְּיוֹם טוֹב אֶלָּא אִם כֵּן הָיָה בּוֹ צֹרֶךְ אֲכִילָה וְכַיּוֹצֵא בָּהּ. אוֹ דְּבָרִים שֶׁהֵם מֻתָּרִים בְּיוֹם טוֹב כְּמוֹ שֶׁיִּתְבָּאֵר בַּהֲלָכוֹת אֵלּוּ. וְכָל שֶׁאָסוּר לְטַלְטְלוֹ בְּשַׁבָּת אָסוּר לְטַלְטְלוֹ בְּיוֹם טוֹב אֶלָּא לְצֹרֶךְ אֲכִילָה וְכַיּוֹצֵא בָּהּ. וְכָל שֶׁמֻּתָּר בְּשַׁבָּת מֻתָּר בְּיוֹם טוֹב. וְיֵשׁ בְּיוֹם טוֹב מַה שֶּׁאֵין בְּשַׁבָּת אִסּוּר מֻקְצֶה שֶׁהַמֻּקְצֶה אָסוּר בְּיוֹם טוֹב וּמֻתָּר בְּשַׁבָּת מִפְּנֵי שֶׁיּוֹם טוֹב קַל מִשַּׁבָּת אָסְרוּ בּוֹ הַמֻּקְצֶה שֶׁמָּא יָבוֹא לְזַלְזֵל בּוֹ:

יח. כֵּיצַד. תַּרְנְגֹלֶת הָעוֹמֶדֶת לְגַדֵּל בֵּיצִים וְשׁוֹר הָעוֹמֵד לַחֲרִישָׁה וְיוֹנֵי שׁוֹבָךְ וּפֵרוֹת הָעוֹמְדִין לִסְחוֹרָה כָּל אֵלּוּ וְכַיּוֹצֵא בָּהֶן מֻקְצֶה הֵן וְאָסוּר לֶאֱכֹל מֵהֶן בְּיוֹם טוֹב עַד שֶׁיָּכִין אוֹתָם מִבָּעֶרֶב וִיחַשֵּׁב עֲלֵיהֶם לַאֲכִילָה. אֲבָל בְּשַׁבָּת הַכֹּל מוּכָן אֵצֶל שַׁבָּת וְאֵינוֹ צָרִיךְ הֲכָנָה. וּכְשֵׁם שֶׁהַמֻּקְצֶה אָסוּר בְּיוֹם טוֹב כָּךְ הַנּוֹלָד אָסוּר:

יט. חֹל מֵכִין לְשַׁבָּת וְחֹל מֵכִין לְיוֹם טוֹב אֲבָל אֵין יוֹם טוֹב מֵכִין לְשַׁבָּת וְלֹא שַׁבָּת מְכִינָה לְיוֹם טוֹב. לְפִיכָךְ בֵּיצָה שֶׁנּוֹלְדָה בְּיוֹם טוֹב אַחַר הַשַּׁבָּת אֲסוּרָה. וְאַף עַל פִּי שֶׁהַתַּרְנְגֹלֶת עוֹמֶדֶת לַאֲכִילָה. הוֹאִיל וּמֵאֶמֶשׁ נִגְמְרָה הַבֵּיצָה נִמְצָא שַׁבָּת מֵכִין אוֹתָהּ לְיוֹם טוֹב. וַאֲסָרוּהָ בְּכָל יוֹם טוֹב גְּזֵרָה מִשּׁוּם יוֹם טוֹב שֶׁאַחַר שַׁבָּת. וְכֵן בֵּיצָה שֶׁנּוֹלְדָה בְּכָל שַׁבָּת אֲסוּרָה גְּזֵרָה מִשּׁוּם שַׁבָּת שֶׁאַחַר יוֹם טוֹב:

כ. וּכְשֵׁם שֶׁאָסוּר לְאָכְלָהּ כָּךְ אָסוּר לְטַלְטְלָהּ וַאֲפִלּוּ נִתְעָרְבָה בְּאֶלֶף כֻּלָּן אֲסוּרוֹת שֶׁהֲרֵי לְמָחָר יֻתְּרוּ הַכֹּל וְכָל דָּבָר שֶׁיֵּשׁ לוֹ מַתִּירִין אֲפִלּוּ בְּאֶלֶף אֲלָפִים אֵינוֹ בָּטֵל. הַשּׁוֹחֵט תַּרְנְגֹלֶת בְּיוֹם טוֹב וּמָצָא בָּהּ בֵּיצִים גְּמוּרוֹת הֲרֵי אֵלּוּ מֻתָּרוֹת. שֶׁאֵין זֶה דָּבָר מָצוּי תָּמִיד וְדָבָר שֶׁאֵינוֹ מָצוּי אֶלָּא אַקְרַאי בְּעָלְמָא לֹא גָּזְרוּ בּוֹ:

כא. זֶה שֶׁאָנוּ עוֹשִׂין בְּחוּצָה לָאָרֶץ כָּל יוֹם טוֹב מֵאֵלּוּ שְׁנֵי יָמִים מִנְהָג הוּא. וְיוֹם טוֹב שֵׁנִי מִדִּבְרֵי סוֹפְרִים הוּא וּמִדְּבָרִים שֶׁנִּתְחַדְּשׁוּ בַּגָּלוּת. וְאֵין עוֹשִׂין בְּנֵי אֶרֶץ יִשְׂרָאֵל שְׁנֵי יָמִים טוֹבִים אֶלָּא בְּרֹאשׁ הַשָּׁנָה בִּלְבַד. וּבְהִלְכוֹת קִדּוּשׁ הַחֹדֶשׁ מִסֵּפֶר זֶה נְבָאֵר עִקַּר מִנְהָג זֶה וּמֵאֵי זֶה טַעַם עוֹשִׂין רֹאשׁ הַשָּׁנָה שְׁנֵי יָמִים בְּכָל מָקוֹם:

כב. יוֹם טוֹב שֵׁנִי אַף עַל פִּי שֶׁהוּא מִדִּבְרֵי סוֹפְרִים כָּל דָּבָר שֶׁאָסוּר בָּרִאשׁוֹן אָסוּר בַּשֵּׁנִי. וְכָל הַמְחַלֵּל יוֹם טוֹב שֵׁנִי וַאֲפִלּוּ שֶׁל רֹאשׁ הַשָּׁנָה בֵּין בְּדָבָר שֶׁהוּא מִשּׁוּם שְׁבוּת בֵּין בִּמְלָאכָה בֵּין שֶׁיָּצָא חוּץ לַתְּחוּם מַכִּין אוֹתוֹ מַכַּת מַרְדּוּת אוֹ מְנַדִּין אוֹתוֹ אִם לֹא יִהְיֶה מִן הַתַּלְמִידִים. וּכְשֵׁם שֶׁהָרִאשׁוֹן אָסוּר בְּהֶסְפֵּד וְתַעֲנִית וְחַיָּב בְּשִׂמְחָה כָּךְ הַשֵּׁנִי וְאֵין בֵּינֵיהֶן הֶפְרֵשׁ אֶלָּא לְעִנְיַן מֵת בִּלְבַד:

כג. כֵּיצַד. הַמֵּת בְּיוֹם טוֹב רִאשׁוֹן יִתְעַסְּקוּ בִּקְבוּרָתוֹ הַכּוּתִים וּבְיוֹם טוֹב שֵׁנִי יִתְעַסְּקוּ בּוֹ יִשְׂרָאֵל. וְעוֹשִׂין לוֹ כָּל צְרָכָיו כְּגוֹן עֲשִׂיַּת הַמִּטָּה וּתְפִירַת הַתַּכְרִיכִין וּקְצִיצַת הַבְּשָׂמִים וְכָל כַּיּוֹצֵא בָּזֶה. שֶׁיּוֹם טוֹב שֵׁנִי לְגַבֵּי הַמֵּת כְּחֹל הוּא חָשׁוּב וַאֲפִלּוּ בִּשְׁנֵי יָמִים טוֹבִים שֶׁל רֹאשׁ הַשָּׁנָה:

כד. שְׁנֵי יָמִים טוֹבִים אֵלּוּ שֶׁל גָּלֻיּוֹת שְׁתֵּי קְדֻשּׁוֹת הֵן וְאֵינָן כְּיוֹם אֶחָד לְפִיכָךְ דָּבָר שֶׁהָיָה מֻקְצֶה בְּיוֹם טוֹב רִאשׁוֹן אוֹ שֶׁנּוֹלַד בָּרִאשׁוֹן אִם הֵכִין אוֹתוֹ לַשֵּׁנִי הֲרֵי זֶה מֻתָּר. כֵּיצַד. בֵּיצָה שֶׁנּוֹלְדָה בָּרִאשׁוֹן תֵּאָכֵל בַּשֵּׁנִי. חַיָּה וְעוֹף שֶׁנִּצּוֹדוּ בָּרִאשׁוֹן יֵאָכְלוּ בַּשֵּׁנִי. דָּבָר הַמְחֻבָּר לַקַּרְקַע שֶׁנֶּעֱקַר בָּרִאשׁוֹן יֵאָכֵל בַּשֵּׁנִי. וְכֵן מֻתָּר לִכְחֹל אֶת הָעַיִן בְּיוֹם טוֹב שֵׁנִי וְאַף עַל פִּי שֶׁאֵין שָׁם חֹלִי. בַּמֶּה דְּבָרִים אֲמוּרִים בִּשְׁנֵי יָמִים טוֹבִים שֶׁל גָּלֻיּוֹת אֲבָל שְׁנֵי יָמִים שֶׁל רֹאשׁ הַשָּׁנָה קְדֻשָּׁה אַחַת הֵן וּכְיוֹם אֶחָד הֵן חֲשׁוּבִים לְכָל אֵלּוּ הַדְּבָרִים אֶלָּא לְעִנְיַן הַמֵּת בִּלְבַד. אֲבָל בֵּיצָה שֶׁנּוֹלְדָה בָּרִאשׁוֹן שֶׁל רֹאשׁ הַשָּׁנָה אֲסוּרָה בַּשֵּׁנִי. וְכֵן כָּל כַּיּוֹצֵא בָּזֶה. שַׁבָּת הַסְּמוּכָה לְיוֹם טוֹב וְנוֹלְדָה בֵּיצָה בְּאֶחָד מֵהֶן אֲסוּרָה בַּשֵּׁנִי. וְכֵן כָּל כַּיּוֹצֵא בָּזֶה וַאֲפִלּוּ נוֹלְדָה בְּיוֹם שֵׁנִי לֹא תֵּאָכֵל בְּשַׁבָּת הַסְּמוּכָה לוֹ:

Perek 2

Yom Tov.

Food

Nolad (something that was "born" or came into being on *Yom Tov,)* and *Muktzeh* (something set aside).

Basically, the laws of *muktzeh* are stricter on *Yom Tov* than *Shabbat*, and something "born" on *Yom Tov* (*nolad*) or comes into being, is forbidden to be used.

- *Muktzeh per se* means set aside. This means that person had no intention to use these items on *Yom Tov.*
- The more commonly used term "*muktzeh*" refers to items that the Rabbis forbade us from moving, partially because of the concern that this may bring one to perform a forbidden labour.

The first type of *muktzeh* is only prohibited on *Yom Tov,* so that on *Yom Tov* one could not use an article which was not intended for use. Whereas on *Shabbat* this article could be used, so long as it is permitted for use.

On *Yom Tov*	"*Muktzeh*"	Explanation
A pile of ashes made on *Yom Tov*	×	Rather, it's nolad.
Hatching of chick	✓	Could not know if it would hatch on *Yom Tov*
Calf born	Sometimes	i.e. if mother hadn't been designated for slaughter. It is different from chick because it is part of the mother
Animals grazing beyond 2000 *amah tchum*	✓	
Bechor (first born animal) born	✓	A *bechor* really belongs to Priest and as such could not be slaughtered. If it has a blemish then it could be slaughtered. However, one is not allowed to check for blemishes on *Yom Tov.*
Domestic animals living at one's home intended for slaughter e.g. chickens, ducks or doves	×	Therefore, can be slaughtered on *Yom Tov* because in one's mind, they are a possibility to slaughter on *Yom Tov.*
Wild doves etc. which live close by but are more difficult to capture.	✓	Cannot slaughter on *Yom Tov* unless designated precisely before Yom Tov.
Fish, beasts etc. which need trapping	✓	Because they have not been designated

Animals which can be caught without a trap	×	
Gentile brings present which was obtained on Yom Tov (food)	✓	If it is clear that the food was obtained before *Yom Tov* then permitted. Otherwise forbidden.
Branches fallen off a tree	×	These are *nolad*
Wood set aside for building	✓	Therefore cannot be used for kindling
Wood stored in a private domain	×	And can be used for kindling
Leaves to be used for kindling	✓	Because they can fly away and therefore a person would not have designated them
Earth prepared before *Yom Tov*	×	Can be used say for covering blood of slaughtered animal or the like

פרק ב׳

א. אֶפְרוֹחַ שֶׁנּוֹלַד בְּיוֹם טוֹב אָסוּר מִפְּנֵי שֶׁהוּא מֻקְצֶה. וְעֵגֶל שֶׁנּוֹלַד בְּיוֹם טוֹב אִם הָיְתָה אִמּוֹ עוֹמֶדֶת לַאֲכִילָה מֻתָּר מִפְּנֵי שֶׁהוּא מוּכָן עַל גַּבֵּי אִמּוֹ וְאִלּוּ שָׁחַט אִמּוֹ הָיָה זֶה שֶׁבְּמֵעֶיהָ מֻתָּר בְּיוֹם טוֹב אַף עַל פִּי שֶׁלֹּא נוֹלַד:

ב. בְּהֵמוֹת שֶׁיּוֹצְאוֹת וְרוֹעוֹת חוּץ לַתְּחוּם וּבָאוֹת וְלָנוֹת בְּתוֹךְ הַתְּחוּם הֲרֵי אֵלּוּ מוּכָנִין וְלוֹקְחִין מֵהֶן וְשׁוֹחֲטִין אוֹתָן בְּיוֹם טוֹב. אֲבָל הָרוֹעוֹת וְלָנוֹת חוּץ לַתְּחוּם אִם בָּאוּ בְּיוֹם טוֹב אֵין שׁוֹחֲטִין אוֹתָן בְּיוֹם טוֹב מִפְּנֵי שֶׁהֵן מֻקְצִין וְאֵין דַּעַת אַנְשֵׁי הָעִיר עֲלֵיהֶם:

ג. וְכֵן בֶּהֱמַת קָדָשִׁים שֶׁנּוֹלַד בָּהּ מוּם בְּיוֹם טוֹב הוֹאִיל וְלֹא הָיְתָה דַּעְתּוֹ עָלֶיהָ מֵעֶרֶב יוֹם טוֹב אָסוּר לְשָׁחֳטָהּ בְּיוֹם טוֹב. לְפִיכָךְ אָסוּר לִרְאוֹת מוּמֵי קָדָשִׁים בְּיוֹם טוֹב גְּזֵרָה שֶׁמָּא יַתִּירֵם הֶחָכָם בְּמוּמָן וְיָבֹא זֶה לִשְׁחוֹט בּוֹ בַּיּוֹם. אֲבָל רוֹאֶה הוּא הַמּוּם מֵעֶרֶב יוֹם טוֹב וּלְמָחָר מַתִּיר אוֹ אוֹסֵר:

ד. בְּכוֹר שֶׁנּוֹלַד וּמוּמוֹ עִמּוֹ הֲרֵי זֶה מוּכָן וְאֵין מְבַקְּרִים אוֹתוֹ בְּיוֹם טוֹב. וְאִם עָבַר וְרָאָה מוּמוֹ וּבִקְּרוֹ וְהִתִּירוֹ הֲרֵי זֶה שׁוֹחֵט וְאוֹכֵל. בְּכוֹר שֶׁנָּפַל לַבּוֹר עוֹשֶׂה לוֹ פַּרְנָסָה בִּמְקוֹמוֹ שֶׁהֲרֵי אֵינוֹ יָכוֹל לְהַעֲלוֹתוֹ מִפְּנֵי שֶׁאֵינוֹ רָאוּי לִשְׁחִיטָה בְּיוֹם טוֹב. (ויקרא כב כח) "אוֹתוֹ וְאֶת בְּנוֹ" שֶׁנָּפְלוּ לַבּוֹר מַעֲלֶה אֶת הָרִאשׁוֹן עַל מְנָת לְשָׁחֲטוֹ וְאֵינוֹ שׁוֹחֲטוֹ. וּמַעֲרִים וּמַעֲלֶה אֶת הַשֵּׁנִי עַל מְנָת לְשָׁחֲטוֹ וְשׁוֹחֵט אֶת אֵי זֶה מֵהֶן שֶׁיִּרְצֶה. מִשּׁוּם צַעַר בַּעֲלֵי חַיִּים הִתִּירוּ לְהַעֲרִים. בֶּהֱמַת חֻלִּין שֶׁנָּפְלָה מִן הַגַּג וְעָמְדָה מֵעֵת לְעֵת וַהֲרֵי הִיא צְרִיכָה בְּדִיקָה שׁוֹחֲטִין אוֹתָהּ בְּיוֹם טוֹב וְתִבָּדֵק אֶפְשָׁר שֶׁתִּמָּצֵא כְּשֵׁרָה וְתֵאָכֵל:

ה. אֲוָזִין וְתַרְנְגוֹלִין וְיוֹנִים שֶׁבַּבַּיִת הֲרֵי אֵלּוּ מוּכָנִין וְאֵין צְרִיכִין זִמּוּן. אֲבָל יוֹנֵי שׁוֹבָךְ וְיוֹנֵי עֲלִיָּה וְצִפֳּרִים שֶׁקִּנְּנוּ בִּטְפִיחִין אוֹ בְּבִירָה וּבְפַרְדֵּס הֲרֵי אֵלּוּ מֻקְצֶה. וְצָרִיךְ לְזַמֵּן מִבָּעֶרֶב וְלוֹמַר אֵלּוּ וְאֵלּוּ אֲנִי נוֹטֵל וְאֵינוֹ צָרִיךְ לְנַעְנֵעַ:

ו. זִמֵּן שְׁחוֹרִים וּלְבָנִים וּמָצָא שְׁחוֹרִים בִּמְקוֹם לְבָנִים וּלְבָנִים בִּמְקוֹם שְׁחוֹרִים אֲסוּרִים שֶׁאֲנִי אוֹמֵר שֶׁמָּא אוֹתָן שֶׁזִּמֵּן פָּרְחוּ לָהֶן וְאֵלּוּ אֲחֵרִים הֵן וְכָל סָפֵק מוּכָן אָסוּר. זִמֵּן שְׁנַיִם וּמָצָא שְׁלֹשָׁה הַכֹּל אָסוּר. שְׁלֹשָׁה וּמָצָא שְׁנַיִם מֻתָּרִין. זִמֵּן בְּתוֹךְ הַקֵּן וּמָצָא לִפְנֵי הַקֵּן אִם אֵין שָׁם בַּקֵּן אֶלָּא הֵן וְאֵינָן יְכוֹלִין לְפָרֵחַ אַף עַל פִּי שֶׁיֵּשׁ שָׁם קֵן אַחֵר בְּקֶרֶן זָוִית בְּתוֹךְ חֲמִשִּׁים אַמָּה הֲרֵי אֵלּוּ מֻתָּרִין שֶׁאֵין הַמְדַדֶּה מְדַדֶּה אֶלָּא כְּנֶגֶד קִנּוֹ בְּשָׂדֶה:

ז. דָּגִים שֶׁבְּבֵיבָרִין גְּדוֹלִים וְכֵן חַיָּה וָעוֹף שֶׁבְּבֵיבָרִין גְּדוֹלִים כָּל שֶׁהוּא מְחֻסַּר צִידָה עַד שֶׁאוֹמְרִים הָבֵא מְצוּדָה וּנְצוּדֶנּוּ הֲרֵי זֶה מֻקְצֶה וְאֵין צָדִין אוֹתָן בְּיוֹם טוֹב וְאִם צָד לֹא יֹאכְלוּ. וְכָל שֶׁאֵינוֹ צָרִיךְ מְצוּדָה הֲרֵי זֶה מוּכָן וְצָדִין אוֹתוֹ בְּיוֹם טוֹב וְאוֹכְלִין אוֹתוֹ. וְכֵן חַיָּה שֶׁקִּנְּנָה בְּפַרְדֵּס הַסָּמוּךְ לָעִיר

יְלָדֶיהָ כְּשֶׁהֵן קְטַנִּים שֶׁאֵינָן צְרִיכִין צֵידָה אֵינָם צְרִיכִים זִמּוּן מִפְּנֵי שֶׁדַּעְתּוֹ עֲלֵיהֶן:

ח. מְצוּדוֹת חַיָּה וְעוֹפוֹת וְדָגִים שֶׁפְּרָסָן מֵעֶרֶב יוֹם טוֹב לֹא יִטֹּל מֵהֶן בְּיוֹם טוֹב אֶלָּא אִם כֵּן יוֹדֵעַ שֶׁנִּצּוֹדוּ מֵעֶרֶב יוֹם טוֹב. הַסּוֹכֵר אַמַּת הַמַּיִם מֵעֶרֶב יוֹם טוֹב וּלְמָחָר הִשְׁכִּים וּמָצָא בָּהּ דָּגִים הֲרֵי אֵלּוּ מֻתָּרִין שֶׁכְּבָר נִצּוֹדוּ מֵעֶרֶב יוֹם טוֹב וַהֲרֵי הֵן מוּכָנִין:

ט. בַּיִת שֶׁהִיא מָלֵא פֵּרוֹת מוּכָנִין וְנִפְחַת נוֹטֵל מִמְּקוֹם הַפְּחָת. הָעוֹמֵד עַל הַמֻּקְצֶה מֵעֶרֶב יוֹם טוֹב בַּשָּׁנָה הַשְּׁבִיעִית שֶׁכָּל הַפֵּרוֹת הֶפְקֵר צָרִיךְ שֶׁיִּרְשֹׁם וְיֹאמַר מִכָּאן וְעַד כָּאן אֲנִי נוֹטֵל וְאִם לֹא רָשַׁם לֹא יִטֹּל:

י. כּוּתִי שֶׁהֵבִיא תְּשׁוּרָה לְיִשְׂרָאֵל בְּיוֹם טוֹב אִם יֵשׁ מֵאוֹתוֹ הַמִּין בִּמְחֻבָּר לַקַּרְקַע אוֹ שֶׁהֵבִיא חַיָּה אוֹ עוֹפוֹת אוֹ דָּגִים שֶׁאֶפְשָׁר לְצוּדָן בּוֹ בַּיּוֹם הֲרֵי אֵלּוּ אֲסוּרִין עַד לָעֶרֶב וְיַמְתִּין בִּכְדֵי שֶׁיֵּעָשׂוּ. וַאֲפִלּוּ הֲדַס וְכַיּוֹצֵא בּוֹ אֵינוֹ מֵרִיחַ בּוֹ לָעֶרֶב עַד שֶׁיַּמְתִּין בִּכְדֵי שֶׁיֵּעָשׂוּ. וְאִם אֵין מֵאוֹתוֹ הַמִּין בִּמְחֻבָּר לַקַּרְקַע אוֹ שֶׁהָיְתָה צוּרָתוֹ מוֹכַחַת עָלָיו שֶׁמֵּאֶתְמוֹל נֶעֱקַר אוֹ נִצּוֹד אִם הֱבִיאוֹ מִתּוֹךְ הַתְּחוּם מֻתָּר וְאִם הֱבִיאוֹ מִחוּץ לַתְּחוּם הֲרֵי זֶה אָסוּר. וְהַבָּא בִּשְׁבִיל יִשְׂרָאֵל זֶה מִחוּץ לַתְּחוּם מֻתָּר לְיִשְׂרָאֵל אַחֵר:

יא. עֵצִים שֶׁנָּשְׁרוּ מִן הַדֶּקֶל בְּיוֹם טוֹב אָסוּר לְהַסִּיקָן מִפְּנֵי שֶׁהֵן נוֹלָד. וְאִם נָשְׁרוּ לְתוֹךְ הַתַּנּוּר מַרְבֶּה עֲלֵיהֶן עֵצִים מוּכָנִין וּמַסִּיקָן. עֲרֵמַת הַתֶּבֶן וְאוֹצָר שֶׁל עֵצִים אֵין מַתְחִילִין בָּהֶן בְּיוֹם טוֹב אֶלָּא אִם כֵּן הֵכִין מִבָּעֶרֶב מִפְּנֵי שֶׁהֵן מֻקְצֶה. וְאִם הָיָה הַתֶּבֶן מְעֹרָב בְּקוֹצִים שֶׁהֲרֵי אֵינוֹ רָאוּי אֶלָּא לְאֵשׁ הֲרֵי זֶה מוּכָן:

יב. אֵין מְבַקְּעִין עֵצִים מִסַּוָּאר שֶׁל קוֹרוֹת מִפְּנֵי שֶׁהֵן מֻקְצֶה. וְלֹא מִן הַקּוֹרָה שֶׁנִּשְׁבְּרָה בְּיוֹם טוֹב מִפְּנֵי שֶׁהִיא נוֹלָד. וְכֵן כֵּלִים שֶׁנִּשְׁבְּרוּ בְּיוֹם טוֹב אֵין מַסִּיקִין בָּהֶן מִפְּנֵי שֶׁהֵן נוֹלָד. אֲבָל מַסִּיקִין בְּכֵלִים שְׁלֵמִים אוֹ בְּכֵלִים שֶׁנִּשְׁבְּרוּ מֵעֶרֶב יוֹם טוֹב שֶׁהֲרֵי הוּכְנוּ לִמְלָאכָה אַחֶרֶת מִבָּעֶרֶב. כַּיּוֹצֵא בּוֹ אֱגוֹזִים וּשְׁקֵדִים שֶׁאֲכָלָן מֵעֶרֶב יוֹם טוֹב מַסִּיקִין בִּקְלִפֵּיהֶן בְּיוֹם טוֹב. וְאִם אֲכָלָן בְּיוֹם טוֹב אֵין מַסִּיקִין בִּקְלִפֵּיהֶן. וְיֵשׁ נֻסְחָאוֹת שֶׁיֵּשׁ בָּהֶן שֶׁאִם אֲכָלָן מִבָּעֶרֶב אֵין מַסִּיקִין בִּקְלִפֵּיהֶן שֶׁהֲרֵי הֻקְצוּ וְאִם אֲכָלָן בְּיוֹם טוֹב מַסִּיקִין מִפְּנֵי שֶׁהֵן מוּכָנִין עַל גַּב הָאֹכֶל:

יג. קוֹץ רָטֹב הֲרֵי הוּא מֻקְצֶה מִפְּנֵי שֶׁאֵינוֹ רָאוּי לְהַסָּקָה. לְפִיכָךְ אָסוּר לוֹ לַעֲשׂוֹתוֹ כְּמוֹ שְׁפוּד לִצְלוֹת בּוֹ בָּשָׂר. וְכֵן כָּל כַּיּוֹצֵא בָּזֶה:

יד. נוֹטְלִין עֵצִים הַסְּמוּכִים לְדָפְנֵי הַסֻּכָּה וּמַסִּיקִין בָּהֶן. אֲבָל אֵין מְבִיאִים מִן הַשָּׂדֶה אֲפִלּוּ הָיוּ מְכֻנָּסִין שָׁם מִבָּעֶרֶב. אֲבָל מְגַבֵּב הוּא בַּשָּׂדֶה מִלְּפָנָיו וּמַדְלִיק שָׁם. וּמְבִיאִין מִן הַמְכֻנָּסִין שֶׁבִּרְשׁוּת הַיָּחִיד וַאֲפִלּוּ הָיְתָה מֻקֶּפֶת שֶׁלֹּא לְשֵׁם דִּירָה וּבִלְבַד שֶׁיִּהְיֶה לָהּ פּוֹתַחַת וְתִהְיֶה בְּתוֹךְ תְּחוּם שַׁבָּת. וְאִם חָסֵר אֶחָד מִכָּל אֵלּוּ הֲרֵי הֵן מֻקְצֶה:

טו. עֲלֵי קָנִים וַעֲלֵי גְּפָנִים אַף עַל פִּי שֶׁהֵן מְכֻנָּסִין בַּקַּרְפֵּף כֵּיוָן שֶׁהָרוּחַ מְפַזֶּרֶת אוֹתָן הֲרֵי הֵן כִּמְפֻזָּרִין וַאֲסוּרִין. וְאִם הִנִּיחַ עֲלֵיהֶן כְּלִי כָּבֵד מֵעֶרֶב יוֹם טוֹב הֲרֵי אֵלּוּ מוּכָנִין:

טז. בְּהֵמָה שֶׁמֵּתָה בְּיוֹם טוֹב אִם הָיְתָה מְסֻכֶּנֶת מֵעֶרֶב יוֹם טוֹב הֲרֵי זֶה מְחַתְּכָהּ לַכְּלָבִים. וְאִם לָאו הוֹאִיל וְלֹא הָיְתָה דַּעְתּוֹ עָלֶיהָ הֲרֵי זֶה מֻקְצֶה וְלֹא יְזִיזֶנָּהּ מִמְּקוֹמָהּ. בֶּהֱמַת קָדָשִׁים שֶׁמֵּתָה וּתְרוּמָה שֶׁנִּטְמֵאת לֹא יְזִיזֶנָּהּ מִמְּקוֹמָהּ:

יז. דָּגִים וְעוֹפוֹת וְחַיָּה שֶׁהֵן מֻקְצֶה אֵין מַשְׁקִין אוֹתָן בְּיוֹם טוֹב וְאֵין נוֹתְנִין לִפְנֵיהֶם מְזוֹנוֹת שֶׁמָּא יָבֹא לִקַּח מֵהֶן. וְכָל שֶׁאָסוּר לְאָכְלוֹ אוֹ לְהִשְׁתַּמֵּשׁ בּוֹ בְּיוֹם טוֹב מִפְּנֵי שֶׁהוּא מֻקְצֶה אָסוּר לְטַלְטְלוֹ:

יח. הַמַּכְנִיס עָפָר מֵעֶרֶב יוֹם טוֹב אִם יִחֵד לוֹ בַּחֲצֵרוֹ קֶרֶן זָוִית הֲרֵי זֶה מוּכָן וּמֻתָּר לְטַלְטְלוֹ וְלַעֲשׂוֹת בּוֹ כָּל צְרָכָיו. וְכֵן אֵפֶר שֶׁהֻסַּק מֵעֶרֶב יוֹם טוֹב מוּכָן. וְשֶׁהֻסַּק בְּיוֹם טוֹב כָּל זְמַן שֶׁהוּא חַם כְּדֵי לִצְלוֹת בּוֹ בֵּיצָה מֻתָּר לְטַלְטְלוֹ שֶׁעֲדַיִן אֵשׁ הוּא. וְאִם לָאו אָסוּר לְטַלְטְלוֹ מִפְּנֵי שֶׁהוּא נוֹלָד. מִי שֶׁהָיָה לוֹ דֶּקֶר נָעוּץ מֵעֶרֶב יוֹם טוֹב וּנְתָקוֹ בְּיוֹם טוֹב וְהֶעֱלָה עָפָר אִם הָיָה אוֹתוֹ עָפָר תִּיחוֹחַ הֲרֵי זֶה מְכַסֶּה בּוֹ וּמְטַלְטְלוֹ. אֲבָל אִם הֶעֱלָה גּוּשׁ עָפָר הֲרֵי זֶה לֹא יִכְתֹּשׁ אוֹתוֹ בְּיוֹם טוֹב:

Perek 3

Yom Tov.

Food – Finer aspects of allowed *melachot*

Slaughtering, Skinning, Salting, Processing hide, Kneading, Separating *Challah*, Grinding, Sifting.

E.g. slaughtering – one can slaughter say a sheep, but is not allowed to shear the wool from the neck at place of slaughter (because shearing is a prohibited activity). But one can do it in a different manner to the normal i.e. instead of shearing with machine one can pluck out the wool with hands and leave it here on the neck partially etc.

פרק ג׳

א. מִי שֶׁהָיָה לוֹ עָפָר מוּכָן אוֹ אֵפֶר מוּכָן שֶׁמֻּתָּר לְטַלְטְלוֹ הֲרֵי זֶה שׁוֹחֵט חַיָּה וָעוֹף וּמְכַסֶּה דָּמָם. וְאִם אֵין לוֹ עָפָר מוּכָן אוֹ אֵפֶר הָרָאוּי לְטַלְטְלוֹ הֲרֵי זֶה לֹא יִשְׁחֹט וְאִם עָבַר וְשָׁחַט לֹא יְכַסֶּה דָּמָם עַד לָעֶרֶב. וְכֵן בְּרִיָּה שֶׁהוּא סָפֵק אִם חַיָּה הִיא אִם בְּהֵמָה אֵין שׁוֹחֲטִין אוֹתָהּ בְּיוֹם טוֹב וְאִם שָׁחַט לֹא יְכַסֶּה דָּמָהּ עַד לָעֶרֶב. אֲפִלּוּ הָיָה לוֹ עָפָר מוּכָן אוֹ אֵפֶר. שֶׁמָּא יֹאמַר הָרוֹאֶה חַיָּה וַדָּאִית הִיא וּלְפִיכָךְ כִּסָּה דָּמוֹ בְּיוֹם טוֹב וְיָבוֹא הָרוֹאֶה לְהַתִּיר חֶלְבּוֹ:

ב. וְכֵן הַשּׁוֹחֵט חַיָּה וָעוֹף מֵעֶרֶב יוֹם טוֹב לֹא יְכַסֶּה דָּמָם בְּיוֹם טוֹב. שָׁחַט בְּהֵמָה חַיָּה וָעוֹף בְּיוֹם טוֹב וְנִתְעָרֵב דָּמָם לֹא יְכַסֶּה אוֹתוֹ עַד לָעֶרֶב. וְאִם הָיָה לוֹ עָפָר מוּכָן אוֹ אֵפֶר וְיָכוֹל לְכַסּוֹת הַכֹּל בִּדְקִירָה אַחַת הֲרֵי זֶה יְכַסֵּהוּ:

ג. הַשּׁוֹחֵט בְּהֵמָה בְּיוֹם טוֹב מֻתָּר לוֹ לִתְלֹשׁ צֶמֶר לִמְקוֹם הַסַּכִּין בְּיָדוֹ. וּבִלְבַד שֶׁלֹּא יְזִיזֶנּוּ מִמְּקוֹמוֹ אֶלָּא יִשָּׁאֵר שָׁם מְסֻבָּךְ כִּשְׁאָר צֶמֶר הַצַּוָּאר. אֲבָל בְּעוֹף לֹא יְמָרֵט מִפְּנֵי שֶׁהוּא דַּרְכּוֹ וְנִמְצָא תּוֹלֵשׁ בְּיוֹם טוֹב:

ד. הַמַּפְשִׁיט עוֹר בְּהֵמָה בְּיוֹם טוֹב לֹא יְמַלְּחֶנּוּ שֶׁזֶּה עִבּוּד הוּא וְנִמְצָא עוֹשֶׂה מְלָאכָה שֶׁלֹּא לְצֹרֶךְ אֲכִילָה. אֲבָל נוֹתְנוֹ לִפְנֵי בֵּית הַדְּרִיסָה כְּדֵי שֶׁיִּדְרְסוּ עָלָיו וְלֹא יִפָּסֵד. וְלֹא הִתִּירוּ דָּבָר זֶה אֶלָּא מִפְּנֵי שִׂמְחַת יוֹם טוֹב כְּדֵי שֶׁלֹּא יִמָּנַע מִלִּשְׁחֹט. וּמֻתָּר לִמְלֹחַ בָּשָׂר לִצְלִי עַל גַּבֵּי הָעוֹר. וּמַעֲרִימִים בְּדָבָר זֶה. כֵּיצַד. מוֹלֵחַ מְעַט בָּשָׂר מִכָּאן וּמְעַט מִכָּאן עַד שֶׁיִּמָּלַח הָעוֹר כֻּלּוֹ:

ה. בַּמֶּה דְּבָרִים אֲמוּרִים בְּמוֹלֵחַ לִצְלִי שֶׁאֵינוֹ צָרִיךְ מֶלַח הַרְבֵּה אֲבָל לִקְדֵרָה אָסוּר לִמְלֹחַ עַל הָעוֹר. וְכֵן אֵין מוֹלְחִין אֶת הַחֲלָבִים וְאֵין מְהַפְּכִין בָּהֶן וְאֵין שׁוֹטְחִין אוֹתָן בָּרוּחַ עַל גַּבֵּי יְתֵדוֹת מִפְּנֵי שֶׁאֵינָן רְאוּיִין לַאֲכִילָה:

ו. הַמַּפְשִׁיט אֶת הַבְּהֵמָה לֹא יַרְגִּיל בְּיוֹם טוֹב. כֵּיצַד הוּא הַמַּרְגִּיל. זֶה הַמּוֹצִיא כָּל בָּשָׂר מֵרֶגֶל אַחַת כְּדֵי שֶׁיּוֹצִיא כָּל הָעוֹר שָׁלֵם וְלֹא יִקָּרַע. מִפְּנֵי שֶׁטּוֹרֵחַ בְּהֶפְשֵׁט זֶה טֹרַח גָּדוֹל וְאֵין בּוֹ צֹרֶךְ לַמּוֹעֵד. וְכֵן אָסוּר לַעֲשׂוֹת בֵּית יָד בַּבָּשָׂר וְהוּא שֶׁיַּעֲשֶׂה בְּסַכִּין שֶׁלֹּא יַעֲשֶׂה כְּדֶרֶךְ שֶׁהוּא עוֹשֶׂה בְּחֹל. וּמֻתָּר לַעֲשׂוֹת סִימָן בַּבָּשָׂר:

ז. מוֹלְגִין אֶת הָרֹאשׁ וְאֶת הָרַגְלַיִם וּמְהַבְהֲבִין אוֹתָן בָּאוּר. אֲבָל אֵין טוֹפְלִין אוֹתָן בְּסִיד וּבְחַרְסִית וְלֹא בַּאֲדָמָה וְאֵין גּוֹזְזִין אוֹתָן בְּמִסְפָּרַיִם. וְכֵן אֵין גּוֹזְזִין אֶת הַיָּרָק בְּתִסְפֹּרֶת שֶׁלּוֹ אֲבָל מְתַקְּנִין אֶת הָאֹכֶל שֶׁיֵּשׁ בּוֹ קוֹצִים כְּגוֹן קֻנְדָּס וְעַכְּבִיּוֹת בְּתִסְפֹּרֶת:

ח. מֻתָּר לָלוּשׁ עִסָּה גְּדוֹלָה בְּיוֹם טוֹב. וְהַלָּשׁ עִסָּה מֵעֶרֶב יוֹם טוֹב אֵינוֹ מַפְרִישׁ מִמֶּנָּה חַלָּה בְּיוֹם טוֹב. וְאִם לָשָׁהּ בְּיוֹם טוֹב מַפְרִישׁ מִמֶּנָּה חַלָּה וְנוֹתְנָהּ לַכֹּהֵן. וְאִם הָיְתָה עִסָּה טְמֵאָה אוֹ שֶׁנִּטְמֵאת הַחַלָּה לֹא יְבַשֵּׁל אֶת הַחַלָּה שֶׁאֵין מְבַשְּׁלִין בְּיוֹם טוֹב אֶלָּא לֶאֱכֹל וְזוֹ לִשְׂרֵפָה עוֹמֶדֶת. וְכֵן אֵין שׂוֹרְפִין אוֹתָהּ בְּיוֹם טוֹב שֶׁאֵין שׂוֹרְפִין קָדָשִׁים שֶׁנִּטְמְאוּ בְּיוֹם טוֹב. שֶׁשְּׂרֵפַת קָדָשִׁים שֶׁנִּטְמְאוּ מִצְוַת עֲשֵׂה שֶׁנֶּאֱמַר (ויקרא ז יט) "בָּאֵשׁ יִשָּׂרֵף" וַעֲשִׂיַּת מְלָאכָה שֶׁאֵינָהּ לְצֹרֶךְ אֲכִילָה וְכַיּוֹצֵא בָּהֶן עֲשֵׂה וְלֹא תַּעֲשֶׂה וְאֵין עֲשֵׂה דּוֹחֶה אֶת לֹא תַּעֲשֶׂה וַעֲשֵׂה:

ט. כֵּיצַד יַעֲשֶׂה בָּהּ. יַנִּיחֶנָּהּ עַד הָעֶרֶב וְיִשְׂרֹף אוֹתָהּ. הָיָה יוֹם טוֹב שֶׁל פֶּסַח שֶׁאִם יַנִּיחֶנָּהּ תַּחְמִיץ לֹא יַפְרִישׁ אֶת הַחַלָּה בְּבָצֵק אֶלָּא יֹאפֶה אֶת כָּל הָעִסָּה הַטְּמֵאָה וְאַחַר כָּךְ יַפְרִישׁ הַחַלָּה לֶחֶם:

י. אֵין אוֹפִין בְּפוּרְנֵי חֲדָשָׁה גְּזֵרָה שֶׁמָּא תִּפָּחֵת וְתַפְסִיד הַלֶּחֶם וְיִמָּנַע מִשִּׂמְחַת יוֹם טוֹב. אֵין גּוֹרְפִין תַּנּוּר וְכִירַיִם אֲבָל מְכַבְּשִׁין אֶת הָאֵפֶר שֶׁבָּהֶן. וְאִם אִי אֶפְשָׁר לֶאֱפוֹת

בּוֹ אוֹ לִצְלוֹת אֶלָּא אִם כֵּן גָּרַף מֻתָּר. וְסוֹתְמִין פִּי הַתַּנּוּר בְּטִיט וָרֶפֶשׁ שֶׁבִּסְבִיבוֹת הַנָּהָר וְהוּא שֶׁרְכָּכוֹ מֵאֶמֶשׁ אֲבָל לְגַבֵּל טִיט בְּיוֹם טוֹב אָסוּר. וּמֻתָּר לְגַבֵּל אֶת הָאֵפֶר לִסְתֹּם בּוֹ פִּי הַתַּנּוּר:

יא. תַּנּוּר וְכִירַיִם חֲדָשִׁים אֵין סָכִין אוֹתָן בְּשֶׁמֶן בְּיוֹם טוֹב. וְאֵין טָשִׁין אוֹתָן בְּמַטְלִית. וְאֵין מְפִיגִין אוֹתָן בְּצוֹנֵן כְּדֵי לְחָסְמָן וְאִם בִּשְׁבִיל לֶאֱפוֹת בָּהֶן מֻתָּר. אֵין מְלַבְּנִין אֶת הָאֲבָנִים לִצְלוֹת אוֹ לֶאֱפוֹת עֲלֵיהֶן מִפְּנֵי שֶׁמְּחַסְּמָן. וּמַסִּיקִין וְאוֹפִין בְּפוּרְנִי וּמְחַמִּין חַמִּין בְּאַנְטִיכִי:

יב. אֵין עוֹשִׂין גְּבִינָה בְּיוֹם טוֹב שֶׁאִם גִּבֵּן מֵעֶרֶב יוֹם טוֹב אֵין בָּזֶה חֶסְרוֹן טַעַם אֲבָל דָּכִין אֶת הַתַּבְלִין כְּדַרְכָּן שֶׁאִם יָדוּךְ אוֹתָן מִבָּעֶרֶב יָפוּג טַעֲמָן. אֲבָל מֶלַח אֵינוֹ נִדּוֹךְ בְּיוֹם טוֹב אֶלָּא אִם כֵּן הִטָּה הַמַּכְתֵּשׁ אוֹ שֶׁיָּדוּךְ בִּקְעָרָה וְכַיּוֹצֵא בָּהּ כְּדֵי שֶׁיְּשַׁנֶּה. שֶׁאִם שָׁחַק הַמֶּלַח מֵעֶרֶב יוֹם טוֹב לֹא יָפוּג טַעְמוֹ. וְאֵין שׁוֹחֲקִין אֶת הַפִּלְפְּלִין בָּרֵחַיִם שֶׁלָּהֶן אֶלָּא דָּךְ אוֹתָן בִּמְדוֹכָה כְּכָל הַתַּבְלִין:

יג. אֵין כּוֹתְשִׁין אֶת הָרִיפוֹת בְּמַכְתֶּשֶׁת גְּדוֹלָה. אֲבָל כּוֹתְשִׁין בְּמַכְתֶּשֶׁת קְטַנָּה שֶׁזֶּה הוּא הַשִּׁנּוּי שֶׁלָּהּ. וּבְאֶרֶץ יִשְׂרָאֵל אֲפִלּוּ בִּקְטַנָּה אָסוּר שֶׁהַתְּבוּאָה שֶׁלָּהֶן טוֹבָה הִיא וְאִם כּוֹתְשִׁין אוֹתָם מֵעֶרֶב יוֹם טוֹב אֵין בְּכָךְ הֶפְסֵד:

יד. הַקֶּמַח אַף עַל פִּי שֶׁרִקְּדוֹ מֵעֶרֶב יוֹם טוֹב וְהֵסִיר מִמֶּנּוּ הַסֻּבִּין אֵין מְרַקְּדִין אוֹתוֹ פַּעַם שְׁנִיָּה בְּיוֹם טוֹב אֶלָּא אִם כֵּן נָפַל בְּתוֹכוֹ צְרוֹר אוֹ קֵיסָם וְכַיּוֹצֵא בָּהֶם. וְאִם שִׁנָּה מֻתָּר. כֵּיצַד. כְּגוֹן שֶׁיְּרַקֵּד מֵאֲחוֹרֵי הַנָּפָה אוֹ שֶׁרִקֵּד עַל גַּבֵּי הַשֻּׁלְחָן וְכַיּוֹצֵא בְּשִׁנּוּי זֶה:

טו. מוֹלְלִין מְלִילוֹת וּמְפָרְכִין קִטְנִית בְּיוֹם טוֹב וּמְנַפֵּחַ עַל יָד עַל יָד בְּכָל כֹּחוֹ וְאוֹכֵל וַאֲפִלּוּ בְּקָנוֹן אוֹ בְּתַמְחוּי אֲבָל לֹא בְּנָפָה וְלֹא בִּכְבָרָה. וְכֵן הַבּוֹרֵר קִטְנִיּוֹת בְּיוֹם טוֹב בּוֹרֵר כְּדַרְכּוֹ בְּחֵיקוֹ וּבְתַמְחוּי אֲבָל לֹא בְּנָפָה וְלֹא בְּטַבְלָה וְלֹא בִּכְבָרָה:

טז. בַּמֶּה דְּבָרִים אֲמוּרִים כְּשֶׁהָאֹכֶל מְרֻבֶּה עַל הַפְּסֹלֶת אֲבָל אִם הָיְתָה הַפְּסֹלֶת מְרֻבָּה עַל הָאֹכֶל בּוֹרֵר אֶת הָאֹכֶל וּמֵנִיחַ אֶת הַפְּסֹלֶת. וְאִם הָיָה טֹרַח בִּבְרֵרַת הַפְּסֹלֶת מִן הָאֹכֶל יֶתֶר מִטֹּרַח בִּבְרֵרַת הָאֹכֶל מִן הַפְּסֹלֶת אַף עַל פִּי שֶׁהָאֹכֶל מְרֻבֶּה בּוֹרֵר אֶת הָאֹכֶל וּמֵנִיחַ אֶת הַפְּסֹלֶת:

יז. אֵין מְסַנְּנִין אֶת הַחַרְדָּל בְּמִסְנֶנֶת שֶׁלָּהּ מִפְּנֵי שֶׁנִּרְאֶה כְּבוֹרֵר. אֲבָל נוֹתְנִין בֵּיצָה בְּמִסְנֶנֶת שֶׁל חַרְדָּל וְהוּא מִסְתַּנֵּן מֵאֵלָיו. וְאִם הָיְתָה הַמְשַׁמֶּרֶת תְּלוּיָה מֻתָּר לִתֵּן לָהּ יַיִן בְּיוֹם טוֹב. אֲבָל לֹא יִתְלֶה בַּתְּחִלָּה שֶׁלֹּא יַעֲשֶׂה כְּדֶרֶךְ שֶׁהוּא עוֹשֶׂה בְּחֹל. וּמַעֲרִים וְתוֹלֶה אֶת הַמְשַׁמֶּרֶת לִתְלוֹת בָּהּ רִמּוֹנִים וְתוֹלֶה בָּהּ רִמּוֹנִים וְאַחַר כָּךְ נוֹתֵן לְתוֹכָהּ שְׁמָרִים:

Perek 4

Yom Tov.

Food – Further *melachot*

Even though the following *melachot* are allowed, restrictions exist.

- Fire
  - One cannot light up on *Yom Tov* (but one can start a fire using a pre-existing flame)
  - One cannot extinguish a fire on *Yom Tov*
  - A fire which breaks out on *Yom Tov* has same rules as *Shabbat*
- Sharpening instruments
- Building.
- Immersing of vessels – occasionally this is allowed
- Business activities. *Yom Tov* more lenient than *Shabbat.* But still restricted. E.g. one cannot weigh items nor mention money. Business activity is only occasionally allowed if food was needed.

פֶּרֶק ד׳

א. אֵין מוֹצִיאִין אֶת הָאֵשׁ לֹא מִן הָעֵצִים וְלֹא מִן הָאֲבָנִים וְלֹא מִן הַמַּתָּכוֹת. כְּגוֹן שֶׁחוֹכְכִין אוֹתָן זוֹ בָּזוֹ אוֹ מַכִּין זוֹ בָּזוֹ עַד שֶׁתֵּצֵא הָאֵשׁ. וְכֵן הַנֵּפְט הַחַד בְּיוֹתֵר שֶׁהוּא בְּמַיִם שֶׁמְּנִידִין אוֹתָם עַד שֶׁיִּדָּלֵק. אוֹ כְּלִי זַךְ קָשֶׁה אוֹ זְכוּכִית מְלֵאָה מַיִם שֶׁמַּנִּיחִין אוֹתָהּ כְּנֶגֶד עֵין הַשֶּׁמֶשׁ עַד שֶׁיַּחֲזֹר נָגְהָהּ לַפִּשְׁתָּן וְכַיּוֹצֵא בּוֹ וְיִדָּלֵק. כָּל זֶה וְכַיּוֹצֵא בּוֹ אָסוּר בְּיוֹם טוֹב. שֶׁלֹּא הֻתַּר בְּיוֹם טוֹב אֶלָּא לְהַבְעִיר מֵאֵשׁ מְצוּיָה. אֲבָל לְהַמְצִיא אֵשׁ אָסוּר שֶׁהֲרֵי אֶפְשָׁר לְהַמְצִיא אוֹתָהּ מִבָּעֶרֶב:

ב. אַף עַל פִּי שֶׁהֻתְּרָה הַבְעָרָה בְּיוֹם טוֹב שֶׁלֹּא לְצֹרֶךְ אָסוּר לְכַבּוֹת אֶת הָאֵשׁ אֲפִלּוּ הַבְעָרָה לְצֹרֶךְ אֲכִילָה. שֶׁהַכִּבּוּי מְלָאכָה שֶׁאֵין בּוֹ צֹרֶךְ אֲכִילָה כְּלָל. וּכְשֵׁם שֶׁאֵין מְכַבִּים אֶת הָאֵשׁ כָּךְ אֵין מְכַבִּים אֶת הַנֵּר וְאִם כִּבָּה לוֹקֶה כְּמִי שֶׁהָרַג אוֹ בָּנָה:

ג. אֵין מְסַלְּקִין אֶת פִּי הַנֵּר לְמַעְלָה כְּדֵי שֶׁתִּכְבֶּה. וְאֵין מְסִירִין אֶת הַשֶּׁמֶן מִמֶּנּוּ וְאֵינוֹ חוֹתֵךְ אֶת רֹאשׁ הַפְּתִילָה בִּכְלִי. אֲבָל נוֹפֵץ אֶת רֹאשָׁהּ בְּיָדוֹ. אֲגֻדָּה שֶׁל עֵצִים שֶׁהֻדְלְקָה בִּמְדוּרָה כָּל עֵץ שֶׁלֹּא אֲחָזָהּ בּוֹ הָאֵשׁ מֻתָּר לְשָׁמְטוֹ וְאֵינוֹ דּוֹמֶה לְמֵסִיר שֶׁמֶן מִן הַנֵּר:

ד. אֵין מְכַבִּין אֶת הַדְּלֵקָה כְּדֵי לְהַצִּיל מָמוֹן בְּיוֹם טוֹב כְּדֶרֶךְ שֶׁאֵין מְכַבִּין בְּשַׁבָּת אֶלָּא מְנִיחָהּ וְיוֹצֵא. וְאֵין מְכַבִּין אֶת הַנֵּר מִפְּנֵי תַּשְׁמִישׁ הַמִּטָּה אֶלָּא כּוֹפֶה עָלָיו כְּלִי אוֹ עוֹשֶׂה מְחִצָּה בֵּינוֹ לְבֵין הַנֵּר אוֹ מוֹצִיאוֹ לְבֵית אַחֵר. וְאִם אֵינוֹ יָכוֹל לַעֲשׂוֹת אַחַת מִכָּל אֵלּוּ הֲרֵי זֶה אָסוּר לְכַבּוֹת וְאָסוּר לְשַׁמֵּשׁ עַד שֶׁתִּכְבֶּה מֵאֵלֶיהָ:

ה. מֻתָּר לְטַלְטֵל אֶת הַנֵּר וְהוּא דּוֹלֵק וְאֵין גּוֹזְרִין שֶׁמָּא יִכְבֶּה. וְאָסוּר לְהָנִיחַ אֶת הַנֵּר עַל גַּבֵּי דֶּקֶל וְכַיּוֹצֵא בּוֹ בְּיוֹם טוֹב שֶׁמָּא יָבוֹא לְהִשְׁתַּמֵּשׁ בִּמְחֻבָּר בְּיוֹם טוֹב:

ו. אֵין מְעַשְּׁנִין בִּקְטֹרֶת בְּיוֹם טוֹב מִפְּנֵי שֶׁהוּא מְכַבֶּה. וַאֲפִלּוּ לְהָרִיחַ בָּהּ. וְאֵין צָרִיךְ לוֹמַר לְגַמֵּר אֶת הַבַּיִת וְאֶת הַכֵּלִים שֶׁהוּא אָסוּר. וּמֻתָּר לְעַשֵּׁן תַּחַת הַפֵּרוֹת כְּדֵי שֶׁיִּכְשְׁרוּ לַאֲכִילָה כְּמוֹ שֶׁמֻּתָּר לִצְלוֹת בָּשָׂר עַל הָאֵשׁ. וּמְמַתְּקִין אֶת הַחַרְדָּל בְּגַחֶלֶת שֶׁל מַתֶּכֶת אֲבָל לֹא בְּגַחֶלֶת שֶׁל עֵץ מִפְּנֵי שֶׁהוּא מְכַבֶּה. וְאֵין מְכַבִּין אֶת הָאֵשׁ כְּדֵי שֶׁלֹּא תִּתְעַשֵּׁן הַקְּדֵרָה אוֹ הַבַּיִת:

ז. אֵין נוֹפְחִין בְּמַפּוּחַ בְּיוֹם טוֹב כְּדֵי שֶׁלֹּא יַעֲשֶׂה כְּדֶרֶךְ שֶׁהָאֻמָּנִין עוֹשִׂין. אֲבָל נוֹפְחִין בִּשְׁפוֹפֶרֶת. אֵין עוֹשִׂין פֶּחָמִין וְאֵין גּוֹדְלִין אֶת הַפְּתִילָה וְלֹא מְהַבְהֲבִין אוֹתָהּ וְלֹא חוֹתְכִין אוֹתָהּ לִשְׁנַיִם בִּכְלִי. אֲבָל מְמַעֲכָהּ בַּיָּד וְשׁוֹרֶה אוֹתָהּ בְּשֶׁמֶן וּמַנִּיחַ אוֹתָהּ בֵּין שְׁתֵּי נֵרוֹת וּמַדְלִיק בָּאֶמְצַע וְנִמְצֵאת הַפְּתִילָה נֶחְלֶקֶת בְּפִי שְׁתֵּי נֵרוֹת:

ח. אֵין שׁוֹבְרִין אֶת הַחֶרֶשׂ וְאֵין חוֹתְכִין אֶת הַנְּיָר לִצְלוֹת עֲלֵיהֶם. וְאֵין פּוֹצְעִין אֶת הַקָּנֶה לַעֲשׂוֹתוֹ כְּמוֹ שְׁפוּד לִצְלוֹת בּוֹ מָלִיחַ. שְׁפוּד שֶׁנִּרְצַף אַף עַל פִּי שֶׁהוּא יָכוֹל לְפָשְׁטוֹ בְּיָדוֹ אֵין מְתַקְּנִין אוֹתוֹ. שְׁנֵי כֵּלִים שֶׁהֵן מְחֻבָּרִין בִּתְחִלַּת עֲשִׂיָּתָן כְּגוֹן שְׁתֵּי נֵרוֹת אוֹ שְׁנֵי כּוֹסוֹת אֵין פּוֹחֲתִין אוֹתָן לִשְׁנַיִם מִפְּנֵי שֶׁהוּא כִּמְתַקֵּן כְּלִי:

ט. אֵין מַשְׁחִיזִין אֶת הַסַּכִּין בְּמַשְׁחֶזֶת שֶׁלָּהּ אֲבָל מְחַדְּדָהּ עַל גַּבֵּי הָעֵץ אוֹ עַל גַּבֵּי חֶרֶשׂ אוֹ אֶבֶן וְאֵין מוֹרִים דָּבָר זֶה לָרַבִּים כְּדֵי שֶׁלֹּא יָבֹאוּ לְחַדְּדָהּ בְּמַשְׁחֶזֶת. בַּמֶּה דְּבָרִים אֲמוּרִים בְּשֶׁיְּכוֹלָה לַחְתֹּךְ בְּדֹחַק אוֹ שֶׁנִּפְגְּמָה. אֲבָל אִם אֵינָהּ יְכוֹלָה לַחְתֹּךְ כְּלָל אֵין מַשְׁחִיזִין אוֹתָהּ אֲפִלּוּ עַל הָעֵץ שֶׁמָּא יָבֹא לְהַשְׁחִיזָהּ בְּמַשְׁחֶזֶת. וּמִפְּנֵי זֶה אָסְרוּ לְהַרְאוֹת סַכִּין לְחָכָם בְּיוֹם טוֹב שֶׁמָּא תִּהְיֶה פְּגוּמָה וְיֹאמַר לוֹ אָסוּר לִשְׁחֹט בָּהּ מִשּׁוּם פְּגִימָתָהּ וְיֵלֵךְ וִיחַדְּדֶנָּה בְּמַשְׁחֶזֶת. וְחָכָם שֶׁרָאָה הַסַּכִּין לְעַצְמוֹ הֲרֵי זֶה מַשְׁאִילָהּ לְעַם הָאָרֶץ:

י. אֵין מְבַקְּעִין עֵצִים בְּיוֹם טוֹב לֹא בְּקוֹרְדוֹם וְלֹא בְּמַגָּל וְלֹא בִּמְגֵרָה אֶלָּא בְּקוֹפִיץ וּבַצַּד הַחַד שֶׁלּוֹ. אֲבָל לֹא בַּצַּד הָרָחָב מִפְּנֵי שֶׁהִיא כְּקוֹרְדוֹם. וְלָמָּה אָסְרוּ בְּקוֹרְדוֹם וְכַיּוֹצֵא בּוֹ שֶׁלֹּא יַעֲשֶׂה כְּדֶרֶךְ שֶׁהוּא עוֹשֶׂה בְּחֹל שֶׁהֲרֵי אֶפְשָׁר הָיָה לוֹ לְבַקֵּעַ מֵעֶרֶב יוֹם טוֹב. וְלָמָּה לֹא נֶאֱסַר הַבִּקּוּעַ כְּלָל מִפְּנֵי שֶׁאֶפְשָׁר שֶׁיִּפְגַּע בְּעֵץ עָבֶה וְלֹא יוּכַל לְהַבְעִירוֹ וְיִמָּנַע מִלְּבַשֵּׁל. לְפִיכָךְ הִתִּירוּ לְבַקֵּעַ בְּשִׁנּוּי. וְכָל הַדְּבָרִים הַדּוֹמִין לָזֶה מִזֶּה הַטַּעַם הִתִּירוּ בָּהֶן מַה שֶּׁהִתִּירוּ וְאָסְרוּ מַה שֶּׁאָסְרוּ:

יא. לֹא תִּכָּנֵס אִשָּׁה בֵּין הָעֵצִים לִטֹּל מֵהֶן אוּד לִצְלוֹת בּוֹ. וְאֵין סוֹמְכִין אֶת הַקְּדֵרָה וְלֹא אֶת הַדֶּלֶת בְּבִקַּעַת שֶׁל קוֹרָה. שֶׁלֹּא הִתִּירוּ לְטַלְטֵל עֵצִים בְּיוֹם טוֹב אֶלָּא לְהַסָּקָה בִּלְבַד:

יב. מְסַלְּקִין תְּרִיסֵי חֲנֻיּוֹת וּמַחְזִירִין אוֹתָן בְּיוֹם טוֹב כְּדֵי שֶׁיּוֹצִיא תַּבְלִין שֶׁהוּא צָרִיךְ לָהֶן מִן הַחֲנוּת וְלֹא יִמָּנַע מִשִּׂמְחַת יוֹם טוֹב. בַּמֶּה דְּבָרִים אֲמוּרִים בְּשֶׁיֵּשׁ לָהֶן צִיר בְּאֶמְצַע אֲבָל יֵשׁ לָהֶן צִיר מִן הַצַּד אָסוּר גְּזֵרָה שֶׁמָּא יִתְקַע. וְשֶׁאֵין לָהֶן צִיר כָּל עִקָּר אֲפִלּוּ בַּבַּיִת מֻתָּר לְהַחֲזִיר:

יג. כֵּלִים שֶׁהֵן מְפֻצָּלִין כְּגוֹן מְנוֹרָה שֶׁל חֻלְיוֹת וְכִסֵּא וְשֻׁלְחָן שֶׁהֵן חֲתִיכוֹת חֲתִיכוֹת מַעֲמִידִין אוֹתָן בְּיוֹם טוֹב וְהוּא שֶׁלֹּא יִתְקַע. לְפִי שֶׁאֵין בִּנְיָן בְּכֵלִים. אֲבָנִים שֶׁל בֵּית הַכִּסֵּא מֻתָּר לְצַדְּדָן בְּיוֹם טוֹב. בִּנְיָן עֲרַאי הוּא וּמִשּׁוּם כְּבוֹדוֹ לֹא גָּזְרוּ:

יד. הָעוֹשֶׂה מְדוּרָה בְּיוֹם טוֹב כְּשֶׁהוּא עוֹרֵךְ אֶת הָעֵצִים אֵינוֹ מַנִּיחַ זֶה עַל זֶה עַד שֶׁיְּסַדֵּר הַמַּעֲרָכָה מִפְּנֵי שֶׁנִּרְאָה כְּבוֹנֶה. וְאַף עַל פִּי שֶׁהוּא בִּנְיַן עֲרַאי אָסוּר. אֶלָּא אוֹ שׁוֹפֵךְ הָעֵצִים בְּעִרְבּוּב אוֹ עוֹרֵךְ בְּשִׁנּוּי. כֵּיצַד. מַנִּיחַ עֵץ לְמַעֲלָה וּמַנִּיחַ אַחֵר תַּחְתָּיו וְאַחֵר תַּחְתָּיו עַד שֶׁהוּא מַגִּיעַ לָאָרֶץ:

טו. וְכֵן הַקְּדֵרָה אוֹחֵז אוֹתָהּ וּמַכְנִיס הָאֲבָנִים תַּחְתֶּיהָ. אֲבָל לֹא יַנִּיחֶנָּה עַל גַּבֵּי הָאֲבָנִים. וְכֵן הַמִּטָּה אוֹחֵז הַקְּרָשִׁים לְמַעְלָה וּמַכְנִיס הָרַגְלַיִם תַּחְתֵּיהֶן. אֲפִלּוּ בֵּיצִים לֹא יַעֲמִיד אוֹתָן בְּשׁוּרָה עַל גַּבֵּי שׁוּרָה עַד שֶׁיַּעַמְדוּ כְּמוֹ מִגְדָּל אֶלָּא יְשַׁנֶּה וְיַתְחִיל מִלְמַעְלָה לְמַטָּה. וְכֵן כָּל כַּיּוֹצֵא בָּזֶה צָרִיךְ שִׁנּוּי:

טז. מְסִירִין זְבוּבִין הַנִּתְלִים בַּבְּהֵמָה אַף עַל פִּי שֶׁהֵן עוֹשִׂין חַבּוּרָה. וְאֵין מְיַלְּדִין אֶת הַבְּהֵמָה בְּיוֹם טוֹב אֲבָל מְסַעֲדִין. כֵּיצַד. אוֹחֵז בַּוָּלָד שֶׁלֹּא יִפֹּל לָאָרֶץ וְנוֹפֵחַ לוֹ בְּחָטְמוֹ וְנוֹתֵן דַּד לְתוֹךְ פִּיו. הָיְתָה בְּהֵמָה טְהוֹרָה וְרִחֲקָה אֶת הַוָּלָד מֻתָּר לְזַלֵּף מִשְּׁלְיָתָהּ עָלָיו וְלִתֵּן בּוּל מֶלַח בְּרַחְמָהּ כְּדֵי שֶׁתְּרַחֵם עָלָיו. אֲבָל הַטְּמֵאָה אָסוּר לַעֲשׂוֹת לָהּ כֵּן לְפִי שֶׁאֵינָהּ צְרִיכָה:

יז. כְּלִי שֶׁנִּטְמָא מֵעֶרֶב יוֹם טוֹב אֵין מַטְבִּילִין אוֹתוֹ בְּיוֹם טוֹב גְּזֵרָה שֶׁמָּא יַשְׁהֶה אוֹתוֹ בְּטֻמְאָתוֹ. וְאִם הָיָה צָרִיךְ לְהַטְבִּיל מַיִם שֶׁבּוֹ מַטְבִּיל אֶת הַכְּלִי בְּמֵימָיו וְאֵינוֹ חוֹשֵׁשׁ. כְּלִי שֶׁהָיָה טָהוֹר לִתְרוּמָה וְרָצָה לְהַטְבִּילוֹ לְקֹדֶשׁ מֻתָּר לְהַטְבִּילוֹ. וְכֵן כָּל כַּיּוֹצֵא בָּזֶה מַטְבִּילִין מַעֲלוֹת שְׁאָר הַטֻּמְאוֹת:

יח. כְּלִי שֶׁנִּטְמָא בְּיוֹם טוֹב מַטְבִּילִין אוֹתוֹ בְּיוֹם טוֹב. נִטְמָא הַכְּלִי בְּמַשְׁקִין טְמֵאִין שֶׁהֵן וְלַד הַטֻּמְאָה מֵעֶרֶב יוֹם טוֹב מַטְבִּילִין אוֹתוֹ בְּיוֹם טוֹב לְפִי שֶׁהוּא טָהוֹר מִן הַתּוֹרָה כְּמוֹ שֶׁיִּתְבָּאֵר בִּמְקוֹמוֹ. וּמַדְלִין בִּדְלִי טָמֵא וְהוּא טָהוֹר מֵאֵלָיו. נִדָּה שֶׁאֵין לָהּ בְּגָדִים לְהַחֲלִיף מַעֲרֶמֶת וְטוֹבֶלֶת בִּבְגָדֶיהָ:

יט. דְּבָרִים רַבִּים אָסְרוּ בְּיוֹם טוֹב מִשּׁוּם גְּזֵרַת מִקָּח וּמִמְכָּר. כֵּיצַד. אֵין פּוֹסְקִים דָּמִים לְכַתְּחִלָּה עַל הַבְּהֵמָה בְּיוֹם טוֹב אֶלָּא מֵבִיא שְׁתֵּי בְהֵמוֹת שָׁווֹת זוֹ לָזוֹ וְשׁוֹחֲטִין אַחַת מֵהֶן וּמְחַלְּקִין בֵּינֵיהֶן. וּלְמָחָר יוֹדְעִין כַּמָּה דְּמֵי הַשְּׁנִיָּה וְכָל אֶחָד וְאֶחָד נוֹתֵן דְּמֵי חֶלְקוֹ. כְּשֶׁהֵן מְחַלְּקִין בֵּינֵיהֶן לֹא יֹאמַר זֶה אֲנִי בְּסֶלַע וְאַתָּה בִּשְׁנַיִם שֶׁאֵין מַזְכִּירִין שׁוּם דָּמִים אֶלָּא זֶה נוֹטֵל שְׁלִישׁ וְזֶה רְבִיעַ:

כ. כְּשֶׁהֵן מְחַלְּקִין לֹא יִשְׁקְלוּ בְּמֹאזְנַיִם שֶׁאֵין מַשְׁגִּיחִין בְּכַף

מֹאזְנַיִם כָּל עִקָּר. אֲפִלּוּ לִתֵּן בּוֹ בָּשָׂר לְשָׁמְרוֹ מִן הָעַכְבָּרִים אָסוּר אִם הָיוּ הַמֹּאזְנַיִם תְּלוּיִין מִפְּנֵי שֶׁנִּרְאָה כְּשׁוֹקֵל בְּכַף מֹאזְנַיִם. וְטַבָּח אֻמָּן אָסוּר לִשְׁקֹל בְּיָדוֹ. וְאָסוּר לִשְׁקֹל בִּכְלִי מָלֵא מַיִם. וְאֵין מְטִילִין חֲלָשִׁים עַל הַמָּנוֹת. אֲבָל מְטִילִין חֲלָשִׁים עַל בְּשַׂר הַקֳּדָשִׁים בְּיוֹם טוֹב כְּדֵי לְחַבֵּב אֶת הַמִּצְוָה:

כא. לֹא יֹאמַר אָדָם לְטַבָּח תֵּן לִי בְּדִינָר בָּשָׂר אֶלָּא תֵּן לִי חֵלֶק אוֹ חֲצִי חֵלֶק וּלְמָחָר עוֹשִׂין חֶשְׁבּוֹן עַל שָׁוְיוֹ. וְכֵן לֹא יִקַּח מִבַּעַל הַחֲנוּת בְּמִדָּה אוֹ בְּמִשְׁקָל אֶלָּא כֵּיצַד הוּא עוֹשֶׂה. אוֹמֵר לַחֶנְוָנִי מַלֵּא לִי כְּלִי זֶה וּלְמָחָר נוֹתֵן לוֹ שָׁוְיוֹ. וַאֲפִלּוּ הָיָה כְּלִי הַמְיֻחָד לְמִדָּה יְמַלְּאֶנּוּ וְהוּא שֶׁלֹּא יַזְכִּיר לוֹ שֵׁם מִדָּה:

כב. הַנַּחְתּוֹם מוֹדֵד תַּבְלִין וְנוֹתֵן לַקְּדֵרָה בִּשְׁבִיל שֶׁלֹּא יַפְסִיד תַּבְשִׁילוֹ. אֲבָל הָאִשָּׁה לֹא תָּמֹד קֶמַח לַעֲשׂוֹתָהּ. וְכֵן לֹא יָמֹד אָדָם שְׂעוֹרִים לִתֵּן לִפְנֵי בְהֶמְתּוֹ אֶלָּא מְשַׁעֵר וְנוֹתֵן לָהּ:

כג. וּמֻתָּר לִקַּח מִן הַחֶנְוָנִי בֵּיצִים וֶאֱגוֹזִים בְּמִנְיָן. וְכֵן כָּל כַּיּוֹצֵא בָּהֶן וּבִלְבַד שֶׁלֹּא יַזְכִּיר לוֹ שׁוּם דָּמִים וְלֹא סְכוּם מִנְיָן. כֵּיצַד סְכוּם הַמִּנְיָן. הֲרֵי שֶׁהָיְתָה נוֹשֶׂה בּוֹ עֲשָׂרָה רִמּוֹנִים אוֹ עֲשָׂרָה אֱגוֹזִים לֹא יֹאמַר לוֹ בְּיוֹם טוֹב תֵּן לִי עֲשָׂרָה כְּדֵי שֶׁיִּהְיֶה לְךָ עֶשְׂרִים אֶצְלִי אֶלָּא לוֹקֵחַ סְתָם וּלְמָחָר עוֹשֶׂה חֶשְׁבּוֹן:

כד. הַהוֹלֵךְ אֵצֶל חֶנְוָנִי אוֹ רוֹעֶה הָרָגִיל אֶצְלוֹ אוֹ אֵצֶל הַפַּטָּם הָרָגִיל אֶצְלוֹ וְלוֹקֵחַ מִמֶּנּוּ בְּהֵמוֹת וְעוֹפוֹת וְכָל מַה שֶּׁיִּרְצֶה וְהוּא שֶׁלֹּא יַזְכִּיר לוֹ שׁוּם דָּמִים וְלֹא סְכוּם מִנְיָן:

כה. הַלְוָאַת יוֹם טוֹב תּוֹבְעִין אוֹתָהּ בְּדִין שֶׁאִם תֹּאמַר לֹא נִתְּנָה לְהִתָּבֵעַ אֵינוֹ נוֹתֵן לוֹ כְּלוּם וְנִמְצָא נִמְנָע מִשִּׂמְחַת יוֹם טוֹב:

כו. אַף עַל פִּי שֶׁאֵין מַגְבִּיהִין תְּרוּמָה וּמַעֲשְׂרוֹת בְּיוֹם טוֹב אִם הָיוּ לוֹ תְּרוּמוֹת וּמַעַשְׂרוֹת שֶׁהִגְבִּיהָן מֵאֶמֶשׁ הֲרֵי זֶה מוֹלִיכָן לַכֹּהֵן בְּיוֹם טוֹב. וְאֵין צָרִיךְ לוֹמַר חַלָּה וְזָרוֹעַ וּלְחָיַיִם וְקֵיבָה שֶׁמּוֹלִיכָן לַכֹּהֵן בְּיוֹם טוֹב. וְגַבָּאֵי צְדָקָה גּוֹבִין מִן הַחֲצֵרוֹת בְּיוֹם טוֹב. וְלֹא יִהְיוּ מַכְרִיזִין כְּדֶרֶךְ שֶׁמַּכְרִיזִין בְּחֹל. אֶלָּא גּוֹבִין בְּצִנְעָה וְנוֹתְנִין לְתוֹךְ חֵיקָן וּמְחַלְּקִין לְכָל שְׁכוּנָה וּשְׁכוּנָה בִּפְנֵי עַצְמָהּ:

Perek 5

Yom Tov.

CARRYING.

Even though carrying objects from one domain to another is allowed even unnecessarily, one should take extra precautions with heavy objects i.e. they should be carried with a *shinuy* (different to normal mode of carrying) e.g. if load normally carried on a pole, it should be carried on say one's back on *Yom Tov.*

ERUV TCHUMIM.

The difference between *eruv tchumim* on *Shabbat* and *Yom Tov* is that on *Yom Tov* not only his movements are limited by the *tchum* (to 2000 *amah*) but also his articles. This is because of the leniency of *Yom Tov* allowing articles to be carried, while on *Shabbat* it is forbidden to carry these articles.

The definition of *tchum* for the articles depends on who the owner is (and therefore restricted to owner's *tchum*) not according to the current holder of the article (and therefore restricted to the *tchum* of holder) e.g. when guests are given food, they may only carry this within *tchum* of host and not within their own *tchum.*

Another complication is when two people own the article. Here article may only be moved within the overlap of their individual *tchumim.*

Reminder:
Eruv Tchumim
Ref: Sefer Zemanim, Hilchot Eruvin, Chapters 6 and 7

פרק ה׳

א. אַף עַל פִּי שֶׁהֻתְּרָה הוֹצָאָה בְּיוֹם טוֹב אֲפִלּוּ שֶׁלֹּא לְצֹרֶךְ לֹא יִשָּׂא מַשָּׂאוֹת גְּדוֹלוֹת כְּדֶרֶךְ שֶׁהוּא עוֹשֶׂה בְּחֹל אֶלָּא צָרִיךְ לְשַׁנּוֹת. וְאִם אִי אֶפְשָׁר לְשַׁנּוֹת מֻתָּר. כֵּיצַד. הַמֵּבִיא כַּדֵּי יַיִן מִמָּקוֹם לְמָקוֹם לֹא יְבִיאֵם בְּסַל וּבְקֻפָּה אֲבָל מֵבִיא הוּא עַל כְּתֵפוֹ אוֹ לְפָנָיו. הַמּוֹלִיךְ אֶת הַתֶּבֶן לֹא יַפְשִׁיל אֶת הַקֻּפָּה לַאֲחֲרָיו אֲבָל מוֹלִיכָהּ בְּיָדוֹ:

ב. וְכֵן מַשּׂוֹאוֹת שֶׁדַּרְכָּן לִשָּׂא אוֹתָן בְּמוֹט יִשָּׂא אוֹתָן עַל גַּבּוֹ מֵאַחֲרָיו. וְשֶׁדַּרְכָּן לִשָּׂא אוֹתָן מֵאֲחוֹרָיו יִשָּׂא אוֹתָן עַל כְּתֵפוֹ. וְשֶׁדַּרְכָּן לְהִנָּשֵׂא עַל הַכָּתֵף יִשָּׂא אוֹתָן בְּיָדוֹ לְפָנָיו אוֹ יִפְרֹשׂ עֲלֵיהֶן בֶּגֶד וְכָל כַּיּוֹצֵא בָּזֶה מִשִּׁנּוּי הַמַּשָּׂא. וְאִם אִי אֶפְשָׁר לְשַׁנּוֹת נוֹשֵׂא וּמֵבִיא כְּדַרְכּוֹ. בַּמֶּה דְּבָרִים אֲמוּרִים בְּנוֹשֵׂא עַל הָאָדָם אֲבָל עַל גַּבֵּי בְּהֵמָה לֹא יָבִיא כְּלָל שֶׁלֹּא יַעֲשֶׂה כְּדֶרֶךְ שֶׁהוּא עוֹשֶׂה בְּחֹל:

ג. אֵין מַנְהִיגִין אֶת הַבְּהֵמָה בְּמַקֵּל. וְאֵין הַסּוּמָא יוֹצֵא בְּמַקְלוֹ וְלֹא הָרוֹעֶה בְּתַרְמִילוֹ. וְאֵין יוֹצְאִין בְּכִסֵּא אֶחָד הָאִישׁ וְאֶחָד הָאִשָּׁה שֶׁלֹּא יַעֲשֶׂה כְּדֶרֶךְ שֶׁהוּא עוֹשֶׂה בְּחֹל. וְאִישׁ שֶׁהָיוּ רַבִּים צְרִיכִין לוֹ יוֹצְאִין בְּכִסֵּא אַחֲרָיו וּמוֹצִיאִין אוֹתוֹ עַל הַכָּתֵף אֲפִלּוּ בְּאַפִּרְיוֹן:

ד. אֵין מוֹלִיכִין אֶת הַסֻּלָּם שֶׁל שׁוֹבָךְ מִשּׁוֹבָךְ לְשׁוֹבָךְ בִּרְשׁוּת הָרַבִּים שֶׁמָּא יֹאמְרוּ לְתַקֵּן גַּגּוֹ הוּא מוֹלִיכוֹ. אֲבָל בִּרְשׁוּת הַיָּחִיד מוֹלִיכוֹ. אַף עַל פִּי שֶׁכָּל מָקוֹם שֶׁאָסְרוּ חֲכָמִים מִפְּנֵי מַרְאִית הָעַיִן אֲפִלּוּ בְּחַדְרֵי חֲדָרִים אָסוּר כָּאן הִתִּירוּ מִפְּנֵי שִׂמְחַת יוֹם טוֹב:

ה. מִי שֶׁהָיוּ לוֹ פֵּרוֹת עַל גַּגּוֹ וְצָרִיךְ לְפַנּוֹתָם לְמָקוֹם אַחֵר לֹא יוֹשִׁיטֵם מִגַּג לְגַג וַאֲפִלּוּ בְּגַגִּין הַשָּׁוִין. וְלֹא יְשַׁלְשְׁלֵם בְּחֶבֶל מִן הַחַלּוֹנוֹת וְלֹא יוֹרִידֵם בְּסֻלָּמוֹת שֶׁלֹּא יַעֲשֶׂה כְּדֶרֶךְ שֶׁהוּא עוֹשֶׂה בְּחֹל. אֲבָל מַשִּׁילָן אֲפִלּוּ דֶּרֶךְ אֲרֻבָּה מִמָּקוֹם לְמָקוֹם בְּאוֹתוֹ הַגַּג. שָׁחַט בְּהֵמָה בַּשָּׂדֶה לֹא יְבִיאֶנָּה בְּמוֹט לָעִיר אוֹ בְּמוֹטָה אֲבָל מְבִיאָהּ אֵיבָרִים אֵיבָרִים:

ו. כָּל שֶׁנֵּאוֹתִין בּוֹ אֲפִלּוּ בְּחֹל אַף עַל פִּי שֶׁאֵין נֵאוֹתִין בּוֹ בְּיוֹם טוֹב כְּגוֹן תְּפִלִּין מֻתָּר לְשַׁלְּחָן לַחֲבֵרוֹ בְּיוֹם טוֹב. וְאֵין

צָרִיךְ לוֹמַר דָּבָר שֶׁנֵּאוֹתִין בּוֹ בְּיוֹם טוֹב כְּגוֹן יֵינוֹת שְׁמָנִים וּסְלָתוֹת שֶׁמֻּתָּר לְשָׁלְחָן. וְכָל דָּבָר שֶׁאֵין נֵאוֹתִין בּוֹ בְּחֹל עַד שֶׁיֵּעָשֶׂה בּוֹ מַעֲשֶׂה שֶׁאָסוּר לַעֲשׂוֹתוֹ בְּיוֹם טוֹב אֵין מְשַׁלְּחִין אוֹתוֹ בְּיוֹם טוֹב:

ז. כֵּיצַד. אֵין מְשַׁלְּחִין בְּיוֹם טוֹב תְּבוּאָה לְפִי שֶׁאֵין נֵאוֹתִין בָּהּ בְּחֹל אֶלָּא אִם כֵּן טָחַן וְאָסוּר לִטְחֹן בְּיוֹם טוֹב. אֲבָל מְשַׁלְּחִין קִטְנִיּוֹת מִפְּנֵי שֶׁמְּבַשְּׁלָן בְּיוֹם טוֹב אוֹ קוֹלֶה אוֹתָן וְאוֹכְלָן. וּמְשַׁלְּחִין חַיָּה בְּהֵמָה וְעוֹפוֹת אֲפִלּוּ חַיִּים מִפְּנֵי שֶׁמֻּתָּר לִשְׁחֹט בְּיוֹם טוֹב. וְכֵן כָּל כַּיּוֹצֵא בָּזֶה:

ח. כָּל דָּבָר שֶׁמֻּתָּר לְשָׁלְחוֹ בְּיוֹם טוֹב כְּשֶׁיְּשַׁלְּחֶנּוּ לַחֲבֵרוֹ תְּשׁוּרָה לֹא יְשַׁלְּחֶנּוּ בְּשׁוּרָה וְאֵין שׁוּרָה פְּחוּתָה מִשְּׁלֹשָׁה בְּנֵי אָדָם. כֵּיצַד. הֲרֵי שֶׁשָּׁלַח לַחֲבֵרוֹ בְּהֵמוֹת אוֹ יֵינוֹת בְּיַד שְׁלֹשָׁה בְּנֵי אָדָם כְּאֶחָד אוֹ אַרְבָּעָה זֶה אַחַר זֶה וְכֻלָּן הוֹלְכִין בְּשׁוּרָה אַחַת הֲרֵי זֶה אָסוּר שֶׁלֹּא יַעֲשֶׂה כְּדֶרֶךְ שֶׁהוּא עוֹשֶׂה בְּחֹל. שָׁלַח שְׁלֹשָׁה מִינִין בְּיַד שְׁלֹשָׁה בְּנֵי אָדָם כְּאֶחָד הֲרֵי זֶה מֻתָּר:

ט. הַמְעָרֵב עֵרוּבֵי תְּחוּמִין לְיוֹם טוֹב הֲרֵי בְּהֶמְתּוֹ וְכֵלָיו וּפֵרוֹתָיו כָּמוֹהוּ. וְאֵין מוֹלִיכִין אוֹתָן אֶלָּא בְּתוֹךְ אַלְפַּיִם אַמָּה לְכָל רוּחַ מִמְּקוֹם עֵרוּבוֹ:

י. חֶפְצֵי הֶפְקֵר הֲרֵי הֵן כְּרַגְלֵי מִי שֶׁזָּכָה בָּהֶן. וְחֶפְצֵי הַכּוּתִים קוֹנִין שְׁבִיתָה בִּמְקוֹמָן וְיֵשׁ לָהֶן אַלְפַּיִם אַמָּה לְכָל רוּחַ מִמְּקוֹמָן גְּזֵרָה בִּבְעָלִים כּוּתִים מִשּׁוּם בְּעָלִים יִשְׂרָאֵל. פֵּרוֹת שֶׁיָּצְאוּ חוּץ לִמְקוֹמָן וְחָזְרוּ אֲפִלּוּ בְּמֵזִיד לֹא הִפְסִידוּ אֶת מְקוֹמָן מִפְּנֵי שֶׁהֵן כְּאָדָם שֶׁיָּצָא בְּאֹנֶס וְחָזַר בְּאֹנֶס:

יא. הַמּוֹסֵר בְּהֶמְתּוֹ לִבְנוֹ הֲרֵי הִיא כְּרַגְלֵי הָאָב. מְסָרָהּ לְרוֹעֶה וַאֲפִלּוּ נְתָנָהּ לוֹ בְּיוֹם טוֹב הֲרֵי הִיא כְּרַגְלֵי הָרוֹעֶה. מְסָרָהּ לִשְׁנֵי רוֹעִים הֲרֵי הִיא כְּרַגְלֵי בְּעָלֶיהָ מִפְּנֵי שֶׁלֹּא קָנָה אֶחָד מֵהֶן:

יב. מִי שֶׁזִּמֵּן אֶצְלוֹ אוֹרְחִים בְּיוֹם טוֹב לֹא יוֹלִיכוּ בְּיָדָם מָנוֹת לְמָקוֹם שֶׁאֵין בַּעַל הַסְּעֻדָּה יָכוֹל לֵילֵךְ בּוֹ. שֶׁכָּל הַסְּעֻדָּה כְּרַגְלֵי בַּעַל הַסְּעֻדָּה לֹא כְּרַגְלֵי הָאוֹרְחִין. אֶלָּא אִם כֵּן זָכָה לָהֶן אַחֵר בְּמָנוֹת אֵלּוּ מֵעֶרֶב יוֹם טוֹב:

יג. וְכֵן מִי שֶׁהָיוּ פֵּרוֹתָיו מֻפְקָדִין בְּעִיר אַחֶרֶת וְעֵרְבוּ בְּנֵי אוֹתָהּ הָעִיר לָבֹא אֶצְלוֹ לֹא יָבִיאוּ לוֹ מִפֵּרוֹתָיו שֶׁפֵּרוֹתָיו כָּמוֹהוּ אַף עַל פִּי שֶׁהֵן בְּיַד אֵלּוּ שֶׁעֵרְבוּ. בַּמֶּה דְּבָרִים אֲמוּרִים בְּשֶׁיִּחֵד לָהֶן קֶרֶן זָוִית אֲבָל אִם לֹא יִחֵד לָהֶן הֲרֵי הֵן כְּרַגְלֵי זֶה שֶׁהֵן מֻפְקָדִין אֶצְלוֹ:

יד. בּוֹר שֶׁל יָחִיד כְּרַגְלֵי בְּעָלָיו. וְשֶׁל אוֹתָהּ הָעִיר כְּרַגְלֵי אַנְשֵׁי אוֹתָהּ הָעִיר. וְשֶׁל עוֹלֵי בָּבֶל שֶׁהֵן מְסוּרִין לַכֹּל כְּרַגְלֵי הַמְמַלֵּא מֵהֶן שֶׁכָּל מִי שֶׁמִּלֵּא מֵהֶן מוֹלִיכָן לְמָקוֹם שֶׁהוּא מְהַלֵּךְ. נַהֲרוֹת הַמּוֹשְׁכִין וּמַעְיָנוֹת הַנּוֹבְעִין כְּרַגְלֵי כָּל אָדָם וְאִם הָיוּ בָּאִין מִחוּץ לַתְּחוּם לְתוֹךְ הַתְּחוּם מְמַלְּאִין מֵהֶן בְּשַׁבָּת וְאֵין צָרִיךְ לוֹמַר בְּיוֹם טוֹב:

טו. שׁוֹר שֶׁל רוֹעֶה כְּרַגְלֵי אַנְשֵׁי אוֹתָהּ הָעִיר. וְשׁוֹר שֶׁל פְּטָם כְּרַגְלֵי מִי שֶׁלְּקָחוֹ לְשָׁחֲטוֹ בְּיוֹם טוֹב. מִפְּנֵי שֶׁדַּעַת בְּעָלָיו לְמָכְרוֹ לַאֲנָשִׁים אֲחֵרִים חוּץ מֵאַנְשֵׁי אוֹתָהּ הָעִיר מִפְּנֵי שֶׁהוּא מְפֻטָּם וְהַכֹּל שׁוֹמְעִין שָׁמְעוֹ וּבָאִין לִקְנוֹתוֹ. וְכֵן אִם שְׁחָטוֹ בְּעָלָיו בְּיוֹם טוֹב וּמָכַר בְּשָׂרוֹ. כָּל אֶחָד וְאֶחָד מִן הַלּוֹקְחִים מוֹלִיךְ מְנָתוֹ לְמָקוֹם שֶׁהוּא הוֹלֵךְ מִפְּנֵי שֶׁדַּעַת בְּעָלָיו מֵעֶרֶב יוֹם טוֹב כָּךְ הוּא שֶׁיִּקְחוּ מִמֶּנּוּ אַנְשֵׁי עֲיָרוֹת אֲחֵרוֹת וְנִמְצָא שׁוֹר זֶה כְּבוֹר שֶׁל עוֹלֵי בָּבֶל שֶׁהוּא מָסוּר לַכֹּל:

טז. הַגַּחֶלֶת כְּרַגְלֵי בְּעָלֶיהָ לֹא כְּרַגְלֵי שׁוֹאֲלָהּ וְהַשַּׁלְהֶבֶת כְּרַגְלֵי מִי שֶׁהִיא בְּיָדוֹ. לְפִיכָךְ הַמַּדְלִיק נֵר אוֹ עֵץ מֵחֲבֵרוֹ מוֹלִיכוֹ לְכָל מָקוֹם שֶׁהוּא הוֹלֵךְ:

יז. הַשּׁוֹאֵל כְּלִי מֵחֲבֵרוֹ מֵעֶרֶב יוֹם טוֹב אַף עַל פִּי שֶׁלֹּא נְתָנוֹ לוֹ אֶלָּא בְּיוֹם טוֹב הֲרֵי הוּא כְּרַגְלֵי הַשּׁוֹאֵל. שְׁאָלוֹ מִמֶּנּוּ בְּיוֹם טוֹב אַף עַל פִּי שֶׁדַּרְכּוֹ תָּמִיד לִשְׁאֹל מִמֶּנּוּ כְּלִי זֶה בְּכָל יוֹם טוֹב הֲרֵי הוּא כְּרַגְלֵי הַמַּשְׁאִיל:

יח. שְׁנַיִם שֶׁשָּׁאֲלוּ חָלוּק אֶחָד הָאֶחָד שְׁאָלוֹ מִמֶּנּוּ שֶׁיִּתְּנוּ לוֹ שַׁחֲרִית וְהַשֵּׁנִי שְׁאָלוֹ מִמֶּנּוּ שֶׁיִּתְּנוּ לוֹ עַרְבִית הֲרֵי כְּלִי זֶה כְּרַגְלֵי שְׁנֵי הַשּׁוֹאֲלִים וְאֵינָם מוֹלִיכִים אוֹתוֹ אֶלָּא בְּמָקוֹם שֶׁשְּׁנֵיהֶם יְכוֹלִין לְהַלֵּךְ בּוֹ:

יט. כֵּיצַד. הֲרֵי שֶׁעֵרֵב הָרִאשׁוֹן בְּרִחוּק אֶלֶף אַמָּה מִמְּקוֹם הֶחָלוּק לַמִּזְרָח וְעֵרֵב הַשֵּׁנִי בְּרִחוּק חֲמֵשׁ מֵאוֹת אַמָּה מִמְּקוֹם הֶחָלוּק לַמַּעֲרָב. כְּשֶׁלּוֹקֵחַ הָרִאשׁוֹן הֶחָלוּק אֵינוֹ מוֹלִיכוֹ לַמִּזְרָח אֶלָּא עַד אֶלֶף אַמָּה וַחֲמֵשׁ מֵאוֹת אַמָּה מִמְּקוֹם הֶחָלוּק שֶׁהוּא סוֹף הַתְּחוּם שֶׁיָּכוֹל זֶה שֶׁעֵרֵב בַּמַּעֲרָב לְהַלֵּךְ בּוֹ. וּכְשֶׁיִּקַּח הַשֵּׁנִי כְּלִי זֶה אֵינוֹ מוֹלִיכוֹ בַּמַּעֲרָב אֶלָּא עַד אֶלֶף אַמָּה מִמְּקוֹם הַכְּלִי שֶׁהוּא סוֹף הַתְּחוּם שֶׁיָּכוֹל זֶה שֶׁעֵרֵב בַּמִּזְרָח לְהַלֵּךְ בּוֹ. לְפִיכָךְ אִם עֵרֵב זֶה בְּרִחוּק אַלְפַּיִם אַמָּה מִן הֶחָלוּק לַמִּזְרָח וְזֶה בְּרִחוּק אַלְפַּיִם אַמָּה לַמַּעֲרָב הֲרֵי אֵלּוּ לֹא יְזִיזוּהוּ מִמְּקוֹמוֹ:

כ. וְכֵן הָאִשָּׁה שֶׁשָּׁאֲלָה מֵחֲבֶרְתָּהּ מַיִם אוֹ מֶלַח וְלָשָׁה בָּהֶן עִסָּתָהּ אוֹ בִּשְּׁלָה בָּהֶן תַּבְשִׁיל הֲרֵי הָעִסָּה אוֹ הַתַּבְשִׁיל כְּרַגְלֵי שְׁתֵּיהֶן. וְכֵן שְׁנַיִם שֶׁלָּקְחוּ בְּהֵמָה בְּשֻׁתָּפוּת וּשְׁחָטוּהָ בְּיוֹם טוֹב אַף עַל פִּי שֶׁלָּקַח כָּל אֶחָד מְנָתוֹ הֲרֵי כָּל הַבָּשָׂר כְּרַגְלֵי שְׁנֵיהֶן. אֲבָל אִם לָקְחוּ חָבִית בְּשֻׁתָּפוּת וְחָלְקוּ אוֹתָהּ

בְּיוֹם טוֹב הֲרֵי חֶלְקוֹ שֶׁל כָּל אֶחָד כְּרַגְלָיו. הוֹאִיל וּתְחוּמִין
מִדִּבְרֵי סוֹפְרִים יֵשׁ בְּרֵרָה בָּהֶן וְנַחְשֹׁב כְּאִלּוּ חֵלֶק שֶׁהִגִּיעַ
לָזֶה הָיָה בָּרוּר לוֹ וּמְבֻדָּל בְּחָבִית מֵעֶרֶב יוֹם טוֹב וּכְאִלּוּ לֹא
הָיָה מְעֹרָב. וְאֵין אַתָּה יָכוֹל לוֹמַר כֵּן בִּבְהֵמָה שֶׁחֵלֶק זֶה
שֶׁהִגִּיעוֹ אֲפִלּוּ נַחְשֹׁב אוֹתוֹ שֶׁהָיָה מְבֻדָּל בִּבְהֵמָה מֵעֶרֶב יוֹם
טוֹב וּכְאִלּוּ הָיָה בָּרוּר הֲרֵי יָנַק מֵחֶלְקוֹ שֶׁל חֲבֵרוֹ כְּשֶׁהָיְתָה
הַבְּהֵמָה קַיֶּמֶת שֶׁכָּל אֵיבָרֶיהָ יוֹנְקִין זֶה מִזֶּה וְנִמְצָא כָּל אֵיבָר
וְאֵיבָר מְעֹרָב מֵחֶלְקוֹ וְחֵלֶק חֲבֵרוֹ. לְפִיכָךְ הֵן כְּרַגְלֵי שְׁנֵיהֶן:

Perek 6

Yom Tov.

ERUV TAVSHILIN.

If *Shabbat* falls directly after *Yom Tov*, one is not allowed to cook on *Yom Tov* for *Shabbat* unless one sets aside a cooked dish before *Yom Tov.*

Measure of dish is ***kezayit*** **(size of olive)**

Eruv tavshilin was instituted by the *Rabanim* to serve as an act of recognition that one is not allowed to prepare food on *Yom tov* for the day after (whether this be *Shabbat* or a regular weekday)

Just like the term *eruv chatzerot* refers to an 'act of recognition' that one is not allowed to carry from one domain to another on *Shabbat*, so too the term *eruv tavshilin* refers to an 'act of recognition' that one is not allowed to cook on *Yom Tov* what will not be eaten on the day.

The person who designated *eruv tavshilin* needs to recite a *brachah.* He can also include others to be able to rely on his *eruv.*

Kavod (honour) and *oneg* (delight) are kept for *Yom Tov* as on *Shabbat.*

HONOUR

- Not to eat a meal after mid-afternoon until *Yom Tov* (so that one will enter *Yom Tov* with an appetite)

DELIGHT

At time of Temple to bring Peace Offerings

- Children (nuts and sweets)
- Women (clothes and jewellery)
- Men (meat and wine)
- Forbidden to fast and mourn

Even though it is a *mitzvah* to rejoice on *Yom Tov* with eating etc. this should be balanced with service to *Hashem.*

Also, one must share one's joy and food by inviting guests who are poor and embittered.

Reminder:
Pack on Food

It is also forbidden to fast and mourn on *Chol Hamoed.*

Chol Hamoed (Intermediate days of *Pesach* and *Sukot*) are kept as *Yom Tov* but much more lenient.

Reminder:
Mourning on *Shabbat*, Festivals and other Holy days
Ref: *Sefer Shoftim, Hilchot Evel*, Chapters 10 and 11

Reminder:
Chagigah Offerings on *Yom Tov* (*Shalosh Regalim*)
Ref: *Sefer Korbanot, Hilchot Chagigah*, Chapter 1

Besides these obligatory offerings, one may also offer sacrifices as one wishes or needs to do in *Chol Hamoed* i.e. on the Intermediate days of the Festival.

Reminder:
Korbanot Reiyah, Chagigah and *Simchat Chagigah*
Ref: *Sefer Korbanot, Hilchot Chagigah*, Chapter 2

פרק ו'

א. יוֹם טוֹב שֶׁחָל לִהְיוֹת עֶרֶב שַׁבָּת אֵין אוֹפִין וּמְבַשְּׁלִין בְּיוֹם טוֹב מַה שֶּׁהוּא אוֹכֵל לְמָחָר בְּשַׁבָּת. וְאִסּוּר זֶה מִדִּבְרֵי סוֹפְרִים כְּדֵי שֶׁלֹּא יָבֹא לְבַשֵּׁל מִיּוֹם טוֹב לְחֹל. שֶׁקַּל וָחֹמֶר הוּא לְשַׁבָּת אֵינוֹ מְבַשֵּׁל כָּל שֶׁכֵּן לְחֹל.

ב. לְפִיכָךְ אִם עָשָׂה תַּבְשִׁיל מֵעֶרֶב יוֹם טוֹב שֶׁיִּהְיֶה סוֹמֵךְ עָלָיו וּמְבַשֵּׁל וְאוֹפֶה בְּיוֹם טוֹב לְשַׁבָּת הֲרֵי זֶה מֻתָּר. וְתַבְשִׁיל שֶׁסּוֹמֵךְ עָלָיו הוּא הַנִּקְרָא עֵרוּבֵי תַּבְשִׁילִין:

ג. וְלָמָּה נִקְרָא שְׁמוֹ עֵרוּב. שֶׁכְּשֵׁם שֶׁהָעֵרוּב שֶׁעוֹשִׂין בַּחֲצֵרוֹת וּמְבוֹאוֹת מֵעֶרֶב שַׁבָּת מִשּׁוּם הֶכֵּר כְּדֵי שֶׁלֹּא יַעֲלֶה עַל דַּעְתָּם שֶׁמֻּתָּר לְהוֹצִיא מֵרְשׁוּת לִרְשׁוּת בְּשַׁבָּת. כָּךְ זֶה הַתַּבְשִׁיל מִשּׁוּם הֶכֵּר וְזִכָּרוֹן כְּדֵי שֶׁלֹּא יְדַמּוּ וְיַחְשְׁבוּ שֶׁמֻּתָּר לֶאֱפוֹת בְּיוֹם טוֹב מַה שֶּׁאֵינוֹ נֶאֱכָל בּוֹ בַּיּוֹם. וּלְפִיכָךְ נִקְרָא תַּבְשִׁיל זֶה עֵרוּבֵי תַּבְשִׁילִין:

ד. עֵרוּבֵי תַּבְשִׁילִין שִׁעוּרוֹ אֵין פָּחוֹת מִכְּזַיִת בֵּין לְאֶחָד בֵּין לַאֲלָפִים. וְאֵין עוֹשִׂין עֵרוּב זֶה לֹא בְּפַת וְלֹא בְּרִיפוֹת וְכַיּוֹצֵא בָּהֶן אֶלָּא בְּתַבְשִׁיל שֶׁהוּא פַּרְפֶּרֶת כְּגוֹן בָּשָׂר וְדָגִים וּבֵיצִים וְכַיּוֹצֵא בָּהֶן. וַאֲפִלּוּ עֲדָשִׁים שֶׁבְּשׁוּלֵי קְדֵרָה וַאֲפִלּוּ שַׁמְנוּנִית שֶׁעַל גַּבֵּי הַסַּכִּין שֶׁחוֹתְכִין בָּהּ הַצָּלִי גּוֹרְדוֹ אִם יֵשׁ בּוֹ כְּזַיִת סוֹמֵךְ עָלָיו מִשּׁוּם עֵרוּבֵי תַּבְשִׁילִין:

ה. תַּבְשִׁיל שֶׁאָמְרוּ לְעִנְיַן עֵרוּב זֶה אֲפִלּוּ צָלִי אֲפִלּוּ שָׁלוּק אֲפִלּוּ כָּבוּשׁ אוֹ מְעֻשָּׁן אֲפִלּוּ דָּגִים קְטַנִּים שֶׁהֱדִיחָן בְּמַיִם חַמִּין וַהֲדָחָתָן הִיא בִּשּׁוּלָן לַאֲכִילָה הֲרֵי זֶה סוֹמֵךְ עֲלֵיהֶן:

ו. וְצָרִיךְ שֶׁיִּהְיֶה עֵרוּב זֶה מָצוּי עַד שֶׁיֹּאפֶה כָּל מַה שֶּׁהוּא צָרִיךְ לֶאֱפוֹת וּלְבַשֵּׁל כָּל שֶׁהוּא צָרִיךְ לְבַשֵּׁל. וְיָחֵם חַמִּין כָּל שֶׁהוּא צָרִיךְ. וְאִם נֶאֱכַל הָעֵרוּב אוֹ אָבַד אוֹ נִשְׂרַף קֹדֶם שֶׁיְּבַשֵּׁל אוֹ יֹאפֶה הֲרֵי זֶה אָסוּר לֶאֱפוֹת וּלְבַשֵּׁל אוֹ לְהָחֵם אֶלָּא מַה שֶּׁהוּא אוֹכֵל בְּיוֹם טוֹב בִּלְבַד. הִתְחִיל בְּעִסָּתוֹ אוֹ בְּתַבְשִׁילוֹ וְנֶאֱכַל הָעֵרוּב אוֹ אָבַד הֲרֵי זֶה גּוֹמֵר:

ז. הַמֵּנִיחַ עֵרוּבֵי תַּבְשִׁילִין כְּדֵי שֶׁיִּסְמֹךְ עֲלֵיהֶם הוּא וַאֲחֵרִים צָרִיךְ לְזַכּוֹת לָהֶן כְּדֶרֶךְ שֶׁמְּזַכֶּה בְּעֵרוּבֵי שַׁבָּת. וְכָל שֶׁזּוֹכֶה בְּעֵרוּבֵי שַׁבָּת זוֹכֶה בְּעֵרוּבֵי תַּבְשִׁילִין. וְכָל שֶׁאֵינוֹ זוֹכֶה בְּאוֹתוֹ עֵרוּב אֵינוֹ זוֹכֶה בָּזֶה:

ח. וְאֵינוֹ צָרִיךְ לְהוֹדִיעַ לְאֵלּוּ שֶׁזִּכָּה לָהֶן מֵעֶרֶב יוֹם טוֹב. אֲבָל הֵן צְרִיכִין לֵידַע שֶׁכְּבָר זִכָּה לָהֶן אַחֵר וְעֵרֵב לָהֶן וְאַחַר כָּךְ יִסְמְכוּ עָלָיו וִיבַשְּׁלוּ וְיֹאפוּ. אַף עַל פִּי שֶׁלֹּא יָדְעוּ אֶלָּא בְּיוֹם טוֹב הֲרֵי אֵלּוּ מֻתָּרִין. וְיֵשׁ לוֹ לְאָדָם לְעָרֵב עַל כָּל הָעִיר וְעַל כָּל הַקָּרוֹב אֵלֶיהָ בְּתוֹךְ הַתְּחוּם וּלְמָחָר מַכְרִיז וְאוֹמֵר כָּל מִי שֶׁלֹּא הִנִּיחַ עֵרוּבֵי תַּבְשִׁילִין יִסְמֹךְ עַל עֵרוּבִי:

ט. הַמַּנִּיחַ עֵרוּבֵי תַּבְשִׁילִין חַיָּב לְבָרֵךְ. בָּרוּךְ אַתָּה ה' אֱלֹהֵינוּ מֶלֶךְ הָעוֹלָם אֲשֶׁר קִדְּשָׁנוּ בְּמִצְוֹתָיו וְצִוָּנוּ עַל מִצְוַת עֵרוּב. וְאוֹמֵר בְּעֵרוּב זֶה יֻתַּר לִי לֶאֱפוֹת וּלְבַשֵּׁל מִיּוֹם טוֹב שֶׁלְּמָחָר לְשַׁבָּת. וְאִם זִכָּה בּוֹ לַאֲחֵרִים יֹאמַר לִי וְלִפְלוֹנִי וְלִפְלוֹנִי אוֹ לְאַנְשֵׁי הָעִיר כֻּלָּם לֶאֱפוֹת וּלְבַשֵּׁל מִיּוֹם טוֹב לְשַׁבָּת:

י. מִי שֶׁלֹּא הִנִּיחַ עֵרוּבֵי תַּבְשִׁילִין וְלֹא הִנִּיחוּ לוֹ אֲחֵרִים. כְּשֵׁם שֶׁאָסוּר לוֹ לְבַשֵּׁל וְלֶאֱפוֹת כָּךְ קִמְחוֹ וּמַאֲכָלוֹ אָסוּר. וְאָסוּר לְאַחֵר שֶׁהִנִּיחַ לְעַצְמוֹ לְבַשֵּׁל וְלֶאֱפוֹת לָזֶה שֶׁלֹּא הִנִּיחַ עַד שֶׁיַּקְנֶה לוֹ שֶׁנִּמְצָא זֶה מְבַשֵּׁל וְאוֹפֶה שֶׁלּוֹ שֶׁהֲרֵי קָנָהוּ. וְאִם רָצָה יִתֵּן אַחַר כָּךְ לָזֶה שֶׁלֹּא הִנִּיחַ בְּמַתָּנָה:

יא. מִי שֶׁלֹּא הִנִּיחַ עֵרוּבֵי תַּבְשִׁילִין וּבִשֵּׁל וְאָפָה לֶאֱכֹל בַּיּוֹם וְהוֹתִיר אוֹ שֶׁזִּמֵּן אוֹרְחִים וְלֹא בָּאוּ הֲרֵי זֶה אוֹכֵל הַמּוֹתָר לְמָחָר. וְאִם הֶעֱרִים הֲרֵי זֶה אָסוּר לְאָכְלוֹ. עָבַר וְאָפָה וּבִשֵּׁל לְשַׁבָּת אֵין אוֹסְרִין עָלָיו. וְלָמָּה הֶחְמִירוּ וְאָסְרוּ עַל הַמַּעֲרִים וְלֹא אָסְרוּ עַל הַמֵּזִיד שֶׁאִם תַּתִּיר לַמַּעֲרִים נִמְצְאוּ הַכֹּל מַעֲרִימִין וְיִשְׁתַּקַּע שֵׁם עֵרוּבֵי תַּבְשִׁילִין. אֲבָל הַמֵּזִיד אֵינוֹ מָצוּי וְאִם עָבַר הַיּוֹם לֹא יַעֲבֹר פַּעַם אַחֶרֶת:

יב. שְׁנֵי יָמִים טוֹבִים שֶׁחָלוּ לִהְיוֹת בַּחֲמִישִׁי וְעֶרֶב שַׁבָּת עוֹשֶׂה עֵרוּבֵי תַּבְשִׁילִין מִיּוֹם רְבִיעִי שֶׁהוּא עֶרֶב יוֹם טוֹב. שָׁכַח וְלֹא הִנִּיחַ מַנִּיחוֹ בָּרִאשׁוֹן וּמַתְנֶה. כֵּיצַד. מַנִּיחַ עֵרוּבֵי תַבְשִׁילִין בְּיוֹם חֲמִישִׁי וְאוֹמֵר אִם הַיּוֹם יוֹם טוֹב וּלְמָחָר חֹל לְמָחָר אֲבַשֵּׁל וְאוֹפֶה לְשַׁבָּת וְאֵינִי צָרִיךְ כְּלוּם וְאִם הַיּוֹם חֹל וּלְמָחָר יוֹם טוֹב בְּעֵרוּב זֶה יֻתַּר לִי לֶאֱפוֹת וּלְבַשֵּׁל לְמָחָר מִיּוֹם טוֹב לְשַׁבָּת:

יג. כַּיּוֹצֵא בּוֹ הָיוּ לְפָנָיו שְׁתֵּי כַלְכָּלוֹת שֶׁל טֶבֶל בְּיוֹם טוֹב רִאשׁוֹן אוֹמֵר אִם הַיּוֹם חֹל תִּהְיֶה זוֹ תְּרוּמָה עַל זוֹ וְאִם הַיּוֹם קֹדֶשׁ אֵין בִּדְבָרַי כְּלוּם. וְקוֹרֵא עָלֶיהָ שֵׁם וּמַנִּיחָהּ. וּלְמָחָר בַּשֵּׁנִי חוֹזֵר וְאוֹמֵר אִם הַיּוֹם קֹדֶשׁ אֵין בִּדְבָרַי כְּלוּם וְאִם הַיּוֹם חֹל תִּהְיֶה זוֹ תְּרוּמָה עַל זוֹ וְקוֹרֵא עָלֶיהָ שֵׁם וּמַנִּיחָהּ כְּדֶרֶךְ שֶׁקָּרָא עָלֶיהָ בָּרִאשׁוֹן. וּמַנִּיחַ אֶת זוֹ שֶׁקָּרָא עָלֶיהָ שֵׁם תְּרוּמָה וְאוֹכֵל אֶת הַשְּׁנִיָּה:

יד. בַּמֶּה דְּבָרִים אֲמוּרִים בִּשְׁנֵי יָמִים טוֹבִים שֶׁל גָּלֻיּוֹת אֲבָל בִּשְׁנֵי יָמִים טוֹבִים שֶׁל רֹאשׁ הַשָּׁנָה אִם שָׁכַח וְלֹא הִנִּיחַ בְּיוֹם רְבִיעִי שׁוּב אֵינוֹ מַנִּיחַ אֶלָּא סוֹמֵךְ עַל אֲחֵרִים אִם עֵרְבוּ עָלָיו אוֹ מַקְנֶה קִמְחוֹ לְמִי שֶׁעֵרֵב אוֹ יִהְיֶה אָסוּר לֶאֱפוֹת וּלְבַשֵּׁל לְשַׁבָּת. וְכֵן אִם שָׁכַח וְלֹא הִפְרִישׁ תְּרוּמָה מִיּוֹם רְבִיעִי שׁוּב אֵינוֹ מַפְרִישׁ עַד מוֹצָאֵי שַׁבָּת:

טו. כָּל הַדְּבָרִים הָאֵלּוּ שֶׁאָמַרְנוּ הָיוּ בִּזְמַן שֶׁהָיוּ בֵּית דִּין שֶׁל אֶרֶץ יִשְׂרָאֵל מְקַדְּשִׁין עַל פִּי הָרְאִיָּה וְהָיוּ בְּנֵי הַגָּלֻיּוֹת עוֹשִׂין שְׁנֵי יָמִים כְּדֵי לְהִסְתַּלֵּק מִן הַסָּפֵק לְפִי שֶׁלֹּא הָיוּ יוֹדְעִין יוֹם שֶׁקִּדְּשׁוּ בְּנֵי אֶרֶץ יִשְׂרָאֵל. אֲבָל הַיּוֹם שֶׁבְּנֵי אֶרֶץ יִשְׂרָאֵל סוֹמְכִין עַל הַחֶשְׁבּוֹן וּמְקַדְּשִׁין עָלָיו אֵין יוֹם טוֹב שֵׁנִי לְהִסְתַּלֵּק מִן הַסָּפֵק אֶלָּא מִנְהָג בִּלְבַד:

טז. וּלְפִיכָךְ אֲנִי אוֹמֵר שֶׁאֵין מְעָרֵב אָדָם וּמַתְנֶה בִּזְמַן הַזֶּה לֹא עֵרוּבֵי תַּבְשִׁילִין וְלֹא עֵרוּבֵי חֲצֵרוֹת וְלֹא שִׁתּוּפֵי מְבוֹאוֹת וְאֵינוֹ מְעַשֵּׂר הַטֶּבֶל עַל תְּנַאי אֶלָּא הַכֹּל מֵעֶרֶב יוֹם טוֹב בִּלְבַד:

יז. כְּשֵׁם שֶׁמִּצְוָה לְכַבֵּד שַׁבָּת וּלְעָנְגָהּ כָּךְ כָּל יָמִים טוֹבִים שֶׁנֶּאֱמַר (ישעיה נח יג) "לִקְדוֹשׁ ה' מְכֻבָּד" וְכָל יָמִים טוֹבִים נֶאֱמַר בָּהֶן (ויקרא כג ז) "מִקְרָא קֹדֶשׁ". וּכְבָר בֵּאַרְנוּ הַכִּבּוּד וְהָעִנּוּג בְּהִלְכוֹת שַׁבָּת. וְכֵן רָאוּי לְאָדָם שֶׁלֹּא יִסְעֹד בְּעַרְבֵי יָמִים טוֹבִים מִן הַמִּנְחָה וּלְמַעְלָה כְּעֶרֶב שַׁבָּת שֶׁדָּבָר זֶה בִּכְלַל הַכָּבוֹד. וְכָל הַמְבַזֶּה אֶת הַמּוֹעֲדוֹת כְּאִלּוּ נִטְפָּל לַעֲבוֹדַת כּוֹכָבִים:

יח. שִׁבְעַת יְמֵי הַפֶּסַח וּשְׁמוֹנַת יְמֵי הֶחָג עִם שְׁאָר יָמִים טוֹבִים כֻּלָּם אֲסוּרִים בְּהֶסְפֵּד וְתַעֲנִית. וְחַיָּב אָדָם לִהְיוֹת בָּהֶן שָׂמֵחַ וְטוֹב לֵב הוּא וּבָנָיו וְאִשְׁתּוֹ וּבְנֵי בֵּיתוֹ וְכָל הַנִּלְוִים עָלָיו שֶׁנֶּאֱמַר (דברים טז יד) "וְשָׂמַחְתָּ בְּחַגֶּךָ" וְגוֹ'. אַף עַל פִּי שֶׁהַשִּׂמְחָה הָאֲמוּרָה כָּאן הִיא קָרְבַּן שְׁלָמִים כְּמוֹ שֶׁאָנוּ מְבָאֲרִין בְּהִלְכוֹת חֲגִיגָה יֵשׁ בִּכְלַל אוֹתָהּ שִׂמְחָה לִשְׂמֹחַ הוּא וּבָנָיו וּבְנֵי בֵיתוֹ כָּל אֶחָד כָּרָאוּי לוֹ:

יט. כֵּיצַד. הַקְּטַנִּים נוֹתֵן לָהֶם קְלָיוֹת וֶאֱגוֹזִים וּמִגְדָּנוֹת. וְהַנָּשִׁים קוֹנֶה לָהֶן בְּגָדִים וְתַכְשִׁיטִין נָאִים כְּפִי מָמוֹנוֹ. וְהָאֲנָשִׁים אוֹכְלִין בָּשָׂר וְשׁוֹתִין יַיִן שֶׁאֵין שִׂמְחָה אֶלָּא בְּבָשָׂר וְאֵין שִׂמְחָה אֶלָּא בְּיַיִן. וּכְשֶׁהוּא אוֹכֵל וְשׁוֹתֶה חַיָּב לְהַאֲכִיל לַגֵּר לַיָּתוֹם וְלָאַלְמָנָה עִם שְׁאָר הָעֲנִיִּים הָאֻמְלָלִים. אֲבָל מִי שֶׁנּוֹעֵל דַּלְתוֹת חֲצֵרוֹ וְאוֹכֵל וְשׁוֹתֶה הוּא וּבָנָיו וְאִשְׁתּוֹ וְאֵינוֹ מַאֲכִיל וּמַשְׁקֶה לָעֲנִיִּים וּלְמָרֵי נֶפֶשׁ אֵין זוֹ שִׂמְחַת מִצְוָה אֶלָּא שִׂמְחַת כְּרֵסוֹ. וְעַל אֵלּוּ נֶאֱמַר (הושע ט ד) "זִבְחֵיהֶם כְּלֶחֶם אוֹנִים לָהֶם כָּל אֹכְלָיו יִטַּמָּאוּ כִּי לַחְמָם לְנַפְשָׁם". וְשִׂמְחָה כָּזוֹ קָלוֹן הִיא לָהֶם שֶׁנֶּאֱמַר (מלאכי ב ג) "וְזֵרִיתִי פֶרֶשׁ עַל פְּנֵיכֶם פֶּרֶשׁ חַגֵּיכֶם":

כ. אַף עַל פִּי שֶׁאֲכִילָה וּשְׁתִיָּה בַּמּוֹעֲדוֹת בִּכְלַל מִצְוַת עֲשֵׂה. לֹא יִהְיֶה אוֹכֵל וְשׁוֹתֶה כָּל הַיּוֹם כֻּלּוֹ. אֶלָּא כָּךְ הִיא הַדָּת. בַּבֹּקֶר מַשְׁכִּימִין כָּל הָעָם לְבָתֵּי כְּנֵסִיּוֹת וּלְבָתֵּי מִדְרָשׁוֹת וּמִתְפַּלְּלִין וְקוֹרִין בַּתּוֹרָה בְּעִנְיַן הַיּוֹם וְחוֹזְרִין לְבָתֵּיהֶם וְאוֹכְלִין. וְהוֹלְכִין לְבָתֵּי מִדְרָשׁוֹת קוֹרִין וְשׁוֹנִין עַד חֲצִי הַיּוֹם. וְאַחַר חֲצוֹת הַיּוֹם מִתְפַּלְּלִין תְּפִלַּת הַמִּנְחָה וְחוֹזְרִין לְבָתֵּיהֶן לֶאֱכֹל וְלִשְׁתּוֹת שְׁאָר הַיּוֹם עַד הַלַּיְלָה:

כא. כְּשֶׁאָדָם אוֹכֵל וְשׁוֹתֶה וְשָׂמֵחַ בָּרֶגֶל לֹא יִמָּשֵׁךְ בְּיַיִן וּבִשְׂחוֹק וְקַלּוּת רֹאשׁ וְיֹאמַר שֶׁכָּל מִי שֶׁיּוֹסִיף בָּזֶה יַרְבֶּה בְּמִצְוַת שִׂמְחָה. שֶׁהַשִּׁכְרוּת וְהַשְּׂחוֹק הָרַבָּה וְקַלּוּת הָרֹאשׁ

אֵינָהּ שִׂמְחָה אֶלָּא הוֹלְלוּת וְסִכְלוּת וְלֹא נִצְטַוֵּינוּ עַל הַהוֹלְלוּת וְהַסִּכְלוּת אֶלָּא עַל הַשִּׂמְחָה שֶׁיֵּשׁ בָּהּ עֲבוֹדַת יוֹצֵר הַכֹּל שֶׁנֶּאֱמַר (דברים כח מז) "תַּחַת אֲשֶׁר לֹא עָבַדְתָּ אֶת ה' אֱלֹהֶיךָ בְּשִׂמְחָה וּבְטוּב לֵבָב מֵרֹב כֹּל". הָא לָמַדְתָּ שֶׁהָעֲבוֹדָה בְּשִׂמְחָה. וְאִי אֶפְשָׁר לַעֲבֹד אֶת הַשֵּׁם לֹא מִתּוֹךְ שְׂחוֹק וְלֹא מִתּוֹךְ קַלּוּת רֹאשׁ וְלֹא מִתּוֹךְ שִׁכְרוּת:

כב. חַיָּבִין בֵּית דִּין לְהַעֲמִיד שׁוֹטְרִים בָּרְגָלִים שֶׁיִּהְיוּ מְסַבְּבִין וּמְחַפְּשִׂין בַּגַּנּוֹת וּבַפַּרְדֵּסִים וְעַל הַנְּהָרוֹת כְּדֵי שֶׁלֹּא יִתְקַבְּצוּ לֶאֱכֹל וְלִשְׁתּוֹת שָׁם אֲנָשִׁים וְנָשִׁים וְיָבוֹאוּ לִידֵי עֲבֵרָה. וְכֵן יַזְהִירוּ בְּדָבָר זֶה לְכָל הָעָם כְּדֵי שֶׁלֹּא יִתְעָרְבוּ אֲנָשִׁים וְנָשִׁים בְּבָתֵּיהֶם לְשִׂמְחָה. וְלֹא יִמָּשְׁכוּ בַּיַּיִן שֶׁמָּא יָבוֹאוּ לִידֵי עֲבֵרָה:

כג. יָמִים שֶׁבֵּין רִאשׁוֹן וּשְׁבִיעִי שֶׁל פֶּסַח וְרִאשׁוֹן וּשְׁמִינִי שֶׁל חַג הַסֻּכּוֹת וְהֵן בַּגּוֹלָה אַרְבָּעָה בְּתוֹךְ הַפֶּסַח וַחֲמִשָּׁה בְּתוֹךְ הֶחָג הֵם הַנִּקְרָאִין חֻלּוֹ שֶׁל מוֹעֵד וְנִקְרָאִין מוֹעֵד. וְאַף עַל פִּי שֶׁהֵם חַיָּבִין בְּשִׂמְחָה וַאֲסוּרִין בְּהֶסְפֵּד וְתַעֲנִית מֻתָּר לִסְפֹּד בָּהֶן תַּלְמִיד חָכָם בְּפָנָיו. אֲבָל לְאַחַר שֶׁיִּקָּבֵר אָסוּר לְסָפְדוֹ בָּהֶן. וְאֵין צָרִיךְ לוֹמַר בְּרָאשֵׁי חֳדָשִׁים בַּחֲנֻכָּה וּבְפוּרִים שֶׁסּוֹפְדִין בָּהֶן תַּלְמִידֵי חֲכָמִים בְּפָנָיו אַף עַל פִּי שֶׁיָּמִים אֵלּוּ אֲסוּרִין בְּהֶסְפֵּד וְתַעֲנִית. אֲבָל לְאַחַר הַקְּבוּרָה אָסוּר לִסְפֹּד בָּהֶן:

כד. אֵין מַנִּיחִין מִטַּת הַמֵּת בָּרְחוֹב בַּמּוֹעֵד שֶׁלֹּא לְהַרְגִּיל אֶת הַהֶסְפֵּד אֶלָּא מִבֵּיתוֹ לְקִבְרוֹ. וְאֵין מִתְאַבְּלִין בַּמּוֹעֵד. וְכֵן אֵין קוֹרְעִין וְלֹא מַבְרִין וְלֹא חוֹלְצִין הַכָּתֵף בַּמּוֹעֵד עַל הַמֵּת אֶלָּא קְרוֹבָיו שֶׁהֵן חַיָּבִין לְהִתְאַבֵּל עָלָיו. וְאִם הָיָה חָכָם אוֹ אָדָם כָּשֵׁר אוֹ שֶׁהָיָה עוֹמֵד עָלָיו בִּשְׁעַת נְטִילַת נְשָׁמָה הֲרֵי זֶה קוֹרֵעַ עָלָיו בַּמּוֹעֵד אַף עַל פִּי שֶׁאֵינוֹ קְרוֹבוֹ. וְאֵין קוֹרְעִין בְּיוֹם טוֹב שֵׁנִי כְּלָל וַאֲפִלּוּ קְרוֹבָיו שֶׁל מֵת:

כה. נָשִׁים בַּמּוֹעֵד בִּפְנֵי הַמֵּת מְעַנּוֹת אֲבָל לֹא מְטַפְּחוֹת וְלֹא מְקוֹנְנוֹת. נִקְבַּר הַמֵּת אֵינָן מְעַנּוֹת. בְּרָאשֵׁי חֳדָשִׁים וַחֲנֻכָּה וּפוּרִים בִּפְנֵי הַמֵּת מְעַנּוֹת וּמְטַפְּחוֹת אֲבָל לֹא מְקוֹנְנוֹת. אֵי זֶהוּ עִנּוּי שֶׁכֻּלָּן עוֹנוֹת כְּאַחַת. קִינָה אַחַת אוֹמֶרֶת וְכֻלָּן עוֹנוֹת. וְאָסוּר לְאָדָם שֶׁיְּעוֹרֵר עַל מֵתוֹ קֹדֶם לָרֶגֶל שְׁלֹשִׁים יוֹם כְּדֵי שֶׁלֹּא יָבֹא הָרֶגֶל וְהוּא נֶעֱצָב וְלִבּוֹ דּוֹאֵג וְכוֹאֵב מִזִּכְרוֹן הַצַּעַר אֶלָּא יָסִיר הַדְּאָגָה מִלִּבּוֹ וִיכַוֵּן דַּעְתּוֹ לְשִׂמְחָה:

Perek 7

Yom Tov.

Chol Hamoed. (Intermediate days of a Festival)

In Diaspora, there are **4** on *Pesach* and **5** on *Sukot* (i.e. days of *Chol Hamoed*)

The *Rabanim* forbade work on *Chol Hamoed.* This work is not that as defined for *Shabbat.* Rather it is work that will detract from the joy of *Yom Tov.*

However, weekday work may be performed

- If great loss would result by not doing it
- For the sake of the community
- *Bet Din* is open for disputes
- Certain things may be written

All these weekday works should be done in a discreet way and with a *shinuy* (i.e. different to the week), to indicate that *Chol Hamoed* is special.

פרק ז׳

א. חֻלּוֹ שֶׁל מוֹעֵד אַף עַל פִּי שֶׁלֹּא נֶאֱמַר בּוֹ (ויקרא כג כד) (ויקרא כג לט) "שַׁבָּתוֹן" הוֹאִיל וְנִקְרָא (ויקרא כג ז) "מִקְרָא קֹדֶשׁ" וַהֲרֵי הוּא זְמַן חֲגִיגָה בַּמִּקְדָּשׁ אָסוּר בַּעֲשִׂיַּת מְלָאכָה כְּדֵי שֶׁלֹּא יִהְיֶה כִּשְׁאָר יְמֵי הַחֹל שֶׁאֵין בָּהֶן קְדֻשָּׁה כְּלָל. וְהָעוֹשֶׂה בּוֹ מְלָאכָה הָאֲסוּרָה מַכִּין אוֹתוֹ מַכַּת מַרְדּוּת מִפְּנֵי שֶׁאִסּוּרוֹ מִדִּבְרֵי סוֹפְרִים. וְלֹא כָּל מְלֶאכֶת עֲבוֹדָה אֲסוּרָה בּוֹ כְּיוֹם טוֹב שֶׁסּוֹף הָעִנְיָן בִּדְבָרִים שֶׁנֶּאֶסְרוּ בּוֹ כְּדֵי שֶׁלֹּא יִהְיֶה כְּיוֹם חֹל לְכָל דָּבָר. לְפִיכָךְ יֵשׁ מְלָאכוֹת אֲסוּרוֹת בּוֹ וְיֵשׁ מְלָאכוֹת מֻתָּרוֹת בּוֹ:

ב. וְאֵלּוּ הֵן. כָּל מְלָאכָה שֶׁאִם לֹא יַעֲשֶׂה אוֹתָהּ בַּמּוֹעֵד יִהְיֶה שָׁם הֶפְסֵד הַרְבֵּה עוֹשִׂין אוֹתָהּ. וּבִלְבַד שֶׁלֹּא יִהְיֶה בָּהּ טֹרַח הַרְבֵּה. כֵּיצַד. מַשְׁקִין בֵּית הַשְּׁלָחִין בַּמּוֹעֵד אֲבָל לֹא בֵּית הַבַּעַל. שֶׁאִם לֹא יַשְׁקֶה בֵּית הַשְּׁלָחִין וְהִיא הָאָרֶץ הַצְּמֵאָה יִפָּסְדוּ בּוֹ הָאִילָנוֹת שֶׁבָּהּ. וּכְשֶׁהוּא מַשְׁקֶה אוֹתָהּ לֹא יְדַלֶּה וְיַשְׁקֶה מִן הַבְּרֵכָה אוֹ מִמֵּי הַגְּשָׁמִים מִפְּנֵי שֶׁהוּא טֹרַח גָּדוֹל. אֲבָל מַשְׁקֶה הוּא מִן הַמַּעְיָן בֵּין שֶׁהָיָה בֵּין שֶׁיָּצָא לְכַתְּחִלָּה מַמְשִׁיכוֹ וּמַשְׁקֶה בּוֹ. וְכֵן כָּל כַּיּוֹצֵא בָּזֶה:

ג. הוֹפֵךְ אָדָם אֶת זֵיתָיו בַּמּוֹעֵד וְטוֹחֵן אוֹתָן וְדוֹרֵךְ אוֹתָן וּמְמַלֵּא הֶחָבִיּוֹת וְגָף אוֹתָן כְּדַרְכּוֹ שֶׁהוּא עוֹשֶׂה בַּחֹל. כָּל שֶׁיֵּשׁ בּוֹ הֶפְסֵד אִם לֹא נַעֲשָׂה עוֹשֵׂהוּ כְּדַרְכּוֹ וְאֵינוֹ צָרִיךְ שִׁנּוּי. וְכֵן מַכְנִיס אָדָם פֵּרוֹתָיו מִפְּנֵי הַגַּנָּבִים וּבִלְבַד שֶׁיַּכְנִיסֵם בְּצִנְעָה. וְשׁוֹלֶה פִּשְׁתָּנוֹ מִן הַמִּשְׁרָה בִּשְׁבִיל שֶׁלֹּא תֹּאבַד. וְכֵן כֶּרֶם שֶׁהִגִּיעַ זְמַנּוֹ לְהִבָּצֵר בַּמּוֹעֵד בּוֹצְרִין אוֹתוֹ:

ד. וְאָסוּר לָאָדָם שֶׁיִּתְכַּוֵּן וִיאַחֵר מְלָאכוֹת אֵלּוּ וְכַיּוֹצֵא בָּהֶן וְיַנִּיחֵם כְּדֵי לַעֲשׂוֹתָן בַּמּוֹעֵד מִפְּנֵי שֶׁהוּא פָּנוּי. וְכָל הַמְכַוֵּן מְלַאכְתּוֹ וְהִנִּיחָהּ לַמּוֹעֵד וַעֲשָׂאָהּ בַּמּוֹעֵד בֵּית דִּין מְאַבְּדִין אוֹתָהּ וּמַפְקִירִין אוֹתָהּ לַכֹּל. וְאִם כִּוֵּן מְלַאכְתּוֹ וּמֵת אֵין קוֹנְסִין בְּנוֹ אַחֲרָיו וְאֵין מְאַבְּדִין אוֹתָהּ מִמֶּנּוּ. וְאֵין מוֹנְעִין הַבֵּן מִלַּעֲשׂוֹת אוֹתָהּ מְלָאכָה בַּמּוֹעֵד כְּדֵי שֶׁלֹּא תֹּאבַד:

ה. מִי שֶׁצָּרִיךְ לִתְפֹּר לוֹ בֶּגֶד אוֹ לִבְנוֹת לוֹ מָקוֹם בַּמּוֹעֵד. אִם הָיָה הֶדְיוֹט וְאֵינוֹ מָהִיר בְּאוֹתָהּ מְלָאכָה הֲרֵי זֶה עוֹשֶׂה אוֹתָהּ כְּדַרְכּוֹ. וְאִם הָיָה אֻמָּן מָהִיר הֲרֵי זֶה עוֹשֶׂה אוֹתָהּ מַעֲשֵׂה הֶדְיוֹט. כֵּיצַד. בִּתְפִירָה מַכְלִיב וּבְבִנְיָן מַנִּיחַ אֲבָנִים וְאֵינוֹ טָח בְּטִיט עֲלֵיהֶן וְשָׁף סִדְקֵי הַקַּרְקַע וּמַעְגִּילָהּ בַּיָּד וּבָרֶגֶל כְּעֵין שֶׁמַּעְגִּילִים בְּמַחְלְצַיִם. וְכֵן כָּל כַּיּוֹצֵא בָּזֶה:

ו. מִי שֶׁהָיְתָה לוֹ תְּבוּאָה מְחֻבֶּרֶת לַקַּרְקַע וְאֵין לוֹ מַה שֶּׁיֹּאכַל בַּמּוֹעֵד אֶלָּא מִמֶּנָּה אַף עַל פִּי שֶׁאֵין כָּאן הֶפְסֵד אֵין מַצְרִיכִין אוֹתוֹ לִקְנוֹת מַה שֶּׁיֹּאכַל מִן הַשּׁוּק עַד שֶׁיִּקְצֹר אַחַר הַמּוֹעֵד אֶלָּא קוֹצֵר וּמְעַמֵּר וְדָשׁ וְזוֹרֶה וּבוֹרֵר וְטוֹחֵן מַה שֶּׁהוּא צָרִיךְ. וּבִלְבַד שֶׁלֹּא יָדוּשׁ בְּפָרוֹת. שֶׁכָּל דָּבָר שֶׁאֵין בּוֹ הֶפְסֵד צָרִיךְ לְשַׁנּוֹת. וְכֵן כָּל כַּיּוֹצֵא בָּזֶה:

ז. כְּבָשִׁים שֶׁיָּכוֹל לֶאֱכֹל מֵהֶן בַּמּוֹעֵד כּוֹבְשָׁן. וְשֶׁאֵינָן רְאוּיִין אֶלָּא לְאַחַר הַמּוֹעֵד אָסוּר לִכְבְּשָׁן. וְצָד אָדָם דָּגִים כָּל שֶׁיָּכוֹל לָצוּד וּמוֹלֵחַ הַכֹּל בַּמּוֹעֵד שֶׁהֲרֵי אֶפְשָׁר שֶׁיֹּאכַל מֵהֶן בַּמּוֹעֵד אִם יִסְחֹט אוֹתָן בְּיָדוֹ פְּעָמִים רַבּוֹת עַד שֶׁיִּתְרַכְּכוּ:

ח. מַטִּילִין שֵׁכָר בַּמּוֹעֵד לְצֹרֶךְ הַמּוֹעֵד. וְשֶׁלֹּא לְצֹרֶךְ הַמּוֹעֵד אָסוּר. אֶחָד שֵׁכַר תְּמָרִים וְאֶחָד שֵׁכַר שְׂעוֹרִים. אַף עַל פִּי שֶׁיֵּשׁ לוֹ יָשָׁן מַעֲרִים וְשׁוֹתֶה מִן הֶחָדָשׁ שֶׁאֵין הַעֲרָמָה זוֹ נִכֶּרֶת לָרוֹאֶה. וְכֵן כָּל כַּיּוֹצֵא בָּזֶה:

ט. כָּל מְלָאכוֹת שֶׁהֵן לְצֹרֶךְ הַמּוֹעֵד כְּשֶׁעוֹשִׂין אוֹתָן אֻמָּנֵיהֶן עוֹשִׂין בְּצִנְעָה. כֵּיצַד. הַצַּיָּדִים וְהַטּוֹחֲנִין וְהַבּוֹצְרִין לִמְכֹּר בַּשּׁוּק הֲרֵי אֵלּוּ עוֹשִׂין בְּצִנְעָה לְצֹרֶךְ הַמּוֹעֵד. וְאִם עָשָׂה לְצֹרֶךְ הַמּוֹעֵד וְהוֹתִיר הֲרֵי זֶה מֻתָּר:

י. עוֹשִׂין כָּל צָרְכֵי הָרַבִּים בַּמּוֹעֵד. כֵּיצַד. מְתַקְּנִים קִלְקוּלֵי הַמַּיִם שֶׁבִּרְשׁוּת הָרַבִּים. וּמְתַקְּנִין אֶת הַדְּרָכִים וְאֶת הָרְחוֹבוֹת. וְחוֹפְרִים לָרַבִּים בּוֹרוֹת שִׁיחִין וּמְעָרוֹת. וְכוֹרִין לָהֶן נְהָרוֹת כְּדֵי שֶׁיִּשְׁתּוּ מֵימֵיהֶן וְכוֹנְסִים מַיִם לְבוֹרוֹת וּמְעָרוֹת שֶׁל רַבִּים וּמְתַקְּנִין אֶת סִדְקֵיהֶן. וּמְסִירִין אֶת הַקּוֹצִין מִן הַדְּרָכִים. וּמוֹדְדִין אֶת הַמִּקְוָאוֹת וְכָל מִקְוֶה שֶׁנִּמְצָא חָסֵר מַרְגִּילִין לוֹ מַיִם וּמַשְׁלִימִין לוֹ שִׁעוּרוֹ:

יא. וְיוֹצְאִין שְׁלוּחֵי בֵּית דִּין לְהַפְקִיר אֶת הַכִּלְאַיִם. וּפוֹדִין אֶת הַשְּׁבוּיִים וְאֶת הָעֲרָכִין וְאֶת הַחֲרָמִים וְאֶת הַהֶקְדֵּשׁוֹת. וּמַשְׁקִין אֶת הַסּוֹטוֹת. וְשׂוֹרְפִין אֶת הַפָּרָה. וְעוֹרְפִין אֶת הָעֶגְלָה. וְרוֹצְעִין עֶבֶד עִבְרִי. וּמְטַהֲרִין אֶת הַמְּצֹרָע. וּמְצַיְּנִין עַל הַקְּבָרוֹת שֶׁמָּחוּ גְּשָׁמִים אֶת צִיּוּנָן כְּדֵי שֶׁיִּפְרְשׁוּ מֵהֶן הַכֹּהֲנִים. שֶׁכָּל אֵלּוּ צָרְכֵי רַבִּים הֵן:

יב. וְדָנִים דִּינֵי מָמוֹנוֹת וְדִינֵי מַכּוֹת וְדִינֵי נְפָשׁוֹת בַּמּוֹעֵד. וּמִי שֶׁלֹּא קִבֵּל עָלָיו הַדִּין מְשַׁמְּתִין אוֹתוֹ בַּמּוֹעֵד. וּכְשֵׁם שֶׁדָּנִין בַּמּוֹעֵד כָּךְ כּוֹתְבִין מַעֲשֵׂה בֵּית דִּין וְכָל הַדּוֹמֶה לוֹ. כֵּיצַד. כּוֹתְבִין הַדַּיָּנִין אִגְּרוֹת שׁוּם שֶׁשָּׁמוּ לְבַעַל חוֹב וְאִגְּרוֹת שֶׁמָּכְרוּ בָּהֶן לִמְזוֹן הָאִשָּׁה וְהַבָּנוֹת. וְשִׁטְרֵי חֲלִיצָה וּמֵאוּנִין. וְכָל הַדּוֹמֶה לָהֶן מִדְּבָרִים שֶׁצְּרִיכִים הַדַּיָּנִין לִכְתֹּבָם כְּדֵי שֶׁיִּזָּכְרוּם. כְּגוֹן טַעֲנוֹת בַּעֲלֵי דִּינִין אוֹ דְּבָרִים שֶׁקִּבְּלוּ עֲלֵיהֶן כְּגוֹן אִישׁ פְּלוֹנִי נֶאֱמָן עָלַי. אוֹ אִישׁ פְּלוֹנִי יָדוּן לִי. מִי שֶׁצָּרִיךְ לִלְווֹת בַּמּוֹעֵד וְלֹא הֶאֱמִינוֹ הַמַּלְוֶה בְּעַל פֶּה

הֲרֵי זֶה כּוֹתֵב שְׁטַר חוֹב. וְכֵן כּוֹתְבִין גִּטִּין וְקִדּוּשֵׁי נָשִׁים וְשׁוֹבְרִין וּמַתָּנוֹת. שֶׁכָּל אֵלּוּ כְּצָרְכֵי רַבִּים הֵן:

יג. וְאָסוּר לִכְתֹּב בַּמּוֹעֵד אֲפִלּוּ סְפָרִים תְּפִלִּין וּמְזוּזוֹת. וְאֵין מַגִּיהִין אֲפִלּוּ אוֹת אַחַת בְּסֵפֶר הָעֲזָרָה מִפְּנֵי שֶׁזּוֹ מְלָאכָה שֶׁאֵינָהּ לְצֹרֶךְ הַמּוֹעֵד. אֲבָל כּוֹתֵב אָדָם תְּפִלִּין וּמְזוּזָה לְעַצְמוֹ וְטוֹוֶה תְּכֵלֶת לְבִגְדוֹ. וְאִם אֵין לוֹ מַה יֹּאכַל כּוֹתֵב וּמוֹכֵר לַאֲחֵרִים כְּדֵי פַּרְנָסָתוֹ:

יד. וּמֻתָּר לִכְתֹּב אִגְּרוֹת שֶׁל שְׁאֵלַת שָׁלוֹם בַּמּוֹעֵד. וְכוֹתֵב חֶשְׁבּוֹנוֹתָיו וּמְחַשֵּׁב יְצִיאוֹתָיו. שֶׁכְּתִיבוֹת אֵלּוּ אֵין אָדָם נִזְהָר בְּתִקּוּנָן מְאֹד וְנִמְצְאוּ כְּמַעֲשֵׂה הֶדְיוֹט בִּמְלָאכוֹת:

טו. עוֹשִׂין כָּל צָרְכֵי הַמֵּת בַּמּוֹעֵד. גּוֹזְזִין שְׂעָרוֹ וּמְכַבְּסִין כְּסוּתוֹ וְעוֹשִׂין לוֹ אָרוֹן. וְאִם לֹא הָיוּ לָהֶם נְסָרִים מְבִיאִין קוֹרוֹת וְנוֹסְרִין מֵהֶם נְסָרִים בְּצִנְעָה בְּתוֹךְ הַבַּיִת. וְאִם הָיָה אָדָם מְפֻרְסָם עוֹשִׂין אֲפִלּוּ בַּשּׁוּק. אֲבָל אֵין כּוֹרְתִין עֵץ מִן הַיַּעַר לִנְסֹר מִמֶּנּוּ לוּחוֹת לָאָרוֹן. וְאֵין חוֹצְבִין אֲבָנִים לִבְנוֹת בָּהֶן קֶבֶר:

טז. אֵין רוֹאִין אֶת הַנְּגָעִים בַּמּוֹעֵד שֶׁמָּא יִמָּצֵא טָמֵא וְנִמְצָא חַגּוֹ נֶהְפָּךְ לְאֵבֶל. וְאֵין נוֹשְׂאִין נָשִׁים וְלֹא מְיַבְּמִין בַּמּוֹעֵד כְּדֵי שֶׁלֹּא תִּשְׁתַּכַּח שִׂמְחַת הֶחָג בְּשִׂמְחַת הַנִּשּׂוּאִין. אֲבָל מַחֲזִיר אֶת גְּרוּשָׁתוֹ. וּמְאָרְסִין נָשִׁים בַּמּוֹעֵד. וּבִלְבַד שֶׁלֹּא יַעֲשֶׂה סְעֻדַּת אֵרוּסִין וְלֹא סְעֻדַּת נִשּׂוּאִין. שֶׁלֹּא יְעָרֵב שִׂמְחָה אַחֶרֶת בְּשִׂמְחַת הֶחָג:

יז. אֵין מְגַלְּחִין וְאֵין מְכַבְּסִין בַּמּוֹעֵד גְּזֵרָה שֶׁמָּא יַשְׁהֶה אָדָם עַצְמוֹ לְתוֹךְ הַמּוֹעֵד וְיָבוֹא יוֹם טוֹב הָרִאשׁוֹן וְהוּא מְנֻוָּל. לְפִיכָךְ כָּל מִי שֶׁאִי אֶפְשָׁר לוֹ לְגַלֵּחַ וּלְכַבֵּס בְּעֶרֶב יוֹם טוֹב הֲרֵי זֶה מֻתָּר לְכַבֵּס וּלְגַלֵּחַ בַּמּוֹעֵד:

יח. כֵּיצַד. אָבֵל שֶׁחָל שְׁבִיעִי שֶׁלּוֹ לִהְיוֹת בְּיוֹם טוֹב אוֹ שֶׁחָל לִהְיוֹת בְּעֶרֶב יוֹם טוֹב וַהֲרֵי הוּא שַׁבָּת שֶׁאִי אֶפְשָׁר לְגַלֵּחַ. וְהַבָּא מִמְּדִינַת הַיָּם וְהוּא שֶׁלֹּא יָצָא לְהִטַּיֵּל אֶלָּא לִסְחוֹרָה וְכַיּוֹצֵא בָּהּ. וְהַיּוֹצֵא מִבֵּית הַשִּׁבְיָה וּמִבֵּית הָאֲסוּרִים. וּמִי שֶׁהָיָה מְנֻדֶּה וְלֹא הִתִּירוּהוּ אֶלָּא בַּמּוֹעֵד. וּמִי שֶׁנִּשְׁבַּע שֶׁלֹּא לְגַלֵּחַ וְשֶׁלֹּא לְכַבֵּס וְלֹא נִשְׁאַל לְחָכָם לְהַתִּיר נִדְרוֹ אֶלָּא בַּמּוֹעֵד הֲרֵי אֵלּוּ מְגַלְּחִין וּמְכַבְּסִין בַּמּוֹעֵד:

יט. וְכֻלָּן שֶׁהָיָה לָהֶן פְּנַאי לְגַלֵּחַ קֹדֶם הָרֶגֶל וְלֹא גִּלְּחוּ אֲסוּרִין. אֲבָל הַנָּזִיר וְהַמְּצֹרָע שֶׁהִגִּיעַ זְמַן תִּגְלַחְתָּן בֵּין בְּתוֹךְ הַמּוֹעֵד בֵּין קֹדֶם הָרֶגֶל אַף עַל פִּי שֶׁהָיָה לָהֶם פְּנַאי מֻתָּרִין לְגַלֵּחַ בַּמּוֹעֵד שֶׁלֹּא יַשְׁהוּ קָרְבְּנוֹתֵיהֶן. וְכָל הַיּוֹצֵא מִטֻּמְאָתוֹ לְטָהֳרָתוֹ מֻתָּר לְגַלֵּחַ בַּמּוֹעֵד. וְקָטָן שֶׁנּוֹלַד בֵּין בַּמּוֹעֵד בֵּין לִפְנֵי הַמּוֹעֵד מֻתָּר לְגַלְּחוֹ בַּמּוֹעֵד. וְאַנְשֵׁי מִשְׁמָר שֶׁשָּׁלְמָה מִשְׁמַרְתָּן בְּתוֹךְ הַמּוֹעֵד מֻתָּרִין לְגַלֵּחַ מִפְּנֵי שֶׁאַנְשֵׁי מִשְׁמָר אֲסוּרִין לְגַלֵּחַ בְּשַׁבָּת שֶׁלָּהֶן:

כ. מֻתָּר לִטֹּל שָׂפָה בְּחֻלּוֹ שֶׁל מוֹעֵד. וְלִטֹּל צִפָּרְנַיִם וַאֲפִלּוּ בִּכְלִי. וּמַעֲבֶרֶת הָאִשָּׁה שֵׂעָר מִבֵּית הַשֶּׁחִי וּמִבֵּית הָעֶרְוָה בֵּין בַּיָּד בֵּין בִּכְלִי. וְעוֹשָׂה כָּל תַּכְשִׁיטֶיהָ בַּמּוֹעֵד. כּוֹחֶלֶת וּפוֹקֶסֶת וּמַעֲבֶרֶת סְרָק עַל פָּנֶיהָ וְטוֹפֶלֶת עַצְמָהּ בְּסִיד וְכַיּוֹצֵא בּוֹ וְהוּא שֶׁתּוּכַל לְקַפְּלוֹ בַּמּוֹעֵד:

כא. הַזָּבִים וְהַזָּבוֹת וְהַנִּדּוֹת וְהַיּוֹלְדוֹת וְכָל הָעוֹלִים מִטֻּמְאָה לְטָהֳרָה בְּתוֹךְ הַמּוֹעֵד הֲרֵי אֵלּוּ מֻתָּרִין לְכַבֵּס. וּמִי שֶׁאֵין לוֹ אֶלָּא חָלוּק אֶחָד הֲרֵי זֶה מְכַבְּסוֹ בַּמּוֹעֵד. מִטְפְּחוֹת הַיָּדַיִם וּמִטְפְּחוֹת הַסְּפָרִים וּמִטְפְּחוֹת הַסַּפָּג הֲרֵי אֵלּוּ מֻתָּרִין לְכַבֵּס בַּמּוֹעֵד. וְכֵן כְּלֵי פִּשְׁתָּן מֻתָּר לְכַבְּסָן בַּמּוֹעֵד מִפְּנֵי שֶׁצְּרִיכִין כִּבּוּס תָּמִיד אֲפִלּוּ נִתְכַּבְּסוּ עֶרֶב יוֹם טוֹב:

כב. אֵין עוֹשִׂין סְחוֹרָה בַּמּוֹעֵד בֵּין לִמְכֹּר בֵּין לִקְנוֹת. וְאִם הָיָה דָּבָר הָאָבֵד שֶׁאֵינוֹ מָצוּי תָּמִיד לְאַחַר הַמּוֹעֵד כְּגוֹן סְפִינוֹת אוֹ שַׁיָּרוֹת שֶׁבָּאוּ אוֹ שֶׁהֵם מְבַקְּשִׁים לָצֵאת וּמָכְרוּ בְּזוֹל אוֹ לָקְחוּ בְּיֹקֶר הֲרֵי זֶה מֻתָּר לִקְנוֹת אוֹ לִמְכֹּר. וְאֵין לוֹקְחִין בָּתִּים וַעֲבָדִים וּבְהֵמָה אֶלָּא לְצֹרֶךְ הַמּוֹעֵד:

כג. מוֹכְרֵי פֵּרוֹת כְּסוּת וְכֵלִים מוֹכְרִין בְּצִנְעָה לְצֹרֶךְ הַמּוֹעֵד. כֵּיצַד. אִם הָיְתָה הַחֲנוּת פְּתוּחָה לְזָוִית אוֹ לְמָבוֹי פּוֹתֵחַ כְּדַרְכּוֹ. וְאִם הָיְתָה פְּתוּחָה לִרְשׁוּת הָרַבִּים פּוֹתֵחַ אַחַת וְנוֹעֵל אַחַת. וְעֶרֶב יוֹם טוֹב הָאַחֲרוֹן שֶׁל חַג הַסֻּכּוֹת מוֹצִיא וּמְעַטֵּר אֶת הַשּׁוּק בְּפֵרוֹת בִּשְׁבִיל כְּבוֹד יוֹם טוֹב. מוֹכְרֵי תַּבְלִין מוֹכְרִין כְּדַרְכָּן בְּפַרְהֶסְיָא:

כד. כָּל שֶׁאָסוּר לַעֲשׂוֹתוֹ בַּמּוֹעֵד אֵינוֹ אוֹמֵר לְנָכְרִי לַעֲשׂוֹתוֹ. וְכָל שֶׁאָסוּר לַעֲשׂוֹתוֹ בַּמּוֹעֵד אִם אֵין לוֹ מַה שֶּׁיֹּאכַל הֲרֵי זֶה עוֹשֶׂה כְּדֵי פַּרְנָסָתוֹ. וְכֵן עוֹשֶׂה סְחוֹרָה כְּדֵי פַּרְנָסָתוֹ. וּמֻתָּר לֶעָשִׁיר לִשְׂכֹּר פּוֹעֵל עָנִי שֶׁאֵין לוֹ מַה יֹּאכַל לַעֲשׂוֹת מְלָאכָה שֶׁהִיא אֲסוּרָה בַּמּוֹעֵד כְּדֵי שֶׁיִּטֹּל שְׂכָרוֹ לְהִתְפַּרְנֵס בּוֹ. וְכֵן לוֹקְחִין דְּבָרִים שֶׁאֵינָם לְצֹרֶךְ הַמּוֹעֵד מִפְּנֵי צֹרֶךְ הַמּוֹכֵר שֶׁאֵין לוֹ מַה יֹּאכַל:

כה. שׂוֹכְרִין הַשָּׂכִיר עַל הַמְּלָאכָה בַּמּוֹעֵד לַעֲשׂוֹתָהּ לְאַחַר הַמּוֹעֵד וּבִלְבַד שֶׁלֹּא יִשְׁקֹל וְשֶׁלֹּא יִמְדֹּד וְלֹא יִמְנֶה כְּדֶרֶךְ שֶׁהוּא עוֹשֶׂה בְּחֹל. נָכְרִי שֶׁקִּבֵּל קַבָּלַת מִיִּשְׂרָאֵל אֲפִלּוּ הָיָה חוּץ לַתְּחוּם אֵינוֹ מַנִּיחוֹ לַעֲשׂוֹתוֹ בַּמּוֹעֵד. שֶׁהַכֹּל יוֹדְעִין שֶׁמְּלָאכָה זוֹ שֶׁל יִשְׂרָאֵל וְיַחְשְׁדוּ אוֹתוֹ שֶׁהוּא שָׂכַר אֶת הַנָּכְרִי לַעֲשׂוֹת לוֹ בַּמּוֹעֵד. שֶׁאֵין הַכֹּל יוֹדְעִין הַהֶפְרֵשׁ שֶׁיֵּשׁ בֵּין הַשָּׂכִיר וּבֵין הַקַּבְּלָן וּלְפִיכָךְ אָסוּר:

Perek 8

Yom Tov. · *Chol Hamoed* continued.

Permitted and forbidden works continued.

Same principles apply i.e. if great loss will be incurred or if items needed for *Chol Hamoed,* then working permitted. E.g. gathering wood from a field is permitted, but if the purpose is to improve the land it is forbidden etc.

Erev Shabbat. Erev Yom Tov, Erev Pesach.

The rules on *erev Pesach* are more stringent than those on *erev Shabbat* and *erev Yom Tov,* because this was the time when the *Korban Pesach* and *Chagigah* Offering were being slaughtered. I.e. there is punishment for working *erev Pesach* after midday.

On *erev Shabbat* and *erev Yom tov,* it is also forbidden to work after midday but there is no punishment.

He should be rebuked for doing this, and it is also said that a person who works *erev Shabbat* and *erev Yom Tov* will not see blessing from this work.

פרק ח׳

א. נְהָרוֹת הַמּוֹשְׁכִין מִן הָאֲגַמִּים מֻתָּר לְהַשְׁקוֹת מֵהֶן בֵּית הַשְּׁלָחִין בַּמּוֹעֵד וְהוּא שֶׁלֹּא פָּסְקוּ. וְכֵן הַבְּרֵכוֹת שֶׁאַמַּת הַמַּיִם עוֹבֶרֶת בֵּינֵיהֶן מֻתָּר לְהַשְׁקוֹת מֵהֶן. וְכֵן בְּרֵכָה שֶׁנָּטְפָה מִבֵּית הַשְּׁלָחִין וַעֲדַיִן הִיא נוֹטֶפֶת מֻתָּר לְהַשְׁקוֹת מִמֶּנָּה בֵּית הַשְּׁלָחִין אַחֶרֶת. וְהוּא שֶׁלֹּא פָּסַק הַמַּעְיָן הַמַּשְׁקֶה בֵּית הַשְּׁלָחִין הָעֶלְיוֹנָה:

ב. עֲרוּגָה שֶׁחֶצְיָהּ נָמוּךְ וְחֶצְיָהּ גָּבוֹהַּ לֹא יִדְלֶה מִמָּקוֹם נָמוּךְ לְהַשְׁקוֹת מָקוֹם גָּבוֹהַּ מִפְּנֵי שֶׁהוּא טֹרַח גָּדוֹל. וּמֻתָּר לִדְלוֹת מַיִם לְהַשְׁקוֹת הַיְּרָקוֹת כְּדֵי לְאָכְלָן בַּמּוֹעֵד. וְאִם בִּשְׁבִיל לְיַפּוֹתָן אָסוּר:

ג. אֵין עוֹשִׂין עוּגִיּוֹת בְּעִקְּרֵי הַגְּפָנִים כְּדֵי שֶׁיִּתְמַלְּאוּ מַיִם. וְאִם הָיוּ עֲשׂוּיוֹת וְנִתְקַלְקְלוּ הֲרֵי זֶה מְתַקְּנָם בַּמּוֹעֵד. וְכֵן אַמַּת הַמַּיִם שֶׁנִּתְקַלְקְלָה מְתַקְּנִין אוֹתָהּ בַּמּוֹעֵד. כֵּיצַד. הָיְתָה עֲמֻקָּה טֶפַח חוֹפֵר בָּהּ עַד שִׁשָּׁה. הָיְתָה עֲמֻקָּה טְפָחַיִם מַעֲמִיקָהּ עַד שִׁבְעָה. וּמוֹשְׁכִין אֶת הַמַּיִם מֵאִילָן לְאִילָן וּבִלְבַד שֶׁלֹּא יַשְׁקֶה אֶת כָּל הַשָּׂדֶה. וְאִם הָיְתָה שָׂדֶה לַחָה מֻתָּר לְהַשְׁקוֹת אֶת כֻּלָּהּ. וּמַרְבִּיצִין אֶת הַשָּׂדֶה בַּמּוֹעֵד. שֶׁכָּל הַדְּבָרִים הָאֵלּוּ אֵין בָּהֶן טֹרַח יוֹתֵר:

ד. זְרָעִים שֶׁלֹּא שָׁתוּ מִלִּפְנֵי הַמּוֹעֵד לֹא יַשְׁקֵם בַּמּוֹעֵד מִפְּנֵי שֶׁהֵן צְרִיכִין מַיִם רַבִּים וְיָבוֹא לִידֵי טֹרַח יוֹתֵר. וּמֻתָּר לְהָסֵב אֶת הַנָּהָר מִמָּקוֹם לְמָקוֹם וְלִפְתֹּחַ נָהָר שֶׁנִּסְתַּם. בּוֹרוֹת שִׁיחִין וּמְעָרוֹת שֶׁל יָחִיד אִם הָיָה צָרִיךְ לָהֶם חוֹטְטִין אוֹתָן וְשָׁפִין אֶת סִדְקֵיהֶם אֲבָל אֵין חוֹפְרִין אוֹתָן לְכַתְּחִלָּה. וְכוֹנְסִים לְתוֹכָהּ מַיִם אַף עַל פִּי שֶׁאֵינוֹ צָרִיךְ לָהֶן. וְעוֹשִׂין נִבְרֶכֶת בַּמּוֹעֵד:

ה. עַכְבָּרִים שֶׁהֵן מַפְסִידִין אֶת הָאִילָנוֹת צָדִין אוֹתָן בַּמּוֹעֵד. בִּשְׂדֵה הָאִילָן צָד כְּדַרְכּוֹ. כֵּיצַד. חוֹפֵר וְתוֹלֶה הַמְּצוּדָה. וְאִם הָיָה שָׂדֶה לָבָן סָמוּךְ לִשְׂדֵה הָאִילָן צָדִין אוֹתָן בַּשָּׂדֶה הַלָּבָן בְּשִׁנּוּי כְּדֵי שֶׁלֹּא יִכָּנְסוּ לִשְׂדֵה הָאִילָן וְיַחְרִיבוּהָ. וְכֵיצַד צָד, בְּשִׁנּוּי. נוֹעֵץ שַׁפּוּד בָּאָרֶץ וּמַכֶּה בְּקוּרְדּוֹם וְאַחַר כָּךְ מְנַתְּקוֹ וְנִמְצָא מְקוֹמוֹ גּוּמָא:

ו. כֹּתֶל גִּנָּה שֶׁנָּפַל בּוֹנֵהוּ מַעֲשֵׂה הֶדְיוֹט אוֹ גּוֹדֵר אוֹתוֹ בְּקָנִים וְגֹמֶא וְכַיּוֹצֵא בָּהֶן. וְכֵן אִם עָשָׂה מַעֲקֶה לַגַּג בּוֹנֶה אוֹתוֹ מַעֲשֵׂה הֶדְיוֹט. אֲבָל כֹּתֶל חָצֵר שֶׁנָּפַל בּוֹנֵהוּ כְּדַרְכּוֹ. וְאִם הָיָה גּוֹהֶה סוֹתְרוֹ מִפְּנֵי הַסַּכָּנָה וּבוֹנֵהוּ כְּדַרְכּוֹ:

ז. בּוֹנֶה אָדָם אִצְטַבָּא לֵישֵׁב אוֹ לִישֹׁן עָלֶיהָ. הַצִּיר וְהַצִּנּוֹר וְהַקּוֹרָה וְהַמַּנְעוּל וְהַמַּפְתֵּחַ שֶׁנִּשְׁבְּרוּ מְתַקְּנָן בַּמּוֹעֵד כְּדַרְכּוֹ בֵּין בְּשֶׁל בַּרְזֶל בֵּין בְּשֶׁל עֵץ. שֶׁזֶּה הֶפְסֵד גָּדוֹל הוּא שֶׁאִם יָנִיחַ הַפֶּתַח פָּתוּחַ וּדְלָתוֹת שְׁבוּרוֹת נִמְצָא מְאַבֵּד כָּל מַה שֶּׁבַּבַּיִת. וּכְבָר בֵּאַרְנוּ כָּל שֶׁיֵּשׁ בּוֹ הֶפְסֵד אֵינוֹ צָרִיךְ שִׁנּוּי:

ח. אֵין חוֹפְרִין קֶבֶר לִהְיוֹת מוּכָן לְמֵת שֶׁיָּמוּת וְאֵין בּוֹנִין אוֹתוֹ. אֲבָל אִם הָיָה עָשׂוּי הֲרֵי זֶה מְתַקְּנוֹ בַּמּוֹעֵד. כֵּיצַד. מוֹסִיף בְּמִדָּתוֹ אוֹ מְקַצֵּר מִמִּדָּתוֹ כְּדֵי שֶׁיִּהְיֶה נָכוֹן לְעֵת שֶׁיִּקָּבֵר בּוֹ:

ט. אֵין מְפַנִּין אֶת הַמֵּת וְלֹא אֶת הָעֲצָמוֹת מִקֶּבֶר לְקֶבֶר לֹא מִמְּכֻבָּד לְבָזוּי וְלֹא מִבָּזוּי לִמְכֻבָּד. וְאָסוּר לַעֲשׂוֹת כֵּן

לְעוֹלָם בִּשְׁאָר הַיָּמִים אֶלָּא אִם כֵּן הָיָה מְפַנֵּהוּ בְּתוֹךְ שֶׁלּוֹ מְפַנֵּהוּ בִּשְׁאָר הַיָּמִים אֲפִלּוּ מִמְּכֻבָּד לְבָזוּי:

י. אֵין מַתְלִיעִין אֶת הָאִילָנוֹת וְלֹא מַזְהִימִין אֶת הַנְּטִיעוֹת וְלֹא מְגַזְמִין. אֲבָל סָכִין אֶת הָאִילָנוֹת וְאֶת הַפֵּרוֹת שֶׁבָּהֶן בְּשֶׁמֶן וְעוֹקְרִין אֶת הַפִּשְׁתָּה מִפְּנֵי שֶׁהִיא רְאוּיָה לַחֲפֹף בָּהּ בַּמּוֹעֵד. וְקוֹצְרִין אֶת הַכִּשּׁוּת מִפְּנֵי שֶׁהִיא רְאוּיָה לְהַטִּילָהּ לְשֵׁכָר בַּמּוֹעֵד. וְכֵן כָּל כַּיּוֹצֵא בָּזֶה:

יא. אֵין מַכְנִיסִין אֶת הַצֹּאן לַדִּיר כְּדֵי שֶׁיְּזַבְּלוּ אֶת הַקַּרְקַע. שֶׁהֲרֵי הוּא מְדַיֵּר שָׂדֵהוּ בַּמּוֹעֵד. וְאִם בָּאוּ מֵאֲלֵיהֶן מֻתָּר. וְאֵין מְסַיְּעִין אוֹתָן וְאֵין מוֹסְרִין לָהֶן שׁוֹמֵר לְנַעֵר אֶת הַצֹּאן. הָיָה שְׂכִיר שַׁבָּת שְׂכִיר חֹדֶשׁ שְׂכִיר שָׁנָה שְׂכִיר שָׁבוּעַ מְסַיְּעִין אוֹתָן וְשׂוֹכְרִין שׁוֹמֵר לְנַעֵר אֶת צֹאנָם מִמָּקוֹם לְמָקוֹם כְּדֵי שֶׁיְּזַבְּלוּ כָּל הַשָּׂדֶה. הַזֶּבֶל שֶׁבֶּחָצֵר מְסַלְּקִין אוֹתוֹ לַצְּדָדִין. וְאִם נַעֲשָׂה חָצֵר כְּרֶפֶת בָּקָר מוֹצִיאִין אוֹתוֹ לָאַשְׁפָּה:

יב. הַמַּשְׁוֶה פְּנֵי הַקַּרְקַע אִם נִתְכַּוֵּן לְתַקֵּן מָקוֹם שֶׁיַּעֲמִיד בּוֹ כְּרִי שֶׁל תְּבוּאָה אוֹ שֶׁיָּדוּשׁ בּוֹ מֻתָּר. וְאִם נִתְכַּוֵּן לַעֲבוֹדַת הָאָרֶץ אָסוּר. וְכֵן הַמְלַקֵּט עֵצִים מִתּוֹךְ שָׂדֵהוּ אִם לְצֹרֶךְ עֵצִים מֻתָּר וְאִם לְתַקֵּן הַקַּרְקַע אָסוּר. וְכֵן הַפּוֹתֵק מַיִם לְגִנָּה אִם נִתְכַּוֵּן שֶׁיִּכָּנְסוּ הַדָּגִים מֻתָּר וְאִם לְהַשְׁקוֹת הָאָרֶץ אָסוּר. וְכֵן הַקּוֹצֵץ חֲרָיוֹת מִן הַדֶּקֶל אִם נִתְכַּוֵּן לְהַאֲכִיל לַבְּהֵמָה מֻתָּר וְאִם נִתְכַּוֵּן לַעֲבוֹדַת הָאִילָן אָסוּר. וּמִמַּעֲשָׂיו יֻכַּר לְאֵי זֶה דָּבָר הוּא מִתְכַּוֵּן:

יג. תַּנּוּר וְכִירַיִם שֶׁאֶפְשָׁר שֶׁיִּיבְשׁוּ וְיֹאפֶה בָּהֶן בַּמּוֹעֵד עוֹשִׂין וְאִם לָאו אֵין עוֹשִׂין אוֹתָן. וּבֵין כָּךְ וּבֵין כָּךְ בּוֹנִין עַל חֶרֶשׂ שֶׁל תַּנּוּר וְעַל הַכִּירָה הַטְּפֵלָה שֶׁלָּהֶן וּמְסָרְגִין אֶת הַמִּטּוֹת. וְנוֹקְרִין אֶת הָרֵחַיִם וּפוֹתְחִים לָהֶן עַיִן וּמַעֲמִידִין אוֹתָן וּבוֹנִין אַמַּת הַמַּיִם שֶׁל רֵחַיִם:

יד. זוֹפְתִין אֶת הֶחָבִית כְּדֵי שֶׁלֹּא יִפָּסֵד הַיַּיִן. וְזוֹפְתִין אֶת הַבַּקְבּוּק מִפְּנֵי שֶׁאֵין בּוֹ טֹרַח. וְסוֹתְמִין פִּי הֶחָבִית שֶׁל שֵׁכָר כְּדֵי שֶׁלֹּא תִּפָּסֵד. וּמְחַפִּין אֶת הַקְּצִיעוֹת בְּקַשׁ כְּדֵי שֶׁלֹּא יֹאבְדוּ. וּמְרַכְּכִין אֶת הַבְּגָדִים בַּיָּדַיִם. מִפְּנֵי שֶׁהוּא מַעֲשֵׂה הֶדְיוֹט. אֲבָל אֵין עוֹשִׂין קִשְׁרֵי בֵּית הַיָּדַיִם מִפְּנֵי שֶׁהוּא מַעֲשֵׂה אֻמָּן. וְכֵן כָּל כַּיּוֹצֵא בָּזֶה:

טו. קוֹצְצִין צִפָּרְנֵי חֲמוֹר שֶׁל רֵחַיִם וּבוֹנִין אֵבוּס לַבְּהֵמָה. וְסוּס שֶׁיִּרְכַּב עָלָיו מֻתָּר לִטֹּל צִפָּרְנָיו וּלְסָרְקוֹ כְּדֵי לְיַפּוֹתוֹ. וְאֵין מַרְבִּיעִין בְּהֵמָה בַּמּוֹעֵד. אֲבָל מַקִּיזִין לָהּ דָּם. וְאֵין מוֹנְעִין מִמֶּנָּה רְפוּאָה. וְכָל מַאֲכָלוֹת וּמַשְׁקִים שֶׁאֵינָן מַאֲכַל בְּרִיאִים אֶלָּא לִרְפוּאָה מֻתָּר לָאָדָם לְאָכְלָן וְלִשְׁתּוֹתָן בַּמּוֹעֵד:

טז. אֵין מְפַנִּין מֵחָצֵר לְחָצֵר בַּמּוֹעֵד. וְלֹא מִכְּעוּרָה לְנָאָה וְלֹא מִנָּאָה לִכְעוּרָה. אֲבָל מְפַנֶּה הוּא מִבַּיִת לְבַיִת בְּאוֹתָהּ חָצֵר. וּמְבִיאִין כֵּלִים שֶׁהֵן לְצֹרֶךְ הַמּוֹעֵד מִבֵּית הָאֻמָּן. כְּגוֹן כָּרִים וּכְסָתוֹת וּצְלוֹחִיּוֹת. אֲבָל כֵּלִים שֶׁאֵינָן לְצֹרֶךְ הַמּוֹעֵד כְּגוֹן מַחֲרֵשָׁה מִן הַלּוֹטֵשׁ אוֹ צֶמֶר מִבֵּית הַצַּבָּע אֵין מְבִיאִין. וְאִם אֵין לָאֻמָּן מַה יֹּאכַל נוֹתֵן לוֹ שְׂכָרוֹ וּמַנִּיחָן אֶצְלוֹ. וְאִם אֵינוֹ מַאֲמִינוֹ מַנִּיחָן בַּבַּיִת הַסָּמוּךְ לוֹ. וְאִם חוֹשֵׁשׁ לָהֶם שֶׁמָּא יִגָּנְבוּ מְפַנָּן לְחָצֵר אַחֶרֶת אֲבָל לֹא יָבִיא לְבֵיתוֹ אֶלָּא בִּצְנִעָה:

יז. אָסוּר לַעֲשׂוֹת מְלָאכָה בְּעַרְבֵי יָמִים טוֹבִים מִן הַמִּנְחָה וּלְמַעְלָה כְּמוֹ עַרְבֵי שַׁבָּתוֹת. וְכָל הָעוֹשֶׂה מְלָאכָה בָּהֶן אֵינוֹ רוֹאֶה סִימַן בְּרָכָה לְעוֹלָם. וְגוֹעֲרִין בּוֹ וּמְבַטְּלִין אוֹתוֹ בְּעַל כָּרְחוֹ. אֲבָל אֵין מַכִּין אוֹתוֹ מַכַּת מַרְדּוּת. וְאֵין צָרִיךְ לוֹמַר שֶׁאֵין מְנַדִּין אוֹתוֹ. חוּץ מֵעֶרֶב הַפֶּסַח אַחַר חֲצוֹת שֶׁהָעוֹשֶׂה בּוֹ מְלָאכָה אַחַר חֲצוֹת מְנַדִּין אוֹתוֹ. וְאֵין צָרִיךְ לוֹמַר שֶׁמַּכִּין אוֹתוֹ מַכַּת מַרְדּוּת אִם לֹא נִדּוּהוּ. לְפִי שֶׁיּוֹם אַרְבָּעָה עָשָׂר בְּנִיסָן אֵינוֹ כִּשְׁאָר עַרְבֵי יָמִים טוֹבִים מִפְּנֵי שֶׁיֵּשׁ בּוֹ חֲגִיגָה וּשְׁחִיטַת קָרְבָּן:

יח. לְפִיכָךְ יוֹם אַרְבָּעָה עָשָׂר בְּנִיסָן אָסוּר בַּעֲשִׂיַּת מְלָאכָה מִדִּבְרֵי סוֹפְרִים כְּמוֹ חֻלּוֹ שֶׁל מוֹעֵד. וְהוּא קַל מֵחֻלּוֹ שֶׁל מוֹעֵד. וְאֵינוֹ אָסוּר אֶלָּא מֵחֲצִי הַיּוֹם וּלְמַעְלָה שֶׁהוּא זְמַן הַשְּׁחִיטָה. אֲבָל מֵהָנֵץ הַחַמָּה עַד חֲצִי הַיּוֹם תָּלוּי בַּמִּנְהָג. מָקוֹם שֶׁנָּהֲגוּ לַעֲשׂוֹת עוֹשִׂין מָקוֹם שֶׁנָּהֲגוּ שֶׁלֹּא לַעֲשׂוֹת אֵין עוֹשִׂין:

יט. וַאֲפִלּוּ בְּמָקוֹם שֶׁנָּהֲגוּ לַעֲשׂוֹת לֹא יַתְחִיל בַּתְּחִלָּה לַעֲשׂוֹת מְלָאכָה בְּאַרְבָּעָה עָשָׂר אַף עַל פִּי שֶׁהוּא יָכוֹל לְגָמְרָהּ קֹדֶם חֲצוֹת. אֶלָּא שָׁלֹשׁ אֻמָּנִיּוֹת בִּלְבַד הֵן שֶׁמַּתְחִילִין בָּהֶם בְּמָקוֹם שֶׁנָּהֲגוּ לַעֲשׂוֹת וְעוֹשִׂין עַד חֲצוֹת. וְאֵלּוּ הֵן הַחַיָּטִין. וְהַסַּפָּרִין. וְהַכּוֹבְסִין. אֲבָל שְׁאָר אֻמָּנִיּוֹת אִם הִתְחִיל בָּהֶן קֹדֶם אַרְבָּעָה עָשָׂר הוּא שֶׁיִּגְמֹר עַד חֲצוֹת שֶׁאֵין הָעָם צְרִיכִין לִשְׁאָר אֻמָּנִיּוֹת צֹרֶךְ הַרְבֵּה:

כ. הַהוֹלֵךְ מִמָּקוֹם שֶׁעוֹשִׂין לְמָקוֹם שֶׁאֵין עוֹשִׂין לֹא יַעֲשֶׂה בַּיִּשּׁוּב מִפְּנֵי הַמַּחֲלֹקֶת אֲבָל עוֹשֶׂה הוּא בַּמִּדְבָּר. וְהַהוֹלֵךְ מִמָּקוֹם שֶׁאֵין עוֹשִׂין לְמָקוֹם שֶׁעוֹשִׂין לֹא יַעֲשֶׂה. נוֹתְנִין עָלָיו חֻמְרֵי מָקוֹם שֶׁיָּצָא מִשָּׁם וְחֻמְרֵי מָקוֹם שֶׁהָלַךְ לְשָׁם. וְאַף עַל פִּי כֵן לֹא יִתְרָאֶה בִּפְנֵיהֶם שֶׁהוּא בָּטֵל מִפְּנֵי הָאִסּוּר. לְעוֹלָם אַל יְשַׁנֶּה אָדָם מִפְּנֵי הַמַּחֲלֹקֶת. וְכֵן מִי שֶׁדַּעְתּוֹ לַחֲזֹר לִמְקוֹמוֹ נוֹהֵג כְּאַנְשֵׁי מְקוֹמוֹ בֵּין לְהָקֵל בֵּין לְהַחְמִיר. וְהוּא שֶׁלֹּא יִתְרָאֶה בִּפְנֵי אַנְשֵׁי הַמָּקוֹם שֶׁהוּא בּוֹ מִפְּנֵי הַמַּחֲלֹקֶת:

כא. מוֹלִיכִין וּמְבִיאִין כֵּלִים מִבֵּית הָאֻמָּן בְּאַרְבָּעָה עָשָׂר

אַחַר חֲצוֹת אַף עַל פִּי שֶׁאֵינָן לְצֹרֶךְ הַמּוֹעֵד. וְגוֹרְפִין זֶבֶל מִתַּחַת רַגְלֵי בְּהֵמָה וּמוֹצִיאִים אוֹתוֹ לָאַשְׁפָּה. וּמוֹשִׁיבִין שׁוֹבָכִין לַתַּרְנְגוֹלִים. תַּרְנְגֹלֶת שֶׁיָּשְׁבָה עַל הַבֵּיצִים שְׁלֹשָׁה יָמִים אוֹ יֶתֶר וּמֵתָה מוֹשִׁיבִין אַחֶרֶת תַּחְתֶּיהָ בְּאַרְבָּעָה עָשָׂר כְּדֵי שֶׁלֹּא יִפָּסְדוּ הַבֵּיצִים. וּבַמּוֹעֵד אֵין מוֹשִׁיבִין. אֲבָל אִם בָּרְחָה בַּמּוֹעֵד מֵעַל הַבֵּיצִים מַחְזִירִין אוֹתָהּ לִמְקוֹמָהּ:

סְלִיקוּ לְהוּ הִלְכוֹת שְׁבִיתַת יוֹם טוֹב:

Additional, Useful Features of Interest
for Studying Rambam's Mishneh Torah

Scan QR code onto your mobile device to link to our website.
https://rambampress.com/

הלכות חמץ ומצה

Hilchot Chametz Umatzah

THE LAWS OF CHAMETZ AND MATZAH

They consist of eight *mitzvot:*	יש בכללן שמנה מצות
Three positive commandments and five negative commandments.	שלש מצות עשה וחמש מצות לא תעשה.
They are:	וזהו פרטן:
1. Not to eat *chametz* on the fourteenth of *Nissan* from noontime onwards	א. שלא לאכול חמץ ביום י״ד מחצות היום ולמעלה.
2. To destroy leaven on the fourteenth of *Nissan*	ב. להשבית שאור בי״ד
3. Not to eat *chametz* for all seven days of *Pesach*	ג. שלא לאכול חמץ כל שבעה
4. Not to eat a mixture containing *chametz* for all these seven days	ד. שלא לאכול תערובת חמץ כל שבעה
5. For *chametz* not to be seen in one's possession for all these seven days	ה. שלא יראה חמץ כל שבעה
6. For *chametz* not to be found in one's possession for all these seven days	ו. שלא ימצא חמץ כל שבעה
7. To eat *matzah* on the night of *Pesach*	ז. לאכול מצה בליל פסח
8. To tell the story of the exodus from Egypt on that night	ח. לספר ביציאת מצרים באותו הלילה

Reminder:
Pack on Punishment for *Sefer Zemanim*

Perek 1

Chametz.

Erev Pesach. (14th *Nissan*)

Not to eat *chametz* from 14th *Nissan* noon and onwards[1]

One cannot eat *chametz* on 14th of *Nissan* from the seventh hour of the day onwards – *Deoraita.*

I.e. we do not eat any *chametz* at the time when the *Korban Pesach* would have been sacrificed in the Temple.

The *Rabanim* prevented eating *chametz* from the 6th hour. During the 5th hour no *chametz* is eaten but benefit can be derived from it.

Not to eat *chametz* during seven days of *Pesach*[3]

Punishment is *karet.*

Not to eat food containing *chametz* during 7 days *Pesach*[4]

Punishment is *malkot*

Penalties for 'Eating *chametz*' **Size is 1 *kezayit* or more**

(But even the slightest amount is forbidden on *Pesach*)

Chametz not to be seen in one's possession for all seven days[5] (*Lo yeraeh*)

Chametz not to be found in one's possession for all 7 days[6] (*Lo yimatzeh)*

Punishment for *lo yeraeh* and *lo yimatzeh* is only *makat mardut* (because no actual deed was performed) unless it was purchased or left to become chametz.

פרק א׳

א. כָּל הָאוֹכֵל כְּזַיִת חָמֵץ בְּפֶסַח מִתְּחִלַּת לֵיל חֲמִשָּׁה עָשָׂר עַד סוֹף יוֹם אֶחָד וְעֶשְׂרִים בְּנִיסָן בְּמֵזִיד חַיָּב כָּרֵת שֶׁנֶּאֱמַר (שמות יב טו) "כִּי כָּל אֹכֵל חָמֵץ וְנִכְרְתָה". בְּשׁוֹגֵג חַיָּב קָרְבַּן חַטָּאת קְבוּעָה. אֶחָד הָאוֹכֵל וְאֶחָד הַמְמַחֶה וְשׁוֹתֶה:

ב. הֶחָמֵץ בַּפֶּסַח אָסוּר בַּהֲנָיָה שֶׁנֶּאֱמַר (שמות יג ג) "לֹא יֵאָכֵל חָמֵץ" לֹא יְהֵא בּוֹ הֶתֵּר אֲכִילָה. וְהַמַּנִּיחַ חָמֵץ בִּרְשׁוּתוֹ בְּפֶסַח אַף עַל פִּי שֶׁלֹּא אֲכָלוֹ עוֹבֵר בִּשְׁנֵי לָאוִין שֶׁנֶּאֱמַר (שמות יג ז) (דברים טז ד) "לֹא יֵרָאֶה לְךָ שְׂאֹר בְּכָל גְּבֻלֶךָ" וְנֶאֱמַר (שמות יב יט) "שְׂאֹר לֹא יִמָּצֵא בְּבָתֵּיכֶם". וְאִסּוּר הֶחָמֵץ וְאִסּוּר הַשְּׂאוֹר שֶׁבּוֹ מַחְמִיצִין אֶחָד הוּא:

ג. אֵינוֹ לוֹקֶה מִשּׁוּם לֹא יֵרָאֶה וְ(שמות יב יט) "לֹא יִמָּצֵא" אֶלָּא אִם כֵּן קָנָה חָמֵץ בְּפֶסַח אוֹ חִמְּצוֹ כְּדֵי שֶׁיַּעֲשֶׂה בּוֹ מַעֲשֶׂה. אֲבָל אִם הָיָה לוֹ חָמֵץ קֹדֶם הַפֶּסַח וּבָא הַפֶּסַח וְלֹא בִּעֲרוֹ אֶלָּא הִנִּיחוֹ בִּרְשׁוּתוֹ אַף עַל פִּי שֶׁעָבַר עַל שְׁנֵי לָאוִין אֵינוֹ לוֹקֶה מִן הַתּוֹרָה מִפְּנֵי שֶׁלֹּא עָשָׂה בּוֹ מַעֲשֶׂה. וּמַכִּין אוֹתוֹ מַכַּת מַרְדּוּת:

ד. חָמֵץ שֶׁעָבַר עָלָיו הַפֶּסַח אָסוּר בַּהֲנָיָה לְעוֹלָם. וְדָבָר זֶה קְנָס הוּא מִדִּבְרֵי סוֹפְרִים מִפְּנֵי שֶׁעָבַר עַל בַּל יֵרָאֶה וּבַל יִמָּצֵא אֲסָרוּהוּ. אֲפִלּוּ הִנִּיחוֹ בִּשְׁגָגָה אוֹ בְּאֹנֶס. כְּדֵי שֶׁלֹּא יַנִּיחַ אָדָם חָמֵץ בִּרְשׁוּתוֹ בְּפֶסַח כְּדֵי שֶׁיֵּהָנֶה בּוֹ אַחַר הַפֶּסַח:

ה. חָמֵץ שֶׁנִּתְעָרֵב בְּדָבָר אַחֵר תּוֹךְ הַפֶּסַח בֵּין בְּמִינוֹ בֵּין שֶׁלֹּא בְּמִינוֹ הֲרֵי זֶה אוֹסֵר בְּכָל שֶׁהוּא. וְחָמֵץ שֶׁל יִשְׂרָאֵל שֶׁעָבַר עָלָיו הַפֶּסַח אַף עַל פִּי שֶׁהוּא אָסוּר בַּהֲנָיָה אִם נִתְעָרֵב בֵּין בְּמִינוֹ בֵּין שֶׁלֹּא בְּמִינוֹ הֲרֵי זֶה מֻתָּר לְאָכְלוֹ אַחַר הַפֶּסַח. שֶׁלֹּא קְנָסוּ וְאָסְרוּ אֶלָּא בְּחָמֵץ עַצְמוֹ אֲבָל הַתַּעֲרֹבֶת מֻתֶּרֶת בַּאֲכִילָה לְאַחַר הַפֶּסַח:

ו. אֵין חַיָּבִין כָּרֵת אֶלָּא עַל אֲכִילַת עַצְמוֹ שֶׁל חָמֵץ אֲבָל עֵרוּב חָמֵץ כְּגוֹן כּוּתָח הַבַּבְלִי וְשֵׁכָר הַמָּדִי וְכָל הַדּוֹמֶה לָהֶן מִדְּבָרִים שֶׁהֶחָמֵץ מְעֹרָב בָּהֶן אִם אֲכָלָן בְּפֶסַח לוֹקֶה וְאֵין בּוֹ כָּרֵת שֶׁנֶּאֱמַר (שמות יב כ) "כָּל מַחְמֶצֶת לֹא תֹאכֵלוּ". בַּמֶּה דְּבָרִים אֲמוּרִים בְּשֶׁאָכַל כְּזַיִת חָמֵץ בְּתוֹךְ הַתַּעֲרֹבֶת בִּכְדֵי אֲכִילַת שָׁלֹשׁ בֵּיצִים הוּא שֶׁלּוֹקֶה מִן הַתּוֹרָה. אֲבָל אִם אֵין בַּתַּעֲרֹבֶת כְּזַיִת בִּכְדֵי אֲכִילַת שָׁלֹשׁ בֵּיצִים אַף עַל פִּי שֶׁאָסוּר לוֹ לֶאֱכֹל אִם אָכַל אֵינוֹ לוֹקֶה אֶלָּא מַכִּין אוֹתוֹ מַכַּת מַרְדּוּת:

ז. הָאוֹכֵל מִן הֶחָמֵץ עַצְמוֹ בְּפֶסַח כָּל שֶׁהוּא הֲרֵי זֶה אָסוּר מִן הַתּוֹרָה שֶׁנֶּאֱמַר (שמות יג ג) "לֹא יֵאָכֵל". וְאַף עַל פִּי כֵן אֵינוֹ חַיָּב כָּרֵת אוֹ קָרְבָּן אֶלָּא עַל כַּשִּׁעוּר שֶׁהוּא כְּזַיִת. וְהָאוֹכֵל פָּחוֹת מִכְּזַיִת בְּמֵזִיד מַכִּין אוֹתוֹ מַכַּת מַרְדּוּת:

ח. אָסוּר לֶאֱכֹל חָמֵץ בְּיוֹם אַרְבָּעָה עָשָׂר מֵחֲצוֹת הַיּוֹם וּלְמַעְלָה שֶׁהוּא מִתְּחִלַּת שָׁעָה שְׁבִיעִית בַּיּוֹם. וְכָל הָאוֹכֵל בַּזְּמַן הַזֶּה לוֹקֶה מִן הַתּוֹרָה שֶׁנֶּאֱמַר (דברים טז ג) "לֹא תֹאכַל עָלָיו חָמֵץ". כְּלוֹמַר עַל קָרְבַּן הַפֶּסַח. כָּךְ לָמְדוּ מִפִּי הַשְּׁמוּעָה בְּפֵרוּשׁ דָּבָר זֶה לֹא תֹאכַל חָמֵץ מִשָּׁעָה שֶׁרְאוּיָה לִשְׁחִיטַת הַפֶּסַח שֶׁהוּא (שמות יב ו) "בֵּין הָעַרְבַּיִם" וְהוּא חֲצִי הַיּוֹם:

ט. וְאָסְרוּ חֲכָמִים לֶאֱכֹל חָמֵץ מִתְּחִלַּת שָׁעָה שִׁשִּׁית כְּדֵי שֶׁלֹּא יִגַּע בְּאִסּוּר תּוֹרָה. וּמִתְּחִלַּת שָׁעָה שִׁשִּׁית יִהְיֶה הֶחָמֵץ אָסוּר בַּאֲכִילָה וּבַהֲנָיָה כָּל שָׁעָה שִׁשִּׁית מִדִּבְרֵי סוֹפְרִים וּשְׁאָר הַיּוֹם מִשְּׁבִיעִית וּלְמַעְלָה מִן הַתּוֹרָה. שָׁעָה חֲמִישִׁית אֵין אוֹכְלִין בָּהּ חָמֵץ גְּזֵרָה מִשּׁוּם יוֹם הַמְעֻנָּן שֶׁמָּא יִטְעֶה בֵּין חֲמִישִׁית לְשִׁשִּׁית. וְאֵינוֹ אָסוּר בַּהֲנָיָה בְּשָׁעָה חֲמִישִׁית. לְפִיכָךְ תּוֹלִין בָּהּ תְּרוּמָה וְלֶחֶם תּוֹדָה וְכַיּוֹצֵא בָּהֶן מֵחָמֵץ שֶׁהוּא קֹדֶשׁ לֹא אוֹכְלִין וְלֹא שׂוֹרְפִין עַד שֶׁתַּגִּיעַ שָׁעָה שִׁשִּׁית וְשׂוֹרְפִין הַכֹּל:

י. הָא לָמַדְתָּ שֶׁמֻּתָּר לֶאֱכֹל חָמֵץ בְּיוֹם אַרְבָּעָה עָשָׂר עַד סוֹף שָׁעָה רְבִיעִית. וְאֵין אוֹכְלִין בְּשָׁעָה חֲמִישִׁית אֲבָל נֶהֱנִין בּוֹ. וְהָאוֹכֵל בְּשָׁעָה שִׁשִּׁית מַכִּין אוֹתוֹ מַכַּת מַרְדּוּת. וְהָאוֹכֵל מִתְּחִלַּת שָׁעָה שְׁבִיעִית לוֹקֶה:

Perek 2

Chametz

Destroying

Destroying *chametz* on the 14th of *Nissan*[2]

Bedikah (searching for *chametz*) starts at beginning of night on the 14th of *Nissan.*

Destroying here means nullifying the *chametz* as if to say that it is as dust and that therefore he does not possess any *chametz* [destroying has two elements – *bedikah* (searching) and *biur* (destroying)] See next chapter for *biur*

One searches for *chametz* by the light of a candle.

One searches for *chametz* in all hidden places but one does not need to go to places where *chametz* isn't brought into.

If *chametz* is found on say a high beam, if it can be reached by ladder one should remove it. If it is in an inaccessible place, one just needs to nullify it in one's heart.

When renting accommodation for *Pesach*, if keys in possession of landlord before 14th *Nissan* then it is his responsibility to search for *chametz.* If keys with tenant after 14th it is his responsibility to search.

If one goes on a journey more than 30 days before *Pesach* one does not have to search. Within 30 days one must search for *chametz.*

פרק ב׳

א. מִצְוַת עֲשֵׂה מִן הַתּוֹרָה לְהַשְׁבִּית הֶחָמֵץ קֹדֶם זְמַן אִסּוּר אֲכִילָתוֹ שֶׁנֶּאֱמַר (שמות יב טו) ״בַּיּוֹם הָרִאשׁוֹן תַּשְׁבִּיתוּ שְּׂאֹר מִבָּתֵּיכֶם״. וּמִפִּי הַשְּׁמוּעָה לָמְדוּ שֶׁבָּרִאשׁוֹן זֶה הוּא יוֹם אַרְבָּעָה עָשָׂר. רְאָיָה לְדָבָר זֶה מַה שֶּׁכָּתוּב בַּתּוֹרָה (שמות לד כה) ״לֹא תִשְׁחַט עַל חָמֵץ דַּם זִבְחִי״ כְּלוֹמַר לֹא תִּשְׁחַט הַפֶּסַח וַעֲדַיִן הֶחָמֵץ קַיָּם. וּשְׁחִיטַת הַפֶּסַח הוּא יוֹם אַרְבָּעָה עָשָׂר אַחַר חֲצוֹת:

ב. וּמַה הִיא הַשְׁבָּתָה זוֹ הָאֲמוּרָה בַּתּוֹרָה הִיא שֶׁיְּבַטֵּל הֶחָמֵץ בְּלִבּוֹ וְיַחֲשֹׁב אוֹתוֹ כְּעָפָר וְיָשִׂים בְּלִבּוֹ שֶׁאֵין בִּרְשׁוּתוֹ חָמֵץ כְּלָל. וְשֶׁכָּל חָמֵץ שֶׁבִּרְשׁוּתוֹ הֲרֵי הוּא כְּעָפָר וּכְדָבָר שֶׁאֵין בּוֹ צֹרֶךְ כְּלָל:

ג. וּמִדִּבְרֵי סוֹפְרִים לְחַפֵּשׂ אַחַר הֶחָמֵץ בַּמַּחֲבוֹאוֹת וּבַחוֹרִים וְלִבְדֹּק וּלְהוֹצִיאוֹ מִכָּל גְּבוּלוֹ. וְכֵן מִדִּבְרֵי סוֹפְרִים שֶׁבּוֹדְקִין וּמַשְׁבִּיתִין הֶחָמֵץ בַּלַּיְלָה מִתְּחִלַּת לֵיל אַרְבָּעָה עָשָׂר לְאוֹר הַנֵּר. מִפְּנֵי שֶׁבַּלַּיְלָה כָּל הָעָם מְצוּיִין בַּבָּתִּים וְאוֹר הַנֵּר יָפֶה לִבְדִיקָה. וְאֵין קוֹבְעִין מִדְרָשׁ בְּסוֹף יוֹם שְׁלֹשָׁה עָשָׂר. וְכֵן הֶחָכָם לֹא יַתְחִיל לִקְרוֹת בְּעֵת זוֹ שֶׁמָּא יִמָּשֵׁךְ וְיִמָּנַע מִבְּדִיקַת חָמֵץ בִּתְחִלַּת זְמַנָּהּ:

ד. אֵין בּוֹדְקִין לֹא לְאוֹר הַלְּבָנָה וְלֹא לְאוֹר הַחַמָּה וְלֹא לְאוֹר הָאֲבוּקָה אֶלָּא לְאוֹר הַנֵּר. בַּמֶּה דְּבָרִים אֲמוּרִים בְּחוֹרִים וּבְמַחֲבוֹאוֹת אֲבָל אַכְסַדְרָה שֶׁאוֹרָהּ רַב אִם בְּדָקָהּ לְאוֹר הַחַמָּה דַּיּוֹ. וְאֶמְצַע הֶחָצֵר אֵינוֹ צָרִיךְ בְּדִיקָה מִפְּנֵי שֶׁהָעוֹפוֹת מְצוּיִים שָׁם וְהֵן אוֹכְלִין כָּל חָמֵץ שֶׁיִּפֹּל שָׁם:

ה. חוֹר שֶׁבְּאֶמְצַע הַבַּיִת שֶׁבֵּין אָדָם לַחֲבֵרוֹ זֶה בּוֹדֵק עַד מָקוֹם שֶׁיָּדוֹ מַגַּעַת וְזֶה בּוֹדֵק עַד מָקוֹם שֶׁיָּדוֹ מַגַּעַת וְהַשְּׁאָר מְבַטְּלוֹ בְּלִבּוֹ. אֲבָל חוֹר שֶׁבֵּין יִשְׂרָאֵל לְעַכּוּ״ם אֵינוֹ בּוֹדֵק כְּלָל שֶׁמָּא יֹאמַר הָעַכּוּ״ם כְּשָׁפִים הוּא עוֹשֶׂה לִי אֶלָּא מְבַטְּלוֹ בְּלִבּוֹ וְדַיּוֹ. וְכָל מָקוֹם שֶׁאֵין מַכְנִיסִין בּוֹ חָמֵץ אֵינוֹ צָרִיךְ בְּדִיקָה:

ו. חוֹרֵי הַבַּיִת הַתַּחְתּוֹנִים וְהָעֶלְיוֹנִים וְגַג הַיָּצִיעַ וְרֶפֶת בָּקָר וְלוּלִין וּמַתְבֵּן וְאוֹצְרוֹת יַיִן וְאוֹצְרוֹת שֶׁמֶן שֶׁאֵינוֹ מִסְתַּפֵּק מֵהֶן וּבֵית דָּגִים גְּדוֹלִים אֵינָן צְרִיכִין בְּדִיקָה אֶלָּא אִם כֵּן

הִכְנִיס לָהֶן חָמֵץ. אֲבָל אוֹצְרוֹת שֵׁכָר וְאוֹצְרוֹת יַיִן שֶׁמִּסְתַּפֵּק מִמֶּנּוּ וּבֵית דָּגִים קְטַנִּים וּבֵית הָעֵצִים וּבֵית הַמּוֹרְיָס וְחוֹרֵי הַבַּיִת הָאֶמְצָעִים וְכַיּוֹצֵא בָּאֵלּוּ צְרִיכִין בְּדִיקָה שֶׁסְּתָמָן שֶׁמַּכְנִיסִין לָהֶן חָמֵץ. וְאִם יָדַע בְּוַדַּאי שֶׁלֹּא הִכְנִיס שָׁם חָמֵץ אֵינוֹ צָרִיךְ בְּדִיקָה. וּכְשֶׁבּוֹדֵק הַמַּרְתֵּף בּוֹדֵק מִמֶּנּוּ שְׁתֵּי שׁוּרוֹת הַחִיצוֹנוֹת שֶׁהֵן הָעֶלְיוֹנָה וְשֶׁלְּמַטָּה מִמֶּנָּה:

ז. אֵין חוֹשְׁשִׁין שֶׁמָּא גֵּרְרָה חֻלְדָּה חָמֵץ לְמָקוֹם שֶׁאֵין מַכְנִיסִין בּוֹ חָמֵץ שֶׁאִם נָחוּשׁ מִבַּיִת לְבַיִת נָחוּשׁ מֵעִיר לְעִיר וְאֵין לַדָּבָר סוֹף. בָּדַק לֵיל אַרְבָּעָה עָשָׂר וְהִנִּיחַ עֶשֶׂר חַלּוֹת וּמָצָא תֵּשַׁע הֲרֵי זֶה חוֹשֵׁשׁ וְצָרִיךְ לִבְדֹּק פַּעַם שְׁנִיָּה שֶׁהֲרֵי גֵּרְרָה חֻלְדָּה אוֹ עַכְבָּר בְּוַדַּאי:

ח. וְכֵן אִם רָאָה עַכְבָּר שֶׁנִּכְנַס לַבַּיִת וְחָמֵץ בְּפִיו אַחַר בְּדִיקָה צָרִיךְ לִבְדֹּק פַּעַם שְׁנִיָּה אַף עַל פִּי שֶׁמָּצָא פֵּרוּרִין בְּאֶמְצַע הַבַּיִת אֵין אוֹמְרִין כְּבָר אָכַל אוֹתָהּ הַפַּת בְּמָקוֹם זֶה וַהֲרֵי הַפֵּרוּרִין אֶלָּא חוֹשְׁשִׁין שֶׁמָּא הִנִּיחָהּ בְּחוֹר אוֹ בְּחַלּוֹן וְאִלּוּ הַפֵּרוּרִין שָׁם הָיוּ. וּלְפִיכָךְ חוֹזֵר וּבוֹדֵק. אִם לֹא מָצָא כְּלוּם הֲרֵי זֶה בּוֹדֵק כָּל הַבַּיִת וְאִם מָצָא אוֹתָהּ הַפַּת שֶׁנְּטָלָהּ הָעַכְבָּר וְנִכְנַס אֵין צָרִיךְ בְּדִיקָה:

ט. רָאָה תִּינוֹק שֶׁנִּכְנַס לְבַיִת בָּדוּק וּבְיָדוֹ כִּכָּר וְנִכְנַס אַחֲרָיו וּמָצָא פֵּרוּרִין אֵינוֹ צָרִיךְ בְּדִיקָה שֶׁחֶזְקָתוֹ שֶׁאֲכָלוֹ וְאֵלּוּ הַפֵּרוּרִין שֶׁנָּפְלוּ מִמֶּנּוּ בִּשְׁעַת אֲכִילָה שֶׁדֶּרֶךְ הַתִּינוֹק לְפָרֵר בְּעֵת אֲכִילָתוֹ וְאֵין דֶּרֶךְ עַכְבָּר לְפָרֵר. וְאִם לֹא מָצָא פֵּרוּרִין כְּלָל צָרִיךְ לִבְדֹּק:

י. הִנִּיחַ תִּשְׁעָה צִבּוּרִין שֶׁל מַצָּה וְאֶחָד שֶׁל חָמֵץ וּבָא עַכְבָּר וְנָטַל וְלֹא יָדַעְנוּ אִם חָמֵץ אוֹ מַצָּה נָטַל וְנִכְנַס לְבַיִת בָּדוּק צָרִיךְ לִבְדֹּק שֶׁכָּל הַקָּבוּעַ כְּמֶחֱצָה עַל מֶחֱצָה:

יא. שְׁנֵי צִבּוּרִין אֶחָד שֶׁל חָמֵץ וְאֶחָד שֶׁל מַצָּה וּשְׁנֵי בָּתִּים אֶחָד בָּדוּק וְאֶחָד שֶׁאֵינוֹ בָּדוּק וּבָאוּ שְׁנֵי עַכְבָּרִים זֶה נָטַל חָמֵץ וְזֶה נָטַל מַצָּה וְאֵין יָדוּעַ לְאֵי זֶה בַּיִת נִכְנַס זֶה שֶׁנָּטַל הֶחָמֵץ. וְכֵן שְׁנֵי בָּתִּים בְּדוּקִין וְצִבּוּר אֶחָד שֶׁל חָמֵץ וּבָא עַכְבָּר וְנָטַל וְאֵין יָדוּעַ לְאֵיזֶה בַּיִת נִכְנַס. אוֹ שֶׁיָּדַע שֶׁנִּכְנַס לְאֶחָד מֵהֶן וְנִכְנַס אַחֲרָיו וּבָדַק וְלֹא מָצָא כְּלוּם אוֹ שֶׁבָּדַק וּמָצָא כִּכָּר. אוֹ שֶׁהָיוּ תִּשְׁעָה צִבּוּרִין שֶׁל מַצָּה וְאֶחָד שֶׁל חָמֵץ וּפֵרַשׁ כִּכָּר מֵהֶן וְאֵין יָדוּעַ אִם חָמֵץ אִם מַצָּה וּבָא עַכְבָּר וְנָטַל הַכִּכָּר שֶׁפֵּרַשׁ וְנִכְנַס לְבַיִת בָּדוּק בְּכָל אֵלּוּ אֵינוֹ צָרִיךְ לִבְדֹּק פַּעַם שְׁנִיָּה שֶׁאֵין כָּאן קָבוּעַ:

יב. הִנִּיחַ הֶחָמֵץ בְּזָוִית זוֹ וּמְצָאוֹ בְּזָוִית אַחֶרֶת אוֹ שֶׁהִנִּיחַ תֵּשַׁע חַלּוֹת וּמָצָא עֶשֶׂר. אוֹ שֶׁבָּא עַכְבָּר וְנָטַל הֶחָמֵץ וְסָפֵק נִכְנַס לְבַיִת זֶה אוֹ לֹא נִכְנַס. בְּכָל אֵלּוּ צָרִיךְ לִבְדֹּק:

יג. נִכְנַס עַכְבָּר לְבַיִת וְכִכָּר בְּפִיו וְיָצָא עַכְבָּר מִשָּׁם וְכִכָּר בְּפִיו אוֹמְרִים הוּא הָרִאשׁוֹן שֶׁנִּכְנַס הוּא הָאַחֲרוֹן שֶׁיָּצָא וְאֵינוֹ צָרִיךְ לִבְדֹּק. הָיָה הָרִאשׁוֹן שֶׁנִּכְנַס שָׁחוֹר וְזֶה שֶׁיָּצָא לָבָן צָרִיךְ לִבְדֹּק. נִכְנַס עַכְבָּר וְכִכָּר בְּפִיו וְיָצְאתָה מִשָּׁם חֻלְדָּה וְכִכָּר בְּפִיהָ צָרִיךְ לִבְדֹּק. יָצָאת מִשָּׁם חֻלְדָּה וְעַכְבָּר וְכִכָּר בְּפִיהָ אֵינוֹ צָרִיךְ לִבְדֹּק שֶׁזֶּה הַכִּכָּר הוּא שֶׁהָיָה בְּפִי הָעַכְבָּר. נָחָשׁ שֶׁנִּכְנַס לְחוֹר וּפַת בְּפִיו אֵין חַיָּב לְהָבִיא חַבָּר לְהוֹצִיאוֹ:

יד. כְּזַיִת חָמֵץ בְּשִׁמֵּי קוֹרָה מְחַיְּבִין אוֹתוֹ לְהָבִיא סֻלָּם לְהוֹרִידוֹ שֶׁפְּעָמִים יִפֹּל מִשִּׁמֵּי קוֹרָה. הָיָה חָמֵץ בְּבוֹר אֵין מְחַיְּבִין אוֹתוֹ לְהַעֲלוֹתוֹ אֶלָּא מְבַטְּלוֹ בְּלִבּוֹ וְדַיּוֹ:

טו. כְּפַת שְׂאוֹר שֶׁיִּחֲדָהּ לִישִׁיבָה אִם טָח פָּנֶיהָ בְּטִיט הֲרֵי זוֹ בְּטֵלָה וּמֻתָּר לְקַיְּמָהּ. בָּצֵק שֶׁבְּסִדְקֵי הָעֲרֵבָה אִם יֵשׁ כְּזַיִת בְּמָקוֹם אֶחָד חַיָּב לְבַעֵר. וְאִם לָאו אִם הָיָה עָשׂוּי לְחַזֵּק בּוֹ שִׁבְרֵי הָעֲרֵבָה אוֹ לִסְתֹּם בּוֹ נֶקֶב בָּטֵל בְּמִעוּטוֹ וְאִם לָאו חַיָּב לְבַעֵר. הָיוּ בּוֹ שְׁנֵי חֲצָאֵי זֵיתִים בִּשְׁנֵי מְקוֹמוֹת וְחוּט שֶׁל בָּצֵק בֵּינֵיהֶם רוֹאִין כֹּל שֶׁאִלּוּ יִנָּטֵל הַחוּט נִטָּלִין עִמּוֹ חַיָּב לְבַעֵר וְאִם לָאו אֵינוֹ צָרִיךְ לְבַעֵר:

טז. בַּמֶּה דְּבָרִים אֲמוּרִים בַּעֲרֵבָה אֲבָל בְּבַיִת אַף עַל פִּי שֶׁאִם יִנָּטֵל הַחוּט אֵין נִטָּלִין עִמּוֹ חַיָּב לְבַעֵר מִפְּנֵי שֶׁפְּעָמִים מְקַבֵּץ אוֹתָן. הָיָה חֲצִי זַיִת בַּבַּיִת וַחֲצִי זַיִת בָּעֲלִיָּה. חֲצִי זַיִת בַּבַּיִת וַחֲצִי זַיִת בָּאַכְסַדְרָה. חֲצִי זַיִת בְּבַיִת זֶה וַחֲצִי זַיִת בְּבַיִת שֶׁלְּפָנִים מִמֶּנּוּ. הוֹאִיל וְאֵלּוּ הַחֲצָאֵי זֵיתִים דְּבוּקִין בַּכְּתָלִים אוֹ בַּקּוֹרוֹת אוֹ בַּקַּרְקָעוֹת אֵינוֹ חַיָּב לְבָעֵר אֶלָּא מְבַטֵּל בְּלִבּוֹ וְדַיּוֹ:

יז. הַמַּשְׂכִּיר בַּיִת סְתָם בְּאַרְבָּעָה עָשָׂר הֲרֵי זֶה בְּחֶזְקַת בָּדוּק וְאֵינוֹ צָרִיךְ לִבְדֹּק. וְאִם הֻחְזַק זֶה הַמַּשְׂכִּיר שֶׁלֹּא בָּדַק וְאָמְרוּ אִשָּׁה אוֹ קָטָן אָנוּ בְּדַקְנוּהוּ הֲרֵי אֵלּוּ נֶאֱמָנִין שֶׁהַכֹּל נֶאֱמָנִים עַל בִּעוּר חָמֵץ. וְהַכֹּל כְּשֵׁרִין לִבְדִיקָה וַאֲפִלּוּ נָשִׁים וַעֲבָדִים וּקְטַנִּים וְהוּא שֶׁיִּהְיֶה קָטָן שֶׁיֵּשׁ בּוֹ דַּעַת לִבְדֹּק:

יח. הַמַּשְׂכִּיר בַּיִת לַחֲבֵרוֹ אִם עַד שֶׁלֹּא מָסַר לוֹ הַמַּפְתֵּחַ חָל אַרְבָּעָה עָשָׂר עַל הַמַּשְׂכִּיר לִבְדֹּק. וְאִם מִשֶּׁמָּסַר הַמַּפְתֵּחַ חָל אַרְבָּעָה עָשָׂר עַל הַשּׂוֹכֵר לִבְדֹּק. הַמַּשְׂכִּיר בַּיִת בְּחֶזְקַת שֶׁהוּא בָּדוּק וְנִמְצָא שֶׁאֵינוֹ בָּדוּק עַל הַשּׂוֹכֵר לִבְדֹּק וְאֵינוֹ מִקַּח טָעוּת. וַאֲפִלּוּ בְּמָקוֹם שֶׁבּוֹדְקִים בְּשָׂכָר שֶׁהֲרֵי מִצְוָה הוּא עוֹשֶׂה:

יט. הַמְפָרֵשׁ בַּיָּם וְהַיּוֹצֵא בְּשַׁיָּרָא תּוֹךְ שְׁלֹשִׁים יוֹם זָקוּק לִבְדֹּק. קֹדֶם שְׁלֹשִׁים יוֹם אֵינוֹ צָרִיךְ לִבְדֹּק. וְאִם דַּעְתּוֹ לַחֲזֹר קֹדֶם הַפֶּסַח צָרִיךְ לִבְדֹּק וְאַחַר כָּךְ יֵצֵא שֶׁמָּא יַחֲזֹר

עֶרֶב הַפֶּסַח בֵּין הַשְּׁמָשׁוֹת וְלֹא יִהְיֶה לוֹ פְּנַאי לְבַעֵר. וְאִם אֵין דַּעְתּוֹ לַחֲזֹר אֵין צָרִיךְ לִבְדֹּק. וְכֵן הָעוֹשֶׂה בֵּיתוֹ אוֹצָר. תּוֹךְ שְׁלֹשִׁים יוֹם זָקוּק לִבְדֹּק וְאַחַר כָּךְ כּוֹנֵס אוֹצָרוֹ לְתוֹכוֹ. קֹדֶם שְׁלֹשִׁים יוֹם אִם דַּעְתּוֹ לְפַנּוֹתוֹ קֹדֶם הַפֶּסַח צָרִיךְ לִבְדֹּק וְאַחַר כָּךְ עוֹשֵׂהוּ אוֹצָר. וְאִם אֵין דַּעְתּוֹ לְפַנּוֹתוֹ קֹדֶם הַפֶּסַח אֵינוֹ צָרִיךְ לִבְדֹּק:

Perek 3

Chametz

Destroying continued.

Bedikat chametz continued.

After searching for *chametz* on night of 14th *Nissan,* we then put aside the *chametz* found until beginning of **6th hour** on next day when *biur* is performed (one may do *biur* though even on the night of the 14th)

Before searching for *chametz* one recites a *brachah.* After searching that night, one says a declaration of nullification of the *chametz.*

Destroying the *chametz* usually takes place next day before **6th hour** on 14th of *Nissan.* This is usually done with fire but other methods can be used.

When burning the *chametz* during the **5th hour** one makes a further declaration of nullification.

After the **6th hour** *chametz* is now considered out of one's possession and *chametz* should not be seen, found or even benefited from.

If one does find *chametz* after this time, Torah obligates him to destroy it.

פרק ג׳

א. כְּשֶׁבּוֹדֵק אָדָם וּמְחַפֵּשׂ בְּלֵילֵי אַרְבָּעָה עָשָׂר מוֹצִיא אֶת הֶחָמֵץ מִן הַחוֹרִים וּמִן הַמַּחֲבוֹאוֹת וּמִן הַזָּוִיּוֹת וּמְקַבֵּץ הַכֹּל וּמַנִּיחוֹ בְּמָקוֹם אֶחָד עַד תְּחִלַּת שָׁעָה שִׁשִּׁית בַּיּוֹם וּמְבָעֲרוֹ. וְאִם רָצָה לְבַעֲרוֹ בְּלֵילֵי אַרְבָּעָה עָשָׂר מְבַעֲרוֹ:

ב. הֶחָמֵץ שֶׁמַּנִּיחַ בְּלֵילֵי אַרְבָּעָה עָשָׂר כְּדֵי שֶׁיֹּאכַל מִמֶּנּוּ לְמָחָר עַד אַרְבַּע שָׁעוֹת אֵינוֹ מַנִּיחוֹ מְפֻזָּר וּמְפֹרָד בְּכָל מָקוֹם אֶלָּא מַצְנִיעוֹ בִּכְלִי אוֹ בְּזָוִית יְדוּעָה וְיִזָּהֵר בּוֹ. שֶׁאִם לֹא נִזְהַר בּוֹ וּמְצָאוֹ חָסֵר צָרִיךְ לְחַפֵּשׂ אַחֲרָיו וְלִבְדֹּק פַּעַם אַחֶרֶת שֶׁמָּא גְּרָרוּהוּ הָעַכְבָּרִים:

ג. חָל אַרְבָּעָה עָשָׂר לִהְיוֹת בְּשַׁבָּת בּוֹדְקִין אֶת הֶחָמֵץ בְּלֵילֵי עֶרֶב שַׁבָּת שֶׁהוּא לֵיל שְׁלֹשָׁה עָשָׂר וּמַנִּיחַ מִן הֶחָמֵץ כְּדֵי לֶאֱכֹל מִמֶּנּוּ עַד אַרְבַּע שָׁעוֹת בְּיוֹם הַשַּׁבָּת. וּמַנִּיחוֹ בְּמָקוֹם מֻצְנָע וְהַשְּׁאָר מְבָעֲרוֹ מִלִּפְנֵי הַשַּׁבָּת. וְאִם נִשְׁאַר מִן הֶחָמֵץ בְּיוֹם הַשַּׁבָּת אַחַר אַרְבַּע שָׁעוֹת מְבַטְּלוֹ וְכוֹפֶה עָלָיו כְּלִי עַד מוֹצָאֵי יוֹם טוֹב הָרִאשׁוֹן וּמְבָעֲרוֹ:

ד. הָיוּ לוֹ כִּכָּרוֹת רַבּוֹת שֶׁל תְּרוּמָה וְצָרִיךְ לְשָׂרְפָהּ עֶרֶב שַׁבָּת לֹא יְעָרֵב הַטְּהוֹרָה עִם הַטְּמֵאָה וְיִשְׂרֹף אֶלָּא שׂוֹרֵף טְמֵאָה לְעַצְמָהּ וּטְהוֹרָה לְעַצְמָהּ וּתְלוּיָה לְעַצְמָהּ. וּמַנִּיחַ מִן הַטְּהוֹרָה כְּדֵי לֶאֱכֹל עַד אַרְבַּע שָׁעוֹת בְּיוֹם הַשַּׁבָּת בִּלְבַד:

ה. מִי שֶׁשָּׁכַח אוֹ הֵזִיד וְלֹא בָּדַק בְּלֵיל אַרְבָּעָה עָשָׂר בּוֹדֵק אַרְבָּעָה עָשָׂר בְּשַׁחֲרִית. לֹא בָּדַק בְּשַׁחֲרִית בּוֹדֵק בִּשְׁעַת הַבִּעוּר. לֹא בָּדַק בִּשְׁעַת הַבִּעוּר בּוֹדֵק בְּתוֹךְ הֶחָג. עָבַר הָרֶגֶל וְלֹא בָּדַק בּוֹדֵק אַחַר הָרֶגֶל כְּדֵי שֶׁיְּבָעֵר מַה שֶּׁיִּמְצָא מֵחָמֵץ שֶׁעָבַר עָלָיו הַפֶּסַח מִפְּנֵי שֶׁהוּא אָסוּר בַּהֲנָאָה:

ו. כְּשֶׁבּוֹדֵק הֶחָמֵץ בְּלֵילֵי אַרְבָּעָה עָשָׂר אוֹ בְּיוֹם אַרְבָּעָה עָשָׂר אוֹ בְּתוֹךְ הָרֶגֶל מְבָרֵךְ קֹדֶם שֶׁיַּתְחִיל לִבְדֹּק בָּרוּךְ אַתָּה ה׳ אֱלֹהֵינוּ מֶלֶךְ הָעוֹלָם אֲשֶׁר קִדְּשָׁנוּ בְּמִצְוֹתָיו וְצִוָּנוּ עַל בִּעוּר חָמֵץ. וּבוֹדֵק וּמְחַפֵּשׂ בְּכָל הַמְּקוֹמוֹת שֶׁמַּכְנִיסִין לָהֶם חָמֵץ כְּמוֹ שֶׁבֵּאַרְנוּ. וְאִם בָּדַק לְאַחַר הָרֶגֶל אֵינוֹ מְבָרֵךְ:

ז. וּכְשֶׁגּוֹמֵר לִבְדֹּק אִם בָּדַק בְּלֵיל אַרְבָּעָה עָשָׂר אוֹ בְּיוֹם אַרְבָּעָה עָשָׂר קֹדֶם שֵׁשׁ שָׁעוֹת צָרִיךְ לְבַטֵּל כָּל חָמֵץ שֶׁנִּשְׁאַר בִּרְשׁוּתוֹ וְאֵינוֹ רוֹאֵהוּ. וְיֹאמַר כָּל חָמֵץ שֶׁיֵּשׁ בִּרְשׁוּתִי שֶׁלֹּא

רְאִיתִיו הֲרֵי הוּא בָּטֵל וַהֲרֵי הוּא כֶּעָפָר. אֲבָל אִם בָּדַק מִתְּחִלַּת שָׁעָה שִׁשִּׁית וּלְמַעְלָה אֵינוֹ יָכוֹל לְבַטֵּל שֶׁהֲרֵי אֵינוֹ בִּרְשׁוּתוֹ שֶׁכְּבָר נֶאֱסַר בַּהֲנָיָה:

ח. לְפִיכָךְ אִם לֹא בִּטֵּל קֹדֶם שֵׁשׁ וּמִשֵּׁשׁ שָׁעוֹת וּלְמַעְלָה מָצָא חָמֵץ שֶׁהָיָה דַּעְתּוֹ עָלָיו וְהָיָה בְּלִבּוֹ וּשְׁכָחוֹ בִּשְׁעַת הַבִּעוּר וְלֹא בִּעֲרוֹ הֲרֵי זֶה עָבַר עַל (שמות יג ז) (דברים טז ד) "לֹא יֵרָאֶה" וְ(שמות יב יט) "לֹא יִמָּצֵא" שֶׁהֲרֵי לֹא בִּעֵר וְלֹא בִּטֵּל. וְאֵין הַבִּטּוּל עַתָּה מוֹעִיל לוֹ כְּלוּם לְפִי שֶׁאֵינוֹ בִּרְשׁוּתוֹ וְהַכָּתוּב עֲשָׂהוּ כְּאִלּוּ הוּא בִּרְשׁוּתוֹ לְחַיְּבוֹ מִשּׁוּם לֹא יֵרָאֶה וְלֹא יִמָּצֵא. וְחַיָּב לְבַעֲרוֹ בְּכָל עֵת שֶׁיִּמְצָאֶנּוּ. וְאִם מְצָאוֹ בְּיוֹם טוֹב כּוֹפֶה עָלָיו כְּלִי עַד לָעֶרֶב וּמְבַעֲרוֹ. וְאִם שֶׁל הֶקְדֵּשׁ הוּא אֵינוֹ צָרִיךְ לִכְפּוֹת עָלָיו כְּלִי שֶׁהַכֹּל פּוֹרְשִׁין מִמֶּנּוּ:

ט. מִי שֶׁיָּצָא מִבֵּיתוֹ קֹדֶם שְׁעַת הַבִּעוּר לַעֲשׂוֹת מִצְוָה אוֹ לֶאֱכֹל סְעֻדָּה שֶׁל מִצְוָה כְּגוֹן סְעֻדַּת אֵרוּסִין וְנִשּׂוּאִין וְנִזְכַּר שֶׁיֵּשׁ לוֹ חָמֵץ בְּתוֹךְ בֵּיתוֹ. אִם יָכוֹל לַחֲזֹר וּלְבָעֵר וְלַחֲזֹר לְמִצְוָתוֹ יַחֲזֹר וְאִם לָאו יְבַטֵּל בְּלִבּוֹ. יָצָא לְהַצִּיל מִיַּד הַגַּיִס מִן הַנָּהָר מִן הַדְּלֵקָה וּמִן הַמַּפֹּלֶת יְבַטֵּל בְּלִבּוֹ וְדַיּוֹ. יָצָא לְצֹרֶךְ עַצְמוֹ וְנִזְכַּר שֶׁיֵּשׁ לוֹ חָמֵץ בְּתוֹךְ בֵּיתוֹ יַחֲזֹר מִיָּד. וְעַד כַּמָּה הוּא חוֹזֵר עַד כַּבֵּיצָה. הָיָה פָּחוֹת מִכַּבֵּיצָה מְבַטְּלוֹ בְּלִבּוֹ וְדַיּוֹ:

י. מִי שֶׁהִנִּיחַ עִסָּה מְגֻלְגֶּלֶת בְּתוֹךְ בֵּיתוֹ וְיָצָא וְנִזְכַּר אַחַר שֶׁיָּצָא וְהוּא יוֹשֵׁב לִפְנֵי רַבּוֹ וְהָיָה יָרֵא שֶׁמָּא תַּחֲמִיץ קֹדֶם שֶׁיָּבֹא הֲרֵי זֶה מְבַטְּלוֹ בְּלִבּוֹ קֹדֶם שֶׁתַּחֲמִיץ. אֲבָל אִם הֶחְמִיצָה אֵין הַבִּטּוּל מוֹעִיל כְּלוּם אֶלָּא כְּבָר עָבַר עַל (שמות יג ז) (דברים טז ד) "לֹא יֵרָאֶה" וְ(שמות יב יט) "לֹא יִמָּצֵא" וְחַיָּב לְבַעֵר מִיָּד כְּשֶׁיַּחֲזֹר לְבֵיתוֹ:

יא. כֵּיצַד בִּעוּר חָמֵץ. שׂוֹרְפוֹ אוֹ פּוֹרֵר וְזוֹרֶה לָרוּחַ אוֹ זוֹרְקוֹ לַיָּם. וְאִם הָיָה הֶחָמֵץ קָשֶׁה וְאֵין הַיָּם מְחַתְּכוֹ בִּמְהֵרָה הֲרֵי זֶה מְפָרְרוֹ וְאַחַר כָּךְ זוֹרְקוֹ לַיָּם. חָמֵץ שֶׁנָּפְלָה עָלָיו מַפֹּלֶת וְנִמְצָא עָלָיו עָפָר שְׁלֹשָׁה טְפָחִים אוֹ יוֹתֵר הֲרֵי הוּא כִּמְבֹעָר וְצָרִיךְ לְבַטֵּל בְּלִבּוֹ אִם עֲדַיִן לֹא נִכְנְסָה שָׁעָה שִׁשִּׁית. נְתָנוֹ לְעַכּוּ"ם קֹדֶם שָׁעָה שִׁשִּׁית אֵינוֹ צָרִיךְ לְבָעֵר. וְאִם שְׂרָפוֹ קֹדֶם שָׁעָה שִׁשִּׁית הֲרֵי זֶה מֻתָּר לֵהָנוֹת בַּפֶּחָמִין שֶׁלּוֹ בְּתוֹךְ הַפֶּסַח. אֲבָל אִם שְׂרָפוֹ מִשָּׁעָה שִׁשִּׁית וּלְמַעְלָה הוֹאִיל וְהוּא אָסוּר בַּהֲנָיָה הֲרֵי זֶה לֹא יַסִּיק בּוֹ תַּנּוּר וְכִירַיִם וְלֹא יֹאפֶה בּוֹ וְלֹא יְבַשֵּׁל. וְאִם בִּשֵּׁל אוֹ אָפָה אוֹתָהּ הַפַּת וְאוֹתוֹ הַתַּבְשִׁיל אָסוּר בַּהֲנָיָה. וְכֵן הַפֶּחָמִין שֶׁלּוֹ אֲסוּרִין בַּהֲנָיָה הוֹאִיל וְשׂוֹרְפוֹ אַחַר שֶׁנֶּאֱסַר בַּהֲנָיָה:

Perek 4

Chametz

Lo Yeraeh. Lo Yimatzeh.

No leaven shall be seen in your possession[5],

No leaven to be found in your possession[6].

The definition of not having *chametz* in one's possession is very broad i.e. not only it should not be seen or found within one's home, but also outside one's home and even in another city.

A way around this is to 'sell' the *chametz* to a gentile and buy it back after *Pesach.*

פרק ד'

א. כָּתוּב בַּתּוֹרָה (שמות יג ז) "לֹא יֵרָאֶה לְךָ חָמֵץ". יָכוֹל אִם טָמַן אוֹתוֹ אוֹ הִפְקִיד אוֹתוֹ בְּיַד עַכּוּ"ם לֹא יִהְיֶה עוֹבֵר תַּלְמוּד לוֹמַר (שמות יב יט) "שְׂאֹר לֹא יִמָּצֵא בְּבָתֵּיכֶם" אֲפִלּוּ הִפְקִידוֹ אוֹ הִטְמִינוֹ. יָכוֹל לֹא יִהְיֶה עוֹבֵר אֶלָּא אִם כֵּן הָיָה הֶחָמֵץ בְּבֵיתוֹ אֲבָל אִם הָיָה רָחוֹק מִבֵּיתוֹ בַּשָּׂדֶה אוֹ בְּעִיר אַחֶרֶת לֹא יִהְיֶה עוֹבֵר תַּלְמוּד לוֹמַר (שמות יג ז) (דברים טז ד) "בְּכָל גְּבֻלֶךָ" בְּכָל רְשׁוּתְךָ. יָכוֹל יְהֵא חַיָּב לְבַעֵר מֵרְשׁוּתוֹ חָמֵץ שֶׁל עַכּוּ"ם אוֹ שֶׁל הֶקְדֵּשׁ תַּלְמוּד לוֹמַר (שמות יג ז) (דברים טז ד) לֹא יֵרָאֶה לְךָ שֶׁלְּךָ אִי אַתָּה רוֹאֶה אֲבָל אַתָּה רוֹאֶה שֶׁל אֲחֵרִים וְשֶׁל גָּבוֹהַּ:

ב. הָא לָמַדְתָּ שֶׁהֶחָמֵץ שֶׁל יִשְׂרָאֵל אִם הִנִּיחוֹ בִּרְשׁוּתוֹ אֲפִלּוּ טָמוּן וַאֲפִלּוּ בְּעִיר אַחֶרֶת וַאֲפִלּוּ מֻפְקָד בְּיַד עַכּוּ"ם הֲרֵי זֶה עוֹבֵר מִשּׁוּם (שמות יג ז) (דברים טז ד) "לֹא יֵרָאֶה" וְ(שמות יב יט) "לֹא יִמָּצֵא". חָמֵץ שֶׁל הֶקְדֵּשׁ אוֹ שֶׁל עַכּוּ"ם

שֶׁהָיָה אֵצֶל יִשְׂרָאֵל אֲפִלּוּ הָיָה עִמּוֹ בַּבַּיִת הֲרֵי זֶה מֻתָּר מִפְּנֵי שֶׁאֵינוֹ שֶׁלּוֹ. וַאֲפִלּוּ הָיָה שֶׁל גֵּר תּוֹשָׁב שֶׁיַּד יִשְׂרָאֵל שׁוֹלֶטֶת עָלָיו אֵין כּוֹפִין אוֹתוֹ לְהוֹצִיא הֶחָמֵץ מֵרְשׁוּתוֹ בְּפֶסַח. אֲבָל צָרִיךְ לַעֲשׂוֹת מְחִצָּה גְּבוֹהָה עֲשָׂרָה טְפָחִים בִּפְנֵי חֲמֵצוֹ שֶׁל עַכּוּ"ם שֶׁמָּא יָבוֹא לְהִסְתַּפֵּק מִמֶּנּוּ. אֲבָל שֶׁל הֶקְדֵּשׁ אֵינוֹ צָרִיךְ מִפְּנֵי שֶׁהַכֹּל פּוֹרְשִׁין מִן הַהֶקְדֵּשׁ כְּדֵי שֶׁלֹּא יָבוֹאוּ לִידֵי מְעִילָה:

ג. עַכּוּ"ם שֶׁהִפְקִיד חֲמֵצוֹ אֵצֶל יִשְׂרָאֵל אִם קִבֵּל עָלָיו יִשְׂרָאֵל אַחֲרָיוּת שֶׁאִם אָבַד אוֹ נִגְנַב יְשַׁלֵּם לוֹ דָּמָיו הֲרֵי זֶה חַיָּב לְבָעֲרוֹ הוֹאִיל וְקִבֵּל עָלָיו אַחֲרָיוּת נַעֲשָׂה כְּשֶׁלּוֹ. וְאִם לֹא קִבֵּל עָלָיו אַחֲרָיוּת מֻתָּר לְקַיְּמוֹ אֶצְלוֹ וּמֻתָּר לֶאֱכֹל מִמֶּנּוּ אַחַר הַפֶּסַח שֶׁבִּרְשׁוּת הָעַכּוּ"ם הוּא:

ד. עַכּוּ"ם אַנָּס שֶׁהִפְקִיד חֲמֵצוֹ אֵצֶל יִשְׂרָאֵל אִם יוֹדֵעַ הַיִּשְׂרָאֵל שֶׁאִם אָבַד אוֹ נִגְנַב מְחַיְּבוֹ לְשַׁלְּמוֹ וְכוֹפֵהוּ וְאוֹנְסוֹ לְשַׁלֵּם אַף עַל פִּי שֶׁלֹּא קִבֵּל אַחֲרָיוּת הֲרֵי זֶה חַיָּב לְבַעֲרוֹ. שֶׁהֲרֵי נֶחְשָׁב כְּאִלּוּ הוּא שֶׁלּוֹ מִפְּנֵי שֶׁמְּחַיְּבוֹ הָאַנָּס בְּאַחֲרָיוּתוֹ:

ה. יִשְׂרָאֵל שֶׁהִרְהִין חֲמֵצוֹ אֵצֶל הָעַכּוּ"ם אִם אָמַר לוֹ אִם לֹא הֲבֵאתִי לְךָ מָעוֹת מִכָּאן וְעַד יוֹם פְּלוֹנִי קְנֵה חָמֵץ זֶה מֵעַכְשָׁו הֲרֵי זֶה בִּרְשׁוּת הָעַכּוּ"ם וְאוֹתוֹ הֶחָמֵץ מֻתָּר לְאַחַר הַפֶּסַח. וְהוּא שֶׁיִּהְיֶה אוֹתוֹ זְמַן שֶׁקָּבַע לוֹ קֹדֶם הַפֶּסַח. וְאִם לֹא אָמַר לוֹ קְנֵה מֵעַכְשָׁו נִמְצָא אוֹתוֹ הֶחָמֵץ כְּאִלּוּ הוּא פִּקָּדוֹן אֵצֶל הָעַכּוּ"ם וְאָסוּר בַּהֲנָיָה לְאַחַר הַפֶּסַח:

ו. יִשְׂרָאֵל וְעַכּוּ"ם שֶׁהָיוּ בָּאִין בִּסְפִינָה וְהָיָה חָמֵץ בְּיַד יִשְׂרָאֵל וְהִגִּיעָה שָׁעָה חֲמִישִׁית הֲרֵי זֶה מוֹכְרוֹ לְעַכּוּ"ם אוֹ נוֹתְנוֹ לוֹ בְּמַתָּנָה וְחוֹזֵר וְלוֹקְחוֹ מִמֶּנּוּ אַחַר הַפֶּסַח. וּבִלְבַד שֶׁיִּתְּנֶנּוּ לוֹ מַתָּנָה גְּמוּרָה:

ז. אוֹמֵר יִשְׂרָאֵל לְעַכּוּ"ם עַד שֶׁאַתָּה לוֹקֵחַ בְּמָנֶה בּוֹא וְקַח בְּמָאתַיִם. עַד שֶׁאַתָּה לוֹקֵחַ מֵעַכּוּ"ם בּוֹא וְקַח מִיִּשְׂרָאֵל שֶׁמָּא אֶצְטָרֵךְ וְאֶקַּח מִמְּךָ אַחַר הַפֶּסַח. אֲבָל לֹא יִמְכֹּר וְלֹא יִתֵּן לוֹ עַל תְּנַאי. וְאִם עָשָׂה כֵּן הֲרֵי זֶה עוֹבֵר עַל בַּל יֵרָאֶה וּבַל יִמָּצֵא:

ח. תַּעֲרֹבֶת חָמֵץ עוֹבְרִין עָלֶיהָ מִשּׁוּם בַּל יֵרָאֶה וּבַל יִמָּצֵא. כְּגוֹן הַמּוּרְיָס וְכוּתָח הַבַּבְלִי וְשֵׁכָר הַמָּדִי שֶׁעוֹשִׂין אוֹתוֹ מִן הַקֶּמַח. וְכָל כַּיּוֹצֵא בָּאֵלּוּ מִדְּבָרִים הַנֶּאֱכָלִים. אֲבָל דָּבָר שֶׁיֵּשׁ בּוֹ תַּעֲרֹבֶת חָמֵץ וְאֵינוֹ רָאוּי לַאֲכִילָה הֲרֵי זֶה מֻתָּר לְקַיְּמוֹ בְּפֶסַח:

ט. כֵּיצַד. עֲרֵבַת הָעַבְּדָנִין שֶׁנָּתַן לְתוֹכָהּ קֶמַח וְעוֹרוֹת אֲפִלּוּ נְתָנוֹ שָׁעָה אַחַת קֹדֶם הַבִּעוּר הֲרֵי זֶה מֻתָּר לְקַיְּמוֹ. וְאִם לֹא נָתַן הָעוֹרוֹת וְנָתַן הַקֶּמַח קֹדֶם שְׁלֹשָׁה יָמִים לִשְׁעַת הַבִּעוּר מֻתָּר לְקַיְּמוֹ שֶׁהֲרֵי נִפְסַד וְהִבְאִישׁ. תּוֹךְ שְׁלֹשָׁה יָמִים חַיָּב לְבָעֵר:

י. וְכֵן הַקִּילוֹר וְהָרְטִיָּה וְהָאִסְפְּלָנִית וְהַתִּרְיַא"ק שֶׁנָּתַן לְתוֹכָן חָמֵץ מֻתָּר לְקַיְּמָן בְּפֶסַח שֶׁהֲרֵי נִפְסְדָה צוּרַת הֶחָמֵץ:

יא. הַפַּת עַצְמָהּ שֶׁעִפְּשָׁה וְנִפְסְלָה מִלֶּאֱכֹל הַכֶּלֶב וּמְלוּגְמָא שֶׁנִּסְרְחָה אֵינוֹ צָרִיךְ לְבָעֵר. בְּגָדִים שֶׁכִּבְּסוּ אוֹתָן בְּחֵלֶב חִטָּה וְכֵן נְיָרוֹת שֶׁדִּבְּקוּ אוֹתָן בְּחָמֵץ וְכָל כַּיּוֹצֵא בָּזֶה מֻתָּר לְקַיְּמָן בְּפֶסַח וְאֵין בָּהֶן מִשּׁוּם (שמות יג ז) (דברים טז ד) "לֹא יֵרָאֶה" וְ(שמות יב יט) "לֹא יִמָּצֵא" שֶׁאֵין צוּרַת הֶחָמֵץ עוֹמֶדֶת:

יב. דָּבָר שֶׁנִּתְעָרֵב בּוֹ חָמֵץ וְאֵינוֹ מַאֲכָל לְאָדָם כְּלָל. אוֹ שֶׁאֵינוֹ מַאֲכַל כָּל אָדָם כְּגוֹן הַתִּרְיַא"ק וְכַיּוֹצֵא בּוֹ אַף עַל פִּי שֶׁמֻּתָּר לְקַיְּמוֹ אָסוּר לְאָכְלוֹ עַד אַחַר הַפֶּסַח. וְאַף עַל פִּי שֶׁאֵין בּוֹ מִן הֶחָמֵץ אֶלָּא כָּל שֶׁהוּא הֲרֵי זֶה אָסוּר לְאָכְלוֹ:

Perek 5

Chametz

5 Species of grain.

The prohibition of *chametz* applies to all 5 species of *dagan* (grain) i.e.

- **2** *Chitin* (wheat)
  - *Chita* (wheat)
  - *Kusemet* (spelt)
- **3** *Seorin* (barley)
  - *Seorah* (barley)

- *Shibolet shual* (oats)
- *Shipon* (rye)

Kitniyot (i.e. rice, millet, beans etc.) do not become leavened and therefore not *chametz*. However, many communities disallow *kitniyot* on *Pesach* as a precaution.

When water meets grain, there is the possibility that the grain will become leavened i.e. *chametz*. Therefore, much care needs to be taken to prevent this happening.

Pure fruit juice will not cause leavening, but again many communities disallow mixing fruit juice with grains because water may have been added to the fruit juices.

These principles extend to guarding of the *matzot* from becoming *chametz* i.e.

- Make sure that no water has come into contact with the grain used for making the *matzot*
- Not to knead with hot water (this speeds up the leavening)
- To use *mayim shelanu* (water 'which has rested') i.e. water was drawn the previous evening and 'rested' overnight. Here again this means the water will be cool.
- Two containers of water, one to smooth the *matzot* and one to cool hands
- About **18 minutes** are available after kneading before leavening (another opinion – 24 mins)
- *Matzot* should not be too thick etc.

Challah separation needs dough size of **43⅕ eggs by volume**

It is interesting that the *gematria* of חלה is **43**.

Reminder:
Summary of Separations 2
Ref: *Sefer Zeraim, Hilchot Bikurim*, Chapters 1–12

פרק ה׳

א. אֵין אָסוּר מִשּׁוּם חָמֵץ בְּפֶסַח אֶלָּא חֲמֵשֶׁת מִינֵי דָּגָן בִּלְבַד. וְהֵם שְׁנֵי מִינֵי חִטִּים שֶׁהֵן הַחִטָּה וְהַכֻּסֶּמֶת. וּשְׁלֹשָׁה מִינֵי הַשְּׂעוֹרִים שֶׁהֵן הַשְּׂעוֹרָה וְשִׁבֹּלֶת שׁוּעָל וְהַשִּׁיפוֹן. אֲבָל קִטְנִיּוֹת כְּגוֹן אֹרֶז וְדֹחַן וּפוֹלִים וַעֲדָשִׁים וְכַיּוֹצֵא בָּהֶן אֵין בָּהֶן מִשּׁוּם חָמֵץ אֶלָּא אֲפִלּוּ לָשׁ קֶמַח אֹרֶז וְכַיּוֹצֵא בּוֹ בְּרוֹתְחִין וְכִסָּהוּ בִּבְגָדִים עַד שֶׁנִּתְפַּח כְּמוֹ בָּצֵק שֶׁהֶחְמִיץ הֲרֵי זֶה מֻתָּר בַּאֲכִילָה שֶׁאֵין זֶה חִמּוּץ אֶלָּא סֵרָחוֹן:

ב. חֲמֵשֶׁת מִינֵי דָּגָן אֵלּוּ אִם לָשָׁן בְּמֵי פֵּרוֹת בִּלְבַד בְּלֹא שׁוּם מַיִם לְעוֹלָם אֵין בָּאִין לִידֵי חִמּוּץ אֶלָּא אֲפִלּוּ הִנִּיחָן כָּל הַיּוֹם עַד שֶׁנִּתְפַּח הַבָּצֵק מֻתָּר בַּאֲכִילָה [ג.] שֶׁאֵין מֵי פֵּרוֹת מַחְמִיצִין אֶלָּא מַסְרִיחִין. וּמֵי פֵּרוֹת הֵן כְּגוֹן יַיִן וְחָלָב וּדְבַשׁ וְשֶׁמֶן זַיִת וּמֵי תַּפּוּחִים וּמֵי רִמּוֹנִים וְכָל כַּיּוֹצֵא בָּהֶן מִשְּׁאָר יֵינוֹת וּשְׁמָנִים וּמַשְׁקִין. וְהוּא שֶׁלֹּא יִתְעָרֵב בָּהֶן שׁוּם מַיִם בָּעוֹלָם. וְאִם נִתְעָרֵב בָּהֶן מַיִם כָּל שֶׁהוּא הֲרֵי אֵלּוּ מַחְמִיצִין:

ג. אֵין מְבַשְּׁלִין חִטִּים בְּמַיִם כְּגוֹן רִיפוֹת וְלֹא קֶמַח כְּגוֹן לְבִיבוֹת. וְאִם בִּשֵּׁל הֲרֵי זֶה חָמֵץ גָּמוּר וְהוּא שֶׁיִּתְבַּקְּעוּ בְּתַבְשִׁיל. אֵין קוֹלִין אֶת הַבָּצֵק בְּשֶׁמֶן עַל הַמַּחֲבַת. אֲבָל מְבַשְּׁלִין אֶת הַפַּת וְאֶת הַקֶּמַח הַקָּלוּי. וְאִם הִרְתִּיחַ הַמַּיִם הַרְבֵּה וְאַחַר כָּךְ הִשְׁלִיךְ לְתוֹכָן הַקֶּמַח הֲרֵי זֶה מֻתָּר מִפְּנֵי שֶׁהוּא מִתְבַּשֵּׁל מִיָּד קֹדֶם שֶׁיַּחְמִיץ. וּכְבָר נָהֲגוּ בְּשִׁנְעָר וּבִסְפָרַד וּבְכָל הַמַּעֲרָב לֶאֱסֹר דָּבָר זֶה גְּזֵרָה שֶׁמָּא לֹא יַרְתִּיחַ הַמַּיִם יָפֶה יָפֶה:

ד. מֻתָּר לְבַשֵּׁל הַדָּגָן אוֹ הַקֶּמַח בְּמֵי פֵּרוֹת. וְכֵן בָּצֵק שֶׁלָּשׁוֹ בְּמֵי פֵּרוֹת אִם בִּשְּׁלוֹ בְּמֵי פֵּרוֹת אוֹ קָלָהוּ עַל הַמַּחֲבַת בְּשֶׁמֶן הֲרֵי זֶה מֻתָּר שֶׁמֵּי פֵּרוֹת אֵינָן מַחְמִיצִין:

ה. כַּרְמֶל שֶׁמְּהַבְהֲבִין אוֹתוֹ בָּאוּר וְטוֹחֲנִין אוֹתוֹ אֵין מְבַשְּׁלִין אֶת הַקֶּמַח שֶׁלּוֹ בְּמַיִם שֶׁמָּא לֹא נִקְלָה בָּאוּר יָפֶה וְנִמְצָא מַחֲמִיץ כְּשֶׁמְּבַשְּׁלִין אוֹתוֹ. וְכֵן כְּשֶׁמּוֹלְלִין

הַקְּדֵרוֹת הַחֲדָשׁוֹת אֵין מְבַשְּׁלִין בָּהֶן אֶלָּא מַצָּה אֲפוּיָה שֶׁחָזְרוּ וְטָחֲנוּ אוֹתָהּ אֲבָל קֶמַח קָלִי אָסוּר שֶׁמָּא לֹא קָלָהוּ יָפֶה וְיָבוֹא לִידֵי חִמּוּץ:

ו. אֵין בּוֹלְלִין אֶת הַשְּׂעוֹרִין בְּמַיִם בְּפֶסַח מִפְּנֵי שֶׁהֵן רָפִין וּמַחְמִיצִין בִּמְהֵרָה. וְאִם בָּלַל אִם רָפוּ כְּדֵי שֶׁאִם הִנִּיחָן עַל פִּי הַבִּיב שֶׁאוֹפִין עָלָיו הַחַלּוֹת יִתְבַּקְּעוּ הֲרֵי אֵלּוּ אֲסוּרִין. וְאִם לֹא הִגִּיעוּ לְרִפְיוֹן זֶה הֲרֵי אֵלּוּ מֻתָּרִין:

ז. הַחִטִּים מֻתָּר לִבְלֹל אוֹתָן בְּמַיִם כְּדֵי לְהָסִיר סֻבָּן וְטוֹחֲנִין אוֹתָן מִיָּד כְּדֶרֶךְ שֶׁטּוֹחֲנִין הַסֹּלֶת. וּכְבָר נָהֲגוּ כָּל יִשְׂרָאֵל בְּשִׁנְעָר וּבְאֶרֶץ הַצְּבִי וּבִסְפָרַד וּבְעָרֵי הַמַּעֲרָב שֶׁלֹּא יִבְלְלוּ הַחִטִּים בְּמַיִם גְּזֵרָה שֶׁמָּא יִשְׁהוּ וְיַחֲמִיצוּ:

ח. תַּבְשִׁיל שֶׁנִּתְבַּשֵּׁל וְנִמְצְאוּ בּוֹ שְׂעוֹרִים אוֹ חִטִּים אִם נִתְבַּקְּעוּ הֲרֵי כָּל הַתַּבְשִׁיל אָסוּר שֶׁהֲרֵי נִתְעָרֵב בּוֹ הֶחָמֵץ. וְאִם לֹא נִתְבַּקְּעוּ מוֹצִיאִין אוֹתָן וְשׂוֹרְפָן וְאוֹכְלִין שְׁאָר הַתַּבְשִׁיל. שֶׁאֵין הַדָּגָן שֶׁנִּבְלַל וְלֹא נִתְבַּקֵּעַ חָמֵץ גָּמוּר שֶׁל תּוֹרָה. וְאֵינוֹ אֶלָּא מִדִּבְרֵי סוֹפְרִים:

ט. מִשּׁוּם שֶׁנֶּאֱמַר (שמות יב יז) "וּשְׁמַרְתֶּם אֶת הַמַּצּוֹת" כְּלוֹמַר הִזָּהֲרוּ בַּמַּצָּה וְשִׁמְרוּ אוֹתָהּ מִכָּל צַד חִמּוּץ. לְפִיכָךְ אָמְרוּ חֲכָמִים צָרִיךְ אָדָם לִזָּהֵר בְּדָגָן שֶׁאוֹכֵל מִמֶּנּוּ בַּפֶּסַח שֶׁלֹּא יָבוֹא עָלָיו מַיִם אַחַר שֶׁנִּקְצַר עַד שֶׁלֹּא יִהְיֶה בּוֹ שׁוּם חִמּוּץ. דָּגָן שֶׁנִּטְבַּע בַּנָּהָר אוֹ שֶׁנָּפַל עָלָיו מַיִם כַּשֵּׁם שֶׁאָסוּר לְאָכְלוֹ כָּךְ אָסוּר לְקַיְּמוֹ אֶלָּא מוֹכְרוֹ לְיִשְׂרָאֵל וּמוֹדִיעוֹ כְּדֵי שֶׁיֹּאכְלֶנּוּ קֹדֶם הַפֶּסַח. וְאִם מְכָרוֹ לְנָכְרִי קֹדֶם הַפֶּסַח מוֹכֵר מְעַט לְכָל אֶחָד וְאֶחָד כְּדֵי שֶׁיִּכְלֶה קֹדֶם הַפֶּסַח שֶׁמָּא יַחֲזֹר הַנָּכְרִי וְיִמְכְּרֶנּוּ לְיִשְׂרָאֵל:

י. דָּגָן שֶׁנָּפַל עָלָיו דֶּלֶף כָּל זְמַן שֶׁהוּא טוֹרֵד טִפָּה אַחַר טִפָּה אֲפִלּוּ כָּל הַיּוֹם כֻּלּוֹ אֵינוֹ בָּא לִידֵי חִמּוּץ. אֲבָל כְּשֶׁיִּפָּסֵק אִם נִשְׁתַּהָה כַּשִּׁעוּר הֲרֵי זֶה אָסוּר:

יא. אֵין לָשִׁין בְּפֶסַח עִסָּה גְּדוֹלָה שֶׁמָּא תַּחֲמִיץ אֶלָּא כְּשִׁעוּר חַלָּה בִּלְבַד. וְאֵין לָשִׁין לֹא בְּחַמִּין וְלֹא בְּחַמֵּי חַמָּה. וְלֹא בְּמַיִם שֶׁנִּשְׁאֲבוּ בּוֹ בַּיּוֹם אֶלָּא בְּמַיִם שֶׁלָּנוּ. וְאִם עָבַר וְלָשׁ בְּאֶחָד מִכָּל אֵלּוּ הֲרֵי הַפַּת אֲסוּרָה:

יב. לֹא תֵּשֵׁב אִשָּׁה תַּחַת הַשֶּׁמֶשׁ וְתָלוּשׁ. וְלֹא תַּחַת הָרָקִיעַ בְּיוֹם הֶעָבִים אֲפִלּוּ בְּמָקוֹם שֶׁאֵין הַשֶּׁמֶשׁ זוֹרַחַת בּוֹ. וְלֹא תָּנִיחַ אֶת הָעִסָּה וְתִתְעַסֵּק בְּדָבָר אַחֵר. וְאִם הָיְתָה לָשָׁה וְאוֹפָה צְרִיכָה שְׁנֵי כֵּלִים שֶׁל מַיִם. אֶחָד שֶׁמְּקַטֶּפֶת בּוֹ וְאֶחָד שֶׁמְּצַנֶּנֶת בּוֹ יָדֶיהָ. וְאִם עָבְרָה וְלָשָׁה תַּחַת הַשֶּׁמֶשׁ אוֹ שֶׁלֹּא צִנְּנָה יָדֶיהָ אוֹ שֶׁעָשְׂתָה עִסָּה יֶתֶר מִשִּׁעוּר חַלָּה הַפַּת מֻתֶּרֶת. וְכַמָּה שִׁעוּר חַלָּה כְּמוֹ שָׁלֹשׁ וְאַרְבָּעִים בֵּיצִים וְחֹמֶשׁ בֵּיצָה כְּגוּף הַבֵּיצָה הַבֵּינוֹנִית לֹא כְּמִשְׁקָלָהּ:

יג. כָּל זְמַן שֶׁאָדָם עוֹסֵק בַּבָּצֵק אֲפִלּוּ כָּל הַיּוֹם כֻּלּוֹ אֵינוֹ בָּא לִידֵי חִמּוּץ. וְאִם הִגְבִּיהַּ יָדוֹ וֶהֱנִיחוֹ וְשָׁהָה הַבָּצֵק עַד שֶׁהִגִּיעַ לְהַשְׁמִיעַ הַקּוֹל בִּזְמַן שֶׁאָדָם מַכֶּה בְּיָדוֹ עָלָיו כְּבָר הֶחְמִיץ וְיִשָּׂרֵף מִיָּד. וְאִם אֵין קוֹלוֹ נִשְׁמָע אִם שָׁהָה כְּדֵי שֶׁיְּהַלֵּךְ אָדָם מִיל כְּבָר הֶחְמִיץ וְיִשָּׂרֵף מִיָּד. וְכֵן אִם הִכְסִיפוּ פָּנָיו כְּאָדָם שֶׁעָמְדוּ שַׂעֲרוֹתָיו הֲרֵי זֶה אָסוּר לְאָכְלוֹ וְאֵין חַיָּבִין עָלָיו כָּרֵת:

יד. הָיוּ שְׁתֵּי עִסּוֹת שֶׁהִגְבִּיהוּ הַיָּד מֵהֶן נִלּוֹשׁוֹת בְּעֵת אַחַת וְנִשְׁתַּהוּ. הָאַחַת מֵהֶן יֵשׁ לָהּ קוֹל וְהָאַחֶרֶת אֵין לָהּ קוֹל. שְׁתֵּיהֶן יִשָּׂרְפוּ וַהֲרֵי הֵן חָמֵץ גָּמוּר:

טו. אֵין עוֹשִׂין סְרִיקִין הַמְצֻיָּרִין בְּפֶסַח מִפְּנֵי שֶׁהָאִשָּׁה שׁוֹהָה עֲלֵיהֶן וּמִתְחַמְּצִין בְּעֵת עֲשִׂיָּתָן. לְפִיכָךְ הַנַּחְתּוֹמִין מֻתָּרִין לַעֲשׂוֹתָם מִפְּנֵי שֶׁהֵן בְּקִיאִין בְּאֻמָּנוּתָן וּמְמַהֲרִים לַעֲשׂוֹתָם. אֲבָל בַּעֲלֵי בָּתִּים אֲסוּרִים וַאֲפִלּוּ צָרוּ אוֹתָן בִּדְפוּס. שֶׁמָּא יָבוֹאוּ אֲחֵרִים לַעֲשׂוֹתוֹ שֶׁלֹּא בִּדְפוּס וְיִשְׁהוּ בַּעֲשִׂיָּתָן וְיַחֲמִיצוּ:

טז. מַיִם שֶׁרוֹחֲצִין בָּהֶן הַיָּדַיִם וְהָעֲרֵבָה אַחַר שֶׁלָּשִׁין וְכֵן מַיִם שֶׁמִּשְׁתַּמְּשִׁין בָּהֶן בִּשְׁעַת לִישָׁה הֲרֵי זֶה יִשְׁפֹּךְ אוֹתָן בְּמָקוֹם מִדְרוֹן כְּדֵי שֶׁלֹּא יִתְקַבְּצוּ בְּמָקוֹם אֶחָד וְיַחְמִיץ:

יז. אֵין שׁוֹרִין אֶת הַמֻּרְסָן וּמַנִּיחִין לִפְנֵי הַתַּרְנְגוֹלִין שֶׁמָּא יַחְמִיץ. אֲבָל חוֹלְטִין לָהֶן הַמֻּרְסָן בְּרוֹתְחִין וּמַנִּיחִין לִפְנֵיהֶן. וּכְבָר נָהֲגוּ רֹב הָעוֹלָם שֶׁלֹּא לַחֲלֹט גְּזֵרָה שֶׁמָּא לֹא יַרְתִּיחַ הַמַּיִם יָפֶה:

יח. וּמֻתָּר לָלוּשׁ לְתַרְנְגוֹלִין מֻרְסָן אוֹ קֶמַח וּמַאֲכִילָן מִיָּד אוֹ נוֹתֵן לִפְנֵיהֶן וְהוּא עוֹמֵד עֲלֵיהֶן עַד שֶׁלֹּא יַשְׁהֶה לִפְנֵיהֶן כְּדֵי הִלּוּךְ מִיל. וְכָל זְמַן שֶׁהֵן מְנַקְּרִין בּוֹ אוֹ שֶׁהוּא מְהַפֵּךְ בְּיָדוֹ אֵינוֹ מַחְמִיץ. וּכְשֶׁיִּפְסְקוּ מִלֶּאֱכֹל יִשְׁטֹף הַכְּלִי בְּמַיִם וְיִשְׁפֹּךְ בְּמָקוֹם מִדְרוֹן:

יט. לֹא תִּשְׁרֶה אִשָּׁה מֻרְסָן שֶׁתּוֹלִיךְ בְּיָדָהּ לַמֶּרְחָץ. אֲבָל שָׁפָה עַל בְּשָׂרָהּ יָבֵשׁ. וְלֹא יִלְעֹס אָדָם חִטִּין וְיִתֵּן עַל מַכָּתוֹ מִפְּנֵי שֶׁהֵן מַחְמִיצוֹת. אֵין נוֹתְנִין אֶת הַקֶּמַח לְתוֹךְ הַחֲרֹסֶת וְאִם נָתַן יִשָּׁפֵךְ מִיָּד מִפְּנֵי שֶׁהוּא מְמַהֵר לְהַחְמִיץ. וְאֵין נוֹתְנִין אֶת הַקֶּמַח לְתוֹךְ הַחַרְדָּל וְאִם נָתַן יֹאכַל מִיָּד:

כ. מֻתָּר לִתֵּן הַתַּבְלִין וְהַשֻּׁמְשְׁמִין וְהַקֶּצַח וְכַיּוֹצֵא בָּהֶן לְתוֹךְ הַבָּצֵק. וְכֵן מֻתָּר לָלוּשׁ הָעִסָּה בְּמַיִם וְשֶׁמֶן אוֹ דְּבַשׁ וְחָלָב אוֹ לְקַטֵּף בָּהֶן. וּבַיּוֹם הָרִאשׁוֹן אָסוּר לָלוּשׁ וּלְקַטֵּף אֶלָּא

בְּמַיִם בִּלְבַד. לֹא מִשּׁוּם חָמֵץ אֶלָּא כְּדֵי שֶׁיִּהְיֶה (דברים טז ג) "לֶחֶם עֹנִי". וּבַיּוֹם הָרִאשׁוֹן בִּלְבַד הוּא שֶׁצָּרִיךְ לִהְיוֹת זִכְרוֹן לֶחֶם עֹנִי:

כא. כָּל כְּלִי חֶרֶס שֶׁנִּשְׁתַּמֵּשׁ בָּהֶן חָמֵץ בְּצוֹנֵן מֻתָּר לְהִשְׁתַּמֵּשׁ בָּהֶן מַצָּה בְּצוֹנֵן. חוּץ מִכְּלִי שֶׁמַּנִּיחִין בּוֹ אֶת הַשְּׂאוֹר וּכְלִי שֶׁמַּנִּיחִין בּוֹ חֲרֹסֶת מִפְּנֵי שֶׁחִמּוּצוֹ קָשֶׁה. וְכֵן עֲרֵבוֹת שֶׁלָּשִׁין בָּהֶן הֶחָמֵץ וּמַנִּיחִין אוֹתוֹ שָׁם עַד שֶׁיַּחְמִיץ הֲרֵי הֵן כְּבֵית שְׂאוֹר וְאֵין מִשְׁתַּמְּשִׁין בָּהֶן בְּפֶסַח:

כב. כִּיב שֶׁל חֶרֶס שֶׁאוֹפִין עָלָיו חַלּוֹת חָמֵץ כָּל הַשָּׁנָה כֻּלָּהּ אֵין אוֹפִין עָלָיו מַצָּה בְּפֶסַח. וְאִם מִלְּאוֹ גֶּחָלִים וְהִסִּיק מָקוֹם שֶׁהָיָה מְבַשֵּׁל בּוֹ הֶחָמֵץ מֻתָּר לְבַשֵּׁל עָלָיו מַצָּה:

כג. כְּלֵי מַתָּכוֹת וּכְלֵי אֲבָנִים שֶׁנִּשְׁתַּמֵּשׁ בָּהֶן חָמֵץ בְּרוֹתְחִין בִּכְלִי רִאשׁוֹן כְּגוֹן קְדֵרוֹת וְאִלְפָּסִין. נוֹתֵן אוֹתָן לְתוֹךְ כְּלִי גָּדוֹל שֶׁל מַיִם וּמְמַלֵּא עֲלֵיהֶן מַיִם וּמַרְתִּיחָן בְּתוֹכוֹ עַד שֶׁיִּפְלְטוּ וְאַחַר כָּךְ שׁוֹטֵף אוֹתָן בְּצוֹנֵן וּמִשְׁתַּמֵּשׁ בָּהֶן בְּמַצָּה. וְכֵן הַסַּכִּינִין מַרְתִּיחַ אֶת הַלַּהַב וְאֶת הַנִּצָּב בִּכְלִי רִאשׁוֹן וְאַחַר כָּךְ מִשְׁתַּמֵּשׁ בָּהֶן בְּמַצָּה:

כד. כְּלֵי מַתָּכוֹת וַאֲבָנִים וּכְלֵי עֵצִים שֶׁנִּשְׁתַּמֵּשׁ בָּהֶן חָמֵץ בִּכְלִי שֵׁנִי כְּגוֹן קְעָרוֹת וְכוֹסוֹת נוֹתֵן אוֹתָן לְתוֹךְ כְּלִי גָּדוֹל וְנוֹתֵן עֲלֵיהֶן מַיִם רוֹתְחִין וּמַנִּיחָן בְּתוֹכוֹ עַד שֶׁיִּפְלוֹטוּ וְאַחַר כָּךְ שׁוֹטְפָן וּמִשְׁתַּמֵּשׁ בָּהֶן בְּמַצָּה:

כה. כָּל כְּלִי חֶרֶשׂ שֶׁנִּשְׁתַּמֵּשׁ בָּהֶן חָמֵץ בְּחַמִּין בֵּין כְּלִי רִאשׁוֹן כְּגוֹן קְדֵרוֹת. בֵּין כְּלִי שֵׁנִי כְּגוֹן קְעָרוֹת. בֵּין שֶׁהָיוּ מְשׁוּחִין וְשׁוּעִין בַּאֲבַר שֶׁעוֹשִׂין אוֹתָן כְּעֵין זְכוּכִית. בֵּין שֶׁהָיוּ חֶרֶס כְּמָה שֶׁהֵן. אֵין מִשְׁתַּמְּשִׁין בָּהֶן בְּמַצָּה אֶלָּא מַנִּיחָן לְאַחַר הַפֶּסַח וּמְבַשֵּׁל בָּהֶן:

כו. כְּלִי רִאשׁוֹן שֶׁרָצָה לְהַרְתִּיחוֹ וְלֹא מָצָא כְּלִי גָּדוֹל מִמֶּנּוּ כְּדֵי לְהַרְתִּיחוֹ בְּתוֹכוֹ הֲרֵי זֶה מַקִּיף לוֹ שָׂפָה שֶׁל טִיט עַל שְׂפָתוֹ מִבַּחוּץ וּמְמַלְּאֵהוּ מַיִם עַד שֶׁיִּגְבְּרוּ הַמַּיִם עַל שְׂפָתוֹ וּמַרְתִּיחַ הַמַּיִם בְּתוֹכוֹ וְדַיּוֹ וְאַחַר כָּךְ שׁוֹטֵף אוֹתוֹ וּמִשְׁתַּמֵּשׁ בּוֹ בְּמַצָּה:

Perek 6

Matzah

Eating *matzah* on the 15th *Nissan*[7].

The minimum measure to eat is a ***kezayit*** **(olive bulk)**

The eating of *matzah* is only a *mitzvah* on the first day of *Pesach*. On the other days, eating *matzah* is a choice.

The *matzah* must have the taste of 'bread' and must have been made from one of the 5 species of grain.

Derabanan the last thing eaten at the meal on *Yom Tov* should be *matzah* so that the taste of *matzah* remains in one's mouth.

Derabanan prohibited eating of *matzah* on the day before *Pesach* so as not to detract from the *mitzvah* of eating *matzah* on the 15th of *Nissan*.

פרק ו'

א. מִצְוַת עֲשֵׂה מִן הַתּוֹרָה לֶאֱכֹל מַצָּה בְּלֵיל חֲמִשָּׁה עָשָׂר שֶׁנֶּאֱמַר (שמות יב יח) "בָּעֶרֶב תֹּאכְלוּ מַצֹּת". בְּכָל מָקוֹם וּבְכָל זְמַן. וְלֹא תָּלָה אֲכִילָה זוֹ בְּקָרְבַּן הַפֶּסַח אֶלָּא זוֹ מִצְוָה בִּפְנֵי עַצְמָהּ וּמִצְוָתָהּ כָּל הַלַּיְלָה. אֲבָל בִּשְׁאָר הָרֶגֶל אֲכִילַת מַצָּה רְשׁוּת רָצָה אוֹכֵל מַצָּה רָצָה אוֹכֵל אֹרֶז אוֹ דֹּחַן אוֹ קְלָיוֹת אוֹ פֵּרוֹת. אֲבָל בְּלֵיל חֲמִשָּׁה עָשָׂר בִּלְבַד חוֹבָה. וּמִשֶּׁאָכַל כְּזַיִת יָצָא יְדֵי חוֹבָתוֹ:

ב. בָּלַע מַצָּה יָצָא. בָּלַע מָרוֹר לֹא יָצָא. בָּלַע מַצָּה וּמָרוֹר כְּאֶחָד יְדֵי מַצָּה יָצָא יְדֵי מָרוֹר לֹא יָצָא. שֶׁהַמָּרוֹר כִּטְפֵלָה לַמַּצָּה. כְּרָכָן בְּסִיב וְכַיּוֹצֵא בּוֹ וּבְלָעָן אַף יְדֵי מַצָּה לֹא יָצָא:

ג. אָכַל מַצָּה בְּלֹא כַּוָּנָה כְּגוֹן שֶׁאֲנָסוּהוּ עַכּוּ"ם אוֹ לִסְטִים לֶאֱכֹל יָצָא יְדֵי חוֹבָתוֹ. אָכַל כְּזַיִת מַצָּה וְהוּא נִכְפֶּה בְּעֵת שְׁטוּתוֹ וְאַחַר כָּךְ נִתְרַפֵּא חַיָּב לֶאֱכֹל אַחַר שֶׁנִּתְרַפֵּא. לְפִי שֶׁאוֹתָהּ אֲכִילָה הָיְתָה בְּשָׁעָה שֶׁהָיָה פָּטוּר מִכָּל הַמִּצְוֹת:

ד. אֵין אָדָם יוֹצֵא יְדֵי חוֹבַת אֲכִילַת מַצָּה אֶלָּא אִם כֵּן אֲכָלָהּ מֵאֶחָד מֵחֲמֵשֶׁת הַמִּינִין שֶׁנֶּאֱמַר (דברים טז ג) "לֹא תֹאכַל עָלָיו חָמֵץ שִׁבְעַת יָמִים תֹּאכַל עָלָיו מַצּוֹת". דְּבָרִים הַבָּאִים לִידֵי חִמּוּץ אִם אֲכָלָן מַצָּה יָצָא בָּהֶן יְדֵי חוֹבָתוֹ אֲבָל שְׁאָר דְּבָרִים כְּגוֹן אֹרֶז וְדֹחַן וְקִטְנִיּוֹת אֵין יוֹצֵא בָּהֶן יְדֵי מַצָּה לְפִי שֶׁאֵין בָּהֶן חָמֵץ:

ה. הָעוֹשֶׂה עִסָּה מִן הַחִטִּים וּמִן הָאֹרֶז אִם יֵשׁ בָּהּ טַעַם דָּגָן יוֹצֵא בָּהּ יְדֵי חוֹבָתוֹ. עִסַּת הַכְּלָבִים בִּזְמַן שֶׁהָרוֹעִים אוֹכְלִין מִמֶּנָּה יוֹצֵא בָּהּ יְדֵי חוֹבָתוֹ. אֵין הָרוֹעִים אוֹכְלִין מִמֶּנָּה אֵינוֹ יוֹצֵא בָּהּ שֶׁאֵין זוֹ מְשֻׁמֶּרֶת לְשֵׁם מַצָּה. מַצָּה שֶׁלָּשָׁהּ בְּמֵי פֵּרוֹת יוֹצֵא בָּהּ יְדֵי חוֹבָתוֹ בְּפֶסַח. אֲבָל אֵין לָשִׁין אוֹתָהּ בְּיַיִן אוֹ בְּשֶׁמֶן אוֹ חָלָב מִשּׁוּם (דברים טז ג) "לֶחֶם עֹנִי" כְּמוֹ שֶׁבֵּאַרְנוּ. וְאִם לָשׁ וְאָכַל לֹא יָצָא יְדֵי חוֹבָתוֹ. אֵין יוֹצְאִין לֹא בְּפַת מֻרְסָן וְלֹא בְּפַת סֻבִּין. אֲבָל לָשׁ הוּא אֶת הַקֶּמַח בְּסֻבִּין שֶׁלּוֹ וּבְמוּרְסָנוֹ וְעוֹשֵׂהוּ פַּת וְיוֹצֵא בָּהּ יְדֵי חוֹבָתוֹ. וְכֵן פַּת סֹלֶת נְקִיָּה בְּיוֹתֵר הֲרֵי זוֹ מֻתֶּרֶת וְיוֹצֵא בָּהּ יְדֵי חוֹבָתוֹ בְּפֶסַח וְאֵין אוֹמְרִין בָּהּ אֵין זֶה לֶחֶם עֹנִי:

ו. אֶחָד מַצָּה שֶׁנֶּאֱפֵית בְּתַנּוּר אוֹ בְּאִלְפָּס. בֵּין שֶׁהִדְבִּיק הַבָּצֵק בָּאִלְפָּס וְאַחַר כָּךְ הִרְתִּיחַ בֵּין שֶׁהִרְתִּיחַ וְאַחַר כָּךְ הִדְבִּיק אֲפִלּוּ אֲפָאָהּ בְּקַרְקַע הֲרֵי זֶה יוֹצֵא בָּהּ יְדֵי חוֹבָתוֹ. וְכֵן אִם לֹא נֶאֶפֵית אֲפִיָּה גְּמוּרָה יוֹצְאִין בָּהּ. וְהוּא שֶׁלֹּא יִהְיוּ חוּטִין שֶׁל בָּצֵק נִמְשָׁכִין מִמֶּנָּה בְּעֵת שֶׁפּוֹרְסָהּ. וְיוֹצְאִין בְּרָקִיק הַשָּׁרוּי וְהוּא שֶׁלֹּא נִמּוֹחַ. אֲבָל מַצָּה שֶׁבִּשְּׁלָהּ אֵינוֹ יוֹצֵא בָּהּ יְדֵי חוֹבָתוֹ בַּאֲכִילָתָהּ שֶׁהֲרֵי אֵין בָּהּ טַעַם פַּת:

ז. אֵין אָדָם יוֹצֵא יְדֵי חוֹבָתוֹ בַּאֲכִילַת מַצָּה שֶׁהִיא אֲסוּרָה לוֹ כְּגוֹן שֶׁאָכַל בּוֹ טֶבֶל אוֹ מַעֲשֵׂר רִאשׁוֹן שֶׁלֹּא נִטְּלָה תְּרוּמָתוֹ אוֹ שֶׁגְּזָלָהּ. זֶה הַכְּלָל כָּל שֶׁמְּבָרְכִין עָלָיו בִּרְכַּת הַמָּזוֹן יוֹצֵא בּוֹ יְדֵי חוֹבָתוֹ וְכָל שֶׁאֵין מְבָרְכִין עָלָיו בִּרְכַּת הַמָּזוֹן אֵין יוֹצֵא בּוֹ יְדֵי חוֹבָתוֹ:

ח. הַכֹּהֲנִים יוֹצְאִין בְּחַלָּה וּבִתְרוּמָה אַף עַל פִּי שֶׁהִיא מַצָּה שֶׁאֵינָהּ רְאוּיָה לְכָל אָדָם. וְכֵן יוֹצְאִין בְּמַצָּה שֶׁל מַעֲשֵׂר שֵׁנִי בִּירוּשָׁלַיִם. אֲבָל אֵין יוֹצְאִין בְּמַצָּה שֶׁל בִּכּוּרִים אֲפִלּוּ בִּירוּשָׁלַיִם מִפְּנֵי שֶׁהַבִּכּוּרִים אֵין לָהֶם הֶתֵּר בְּכָל הַמּוֹשָׁבוֹת. וּמַעֲשֵׂר שֵׁנִי אֶפְשָׁר שֶׁיִּפָּדֶה וְיֵאָכֵל בְּכָל מָקוֹם. וְכָתוּב (שמות יב כ) "בְּכֹל מוֹשְׁבֹתֵיכֶם תֹּאכְלוּ מַצּוֹת" מַצָּה הָרְאוּיָה לְהֵאָכֵל בְּכָל הַמּוֹשָׁבוֹת הוּא שֶׁיּוֹצְאִין בָּהּ יְדֵי חוֹבָה:

ט. חַלּוֹת תּוֹדָה וּרְקִיקֵי נָזִיר שֶׁעָשׂוּ אוֹתָן לְעַצְמָן אֵין יוֹצְאִין בָּהֶן שֶׁנֶּאֱמַר (שמות יב יז) "וּשְׁמַרְתֶּם אֶת הַמַּצּוֹת" מַצָּה הַמִּשְׁתַּמֶּרֶת לְעִנְיַן מַצָּה בִּלְבַד הוּא שֶׁיּוֹצְאִין בָּהּ אֲבָל זוֹ מִשְׁתַּמֶּרֶת לְעִנְיַן הַזֶּבַח. וְאִם עֲשָׂאָן לִמְכֹּר בַּשּׁוּק הֲרֵי זֶה יוֹצֵא בָּהּ יְדֵי חוֹבָתוֹ. שֶׁהָעוֹשֶׂה לִמְכֹּר בַּשּׁוּק דַּעְתּוֹ שֶׁאִם לֹא יִמָּכְרוּ יֹאכַל אוֹתָן וְנִמְצָא בִּשְׁעַת עֲשִׂיָּתָן שְׁמָרָן לְשֵׁם מַצָּה:

י. הַכֹּל חַיָּבִין בַּאֲכִילַת מַצָּה אֲפִלּוּ נָשִׁים וַעֲבָדִים. קָטָן שֶׁיָּכוֹל לֶאֱכֹל פַּת מְחַנְּכִין אוֹתוֹ בְּמִצְוֹת וּמַאֲכִילִין אוֹתוֹ כְּזַיִת מַצָּה. חוֹלֶה אוֹ זָקֵן שֶׁאֵינוֹ יָכוֹל לֶאֱכֹל שׁוֹרִין לוֹ רָקִיק בְּמַיִם וּמַאֲכִילִין אוֹתוֹ וְהוּא שֶׁלֹּא נִמּוֹחַ:

יא. מִדִּבְרֵי סוֹפְרִים שֶׁאֵין מַפְטִירִין אַחַר מַצָּה כְּלוּם וַאֲפִלּוּ קְלָיוֹת וֶאֱגוֹזִים וְכַיּוֹצֵא בָּהֶן. אֶלָּא אַף עַל פִּי שֶׁאָכַל מַצָּה וְאָכַל אַחֲרֶיהָ מַאֲכָלוֹת אֲחֵרוֹת וּפֵרוֹת וְכַיּוֹצֵא בָּהֶן חוֹזֵר וְאוֹכֵל כְּזַיִת מַצָּה בָּאַחֲרוֹנָה וּפוֹסֵק:

יב. אָסְרוּ חֲכָמִים לֶאֱכֹל מַצָּה בְּעֶרֶב הַפֶּסַח כְּדֵי שֶׁיִּהְיֶה הֶכֵּר לַאֲכִילָתָהּ בָּעֶרֶב. וּמִי שֶׁאָכַל מַצָּה בְּעֶרֶב הַפֶּסַח מַכִּין אוֹתוֹ מַכַּת מַרְדּוּת עַד שֶׁתֵּצֵא נַפְשׁוֹ. וְכֵן אָסוּר לֶאֱכֹל עֶרֶב הַפֶּסַח מִקֹּדֶם הַמִּנְחָה כִּמְעַט. כְּדֵי שֶׁיִּכָּנֵס לַאֲכִילַת מַצָּה בְּתַאֲוָה. אֲבָל אוֹכֵל הוּא מְעַט פֵּרוֹת אוֹ יְרָקוֹת וְלֹא יְמַלֵּא כְּרֵסוֹ מֵהֶן. וַחֲכָמִים הָרִאשׁוֹנִים הָיוּ מַרְעִיבִין עַצְמָן עֶרֶב הַפֶּסַח כְּדֵי לֶאֱכֹל מַצָּה בְּתַאֲוָה וְיִהְיוּ מַצּוֹת חֲבִיבוֹת עָלָיו. אֲבָל בִּשְׁאָר עַרְבֵי שַׁבָּתוֹת אוֹ עַרְבֵי יָמִים טוֹבִים אוֹכֵל וְהוֹלֵךְ עַד שֶׁתֶּחְשַׁךְ:

Perek 7

Pesach Seder

This takes place on the first days of *Yom Tov* and consists of:

HAGADAH

To relate the story of the Exodus from Egypt[8]

The explanations given at the table should be according to the level of knowledge of the children and guests.

- We show how we started from idol worship (*Terach*) and we then separated from the gentiles to come close to Hashem.

- We show how we started as slaves to Pharaoh and conclude with all the miracles done for us culminating in our freedom

- We mention
  - *Korban Pesach* (referring to Hashem passing over the houses)
  - *Maror* (bitter herb) (referring to the bitterness of our slavery)
  - *Matzah* (referring to redemption)

- We understand that the freedom also relates to each one of us as individuals (and every day of the year)

The men express this freedom by leaning to the left while eating.

Four cups of wine, *maror* (bitter herb), *charoset*.

4 CUPS

Each *kos* has its own blessing and specific place in the *Hagadah* where we drink.

CHAROSET

Derabanan to remind us of the clay used in Egypt. It is made of crushed fruits.

MAROR (BITTER HERBS)

One can use Romaine lettuce, horseradish etc. Measure to eat is **1 *kezayit***.

<h1 style="text-align:center">פרק ז'</h1>

א. מִצְוַת עֲשֵׂה שֶׁל תּוֹרָה לְסַפֵּר בְּנִסִּים וְנִפְלָאוֹת שֶׁנַּעֲשׂוּ לַאֲבוֹתֵינוּ בְּמִצְרַיִם בְּלֵיל חֲמִשָּׁה עָשָׂר בְּנִיסָן שֶׁנֶּאֱמַר (שמות יג ג) "זָכוֹר אֶת הַיּוֹם הַזֶּה אֲשֶׁר יְצָאתֶם מִמִּצְרַיִם" כְּמוֹ שֶׁנֶּאֱמַר (שמות כ ח) "זָכוֹר אֶת יוֹם הַשַּׁבָּת". וּמִנַּיִן שֶׁבְּלֵיל חֲמִשָּׁה עָשָׂר תַּלְמוּד לוֹמַר (שמות יג ח) "וְהִגַּדְתָּ לְבִנְךָ בַּיּוֹם הַהוּא לֵאמֹר בַּעֲבוּר זֶה" בְּשָׁעָה שֶׁיֵּשׁ מַצָּה וּמָרוֹר מֻנָּחִים לְפָנֶיךָ. וְאַף עַל פִּי שֶׁאֵין לוֹ בֵּן. אֲפִלּוּ חֲכָמִים גְּדוֹלִים חַיָּבִים לְסַפֵּר בִּיצִיאַת מִצְרַיִם וְכָל הַמַּאֲרִיךְ בִּדְבָרִים שֶׁאֵרְעוּ וְשֶׁהָיוּ הֲרֵי זֶה מְשֻׁבָּח:

ב. מִצְוָה לְהוֹדִיעַ לַבָּנִים וַאֲפִלּוּ לֹא שָׁאֲלוּ שֶׁנֶּאֱמַר (שמות יג ח) "וְהִגַּדְתָּ לְבִנְךָ". לְפִי דַּעְתּוֹ שֶׁל בֵּן אָבִיו מְלַמְּדוֹ. כֵּיצַד. אִם הָיָה קָטָן אוֹ טִפֵּשׁ אוֹמֵר לוֹ בְּנִי כֻּלָּנוּ הָיִינוּ עֲבָדִים כְּמוֹ שִׁפְחָה זוֹ אוֹ כְּמוֹ עֶבֶד זֶה בְּמִצְרַיִם וּבַלַּיְלָה הַזֶּה פָּדָה אוֹתָנוּ הַקָּדוֹשׁ בָּרוּךְ הוּא וַיּוֹצִיאֵנוּ לְחֵרוּת. וְאִם הָיָה הַבֵּן גָּדוֹל וְחָכָם מוֹדִיעוֹ מַה שֶּׁאֵרַע לָנוּ בְּמִצְרַיִם וְנִסִּים שֶׁנַּעֲשׂוּ לָנוּ עַל יְדֵי מֹשֶׁה רַבֵּנוּ הַכֹּל לְפִי דַּעְתּוֹ שֶׁל בֵּן:

ג. וְצָרִיךְ לַעֲשׂוֹת שִׁנּוּי בַּלַּיְלָה הַזֶּה כְּדֵי שֶׁיִּרְאוּ הַבָּנִים וְיִשְׁאֲלוּ וְיֹאמְרוּ מַה נִּשְׁתַּנָּה הַלַּיְלָה הַזֶּה מִכָּל הַלֵּילוֹת

עַד שֶׁיָּשִׁיב לָהֶם וְיֹאמַר לָהֶם כָּךְ וְכָךְ אֵרַע וְכָךְ וְכָךְ הָיָה. וְכֵיצַד מְשַׁנֶּה. מְחַלֵּק לָהֶם קְלָיוֹת וֶאֱגוֹזִים וְעוֹקְרִים הַשֻּׁלְחָן מִלִּפְנֵיהֶם קֹדֶם שֶׁיֹּאכְלוּ וְחוֹטְפִין מַצָּה זֶה מִיַּד זֶה וְכַיּוֹצֵא בִּדְבָרִים הָאֵלּוּ. אֵין לוֹ בֵּן אִשְׁתּוֹ שׁוֹאַלְתּוֹ. אֵין לוֹ אִשָּׁה שׁוֹאֲלִין זֶה אֶת זֶה מַה נִּשְׁתַּנָּה הַלַּיְלָה הַזֶּה. וַאֲפִלּוּ הָיוּ כֻּלָּן חֲכָמִים. הָיָה לְבַדּוֹ שׁוֹאֵל לְעַצְמוֹ מַה נִּשְׁתַּנָּה הַלַּיְלָה הַזֶּה:

ד. וְצָרִיךְ לְהַתְחִיל בִּגְנוּת וּלְסַיֵּם בְּשֶׁבַח. כֵּיצַד. מַתְחִיל וּמְסַפֵּר שֶׁבַּתְּחִלָּה הָיוּ אֲבוֹתֵינוּ בִּימֵי תֶּרַח וּמִלְּפָנָיו כּוֹפְרִים וְטוֹעִין אַחַר הַהֶבֶל וְרוֹדְפִין אַחַר עֲבוֹדַת אֱלִילִים. וּמְסַיֵּם בְּדַת הָאֱמֶת שֶׁקֵּרְבָנוּ הַמָּקוֹם לוֹ וְהִבְדִּילָנוּ מֵהָאֻמּוֹת וְקֵרְבָנוּ לְיִחוּדוֹ. וְכֵן מַתְחִיל וּמוֹדִיעַ שֶׁעֲבָדִים הָיִינוּ לְפַרְעֹה בְּמִצְרַיִם וְכָל הָרָעָה שֶׁגְּמָלָנוּ וּמְסַיֵּם בַּנִּסִּים וּבַנִּפְלָאוֹת שֶׁנַּעֲשׂוּ לָנוּ וּבְחֵרוּתֵנוּ. וְהוּא שֶׁיִּדְרֹשׁ מֵ(דברים כו ה) "אֲרַמִּי אֹבֵד אָבִי" עַד שֶׁיִּגְמֹר כָּל הַפָּרָשָׁה. וְכָל הַמּוֹסִיף וּמַאֲרִיךְ בִּדְרַשׁ פָּרָשָׁה זוֹ הֲרֵי זֶה מְשֻׁבָּח:

ה. כָּל מִי שֶׁלֹּא אָמַר שְׁלֹשָׁה דְּבָרִים אֵלּוּ בְּלֵיל חֲמִשָּׁה עָשָׂר לֹא יָצָא יְדֵי חוֹבָתוֹ וְאֵלּוּ הֵן. פֶּסַח מַצָּה וּמָרוֹר. פֶּסַח עַל שׁוּם שֶׁפָּסַח הַמָּקוֹם עַל בָּתֵּי אֲבוֹתֵינוּ בְּמִצְרַיִם שֶׁנֶּאֱמַר (שמות

יב כז) ״וַאֲמַרְתֶּם זֶבַח פֶּסַח הוּא לַה׳״ וְגוֹ׳. מָרוֹר עַל שׁוּם שֶׁמֵּרְרוּ הַמִּצְרִיִּים אֶת חַיֵּי אֲבוֹתֵינוּ בְּמִצְרַיִם. מַצָּה עַל שֵׁם שֶׁנִּגְאֲלוּ. וּדְבָרִים הָאֵלּוּ כֻּלָּן נִקְרָאִין הַגָּדָה:

ו. בְּכָל דּוֹר וָדוֹר חַיָּב אָדָם לְהַרְאוֹת אֶת עַצְמוֹ כְּאִלּוּ הוּא בְּעַצְמוֹ יָצָא עַתָּה מִשִּׁעְבּוּד מִצְרַיִם שֶׁנֶּאֱמַר (דברים ו כג) ״וְאוֹתָנוּ הוֹצִיא מִשָּׁם״ וְגוֹ׳. וְעַל דָּבָר זֶה צִוָּה הַקָּדוֹשׁ בָּרוּךְ הוּא בַּתּוֹרָה וְזָכַרְתָּ כִּי עֶבֶד הָיִיתָ כְּלוֹמַר כְּאִלּוּ אַתָּה בְּעַצְמְךָ הָיִיתָ עֶבֶד וְיָצָאתָ לְחֵרוּת וְנִפְדֵּיתָ:

ז. לְפִיכָךְ כְּשֶׁסּוֹעֵד אָדָם בַּלַּיְלָה הַזֶּה צָרִיךְ לֶאֱכֹל וְלִשְׁתּוֹת וְהוּא מֵסֵב דֶּרֶךְ חֵרוּת. וְכָל אֶחָד וְאֶחָד בֵּין אֲנָשִׁים בֵּין נָשִׁים חַיָּב לִשְׁתּוֹת בַּלַּיְלָה הַזֶּה אַרְבָּעָה כּוֹסוֹת שֶׁל יַיִן. אֵין פּוֹחֲתִין לוֹ מֵהֶם. וַאֲפִלּוּ עָנִי הַמִּתְפַּרְנֵס מִן הַצְּדָקָה לֹא יִפְחֲתוּ לוֹ מֵאַרְבָּעָה כּוֹסוֹת. שִׁעוּר כָּל כּוֹס מֵהֶן רְבִיעִית:

ח. אֲפִלּוּ עָנִי שֶׁבְּיִשְׂרָאֵל לֹא יֹאכַל עַד שֶׁיָּסֵב. אִשָּׁה אֵינָהּ צְרִיכָה הֲסִבָּה. וְאִם אִשָּׁה חֲשׁוּבָה הִיא צְרִיכָה הֲסִבָּה. וּבֵן אֵצֶל אָבִיו וְהַשַּׁמָּשׁ בִּפְנֵי רַבּוֹ צְרִיכִין הֲסִבָּה. אֲבָל תַּלְמִיד בִּפְנֵי רַבּוֹ אֵינוֹ מֵסֵב אֶלָּא אִם כֵּן נָתַן לוֹ רַבּוֹ רְשׁוּת. וַהֲסִבַּת יָמִין אֵינָהּ הֲסִבָּה. וְכֵן הַמֵּסֵב עַל עָרְפּוֹ אוֹ עַל פָּנָיו אֵין זוֹ הֲסִבָּה. וְאֵימָתַי צְרִיכִין הֲסִבָּה בִּשְׁעַת אֲכִילַת כְּזַיִת מַצָּה וּבִשְׁתִיַּת אַרְבָּעָה כּוֹסוֹת הָאֵלּוּ. וּשְׁאָר אֲכִילָתוֹ וּשְׁתִיָּתוֹ אִם הֵסֵב הֲרֵי זֶה מְשֻׁבָּח וְאִם לָאו אֵינוֹ צָרִיךְ:

ט. אַרְבָּעָה כּוֹסוֹת הָאֵלּוּ צָרִיךְ לִמְזֹג אוֹתָן כְּדֵי שֶׁתִּהְיֶה שְׁתִיָּה עֲרֵבָה הַכֹּל לְפִי הַיַּיִן וּלְפִי דַּעַת הַשּׁוֹתֶה. וְלֹא יִפְחֹת בְּאַרְבַּעְתָּן מֵרְבִיעִית יַיִן חַי. שָׁתָה אַרְבָּעָה כּוֹסוֹת אֵלּוּ מִיַּיִן שֶׁאֵינוֹ מָזוּג יָצָא יְדֵי אַרְבָּעָה כּוֹסוֹת וְלֹא יָצָא יְדֵי חֵרוּת. שָׁתָה אַרְבָּעָה כּוֹסוֹת מְזוּגִין בְּבַת אַחַת יְדֵי חֵרוּת יָצָא יְדֵי אַרְבָּעָה כּוֹסוֹת לֹא יָצָא. וְאִם שָׁתָה מִכָּל כּוֹס מֵהֶן רֻבּוֹ יָצָא:

י. כָּל כּוֹס וְכוֹס מֵאַרְבָּעָה כּוֹסוֹת הַלָּלוּ מְבָרֵךְ עָלָיו בְּרָכָה בִּפְנֵי עַצְמָהּ. וְכוֹס רִאשׁוֹן אוֹמֵר עָלָיו קִדּוּשׁ הַיּוֹם. כּוֹס שֵׁנִי קוֹרֵא עָלָיו אֶת הַהַגָּדָה. כּוֹס שְׁלִישִׁי מְבָרֵךְ עָלָיו בִּרְכַּת הַמָּזוֹן. כּוֹס רְבִיעִי גּוֹמֵר עָלָיו אֶת הַהַלֵּל וּמְבָרֵךְ עָלָיו בִּרְכַּת הַשִּׁיר. וּבֵין הַכּוֹסוֹת הָאֵלּוּ אִם רָצָה לִשְׁתּוֹת שׁוֹתֶה. בֵּין שְׁלִישִׁי לִרְבִיעִי אֵינוֹ שׁוֹתֶה:

יא. הַחֲרֹסֶת מִצְוָה מִדִּבְרֵי סוֹפְרִים זֵכֶר לְטִיט שֶׁהָיוּ עוֹבְדִין בּוֹ בְּמִצְרַיִם. וְכֵיצַד עוֹשִׂין אוֹתָהּ. לוֹקְחִין תְּמָרִים אוֹ גְּרוֹגָרוֹת אוֹ צִמּוּקִין וְכַיּוֹצֵא בָּהֶן וְדוֹרְסִין אוֹתָן וְנוֹתְנִין לְתוֹכָן חֹמֶץ וּמְתַבְּלִין אוֹתָן בְּתַבְלִין כְּמוֹ טִיט בְּתֶבֶן וּמְבִיאִין אוֹתָהּ עַל הַשֻּׁלְחָן בְּלֵילֵי הַפֶּסַח:

יב. אֲכִילַת מָרוֹר אֵינָהּ מִצְוָה מִן הַתּוֹרָה בִּפְנֵי עַצְמָהּ אֶלָּא תְּלוּיָה הִיא בַּאֲכִילַת הַפֶּסַח. שֶׁמִּצְוַת עֲשֵׂה אַחַת לֶאֱכֹל בְּשַׂר הַפֶּסַח עַל מַצָּה וּמְרוֹרִים. וּמִדִּבְרֵי סוֹפְרִים לֶאֱכֹל הַמָּרוֹר לְבַדּוֹ בְּלַיִל זֶה אֲפִלּוּ אֵין שָׁם קָרְבַּן פֶּסַח:

יג. מְרוֹרִים הָאֲמוּרִים בַּתּוֹרָה הֵן הַחֲזֶרֶת וְהָעֻלְשִׁין וְהַתַּמְכָא וְהַחַרְחֲבִינָא וְהַמָּרוֹר. כָּל אֶחָד מֵחֲמֵשֶׁת מִינֵי יָרָק אֵלּוּ נִקְרָא מָרוֹר. וְאִם אָכַל מֵאֶחָד מֵהֶן אוֹ מֵחֲמִשְׁתָּן כְּזַיִת יָצָא וְהוּא שֶׁיִּהוּ לַחִין. וְיוֹצְאִין בְּקֶלַח שֶׁלָּהֶן אֲפִלּוּ יָבֵשׁ. וְאִם שְׁלָקָן אוֹ כְּבָשָׁן אוֹ בִּשְּׁלָן אֵין יוֹצְאִין בָּהֶן:

Perek 8

Seder continued.

Procedure of the *seder.*
Nusach of *Hagadah.*

פרק ח׳

א. סֵדֶר עֲשִׂיַּת מִצְוֹת אֵלּוּ בְּלֵיל חֲמִשָּׁה עָשָׂר כָּךְ הוּא. בַּתְּחִלָּה מוֹזְגִין כּוֹס לְכָל אֶחָד וְאֶחָד וּמְבָרֵךְ בּוֹרֵא פְּרִי הַגֶּפֶן וְאוֹמֵר עָלָיו קִדּוּשׁ הַיּוֹם וּזְמַן וְשׁוֹתֶה. וְאַחַר כָּךְ מְבָרֵךְ עַל נְטִילַת יָדַיִם וְנוֹטֵל יָדָיו. וּמְבִיאִין שֻׁלְחָן עָרוּךְ וְעָלָיו מָרוֹר וְיָרָק אַחֵר וּמַצָּה וַחֲרֹסֶת וְגוּפוֹ שֶׁל כֶּבֶשׂ הַפֶּסַח וּבְשַׂר חֲגִיגָה שֶׁל יוֹם אַרְבָּעָה עָשָׂר. וּבַזְּמַן הַזֶּה מְבִיאִין עַל הַשֻּׁלְחָן שְׁנֵי מִינֵי בָשָׂר אֶחָד זֵכֶר לְפֶסַח וְאֶחָד זֵכֶר לַחֲגִיגָה:

ב. מַתְחִיל וּמְבָרֵךְ בּוֹרֵא פְּרִי הָאֲדָמָה וְלוֹקֵחַ יָרָק וּמְטַבֵּל אוֹתוֹ בַּחֲרֹסֶת וְאוֹכֵל כְּזַיִת הוּא וְכָל הַמְסֻבִּין עִמּוֹ כָּל אֶחָד וְאֶחָד אֵין אוֹכֵל פָּחוֹת מִכְּזַיִת. וְאַחַר כָּךְ עוֹקְרִין הַשֻּׁלְחָן מִלִּפְנֵי קוֹרֵא הַהַגָּדָה לְבַדּוֹ. וּמוֹזְגִין הַכּוֹס הַשֵּׁנִי וְכָאן הַבֵּן שׁוֹאֵל. וְאוֹמֵר הַקּוֹרֵא מַה נִּשְׁתַּנָּה הַלַּיְלָה הַזֶּה מִכָּל הַלֵּילוֹת שֶׁבְּכָל הַלֵּילוֹת אֵין אָנוּ מַטְבִּילִין אֲפִלּוּ פַּעַם אַחַת וְהַלַּיְלָה הַזֶּה שְׁתֵּי פְעָמִים. שֶׁבְּכָל הַלֵּילוֹת אָנוּ אוֹכְלִין חָמֵץ וּמַצָּה

וְהַלַּיְלָה הַזֶּה כֻּלּוֹ מַצָּה. שֶׁבְּכָל הַלֵּילוֹת אָנוּ אוֹכְלִין בְּשַׂר צָלִי שָׁלוּק וּמְבֻשָּׁל וְהַלַּיְלָה הַזֶּה כֻּלּוֹ צָלִי. שֶׁבְּכָל הַלֵּילוֹת אָנוּ אוֹכְלִין שְׁאָר יְרָקוֹת וְהַלַּיְלָה הַזֶּה מְרוֹרִים. שֶׁבְּכָל הַלֵּילוֹת אָנוּ אוֹכְלִין בֵּין יוֹשְׁבִין בֵּין מְסֻבִּין וְהַלַּיְלָה הַזֶּה כֻּלָּנוּ מְסֻבִּין:

ג. בַּזְּמַן הַזֶּה אֵינוֹ אוֹמֵר וְהַלַּיְלָה הַזֶּה כֻּלּוֹ צָלִי שֶׁאֵין לָנוּ קָרְבָּן. וּמַתְחִיל בִּגְנוּת וְקוֹרֵא עַד שֶׁגּוֹמֵר דְּרַשׁ פָּרָשַׁת (דברים כו ה) "אֲרַמִּי אֹבֵד אָבִי" כֻּלָּהּ:

ד. וּמַחֲזִיר הַשֻּׁלְחָן לְפָנָיו וְאוֹמֵר פֶּסַח זֶה שֶׁאָנוּ אוֹכְלִין עַל שֵׁם שֶׁפָּסַח הַמָּקוֹם עַל בָּתֵּי אֲבוֹתֵינוּ בְּמִצְרַיִם שֶׁנֶּאֱמַר (שמות יב כז) "וַאֲמַרְתֶּם זֶבַח פֶּסַח הוּא לַה'". וּמַגְבִּיהַּ הַמָּרוֹר בְּיָדוֹ וְאוֹמֵר מָרוֹר זֶה שֶׁאָנוּ אוֹכְלִין עַל שֵׁם שֶׁמֵּרְרוּ הַמִּצְרִיִּים אֶת חַיֵּי אֲבוֹתֵינוּ בְּמִצְרַיִם שֶׁנֶּאֱמַר (שמות א יד) "וַיְמָרְרוּ אֶת חַיֵּיהֶם". וּמַגְבִּיהַּ הַמַּצָּה בְּיָדוֹ וְאוֹמֵר מַצָּה זוֹ שֶׁאָנוּ אוֹכְלִין עַל שֵׁם שֶׁלֹּא הִסְפִּיק בְּצֵקָם שֶׁל אֲבוֹתֵינוּ לְהַחֲמִיץ עַד שֶׁנִּגְלָה עֲלֵיהֶם הַקָּדוֹשׁ בָּרוּךְ הוּא וּגְאָלָם מִיָּד שֶׁנֶּאֱמַר (שמות יב לט) "וַיֹּאפוּ אֶת הַבָּצֵק אֲשֶׁר הוֹצִיאוּ מִמִּצְרַיִם" וְכוּ'. וּבַזְּמַן הַזֶּה אוֹמֵר פֶּסַח שֶׁהָיוּ אֲבוֹתֵינוּ אוֹכְלִין בִּזְמַן שֶׁבֵּית הַמִּקְדָּשׁ קַיָּם עַל שֵׁם שֶׁפָּסַח הַקָּדוֹשׁ בָּרוּךְ הוּא עַל בָּתֵּי אֲבוֹתֵינוּ וְכוּ':

ה. וְאוֹמֵר לְפִיכָךְ אָנוּ חַיָּבִין לְהוֹדוֹת לְהַלֵּל לְשַׁבֵּחַ לְפָאֵר לְהַדֵּר לְרוֹמֵם לְגַדֵּל וּלְנַצֵּחַ לְמִי שֶׁעָשָׂה לַאֲבוֹתֵינוּ וְלָנוּ אֶת כָּל הַנִּסִּים הָאֵלּוּ וְהוֹצִיאָנוּ מֵעַבְדוּת לְחֵרוּת מִיָּגוֹן לְשִׂמְחָה וּמֵאֲפֵלָה לְאוֹר גָּדוֹל וְנֹאמַר לְפָנָיו הַלְלוּיָהּ. (תהלים קיג א) "הַלְלוּיָהּ הַלְלוּ עַבְדֵי ה'" וְגוֹ' עַד (תהלים קיד ח) "חַלָּמִישׁ לְמַעְיְנוֹ מָיִם". וְחוֹתֵם בָּרוּךְ אַתָּה ה' אֱלֹהֵינוּ מֶלֶךְ הָעוֹלָם אֲשֶׁר גְּאָלָנוּ וְגָאַל אֶת אֲבוֹתֵינוּ מִמִּצְרַיִם וְהִגִּיעָנוּ לַלַּיְלָה הַזֶּה לֶאֱכֹל בּוֹ מַצָּה וּמְרוֹרִים. וּבַזְּמַן הַזֶּה מוֹסִיף כֵּן ה' אֱלֹהֵינוּ וֵאלֹהֵי אֲבוֹתֵינוּ יַגִּיעֵנוּ לַמּוֹעֲדִים וְלִרְגָלִים אֲחֵרִים הַבָּאִים לִקְרָאתֵנוּ לְשָׁלוֹם שְׂמֵחִים בְּבִנְיַן עִירֶךָ וְשָׂשִׂים בַּעֲבוֹדָתֶךָ וְנֹאכַל שָׁם מִן הַזְּבָחִים וּמִן הַפְּסָחִים שֶׁיַּגִּיעַ דָּמָם עַל קִיר מִזְבַּחֲךָ לְרָצוֹן וְנוֹדֶה לְךָ שִׁיר חָדָשׁ עַל גְּאֻלָּתֵנוּ וְעַל פְּדוּת נַפְשֵׁנוּ בָּרוּךְ אַתָּה ה' גָּאַל יִשְׂרָאֵל. וּמְבָרֵךְ בּוֹרֵא פְּרִי הַגָּפֶן וְשׁוֹתֶה הַכּוֹס הַשֵּׁנִי:

ו. וְאַחַר כָּךְ מְבָרֵךְ עַל נְטִילַת יָדַיִם וְנוֹטֵל יָדָיו שֵׁנִית שֶׁהֲרֵי הִסִּיחַ דַּעְתּוֹ בִּשְׁעַת קְרִיאַת הַהַגָּדָה. וְלוֹקֵחַ שְׁנֵי רְקִיקִין וְחוֹלֵק אֶחָד מֵהֶן וּמַנִּיחַ פָּרוּס לְתוֹךְ שָׁלֵם וּמְבָרֵךְ הַמּוֹצִיא לֶחֶם מִן הָאָרֶץ. וּמִפְּנֵי מָה אֵינוֹ מְבָרֵךְ עַל שְׁתֵּי כִּכָּרוֹת כִּשְׁאָר יָמִים טוֹבִים מִשּׁוּם שֶׁנֶּאֱמַר (דברים טז ג) "לֶחֶם עֹנִי" מַה דַּרְכּוֹ שֶׁל עָנִי בִּפְרוּסָה אַף כָּאן בִּפְרוּסָה. וְאַחַר כָּךְ כּוֹרֵךְ מַצָּה וּמָרוֹר כְּאַחַת וּמְטַבֵּל בַּחֲרֹסֶת וּמְבָרֵךְ בָּרוּךְ אַתָּה ה' אֱלֹהֵינוּ מֶלֶךְ הָעוֹלָם אֲשֶׁר קִדְּשָׁנוּ בְּמִצְוֹתָיו וְצִוָּנוּ עַל אֲכִילַת מַצּוֹת וּמְרוֹרִים וְאוֹכְלָן. וְאִם אָכַל מַצָּה בִּפְנֵי עַצְמָהּ וּמָרוֹר בִּפְנֵי עַצְמוֹ מְבָרֵךְ עַל זֶה בִּפְנֵי עַצְמוֹ וְעַל זֶה בִּפְנֵי עַצְמוֹ:

ז. וְאַחַר כָּךְ מְבָרֵךְ בָּרוּךְ אַתָּה ה' אֱלֹהֵינוּ מֶלֶךְ הָעוֹלָם אֲשֶׁר קִדְּשָׁנוּ בְּמִצְוֹתָיו וְצִוָּנוּ עַל אֲכִילַת הַזֶּבַח וְאוֹכֵל מִבְּשַׂר חֲגִיגַת אַרְבָּעָה עָשָׂר תְּחִלָּה. וּמְבָרֵךְ בָּרוּךְ אַתָּה ה' אֱלֹהֵינוּ מֶלֶךְ הָעוֹלָם אֲשֶׁר קִדְּשָׁנוּ בְּמִצְוֹתָיו וְצִוָּנוּ עַל אֲכִילַת הַפֶּסַח וְאוֹכֵל מִגּוּפוֹ שֶׁל פֶּסַח. וְלֹא בִּרְכַּת הַפֶּסַח פּוֹטֶרֶת שֶׁל זֶבַח וְלֹא שֶׁל זֶבַח פּוֹטֶרֶת שֶׁל פֶּסַח:

ח. בַּזְּמַן הַזֶּה שֶׁאֵין שָׁם קָרְבָּן אַחַר שֶׁמְּבָרֵךְ הַמּוֹצִיא לֶחֶם חוֹזֵר וּמְבָרֵךְ עַל אֲכִילַת מַצָּה. וּמְטַבֵּל מַצָּה בַּחֲרֹסֶת וְאוֹכֵל. וְחוֹזֵר וּמְבָרֵךְ עַל אֲכִילַת מָרוֹר וּמְטַבֵּל מָרוֹר בַּחֲרֹסֶת וְאוֹכֵל. וְלֹא יַשְׁהֶה אוֹתוֹ בַּחֲרֹסֶת שֶׁמָּא יְבַטֵּל טַעְמוֹ. וְזוֹ מִצְוָה מִדִּבְרֵי סוֹפְרִים. וְחוֹזֵר וְכוֹרֵךְ מַצָּה וּמָרוֹר וּמְטַבֵּל בַּחֲרֹסֶת וְאוֹכְלָן בְּלֹא בְּרָכָה זֵכֶר לַמִּקְדָּשׁ:

ט. וְאַחַר כָּךְ נִמְשָׁךְ בַּסְּעֻדָּה וְאוֹכֵל כָּל מַה שֶּׁהוּא רוֹצֶה לֶאֱכֹל וְשׁוֹתֶה כָּל מַה שֶּׁהוּא רוֹצֶה לִשְׁתּוֹת. וּבָאַחֲרוֹנָה אוֹכֵל מִבְּשַׂר הַפֶּסַח אֲפִלּוּ כְּזַיִת וְאֵינוֹ טוֹעֵם אַחֲרָיו כְּלָל. וּבַזְּמַן הַזֶּה אוֹכֵל כְּזַיִת מַצָּה וְאֵינוֹ טוֹעֵם אַחֲרֶיהָ כְּלוּם. כְּדֵי שֶׁיִּהְיֶה הֶפְסֵק סְעֻדָּתוֹ וְטַעַם בְּשַׂר הַפֶּסַח אוֹ הַמַּצָּה בְּפִיו שֶׁאֲכִילָתָן הִיא הַמִּצְוָה:

י. וְאַחַר כָּךְ נוֹטֵל יָדָיו וּמְבָרֵךְ בִּרְכַּת הַמָּזוֹן עַל כּוֹס שְׁלִישִׁי וְשׁוֹתֵהוּ. וְאַחַר כָּךְ מוֹזֵג כּוֹס רְבִיעִי וְגוֹמֵר עָלָיו אֶת הַהַלֵּל. וְאוֹמֵר עָלָיו בִּרְכַּת הַשִּׁיר וְהִיא יְהַלְלוּךָ ה' כָּל מַעֲשֶׂיךָ וְכוּ'. וּמְבָרֵךְ בּוֹרֵא פְּרִי הַגָּפֶן וְאֵינוֹ טוֹעֵם אַחַר כָּךְ כְּלוּם כָּל הַלַּיְלָה חוּץ מִן הַמַּיִם. וְיֵשׁ לוֹ לִמְזֹג כּוֹס חֲמִישִׁי וְלוֹמַר עָלָיו הַלֵּל הַגָּדוֹל מֵ(תהלים קלו א) "הוֹדוּ לַה' כִּי טוֹב" עַד (תהלים קלז א) "עַל נַהֲרוֹת בָּבֶל". וְכוֹס זֶה אֵינוֹ חוֹבָה כְּמוֹ אַרְבָּעָה כּוֹסוֹת. וְיֵשׁ לוֹ לִגְמֹר אֶת הַהַלֵּל בְּכָל מָקוֹם שֶׁיִּרְצֶה אַף עַל פִּי שֶׁאֵינוֹ מְקוֹם סְעוּדָה:

יא. מָקוֹם שֶׁנָּהֲגוּ לֶאֱכֹל צָלִי בְּלֵילֵי פְּסָחִים אוֹכְלִים. מָקוֹם שֶׁנָּהֲגוּ שֶׁלֹּא לֶאֱכֹל אֵין אוֹכְלִין גְּזֵרָה שֶׁמָּא יֹאמְרוּ בְּשַׂר פֶּסַח הוּא. וּבְכָל מָקוֹם אָסוּר לֶאֱכֹל שֶׂה צָלוּי כֻּלּוֹ כְּאֶחָד בְּלֵיל זֶה מִפְּנֵי שֶׁנִּרְאֶה כְּאוֹכֵל קָדָשִׁים בַּחוּץ. וְאִם הָיָה מְחֻתָּךְ אוֹ שֶׁחָסֵר מִמֶּנּוּ אֵבֶר אוֹ שֶׁלַּק בּוֹ אֵבֶר וְהוּא מְחֻבָּר הֲרֵי זֶה מֻתָּר בְּמָקוֹם שֶׁנָּהֲגוּ:

יב. מִי שֶׁאֵין לוֹ יַיִן בְּלֵילֵי הַפֶּסַח מְקַדֵּשׁ עַל הַפַּת כְּדֶרֶךְ

שֶׁעוֹשֶׂה בְּשַׁבָּת וְעוֹשֶׂה כָּל הַדְּבָרִים עַל הַסֵּדֶר הַזֶּה. מִי שֶׁאֵין לוֹ יָרָק אֶלָּא מָרוֹר בִּלְבַד. בַּתְּחִלָּה מְבָרֵךְ עַל הַמָּרוֹר שְׁתֵּי בְּרָכוֹת בּוֹרֵא פְּרִי הָאֲדָמָה וְעַל אֲכִילַת מָרוֹר וְאוֹכֵל. וּכְשֶׁיִּגְמֹר הַהַגָּדָה מְבָרֵךְ עַל הַמַּצָּה וְאוֹכֵל וְחוֹזֵר וְאוֹכֵל מִן הַמָּרוֹר בְּלֹא בְּרָכָה:

יג. מִי שֶׁאֵין לוֹ מַצָּה מְשֻׁמֶּרֶת אֶלָּא כְּזַיִת כְּשֶׁגּוֹמֵר סְעֻדָּתוֹ מִמַּצָּה שֶׁאֵינָהּ מְשֻׁמֶּרֶת מְבָרֵךְ עַל אֲכִילַת מַצָּה וְאוֹכֵל אוֹתוֹ כְּזַיִת וְאֵינוֹ טוֹעֵם אַחֲרָיו כְּלוּם:

יד. מִי שֶׁיָּשַׁן בְּתוֹךְ הַסְּעֻדָּה וְהֵקִיץ אֵינוֹ חוֹזֵר וְאוֹכֵל. בְּנֵי חֲבוּרָה שֶׁיָּשְׁנוּ מִקְצָתָן בְּתוֹךְ הַסְּעֻדָּה חוֹזְרִין וְאוֹכְלִין. נִרְדְּמוּ כֻּלָּן וְנֵעוֹרוּ לֹא יֹאכְלוּ. נִתְנַמְנְמוּ כֻּלָּן יֹאכְלוּ: סְלִיקוּ לְהוּ הִלְכוֹת חָמֵץ וּמַצָּה:

NUSACH HAHAGADAH

נוסח הפרק מוגה על פי כתבי־יד, לפי השיטה המוסברת בויקיטקסט:רמב״ם. נוסח ההגדה שנהגו בה ישראל בזמן הגלות כך הוא, מתחיל על כוס שני ואומר:

בבהילו יצאנו ממצרים. הא לחמא עניא דאכלו אבהתנא בארעא דמצרים: כל דכפין ייתי וייכול, כל דצריך לפסח ייתי ויפסח. שתא הכא, לשנה הבאה בארעא דישראל. שתא הדא עבדי, לשתא דאתיא בני חורי.

מה נשתנה הלילה הזה מכל הלילות! שבכל הלילות אין אנו מטבילין אפילו פעם אחת, והלילה הזה שתי פעמים. שבכל הלילות אנו אוכלים חמץ ומצה, והלילה הזה כולו מצה. שבכל הלילות אנו אוכלים שאר ירקות, והלילה הזה מרור. שבכל הלילות אנו אוכלין בין יושבין בין מסובין, והלילה הזה כולנו מסובין.

עבדים היינו לפרעה במצרים, ויוציאנו יי אלהינו משם ביד חזקה ובזרוע נטויה. ואילו לא הוציא הקדוש ברוך הוא את אבותינו ממצרים, עדיין אנו ובנינו ובני בנינו משועבדים היינו לפרעה במצרים. ואפילו כולנו חכמים, כולנו נבונים, כולנו זקנים, כולנו יודעים את התורה - מצוה עלינו לספר ביציאת מצרים. וכל המאריך ביציאת מצרים - הרי זה משובח.

מעשה ברבי אליעזר, ורבי יהושע, ורבי אלעזר בן עזריה, ורבי עקיבה, ורבי טרפון, שהיו מסובין בבני ברק. והיו מספרין ביציאת מצרים כל אותו הלילה, עד שבאו תלמידיהם ואמרו להם: רבותינו! הגיע זמן קריאת שמע של שחרית.

אמר להם רבי אלעזר בן עזריה: הרי אני כבן שבעים שנה, ולא זכיתי שתאמר יציאת מצרים בלילות, עד שדרשה בן זומא, שנאמר (דברים טז): "למען תזכור את יום צאתך מארץ מצרים כל ימי חייך" - "ימי חייך" הימים, "כל ימי חייך" הלילות. וחכמים אומרים: "ימי חייך" העולם הזה, "כל ימי חייך" להביא את ימות המשיח.

ברוך המקום שנתן תורה לישראל עמו, ברוך הוא. כנגד ארבעה בנים דברה תורה: אחד חכם, ואחד רשע, ואחד תם, ואחד שאינו יודע לשאל.

חכם מה הוא אומר: "מה העדות והחקים והמשפטים אשר צוה יי אלהינו אתכם" (דברים ו). אף אתה אמור לו כהלכות הפסח: אין מפטירין אחר הפסח אפיקומן.

רשע מה הוא אומר: "מה העבודה הזאת לכם" (שמות יב). "לכם" ולא לו, ולפי שהוציא את עצמו מן הכלל כפר בעיקר. אף אתה הקהה את שניו ואמור לו (שמות יג): "בעבור זה עשה יי לי בצאתי ממצרים". "לי" ולא לו, ואילו היה שם לא היה נגאל.

תם מה הוא אומר: "מה זאת?" (שמות יג). ואמרת אליו: "בחוזק יד הוציאנו יי ממצרים מבית עבדים".

ושאינו יודע לשאל את פתח לו, שנאמר (שמות יג): "והגדת לבנך ביום ההוא לאמר: בעבור זה עשה יי לי בצאתי ממצרים". "והגדת לבנך" יכול מראש חודש? תלמוד לומר "ביום ההוא". אי "ביום ההוא" יכול מבעוד יום? תלמוד לומר "בעבור זה" - לא אמרתי אלא בשעה שמצה ומרור מונחים לפניך.

מתחילה עובדי עבודה זרה היו אבותינו, ועכשיו קרבנו המקום ברוך הוא לעבודתו, שנאמר (יהושע כד): "ויאמר יהושע אל כל העם, כה אמר יי אלהי ישראל: בעבר הנהר ישבו אבותיכם מעולם, תרח אבי אברהם ואבי נחור, ויעבדו אלהים אחרים. ואקח את אביכם את אברהם מעבר הנהר, ואולך אותו בכל ארץ כנען. וארבה את זרעו ואתן לו את יצחק. ואתן ליצחק את יעקב ואת עשו. ואתן לעשו את הר שעיר לרשת אותו, ויעקב ובניו ירדו מצרים".

ברוך שומר הבטחתו לישראל עמו, ברוך הוא! שהקדוש ברוך הוא מחשב את הקץ לעשות כמו שאמר לאברהם אבינו בין הבתרים, שנאמר (בראשית טו): "ויאמר

לאברם: ידוע תדע כי גר יהיה זרעך בארץ לא להם, ועבדום וענו אותם ארבע מאות שנה. וגם את הגוי אשר יעבודו דן אנכי, ואחרי כן יצאו ברכוש גדול".

היא שעמדה לאבותינו ולנו, שלא אחד בלבד עמד עלינו. אלא בכל דור ודור עומדים עלינו לכלותינו, והקדוש ברוך הוא מצילנו מידם. צא ולמד מה בקש לבן הארמי לעשות ליעקב אבינו: שפרעה הרשע לא גזר אלא על הזכרים, ולבן בקש לעקור את הכל, שנאמר (דברים כו): "ארמי אובד אבי, וירד מצרימה ויגר שם" - מלמד שלא ירד להשתקע אלא לגור שם, שנאמר (בראשית מז): "ויאמרו אל פרעה: לגור בארץ באנו, כי אין מרעה לצאן אשר לעבדיך, כי כבד הרעב בארץ כנען. ועתה ישבו נא עבדיך בארץ גשן".

"במתי מעט", כמו שנאמר (דברים י): "בשבעים נפש ירדו אבותיך מצרימה, ועתה שמך יי אלהיך ככוכבי השמים לרוב".

"ויהי שם לגוי" - מלמד שהיו ישראל מצויינין שם. "גדול ועצום", כמו שנאמר (שמות א): ובני ישראל פרו וישרצו וירבו ויעצמו במאד מאד, ותמלא הארץ אותם".

ורב, כמו שנאמר (יחזקאל טז): "רבבה כצמח השדה נתתיך, ותרבי ותגדלי ותבאי בעדי עדיים שדים נכונו ושערך צמח, ואת ערום ועריה".

"וירעו אותנו המצרים", כמו שנאמר (שמות א): "הבה נתחכמה לו, פן ירבה והיה כי תקראנה מלחמה ונוסף גם הוא על שונאינו, ונלחם בנו ועלה מן הארץ".

"ויענונו", כמו שנאמר: "וישימו עליו שרי מסים למען ענותו בסבלותם, ויבן ערי מסכנות לפרעה, את פיתום ואת רעמסס".

"ויתנו עלינו עבודה קשה", כמו שנאמר: "ויעבידו מצרים את בני ישראל בפרך".

"ונצעק אל יי אלהי אבותינו", כמו שנאמר (שמות ב): ויהי בימים הרבים ההם וימת מלך מצרים, ויאנחו בני ישראל מן העבודה ויזעקו, ותעל שועתם אל האלהים מן העבודה".

"וישמע יי את קולנו", כמו שנאמר: "וישמע אלהים את נאקתם, ויזכור אלהים את בריתו את אברהם את יצחק ואת יעקב".

"וירא את עניינו" - זו פרישות דרך ארץ, כמו שנאמר: "וירא אלהים את בני ישראל וידע אלהים".

"ואת עמלינו" - אלו הבנים, כמו שנאמר: "כל הבן הילוד היאורה תשליכוהו, וכל הבת תחיון".

"ואת לחצינו" - זה הדוחק, כמו שנאמר (שמות ג): "וגם ראיתי את הלחץ אשר מצרים לוחצים אותם".

"ויוציאנו יי ממצרים" - לא על ידי מלאך, לא על ידי שרף, ולא על ידי שליח. אלא הקדוש ברוך הוא בכבודו, שנאמר: (שמות יב): "ועברתי בארץ מצרים בלילה הזה, והכיתי כל בכור בארץ מצרים מאדם ועד בהמה, ובכל אלהי מצרים אעשה שפטים. אני יי".

"ביד חזקה" - זה הדבר, כמו שנאמר (שמות ט): "הנה יד יי הויה במקנך אשר בשדה, בסוסים בחמורים בגמלים בבקר ובצאן, דבר כבד מאד".

"ובזרוע נטויה" - זו החרב, כמו שנאמר (דברי הימים א כא): "וחרבו שלופה בידו, נטויה על ירושלם".

"ובמורא גדול" - זו גלוי שכינה, כמו שנאמר (דברים ד): "או הנסה אלהים לבא לקחת לו גוי מקרב גוי, במסות באותות ובמופתים ובמלחמה, וביד חזקה ובזרוע נטויה ובמוראים גדולים, ככל אשר עשה לכם יי אלהיכם במצרים לעיניך".

"ובאותות" - זה המטה, כמו שנאמר (שמות ד): "ואת המטה הזה תקח בידך, אשר תעשה בו את האותות".

"ובמופתים" - זה הדם, כמו שנאמר (יואל ג): "ונתתי מופתים בשמים ובארץ, דם ואש ותמרות עשן".

דבר אחר: "ביד חזקה" - שתים, "ובזרוע נטויה" - שתים, "ובמורא גדול" - שתים, "ובאותות" - שתים, "ובמופתים" - שתים. אלו עשר מכות שהביא הקדוש ברוך הוא על המצרים במצרים, ואלו הן: דם, צפרדע, כנים, ערוב, דבר, שחין, ברד, ארבה, חושך, מכת בכורות. רבי יהודה היה נותן בהם סימן: דצ"ך עד"ש באח"ב.

רבן גמליאל אומר: כל שלא אמר שלושה דברים אלו בפסח, לא יצא ידי חובתו: פסח, מצה, ומרורים.

פסח שהיו אבותינו אוכלין בזמן שבית המקדש קיים, על שם מה? על שם שפסח המקום על בתי אבותינו במצרים, שנאמר (שמות יב): "ואמרתם זבח פסח הוא ליי, אשר פסח על בתי בני ישראל במצרים, בנגפו את מצרים ואת בתינו הציל. ויקד העם וישתחוו".

מצה זו שאנו אוכלין, על שם מה? על שם שלא הספיק בצקם של אבותינו להחמיץ, עד שנגלה עליהם מלך מלכי המלכים הקדוש ברוך הוא וגאלם מיד, שנאמר (שמות יב): "ויאפו את הבצק אשר הוציאו ממצרים, עוגות מצות כי לא חמץ, כי גורשו ממצרים ולא יכלו להתמהמה, וגם צדה לא עשו להם".

מרורים אלו שאנו אוכלים, על שם מה? על שם שמררו המצרים את חיי אבותינו במצרים, שנאמר (שמות א): "וימררו את חייהם בעבודה קשה, בחומר ובלבנים ובכל עבודה בשדה, את כל עבודתם אשר עבדו בהם בפרך".

ובכל דור ודור חייב אדם להראות את עצמו כאילו הוא יצא ממצרים. שלא את אבותינו בלבד גאל אלא אף אותנו גאל, שנאמר (דברים ו): "ואותנו הוציא משם, למען הביא אותנו לתת לנו את הארץ אשר נשבע לאבותינו".

לפיכך אנו חייבים להודות, להלל, לשבח, לפאר, לרומם, לגדל, ולהדר, ולנצח למי שעשה לנו ולאבותינו את כל הנסים האלו, והוציאנו מעבדות לחירות, ומשעבוד לגאולה, ומיגון לשמחה, ומאבל ליום טוב, ומאפלה לאור גדול. ונאמר לפניו: "הללויה".

"הללויה! הללו עבדי יי, הללו את שם יי! יהי שם יי מבורך..." עד "חלמיש למעינו מים" (תהלים קיג-קיד).

ברוך אתה יי, אלהינו מלך העולם, אשר גאלנו וגאל את אבותינו ממצרים, והגיענו ללילה הזה לאכול בו מצה ומרורים. כן יי אלהינו ואלהי אבותינו, יגיענו למועדים ולרגלים אחרים הבאים לקראתנו לשלום, שמחים בבנין עירך וששים בעבודתך. ונאכל שם מן הזבחים ומן הפסחים שיגיע דמם על קיר מזבחך לרצון, ונודה לך שיר חדש על גאולתנו ועל פדות נפשנו. ברוך אתה יי, גאל ישראל.

כסדר שמברכין וקוראים ההגדה בליל יום טוב ראשון של פסח, כך מברכים וקוראים בליל השני של גליות. וכן חייבין בליל השני בארבעה כוסות, ובשאר הדברים שנעשו בלילה הראשון.

Additional, Useful Features of Interest
for Studying Rambam's Mishneh Torah
Scan QR code onto your mobile device to link to our website.
https://rambampress.com/

הלכות שופר וסוכה ולולב

Hilchot Shofar Vesukah Velulav

THE LAWS OF SHOFAR, SUKAH AND LULAV

They consist of three positive commandments:	יש בכללן ג׳ מצות עשה
They are:	וזהו פרטן:
1. To hear the sounding of the *shofar* on the first of *Tishrei*	א. לשמוע קול שופר באחד בתשרי
2. To dwell in a *sukah* for seven days of that festival	ב. לישב בסוכה שבעת ימי החג
3. To take the *lulav* in the Temple on all the seven days of the festival	ג. ליטול לולב במקדש כל שבעת ימי החג

Perek 1

Shofar.

The sound of the *shofar*.

One must hear the *shofar* on *Rosh Hashanah*[1].

Shofar must be made from a ram's horn. All other horns are unacceptable.

In the Temple, the *shofar* was sounded with two trumpets. Outside Temple only the *shofar* sounded.

All the natural sounds produced by the *shofar* are kosher but if one makes any additions which alter its sound, then these alterations are forbidden.

Similarly, one does not fulfil one's obligation to hear *shofar* if one hears only its echo. One must hear the natural *shofar* sound itself.

פרק א׳

א. מִצְוַת עֲשֵׂה שֶׁל תּוֹרָה לִשְׁמֹעַ תְּרוּעַת הַשּׁוֹפָר בְּרֹאשׁ הַשָּׁנָה שֶׁנֶּאֱמַר (במדבר כט א) "יוֹם תְּרוּעָה יִהְיֶה לָכֶם". וְשׁוֹפָר שֶׁתּוֹקְעִין בּוֹ בֵּין בְּרֹאשׁ הַשָּׁנָה בֵּין בְּיוֹבֵל הוּא קֶרֶן הַכְּבָשִׂים הַכָּפוּף. וְכָל הַשּׁוֹפָרוֹת פְּסוּלִין חוּץ מִקֶּרֶן הַכֶּבֶשׂ. וְאַף עַל פִּי שֶׁלֹּא נִתְפָּרֵשׁ בַּתּוֹרָה תְּרוּעָה בְּשׁוֹפָר בְּרֹאשׁ הַשָּׁנָה הֲרֵי הוּא אוֹמֵר בְּיוֹבֵל (ויקרא כה ט) "וְהַעֲבַרְתָּ שׁוֹפַר" וְכוּ׳ (ויקרא כה ט) "תַּעֲבִירוּ שׁוֹפָר". וּמִפִּי הַשְּׁמוּעָה לָמְדוּ מַה תְּרוּעַת יוֹבֵל בְּשׁוֹפָר אַף תְּרוּעַת רֹאשׁ הַשָּׁנָה בְּשׁוֹפָר:

ב. בַּמִּקְדָּשׁ הָיוּ תּוֹקְעִין בְּרֹאשׁ הַשָּׁנָה בְּשׁוֹפָר אֶחָד וּשְׁתֵּי חֲצוֹצְרוֹת מִן הַצְּדָדִין. הַשּׁוֹפָר מַאֲרִיךְ וְהַחֲצוֹצְרוֹת מְקַצְּרוֹת שֶׁמִּצְוַת הַיּוֹם בְּשׁוֹפָר. וְלָמָּה תּוֹקְעִין עִמּוֹ בַּחֲצוֹצְרוֹת מִשּׁוּם שֶׁנֶּאֱמַר (תהלים צח ו) "בַּחֲצֹצְרוֹת וְקוֹל שׁוֹפָר הָרִיעוּ לִפְנֵי הַמֶּלֶךְ ה׳". אֲבָל בִּשְׁאָר מְקוֹמוֹת אֵין תּוֹקְעִין בְּרֹאשׁ הַשָּׁנָה אֶלָּא בְּשׁוֹפָר בִּלְבַד:

ג. שׁוֹפָר שֶׁל עַכּוּ"ם אֵין תּוֹקְעִין בּוֹ לְכַתְּחִלָּה וְאִם תָּקַע יָצָא. וְשֶׁל עִיר הַנִּדַּחַת אִם תָּקַע בּוֹ לֹא יָצָא. שׁוֹפָר הַגָּזוּל שֶׁתָּקַע בּוֹ יָצָא שֶׁאֵין הַמִּצְוָה אֶלָּא בִּשְׁמִיעַת הַקּוֹל אַף עַל פִּי שֶׁלֹּא נָגַע בּוֹ וְלֹא הִגְבִּיהוֹ הַשּׁוֹמֵעַ יָצָא וְאֵין בַּקּוֹל דִּין גֵּזֶל. וְכֵן שׁוֹפָר שֶׁל עוֹלָה לֹא יִתְקַע בּוֹ וְאִם תָּקַע יָצָא שֶׁאֵין בַּקּוֹל דִּין מְעִילָה. וְאִם תֹּאמַר וַהֲלֹא נֶהֱנָה בִּשְׁמִיעַת הַקּוֹל. מִצְוֹת לֹא לֵהָנוֹת נִתְּנוּ. לְפִיכָךְ הַמֻּדָּר הֲנָיָה מִשּׁוֹפָר מֻתָּר לִתְקֹעַ בּוֹ תְּקִיעָה שֶׁל מִצְוָה:

ד. שׁוֹפָר שֶׁל רֹאשׁ הַשָּׁנָה אֵין מְחַלְּלִין עָלָיו אֶת יוֹם טוֹב וַאֲפִלּוּ בְּדָבָר שֶׁהוּא מִשּׁוּם שְׁבוּת. כֵּיצַד. הָיָה הַשּׁוֹפָר

בְּרֹאשׁ הָאִילָן אוֹ מֵעֵבֶר הַנָּהָר וְאֵין לוֹ שׁוֹפָר אֶלָּא הוּא אֵינוֹ עוֹלֶה בָּאִילָן וְאֵינוֹ שָׁט עַל פְּנֵי הַמַּיִם כְּדֵי לַהֲבִיאוֹ. וְאֵין צָרִיךְ לוֹמַר שֶׁאֵין חוֹתְכִין אוֹתוֹ אוֹ עוֹשִׂין בּוֹ מְלָאכָה. מִפְּנֵי שֶׁתְּקִיעַת שׁוֹפָר מִצְוַת עֲשֵׂה וְיוֹם טוֹב עֲשֵׂה וְלֹא תַּעֲשֶׂה וְאֵין עֲשֵׂה דּוֹחֶה לֹא תַּעֲשֶׂה וַעֲשֵׂה. מֻתָּר לִתֵּן בְּתוֹכוֹ מַיִם אוֹ יַיִן אוֹ חֹמֶץ בְּיוֹם טוֹב כְּדֵי לְצַחְצְחוֹ. וְלֹא יִתֵּן לְתוֹכוֹ מֵי רַגְלַיִם לְעוֹלָם מִפְּנֵי הַכָּבוֹד שֶׁלֹּא יִהְיוּ מִצְוֹת בְּזוּיוֹת עָלָיו:

ה. שִׁעוּר הַשּׁוֹפָר כְּדֵי שֶׁיֹּאחֲזֶנּוּ בְּיָדוֹ וְיֵרָאֶה לְכָאן וּלְכָאן. נִסְדַּק לְאָרְכּוֹ פָּסוּל. לְרָחְבּוֹ אִם נִשְׁתַּיֵּר בּוֹ כַּשִּׁעוּר כָּשֵׁר וּכְאִלּוּ נִכְרַת מִמְּקוֹם הַסֶּדֶק. נִקַּב אִם סְתָמוֹ שֶׁלֹּא בְּמִינוֹ פָּסוּל. סְתָמוֹ בְּמִינוֹ אִם נִשְׁתַּיֵּר רֻבּוֹ שָׁלֵם וְלֹא עִכְּבוּ הַנְּקָבִים שֶׁנִּסְתְּמוּ אֶת הַתְּקִיעָה הֲרֵי זֶה כָּשֵׁר. קְדָחוֹ בְּזִכְרוּתוֹ כָּשֵׁר שֶׁמִּין בְּמִינוֹ אֵינוֹ חוֹצֵץ. דִּבֵּק שִׁבְרֵי שׁוֹפָרוֹת עַד שֶׁהִשְׁלִימוֹ לְאֶחָד פָּסוּל:

ו. הוֹסִיף עָלָיו כָּל שֶׁהוּא בֵּין בְּמִינוֹ בֵּין שֶׁלֹּא בְּמִינוֹ פָּסוּל. צִפָּהוּ זָהָב מִבִּפְנִים אוֹ בִּמְקוֹם הַנָּחַת פֶּה פָּסוּל. צִפָּהוּ מִבַּחוּץ אִם נִשְׁתַּנָּה קוֹלוֹ מִכְּמוֹת שֶׁהָיָה פָּסוּל וְאִם לֹא נִשְׁתַּנָּה כָּשֵׁר. נָתַן שׁוֹפָר בְּתוֹךְ שׁוֹפָר אִם קוֹל פְּנִימִי שָׁמַע יָצָא וְאִם קוֹל חִיצוֹן שָׁמַע לֹא יָצָא. הִרְחִיב אֶת הַקָּצָר וְקִצֵּר אֶת הָרָחָב פָּסוּל:

ז. הָיָה אָרֹךְ וְקִצְּרוֹ כָּשֵׁר. גֵּרְדוֹ בֵּין מִבִּפְנִים בֵּין מִבַּחוּץ אֲפִלּוּ הֶעֱמִידוֹ עַל גִּלְדּוֹ כָּשֵׁר. הָיָה קוֹלוֹ עָב אוֹ דַּק אוֹ צָרוּר כָּשֵׁר שֶׁכָּל הַקּוֹלוֹת כְּשֵׁרִין בְּשׁוֹפָר:

ח. הַתּוֹקֵעַ בְּתוֹךְ הַבּוֹר אוֹ בְּתוֹךְ הַמְּעָרָה. אוֹתָן הָעוֹמְדִים בְּתוֹךְ הַבּוֹר וְהַמְּעָרָה יָצְאוּ. וְהָעוֹמְדִים בַּחוּץ אִם קוֹל שׁוֹפָר שָׁמְעוּ יָצְאוּ. וְאִם קוֹל הֲבָרָה שָׁמְעוּ לֹא יָצְאוּ. וְכֵן הַתּוֹקֵעַ לְתוֹךְ חָבִית גְּדוֹלָה וְכַיּוֹצֵא בָּהּ. אִם קוֹל שׁוֹפָר שָׁמַע יָצָא וְאִם קוֹל הֲבָרָה שָׁמַע לֹא יָצָא:

Perek 2

Shofar

Participants

Woman, children and Gentile slaves are free of obligation. Women are free of obligation because it is time oriented.

Reminder

Difference between men and women in keeping mitzvot

Ref: *Sefer Hamada, Hilchot Avodat Kochavim,* Chapter 12

All the negative commandments (prohibitions) of Torah apply equally to men and women with three exceptions i.e. women can shave, cut the corners of the head, and if she is a *Kohenet*, the contracting of impurity from the dead does not apply to her.

Regarding the positive commandments, women are not obligated for ones which are applicable to a time (i.e. day in month and day or night). There are exceptions i.e. *Shabbat*, eating *matzah* on *Pesach* night, *Korban Pesach*, *Hakhel* and *Yamim Tovim* i.e. for these, she is obligated.

If *Rosh Hashanah* falls on *Shabbat* we do not blow *shofar*.

פרק ב׳

א. הַכֹּל חַיָּבִין לִשְׁמֹעַ קוֹל שׁוֹפָר כֹּהֲנִים לְוִיִּם וְיִשְׂרְאֵלִים וְגֵרִים וַעֲבָדִים מְשֻׁחְרָרִים. אֲבָל נָשִׁים וַעֲבָדִים וּקְטַנִּים פְּטוּרִין. מִי שֶׁחֶצְיוֹ עֶבֶד וְחֶצְיוֹ בֶּן חוֹרִין וְטֻמְטוּם וְאַנְדְּרוֹגִינוּס חַיָּבִין:

ב. כָּל מִי שֶׁאֵינוֹ חַיָּב בְּדָבָר אֵינוֹ מוֹצִיא אֶת הַחַיָּב יְדֵי חוֹבָתוֹ. לְפִיכָךְ אִשָּׁה אוֹ קָטָן שֶׁתָּקְעוּ בַּשּׁוֹפָר הַשּׁוֹמֵעַ מֵהֶן לֹא יָצָא. אַנְדְּרוֹגִינוּס מוֹצִיא אֶת מִינוֹ וְאֵינוֹ מוֹצִיא אֶת שֶׁאֵינוֹ מִינוֹ. טֻמְטוּם אֵינוֹ מוֹצִיא לֹא אֶת מִינוֹ וְלֹא שֶׁאֵינוֹ מִינוֹ. שֶׁהַטֻּמְטוּם שֶׁנִּקְרַע אֶפְשָׁר שֶׁיִּמָּצֵא זָכָר וְאֶפְשָׁר שֶׁיִּמָּצֵא נְקֵבָה:

ג. וְכֵן מִי שֶׁחֶצְיוֹ עֶבֶד וְחֶצְיוֹ בֶּן חוֹרִין אֵינוֹ מוֹצִיא אֲפִלּוּ עַצְמוֹ שֶׁאֵין צַד עַבְדוּת שֶׁבּוֹ מוֹצִיא צַד חֵרוּת שֶׁבּוֹ. אֶלָּא כֵּיצַד יֵצֵא יְדֵי חוֹבָתוֹ. שֶׁיִּשְׁמַע מִבֶּן חוֹרִין שֶׁיִּתְקַע לוֹ:

ד. הַמִּתְעַסֵּק בִּתְקִיעַת שׁוֹפָר לְהִתְלַמֵּד לֹא יָצָא יְדֵי חוֹבָתוֹ. וְכֵן הַשּׁוֹמֵעַ מִן הַמִּתְעַסֵּק לֹא יָצָא. נִתְכַּוֵּן שׁוֹמֵעַ לָצֵאת יְדֵי חוֹבָתוֹ וְלֹא נִתְכַּוֵּן הַתּוֹקֵעַ לְהוֹצִיאוֹ אוֹ שֶׁנִּתְכַּוֵּן הַתּוֹקֵעַ לְהוֹצִיאוֹ וְלֹא נִתְכַּוֵּן הַשּׁוֹמֵעַ לָצֵאת לֹא יָצָא יְדֵי חוֹבָתוֹ. עַד שֶׁיִּתְכַּוֵּן שׁוֹמֵעַ וּמַשְׁמִיעַ:

ה. מִי שֶׁתָּקַע וְנִתְכַּוֵּן לְהוֹצִיא כָּל הַשּׁוֹמֵעַ תְּקִיעָתוֹ וְשָׁמַע הַשּׁוֹמֵעַ וְנִתְכַּוֵּן לָצֵאת יְדֵי חוֹבָתוֹ אַף עַל פִּי שֶׁאֵין הַתּוֹקֵעַ מִתְכַּוֵּן לְזֶה פְּלוֹנִי שֶׁשָּׁמַע תְּקִיעָתוֹ וְאֵינוֹ יוֹדְעוֹ יָצָא. שֶׁהֲרֵי נִתְכַּוֵּן לְכָל מִי שֶׁיִּשְׁמָעֶנּוּ. לְפִיכָךְ מִי שֶׁהָיָה מְהַלֵּךְ בַּדֶּרֶךְ אוֹ יוֹשֵׁב בְּתוֹךְ בֵּיתוֹ וְשָׁמַע הַתְּקִיעוֹת מִשְּׁלִיחַ צִבּוּר יָצָא אִם נִתְכַּוֵּן לָצֵאת. שֶׁהֲרֵי שְׁלִיחַ צִבּוּר מִתְכַּוֵּן לְהוֹצִיא אֶת הָרַבִּים יְדֵי חוֹבָתָן:

ו. יוֹם טוֹב שֶׁל רֹאשׁ הַשָּׁנָה שֶׁחָל לִהְיוֹת בְּשַׁבָּת אֵין תּוֹקְעִין בַּשּׁוֹפָר בְּכָל מָקוֹם. אַף עַל פִּי שֶׁהַתְּקִיעָה מִשּׁוּם שְׁבוּת וּמִן הַדִּין הָיָה שֶׁתּוֹקְעִין יָבוֹא עֲשֵׂה שֶׁל תּוֹרָה וְיִדְחֶה שְׁבוּת שֶׁל דִּבְרֵיהֶם. וְלָמָּה אֵין תּוֹקְעִין גְּזֵרָה שֶׁמָּא יִטְּלֶנּוּ בְּיָדוֹ וְיוֹלִיכֶנּוּ לְמִי שֶׁיִּתְקַע לוֹ וְיַעֲבִירֶנּוּ אַרְבַּע אַמּוֹת בִּרְשׁוּת הָרַבִּים. אוֹ יוֹצִיאוֹ מֵרְשׁוּת לִרְשׁוּת וְיָבוֹא לִידֵי אִסּוּר סְקִילָה. שֶׁהַכֹּל חַיָּבִים בִּתְקִיעָה וְאֵין הַכֹּל בְּקִיאִין לִתְקֹעַ:

ז. הַתִּינוֹקוֹת שֶׁלֹּא הִגִּיעוּ לְחִנּוּךְ אֵין מְעַכְּבִין אוֹתָן מִלִּתְקֹעַ בְּשַׁבָּת שֶׁאֵינָהּ יוֹם טוֹב שֶׁל רֹאשׁ הַשָּׁנָה כְּדֵי שֶׁיִּלְמְדוּ. וּמֻתָּר לְגָדוֹל שֶׁיִּתְעַסֵּק עִמָּהֶן כְּדֵי לְלַמְּדָן בְּיוֹם טוֹב. בֵּין קָטָן שֶׁהִגִּיעַ לְחִנּוּךְ בֵּין קָטָן שֶׁלֹּא הִגִּיעַ לְחִנּוּךְ. שֶׁהַתְּקִיעָה אֵינָהּ אֲסוּרָה אֶלָּא מִשּׁוּם שְׁבוּת:

ח. כְּשֶׁגָּזְרוּ שֶׁלֹּא לִתְקֹעַ בְּשַׁבָּת לֹא גָּזְרוּ אֶלָּא בְּמָקוֹם שֶׁאֵין בּוֹ בֵּית דִּין. אֲבָל בִּזְמַן שֶׁהָיָה הַמִּקְדָּשׁ קַיָּם וְהָיָה בֵּית דִּין הַגָּדוֹל בִּירוּשָׁלַיִם הָיוּ הַכֹּל תּוֹקְעִין בִּירוּשָׁלַיִם בְּשַׁבָּת כָּל זְמַן שֶׁבֵּית דִּין יוֹשְׁבִין. וְלֹא אַנְשֵׁי יְרוּשָׁלַיִם בִּלְבַד אֶלָּא כָּל עִיר שֶׁהָיְתָה בְּתוֹךְ תְּחוּם יְרוּשָׁלַיִם וְהָיְתָה רוֹאָה יְרוּשָׁלַיִם לֹא שֶׁתִּהְיֶה בְּתוֹךְ הַנַּחַל. וְהָיְתָה שׁוֹמַעַת קוֹל תְּקִיעַת יְרוּשָׁלַיִם לֹא שֶׁתִּהְיֶה בְּרֹאשׁ הָהָר. וְהָיְתָה יְכוֹלָה לָבוֹא בִּירוּשָׁלַיִם לֹא שֶׁיִּהְיֶה נָהָר מַפְסִיק בֵּינֵיהֶם. אַנְשֵׁי אוֹתָהּ הָעִיר הָיוּ תּוֹקְעִים בְּשַׁבָּת כִּירוּשָׁלַיִם. אֲבָל בִּשְׁאָר עָרֵי יִשְׂרָאֵל לֹא הָיוּ תּוֹקְעִין:

ט. וּבַזְּמַן הַזֶּה שֶׁחָרַב הַמִּקְדָּשׁ כָּל מָקוֹם שֶׁיֵּשׁ בּוֹ בֵּית דִּין קָבוּעַ וְהוּא שֶׁיִּהְיֶה סָמוּךְ בְּאֶרֶץ יִשְׂרָאֵל תּוֹקְעִין בּוֹ בְּשַׁבָּת. וְאֵין תּוֹקְעִין בְּשַׁבָּת אֶלָּא בְּבֵית דִּין שֶׁקִּדְּשׁוּ אֶת הַחֹדֶשׁ אֲבָל שְׁאָר בָּתֵּי דִּינִין אֵין תּוֹקְעִין בָּהֶן אַף עַל פִּי שֶׁהֵן סְמוּכִין. וְאֵין תּוֹקְעִין אֶלָּא בִּפְנֵי בֵּית דִּין גָּדוֹל בִּלְבַד כָּל זְמַן שֶׁהֵן יוֹשְׁבִין וַאֲפִלּוּ נִנְעֲרוּ לַעֲמֹד וְלֹא עָמְדוּ תּוֹקְעִין בִּפְנֵיהֶם. אֲבָל חוּץ לְבֵית דִּין אֵין תּוֹקְעִין. וְלָמָּה תּוֹקְעִין בִּפְנֵי בֵּית דִּין מִפְּנֵי שֶׁבֵּית דִּין זְרִיזִין הֵן וְלֹא יָבוֹאוּ הַתּוֹקְעִין לְהַעֲבִיר הַשּׁוֹפָר בִּפְנֵיהֶם בִּרְשׁוּת הָרַבִּים שֶׁבֵּית דִּין מַזְהִירִין אֶת הָעָם וּמוֹדִיעִין אוֹתָן:

י. בַּזְּמַן הַזֶּה שֶׁאָנוּ עוֹשִׂין שְׁנֵי יָמִים בַּגָּלוּת כְּדֶרֶךְ שֶׁתּוֹקְעִין בְּרִאשׁוֹן תּוֹקְעִין בְּשֵׁנִי. וְאִם חָל יוֹם רִאשׁוֹן לִהְיוֹת בְּשַׁבָּת וְלֹא הָיָה בַּמָּקוֹם בֵּית דִּין הָרְאוּיִין לִתְקֹעַ תּוֹקְעִין בְּשֵׁנִי בִּלְבַד:

Perek 3

Shofar

Procedure.

Number of *shofar* blasts = **9**. To include differences of opinion we sound **30**.

The different sounds represent crying and sighing. Before sounding the *shofar*, a blessing is recited. This is followed also by the blessing '*shehecheyanu*'.

This applies to an individual and a congregation

In *shul*, as a congregation the *shofar* is also blown during the *amidah* prayer of *musaf* i.e. during the intermediate blessings

- After the blessing about *malchuyot* (G-d's sovereignty)
- After blessing about *zichronot* (remembrance)
- After the blessing about *shofrot* (blowing the *shofar*)

פרק ג'

א. כַּמָּה תְּקִיעוֹת חַיָּב אָדָם לִשְׁמֹעַ בְּרֹאשׁ הַשָּׁנָה. תֵּשַׁע תְּקִיעוֹת. לְפִי שֶׁנֶּאֱמַר תְּרוּעָה בְּיוֹבֵל וּבְרֹאשׁ הַשָּׁנָה שָׁלֹשׁ פְּעָמִים. וְכָל תְּרוּעָה פְּשׁוּטָה לְפָנֶיהָ וּפְשׁוּטָה לְאַחֲרֶיהָ. וּמִפִּי הַשְּׁמוּעָה לָמְדוּ שֶׁכָּל תְּרוּעוֹת שֶׁל חֹדֶשׁ הַשְּׁבִיעִי אֶחָד הֵן. בֵּין בְּרֹאשׁ הַשָּׁנָה בֵּין בְּיוֹם הַכִּפּוּרִים שֶׁל יוֹבֵל תֵּשַׁע תְּקִיעוֹת תּוֹקְעִין בְּכָל אֶחָד מִשְּׁנֵיהֶן. תְּקִיעָה וּתְרוּעָה וּתְקִיעָה. תְּקִיעָה וּתְרוּעָה וּתְקִיעָה. תְּקִיעָה וּתְרוּעָה וּתְקִיעָה:

ב. תְּרוּעָה זוֹ הָאֲמוּרָה בַּתּוֹרָה נִסְתַּפֵּק לָנוּ בָּהּ סָפֵק לְפִי אֹרֶךְ הַשָּׁנִים וְרֹב הַגָּלִיּוֹת וְאֵין אָנוּ יוֹדְעִין הֵיאַךְ הִיא. אִם הִיא הַיְלָלָה שֶׁמְּיַלְּלִין הַנָּשִׁים בֵּינֵיהֶן בְּעֵת שֶׁמְּיַבְּבִין. אוֹ הָאֲנָחָה כְּדֶרֶךְ שֶׁיֵּאָנַח הָאָדָם פַּעַם אַחַר פַּעַם כְּשֶׁיִּדְאַג לִבּוֹ מִדָּבָר גָּדוֹל. אוֹ שְׁנֵיהֶם כְּאֶחָד הָאֲנָחָה וְהַיְלָלָה שֶׁדַּרְכָּהּ לָבוֹא אַחֲרֶיהָ הֵן הַנִּקְרָאִין תְּרוּעָה. שֶׁכָּךְ דֶּרֶךְ הַדּוֹאֵג מִתְאַנֵּחַ תְּחִלָּה וְאַחַר כָּךְ מְיַלֵּל. לְכָךְ אָנוּ עוֹשִׂין הַכֹּל:

ג. הַיְלָלָה הִיא שֶׁאָנוּ קוֹרְאִין תְּרוּעָה. וְהָאֲנָחָה זוֹ אַחַר זוֹ הִיא שֶׁאָנוּ קוֹרְאִין אוֹתָהּ שְׁלֹשָׁה שְׁבָרִים. נִמְצָא סֵדֶר הַתְּקִיעוֹת כָּךְ הוּא. מְבָרֵךְ וְתוֹקֵעַ תְּקִיעָה וְאַחֲרֶיהָ שְׁלֹשָׁה שְׁבָרִים וְאַחֲרֶיהָ תְּרוּעָה וְאַחֲרֶיהָ תְּקִיעָה. וְחוֹזֵר כְּסֵדֶר זֶה שָׁלֹשׁ פְּעָמִים. וְתוֹקֵעַ תְּקִיעָה וְאַחֲרֶיהָ שְׁלֹשָׁה שְׁבָרִים וְאַחֲרֶיהָ תְּקִיעָה וְחוֹזֵר כַּסֵּדֶר הַזֶּה שָׁלֹשׁ פְּעָמִים. וְתוֹקֵעַ תְּקִיעָה וְאַחֲרֶיהָ תְּרוּעָה וְאַחֲרֶיהָ תְּקִיעָה וְחוֹזֵר כְּסֵדֶר זֶה שָׁלֹשׁ פְּעָמִים. נִמְצָא מִנְיַן הַתְּקִיעוֹת שְׁלֹשִׁים כְּדֵי לְהִסְתַּלֵּק מִן הַסָּפֵק:

ד. שִׁעוּר תְּרוּעָה כִּשְׁתֵּי תְּקִיעוֹת. שִׁעוּר שְׁלֹשָׁה שְׁבָרִים כִּתְרוּעָה. הֲרֵי שֶׁתָּקַע וְהֵרִיעַ וְתָקַע תְּקִיעָה אֲרֻכָּה וּמָשַׁךְ בָּהּ כִּשְׁתַּיִם בָּרִאשׁוֹנָה. אֵין אוֹמְרִין תֵּחָשֵׁב כִּשְׁתֵּי תְּקִיעוֹת וְיָרִיעַ אַחֲרֶיהָ וְיַחֲזוֹר וְיִתְקַע. אֶלָּא אֲפִלּוּ מָשַׁךְ בָּהּ כָּל הַיּוֹם אֵינָהּ אֶלָּא תְּקִיעָה אַחַת וְחוֹזֵר וּמֵרִיעַ וְתוֹקֵעַ וּמֵרִיעַ וְתוֹקֵעַ שָׁלֹשׁ פְּעָמִים:

ה. שָׁמַע תְּקִיעָה אַחַת בְּשָׁעָה אַחַת וּשְׁנִיָּה בְּשָׁעָה שְׁנִיָּה אֲפִלּוּ שָׁהָה כָּל הַיּוֹם כֻּלּוֹ הֲרֵי אֵלּוּ מִצְטָרְפִין וְיָצָא יְדֵי חוֹבָתוֹ. וְהוּא שֶׁיִּשְׁמַע כָּל בָּבָא מֵהֶן עַל סִדְרָהּ. לֹא שֶׁיִּשְׁמַע תְּרוּעָה וְאַחֲרֶיהָ שְׁתֵּי תְּקִיעוֹת אוֹ שְׁתֵּי תְּקִיעוֹת וְאַחֲרֶיהֶן תְּרוּעָה וְכַיּוֹצֵא בָּזֶה:

ו. שָׁמַע תֵּשַׁע תְּקִיעוֹת מִתִּשְׁעָה בְּנֵי אָדָם כְּאֶחָד לֹא יָצָא אֲפִלּוּ יְדֵי אַחַת. תְּקִיעָה מִזֶּה וּתְרוּעָה מִזֶּה וּתְקִיעָה מִשְּׁלִישִׁי בָּזֶה אַחַר זֶה יָצָא וַאֲפִלּוּ בְּסֵרוּגִין וַאֲפִלּוּ כָּל הַיּוֹם כֻּלּוֹ. וְאֵינוֹ

יוֹצֵא יְדֵי חוֹבָתוֹ עַד שֶׁיִּשְׁמַע כָּל הַתֵּשַׁע תְּקִיעוֹת שֶׁכֻּלָּן מִצְוָה אַחַת הֵן לְפִיכָךְ מְעַכְּבוֹת זוֹ אֶת זוֹ:

ז. הַצִּבּוּר חַיָּבִין לִשְׁמֹעַ הַתְּקִיעוֹת עַל סֵדֶר הַבְּרָכוֹת. כֵּיצַד. אוֹמֵר שְׁלִיחַ צִבּוּר אָבוֹת וּגְבוּרוֹת וּקְדֻשַּׁת הַשֵּׁם וּמַלְכֻיּוֹת וְתוֹקֵעַ שָׁלֹשׁ. וְאוֹמֵר זִכְרוֹנוֹת וְתוֹקֵעַ שָׁלֹשׁ. וְאוֹמֵר שׁוֹפָרוֹת וְתוֹקֵעַ שָׁלֹשׁ. וְאוֹמֵר עֲבוֹדָה וְהוֹדָיָה וּבִרְכַּת כֹּהֲנִים:

ח. שָׁלֹשׁ בְּרָכוֹת אֶמְצָעִיּוֹת אֵלּוּ שֶׁל רֹאשׁ הַשָּׁנָה וְיוֹם הַכִּפּוּרִים שֶׁל יוֹבֵל שֶׁהֵן מַלְכֻיּוֹת וְזִכְרוֹנוֹת וְשׁוֹפָרוֹת מְעַכְּבוֹת זוֹ אֶת זוֹ. וְצָרִיךְ לוֹמַר בְּכָל בְּרָכָה מֵהֶן עֲשָׂרָה פְּסוּקִים מֵעֵין הַבְּרָכָה. שְׁלֹשָׁה פְּסוּקִים מִן הַתּוֹרָה. וּשְׁלֹשָׁה מִסֵּפֶר תְּהִלִּים. וּשְׁלֹשָׁה מִן הַנְּבִיאִים. וְאֶחָד מִן הַתּוֹרָה מַשְׁלִים בּוֹ. וְאִם הִשְׁלִים בְּנָבִיא יָצָא. וְאִם אָמַר פָּסוּק אֶחָד מִן הַתּוֹרָה וְאֶחָד מִן הַכְּתוּבִים וְאֶחָד מִן הַנְּבִיאִים יָצָא. וַאֲפִלּוּ אָמַר וּבְתוֹרָתְךָ ה' אֱלֹהֵינוּ כָּתוּב לֵאמֹר וְאָמַר פָּסוּק שֶׁל תּוֹרָה וְהִפְסִיק שׁוּב אֵינוֹ צָרִיךְ כְּלוּם:

ט. אֵין מַזְכִּירִין זִכְרוֹנוֹת מַלְכֻיּוֹת וְשׁוֹפָרוֹת שֶׁל פֻּרְעָנוּת. זִכְרוֹנוֹת כְּגוֹן (תהלים עח לט) "וַיִּזְכֹּר כִּי בָשָׂר הֵמָּה" וְכוּ'. מַלְכֻיּוֹת כְּגוֹן (יחזקאל כ לג) "בְּחֵמָה שְׁפוּכָה אֶמְלוֹךְ עֲלֵיכֶם". שׁוֹפָרוֹת כְּגוֹן (הושע ה ח) "תִּקְעוּ שׁוֹפָר בַּגִּבְעָה" וְכוּ'. וְלֹא זִכְרוֹן יָחִיד אֲפִלּוּ לְטוֹבָה כְּגוֹן (תהלים קו ד) "זָכְרֵנִי ה' בִּרְצוֹן עַמֶּךָ". (נחמיה ה יט) (נחמיה יג לא) "זָכְרָה לִּי אֱלֹהַי לְטוֹבָה". וּפִקְדוֹנוֹת אֵינָן כְּזִכְרוֹנוֹת. כְּגוֹן (שמות ג טז) "פָּקֹד פָּקַדְתִּי אֶתְכֶם". וְיֵשׁ לוֹ לְהַזְכִּיר פֻּרְעָנוּת שֶׁל אֻמּוֹת עַכּוּ"ם כְּגוֹן (תהלים צט א) "ה' מָלָךְ יִרְגְּזוּ עַמִּים". (תהלים קלז ז) "זְכֹר ה' לִבְנֵי אֱדוֹם אֵת יוֹם יְרוּשָׁלָ͏ִם". (גמרא ראש השנה לב ב) "וַה' אֱלֹהִים בַּשּׁוֹפָר יִתְקָע וְהָלַךְ בְּסַעֲרוֹת תֵּימָן". (דברים ו ד) "שְׁמַע יִשְׂרָאֵל ה' אֱלֹהֵינוּ ה' אֶחָד". (דברים ד לה) "אַתָּה הָרְאֵתָ לָדַעַת" וְכוּ'. (דברים ד לט) "וְיָדַעְתָּ הַיּוֹם וַהֲשֵׁבֹתָ אֶל לְבָבֶךָ" וְכוּ'. כָּל פָּסוּק מֵאֵלּוּ מַלְכוּת הוּא עִנְיָנוֹ אַף עַל פִּי שֶׁאֵין בּוֹ זֵכֶר מַלְכוּת וַהֲרֵי הוּא כְּמוֹ (שמות טו יח) "ה' יִמְלֹךְ לְעוֹלָם וָעֶד", (דברים לג ה) "וַיְהִי בִישֻׁרוּן מֶלֶךְ" וְכוּ':

י. הַמִּנְהָג הַפָּשׁוּט בְּסֵדֶר הַתְּקִיעוֹת שֶׁל רֹאשׁ הַשָּׁנָה בְּצִבּוּר כָּךְ הוּא. אַחַר שֶׁקּוֹרְאִין בַּתּוֹרָה וּמַחֲזִירִין הַסֵּפֶר לִמְקוֹמוֹ יוֹשְׁבִין כָּל הָעָם וְאֶחָד עוֹמֵד וּמְבָרֵךְ בָּרוּךְ אַתָּה ה' אֱלֹהֵינוּ מֶלֶךְ הָעוֹלָם אֲשֶׁר קִדְּשָׁנוּ בְּמִצְוֹתָיו וְצִוָּנוּ לִשְׁמֹעַ קוֹל שׁוֹפָר וְכָל הָעָם עוֹנִין אָמֵן. וְחוֹזֵר וּמְבָרֵךְ שֶׁהֶחֱיָנוּ וְכָל הָעָם עוֹנִין אַחֲרָיו אָמֵן. וְתוֹקֵעַ שְׁלֹשִׁים תְּקִיעוֹת שֶׁאָמַרְנוּ מִפְּנֵי הַסָּפֵק עַל הַסֵּדֶר. וְאוֹמְרִים קַדִּישׁ וְעוֹמְדִין וּמִתְפַּלְּלִין תְּפִלַּת מוּסָף.

וְאַחַר שֶׁגּוֹמֵר שְׁלִיחַ צִבּוּר בְּרָכָה רְבִיעִית שֶׁהִיא מַלְכִיּוֹת תּוֹקֵעַ תְּקִיעָה שְׁלֹשָׁה שְׁבָרִים תְּרוּעָה תְּקִיעָה פַּעַם אַחַת. וּמְבָרֵךְ בְּרָכָה חֲמִישִׁית שֶׁהִיא זִכְרוֹנוֹת. וְאַחַר שֶׁגּוֹמְרָהּ תּוֹקֵעַ תְּקִיעָה שְׁלֹשָׁה שְׁבָרִים וּתְקִיעָה. וּמְבָרֵךְ בְּרָכָה שִׁשִּׁית שֶׁהִיא שׁוֹפָרוֹת. וְאַחַר שֶׁגּוֹמְרָהּ תּוֹקֵעַ תְּקִיעָה תְּרוּעָה וּתְקִיעָה פַּעַם אַחַת וְגוֹמֵר הַתְּפִלָּה:

יא. זֶה שֶׁתּוֹקֵעַ כְּשֶׁהֵן יוֹשְׁבִין הוּא שֶׁתּוֹקֵעַ עַל סֵדֶר הַבְּרָכוֹת כְּשֶׁהֵן עוֹמְדִים. וְאֵינוֹ מְדַבֵּר בֵּין תְּקִיעוֹת שֶׁמְּיֻשָּׁב לִתְקִיעוֹת שֶׁמְּעֻמָּד. וְאִם סָח בֵּינֵיהֶן אַף עַל פִּי שֶׁעָבַר אֵינוֹ חוֹזֵר וּמְבָרֵךְ:

יב. בְּדִין הָיָה שֶׁיִּתְקְעוּ עַל כָּל בְּרָכָה כָּל בָּבָא מֵהֶן שָׁלֹשׁ פְּעָמִים כְּדֶרֶךְ שֶׁתָּקְעוּ כְּשֶׁהֵן יוֹשְׁבִין אֶלָּא כֵּיוָן שֶׁיָּצְאוּ מִידֵי סָפֵק בַּתְּקִיעוֹת שֶׁמְּיֻשָּׁב אֵין מַטְרִיחִין עַל הַצִּבּוּר לַחֲזֹר בָּהֶן כֻּלָּן עַל סֵדֶר בְּרָכוֹת. אֶלָּא דַּי לָהֶן בְּבָבָא אַחַת עַל כָּל בְּרָכָה כְּדֵי שֶׁיִּשְׁמְעוּ תְּקִיעוֹת עַל סֵדֶר בְּרָכוֹת. וְכָל הַדְּבָרִים הָאֵלּוּ בְּצִבּוּר אֲבָל הַיָּחִיד בֵּין שֶׁשָּׁמַע עַל סֵדֶר בְּרָכוֹת בֵּין שֶׁלֹּא שָׁמַע עַל הַסֵּדֶר בֵּין מְעֻמָּד בֵּין מְיֻשָּׁב יָצָא וְאֵין בָּזֶה מִנְהָג:

יג. הַתְּקִיעוֹת אֵינָן מְעַכְּבוֹת אֶת הַבְּרָכוֹת וְהַבְּרָכוֹת אֵינָן מְעַכְּבוֹת אֶת הַתְּקִיעוֹת. שְׁתֵּי עֲיָרוֹת בְּאַחַת יוֹדֵעַ בְּוַדַּאי שֶׁיֵּשׁ שָׁם מִי שֶׁיְּבָרֵךְ לָהֶן תֵּשַׁע בְּרָכוֹת וְאֵין שָׁם תּוֹקֵעַ. וּבַשְּׁנִיָּה סָפֵק יֵשׁ שָׁם תּוֹקֵעַ סָפֵק אֵין שָׁם תּוֹקֵעַ הוֹלֵךְ לַשְּׁנִיָּה. שֶׁהַתְּקִיעָה מִדִּבְרֵי תּוֹרָה וְהַבְּרָכוֹת מִדִּבְרֵי סוֹפְרִים:

Perek 4

Sukah

Size and shape.

To dwell in *sukah* for **7** days[2]

Height

- Not less than **10 *tefachim*** (hand breaths) – Minimum size for dwelling is 10 *tefachim*
- Not more than **20 *amah*** (cubits)

Area

- Not less than **7 × 7 *tefachim*** i.e. to contain a person 6 × 6 and a table 1 × 1
- No limit to maximum area

Many shapes and sizes of *sukot* are described showing which are kosher and which are not.

Sukah must have at least **3** walls.

However, there are ways of 'stretching' to create walls.

E.g. in the minimal area of 7 × 7, really it should be 4 × 4 (× 10 height) *tefachim*. This is the minimum area of dwelling according to *halachah*.

A length less than **3 *tefach*** is considered as an allowable extension. This is called *lavud*.

This principle can be used to achieve the minimal *halachic* dwelling:

- Spaces of just under **3 *tefach*** can be regarded as part of a wall
- Minimal framework doors can be regarded as a wall
- Another principle exists of 'pull up and raise the wall' which is an imaginary raising of a wall (but original wall must be at least 10 tefachim) This does not work from above down.

Partitions must be strong enough to withstand a regular wind.

Sukah must have a "roof" (an area to place the branches).

The circumference of a round *sukah* must still contain a square of 7 × 7 i.e. Even if it has area of 49 square tefachim it is not valid unless it can contain a square of 7 × 7 *tefach.*

פרק ד׳

א. שִׁעוּר הַסֻּכָּה גָּבְהָהּ אֵין פָּחוֹת מֵעֲשָׂרָה טְפָחִים וְלֹא יָתֵר עַל עֶשְׂרִים אַמָּה. וְרָחְבָּהּ אֵין פָּחוֹת מִשִּׁבְעָה טְפָחִים עַל שִׁבְעָה טְפָחִים. וְיֵשׁ לוֹ לְהוֹסִיף בְּרָחְבָּהּ אֲפִלּוּ כַּמָּה מִילִין. הָיְתָה פְּחוּתָה מֵעֲשָׂרָה אוֹ מִשִּׁבְעָה עַל שִׁבְעָה אוֹ גְּבוֹהָה מֵעֶשְׂרִים אַמָּה כָּל שֶׁהוּא הֲרֵי זוֹ פְּסוּלָה:

ב. סֻכָּה שֶׁאֵין לָהּ שָׁלֹשׁ דְּפָנוֹת פְּסוּלָה. הָיוּ לָהּ שְׁתֵּי דְּפָנוֹת גְּמוּרוֹת זוֹ בְּצַד זוֹ כְּמִין גַּ״ם עוֹשֶׂה דֹּפֶן שֶׁיֵּשׁ בְּרָחְבּוֹ יָתֵר עַל טֶפַח וּמַעֲמִידוֹ בִּפְחוֹת מִשְּׁלֹשָׁה סָמוּךְ לְאֶחָד מִשְּׁתֵּי הַדְּפָנוֹת וְדַיּוֹ. וְצָרִיךְ לַעֲשׂוֹת לָהּ צוּרַת פֶּתַח מִפְּנֵי שֶׁאֵין לָהּ שָׁלֹשׁ דְּפָנוֹת גְּמוּרוֹת. וּכְבָר בֵּאַרְנוּ בְּהִלְכוֹת שַׁבָּת שֶׁצּוּרַת פֶּתַח הָאָמוּר בְּכָל מָקוֹם אֲפִלּוּ קָנֶה מִכָּאן וְקָנֶה מִכָּאן וְקָנֶה עַל גַּבֵּיהֶן אַף עַל פִּי שֶׁאֵינוֹ מַגִּיעַ לָהֶן:

ג. הָיוּ לָהּ שְׁתֵּי דְּפָנוֹת זוֹ כְּנֶגֶד זוֹ וּבֵינֵיהֶן מְפֻלָּשׁ. עוֹשֶׂה דֹּפֶן שֶׁיֵּשׁ בְּרָחְבּוֹ אַרְבָּעָה טְפָחִים וּמַשֶּׁהוּ וּמַעֲמִידוֹ בִּפְחוֹת מִשְּׁלֹשָׁה סָמוּךְ לְאַחַת מִשְּׁתֵּי הַדְּפָנוֹת וּכְשֵׁרָה. וְצָרִיךְ לַעֲשׂוֹת לָהּ צוּרַת פֶּתַח. קָנִים הַיּוֹצְאִים מִסְּכַךְ הַסֻּכָּה לִפְנֵי הַסֻּכָּה וְדֹפֶן אַחַת נִמְשֶׁכֶת עִמָּהֶן הֲרֵי הֵן כְּסֻכָּה:

ד. דְּפָנוֹת שֶׁהָיוּ דְּבוּקוֹת בְּגַג הַסֻּכָּה וְלֹא הָיוּ מַגִּיעוֹת לָאָרֶץ אִם הָיוּ גְּבוֹהוֹת מִן הָאָרֶץ שְׁלֹשָׁה טְפָחִים פְּסוּלָה. פָּחוֹת מִכֵּן כְּשֵׁרָה. הָיוּ הַדְּפָנוֹת דְּבוּקוֹת לָאָרֶץ וְלֹא הָיוּ מַגִּיעוֹת לַסְּכָךְ אִם גְּבוֹהוֹת עֲשָׂרָה טְפָחִים אַף עַל פִּי שֶׁהֵן רְחוֹקִין מִן הַגַּג כַּמָּה אַמּוֹת כְּשֵׁרָה וּבִלְבַד שֶׁיִּהְיוּ הַדְּפָנוֹת מְכֻוָּנוֹת תַּחַת שְׂפַת הַגַּג. הִרְחִיק אֶת הַגַּג מִן הַדֹּפֶן שְׁלֹשָׁה טְפָחִים פְּסוּלָה. פָּחוֹת מִכֵּן כְּשֵׁרָה. תָּלָה מְחִצָּה שֶׁגְּבוֹהָהּ אַרְבָּעָה וּמַשֶּׁהוּ בְּאֶמְצַע בִּפְחוֹת מִשְּׁלֹשָׁה סָמוּךְ לָאָרֶץ וּבִפְחוֹת מִשְּׁלֹשָׁה סָמוּךְ לַגַּג הֲרֵי זוֹ כְּשֵׁרָה:

ה. הָעוֹשֶׂה סֻכָּתוֹ בֵּין הָאִילָנוֹת וְהָאִילָנוֹת דְּפָנוֹת לָהּ. אִם הָיוּ חֲזָקִים אוֹ שֶׁקָּשַׁר אוֹתָם וְחִזֵּק אוֹתָם עַד שֶׁלֹּא תִּהְיֶה הָרוּחַ הַמְּצוּיָה מְנִידָה אוֹתָם תָּמִיד וּמִלֵּא בֵּין הָאֲמִירִים בְּתֶבֶן וּבְקַשׁ כְּדֵי שֶׁלֹּא תָּנִיד אוֹתָם הָרוּחַ וְקָשַׁר אוֹתָם הֲרֵי זוֹ כְּשֵׁרָה. שֶׁכָּל מְחִצָּה שֶׁאֵינָהּ יְכוֹלָה לַעֲמֹד בְּרוּחַ מְצוּיָה שֶׁל יַבָּשָׁה אֵינָהּ מְחִצָּה:

ו. הָעוֹשֶׂה סֻכָּתוֹ בְּרֹאשׁ הָעֲגָלָה אוֹ בְּרֹאשׁ הַסְּפִינָה כְּשֵׁרָה וְעוֹלִין לָהּ בְּיוֹם טוֹב. בְּרֹאשׁ הָאִילָן אוֹ עַל גַּבֵּי הַגָּמָל כְּשֵׁרָה וְאֵין עוֹלִין לָהּ בְּיוֹם טוֹב. לְפִי שֶׁאָסוּר לַעֲלוֹת בְּיוֹם טוֹב בָּאִילָן אוֹ עַל גַּבֵּי בְּהֵמָה. הָיוּ מִקְצָת הַדְּפָנוֹת עֲשׂוּיוֹת בִּידֵי אָדָם וּמִקְצָתָן אִילָנוֹת רוֹאִין כָּל שֶׁאִלּוּ נִטְּלוּ הָאִילָנוֹת הִיא יְכוֹלָה לַעֲמֹד בַּדְּפָנוֹת שֶׁבִּידֵי אָדָם עוֹלִין לָהּ בְּיוֹם טוֹב:

ז. סֻכָּה שֶׁאֵין לָהּ גַּג פְּסוּלָה. כֵּיצַד. כְּגוֹן שֶׁהָיוּ רָאשֵׁי הַדְּפָנוֹת דְּבוּקוֹת זוֹ בָּזוֹ כְּמִין צְרִיף. אוֹ שֶׁסָּמַךְ רֹאשׁ הַדֹּפֶן שֶׁל סֻכָּה לַכֹּתֶל. אִם הָיָה לָהּ גַּג אֲפִלּוּ טֶפַח. אוֹ שֶׁהִגְבִּיהַּ הַדֹּפֶן הַסָּמוּךְ לַכֹּתֶל מִן הַקַּרְקַע טֶפַח הֲרֵי זוֹ כְּשֵׁרָה. סֻכָּה עֲגֻלָּה אִם יֵשׁ בְּהֶקֵּפָהּ כְּדֵי לְרַבֵּעַ בָּהּ שִׁבְעָה טְפָחִים עַל שִׁבְעָה טְפָחִים אַף עַל פִּי שֶׁאֵין לָהּ זָוִיּוֹת הֲרֵי זוֹ כְּשֵׁרָה:

ח. סִכֵּךְ עַל גַּבֵּי אַכְסַדְרָה שֶׁיֵּשׁ לָהּ פַּצִּימִין בֵּין שֶׁהָיוּ נִרְאִין מִבִּפְנִים וְאֵין נִרְאִין מִבַּחוּץ בֵּין שֶׁהָיוּ נִרְאִין מִבַּחוּץ וְאֵין נִרְאִין מִבִּפְנִים כְּשֵׁרָה:

ט. לֹא הָיוּ לָהּ פַּצִּימִין פְּסוּלָה מִפְּנֵי שֶׁהִיא סֻכָּה הָעֲשׂוּיָה כְּמָבוֹי שֶׁהֲרֵי אֵין לָהּ אֶלָּא שְׁנֵי צִדֵּי הָאַכְסַדְרָה וְאֶמְצַע הָאַכְסַדְרָה אֵין בּוֹ כֹּתֶל וְשֶׁכְּנֶגְדּוֹ אֵין בּוֹ פַּצִּימִין:

י. סִכֵּךְ עַל גַּבֵּי מָבוֹי שֶׁיֵּשׁ לוֹ לֶחִי אוֹ עַל גַּבֵּי בְּאֵר שֶׁיֵּשׁ לָהּ פַּסִּין הֲרֵי זוֹ סֻכָּה כְּשֵׁרָה לְאוֹתָהּ שַׁבָּת שֶׁבְּתוֹךְ הֶחָג בִּלְבַד. מִתּוֹךְ שֶׁלֶּחִי זֶה וּפַסִּין אֵלּוּ מְחִצּוֹת לְעִנְיַן שַׁבָּת נֶחְשָׁב אוֹתָן כִּמְחִצּוֹת לְעִנְיַן סֻכָּה:

יא. נָעַץ אַרְבָּעָה קׇנְדִּיסִין עַל אַרְבַּע זָוִיּוֹת הַגַּג וְסִכֵּךְ עַל גַּבָּן הוֹאִיל וְהַסִּכּוּךְ עַל שְׂפַת הַגַּג כָּשֵׁר וְרוֹאִין אֶת הַמְּחִצּוֹת הַתַּחְתּוֹנוֹת כְּאִלּוּ הֵן עוֹלוֹת לְמַעְלָה עַל שְׂפַת הַסִּכּוּךְ:

יב. סֻכָּה שֶׁיֵּשׁ לָהּ פְּתָחִים רַבִּים וְיֵשׁ בְּכָתְלֶיהָ חַלּוֹנוֹת הַרְבֵּה הֲרֵי זוֹ כְּשֵׁרָה. וְאַף עַל פִּי שֶׁפָּרוּץ מְרֻבֶּה עַל הָעוֹמֵד. וּבִלְבַד שֶׁלֹּא יִהְיֶה שָׁם פֶּתַח יָתֵר עַל עֶשֶׂר. אֲבָל אִם הָיָה שָׁם פֶּתַח יָתֵר עַל עֶשֶׂר אַף עַל פִּי שֶׁיֵּשׁ לָהּ צוּרַת פֶּתַח צָרִיךְ שֶׁלֹּא יִהְיֶה הַפָּרוּץ מְרֻבֶּה עַל הָעוֹמֵד:

יג. סֻכָּה שֶׁאֲוִירָהּ גָּבוֹהַּ מֵעֶשְׂרִים אַמָּה וּמִעֲטָהּ בִּכְרִים וּכְסָתוֹת אֵינוֹ מִעוּט וַאֲפִלּוּ בִּטְּלָם. מִעֲטָהּ בְּתֶבֶן וּבִטְּלוֹ הֲרֵי זֶה מִעוּט. וְאֵין צָרִיךְ לוֹמַר עָפָר וּבִטְּלוֹ. אֲבָל בְּעָפָר סְתָם אֵינוֹ מִעוּט. הָיְתָה גְּבוֹהָה מֵעֶשְׂרִים אַמָּה וְהוֹצִיץ

יוֹרְדִין לְתוֹךְ עֶשְׂרִים אִם הָיְתָה צִלָּתָן מְרֻבָּה מֵחַמָּתָן יֵחָשְׁבוּ כְּגַג עָבֶה וּכְשֵׁרָה:

יד. בָּנָה אִצְטַבָּה בָּהּ כְּנֶגֶד דֹּפֶן הָאֶמְצָעִית עַל פְּנֵי כֻּלָּהּ אִם יֵשׁ בָּאִצְטַבָּה שִׁעוּר רֹחַב הַסֻּכָּה כְּשֵׁרָה. בָּנָה אִצְטַבָּה כְּנֶגֶד דֹּפֶן הָאֶמְצָעִית מִן הַצַּד אִם יֵשׁ מִשְּׂפַת אִצְטַבָּה וְלַכֹּתֶל אַרְבַּע אַמּוֹת פְּסוּלָה פָּחוֹת מֵאַרְבַּע אַמּוֹת כְּשֵׁרָה. בָּנָה אִצְטַבָּה בָּאֶמְצָעָהּ אִם יֵשׁ מִשְּׂפַת אִצְטַבָּה וְלַכֹּתֶל אַרְבַּע אַמּוֹת לְכָל רוּחַ פְּסוּלָה. פָּחוֹת מֵאַרְבַּע אַמּוֹת כְּשֵׁרָה. וּכְאִלּוּ הַמְּחִצּוֹת נוֹגְעוֹת בָּאִצְטַבָּה וַהֲרֵי מִן הָאִצְטַבָּה וְעַד הַסִּכּוּךְ פָּחוֹת מֵעֶשְׂרִים אַמָּה. בָּנָה בָּהּ עַמּוּד וְיֵשׁ בּוֹ הֶכְשֵׁר סֻכָּה פְּסוּלָה. שֶׁאֵין אֵלּוּ מְחִצּוֹת הַנִּכָּרוֹת וְנִמְצָא עַל גַּב הָעַמּוּד סְכָךְ כָּשֵׁר בְּלֹא דְּפָנוֹת:

טו. הָיְתָה פְּחוּתָה מֵעֲשָׂרָה וְחָקַק בָּהּ לְהַשְׁלִימָהּ לַעֲשָׂרָה. אִם יֵשׁ מִשְּׂפַת חֲקָק וְלַכֹּתֶל שְׁלֹשָׁה טְפָחִים פְּסוּלָה. פָּחוֹת מִכֵּן כְּשֵׁרָה. שֶׁכָּל פָּחוֹת מִשְּׁלֹשָׁה הֲרֵי הוּא כְּדָבוּק כְּמוֹ שֶׁבֵּאַרְנוּ בְּהִלְכוֹת שַׁבָּת:

טז. דָּפְנֵי סֻכָּה כְּשֵׁרִין מִן הַכֹּל שֶׁאֵין אָנוּ צְרִיכִין אֶלָּא מְחִצָּה מִכָּל מָקוֹם וַאֲפִלּוּ מִבַּעֲלֵי חַיִּים. וְעוֹשֶׂה אָדָם אֶת חֲבֵרוֹ דֹּפֶן בְּיוֹם טוֹב כְּדֵי שֶׁיֹּאכַל וְיִשְׁתֶּה וְיִישַׁן בְּסֻכָּה כְּשֵׁרָה שֶׁחֲבֵרוֹ דֹּפֶן לָהּ. וְהוּא שֶׁיֵּעָשֶׂה אוֹתוֹ שֶׁלֹּא לָדַעַת זֶה שֶׁנַּעֲשָׂה דֹּפֶן. אֲבָל אִם עֲשָׂהוּ לָדַעַת אָסוּר בְּיוֹם טוֹב וּמֻתָּר בִּשְׁאָר יְמֵי הֶחָג. וְכֵן עוֹשֶׂה בְּכֵלִים דֹּפֶן רְבִיעִית בְּיוֹם טוֹב. אֲבָל דֹּפֶן שְׁלִישִׁית לֹא יַעֲשֶׂה אוֹתָהּ בְּכֵלִים בְּיוֹם טוֹב לְפִי שֶׁהוּא מַכְשִׁיר הַסֻּכָּה וְאֵין עוֹשִׂין אֹהֶל עֲרַאי בְּיוֹם טוֹב:

Perek 5

Sukah

Schach of *sukah*

Kosher *schach* qualities

- Must grow from ground
- Must be detached from ground
- Should not be subject to becoming impure i.e. a utensil or a food etc.

Reminder:

Impurity Relating to Food and Drink
Ref: Sefer Taharah, Hilchot Shaar Avot Hatumah, Chapter 7
Cloth Impurity
Ref: Sefer Taharah, Hilchot Tumat Kelim, Chapter 22
Hide Impurity
Ref: Sefer Taharah, Hilchot Tumat Kelim, Chapter 24,
Flat Wooden Vessels on which one Lies, Sits or Rides (like bed or chair)
Ref: Sefer Taharah, Hilchot Tumat Kelim, Chapter 28
Pack on Impurity of Clothes
Pack on Impurity of Foods
Pack on Impurity of Vessels

- Should not have unpleasant odour
- Its parts should not fall easily into the *sukah*
- Branches of *schach* should not descend to within **10** ***tefach*** of ground

Other factors

- Boards as wide as **4** ***tefach*** should not be used (4 *tefach* is regarded as a significant measure)

- Bundles (units of 25 or more) may not be used (this is to prevent one from leaving a bundle on top to dry and then deciding to leave it there for schach. Such a thing would be Biblically invalid because one's intention was other than shade)
- One's intention when making a *sukah* should be for the *mitzvah,* but if one did it absent minded, if his intention was to make the *schach* for shade, it is kosher.
- The balance of shade and space in the *schach* is important. The proper way is for the *schach* to be thin so that the stars can be seen, but even if it is thick as a roof it is kosher. On the other hand, if the space allows in a greater amount of sunshine than shade, it is not *kosher.*
- Decorations hanging from *schach*, even if it is food, are allowed.
- One cannot make a *sukah* within a house. The *schach* must be open to the sky. (uncovered)
- A mixture of kosher and non-kosher *schach* is basically not allowed but in certain circumstances it may be used.

Mosheh Misinai – Non-kosher schach which is less than four amah from wall, it becomes considered as part of wall and therefore validates the sukah. For this reason, one may not sit under this area.

פרק ה'

א. הַסְּכָךְ שֶׁל סֻכָּה אֵינוֹ כָּשֵׁר מִכָּל דָּבָר. אֵין מְסַכְּכִין אֶלָּא בְּדָבָר שֶׁגִּדּוּלוֹ מִן הָאָרֶץ שֶׁנֶּעֱקַר מִן הָאָרֶץ וְאֵינוֹ מְקַבֵּל טֻמְאָה וְאֵין רֵיחוֹ רַע וְאֵינוֹ נוֹשֵׁר וְאֵינוֹ נוֹבֵל תָּמִיד:

ב. סִכֵּךְ בְּדָבָר שֶׁאֵין גִּדּוּלָיו מִן הָאָרֶץ אוֹ בִּמְחֻבָּר לָאָרֶץ אוֹ בְּדָבָר שֶׁמְּקַבֵּל טֻמְאָה פְּסוּלָה. אֲבָל אִם עָבַר וְסִכֵּךְ בְּדָבָר הַנּוֹבֵל וְנוֹשֵׁר אוֹ בְּדָבָר שֶׁרֵיחוֹ רַע כְּשֵׁרָה. שֶׁלֹּא אָמְרוּ אֵין מְסַכְּכִין בְּאֵלּוּ אֶלָּא כְּדֵי שֶׁלֹּא יַנִּיחַ הַסֻּכָּה וְיֵצֵא. וְצָרִיךְ לְהִזָּהֵר שֶׁלֹּא יִהְיוּ הוּצִין וְעָלִין שֶׁל סְכָךְ יוֹרְדִין לְתוֹךְ עֲשָׂרָה טְפָחִים כְּדֵי שֶׁלֹּא יָצֵר לוֹ בִּישִׁיבָתוֹ. סִכְּכָהּ בְּמִינֵי מַתָּכוֹת אוֹ בַּעֲצָמוֹת וְעוֹרוֹת פְּסוּלָה מִפְּנֵי שֶׁאֵינָן גִּדּוּלֵי קַרְקַע. הִדְלָה עָלֶיהָ גְּפָנִים וְכַיּוֹצֵא בָּהֶן עַד שֶׁנַּעֲשׂוּ סֻכָּה פְּסוּלָה שֶׁהֲרֵי לֹא נֶעֶקְרוּ. סִכְּכָהּ בִּכְלֵי עֵץ וּבְמַחֲצָלוֹת הָעֲשׂוּיוֹת לִשְׁכִיבָה וְכַיּוֹצֵא בָּהֶן פְּסוּלָה מִפְּנֵי שֶׁהֵן מְקַבְּלִין טֻמְאָה. וְכֵן אִם סִכְּכָהּ בְּשִׁבְרֵי כֵּלִים וּבְלִיוֹתֵיהֶן פְּסוּלָה הוֹאִיל וְהָיוּ מְקַבְּלִין טֻמְאָה שֶׁמָּא יְסַכֵּךְ בִּשְׁבָרִים שֶׁעֲדַיִן לֹא טָהֲרוּ:

ג. סִכְּכָהּ בָּאֳכָלִין פְּסוּלָה מִפְּנֵי שֶׁהֵן מְקַבְּלִין טֻמְאָה. סוּכֵּי תְּאֵנִים וּבָהֶן תְּאֵנִים. פַּרְכִּילֵי עֲנָבִים וּבָהֶם עֲנָבִים. מִכְבָּדוֹת וּבָהֶם תְּמָרִים. וְכֵן כָּל כַּיּוֹצֵא בָּהֶן. רוֹאִין אִם פְּסֹלֶת מְרֻבָּה עַל הָאֳכָלִין מְסַכְּכִין בָּהֶן וְאִם לָאו אֵין מְסַכְּכִין בָּהֶן. סִכֵּךְ בִּירָקוֹת שֶׁאִם יִבְשׁוּ יִבְּלוּ וְלֹא יִשָּׁאֵר בָּהֶן מַמָּשׁ אַף עַל פִּי שֶׁהֵן עַתָּה לַחִים הֲרֵי מְקוֹמָן נֶחְשָׁב כְּאִלּוּ הוּא אֲוִיר וּכְאִלּוּ אֵינָם:

ד. סִכְּכָהּ בִּפְשָׁתֵּי הָעֵץ שֶׁלֹּא דַּק אוֹתָן וְלֹא נִפְּצָן כְּשֵׁרָה שֶׁעֲדַיִן עֵץ הוּא. וְאִם דַּק וְנִפֵּץ אוֹתָן אֵין מְסַכְּכִין בּוֹ מִפְּנֵי שֶׁנִּשְׁתַּנֵּית צוּרָתוֹ וּכְאִלּוּ אֵינָן מִגִּדּוּלֵי קַרְקַע. מְסַכְּכִין בַּחֲבָלִים שֶׁל סִיב וְשֶׁל חֲלָף וְכַיּוֹצֵא בָּהֶן שֶׁהֲרֵי צוּרָתָן עוֹמֵד וְאֵין הַחֲבָלִים כֵּלִים:

ה. סִכְּכָהּ בְּחִצִּים בִּזְכָרִים כְּשֵׁרָה בִּנְקֵבוֹת פְּסוּלָה אַף עַל פִּי שֶׁהוּא עָשׂוּי לְהִתְמַלְּאוֹת בְּבַרְזֶל בֵּית קִבּוּל הוּא וּמְקַבֵּל טֻמְאָה כְּכָל כְּלִי קִבּוּל:

ו. מַחְצֶלֶת קָנִים אוֹ מַחְצֶלֶת גֶּמִי אוֹ חֲלָף. קְטַנָּה סְתָמָהּ לִשְׁכִיבָה לְפִיכָךְ אֵין מְסַכְּכִין בָּהּ אֶלָּא אִם כֵּן עָשָׂה אוֹתָהּ לְסִכּוּךְ. גְּדוֹלָה סְתָמָהּ לְסִכּוּךְ לְפִיכָךְ מְסַכְּכִין בָּהּ אֶלָּא אִם כֵּן עָשָׂה אוֹתָהּ לִשְׁכִיבָה. וְאִם יֵשׁ לָהּ קִיר אֲפִלּוּ גְּדוֹלָה אֵין מְסַכְּכִין בָּהּ שֶׁהֲרֵי הִיא כִּכְלִי קִבּוּל. וַאֲפִלּוּ נִטַּל הַקִּיר שֶׁלָּהּ אֵין מְסַכְּכִין בָּהּ מִפְּנֵי שֶׁהִיא כְּשִׁבְרֵי כֵּלִים:

ז. נְסָרִים שֶׁאֵין בְּרָחְבָּן אַרְבָּעָה טְפָחִים מְסַכְּכִין בָּהֶן אַף עַל פִּי שֶׁהֵן מְשֻׁפִּין. וְאִם יֵשׁ בְּרָחְבָּן אַרְבָּעָה אֵין מְסַכְּכִין בָּהֶן וְאַף עַל פִּי שֶׁאֵינָם מְשֻׁפִּין גְּזֵרָה שֶׁמָּא יֵשֵׁב תַּחַת הַתִּקְרָה וִידַמֶּה שֶׁהִיא כְּסֻכָּה. נָתַן עָלֶיהָ נֶסֶר אֶחָד שֶׁיֵּשׁ בְּרָחְבּוֹ אַרְבָּעָה טְפָחִים כְּשֵׁרָה וְאֵין יְשֵׁנִין תַּחְתָּיו וְהַיָּשֵׁן תַּחְתָּיו לֹא יָצָא יְדֵי חוֹבָתוֹ. הָיוּ נְסָרִין שֶׁיֵּשׁ בְּרָחְבָּן אַרְבָּעָה וְאֵין בְּעָבְיָן אַרְבָּעָה וַהֲפָכָן בְּצִדֵּיהֶן שֶׁאֵין בָּהֶן אַרְבָּעָה וְסִכֵּךְ

בָּהֶן הֲרֵי זוֹ פְּסוּלָה. שֶׁהֲרֵי הַנֶּסֶר פָּסוּל בֵּין שֶׁסִּכֵּךְ בְּרָחְבּוֹ בֵּין שֶׁסִּכֵּךְ בְּעָבְיוֹ:

ח. תִּקְרָה שֶׁאֵין עָלֶיהָ מַעֲזִיבָה שֶׁהִיא הַטִּיט וְהָאֲבָנִים אֶלָּא נְסָרִין תְּקוּעִין בִּלְבַד הֲרֵי זוֹ פְּסוּלָה שֶׁהֲרֵי לֹא נַעֲשׂוּ לְשֵׁם סֻכָּה אֶלָּא לְשֵׁם בַּיִת. לְפִיכָךְ אִם פְּקְפֵּק הַנְּסָרִים וְהֵנִיד הַמַּסְמְרִים לְשֵׁם סֻכָּה הֲרֵי זוֹ כְּשֵׁרָה. וּבִלְבַד שֶׁלֹּא יִהְיֶה בְּכָל נֶסֶר וְנֶסֶר אַרְבָּעָה טְפָחִים. וְכֵן אִם נָטַל אֶחָד מִבֵּינְתַיִם וְהִנִּיחַ בִּמְקוֹמוֹ סְכָךְ כָּשֵׁר לְשֵׁם סֻכָּה הֲרֵי זוֹ כְּשֵׁרָה:

ט. סֻכָּה שֶׁנַּעֲשֵׂית כְּהִלְכָתָהּ מִכָּל מָקוֹם כְּשֵׁרָה אַף עַל פִּי שֶׁלֹּא נַעֲשֵׂית לְשֵׁם מִצְוָה. וְהוּא שֶׁתִּהְיֶה עֲשׂוּיָה לְצֵל כְּגוֹן סֻכַּת עַכּוּ"ם וְסֻכַּת בְּהֵמָה וְכָל כַּיּוֹצֵא בָּהֶן. אֲבָל סֻכָּה שֶׁנַּעֲשֵׂית מֵאֵלֶיהָ פְּסוּלָה לְפִי שֶׁלֹּא נַעֲשֵׂית לְצֵל. וְכֵן הַחוֹטֵט בְּגָדִישׁ וְעָשָׂהוּ סֻכָּה אֵינָהּ סֻכָּה שֶׁהֲרֵי לֹא עֹמֶר גָּדִישׁ זֶה לְצֵל. לְפִיכָךְ אִם עָשָׂה בַּתְּחִלָּה חֲלַל טֶפַח בְּמֶשֶׁךְ שִׁבְעָה לְשֵׁם סֻכָּה וְחָטַט בָּהּ אַחֲרֵי כֵן וְהִשְׁלִימָהּ לַעֲשָׂרָה כְּשֵׁרָה שֶׁהֲרֵי נַעֲשָׂה סְכָךְ שֶׁלָּהּ לְצֵל:

י. חֲבִילֵי קַשׁ וַחֲבִילֵי עֵצִים וַחֲבִילֵי זְרָדִין אֵין מְסַכְּכִין בָּהֶן גְּזֵרָה שֶׁמָּא יַעֲשֶׂה אוֹתָן חֲבִילוֹת עַל גַּגּוֹ כְּדֵי לְיַבְּשָׁן וְיִמָּלֵךְ וְיֵשֵׁב תַּחְתֵּיהֶן לְשֵׁם סֻכָּה וְהוּא מִתְּחִלָּה לֹא עָשָׂה סְכָךְ זֶה לְצֵל וְנִמְצֵאת כְּסֻכָּה שֶׁנַּעֲשֵׂית מֵאֵלֶיהָ. וְאִם הִתִּירָם כְּשֵׁרוֹת. וְאֵין חֲבִילָה פְּחוּתָה מֵעֶשְׂרִים וַחֲמִשָּׁה בַּדִּים:

יא. חֲבִילוֹת קְטַנּוֹת שֶׁאֲגָדוּ אוֹתָן לְמִנְיָן מְסַכְּכִין בָּהֶן. וְכֵן הַחוֹתֵךְ רֹאשׁ הַדֶּקֶל וְהַחֲרָיוֹת אֲגוּדוֹת בּוֹ מְסַכְּכִין בּוֹ שֶׁאֶגֶד בִּידֵי שָׁמַיִם אֵינוֹ כַּחֲבִילָה. וַאֲפִלּוּ קָשַׁר רָאשֵׁי הַחֲרָיוֹת כֻּלָּן מִצַּד הָאֶחָד שֶׁנִּמְצְאוּ כַּחֲבִילָה אַחַת אֶחָד מִשְּׁנֵי רָאשִׁים בִּידֵי שָׁמַיִם וְאֶחָד בִּידֵי אָדָם מְסַכְּכִין בָּהּ שֶׁהָאוֹגֵד עֵץ אֶחָד אֵינוֹ חֲבִילָה וְזוֹ כְּעֵץ אֶחָד הִיא שֶׁהֲרֵי אֲגוּדָה בִּידֵי שָׁמַיִם. וְכֵן כָּל אֶגֶד שֶׁאֵינוֹ עָשׂוּי לְטַלְטְלוֹ אֵינוֹ אֶגֶד:

יב. הָעוֹשֶׂה סֻכָּתוֹ תַּחַת הָאִילָן כְּאִלּוּ עֲשָׂאָהּ בְּתוֹךְ הַבַּיִת. הִדְלָה עָלֶיהָ עֲלֵי הָאִילָנוֹת וּבַדֵּיהֶן וְסִכֵּךְ עַל גַּבָּן וְאַחַר כָּךְ קְצָצָן. אִם הָיָה הַסִּכּוּךְ הַרְבֵּה מֵהֶן כְּשֵׁרָה. וְאִם לֹא הָיָה הַסִּכּוּךְ שֶׁהָיָה מִתְּחִלָּתוֹ כָּשֵׁר הַרְבֵּה מֵהֶן צָרִיךְ לְנַעְנֵעַ אוֹתָן אַחַר קְצִיצָתָן כְּדֵי שֶׁתִּהְיֶה עֲשׂוּיָה לְשֵׁם סֻכָּה:

יג. עֵרֵב דָּבָר שֶׁמְּסַכְּכִין בּוֹ בְּדָבָר שֶׁאֵין מְסַכְּכִין בּוֹ וְסִכֵּךְ בִּשְׁנֵיהֶם אַף עַל פִּי שֶׁהַכָּשֵׁר יָתֵר עַל הַפָּסוּל פְּסוּלָה. סִכֵּךְ בָּזֶה לְעַצְמוֹ וּבָזֶה לְעַצְמוֹ זֶה בְּצַד זֶה. אִם יֵשׁ בִּסְכָךְ פָּסוּל שְׁלֹשָׁה טְפָחִים בְּמָקוֹם אֶחָד בֵּין בְּאֶמְצַע בֵּין מִן הַצַּד הֲרֵי זוֹ פְּסוּלָה:

יד. בַּמֶּה דְּבָרִים אֲמוּרִים בְּסֻכָּה קְטַנָּה אֲבָל בְּסֻכָּה גְּדוֹלָה סְכָךְ פָּסוּל בְּאֶמְצַע פּוֹסְלָהּ בְּאַרְבָּעָה טְפָחִים. פָּחוֹת מִכֵּן כְּשֵׁרָה. וּמִן הַצַּד פּוֹסֵל בְּאַרְבַּע אַמּוֹת וּפָחוֹת מִכֵּן כְּשֵׁרָה. כֵּיצַד. בַּיִת שֶׁנִּפְחַת בְּאֶמְצָעוֹ וְסִכֵּךְ עַל מְקוֹם הַפְּחָת. וְכֵן חָצֵר הַמֻּקֶּפֶת אַכְסַדְרָה שֶׁסִּכֵּךְ עָלֶיהָ. וְכֵן סֻכָּה גְּדוֹלָה שֶׁהִקִּיפוּהָ בְּדָבָר שֶׁאֵין מְסַכְּכִין בּוֹ בְּצַד הַדְּפָנוֹת מִלְמַעְלָה. אִם יֵשׁ מִשְּׂפַת הַסְּכָךְ הַכָּשֵׁר וְלַכֹּתֶל אַרְבַּע אַמּוֹת פְּסוּלָה. פָּחוֹת מִכֵּן רוֹאִין כְּאִלּוּ הַכֹּתֶל נֶעֱקַם וְיֵחָשֵׁב זֶה הַסְּכָךְ הַפָּסוּל מִגּוּף הַכֹּתֶל וּכְשֵׁרָה. וְדָבָר זֶה הֲלָכָה לְמֹשֶׁה מִסִּינַי:

טו. וְאֵי זוֹ הִיא סֻכָּה קְטַנָּה כָּל שֶׁאֵין בָּהּ אֶלָּא שִׁבְעָה טְפָחִים עַל שִׁבְעָה טְפָחִים. וּגְדוֹלָה כָּל שֶׁיִּשָּׁאֵר בָּהּ יֶתֶר עַל סְכָךְ הַפָּסוּל שִׁבְעָה טְפָחִים עַל שִׁבְעָה טְפָחִים סְכָךְ כָּשֵׁר:

טז. סִכֵּךְ בְּדָבָר פָּסוּל וְדָבָר כָּשֵׁר זֶה בְּצַד זֶה וְאֵין בְּמָקוֹם אֶחָד מִסְּכָךְ הַפָּסוּל רֹחַב שְׁלֹשָׁה טְפָחִים אֶלָּא פָּחוֹת. אִם הָיָה כָּל הַסְּכָךְ הַכָּשֵׁר יוֹתֵר עַל כָּל הַסְּכָךְ הַפָּסוּל כָּשֵׁר. וְאִם הָיָה זֶה כְּמוֹ זֶה בְּצִמְצוּם אַף עַל פִּי שֶׁאֵין בְּמָקוֹם אֶחָד שְׁלֹשָׁה הֲרֵי זוֹ פְּסוּלָה מִפְּנֵי שֶׁסְּכָךְ פָּסוּל כְּפָרוּץ הוּא נֶחְשָׁב:

יז. פֵּרַשׂ עָלֶיהָ בֶּגֶד מִלְמַעְלָה אוֹ שֶׁפֵּרַשׂ תַּחְתֶּיהָ מִפְּנֵי הַנֶּשֶׁר פְּסוּלָה. פְּרָשׂוֹ כְּדֵי לְנָאוֹתָהּ כְּשֵׁרָה. וְכֵן אִם סִכְּכָהּ כְּהִלְכָתָהּ וְעִטְּרָהּ בְּמִינֵי פֵּרוֹת וּבְמִינֵי מְגָדִים וְכֵלִים שֶׁתְּלוּיִין בֵּין בְּכָתְלֶיהָ בֵּין בִּסְכָךְ כְּדֵי לְנָאוֹתָהּ כְּשֵׁרָה:

יח. נוֹיֵי סֻכָּה אֵין מְמַעֲטִין בְּגָבְהָהּ אֲבָל מְמַעֲטִין בְּרָחְבָּהּ. הָיוּ נוֹיֵי הַסֻּכָּה מֻפְלָגִין מִגַּגָּהּ אַרְבָּעָה טְפָחִים אוֹ יֶתֶר פְּסוּלָה. שֶׁנִּמְצָא הַיּוֹשֵׁב שָׁם כְּאִלּוּ אֵינוֹ תַּחַת הַסְּכָךְ אֶלָּא תַּחַת הַנּוֹיִים שֶׁהֵן אֳכָלִין וְכֵלִים שֶׁאֵין מְסַכְּכִין בָּהֶן:

יט. סְכָךְ שֶׁהָיוּ בּוֹ חַלּוֹנוֹת שֶׁהָאֲוִיר נִרְאֶה מֵהֶן. אִם יֵשׁ בְּכָל הָאֲוִיר כְּכָל מְקוֹם הַמְסֻכָּךְ הֲרֵי זוֹ פְּסוּלָה מִפְּנֵי שֶׁחַמָּתָהּ תִּהְיֶה מְרֻבָּה מִצִּלָּתָהּ. וְכָל שֶׁהַחַמָּה מְרֻבָּה עַל הַצֵּל אֵינוֹ סְכָךְ. וְאִם הָיָה הַסְּכָךְ רַב עַל הָאֲוִיר כְּשֵׁרָה:

כ. בַּמֶּה דְּבָרִים אֲמוּרִים בְּשֶׁלֹּא הָיָה בְּמָקוֹם אֶחָד אֲוִיר שְׁלֹשָׁה טְפָחִים. אֲבָל אִם הָיָה אֲוִיר שְׁלֹשָׁה טְפָחִים בֵּין בָּאֶמְצַע בֵּין מִן הַצַּד הֲרֵי זוֹ פְּסוּלָה עַד שֶׁיְּמַעֲטֶנּוּ מִשְּׁלֹשָׁה. מִעֲטוֹ בְּדָבָר הַפָּסוּל כְּגוֹן כָּרִים וּכְסָתוֹת. אִם סֻכָּה גְּדוֹלָה הִיא כְּשֵׁרָה. וְאִם בְּסֻכָּה קְטַנָּה פְּסוּלָה עַד שֶׁיְּמַעֲטֶנּוּ בְּדָבָר שֶׁמְּסַכְּכִין בּוֹ. הָיָה רֹב הַסִּכּוּךְ צִלָּתוֹ מְרֻבָּה מֵחַמָּתוֹ וּמִעוּטוֹ חַמָּתוֹ מְרֻבָּה מִצִּלָּתוֹ הוֹאִיל וְצִלַּת הַכֹּל מְרֻבָּה מֵחַמַּת הַכֹּל כְּשֵׁרָה:

כא. דֶּרֶךְ הַסִּכּוּךְ לִהְיוֹת קַל כְּדֵי שֶׁיֵּרָאוּ מִמֶּנּוּ הַכּוֹכָבִים

הַגְּדוֹלִים. הָיְתָה מְעֻבָּה כְּמִין בַּיִת אַף עַל פִּי שֶׁאֵין הַכּוֹכָבִים נִרְאִין מִתּוֹכָהּ כְּשֵׁרָה. הָיָה הַסִּכּוּךְ מְדֻבְלָל וְהוּא הַסִּכּוּךְ שֶׁיִּהְיֶה מִקְצָתוֹ לְמַעְלָה וּמִקְצָתוֹ לְמַטָּה כָּשֵׁר. וּבִלְבַד שֶׁלֹּא יִהְיֶה בֵּין הָעוֹלֶה וְהַיּוֹרֵד שְׁלֹשָׁה טְפָחִים. וְאִם הָיָה בְּרֹחַב זֶה הָעוֹלֶה טֶפַח אוֹ יֶתֶר אַף עַל פִּי שֶׁהוּא גָּבוֹהַּ יֶתֶר מִשְּׁלֹשָׁה טְפָחִים רוֹאִין אוֹתוֹ כְּאִלּוּ יָרַד לְמַטָּה וְנָגַע בִּשְׂפַת זֶה הַיּוֹרֵד. וְהוּא שֶׁיִּהְיֶה מְכֻוָּן כְּנֶגֶד שְׂפַת הַיּוֹרֵד:

כב. הָעוֹשֶׂה סֻכָּה עַל גַּבֵּי סֻכָּה. הַתַּחְתּוֹנָה פְּסוּלָה כְּמִי שֶׁעָשָׂה סֻכָּה בְּתוֹךְ הַבַּיִת וְהָעֶלְיוֹנָה כְּשֵׁרָה בַּמֶּה דְּבָרִים אֲמוּרִים שֶׁהַתַּחְתּוֹנָה פְּסוּלָה בְּשֶׁהָיָה גֹּבַהּ חֲלַל הָעֶלְיוֹנָה עֲשָׂרָה טְפָחִים אוֹ יֶתֶר וְהָיָה גַּג הַתַּחְתּוֹנָה יָכוֹל לְקַבֵּל כָּרִים וּכְסָתוֹת שֶׁל עֶלְיוֹנָה אֲפִלּוּ עַל יְדֵי הַדְּחָק. אֲבָל אִם אֵין גָּבְהָהּ שֶׁל עֶלְיוֹנָה עֲשָׂרָה אוֹ שֶׁלֹּא הָיְתָה הַתַּחְתּוֹנָה יְכוֹלָה לְקַבֵּל כָּרִים וּכְסָתוֹת שֶׁל עֶלְיוֹנָה אֲפִלּוּ עַל יְדֵי הַדְּחָק (אַף) הַתַּחְתּוֹנָה כְּשֵׁרָה וְהוּא שֶׁלֹּא יִהְיֶה גֹּבַהּ שְׁתֵּיהֶן יֶתֶר עַל עֶשְׂרִים אַמָּה שֶׁהַתַּחְתּוֹנָה בְּסְכַךְ הָעֶלְיוֹנָה הִיא נִתֶּרֶת:

כג. מִטָּה שֶׁבְּתוֹךְ הַסֻּכָּה אִם גְּבוֹהָה עֲשָׂרָה טְפָחִים. הַיּוֹשֵׁב תַּחְתֶּיהָ לֹא יָצָא יְדֵי חוֹבָתוֹ. מִפְּנֵי שֶׁהִיא כְּסֻכָּה בְּתוֹךְ סֻכָּה. וְכֵן כִּלָּה שֶׁיֵּשׁ לָהּ גַּג אֲפִלּוּ טֶפַח אִם גְּבוֹהָה עֲשָׂרָה טְפָחִים אֵין יְשֵׁנִין בָּהּ בַּסֻּכָּה. וְכֵן הַמַּעֲמִיד אַרְבָּעָה עַמּוּדִים וּפָרַשׂ סָדִין עֲלֵיהֶן אִם גְּבוֹהִין עֲשָׂרָה הֲרֵי זוֹ כְּסֻכָּה בְּתוֹךְ סֻכָּה:

כד. אֲבָל שְׁנֵי עַמּוּדִים שֶׁפָּרַשׂ עֲלֵיהֶן סָדִין וְכֵן כִּלָּה שֶׁאֵין בְּגַגָּהּ טֶפַח אֲפִלּוּ גְּבוֹהִין כָּל שֶׁהֵן מֻתָּר לִישֹׁן תַּחְתֵּיהֶם בַּסֻּכָּה. שֶׁאֵינָן כְּסֻכָּה בְּתוֹךְ סֻכָּה מִפְּנֵי שֶׁאֵין לָהּ גַּג:

כה. סֻכָּה שְׁאוּלָה כְּשֵׁרָה וְכֵן הַגְּזוּלָה כְּשֵׁרָה. כֵּיצַד. אִם תָּקַף עַל חֲבֵרוֹ וְהוֹצִיאוֹ מִסֻּכָּתוֹ וּגְזָלָהּ וְיָשַׁב בָּהּ יָצָא שֶׁאֵין הַקַּרְקַע נִגְזֶלֶת. וְאִם גָּזַל עֵצִים וְעָשָׂה מֵהֶן סֻכָּה יָצָא. שֶׁתַּקָּנַת חֲכָמִים הִיא שֶׁאֵין לְבַעַל הָעֵצִים אֶלָּא דְּמֵי עֵצִים בִּלְבַד. וַאֲפִלּוּ גָּזַל נְסָרִים וְהִנִּיחָן וְלֹא חִבְּרָן וְלֹא שָׁנָה בָּהֶן כְּלוּם יָצָא. הָעוֹשֶׂה סֻכָּתוֹ בִּרְשׁוּת הָרַבִּים הֲרֵי זוֹ כְּשֵׁרָה:

Perek 6

Sukah

One must dwell in the *sukah* during the 7 days of *Sukot*[2].

Women, slaves and children are not obligated to dwell in the *sukah* but can if they want to. One is obligated to train the children to dwell in the *sukah*.

Dwelling means

- Eating. Even though small items may be eaten outside of the *sukah*, it is praiseworthy to not eat or even drink anything outside the *sukah*.
- Sleeping. More leniencies apply to sleeping than to eating.
- General living where it is comfortable.

Before eating a meal, we recite a blessing related to dwelling in the *sukah* (*leshev basukah*).

פרק ו'

א. נָשִׁים וַעֲבָדִים וּקְטַנִּים פְּטוּרִים מִן הַסֻּכָּה. טֻמְטוּם וְאַנְדְּרוֹגִינוּס חַיָּבִים מִסָּפֵק. וְכֵן מִי שֶׁחֶצְיוֹ עֶבֶד וְחֶצְיוֹ בֶּן חוֹרִין חַיָּב. קָטָן שֶׁאֵינוֹ צָרִיךְ לְאִמּוֹ שֶׁהוּא [כְּבֶן חָמֵשׁ] כְּבֶן שֵׁשׁ חַיָּב בְּסֻכָּה מִדִּבְרֵי סוֹפְרִים כְּדֵי לְחַנְּכוֹ בְּמִצְוֹת:

ב. חוֹלִים וּמְשַׁמְּשֵׁיהֶן פְּטוּרִים מִן הַסֻּכָּה. וְלֹא חוֹלֶה שֶׁיֵּשׁ בּוֹ סַכָּנָה אֶלָּא אֲפִלּוּ חָשׁ בְּרֹאשׁוֹ וַאֲפִלּוּ חָשׁ בְּעֵינָיו. מִצְטַעֵר פָּטוּר מִן הַסֻּכָּה הוּא וְלֹא מְשַׁמְּשָׁיו. וְאֵיזֶהוּ מִצְטַעֵר זֶה שֶׁאֵינוֹ יָכוֹל לִישֹׁן בַּסֻּכָּה מִפְּנֵי הָרוּחַ אוֹ מִפְּנֵי הַזְּבוּבִים וְהַפַּרְעוֹשִׁים וְכַיּוֹצֵא בָּהֶן אוֹ מִפְּנֵי הָרֵיחַ:

ג. הָאָבֵל חַיָּב בְּסֻכָּה. וְחָתָן וְכָל הַשּׁוֹשְׁבִינִין וְכָל בְּנֵי חֻפָּה פְּטוּרִים מִן הַסֻּכָּה כָּל שִׁבְעַת יְמֵי הַמִּשְׁתֶּה:

ד. שְׁלוּחֵי מִצְוָה פְּטוּרִים מִן הַסֻּכָּה בֵּין בַּיּוֹם וּבֵין בַּלַּיְלָה. הוֹלְכֵי דְרָכִים בַּיּוֹם פְּטוּרִים מִן הַסֻּכָּה בַּיּוֹם וְחַיָּבִין בַּלַּיְלָה. הוֹלְכֵי דְרָכִים בַּלַּיְלָה פְּטוּרִים מִן הַסֻּכָּה בַּלַּיְלָה וְחַיָּבִים בַּיּוֹם. שׁוֹמְרֵי הָעִיר בַּיּוֹם פְּטוּרִים מִן הַסֻּכָּה בַּיּוֹם וְחַיָּבִים

בַּלַּיְלָה. שׁוֹמְרֵי הָעִיר בַּלַּיְלָה פְּטוּרִים מִן הַסֻּכָּה בַּלַּיְלָה וְחַיָּבִים בַּיּוֹם. שׁוֹמְרֵי גִּנּוֹת וּפַרְדֵּסִין פְּטוּרִין בֵּין בַּיּוֹם וּבֵין בַּלַּיְלָה שֶׁאִם יַעֲשֶׂה הַשּׁוֹמֵר סֻכָּה יֵדַע הַגַּנָּב שֶׁיֵּשׁ לַשּׁוֹמֵר מָקוֹם קָבוּעַ וְיָבוֹא וְיִגְנֹב מִן מָקוֹם אַחֵר:

ה. כֵּיצַד הִיא מִצְוַת הַיְשִׁיבָה בַּסֻּכָּה. שֶׁיִּהְיֶה אוֹכֵל וְשׁוֹתֶה וְדָר בַּסֻּכָּה כָּל שִׁבְעַת הַיָּמִים בֵּין בַּיּוֹם וּבֵין בַּלַּיְלָה כְּדֶרֶךְ שֶׁהוּא דָּר בְּבֵיתוֹ בִּשְׁאָר יְמוֹת הַשָּׁנָה. וְכָל שִׁבְעַת הַיָּמִים עוֹשֶׂה אָדָם אֶת בֵּיתוֹ עֲרַאי וְאֶת סֻכָּתוֹ קֶבַע שֶׁנֶּאֱמַר (ויקרא כג מב) "בַּסֻּכֹּת תֵּשְׁבוּ שִׁבְעַת יָמִים". כֵּיצַד. כֵּלִים הַנָּאִים וּמַצָּעוֹת הַנָּאוֹת בַּסֻּכָּה. וּכְלֵי שְׁתִיָּה כְּגוֹן אֲשִׁישׁוֹת וְכוֹסוֹת בַּסֻּכָּה. אֲבָל כְּלֵי אֲכִילָה כְּגוֹן קְדֵרוֹת וּקְעָרוֹת חוּץ לַסֻּכָּה. הַמְּנוֹרָה בַּסֻּכָּה. וְאִם הָיְתָה סֻכָּה קְטַנָּה מַנִּיחָהּ חוּץ לַסֻּכָּה:

ו. אוֹכְלִין וְשׁוֹתִין וִישֵׁנִים בַּסֻּכָּה כָּל שִׁבְעָה בֵּין בַּיּוֹם וּבֵין בַּלַּיְלָה. וְאָסוּר לֶאֱכֹל סְעֻדָּה חוּץ לַסֻּכָּה כָּל שִׁבְעָה אֶלָּא אִם אָכַל אֲכִילַת עֲרַאי כְּבֵיצָה אוֹ פָּחוֹת אוֹ יָתֵר מְעַט. וְאֵין יְשֵׁנִים חוּץ לַסֻּכָּה אֲפִלּוּ שְׁנַת עֲרַאי. וּמֻתָּר לִשְׁתּוֹת מַיִם וְלֶאֱכֹל פֵּרוֹת חוּץ לַסֻּכָּה. וּמִי שֶׁיַּחְמִיר עַל עַצְמוֹ וְלֹא יִשְׁתֶּה חוּץ לַסֻּכָּה אֲפִלּוּ מַיִם הֲרֵי זֶה מְשֻׁבָּח:

ז. אֲכִילָה בְּלֵילֵי יוֹם טוֹב הָרִאשׁוֹן בַּסֻּכָּה חוֹבָה. אֲפִלּוּ אָכַל כְּזַיִת פַּת יָצָא יְדֵי חוֹבָתוֹ. מִכָּאן וְאֵילָךְ רְשׁוּת. רָצָה לֶאֱכֹל סְעֻדָּה סוֹעֵד בַּסֻּכָּה. רָצָה אֵינוֹ אוֹכֵל כָּל שִׁבְעָה אֶלָּא פֵּרוֹת אוֹ קְלָיוֹת חוּץ לַסֻּכָּה כְּדִין אֲכִילַת מַצָּה בְּפֶסַח:

ח. מִי שֶׁהָיָה רֹאשׁוֹ וְרֻבּוֹ בַּסֻּכָּה וְשֻׁלְחָנוֹ בְּתוֹךְ בֵּיתוֹ אוֹ חוּץ לַסֻּכָּה וְאוֹכֵל הֲרֵי זֶה אָסוּר וּכְאִלּוּ לֹא אָכַל בַּסֻּכָּה עַד שֶׁיִּהְיֶה שֻׁלְחָנוֹ בְּתוֹךְ הַסֻּכָּה. גְּזֵרָה שֶׁמָּא יִמָּשֵׁךְ אַחַר שֻׁלְחָנוֹ. וַאֲפִלּוּ בְּסֻכָּה גְּדוֹלָה:

ט. כָּל שִׁבְעַת הַיָּמִים קוֹרֵא בְּתוֹךְ הַסֻּכָּה. וּכְשֶׁמֵּבִין וּמְדַקְדֵּק בַּמֶּה שֶׁיִּקְרָא יָבִין חוּץ לַסֻּכָּה כְּדֵי שֶׁתִּהְיֶה דַּעְתּוֹ מְיֻשֶּׁבֶת עָלָיו. הַמִּתְפַּלֵּל רָצָה מִתְפַּלֵּל בַּסֻּכָּה אוֹ חוּץ לַסֻּכָּה:

י. יָרְדוּ גְּשָׁמִים הֲרֵי זֶה נִכְנָס לְתוֹךְ הַבַּיִת. מֵאֵימָתַי מֻתָּר לְפַנּוֹת, מִשֶּׁיֵּרְדוּ לְתוֹךְ הַסֻּכָּה טִפּוֹת שֶׁאִם יִפְּלוּ לְתוֹךְ הַתַּבְשִׁיל יִפָּסֵל, אֲפִלּוּ תַּבְשִׁיל שֶׁל פּוֹל. הָיָה אוֹכֵל בַּסֻּכָּה וְיָרְדוּ גְּשָׁמִים וְנִכְנַס לְבֵיתוֹ וּפָסְקוּ הַגְּשָׁמִים אֵין מְחַיְּבִים אוֹתוֹ לַחֲזֹר לַסֻּכָּה (כָּל אוֹתוֹ הַלַּיְלָה) עַד שֶׁיִּגְמֹר סְעֻדָּתוֹ. הָיָה יָשֵׁן וְיָרְדוּ גְּשָׁמִים בַּלַּיְלָה וְנִכְנַס לְתוֹךְ הַבַּיִת וּפָסְקוּ הַגְּשָׁמִים אֵין מַטְרִיחִין אוֹתוֹ לַחֲזֹר לַסֻּכָּה כָּל אוֹתוֹ הַלַּיְלָה אֶלָּא יָשֵׁן בְּבֵיתוֹ עַד שֶׁיַּעֲלֶה עַמּוּד הַשַּׁחַר:

יא. גָּמַר מִלֶּאֱכֹל בַּיּוֹם הַשְּׁבִיעִי בְּשַׁחֲרִית לֹא יַתִּיר סֻכָּתוֹ. אֲבָל מוֹרִיד הוּא אֶת כֵּלָיו וּמְפַנֶּה אוֹתָן מִן הַמִּנְחָה וּלְמַעְלָה. אֵין לוֹ מָקוֹם לְפַנּוֹת פּוֹחֵת בָּהּ אַרְבָּעָה עַל אַרְבָּעָה. וְאִם הֻצְרַךְ לִסְעֹד בִּשְׁאָר הַיּוֹם צָרִיךְ לֶאֱכֹל בַּסֻּכָּה, שֶׁמִּצְוָתָהּ כָּל שִׁבְעָה:

יב. כָּל זְמַן שֶׁיִּכָּנֵס לֵישֵׁב בַּסֻּכָּה כָּל שִׁבְעָה מְבָרֵךְ קֹדֶם שֶׁיֵּשֵׁב אֲשֶׁר קִדְּשָׁנוּ בְּמִצְוֹתָיו וְצִוָּנוּ לֵישֵׁב בַּסֻּכָּה. וּבְלֵילֵי יוֹם טוֹב הָרִאשׁוֹן מְבָרֵךְ עַל הַסֻּכָּה וְאַחַר כָּךְ עַל הַזְּמַן. וּמְסַדֵּר כָּל הַבְּרָכוֹת עַל הַכּוֹס. נִמְצָא מְקַדֵּשׁ מְעֻמָּד וּמְבָרֵךְ לֵישֵׁב בַּסֻּכָּה וְיוֹשֵׁב וְאַחַר כָּךְ מְבָרֵךְ עַל הַזְּמַן. וְכָזֶה הָיָה מִנְהַג רַבּוֹתַי וְרַבָּנֵי סְפָרַד לְקַדֵּשׁ מְעֻמָּד בְּלֵיל רִאשׁוֹן שֶׁל חַג הַסֻּכּוֹת כְּמוֹ שֶׁבֵּאַרְנוּ:

יג. בַּזְּמַן הַזֶּה שֶׁאָנוּ עוֹשִׂין שְׁנֵי יָמִים טוֹבִים. יוֹשְׁבִין בַּסֻּכָּה שְׁמוֹנָה יָמִים. וּבַיּוֹם הַשְּׁמִינִי שֶׁהוּא יוֹם טוֹב רִאשׁוֹן שֶׁל שְׁמִינִי עֲצֶרֶת יוֹשְׁבִין בָּהּ וְאֵין מְבָרְכִין לֵישֵׁב בַּסֻּכָּה. וְכֵן טֻמְטוּם וְאַנְדְּרוֹגִינוֹס לְעוֹלָם אֵין מְבָרְכִין לֵישֵׁב בַּסֻּכָּה מִפְּנֵי שֶׁהֵן חַיָּבִים מִסָּפֵק וְאֵין מְבָרְכִין מִסָּפֵק:

יד. גָּמַר מִלֶּאֱכֹל בַּיּוֹם הַשְּׁמִינִי מוֹרִיד כֵּלָיו וּמְפַנֶּה אוֹתָהּ. אֵין לוֹ מָקוֹם לְהוֹרִיד אֶת כֵּלָיו אִם הָיְתָה קְטַנָּה מַכְנִיס בָּהּ מְנוֹרָה. וְאִם הָיְתָה גְּדוֹלָה מַכְנִיס בָּהּ קְדֵרוֹת וּקְעָרוֹת וְכַיּוֹצֵא בָּהֶן כְּדֵי לְהַזְכִּיר שֶׁהִיא פְּסוּלָה וְשֶׁכְּבָר נִגְמְרָה מִצְוָתָהּ וּמִפְּנֵי שֶׁהוּא יוֹם טוֹב אֵינוֹ יָכוֹל לִפְחֹת בָּהּ וּלְפָסְלָהּ:

טו. מִי שֶׁלֹּא עָשָׂה סֻכָּה בֵּין בְּשׁוֹגֵג בֵּין בְּמֵזִיד עוֹשֶׂה סֻכָּה בְּחֻלּוֹ שֶׁל מוֹעֵד. אֲפִלּוּ בְּסוֹף יוֹם שְׁבִיעִי עוֹשֶׂה סֻכָּה, שֶׁמִּצְוָתָהּ כָּל שִׁבְעָה. עֲצֵי סֻכָּה אֲסוּרִין כָּל שְׁמוֹנַת יְמֵי הֶחָג בֵּין עֲצֵי דְּפָנוֹת בֵּין עֲצֵי סְכָךְ אֵין נֶאוֹתִין מֵהֶן לְדָבָר אַחֵר כָּל שְׁמוֹנַת הַיָּמִים מִפְּנֵי שֶׁיּוֹם הַשְּׁבִיעִי כֻּלּוֹ הַסֻּכָּה מֻקְצָה עַד בֵּין הַשְּׁמָשׁוֹת וְהוֹאִיל וְהֻקְצַת לְבֵין הַשְּׁמָשׁוֹת שֶׁל שְׁמִינִי הֻקְצַת לְכָל הַיּוֹם:

טז. וְכֵן אֳכָלִין וּמַשְׁקִין שֶׁתּוֹלִין בַּסֻּכָּה כְּדֵי לְנָאוֹתָהּ אָסוּר לְהִסְתַּפֵּק מֵהֶן כָּל שְׁמוֹנָה. וְאִם הִתְנָה עֲלֵיהֶן בְּשָׁעָה שֶׁתְּלָאָן וְאָמַר אֵינִי בּוֹדֵל מֵהֶן כָּל בֵּין הַשְּׁמָשׁוֹת הֲרֵי זֶה מִסְתַּפֵּק מֵהֶן בְּכָל עֵת שֶׁיִּרְצֶה. שֶׁהֲרֵי לֹא הִקְצָה אוֹתָם וְלֹא חָלָה עֲלֵיהֶן קְדֻשַּׁת הַסֻּכָּה וְלֹא נֶחְשְׁבוּ כְּמוֹתָהּ:

Perek 7

Sukot

Lulav.

 One must take the *lulav* (including the 3 other species) on *Sukot* (7 days in the Temple)[3].

 Derabanan, even although the Temple is not with us for the moment, we still shake the *lulav* for **7 days**. I.e. we take the *lulav* plus 3 other species (the **4** together are collectively called *lulav*) and shake them.

 The definition of the **4** minim (species) & hoshanot of Hoshana Rabbah are all halachah of Mosheh Misinai. i.e.

- Lulav. Branch of palm before the leaves spread open

- Etrog. A specific fruit which grows on a tree for the whole year

- Hadas. Myrtle (Its **3** leaves must come out from same place on stem)

- Aravah (for the mitzvah and for hoshanot): Willow – The species whose leaf is smooth edged and stem is reddish)

All four species are held together in upright position and constitute together, the one *mitzvah* called *lulav.*

Procedure of shaking

One takes

- **1** *lulav*

- **1** *etrog*

- **2** *aravot*

- **3** *hadassim* (one may add more if one wishes)

The *lulav, aravot* and *hadassim* are then bound together, each upright in same position as they grow.

These are taken in the right hand and *etrog* in the left.

The *brachot* are said and all 4 species are shaken **3** times in each of the **6** directions.

In addition, the *lulav* is shaken during prayers at *hallel. Lulav* can only be shaken during day (not at night) It is not shaken on *Shabbat* (but in the Temple it was)

The same people who are obligated to hear *shofar* and sit in the *sukah,* are obligated to fulfil the *mitzvah* of *lulav.*

There is also a procedure for the *aravot* of the 7th day of *Sukot* in the Temple and outside the Temple (*Hoshanot*).

Basically, one takes the *aravah* branches and hits them onto the ground (or a utensil). No *brachah* is said because it was instituted by the Prophets rather than the *Rabanan.*

פרק ז׳

א. (ויקרא כג מ) ״כַּפֹּת תְּמָרִים״ הָאֲמוּרוֹת בַּתּוֹרָה הֵן חֲרָיוֹת שֶׁל דֶּקֶל כְּשֶׁיִּצְמְחוּ קֹדֶם שֶׁיִּתְפָּרְדוּ הֶעָלִין שֶׁלָּהֶן לְכָאן וּלְכָאן אֶלָּא כְּשֶׁיִּהְיֶה כְּמוֹ שַׁרְבִיט. וְהוּא הַנִּקְרָא לוּלָב:

ב. (ויקרא כג מ) ״פְּרִי עֵץ הָדָר״ הָאָמוּר בַּתּוֹרָה הוּא אֶתְרוֹג. (ויקרא כג מ) ״וַעֲנַף עֵץ עָבֹת״ הָאָמוּר בַּתּוֹרָה הוּא הַהֲדַס שֶׁעָלָיו חוֹפִין אֶת עֵצוֹ. כְּגוֹן שֶׁיִּהְיוּ שְׁלֹשָׁה עָלִין אוֹ יֶתֶר עַל כֵּן בְּגִבְעוֹל אֶחָד. אֲבָל אִם הָיוּ שְׁנֵי הֶעָלִין בְּשָׁוֶה זֶה כְּנֶגֶד זֶה וְהֶעָלֶה הַשְּׁלִישִׁי לְמַעְלָה מֵהֶן אֵין זֶה עָבֹת אֲבָל נִקְרָא הֲדַס שׁוֹטֶה:

ג. (ויקרא כג מ) ״עַרְבֵי נַחַל״ הָאֲמוּרוֹת בַּתּוֹרָה אֵינָן כָּל דָּבָר הַגָּדֵל עַל הַנַּחַל אֶלָּא מִין יָדוּעַ הוּא הַנִּקְרָא עַרְבֵי נַחַל. עָלֶה שֶׁלּוֹ מָשׁוּךְ כְּנַחַל וּפִיו חָלָק וְקָנֶה שֶׁלּוֹ אָדֹם וְזֶה הוּא הַנִּקְרָא עֲרָבָה. וְרֹב מִין זֶה גָּדֵל עַל הַנְּחָלִים לְכָךְ נֶאֱמַר עַרְבֵי נַחַל. וַאֲפִלּוּ הָיָה גָּדֵל בַּמִּדְבָּר אוֹ בֶּהָרִים כָּשֵׁר:

ד. וְיֵשׁ מִין אַחֵר דּוֹמֶה לַעֲרָבָה אֶלָּא שֶׁעָלֶה שֶׁלּוֹ עָגֹל וּפִיו דּוֹמֶה לְמַסָּר וְקָנֶה שֶׁלּוֹ אֵינוֹ אָדֹם וְזֶהוּ הַנִּקְרָא צַפְצָפָה וְהִיא פְּסוּלָה. וְיֵשׁ שָׁם מִין עֲרָבָה שֶׁאֵין פִּי הֶעָלֶה שֶׁלָּהּ חָלָק וְאֵינוֹ כְּמַסָּר אֶלָּא יֵשׁ בּוֹ תְּלָמִים קְטַנִּים עַד מְאֹד כְּמוֹ פִּי מַגָּל קָטָן וְזֶה כָּשֵׁר. וְכָל הַדְּבָרִים הָאֵלּוּ מִפִּי הַשְּׁמוּעָה מִמֹּשֶׁה רַבֵּנוּ נִתְפָּרְשׁוּ:

ה. אַרְבָּעָה מִינִין אֵלּוּ מִצְוָה אַחַת הֵן וּמְעַכְּבִין זֶה אֶת זֶה וְכֻלָּן נִקְרָאִים מִצְוַת לוּלָב. וְאֵין פּוֹחֲתִין מֵהֶן וְאֵין מוֹסִיפִין עֲלֵיהֶן. וְאִם לֹא נִמְצָא אֶחָד מֵהֶן אֵין מְבִיאִים תַּחְתָּיו מִין אַחֵר הַדּוֹמֶה לוֹ:

ו. מִצְוָה מִן הַמֻּבְחָר לֶאֱגֹד לוּלָב וַהֲדַס וַעֲרָבָה וְלַעֲשׂוֹת שְׁלָשְׁתָּן אֲגֻדָּה אַחַת. וּכְשֶׁהוּא נוֹטְלָם לָצֵאת בָּהֶן מְבָרֵךְ תְּחִלָּה עַל נְטִילַת לוּלָב הוֹאִיל וְכֻלָּן סְמוּכִין לוֹ וְאַחַר כָּךְ נוֹטֵל הָאֲגֻדָּה הַזֹּאת בִּימִינוֹ וְאֶתְרוֹג בִּשְׂמֹאלוֹ וְנוֹטְלָן דֶּרֶךְ גְּדִילָתָן שֶׁיִּהְיוּ עִקְּרֵיהֶן לְמַטָּה לָאָרֶץ וְרָאשֵׁיהֶן לְמַעְלָה לָאֲוִיר. וְאִם לֹא אֲגָדָן וּנְטָלָן אֶחָד אֶחָד יָצָא וְהוּא שֶׁיִּהְיוּ אַרְבַּעְתָּן מְצוּיִין אֶצְלוֹ. אֲבָל אִם לֹא הָיָה לוֹ אֶלָּא מִין אֶחָד אוֹ שֶׁחָסֵר מִין אֶחָד לֹא יִטֹּל עַד שֶׁיִּמָּצֵא הַשְּׁאָר:

ז. כַּמָּה נוֹטֵל מֵהֶן. לוּלָב אֶחָד וְאֶתְרוֹג אֶחָד וּשְׁנֵי בַּדֵּי עֲרָבָה וּשְׁלֹשָׁה בַּדֵּי הֲדַס. וְאִם רָצָה לְהוֹסִיף בַּהֲדַס כְּדֵי שֶׁתִּהְיֶה אֲגֻדָּה גְּדוֹלָה מוֹסִיף. וְנוֹי מִצְוָה הוּא. אֲבָל שְׁאָר הַמִּינִין אֵין מוֹסִיפִין עַל מִנְיָנָם וְאֵין גּוֹרְעִין מֵהֶן. וְאִם הוֹסִיף אוֹ גָּרַע (פָּסוּל):

ח. כַּמָּה שִׁעוּר אֹרֶךְ כָּל מִין מֵהֶם. לוּלָב אֵין פָּחוּת מֵאַרְבָּעָה טְפָחִים וְאִם הָיָה אָרֹךְ כָּל שֶׁהוּא כָּשֵׁר. וּמְדִידָתוֹ מִשִּׁדְרָתוֹ בִּלְבַד לֹא מֵרֹאשׁ הֶעָלִים. וַהֲדַס וַעֲרָבָה אֵין פָּחוּת מִשְּׁלֹשָׁה טְפָחִים. וְאִם הָיוּ אֲרֻכִּין כָּל שֶׁהֵן כְּשֵׁרִים. וַאֲפִלּוּ אֵין בְּכָל בַּד וּבַד אֶלָּא שְׁלֹשָׁה עָלִין לַחִין כְּשֵׁרִים וְהוּא שֶׁיִּהְיוּ בְּרֹאשׁ הַבַּד. וְאִם אָגַד הַלּוּלָב צָרִיךְ שֶׁיִּהְיֶה שִׁדְרוֹ שֶׁל לוּלָב יוֹצֵא מִן הַהֲדַס וַעֲרָבָה טֶפַח אוֹ יוֹתֵר. וְשִׁעוּר אֶתְרוֹג אֵין פָּחוּת מִכְּבֵיצָה וְאִם הָיָה גָּדוֹל כָּל שֶׁהוּא כָּשֵׁר:

ט. מִשֶּׁיַּגְבִּיהַּ אַרְבָּעָה מִינִין אֵלּוּ בֵּין שֶׁהִגְבִּיהָן כְּאַחַת בֵּין בָּזֶה אַחַר זֶה בֵּין בְּיָמִין בֵּין בִּשְׂמֹאל יָצָא. וְהוּא שֶׁיַּגְבִּיהֵן דֶּרֶךְ גְּדִילָתָן. אֲבָל שֶׁלֹּא דֶּרֶךְ גְּדִילָתָן לֹא יָצָא. וּמִצְוָה כְּהִלְכָתָהּ שֶׁיַּגְבִּיהַּ אֲגֻדָּה שֶׁל שְׁלֹשָׁה מִינִין בְּיָמִין וְאֶתְרוֹג בִּשְׂמֹאל וְיוֹלִיךְ וְיָבִיא וְיַעֲלֶה וְיוֹרִיד וִינַעֲנֵעַ הַלּוּלָב שְׁלֹשָׁה פְּעָמִים בְּכָל רוּחַ וְרוּחַ:

י. כֵּיצַד. מוֹלִיךְ וּמְנַעְנֵעַ רֹאשׁ הַלּוּלָב שָׁלֹשׁ פְּעָמִים וּמֵבִיא וּמְנַעְנֵעַ רֹאשׁ הַלּוּלָב שָׁלֹשׁ פְּעָמִים וְכֵן בַּעֲלִיָּה וִירִידָה. וְהֵיכָן מוֹלִיךְ וּמֵבִיא. בִּשְׁעַת קְרִיאַת הַהַלֵּל בְּ(תהלים קיח א) (תהלים קיח כט) ״הוֹדוּ לַה׳ כִּי טוֹב״ תְּחִלָּה וָסוֹף וּבְ(תהלים קיח כה) ״אָנָּא ה׳ הוֹשִׁיעָה נָּא״. וְכָל הַיּוֹם כָּשֵׁר לִנְטִילַת לוּלָב וְאֵינוֹ נוֹטֵל בַּלַּיְלָה:

יא. עָשָׂה לַאֲגֻדָּה זוֹ גִּימוֹן שֶׁל כֶּסֶף וְשֶׁל זָהָב אוֹ שֶׁכָּרַךְ עָלֶיהָ סָדִין וּנְטָלָהּ יָצָא. לְקִיחָה עַל יְדֵי דָּבָר אַחֵר שְׁמָהּ לְקִיחָה. וְהוּא שֶׁיִּהְיֶה דֶּרֶךְ כָּבוֹד וְדֶרֶךְ הִדּוּר שֶׁכָּל שֶׁהוּא לְנָאוֹתוֹ אֵינוֹ חוֹצֵץ. אֲבָל אִם נָתַן אֶת הַמִּינִין הָאֵלּוּ בְּעָצִיץ אוֹ בִּקְדֵרָה וּנְטָלָהּ לֹא יָצָא יְדֵי חוֹבָתוֹ:

יב. אָגַד אֶת הַלּוּלָב עִם הַהֲדַס וְהָעֲרָבָה וְהִבְדִּיל בֵּין הַלּוּלָב וּבֵין הַהֲדַס בְּמַטְלֵת וְכַיּוֹצֵא בָּהּ הֲרֵי זֶה חוֹצֵץ. הִבְדִּיל בֵּינֵיהֶן בַּעֲלֵי הֲדַס אֵינוֹ חוֹצֵץ. שֶׁמִּין בְּמִינוֹ אֵינוֹ חוֹצֵץ. וְיֵשׁ לוֹ לֶאֱגֹד אֶת הַלּוּלָב בְּחוּט אוֹ בִּמְשִׁיחָה וּבְכָל מִין שֶׁיִּרְצֶה הוֹאִיל וְאֵין אֲגִידָתוֹ מְעַכֵּב:

יג. מִצְוַת לוּלָב לְהִנָּטֵל בְּיוֹם רִאשׁוֹן שֶׁל חַג בִּלְבַד בְּכָל מָקוֹם וּבְכָל זְמַן וַאֲפִלּוּ בְּשַׁבָּת שֶׁנֶּאֱמַר (ויקרא כג מ) ״וּלְקַחְתֶּם לָכֶם בַּיּוֹם הָרִאשׁוֹן״. וּבַמִּקְדָּשׁ לְבַדּוֹ נוֹטְלִין אוֹתוֹ בְּכָל יוֹם וָיוֹם מִשִּׁבְעַת יְמֵי הֶחָג שֶׁנֶּאֱמַר (ויקרא כג מ) ״וּשְׂמַחְתֶּם לִפְנֵי ה׳ אֱלֹהֵיכֶם״ וְגוֹ׳. חָל יוֹם הַשַּׁבָּת לִהְיוֹת בְּתוֹךְ יְמֵי הֶחָג אֵינוֹ נִטָּל בְּשַׁבָּת גְּזֵרָה שֶׁמָּא יוֹלִיכֶנּוּ בְּיָדוֹ אַרְבַּע אַמּוֹת בִּרְשׁוּת הָרַבִּים כְּמוֹ שֶׁגָּזְרוּ בְּשׁוֹפָר:

יד. וְלָמָּה לֹא גָּזְרוּ גְּזֵרָה זוֹ בְּיוֹם טוֹב הָרִאשׁוֹן מִפְּנֵי שֶׁהוּא מִצְוָה מִן הַתּוֹרָה וַאֲפִלּוּ בִּגְבוּלִין. נִמְצָא שֶׁאֵין דִּינוֹ וְדִין שְׁאָר הַיָּמִים שָׁוֶה שֶׁבִּשְׁאָר יְמֵי הֶחָג אֵין אָדָם חַיָּב לִטֹּל לוּלָב אֶלָּא בַּמִּקְדָּשׁ:

טו. מִשֶּׁחָרַב בֵּית הַמִּקְדָּשׁ הִתְקִינוּ שֶׁיִּהְיֶה לוּלָב נִטָּל בְּכָל מָקוֹם כָּל שִׁבְעַת יְמֵי הֶחָג זֵכֶר לַמִּקְדָּשׁ. וְכָל יוֹם וָיוֹם מְבָרֵךְ עָלָיו אֲשֶׁר קִדְּשָׁנוּ בְּמִצְוֹתָיו וְצִוָּנוּ עַל נְטִילַת לוּלָב מִפְּנֵי שֶׁהִיא מִצְוָה מִדִּבְרֵי סוֹפְרִים. וְתַקָּנָה זוֹ עִם כָּל הַתַּקָּנוֹת שֶׁהִתְקִין רַבָּן יוֹחָנָן בֶּן זַכַּאי מִשֶּׁחָרַב בֵּית הַמִּקְדָּשׁ כְּשֶׁיִּבָּנֶה בֵּית הַמִּקְדָּשׁ יַחְזְרוּ הַדְּבָרִים לְיָשְׁנָן:

טז. בִּזְמַן שֶׁבֵּית הַמִּקְדָּשׁ קַיָּם הָיָה לוּלָב נִטָּל בַּיּוֹם הָרִאשׁוֹן שֶׁחָל לִהְיוֹת בְּשַׁבָּת. וְכֵן בִּשְׁאָר הַמְּקוֹמוֹת שֶׁיָּדְעוּ בְּוַדַּאי שֶׁיּוֹם זֶה הוּא יוֹם הֶחָג בְּאֶרֶץ יִשְׂרָאֵל. אֲבָל הַמְּקוֹמוֹת הָרְחוֹקִים שֶׁלֹּא הָיוּ יוֹדְעִים בִּקְבִיעוּת רֹאשׁ חֹדֶשׁ לֹא הָיוּ נוֹטְלִין הַלּוּלָב מִסָּפֵק:

יז. וּמִשֶּׁחָרַב בֵּית הַמִּקְדָּשׁ אָסְרוּ חֲכָמִים לִטֹּל אֶת הַלּוּלָב בְּשַׁבָּת בַּיּוֹם הָרִאשׁוֹן וַאֲפִלּוּ בְּנֵי אֶרֶץ יִשְׂרָאֵל שֶׁקִּדְּשׁוּ אֶת הַחֹדֶשׁ. מִפְּנֵי בְּנֵי הַגְּבוּלִין הָרְחוֹקִים שֶׁאֵינָן יוֹדְעִין בִּקְבִיעַת הַחֹדֶשׁ. כְּדֵי שֶׁיִּהְיוּ הַכֹּל שָׁוִין בְּדָבָר זֶה וְלֹא יִהְיוּ אֵלּוּ נוֹטְלִין בְּשַׁבָּת וְאֵלּוּ אֵין נוֹטְלִין. הוֹאִיל וְחִיּוּב יוֹם רִאשׁוֹן בְּכָל מָקוֹם אֶחָד הוּא וְאֵין שָׁם מִקְדָּשׁ לְהִתָּלוֹת בּוֹ:

יח. וּבַזְּמַן הַזֶּה שֶׁהַכֹּל עוֹשִׂין עַל פִּי הַחֶשְׁבּוֹן נִשְׁאָר הַדָּבָר כְּמוֹת שֶׁהָיָה שֶׁלֹּא יִנָּטֵל לוּלָב בְּשַׁבָּת כְּלָל לֹא בִּגְבוּלִין וְלֹא בְּאֶרֶץ יִשְׂרָאֵל וַאֲפִלּוּ בְּיוֹם רִאשׁוֹן. וְאַף עַל פִּי שֶׁהַכֹּל יוֹדְעִים בִּקְבִיעַת הַחֹדֶשׁ. וּכְבָר בֵּאַרְנוּ שֶׁעִקַּר הָאִסּוּר בִּנְטִילַת הַלּוּלָב בְּשַׁבָּת גְּזֵרָה שֶׁמָּא יַעֲבִירֶנּוּ אַרְבַּע אַמּוֹת בִּרְשׁוּת הָרַבִּים:

יט. כָּל שֶׁחַיָּב בְּשׁוֹפָר וּבְסֻכָּה חַיָּב בִּנְטִילַת הַלּוּלָב. וְכָל הַפָּטוּר מִשּׁוֹפָר וְסֻכָּה פָּטוּר מִנְּטִילַת לוּלָב. קָטָן הַיּוֹדֵעַ לְנַעְנֵעַ חַיָּב בְּלוּלָב מִדִּבְרֵי סוֹפְרִים כְּדֵי לְחַנְּכוֹ בְּמִצְוֹת:

כ. הֲלָכָה לְמשֶׁה מִסִּינַי שֶׁמְּבִיאִין בַּמִּקְדָּשׁ עֲרָבָה אַחֶרֶת חוּץ מֵעֲרָבָה שֶׁבַּלּוּלָב. וְאֵין אָדָם יוֹצֵא יְדֵי חוֹבָתוֹ בַּעֲרָבָה שֶׁבַּלּוּלָב. וְשִׁעוּרָהּ אֲפִלּוּ עָלֶה אֶחָד בְּבַד אֶחָד:

כא. כֵּיצַד הָיְתָה מִצְוָתָהּ. בְּכָל יוֹם וָיוֹם מִשִּׁבְעַת הַיָּמִים הָיוּ מְבִיאִין מֻרְבִּיּוֹת שֶׁל עֲרָבָה וְזוֹקְפִין אוֹתָן עַל צִדְדֵי הַמִּזְבֵּחַ וְרָאשֵׁיהֶן כְּפוּפִין עַל גַּבֵּי הַמִּזְבֵּחַ. וּבְעֵת שֶׁהָיוּ מְבִיאִין אוֹתָהּ וְסוֹדְרִין אוֹתָהּ תּוֹקְעִין וּמְרִיעִין וְתוֹקְעִין. חָל יוֹם שַׁבָּת לִהְיוֹת בְּתוֹךְ הֶחָג אֵין זוֹקְפִין עֲרָבָה אֶלָּא אִם כֵּן חָל יוֹם שְׁבִיעִי לִהְיוֹת בְּשַׁבָּת זוֹקְפִין אוֹתָהּ בְּשַׁבָּת כְּדֵי לְפַרְסְמָהּ שֶׁהִיא מִצְוָה:

כב. כֵּיצַד הָיוּ עוֹשִׂין. מְבִיאִין אוֹתָהּ מֵעֶרֶב שַׁבָּת לַמִּקְדָּשׁ וּמַנִּיחִין אוֹתָהּ בְּגִגִּיּוֹת שֶׁל זָהָב כְּדֵי שֶׁלֹּא יִכְמְשׁוּ הֶעָלִין. וּלְמָחָר זוֹקְפִין אוֹתָהּ עַל גַּבֵּי הַמִּזְבֵּחַ וּבָאִין הָעָם וְלוֹקְחִין מִמֶּנָּה וְנוֹטְלִין אוֹתָהּ כְּדֶרֶךְ שֶׁעוֹשִׂין בְּכָל יוֹם. וַעֲרָבָה זוֹ הוֹאִיל וְאֵינָהּ בְּפֵרוּשׁ בַּתּוֹרָה אֵין נוֹטְלִין אוֹתָהּ כָּל שִׁבְעַת יְמֵי הֶחָג זֵכֶר לַמִּקְדָּשׁ אֶלָּא בַּיּוֹם הַשְּׁבִיעִי בִּלְבַד הוּא שֶׁנּוֹטְלִין אוֹתָהּ בַּזְּמַן הַזֶּה. כֵּיצַד עוֹשֶׂה. לוֹקֵחַ בַּד אֶחָד אוֹ בַּדִּין הַרְבֵּה חוּץ מֵעֲרָבָה שֶׁבַּלּוּלָב וְחוֹבֵט בָּהּ עַל הַקַּרְקַע אוֹ עַל הַכְּלִי פַּעֲמַיִם אוֹ שָׁלֹשׁ בְּלֹא בְּרָכָה שֶׁדָּבָר זֶה מִנְהַג נְבִיאִים הוּא:

כג. בְּכָל יוֹם וָיוֹם הָיוּ מַקִּיפִין אֶת הַמִּזְבֵּחַ בְּלוּלְבֵיהֶן בִּידֵיהֶן פַּעַם אַחַת וְאוֹמְרִין (תהלים קיח כה) "אָנָּא ה' הוֹשִׁיעָה נָּא". (תהלים קיח כה) "אָנָּא ה' הַצְלִיחָה נָּא". וּבַיּוֹם הַשְּׁבִיעִי מַקִּיפִין אֶת הַמִּזְבֵּחַ שֶׁבַע פְּעָמִים. וּכְבָר נָהֲגוּ יִשְׂרָאֵל בְּכָל הַמְּקוֹמוֹת לְהַנִּיחַ תֵּבָה בְּאֶמְצַע בֵּית הַכְּנֶסֶת וּמַקִּיפִין אוֹתָהּ בְּכָל יוֹם כְּדֶרֶךְ שֶׁהָיוּ מַקִּיפִין אֶת הַמִּזְבֵּחַ זֵכֶר לַמִּקְדָּשׁ:

כד. כָּךְ הָיָה הַמִּנְהָג בִּירוּשָׁלַיִם. יוֹצֵא אָדָם מִבֵּיתוֹ שַׁחֲרִית וְלוּלָבוֹ בְּיָדוֹ. וְנִכְנָס לְבֵית הַכְּנֶסֶת וְהוּא בְּיָדוֹ. מִתְפַּלֵּל וְהוּא בְּיָדוֹ. וְיוֹצֵא לְבַקֵּר חוֹלִים וּלְנַחֵם אֲבֵלִים וְהוּא בְּיָדוֹ. וּכְשֶׁיִּכָּנֵס לַמִּדְרָשׁ מְשַׁלְּחוֹ לְבֵיתוֹ בְּיַד בְּנוֹ אוֹ בְּיַד עַבְדּוֹ:

כה. מְקַבֶּלֶת אִשָּׁה הַלּוּלָב מִיַּד בְּנָהּ אוֹ מִיַּד בַּעְלָהּ וּמַחֲזִירַתּוֹ לַמַּיִם בְּשַׁבָּת בִּזְמַן שֶׁהָיוּ נוֹטְלִין לוּלָב בְּשַׁבָּת. וּבְיוֹם טוֹב מוֹסִיפִין עַל הַמַּיִם וּבַמּוֹעֵד מַחֲלִיפִין הַמַּיִם:

כו. הֲדַס שֶׁבַּלּוּלָב אָסוּר לְהָרִיחַ בּוֹ מִפְּנֵי שֶׁאֵינוֹ רָאוּי אֶלָּא לְרֵיחַ וְהוֹאִיל וְהֻקְצָה לְמִצְוָה אָסוּר לְהָרִיחַ בּוֹ. אֲבָל אֶתְרוֹג מֻתָּר לְהָרִיחַ בּוֹ שֶׁהֲרֵי הֻקְצָה לְמִצְוָה מֵאֲכִילָה:

כז. וְאָסוּר לֶאֱכֹל אֶתְרוֹג כָּל יוֹם הַשְּׁבִיעִי מִפְּנֵי שֶׁהֻקְצָה לְמִקְצָת הַיּוֹם הֻקְצָה לְכֻלּוֹ. וּבַשְּׁמִינִי מֻתָּר בַּאֲכִילָה. וּבַזְּמַן הַזֶּה שֶׁאָנוּ עוֹשִׂין שְׁנֵי יָמִים אַף עַל פִּי שֶׁאֵין נוֹטְלִין לוּלָב בַּשְּׁמִינִי הָאֶתְרוֹג אָסוּר בַּשְּׁמִינִי כְּדֶרֶךְ שֶׁהָיָה אָסוּר בַּשְּׁמִינִי בִּזְמַן שֶׁהָיוּ עוֹשִׂין שְׁנֵי יָמִים מִפְּנֵי הַסָּפֵק שֶׁהוּא סְפֵק שְׁבִיעִי. הִפְרִישׁ שִׁבְעָה אֶתְרוֹגִין לְשִׁבְעַת יָמִים כָּל אַחַת וְאַחַת יוֹצֵא בָּהּ לְיוֹמָהּ וְאוֹכְלָהּ לְמָחָר:

Perek 8

Sukot

Lulav & *Minim* continued

How to recognise if each of the 4 *minim* are kosher. E.g.

- *Lulav* – if its tip is cut off it is not kosher
- *Hadas* – The 3 leaves must remain in 1 row
- *Aravah* – Not kosher if leaves are hanging down
- *Etrog* – not kosher if perforated etc.

On the first day of *Sukot* one cannot borrow the *lulav* of a colleague. One could however give it as a present on condition that it is returned. In this way, it retains the status of a present until it is returned.

Simchat Bet Hashoevah

Simchat Bet Hashoevah was a means of intensifying the joy of *Sukot.*

The celebration started on the night after *Yom Tov* and similarly on the night of each day of *Chol Hamoed.*

It is a great *mitzvah* to maximise joy at these celebrations with music, singing, whistling, fire displays, hand clapping etc.

The entire people would come and witness these joyful celebrations, the common people would watch while the men of stature would perform.

This took place in the *Ezrat Nashim* of the Temple (Courtyard of Women). The women would watch from above and the men from below.

Floor Plan of The Temple

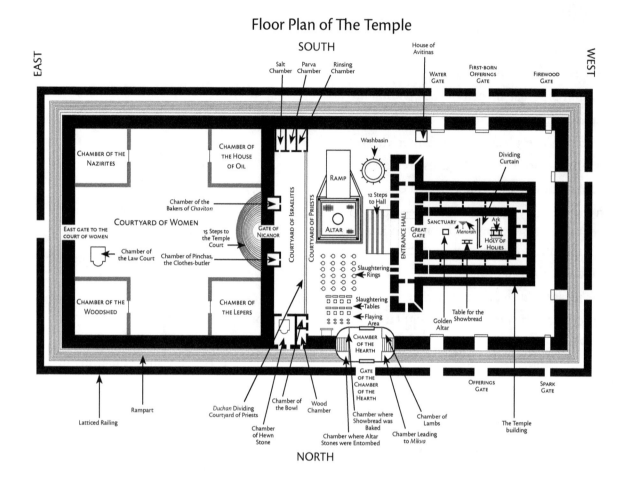

Anyone who exerts himself to be happy at these celebrations is performing a great service. Whoever holds himself proud and holds back, is a sinner and a fool.

Even *David Hamelech* humbled himself in front of the crowds and was dancing wildly and whistling before *Hashem* saying, 'There is no greatness and honour, except to rejoice before *Hashem*'.

פרק ח׳

א. אַרְבַּעַת מִינִין הָאֵלּוּ שֶׁהֵן לוּלָב וַהֲדַס וַעֲרָבָה וְאֶתְרוֹג שֶׁהָיָה אֶחָד מֵהֶן יָבֵשׁ אוֹ גָּזוּל אוֹ גָּנוּב אֲפִלּוּ לְאַחַר יֵאוּשׁ אוֹ שֶׁיִּהְיֶה מֵאֲשֵׁרָה הַנֶּעֱבֶדֶת אַף עַל פִּי שֶׁבִּטְּלוּ הָאֲשֵׁרָה מִלְּעָבְדָהּ. אוֹ שֶׁהָיָה שֶׁל עִיר הַנִּדַּחַת. הֲרֵי זֶה פָּסוּל. הָיָה אֶחָד מֵהֶן שֶׁל עֲבוֹדַת כּוֹכָבִים לֹא יִטֹּל לְכַתְּחִלָּה וְאִם נָטַל יָצָא. הָיָה כָּמוּשׁ וְלֹא גָּמַר לִיבַשׁ כָּשֵׁר. וּבִשְׁעַת הַדְּחָק אוֹ בִּשְׁעַת הַסַּכָּנָה לוּלָב הַיָּבֵשׁ כָּשֵׁר אֲבָל לֹא שְׁאָר הַמִּינִין:

ב. אֶתְרוֹג שֶׁל עָרְלָה וְשֶׁל תְּרוּמָה טְמֵאָה וְשֶׁל טֶבֶל פָּסוּל. שֶׁל דְּמַאי כָּשֵׁר שֶׁאֶפְשָׁר שֶׁיַּפְקִיר נְכָסָיו וְיִהְיֶה עָנִי שֶׁמֻּתָּר לוֹ לֶאֱכֹל דְּמַאי. אֶתְרוֹג שֶׁל תְּרוּמָה טְהוֹרָה וְשֶׁל מַעֲשֵׂר שֵׁנִי בִּירוּשָׁלַיִם לֹא יִטֹּל שֶׁמָּא יַכְשִׁירוֹ לְטֻמְאָה. וְאִם נָטַל כָּשֵׁר:

ג. לוּלָב שֶׁנִּקְטַם רֹאשׁוֹ פָּסוּל. נִסְדַּק אִם נִתְרַחֲקוּ שְׁנֵי סְדָקָיו זֶה מִזֶּה עַד שֶׁיֵּרָאוּ כִּשְׁנַיִם פָּסוּל. הָיָה עָקוּם לְפָנָיו שֶׁהֲרֵי שִׁדְרוֹ כְּגַב בַּעַל חֲטוֹטֶרֶת פָּסוּל. הָיָה עָקוּם לַאֲחוֹרָיו כָּשֵׁר שֶׁזּוֹ הִיא בְּרִיָּתוֹ. נֶעֱקַם לְאֶחָד מִצְּדָדָיו פָּסוּל. נִפְרְדוּ עָלָיו זֶה מֵעַל זֶה וְלֹא נִדַּלְדְּלוּ כַּעֲלֵי הַחֲרָיוֹת כָּשֵׁר. נִפְרְצוּ עָלָיו וְהוּא שֶׁיִּדַּלְדְּלוּ מִשִּׁדְרוֹ שֶׁל לוּלָב כַּעֲלֵי הַחֲרָיוֹת פָּסוּל:

ד. בְּרִיַּת עָלִין שֶׁל לוּלָב כָּךְ הִיא. כְּשֶׁהֵם גְּדֵלִין גְּדֵלִין שְׁנַיִם שְׁנַיִם וּדְבוּקִין מִגַּבָּן וְגַב כָּל שְׁנֵי עָלִין הַדְּבוּקִין הוּא הַנִּקְרָא תְּיוֹמֶת. נֶחְלְקָה הַתְּיוֹמֶת פָּסוּל. הָיוּ עָלָיו אַחַת אַחַת מִתְּחִלַּת בְּרִיָּתוֹ וְלֹא הָיָה לָהֶם תְּיוֹמֶת פָּסוּל. לֹא הָיוּ עָלָיו זֶה עַל גַּב זֶה כְּדֶרֶךְ כָּל הַלּוּלָבִין אֶלָּא זֶה תַּחַת זֶה אִם רֹאשׁ זֶה

מַגִּיעַ לְעִקָּר שֶׁלְּמַעְלָה מִמֶּנּוּ עַד שֶׁנִּמְצָא כָּל שִׁדְרוֹ שֶׁל לוּלָב מְכֻסֶּה בֶּעָלִין כָּשֵׁר. וְאִם אֵין רֹאשׁוֹ שֶׁל זֶה מַגִּיעַ לְצַד עִקָּרוֹ שֶׁל זֶה פָּסוּל:

ה. הֲדַס שֶׁנִּקְטַם רֹאשׁוֹ כָּשֵׁר. נָשְׁרוּ רֹב עָלָיו אִם נִשְׁתַּיְּרוּ שְׁלֹשָׁה עָלִין בְּקֵן אֶחָד כָּשֵׁר. הָיוּ עֲנָבָיו מְרֻבּוֹת מֵעָלָיו אִם יְרֻקּוֹת כָּשֵׁר וְאִם אֲדֻמּוֹת אוֹ שְׁחוֹרוֹת פָּסוּל. וְאִם מִעֲטָן כָּשֵׁר. וְאֵין מְמַעֲטִין אוֹתָן בְּיוֹם טוֹב לְפִי שֶׁהוּא כִּמְתַקֵּן. עָבַר וְלִקְּטָן אוֹ שֶׁלִּקְּטָן אֶחָד אֶחָד לַאֲכִילָה הֲרֵי זֶה כָּשֵׁר:

ו. עֲרָבָה שֶׁנִּקְטַם רֹאשָׁהּ כְּשֵׁרָה. נִפְרְצוּ עָלֶיהָ פְּסוּלָה:

ז. אֶתְרוֹג שֶׁנִּקַּב נֶקֶב מְפֻלָּשׁ כָּל שֶׁהוּא פָּסוּל. וְשֶׁאֵינוֹ מְפֻלָּשׁ אִם הָיָה כְּאִיסָר אוֹ יֶתֶר פָּסוּל. חָסֵר כָּל שֶׁהוּא פָּסוּל. נִטַּל דַּדּוֹ וְהוּא הָרֹאשׁ הַקָּטָן שֶׁשּׁוֹשַׁנְתּוֹ בּוֹ פָּסוּל. נִטַּל הָעֵץ שֶׁהוּא תָּלוּי בּוֹ בָּאִילָן מֵעִקַּר הָאֶתְרוֹג וְנִשְׁאַר מְקוֹמוֹ גּוּמָא פָּסוּל. עָלְתָה חֲזָזִית עָלָיו אִם בִּשְׁנַיִם וּשְׁלֹשָׁה מְקוֹמוֹת פָּסוּל. וְאִם בְּמָקוֹם אֶחָד אִם עָלְתָה עַל רֻבּוֹ פָּסוּל. וְאִם עַל דַּדּוֹ וַאֲפִלּוּ כָּל שֶׁהוּא פָּסוּל. נִקְלַף הַקְּרוּם הַחִיצוֹנָה שֶׁלּוֹ שֶׁאֵינוֹ מְחַסְּרוֹ אֶלָּא נִשְׁאַר יָרֹק כְּמוֹת שֶׁהִיא בְּרִיָּתוֹ אִם נִקְלַף כֻּלּוֹ פָּסוּל וְאִם נִשְׁאַר מִמֶּנּוּ כָּל שֶׁהוּא כָּשֵׁר:

ח. אֶתְרוֹג שֶׁהוּא תָּפוּחַ סָרוּחַ כָּבוּשׁ שָׁלוּק שָׁחֹר לָבָן מְנֻמָּר יָרֹק כְּכַרְתִּי פָּסוּל. גִּדְּלוֹ בִּדְפוּס וַעֲשָׂהוּ כְּמִין בְּרִיָּה אַחֶרֶת פָּסוּל. עֲשָׂהוּ כְּמִין בְּרִיָּתוֹ אַף עַל פִּי שֶׁעֲשָׂהוּ דַּפִּין דַּפִּין כָּשֵׁר. הַתָּיוֹם וְהַבֹּסֶר כָּשֵׁר. מָקוֹם שֶׁהָאֶתְרוֹגִין שֶׁלָּהֶם כְּעֵין שַׁחֲרוּת מְעוּטָה כְּשֵׁרִין. וְאִם הָיוּ שְׁחוֹרִים בְּיוֹתֵר כְּאָדָם כּוּשִׁי הֲרֵי זֶה פָּסוּל בְּכָל מָקוֹם:

ט. כָּל אֵלּוּ שֶׁאָמַרְנוּ שֶׁהֵם פְּסוּלִין מִפְּנֵי מוּמִין שֶׁבֵּאַרְנוּ אוֹ מִפְּנֵי גָּזֵל וּגְנֵבָה בְּיוֹם טוֹב רִאשׁוֹן בִּלְבַד אֲבָל בְּיוֹם טוֹב שֵׁנִי עִם שְׁאָר הַיָּמִים הַכֹּל כָּשֵׁר. וְהַפִּסְלָנוּת שֶׁהוּא מִשּׁוּם עֲבוֹדַת כּוֹכָבִים אוֹ מִפְּנֵי שֶׁאוֹתוֹ אֶתְרוֹג אָסוּר בַּאֲכִילָה בֵּין בְּיוֹם טוֹב רִאשׁוֹן בֵּין בִּשְׁאָר יָמִים פָּסוּל:

י. אֵין אָדָם יוֹצֵא בְּיוֹם טוֹב רִאשׁוֹן שֶׁל חַג בְּלוּלָבוֹ שֶׁל חֲבֵרוֹ שֶׁיִּשְׁאָלֶנּוּ מִמֶּנּוּ עַד שֶׁיִּתְּנֶנּוּ לוֹ בְּמַתָּנָה. נְתָנוֹ לוֹ עַל מְנָת לְהַחֲזִירוֹ הֲרֵי זֶה יוֹצֵא בּוֹ יְדֵי חוֹבָתוֹ וּמַחֲזִירוֹ. שֶׁמַּתָּנָה עַל מְנָת לְהַחֲזִיר שְׁמָהּ מַתָּנָה. וְאִם לֹא הֶחֱזִירוֹ לֹא יָצָא שֶׁנִּמְצָא כְּגָזוּל. וְאֵין נוֹתְנִין אוֹתוֹ לְקָטָן שֶׁהַקָּטָן קוֹנֶה וְאֵינוֹ מַקְנֶה לַאֲחֵרִים מִן הַתּוֹרָה וְנִמְצָא שֶׁאִם הֶחֱזִירוֹ לוֹ אֵינוֹ חוֹזֵר. וְאֶחָד הַלּוּלָב וְאֶחָד כָּל מִין וָמִין מֵאַרְבַּע מִינִין שֶׁבּוֹ אִם הָיָה אֶחָד מֵהֶן שָׁאוּל אֵין יוֹצְאִין בּוֹ בְּיוֹם טוֹב רִאשׁוֹן:

יא. שֻׁתָּפִין שֶׁקָּנוּ לוּלָב אוֹ אֶתְרוֹג בְּשֻׁתָּפוּת אֵין אֶחָד מֵהֶן יוֹצֵא בּוֹ יְדֵי חוֹבָתוֹ בָּרִאשׁוֹן עַד שֶׁיִּתֵּן לוֹ חֶלְקוֹ בְּמַתָּנָה. הָאַחִין שֶׁקָּנוּ אֶתְרוֹגִין מִתְּפִיסַת הַבַּיִת וְנָטַל אֶחָד מֵהֶן אֶתְרוֹג וְיָצָא בּוֹ. אִם יָכוֹל לְאָכְלוֹ וְאֵין הָאַחִין מַקְפִּידִין בְּכָךְ יָצָא. וְאִם הָיוּ מַקְפִּידִין לֹא יָצָא עַד שֶׁיִּתְּנוּ לוֹ חֶלְקָם בְּמַתָּנָה. וְאִם קָנָה זֶה אֶתְרוֹג וְזֶה פָּרִישׁ אוֹ שֶׁקָּנוּ כְּאֶחָד אֶתְרוֹג וְרִמּוֹן וּפָרִישׁ מִתְּפִיסַת הַבַּיִת אֵינוֹ יוֹצֵא בָּאֶתְרוֹג עַד שֶׁיִּתֵּן לוֹ חֶלְקוֹ בְּמַתָּנָה וְאַף עַל פִּי שֶׁאִם אֲכָלוֹ אֵין מַקְפִּידִין עָלָיו:

יב. אַף עַל פִּי שֶׁכָּל הַמּוֹעֲדוֹת מִצְוָה לִשְׂמֹחַ בָּהֶן. בְּחַג הַסֻּכּוֹת הָיְתָה בַּמִּקְדָּשׁ יוֹם שִׂמְחָה יְתֵרָה שֶׁנֶּאֱמַר (ויקרא כג מ) "וּשְׂמַחְתֶּם לִפְנֵי ה׳ אֱלֹהֵיכֶם שִׁבְעַת יָמִים". וְכֵיצַד הָיוּ עוֹשִׂין. עֶרֶב יוֹם טוֹב הָרִאשׁוֹן הָיוּ מְתַקְּנִין בַּמִּקְדָּשׁ מָקוֹם לַנָּשִׁים מִלְמַעְלָה וְלָאֲנָשִׁים מִלְּמַטָּה כְּדֵי שֶׁלֹּא יִתְעָרְבוּ אֵלּוּ עִם אֵלּוּ. וּמַתְחִילִין לִשְׂמֹחַ מִמּוֹצָאֵי יוֹם טוֹב הָרִאשׁוֹן. וְכֵן בְּכָל יוֹם וָיוֹם מִימֵי חֻלּוֹ שֶׁל מוֹעֵד מַתְחִילִין מֵאַחַר שֶׁיַּקְרִיבוּ תָּמִיד שֶׁל בֵּין הָעַרְבַּיִם לִשְׂמֹחַ לִשְׁאָר הַיּוֹם עִם כָּל הַלַּיְלָה:

יג. וְהֵיאַךְ הָיְתָה שִׂמְחָה זוֹ. הֶחָלִיל מַכֶּה וּמְנַגְּנִין בְּכִנּוֹר וּבִנְבָלִים וּבִמְצִלְתַּיִם וְכָל אֶחָד וְאֶחָד בִּכְלֵי שִׁיר שֶׁהוּא יוֹדֵעַ לְנַגֵּן בּוֹ. וּמִי שֶׁיּוֹדֵעַ בַּפֶּה בַּפֶּה. וְרוֹקְדִין וּמְסַפְּקִין וּמְטַפְּחִין וּמְפַזְּזִין וּמְכַרְכְּרִין כָּל אֶחָד וְאֶחָד כְּמוֹ שֶׁיּוֹדֵעַ וְאוֹמְרִים דִּבְרֵי שִׁירוֹת וְתִשְׁבָּחוֹת. וְשִׂמְחָה זוֹ אֵינָהּ דּוֹחָה לֹא אֶת הַשַּׁבָּת וְלֹא אֶת יוֹם טוֹב:

יד. מִצְוָה לְהַרְבּוֹת בְּשִׂמְחָה זוֹ. וְלֹא הָיוּ עוֹשִׂין אוֹתָהּ עַמֵּי הָאָרֶץ וְכָל מִי שֶׁיִּרְצֶה. אֶלָּא גְּדוֹלֵי חַכְמֵי יִשְׂרָאֵל וְרָאשֵׁי הַיְשִׁיבוֹת וְהַסַּנְהֶדְרִין וְהַחֲסִידִים וְהַזְּקֵנִים וְאַנְשֵׁי מַעֲשֶׂה הֵם שֶׁהָיוּ מְרַקְּדִין וּמְסַפְּקִין וּמְנַגְּנִין וּמְשַׂמְּחִין בַּמִּקְדָּשׁ בִּימֵי חַג הַסֻּכּוֹת. אֲבָל כָּל הָעָם הָאֲנָשִׁים וְהַנָּשִׁים כֻּלָּן בָּאִין לִרְאוֹת וְלִשְׁמֹעַ:

טו. הַשִּׂמְחָה שֶׁיִּשְׂמַח אָדָם בַּעֲשִׂיַּת הַמִּצְוָה וּבְאַהֲבַת הָאֵל שֶׁצִּוָּה בָּהֶן. עֲבוֹדָה גְּדוֹלָה הִיא. וְכָל הַמּוֹנֵעַ עַצְמוֹ מִשִּׂמְחָה זוֹ רָאוּי לְהִפָּרַע מִמֶּנּוּ שֶׁנֶּאֱמַר (דברים כח מז) "תַּחַת אֲשֶׁר לֹא עָבַדְתָּ אֶת ה׳ אֱלֹהֶיךָ בְּשִׂמְחָה וּבְטוּב לֵבָב". וְכָל הַמֵּגִיס דַּעְתּוֹ וְחוֹלֵק כָּבוֹד לְעַצְמוֹ וּמִתְכַּבֵּד בְּעֵינָיו בִּמְקוֹמוֹת אֵלּוּ חוֹטֵא וְשׁוֹטֶה. וְעַל זֶה הִזְהִיר שְׁלֹמֹה וְאָמַר (משלי כה ו) "אַל תִּתְהַדַּר לִפְנֵי מֶלֶךְ". וְכָל הַמַּשְׁפִּיל עַצְמוֹ וּמֵקֵל גּוּפוֹ בִּמְקוֹמוֹת אֵלּוּ הוּא הַגָּדוֹל הַמְכֻבָּד הָעוֹבֵד מֵאַהֲבָה. וְכֵן דָּוִד מֶלֶךְ יִשְׂרָאֵל אָמַר (שמואל ב ו כב) "וּנְקַלֹּתִי עוֹד מִזֹּאת וְהָיִיתִי שָׁפָל בְּעֵינָי". וְאֵין הַגְּדֻלָּה וְהַכָּבוֹד אֶלָּא לִשְׂמֹחַ לִפְנֵי ה׳ שֶׁנֶּאֱמַר (שמואל ב ו טז) "וְהַמֶּלֶךְ דָּוִד מְפַזֵּז וּמְכַרְכֵּר לִפְנֵי ה׳": סְלִיק הִלְכוֹת שׁוֹפָר סֻכָּה וְלוּלָב

Additional, Useful Features of Interest
for Studying Rambam's Mishneh Torah

Scan QR code onto your mobile device to link to our website.
https://rambampress.com/

הלכות שקלים

Hilchot Shekalim

THE LAWS OF THE HALF-SHEKEL

Consist of one positive commandment, for each man to give a half-shekel each year.

מצות עשה אחת והוא ליתן כל איש מחצית השקל בכל שנה.

Reminder:
Pack on Weights and Measures

Perek 1

Introduction. *Machtzit Hashekel* (half *shekel*)

Every person to give ½ *shekel* every year[1].

- Every adult Jewish male gave ½ shekel once a year
- This amount had to be given all at once
- Through time if ½ *shekel* was not current, one could give ½ of the common currency
- But this should never be less than that given at the time of *Mosheh, namely the weight of 160* barley corns of silver. (The shekel at the time of Mosheh Rabenu weighed 320 barleycorns of silver, and the Rabbis added to this and made it weigh 384 barley corns of silver.)
- Observed only during time when Temple standing (however we still observe the half *shekel* as a custom, on *Taanit Esther*)

Procedure

First of *Adar, Bet Din* announce the collection of the half *shekalim.*

On 15th *Adar* money changers would sit and gently prod the people to give.

Collection was on 25th *Adar* in Temple, and at this stage anyone who had not yet given was compelled to give.

פרק א׳

א. מִצְוַת עֲשֵׂה מִן הַתּוֹרָה לִתֵּן כָּל אִישׁ מִיִּשְׂרָאֵל מַחֲצִית הַשֶּׁקֶל בְּכָל שָׁנָה וְשָׁנָה. אֲפִלּוּ עָנִי הַמִּתְפַּרְנֵס מִן הַצְּדָקָה חַיָּב. וְשׁוֹאֵל מֵאֲחֵרִים אוֹ מוֹכֵר כְּסוּת שֶׁעַל כְּתֵפוֹ וְנוֹתֵן מַחֲצִית הַשֶּׁקֶל כֶּסֶף שֶׁנֶּאֱמַר (שמות ל טו) "הֶעָשִׁיר לֹא יַרְבֶּה וְהַדַּל לֹא יַמְעִיט" וְגוֹ׳. וְאֵינוֹ נוֹתְנוֹ בִּפְעָמִים רַבּוֹת הַיּוֹם מְעַט וּלְמָחָר מְעַט אֶלָּא נוֹתְנוֹ כֻּלּוֹ כְּאַחַת בְּפַעַם אַחַת:

ב. מִנַּיִן כֶּסֶף הָאָמוּר בַּתּוֹרָה בְּאוֹנֵס וּבִמְפַתֶּה וּבְמוֹצִיא שֵׁם רַע וְהוֹרֵג עֶבֶד הוּא כֶּסֶף הוּא שֶׁקֶל הַנֶּאֱמָר בְּכָל מָקוֹם בַּתּוֹרָה. וּמִשְׁקָלוֹ שְׁלֹשׁ מֵאוֹת וְעֶשְׂרִים שְׂעוֹרָה. וּכְבָר הוֹסִיפוּ חֲכָמִים עָלָיו וְעָשׂוּ מִשְׁקָלוֹ כְּמִשְׁקַל הַמַּטְבֵּעַ הַנִּקְרָא סֶלַע בִּזְמַן בַּיִת שֵׁנִי. וְכַמָּה הוּא מִשְׁקַל הַסֶּלַע שְׁלֹשׁ מֵאוֹת וְאַרְבַּע וּשְׁמוֹנִים שְׂעוֹרָה בֵּינוֹנִית:

ג. הַסֶּלַע אַרְבָּעָה דִּינָרִין וְהַדִּינָר שֵׁשׁ מָעִין. וּמָעָה הִיא הַנִּקְרֵאת בִּימֵי מֹשֶׁה רַבֵּנוּ גֵּרָה. וּמָעָה הִיא שְׁנֵי פּוּנְדְּיוֹנִין וּפוּנְדְּיוֹן שְׁנֵי אִיסָרִין. וּפְרוּטָה אַחַת מִשְּׁמוֹנָה בְּאִיסָר. נִמְצָא מִשְׁקַל הַמָּעָה וְהִיא הַגֵּרָה שֵׁשׁ עֶשְׂרֵה שְׂעוֹרוֹת. וּמִשְׁקַל הָאִיסָר אַרְבַּע שְׂעוֹרוֹת. וּמִשְׁקַל הַפְּרוּטָה חֲצִי שְׂעוֹרָה:

ד. וְעוֹד מַטְבֵּעַ אַחֵר הָיָה שָׁם שֶׁהָיָה מִשְׁקָלוֹ שְׁתֵּי סְלָעִים וְהוּא הָיָה נִקְרָא דַּרְכּוֹן. וְאֵלּוּ הַמַּטְבְּעוֹת כֻּלָּן שֶׁאָמַרְנוּ וּבֵאַרְנוּ מִשְׁקַל כָּל אֶחָד מֵהֶן הֵן שֶׁמְּשַׁעֲרִין בָּהֶן בְּכָל מָקוֹם. וּכְבָר בֵּאַרְנוּם כְּדֵי שֶׁלֹּא אֶהְיֶה צָרִיךְ לְפָרֵשׁ מִשְׁקָלָם בְּכָל מָקוֹם:

ה. מַחֲצִית הַשֶּׁקֶל זוֹ מִצְוָתָהּ שֶׁיִּתֵּן מַחֲצִית מַטְבֵּעַ שֶׁל אוֹתוֹ הַזְּמַן אֲפִלּוּ הָיָה אוֹתוֹ מַטְבֵּעַ גָּדוֹל מִשֶּׁקֶל הַקֹּדֶשׁ. וּלְעוֹלָם אֵינוֹ שׁוֹקֵל פָּחוֹת מֵחֲצִי הַשֶּׁקֶל שֶׁהָיָה בִּימֵי מֹשֶׁה רַבֵּנוּ שֶׁהוּא מִשְׁקָלוֹ מֵאָה וְשִׁשִּׁים שְׂעוֹרָה:

ו. בִּזְמַן שֶׁהָיָה מַטְבֵּעַ שֶׁל אוֹתוֹ זְמַן דַּרְכּוֹנוֹת הָיָה כָּל אֶחָד וְאֶחָד נוֹתֵן בְּמַחֲצִית הַשֶּׁקֶל שֶׁלּוֹ סֶלַע. וּבִזְמַן שֶׁהָיָה הַמַּטְבֵּעַ סְלָעִים הָיָה נוֹתֵן כָּל אֶחָד בְּמַחֲצִית הַשֶּׁקֶל שֶׁלּוֹ חֲצִי סֶלַע שֶׁהוּא שְׁנֵי דִּינָרִין. וּבִזְמַן שֶׁהָיָה הַמַּטְבֵּעַ חֲצִי סֶלַע הָיָה כָּל אֶחָד וְאֶחָד נוֹתֵן בְּמַחֲצִית הַשֶּׁקֶל אוֹתוֹ חֲצִי הַסֶּלַע. וּמֵעוֹלָם לֹא שָׁקְלוּ יִשְׂרָאֵל בְּמַחֲצִית הַשֶּׁקֶל פָּחוֹת מֵחֲצִי שֶׁקֶל שֶׁל תּוֹרָה:

ז. הַכֹּל חַיָּבִין לִתֵּן מַחֲצִית הַשֶּׁקֶל כֹּהֲנִים לְוִיִּם וְיִשְׂרְאֵלִים וְגֵרִים וַעֲבָדִים מְשֻׁחְרָרִים. אֲבָל לֹא נָשִׁים וְלֹא עֲבָדִים וְלֹא קְטַנִּים. וְאִם נָתְנוּ מְקַבְּלִין מֵהֶם. אֲבָל הַכּוּתִים שֶׁנָּתְנוּ מַחֲצִית הַשֶּׁקֶל אֵין מְקַבְּלִין מֵהֶם. קָטָן שֶׁהִתְחִיל אָבִיו לִתֵּן עָלָיו מַחֲצִית הַשֶּׁקֶל שׁוּב אֵינוֹ פּוֹסֵק אֶלָּא נוֹתֵן עָלָיו בְּכָל שָׁנָה וְשָׁנָה עַד שֶׁיַּגְדִּיל וְיִתֵּן עַל עַצְמוֹ:

ח. הַשְּׁקָלִים אֵינָן נוֹהֲגִין אֶלָּא בִּפְנֵי הַבַּיִת. וּבִזְמַן שֶׁבֵּית הַמִּקְדָּשׁ קַיָּם נוֹתְנִין אֶת הַשְּׁקָלִים בֵּין בְּאֶרֶץ יִשְׂרָאֵל בֵּין בְּחוּצָה לָאָרֶץ. וּבִזְמַן שֶׁהוּא חָרֵב אֲפִלּוּ בְּאֶרֶץ יִשְׂרָאֵל אֵין נוֹהֲגִין:

ט. בְּאֶחָד בַּאֲדָר מַשְׁמִיעִין עַל הַשְּׁקָלִים כְּדֵי שֶׁיָּכִין כָּל אֶחָד וְאֶחָד מַחֲצִית הַשֶּׁקֶל שֶׁלּוֹ. וְיִהְיֶה עָתִיד לִתֵּן. בַּחֲמִשָּׁה עָשָׂר בּוֹ יָשְׁבוּ הַשֻּׁלְחָנִים בְּכָל מְדִינָה וּמְדִינָה וְתוֹבְעִין בְּנַחַת כָּל מִי שֶׁיִּתֵּן לָהֶם יְקַבְּלוּ מִמֶּנּוּ וּמִי שֶׁלֹּא נָתַן אֵין כּוֹפִין אוֹתוֹ לִתֵּן. בַּחֲמִשָּׁה וְעֶשְׂרִים בּוֹ יָשְׁבוּ בַּמִּקְדָּשׁ לִגְבּוֹת. וּמִכָּאן וְאֵילָךְ כּוֹפִין אֶת מִי שֶׁלֹּא נָתַן עַד שֶׁיִּתֵּן. וְכָל מִי שֶׁלֹּא יִתֵּן מְמַשְׁכְּנִין אוֹתוֹ וְלוֹקְחִין עֲבוֹטוֹ בְּעַל כָּרְחוֹ וַאֲפִלּוּ כְּסוּתוֹ:

י. כָּל מִי שֶׁאֵינוֹ חַיָּב בִּשְׁקָלִים אַף עַל פִּי שֶׁדַּרְכּוֹ לִתֵּן אוֹ הוּא עָתִיד לִתֵּן אֵין מְמַשְׁכְּנִין אוֹתוֹ. וְאֵין מְמַשְׁכְּנִין אֶת הַכֹּהֲנִים לְעוֹלָם מִפְּנֵי דַּרְכֵי שָׁלוֹם אֶלָּא כְּשֶׁיִּתְּנוּ מְקַבְּלִין מֵהֶן וְתוֹבְעִין אוֹתָן עַד שֶׁיִּתְּנוּ:

Perek 2

Procedure continued

How money changers collected.

Two chests were positioned in every city. They were shaped wide at the bottom and narrow at the top.

One was for funds of current year and one for funds of past year debts.

In the Temple there were 13 chests.

- *Shekalim* of first year
- *Shekalim* of previous year
- Funds for 2 turtle doves (one for Burnt Offering and one for Sin Offering)
- Funds for doves for Burnt Offering only
- Donations for wood
- Donations for frankincense
- Gold donations for Ark cover

- Excess funds from Sin Offering
- Excess funds from Guilt Offering
- Excess funds from doves of *zav* and childbirth
- Excess funds from *Nazir*
- Excess funds from Offering of *Metzora*

Reminder:
Metzora
Ref: Sefer Korbanot, Hilchot Mechusrei Kaparah, Chapter 4

- Pledges for a Burnt Offering

However, the *Bet Din* decreed that all excess Sacrifice money could be used for Burnt Offering of animals i.e. from last 6 categories.

Reminder:
Pack on Korbanot Basics
Pack on Korbanot (Sacrifices)

After collection of half *shekalim*, they were taken to one of the Chambers of the Temple where they were stored in three large baskets. (*Trumat Halishkah*)

The size of each basket was enough to contain 9 *seah*. Excess money to this was left in the Chamber (*Shearei Halishkah*)

Funds were taken out from this chamber 3 times / year

- *Rosh Chodesh Nissan*
- 15 days before *Shavuot*
- Near to *Rosh Chodesh Tishrei*

The funds were used mainly for sacrifices and included the entire Jewish People for atonement.

פרק ב׳

א. כֵּיצַד כּוֹנְסִין הַשְּׁלֻחָנִים אֶת הַשְּׁקָלִים בְּכָל מְדִינָה וּמְדִינָה. מַנִּיחִין לִפְנֵיהֶם שְׁתֵּי תֵּבוֹת שׁוּלֵי הַתֵּבָה רְחָבִין מִלְּמַטָּה וּפִיהָ צַר מִלְּמַעְלָה כְּמִין שׁוֹפָר כְּדֵי שֶׁיַּשְׁלִיכוּ לְתוֹכָן וְלֹא יִהְיֶה אֶפְשָׁר לִקַּח מֵהֶן בְּנַחַת. וְלָמָּה עוֹשִׂין שְׁתֵּי תֵּבוֹת. אַחַת שֶׁמַּשְׁלִיכִין בָּהּ שְׁקָלִים שֶׁל שָׁנָה זוֹ. וְהַשְּׁנִיָּה מַנִּיחִין בָּהּ שִׁקְלֵי שָׁנָה שֶׁעָבְרָה. שֶׁגּוֹבִין מִמִּי שֶׁלֹּא שָׁקַל בְּשָׁנָה שֶׁעָבְרָה:

ב. וּבַמִּקְדָּשׁ הָיָה לִפְנֵיהֶם תָּמִיד שְׁלֹשׁ עֶשְׂרֵה תֵּבוֹת. כָּל תֵּבָה כְּמִין שׁוֹפָר. רִאשׁוֹנָה לְשִׁקְלֵי שָׁנָה זוֹ. שְׁנִיָּה לְשִׁקְלֵי שָׁנָה שֶׁעָבְרָה. שְׁלִישִׁית לְכָל מִי שֶׁיֵּשׁ עָלָיו קָרְבַּן שְׁתֵּי תּוֹרִים אוֹ שְׁנֵי בְּנֵי יוֹנָה אֶחָד עוֹלָה וְאֶחָד חַטָּאת מַשְׁלִיךְ דְּמֵיהֶן לְתֵבָה זוֹ. רְבִיעִית לְכָל מִי שֶׁיֵּשׁ עָלָיו עוֹלַת הָעוֹף בִּלְבַד מַשְׁלִיךְ דָּמֶיהָ לְתֵבָה זוֹ. חֲמִישִׁית לְמִי שֶׁהִתְנַדֵּב מָעוֹת לִקְנוֹת עֵצִים לַמַּעֲרָכָה בָּהֶן. שִׁשִּׁית לְמִי שֶׁהִתְנַדֵּב מָעוֹת לִלְבוֹנָה. שְׁבִיעִית לְמִי שֶׁהִתְנַדֵּב זָהָב לַכַּפֹּרֶת. שְׁמִינִית לְמוֹתַר חַטָּאת כְּגוֹן שֶׁהִפְרִישׁ מָעוֹת לְחַטָּאתוֹ וְלָקַח חַטָּאת

וְהוֹתִיר מִן הַמָּעוֹת יַשְׁלִיךְ הַשְּׁאָר לְתוֹכָהּ. תְּשִׁיעִית לְמוֹתַר אָשָׁם. עֲשִׂירִית לְמוֹתַר קִנֵּי זָבִים וְזָבוֹת וְיוֹלְדוֹת. אַחַת עֶשְׂרֵה לְמוֹתַר קָרְבְּנוֹת נָזִיר. שְׁתֵּים עֶשְׂרֵה לְמוֹתַר אֲשַׁם מְצֹרָע. שְׁלֹשׁ עֶשְׂרֵה לְמִי שֶׁהִתְנַדֵּב מָעוֹת לְעוֹלַת בְּהֵמָה:

ג. וְשֵׁם כָּל דָּבָר שֶׁיִּהְיוּ מָעוֹתָיו בְּתוֹךְ הַתֵּבָה כָּתוּב עַל הַתֵּבָה מִבַּחוּץ. וּתְנַאי בֵּית דִּין הוּא עַל כָּל הַמּוֹתָרוֹת שֶׁיִּקָּרְבוּ עוֹלַת בְּהֵמָה. נִמְצֵאתָ לָמֵד שֶׁכָּל הַמָּעוֹת הַנִּמְצָאוֹת בְּשֵׁשׁ הַתֵּבוֹת הָאַחֲרוֹנוֹת לְעוֹלַת בְּהֵמָה וְעוֹרוֹתֶיהָ לַכֹּהֲנִים כִּשְׁאָר כָּל הָעוֹרוֹת. וְכָל הַמָּעוֹת שֶׁבְּתֵבָה שְׁלִישִׁית לִקַּח בָּהֶן עוֹפוֹת חֶצְיָן עוֹלוֹת וְחֶצְיָן חַטָּאוֹת. וְשֶׁבָּרְבִיעִית כֻּלָּן עוֹלַת הָעוֹף:

ד. בְּכָל מְדִינָה וּמְדִינָה כְּשֶׁגּוֹבִין הַשְּׁקָלִים מְשַׁלְּחִין אוֹתָן בְּיַד שְׁלוּחִים לַמִּקְדָּשׁ. וְיֵשׁ לָהֶם לְצָרֵף אוֹתָן בְּדִינְרֵי זָהָב מִפְּנֵי מַשּׂאוֹי הַדֶּרֶךְ. וְהַכֹּל מִתְקַבְּצִין לַמִּקְדָּשׁ וּמַנִּיחִין אוֹתָן בְּלִשְׁכָּה אַחַת מִן הַלְּשָׁכוֹת בַּמִּקְדָּשׁ וְסוֹגְרִין כָּל דַּלְתוֹתֶיהָ בְּמַפְתְּחוֹת וְחוֹתְמִין עָלֶיהָ חוֹתָמוֹת וּמְמַלְּאִין מִכָּל הַשְּׁקָלִים שֶׁיִּתְקַבְּצוּ שָׁם שָׁלֹשׁ קֻפּוֹת גְּדוֹלוֹת שִׁעוּר כָּל קֻפָּה כְּדֵי שֶׁתָּכִיל תֵּשַׁע סְאִין וְהַשְּׁאָר מַנִּיחִין אוֹתוֹ בַּלִּשְׁכָּה. וְזֶה שֶׁבְּתוֹךְ הַקֻּפּוֹת הוּא הַנִּקְרָא תְּרוּמַת הַלִּשְׁכָּה וְזֶה שֶׁיִּשָּׁאֵר שָׁם יֶתֶר עַל מַה שֶּׁיֵּשׁ בַּקֻּפּוֹת הוּא הַנִּקְרָא שְׁיָרֵי הַלִּשְׁכָּה:

ה. בִּשְׁלֹשָׁה פְּרָקִים בַּשָּׁנָה תּוֹרְמִין אֶת הַלִּשְׁכָּה. בְּרֹאשׁ חֹדֶשׁ נִיסָן. וּבְרֹאשׁ חֹדֶשׁ תִּשְׁרֵי קֹדֶם יוֹם טוֹב אוֹ אַחֲרָיו. וְקֹדֶם עֲצֶרֶת בַּחֲמִשָּׁה עָשָׂר יוֹם. וְכֵיצַד תּוֹרְמִין אוֹתָהּ. אֶחָד נִכְנַס לִפְנִים מִן הַלִּשְׁכָּה וְהַשּׁוֹמְרִין עוֹמְדִים בַּחוּץ וְהוּא אוֹמֵר לָהֶם אֶתְרֹם וְהֵן אוֹמְרִים לוֹ תְּרֹם תְּרֹם תְּרֹם שְׁלֹשָׁה פְּעָמִים. וְאַחַר כָּךְ מְמַלֵּא שָׁלֹשׁ קֻפּוֹת קְטַנּוֹת כָּל קֻפָּה מֵהֶן מְכִילָה שָׁלֹשׁ סְאִין מֵאוֹתָן שָׁלֹשׁ קֻפּוֹת הַגְּדוֹלוֹת וּמוֹצִיאָן לַחוּץ כְּדֵי לְהִסְתַּפֵּק מֵהֶן עַד שֶׁיִּכְלוּ. וְחוֹזֵר וּמְמַלֵּא אוֹתָן הַשָּׁלֹשׁ קֻפּוֹת הַקְּטַנּוֹת מִן שָׁלֹשׁ גְּדוֹלוֹת פַּעַם שְׁנִיָּה קֹדֶם עֲצֶרֶת וּמִסְתַּפְּקִין מֵהֶן עַד שֶׁיִּכְלוּ:

ו. וְחוֹזֵר וּמְמַלֵּא אוֹתָן פַּעַם שְׁלִישִׁית מִן הַשָּׁלֹשׁ קֻפּוֹת הַגְּדוֹלוֹת בְּתִשְׁרֵי וּמִסְתַּפְּקִין מֵהֶן עַד שֶׁיִּכְלוּ עַד רֹאשׁ חֹדֶשׁ נִיסָן. וּבְרֹאשׁ חֹדֶשׁ נִיסָן תּוֹרְמִין מִתְּרוּמָה חֲדָשָׁה. לֹא הִסְפִּיקוּ לָהֶן הַשְּׁקָלִים שֶׁבְּשָׁלֹשׁ קֻפּוֹת הַגְּדוֹלוֹת וְכָלוּ עַד שֶׁלֹּא הִגִּיעַ נִיסָן חוֹזְרִין וְתוֹרְמִין מִשְּׁיָרֵי הַלִּשְׁכָּה:

ז. שָׁלֹשׁ קֻפּוֹת הַקְּטַנּוֹת שֶׁהוּא תּוֹרֵם בָּהֶם וּמוֹצִיאָן לַחוּץ כָּתוּב עֲלֵיהֶן אָלֶ"ף בֵּי"ת גִּימֶ"ל כְּדֵי שֶׁיִּסְתַּפְּקוּ מִן הָרִאשׁוֹנָה עַד שֶׁתִּכְלֶה. וְאַחַר כָּךְ מִסְתַּפְּקִין מִן הַשְּׁנִיָּה. וְאַחַר כָּךְ מִסְתַּפְּקִין מִן הַשְּׁלִישִׁית. וְתוֹרֵם רִאשׁוֹנָה מִן הַקֻּפָּה הָאַחַת הַגְּדוֹלָה וּמְחַפֶּה אוֹתָהּ הַגְּדוֹלָה בִּמְטַפַּחַת. וְתוֹרֵם הַשְּׁנִיָּה מֵהַקֻּפָּה הַגְּדוֹלָה הַשְּׁנִיָּה וּמְחַפֶּה אוֹתָהּ הַגְּדוֹלָה בִּמְטַפַּחַת. וְתוֹרֵם הַשְּׁלִישִׁית מִן הַקֻּפָּה הַגְּדוֹלָה הַשְּׁלִישִׁית וְאֵינוֹ מְחַפֶּה אוֹתָהּ בִּמְטַפַּחַת כְּדֵי שֶׁתִּהְיֶה נִכֶּרֶת שֶׁבָּהּ סִיֵּם. וְיַתְחִיל מִמֶּנָּה בַּתְּחִלָּה בְּפַעַם שְׁנִיָּה כְּשֶׁיִּכָּנֵס קֹדֶם עֲצֶרֶת. וְתוֹרֵם הָרִאשׁוֹנָה מִן הַגְּדוֹלָה שֶׁהָיְתָה מְגֻלָּה וּמְחַפֶּה אוֹתָהּ. וְתוֹרֵם הַשְּׁנִיָּה מִן הַגְּדוֹלָה שֶׁתָּרַם מִמֶּנָּה בָּרִאשׁוֹנָה תְּחִלָּה וּמְחַפֶּה אוֹתָהּ. וְתוֹרֵם הַשְּׁלִישִׁית מִן הַגְּדוֹלָה הַסְּמוּכָה לָהּ וְאֵינוֹ מְחַפֶּה אוֹתָהּ כְּדֵי שֶׁיַּתְחִיל מִמֶּנָּה בַּתְּחִלָּה בְּפַעַם שְׁלִישִׁית כְּשֶׁיִּכָּנֵס בְּתִשְׁרֵי. עַד שֶׁנִּמְצָא תּוֹרֵם רִאשׁוֹנָה וּשְׁנִיָּה וּשְׁלִישִׁית הַקְּטַנּוֹת מִכָּל אַחַת וְאַחַת מִן הַגְּדוֹלוֹת:

ח. כְּשֶׁהוּא תּוֹרֵם שָׁלֹשׁ קֻפּוֹת אֵלּוּ תּוֹרֵם אֶת הָרִאשׁוֹנָה לְשֵׁם אֶרֶץ יִשְׂרָאֵל. וְהַשְּׁנִיָּה לְשֵׁם הַכְּרַכִּין הַמֻּקָּפִין לָהּ וּלְשֵׁם כָּל (אֶרֶץ) יִשְׂרָאֵל. וְהַשְּׁלִישִׁית לְשֵׁם בָּבֶל וּלְשֵׁם מָדַי וּלְשֵׁם הַמְּדִינוֹת הָרְחוֹקוֹת וּלְשֵׁם שְׁאָר כָּל יִשְׂרָאֵל:

ט. כְּשֶׁהוּא תּוֹרֵם מִתְכַּוֵּן לִתְרֹם עַל הַגָּבוּי שֶׁיֵּשׁ בַּלִּשְׁכָּה. וְעַל הַגָּבוּי שֶׁעֲדַיִן לֹא הִגִּיעַ לַלִּשְׁכָּה. וְעַל הֶעָתִיד לִגָּבוֹת כְּדֵי שֶׁיִּהְיוּ אֵלּוּ הַשְּׁקָלִים שֶׁהוֹצִיאָן לְהִסְתַּפֵּק מֵהֶן כַּפָּרָה עַל כָּל יִשְׂרָאֵל וּכְאִלּוּ הִגִּיעוּ כָּל שִׁקְלֵיהֶן לַלִּשְׁכָּה וְנִתְרְמָה מֵהֶן תְּרוּמָה זוֹ:

י. כְּשֶׁיִּכָּנֵס הַתּוֹרֵם לִתְרֹם לֹא יִכָּנֵס בְּבֶגֶד שֶׁאֶפְשָׁר לְהַחְבּוֹת בּוֹ כֶּסֶף וְלֹא בְּמִנְעָל וְלֹא בְּסַנְדָּל וְלֹא בִּתְפִלָּה וְלֹא בְּקָמֵעַ שֶׁמָּא יַחְשְׁדוּ אוֹתוֹ הָעָם וְיֹאמְרוּ הֶחְבִּיא מִמְּעוֹת הַלִּשְׁכָּה תַּחְתָּיו כְּשֶׁתָּרַם. וּמְדַבְּרִים הָיוּ עִמּוֹ מִשָּׁעָה שֶׁיִּכָּנֵס עַד שָׁעָה שֶׁיֵּצֵא כְּדֵי שֶׁלֹּא יִתֵּן לְתוֹךְ פִּיו. וְאַף עַל פִּי שֶׁנִּזְהָרִים כָּל כָּךְ עָנִי אוֹ מִי שֶׁהוּא נִבְהַל לַהוֹן לֹא יִתְרֹם מִפְּנֵי הַחֲשָׁד שֶׁנֶּאֱמַר (במדבר לב כב) "וִהְיִיתֶם נְקִיִּם מֵה' וּמִיִּשְׂרָאֵל":

Perek 3

Collection of Half *Shekel*

Money changers were entitled to charge a *Kolbon* to exchange a *shekel* for 2 half *shekalim*.

Kolbon* = ½ *maah* = 1⁄12 *Dinar

The *kolbon* was also consecrated property but was kept separately from the *shekalim*.

	Liability and consecration	Explanation
One individual changes a *shekel* for 2 half *shekel* and pays 1 *kolbon*	Duty discharged	
2 Individuals change 1 *shekel* and pay 1 *kolbon*	Duty discharged	
Women, Slaves, Priests	Not liable	Their contribution is voluntary and therefore do not need to pay the *kolbon*
Loss of half *shekel*	Liable	Up until it reaches Temple Treasures
An unpaid *shaliach* (agent) is delivering *shekalim* for community and loses them 📖 *Derabanan* an oath must be taken whenever consecrated property involved	Community liable	Half *shekalim* must be given a second time Even if first set found, both sets belong to Temple
A paid *shaliach* loses the *shekalim*		Depending on circumstances *shaliach may* be liable and community *may* be liable to pay again
Gives half *shekel* from funds already consecrated	Duty discharged	But obligated to correct the mis-appropriation
Gives half *shekel* from apostate city	Not consecrated	As if gave nothing
Set aside coin but then discovered that he was not liable	Not consecrated	Mistaken consecration does not result in consecration
Sets aside *shekel* and then dies		A dead person does not need atonement
Puts aside coins to save for half *shekel* and over saves		Extra cash not consecrated
Funds found near a chest in Temple		Belong to chest closest to it

Reminder:

Definition of Watchmen, Borrowers etc.

Sefer Mishpatim, Hilchot Sechirut, Chapters 1 and 2

פרק ג׳

א. חֲצָיֵי הַשְּׁקָלִים הַכֹּל צְרִיכִין לְהֵן כְּדֵי שֶׁיִּתֵּן כָּל אֶחָד וְאֶחָד חֲצִי שֶׁקֶל שֶׁהוּא חַיָּב. לְפִיכָךְ כְּשֶׁהָיָה אָדָם הוֹלֵךְ אֵצֶל הַשֻּׁלְחָנִי וּמְצָרֵף שֶׁקֶל בִּשְׁנֵי חֲצָאִין יִתֵּן לוֹ תּוֹסֶפֶת עַל הַשֶּׁקֶל. וְאוֹתָהּ הַתּוֹסֶפֶת נִקְרֵאת קָלְבּוֹן. לְפִיכָךְ שְׁנַיִם שֶׁנָּתְנוּ שֶׁקֶל עַל שְׁנֵיהֶם חַיָּבִין בְּקָלְבּוֹן:

ב. כָּל מִי שֶׁאֵינוֹ חַיָּב בִּשְׁקָלִים כְּגוֹן שְׁתֵּי נָשִׁים אוֹ שְׁנֵי עֲבָדִים שֶׁנָּתְנוּ שֶׁקֶל פְּטוּרִים מִן הַקָּלְבּוֹן. וְכֵן אִם הָיָה אֶחָד חַיָּב וְאֶחָד פָּטוּר וְנָתַן הַחַיָּב עַל יַד הַפָּטוּר כְּגוֹן אִישׁ שֶׁנָּתַן שֶׁקֶל עָלָיו וְעַל אִשָּׁה אוֹ עֶבֶד פָּטוּר מִן הַקָּלְבּוֹן. וְכֵן הַכֹּהֲנִים פְּטוּרִין מִן הַקָּלְבּוֹן וְהַשּׁוֹקֵל עַל יַד הַכֹּהֵן פָּטוּר מִן הַקָּלְבּוֹן:

ג. הַנּוֹתֵן שֶׁקֶל עָלָיו וְעַל הֶעָנִי אוֹ עַל שְׁכֵנוֹ אוֹ עַל בֶּן עִירוֹ. אִם נְתָנוֹ לָהֶם מַתָּנָה פָּטוּר מִן הַקָּלְבּוֹן. שֶׁהֲרֵי נָתַן חֲצִי שֶׁקֶל מַתָּנָה כְּדֵי לְהַרְבּוֹת בִּשְׁקָלִים. וְאִם נָתַן לָהֶם הַחֵצִי שֶׁשָּׁקַל עַל יָדָם דֶּרֶךְ הַלְוָאָה עַד שֶׁיַּחֲזִירוּ לוֹ כְּשֶׁתִּמְצָא יָדָם חַיָּב הַקָּלְבּוֹן:

ד. הָאַחִין שֶׁעֲדַיִן לֹא חָלְקוּ מַה שֶּׁהִנִּיחַ לָהֶם אֲבִיהֶם. וְכֵן הַשֻּׁתָּפִים שֶׁנָּתְנוּ שֶׁקֶל עַל יְדֵי שְׁנֵיהֶם פְּטוּרִין מִן הַקָּלְבּוֹן. בַּמֶּה דְּבָרִים אֲמוּרִים בְּשֻׁתָּפִין שֶׁנָּשְׂאוּ וְנָתְנוּ בְּמָעוֹת הַשֻּׁתָּפוּת וְנִשְׁתַּנָּה עֵין הַמָּעוֹת. אֲבָל אִם הֵבִיא זֶה מְעוֹתָיו וְזֶה מְעוֹתָיו וְעֵרְבוּם וַעֲדַיִן לֹא נִשְׁתַּנּוּ הַמָּעוֹת וְלֹא הוֹצִיאוּם הֲרֵי אֵלּוּ חַיָּבִין בְּקָלְבּוֹן. נָשְׂאוּ וְנָתְנוּ וְאַחַר זְמַן חָלְקוּ וְחָזְרוּ וְנִשְׁתַּתְּפוּ חַיָּבִין בְּקָלְבּוֹן עַד שֶׁיִּשְׂאוּ וְיִתְּנוּ בְּשֻׁתָּפוּת זוֹ הָאַחֲרוֹנָה וְיִשְׁתַּנּוּ הַמָּעוֹת:

ה. הָאַחִין וְהַשֻּׁתָּפִין שֶׁהָיָה לָהֶן בְּהֵמָה וּכְסָפִים וְחָלְקוּ בִּכְסָפִים חַיָּבִים בְּקָלְבּוֹן. אַף עַל פִּי שֶׁעֲדַיִן לֹא חָלְקוּ הַבְּהֵמָה. וְאִם חָלְקוּ הַבְּהֵמָה וְלֹא חָלְקוּ הַכְּסָפִים פְּטוּרִין מִן הַקָּלְבּוֹן עַד שֶׁיַּחְלְקוּ הַכְּסָפִים וְאֵין אוֹמְרִין הֲרֵי הֵם עוֹמְדִין לַחֲלוּקָה:

ו. הַנּוֹתֵן שֶׁקֶל לְהֶקְדֵּשׁ כְּדֵי שֶׁיַּחְשְׁבוּ לוֹ מַחֲצִית הַשֶּׁקֶל שֶׁהוּא חַיָּב בָּהּ וְיִטֹּל חֲצִי שֶׁקֶל מִמַּה שֶּׁנִּגְבָּה מִן הָאֲחֵרִים חַיָּב שְׁנֵי קָלְבּוֹנוֹת. שֶׁאִלּוּ הָיָה הַשֶּׁקֶל כֻּלּוֹ לִשְׁקָלִים הָיָה חַיָּב קָלְבּוֹן אֶחָד:

ז. כַּמָּה הוּא שִׁעוּר הַקָּלְבּוֹן. בִּזְמַן שֶׁהָיוּ נוֹתְנִין בְּמַחֲצִית הַשֶּׁקֶל שְׁנֵי דִּינָרִין הָיָה הַקָּלְבּוֹן חֲצִי מָעָה שֶׁהוּא אֶחָד מִשְּׁנֵים עָשָׂר בְּדִינָר. וּמֵעוֹלָם לֹא נִתַּן הַקָּלְבּוֹן פָּחוֹת מִזֶּה. וְהַקָּלְבּוֹנוֹת אֵינָן כִּשְׁקָלִים אֶלָּא מַנִּיחִין אוֹתָן הַשֻּׁלְחָנִים בִּפְנֵי עַצְמָן עַד שֶׁיִּסְתַּפֵּק מֵהֶן הַהֶקְדֵּשׁ:

ח. מִי שֶׁאָבַד שִׁקְלוֹ חַיָּב בְּאַחְרָיוּתוֹ עַד שֶׁיִּמְסְרֶנּוּ לַגִּזְבָּר. בְּנֵי הָעִיר שֶׁשָּׁלְחוּ אֶת שִׁקְלֵיהֶן בְּיַד שָׁלִיחַ וְנִגְנְבוּ אוֹ אָבְדוּ. אִם שׁוֹמֵר חִנָּם הוּא הֲרֵי זֶה נִשְׁבָּע לָהֶם וְנִפְטָר כְּדִין כָּל שׁוֹמְרֵי חִנָּם וְהֵן חוֹזְרִין וְנוֹתְנִין שִׁקְלֵיהֶן פַּעַם שְׁנִיָּה. וְאִם אָמְרוּ אַנְשֵׁי הָעִיר הוֹאִיל וְאָנוּ מְשַׁלְּמִין שְׁקָלֵינוּ אֵין רְצוֹנֵנוּ שֶׁיִּשָּׁבַע הַשָּׁלִיחַ שֶׁהוּא נֶאֱמָן לָנוּ אֵין שׁוֹמְעִין לָהֶן. לְפִי שֶׁתַּקָּנַת חֲכָמִים הִיא שֶׁאֵין הֶקְדֵּשׁ יוֹצֵא בְּלֹא שְׁבוּעָה. נִמְצְאוּ הַשְּׁקָלִים הָרִאשׁוֹנִים אַחַר שֶׁנִּשְׁבַּע הַשָּׁלִיחַ אֵלּוּ וָאֵלּוּ שְׁקָלִים הֵם וְאֵין עוֹלִין לָהֶן לְשָׁנָה אַחֶרֶת. וְהָרִאשׁוֹנִים יִפְּלוּ לְשִׁקְלֵי הַשָּׁנָה וְהָאַחֲרוֹנִים יִפְּלוּ לְשִׁקְלֵי שָׁנָה שֶׁעָבְרָה:

ט. שָׁלְחוּ אֶת שִׁקְלֵיהֶם בְּיַד שׁוֹמֵר שָׂכָר שֶׁהֲרֵי הוּא חַיָּב בִּגְנֵבָה וַאֲבֵדָה וְאָבְדוּ מִמֶּנּוּ בְּאֹנֶס. כְּגוֹן שֶׁלְּקָחוּם לִסְטִים מְזֻיָּנִים שֶׁהוּא פָּטוּר. רוֹאִין אִם אַחַר שֶׁנִּתְרְמָה הַתְּרוּמָה נֶאֱנַס נִשְׁבָּע הַשָּׁלִיחַ לַגִּזְבָּרִים וּבְנֵי הָעִיר פְּטוּרִין. שֶׁהַתּוֹרֵם תּוֹרֵם עַל הַגָּבוּי וְעַל הֶעָתִיד לִגָּבוֹת וּבִרְשׁוּת הֶקְדֵּשׁ הֵן וּבְנֵי הָעִיר מֶה הָיָה לָהֶן לַעֲשׂוֹת הֲרֵי לֹא מְסָרוּ אֶלָּא לְשׁוֹמֵר שָׂכָר שֶׁהוּא חַיָּב בִּגְנֵבָה וַאֲבֵדָה. אֲבָל הָאֹנֶס אֵינוֹ מָצוּי. וְאִם אָבְדוּ קֹדֶם שֶׁנִּתְרְמָה הַתְּרוּמָה עֲדַיִן בִּרְשׁוּת בְּנֵי הָעִיר הֵם וְהַשָּׁלִיחַ נִשְׁבָּע לִפְנֵי אַנְשֵׁי הָעִיר וְהֵן מְשַׁלְּמִין. נִשְׁבַּע וְגָבוּ שְׁקָלִים שֵׁנִית וְאַחַר כָּךְ הֶחֱזִירוּם הַלִּסְטִים אֵלּוּ וָאֵלּוּ שְׁקָלִים וְאֵין עוֹלִין לָהֶן לְשָׁנָה אַחֶרֶת וְהַשְּׁנִיִּים יִפְּלוּ לְשִׁקְלֵי שָׁנָה שֶׁעָבְרָה. יֵשׁ מִי שֶׁאוֹמֵר שֶׁהַשְּׁקָלִים הָרִאשׁוֹנִים שֶׁיִּפְּלוּ לְשִׁקְלֵי הַשָּׁנָה הֵם הַשְּׁקָלִים שֶׁנִּגְנְבוּ בַּתְּחִלָּה וְאָבְדוּ אוֹ נֶאֶנְסוּ וְחָזְרוּ. וְיֵשׁ מִי שֶׁאוֹמֵר שֶׁהַשְּׁקָלִים הָרִאשׁוֹנִים הֵן שֶׁהִגִּיעוּ לְיַד הַגִּזְבָּר תְּחִלָּה:

י. הַנּוֹתֵן חֲצִי שֶׁקֶל לַחֲבֵרוֹ לְהוֹלִיכוֹ לְשֻׁלְחָנִי לִשְׁקֹל אוֹתוֹ עַל יָדוֹ. הָלַךְ וּשְׁקָלוֹ עַל יְדֵי עַצְמוֹ כְּדֵי שֶׁלֹּא יְמַשְׁכְּנוּ אוֹתוֹ. אִם נִתְרְמָה הַתְּרוּמָה מֵעַל הַשּׁוֹקֵל שֶׁזֶּה הַשֶּׁקֶל בִּרְשׁוּת הֶקְדֵּשׁ הוּא שֶׁכְּבָר תָּרְמוּ עַל הֶעָתִיד לִגָּבוֹת וְנִמְצָא זֶה הִצִּיל עַצְמוֹ בְּמָמוֹן הֶקְדֵּשׁ וְנֶהֱנָה בְּשֶׁקֶל הַזֶּה. וְאִם לֹא נִתְרְמָה הַתְּרוּמָה לֹא מָעַל וְהוּא חַיָּב לִתֵּן לַחֲבֵרוֹ חֲצִי שֶׁקֶל שֶׁנָּתַן לוֹ. וְכֵן הַגּוֹזֵל אוֹ הַגּוֹנֵב חֲצִי שֶׁקֶל וּשְׁקָלוֹ יָצָא וְהוּא חַיָּב לְשַׁלֵּם לַבְּעָלִים שְׁנַיִם אוֹ לְהוֹסִיף חֹמֶשׁ:

יא. הַנּוֹתֵן מַחֲצִית הַשֶּׁקֶל מִן הַהֶקְדֵּשׁ וְנִתְרְמָה הַתְּרוּמָה מִמֶּנּוּ. כְּשֶׁיִּסְתַּפְּקוּ מִמֶּנָּה יִתְחַיֵּב בִּמְעִילָה וְיָצָא יְדֵי מַחֲצִית הַשֶּׁקֶל. נְתָנוֹ מִמָּעוֹת מַעֲשֵׂר שֵׁנִי יֵאָכֵל כְּנֶגְדּוֹ בִּירוּשָׁלַיִם. מִדְּמֵי שְׁבִיעִית יֵאָכֵל כְּנֶגְדּוֹ בִּקְדֻשַּׁת שְׁבִיעִית. הָיָה שֶׁל עִיר הַנִּדַּחַת לֹא עָשָׂה כְּלוּם:

יב. הַמַּפְרִישׁ שִׁקְלוֹ וְסָבוּר שֶׁהוּא חַיָּב בּוֹ וְנִמְצָא שֶׁאֵינוֹ חַיָּב לֹא קָדַשׁ. הַמַּפְרִישׁ שְׁנַיִם וְנִמְצָא שֶׁאֵינוֹ חַיָּב אֶלָּא אֶחָד. אִם בְּזֶה אַחַר זֶה הָאַחֲרוֹן לֹא קָדַשׁ. וְאִם בְּבַת אַחַת הָאֶחָד שְׁקָלִים וְהַשֵּׁנִי מוֹתַר שְׁקָלִים. הִפְרִישׁ שִׁקְלוֹ וָמֵת יִפֹּל לִנְדָבָה:

יג. הַלּוֹקֵחַ מָעוֹת בְּיָדוֹ וְאָמַר אֵלּוּ לְשִׁקְלִי. אוֹ שֶׁהָיָה מְלַקֵּט מָעָה מָעָה אוֹ פְּרוּטָה פְּרוּטָה וּכְשֶׁהִתְחִיל לְלַקֵּט אָמַר הֲרֵינִי מְלַקֵּט מָעוֹת לְשִׁקְלִי. אֲפִלּוּ לִקֵּט מְלֹא כִּיס נוֹתֵן מֵהֶן חֲצִי שֶׁקֶל שֶׁהוּא חַיָּב בּוֹ וְהַשְּׁאָר חֻלִּין שֶׁמּוֹתַר הַשְּׁקָלִים חֻלִּין:

יד. מָעוֹת שֶׁנִּמְצְאוּ בֵּין תֵּבָה שֶׁל שְׁקָלִים לְתֵבָה שֶׁל נְדָבָה. קָרוֹב לַשְּׁקָלִים יִפְּלוּ לִשְׁקָלִים. קָרוֹב לַנְּדָבָה יִפְּלוּ לִנְדָבָה. מֶחֱצָה עַל מֶחֱצָה יִפְּלוּ לִנְדָבָה מִפְּנֵי שֶׁהַנְּדָבָה כֻּלָּהּ עוֹלָה לָאִשִּׁים וְהַשְּׁקָלִים מִסְתַּפְּקִין מֵהֶן לְעוֹלוֹת וְלִדְבָרִים אֲחֵרִים:

טו. וְכֵן כָּל הַמָּעוֹת הַנִּמְצָאִים בֵּין כָּל תֵּבָה וְתֵבָה יִפְּלוּ לַקָּרוֹב. נִמְצְאוּ מֶחֱצָה לְמֶחֱצָה. אִם בֵּין עֵצִים לַלְּבוֹנָה נִמְצְאוּ יִפְּלוּ לַלְּבוֹנָה. בֵּין קִנִּים לְגוֹזָלֵי עוֹלָה יִפְּלוּ לְגוֹזָלֵי עוֹלָה. זֶה הַכְּלָל הוֹלְכִין אַחַר הַקָּרוֹב בְּכֻלָּן. מֶחֱצָה לְמֶחֱצָה לְהַחֲמִיר. וְכָל הַמָּעוֹת הַנִּמְצָאוֹת בְּהַר הַבַּיִת חֻלִּין שֶׁאֵין הַגִּזְבָּר מוֹצִיא מָעוֹת מִתְּרוּמַת הַלִּשְׁכָּה עַד שֶׁהוּא מְחַלְּלָן עַל הַבְּהֵמוֹת שֶׁלּוֹקֵחַ לְקָרְבָּנוֹת:

Perek 4

Use of funds

The money collected was placed in **3** large baskets and was called *Trumot Halishkah*

Services provided by the Funds	*Trumat Halishkah*	Fund	*Shearei Halishkah*	Explanation
Daily Offerings (*Temidin*)	✓			
Other Communal Sacrifices	✓			
Salt	✓			
Wood for *Mizbeach*	✓			
Spices of *Ketoret*	✓			Including wages for preparation
Lechem Hapanim (Showbread)	✓			Including wages of bakers
Omer Barley of *Shavuot*	✓			
Five loaves of *Shavuot*	✓			
Parah Adumah	✓			
Goat of *Azazel*	✓			Including scarlet thread
Par Helem Davar (Sin Offering of Community)	×	Communal donation		
Seirei Avodah Zarah (offered by community re *avodah zarah*)	×	Communal donation		
Curtains in front of *Hechal*	×	*Bedek Habayit*		Because they replaced a permanent structure
Curtains covering gates	✓			

Menorah and other vessels	×	Remainder of libations		
Priestly garments	✓			
Wages of Rabbi who inspects animals for blemishes	✓			
Wages of Sages who teach *shechitah*	✓			
Women who raised their sons to serve with *Parah Adumah*	✓			
Wages of watchmen who protect crops of *omer*	✓			
Judges	✓			
Ramp from Temple Mount to Mount of Olives	✓			*Parah Adumah* usage
Ramp used for Goat of *Azazel*	✓			
Maintenance of *Mizbeach*, Temple building and Courtyard	✓			
Male animals used for *Olah* (Burnt Offerings)	✓		✓	If any funds left over. These Burnt Offerings are called *Kayitz Lemizbeach* (i.e. dessert or extra) They are not however used to purchase doves for Burnt Offering because doves are never used for communal offerings

If funds insufficient they should be taken from *Bedek Habayit* Funds (Maintenance Fund). However, funds for *Bedek Habayit* should not be taken from Funds for Sacrifices.

פרק ד׳

א. תְּרוּמַת הַלִּשְׁכָּה מַה יֵּעָשֶׂה בָּהּ. לוֹקְחִין מִמֶּנָּה תְּמִידִין שֶׁל כָּל יוֹם וְהַמּוּסָפִין וְכָל קָרְבְּנוֹת הַצִּבּוּר וְנִסְכֵּיהֶם וְהַמֶּלַח שֶׁמּוֹלְחִין בּוֹ כָּל הַקָּרְבָּנוֹת. וְכֵן הָעֵצִים אִם לֹא הֵבִיאוּ עֵצִים וְלֹא נִמְצְאוּ אֶלָּא בְּדָמִים. וְהַקְּטֹרֶת וּשְׂכַר עֲשִׂיָּתָהּ. וְלֶחֶם הַפָּנִים וּשְׂכַר עוֹשֵׂי לֶחֶם הַפָּנִים. וְהָעֹמֶר וּשְׁתֵּי הַלֶּחֶם וּפָרָה אֲדֻמָּה וְשָׂעִיר הַמִּשְׁתַּלֵּחַ וְלָשׁוֹן שֶׁל זְהוֹרִית שֶׁקּוֹשְׁרִין בֵּין קַרְנָיו. כָּל אֵלּוּ בָּאִין מִתְּרוּמַת הַלִּשְׁכָּה:

ב. אֲבָל פַּר הֶעְלֵם דָּבָר שֶׁל צִבּוּר וּשְׂעִירֵי עֲבוֹדַת כּוֹכָבִים בַּתְּחִלָּה גּוֹבִין לָהֶן וְאֵינָן בָּאִין מִתְּרוּמַת הַלִּשְׁכָּה. פָּרוֹכוֹת שֶׁל הֵיכָל תַּחַת בִּנְיַן עֲשׂוּיוֹת וְאֵינָן בָּאִין מִתְּרוּמַת הַלִּשְׁכָּה אֶלָּא מִקָּדְשֵׁי בֶּדֶק הַבַּיִת. אֲבָל פָּרוֹכוֹת שֶׁל שְׁעָרִים בָּאִין מִתְּרוּמַת הַלִּשְׁכָּה. הַמְּנוֹרָה וּכְלֵי שָׁרֵת מִצְוָתָן שֶׁיָּבוֹאוּ מִמּוֹתַר הַנְּסָכִים. וּבְהִלְכוֹת כְּלֵי הַמִּקְדָּשׁ וְהָעוֹבְדִים בּוֹ יִתְבָּאֵר מַה הוּא מוֹתַר הַנְּסָכִים. וְאִם לֹא הָיָה לָהֶן מוֹתַר נְסָכִים יָבִיאוּ מִתְּרוּמַת הַלִּשְׁכָּה. בִּגְדֵי כְּהֻנָּה בֵּין בִּגְדֵי כֹּהֵן גָּדוֹל בֵּין שְׁאָר בִּגְדֵי הַכֹּהֲנִים שֶׁעוֹבְדִין בָּהֶן בַּמִּקְדָּשׁ הַכֹּל מִתְּרוּמַת הַלִּשְׁכָּה:

ג. כָּל הַבְּהֵמוֹת הַנִּמְצָאוֹת בִּירוּשָׁלַיִם אוֹ בְּחוּצָה לָהּ בְּקָרוֹב מִמֶּנָּה בָּאוֹת עוֹלוֹת כְּמוֹ שֶׁיִּתְבָּאֵר בִּפְסוּלֵי הַמֻּקְדָּשִׁין. נִסְכֵּיהֶן בָּאִין מִתְּרוּמַת הַלִּשְׁכָּה. וְכֵן עוֹבֵד כּוֹכָבִים שֶׁשָּׁלַח עוֹלָתוֹ מִמְּדִינָה אַחֶרֶת וְלֹא שָׁלַח עִמָּהּ דְּמֵי נְסָכִים יָבִיאוּ נִסְכֵּיהֶם מִתְּרוּמַת הַלִּשְׁכָּה:

ד. גֵּר שֶׁמֵּת וְהִנִּיחַ זְבָחִים אִם יֵשׁ לוֹ נְסָכִים קְרֵבִין מִשֶּׁלּוֹ וְאִם לָאו בָּאִין מִתְּרוּמַת הַלִּשְׁכָּה. כֹּהֵן גָּדוֹל שֶׁמֵּת וְלֹא מִנּוּ אַחֵר תַּחְתָּיו מַקְרִיבִין אֶת הַחֲבִיתִין מִתְּרוּמַת הַלִּשְׁכָּה. מְבַקְּרֵי מוּמִים שֶׁבִּירוּשָׁלַיִם וְתַלְמִידֵי חֲכָמִים הַמְלַמְּדִים הִלְכוֹת שְׁחִיטָה לַכֹּהֲנִים וְהִלְכוֹת קְמִיצָה וְנָשִׁים הַמְגַדְּלוֹת בְּנֵיהֶן לְפָרָה אֲדֻמָּה כֻּלָּן נוֹטְלִין שְׂכָרָן מִתְּרוּמַת הַלִּשְׁכָּה. וְכַמָּה הוּא שְׂכָרָן. כְּמוֹ שֶׁיִּפְסְקוּ לָהֶן בֵּית דִּין:

ה. בִּשְׁנַת הַשְּׁמִטָּה שֶׁהִיא הֶפְקֵר שׂוֹכְרִין בֵּית דִּין שׁוֹמְרִין שֶׁיִּשְׁמְרוּ מִקְצָת סְפִיחִים שֶׁצָּמְחוּ כְּדֵי שֶׁיָּבִיאוּ מֵהֶן הָעֹמֶר וּשְׁתֵּי הַלֶּחֶם שֶׁאֵין בָּאִים אֶלָּא מִן הֶחָדָשׁ. וְאֵלּוּ הַשּׁוֹמְרִין נוֹטְלִין שְׂכָרָן מִתְּרוּמַת הַלִּשְׁכָּה:

ו. מִי שֶׁהִתְנַדֵּב לִשְׁמֹר בְּחִנָּם אֵין שׁוֹמְעִין לוֹ מִשּׁוּם בַּעֲלֵי זְרוֹעַ שֶׁמָּא יָבוֹאוּ וְיִטְּלוּם מֵהֶן. לְפִיכָךְ תִּקְּנוּ לָהֶם חֲכָמִים שֶׁיִּטְּלוּ שָׂכָר מִן הַלִּשְׁכָּה כְּדֵי שֶׁיִּפָּרְשׁוּ הַכֹּל מֵאוֹתוֹ מָקוֹם שֶׁאֵלּוּ שׁוֹמְרִים שָׁם:

ז. מַגִּיהֵי סְפָרִים שֶׁבִּירוּשָׁלַיִם וְדַיָּנִין שֶׁדָּנִין אֶת הַגַּזְלָנִין בִּירוּשָׁלַיִם נוֹטְלִין שְׂכָרָן מִתְּרוּמַת הַלִּשְׁכָּה. וְכַמָּה הָיוּ נוֹטְלִים תִּשְׁעִים מָנֶה בְּכָל שָׁנָה. וְאִם לֹא הִסְפִּיקוּ לָהֶן אַף עַל פִּי שֶׁלֹּא רָצוּ מוֹסִיפִין לָהֶן כְּדֵי צָרְכָּן הֵם וּנְשֵׁיהֶם וּבְנֵיהֶם וּבְנֵי בֵּיתָן:

ח. כֶּבֶשׁ הָיוּ בּוֹנִין מֵהַר הַבַּיִת לְהַר הַמִּשְׁחָה שֶׁעָלָיו מוֹצִיאִין פָּרָה אֲדֻמָּה. וְכֶבֶשׁ שֶׁמּוֹצִיאִין עָלָיו שָׂעִיר הַמִּשְׁתַּלֵּחַ. וּשְׁנֵיהֶם נַעֲשִׂין מִשְּׁיָרֵי הַלִּשְׁכָּה. וְכֵן מִזְבַּח הָעוֹלָה וְהַהֵיכָל וְהָעֲזָרוֹת נַעֲשִׂין מִשְּׁיָרֵי הַלִּשְׁכָּה. אַמַּת הַמַּיִם שֶׁבִּירוּשָׁלַיִם וְחוֹמַת יְרוּשָׁלַיִם וְכָל מִגְדְּלוֹתֶיהָ וְכָל צָרְכֵי הָעִיר בָּאִין מִשְּׁיָרֵי הַלִּשְׁכָּה. וְעוֹבֵד כּוֹכָבִים שֶׁהִתְנַדֵּב מָעוֹת לַדְּבָרִים הָאֵלּוּ אוֹ לַעֲשׂוֹת עִמָּהֶם בְּחִנָּם אֵין מְקַבְּלִין מִמֶּנּוּ וַאֲפִלּוּ גֵּר תּוֹשָׁב. שֶׁנֶּאֱמַר (עזרא ד ג) "לֹא לָכֶם וָלָנוּ לִבְנוֹת" וְגוֹ׳ וְנֶאֱמַר (נחמיה ב כ) "וְלָכֶם אֵין חֵלֶק" וְגוֹ׳:

ט. מוֹתַר תְּרוּמַת הַלִּשְׁכָּה וּשְׁיָרֵי הַלִּשְׁכָּה לוֹקְחִין בּוֹ זְכָרִים וְיִקָּרְבוּ כֻּלָּן עוֹלוֹת שֶׁתְּנַאי בֵּית דִּין הוּא עַל כָּל הַמּוֹתָרוֹת שֶׁיִּקָּרְבוּ עוֹלַת בְּהֵמָה. אֲבָל לֹא עוֹלַת הָעוֹף שֶׁאֵין בְּקָרְבְּנוֹת הַצִּבּוּר עוֹף. וְאֵלּוּ הָעוֹלוֹת הַבָּאִין מִמּוֹתַר הַשְּׁקָלִים הֵם הַנִּקְרָאִים קַיִץ לַמִּזְבֵּחַ:

י. שְׁקָלִים שֶׁלֹּא הִסְפִּיקוּ לָהֶן לְכָל קָרְבְּנוֹת הַצִּבּוּר מוֹצִיאִין אֶת הָרָאוּי לָהֶם מִקָּדְשֵׁי בֶּדֶק הַבַּיִת. אֲבָל אֵין בֶּדֶק הַבַּיִת מוֹצִיא אֶת הָרָאוּי לוֹ מִקָּדְשֵׁי הַמִּזְבֵּחַ:

יא. מִשֶּׁיַּגִּיעַ רֹאשׁ חֹדֶשׁ נִיסָן אֵין מַקְרִיבִין קָרְבְּנוֹת צִבּוּר אֶלָּא מִתְּרוּמָה חֲדָשָׁה. וְאִם לֹא בָּאָה הַחֲדָשָׁה לוֹקְחִין מִן הַיְשָׁנָה. לְפִיכָךְ אִם הִגִּיעַ רֹאשׁ חֹדֶשׁ נִיסָן וְיֵשׁ עִמָּהֶן בְּהֵמוֹת לִתְמִידִים מִתְּרוּמָה יְשָׁנָה פּוֹדִין אוֹתָן וְיוֹצְאִין לְחֻלִּין אַף עַל פִּי שֶׁהֵן תְּמִימִין וְיִפְּלוּ דְּמֵיהֶן לִתְרוּמָה יְשָׁנָה שֶׁמְּקִיצִין בָּהּ אֶת הַמִּזְבֵּחַ. שֶׁתְּנַאי בֵּית דִּין הוּא עַל כָּל הַבְּהֵמוֹת שֶׁלּוֹקְחִין לִתְמִידִין שֶׁאִם לֹא יִהְיוּ צְרִיכִין לָהֶן יֵצְאוּ לְחֻלִּין:

יב. וְכָךְ הָיוּ עוֹשִׂין בְּמוֹתַר הַקְּטֹרֶת. מִשֶּׁיַּגִּיעַ רֹאשׁ חֹדֶשׁ נִיסָן מְחַלְּלִין אוֹתוֹ עַל שְׂכַר הָאֻמָּנִין וְחוֹזְרִין מָעוֹת הַשָּׂכָר לְקַיִץ הַמִּזְבֵּחַ וְנוֹטְלִין הָאֻמָּנִין מוֹתַר הַקְּטֹרֶת בִּשְׂכָרָן וְחוֹזְרִין וְלוֹקְחִין אֶת הַקְּטֹרֶת מֵהֶן מִתְּרוּמָה חֲדָשָׁה כְּדֵי לְהַקְרִיבָהּ מִמָּעוֹת תְּרוּמָה חֲדָשָׁה. וְאִם אֵין לָהֶן תְּרוּמָה חֲדָשָׁה מַקְטִירִין אוֹתָהּ מִתְּרוּמָה יְשָׁנָה: סְלִיק לְהוּ הִלְכוֹת שְׁקָלִים

Additional, Useful Features of Interest
for Studying Rambam's Mishneh Torah
Scan QR code onto your mobile device to link to our website.
https://rambampress.com/

הלכות קידוש החודש
Hilchot Kidush Hachodesh
THE LAWS OF THE SANCTIFICATION OF THE NEW MONTH

Consist of one positive commandment, to calculate, know, and appoint the day on which each of the months of the year begin.

מצות עשה אחת והיא לחשוב ולידע ולקבוע באיזה יום הוא תחלת כל חדש וחדש מחדשי השנה.

To help understand the calculations of new moon, see appendix attached.

> **Reminder:**
> Pack on Astronomy

Perek 1

Rosh Chodesh · Introduction · Definitions

Torah instructs us to make months in a year. These are lunar months making up a lunar year.

Our Sages tell us 'The Holy One Blessed be He, showed Moses, in a vision of prophecy, an image of the moon and told him, 'When you see the moon like this, sanctify it'.

Torah also instructed to create a solar year i.e. that *Pesach* always falls in spring.

Lunar year is **approximately 354** days (alternating months of **29** or **30** days)

Solar year is **approximately 365** days

There is an approximate discrepancy of **11** days.

One cannot have a year with **12** months and a few days. Therefore, when the extra days reach **30**, an extra month is added. This is called *shanah meuberet* (pregnant / full / leap year).

When sun, moon and earth are exactly in line – *conjunction* – the moon cannot be seen. This occurs for approximately **2** days each month.

Rosh Chodesh is the first night when moon sighted in the west after being hidden.

Thereafter, either **29** or **30** days would be counted till next sighting.

Chodesh chaser (lacking) is **29** days.

Chodesh meubar / malei (full) is **30** days.

The *Bet Din* had the responsibility of

Calculating, Knowing and Establishing the day of *Rosh Chodesh*[1].

The *Bet Din* (*Sanhedrin* in *Eretz Yisrael*) would make astronomical calculation to work out when and where the moon would appear.

They would then await the arrival of witnesses who claimed to have sighted the New Moon, and investigate their statements.

Once verified, judges would declare *Rosh Chodesh* and inform the people.
The establishment of the months and calendar is only carried out in *Eretz Yisrael.*

פרק א'

א. חָדְשֵׁי הַשָּׁנָה הֵם חָדְשֵׁי הַלְּבָנָה שֶׁנֶּאֱמַר (במדבר כח יד) "עֹלַת חֹדֶשׁ בְּחָדְשׁוֹ" וְנֶאֱמַר (שמות יב ב) "הַחֹדֶשׁ הַזֶּה לָכֶם רֹאשׁ חֳדָשִׁים". כָּךְ אָמְרוּ חֲכָמִים הֶרְאָה לוֹ הַקָּדוֹשׁ בָּרוּךְ הוּא לְמֹשֶׁה בְּמַרְאֵה הַנְּבוּאָה דְּמוּת לְבָנָה וְאָמַר לוֹ כָּזֶה רְאֵה וְקַדֵּשׁ. וְהַשָּׁנִים שֶׁאָנוּ מְחַשְּׁבִין הֵם שְׁנֵי הַחַמָּה שֶׁנֶּאֱמַר (דברים טז א) "שָׁמוֹר אֶת חֹדֶשׁ הָאָבִיב":

ב. וְכַמָּה יְתֵרָה שְׁנַת הַחַמָּה עַל שְׁנַת הַלְּבָנָה קָרוֹב מֵאַחַד עָשָׂר יוֹם. לְפִיכָךְ כְּשֶׁיִּתְקַבֵּץ מִן הַתּוֹסֶפֶת הַזֹּאת כְּמוֹ שְׁלֹשִׁים יוֹם אוֹ פָּחוֹת מְעַט אוֹ יוֹתֵר מְעַט מוֹסִיפִין חֹדֶשׁ אֶחָד וְעוֹשִׂין אוֹתָהּ הַשָּׁנָה שְׁלֹשָׁה עָשָׂר חֹדֶשׁ וְהִיא הַנִּקְרֵאת שָׁנָה מְעֻבֶּרֶת. שֶׁאִי אֶפְשָׁר לִהְיוֹת הַשָּׁנָה שְׁנֵים עָשָׂר חֹדֶשׁ וְכָךְ וְכָךְ יָמִים שֶׁנֶּאֱמַר (שמות יב ב) "לְחָדְשֵׁי הַשָּׁנָה". חֳדָשִׁים אַתָּה מוֹנֶה לְשָׁנָה וְאֵין אַתָּה מוֹנֶה יָמִים:

ג. הַלְּבָנָה נִסְתֶּרֶת בְּכָל חֹדֶשׁ וְאֵינָהּ נִרְאֵית כְּמוֹ שְׁנֵי יָמִים אוֹ פָּחוֹת אוֹ יוֹתֵר מְעַט. כְּמוֹ יוֹם אֶחָד קֹדֶם שֶׁתִּדְבַּק בַּשֶּׁמֶשׁ בְּסוֹף הַחֹדֶשׁ וּכְמוֹ יוֹם אֶחָד אַחַר שֶׁתִּדְבַּק בַּשֶּׁמֶשׁ וְתֵרָאֶה בַּמַּעֲרָב בָּעֶרֶב. וּבַלַּיִל שֶׁתֵּרָאֶה בַּמַּעֲרָב אַחַר שֶׁנִּסְתְּרָה הוּא תְּחִלַּת הַחֹדֶשׁ וּמוֹנִין מֵאוֹתוֹ הַיּוֹם תִּשְׁעָה וְעֶשְׂרִים יוֹם. וְאִם יֵרָאֶה הַיָּרֵחַ לֵיל שְׁלֹשִׁים יִהְיֶה יוֹם שְׁלֹשִׁים רֹאשׁ הַחֹדֶשׁ. וְאִם לֹא יֵרָאֶה יִהְיֶה רֹאשׁ הַחֹדֶשׁ יוֹם אֶחָד וּשְׁלֹשִׁים וְיִהְיֶה יוֹם שְׁלֹשִׁים מֵחֹדֶשׁ שֶׁעָבַר. וְאֵין נִזְקָקִין לַיָּרֵחַ בְּלֵיל אֶחָד וּשְׁלֹשִׁים בֵּין שֶׁנִּרְאָה בֵּין שֶׁלֹּא נִרְאָה. שֶׁאֵין לְךָ חֹדֶשׁ לְבָנָה יוֹתֵר עַל שְׁלֹשִׁים יוֹם:

ד. חֹדֶשׁ שֶׁיִּהְיֶה תִּשְׁעָה וְעֶשְׂרִים וְיֵרָאֶה יָרֵחַ בְּלֵיל שְׁלֹשִׁים נִקְרָא חֹדֶשׁ חָסֵר. וְאִם לֹא יֵרָאֶה הַיָּרֵחַ וְיִהְיֶה הַחֹדֶשׁ שֶׁעָבַר שְׁלֹשִׁים יוֹם נִקְרָא חֹדֶשׁ מְעֻבָּר וְנִקְרָא חֹדֶשׁ מָלֵא. וְיָרֵחַ שֶׁיֵּרָאֶה בְּלֵיל שְׁלֹשִׁים הוּא הַנִּקְרָא יָרֵחַ שֶׁנִּרְאָה בִּזְמַנּוֹ. וְאִם נִרְאָה בְּלֵיל אֶחָד וּשְׁלֹשִׁים וְלֹא נִרְאָה בְּלֵיל שְׁלֹשִׁים הוּא נִקְרָא יָרֵחַ שֶׁנִּרְאָה בְּלֵיל עִבּוּרוֹ:

ה. אֵין רְאִיַּת הַיָּרֵחַ מְסוּרָה לְכָל אָדָם כְּמוֹ שַׁבַּת בְּרֵאשִׁית שֶׁכָּל אֶחָד מוֹנֶה שִׁשָּׁה וְשׁוֹבֵת בַּשְּׁבִיעִי. אֶלָּא לְבֵית דִּין הַדָּבָר מָסוּר עַד שֶׁיְּקַדְּשׁוּהוּ בֵּית דִּין וְיִקְבְּעוּ אוֹתוֹ הַיּוֹם רֹאשׁ חֹדֶשׁ הוּא שֶׁיִּהְיֶה רֹאשׁ חֹדֶשׁ. שֶׁנֶּאֱמַר (שמות יב ב) "הַחֹדֶשׁ הַזֶּה לָכֶם" עֵדוּת זוֹ תִּהְיֶה מְסוּרָה לָכֶם:

ו. בֵּית דִּין מְחַשְּׁבִין בְּחֶשְׁבּוֹנוֹת כְּדֶרֶךְ שֶׁמְּחַשְּׁבִים הָאִיצְטַגְנִינִים שֶׁיּוֹדְעִין מְקוֹמוֹת הַכּוֹכָבִים וּמַהֲלָכָם וְחוֹקְרִים וּמְדַקְדְּקִים עַד שֶׁיֵּדְעוּ אִם אֶפְשָׁר שֶׁיֵּרָאֶה הַיָּרֵחַ בִּזְמַנּוֹ שֶׁהוּא לֵיל שְׁלֹשִׁים אוֹ אִי אֶפְשָׁר. אִם יָדְעוּ שֶׁאֶפְשָׁר שֶׁיֵּרָאֶה יוֹשְׁבִין וּמְצַפִּין לָעֵדִים כָּל הַיּוֹם כֻּלּוֹ שֶׁהוּא יוֹם שְׁלֹשִׁים. אִם בָּאוּ עֵדִים וּדְרָשׁוּם וַחֲקָרוּם כַּהֲלָכָה וְנֶאֶמְנוּ דִּבְרֵיהֶם מְקַדְּשִׁין אוֹתוֹ. וְאִם לֹא נִרְאָה וְלֹא בָּאוּ עֵדִים מַשְׁלִימִין שְׁלֹשִׁים וְיִהְיֶה חֹדֶשׁ מְעֻבָּר. וְאִם יָדְעוּ בְּחֶשְׁבּוֹן שֶׁאִי אֶפְשָׁר שֶׁיֵּרָאֶה אֵין יוֹשְׁבִים יוֹם שְׁלֹשִׁים וְאֵין מְצַפִּין לָעֵדִים. וְאִם בָּאוּ עֵדִים יוֹדְעִין בְּוַדַּאי שֶׁהֵן עֵדֵי שֶׁקֶר אוֹ שֶׁנִּרְאֵית לָהֶם דְּמוּת לְבָנָה מִן הֶעָבִים וְאֵינָהּ הַלְּבָנָה הַוַּדָּאִית:

ז. מִצְוַת עֲשֵׂה מִן הַתּוֹרָה עַל בֵּית דִּין שֶׁיְּחַשְּׁבוּ וְיֵדְעוּ אִם יֵרָאֶה הַיָּרֵחַ אוֹ לֹא יֵרָאֶה. וְשֶׁיִּדְרְשׁוּ אֶת הָעֵדִים עַד שֶׁיְּקַדְּשׁוּ אֶת הַחֹדֶשׁ. וְיִשְׁלְחוּ וְיוֹדִיעוּ שְׁאָר הָעָם בְּאֵי זֶה יוֹם הוּא רֹאשׁ חֹדֶשׁ כְּדֵי שֶׁיֵּדְעוּ בְּאֵי זֶה יוֹם הֵן הַמּוֹעֲדוֹת. שֶׁנֶּאֱמַר (ויקרא כג ב) "אֲשֶׁר תִּקְרְאוּ אֹתָם מִקְרָאֵי קֹדֶשׁ" וְנֶאֱמַר (שמות יג י) "וְשָׁמַרְתָּ אֶת הַחֻקָּה הַזֹּאת לְמוֹעֲדָהּ":

ח. אֵין מְחַשְּׁבִין וְקוֹבְעִין חֳדָשִׁים וּמְעַבְּרִין שָׁנִים אֶלָּא בְּאֶרֶץ יִשְׂרָאֵל שֶׁנֶּאֱמַר (ישעיה ב ג) "כִּי מִצִּיּוֹן תֵּצֵא תוֹרָה וּדְבַר ה' מִירוּשָׁלָיִם". וְאִם הָיָה אָדָם גָּדוֹל בְּחָכְמָה וְנִסְמַךְ בְּאֶרֶץ יִשְׂרָאֵל וְיָצָא לְחוּצָה לָאָרֶץ וְלֹא הִנִּיחַ בְּאֶרֶץ יִשְׂרָאֵל כְּמוֹתוֹ הֲרֵי זֶה מְחַשֵּׁב וְקוֹבֵעַ חֳדָשִׁים וּמְעַבֵּר שָׁנִים בְּחוּצָה לָאָרֶץ. וְאִם נוֹדַע לוֹ שֶׁנַּעֲשָׂה בְּאֶרֶץ יִשְׂרָאֵל אָדָם גָּדוֹל כְּמוֹתוֹ וְאֵין צָרִיךְ לוֹמַר גָּדוֹל מִמֶּנּוּ הֲרֵי זֶה אָסוּר לִקְבֹּעַ וּלְעַבֵּר בְּחוּצָה לָאָרֶץ וְאִם עִבַּר וְקָבַע וְעִבֵּר לֹא עָשָׂה כְּלוּם:

Perek 2

Witnesses

Witnesses who are Ineligible
Pack on Witnesses

Testimony only accepted from two adult males who are acceptable.

Witnesses needed to know:

- Position of moon in relation to sun (north or south)
- Crescent wide or narrow
- Direction to which points were facing

There was a procedure in the *Bet Din*. Witnesses gathered at a chosen place, large feast was prepared, one pair of witnesses were investigated. Other pairs were also there and were used if needed, but all were asked some general questions.

Minimum **3** judges needed to sanctify *Rosh Chodesh*.

After testimony verified, head of *Bet Din* says '*mekudash*'

Sanctification is only in the day.

Once court sanctified, the New Month becomes established, *even if they made a mistake*.

פרק ב׳

א. אֵין כָּשֵׁר לְעֵדוּת הַחֹדֶשׁ אֶלָּא שְׁנֵי אֲנָשִׁים כְּשֵׁרִים הָרְאוּיִין לְהָעִיד בְּכָל דָּבָר וְדָבָר. אֲבָל נָשִׁים וַעֲבָדִים הֲרֵי הֵן כִּשְׁאָר פְּסוּלֵי עֵדוּת וְאֵין מְעִידִין. אָב וּבְנוֹ שֶׁרָאוּ אֶת הַיָּרֵחַ יֵלְכוּ לְבֵית דִּין לְהָעִיד. לֹא מִפְּנֵי שֶׁעֵדוּת הַחֹדֶשׁ כְּשֵׁרָה בִּקְרוֹבִים אֶלָּא שֶׁאִם יִמָּצֵא אֶחָד מֵהֶן פָּסוּל מִפְּנֵי שֶׁהוּא גַּזְלָן וְכַיּוֹצֵא בּוֹ מִשְּׁאָר הַפַּסְלָנוּת יִצְטָרֵף הַשֵּׁנִי עִם אַחֵר וְיָעִידוּ. וְכָל הַפָּסוּל לְעֵדוּת מִדִּבְרֵי סוֹפְרִים אַף עַל פִּי שֶׁהוּא כָּשֵׁר מִן הַתּוֹרָה פָּסוּל לְעֵדוּת הַחֹדֶשׁ:

ב. דִּין תּוֹרָה שֶׁאֵין מְדַקְדְּקִין בְּעֵדוּת הַחֹדֶשׁ. שֶׁאֲפִלּוּ קִדְּשׁוּ אֶת הַחֹדֶשׁ עַל פִּי עֵדִים וְנִמְצְאוּ זוֹמְמִין בְּעֵדוּת זוֹ הֲרֵי זֶה מְקֻדָּשׁ. לְפִיכָךְ הָיוּ בָּרִאשׁוֹנָה מְקַבְּלִין עֵדוּת הַחֹדֶשׁ מִכָּל אָדָם מִיִּשְׂרָאֵל שֶׁכָּל יִשְׂרָאֵל בְּחֶזְקַת כַּשְׁרוּת עַד שֶׁיִּוָּדַע לְךָ שֶׁזֶּה פָּסוּל. מִשֶּׁקִּלְקְלוּ הַבַּיְתוֹסִים וְהָיוּ שׂוֹכְרִין אֲנָשִׁים לְהָעִיד שֶׁרָאוּ וְהֵם לֹא רָאוּ הִתְקִינוּ שֶׁלֹּא יְקַבְּלוּ בֵּית דִּין עֵדוּת הַחֹדֶשׁ אֶלָּא מֵעֵדִים שֶׁמַּכִּירִין בֵּית דִּין אוֹתָן שֶׁהֵם כְּשֵׁרִים וְשֶׁיִּהְיוּ דּוֹרְשִׁין וְחוֹקְרִים בָּעֵדוּת:

ג. לְפִיכָךְ אִם לֹא יִהְיוּ בֵּית דִּין יוֹדְעִים אֶת הָעֵדִים שֶׁרָאוּ אֶת הַיָּרֵחַ מְשַׁלְּחִין אַנְשֵׁי הָעִיר שֶׁנִּרְאָה בָּהּ עִם הָעֵדִים שֶׁרָאוּ עֵדִים אֲחֵרִים שֶׁמְּזַכִּין אוֹתָן לְבֵית דִּין וּמוֹדִיעִין אוֹתָן שֶׁאֵלּוּ כְּשֵׁרִים הֵם וְאַחַר כָּךְ מְקַבְּלִין מֵהֶם:

ד. בֵּית דִּין מְחַשְּׁבִין בַּדְּרָכִים שֶׁהָאִיצְטַגְנִינִין מְחַשְּׁבִין בָּהֶם וְיוֹדְעִין הַלְּבָנָה כְּשֶׁתֵּרָאֶה בְּחֹדֶשׁ זֶה אִם תִּהְיֶה בִּצְפוֹן הַשֶּׁמֶשׁ אוֹ בִּדְרוֹמָהּ וְאִם תִּהְיֶה רְחָבָה אוֹ קְצָרָה וּלְהֵיכָן יִהְיוּ רָאשֵׁי קַרְנֶיהָ נוֹטִין. וּכְשֶׁיָּבוֹאוּ הָעֵדִים לְהָעִיד בּוֹדְקִין אוֹתָם כֵּיצַד רְאִיתֶם אוֹתָהּ בִּצְפוֹן אוֹ בִּדְרוֹם. לְהֵיכָן הָיוּ קַרְנֶיהָ נוֹטוֹת. כַּמָּה הָיְתָה גְּבוֹהָה בִּרְאִיַּת עֵינֵיכֶם וְכַמָּה הָיְתָה רְחָבָה. אִם נִמְצְאוּ דִּבְרֵיהֶם מְכֻוָּנִין לְמַה שֶּׁנּוֹדַע בַּחֶשְׁבּוֹן מְקַבְּלִין אוֹתָם וְאִם לֹא נִמְצְאוּ דִּבְרֵיהֶם מְכֻוָּנִין אֵין מְקַבְּלִין אוֹתָם:

ה. אָמְרוּ הָעֵדִים רְאִינוּהוּ בַּמַּיִם אוֹ בֶּעָבִים אוֹ בַּעֲשָׁשִׁית. אוֹ שֶׁרָאוּ מִקְצָתוֹ בָּרָקִיעַ וּמִקְצָתוֹ בֶּעָבִים אוֹ בַּמַּיִם אוֹ בַּעֲשָׁשִׁית אֵין זוֹ רְאִיָּה וְאֵין מְקַדְּשִׁין עַל רְאִיָּה זֹאת. אָמַר אֶחָד רְאִיתִיו גָּבוֹהַּ בְּעֵינַי כְּמוֹ שְׁתֵּי קוֹמוֹת וְאָמַר הַשֵּׁנִי כְּמוֹ שָׁלֹשׁ קוֹמוֹת הָיָה גָּבוֹהַּ מִצְטָרְפִין. אָמַר הָאֶחָד כְּמוֹ שָׁלֹשׁ

קוֹמוֹת וְהַשֵּׁנִי אוֹמֵר כְּמוֹ חָמֵשׁ אֵין מִצְטָרְפִין. וּמִצְטָרֵף אֶחָד מֵהֶם עִם שֵׁנִי שֶׁיָּעִיד כְּמוֹתוֹ אוֹ יִהְיֶה בֵּינֵיהֶן קוֹמָה אַחַת:

ו. אָמְרוּ רְאִינוּהוּ בְּלֹא כַּוָּנָה וְכֵיוָן שֶׁהִתְבּוֹנַנְנוּ בּוֹ וְנִתְכַּוַּנְנוּ לִרְאוֹתוֹ לְהָעִיד שׁוּב לֹא רְאִינוּהוּ אֵין זוֹ עֵדוּת וְאֵין מְקַדְּשִׁין עָלֶיהָ. שֶׁמָּא עָבִים נִתְקַשְּׁרוּ וְנִרְאוּ כַּלְּבָנָה וְכָלוּ וְהָלְכוּ לָהֶם. אָמְרוּ עֵדִים רְאִינוּהוּ בְּיוֹם תִּשְׁעָה וְעֶשְׂרִים שַׁחֲרִית בַּמִּזְרָח קֹדֶם שֶׁתַּעֲלֶה הַשֶּׁמֶשׁ וּרְאִינוּהוּ עַרְבִית בַּמַּעֲרָב בְּלֵיל שְׁלֹשִׁים הֲרֵי אֵלּוּ נֶאֱמָנִים וּמְקַדְּשִׁין עַל רְאִיָּה זוֹ שֶׁהֲרֵי רָאוּהוּ בִּזְמַנּוֹ. אֲבָל הָרְאִיָּה שֶׁאָמְרוּ שֶׁרָאוּהוּ בְּשַׁחֲרִית אֵין נִזְקָקִין לָהּ שֶׁאֵין אָנוּ אַחְרָאִין לִרְאִיַּת שַׁחֲרִית וּבְיָדוּעַ שֶׁהֶעָבִים הֵם שֶׁנִּתְקַשְּׁרוּ וְנִרְאָה לָהֶם כִּלְבָנָה. וְכֵן אִם רָאוּהוּ בִּזְמַנּוֹ וּבְלֵיל עִבּוּרוֹ לֹא נִרְאָה הֲרֵי אֵלּוּ נֶאֱמָנִין שֶׁאֵין אָנוּ אַחְרָאִין אֶלָּא לִרְאִיַּת לֵיל שְׁלֹשִׁים בִּלְבַד:

ז. כֵּיצַד מְקַבְּלִין עֵדוּת הַחֹדֶשׁ. כָּל מִי שֶׁרָאוּי לְהָעִיד שֶׁרָאָה אֶת הַיָּרֵחַ בָּא לְבֵית דִּין. וּבֵית דִּין מַכְנִיסִים אוֹתָן כֻּלָּן לְמָקוֹם אֶחָד וְעוֹשִׂין לָהֶן סְעֵדוֹת גְּדוֹלוֹת כְּדֵי שֶׁיִּהְיוּ הָעָם רְגִילִין לָבוֹא. וְזוּג שֶׁבָּא רִאשׁוֹן בּוֹדְקִין אוֹתָן רִאשׁוֹן בַּבְּדִיקוֹת שֶׁאָמַרְנוּ. מַכְנִיסִין אֶת הַגָּדוֹל וְשׁוֹאֲלִין אוֹתוֹ. נִמְצְאוּ דְּבָרָיו מְכֻוָּנִים לַחֶשְׁבּוֹן מַכְנִיסִים אֶת חֲבֵרוֹ. נִמְצְאוּ דִּבְרֵיהֶם מְכֻוָּנִין עֵדוּתָן קַיֶּמֶת. וּשְׁאָר כָּל הַזּוּגוֹת שׁוֹאֲלִין אוֹתָם רָאשֵׁי דְּבָרִים. לֹא שֶׁצְּרִיכִים לָהֶם אֶלָּא כְּדֵי שֶׁלֹּא יֵצְאוּ בְּפַחֵי נֶפֶשׁ, כְּדֵי שֶׁיִּהְיוּ רְגִילִין לָבוֹא:

ח. וְאַחַר כָּךְ אַחַר שֶׁתִּתְקַיֵּם הָעֵדוּת רֹאשׁ בֵּית דִּין אוֹמֵר מְקֻדָּשׁ וְכָל הָעָם עוֹנִים אַחֲרָיו מְקֻדָּשׁ מְקֻדָּשׁ. וְאֵין מְקַדְּשִׁין אֶת הַחֹדֶשׁ אֶלָּא בִּשְׁלֹשָׁה. וְאֵין מְחַשְּׁבִין אֶלָּא בִּשְׁלֹשָׁה. וְאֵין מְקַדְּשִׁין אֶלָּא חֹדֶשׁ שֶׁנִּרְאָה בִּזְמַנּוֹ. וְאֵין מְקַדְּשִׁין אֶלָּא בַּיּוֹם וְאִם קִדְּשׁוּהוּ בַּלַּיְלָה אֵינוֹ מְקֻדָּשׁ. וַאֲפִלּוּ רָאוּהוּ בֵּית דִּין וְכָל יִשְׂרָאֵל וְלֹא אָמְרוּ בֵּית דִּין מְקֻדָּשׁ עַד שֶׁחָשְׁכָה לֵיל אֶחָד וּשְׁלֹשִׁים. אוֹ שֶׁנֶּחְקְרוּ הָעֵדִים וְלֹא הִסְפִּיקוּ בֵּית דִּין לוֹמַר מְקֻדָּשׁ עַד שֶׁחָשְׁכָה לֵיל אֶחָד וּשְׁלֹשִׁים. אֵין מְקַדְּשִׁין אוֹתוֹ וְיִהְיֶה הַחֹדֶשׁ מְעֻבָּר וְלֹא יִהְיֶה רֹאשׁ חֹדֶשׁ אֶלָּא יוֹם אֶחָד וּשְׁלֹשִׁים אַף עַל פִּי שֶׁנִּרְאֵית בְּלֵיל שְׁלֹשִׁים. שֶׁאֵין הָרְאִיָּה קוֹבַעַת אֶלָּא בֵּית דִּין שֶׁאָמְרוּ מְקֻדָּשׁ הֵם שֶׁקּוֹבְעִין:

ט. רָאוּהוּ בֵּית דִּין עַצְמָן בְּסוֹף יוֹם תִּשְׁעָה וְעֶשְׂרִים. אִם עֲדַיִן לֹא יָצָא כּוֹכַב לֵיל שְׁלֹשִׁים. בֵּית דִּין אוֹמְרִים מְקֻדָּשׁ שֶׁעֲדַיִן יוֹם הוּא. וְאִם רָאוּהוּ בְּלֵיל שְׁלֹשִׁים אַחַר שֶׁיָּצְאוּ שְׁנֵי כּוֹכָבִים. לְמָחָר מוֹשִׁיבִין שְׁנֵי דַּיָּנִין אֵצֶל אֶחָד מֵהֶם וְיָעִידוּ הַשְּׁנַיִם בִּפְנֵי הַשְּׁלֹשָׁה וִיקַדְּשׁוּהוּ הַשְּׁלֹשָׁה:

י. בֵּית דִּין שֶׁקִּדְּשׁוּ אֶת הַחֹדֶשׁ בֵּין שׁוֹגְגִין בֵּין מֻטְעִין בֵּין אֲנוּסִים הֲרֵי זֶה מְקֻדָּשׁ וְחַיָּבִין הַכֹּל לְתַקֵּן הַמּוֹעֲדוֹת עַל הַיּוֹם שֶׁקִּדְּשׁוּ בּוֹ. אַף עַל פִּי שֶׁזֶּה יוֹדֵעַ שֶׁטָּעוּ חַיָּב לִסְמֹךְ עֲלֵיהֶם שֶׁאֵין הַדָּבָר מָסוּר אֶלָּא לָהֶם וּמִי שֶׁצִּוָּה לִשְׁמֹר הַמּוֹעֲדוֹת הוּא צִוָּה לִסְמֹךְ עֲלֵיהֶם שֶׁנֶּאֱמַר אֲשֶׁר תִּקְרְאוּ אֹתָם וְגוֹ':

Perek 3

Witnesses continued

Arrival time of witnesses and *shluchim* announcing *Rosh Chodesh* date.

If distance to *Sanhedrin* allows witnesses enough time to deliver their sightings, then of course they should travel to the *Sanhedrin.*

Shabbat restrictions for travelling can only be over-ridden for

- *Rosh Chodesh Nissan* (regarding *Pesach*)
- *Rosh Chodesh Tishrei* (regarding its *Yamim Tovim*)
- *Musaf* Offering in Temple (i.e. every *Rosh Chodesh* when Temple was standing)

The *Sanhedrin* would automatically declare a full month if witnesses did not arrive on 30th day. (However, in rare circumstances, the Sages could retroactively change *Rosh Chodesh* if late delivered witness evidence was accurate)

Because of complications caused by witnesses arriving after *minchah* on 30th day, the *Sanhedrin* (in time of Temple) announced that the testimony of witnesses would only be received until before *minchah* of 30th day i.e. **30th** day and **31st** day announced as *Rosh Chodesh.*

Now *shluchim* (messengers) would be sent to inform the people, but the messengers *cannot* violate *Shabbat*, nor *Yom Tov*.

They would depart after hearing *Sanhedrin* pronounce '*mekudash*'. If messengers arrived before the *Yom Tov* it would be kept for **1 day**. If they could not reach there before *Yom Tov*, then that place kept *Yom Tov* for **2 days**.

Originally the court used to notify the people about *Rosh Chodesh* by lighting bonfires, but this was replaced later by sending messengers (due to the *kutim* lighting different fires to confuse the people).

פרק ג׳

א. עֵדִים שֶׁרָאוּ אֶת הַחֹדֶשׁ אִם הָיָה בֵּינֵיהֶם וּבֵין מָקוֹם שֶׁיֵּשׁ בּוֹ בֵּית דִּין מַהֲלַךְ לַיְלָה וָיוֹם אוֹ פָּחוֹת הוֹלְכִין וּמְעִידִין. וְאִם הָיָה בֵּינֵיהֶן יֶתֶר עַל כֵּן לֹא יֵלְכוּ שֶׁאֵין עֵדוּתָן אַחַר יוֹם שְׁלֹשִׁים מוֹעֶלֶת שֶׁכְּבָר נִתְעַבֵּר הַחֹדֶשׁ:

ב. עֵדִים שֶׁרָאוּ אֶת הַחֹדֶשׁ הֲרֵי אֵלּוּ הוֹלְכִין לְבֵית דִּין לְהָעִיד וַאֲפִלּוּ הָיָה שַׁבָּת שֶׁנֶּאֱמַר (ויקרא כג ד) ״אֲשֶׁר תִּקְרְאוּ אֹתָם בְּמוֹעֲדָם״ וְכָל מָקוֹם שֶׁנֶּאֱמַר מוֹעֵד דּוֹחֶה אֶת הַשַּׁבָּת. לְפִיכָךְ אֵין מְחַלְּלִין אֶלָּא עַל רֹאשׁ חֹדֶשׁ נִיסָן וְעַל רֹאשׁ חֹדֶשׁ תִּשְׁרֵי בִּלְבַד מִפְּנֵי תַּקָּנַת הַמּוֹעֲדוֹת. וּבִזְמַן שֶׁבֵּית הַמִּקְדָּשׁ קַיָּם מְחַלְּלִין עַל כֻּלָּן מִפְּנֵי קָרְבַּן מוּסָף שֶׁבְּכָל רֹאשׁ חֹדֶשׁ וְחֹדֶשׁ שֶׁהוּא דּוֹחֶה אֶת הַשַּׁבָּת:

ג. כְּשֵׁם שֶׁמְּחַלְּלִין הָעֵדִים שֶׁרָאוּ אֶת הַחֹדֶשׁ אֶת הַשַּׁבָּת כָּךְ מְחַלְּלִין עִמָּהֶן הָעֵדִים שֶׁמְּזַכִּין אוֹתָן בְּבֵית דִּין אִם לֹא הָיוּ בֵּית דִּין מַכִּירִין אֶת הָרוֹאִין. וַאֲפִלּוּ הָיָה זֶה שֶׁמּוֹדִיעַ אוֹתָן לְבֵית דִּין עֵד אֶחָד הֲרֵי זֶה הוֹלֵךְ עִמָּהֶן וּמְחַלֵּל מִסָּפֵק שֶׁמָּא יִמָּצֵא אַחֵר וְיִצְטָרֵף עִמּוֹ:

ד. הָיָה הָעֵד שֶׁרָאָה אֶת הַחֹדֶשׁ בְּלֵיל הַשַּׁבָּת חוֹלֶה מַרְכִּיבִין אוֹתוֹ עַל הַחֲמוֹר וַאֲפִלּוּ בְּמִטָּה. וְאִם יֵשׁ לָהֶן אוֹרֵב בַּדֶּרֶךְ לוֹקְחִין הָעֵדִים בְּיָדָן כְּלֵי זַיִן. וְאִם הָיָה דֶּרֶךְ רְחוֹקָה לוֹקְחִים בְּיָדָם מְזוֹנוֹת. וַאֲפִלּוּ רָאוּהוּ גָּדוֹל וְנִרְאֶה לַכֹּל לֹא יֹאמְרוּ כְּשֵׁם שֶׁרְאִינוּהוּ אֲנַחְנוּ רָאוּהוּ אֲחֵרִים וְאֵין אָנוּ צְרִיכִין לְחַלֵּל אֶת הַשַּׁבָּת אֶלָּא כָּל מִי שֶׁיִּרְאֶה הַחֹדֶשׁ וְיִהְיֶה רָאוּי לְהָעִיד וְיִהְיֶה בֵּינוֹ וּבֵין הַמָּקוֹם שֶׁקָּבוּעַ בּוֹ בֵּית דִּין לַיְלָה וָיוֹם אוֹ פָּחוֹת מִצְוָה עָלָיו לְחַלֵּל אֶת הַשַּׁבָּת וְלֵילֵךְ וּלְהָעִיד:

ה. בָּרִאשׁוֹנָה הָיוּ מְקַבְּלִין עֵדוּת הַחֹדֶשׁ בְּכָל יוֹם שְׁלֹשִׁים. פַּעַם אַחַת נִשְׁתַּהוּ הָעֵדִים מִלָּבוֹא עַד בֵּין הָעַרְבַּיִם וְנִתְקַלְקְלוּ בַּמִּקְדָּשׁ וְלֹא יָדְעוּ מַה יַּעֲשׂוּ אִם יַעֲשׂוּ עוֹלָה שֶׁל בֵּין הָעַרְבַּיִם שֶׁמָּא יָבוֹאוּ הָעֵדִים וְאִי אֶפְשָׁר שֶׁיַּקְרִיבוּ מוּסַף הַיּוֹם אַחַר תָּמִיד שֶׁל בֵּין הָעַרְבַּיִם. עָמְדוּ בֵּית דִּין וְהִתְקִינוּ שֶׁלֹּא יִהְיוּ מְקַבְּלִים עֵדוּת הַחֹדֶשׁ אֶלָּא עַד הַמִּנְחָה כְּדֵי שֶׁיְּהֵא שָׁהוּת בַּיּוֹם לְהַקְרִיב מוּסָפִין וְתָמִיד שֶׁל בֵּין הָעַרְבַּיִם וְנִסְכֵּיהֶם:

ו. וְאִם הִגִּיעַ מִנְחָה וְלֹא בָּאוּ עֵדִים עוֹשִׂין תָּמִיד שֶׁל בֵּין הָעַרְבַּיִם. וְאִם בָּאוּ עֵדִים מִן הַמִּנְחָה וּלְמַעְלָה נוֹהֲגִין אוֹתוֹ הַיּוֹם קֹדֶשׁ וּלְמָחָר קֹדֶשׁ וּמַקְרִיבִין מוּסָף לְמָחָר לְפִי שֶׁלֹּא הָיוּ מְקַדְּשִׁין אוֹתוֹ אַחַר מִנְחָה. מִשֶּׁחָרַב בֵּית הַמִּקְדָּשׁ הִתְקִין רַבָּן יוֹחָנָן בֶּן זַכַּאי וּבֵית דִּינוֹ שֶׁיִּהְיוּ מְקַבְּלִין עֵדוּת הַחֹדֶשׁ כָּל הַיּוֹם כֻּלּוֹ וַאֲפִלּוּ בָּאוּ עֵדִים יוֹם שְׁלֹשִׁים בְּסוֹף הַיּוֹם סָמוּךְ לִשְׁקִיעַת הַחַמָּה מְקַבְּלִין עֵדוּתָן וּמְקַדְּשִׁין יוֹם שְׁלֹשִׁים בִּלְבַד:

ז. כְּשֶׁמְּעַבְּרִין בֵּית דִּין אֶת הַחֹדֶשׁ מִפְּנֵי שֶׁלֹּא בָּאוּ עֵדִים כָּל יוֹם שְׁלֹשִׁים הָיוּ עוֹלִין לְמָקוֹם מוּכָן וְעוֹשִׂין בּוֹ סְעֻדָּה בְּיוֹם אֶחָד וּשְׁלֹשִׁים שֶׁהוּא רֹאשׁ חֹדֶשׁ. וְאֵין עוֹלִין לְשָׁם בַּלַּיְלָה אֶלָּא בַּנֶּשֶׁף קֹדֶם עֲלוֹת הַשֶּׁמֶשׁ. וְאֵין עוֹלִין לִסְעֻדָּה זוֹ פָּחוֹת מֵעֲשָׂרָה. וְאֵין עוֹלִין לָהּ אֶלָּא בְּפַת דָּגָן וְקִטְנִית. וְאוֹכְלִין בְּעֵת הַסְּעֻדָּה. וְזוֹ הִיא סְעֻדַּת מִצְוָה שֶׁל עִבּוּר הַחֹדֶשׁ הָאֲמוּרָה בְּכָל מָקוֹם:

ח. בָּרִאשׁוֹנָה כְּשֶׁהָיוּ בֵּית דִּין מְקַדְּשִׁין אֶת הַחֹדֶשׁ הָיוּ מַשִּׂיאִין מַשּׂוּאוֹת בְּרָאשֵׁי הֶהָרִים כְּדֵי שֶׁיֵּדְעוּ הָרְחוֹקִים. מִשֶּׁקִּלְקְלוּ הַכּוּתִים שֶׁהָיוּ מַשִּׂיאִין מַשּׂוּאוֹת כְּדֵי לְהַטְעוֹת אֶת הָעָם הִתְקִינוּ שֶׁיְּהוּ שְׁלוּחִים יוֹצְאִין וּמוֹדִיעִין לָרַבִּים. וּשְׁלוּחִים אֵלּוּ אֵינָן מְחַלְּלִין אֶת יוֹם טוֹב וְלֹא אֶת יוֹם הַכִּפּוּרִים וְאֵין צָרִיךְ לוֹמַר שַׁבָּת שֶׁאֵין מְחַלְּלִין אֶת הַשַּׁבָּת לְקִיּוּמוֹ אֶלָּא לְקִדּוּשׁוֹ בִּלְבַד:

ט. עַל שִׁשָּׁה חֳדָשִׁים הָיוּ שְׁלוּחִים יוֹצְאִין. עַל נִיסָן מִפְּנֵי הַפֶּסַח. וְעַל אָב מִפְּנֵי הַתַּעֲנִית. וְעַל אֱלוּל מִפְּנֵי רֹאשׁ הַשָּׁנָה. כְּדֵי שֶׁיֵּשְׁבוּ מְצַפִּין בְּיוֹם שְׁלֹשִׁים לֶאֱלוּל אִם נוֹדַע לָהֶם שֶׁקִּדְּשׁוּ בֵּית דִּין יוֹם שְׁלֹשִׁים נוֹהֲגִים אוֹתוֹ הַיּוֹם קֹדֶשׁ בִּלְבַד. וְאִם לֹא נוֹדַע לָהֶם נוֹהֲגִים יוֹם שְׁלֹשִׁים קֹדֶשׁ וְיוֹם אֶחָד וּשְׁלֹשִׁים קֹדֶשׁ עַד שֶׁיָּבוֹאוּ לָהֶם שְׁלוּחֵי תִּשְׁרֵי. וְעַל

תִּשְׁרֵי מִפְּנֵי תַּקָּנַת הַמּוֹעֲדוֹת. וְעַל כִּסְלֵו מִפְּנֵי חֲנֻכָּה. וְעַל אֲדָר מִפְּנֵי הַפּוּרִים. וּבִזְמַן שֶׁבֵּית הַמִּקְדָּשׁ קַיָּם יוֹצְאִין אַף עַל אִיָּר מִפְּנֵי פֶּסַח קָטָן:

י. שְׁלוּחֵי נִיסָן וּשְׁלוּחֵי תִּשְׁרֵי אֵין יוֹצְאִין אֶלָּא בְּיוֹם רֹאשׁ חֹדֶשׁ אַחַר שֶׁתַּעֲלֶה הַשֶּׁמֶשׁ עַד שֶׁיִּשְׁמְעוּ מִפִּי בֵּית דִּין מְקֻדָּשׁ. וְאִם קִדְּשׁוּ בֵּית דִּין בְּסוֹף יוֹם תִּשְׁעָה וְעֶשְׂרִים כְּמוֹ שֶׁאָמַרְנוּ וְשָׁמְעוּ מִפִּי בֵּית דִּין מְקֻדָּשׁ יוֹצְאִין מִבָּעֶרֶב. וּשְׁלוּחֵי שְׁאָר הַשִּׁשָּׁה חֳדָשִׁים יֵשׁ לָהֶם לָצֵאת מִבָּעֶרֶב אַחַר שֶׁנִּרְאָה הַיָּרֵחַ אַף עַל פִּי שֶׁעֲדַיִן לֹא קִדְּשׁוּ בֵּית דִּין אֶת הַחֹדֶשׁ הוֹאִיל וְנִרְאָה הַחֹדֶשׁ יָצְאוּ שֶׁהֲרֵי לְמָחָר בְּוַדַּאי מְקַדְּשִׁין אוֹתוֹ בֵּית דִּין:

יא. כָּל מָקוֹם שֶׁהָיוּ הַשְּׁלוּחִין מַגִּיעִין הָיוּ עוֹשִׂין אֶת הַמּוֹעֲדוֹת יוֹם טוֹב אֶחָד כַּכָּתוּב בַּתּוֹרָה. וּמְקוֹמוֹת הָרְחוֹקִים שֶׁאֵין הַשְּׁלוּחִים מַגִּיעִין אֲלֵיהֶם הָיוּ עוֹשִׂין שְׁנֵי יָמִים מִפְּנֵי הַסָּפֵק לְפִי שֶׁאֵינָם יוֹדְעִים יוֹם שֶׁקָּבְעוּ בּוֹ בֵּית דִּין אֶת הַחֹדֶשׁ אֵי זֶה יוֹם הוּא:

יב. יֵשׁ מְקוֹמוֹת שֶׁהָיוּ מַגִּיעִין אֲלֵיהֶם שְׁלוּחֵי נִיסָן וְלֹא הָיוּ מַגִּיעִין לָהֶן שְׁלוּחֵי תִּשְׁרֵי. וּמִן הַדִּין הָיָה שֶׁיַּעֲשׂוּ פֶּסַח יוֹם אֶחָד שֶׁהֲרֵי הִגִּיעוּ לָהֶן שְׁלוּחִין וְיָדְעוּ בְּאֵי זֶה יוֹם נִקְבַּע רֹאשׁ חֹדֶשׁ. וְיַעֲשׂוּ יוֹם טוֹב שֶׁל חַג הַסֻּכּוֹת שְׁנֵי יָמִים שֶׁהֲרֵי לֹא הִגִּיעוּ אֲלֵיהֶן הַשְּׁלוּחִין. וּכְדֵי שֶׁלֹּא לַחֲלֹק בַּמּוֹעֲדוֹת הִתְקִינוּ חֲכָמִים שֶׁכָּל מָקוֹם שֶׁאֵין שְׁלוּחֵי תִּשְׁרֵי מַגִּיעִין שָׁם עוֹשִׂין שְׁנֵי יָמִים אֲפִלּוּ יוֹם טוֹב שֶׁל עֲצֶרֶת:

יג. וְכַמָּה בֵּין שְׁלוּחֵי נִיסָן לִשְׁלוּחֵי תִּשְׁרֵי. שְׁנֵי יָמִים. שֶׁשְּׁלוּחֵי תִּשְׁרֵי אֵינָן מְהַלְּכִין בְּאֶחָד בְּתִשְׁרֵי מִפְּנֵי שֶׁהוּא יוֹם טוֹב וְלֹא בַּעֲשִׂירִי בּוֹ מִפְּנֵי שֶׁהוּא יוֹם כִּפּוּר:

יד. אֵין הַשְּׁלוּחִין צְרִיכִין לִהְיוֹתָן שְׁנַיִם אֶלָּא אֲפִלּוּ אֶחָד נֶאֱמָן. וְלֹא שָׁלִיחַ בִּלְבַד אֶלָּא אֲפִלּוּ תַּגָּר מִשְּׁאָר הָעָם שֶׁבָּא כְּדַרְכּוֹ וְאָמַר אֲנִי שָׁמַעְתִּי מִפִּי בֵּית דִּין שֶׁקִּדְּשׁוּ אֶת הַחֹדֶשׁ בְּיוֹם פְּלוֹנִי נֶאֱמָן וּמְתַקְּנִין אֶת הַמּוֹעֲדוֹת עַל פִּיו. שֶׁדָּבָר זֶה דָּבָר הֶעָשׂוּי לְהִגָּלוֹת הוּא וְעֵד אֶחָד כָּשֵׁר נֶאֱמָן עָלָיו:

טו. בֵּית דִּין שֶׁיָּשְׁבוּ כָּל יוֹם שְׁלֹשִׁים וְלֹא בָּאוּ עֵדִים וְהִשְׁכִּימוּ בַּנֶּשֶׁף וְעִבְּרוּ אֶת הַחֹדֶשׁ כְּמוֹ שֶׁבֵּאַרְנוּ בְּפֶרֶק זֶה. וְאַחַר אַרְבָּעָה אוֹ חֲמִשָּׁה יָמִים בָּאוּ עֵדִים רְחוֹקִים וְהֵעִידוּ שֶׁרָאוּ אֶת הַחֹדֶשׁ בִּזְמַנּוֹ שֶׁהוּא לֵיל שְׁלֹשִׁים. וַאֲפִלּוּ בָּאוּ בְּסוֹף הַחֹדֶשׁ. מְאַיְּמִין עֲלֵיהֶן אִיּוּם גָּדוֹל וּמַטְרִיפִים אוֹתָם בִּשְׁאֵלוֹת וּמַטְרִיחִין עֲלֵיהֶן בִּבְדִיקוֹת וּמְדַקְדְּקִין בְּעֵדוּת וּמִשְׁתַּדְּלִין בֵּית דִּין שֶׁלֹּא יְקַדְּשׁוּ חֹדֶשׁ זֶה הוֹאִיל וְיָצָא שְׁמוֹ מְעֻבָּר:

טז. וְאִם עָמְדוּ הָעֵדִים בְּעֵדוּתָן וְנִמְצֵאת מְכֻוֶּנֶת וַהֲרֵי הָעֵדִים אֲנָשִׁים יְדוּעִים וּנְבוֹנִים וְנֶחְקְרָה הָעֵדוּת כָּרָאוּי. מְקַדְּשִׁין אוֹתוֹ וְחוֹזְרִין וּמוֹנִין לְאוֹתוֹ הַחֹדֶשׁ מִיּוֹם שְׁלֹשִׁים הוֹאִיל וְנִרְאָה הַיָּרֵחַ בְּלֵילוֹ:

יז. וְאִם הֻצְרְכוּ בֵּית דִּין לְהַנִּיחַ חֹדֶשׁ זֶה מְעֻבָּר כְּשֶׁהָיָה קֹדֶם שֶׁיָּבוֹאוּ הָעֵדִים אֵלּוּ מַנִּיחִין. וְזֶה הוּא שֶׁאָמְרוּ מְעַבְּרִין אֶת הַחֹדֶשׁ לְצֹרֶךְ. וְיֵשׁ מִן הַחֲכָמִים הַגְּדוֹלִים מִי שֶׁחוֹלֵק בְּדָבָר זֶה וְאוֹמֵר לְעוֹלָם אֵין מְעַבְּרִין אֶת הַחֹדֶשׁ לְצֹרֶךְ. הוֹאִיל וּבָאוּ עֵדִים מְקַדְּשִׁין וְאֵין מְאַיְּמִין עֲלֵיהֶן:

יח. יֵרָאֶה לִי שֶׁאֵין מַחֲלֹקֶת הַחֲכָמִים בְּדָבָר זֶה אֶלָּא בִּשְׁאָר הֶחֳדָשִׁים חוּץ מִן נִיסָן וְתִשְׁרֵי. אוֹ בְּעֵדֵי נִיסָן וְתִשְׁרֵי שֶׁבָּאוּ אַחַר שֶׁעָבְרוּ הָרְגָלִים. שֶׁכְּבָר נַעֲשָׂה מַה שֶׁנַּעֲשָׂה וְעָבַר זְמַן הַקָּרְבָּנוֹת וּזְמַן הַמּוֹעֲדוֹת. אֲבָל אִם בָּאוּ הָעֵדִים בְּנִיסָן וְתִשְׁרֵי קֹדֶם חֲצִי הַחֹדֶשׁ מְקַבְּלִין עֵדוּתָן וְאֵין מְאַיְּמִין עֲלֵיהֶן כְּלָל. שֶׁאֵין מְאַיְּמִין עַל עֵדִים שֶׁהֵעִידוּ עַל הַחֹדֶשׁ שֶׁרָאוּהוּ בִּזְמַנּוֹ כְּדֵי לְעַבְּרוֹ:

יט. אֲבָל מְאַיְּמִין עַל עֵדִים שֶׁנִּתְקַלְקְלָה עֵדוּתָן וַהֲרֵי הַדָּבָר נוֹטֶה וּגְנַאי שֶׁלֹּא תִּתְקַיֵּם הָעֵדוּת וְיִתְעַבֵּר הַחֹדֶשׁ. מְאַיְּמִין עֲלֵיהֶן כְּדֵי שֶׁתִּתְקַיֵּם הָעֵדוּת וְיִתְקַיֵּם הַחֹדֶשׁ בִּזְמַנּוֹ. וְכֵן אִם בָּאוּ עֵדִים לְהָזִים אֶת הָעֵדִים שֶׁרָאוּהוּ בִּזְמַנּוֹ קֹדֶם שֶׁקִּדְּשׁוּהוּ בֵּית דִּין הֲרֵי אֵלּוּ מְאַיְּמִין עַל הַמְּזִימִין עַד שֶׁלֹּא תִּתְקַיֵּם הַהֲזָמָה וְיִתְקַדֵּשׁ הַחֹדֶשׁ בִּזְמַנּוֹ:

Perek 4

Leap year when *Sanhedrin* present.

In same way as New Moon is established in *Sanhedrin* in *Eretz Yisrael,* similarly the leap year is so established.

There are **3** main factors which would cause the *Bet Din* to declare a leap year, and other subsidiary factors.

The extra month in the year is always an extra *Adar* (so that *Pesach* in *Nissan* will always fall in spring – *Adar* is the month before *Nissan*)

Reasons Bet Din would declare a Leap Year	Extra month added	Explanation
Vernal spring equinox	✓	Main reason i.e. if the court calculates that vernal equinox will fall on or after 16th *Nissan*
Ripening of barley crop	✓	Main reason. So that the barley crop will be available to reap the *Omer* offering on 16th of *Nissan*
Blooming of fruits generally	✓	Also a main factor
Roads damaged	✓	Roads need to be in good repair for pilgrims to reach *Yerushalayim*
Bridges destroyed	✓	Similarly
Ovens for *Korban Pesach* destroyed	✓	People need to roast the *Korban Pesach* on *Pesach*
Diaspora Jews have left their homes but have been held up	✓	
Diaspora Jews have not yet left homes and are held up	×	
Cold or snow	×	They will still be able to reach *Yerushalayim*
Scarcity of goats, lambs and doves	×	But could be *contributory* factor to add a month
Year of famine	×	Cannot prevent people from eating from the new harvest (normally cannot eat new harvest until after *Omer* on 16th *Nissan*)

Minimum of 3 judges needed from High Court to establish a leap year and one of these must be *Nasi* (i.e. Head of the High Court)

There is a procedure for coming to a decision and it may be necessary to extend the court to 5 or 7 participants.

King or High Priest may not participate because they may have ulterior motives.

Leap year established only during the day.

Leap year established between *Rosh Hashanah* and end of *Adar*. It cannot be established once *Nissan* arrives. However, *Bet Din* can establish leap year also many years in advance and then it could be at any time of year.

פרק ד׳

א. שָׁנָה מְעֻבֶּרֶת הִיא שָׁנָה שֶׁמּוֹסִיפִין בָּהּ חֹדֶשׁ. וְאֵין מוֹסִיפִין לְעוֹלָם אֶלָּא אֲדָר וְעוֹשִׂין אוֹתָהּ שָׁנָה שְׁנֵי אֲדָרִין אֲדָר רִאשׁוֹן וַאֲדָר שֵׁנִי. וּמִפְּנֵי מָה מוֹסִיפִין חֹדֶשׁ זֶה מִפְּנֵי זְמַן הָאָבִיב כְּדֵי שֶׁיְּהֵא הַפֶּסַח בְּאוֹתוֹ זְמַן שֶׁנֶּאֱמַר (דברים טז

א) "שָׁמוֹר אֶת חֹדֶשׁ הָאָבִיב" שֶׁיִּהְיֶה חֹדֶשׁ זֶה בִּזְמַן הָאָבִיב. וְלוּלֵא הוֹסָפַת הַחֹדֶשׁ הַזֶּה הַפֶּסַח בָּא פְּעָמִים בִּימוֹת הַחַמָּה וּפְעָמִים בִּימוֹת הַגְּשָׁמִים:

ב. עַל שְׁלֹשָׁה סִימָנִין מְעַבְּרִין אֶת הַשָּׁנָה. עַל הַתְּקוּפָה וְעַל הָאָבִיב וְעַל פֵּרוֹת הָאִילָן. כֵּיצַד. בֵּית דִּין מְחַשְּׁבִין וְיוֹדְעִין אִם תִּהְיֶה תְּקוּפַת נִיסָן בְּשִׁשָּׁה עָשָׂר בְּנִיסָן אוֹ אַחַר זְמַן זֶה מְעַבְּרִין אוֹתָהּ הַשָּׁנָה. וְיַעֲשׂוּ אוֹתוֹ נִיסָן אֲדָר שֵׁנִי כְּדֵי שֶׁיִּהְיֶה הַפֶּסַח בִּזְמַן הָאָבִיב. וְעַל סִימָן זֶה סוֹמְכִין וּמְעַבְּרִין וְאֵין חוֹשְׁשִׁין לְסִימָן אַחֵר:

ג. וְכֵן אִם רָאוּ בֵּית דִּין שֶׁעֲדַיִן לֹא הִגִּיעַ הָאָבִיב אֶלָּא עֲדַיִן אָפֵל הוּא. וְלֹא צָמְחוּ פֵּרוֹת הָאִילָן שֶׁדַּרְכָּן לִצְמֹחַ בִּזְמַן הַפֶּסַח. סוֹמְכִין עַל שְׁנֵי סִימָנִין אֵלּוּ וּמְעַבְּרִין אֶת הַשָּׁנָה. וְאַף עַל פִּי שֶׁהַתְּקוּפָה קֹדֶם לְשִׁשָּׁה עָשָׂר בְּנִיסָן הֲרֵי הֵן מְעַבְּרִין. כְּדֵי שֶׁיִּהְיֶה הָאָבִיב מָצוּי לְהַקְרִיב מִמֶּנּוּ עֹמֶר הַתְּנוּפָה בְּשִׁשָּׁה עָשָׂר בְּנִיסָן. וּכְדֵי שֶׁיִּהְיוּ הַפֵּרוֹת צוֹמְחִין כְּדֶרֶךְ כָּל זְמַן הָאָבִיב:

ד. וְעַל שָׁלֹשׁ אֲרָצוֹת הָיוּ סוֹמְכִין בָּאָבִיב. עַל אֶרֶץ יְהוּדָה וְעַל עֵבֶר הַיַּרְדֵּן וְעַל הַגָּלִיל. וְאִם הִגִּיעַ הָאָבִיב בִּשְׁתֵּי אֲרָצוֹת מֵאֵלּוּ וּבְאַחַת לֹא הִגִּיעַ אֵין מְעַבְּרִין. וְאִם הִגִּיעַ בְּאַחַת מֵהֶן וְלֹא הִגִּיעַ בִּשְׁתַּיִם מְעַבְּרִין אִם עֲדַיִן לֹא צָמְחוּ פֵּרוֹת הָאִילָן. וְאֵלּוּ הֵן הַדְּבָרִים שֶׁהֵן הָעִקָּר שֶׁמְּעַבְּרִין בִּשְׁבִילָן כְּדֵי שֶׁיִּהְיוּ הַשָּׁנִים שְׁנֵי חַמָּה:

ה. וְיֵשׁ שָׁם דְּבָרִים אֲחֵרִים שֶׁהָיוּ בֵּית דִּין מְעַבְּרִין בִּשְׁבִילָן מִפְּנֵי הַצֹּרֶךְ. וְאֵלּוּ הֵן. מִפְּנֵי הַדְּרָכִים שֶׁאֵינָן מְתֻקָּנִין וְאֵין הָעָם יְכוֹלִין לַעֲלוֹת מְעַבְּרִין אֶת הַשָּׁנָה עַד שֶׁיִּפָּסְקוּ הַגְּשָׁמִים וִיתֻקְּנוּ הַדְּרָכִים. וּמִפְּנֵי הַגְּשָׁרִים שֶׁנֶּהֶרְסוּ וְנִמְצְאוּ הַנְּהָרוֹת מַפְסִיקִין וּמוֹנְעִין אֶת הָעָם וּמִסְתַּכְּנִין בְּעַצְמָן וּמֵתִים מְעַבְּרִין אֶת הַשָּׁנָה עַד שֶׁיִּתָּקְנוּ הַגְּשָׁרִים. וּמִפְּנֵי תַּנּוּרֵי פְּסָחִים שֶׁאָבְדוּ בַּגְּשָׁמִים וְאֵין לָהֶם מָקוֹם לִצְלוֹת אֶת פִּסְחֵיהֶם מְעַבְּרִין אֶת הַשָּׁנָה עַד שֶׁיִּבָּנוּ הַתַּנּוּרִים וְיִיבְשׁוּ. וּמִפְּנֵי גָּלֻיּוֹת יִשְׂרָאֵל שֶׁנֶּעֶקְרוּ מִמְּקוֹמָן וַעֲדַיִן לֹא הִגִּיעוּ לִירוּשָׁלַיִם מְעַבְּרִין אֶת הַשָּׁנָה כְּדֵי שֶׁיִּהְיֶה לָהֶם פְּנַאי לְהַגִּיעַ:

ו. אֲבָל אֵין מְעַבְּרִין אֶת הַשָּׁנָה לֹא מִפְּנֵי הַשֶּׁלֶג וְלֹא מִפְּנֵי הַצִּנָּה וְלֹא מִפְּנֵי גָּלֻיּוֹת יִשְׂרָאֵל שֶׁעֲדַיִן לֹא נֶעֶקְרוּ מִמְּקוֹמָם. וְלֹא מִפְּנֵי הַטֻּמְאָה. כְּגוֹן שֶׁהָיוּ רֹב הַקָּהָל אוֹ רֹב הַכֹּהֲנִים טְמֵאִים אֵין מְעַבְּרִין אֶת הַשָּׁנָה כְּדֵי שֶׁיִּהְיֶה לָהֶם פְּנַאי לִטַּהֵר וְיַעֲשׂוּ בְּטָהֳרָה אֶלָּא יַעֲשׂוּ בְּטֻמְאָה. וְאִם עִבְּרוּ אֶת הַשָּׁנָה מִפְּנֵי הַטֻּמְאָה הֲרֵי זוֹ מְעֻבֶּרֶת:

ז. יֵשׁ דְּבָרִים שֶׁאֵין מְעַבְּרִין בִּשְׁבִילָן כְּלָל אֲבָל עוֹשִׂין אוֹתָן סַעַד לְשָׁנָה שֶׁצְּרִיכָה עִבּוּר מִפְּנֵי הַתְּקוּפָה אוֹ מִפְּנֵי הָאָבִיב וּפֵרוֹת הָאִילָן. וְאֵלּוּ הֵן. מִפְּנֵי הַגְּדָיִים וְהַטְּלָאִים שֶׁעֲדַיִן לֹא נוֹלְדוּ אוֹ שֶׁהֵן מְעַט. וּמִפְּנֵי הַגּוֹזָלוֹת שֶׁלֹּא פָּרְחוּ. אֵין מְעַבְּרִין בִּשְׁבִיל אֵלּוּ כְּדֵי שֶׁיִּהְיוּ הַגְּדָיִים וְהַטְּלָאִים מְצוּיִין לִפְסָחִים וְהַגּוֹזָלוֹת מְצוּיִין לִרְאִיָּה אוֹ לְמִי שֶׁנִּתְחַיֵּב בְּקָרְבַּן הָעוֹף. אֲבָל עוֹשִׂין אוֹתָן סַעַד לְשָׁנָה:

ח. כֵּיצַד עוֹשִׂין אוֹתָן סַעַד לְשָׁנָה. אוֹמְרִין שָׁנָה זוֹ צְרִיכָה עִבּוּר מִפְּנֵי הַתְּקוּפָה שֶׁמְּשֻׁכָה אוֹ מִפְּנֵי הָאָבִיב וּפֵרוֹת הָאִילָן שֶׁלֹּא הִגִּיעוּ וְעוֹד שֶׁהַגְּדָיִים קְטַנִּים וְהַגּוֹזָלוֹת רַכִּים:

ט. אֵין מְעַבְּרִין אֶת הַשָּׁנָה אֶלָּא בִּמְזֻמָּנִין לָהּ. כֵּיצַד. יֹאמַר רֹאשׁ בֵּית דִּין הַגָּדוֹל לִפְלוֹנִי וּפְלוֹנִי מִן הַסַּנְהֶדְרִין הֱיוּ מְזֻמָּנִין לְמָקוֹם פְּלוֹנִי שֶׁנִּחַשֵּׁב וְנִרְאֶה וְנֵדַע אִם שָׁנָה זוֹ צְרִיכָה עִבּוּר אוֹ אֵינָהּ צְרִיכָה. וְאוֹתָן שֶׁהֻזְמְנוּ בִּלְבַד הֵן שֶׁמְּעַבְּרִין אוֹתָהּ. וּבְכַמָּה מְעַבְּרִין אוֹתָהּ. מַתְחִילִין בִּשְׁלֹשָׁה דַּיָּנִין מִכְּלַל סַנְהֶדְרֵי גְּדוֹלָה מִמִּי שֶׁסָּמְכוּ אוֹתָן. אָמְרוּ שְׁנַיִם לֹא נֵשֵׁב וְלֹא נִרְאֶה אִם צְרִיכָה עִבּוּר אִם לָאו וְאֶחָד אָמַר נֵשֵׁב וְנִבְדֹּק. בָּטֵל יָחִיד בְּמִעוּטוֹ. אָמְרוּ שְׁנַיִם נֵשֵׁב וְנִרְאֶה וְאֶחָד אוֹמֵר לֹא נֵשֵׁב. מוֹסִיפִין עוֹד שְׁנַיִם מִן הַמְזֻמָּנִים וְנוֹשְׂאִים וְנוֹתְנִין בַּדָּבָר:

י. שְׁנַיִם אוֹמְרִים צְרִיכָה עִבּוּר וּשְׁלֹשָׁה אוֹמְרִין אֵינָהּ צְרִיכָה. בָּטְלוּ שְׁנַיִם בְּמִעוּטָן. שְׁלֹשָׁה אוֹמְרִין צְרִיכָה עִבּוּר וּשְׁנַיִם אוֹמְרִין אֵינָהּ צְרִיכָה עִבּוּר. מוֹסִיפִין שְׁנַיִם מִן הַמְזֻמָּנִין לָהּ וְנוֹשְׂאִין וְנוֹתְנִין וְגוֹמְרִין בְּשִׁבְעָה. אִם גָּמְרוּ כֻּלָּם לְעַבֵּר אוֹ שֶׁלֹּא לְעַבֵּר עוֹשִׂין כְּמוֹ שֶׁגָּמְרוּ. וְאִם נֶחְלְקוּ הוֹלְכִים אַחַר הָרֹב בֵּין לְעַבֵּר בֵּין שֶׁלֹּא לְעַבֵּר. וְצָרִיךְ שֶׁיְּהֵא רֹאשׁ בֵּית דִּין הַגָּדוֹל שֶׁהוּא רֹאשׁ יְשִׁיבָה שֶׁל אֶחָד וְשִׁבְעִים מִכְּלַל הַשִּׁבְעָה. וְאִם גָּמְרוּ בִּשְׁלֹשָׁה לְעַבֵּר הֲרֵי זוֹ מְעֻבֶּרֶת וְהוּא שֶׁיְּהֵא הַנָּשִׂיא עִמָּהֶן אוֹ שֶׁיִּרְצֶה. וּבְעִבּוּר הַשָּׁנָה מַתְחִילִין מִן הַצַּד. וּלְקִדּוּשׁ הַחֹדֶשׁ מַתְחִילִין מִן הַגָּדוֹל:

יא. אֵין מוֹשִׁיבִין לְעִבּוּר הַשָּׁנָה לֹא מֶלֶךְ וְלֹא כֹּהֵן גָּדוֹל. מֶלֶךְ מִפְּנֵי חֵילוֹתָיו וּמִלְחֲמוֹתָיו שֶׁמָּא דַּעְתּוֹ נוֹטָה בִּשְׁבִילָן לְעַבֵּר אוֹ שֶׁלֹּא לְעַבֵּר. וְכֹהֵן גָּדוֹל מִפְּנֵי הַצִּנָּה שֶׁמָּא לֹא תִּהְיֶה דַּעְתּוֹ נוֹטָה לְעַבֵּר כְּדֵי שֶׁלֹּא יָבֹא תִּשְׁרֵי בִּימֵי הַקֹּר וְהוּא טוֹבֵל בְּיוֹם הַכִּפּוּרִים חָמֵשׁ טְבִילוֹת:

יב. הָיָה רֹאשׁ בֵּית דִּין הַגָּדוֹל וְהוּא הַנִּקְרָא נָשִׂיא בְּדֶרֶךְ רְחוֹקָה אֵין מְעַבְּרִין אוֹתָהּ אֶלָּא עַל תְּנַאי אִם יִרְצֶה הַנָּשִׂיא. בָּא וְרָצָה הֲרֵי זוֹ מְעֻבֶּרֶת. לֹא רָצָה אֵינָהּ מְעֻבֶּרֶת. וְאֵין מְעַבְּרִין אֶת הַשָּׁנָה אֶלָּא בְּאֶרֶץ יְהוּדָה שֶׁהַשְּׁכִינָה בְּתוֹכָהּ שֶׁנֶּאֱמַר (דברים יב ה) "לְשִׁכְנוֹ תִדְרְשׁוּ". וְאִם עִבְּרוּהָ בַּגָּלִיל

מְעֻבֶּרֶת. וְאֵין מְעַבְּרִין אֶלָּא בַּיּוֹם. וְאִם עִבְּרוּהָ בַּלַּיְלָה אֵינָהּ מְעֻבֶּרֶת:

יג. יֵשׁ לְבֵית דִּין לַחְשֹׁב וְלִקְבֹּעַ וְלֵידַע אֵי זוֹ שָׁנָה תִּהְיֶה מְעֻבֶּרֶת בְּכָל עֵת שֶׁיִּרְצֶה אֲפִלּוּ לְכַמָּה שָׁנִים. אֲבָל אֵין אוֹמְרִין שָׁנָה פְּלוֹנִית מְעֻבֶּרֶת אֶלָּא אַחַר רֹאשׁ הַשָּׁנָה הוּא שֶׁאוֹמֵר שָׁנָה זוֹ מְעֻבֶּרֶת. וְדָבָר זֶה מִפְּנֵי הַדְּחָק אֲבָל שֶׁלֹּא בִּשְׁעַת הַדְּחָק אֵין מוֹדִיעִין שֶׁהִיא מְעֻבֶּרֶת אֶלָּא בַּאֲדָר הוּא שֶׁאוֹמֵר שָׁנָה זוֹ מְעֻבֶּרֶת וְחֹדֶשׁ הַבָּא אֵינוֹ נִיסָן אֶלָּא אֲדָר שֵׁנִי. אָמְרוּ לִפְנֵי רֹאשׁ הַשָּׁנָה שָׁנָה זוֹ שֶׁתִּכָּנֵס מְעֻבֶּרֶת אֵינָהּ מְעֻבֶּרֶת בַּאֲמִירָה זוֹ:

יד. הִגִּיעַ יוֹם שְׁלֹשִׁים בַּאֲדָר וְלֹא עִבְּרוּ עֲדַיִן הַשָּׁנָה לֹא יְעַבְּרוּ אוֹתָהּ כְּלָל. שֶׁאוֹתוֹ הַיּוֹם רָאוּי לִהְיוֹת רֹאשׁ חֹדֶשׁ נִיסָן וּמִשֶּׁיִּכָּנֵס נִיסָן וְלֹא עִבְּרוּ אֵינָן יְכוֹלִים לְעַבֵּר. וְאִם עִבְּרוּהָ בְּיוֹם שְׁלֹשִׁים שֶׁל אֲדָר הֲרֵי זוֹ מְעֻבֶּרֶת. בָּאוּ עֵדִים אַחַר שֶׁעִבְּרוּ וְהֵעִידוּ עַל הַיָּרֵחַ הֲרֵי אֵלּוּ מְקַדְּשִׁין אֶת הַחֹדֶשׁ בְּיוֹם שְׁלֹשִׁים וְיִהְיֶה רֹאשׁ חֹדֶשׁ אֲדָר שֵׁנִי. וְאִלּוּ קִדְּשׁוּהוּ קֹדֶם שֶׁיְּעַבְּרוּ אֶת הַשָּׁנָה שׁוּב לֹא הָיוּ מְעַבְּרִין שֶׁאֵין מְעַבְּרִין בְּנִיסָן:

טו. אֵין מְעַבְּרִין אֶת הַשָּׁנָה בִּשְׁנַת רְעָבוֹן שֶׁהַכֹּל רָצִים לְבֵית הַגְּרָנוֹת לֶאֱכֹל וְלִחְיוֹת וְאִי אֶפְשָׁר לְהוֹסִיף לָהֶן זְמַן לֶאֱסֹר הֶחָדָשׁ. וְאֵין מְעַבְּרִין בִּשְׁבִיעִית שֶׁיַּד הַכֹּל שׁוֹלֶטֶת עַל הַסְּפִיחִין וְלֹא יִמְצְאוּ לְקָרֵב הָעֹמֶר וּשְׁתֵּי הַלֶּחֶם. וּרְגִילִין הָיוּ לְעַבֵּר בְּעֶרֶב שְׁבִיעִית:

טז. יֵרָאֶה לִי שֶׁזֶּה שֶׁאָמְרוּ חֲכָמִים אֵין מְעַבְּרִין בִּשְׁנַת רְעָבוֹן וּבִשְׁבִיעִית. שֶׁלֹּא יְעַבְּרוּ בָּהֶם מִפְּנֵי צֹרֶךְ הַדְּרָכִים וְהַגְּשָׁרִים וְכַיּוֹצֵא בָּהֶם. אֲבָל אִם הָיְתָה הַשָּׁנָה רְאוּיָה לְהִתְעַבֵּר מִפְּנֵי הַתְּקוּפָה אוֹ מִפְּנֵי הָאָבִיב וּפֵרוֹת הָאִילָן מְעַבְּרִין לְעוֹלָם בְּכָל זְמַן:

יז. כְּשֶׁמְּעַבְּרִין בֵּית דִּין אֶת הַשָּׁנָה כּוֹתְבִין אִגְּרוֹת לְכָל הַמְּקוֹמוֹת הָרְחוֹקִים וּמוֹדִיעִים אוֹתָן שֶׁעִבְּרוּהָ וּמִפְּנֵי מָה עִבְּרוּ. וְעַל לְשׁוֹן הַנָּשִׂיא נִכְתָּבוֹת. וְאוֹמֵר לָהֶן יוֹדֵעַ לָכֶם שֶׁהִסְכַּמְתִּי אֲנִי וַחֲבֵרַי וְהוֹסַפְנוּ עַל שָׁנָה זוֹ כָּךְ וְכָךְ. רָצוּ תִּשְׁעָה וְעֶשְׂרִים יוֹם רָצוּ שְׁלֹשִׁים יוֹם. שֶׁחֹדֶשׁ הָעִבּוּר הָרְשׁוּת לְבֵית דִּין לְהוֹסִיפוֹ מָלֵא אוֹ חָסֵר לַאֲנָשִׁים הָרְחוֹקִים שֶׁמּוֹדִיעִין אוֹתָם. אֲבָל הֵם לְפִי הָרְאִיָּה הֵם עוֹשִׂים אִם מָלֵא אִם חָסֵר:

Perek 5

Leap year when no *Sanhedrin* present in *Eretz Yisrael.*

Here leap year is established only with the calendar.

Halachah of *Mosheh Misinai.* If there is *Sanhedrin* then *Rosh Chodesh* established with witnesses. If not then use calendar alone.

The Diaspora relies on the calculations of *Eretz Yisrael* for determining *Rosh Chodesh.*

Even though everyone uses fixed calendar we still follow the *minhag* (custom) of keeping *Yom Tov* two days in *chutz laaretz* (Diaspora).

With calendar calculations *Rosh Chodesh* usually falls on day when moon sighted but it could be that the sighting is a day before or a day after (this is rare). This is due to slight variations from the mean movement of moon and sun.

With *Rosh Hashanah,* even in *Eretz Yisrael* this is kept for 2 days.

פרק ה׳

א. כָּל מַה שֶּׁאָמַרְנוּ מִקְּבִיעוּת רֹאשׁ חֹדֶשׁ עַל הָרְאִיָּה וְעִבּוּר הַשָּׁנָה מִפְּנֵי הַזְּמַן אוֹ מִפְּנֵי הַצֹּרֶךְ. אֵין עוֹשִׂין אוֹתוֹ אֶלָּא סַנְהֶדְרִין שֶׁבְּאֶרֶץ יִשְׂרָאֵל אוֹ בֵּית דִּין הַסְּמוּכִים בְּאֶרֶץ יִשְׂרָאֵל שֶׁנָּתְנוּ לָהֶן הַסַּנְהֶדְרִין רְשׁוּת. שֶׁכָּךְ נֶאֱמַר לְמשֶׁה וּלְאַהֲרֹן (שמות יב ב) "הַחֹדֶשׁ הַזֶּה לָכֶם רֹאשׁ חֳדָשִׁים" וּמִפִּי הַשְּׁמוּעָה לָמְדוּ אִישׁ מֵאִישׁ מִמּשֶׁה רַבֵּנוּ שֶׁכָּךְ הוּא פֵּרוּשׁ הַדָּבָר עֵדוּת זוֹ תִּהְיֶה מְסוּרָה לָכֶם וּלְכָל הָעוֹמֵד אַחֲרֵיכֶם בִּמְקוֹמְכֶם. אֲבָל בִּזְמַן שֶׁאֵין שָׁם סַנְהֶדְרִין בְּאֶרֶץ יִשְׂרָאֵל אֵין קוֹבְעִין חֳדָשִׁים וְאֵין מְעַבְּרִין שָׁנִים אֶלָּא בְּחֶשְׁבּוֹן זֶה שֶׁאָנוּ מְחַשְּׁבִין בּוֹ הַיּוֹם:

ב. וְדָבָר זֶה הֲלָכָה לְמשֶׁה מִסִּינַי הוּא. שֶׁבִּזְמַן שֶׁיֵּשׁ סַנְהֶדְרִין קוֹבְעִין עַל פִּי הָרְאִיָּה וּבִזְמַן שֶׁאֵין שָׁם סַנְהֶדְרִין קוֹבְעִין עַל פִּי הַחֶשְׁבּוֹן הַזֶּה שֶׁאָנוּ מְחַשְּׁבִין בּוֹ הַיּוֹם וְאֵין נִזְקָקִין לִרְאִיָּה. אֶלָּא פְּעָמִים שֶׁיִּהְיֶה יוֹם שֶׁקּוֹבְעִין בּוֹ בְּחֶשְׁבּוֹן זֶה הוּא יוֹם הָרְאִיָּה אוֹ קוֹדֵם לוֹ בְּיוֹם אוֹ אַחֲרָיו בְּיוֹם. וְזֶה שֶׁיִּהְיֶה אַחַר הָרְאִיָּה בְּיוֹם פֶּלֶא הוּא וּבַאֲרָצוֹת שֶׁהֵן לְמַעֲרַב אֶרֶץ יִשְׂרָאֵל:

ג. וּמֵאֵימָתַי הִתְחִילוּ כָּל יִשְׂרָאֵל לְחַשֵּׁב בְּחֶשְׁבּוֹן זֶה. מִסּוֹף חַכְמֵי הַגְּמָרָא בְּעֵת שֶׁחָרְבָה אֶרֶץ יִשְׂרָאֵל וְלֹא נִשְׁאַר שָׁם בֵּית דִּין קָבוּעַ. אֲבָל בִּימֵי חַכְמֵי מִשְׁנָה וְכֵן בִּימֵי חַכְמֵי הַגְּמָרָא עַד יְמֵי אַבַּיֵּי וְרָבָא עַל קְבִיעַת אֶרֶץ יִשְׂרָאֵל הָיוּ סוֹמְכִין:

ד. כְּשֶׁהָיְתָה סַנְהֶדְרִין קַיֶּמֶת וְהֵן קוֹבְעִין עַל הָרְאִיָּה. הָיוּ בְּנֵי אֶרֶץ יִשְׂרָאֵל וְכָל הַמְּקוֹמוֹת שֶׁמַּגִּיעִין אֲלֵיהֶן שְׁלוּחֵי תִּשְׁרֵי עוֹשִׂין יָמִים טוֹבִים יוֹם אֶחָד בִּלְבַד. וּשְׁאָר הַמְּקוֹמוֹת הָרְחוֹקוֹת שֶׁאֵין שְׁלוּחֵי תִּשְׁרֵי מַגִּיעִין אֲלֵיהֶם הָיוּ עוֹשִׂים שְׁנֵי יָמִים מִסָּפֵק לְפִי שֶׁלֹּא הָיוּ יוֹדְעִין יוֹם שֶׁקָּבְעוּ בּוֹ בְּנֵי אֶרֶץ יִשְׂרָאֵל אֶת הַחֹדֶשׁ:

ה. בַּזְּמַן הַזֶּה שֶׁאֵין שָׁם סַנְהֶדְרִין וּבֵית דִּין שֶׁל אֶרֶץ יִשְׂרָאֵל קוֹבְעִין עַל חֶשְׁבּוֹן זֶה. הָיָה מִן הַדִּין שֶׁיִּהְיוּ בְּכָל הַמְּקוֹמוֹת עוֹשִׂין יוֹם טוֹב אֶחָד בִּלְבַד אֲפִלּוּ הַמְּקוֹמוֹת הָרְחוֹקוֹת שֶׁבְּחוּצָה לָאָרֶץ כְּמוֹ בְּנֵי אֶרֶץ יִשְׂרָאֵל. שֶׁהַכֹּל עַל חֶשְׁבּוֹן אֶחָד סוֹמְכִין וְקוֹבְעִין. אֲבָל תַּקָּנַת חֲכָמִים הוּא שֶׁיִּזָּהֲרוּ בְּמִנְהַג אֲבוֹתֵיהֶם שֶׁבִּידֵיהֶם:

ו. לְפִיכָךְ כָּל מָקוֹם שֶׁלֹּא הָיוּ שְׁלוּחֵי תִּשְׁרֵי מַגִּיעִין אֵלָיו כְּשֶׁהָיוּ הַשְּׁלוּחִין יוֹצְאִין. יַעֲשׂוּ שְׁנֵי יָמִים וַאֲפִלּוּ בַּזְּמַן הַזֶּה כְּמוֹ שֶׁהָיוּ עוֹשִׂין בִּזְמַן שֶׁבְּנֵי אֶרֶץ יִשְׂרָאֵל קוֹבְעִין עַל הָרְאִיָּה. וּבְנֵי אֶרֶץ יִשְׂרָאֵל בַּזְּמַן הַזֶּה עוֹשִׂין יוֹם אֶחָד כְּמִנְהָגָן שֶׁמֵּעוֹלָם לֹא עָשׂוּ שְׁנֵי יָמִים. נִמְצָא יוֹם טוֹב שֵׁנִי שֶׁאָנוּ עוֹשִׂין בַּגָּלֻיּוֹת בַּזְּמַן הַזֶּה מִדִּבְרֵי סוֹפְרִים שֶׁתִּקְּנוּ דָּבָר זֶה:

ז. יוֹם טוֹב שֶׁל רֹאשׁ הַשָּׁנָה בִּזְמַן שֶׁהָיוּ קוֹבְעִין עַל הָרְאִיָּה הָיוּ רֹב בְּנֵי אֶרֶץ יִשְׂרָאֵל עוֹשִׂין אוֹתוֹ שְׁנֵי יָמִים מִסָּפֵק. לְפִי שֶׁלֹּא הָיוּ יוֹדְעִין יוֹם שֶׁקָּבְעוּ בּוֹ בֵּית דִּין אֶת הַחֹדֶשׁ שֶׁאֵין הַשְּׁלוּחִין יוֹצְאִין בְּיוֹם טוֹב:

ח. וְלֹא עוֹד אֶלָּא אֲפִלּוּ בִּירוּשָׁלַיִם עַצְמָהּ שֶׁהוּא מְקוֹם בֵּית דִּין פְּעָמִים רַבּוֹת הָיוּ עוֹשִׂין יוֹם טוֹב שֶׁל רֹאשׁ הַשָּׁנָה שְׁנֵי יָמִים. שֶׁאִם לֹא בָּאוּ הָעֵדִים כָּל יוֹם שְׁלֹשִׁים נוֹהֲגִין הָיוּ בְּאוֹתוֹ הַיּוֹם שֶׁמְּצַפִּין לָעֵדִים קֹדֶשׁ וּלְמָחָר קֹדֶשׁ. וְהוֹאִיל וְהָיוּ עוֹשִׂין אוֹתוֹ שְׁנֵי יָמִים וַאֲפִלּוּ בִּזְמַן הָרְאִיָּה הִתְקִינוּ שֶׁיִּהְיוּ עוֹשִׂין אֲפִלּוּ בְּנֵי אֶרֶץ יִשְׂרָאֵל אוֹתוֹ תָּמִיד שְׁנֵי יָמִים בַּזְּמַן הַזֶּה שֶׁקּוֹבְעִין עַל הַחֶשְׁבּוֹן. הִנֵּה לָמַדְתָּ שֶׁאֲפִלּוּ יוֹם טוֹב שֵׁנִי שֶׁל רֹאשׁ הַשָּׁנָה בַּזְּמַן הַזֶּה מִדִּבְרֵי סוֹפְרִים:

ט. אֵין עֲשִׂיַּת יוֹם טוֹב אֶחָד תְּלוּיָה בִּקְרִיבַת הַמָּקוֹם. כֵּיצַד. אִם יִהְיֶה מָקוֹם בֵּינוֹ וּבֵין יְרוּשָׁלַיִם מַהֲלַךְ חֲמִשָּׁה יָמִים אוֹ פָּחוֹת שֶׁבְּוַדַּאי אֶפְשָׁר שֶׁיַּגִּיעוּ לָהֶן שְׁלוּחִין. אֵין אוֹמְרִין שֶׁאַנְשֵׁי מָקוֹם זֶה עוֹשִׂין יוֹם טוֹב אֶחָד. שֶׁמִּי יֹאמַר לָנוּ שֶׁהָיוּ הַשְּׁלוּחִים יוֹצְאִין לְמָקוֹם זֶה. שֶׁמָּא לֹא הָיוּ הַשְּׁלוּחִים יוֹצְאִין לְמָקוֹם זֶה מִפְּנֵי שֶׁלֹּא הָיוּ שָׁם יִשְׂרָאֵל וְאַחַר שֶׁחָזְרוּ לִקְבֹּעַ עַל הַחֶשְׁבּוֹן יָשְׁבוּ שָׁם יִשְׂרְאֵלִים שֶׁהֵן חַיָּבִין לַעֲשׂוֹת שְׁנֵי יָמִים. אוֹ מִפְּנֵי שֶׁהָיָה חֵרוּם בַּדֶּרֶךְ כְּדֶרֶךְ שֶׁהָיָה בֵּין יְהוּדָה וְגָלִיל בִּימֵי חַכְמֵי הַמִּשְׁנָה. אוֹ מִפְּנֵי שֶׁהָיוּ הַכּוּתִים מוֹנְעִין אֶת הַשְּׁלוּחִין לַעֲבֹר בֵּינֵיהֶן:

י. וְאִלּוּ הָיָה הַדָּבָר תָּלוּי בִּקְרִיבַת הַמָּקוֹם הָיוּ כָּל בְּנֵי מִצְרַיִם עוֹשִׂין יוֹם אֶחָד. שֶׁהֲרֵי אֶפְשָׁר שֶׁיַּגִּיעוּ לָהֶם שְׁלוּחֵי תִּשְׁרֵי. שֶׁאֵין בֵּין יְרוּשָׁלַיִם וּמִצְרַיִם עַל דֶּרֶךְ אַשְׁקְלוֹן אֶלָּא מַהֲלַךְ שְׁמוֹנָה יָמִים אוֹ פָּחוֹת וְכֵן רֹב סוּרְיָא. הָא לָמַדְתָּ שֶׁאֵין הַדָּבָר תָּלוּי בִּהְיוֹת הַמָּקוֹם קָרוֹב:

יא. נִמְצָא עִקַּר דָּבָר זֶה עַל דֶּרֶךְ זוֹ כָּךְ הוּא. כָּל מָקוֹם שֶׁיֵּשׁ בֵּינוֹ וּבֵין יְרוּשָׁלַיִם מַהֲלַךְ יָתֵר עַל עֲשָׂרָה יָמִים גְּמוּרִים עוֹשִׂין שְׁנֵי יָמִים לְעוֹלָם כְּמִנְהָגָם מִקֹּדֶם. שֶׁאֵין שְׁלוּחֵי כָּל תִּשְׁרֵי וְתִשְׁרֵי מַגִּיעִין אֶלָּא לְמָקוֹם שֶׁבֵּינוֹ וּבֵין יְרוּשָׁלַיִם מַהֲלַךְ עֲשָׂרָה יָמִים אוֹ פָּחוֹת. וְכָל מָקוֹם שֶׁבֵּינוֹ לְבֵין יְרוּשָׁלַיִם מַהֲלַךְ עֲשָׂרָה יָמִים בְּשָׁוֶה אוֹ פָּחוֹת שֶׁאֶפְשָׁר שֶׁיִּהְיוּ שְׁלוּחִין מַגִּיעִין אֵלָיו. רוֹאִים אִם אוֹתוֹ הַמָּקוֹם מֵאֶרֶץ יִשְׂרָאֵל שֶׁהָיָה בָּהּ יִשְׂרָאֵל בִּשְׁעַת הָרְאִיָּה בְּכִבּוּשׁ שֵׁנִי כְּגוֹן אוּשָׁא וּשְׁפַרְעָם וְלוּז וְיַבְנֶה וְנֹב וּטְבֶרְיָה וְכַיּוֹצֵא בָּהֶן עוֹשִׂין יוֹם אֶחָד בִּלְבַד. וְאִם אוֹתוֹ הַמָּקוֹם מִסּוּרְיָא כְּגוֹן צוֹר וְדַמֶּשֶׂק וְאַשְׁקְלוֹן וְכַיּוֹצֵא בָּהֶן. אוֹ מִחוּצָה לָאָרֶץ כְּגוֹן מִצְרַיִם וְעַמּוֹן וּמוֹאָב וְכַיּוֹצֵא בָּהֶן. עוֹשִׂין כְּמִנְהַג אֲבוֹתֵיהֶן שֶׁבִּידֵיהֶן אִם יוֹם אֶחָד יוֹם אֶחָד וְאִם שְׁנֵי יָמִים שְׁנֵי יָמִים:

יב. מָקוֹם שֶׁבֵּינוֹ וּבֵין יְרוּשָׁלַיִם עֲשָׂרָה יָמִים אוֹ פָּחוֹת מֵעֲשָׂרָה וְהוּא סוּרְיָא אוֹ חוּצָה לָאָרֶץ וְאֵין לָהֶם מִנְהָג. אוֹ שֶׁהִיא עִיר שֶׁנִּתְחַדְּשָׁה בְּמִדְבַּר אֶרֶץ יִשְׂרָאֵל. אוֹ מָקוֹם שֶׁשָּׁכְנוּ בּוֹ יִשְׂרָאֵל עַתָּה. עוֹשִׂין שְׁנֵי יָמִים כְּמִנְהַג רֹב הָעוֹלָם. וְכָל יוֹם טוֹב שֵׁנִי מִדִּבְרֵי סוֹפְרִים וַאֲפִלּוּ יוֹם טוֹב שֵׁנִי שֶׁל רֹאשׁ הַשָּׁנָה שֶׁהַכֹּל עוֹשִׂין אוֹתוֹ בַּזְּמַן הַזֶּה:

יג. זֶה שֶׁאָנוּ מְחַשְּׁבִין בַּזְּמַן הַזֶּה כָּל אֶחָד וְאֶחָד בְּעִירוֹ וְאוֹמְרִין שֶׁרֹאשׁ חֹדֶשׁ יוֹם פְּלוֹנִי וְיוֹם טוֹב בְּיוֹם פְּלוֹנִי. לֹא

בְּחֶשְׁבּוֹן שֶׁלָּנוּ אָנוּ קוֹבְעִין וְלֹא עָלָיו אָנוּ סוֹמְכִין. שֶׁאֵין מְעַבְּרִין שָׁנִים וְקוֹבְעִין חֳדָשִׁים בְּחוּצָה לָאָרֶץ. וְאֵין אָנוּ סוֹמְכִין אֶלָּא עַל חֶשְׁבּוֹן בְּנֵי אֶרֶץ יִשְׂרָאֵל וּקְבִיעָתָם. וְזֶה שֶׁאָנוּ מְחַשְּׁבִין לְגַלּוֹת הַדָּבָר בִּלְבַד הוּא. כֵּיוָן שֶׁאָנוּ יוֹדְעִין שֶׁעַל חֶשְׁבּוֹן זֶה הֵן סוֹמְכִין אָנוּ מְחַשְּׁבִין לֵידַע יוֹם שֶׁקָּבְעוּ בּוֹ בְּנֵי אֶרֶץ יִשְׂרָאֵל אֵי זֶה יוֹם הוּא. וּקְבִיעַת בְּנֵי אֶרֶץ יִשְׂרָאֵל אוֹתוֹ הוּא שֶׁיִּהְיֶה רֹאשׁ חֹדֶשׁ אוֹ יוֹם טוֹב. לֹא מִפְּנֵי חֶשְׁבּוֹן שֶׁאָנוּ מְחַשְּׁבִין:

Perek 6

Astronomical Calculation (approximate)

Reminder:
See Appendix at end of *Kidush Hachodesh*
Pack on Astronomy

Here conjunction (*molad*) is calculated according to mean rate of movement of sun and moon. (Calculation referred to as *ibur*)

The starting point and basis of these calculations are:

- The actual length of time between 1 *molad* and the next is **29 days (of 24 hours) 12 hours and 793 units i.e. 29d 12h 793u** Length of lunar year can therefore be found by multiplying by 12 or 13
- Solar year is **365 days and 6 hours i.e. 365d 6h**
- The first *molad* of Creation took place on **Sunday night (= Monday) at 5 hours and 204 units i.e. 2d 5h 204u**

The rest of the calculations of when the *molad* occurs each month, is mere arithmetic of adding or multiplying.

It takes approximately **19** years for the total of lunar years to equalise with the solar year.

Definitions

Day = 12 hours

Night = 12 hours

1 hour = 1080 units (chosen because it can be divided by 2, 4, 8, 3, 5, 6, 9 and 10)

1 unit = 76 moments

1 lunar month = 29 days, 12 hours, 793 units (Time between one conjunction and next) **– (29d 12h 793u)**

1 lunar year = 354 days, 8 hours, 876 units (354d 8h 876u)

1 leap year = 383 days, 21 hours, 589 units (383d 21h 589u)

1 solar year = 365 days and 6 hours (365d 6h)

Difference between a lunar and solar year is 10d 21h 204u (10 days, 21 hours and 204 units) – lunar shorter than solar

According to 7 day groups Remainder for lunar month = 1d 12h 793u
Remainder for lunar year = 4d 8h 876u
Remainder for leap year = 5d 21h 589u

Seven-day groupings allow us to determine which day of the week that the next month, year or leap year will occur.

We begin calculation Tishrei, 2d 5h 204u (First Year of Creation) – night of 2nd day of week at 5 hours and 204 units

19-year cycle = 7 leap years + 12 ordinary years = *machzor*

Difference between solar calendar, and lunar (in 19-year cycle) is 1 hour and 485 units (0d 1h 485u) – Lunar less than solar

Leap years in 19-year cycle, occur at years 3,6,8,11,14,17,19

Remainder of 19-year cycle = 2d 16h 595u (according to 7-day groups)

A simple example of how this works is as follows –

If you want to know when the second *molad* (New Moon) took place in creation you take 2d – 5h – 204u and *add* on to it the length of a lunar month i.e. 29d 12h 793u.

If the *molad* is many years later, one can add in groups of

- 7 days
- Months
- Years (lunar or solar)
- 19-year cycles

and work out *molad* for any month until eternity, starting from the first *molad* of Creation. This is achieved by a simple process of *addition* only.

פרק ו׳

א. בִּזְמַן שֶׁעוֹשִׂין עַל הָרְאִיָּה הָיוּ מְחַשְּׁבִין וְיוֹדְעִין שָׁעָה שֶׁיִּתְקַבֵּץ בּוֹ הַיָּרֵחַ עִם הַחַמָּה בְּדִקְדּוּק הַרְבֵּה כְּדֶרֶךְ שֶׁהָאִיצְטַגְנִינִין עוֹשִׂין. כְּדֵי לֵידַע אִם יֵרָאֶה הַיָּרֵחַ אוֹ לֹא יֵרָאֶה. וּתְחִלַּת אוֹתוֹ הַחֶשְׁבּוֹן הוּא הַחֶשְׁבּוֹן שֶׁמְּחַשְּׁבִין אוֹתוֹ בְּקֵרוּב וְיוֹדְעִין שְׁעַת קִבּוּצָם בְּלֹא דִּקְדּוּק אֶלָּא בְּמַהֲלָכָם הָאֶמְצָעִי הוּא הַנִּקְרָא מוֹלָד. וְעִקְּרֵי הַחֶשְׁבּוֹן שֶׁמְּחַשְּׁבִין בִּזְמַן שֶׁאֵין שָׁם בֵּית דִּין שֶׁיִּקְבְּעוּ בּוֹ עַל הָרְאִיָּה וְהוּא חֶשְׁבּוֹן שֶׁאָנוּ מְחַשְּׁבִין הַיּוֹם הוּא הַנִּקְרָא עִבּוּר:

ב. הַיּוֹם וְהַלַּיְלָה אַרְבַּע וְעֶשְׂרִים שָׁעוֹת בְּכָל זְמַן. שְׁתֵּים עֶשְׂרֵה בַּיּוֹם וּשְׁתֵּים עֶשְׂרֵה בַּלַּיְלָה. וְהַשָּׁעָה מְחֻלֶּקֶת לְאֶלֶף וּשְׁמוֹנִים חֲלָקִים. וְלָמָּה חִלְּקוּ הַשָּׁעָה לְמִנְיָן זֶה. לְפִי שֶׁמִּנְיָן זֶה יֵשׁ בּוֹ חֲצִי וּרְבִיעַ וּשְׁמִינִית וּשְׁלִישׁ וּשְׁתוּת וְתֵשַׁע וְחֹמֶשׁ וְעִשּׂוּר. וְהַרְבֵּה חֲלָקִים יֵשׁ לְכָל אֵלּוּ הַשֵּׁמוֹת:

ג. מִשֶּׁיִּתְקַבֵּץ הַיָּרֵחַ וְהַחַמָּה לְפִי חֶשְׁבּוֹן זֶה עַד שֶׁיִּתְקַבְּצוּ פַּעַם שְׁנִיָּה בְּמַהֲלָכָם הָאֶמְצָעִי. תִּשְׁעָה וְעֶשְׂרִים יוֹם וּשְׁתֵּים עֶשְׂרֵה שָׁעוֹת מִיּוֹם שְׁלֹשִׁים מִתְּחִלַּת לֵילוֹ. וּשְׁבַע מֵאוֹת וּשְׁלֹשָׁה וְתִשְׁעִים חֲלָקִים מִשָּׁעַת שְׁלֹשׁ עֶשְׂרֵה. וְזֶה הוּא הַזְּמַן שֶׁבֵּין כָּל מוֹלָד וּמוֹלָד וְזֶה הוּא חָדְשָׁהּ שֶׁל לְבָנָה:

ד. שָׁנָה שֶׁל לְבָנָה אִם תִּהְיֶה שְׁנֵים עָשָׂר חֹדֶשׁ מֵחֳדָשִׁים אֵלּוּ יִהְיֶה כְּלָלָהּ שְׁלֹשׁ מֵאוֹת יוֹם וְאַרְבָּעָה וַחֲמִשִּׁים יוֹם וּשְׁמוֹנֶה שָׁעוֹת וּשְׁמוֹנֶה מֵאוֹת וְשִׁשָּׁה וְשִׁבְעִים חֲלָקִים. וְאִם תִּהְיֶה מְעֻבֶּרֶת וְתִהְיֶה הַשָּׁנָה שְׁלֹשָׁה עָשָׂר חֹדֶשׁ יִהְיֶה כְּלָלָהּ שְׁלֹשׁ מֵאוֹת וּשְׁמוֹנִים וּשְׁלֹשָׁה יוֹם וְאַחַת וְעֶשְׂרִים שָׁעוֹת וַחֲמֵשׁ מֵאוֹת וְתִשְׁעָה וּשְׁמוֹנִים חֲלָקִים. וּשְׁנַת הַחַמָּה הִיא שְׁלֹשׁ מֵאוֹת חֲמִשָּׁה וְשִׁשִּׁים יוֹם וְשֵׁשׁ שָׁעוֹת. נִמְצָא תּוֹסֶפֶת שְׁנַת הַחַמָּה עַל שְׁנַת הַלְּבָנָה עֲשָׂרָה יָמִים וְאַחַת וְעֶשְׂרִים שָׁעוֹת וּמָאתַיִם וְאַרְבָּעָה חֲלָקִים:

ה. כְּשֶׁתַּשְׁלִיךְ יְמֵי חֹדֶשׁ הַלְּבָנָה שִׁבְעָה שִׁבְעָה שֶׁהֵן יְמֵי הַשָּׁבוּעַ. יִשָּׁאֵר יוֹם אֶחָד וּשְׁתֵּים עֶשְׂרֵה שָׁעוֹת וּשְׁבַע מֵאוֹת וּשְׁלֹשָׁה וְתִשְׁעִים חֲלָקִים. סִימָן לָהֶם אי״ב תשצ״ג. וְזוֹ הִיא שְׁאֵרִית חֹדֶשׁ הַלְּבָנָה. וְכֵן כְּשֶׁתַּשְׁלִיךְ יְמֵי שְׁנַת הַלְּבָנָה שִׁבְעָה שִׁבְעָה. אִם שָׁנָה פְּשׁוּטָה הִיא יִשָּׁאֵר מִמֶּנָּה אַרְבָּעָה יָמִים וּשְׁמוֹנֶה שָׁעוֹת וּשְׁמוֹנֶה מֵאוֹת וְשִׁשָּׁה וְשִׁבְעִים חֲלָקִים. סִימָן לָהֶם ד״ח תתע״ו. וְזוֹ הִיא שְׁאֵרִית שָׁנָה פְּשׁוּטָה. וְאִם שָׁנָה מְעֻבֶּרֶת הִיא תִּהְיֶה שְׁאֵרִיתָהּ חֲמִשָּׁה יָמִים וְאַחַת

וְעֶשְׂרִים שָׁעוֹת וַחֲמֵשׁ מֵאוֹת וְתִשְׁעָה וּשְׁמוֹנִים חֲלָקִים. סִימָן לָהֶם הכ"א תקפ"ט:

ו. כְּשֶׁיִּהְיֶה עִמְּךָ יָדוּעַ מוֹלַד חֹדֶשׁ מִן הֶחֳדָשִׁים וְתוֹסִיף עָלָיו אי"ב תשצ"ג יֵצֵא מוֹלָד שֶׁאַחֲרָיו. וְתֵדַע בְּאֵי זֶה יוֹם מִימֵי הַשָּׁבוּעַ וּבְאֵי זוֹ שָׁעָה וּבְכַמָּה חֲלָקִים יִהְיֶה:

ז. כֵּיצַד. הֲרֵי שֶׁהָיָה מוֹלַד נִיסָן בְּאֶחָד בְּשַׁבָּת בְּחָמֵשׁ שָׁעוֹת בַּיּוֹם וּמֵאָה וְשִׁבְעָה חֲלָקִים סִימָן לָהֶם אהק"ז. כְּשֶׁתּוֹסִיף עָלָיו שְׁאֵרִית חֹדֶשׁ הַלְּבָנָה וְהוּא אי"ב תשצ"ג. יֵצֵא מוֹלַד אִיָּר בְּלֵיל שְׁלִישִׁי חָמֵשׁ שָׁעוֹת בַּלַּיְלָה וּתְשַׁע מֵאוֹת חֲלָקִים. סִימָן לָהֶם ג"ה תת"ק. וְעַל דֶּרֶךְ זוֹ עַד סוֹף הָעוֹלָם חֹדֶשׁ אַחַר חֹדֶשׁ:

ח. וְכֵן כְּשֶׁיִּהְיֶה עִמְּךָ יָדוּעַ מוֹלַד שָׁנָה זוֹ וְתוֹסִיף שְׁאֵרִיתָהּ עַל יְמֵי הַמּוֹלָד. אִם פְּשׁוּטָה הִיא שְׁאֵרִית הַפְּשׁוּטָה וְאִם מְעֻבֶּרֶת הִיא שְׁאֵרִית הַמְעֻבֶּרֶת. יֵצֵא לְךָ מוֹלַד שָׁנָה שֶׁלְּאַחֲרֶיהָ. וְכֵן שָׁנָה אַחַר שָׁנָה עַד סוֹף הָעוֹלָם. וְהַמּוֹלָד הָרִאשׁוֹן שֶׁמִּמֶּנּוּ תַּתְחִיל הוּא מוֹלַד שֶׁהָיָה בַּשָּׁנָה הָרִאשׁוֹנָה שֶׁל יְצִירָה. וְהוּא הָיָה בְּלֵיל שֵׁנִי חָמֵשׁ שָׁעוֹת בַּלַּיְלָה וּמָאתַיִם וְאַרְבָּעָה חֲלָקִים. סִימָן לָהֶם בהר"ד וּמִמֶּנּוּ הוּא תְּחִלַּת הַחֶשְׁבּוֹן:

ט. בְּכָל הַחֶשְׁבּוֹנוֹת הָאֵלּוּ שֶׁתֵּדַע מֵהֶן הַמּוֹלָד. כְּשֶׁתּוֹסִיף שְׁאֵרִית עִם שְׁאֵרִית. כְּשֶׁיִּתְקַבֵּץ מִן הַחֲלָקִים אֶלֶף וּשְׁמוֹנִים תַּשְׁלִים שָׁעָה אַחַת וְתוֹסִיף אוֹתָהּ לְמִנְיַן הַשָּׁעוֹת. וּכְשֶׁיִּתְקַבֵּץ מִן הַשָּׁעוֹת אַרְבַּע וְעֶשְׂרִים תַּשְׁלִים יוֹם וְתוֹסִיף מִמֶּנּוּ לְמִנְיַן הַיָּמִים. וּכְשֶׁיִּתְקַבֵּץ מִן הַיָּמִים יוֹתֵר עַל שִׁבְעָה תַּשְׁלִיךְ שִׁבְעָה מִן הַמִּנְיָן וְתַנִּיחַ הַשְּׁאָר. שֶׁאֵין אָנוּ מְחַשְּׁבִין לֵידַע מִנְיַן הַיָּמִים אֶלָּא לֵידַע בְּאֵי זֶה יוֹם מִימֵי הַשָּׁבוּעַ וּבְאֵי זֶה שָׁעָה וְאֵי זֶה חֵלֶק יִהְיֶה הַמּוֹלָד:

י. כָּל תְּשַׁע עֶשְׂרֵה שָׁנָה שֶׁיִּהְיוּ מֵהֶן שֶׁבַע שָׁנִים מְעֻבָּרוֹת וּשְׁתֵּים עֶשְׂרֵה פְּשׁוּטוֹת נִקְרָא מַחֲזוֹר. וְלָמָּה סָמַכְנוּ עַל מִנְיָן זֶה. שֶׁבִּזְמַן שֶׁאַתָּה מְקַבֵּץ מִנְיַן יְמֵי שְׁתֵּים עֶשְׂרֵה שָׁנָה פְּשׁוּטוֹת וְשֶׁבַע מְעֻבָּרוֹת וּשְׁעוֹתֵיהֶן וְחֶלְקֵיהֶן וְתַשְׁלִים כָּל אֶלֶף וּשְׁמוֹנִים חֲלָקִים שָׁעָה. וְכָל אַרְבַּע וְעֶשְׂרִים שָׁעוֹת יוֹם. וְתוֹסִיף לְמִנְיַן הַיָּמִים. תִּמְצָא הַכֹּל תְּשַׁע עֶשְׂרֵה שָׁנָה מִשְּׁנֵי הַחַמָּה שֶׁכָּל שָׁנָה מֵהֶן שְׁלֹשׁ מֵאוֹת וַחֲמִשָּׁה וְשִׁשִּׁים יוֹם וְשֵׁשׁ שָׁעוֹת בְּשָׁוֶה. וְלֹא יִשָּׁאֵר מִמִּנְיַן יְמֵי הַחַמָּה בְּכָל תְּשַׁע עֶשְׂרֵה שָׁנָה חוּץ מִשָּׁעָה אַחַת וְאַרְבַּע מֵאוֹת וּשְׁמוֹנִים וַחֲמִשָּׁה חֲלָקִים. סִימָן לָהֶם אתפ"ה:

יא. נִמְצָא בְּמַחֲזוֹר שֶׁהוּא כָּזֶה הֶחֳדָשִׁים כֻּלָּם חָדְשֵׁי הַלְּבָנָה וְהַשָּׁנִים שְׁנֵי הַחַמָּה. וְהַשֶּׁבַע שָׁנִים הַמְעֻבָּרוֹת שֶׁבְּכָל מַחֲזוֹר וּמַחֲזוֹר לְפִי חֶשְׁבּוֹן זֶה הֵם שָׁנָה שְׁלִישִׁית מִן הַמַּחֲזוֹר וְשִׁשִּׁית וּשְׁמִינִית וּשְׁנַת אַחַת עֶשְׂרֵה וּשְׁנַת אַרְבַּע עֶשְׂרֵה וּשְׁנַת שְׁבַע עֶשְׂרֵה וּשְׁנַת י"ט. סִימָן לָהֶם גו"ח י"א י"ד י"ז י"ט:

יב. כְּשֶׁתְּקַבֵּץ שְׁאֵרִית כָּל שָׁנָה מִשְּׁתֵּים עֶשְׂרֵה שָׁנָה הַפְּשׁוּטוֹת שֶׁהִיא ד"ח תתע"ו. וּשְׁאֵרִית כָּל שָׁנָה מִשֶּׁבַע שָׁנִים הַמְעֻבָּרוֹת שֶׁהִיא הכ"א תקפ"ט. וְתַשְׁלִיךְ הַכֹּל שִׁבְעָה שִׁבְעָה יִשָּׁאֵר שְׁנֵי יָמִים וְשֵׁשׁ עֶשְׂרֵה שָׁעוֹת וַחֲמֵשׁ מֵאוֹת וַחֲמִשָּׁה וְתִשְׁעִים חֲלָקִים. סִימָן לָהֶם בי"ו תקצ"ה. וְזֶה הוּא שְׁאֵרִית הַמַּחֲזוֹר:

יג. כְּשֶׁיִּהְיֶה לְךָ יָדוּעַ מוֹלַד תְּחִלַּת מַחֲזוֹר וְתוֹסִיף עָלָיו בי"ו תקצ"ה. יָצָא לְךָ תְּחִלַּת הַמַּחֲזוֹר שֶׁאַחֲרָיו וְכֵן מוֹלַד כָּל מַחֲזוֹר וּמַחֲזוֹר עַד סוֹף הָעוֹלָם. וּכְבָר אָמַרְנוּ שֶׁמּוֹלַד תְּחִלַּת הַמַּחֲזוֹר הָרִאשׁוֹן הָיָה לבהר"ד. וּמוֹלַד הַשָּׁנָה הוּא מוֹלַד תִּשְׁרֵי שֶׁל אוֹתָהּ הַשָּׁנָה:

יד. וּבַדֶּרֶךְ הַזֹּאת תֵּדַע מוֹלַד כָּל שָׁנָה וְשָׁנָה שֶׁתִּרְצֶה. וּמוֹלַד כָּל חֹדֶשׁ וְחֹדֶשׁ שֶׁתִּרְצֶה. מִשָּׁנִים שֶׁעָבְרוּ אוֹ מִשָּׁנִים שֶׁעֲתִידִים לָבֹא. כֵּיצַד. תִּקַּח שְׁנֵי יְצִירָה שֶׁעָבְרוּ וְגָמְרוּ וְתַעֲשֶׂה אוֹתָם מַחֲזוֹרִין שֶׁל תְּשַׁע עֶשְׂרֵה תְּשַׁע עֶשְׂרֵה שָׁנָה עַד תִּשְׁרֵי שֶׁל אוֹתָהּ הַשָּׁנָה. וְתֵדַע מִנְיַן הַמַּחֲזוֹרִין שֶׁעָבְרוּ וּמִנְיַן הַשָּׁנִים שֶׁעָבְרוּ מִמַּחֲזוֹר שֶׁעֲדַיִן לֹא נִשְׁלַם. וְתִקַּח לְכָל מַחֲזוֹר וּמַחֲזוֹר בי"ו תקצ"ה. וּלְכָל שָׁנָה וְשָׁנָה פְּשׁוּטָה מִשְּׁנֵי הַמַּחֲזוֹר שֶׁלֹּא נִשְׁלַם ד"ח תתע"ו. וּלְכָל שָׁנָה מְעֻבֶּרֶת הכ"א תקפ"ט. וּתְקַבֵּץ הַכֹּל וְתַשְׁלִים הַחֲלָקִים שָׁעוֹת. וְתַשְׁלִים הַשָּׁעוֹת יָמִים. וְהַיָּמִים תַּשְׁלִיכֵם שִׁבְעָה שִׁבְעָה. וְהַנִּשְׁאָר מִן הַיָּמִים וּמִן הַשָּׁעוֹת וְהַחֲלָקִים הוּא מוֹלַד שָׁנָה הַבָּאָה שֶׁתִּרְצֶה לֵידַע מוֹלָדָהּ:

טו. מוֹלַד הַשָּׁנָה שֶׁיֵּצֵא בְּחֶשְׁבּוֹן זֶה הוּא מוֹלַד רֹאשׁ חֹדֶשׁ תִּשְׁרֵי. וּכְשֶׁתּוֹסִיף עָלָיו אי"ב תשצ"ג יֵצֵא מוֹלַד מַרְחֶשְׁוָן. וּכְשֶׁתּוֹסִיף עַל מַרְחֶשְׁוָן אי"ב תשצ"ג יֵצֵא מוֹלַד כִּסְלֵו. וְכֵן לְכָל חֹדֶשׁ וְחֹדֶשׁ זֶה אַחַר זֶה עַד סוֹף הָעוֹלָם:

Perek 7

Rosh Hashanah (New Year)

Even though *Rosh Chodesh* comes about on day of conjunction of sun and moon, on *Rosh Chodesh Tishrei* (i.e. *Rosh Hashanah*) this gets pushed off on א, ד, ו i.e. Monday, Wednesday and Friday.

So *Rosh Hashanah* will be on the day of the *molad* except

- If *molad* is on Monday, Wednesday or Friday

- If *molad* takes place *at or after* noon. This is because there could be a few hours delay after *molad* until moon is actually seen – which could therefore be the next day. (However, if it takes place even 1 second *before* noon, then that day will be *Rosh Hashanah*)

- In an ordinary year, when *Rosh Chodesh Tishrei* falls on **3d 9h 204u** or more after nightfall, then *Rosh Hashanah* is postponed to Thursday.

- In an ordinary year that follows a leap year, if *Rosh Chodesh Tishrei* occurs on **2d 15h 589u** or more, then *Rosh Hashanah* is also postponed.

In all the above cases *Rosh Hashanah* is delayed by 1 or even 2 days.

The reason for delaying *Rosh Hashanah* as above is because the *molad* only reflects the mean rate of progress of sun and moon and not their true position. The *Rebeiim* therefore alternated the day when *Rosh Hashanah* could fall. (i.e. not on א, ד, ו)

פרק ז'

א. אֵין קוֹבְעִין לְעוֹלָם רֹאשׁ חֹדֶשׁ תִּשְׁרֵי לְפִי חֶשְׁבּוֹן זֶה לֹא בְּאֶחָד בְּשַׁבָּת וְלֹא בִּרְבִיעִי בְּשַׁבָּת וְלֹא בְּעֶרֶב שַׁבָּת. סִימָן לָהֶם אד"ו. אֶלָּא כְּשֶׁיִּהְיֶה מוֹלַד תִּשְׁרֵי בְּאֶחָד מִשְּׁלֹשָׁה יָמִים הָאֵלּוּ קוֹבְעִין רֹאשׁ חֹדֶשׁ בַּיּוֹם שֶׁלְּאַחֲרָיו. כֵּיצַד. הֲרֵי שֶׁהָיָה הַמּוֹלַד בְּאֶחָד בְּשַׁבָּת קוֹבְעִין רֹאשׁ חֹדֶשׁ תִּשְׁרֵי יוֹם שֵׁנִי. וְאִם הָיָה הַמּוֹלַד בִּרְבִיעִי קוֹבְעִין רֹאשׁ חֹדֶשׁ יוֹם חֲמִישִׁי. וְאִם הָיָה הַמּוֹלַד בְּשִׁשִּׁי קוֹבְעִין רֹאשׁ חֹדֶשׁ בִּשְׁבִיעִי:

ב. וְכֵן אִם יִהְיֶה הַמּוֹלַד בַּחֲצִי הַיּוֹם אוֹ לְמַעְלָה מֵחֲצִי הַיּוֹם קוֹבְעִין רֹאשׁ חֹדֶשׁ בַּיּוֹם שֶׁלְּאַחֲרָיו. כֵּיצַד. הֲרֵי שֶׁהָיָה הַמּוֹלַד בְּיוֹם שֵׁנִי בְּשֵׁשׁ שָׁעוֹת בַּיּוֹם אוֹ יֶתֶר עַל שֵׁשׁ שָׁעוֹת קוֹבְעִין רֹאשׁ חֹדֶשׁ בִּשְׁלִישִׁי. וְאִם יִהְיֶה הַמּוֹלַד קֹדֶם חֲצִי הַיּוֹם אֲפִלּוּ בְּחֵלֶק אֶחָד קוֹבְעִין רֹאשׁ הַחֹדֶשׁ בְּאוֹתוֹ יוֹם הַמּוֹלַד עַצְמוֹ. וְהוּא שֶׁלֹּא יִהְיֶה אוֹתוֹ הַיּוֹם מִימֵי אד"ו:

ג. כְּשֶׁיִּהְיֶה הַמּוֹלַד בַּחֲצִי הַיּוֹם אוֹ אַחַר חֲצוֹת הַיּוֹם וְיִדָּחֶה לַיּוֹם שֶׁלְּאַחֲרָיו. אִם יִהְיֶה יוֹם שֶׁלְּאַחֲרָיו מִימֵי אד"ו הֲרֵי זֶה נִדְחֶה לְשֶׁלְּאַחֲרָיו וְיִהְיֶה רֹאשׁ הַחֹדֶשׁ קָבוּעַ בִּשְׁלִישִׁי מִיּוֹם הַמּוֹלָד. כֵּיצַד. הֲרֵי שֶׁיִּהְיֶה הַמּוֹלַד בְּשַׁבָּת בַּחֲצוֹת סִימָן זי"ח קוֹבְעִין רֹאשׁ הַחֹדֶשׁ בַּשָּׁנָה שֶׁמּוֹלָדָהּ כָּזֶה בַּשֵּׁנִי בְּשַׁבָּת. וְכֵן אִם

הָיָה הַמּוֹלַד בִּשְׁלִישִׁי בַּחֲצוֹת אוֹ אַחַר חֲצוֹת קוֹבְעִין רֹאשׁ הַחֹדֶשׁ בַּחֲמִישִׁי בְּשַׁבָּת:

ד. מוֹלַד תִּשְׁרֵי שֶׁיָּצָא בְּחֶשְׁבּוֹן זֶה בְּלֵיל שְׁלִישִׁי בְּתֵשַׁע שָׁעוֹת בַּלַּיְלָה וּמָאתַיִם וְאַרְבָּעָה חֲלָקִים מִשָּׁעָה עֲשִׂירִית סִימָנָהּ ג"ט ר"ד. אוֹ יוֹתֵר עַל זֶה. אִם הָיְתָה שָׁנָה פְּשׁוּטָה דּוֹחִין אֶת רֹאשׁ הַחֹדֶשׁ וְאֵין קוֹבְעִים אוֹתוֹ בִּשְׁלִישִׁי בְּשָׁנָה זוֹ אֶלָּא בַּחֲמִישִׁי בְּשַׁבָּת:

ה. וְכֵן אִם יָצָא מוֹלַד תִּשְׁרֵי בְּיוֹם שֵׁנִי בְּשָׁלֹשׁ שָׁעוֹת בַּיּוֹם וְתקפ"ט חֲלָקִים מִשָּׁעָה רְבִיעִית. סִימָנָהּ בט"ו תקפ"ט. אוֹ יֶתֶר עַל כֵּן. אִם הָיְתָה אוֹתָהּ הַשָּׁנָה מוֹצָאֵי הַמְעֻבֶּרֶת שֶׁהָיְתָה הַשָּׁנָה הַסְּמוּכָה לָהּ שֶׁעָבְרָה מְעֻבֶּרֶת. אֵין קוֹבְעִין רֹאשׁ הַחֹדֶשׁ בְּשֵׁנִי בְּשָׁנָה זוֹ אֶלָּא בִּשְׁלִישִׁי:

ו. הָיָה מוֹלַד הַשָּׁנָה הַפְּשׁוּטָה שֶׁאָמַרְנוּ שֶׁתִּדָּחֶה לַחֲמִישִׁי פָּחוֹת חֵלֶק אֶחָד. כְּגוֹן שֶׁיָּצָא סִימָנָהּ ג"ט ר"ד אוֹ פָּחוֹת מִזֶּה. קוֹבְעִין אוֹתָהּ בִּשְׁלִישִׁי. וְכֵן אִם הָיָה מוֹלַד הָעִבּוּר בְּיוֹם שֵׁנִי פָּחוֹת חֵלֶק. כְּגוֹן שֶׁהָיָה סִימָנָה בט"ו תקפ"ח אוֹ פָּחוֹת מִזֶּה. קוֹבְעִין אוֹתָהּ בְּשֵׁנִי. נִמְצָא דֶּרֶךְ קְבִיעַת רֹאשׁ חֹדֶשׁ תִּשְׁרֵי לְפִי חֶשְׁבּוֹן זֶה כָּךְ הוּא. תַּחְשֹׁב וְתֵדַע הַמּוֹלַד בְּאֵי זֶה יוֹם יִהְיֶה וּבְכַמָּה שָׁעוֹת מִן הַיּוֹם אוֹ

מִן הַלַּיְלָה וּבְכַמָּה חֲלָקִים מִן הַשָּׁעָה. וְיוֹם הַמּוֹלָד הוּא יוֹם הַקְּבִיעָה לְעוֹלָם. אֶלָּא אִם כֵּן הָיָה בְּאֶחָד בְּשַׁבָּת אוֹ בִּרְבִיעִי אוֹ בְּעֶרֶב שַׁבָּת. אוֹ אִם הָיָה הַמּוֹלָד בַּחֲצוֹת הַיּוֹם אוֹ אַחַר חֲצוֹת. אוֹ אִם הָיָה בר״ד חֲלָקִים מִשָּׁעָה עֲשִׂירִית מִלֵּיל שְׁלִישִׁי אוֹ יוֹתֵר עַל זֶה וְהָיְתָה שָׁנָה פְּשׁוּטָה. אוֹ שֶׁהָיָה הַמּוֹלָד בתקפ״ט חֲלָקִים מִשָּׁעָה רְבִיעִית מִיּוֹם שֵׁנִי וְהָיְתָה הַשָּׁנָה פְּשׁוּטָה שֶׁאַחַר הַמְעֻבֶּרֶת. שֶׁאִם יֶאֱרַע בְּאֶחָד מֵאַרְבָּעָה דְּבָרִים הָאֵלּוּ אֵין קוֹבְעִין בְּיוֹם הַמּוֹלָד אֶלָּא בַּיּוֹם שֶׁלְּאַחֲרָיו אוֹ שֶׁלְּאַחַר אַחֲרָיו כַּדֶּרֶךְ שֶׁבֵּאַרְנוּ:

ז. וּמִפְּנֵי מָה אֵין קוֹבְעִין בְּחֶשְׁבּוֹן זֶה בִּימֵי אד״ו. לְפִי שֶׁהַחֶשְׁבּוֹן הַזֶּה הוּא לִקְבּוּץ הַיָּרֵחַ וְהַשֶּׁמֶשׁ בְּהִלּוּכָה הָאֶמְצָעִי לֹא בַּמָּקוֹם הָאֲמִתִּי כְּמוֹ שֶׁהוֹדַעְנוּ. לְפִיכָךְ עָשׂוּ יוֹם קְבִיעָה וְיוֹם דְּחִיָּה כְּדֵי לִפְגַּע בְּיוֹם קִבּוּץ הָאֲמִתִּי. כֵּיצַד. בִּשְׁלִישִׁי קוֹבְעִין בִּרְבִיעִי דּוֹחִין. בַּחֲמִישִׁי קוֹבְעִין בְּשִׁשִּׁי דּוֹחִין. בְּשַׁבָּת קוֹבְעִין אֶחָד בְּשַׁבָּת דּוֹחִין. בְּשֵׁנִי קוֹבְעִין:

ח. וְעִקַּר שְׁאָר הָאַרְבַּע דְּחִיּוֹת אֵלּוּ הוּא זֶה הָעִקָּר שֶׁאָמַרְנוּ שֶׁהַחֶשְׁבּוֹן הַזֶּה בְּמַהֲלָךְ אֶמְצָעִי. וּרְאָיָה לַדָּבָר שֶׁהַמּוֹלָד יִהְיֶה בְּלֵיל שְׁלִישִׁי וְיִדָּחֶה לַחֲמִישִׁי פְּעָמִים רַבּוֹת לֹא יֵרָאֶה יָרֵחַ בְּלֵיל חֲמִישִׁי וְלֹא בְּלֵיל שִׁשִּׁי מִכְּלַל שֶׁלֹּא נִתְקַבְּצוּ הַשֶּׁמֶשׁ וְהַיָּרֵחַ קִבּוּץ אֲמִתִּי אֶלָּא בַּחֲמִישִׁי:

Perek 8

Malei (Full months) and *Chaser* (Lacking months)

A lunar month is **29d 12h 793u.**

Mipi Hashmuah, it is understood that we count the days of the month and not the hours.

So, when *Rosh Chodesh* falls in the middle of the *day*, we can't have part of that day belonging to the previous month and part to the current month.

Therefore, we make some months full (with **30 days**) and others lacking (with **29 days**). This will also result that some months have 1 day *Rosh Chodesh* and some 2 days (*Rosh Chodesh* is always on the 30th day)

And each year will have a different pattern of months (but only *Marcheshvan* and *Kislev* bear the changes)

Tishrei is always full. *Marcheshvan* and *Kislev* vary. *Tevet* always lacking. From *Tevet* on they alternate.

According to the various patterns of months, the *year* has the following patterns:

- *Shalem* (*Cheshvan* and *Kislev* both full)
- *Chaser* (*Cheshvan* and *Kislev* both lacking)
- *Kesidran* (*Cheshvan* lacking and *Kislev* full)

There are also certain indications which will check the pattern of the year i.e. when *Rosh Hashanah* is on Tuesday year is *kesidran*. When *Rosh Hashanah* is on *Shabbat* / Monday, year is never *kesidran.*

When *Rosh Hashanah* on Thursday in an ordinary year it will be impossible to be *chaser.*

When *Rosh* Hashanah is on Thursday in a leap year – impossible to be *kesidran.*

פרק ח׳

א. חָדְשָׁהּ שֶׁל לְבָנָה תִּשְׁעָה וְעֶשְׂרִים יוֹם וּמֶחֱצָה וְתשצ״ג חֲלָקִים כְּמוֹ שֶׁבֵּאַרְנוּ. וְאִי אֶפְשָׁר לוֹמַר שֶׁרֹאשׁ הַחֹדֶשׁ יִהְיֶה בְּמִקְצָת הַיּוֹם עַד שֶׁיִּהְיֶה מִקְצַת הַיּוֹם מֵחֹדֶשׁ שֶׁעָבַר וּמִקְצָתוֹ מֵהַבָּא. שֶׁנֶּאֱמַר (במדבר יא כ) ״עַד חֹדֶשׁ יָמִים״ מִפִּי הַשְּׁמוּעָה לָמְדוּ שֶׁיָּמִים אַתָּה מְחַשֵּׁב לְחֹדֶשׁ וְאִי אַתָּה מְחַשֵּׁב שָׁעוֹת:

ב. לְפִיכָךְ עוֹשִׂין חָדְשֵׁי הַלְּבָנָה מֵהֶן חֹדֶשׁ חָסֵר וּמֵהֶם חֹדֶשׁ מָלֵא. חֹדֶשׁ חָסֵר תִּשְׁעָה וְעֶשְׂרִים יוֹם בִּלְבַד וְאַף עַל פִּי שֶׁחָדְשָׁהּ שֶׁל לְבָנָה יָתֵר עַל זֶה בְּשָׁעוֹת. וְחֹדֶשׁ מָלֵא מִשְּׁלֹשִׁים יוֹם וְאַף עַל פִּי שֶׁחָדְשָׁהּ שֶׁל לְבָנָה פָּחוֹת מִזֶּה בְּשָׁעוֹת. כְּדֵי שֶׁלֹּא לְחַשֵּׁב שָׁעוֹת בַּחֹדֶשׁ אֶלָּא יָמִים שְׁלֵמִים:

ג. אִלּוּ הָיָה חָדְשָׁהּ שֶׁל לְבָנָה תִּשְׁעָה וְעֶשְׂרִים יוֹם וּמֶחֱצָה בִּלְבַד הָיוּ כָּל הַשָּׁנִים חֹדֶשׁ מָלֵא וְחֹדֶשׁ חָסֵר. וְיִהְיוּ יְמֵי שְׁנַת הַלְּבָנָה שנ״ד, שִׁשָּׁה חֳדָשִׁים חֲסֵרִים וְשִׁשָּׁה חֳדָשִׁים מְלֵאִים. אֲבָל מִפְּנֵי הַחֲלָקִים שֶׁיֵּשׁ בְּכָל חֹדֶשׁ וְחֹדֶשׁ יוֹתֵר עַל חֲצִי הַיּוֹם יִתְקַבֵּץ מֵהֶן שָׁעוֹת וְיָמִים. עַד שֶׁיִּהְיוּ מִקְצַת הַשָּׁנִים חֳדָשִׁים חֲסֵרִים יוֹתֵר עַל הַמְּלֵאִים וּבְמִקְצָת הַשָּׁנִים חֳדָשִׁים מְלֵאִים יוֹתֵר עַל הַחֲסֵרִים:

ד. יוֹם שְׁלֹשִׁים לְעוֹלָם עוֹשִׂין אוֹתוֹ רֹאשׁ חֹדֶשׁ בְּחֶשְׁבּוֹן זֶה. אִם הָיָה הַחֹדֶשׁ שֶׁעָבַר חָסֵר יִהְיֶה יוֹם שְׁלֹשִׁים רֹאשׁ חֹדֶשׁ הַבָּא. וְאִם יִהְיֶה הַחֹדֶשׁ שֶׁעָבַר מָלֵא יִהְיֶה יוֹם שְׁלֹשִׁים רֹאשׁ חֹדֶשׁ הוֹאִיל וּמִקְצָתוֹ רֹאשׁ חֹדֶשׁ. וְיִהְיֶה תַּשְׁלוּם הַחֹדֶשׁ הַמָּלֵא שֶׁעָבַר. וְיִהְיֶה יוֹם אֶחָד וּשְׁלֹשִׁים רֹאשׁ הַחֹדֶשׁ הַבָּא וּמִמֶּנּוּ הוּא הַמִּנְיָן. וְהוּא יוֹם הַקְּבִיעָה. וּלְפִיכָךְ עוֹשִׂין רָאשֵׁי חֳדָשִׁים בְּחֶשְׁבּוֹן זֶה חֹדֶשׁ אֶחָד יוֹם אֶחָד בִּלְבַד וְחֹדֶשׁ אֶחָד שְׁנֵי יָמִים:

ה. סֵדֶר הֶחֳדָשִׁים הַמְּלֵאִים וְהַחֲסֵרִים לְפִי חֶשְׁבּוֹן זֶה כָּךְ הוּא. תִּשְׁרֵי לְעוֹלָם מָלֵא. וְטֵבֵת לְעוֹלָם חָסֵר. וּמִטֵּבֵת וְאֵילָךְ אֶחָד מָלֵא וְאֶחָד חָסֵר עַל הַסֵּדֶר. כֵּיצַד. טֵבֵת חָסֵר שְׁבָט מָלֵא. אֲדָר חָסֵר נִיסָן מָלֵא. אִיָּר חָסֵר סִיוָן מָלֵא. תַּמּוּז חָסֵר אָב מָלֵא. אֱלוּל חָסֵר. וּבְשָׁנָה הַמְעֻבֶּרֶת אֲדָר רִאשׁוֹן מָלֵא וַאֲדָר שֵׁנִי חָסֵר:

ו. נִשְׁאֲרוּ שְׁנֵי הֶחֳדָשִׁים שֶׁהֵן מַרְחֶשְׁוָן וְכִסְלֵו. פְּעָמִים יִהְיוּ שְׁנֵיהֶם מְלֵאִים וּפְעָמִים יִהְיוּ שְׁנֵיהֶם חֲסֵרִים וּפְעָמִים יִהְיֶה מַרְחֶשְׁוָן חָסֵר וְכִסְלֵו מָלֵא. וְשָׁנָה שֶׁיִּהְיוּ בָּהּ שְׁנֵי חֳדָשִׁים אֵלּוּ מְלֵאִים הִיא שֶׁנִּקְרְאוּ חֳדָשֶׁיהָ שְׁלֵמִים. וְשָׁנָה שֶׁיִּהְיוּ בָּהּ שְׁנֵי חֳדָשִׁים אֵלּוּ חֲסֵרִים נִקְרְאוּ חֳדָשֶׁיהָ חֲסֵרִין. וְשָׁנָה שֶׁיִּהְיוּ בָּהּ מַרְחֶשְׁוָן חָסֵר וְכִסְלֵו מָלֵא נִקְרְאוּ חֳדָשֶׁיהָ כְּסִדְרָן:

ז. דֶּרֶךְ יְדִיעַת הַשָּׁנָה אִם חֳדָשֶׁיהָ מְלֵאִים אוֹ חֲסֵרִין אוֹ כְּסִדְרָן לְפִי חֶשְׁבּוֹן זֶה כָּךְ הוּא. תֵּדַע תְּחִלָּה יוֹם שֶׁנִּקְבַּע בּוֹ רֹאשׁ הַשָּׁנָה שֶׁתִּרְצֶה לֵידַע סִדּוּר חֳדָשֶׁיהָ כְּמוֹ שֶׁבֵּאַרְנוּ בְּפֶרֶק שְׁבִיעִי. וְתֵדַע יוֹם שֶׁיִּקָּבַע בּוֹ רֹאשׁ הַשָּׁנָה שֶׁלְּאַחֲרֶיהָ. וְתַחְשֹׁב מִנְיַן הַיָּמִים שֶׁבֵּינֵיהֶן חוּץ מִיּוֹם הַקְּבִיעָה שֶׁל זוֹ וְשֶׁל זוֹ. אִם תִּמְצָא בֵּינֵיהֶן שְׁנֵי יָמִים יִהְיוּ חָדְשֵׁי הַשָּׁנָה חֲסֵרִין. וְאִם תִּמְצָא בֵּינֵיהֶם שְׁלֹשָׁה יָמִים יִהְיוּ כְּסִדְרָן. וְאִם תִּמְצָא בֵּינֵיהֶם אַרְבָּעָה יָמִים יִהְיוּ חָדְשֵׁי הַשָּׁנָה שְׁלֵמִים:

ח. בַּמֶּה דְּבָרִים אֲמוּרִים כְּשֶׁהָיְתָה הַשָּׁנָה שֶׁתִּרְצֶה לֵידַע סִדּוּר חֳדָשֶׁיהָ פְּשׁוּטָה. אֲבָל אִם הָיְתָה מְעֻבֶּרֶת. אִם תִּמְצָא בֵּין יוֹם קְבִיעָתָהּ וּבֵין יוֹם קְבִיעַת שָׁנָה שֶׁלְּאַחֲרֶיהָ אַרְבָּעָה יָמִים יִהְיוּ חָדְשֵׁי אוֹתָהּ שָׁנָה הַמְעֻבֶּרֶת חֲסֵרִים. וְאִם תִּמְצָא בֵּינֵיהֶם חֲמִשָּׁה יָמִים יִהְיוּ כְּסִדְרָן. וְאִם תִּמְצָא בֵּינֵיהֶם שִׁשָּׁה יִהְיוּ שְׁלֵמִים:

ט. כֵּיצַד. הֲרֵי שֶׁרָצִינוּ לֵידַע סִדּוּר חָדְשֵׁי שָׁנָה זוֹ. וְהָיָה רֹאשׁ הַשָּׁנָה בַּחֲמִישִׁי וְהִיא פְּשׁוּטָה וְרֹאשׁ הַשָּׁנָה שֶׁלְּאַחֲרֶיהָ בְּשֵׁנִי בְּשַׁבָּת. נִמְצָא בֵּינֵיהֶן שְׁלֹשָׁה יָמִים. יָדַעְנוּ שֶׁשָּׁנָה זוֹ חֳדָשֶׁיהָ כְּסִדְרָן. וְאִלּוּ הָיָה רֹאשׁ הַשָּׁנָה שֶׁלְּאַחֲרֶיהָ בִּשְׁלִישִׁי הָיוּ חָדְשֵׁי הַשָּׁנָה זוֹ שְׁלֵמִים. וְאִלּוּ הָיָה רֹאשׁ הַשָּׁנָה בְּשָׁנָה זוֹ בְּשַׁבָּת וּבְשָׁנָה שֶׁלְּאַחֲרֶיהָ בִּשְׁלִישִׁי בְּשַׁבָּת הָיוּ חָדְשֵׁי שָׁנָה זוֹ חֲסֵרִין. וְעַל דֶּרֶךְ זוֹ תַּחְשֹׁב לְשָׁנָה הַמְעֻבֶּרֶת כְּמוֹ שֶׁבֵּאַרְנוּ:

י. יֵשׁ שָׁם סִימָנִין שֶׁתִּסְמֹךְ עֲלֵיהֶם כְּדֵי שֶׁלֹּא תִּטְעֶה בְּחֶשְׁבּוֹן סִדּוּר חָדְשֵׁי הַשָּׁנָה וְהֵן בְּנוּיִין עַל עִקְּרֵי זֶה הַחֶשְׁבּוֹן וְהַקְּבִיעוֹת וְהַדְּחִיּוֹת שֶׁבֵּאַרְנוּ דַּרְכָּם. וְאֵלּוּ הֵן. כָּל שָׁנָה שֶׁיִּהְיֶה רֹאשׁ הַשָּׁנָה בָּהּ בַּשְּׁלִישִׁי תִּהְיֶה לְעוֹלָם כְּסִדְרָן לְפִי חֶשְׁבּוֹן זֶה. בֵּין פְּשׁוּטָה בֵּין מְעֻבֶּרֶת. וְאִם יִהְיֶה רֹאשׁ הַשָּׁנָה בְּשַׁבָּת אוֹ בְּשֵׁנִי לֹא תִּהְיֶה כְּסִדְרָן לְעוֹלָם בֵּין בִּפְשׁוּטָה בֵּין בִּמְעֻבֶּרֶת. וְאִם יִהְיֶה רֹאשׁ הַשָּׁנָה בַּחֲמִישִׁי. אִם פְּשׁוּטָה הִיא אִי אֶפְשָׁר שֶׁיִּהְיוּ חֳדָשֶׁיהָ חֲסֵרִים לְפִי חֶשְׁבּוֹן זֶה. וְאִם מְעֻבֶּרֶת הִיא אִי אֶפְשָׁר שֶׁיִּהְיוּ חֳדָשֶׁיהָ כְּסִדְרָן לְפִי חֶשְׁבּוֹן זֶה:

Perek 9

Seasons (Equinox & Solstice)

We will be trying to establish the day of week, month and time when these seasons will occur.

i.e. Spring (vernal) equinox – *Nissan* – sun enters constellation of Aries

Summer solstice – *Tammuz* – sun enters constellation of Cancer

Autumn equinox – *Tishrei* – sun enters constellation of Libra

Winter solstice – *Tevet* – sun enters constellation of Capricorn

Approximate Calculations – Method 1

Calculation based on the view of *Mar Shmuel* using the figure that a solar year is 365 and ¼ days

> **Reminder:**
> See Appendix at end of *Kidush Hachodesh*

Pattern of seasons based on solar year but to find dates etc. of the Season, we translate solar into lunar. Again, this calculation involves establishing a starting point and then adding units or groups of units to reach a desired point in time.

- Establish beginning of each season (date and time)
- Establish day of week of each season

BEGINNING OF EACH SEASON

The first *molad* of Creation in *Tishrei* was on **2d 5h 204u** (on Monday).

Therefore the *molad* of *Nissan* 6 months later = **3d 9h 642u** (Tuesday going into Wednesday).

But in this month, the sun enters Aries on **7d 9h 642u** ie the first *tekufah* (season) of *Nissan* was in the week before the *nolad*.

If we now subtract **9h 642u** (of **7d 9h 642u**) from **3d 9h 642u**, we get **3d** ie the first equinox of Creation was on Tuesday at 6pm.

To reach the year that we are interested to find the start of the Season, the easiest way to reach there would be in **19-year** cycle units. (These are the largest units available) For each 19 year cycle the lunar total is less than the solar by **0d 1h 485u** (1 hour and 485 units)

So, for simplicity, to find the lunar date 10 × 19 years later, we would need to add back 10 × 1h– 485u

The sum will give us date and time of spring in this year.

It works out that the time of the *tekufah* of *Nissan*, can only be at 6pm, 12 midnight, 6am or 12 midday.

For each of the other seasons, add **91 days, 7.5 hours** (between each season there is 91 days and 7½ hours)

DAYS OF WEEK

Similar calculation but more tools needed i.e.

- **28-year** cycle (including **1¼ day** units per year)
- **7-day** units

Solar year = 365¼ days.

Therefore, 91 days, 7½ hours between each season. (From a time aspect, each season starts 7½ hours later than the previous season)

Every 28 years equinox falls at exact same day of week and same time as the original. (Difference of 1 equinox from 1 year to next is 1 day, 6 hours. Therefore after 28 years this equals 35 days = 5 full weeks. So, every 28 years equinox occurs on same day of week and at same time.

There are 30 hours between 1 equinox (or solstice) and the next ie every year the season will start 6 hours later than the previous.

For current 28 year cycle, add 1d 6h per year, plus 3d (because first equinox of Creation took place at beginning of fourth day). Then divivide the total by 7.

The remainder of days and hours should be added to nightfall on first day of week (ie Saturday night).

Then for the other *tekufot* just add 7.5 (because the 91 days of 91d 7.5h, is exactly divisible by 7 and can therefore be ignored)

DATE OF MONTH

Previous calculations in this chapter established the date of equinox but here – simpler method is offered, where measurements used are even more approximate.

The starting point for calculation is that we know the day of week in which equinox falls and the day of week in which *Rosh Chodesh Nissan* will fall.

So, to get the date in month of *Nissan* we just need to know how many days to add on to *Rosh Chodesh.*

Therefore the arithmetic can be very approximate. i.e. *Rambam* uses say **11-day** difference between a solar and lunar year when it is only **10 day 21 hours and 204 units** etc.

If one finds that one must add more than **4** days, then one's calculation is incorrect.

פרק ט'

א. שְׁנַת הַחַמָּה יֵשׁ מֵחַכְמֵי יִשְׂרָאֵל שֶׁאוֹמְרִים שֶׁהִיא שְׁסַ"ה יוֹם וּרְבִיעַ יוֹם שֶׁהוּא שֵׁשׁ שָׁעוֹת. וְיֵשׁ מֵהֶן שֶׁאוֹמְרִים שֶׁהוּא פָּחוֹת מֵרְבִיעַ הַיּוֹם. וְכֵן חַכְמֵי יָוָן וּפָרַס יֵשׁ בֵּינֵיהֶן מַחֲלֹקֶת בְּדָבָר זֶה:

ב. מִי שֶׁהוּא אוֹמֵר שֶׁהִיא שְׁסַ"ה יוֹם וּרְבִיעַ יוֹם. יִשָּׁאֵר מִכָּל מַחֲזוֹר שֶׁל תְּשַׁע עֶשְׂרֵה שָׁנָה שָׁעָה אַחַת וְתפ"ה חֲלָקִים כְּמוֹ שֶׁאָמַרְנוּ. וְיִהְיֶה בֵּין תְּקוּפָה לִתְקוּפָה אֶחָד וְתִשְׁעִים יוֹם וְשֶׁבַע שָׁעוֹת וַחֲצִי שָׁעָה. וּמִשֶּׁתֵּדַע תְּקוּפָה אַחַת בְּאֵי זֶה יוֹם בְּאֵיזוֹ שָׁעָה הִיא תַּתְחִיל לִמְנוֹת מִמֶּנָּה לַתְּקוּפָה הַשְּׁנִיָּה שֶׁאַחֲרֶיהָ וּמִן הַשְּׁנִיָּה לַשְּׁלִישִׁית עַד סוֹף הָעוֹלָם:

ג. תְּקוּפַת נִיסָן הִיא הַשָּׁעָה וְהַחֵלֶק שֶׁתִּכָּנֵס בּוֹ הַשֶּׁמֶשׁ בְּרֹאשׁ מַזַּל טָלֶה. וּתְקוּפַת תַּמּוּז הֱיוֹת הַשֶּׁמֶשׁ בְּרֹאשׁ מַזַּל סַרְטָן. וּתְקוּפַת תִּשְׁרֵי הֱיוֹת הַשֶּׁמֶשׁ בְּרֹאשׁ מַזַּל מֹאזְנַיִם. וּתְקוּפַת טֵבֵת הֱיוֹת הַשֶּׁמֶשׁ בְּרֹאשׁ מַזַּל גְּדִי. וּתְקוּפַת נִיסָן הָיְתָה בַּשָּׁנָה הָרִאשׁוֹנָה שֶׁל יְצִירָה לְפִי חֶשְׁבּוֹן זֶה קֹדֶם מוֹלַד נִיסָן בְּשִׁבְעָה יָמִים וְתֵשַׁע שָׁעוֹת וְתרמ"ב חֲלָקִים, סִימָנָהּ ז"ט תרמ"ב:

ד. דֶּרֶךְ חֶשְׁבּוֹן הַתְּקוּפָה כָּךְ הִיא. תֵּדַע תְּחִלָּה כַּמָּה מַחֲזוֹרִין שְׁלֵמִים מִשְּׁנַת הַיְצִירָה עַד מַחֲזוֹר שֶׁתִּרְצֶה. וְקַח לְכָל מַחֲזוֹר מֵהֶן שָׁעָה אַחַת וְתפ"ה חֲלָקִים. קַבֵּץ כָּל הַחֲלָקִים

שָׁעוֹת וְכָל הַשָּׁעוֹת יָמִים וְתִגְרַע מִן הַכֹּל שִׁבְעָה יָמִים וְתֵשַׁע שָׁעוֹת וְתרמ"ב חֲלָקִים. וְהַשְּׁאָר תּוֹסִיף אוֹתוֹ עַל מוֹלַד נִיסָן שֶׁל שָׁנָה רִאשׁוֹנָה מִן הַמַּחֲזוֹר. יֵצֵא לְךָ בְּאֵי זוֹ שָׁעָה וּבְכַמָּה בַּחֹדֶשׁ תִּהְיֶה תְּקוּפַת נִיסָן שֶׁל אוֹתָהּ הַשָּׁנָה מִן הַמַּחֲזוֹר. וּמִמֶּנָּה תַּתְחִיל לִמְנוֹת אֶחָד וְתִשְׁעִים יוֹם וְשֶׁבַע שָׁעוֹת וּמֶחֱצָה לְכָל תְּקוּפָה וּתְקוּפָה. וְאִם תִּרְצֶה לֵידַע תְּקוּפַת נִיסָן שֶׁל שָׁנָה זוֹ שֶׁהִיא שְׁנַת כָּךְ וְכָךְ בַּמַּחֲזוֹר שֶׁאַתָּה עוֹמֵד בּוֹ. קַח לְכָל הַמַּחֲזוֹרִין הַשְּׁלֵמִים שָׁעָה וְתפ"ה לְכָל מַחֲזוֹר. וּלְכָל הַשָּׁנִים הַגְּמוּרוֹת שֶׁשָּׁלְמוּ מִן הַמַּחֲזוֹר עֲשָׂרָה יָמִים וְכ"א שָׁעוֹת וְר"ד חֲלָקִים לְכָל שָׁנָה וְקַבֵּץ הַכֹּל. וְתִגְרַע מִמֶּנּוּ ז' יָמִים וְט' שָׁעוֹת וְתרמ"ב חֲלָקִים. וְהַשְּׁאָר תַּשְׁלִיכֵם חָדְשֵׁי הַלְּבָנָה כ"ט יוֹם וְי"ב שָׁעוֹת וְז' מֵאוֹת וְצ"ג חֲלָקִים. וְהַנִּשְׁאָר פָּחוֹת מֵחֹדֶשׁ הַלְּבָנָה תּוֹסִיף אוֹתוֹ עַל מוֹלַד נִיסָן שֶׁל אוֹתָהּ הַשָּׁנָה. וְתֵדַע זְמַן תְּקוּפַת נִיסָן שֶׁל אוֹתָהּ הַשָּׁנָה בְּכַמָּה יוֹם בַּחֹדֶשׁ הִיא וּבְכַמָּה שָׁעָה. תְּקוּפַת נִיסָן לְפִי חֶשְׁבּוֹן זֶה אֵינָהּ לְעוֹלָם אֶלָּא אוֹ בִּתְחִלַּת הַלַּיְלָה אוֹ בַּחֲצִי הַלַּיְלָה אוֹ בִּתְחִלַּת הַיּוֹם אוֹ בַּחֲצִי הַיּוֹם. וּתְקוּפַת תַּמּוּז לְעוֹלָם אֵינָהּ אֶלָּא אוֹ בְּז' שָׁעוֹת וּמֶחֱצָה אוֹ בְּשָׁעָה אַחַת וּמֶחֱצָה בֵּין בַּיּוֹם בֵּין בַּלַּיְלָה. וּתְקוּפַת תִּשְׁרֵי לְעוֹלָם אֵינָהּ אֶלָּא אוֹ בְּט' שָׁעוֹת אוֹ בְּג' שָׁעוֹת בֵּין בַּיּוֹם בֵּין בַּלַּיְלָה. וּתְקוּפַת טֵבֵת לְעוֹלָם אֵינָהּ אֶלָּא אוֹ בְּי' שָׁעוֹת וּמֶחֱצָה אוֹ בְּאַרְבַּע שָׁעוֹת וּמֶחֱצָה בֵּין בַּיּוֹם בֵּין בַּלַּיְלָה. אִם תִּרְצֶה לֵידַע בְּאֵי זֶה יוֹם מִימֵי הַשָּׁבוּעַ וּבְאֵי זוֹ שָׁעָה תִּהְיֶה הַתְּקוּפָה. קַח שָׁנִים גְּמוּרוֹת שֶׁעָבְרוּ מִשְּׁנַת הַיְצִירָה עַד שָׁנָה שֶׁתִּרְצֶה וְהַשְׁלֵךְ הַכֹּל כ"ח כ"ח וְהַנִּשְׁאָר יוֹתֵר מִכ"ח קַח לְכָל שָׁנָה יוֹם אֶחָד ו' שָׁעוֹת. וְקַבֵּץ הַכֹּל וְהוֹסֵף עָלָיו ג' וְהַשְׁלֵךְ הַכֹּל ז' ז'. וְהַנִּשְׁאָר מִן הַיָּמִים וּמִן הַשָּׁעוֹת תַּתְחִיל לִמְנוֹת מִתְּחִלַּת לֵיל אֶחָד בְּשַׁבָּת וְלַאֲשֶׁר יַגִּיעַ הַחֶשְׁבּוֹן בּוֹ תִּהְיֶה תְּקוּפַת נִיסָן. וְלָמָּה מוֹסִיפִין שְׁלֹשָׁה לְפִי שֶׁתְּקוּפָה רִאשׁוֹנָה שֶׁל שְׁנַת הַיְצִירָה הָיְתָה בִּתְחִלַּת לֵיל רְבִיעִי:

ה. כֵּיצַד. הֲרֵי שֶׁרָצִינוּ לֵידַע תְּקוּפַת נִיסָן שֶׁל שְׁנַת תְּשַׁע מֵאוֹת שְׁלֹשִׁים וְאַרְבַּעַת אֲלָפִים לַיְצִירָה. כְּשֶׁתַּשְׁלִיךְ הַכֹּל כ"ח כ"ח תִּשָּׁאֵר שָׁנָה אַחַת. תִּקַּח לָהּ יוֹם אֶחָד וְשֵׁשׁ שָׁעוֹת וְתוֹסִיף עָלָיו ג' נִמְצֵאת תְּקוּפַת נִיסָן בְּלֵיל חֲמִישִׁי שֵׁשׁ שָׁעוֹת בַּלַּיְלָה. וּכְשֶׁתּוֹסִיף עָלֶיהָ שֶׁבַע שָׁעוֹת וּמֶחֱצָה הֲרֵי תִּהְיֶה תְּקוּפַת תַּמּוּז בְּשָׁעָה וּמֶחֱצָה מִיּוֹם ה'. וּכְשֶׁתּוֹסִיף עָלֶיהָ שֶׁבַע שָׁעוֹת וּמֶחֱצָה תִּהְיֶה תְּקוּפַת תִּשְׁרֵי בְּט' שָׁעוֹת מִיּוֹם ה'. וּכְשֶׁתּוֹסִיף עָלֶיהָ שֶׁבַע שָׁעוֹת וּמֶחֱצָה תִּהְיֶה תְּקוּפַת טֵבֵת בְּד' שָׁעוֹת וּמֶחֱצָה מִלֵּיל ו'. וּכְשֶׁתּוֹסִיף עָלֶיהָ שֶׁבַע שָׁעוֹת וּמֶחֱצָה תִּהְיֶה תְּקוּפַת נִיסָן הַבָּאָה בִּתְחִלַּת יוֹם ו'. וְעַל דֶּרֶךְ זוֹ עַד סוֹף הָעוֹלָם תְּקוּפָה אַחַר תְּקוּפָה:

ו. אִם תִּרְצֶה לֵידַע בְּכַמָּה יוֹם בַּחֹדֶשׁ תִּהְיֶה תְּקוּפַת נִיסָן שֶׁל שָׁנָה זוֹ. תֵּדַע תְּחִלָּה בְּאֵי זֶה יוֹם מִימֵי הַשָּׁבוּעַ תִּהְיֶה וּבְאֵי זֶה יוֹם יִקְבְּעוּ נִיסָן שֶׁל שָׁנָה זוֹ וְכַמָּה שָׁנִים גְּמוּרוֹת עָבְרוּ מִן הַמַּחֲזוֹר. וְתִקַּח לְכָל שָׁנָה אַחַד עָשָׂר יוֹם וְתוֹסִיף עַל סִכּוּם הַיָּמִים ז' יָמִים בִּזְמַנִּים אֵלּוּ. וְהַשְׁלֵךְ הַכֹּל ל' ל' וְהַנִּשְׁאָר פָּחוֹת מִל' תַּתְחִיל לִמְנוֹתוֹ מֵרֹאשׁ חֹדֶשׁ נִיסָן. אִם יַגִּיעַ לְיוֹם הַתְּקוּפָה מוּטָב וְאִם לָאו הוֹסֵף יוֹם אוֹ שְׁנֵי יָמִים אוֹ שְׁלֹשָׁה יָמִים עַל הַמִּנְיָן עַד שֶׁיַּגִּיעַ לְיוֹם הַתְּקוּפָה. וְאִם תִּהְיֶה הַשָּׁנָה מְעֻבֶּרֶת תַּתְחִיל לִמְנוֹת מֵרֹאשׁ חֹדֶשׁ אֲדָר שֵׁנִי וְלַיּוֹם שֶׁיַּגִּיעַ הַחֶשְׁבּוֹן בְּאוֹתוֹ הַיּוֹם מִן הַחֹדֶשׁ תִּהְיֶה הַתְּקוּפָה:

ז. כֵּיצַד. הֲרֵי שֶׁרָצִינוּ לֵידַע בְּכַמָּה בַּחֹדֶשׁ תִּהְיֶה תְּקוּפַת נִיסָן שֶׁל שְׁנַת תתק"ל. שֶׁהִיא שָׁנָה תְּשִׁיעִית מִמַּחֲזוֹר ר"ס. מָצָאנוּ רֹאשׁ חֹדֶשׁ נִיסָן נִקְבָּע בָּהּ בַּחֲמִישִׁי וּתְקוּפַת נִיסָן בַּחֲמִישִׁי. וּלְפִי שֶׁהָיְתָה שָׁנָה זוֹ תְּשִׁיעִית לַמַּחֲזוֹר יִהְיוּ הַשָּׁנִים הַגְּמוּרוֹת שְׁמוֹנֶה. כְּשֶׁתִּקַּח לְכָל שָׁנָה מֵהֶן י"א יוֹם יִהְיוּ כָּל הַיָּמִים פ"ח. תּוֹסִיף ז' הֲרֵי הַכֹּל צ"ה. תַּשְׁלִיךְ הַכֹּל ל' ל' נִשְׁאֲרוּ ה' יָמִים. כְּשֶׁתַּתְחִיל לִמְנוֹת ה' יָמִים מֵרֹאשׁ חֹדֶשׁ נִיסָן שֶׁהָיָה בַּחֲמִישִׁי יַגִּיעַ הַחֶשְׁבּוֹן לְיוֹם שֵׁנִי. וּכְבָר יָדַעְנוּ שֶׁאֵין הַתְּקוּפָה בְּשֵׁנִי בְּשַׁבָּת אֶלָּא בַּחֲמִישִׁי. לְפִיכָךְ תּוֹסִיף יוֹם אַחַר יוֹם עַד שֶׁתַּגִּיעַ לַחֲמִישִׁי שֶׁהוּא יוֹם הַתְּקוּפָה. נִמְצֵאת תְּקוּפַת נִיסָן בְּשָׁנָה זוֹ בְּיוֹם שְׁמִינִי מֵחֹדֶשׁ נִיסָן. וְעַל הַדֶּרֶךְ הַזֹּאת תַּעֲשֶׂה בְּכָל שָׁנָה וְשָׁנָה:

ח. זֶה שֶׁאָמַרְנוּ תּוֹסִיף יוֹם אַחַר יוֹם עַד שֶׁתַּגִּיעַ לְיוֹם הַתְּקוּפָה. לְעוֹלָם לֹא תִּהְיֶה צָרִיךְ לְהוֹסִיף אֶלָּא יוֹם אֶחָד אוֹ ב' אוֹ ג'. וּפֶלֶא גָּדוֹל הוּא שֶׁתִּהְיֶה צָרִיךְ לְהוֹסִיף אַרְבָּעָה יָמִים. וְאִם מָצָאתָ שֶׁאַתָּה צָרִיךְ לְהוֹסִיף עַל זֶה תֵּדַע שֶׁטָּעִיתָ בַּחֶשְׁבּוֹן וְתַחֲזֹר וְתַחְשֹׁב בְּדִקְדּוּק:

Perek 10

Seasons continued

Approximate Calculations of Equinox – Method 2.

This is based on the opinion of Rav Ada.

Reminder:
See Appendix at end of *Kidush Hachodesh* (Chapter 11)

Based on the fact that a solar year is slightly less than 365¼ days i.e.

Solar year is 365d 5h 997u 48m

1 unit = 76 moment

Pattern of seasons based on calculation which assumes a slightly shorter solar year.

Calculation are same as perek ט' and is the one favoured by the Sages of Israel.

According to this calculation the difference between a solar and lunar year = **10d 21h 121u 48m** and difference between each 19-year cycle = **0**.

When you know the start of any one season, rest can be calculated as in perek ט'. **91d 7h 519u 31m is now the difference between each season.**

First Vernal Equinox of Creation = 9h 642u (9 hours, 642 units) = Tuesday at 6pm.

Of the two calculations, this one is the more accurate.

However, both are approximations based on the mean rate of progress of the sun.

When one considers the actual position of the sun at these times, the vernal equinox will take place approximately two days earlier.

פרק י׳

א. שְׁנַת הַחַמָּה לְמִי שֶׁהוּא אוֹמֵר שֶׁהִיא פָּחוֹת מֵרְבִיעַ מֵחַכְמֵי יִשְׂרָאֵל. יֵשׁ מִי שֶׁאוֹמֵר שס״ה יוֹם וְחָמֵשׁ שָׁעוֹת וְתתקצ״ז חֲלָקִים וּמ״ח רֶגַע. וְהָרֶגַע אֶחָד מֵע״ו בְּחֵלֶק. וּלְפִי חֶשְׁבּוֹן זֶה תִּהְיֶה תּוֹסֶפֶת שְׁנַת הַחַמָּה עַל שְׁנַת הַלְּבָנָה י׳ יָמִים וְכ״א שָׁעָה וְקכ״א חֵלֶק וּמ״ח רֶגַע. סִימָן לָהֶן יכ״א קכ״א מ״ח. וְלֹא תִּמְצָא תּוֹסֶפֶת בְּמַחֲזוֹר שֶׁל י״ט שָׁנָה כְּלָל אֶלָּא בְּכָל מַחֲזוֹר מֵהֶם יִשְׁלְמוּ שְׁנֵי הַחַמָּה עִם שְׁנֵי הַלְּבָנָה הַפְּשׁוּטוֹת וְהַמְעֻבָּרוֹת:

ב. בֵּין כָּל תְּקוּפָה וּתְקוּפָה לְפִי חֶשְׁבּוֹן זֶה צ״א יוֹם וְז׳ שָׁעוֹת וְתקי״ט חֲלָקִים וְל״א רֶגַע. סִימָן לָהֶם צ״א ת״ק י״ט ל״א. וּכְשֶׁתֵּדַע תְּקוּפָה מִן הַתְּקוּפוֹת אֵימָתַי הָיְתָה. תַּחְשֹׁב מֵאוֹתוֹ רֶגַע מִנְיָן זֶה וְתֵדַע תְּקוּפָה שֶׁאַחֲרֶיהָ עַל הַדֶּרֶךְ שֶׁבֵּאַרְנוּ בִּתְקוּפַת הַשָּׁנָה שֶׁהִיא רְבִיעַ:

ג. תְּקוּפַת נִיסָן לְפִי חֶשְׁבּוֹן זֶה הָיְתָה בְּשָׁנָה רִאשׁוֹנָה שֶׁל יְצִירָה קֹדֶם מוֹלַד נִיסָן בְּט׳ שָׁעוֹת וְתרמ״ב חֲלָקִים. סִימָן לָהֶם ט׳ תרמ״ב. וְכֵן הִיא לְעוֹלָם בְּכָל שָׁנָה רִאשׁוֹנָה שֶׁל כָּל מַחֲזוֹר קֹדֶם מוֹלַד נִיסָן בְּתֵשַׁע שָׁעוֹת וְתרמ״ב חֲלָקִים:

ד. כְּשֶׁתֵּדַע תְּקוּפַת נִיסָן שֶׁל שָׁנָה רִאשׁוֹנָה מִן הַמַּחֲזוֹר. תַּחְשֹׁב מִמֶּנָּה צ״א יוֹם וְז׳ שָׁעוֹת וְתקי״ט חֲלָקִים וְל״א רֶגַע לְכָל תְּקוּפָה וּתְקוּפָה עַד סוֹף הַמַּחֲזוֹר:

ה. אִם תִּרְצֶה לֵידַע מָתַי תִּהְיֶה תְּקוּפַת נִיסָן לְפִי חֶשְׁבּוֹן זֶה. תֵּדַע תְּחִלָּה שָׁנִים גְּמוּרוֹת שֶׁעָבְרוּ מִן הַמַּחֲזוֹר. וְתִקַּח לְכָל שָׁנָה מֵהֶן תּוֹסֶפֶת. וְהִיא יכ״א קכ״א מ״ח. וְקַבֵּץ כָּל הָרְגָעִים חֲלָקִים וְכָל הַחֲלָקִים שָׁעוֹת וְכָל הַשָּׁעוֹת יָמִים כְּדֶרֶךְ שֶׁתַּחְשֹׁב בַּמּוֹלָדוֹת. וְתִגְרַע מִן הַכֹּל הַט׳ שָׁעוֹת וְתרמ״ב חֲלָקִים. וְהַנִּשְׁאָר תַּשְׁלִיךְ חָדְשֵׁי לְבָנָה. וְהַנִּשְׁאָר שֶׁאֵין בּוֹ חֹדֶשׁ לְבָנָה תּוֹסִיף אוֹתוֹ עַל מוֹלַד נִיסָן שֶׁל אוֹתָהּ שָׁנָה. וּבְרֶגַע שֶׁיַּגִּיעַ הַמִּנְיָן בּוֹ תִּהְיֶה תְּקוּפַת נִיסָן שֶׁל אוֹתָהּ שָׁנָה:

ו. וְנִרְאִין לִי הַדְּבָרִים שֶׁעַל חֶשְׁבּוֹן תְּקוּפָה זוֹ הָיוּ סוֹמְכִין לְעִנְיַן עִבּוּר הַשָּׁנָה בְּעֵת שֶׁבֵּית דִּין הַגָּדוֹל מָצוּי. שֶׁהָיוּ מְעַבְּרִין מִפְּנֵי הַזְּמַן אוֹ מִפְּנֵי הַצֹּרֶךְ. לְפִי שֶׁחֶשְׁבּוֹן זֶה הוּא הָאֱמֶת יוֹתֵר מִן הָרִאשׁוֹן. וְהוּא קָרוֹב מִן הַדְּבָרִים שֶׁנִּתְבָּאֲרוּ בְּאִצְטַגְנִינוּת יוֹתֵר מִן הַחֶשְׁבּוֹן הָרִאשׁוֹן שֶׁהָיְתָה בּוֹ שְׁנַת הַחַמָּה שס״ה יוֹם וּרְבִיעַ יוֹם:

ז. וְחֶשְׁבּוֹן שְׁתֵּי תְּקוּפוֹת הָאֵלּוּ שֶׁבֵּאַרְנוּ דַּרְכָּם הַכֹּל בְּקֵרוּב הוּא וּבְמַהֲלַךְ הַשֶּׁמֶשׁ הָאֶמְצָעִי לֹא בִּמְקוֹמָהּ הָאֲמִתִּי. אֲבָל בִּמְקוֹם הַשֶּׁמֶשׁ הָאֲמִתִּי תִּהְיֶה תְּקוּפַת נִיסָן בִּזְמַנִּים אֵלּוּ בִּכְמוֹ שְׁנֵי יָמִים קֹדֶם שְׁתֵּי הַתְּקוּפוֹת שֶׁיּוֹצְאִין בְּחֶשְׁבּוֹן זֶה. בֵּין בְּחֶשְׁבּוֹן מִי שֶׁחָשַׁב רְבִיעַ יוֹם גָּמוּר בֵּין לְמִי שֶׁמְּחַשֵּׁב לְפָחוֹת מֵרְבִיעַ יוֹם:

Perek 11

Kiddush Hachodesh continued

Precise Calculations

Reminder:
See Appendix at end of *Kidush Hachodesh* (Chapter 11)

FUNDAMENTAL PRINCIPLE

Heavenly sphere is divided into 360° and 12 constellations. Each constellation includes 30°.

- *Tleh* (Aries) **– 0–30°**
- *Shor* (Taurus) **– 30–60°**
- *Teomim* (Gemini) **– 60–90°**
- *Sartan* (Cancer) **– 90–120°**
- *Aryeh* (Leo) **– 120–150°**
- *Betulah* (Virgo) **– 150–180°**
- *Moznaim* (Libra) **– 180–210°**
- *Akrav* (Scorpio) **– 210–240°**
- *Keshet* (Sagittarius) **– 240–270°**
- *Gdi* (Capricorn) **– 270–300°**
- *Deli* (Aquarius) **– 300–330°**
- *Dagim* (Pisces) **– 330–360°**

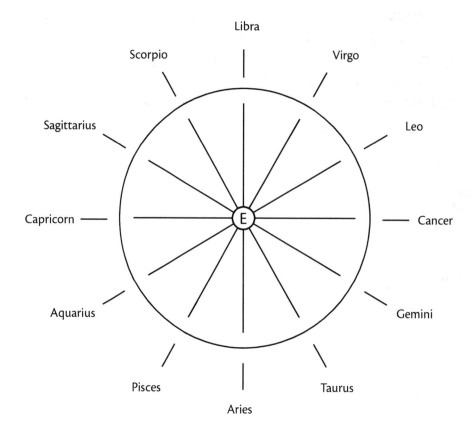

1° = 60 min

1 min = 60 seconds

1 sec = 60 thirds

When subtracting many degrees from a smaller number, one must add **360°** to the smaller number (i.e. **100° – 200° = 460° – 200°**)

The speed of the planets, sun and moon move at uniform rate. However, if one measures the rate of movement of these spheres they appear to vary their speed. This is because the earth is not exactly at the centre.

The uniform speed that these bodies progress is called mean motion.

The apparent progress as seen from earth is called the true motion. This is sometimes more and sometimes less. The true motion determines the true position of the sun or the moon.

The moon position is an angle within the Constellation (because moon can be seen only at night, and because the Constellation relates to the stars, this also refers to night time).

Similarly with the sun.

We are therefore talking about measurements and sightings taking place at the Western horizon at sunset (the whole purpose of all the calculations is to see if the moon will be visible on the Western horizon)

All calculations centred at Jerusalem in 1178 (Thursday 3rd *Nissan* 4938). This position is situated approximately 32° north of equator and 24° west of centre of Europe (±90° east of Greenwich) (So 1178 is obviously the year that Rambam was making those calculations)

פרק י״א

א. לְפִי שֶׁאָמַרְנוּ בַּהֲלָכוֹת אֵלוּ שֶׁבֵּית דִּין הָיוּ מְחַשְּׁבִין בְּדִקְדּוּק וְיוֹדְעִים אִם יֵרָאֶה הַיָּרֵחַ אוֹ לֹא יֵרָאֶה. יָדַעְנוּ שֶׁכָּל מִי שֶׁרוּחוֹ נְכוֹנָה וְלִבּוֹ תָּאֵב לְדִבְרֵי הַחָכְמוֹת וְלַעֲמֹד עַל הַסּוֹדוֹת יִתְאַוֶּה לֵידַע אוֹתָן הַדְּרָכִים שֶׁמְּחַשְּׁבִין בָּהֶם עַד שֶׁיֵּדַע אָדָם אִם יֵרָאֶה הַיָּרֵחַ בְּלֵיל זֶה אוֹ לֹא יֵרָאֶה:

ב. וְדַרְכֵי הַחֶשְׁבּוֹן יֵשׁ בָּהֶן מַחֲלוֹקוֹת גְּדוֹלוֹת בֵּין חַכְמֵי הַגּוֹיִם הַקַּדְמוֹנִים שֶׁחָקְרוּ עַל חֶשְׁבּוֹן הַתְּקוּפוֹת וְהַגִּימַטְרִיָּאוֹת. וַאֲנָשִׁים חֲכָמִים גְּדוֹלִים נִשְׁתַּבְּשׁוּ בָּהֶן וְנִתְעַלְּמוּ מֵהֶן דְּבָרִים וְנוֹלְדוּ לָהֶן סְפֵקוֹת. וְיֵשׁ מִי שֶׁדִּקְדֵּק הַרְבֵּה וְלֹא פָּגַע בַּדֶּרֶךְ הַנְּכוֹנָה בְּחֶשְׁבּוֹן רְאִיַּת הַיָּרֵחַ אֶלָּא צָלַל בְּמַיִם אַדִּירִים וְהֶעֱלָה חֶרֶס בְּיָדוֹ:

ג. וּלְפִי אֹרֶךְ הַיָּמִים וְרֹב הַבְּדִיקוֹת וְהַחֲקִירוֹת נוֹדְעוּ לְמִקְצָת הַחֲכָמִים דַּרְכֵי חֶשְׁבּוֹן זֶה. וְעוֹד שֶׁיֵּשׁ לָנוּ בְּעִקָּרִים אֵלּוּ קַבָּלוֹת מִפִּי הַחֲכָמִים וּרְאָיוֹת שֶׁלֹּא נִכְתְּבוּ בַּסְּפָרִים הַיְדוּעִים לַכֹּל. וּמִפְּנֵי כָּל אֵלּוּ הַדְּבָרִים כָּשֵׁר בְּעֵינַי לְבָאֵר דַּרְכֵי חֶשְׁבּוֹן זֶה כְּדֵי שֶׁיִּהְיֶה נָכוֹן לְמִי שֶׁמְּלָאוֹ לִבּוֹ לְקָרְבָה אֶל הַמְּלָאכָה לַעֲשׂוֹת אוֹתָהּ:

ד. וְאַל יִהְיוּ דְּרָכִים אֵלּוּ קַלִּים בְּעֵינֶיךָ מִפְּנֵי שֶׁאֵין אָנוּ צְרִיכִין לָהֶם בַּזְּמַן הַזֶּה. שֶׁאֵלּוּ הַדְּרָכִים דְּרָכִים רְחוֹקִים וַעֲמֻקִּים הֵן. וְהוּא סוֹד הָעִבּוּר שֶׁהָיוּ הַחֲכָמִים הַגְּדוֹלִים יוֹדְעִים אוֹתוֹ וְאֵין מוֹסְרִין אוֹתוֹ לְכָל אָדָם אֶלָּא לִסְמוּכִים נְבוֹנִים. אֲבָל זֶה הַחֶשְׁבּוֹן בַּזְּמַן הַזֶּה שֶׁאֵין בֵּית דִּין לִקְבֹּעַ עַל פִּי הָרְאִיָּה שֶׁאָנוּ מְחַשְּׁבִין בּוֹ הַיּוֹם אֲפִלּוּ תִּינוֹקוֹת שֶׁל בֵּית רַבָּן מַגִּיעִין עַד סוֹפוֹ בִּשְׁלֹשָׁה וְאַרְבָּעָה יָמִים:

ה. שֶׁמָּא יִתְבּוֹנֵן חָכָם מֵחַכְמֵי הָאֻמּוֹת אוֹ מֵחַכְמֵי יִשְׂרָאֵל שֶׁלָּמְדוּ חָכְמַת יָוָן בִּדְרָכִים אֵלּוּ שֶׁאֲנִי מְחַשֵּׁב בָּהֶן לִרְאִיַּת הַיָּרֵחַ וְיִרְאֶה קֵרוּב מְעַט בְּמִקְצָת הַדְּרָכִים. וְיַעֲלֶה עַל דַּעְתּוֹ שֶׁנִּתְעַלֵּם מִמֶּנּוּ דָּבָר זֶה וְלֹא יָדַעְנוּ שֶׁיֵּשׁ בְּאוֹתוֹ הַדֶּרֶךְ קֵרוּב. אַל יַעֲלֶה זֶה עַל דַּעְתּוֹ אֶלָּא כָּל דָּבָר שֶׁלֹּא דִּקְדַּקְנוּ בּוֹ מִפְּנֵי שֶׁיָּדַעְנוּ בְּעִקְּרֵי הַגִּימַטְרִיָּאוֹת בִּרְאָיוֹת בְּרוּרוֹת שֶׁאֵין דָּבָר זֶה מַפְסִיד בִּידִיעַת הָרְאִיָּה וְאֵין חוֹשְׁשִׁין לוֹ. לְפִיכָךְ לֹא דִּקְדַּקְנוּ בּוֹ:

ו. וְכֵן כְּשֶׁיֵּרָאֶה בְּדֶרֶךְ מִן הַדְּרָכִים חֶסְרוֹן מְעַט מֵחֶשְׁבּוֹן הָרָאוּי לְאוֹתָהּ הַדֶּרֶךְ. בְּכַוָּנָה עָשִׂינוּ זֶה לְפִי שֶׁיֵּשׁ כְּנֶגְדּוֹ יִתְרוֹן בְּדֶרֶךְ אַחֶרֶת עַד שֶׁיֵּצֵא הַדָּבָר לַאֲמִתּוֹ בִּדְרָכִים קְרוֹבִים בְּלֹא חֶשְׁבּוֹן אָרֹךְ. כְּדֵי שֶׁלֹּא יִבָּהֵל הָאָדָם שֶׁאֵינוֹ רָגִיל בִּדְבָרִים אֵלּוּ בְּרֹב הַחֶשְׁבּוֹנוֹת שֶׁאֵין מוֹעִילִין בִּרְאִיַּת הַיָּרֵחַ:

ז. הָעִקָּרִים שֶׁצָּרִיךְ אָדָם לֵידַע תְּחִלָּה לְכָל חֶשְׁבּוֹנוֹת הָאִצְטַגְנִינוּת. בֵּין לְדַרְכֵי חֶשְׁבּוֹן הָרְאִיָּה בֵּין לִשְׁאָר דְּבָרִים. אֵלּוּ הֵן. הַגַּלְגַּל מוּחְלָק בְּשׁ״ס מַעֲלוֹת. כָּל מַזָּל וּמַזָּל שְׁלֹשִׁים מַעֲלוֹת. וּמַתְחִיל מִתְּחִלַּת מַזַּל טָלֶה וְכָל מַעֲלָה וּמַעֲלָה ס׳ חֲלָקִים. וְכָל חֵלֶק וְחֵלֶק ס׳ שְׁנִיּוֹת. וְכָל שְׁנִיָּה וּשְׁנִיָּה שִׁשִּׁים שְׁלִישִׁיּוֹת. וְכֵן תְּדַקְדֵּק הַחֶשְׁבּוֹן וּתְחַלֵּק כָּל זְמַן שֶׁתִּרְצֶה:

ח. לְפִיכָךְ אִם יָצָא לְךָ בַּחֶשְׁבּוֹן שֶׁכּוֹכָב פְּלוֹנִי מְקוֹמוֹ בַּגַּלְגַּל בְּע׳ מַעֲלוֹת וְל׳ חֲלָקִים וּמ׳ שְׁנִיּוֹת. תֵּדַע שֶׁכּוֹכָב זֶה הוּא בְּמַזַּל תְּאוֹמִים בַּחֲצִי מַעֲלָה אַחַת עֶשְׂרֵה מִמַּזָּל זֶה. לְפִי שֶׁמַּזַּל טָלֶה ל׳ מַעֲלוֹת וּמַזַּל שׁוֹר ל׳ מַעֲלוֹת נִשְׁאַר עֶשֶׂר מַעֲלוֹת וּמֶחֱצָה מִמַּזַּל תְּאוֹמִים וּמ׳ שְׁנִיּוֹת מֵחֲצִי הַמַּעֲלָה הָאַחֲרוֹן:

ט. וְכֵן אִם יָצָא מְקוֹמוֹ בַּגַּלְגַּל בְּשׁ״כ מַעֲלוֹת. תֵּדַע שֶׁכּוֹכָב זֶה בְּמַזַּל דְּלִי בְּכ׳ מַעֲלָה בּוֹ. וְעַל דֶּרֶךְ זוֹ בְּכָל הַמִּנְיָנוֹת. וְסֵדֶר הַמַּזָּלוֹת כָּךְ הוּא. טָלֶה שׁוֹר תְּאוֹמִים סַרְטָן אַרְיֵה בְּתוּלָה מֹאזְנַיִם עַקְרָב קֶשֶׁת גְּדִי דְּלִי דָּגִים:

י. הַחֶשְׁבּוֹנוֹת כֻּלָּם כְּשֶׁתְּקַבֵּץ שְׁאֵרִית לִשְׁאֵרִית אוֹ כְּשֶׁתּוֹסִיף מִנְיָן עַל מִנְיָן. תְּקַבֵּץ כָּל מִין עִם מִינוֹ. הַשְּׁנִיּוֹת עִם הַשְּׁנִיּוֹת וְהַחֲלָקִים עִם הַחֲלָקִים וְהַמַּעֲלוֹת עִם הַמַּעֲלוֹת. וְכָל זְמַן שֶׁיִּתְקַבֵּץ מִן הַשְּׁנִיּוֹת ס׳ תָּשִׂים חֵלֶק אֶחָד וְתוֹסִיף עַל הַחֲלָקִים. וְכָל שֶׁיִּתְקַבֵּץ מִן הַחֲלָקִים ס׳ תָּשִׂים אוֹתוֹ מַעֲלָה וְתוֹסִיף אוֹתָהּ עַל הַמַּעֲלוֹת. וּכְשֶׁתְּקַבֵּץ הַמַּעֲלוֹת תַּשְׁלִיךְ אוֹתָן שׁ״ס וְהַנִּשְׁאָר מִשׁ״ס וּלְמַטָּה הוּא שֶׁתּוֹפְסִין אוֹתוֹ לְחֶשְׁבּוֹן:

יא. בְּכָל הַחֶשְׁבּוֹנוֹת כֻּלָּן כְּשֶׁתִּרְצֶה לִגְרֹעַ מִנְיָן מִמִּנְיָן. אִם יִהְיֶה זֶה שֶׁגּוֹרְעִין אוֹתוֹ יֶתֶר עַל זֶה שֶׁגּוֹרְעִין מִמֶּנּוּ אֲפִלּוּ בְּחֵלֶק אֶחָד תּוֹסִיף עַל זֶה שֶׁגּוֹרְעִין מִמֶּנּוּ שׁ״ס מַעֲלוֹת כְּדֵי שֶׁיְּהֵא אֶפְשָׁר לִגְרֹעַ זֶה הַמִּנְיָן מִמֶּנּוּ:

יב. כֵּיצַד. הֲרֵי שֶׁהִצְרִיכְךָ הַחֶשְׁבּוֹן לִגְרֹעַ מָאתַיִם מַעֲלוֹת וְנ׳ חֲלָקִים וּמ׳ שְׁנִיּוֹת. סִימָן רנ״ם. מִק׳ מַעֲלוֹת וְכ׳ חֲלָקִים וְל׳ שְׁנִיּוֹת. סִימָנָן קכ״ל. תּוֹסִיף עַל הַק׳ שׁ״ס יִהְיוּ הַמַּעֲלוֹת ת״ס וְתַתְחִיל לִגְרֹעַ הַשְּׁנִיּוֹת מִן הַשְּׁנִיּוֹת תָּבוֹא לִגְרֹעַ אַרְבָּעִים מִשְּׁלֹשִׁים אִי אֶפְשָׁר. תָּרִים חֵלֶק אֶחָד מִן הָעֶשְׂרִים חֲלָקִים וְתַעֲשֶׂה אוֹתוֹ שִׁשִּׁים שְׁנִיּוֹת וְתוֹסִיף עַל הַשְּׁלֹשִׁים וְנִמְצְאוּ הַשְּׁנִיּוֹת תִּשְׁעִים. תִּגְרַע מֵהֶם הַמ׳ יִשָּׁאֵר חֲמִשִּׁים שְׁנִיּוֹת. וְתַחֲזֹר לִגְרֹעַ חֲמִשִּׁים חֲלָקִים מִי״ט חֲלָקִים שֶׁכְּבָר הֲרִימוֹתָ מֵהֶם חֵלֶק אֶחָד וַעֲשִׂיתוֹ שְׁנִיּוֹת. וְאִי אֶפְשָׁר לִגְרֹעַ חֲמִשִּׁים מִתִּשְׁעָה עָשָׂר. לְפִיכָךְ תָּרִים מַעֲלָה אַחַת מִן הַמַּעֲלוֹת

וְתַעֲשֶׂה אוֹתָהּ שִׁשִּׁים חֲלָקִים וְתוֹסִיף עַל הַתִּשְׁעָה עָשָׂר וְנִמְצְאוּ הַחֲלָקִים ע"ט. תִּגְרַע מֵהֶן הַחֲמִשִּׁים יִשָּׁאֵר תִּשְׁעָה וְעֶשְׂרִים חֲלָקִים. וְתַחֲזֹר לִגְרֹעַ הַמָּאתַיִם מַעֲלוֹת מִן אַרְבַּע מֵאוֹת וְנ"ט מַעֲלוֹת שֶׁכְּבָר הֵרִימוֹתָ מַעֲלָה אַחַת וְעָשִׂיתָ חֲלָקִים. יִשָּׁאֵר מָאתַיִם וְתֵשַׁע וַחֲמִשִּׁים מַעֲלוֹת וְנִמְצָא הַשְּׁאָר סִימָנוֹ רנ"ט כ"ט נ'. וְעַל דֶּרֶךְ זוֹ בְּכָל גֵּרָעוֹן וְגֵרָעוֹן הַשֶּׁמֶשׁ וְהַיָּרֵחַ:

יג. וְכֵן שְׁאָר הַשִּׁבְעָה כּוֹכָבִים מַהֲלַךְ כָּל אֶחָד וְאֶחָד מֵהֶן בְּגַלְגַּל שֶׁלּוֹ מַהֲלָךְ שָׁוֶה. אֵין בּוֹ לֹא קַלּוּת וְלֹא כְּבֵדוּת אֶלָּא כְּמוֹ מַהֲלָכוֹ הַיּוֹם כְּמוֹ מַהֲלָכוֹ אֶמֶשׁ כְּמוֹ מַהֲלָכוֹ לְמָחָר כְּמוֹ מַהֲלָכוֹ בְּכָל יוֹם וָיוֹם. וְגַלְגַּל שֶׁל כָּל אֶחָד מֵהֶם אַף עַל פִּי שֶׁהוּא מַקִּיף אֶת הָעוֹלָם אֵין הָאָרֶץ בְּאֶמְצָעוֹ:

יד. לְפִיכָךְ אִם תַּעֲרֹךְ מַהֲלַךְ כָּל אֶחָד מֵהֶן לַגַּלְגַּל הַמַּקִּיף אֶת הָעוֹלָם שֶׁהָאָרֶץ בְּאֶמְצָעוֹ שֶׁהוּא גַּלְגַּל הַמַּזָּלוֹת. יִשְׁתַּנֶּה הִלּוּכוֹ וְנִמְצָא מַהֲלָכוֹ בְּיוֹם זֶה בְּגַלְגַּל הַמַּזָּלוֹת פָּחוֹת אוֹ יוֹתֵר עַל מַהֲלָכוֹ אֶמֶשׁ אוֹ עַל מַהֲלָכוֹ לְמָחָר:

טו. הַמַּהֲלָךְ הַשָּׁוֶה שֶׁמְּהַלֵּךְ הַכּוֹכָב אוֹ הַשֶּׁמֶשׁ אוֹ הַיָּרֵחַ בְּגַלְגַּלּוֹ הוּא הַנִּקְרָא אֶמְצַע הַמַּהֲלָךְ. וְהַמַּהֲלָךְ שֶׁיִּהְיֶה בְּגַלְגַּל הַמַּזָּלוֹת שֶׁהוּא פְּעָמִים יוֹתֵר וּפְעָמִים חָסֵר הוּא הַמַּהֲלָךְ הָאֲמִתִּי. וּבוֹ יִהְיֶה מְקוֹם הַשֶּׁמֶשׁ אוֹ מְקוֹם הַיָּרֵחַ הָאֲמִתִּי:

טז. כְּבָר אָמַרְנוּ שֶׁאֵלּוּ הַדְּרָכִים שֶׁאָנוּ מְבָאֲרִים בַּהֲלָכוֹת אֵלּוּ אֵינָן אֶלָּא לְחֶשְׁבּוֹן רְאִיַּת הַיָּרֵחַ בִּלְבַד. לְפִיכָךְ עָשִׂינוּ הָעִקָּר שֶׁמִּמֶּנּוּ מַתְחִילִין לְעוֹלָם לְחֶשְׁבּוֹן זֶה מִתְּחִלַּת לֵיל חֲמִישִׁי שֶׁיּוֹמוֹ יוֹם שְׁלִישִׁי לְחֹדֶשׁ נִיסָן מִשָּׁנָה זוֹ שֶׁהִיא שְׁנַת י"ז מִמַּחֲזוֹר ר"ס. שֶׁהִיא שְׁנַת תתקל"ח וְאַרְבַּעַת אֲלָפִים לַיְצִירָה. שֶׁהִיא שְׁנַת תפ"ט וְאֶלֶף לַשְּׁטָרוֹת. שֶׁהִיא שְׁנַת ק"ט וְאֶלֶף לְחָרְבַּן בַּיִת שֵׁנִי. וְזוֹ הִיא שֶׁאָנוּ קוֹרְאִים אוֹתָהּ שְׁנַת הָעִקָּר בְּחֶשְׁבּוֹן זֶה:

יז. וּלְפִי שֶׁהָרְאִיָּה לֹא תִּהְיֶה אֶלָּא בְּאֶרֶץ יִשְׂרָאֵל כְּמוֹ שֶׁבֵּאַרְנוּ. עָשִׂינוּ כָּל דַּרְכֵי חֶשְׁבּוֹן הַזֶּה בְּנוּיִים עַל עִיר יְרוּשָׁלַיִם וְלִשְׁאָר הַמְּקוֹמוֹת הַסּוֹבְבִין אוֹתָהּ בִּכְמוֹ שִׁשָּׁה אוֹ שִׁבְעָה יָמִים שֶׁבָּהֶן רוֹאִין אֶת הַיָּרֵחַ תָּמִיד וּבָאִים וּמְעִידִים בְּבֵית דִּין. וּמָקוֹם זֶה הוּא נוֹטֶה מִתַּחַת הַקַּו הַשָּׁוֶה הַמְסַבֵּב בְּאֶמְצַע הָעוֹלָם כְּנֶגֶד רוּחַ צְפוֹנִית בִּכְמוֹ ל"ב מַעֲלוֹת עַד ל"ה וְעַד כ"ט. וְכֵן הוּא נוֹטֶה מֵאֶמְצַע הַיִּשּׁוּב כְּנֶגֶד רוּחַ מַעֲרָב בִּכְמוֹ כ"ד מַעֲלוֹת עַד כ"ז וְעַד כ"א:

Perek 12

Precise calculation

Reminder:
See Appendix at end of *Kidush Hachodesh* (Chapter 12)

Progress of sun. (i.e. distance travelled by sun (or any Heavenly body) – Longitude.

Once we know the mean (average) distance travelled by the sun, we can also calculate its mean position at any point.

It moves in an anti-clockwise direction, travelling from W to E.

Distance travelled by *gavoha* (apogee)

SUN

Distance travelled by the sun in a day (24 hours) = 59 minutes and 8 seconds (59′ 8″)

The mean distance travelled by the sun in 1 month = 28° 35′ 1″

The mean distance travelled by the sun in lunar year (regular) = 348° 55′ 15″

APOGEE

The *gavoha* (apogee) is the point of orbit of the sun furthest from the earth. (This is because the earth is not exactly in the centre of suns orbit)

This point (the *gavoha)* rotates in a uniform fashion, also from W to E, travelling a distance of ± 1° in 70 years – Longitude.

In 10 days the apogee travels 1″ 30‴

[Similarly, one can have a *gavoha* for each of the other planets (except the moon)]

The starting point for our calculations as mentioned is **3 *Nissan* 4938 at 6pm.**

The position of the sun was **7° 3′ 32″ in constellation of Aries.**

The *gavoha* of the sun was **26° 45′ 8″ in constellation of Gemini.**

We know for a regular year

- Distance travelled by sun in year
- Distance travelled in 29 days
- Distance travelled in 1 day etc.

Year could be full and we therefore add 1 day, or lacking (and therefore subtract one day)

We need to make adjustment to a leap year.

- With regular months (30 days longer)
- With full months (31 days longer)
- With lacking months (29 days longer)

Also, we know the distance travelled by the *gavoha* /day.

Can therefore determine position within constellations of sun (or any other planets) at any given time.

פרק י״ב

א. מַהֲלַךְ הַשֶּׁמֶשׁ הָאֶמְצָעִי בְּיוֹם אֶחָד שֶׁהוּא כ״ד שָׁעוֹת נ״ט חֲלָקִים וּשְׁמוֹנֶה שְׁנִיּוֹת. סִימָנָם כ״ד נט״ח. נִמְצָא מַהֲלָכָהּ בַּעֲשָׂרָה יָמִים תֵּשַׁע מַעֲלוֹת וְנ״א חֲלָקִים וְכ״ג שְׁנִיּוֹת. סִימָנָם טנ״א כ״ג. וְנִמְצָא מַהֲלָכָהּ בְּמֵאָה יוֹם צ״ח מַעֲלוֹת וּשְׁלֹשָׁה וּשְׁלֹשִׁים חֲלָקִים וְנ״ג שְׁנִיּוֹת. סִימָנָם צ״ח ל״ג נ״ג. וְנִמְצָא שְׁאֵרִית מַהֲלָכָהּ בְּאֶלֶף יוֹם אַחַר שֶׁתַּשְׁלִיךְ כָּל ש״ס מַעֲלוֹת כְּמוֹ שֶׁבֵּאַרְנוּ. רס״ה מַעֲלוֹת וְל״ח חֲלָקִים וְנ׳ שְׁנִיּוֹת. סִימָנָם רס״ה לח״ן. וְנִמְצָא שְׁאֵרִית מַהֲלָכָהּ בַּעֲשֶׂרֶת אֲלָפִים יוֹם. קל״ו מַעֲלוֹת וְכ״ח חֲלָקִים וְכ׳ שְׁנִיּוֹת. סִימָנָם קל״ו כ״ח כ׳. וְעַל הַדֶּרֶךְ הַזֶּה תִּכְפֹּל וְתוֹצִיא מַהֲלָכָהּ לְכָל מִנְיָן שֶׁתִּרְצֶה. וְכֵן אִם תִּרְצֶה לַעֲשׂוֹת סִימָנִין יְדוּעִים אֶצְלְךָ לְמַהֲלָכָהּ לִשְׁנֵי יָמִים וְלִשְׁלֹשָׁה וּלְאַרְבָּעָה עַד עֲשָׂרָה תַּעֲשֶׂה. וְכֵן אִם תִּרְצֶה לִהְיוֹת לְךָ סִימָנִין יְדוּעִים מוּכָנִין לְמַהֲלָכָהּ לְכ׳ יוֹם וּלְל׳ וּלְמ׳ עַד מֵאָה תַּעֲשֶׂה. וְדָבָר גָּלוּי הוּא וְיָדוּעַ מֵאַחַר שֶׁיָּדַעְתָּ מַהֲלַךְ יוֹם אֶחָד. וְרָאוּי הוּא לִהְיוֹת מוּכָן וְיָדוּעַ אֶצְלְךָ מַהֲלַךְ אֶמְצַע הַשֶּׁמֶשׁ לְכ״ט יוֹם וּלְשנ״ד יוֹם שֶׁהֵן יְמֵי שְׁנַת הַלְּבָנָה בִּזְמַן שֶׁחֳדָשֶׁיהָ כְּסִדְרָן. וְהִיא הַנִּקְרֵאת שָׁנָה סְדוּרָה. שֶׁבִּזְמַן שֶׁיִּהְיוּ לְךָ אֶמְצָעִיּוֹת אֵלּוּ מוּכָנִין יִהְיֶה הַחֶשְׁבּוֹן הַזֶּה קַל עָלֶיךָ לִרְאִיַּת הַחֹדֶשׁ. לְפִי שֶׁכ״ט יוֹם גְּמוּרִים מִלֵּיל הָרְאִיָּה עַד לֵיל הָרְאִיָּה שֶׁל חֹדֶשׁ הַבָּא וְכֵן בְּכָל חֹדֶשׁ וְחֹדֶשׁ אֵין פָּחוֹת מִכ״ט יוֹם וְלֹא יוֹתֵר. שֶׁאֵין חֶפְצֵנוּ בְּכָל אֵלּוּ הַחֶשְׁבּוֹנוֹת אֶלָּא לָדַעַת הָרְאִיָּה בִּלְבַד. וְכֵן מִלֵּיל הָרְאִיָּה שֶׁל חֹדֶשׁ זֶה עַד לֵיל הָרְאִיָּה לְאוֹתוֹ הַחֹדֶשׁ לַשָּׁנָה הַבָּאָה שָׁנָה סְדוּרָה אוֹ שָׁנָה וְיוֹם אֶחָד. וְכֵן בְּכָל שָׁנָה וְשָׁנָה. וּמַהֲלַךְ הַשֶּׁמֶשׁ הָאֶמְצָעִי לְכ״ט יוֹם כ״ח מַעֲלוֹת וְל״ה חֲלָקִים וּשְׁנִיָּה אַחַת. סִימָנָן כ״ח ל״ה א׳. וּמַהֲלָכָהּ לְשָׁנָה סְדוּרָה שמ״ח מַעֲלוֹת וְנ״ה חֲלָקִים וְט״ו שְׁנִיּוֹת סִימָנָן שמ״ח נ״ה ט״ו:

ב. נְקֻדָּה אַחַת יֵשׁ בְּגַלְגַּל הַשֶּׁמֶשׁ וְכֵן בִּשְׁאָר גַּלְגַּלֵּי הַשִּׁבְעָה כּוֹכָבִים. בְּעֵת שֶׁיִּהְיֶה הַכּוֹכָב בָּהּ יִהְיֶה גָּבוֹהַּ מֵעַל הָאָרֶץ כָּל מְאוֹרוֹ. וְאוֹתָהּ הַנְּקֻדָּה שֶׁל גַּלְגַּל הַשֶּׁמֶשׁ וּשְׁאָר הַכּוֹכָבִים חוּץ מִן הַיָּרֵחַ סוֹבֶבֶת בְּשָׁוֶה. וּמַהֲלָכָהּ בְּכָל שִׁבְעִים שָׁנָה בְּקֵרוּב מַעֲלָה אַחַת. וּנְ [קֻ] דָּה זוֹ הִיא הַנִּקְרֵאת גֹּבַהּ הַשֶּׁמֶשׁ. מַהֲלָכוֹ בְּכָל עֲשָׂרָה יָמִים שְׁנִיָּה אַחַת וַחֲצִי שְׁנִיָּה שֶׁהִיא ל׳ שְׁלִישִׁיּוֹת. נִמְצָא מַהֲלָכוֹ בְּק׳ יוֹם ט״ו שְׁנִיּוֹת. וּמַהֲלָכוֹ בְּאֶלֶף יוֹם שְׁנֵי חֲלָקִים וּשְׁלֹשִׁים שְׁנִיּוֹת. וּמַהֲלָכוֹ

בַּעֲשֶׂרֶת אֲלָפִים יוֹם כ"ה חֲלָקִים. וְנִמְצָא מַהֲלָכוֹ לְתִשְׁעָה וְעֶשְׂרִים יוֹם אַרְבַּע שְׁנִיּוֹת וְעוֹד. וּמַהֲלָכוֹ בְּשָׁנָה סְדוּרָה נ"ג שְׁנִיּוֹת. כְּבָר אָמַרְנוּ שֶׁהָעִקָּר שֶׁמִּמֶּנּוּ הַתְחָלַת חֶשְׁבּוֹן זֶה הוּא מִתְּחִלַּת לֵיל חֲמִישִׁי שֶׁיּוֹמוֹ שְׁלִישִׁי לְחֹדֶשׁ נִיסָן מִשְּׁנַת תתקל"ח וְאַרְבַּעַת אֲלָפִים לַיְצִירָה. וּמְקוֹם הַשֶּׁמֶשׁ בְּמַהֲלָכָהּ הָאֶמְצָעִי הָיָה בְּעִקָּר הַזֶּה בְּשֶׁבַע מַעֲלוֹת וּשְׁלֹשָׁה חֲלָקִים וְל"ב שְׁנִיּוֹת מִמַּזַּל טָלֶה. סִימָנָן ז"ג ל"ב. וּמְקוֹם גֹּבַהּ הַשֶּׁמֶשׁ הָיָה בְּעִקָּר זֶה בְּכ"ו מַעֲלוֹת מ"ה חֲלָקִים וּשְׁמוֹנֶה שְׁנִיּוֹת מִמַּזַּל תְּאוֹמִים. סִימָנָם כ"ו מ"ה ח'. כְּשֶׁתִּרְצֶה לֵידַע מְקוֹם הַשֶּׁמֶשׁ בְּמַהֲלָכָהּ הָאֶמְצָעִי בְּכָל זְמַן שֶׁתִּרְצֶה. תִּקַּח מִנְיַן הַיָּמִים שֶׁמִּתְּחִלַּת יוֹם הָעִקָּר עַד הַיּוֹם שֶׁתִּרְצֶה. וְתוֹצִיא מַהֲלָכָהּ הָאֶמְצָעִי בְּאוֹתָן הַיָּמִים מִן הַסִּימָנִין שֶׁהוֹדַעְנוּ. וְהוֹסֵף הַכֹּל עַל הָעִקָּר וּתְקַבֵּץ כָּל מִין עִם מִינוֹ. וְהַיּוֹצֵא הוּא מְקוֹם הַשֶּׁמֶשׁ בְּמַהֲלָכָהּ הָאֶמְצָעִי לְאוֹתוֹ הַיּוֹם. כֵּיצַד. הֲרֵי שֶׁרָצִינוּ לֵידַע מְקוֹם הַשֶּׁמֶשׁ הָאֶמְצָעִי בִּתְחִלַּת לֵיל הַשַּׁבָּת שֶׁיּוֹמוֹ אַרְבָּעָה עָשָׂר לְחֹדֶשׁ תַּמּוּז מִשָּׁנָה זוֹ שֶׁהִיא שְׁנַת הָעִקָּר. מָצָאנוּ מִנְיַן הַיָּמִים מִיּוֹם הָעִקָּר עַד תְּחִלַּת הַיּוֹם זֶה שֶׁאָנוּ רוֹצִים לֵידַע מְקוֹם הַשֶּׁמֶשׁ בּוֹ מֵאָה יוֹם. לָקַחְנוּ אֶמְצַע מַהֲלָכָהּ לְק' יוֹם שֶׁהוּא צ"ח ל"ג נ"ג וְהוֹסַפְנוּ עַל הָעִקָּר שֶׁהוּא ז"ג ל"ב. יָצָא מִן הַחֶשְׁבּוֹן מֵאָה וְחָמֵשׁ מַעֲלוֹת וְל"ז חֲלָקִים וְכ"ה שְׁנִיּוֹת. סִימָנָן ק"ה ל"ז כ"ה. וְנִמְצָא מְקוֹמָהּ בְּמַהֲלָךְ אֶמְצָעִי בִּתְחִלַּת לֵיל זֶה בְּמַזַּל סַרְטָן בְּט"ו מַעֲלוֹת בּוֹ וְל"ז חֲלָקִים מִמַּעֲלַת ט"ז. וְהָאֶמְצָעִי שֶׁיָּצָא בְּחֶשְׁבּוֹן זֶה פְּעָמִים יִהְיֶה בִּתְחִלַּת הַלַּיְלָה בְּשָׁוֶה. אוֹ קֹדֶם שְׁקִיעַת הַחַמָּה בְּשָׁעָה. אוֹ אַחַר שְׁקִיעַת הַחַמָּה בְּשָׁעָה. וְדָבָר זֶה לֹא תָּחוּשׁ לוֹ בַּשֶּׁמֶשׁ בְּחֶשְׁבּוֹן הָרְאִיָּה. שֶׁהֲרֵי אָנוּ מַשְׁלִימִים קֵרוּב זֶה כְּשֶׁנַּחֲשֹׁב לְאֶמְצַע הַיָּרֵחַ. וְעַל הַדֶּרֶךְ הַזֹּאת תַּעֲשֶׂה תָּמִיד לְכָל עֵת שֶׁתִּרְצֶה וַאֲפִלּוּ אַחַר אֶלֶף שָׁנִים. שֶׁתְּקַבֵּץ כָּל הַשְּׁאֵרִית וְתוֹסִיף עַל הָעִקָּר יֵצֵא לְךָ הַמָּקוֹם הָאֶמְצָעִי. וְכֵן תַּעֲשֶׂה בְּאֶמְצַע הַיָּרֵחַ וּבְאֶמְצַע כָּל כּוֹכָב וְכוֹכָב. מֵאַחַר שֶׁתֵּדַע מַהֲלָכוֹ בְּיוֹם אֶחָד כַּמָּה הוּא וְתֵדַע הָעִקָּר שֶׁמִּמֶּנּוּ תַּתְחִיל. וּתְקַבֵּץ מַהֲלָכוֹ לְכָל הַשָּׁנִים וְהַיָּמִים שֶׁתִּרְצֶה וְתוֹסִיף עַל הָעִקָּר וְיֵצֵא לְךָ מְקוֹמוֹ בְּמַהֲלָךְ אֶמְצָעִי. וְכֵן תַּעֲשֶׂה בְּגֹבַהּ הַשֶּׁמֶשׁ תּוֹסִיף מַהֲלָכוֹ בְּאוֹתָם הַיָּמִים אוֹ הַשָּׁנִים עַל הָעִקָּר יֵצֵא לְךָ מְקוֹם גֹּבַהּ הַשֶּׁמֶשׁ לְאוֹתוֹ הַיּוֹם שֶׁתִּרְצֶה. וְכֵן אִם תִּרְצֶה לַעֲשׂוֹת עִקָּר אַחֵר שֶׁתַּתְחִיל מִמֶּנּוּ חוּץ מֵעִקָּר זֶה שֶׁהִתְחַלְנוּ מִמֶּנּוּ בְּשָׁנָה זוֹ. כְּדֵי שֶׁיִּהְיֶה אוֹתוֹ עִקָּר בִּתְחִלַּת שְׁנַת מַחֲזוֹר יָדוּעַ. אוֹ בִּתְחִלַּת מֵאָה מִן הַמֵּאוֹת. הָרְשׁוּת בְּיָדְךָ. וְאִם תִּרְצֶה לִהְיוֹת הָעִקָּר שֶׁתַּתְחִיל מִמֶּנּוּ מִשָּׁנִים שֶׁעָבְרוּ קֹדֶם עִקָּר זֶה אוֹ לְאַחַר כַּמָּה שָׁנִים מֵעִקָּר זֶה הַדֶּרֶךְ יְדוּעָה. כֵּיצַד הִיא הַדֶּרֶךְ. כְּבָר יָדַעְתָּ מַהֲלַךְ הַשֶּׁמֶשׁ לְשָׁנָה סְדוּרָה וּמַהֲלָכָהּ לְכ"ט יוֹם וּמַהֲלָכָהּ לְיוֹם אֶחָד. וְדָבָר יָדוּעַ שֶׁהַשָּׁנָה שֶׁחֳדָשֶׁיהָ שְׁלֵמִים הִיא יְתֵרָה עַל הַסְּדוּרָה יוֹם אֶחָד. וְהַשָּׁנָה שֶׁחֳדָשֶׁיהָ חֲסֵרִין הִיא חֲסֵרָה מִן הַסְּדוּרָה יוֹם אֶחָד. וְהַשָּׁנָה הַמְעֻבֶּרֶת אִם יִהְיוּ חֳדָשֶׁיהָ כְּסִדְרָן תִּהְיֶה יְתֵרָה עַל הַשָּׁנָה הַסְּדוּרָה שְׁלֹשִׁים יוֹם. וְאִם יִהְיוּ חֳדָשֶׁיהָ שְׁלֵמִים הִיא יְתֵרָה עַל הַסְּדוּרָה ל"א יוֹם. וְאִם יִהְיוּ חֳדָשֶׁיהָ חֲסֵרִין הִיא יְתֵרָה עַל הַסְּדוּרָה כ"ט יוֹם. וּמֵאַחַר שֶׁכָּל הַדְּבָרִים הָאֵלּוּ יְדוּעִים תּוֹצִיא מַהֲלַךְ אֶמְצַע הַשֶּׁמֶשׁ לְכָל הַשָּׁנִים וְהַיָּמִים שֶׁתִּרְצֶה וְתוֹסִיף עַל הָעִקָּר שֶׁעָשִׂינוּ. יֵצֵא לְךָ אֶמְצָעָהּ לַיּוֹם שֶׁתִּרְצֶה מִשָּׁנִים הַבָּאוֹת. וְתַעֲשֶׂה אוֹתוֹ הַיּוֹם עִקָּר. אוֹ תִּגְרַע הָאֶמְצַע שֶׁהוֹצֵאתָ מִן הָעִקָּר שֶׁעָשִׂינוּ וְיֵצֵא לְךָ הָעִקָּר לַיּוֹם שֶׁתִּרְצֶה מִשָּׁנִים שֶׁעָבְרוּ. וְתַעֲשֶׂה אוֹתוֹ אֶמְצַע הָעִקָּר. וְכָזֶה תַּעֲשֶׂה בְּאֶמְצַע הַיָּרֵחַ וּשְׁאָר הַכּוֹכָבִים אִם יִהְיוּ יְדוּעִים לְךָ. וּכְבָר נִתְבָּאֵר לְךָ מִכְּלַל דְּבָרֵינוּ שֶׁכְּשֵׁם שֶׁתֵּדַע אֶמְצַע הַשֶּׁמֶשׁ לְכָל יוֹם שֶׁתִּרְצֶה מִיָּמִים הַבָּאִים כָּךְ תֵּדַע אֶמְצָעָהּ לְכָל יוֹם שֶׁתִּרְצֶה מִיָּמִים שֶׁעָבְרוּ:

Perek 13

Precise calculation continued

Reminder:
See Appendix at end of *Kidush Hachodesh* (Chapter 13)

True position of sun (as seen in sky) – Longitude.

First calculate *makom haemtzai* (mean position of sun), and the position of apogee. (as per previous chapter)

Subtract apogee from mean and remainder = *maslul hashemesh* (course of sun)

Then calculate the angular distance of course of sun by adding or subtracting this angle from the suns mean position. This gives the suns true position.

Therefore, can now calculate the true date of any equinox or solstice.

פרק י״ג

א. אִם תִּרְצֶה לֵידַע מְקוֹם הַשֶּׁמֶשׁ הָאֲמִתִּי בְּכָל יוֹם שֶׁתִּרְצֶה. תּוֹצִיא תְּחִלָּה מְקוֹמָהּ הָאֶמְצָעִי לְאוֹתוֹ הַיּוֹם עַל הַדֶּרֶךְ שֶׁבֵּאַרְנוּ. וְתוֹצִיא מְקוֹם גֹּבַהּ הַשֶּׁמֶשׁ. וְתִגְרַע מְקוֹם גֹּבַהּ הַשֶּׁמֶשׁ מִמְּקוֹם הַשֶּׁמֶשׁ הָאֶמְצָעִי וְהַנִּשְׁאָר הוּא הַנִּקְרָא מַסְלוּל הַשֶּׁמֶשׁ:

ב. וְתִרְאֶה כַּמָּה מַעֲלוֹת הוּא מַסְלוּל הַשֶּׁמֶשׁ. אִם הָיָה הַמַּסְלוּל פָּחוֹת מִק״פ מַעֲלוֹת. תִּגְרַע מְנַת הַמַּסְלוּל מִמְּקוֹם הַשֶּׁמֶשׁ הָאֶמְצָעִי. וְאִם הָיָה הַמַּסְלוּל יוֹתֵר עַל ק״פ מַעֲלוֹת עַד ש״ס תּוֹסִיף מְנַת הַמַּסְלוּל עַל מְקוֹם הַשֶּׁמֶשׁ הָאֶמְצָעִי. וּמַה שֶּׁיִּהְיֶה אַחַר שֶׁתּוֹסִיף עָלָיו אוֹ תִגְרַע מִמֶּנּוּ הוּא הַמָּקוֹם הָאֲמִתִּי:

ג. וְדַע שֶׁאִם יִהְיֶה הַמַּסְלוּל ק״פ בְּשָׁוֶה אוֹ ש״ס בְּשָׁוֶה. אֵין לוֹ מָנָה אֶלָּא יִהְיֶה הַמָּקוֹם הָאֶמְצָעִי הוּא הַמָּקוֹם הָאֲמִתִּי:

ד. וְכַמָּה הִיא מְנַת הַמַּסְלוּל. אִם יִהְיֶה הַמַּסְלוּל עֶשֶׂר מַעֲלוֹת. תִּהְיֶה מְנָתוֹ כ״ד חֲלָקִים. וְאִם יִהְיֶה כ׳ מַעֲלוֹת תִּהְיֶה מְנָתוֹ מ׳ חֲלָקִים. וְאִם יִהְיֶה ל׳ מַעֲלוֹת תִּהְיֶה מְנָתוֹ נ״ח חֲלָקִים. וְאִם יִהְיֶה מ׳ מַעֲלוֹת תִּהְיֶה מְנָתוֹ מַעֲלָה אַחַת וְט״ו חֲלָקִים. וְאִם יִהְיֶה נ׳ מַעֲלוֹת תִּהְיֶה מְנָתוֹ מַעֲלָה אַחַת וְכ״ט חֲלָקִים. וְאִם יִהְיֶה ס׳ מַעֲלוֹת תִּהְיֶה מְנָתוֹ מַעֲלָה אַחַת וּמ״א חֲלָקִים. וְאִם יִהְיֶה ע׳ מַעֲלוֹת תִּהְיֶה מְנָתוֹ מַעֲלָה אַחַת וְנ״א חֲלָקִים. וְאִם יִהְיֶה פ׳ מַעֲלוֹת תִּהְיֶה מְנָתוֹ מַעֲלָה אַחַת וְנ״ז חֲלָקִים. וְאִם יִהְיֶה צ׳ מַעֲלוֹת תִּהְיֶה מְנָתוֹ מַעֲלָה אַחַת וְנ״ט חֲלָקִים. וְאִם יִהְיֶה ק׳ מַעֲלוֹת תִּהְיֶה מְנָתוֹ מַעֲלָה אַחַת וְנ״ח חֲלָקִים. וְאִם יִהְיֶה ק״י תִּהְיֶה מְנָתוֹ מַעֲלָה אַחַת וְנ״ג חֲלָקִים. וְאִם יִהְיֶה ק״כ תִּהְיֶה מְנָתוֹ מַעֲלָה אַחַת וּמ״ה חֲלָקִים. וְאִם יִהְיֶה ק״ל תִּהְיֶה מְנָתוֹ מַעֲלָה אַחַת ל״ג חֲלָקִים. וְאִם יִהְיֶה ק״מ תִּהְיֶה מְנָתוֹ מַעֲלָה אַחַת וְי״ט חֲלָקִים. וְאִם יִהְיֶה ק״נ תִּהְיֶה מְנָתוֹ מַעֲלָה אַחַת וְחֵלֶק אֶחָד. וְאִם יִהְיֶה ק״ס תִּהְיֶה מְנָתוֹ מ׳ חֲלָקִים. וְאִם יִהְיֶה ק״ע תִּהְיֶה מְנָתוֹ כ״א חֲלָקִים. וְאִם יִהְיֶה ק״פ בְּשָׁוֶה אֵין לוֹ מָנָה כְּמוֹ שֶׁבֵּאַרְנוּ אֶלָּא מְקוֹם הַשֶּׁמֶשׁ הָאֶמְצָעִי הוּא מְקוֹמָהּ הָאֲמִתִּי:

ה. הָיָה הַמַּסְלוּל יֶתֶר עַל ק״פ מַעֲלוֹת. תִּגְרַע אוֹתוֹ מִש״ס מַעֲלוֹת וְתֵדַע מְנָתוֹ. כֵּיצַד. הֲרֵי שֶׁהָיָה הַמַּסְלוּל ר׳ מַעֲלוֹת. תִּגְרַע אוֹתוֹ מִש״ס תִּשָּׁאֵר ק״ס מַעֲלוֹת. וּכְבָר הוֹדַעֲנוּ שֶׁמְּנַת ק״ס מַעֲלוֹת מ״ב חֲלָקִים. וְכֵן מְנַת הַמָּאתַיִם מ״ב חֲלָקִים:

ו. וְכֵן אִם הָיָה הַמַּסְלוּל ש׳ מַעֲלוֹת. תִּגְרַע אוֹתוֹ מִש״ס יִשָּׁאֵר ס׳. וּכְבָר יָדַעְתָּ שֶׁמְּנַת ס׳ מַעֲלוֹת מַעֲלָה אַחַת וּמ״א חֲלָקִים. וְכֵן הִיא מְנַת הַש׳ מַעֲלוֹת. וְעַל דֶּרֶךְ זוֹ בְּכָל מִנְיָן וּמִנְיָן:

ז. הֲרֵי שֶׁהָיָה הַמַּסְלוּל ס״ה מַעֲלוֹת. וּכְבָר יָדַעְנוּ שֶׁמְּנַת הַשִּׁשִּׁים הִיא מַעֲלָה אַחַת וּמ״א חֲלָקִים. וּמְנַת הָע׳ הִיא מַעֲלָה אַחַת וְנ״א חֲלָקִים. נִמְצָא בֵּין שְׁתֵּי הַמָּנוֹת י׳ חֲלָקִים. וּלְפִי חֶשְׁבּוֹן הַמַּעֲלוֹת יִהְיֶה לְכָל מַעֲלָה חֵלֶק אֶחָד. וְיִהְיֶה מְנַת הַמַּסְלוּל שֶׁהוּא ס״ה מַעֲלָה אַחַת וּמ״ו חֲלָקִים:

ח. וְכֵן אִלּוּ הָיָה הַמַּסְלוּל ס״ז הָיְתָה מְנָתוֹ מַעֲלָה אַחַת וּמ״ח חֲלָקִים. וְעַל דֶּרֶךְ זוֹ תַּעֲשֶׂה בְּכָל מַסְלוּל שֶׁיִּהְיֶה בְּמִנְיָנוֹ אֲחָדִים עִם הָעֲשָׂרוֹת. בֵּין בְּחֶשְׁבּוֹן הַשֶּׁמֶשׁ בֵּין בְּחֶשְׁבּוֹן הַיָּרֵחַ:

ט. כֵּיצַד. הֲרֵי שֶׁרָצִינוּ לֵידַע מְקוֹם הַשֶּׁמֶשׁ הָאֲמִתִּי בִּתְחִלַּת לֵיל הַשַּׁבָּת י״ד לְחֹדֶשׁ תַּמּוּז יוֹם מִשְּׁנָה זוֹ. תּוֹצִיא אֶמְצַע הַשֶּׁמֶשׁ תְּחִלָּה לָעֵת הַזֹּאת. וְסִימָנוֹ ק״ה ל״ז כ״ח כְּמוֹ שֶׁבֵּאַרְנוּ. וְתוֹצִיא מְקוֹם גֹּבַהּ הַשֶּׁמֶשׁ לָעֵת הַזֹּאת. יֵצֵא לְךָ סִימָנוֹ פ״ו מ״ה כ״ג. וְתִגְרַע מְקוֹם הַגֹּבַהּ מִן הָאֶמְצָעִי. יֵצֵא לְךָ הַמַּסְלוּל י״ח מַעֲלוֹת וְנ״ב חֲלָקִים וּשְׁתֵּי שְׁנִיּוֹת. סִימָנָם י״ח נ״ב ב׳. וְאַל תַּקְפִּיד בְּכָל מַסְלוּל עַל הַחֲלָקִים אֶלָּא אִם יִהְיוּ פָּחוֹת מִשְּׁלֹשִׁים אַל תִּפְנֶה אֲלֵיהֶם. וְאִם הָיוּ שְׁלֹשִׁים אוֹ יוֹתֵר תַּחְשֹׁב אוֹתָם מַעֲלָה אַחַת וְתוֹסִיף אוֹתָהּ עַל מִנְיַן מַעֲלוֹת הַמַּסְלוּל. לְפִיכָךְ יִהְיֶה מַסְלוּל זֶה י״ט מַעֲלוֹת וְתִהְיֶה מְנָתוֹ עַל הַדֶּרֶךְ שֶׁבֵּאַרְנוּ ל״ח חֲלָקִים:

י. וּלְפִי שֶׁהַמַּסְלוּל הַזֶּה הָיָה פָּחוֹת מִק״פ. תִּגְרַע הַמָּנָה שֶׁהִיא ל״ח חֲלָקִים מֵאֶמְצַע הַשֶּׁמֶשׁ יִשָּׁאֵר ק״ד מַעֲלוֹת וְנ״ט חֲלָקִים וְכ״ח שְׁנִיּוֹת. סִימָנָם ק״ד נ״ט כ״ה. וְנִמְצָא

מְקוֹם הַשֶּׁמֶשׁ הָאֲמִתִּי בִּתְחִלַּת לֵיל זֶה בְּמַזַּל סַרְטָן בְּט״ו מַעֲלוֹת בּוֹ פָּחוֹת ל״ה שְׁנִיּוֹת. וְאַל תִּפְנֶה אֶל הַשְּׁנִיּוֹת כְּלָל לֹא בִּמְקוֹם הַשֶּׁמֶשׁ וְלֹא בִּמְקוֹם הַיָּרֵחַ וְלֹא בִּשְׁאָר חֶשְׁבּוֹנוֹת הָרְאִיָּה. אֶלָּא חֲקֹר עַל הַחֲלָקִים בִּלְבַד. וְאִם יִהְיוּ הַשְּׁנִיּוֹת קָרוֹב לִשְׁלֹשִׁים עֲשֵׂה אוֹתָם חֵלֶק אֶחָד וְהוֹסִיפוֹ עַל הַחֲלָקִים:

יא. וּמֵאַחַר שֶׁתֵּדַע מְקוֹם הַשֶּׁמֶשׁ בְּכָל עֵת שֶׁתִּרְצֶה. תֵּדַע יוֹם הַתְּקוּפָה הָאֲמִתִּי כָּל תְּקוּפָה שֶׁתִּרְצֶה. בֵּין תְּקוּפוֹת הַבָּאוֹת אַחַר עִקָּר זֶה שֶׁמִּמֶּנּוּ הִתְחַלְנוּ. בֵּין תְּקוּפוֹת שֶׁעָבְרוּ מִשָּׁנִים קַדְמוֹנִיּוֹת:

Perek 14

Precise calculation. Continued

MOTION OF MOON

The motion of the moon is considerably more complex than the (apparent) motion of the sun. There is a combination of movements taking place.

Calculation of precise position of moon.

Reminder:
See Appendix at end of *Kidush Hachodesh* (Chapter 14)

Moon revolves in its own small orbit – epicycle (mean within its path) – while it rotates around earth in a large orbit (– moons mean).

(What we see from earth is basically the net combination of the various movements of the moon i.e. Moons mean moves about 11° per day from east to west. The epicycle moves about 24½° per day from west to east. The net effect that we see is about 13° from west to east.)

Rate of progress of mean in one day is 13° 10′ 35″. (as seen from earth) – W to E.

Distance travelled by mean within its path (epicycle) in one day = 13° 3′ 54″ (as seen from earth)

Using our starting position of 3rd *Nissan* 4938 we can calculate the true position of the moon on any date (as we did in Perek י״ג, to calculate the true position of the sun).

Adjustments needed according to which constellation sun finds itself. This is because sun does not always reach its mean position at sunset.

At the equinox and solstice sun sets at 6.00 and no adjustment needs to be made. In the long summer days either 15 or 30 minutes must be added. In the short winter days either 15 or 30 minutes need to be subtracted.

Result is the mean position of the moon *at time of sighting* 20 minutes after sunset. (when stars come out)

פרק י"ד

א. הַיָּרֵחַ שְׁנֵי מַהֲלָכִים אֶמְצָעִיִּים יֵשׁ לוֹ. הַיָּרֵחַ עַצְמוֹ מְסַבֵּב בְּגַלְגַּל קָטָן שֶׁאֵינוֹ מַקִּיף אֶת הָעוֹלָם כֻּלּוֹ. וּמַהֲלָכוֹ הָאֶמְצָעִי בְּאוֹתוֹ הַגַּלְגַּל הַקָּטָן נִקְרָא אֶמְצָעִי הַמַּסְלוּל. וְהַגַּלְגַּל הַקָּטָן עַצְמוֹ מְסַבֵּב בְּגַלְגַּל גָּדוֹל הַמַּקִּיף אֶת הָעוֹלָם. וּבְמַהֲלַךְ אֶמְצָעִי זֶה שֶׁל גַּלְגַּל הַקָּטָן בְּאוֹתוֹ הַגַּלְגַּל הַגָּדוֹל הַמַּקִּיף אֶת הָעוֹלָם הוּא הַנִּקְרָא אֶמְצַע הַיָּרֵחַ. מַהֲלַךְ אֶמְצַע הַיָּרֵחַ בְּיוֹם אֶחָד י"ג מַעֲלוֹת וְי' חֲלָקִים וְל"ה שְׁנִיּוֹת. סִימָנָם י"ג יל"ה:

ב. נִמְצָא מַהֲלָכוֹ בַּעֲשָׂרָה יָמִים קל"א מַעֲלוֹת וּמ"ה חֲלָקִים וַחֲמִשִּׁים שְׁנִיּוֹת. סִימָנָם קל"א מה"נ. וְנִמְצָא שְׁאֵרִית מַהֲלָכוֹ בְּק' יוֹם רל"ז מַעֲלוֹת וְל"ח חֲלָקִים וְכ"ג שְׁנִיּוֹת. סִימָנָם רל"ז ל"ח כ"ג. וְנִמְצָא שְׁאֵרִית מַהֲלָכוֹ בְּאֶלֶף יוֹם רי"ו מַעֲלוֹת וְכ"ג חֲלָקִים וְנ' שְׁנִיּוֹת. סִימָנָם רי"ו כג"ן. וְנִמְצָא שְׁאֵרִית מַהֲלָכוֹ בְּי' אֲלָפִים יוֹם ג' מַעֲלוֹת וְנ"ח חֲלָקִים וְכ' שְׁנִיּוֹת. סִימָנָם ג' נ"ח כ'. וְנִמְצָא שְׁאֵרִית מַהֲלָכוֹ בְּכ"ט יוֹם כ"ב מַעֲלוֹת וְשִׁשָּׁה חֲלָקִים וְנ"ו שְׁנִיּוֹת. סִימָנָם כב"ו ונ"ו. וְנִמְצָא שְׁאֵרִית מַהֲלָכוֹ בְּשָׁנָה סְדוּרָה שמ"ד מַעֲלוֹת וְכ"ו חֲלָקִים וּמ"ג שְׁנִיּוֹת. סִימָן לָהֶם שד"ם כ"ו מ"ג. וְעַל דֶּרֶךְ זוֹ תִּכְפֹּל לְכָל מִנְיַן יָמִים אוֹ שָׁנִים שֶׁתִּרְצֶה:

ג. וּמַהֲלַךְ אֶמְצַע הַמַּסְלוּל בְּיוֹם אֶחָד י"ג מַעֲלוֹת וּשְׁלֹשָׁה חֲלָקִים וְנ"ד שְׁנִיּוֹת. סִימָנָם י"ג גנ"ד. נִמְצָא מַהֲלָכוֹ בַּעֲשָׂרָה יָמִים ק"ל מַעֲלוֹת ל"ט חֲלָקִים בְּלֹא שְׁנִיּוֹת. סִימָנָם ק"ל ל"ט. וְנִמְצָא שְׁאֵרִית מַהֲלָכוֹ בְּמֵאָה יוֹם רכ"ו מַעֲלוֹת וְכ"ט חֲלָקִים וְנ"ג שְׁנִיּוֹת. סִימָנָם רכ"ו כ"ט נ"ג. וְנִמְצָא שְׁאֵרִית מַהֲלָכוֹ בְּאֶלֶף יוֹם ק"ד מַעֲלוֹת וְנ"ח חֲלָקִים וַחֲמִשִּׁים שְׁנִיּוֹת. סִימָנָם ק"ד נח"ן. וְנִמְצָא שְׁאֵרִית מַהֲלָכוֹ בַּעֲשֶׂרֶת אֲלָפִים יוֹם שכ"ט וּמ"ח חֲלָקִים וְעֶשְׂרִים שְׁנִיּוֹת. סִימָנָם שכ"ט מח"כ. וְנִמְצָא שְׁאֵרִית מַהֲלָכוֹ בְּכ"ט יוֹם י"ח מַעֲלוֹת וְנ"ג חֲלָקִים וְד' שְׁנִיּוֹת. סִימָנָם י"ח נג"ד:

ד. וְנִמְצָא שְׁאֵרִית מַהֲלָכוֹ בְּשָׁנָה סְדוּרָה ש"ה מַעֲלוֹת וְי"ג שְׁנִיּוֹת בְּלֹא חֲלָקִים. סִימָנָם ש"ה י"ג. מְקוֹם אֶמְצַע הַיָּרֵחַ הָיָה בִּתְחִלַּת לֵיל חֲמִישִׁי שֶׁהוּא הָעִקָּר לְחֶשְׁבּוֹנוֹת אֵלּוּ בְּמַזַּל שׁוֹר מַעֲלָה אַחַת וְי"ד חֲלָקִים וּמ"ג שְׁנִיּוֹת. סִימָנָם (א') [ל"א] י"ד מ"ג. וְאֶמְצַע הַמַּסְלוּל הָיָה בְּעִקָּר זֶה פ"ד מַעֲלוֹת וְכ"ח חֲלָקִים וּמ"ב שְׁנִיּוֹת. סִימָנָם פ"ד כ"ח מ"ב. מֵאַחַר שֶׁתֵּדַע מַהֲלַךְ אֶמְצַע הַיָּרֵחַ וְהָאֶמְצַע שֶׁהוּא הָעִקָּר שֶׁעָלָיו תּוֹסִיף. תֵּדַע מְקוֹם אֶמְצַע הַיָּרֵחַ בְּכָל יוֹם שֶׁתִּרְצֶה עַל דֶּרֶךְ שֶׁעָשִׂיתָ בְּאֶמְצַע הַשֶּׁמֶשׁ. וְאַחַר שֶׁתּוֹצִיא אֶמְצַע הַיָּרֵחַ לִתְחִלַּת הַלַּיְלָה שֶׁתִּרְצֶה הִתְבּוֹנֵן בַּשֶּׁמֶשׁ וְדַע בְּאֵי זֶה מַזָּל הוּא:

ה. אִם הָיְתָה הַשֶּׁמֶשׁ מֵחֲצִי מַזַּל דָּגִים עַד חֲצִי מַזַּל טָלֶה. תָּנִיחַ אֶמְצַע הַיָּרֵחַ כְּמוֹת שֶׁהוּא. וְאִם תִּהְיֶה הַשֶּׁמֶשׁ מֵחֲצִי מַזַּל טָלֶה עַד תְּחִלַּת מַזַּל תְּאוֹמִים. תּוֹסִיף עַל אֶמְצַע הַיָּרֵחַ ט"ו חֲלָקִים. וְאִם תִּהְיֶה הַשֶּׁמֶשׁ מִתְּחִלַּת מַזַּל תְּאוֹמִים עַד תְּחִלַּת מַזַּל אַרְיֵה. תּוֹסִיף עַל אֶמְצַע הַיָּרֵחַ ט"ו חֲלָקִים. וְאִם תִּהְיֶה הַשֶּׁמֶשׁ מִתְּחִלַּת מַזַּל אַרְיֵה עַד חֲצִי מַזַּל בְּתוּלָה תּוֹסִיף עַל אֶמְצַע הַיָּרֵחַ ט"ו חֲלָקִים. וְאִם תִּהְיֶה הַשֶּׁמֶשׁ מֵחֲצִי מַזַּל בְּתוּלָה עַד חֲצִי מֹאזְנַיִם. הָנַח אֶמְצַע הַיָּרֵחַ כְּמוֹת שֶׁהוּא. וְאִם תִּהְיֶה הַשֶּׁמֶשׁ מֵחֲצִי מֹאזְנַיִם עַד תְּחִלַּת מַזַּל קֶשֶׁת. תִּגְרַע מֵאֶמְצַע הַיָּרֵחַ ט"ו חֲלָקִים. וְאִם תִּהְיֶה הַשֶּׁמֶשׁ מִתְּחִלַּת מַזַּל קֶשֶׁת עַד תְּחִלַּת מַזַּל דְּלִי. תִּגְרַע מֵאֶמְצַע הַיָּרֵחַ ל' חֲלָקִים. וְאִם תִּהְיֶה הַשֶּׁמֶשׁ מִתְּחִלַּת מַזַּל דְּלִי עַד חֲצִי מַזַּל דָּגִים. תִּגְרַע מֵאֶמְצַע הַיָּרֵחַ ט"ו חֲלָקִים:

ו. וּמַה שֶּׁיִּהְיֶה הָאֶמְצַע אַחַר שֶׁתּוֹסִיף עָלָיו אוֹ תִּגְרַע מִמֶּנּוּ אוֹ תָּנִיחַ אוֹתוֹ כְּמוֹת שֶׁהוּא. הוּא אֶמְצַע הַיָּרֵחַ לְאַחַר שְׁקִיעַת הַחַמָּה בִּכְמוֹ שְׁלִישׁ שָׁעָה בְּאוֹתוֹ הַזְּמַן שֶׁתּוֹצִיא הָאֶמְצַע לוֹ. וְזֶה הוּא הַנִּקְרָא אֶמְצַע הַיָּרֵחַ לִשְׁעַת הָרְאִיָּה:

Perek 15

Precise calculations continued

True position of moon. (as seen in sky)

Reminder:
See Appendix at end of *Kidush Hachodesh* (Chapter 15)

These calculations are complicated because with the moon there are 4 motions taking place, some of which are opposite to each other.

Calculate mean of moon.

Then calculate mean of moon within path. (epicycle / anomaly)

Calculate suns mean position. (Chap. 12)

Subtract suns mean from moons and twice the remainder = *Double elongation.* (use tables if angle is between 5° and 62°) This gives the correct course. (Corrected anomaly) – Rambam only uses this range, because below 5 degrees moon cannot be seen, and above 62, the moon is easily visible.

Now adjust to find true position of moon. (corrected anomaly is deducted from mean of moon)

The figures 5 degrees and 62 are double 2.5 and 31 degrees.

Result tells us how far E the moon has moved from the sun. If it is too close to sun, then moon will not be visible.

פרק ט״ו

א. אִם תִּרְצֶה לֵידַע מְקוֹם הַיָּרֵחַ הָאֲמִתִּי בְּכָל יוֹם שֶׁתִּרְצֶה. תּוֹצִיא תְּחִלָּה אֶמְצַע הַיָּרֵחַ לִשְׁעַת הָרְאִיָּה לְאוֹתוֹ הַלַּיְלָה שֶׁתִּרְצֶה. וְכֵן תּוֹצִיא אֶמְצַע הַמַּסְלוּל וְאֶמְצַע הַשֶּׁמֶשׁ לְאוֹתוֹ הָעֵת. וְתִגְרַע אֶמְצַע הַשֶּׁמֶשׁ מֵאֶמְצַע הַיָּרֵחַ. וְהַנִּשְׁאָר תִּכְפֹּל אוֹתוֹ. וְזֶה הוּא הַנִּקְרָא מֶרְחָק הַכָּפוּל:

ב. וּכְבָר הוֹדַעְנוּ שֶׁלֹּא בָּאנוּ בְּכָל אֵלּוּ הַחֶשְׁבּוֹנוֹת שֶׁעָשִׂינוּ בִּפְרָקִים אֵלּוּ אֶלָּא לָדַעַת רְאִיַּת הַיָּרֵחַ. וּלְעוֹלָם אִי אֶפְשָׁר שֶׁיִּהְיֶה מֶרְחָק זֶה הַכָּפוּל בְּלֵיל הָרְאִיָּה שֶׁיֵּרָאֶה בָּהּ הַיָּרֵחַ אֶלָּא מֵחָמֵשׁ מַעֲלוֹת עַד ס״ב מַעֲלוֹת. וְאִי אֶפְשָׁר שֶׁיּוֹסִיף עַל זֶה וְלֹא יִגְרַע מִמֶּנּוּ:

ג. וְהוֹאִיל וְהַדָּבָר כֵּן. הִתְבּוֹנֵן בְּמֶרְחָק זֶה הַכָּפוּל. אִם יִהְיֶה הַמֶּרְחָק הַכָּפוּל חָמֵשׁ מַעֲלוֹת אוֹ קָרוֹב לְחָמֵשׁ אֵין חוֹשְׁשִׁין לְתוֹסֶפֶת וְלֹא תּוֹסִיף כְּלוּם. וְאִם יִהְיֶה הַמֶּרְחָק הַכָּפוּל מִשֵּׁשׁ מַעֲלוֹת עַד אַחַת עֶשְׂרֵה מַעֲלוֹת תּוֹסִיף עַל אֶמְצַע הַמַּסְלוּל מַעֲלָה אַחַת. וְאִם יִהְיֶה מֶרְחָק הַכָּפוּל מִשְּׁתֵּים עֶשְׂרֵה מַעֲלוֹת עַד י״ח מַעֲלוֹת תּוֹסִיף עַל אֶמְצַע הַמַּסְלוּל שְׁתֵּי מַעֲלוֹת. וְאִם יִהְיֶה הַמֶּרְחָק הַכָּפוּל מִי״ט מַעֲלוֹת עַד כ״ד מַעֲלוֹת תּוֹסִיף עַל אֶמְצַע הַמַּסְלוּל שָׁלֹשׁ מַעֲלוֹת. וְאִם יִהְיֶה הַמֶּרְחָק הַכָּפוּל מִכ״ה מַעֲלוֹת עַד ל״א מַעֲלוֹת תּוֹסִיף עַל אֶמְצַע הַמַּסְלוּל ד׳ מַעֲלוֹת. וְאִם יִהְיֶה הַמֶּרְחָק הַכָּפוּל מִל״ב מַעֲלוֹת עַד ל״ח מַעֲלוֹת תּוֹסִיף עַל אֶמְצַע הַמַּסְלוּל ה׳ מַעֲלוֹת. וְאִם יִהְיֶה הַמֶּרְחָק הַכָּפוּל מִל״ט מַעֲלוֹת עַד מ״ה מַעֲלוֹת תּוֹסִיף עַל אֶמְצַע הַמַּסְלוּל שֵׁשׁ מַעֲלוֹת. וְאִם יִהְיֶה הַמֶּרְחָק הַכָּפוּל מִמ״ו מַעֲלוֹת עַד נ״א מַעֲלוֹת תּוֹסִיף עַל אֶמְצַע הַמַּסְלוּל שֶׁבַע מַעֲלוֹת. וְאִם יִהְיֶה הַמֶּרְחָק הַכָּפוּל מִנ״ב מַעֲלוֹת עַד נ״ט מַעֲלוֹת תּוֹסִיף עַל אֶמְצַע הַמַּסְלוּל ח׳ מַעֲלוֹת. וְאִם יִהְיֶה הַמֶּרְחָק הַכָּפוּל מִס׳ מַעֲלוֹת עַד ס״ג מַעֲלוֹת תּוֹסִיף עַל אֶמְצַע הַמַּסְלוּל ט׳ מַעֲלוֹת. וּמַה שֶּׁיִּהְיֶה אֶמְצַע הַמַּסְלוּל אַחַר שֶׁתּוֹסִיף עָלָיו מַעֲלוֹת אֵלּוּ הוּא הַנִּקְרָא מַסְלוּל הַנָּכוֹן:

ד. וְאַחַר כָּךְ תִּרְאֶה כַּמָּה מַעֲלוֹת הוּא הַמַּסְלוּל הַנָּכוֹן. אִם הָיָה פָּחוֹת מִק״פ מַעֲלוֹת תִּגְרַע מְנַת הַמַּסְלוּל הַזֶּה הַנָּכוֹן מֵאֶמְצַע הַיָּרֵחַ לִשְׁעַת הָרְאִיָּה. וְאִם הָיָה הַמַּסְלוּל הַנָּכוֹן יוֹתֵר עַל ק״פ מַעֲלוֹת עַד ש״ס תּוֹסִיף מְנַת זֶה הַמַּסְלוּל הַנָּכוֹן עַל אֶמְצַע הַיָּרֵחַ לִשְׁעַת הָרְאִיָּה. וּמַה שֶּׁיִּהְיֶה הָאֶמְצַע אַחַר שֶׁתּוֹסִיף עָלָיו אוֹ תִּגְרַע מִמֶּנּוּ הוּא מְקוֹם הַיָּרֵחַ הָאֲמִתִּי לִשְׁעַת הָרְאִיָּה:

ה. וְדַע שֶׁאִם יִהְיֶה הַמַּסְלוּל הַנָּכוֹן ק״פ בְּשָׁוֶה אוֹ ש״ס בְּשָׁוֶה אֵין לוֹ מָנָה. אֶלָּא יִהְיֶה מְקוֹם הַיָּרֵחַ הָאֶמְצָעִי לִשְׁעַת הָרְאִיָּה הוּא מָקוֹם הָאֲמִתִּי:

ו. וְכַמָּה הִיא מְנַת הַמַּסְלוּל. אִם יִהְיֶה הַמַּסְלוּל הַנָּכוֹן עֶשֶׂר מַעֲלוֹת תִּהְיֶה מְנָתוֹ נ׳ חֲלָקִים. וְאִם יִהְיֶה הַמַּסְלוּל הַנָּכוֹן כ׳ מַעֲלוֹת תִּהְיֶה מְנָתוֹ מַעֲלָה אַחַת וְל״ח חֲלָקִים. וְאִם יִהְיֶה שְׁלֹשִׁים תִּהְיֶה מְנָתוֹ שְׁתֵּי מַעֲלוֹת וְכ״ד חֲלָקִים. וְאִם יִהְיֶה מ׳ תִּהְיֶה מְנָתוֹ שָׁלֹשׁ מַעֲלוֹת וְשִׁשָּׁה חֲלָקִים. וְאִם יִהְיֶה נ׳ תִּהְיֶה מְנָתוֹ שָׁלֹשׁ מַעֲלוֹת וּמ״ד חֲלָקִים. וְאִם יִהְיֶה ס׳ תִּהְיֶה מְנָתוֹ אַרְבַּע מַעֲלוֹת וְט״ז חֲלָקִים. וְאִם יִהְיֶה ע׳ תִּהְיֶה מְנָתוֹ אַרְבַּע מַעֲלוֹת וּמ״א חֲלָקִים. וְאִם יִהְיֶה פ׳ תִּהְיֶה מְנָתוֹ חָמֵשׁ מַעֲלוֹת. וְאִם יִהְיֶה צ׳ תִּהְיֶה מְנָתוֹ חָמֵשׁ מַעֲלוֹת וְה׳ חֲלָקִים. וְאִם יִהְיֶה ק׳ תִּהְיֶה מְנָתוֹ ה׳ מַעֲלוֹת וְח׳ חֲלָקִים. וְאִם יִהְיֶה ק״י תִּהְיֶה מְנָתוֹ ד׳ מַעֲלוֹת וְנ״ט

חֲלָקִים. וְאִם יִהְיֶה ק״כ תִּהְיֶה מְנָתוֹ ד׳ מַעֲלוֹת וְכ׳ חֲלָקִים. וְאִם יִהְיֶה ק״ל תִּהְיֶה מְנָתוֹ ד׳ מַעֲלוֹת וְי״א חֲלָקִים. וְאִם יִהְיֶה ק״מ תִּהְיֶה מְנָתוֹ ג׳ מַעֲלוֹת וְל״ג חֲלָקִים. וְאִם יִהְיֶה ק״נ תִּהְיֶה מְנָתוֹ שָׁלֹשׁ מַעֲלוֹת וּמ״ח חֲלָקִים. וְאִם יִהְיֶה ק״ס תִּהְיֶה מְנָתוֹ מַעֲלָה אַחַת וְנ״ו חֲלָקִים. וְאִם יִהְיֶה ק״ע תִּהְיֶה מְנָתוֹ מַעֲלָה אַחַת וְנ״ט חֲלָקִים. וְאִם יִהְיֶה ק״פ בְּשָׁוֶה אֵין לוֹ מָנָה כְּמוֹ שֶׁאָמַרְנוּ אֶלָּא מְקוֹם הַיָּרֵחַ הָאֶמְצָעִי הוּא הַמָּקוֹם הָאֲמִתִּי:

ז. וְאִם יִהְיֶה הַמַּסְלוּל הַנָּכוֹן יוֹתֵר עַל ק״פ מַעֲלוֹת. תִּגְרַע אוֹתוֹ מִשּׁ״ס וְתֵדַע מְנָתוֹ כְּדֶרֶךְ שֶׁעָשִׂיתָ בְּמַסְלוּל הַשֶּׁמֶשׁ. וְכֵן אִם יִהְיוּ בְּמִנְיַן הַמַּסְלוּל אֲחָדִים עִם הָעֲשָׂרוֹת תִּקַּח מִן הַיּוֹתֵר שֶׁבֵּין שְׁתֵּי הַמָּנוֹת הָאֲחָדִים. כְּדֶרֶךְ שֶׁבֵּאַרְנוּ בְּמַסְלוּל הַשֶּׁמֶשׁ בַּמָּנוֹת שֶׁלּוֹ כָּךְ תַּעֲשֶׂה בְּמַסְלוּל הַנָּכוֹן בַּמָּנוֹת שֶׁלּוֹ:

ח. כֵּיצַד. הֲרֵי שֶׁרָצִינוּ לֵידַע מְקוֹם הַיָּרֵחַ הָאֲמִתִּי בִּתְחִלַּת לֵיל עֶרֶב שַׁבָּת שֶׁיּוֹמוֹ שֵׁנִי לְחֹדֶשׁ אִיָּר מִשָּׁנָה זוֹ שֶׁהִיא שְׁנַת הָעִקָּר. וּמִנְיַן הַיָּמִים הַגְּמוּרִים מִתְּחִלַּת לֵיל הָעִקָּר עַד תְּחִלַּת לֵיל זֶה שֶׁאָנוּ רוֹצִים לֵידַע מְקוֹם הַיָּרֵחַ הָאֲמִתִּי בּוֹ כ״ט יוֹם. תּוֹצִיא אֶמְצַע הַשֶּׁמֶשׁ תְּחִלַּת לֵיל זֶה. יֵצֵא לְךָ אֶמְצָעוֹ ל״ה מַעֲלוֹת וְל״ח חֲלָקִים וְל״ג שְׁנִיּוֹת. סִימָנָם ל״ה ל״ח ל״ג. וְתוֹצִיא אֶמְצַע הַיָּרֵחַ לִשְׁעַת הָרְאִיָּה לְעֵת זוֹ. יֵצֵא לְךָ אֶמְצָעוֹ נ״ג מַעֲלוֹת וְל״ו חֲלָקִים וְל״ט שְׁנִיּוֹת. סִימָנָם נ״ג ל״ו ל״ט. וְתוֹצִיא אֶמְצַע הַמַּסְלוּל לְעֵת זוֹ יֵצֵא לְךָ אֶמְצָעוֹ ק״ג מַעֲלוֹת וְכ״א חֲלָקִים וּמ״ו שְׁנִיּוֹת. סִימָנָם ק״ג כ״א מ״ו. תִּגְרַע אֶמְצַע הַשֶּׁמֶשׁ מֵאֶמְצַע הַיָּרֵחַ יִשָּׁאֵר י״ז מַעֲלוֹת וְנ״ח חֲלָקִים וְשֵׁשׁ שְׁנִיּוֹת. וְזֶה הוּא הַמֶּרְחָק. תִּכְפֹּל אוֹתוֹ יֵצֵא לְךָ הַמֶּרְחָק הַכָּפוּל ל״ה מַעֲלוֹת וְנ״ו חֲלָקִים וְי״ב שְׁנִיּוֹת. סִימָנָם ל״ה נ״ו י״ב. לְפִיכָךְ תּוֹסִיף עַל אֶמְצַע הַמַּסְלוּל חָמֵשׁ מַעֲלוֹת כְּמוֹ שֶׁהוֹדַעְנוּ וְיֵצֵא לְךָ הַמַּסְלוּל הַנָּכוֹן ק״פ מַעֲלוֹת וְכ״א חֲלָקִים. וְאֵין מַקְפִּידִין עַל הַחֲלָקִים בְּמַסְלוּל כְּדֶרֶךְ שֶׁבֵּאַרְנוּ בַּשֶּׁמֶשׁ:

ט. וּבָאנוּ לַחְקֹר עַל מְנַת זֶה הַמַּסְלוּל הַנָּכוֹן שֶׁהוּא ק״ח נִמְצֵאת מָנָה שֶׁלּוֹ חָמֵשׁ מַעֲלוֹת וְחֵלֶק אֶחָד. וּלְפִי שֶׁהַמַּסְלוּל הַנָּכוֹן הָיָה פָּחוֹת מִק״פ תִּגְרַע הַמָּנָה שֶׁהוּא חָמֵשׁ מַעֲלוֹת וְחֵלֶק אֶחָד מִן אֶמְצַע הַיָּרֵחַ. יִשָּׁאֵר מ״ח מַעֲלוֹת וְל״ג חֲלָקִים וְל״ט שְׁנִיּוֹת. תַּעֲשֶׂה הַשְּׁנִיּוֹת חֵלֶק וְתוֹסִיף עַל הַחֲלָקִים. וְנִמְצָא מְקוֹם הַיָּרֵחַ הָאֲמִתִּי בְּשָׁעָה זוֹ בְּמַזַּל שׁוֹר בְּי״ח מַעֲלוֹת וְל״ו חֲלָקִים מִמַּעֲלַת י״ט. סִימָנָם י״ח ל״ו. וְעַל הַדֶּרֶךְ הַזֶּה תֵּדַע מְקוֹם הַיָּרֵחַ הָאֲמִתִּי בְּכָל עֵת רְאִיָּה שֶׁתִּרְצֶה מִתְּחִלַּת שָׁנָה זוֹ שֶׁהִיא הָעִקָּר עַד סוֹף הָעוֹלָם:

Perek 16

Precise calculation continued

Moons latitude. (i.e. north south position in sphere)

Reminder:
See Appendix at end of *Kidush Hachodesh* (Chapter 16)

Latitude also affects visibility of moon.

The orbit of the moon intersects the orbit of sun. At these points it is revolving at same plane as sun. When it departs, it goes either north (*head*) or south (*tail*).

The inclination of the moon to the north or south is called its *latitude*. This never exceeds 5°.

Latitude is calculated by subtracting position of head from position of moon.

פרק ט"ז

א. הָעֲגֻלָּה שֶׁסּוֹבֶבֶת בָּהּ הַיָּרֵחַ תָּמִיד הִיא נוֹטָה מֵעַל הָעֲגֻלָּה שֶׁסּוֹבֶבֶת בָּהּ הַשֶּׁמֶשׁ תָּמִיד. חֶצְיָהּ נוֹטֶה לְצָפוֹן וְחֶצְיָהּ נוֹטֶה לְדָרוֹם. וּשְׁתֵּי נְקֻדּוֹת יֵשׁ בָּהּ זוֹ כְּנֶגֶד זוֹ שֶׁבָּהֶן פּוֹגְעוֹת שְׁתֵּי הָעֲגֻלּוֹת זוֹ בָּזוֹ. לְפִיכָךְ כְּשֶׁיִּהְיֶה הַיָּרֵחַ בְּאַחַת מִשְּׁתֵּיהֶן נִמְצָא סוֹבֵב בְּעִגּוּלָהּ שֶׁל שֶׁמֶשׁ כְּנֶגֶד הַשֶּׁמֶשׁ בְּשָׁוֶה. וְאִם יֵצֵא הַיָּרֵחַ מֵאַחַת מִשְּׁתֵּי הַנְּקֻדּוֹת נִמְצָא מְהַלֵּךְ לִצְפוֹן הַשֶּׁמֶשׁ אוֹ לִדְרוֹמָהּ. הַנְּקֻדָּה שֶׁמִּמֶּנָּה יַתְחִיל הַיָּרֵחַ לִנְטוֹת לִצְפוֹן הַשֶּׁמֶשׁ הִיא הַנִּקְרֵאת רֹאשׁ. וְהַנְּקֻדָּה שֶׁמִּמֶּנָּה יַתְחִיל הַיָּרֵחַ לִנְטוֹת לִדְרוֹם הַשֶּׁמֶשׁ הִיא הַנִּקְרֵאת זָנָב. וּמַהֲלָךְ שָׁוֶה יֵשׁ לָזֶה הָרֹאשׁ שֶׁאֵין בּוֹ לֹא תּוֹסֶפֶת וְלֹא גֵּרָעוֹן. וְהוּא הוֹלֵךְ בַּמַּזָּלוֹת אֲחוֹרַנִּית מִטָּלֶה לְדָגִים וּמִדָּגִים לִדְלִי וְכֵן הוּא סוֹבֵב תָּמִיד:

ב. מַהֲלַךְ הָרֹאשׁ הָאֶמְצָעִי בְּיוֹם אֶחָד ג' חֲלָקִים וְי"א שְׁנִיּוֹת. נִמְצָא מַהֲלָכוֹ בְּי' יָמִים ל"א חֲלָקִים וּמ"ז שְׁנִיּוֹת. וְנִמְצָא מַהֲלָכוֹ בְּק' יוֹם ה' מַעֲלוֹת וְי"ז חֲלָקִים וּמ"ג שְׁנִיּוֹת. סִימָנָם הי"ז מ"ג. וְנִמְצָא מַהֲלָכוֹ בְּאֶלֶף יוֹם נ"ב מַעֲלוֹת וְנ"ז חֲלָקִים וְי' שְׁנִיּוֹת. סִימָנָם נ"ב נז"י. וְנִמְצָא שְׁאֵרִית מַהֲלָכוֹ בַּעֲשֶׂרֶת אֲלָפִים יוֹם קס"ט מַעֲלוֹת וְל"א חֲלָקִים וּמ' שְׁנִיּוֹת. סִימָנָם קס"ט לא"מ. וְנִמְצָא מַהֲלָכוֹ לְכ"ט יוֹם מַעֲלָה אַחַת וְל"ב חֲלָקִים וְט' שְׁנִיּוֹת. סִימָנָם א' לב"ט. וְנִמְצָא מַהֲלָכוֹ לְשָׁנָה סְדוּרָה י"ח מַעֲלוֹת וּמ"ד חֲלָקִים וּמ"ב שְׁנִיּוֹת. סִימָנָם י"ח מ"ד מ"ב. וְאֶמְצַע הָרֹאשׁ בִּתְחִלַּת לֵיל ה' שֶׁהוּא הָעִקָּר הָיָה ק"פ מַעֲלוֹת וְנ"ז חֲלָקִים וְכ"ח שְׁנִיּוֹת. סִימָנָם ק"פ נ"ז כ"ח:

ג. אִם תִּרְצֶה לֵידַע מְקוֹם הָרֹאשׁ בְּכָל עֵת שֶׁתִּרְצֶה. תּוֹצִיא אֶמְצָעָם לְאוֹתוֹ הָעֵת כְּדֶרֶךְ שֶׁתּוֹצִיא אֶמְצַע הַשֶּׁמֶשׁ וְאֶמְצַע הַיָּרֵחַ. וְתִגְרַע הָאֶמְצַע מִשְּׁ"ס מַעֲלוֹת. וְהַנִּשְׁאָר הוּא מְקוֹם הָרֹאשׁ בְּאוֹתָהּ הָעֵת. וּכְנֶגְדּוֹ לְעוֹלָם יִהְיֶה מְקוֹם הַזָּנָב:

ד. כֵּיצַד. הֲרֵי שֶׁרָצִינוּ לֵידַע מְקוֹם הָרֹאשׁ לִתְחִלַּת לֵיל עֶרֶב שַׁבָּת שֶׁיּוֹמוֹ שֵׁנִי לְחֹדֶשׁ אִיָּר מִשָּׁנָה זוֹ שֶׁהִיא שְׁנַת הָעִקָּר. וּמִנְיַן הַיָּמִים הַגְּמוּרִים מִתְּחִלַּת לֵיל הָעִקָּר עַד תְּחִלַּת לֵיל זוֹ שֶׁאָנוּ רוֹצִים לֵידַע מְקוֹם הָרֹאשׁ בּוֹ כ"ט יוֹם:

ה. תּוֹצִיא אֶמְצַע הָרֹאשׁ לָעֵת הַזֹּאת עַל הַדֶּרֶךְ שֶׁיָּדַעְתָּ. וְהוּא שֶׁתּוֹסִיף מַהֲלָכוֹ לְכ"ט יוֹם עַל הָעִקָּר. יֵצֵא לְךָ אֶמְצַע הָרֹאשׁ קפ"ב מַעֲלוֹת וְכ"ט חֲלָקִים וְל"ז שְׁנִיּוֹת. סִימָנָם קפ"ב כ"ט ל"ז. תִּגְרַע אֶמְצַע זֶה מִשְּׁ"ס יִשָּׁאֵר לְךָ קע"ז מַעֲלוֹת וְל' חֲלָקִים וְכ"ג שְׁנִיּוֹת. סִימָנָם קע"ז לְכ"ג. וְזֶה הוּא מְקוֹם הָרֹאשׁ. וְאַל תִּפְנֶה אֶל הַשְּׁנִיּוֹת. נִמְצָא מְקוֹם הָרֹאשׁ בְּמַזַּל בְּתוּלָה בְּכ"ז מַעֲלוֹת וְל' חֲלָקִים. וּמְקוֹם הַזָּנָב כְּנֶגְדּוֹ בְּמַזַּל דָּגִים בְּכ"ז מַעֲלוֹת וּשְׁלֹשִׁים חֲלָקִים:

ו. לְעוֹלָם יִהְיֶה בֵּין הָרֹאשׁ וּבֵין הַזָּנָב חֲצִי הַגַּלְגַּל בְּשָׁוֶה. לְפִיכָךְ כָּל מַזָּל שֶׁתִּמְצָא בּוֹ מְקוֹם הָרֹאשׁ יִהְיֶה הַזָּנָב בְּמַזַּל ז' מִמֶּנּוּ בִּכְמוֹ מִנְיַן הַמַּעֲלוֹת וְהַחֲלָקִים בְּשָׁוֶה. אִם יִהְיֶה הָרֹאשׁ בְּי' מַעֲלוֹת בְּמַזַּל פְּלוֹנִי יִהְיֶה הַזָּנָב בְּי' מַעֲלוֹת מִמַּזַּל ז' מִמֶּנּוּ:

ז. וּמֵאַחַר שֶׁתֵּדַע מְקוֹם הָרֹאשׁ וּמְקוֹם הַזָּנָב וּמְקוֹם הַיָּרֵחַ הָאֲמִתִּי. הִתְבּוֹנֵן בִּשְׁלָשְׁתָּן. אִם מָצָאתָ הַיָּרֵחַ עִם הָרֹאשׁ אוֹ עִם הַזָּנָב בְּמַעֲלָה אַחַת בְּחֵלֶק אֶחָד. תֵּדַע שֶׁאֵין הַיָּרֵחַ נוֹטֶה לֹא לִצְפוֹן הַשֶּׁמֶשׁ וְלֹא לִדְרוֹמָהּ. וְאִם רָאִיתָ מְקוֹם הַיָּרֵחַ לִפְנֵי מְקוֹם הָרֹאשׁ וְהוּא הוֹלֵךְ כְּנֶגֶד הַזָּנָב. תֵּדַע שֶׁהַיָּרֵחַ נוֹטֶה לִצְפוֹן הַשֶּׁמֶשׁ. וְאִם הָיָה הַיָּרֵחַ לִפְנֵי מְקוֹם הַזָּנָב וַהֲרֵי הוּא הוֹלֵךְ כְּנֶגֶד הָרֹאשׁ. תֵּדַע שֶׁהַיָּרֵחַ נוֹטֶה לִדְרוֹם הַשֶּׁמֶשׁ:

ח. הַנְּטִיָּה שֶׁנּוֹטֶה הַיָּרֵחַ לִצְפוֹן הַשֶּׁמֶשׁ אוֹ לִדְרוֹמָהּ. הִיא הַנִּקְרֵאת רֹחַב הַיָּרֵחַ. וְאִם הָיָה נוֹטֶה לַצָּפוֹן נִקְרָא רֹחַב צְפוֹנִי. וְאִם הָיָה נוֹטֶה לַדָּרוֹם נִקְרָא רֹחַב דְּרוֹמִי. וְאִם הָיָה הַיָּרֵחַ בְּאַחַת מִשְּׁתֵּי הַנְּקֻדּוֹת לֹא יִהְיֶה לוֹ רֹחַב כְּמוֹ שֶׁבֵּאַרְנוּ:

ט. לְעוֹלָם לֹא יִהְיֶה רֹחַב הַיָּרֵחַ יֶתֶר עַל ה' מַעֲלוֹת בֵּין בַּצָּפוֹן בֵּין בַּדָּרוֹם. אֶלָּא כָּךְ הוּא דַּרְכּוֹ יַתְחִיל מִן הָרֹאשׁ וְיִתְרַחֵק מִמֶּנּוּ מְעַט מְעַט. וְהַמֶּרְחָק הוֹלֵךְ וְנוֹסָף עַד שֶׁיַּגִּיעַ לְחָמֵשׁ מַעֲלוֹת. וְיַחֲזֹר וְיִתְקָרֵב מְעַט מְעַט עַד שֶׁלֹּא יִהְיֶה לוֹ רֹחַב כְּשֶׁיַּגִּיעַ לַזָּנָב. וְיַחֲזֹר וְיִתְרַחֵק מְעַט מְעַט וְהַמֶּרְחָק נוֹסָף עַד שֶׁיַּגִּיעַ לְחָמֵשׁ מַעֲלוֹת. וְיַחֲזֹר וְיִתְקָרֵב עַד שֶׁלֹּא יִהְיֶה לוֹ רֹחַב:

י. אִם תִּרְצֶה לֵידַע רֹחַב הַיָּרֵחַ כַּמָּה הוּא בְּכָל עֵת שֶׁתִּרְצֶה. וְאִם צְפוֹנִי הוּא אוֹ דְּרוֹמִי. תּוֹצִיא מְקוֹם הָרֹאשׁ וּמְקוֹם הַיָּרֵחַ הָאֲמִתִּי לְאוֹתָהּ הָעֵת. וְתִגְרַע מְקוֹם הָרֹאשׁ מִמְּקוֹם הַיָּרֵחַ הָאֲמִתִּי. וְהַנִּשְׁאָר הוּא הַנִּקְרָא מַסְלוּל הָרֹחַב. וְאִם יִהְיֶה מַסְלוּל הָרֹחַב מִמַּעֲלָה אַחַת עַד ק"פ. תֵּדַע שֶׁרֹחַב הַיָּרֵחַ צְפוֹנִי. וְאִם הָיָה הַמַּסְלוּל יֶתֶר עַל ק"פ תֵּדַע שֶׁרֹחַב הַיָּרֵחַ דְּרוֹמִי. וְאִם הָיָה ק"פ בְּשָׁוֶה אוֹ ש"ס בְּשָׁוֶה אֵין לַיָּרֵחַ רֹחַב כְּלָל. וְתַחֲזֹר וְתִרְאֶה מְנַת מַסְלוּל הָרֹחַב כַּמָּה הִיא. וְהוּא שִׁעוּר נְטִיָּתוֹ לַצָּפוֹן אוֹ לַדָּרוֹם. וְהוּא הַנִּקְרָא רֹחַב הַיָּרֵחַ הַדְּרוֹמִי אוֹ הַצְּפוֹנִי כְּמוֹ שֶׁבֵּאַרְנוּ:

יא. וְכַמָּה הִיא מְנַת מַסְלוּל הָרֹחַב. אִם יִהְיֶה מַסְלוּל הָרֹחַב עֶשֶׂר מַעֲלוֹת תִּהְיֶה מְנָתוֹ נ"ב חֲלָקִים. וְאִם יִהְיֶה הַמַּסְלוּל

הַזֶּה כ׳ מַעֲלוֹת תִּהְיֶה מְנָתוֹ מַעֲלָה אַחַת וּמ״ג חֲלָקִים. וְאִם יִהְיֶה הַמַּסְלוּל ל׳ תִּהְיֶה מְנָתוֹ שְׁתֵּי מַעֲלוֹת וְל׳ חֲלָקִים. וְאִם יִהְיֶה הַמַּסְלוּל מ׳ תִּהְיֶה מְנָתוֹ שָׁלֹשׁ מַעֲלוֹת וְי״ג חֲלָקִים. וְאִם יִהְיֶה הַמַּסְלוּל נ׳ מַעֲלוֹת תִּהְיֶה מְנָתוֹ שָׁלֹשׁ מַעֲלוֹת וְנ׳ חֲלָקִים. וְאִם יִהְיֶה הַמַּסְלוּל ס׳ תִּהְיֶה מְנָתוֹ אַרְבַּע מַעֲלוֹת וְכ׳ חֲלָקִים. וְאִם יִהְיֶה הַמַּסְלוּל ע׳ תִּהְיֶה מְנָתוֹ ד׳ מַעֲלוֹת וּמ״ב חֲלָקִים. וְאִם יִהְיֶה הַמַּסְלוּל פ׳ תִּהְיֶה מְנָתוֹ ד׳ מַעֲלוֹת וְנ״ה חֲלָקִים. וְאִם יִהְיֶה הַמַּסְלוּל צ׳ תִּהְיֶה מְנָתוֹ ה׳ מַעֲלוֹת:

יב. וְאִם יִהְיוּ אֲחָדִים עִם הָעֲשָׂרוֹת תִּקַּח הָרָאוּי לָהֶם לְפִי הַיֶּתֶר שֶׁבֵּין שְׁתֵּי הַמָּנוֹת כְּמוֹ שֶׁעָשִׂיתָ בְּמַסְלוּל הַשֶּׁמֶשׁ וּבְמַסְלוּל הַיָּרֵחַ. כֵּיצַד. הֲרֵי שֶׁהָיָה מַסְלוּל הָרֹחַב נ״ג מַעֲלוֹת. וּכְבָר יָדַעְתָּ שֶׁאִלּוּ הָיָה הַמַּסְלוּל נ׳ הָיְתָה מְנָתוֹ שָׁלֹשׁ מַעֲלוֹת וְנ׳ חֲלָקִים. וְאִלּוּ הָיָה הַמַּסְלוּל ס׳ הָיְתָה מְנָתוֹ ד׳ מַעֲלוֹת וְכ׳ חֲלָקִים. נִמְצָא הַיֶּתֶר בֵּין שְׁתֵּי הַמָּנוֹת ל׳ חֲלָקִים ג׳ חֲלָקִים לְכָל מַעֲלָה. וְנִמְצָא לְפִי חֶשְׁבּוֹן מַסְלוּל זֶה שֶׁהוּא נ״ג שָׁלֹשׁ מַעֲלוֹת וְנ״ט חֲלָקִים. וְעַל דֶּרֶךְ זוֹ תַּעֲשֶׂה בְּכָל מִנְיָן וּמִנְיָן:

יג. מֵאַחַר שֶׁתֵּדַע מְנָתוֹ שֶׁל מַסְלוּל הָרֹחַב עַד צ׳ כְּמוֹ שֶׁהוֹדַעְנוּךָ. תֵּדַע מָנוֹת שֶׁל כָּל מִנְיְנוֹת הַמַּסְלוּל. שֶׁאִם יִהְיֶה הַמַּסְלוּל יֶתֶר עַל צ׳ עַד ק״פ תִּגְרַע הַמַּסְלוּל מִק״פ וְהַנִּשְׁאָר תֵּדַע בּוֹ הַמָּנָה:

יד. וְזֶה הוּא רֹחַב הַיָּרֵחַ בִּתְחִלַּת לֵיל זֶה. וְהוּא דְּרוֹמִי שֶׁהֲרֵי הַמַּסְלוּל יֶתֶר עַל ק״פ. וְכֵן אִם הָיָה הַמַּסְלוּל יֶתֶר מִק״פ עַד ר״ע תִּגְרַע מִמֶּנּוּ ק״פ וְהַנִּשְׁאָר תֵּדַע בּוֹ הַמָּנָה:

טו. וְאִם הָיָה הַמַּסְלוּל יֶתֶר עַל ר״ע עַד ש״ס. תִּגְרַע אוֹתוֹ מִשׁ״ס וְהַנִּשְׁאָר תֵּדַע בּוֹ הַמָּנָה:

טז. כֵּיצַד. הֲרֵי שֶׁהָיָה הַמַּסְלוּל ק״נ תִּגְרַע אוֹתוֹ מִק״פ נִשְׁאָר ל׳. וּכְבָר יָדַעְתָּ שֶׁמְּנַת שְׁלֹשִׁים שְׁתֵּי מַעֲלוֹת וּשְׁלֹשִׁים חֲלָקִים וְכָךְ תִּהְיֶה מְנַת ק״נ שְׁתֵּי מַעֲלוֹת וּשְׁלֹשִׁים חֲלָקִים:

יז. הֲרֵי שֶׁהָיָה הַמַּסְלוּל ר׳. תִּגְרַע מִמֶּנּוּ ק״פ יִשָּׁאֵר כ׳. וּכְבָר יָדַעְתָּ שֶׁמְּנַת כ׳ הִיא מַעֲלָה אַחַת וּמ״ג חֲלָקִים. וְכֵן אִם תִּהְיֶה מְנַת ר׳ תִּהְיֶה מַעֲלָה אַחַת וּמ״ג חֲלָקִים:

יח. הֲרֵי שֶׁהָיָה הַמַּסְלוּל ש׳ תִּגְרַע אוֹתוֹ מִשׁ״ס נִשְׁאַר ס׳. וּכְבָר יָדַעְתָּ שֶׁמְּנַת שִׁשִּׁים אַרְבַּע מַעֲלוֹת וְכ׳ חֲלָקִים. וְכָךְ הִיא מְנַת ש׳ ד׳ מַעֲלוֹת וְכ׳ חֲלָקִים. וְעַל דֶּרֶךְ זוֹ בְּכָל הַמִּנְיָנוֹת:

יט. הֲרֵי שֶׁרָצִינוּ לֵידַע רֹחַב הַיָּרֵחַ כַּמָּה הוּא וּבְאֵיזוֹ רוּחַ הוּא אִם צְפוֹנִי אוֹ דְּרוֹמִי בִּתְחִלַּת לֵיל עֶרֶב שַׁבָּת שֵׁנִי לְחֹדֶשׁ אִיָּר מִשָּׁנָה זוֹ. וּכְבָר יָדַעְתָּ שֶׁמְּקוֹם הַיָּרֵחַ הָאֲמִתִּי הָיָה בְּלֵיל זֶה בְּי״ח מַעֲלוֹת וְל״ו חֲלָקִים מִמַּזַּל שׁוֹר. סִימָנוֹ י״ח ל״ו. וּמְקוֹם הָרֹאשׁ הָיָה בְּאוֹתָהּ הָעֵת בְּכ״ז מַעֲלוֹת וְל׳ חֲלָקִים מִמַּזַּל בְּתוּלָה. סִימָנוֹ כז״ל. תִּגְרַע מְקוֹם הָרֹאשׁ מִמְּקוֹם הַיָּרֵחַ. יֵצֵא לְךָ מַסְלוּל הָרֹחַב רל״א מַעֲלוֹת ו׳ חֲלָקִים. סִימָנוֹ רל״א ו׳. לְפִי שֶׁאֵין מַשְׁגִּיחִין עַל הַחֲלָקִים בְּכָל הַמַּסְלוּל. וְנִמְצֵאת הַמָּנָה שֶׁל מַסְלוּל זֶה בַּדְּרָכִים שֶׁבֵּאַרְנוּ בְּפֶרֶק זֶה שָׁלֹשׁ מַעֲלוֹת וְנ״ג חֲלָקִים. וְזֶהוּ רֹחַב הַיָּרֵחַ בִּתְחִלַּת לֵיל זֶה. וְהוּא דְּרוֹמִי שֶׁהֲרֵי הַמַּסְלוּל יֶתֶר עַל ק״פ:

Perek 17

Precise calculations continued

Adjustments needed to sight moon

Reminder:
See Appendix at end of *Kidush Hachodesh* (Chapter 17)

To sight moon on a particular night calculate.

1. True position of sun (Chap 13)
2. True position of moon (Chap 15)

Subtract sun from moon to give *first longitude*

If 9° or less moon will be impossible to be seen in *Eretz Yisrael* (Israel). (because moon is too close to sun, and therefore no further calculation needed)

If more than 15° – moon will definitely be sighted. (therefore again calculation will not be needed)

If between 9° and 15° further calculations will be necessary.

This applies when the true position of the moon is between beginning of Capricorn and end of Gemini. If located between other constellations then different conclusions would be drawn.

3. Calculate the position of head of moon orbit which therefore allows us to determine moons latitude (subtract position of head from moons position) – *first latitude* (Chap 16)

   We will also be able to determine whether this latitude is northerly or southerly

4. Consider the constellation in which moon is found. (depends on seasons)

5. Sighting adjustment

   Subtract minutes accordingly from the longitude.

   The minutes are always subtracted from the longitude, because the true position of the moon is not the place where the moon will actually be sighted in the sky. i.e. in the evening the moon will always appear closer to the horizon than it actually is. This gives *second longitude*.

   Latitude adjustment is different. If moons latitude is northerly we subtract minutes of 'sighting adjustment'. If southerly, we add the minutes to the first latitude. This gives the *second latitude*.

   These figures let us know whether the moon crescent will be large enough to be visible

6. Calculate third and fourth longitude.

   This allows us to see if there is enough time to see moon before it sets i.e. if it is small there may not be enough time to see it.

   The portion separated from the second latitude is called 'the circuit of the moon'.

   The remainder is known as the *third longitude*.

   This also relates the moons position to the equator.

   Now see in which constellation is the third longitude situated.

   The intention now is to find the point on the equator which will set at the same time that the third longitude sets in Jerusalem.

   After the adjustments are made to the third longitude (according to which constellation it is found) we arrive at the *fourth longitude*)

   The fourth longitude adjusts the difference of the horizon to the equator and the horizon to *Yerushalayim*. (There is a difference between the two)

7. Arc of sighting (this is the arc that the moon takes from sunset, until it also reaches the horizon)

   This is calculated by taking ⅔ **of length of** first latitude. If latitude of moon is northerly, add this correction to fourth longitude. If latitude is southerly, subtract the correction.

   We can now find a place on the extension of the equator which will set at the same time as the moon in *Yerushalayim*.

   We can therefore see the difference in time between setting of sun and setting of moon. Therefore we should know if moon will be visible in this time.

All these calculations are necessary because the moon has major incongruities in its orbit.

פרק י״ז

א. כָּל הַדְּבָרִים שֶׁהִקְדַּמְנוּ כְּדֵי שֶׁיִּהְיוּ עֲתִידִים וּמוּכָנִים לִידִיעַת הָרְאִיָּה. וּכְשֶׁתִּרְצֶה לָדַעַת זֹאת תַּתְחִיל וְתַחְשֹׁב וְתוֹצִיא מְקוֹם הַשֶּׁמֶשׁ הָאֲמִתִּי וּמְקוֹם הַיָּרֵחַ הָאֲמִתִּי וּמְקוֹם הָרֹאשׁ לִשְׁעַת הָרְאִיָּה. וְתִגְרַע מְקוֹם הַשֶּׁמֶשׁ הָאֲמִתִּי מִמְּקוֹם הַיָּרֵחַ הָאֲמִתִּי וְהַנִּשְׁאָר הוּא הַנִּקְרָא אֹרֶךְ רִאשׁוֹן:

ב. וּמֵאַחַר שֶׁתֵּדַע מְקוֹם הָרֹאשׁ וּמְקוֹם הַיָּרֵחַ תֵּדַע מְקוֹם הַיָּרֵחַ כַּמָּה הוּא. וְאִם הוּא רֹחַב צְפוֹנִי אוֹ דְּרוֹמִי וְהוּא הַנִּקְרָא רֹחַב רִאשׁוֹן. וְהִזָּהֵר בָּאֹרֶךְ הַזֶּה הָרִאשׁוֹן וּבָרֹחַב הָרִאשׁוֹן וְיִהְיוּ שְׁנֵיהֶם מוּכָנִים לְךָ:

ג. וְהִתְבּוֹנֵן בָּאֹרֶךְ זֶה הָרִאשׁוֹן וּבָרֹחַב הַזֶּה הָרִאשׁוֹן. אִם יֵצֵא לְךָ תֵּשַׁע מַעֲלוֹת בְּשָׁוֶה אוֹ פָּחוֹת. תֵּדַע בְּוַדַּאי שֶׁאִי אֶפְשָׁר לְעוֹלָם שֶׁיֵּרָאֶה הַיָּרֵחַ בְּאוֹתוֹ הַלַּיְלָה בְּכָל אֶרֶץ יִשְׂרָאֵל וְאֵין אַתָּה צָרִיךְ חֶשְׁבּוֹן אַחֵר. וְאִם יִהְיֶה הָאֹרֶךְ הָרִאשׁוֹן יֶתֶר עַל ט״ו מַעֲלוֹת תֵּדַע בְּוַדַּאי שֶׁהַיָּרֵחַ יֵרָאֶה בְּכָל אֶרֶץ יִשְׂרָאֵל וְאֵין אַתָּה צָרִיךְ לְחֶשְׁבּוֹן אַחֵר. וְאִם יִהְיֶה הָאֹרֶךְ הָרִאשׁוֹן מ״ט מַעֲלוֹת וְעַד ט״ו תִּצְטָרֵךְ לִדְרֹשׁ וְלַחְקֹר בְּחֶשְׁבּוֹנוֹת הָרְאִיָּה עַד שֶׁתֵּדַע אִם יֵרָאֶה אוֹ לֹא יֵרָאֶה:

ד. בַּמֶּה דְּבָרִים אֲמוּרִים בְּשֶׁהָיָה מְקוֹם הַיָּרֵחַ הָאֲמִתִּי מִתְּחִלַּת מַזַּל גְּדִי עַד סוֹף מַזַּל תְּאוֹמִים. אֲבָל אִם הָיָה מְקוֹם הַיָּרֵחַ מִתְּחִלַּת מַזַּל סַרְטָן עַד סוֹף מַזַּל קֶשֶׁת וְיִהְיֶה אֹרֶךְ הָרִאשׁוֹן עֶשֶׂר מַעֲלוֹת אוֹ פָּחוֹת. תֵּדַע שֶׁאֵין הַיָּרֵחַ נִרְאֶה כְּלָל בְּאוֹתוֹ הַלַּיְלָה בְּכָל אֶרֶץ יִשְׂרָאֵל. וְאִם הָיָה הָרִאשׁוֹן יֶתֶר עַל כ״ד מַעֲלוֹת וַדַּאי יֵרָאֶה בְּכָל גְּבוּל יִשְׂרָאֵל. וְאִם יִהְיֶה הָאֹרֶךְ הָרִאשׁוֹן מֵעֶשֶׂר מַעֲלוֹת עַד עֶשְׂרִים וְאַרְבַּע תִּצְטָרֵךְ לִדְרֹשׁ וְלַחְקֹר בְּחֶשְׁבּוֹנוֹת הָרְאִיָּה אִם יֵרָאֶה אוֹ לֹא יֵרָאֶה:

ה. וְאֵלּוּ הֵן חֶשְׁבּוֹנוֹת הָרְאִיָּה. הִתְבּוֹנֵן וּרְאֵה הַיָּרֵחַ בְּאֵיזֶה מַזָּל הוּא. אִם יִהְיֶה בְּמַזַּל טָלֶה תִּגְרַע מִן הָאֹרֶךְ הָרִאשׁוֹן נ״ט חֲלָקִים. וְאִם יִהְיֶה בְּמַזַּל שׁוֹר תִּגְרַע מִן הָאֹרֶךְ מַעֲלָה אַחַת. וְאִם יִהְיֶה בְּמַזַּל תְּאוֹמִים תִּגְרַע מִן הָאֹרֶךְ נ״ח חֲלָקִים. וְאִם יִהְיֶה בְּמַזַּל סַרְטָן תִּגְרַע מִן הָאֹרֶךְ (מ״ג) [נ״ב] חֲלָקִים. וְאִם יִהְיֶה בְּמַזַּל אַרְיֵה תִּגְרַע מִן הָאֹרֶךְ מ״ג חֲלָקִים. וְאִם יִהְיֶה בְּמַזַּל בְּתוּלָה תִּגְרַע מִן הָאֹרֶךְ ל״ז חֲלָקִים. וְאִם יִהְיֶה בְּמַזַּל מֹאזְנַיִם תִּגְרַע מִן הָאֹרֶךְ ל״ד חֲלָקִים. וְאִם יִהְיֶה בְּמַזַּל עַקְרָב תִּגְרַע מִן הָאֹרֶךְ ל״ד חֲלָקִים. וְאִם יִהְיֶה בְּמַזַּל קֶשֶׁת תִּגְרַע מִן הָאֹרֶךְ ל״ו חֲלָקִים. וְאִם יִהְיֶה בְּמַזַּל גְּדִי תִּגְרַע מִן הָאֹרֶךְ מ״ד חֲלָקִים. וְאִם יִהְיֶה בְּמַזַּל דְּלִי תִּגְרַע מִן הָאֹרֶךְ נ״ג חֲלָקִים. וְאִם יִהְיֶה בְּמַזַּל דָּגִים תִּגְרַע מִן הָאֹרֶךְ נ״ח חֲלָקִים. וְהַנִּשְׁאָר מִן הָאֹרֶךְ אַחַר שֶׁתִּגְרַע מִמֶּנּוּ אֵלּוּ הַחֲלָקִים הוּא הַנִּקְרָא אֹרֶךְ שֵׁנִי:

ו. וְלָמָּה גּוֹרְעִין חֲלָקִים אֵלּוּ. לְפִי שֶׁמְּקוֹם הַיָּרֵחַ הָאֲמִתִּי אֵינוֹ הַמָּקוֹם שֶׁיֵּרָאֶה בּוֹ אֶלָּא שִׁנּוּי יֵשׁ בֵּינֵיהֶם בָּאֹרֶךְ וּבָרֹחַב. וְהוּא הַנִּקְרָא שִׁנּוּי הַמַּרְאֶה. וְשִׁנּוּי מַרְאֵה הָאֹרֶךְ בִּשְׁעַת הָרְאִיָּה לְעוֹלָם גּוֹרְעִין אוֹתוֹ מִן הָאֹרֶךְ כְּמוֹ שֶׁאָמַרְנוּ:

ז. אֲבָל שִׁנּוּי מַרְאֵה הָרֹחַב. אִם הָיָה רֹחַב הַיָּרֵחַ צְפוֹנִי גּוֹרְעִין חֲלָקִים שֶׁל שִׁנּוּי מַרְאֵה הָרֹחַב מִן הָרֹחַב הָרִאשׁוֹן. וְאִם הָיָה רֹחַב הַיָּרֵחַ הַדְּרוֹמִי מוֹסִיפִין הַחֲלָקִים שֶׁל שִׁנּוּי מַרְאֵה הָרֹחַב עַל הָרֹחַב הָרִאשׁוֹן. וּמַה שֶּׁיִּהְיֶה הָרֹחַב הָרִאשׁוֹן אַחַר שֶׁמּוֹסִיפִין עָלָיו אוֹ גּוֹרְעִין מִמֶּנּוּ אוֹתָם הַחֲלָקִים הוּא הַנִּקְרָא רֹחַב שֵׁנִי:

ח. וְכַמָּה הֵם הַחֲלָקִים שֶׁמּוֹסִיפִין אוֹ גּוֹרְעִין אוֹתָן. אִם יִהְיֶה הַיָּרֵחַ בְּמַזַּל טָלֶה תִּשְׁעָה חֲלָקִים. וְאִם יִהְיֶה בְּמַזַּל שׁוֹר י׳ חֲלָקִים. וְאִם יִהְיֶה בְּמַזַּל תְּאוֹמִים ט״ז חֲלָקִים. וְאִם יִהְיֶה בְּמַזַּל סַרְטָן כ״ז חֲלָקִים. וְאִם יִהְיֶה בְּמַזַּל אַרְיֵה ל״ח חֲלָקִים. וְאִם יִהְיֶה בְּמַזַּל בְּתוּלָה מ״ד חֲלָקִים. וְאִם יִהְיֶה בְּמַזַּל מֹאזְנַיִם מ״ו חֲלָקִים. וְאִם יִהְיֶה בְּמַזַּל עַקְרָב מ״ה חֲלָקִים. וְאִם יִהְיֶה בְּמַזַּל קֶשֶׁת מ״ד חֲלָקִים. וְאִם יִהְיֶה בְּמַזַּל גְּדִי ל״ו חֲלָקִים. וְאִם יִהְיֶה בְּמַזַּל דְּלִי (כ״ד) [כ״ז] חֲלָקִים. וְאִם יִהְיֶה בְּמַזַּל דָּגִים י״ב חֲלָקִים:

ט. מֵאַחַר שֶׁתֵּדַע חֲלָקִים אֵלּוּ תִּגְרַע אוֹתָן מִן הָרֹחַב הָרִאשׁוֹן אוֹ תוֹסִיף אוֹתָן עָלָיו כְּמוֹ שֶׁהוֹדַעְנוּךָ וְיֵצֵא לְךָ הָרֹחַב הַשֵּׁנִי. וּכְבָר יָדַעְתָּ אִם הוּא צְפוֹנִי אוֹ דְּרוֹמִי. וְתֵדַע כַּמָּה מַעֲלוֹת וְכַמָּה חֲלָקִים נַעֲשָׂה זֶה הָרֹחַב הַשֵּׁנִי וְתָכִין אוֹתוֹ לְפָנֶיךָ וְיִהְיֶה עָתִיד:

י. וְאַחַר כָּךְ תַּחֲזֹר וְתִקַּח מִן הָרֹחַב הַשֵּׁנִי הַזֶּה מִקְצָתוֹ. מִפְּנֵי שֶׁהַיָּרֵחַ נָלוֹז מְעַט בְּמַעְגָּלוֹ. וְכַמָּה הוּא הַמִּקְצָת שֶׁתִּקַּח מִמֶּנּוּ. אִם יִהְיֶה מְקוֹם הַיָּרֵחַ מִתְּחִלַּת מַזַּל טָלֶה עַד כ׳ מַעֲלוֹת מִמֶּנּוּ. אוֹ מִתְּחִלַּת מַזַּל מֹאזְנַיִם עַד כ׳ מַעֲלוֹת מִמֶּנּוּ. תִּקַּח מִן הָרֹחַב הַשֵּׁנִי שְׁנֵי חֲמִשָּׁיו. וְאִם יִהְיֶה הַיָּרֵחַ מִכ׳ מִמַּזַּל טָלֶה עַד י׳ מַעֲלוֹת מִמַּזַּל שׁוֹר אוֹ מִכ׳ מִמַּזַּל

מֹאזְנַיִם עַד י׳ מַעֲלוֹת מִמַּזַּל עַקְרָב תִּקַּח מִן הָרֹחַב הַשֵּׁנִי שְׁלִישִׁיתוֹ. וְאִם יִהְיֶה הַיָּרֵחַ מֵעֶשֶׂר מַעֲלוֹת מִמַּזַּל שׁוֹר עַד כ׳ מִמֶּנּוּ אוֹ מֵעֶשֶׂר מַעֲלוֹת מִמַּזַּל עַקְרָב עַד כ׳ מִמֶּנּוּ תִּקַּח מִן הָרֹחַב הַשֵּׁנִי רְבִיעִיתוֹ. וְאִם יִהְיֶה הַיָּרֵחַ מִכ׳ מַעֲלוֹת מִמַּזַּל שׁוֹר עַד סוֹפוֹ אוֹ מִכ׳ מִמַּזַּל עַקְרָב עַד סוֹפוֹ תִּקַּח מִן הָרֹחַב הַשֵּׁנִי חֲמִישִׁיתוֹ. וְאִם יִהְיֶה הַיָּרֵחַ מִתְּחִלַּת מַזַּל תְּאוֹמִים עַד עֶשֶׂר מַעֲלוֹת מִמֶּנּוּ אוֹ מִתְּחִלַּת מַזַּל קֶשֶׁת עַד עֶשֶׂר מַעֲלוֹת מִמֶּנּוּ תִּקַּח מִן הָרֹחַב הַשֵּׁנִי שְׁתוּתוֹ. וְאִם יִהְיֶה הַיָּרֵחַ מִי׳ מַעֲלוֹת מִמַּזַּל תְּאוֹמִים וְעַד כ׳ מִמֶּנּוּ אוֹ מֵעֶשֶׂר מִמַּזַּל קֶשֶׁת עַד כ׳ מִמֶּנּוּ תִּקַּח מִן הָרֹחַב הַשֵּׁנִי חֲצִי שְׁתוּתוֹ. וְאִם יִהְיֶה מְקוֹם הַיָּרֵחַ מִכ׳ מִמַּזַּל תְּאוֹמִים עַד כ״ה מִמֶּנּוּ אוֹ מִכ׳ מִמַּזַּל קֶשֶׁת עַד כ״ה מִמֶּנּוּ תִּקַּח מִן הָרֹחַב הַשֵּׁנִי רְבִיעַ שְׁתוּתוֹ. וְאִם יִהְיֶה מְקוֹם הַיָּרֵחַ מִכ״ה מִמַּזַּל תְּאוֹמִים עַד חָמֵשׁ מַעֲלוֹת מִמַּזַּל סַרְטָן אוֹ מִכ״ה מִמַּזַּל קֶשֶׁת עַד חָמֵשׁ מַעֲלוֹת מִמַּזַּל גְּדִי לֹא תִּקַּח כְּלוּם. לְפִי שֶׁאֵין כָּאן נְלִיזַת מַעְגָּל. וְאִם יִהְיֶה הַיָּרֵחַ מֵחָמֵשׁ מִמַּזַּל סַרְטָן עַד עֶשֶׂר מִמֶּנּוּ אוֹ מֵחָמֵשׁ מִמַּזַּל גְּדִי עַד עֶשֶׂר מִמֶּנּוּ תִּקַּח מִן הָרֹחַב הַשֵּׁנִי רְבִיעַ שְׁתוּתוֹ. וְאִם יִהְיֶה מְקוֹם הַיָּרֵחַ מִי׳ מִמַּזַּל סַרְטָן עַד כ׳ מִמֶּנּוּ אוֹ מֵעֶשֶׂר מִמַּזַּל גְּדִי עַד עֶשְׂרִים מִמֶּנּוּ תִּקַּח מִן הָרֹחַב הַשֵּׁנִי חֲצִי שְׁתוּתוֹ. וְאִם יִהְיֶה מְקוֹם הַיָּרֵחַ מִכ׳ מִמַּזַּל סַרְטָן עַד סוֹפוֹ אוֹ מִכ׳ מִמַּזַּל גְּדִי עַד סוֹפוֹ תִּקַּח מִן הָרֹחַב הַשֵּׁנִי שְׁתוּתוֹ. וְאִם יִהְיֶה הַיָּרֵחַ מִתְּחִלַּת מַזַּל אַרְיֵה עַד עֶשֶׂר מַעֲלוֹת מִמֶּנּוּ אוֹ מִתְּחִלַּת מַזַּל דְּלִי עַד עֶשֶׂר מַעֲלוֹת מִמֶּנּוּ תִּקַּח מִמֶּנּוּ הָרֹחַב הַשֵּׁנִי חֲמִישִׁיתוֹ. וְאִם יִהְיֶה הַיָּרֵחַ מִי׳ מַעֲלוֹת מִמַּזַּל אַרְיֵה עַד כ׳ מִמֶּנּוּ אוֹ מִי׳ מִמַּזַּל דְּלִי עַד כ׳ מִמֶּנּוּ תִּקַּח מִן הָרֹחַב הַשֵּׁנִי רְבִיעִיתוֹ. וְאִם יִהְיֶה הַיָּרֵחַ מִכ׳ מִמַּזַּל אַרְיֵה עַד עֶשֶׂר מִמַּזַּל בְּתוּלָה אוֹ מִכ׳ מִמַּזַּל דְּלִי עַד עֶשֶׂר מִמַּזַּל דָּגִים תִּקַּח מִן הָרֹחַב הַשֵּׁנִי שְׁלִישִׁיתוֹ. וְאִם יִהְיֶה הַיָּרֵחַ מֵעֶשֶׂר מִמַּזַּל בְּתוּלָה עַד סוֹפוֹ אוֹ מִי׳ מַעֲלוֹת מִמַּזַּל דָּגִים עַד סוֹפוֹ תִּקַּח מִן הָרֹחַב הַשֵּׁנִי ב׳ חֲמִשָּׁיו. וְזֹאת הַמִּקְצָת שֶׁתִּקַּח מִן הָרֹחַב הַשֵּׁנִי הִיא הַנִּקְרֵאת מַעְגַּל הַיָּרֵחַ:

יא. וְאַחַר כָּךְ תַּחֲזֹר וְתִתְבּוֹנֵן בְּרֹחַב הַיָּרֵחַ וְתִרְאֶה אִם הוּא צְפוֹנִי אוֹ דְּרוֹמִי. אִם הָיָה צְפוֹנִי תִּגְרַע מַעְגַּל הַיָּרֵחַ הַזֶּה מִן הָאֹרֶךְ הַשֵּׁנִי. וְאִם הָיָה רֹחַב הַיָּרֵחַ דְּרוֹמִי תּוֹסִיף הַמַּעְגָּל הַזֶּה עַל הָאֹרֶךְ הַשֵּׁנִי. בַּמֶּה דְּבָרִים אֲמוּרִים כְּשֶׁהָיָה מְקוֹם הַיָּרֵחַ מִתְּחִלַּת מַזַּל גְּדִי עַד סוֹף מַזַּל תְּאוֹמִים. אֲבָל אִם הָיָה הַיָּרֵחַ מִתְּחִלַּת מַזַּל סַרְטָן עַד סוֹף מַזַּל קֶשֶׁת יִהְיֶה הַדָּבָר הֵפֶךְ. שֶׁאִם יִהְיֶה רֹחַב הַיָּרֵחַ צְפוֹנִי תּוֹסִיף הַמַּעְגָּל עַל הָאֹרֶךְ הַשֵּׁנִי. וְאִם הָיָה רֹחַב הַיָּרֵחַ דְּרוֹמִי תִּגְרַע הַמַּעְגָּל מִן הָאֹרֶךְ הַשֵּׁנִי. וּמַה שֶּׁיִּהְיֶה הָאֹרֶךְ הַשֵּׁנִי אַחַר שֶׁתּוֹסִיף עָלָיו אוֹ תִּגְרַע מִמֶּנּוּ הוּא הַנִּקְרָא אֹרֶךְ הַשְּׁלִישִׁי. וְדַע שֶׁאִם לֹא יִהְיֶה שָׁם נְלִיזַת מַעְגָּל וְלֹא נָתַן הַחֶשְׁבּוֹן לָקַחַת מִן הָרֹחַב הַשֵּׁנִי כְּלוּם. יִהְיֶה הָאֹרֶךְ הַשֵּׁנִי עַצְמוֹ הוּא הָאֹרֶךְ הַשְּׁלִישִׁי בְּלֹא פָּחוֹת וּבְלֹא יֶתֶר:

יב. וְאַחַר כָּךְ תַּחֲזֹר וְתִרְאֶה הָאֹרֶךְ הַשְּׁלִישִׁי הַזֶּה וְהוּא הַמַּעֲלוֹת שֶׁבֵּין הַיָּרֵחַ וְהַשֶּׁמֶשׁ בְּאֵיזֶה מַזָּל הוּא. אִם יִהְיֶה בְּמַזַּל דָּגִים אוֹ בְּמַזַּל טָלֶה. תּוֹסִיף עַל הָאֹרֶךְ הַשְּׁלִישִׁי שְׁתוּתוֹ. וְאִם יִהְיֶה הָאֹרֶךְ בְּמַזַּל דְּלִי אוֹ בְּמַזַּל שׁוֹר. תּוֹסִיף עַל הָאֹרֶךְ הַשְּׁלִישִׁי חֲמִישִׁיתוֹ. וְאִם יִהְיֶה הָאֹרֶךְ בְּמַזַּל גְּדִי אוֹ בְּמַזַּל תְּאוֹמִים. תּוֹסִיף עַל הָאֹרֶךְ הַשְּׁלִישִׁי שְׁתוּתוֹ. וְאִם יִהְיֶה הָאֹרֶךְ בְּמַזַּל קֶשֶׁת אוֹ בְּמַזַּל סַרְטָן. תָּנִיחַ הָאֹרֶךְ הַשְּׁלִישִׁי כְּמוֹת שֶׁהוּא וְלֹא תּוֹסִיף עָלָיו וְלֹא תִּגְרַע מִמֶּנּוּ. וְאִם הָיָה הָאֹרֶךְ בְּמַזַּל עַקְרָב אוֹ בְּמַזַּל אַרְיֵה. תִּגְרַע מִן הָאֹרֶךְ הַשְּׁלִישִׁי חֲמִישִׁיתוֹ. וְאִם יִהְיֶה הָאֹרֶךְ בְּמַזַּל מֹאזְנַיִם אוֹ בְּמַזַּל בְּתוּלָה. תִּגְרַע מִן הָאֹרֶךְ הַשְּׁלִישִׁי שְׁלִישִׁיתוֹ. וּמַה שֶּׁיִּהְיֶה הָאֹרֶךְ הַשְּׁלִישִׁי אַחַר שֶׁתּוֹסִיף עָלָיו אוֹ תִּגְרַע מִמֶּנּוּ אוֹ תָּנִיחַ אוֹתוֹ כְּמוֹת שֶׁהוּא. הוּא הַנִּקְרָא אֹרֶךְ רְבִיעִי. וְאַחַר כָּךְ תַּחֲזֹר אֵצֶל רֹחַב הַיָּרֵחַ הָרִאשׁוֹן וְתִקַּח שְׁנֵי שְׁלִישָׁיו לְעוֹלָם. וְזֶה הוּא הַנִּקְרָא מְנַת גֹּבַהּ הַמְּדִינָה. וְתִתְבּוֹנֵן וְתִרְאֶה אִם יִהְיֶה רֹחַב הַיָּרֵחַ צְפוֹנִי. תּוֹסִיף מְנַת גֹּבַהּ הַמְּדִינָה עַל הָאֹרֶךְ הָרְבִיעִי. וְאִם יִהְיֶה רֹחַב הַיָּרֵחַ דְּרוֹמִי. תִּגְרַע מְנַת גֹּבַהּ הַמְּדִינָה מִן הָאֹרֶךְ הָרְבִיעִי. וּמַה שֶּׁיִּהְיֶה הָאֹרֶךְ הָרְבִיעִי אַחַר שֶׁגּוֹרְעִין מִמֶּנּוּ אוֹ שֶׁמּוֹסִיפִין עָלָיו הוּא הַנִּקְרָא קֶשֶׁת הָרְאִיָּה:

יג. כֵּיצַד. הֲרֵי שֶׁבָּאנוּ לַחְקֹר אִם יֵרָאֶה הַיָּרֵחַ בְּלֵיל עֶרֶב שַׁבָּת שֵׁנִי לְחֹדֶשׁ אִיָּר מִשָּׁנָה זוֹ אוֹ לֹא יֵרָאֶה. תּוֹצִיא מְקוֹם הַשֶּׁמֶשׁ הָאֲמִתִּי וּמְקוֹם הַיָּרֵחַ הָאֲמִתִּי וְרֹחַב הַיָּרֵחַ לְשָׁנָה זוֹ כְּמוֹ שֶׁהוֹדַעְנוּךָ. יֵצֵא לְךָ מְקוֹם הַשֶּׁמֶשׁ הָאֲמִתִּי בְּז׳ מַעֲלוֹת וְט׳ חֲלָקִים מִמַּזַּל שׁוֹר. סִימָנוֹ ז״ט. וְיֵצֵא לְךָ מְקוֹם הַיָּרֵחַ הָאֲמִתִּי בְּי״ח מַעֲלוֹת וְל״ו חֲלָקִים מִמַּזַּל שׁוֹר. סִימָנוֹ י״ח ל״ו. וְיֵצֵא לְךָ רֹחַב הַיָּרֵחַ בְּרוּחַ דָּרוֹם שָׁלֹשׁ מַעֲלוֹת וְנ״ג חֲלָקִים. סִימָנוֹ נ״ג ג׳. וְזֶה הוּא הָרֹחַב הָרִאשׁוֹן. וְתִגְרַע מְקוֹם הַשֶּׁמֶשׁ מִמְּקוֹם הַיָּרֵחַ יִשָּׁאֵר י״א מַעֲלוֹת וְכ״ז חֲלָקִים. סִימָנוֹ י״א כ״ז. וְזֶה הוּא הָאֹרֶךְ הָרִאשׁוֹן. וּלְפִי שֶׁהָיָה הַיָּרֵחַ בְּמַזַּל שׁוֹר יִהְיֶה שִׁנּוּי מַרְאֵה הָאֹרֶךְ מַעֲלָה אַחַת וְרָאוּי לְגָרְעָהּ אוֹתָהּ מִן הָאֹרֶךְ הָרִאשׁוֹן. יֵצֵא לְךָ הָאֹרֶךְ הַשֵּׁנִי י׳ מַעֲלוֹת וְכ״ז חֲלָקִים. סִימָנוֹ יכ״ז. וְכֵן יִהְיֶה שִׁנּוּי מַרְאֵה הָרֹחַב י׳ חֲלָקִים. וּלְפִי שֶׁרֹחַב הַיָּרֵחַ הָיָה דְּרוֹמִי רָאוּי לְהוֹסִיף עָלָיו שִׁנּוּי הַמַּרְאֶה שֶׁהוּא עֲשָׂרָה חֲלָקִים. יֵצֵא לְךָ הָרֹחַב הַשֵּׁנִי

ד׳ מַעֲלוֹת וְג׳ חֲלָקִים. סִימָנוֹ ד״ג. וּלְפִי שֶׁהָיָה הַיָּרֵחַ בְּי״ח מַעֲלוֹת מִמַּזַּל שׁוֹר רָאוּי לִקַּח מִן הָרֹחַב הַשֵּׁנִי רְבִיעִיתוֹ וְהוּא הַנִּקְרָא מַעְגַּל הַיָּרֵחַ. יֵצֵא לְךָ מַעְגַּל הַיָּרֵחַ לְעֵת זוֹ מַעֲלָה אַחַת וְחֵלֶק אֶחָד לְפִי שֶׁאֵין מְדַקְדְּקִין בִּשְׁנִיּוֹת:

יד. וּלְפִי שֶׁרֹחַב הַיָּרֵחַ דְּרוֹמִי וּמְקוֹם הַיָּרֵחַ הָאֲמִתִּי בֵּין רֹאשׁ גְּדִי וְרֹאשׁ סַרְטָן. רָאוּי לְהוֹסִיף הַמַּעְגָּל עַל הָאֹרֶךְ הַשֵּׁנִי. יֵצֵא לְךָ הָאֹרֶךְ הַשְּׁלִישִׁי י״א מַעֲלוֹת וְכ״ח חֲלָקִים. סִימָנוֹ י״א כ״ח. וּלְפִי שֶׁהָאֹרֶךְ הַזֶּה בְּמַזַּל שׁוֹר רָאוּי לְהוֹסִיף עַל הָאֹרֶךְ הַשְּׁלִישִׁי חֲמִישִׁיתוֹ שֶׁהוּא שְׁתֵּי מַעֲלוֹת וְי״ח חֲלָקִים. וְיֵצֵא לְךָ הָאֹרֶךְ הָרְבִיעִי י״ג מַעֲלוֹת וּמ״ו חֲלָקִים. סִימָנוֹ י״ג מ״ו. וְחָזַרְנוּ אֵצֶל הָרֹחַב הָרִאשׁוֹן וְלָקַחְנוּ שְׁנֵי שְׁלִישָׁיו וְיָצָא מְנַת גֹּבַהּ הַמְּדִינָה וְהוּא שְׁתֵּי מַעֲלוֹת וְל״ה חֲלָקִים. וּלְפִי שֶׁהָיָה הָרֹחַב דְּרוֹמִי. רָאוּי לִגְרֹעַ מִמֶּנּוּ מְנַת גֹּבַהּ הַמְּדִינָה מִן הָאֹרֶךְ הָרְבִיעִי. יִשָּׁאֵר לְךָ י״א מַעֲלוֹת וְי״א חֲלָקִים. סִימָנוֹ י״א י״א. וְזוֹ הִיא קֶשֶׁת הָרְאִיָּה בַּלַּיְלָה הַזֶּה. וְעַל הַדֶּרֶךְ הַזֶּה תַּעֲשֶׂה וְתֵדַע קֶשֶׁת הָרְאִיָּה כַּמָּה מַעֲלוֹת וְכַמָּה חֲלָקִים יֵשׁ בָּהּ בְּכָל לֵיל רְאִיָּה שֶׁתִּרְצֶה לְעוֹלָם:

טו. וְאַחַר שֶׁתֵּצֵא קֶשֶׁת זוֹ תָּבִין בָּהּ. וְדַע שֶׁאִם תִּהְיֶה קֶשֶׁת הָרְאִיָּה תֵּשַׁע מַעֲלוֹת אוֹ פָּחוֹת אָז אֶפְשָׁר שֶׁיֵּרָאֶה בְּכָל אֶרֶץ יִשְׂרָאֵל. וְאִם תִּהְיֶה קֶשֶׁת הָרְאִיָּה יֶתֶר עַל י״ד מַעֲלוֹת אִי אֶפְשָׁר שֶׁלֹּא יֵרָאֶה וְיִהְיֶה גָּלוּי לְכָל אֶרֶץ יִשְׂרָאֵל:

טז. וְאִם תִּהְיֶה קֶשֶׁת הָרְאִיָּה מִתְּחִלַּת מַעֲלָה עֲשִׂירִית עַד סוֹף מַעֲלַת י״ד. תַּעֲרֹךְ קֶשֶׁת הָרְאִיָּה אֶל הָאֹרֶךְ הָרִאשׁוֹן וְתֵדַע אִם יֵרָאֶה אוֹ לֹא יֵרָאֶה מִן הַקִּצִּין שֶׁיֵּשׁ לוֹ. וְהֵן הַנִּקְרָאִין קִצֵּי הָרְאִיָּה:

יז. וְאֵלּוּ הֵן קִצֵּי הָרְאִיָּה. אִם תִּהְיֶה קֶשֶׁת הָרְאִיָּה מִיֶּתֶר עַל ט׳ מַעֲלוֹת עַד סוֹף עֶשֶׂר מַעֲלוֹת אוֹ יֶתֶר עַל עֶשֶׂר. וְיִהְיֶה הָאֹרֶךְ הָרִאשׁוֹן י״ג מַעֲלוֹת אוֹ יוֹתֵר. וַדַּאי יֵרָאֶה. וְאִם תִּהְיֶה הַקֶּשֶׁת פָּחוֹת מִזֶּה אוֹ יִהְיֶה הָאֹרֶךְ פָּחוֹת מִזֶּה לֹא יֵרָאֶה:

יח. וְאִם תִּהְיֶה קֶשֶׁת הָרְאִיָּה מִיֶּתֶר עַל עֶשֶׂר מַעֲלוֹת עַד סוֹף י״א מַעֲלוֹת אוֹ יֶתֶר עַל אַחַת עֶשְׂרֵה. וְיִהְיֶה הָאֹרֶךְ הָרִאשׁוֹן י״ב מַעֲלוֹת אוֹ יוֹתֵר. וַדַּאי יֵרָאֶה. וְאִם תִּהְיֶה הַקֶּשֶׁת פָּחוֹת מִזֶּה אוֹ יִהְיֶה הָאֹרֶךְ פָּחוֹת מִזֶּה לֹא יֵרָאֶה:

יט. וְאִם תִּהְיֶה קֶשֶׁת הָרְאִיָּה מִיֶּתֶר עַל י״א עַד סוֹף י״ב מַעֲלוֹת אוֹ יֶתֶר עַל י״ב. וְיִהְיֶה הָאֹרֶךְ הָרִאשׁוֹן י״א מַעֲלוֹת אוֹ יוֹתֵר וַדַּאי יֵרָאֶה. וְאִם תִּהְיֶה הַקֶּשֶׁת פָּחוֹת מִזֶּה אוֹ יִהְיֶה הָאֹרֶךְ פָּחוֹת מִזֶּה לֹא יֵרָאֶה:

כ. וְאִם תִּהְיֶה קֶשֶׁת הָרְאִיָּה מִיֶּתֶר עַל י״ב מַעֲלוֹת עַד סוֹף י״ג מַעֲלוֹת אוֹ יֶתֶר עַל י״ג. וְיִהְיֶה הָאֹרֶךְ הָרִאשׁוֹן י׳ מַעֲלוֹת אוֹ יוֹתֵר וַדַּאי יֵרָאֶה. וְאִם תִּהְיֶה הַקֶּשֶׁת פָּחוֹת מִזֶּה אוֹ יִהְיֶה הָאֹרֶךְ פָּחוֹת מִזֶּה לֹא יֵרָאֶה:

כא. וְאִם תִּהְיֶה הָרְאִיָּה מִיֶּתֶר עַל י״ג מַעֲלוֹת עַד סוֹף י״ד מַעֲלוֹת אוֹ יֶתֶר עַל י״ד. וְיִהְיֶה הָאֹרֶךְ הָרִאשׁוֹן תֵּשַׁע מַעֲלוֹת אוֹ יוֹתֵר וַדַּאי יֵרָאֶה. וְאִם תִּהְיֶה הַקֶּשֶׁת פָּחוֹת מִזֶּה אוֹ יִהְיֶה הָאֹרֶךְ פָּחוֹת מִזֶּה לֹא יֵרָאֶה. וְעַד כָּאן סוֹף הַקִּצִּין:

כב. כֵּיצַד. בָּאנוּ לְהִתְבּוֹנֵן בְּקֶשֶׁת הָרְאִיָּה שֶׁל לֵיל עֶרֶב שַׁבָּת שֵׁנִי לְחֹדֶשׁ אִיָּר מִשָּׁנָה זוֹ. יָצָא לָנוּ בְּחֶשְׁבּוֹן קֶשֶׁת הָרְאִיָּה י״א מַעֲלוֹת וְי״א חֲלָקִים כְּמוֹ שֶׁיָּדַעְתָּ. וּלְפִי שֶׁהָיָה קֶשֶׁת הָרְאִיָּה בֵּין עֶשֶׂר עַד אַרְבַּע עֶשְׂרֵה עָרַכְנוּ אוֹתָהּ אֶל הָאֹרֶךְ הָרִאשׁוֹן. וּכְבָר יָדַעְתָּ שֶׁהָאֹרֶךְ הָיָה בְּלֵיל זֶה י״א מַעֲלוֹת וְכ״ז חֲלָקִים. וּלְפִי שֶׁהָיְתָה קֶשֶׁת הָרְאִיָּה יֶתֶר עַל י״א מַעֲלוֹת וְהָיָה הָאֹרֶךְ הָרִאשׁוֹן יֶתֶר עַל עֲשָׂרָה [א.] יוֹדֵעַ שֶׁוַּדַּאי יֵרָאֶה בְּלֵיל זֶה לְפִי הַקִּצִּין הַקְּצוּבוֹת. וְכֵן תַּעֲשֶׂה בְּכָל קֶשֶׁת וְקֶשֶׁת עִם הָאֹרֶךְ הָרִאשׁוֹן שֶׁלָּהּ:

כג. וּכְבָר רָאִיתָ מִן הַמַּעֲשִׂים הָאֵלּוּ כַּמָּה חֶשְׁבּוֹנוֹת יֵשׁ בּוֹ וְכַמָּה תּוֹסָפוֹת וְכַמָּה גֵּרוּעִין אַחַר שֶׁיָּגַעְנוּ הַרְבֵּה. עַד שֶׁהִמְצִיאָנוּ דְּרָכִים קְרוֹבִים שֶׁאֵין בְּחֶשְׁבּוֹנָם עֹמֶק גָּדוֹל. שֶׁהַיָּרֵחַ עֲקַלְקַלּוֹת גְּדוֹלוֹת יֵשׁ בְּמַעְגְּלוֹתָיו. וּלְפִיכָךְ אָמְרוּ חֲכָמִים (תהלים קד יט) "שֶׁמֶשׁ יָדַע מְבוֹאוֹ" יָרֵחַ לֹא יָדַע מְבוֹאוֹ. וְאָמְרוּ חֲכָמִים פְּעָמִים בָּא בַּאֲרֻכָּה פְּעָמִים בָּא בִּקְצָרָה. כְּמוֹ שֶׁתִּרְאֶה מֵחֶשְׁבּוֹנוֹת אֵלּוּ שֶׁפְּעָמִים תּוֹסִיף וּפְעָמִים תִּגְרַע עַד שֶׁתֵּצֵא קֶשֶׁת הָרְאִיָּה. וּפְעָמִים תִּהְיֶה קֶשֶׁת הָרְאִיָּה אֲרוּכָּה וּפְעָמִים קְצָרָה כְּמוֹ שֶׁבֵּאַרְנוּ:

כד. וְטַעַם כָּל אֵלּוּ הַחֶשְׁבּוֹנוֹת וּמִפְּנֵי מָה מוֹסִיפִים מִנְיָן זֶה וּמִפְּנֵי מָה גּוֹרְעִין. וְהֵיאַךְ נוֹדַע כָּל דָּבָר וְדָבָר מֵאֵלּוּ הַדְּבָרִים. וְהָרְאָיָה עַל כָּל דָּבָר וְדָבָר. הִיא חָכְמַת הַתְּקוּפוֹת וְהַגִּימַטְרִיּוֹת שֶׁחִבְּרוּ בָּהּ חַכְמֵי יָוָן סְפָרִים הַרְבֵּה וְהֵם הַנִּמְצָאִים עַכְשָׁו בְּיַד הַחֲכָמִים. אֲבָל הַסְּפָרִים שֶׁחִבְּרוּ חַכְמֵי יִשְׂרָאֵל שֶׁהָיוּ בִּימֵי הַנְּבִיאִים מִבְּנֵי יִשָּׂשכָר לֹא הִגִּיעוּ אֵלֵינוּ. וּמֵאַחַר שֶׁכָּל אֵלּוּ הַדְּבָרִים בִּרְאָיוֹת בְּרוּרוֹת הֵם שֶׁאֵין בָּהֶם דֹּפִי וְאִי אֶפְשָׁר לְאָדָם לְהַרְהֵר אַחֲרֵיהֶם, אֵין חוֹשְׁשִׁין לַמְחַבֵּר בֵּין שֶׁחִבְּרוּ אוֹתָם נְבִיאִים בֵּין שֶׁחִבְּרוּ אוֹתָם הָאֻמּוֹת. שֶׁכָּל דָּבָר שֶׁנִּתְגַּלָּה טַעְמוֹ וְנוֹדְעָה אֲמִתָּתוֹ בִּרְאָיוֹת שֶׁאֵין בָּהֶם דֹּפִי אָנוּ סוֹמְכִין עַל זֶה הָאִישׁ שֶׁאֲמָרוֹ אוֹ שֶׁלִּמְּדוֹ עַל הָרְאָיָה שֶׁנִּתְגַּלְּתָה וְהַטַּעַם שֶׁנּוֹדַע:

Perek 18

Complications in sighting of New Moon

Many factors (external) can affect the sighting of moon.

For example

- Sky could be cloudy
- Rainy season (air is clearer in rainy season on a clear day)
- Mountainous or valley region. (A short 'arc of sighting' and a short first longitude will mean a small crescent and the sighting will only be possible from a high altitude) etc.

Therefore, Bet Din question *edim* (witnesses) on where they were and what season etc.

On this basis it could work out that moon would never be sighted.

Therefore, there is a *Halachah Mosheh Misinai* that court can establish months without sanctifying (i.e. if moon was not sighted at proper time)

But whenever moon is sighted, it is always sanctified.

The above only applies when there is the *Bet Din. (Sanhedrin)*

Today, *Rosh Chodesh* is established only through calculation.

פרק י"ח

א. דָּבָר יָדוּעַ וּבָרוּר שֶׁאִם יוֹצִיא לְךָ הַחֶשְׁבּוֹן שֶׁהַיָּרֵחַ יֵרָאֶה בַּלַּיְלָה. אֶפְשָׁר שֶׁיֵּרָאֶה וְאֶפְשָׁר שֶׁלֹּא יֵרָאֶה מִפְּנֵי הֶעָבִים שֶׁמְּכַסִּין אוֹתוֹ אוֹ מִפְּנֵי הַמָּקוֹם שֶׁהוּא גַּיְא אוֹ שֶׁיִּהְיֶה הַר גָּבוֹהַּ כְּנֶגֶד רוּחַ מַעֲרָב לְאַנְשֵׁי אוֹתוֹ הַמָּקוֹם שֶׁנִּמְצְאוּ כְּאִלּוּ הֵן יוֹשְׁבִין בַּגַּיְא. שֶׁהַיָּרֵחַ לֹא יֵרָאֶה לְמִי שֶׁהוּא בְּמָקוֹם נָמוּךְ אֲפִלּוּ הָיָה גָּדוֹל וְיֵרָאֶה לְמִי שֶׁהוּא עוֹמֵד בְּרֹאשׁ הַר גָּבוֹהַּ וְתָלוּל אַף עַל פִּי שֶׁהַיָּרֵחַ קָטָן בְּיוֹתֵר. וְכֵן יֵרָאֶה לְמִי שֶׁשּׁוֹכֵן עַל שְׂפַת הַיָּם אוֹ לְמִי שֶׁמְּהַלֵּךְ בִּסְפִינָה בַּיָּם הַגָּדוֹל אַף עַל פִּי שֶׁהוּא קָטָן בְּיוֹתֵר:

ב. וְכֵן בִּימוֹת הַגְּשָׁמִים אִם יִהְיֶה יוֹם צַח יֵרָאֶה הַיָּרֵחַ יוֹתֵר מִמַּה שֶּׁיֵּרָאֶה בִּימוֹת הַחַמָּה. לְפִי שֶׁבִּימוֹת הַגְּשָׁמִים אִם יִהְיֶה יוֹם צַח יִהְיֶה הָאֲוִיר זַךְ הַרְבֵּה וְיֵרָאֶה הָרָקִיעַ בְּטֹהַר יוֹתֵר מִפְּנֵי שֶׁאֵין שָׁם אָבָק שֶׁיִּתְעָרֵב בָּאֲוִיר. אֲבָל בִּימוֹת הַחַמָּה יִהְיֶה הָאֲוִיר כְּאִלּוּ הוּא מְעֻשָּׁן מִפְּנֵי הָאָבָק וְיֵרָאֶה הַיָּרֵחַ קָטָן:

ג. וְכָל זְמַן שֶׁתִּמָּצֵא קֶשֶׁת הָרְאִיָּה וְהָאֹרֶךְ הָרִאשׁוֹן שֶׁתַּעֲרֹךְ לָהּ עִם שְׁנֵי הַקִּצִּין שֶׁלָּהֶם בְּצִמְצוּם. יִהְיֶה הַיָּרֵחַ קָטָן בְּיוֹתֵר וְלֹא יֵרָאֶה אֶלָּא בְּמָקוֹם גָּבוֹהַּ בְּיוֹתֵר. וְאִם תִּמָּצֵא קֶשֶׁת הָרְאִיָּה וְהָאֹרֶךְ הָרִאשׁוֹן אֲרֻכִּין הַרְבֵּה וְהוֹסִיפוּ עַד סוֹף הַקִּצִּים שֶׁלָּהֶן מִמַּעֲלוֹת. יֵרָאֶה הַיָּרֵחַ גָּדוֹל וּלְפִי אֹרֶךְ הַקֶּשֶׁת וְהָאֹרֶךְ הָרִאשׁוֹן יִהְיֶה גָּדְלוֹ וּגְלִיָּתוֹ לַכֹּל:

ד. לְפִיכָךְ רָאוּי לְבֵית דִּין לָשׂוּם שְׁנֵי דְּבָרִים אֵלּוּ בְּלִבָּם. שֶׁהֵן זְמַן הָרְאִיָּה וּמְקוֹמָהּ. וְשׁוֹאֲלִין אֶת הָעֵדִים בְּאֵי זֶה מָקוֹם רְאִיתֶם. שֶׁאִם הָיְתָה קֶשֶׁת הָרְאִיָּה קְצָרָה וְיִתֵּן הַחֶשְׁבּוֹן שֶׁיֵּרָאֶה בְּצִמְצוּם. כְּגוֹן שֶׁהָיְתָה קֶשֶׁת הָרְאִיָּה ט' מַעֲלוֹת וְה' חֲלָקִים וְהָיָה הָאֹרֶךְ הָרִאשׁוֹן י"ג מַעֲלוֹת בְּשָׁוֶה וּבָאוּ עֵדִים שֶׁרָאוּהוּ. אִם הָיָה בִּימוֹת הַחַמָּה אוֹ שֶׁהָיוּ בְּמָקוֹם נָמוּךְ חוֹשְׁשִׁין לָהֶן וּבוֹדְקִין אוֹתָן הַרְבֵּה וְאִם הָיָה בִּימוֹת הַגְּשָׁמִים אוֹ בְּמָקוֹם גָּבוֹהַּ בְּיוֹתֵר וַדַּאי יֵרָאֶה אִם לֹא יִהְיוּ שָׁם עָבִים הַמַּבְדִּילִין:

ה. עֵדִים שֶׁרָאוּ אֶת הַחֹדֶשׁ בִּזְמַנּוֹ וּבָאוּ וְהֵעִידוּ וְקִבְּלוּם בֵּית דִּין וְקִדְּשׁוּ אֶת הַחֹדֶשׁ הַזֶּה הָרִאשׁוֹן וּמָנוּ כ"ט יוֹם מִן הַיּוֹם הַמְ [קֻ] דָּשׁ. וְלֵיל שְׁלֹשִׁים לֹא נִרְאָה הַיָּרֵחַ מִפְּנֵי שֶׁאִי אֶפְשָׁר לוֹ לְהֵרָאוֹת אוֹ מִפְּנֵי שֶׁכִּסּוּהוּ עָבִים. וַהֲרֵי בֵּית דִּין מְצַפִּין לוֹ כָּל יוֹם שְׁלֹשִׁים כְּמוֹ שֶׁבֵּאַרְנוּ. וְלֹא בָּאוּ עֵדִים וְעִבְּרוּ אֶת הַחֹדֶשׁ וְנִמְצָא יוֹם ר"ח הַשֵּׁנִי יוֹם ל"א כְּמוֹ שֶׁבֵּאַרְנוּ:

ו. וְהִתְחִילוּ לִמְנוֹת כ"ט יוֹם מִן יוֹם רֹאשׁ הַחֹדֶשׁ הַשֵּׁנִי וְלֵיל שְׁלֹשִׁים לֹא נִרְאָה הַיָּרֵחַ. אִם תֹּאמַר שֶׁכָּךְ מְעַבְּרִין אֶת

זֶה וְעוֹשִׂין אוֹתוֹ שְׁלֹשִׁים וְקוֹבְעִין רֹאשׁ הַחֹדֶשׁ הַשְּׁלִישִׁי יוֹם ל״א. כָּךְ אֶפְשָׁר שֶׁלֹּא יֵרָאֶה הַיָּרֵחַ בְּלֵיל שְׁלֹשִׁים גַּם מֵחֹדֶשׁ זֶה וְנִמְצְאוּ מְעַבְּרִין וְהוֹלְכִין וְעוֹשִׂין חֳדָשִׁים אַחַר שְׁלֹשִׁים כָּל הַשָּׁנָה כֻּלָּהּ. וְנִמְצָא בְּחֹדֶשׁ אַחֲרוֹן אֶפְשָׁר שֶׁיֵּרָאֶה הַיָּרֵחַ בְּלֵיל כ״ה בּוֹ אוֹ בְּלֵיל כ״ו. וְאֵין לְךָ דָּבָר שָׁחוֹק וְהֶפְסֵד יוֹתֵר מִזֶּה:

ז. וְאַל תֹּאמַר שֶׁהַדָּבָר הַזֶּה דָּבָר שֶׁאֵינוֹ מָצוּי הוּא שֶׁלֹּא יֵרָאֶה הַיָּרֵחַ בְּכָל הַשָּׁנָה. אֶלָּא דָּבָר קָרוֹב הוּא הַרְבֵּה. וּפְעָמִים רַבּוֹת יֶאֱרַע זֶה וְכַיּוֹצֵא בּוֹ בִּמְדִינוֹת שֶׁזְּמַן הַגְּשָׁמִים שָׁם אָרֹךְ וְהֶעָבִים רַבִּים. שֶׁאֵין אָנוּ אוֹמְרִין שֶׁלֹּא יֵרָאֶה הַיָּרֵחַ בְּכָל הַשָּׁנָה אֶלָּא שֶׁלֹּא יֵרָאֶה בִּתְחִלַּת הֶחֳדָשִׁים וְיֵרָאֶה אַחַר כָּךְ. וּפְעָמִים לֹא יֵרָאֶה מִפְּנֵי שֶׁאִי אֶפְשָׁר לוֹ שֶׁיֵּרָאֶה בָּהֶם וַחֲדָשִׁים שֶׁאֶפְשָׁר שֶׁיֵּרָאֶה בָּהֶם לֹא יֵרָאֶה מִפְּנֵי הֶעָבִים אוֹ מִפְּנֵי שֶׁהָיָה קָטָן בְּיוֹתֵר וְלֹא נִתְכַּוֵּן אָדָם לִרְאוֹתוֹ:

ח. אֶלָּא הַקַּבָּלָה שֶׁהָיְתָה בְּיַד חֲכָמִים אִישׁ מִפִּי אִישׁ מִפִּי מֹשֶׁה רַבֵּנוּ כָּךְ הִיא. שֶׁבִּזְמַן שֶׁלֹּא יֵרָאֶה הַיָּרֵחַ בִּתְחִלַּת הֶחֳדָשִׁים חֹדֶשׁ אַחַר חֹדֶשׁ. בֵּית דִּין קוֹבְעִין חֹדֶשׁ מְעֻבָּר מִשְּׁלֹשִׁים יוֹם וְחֹדֶשׁ חָסֵר מִכ״ט יוֹם. וְכֵן מְחַשְּׁבִין וְקוֹבְעִין חֹדֶשׁ מְעֻבָּר וְחֹדֶשׁ חָסֵר בִּקְבִיעָה לֹא בְּקִדּוּשׁ. שֶׁאֵין מְקַדְּשִׁין אֶלָּא עַל הָרְאִיָּה. וּפְעָמִים עוֹשִׂין מָלֵא אַחַר מָלֵא אוֹ חָסֵר אַחַר חָסֵר כְּמוֹ שֶׁיֵּרָאֶה לָהֶם מִן הַחֶשְׁבּוֹן:

ט. וּמִתְכַּוְּנִין לְעוֹלָם בְּחֶשְׁבּוֹנָם שֶׁאִם יֵרָאֶה הַיָּרֵחַ בַּחֹדֶשׁ הַבָּא יֵרָאֶה בִּזְמַנּוֹ אוֹ בְּלֵיל עִבּוּרוֹ. לֹא שֶׁיֵּרָאֶה קֹדֶם זְמַנּוֹ שֶׁהוּא לֵיל כ״ח. וּבְחֶשְׁבּוֹנוֹת הָרְאִיָּה הָאֵלּוּ שֶׁבֵּאַרְנוּ יִתְבָּאֵר לְךָ וְתֵדַע מָתַי אֶפְשָׁר שֶׁיֵּרָאֶה, וּמָתַי אִי אֶפְשָׁר, שֶׁלֹּא יֵרָאֶה. וְעַל זֶה סוֹמְכִין וּמְעַבְּרִין חֹדֶשׁ אַחַר חֹדֶשׁ אוֹ עוֹשִׂין חֹדֶשׁ חָסֵר אַחַר חֹדֶשׁ חָסֵר. וּלְעוֹלָם אֵין פּוֹחֲתִין מֵאַרְבָּעָה חֳדָשִׁים הַמְעֻבָּרִין בְּשָׁנָה וְלֹא מוֹסִיפִין עַל שְׁמוֹנָה חֳדָשִׁים הַמְעֻבָּרִין. וְגַם לְעִבּוּר חֳדָשִׁים אֵלּוּ שֶׁמְּעַבְּרִין לְפִי חֶשְׁבּוֹן עוֹשִׂין סְעֻדַּת עִבּוּר הַחֹדֶשׁ כְּמוֹ שֶׁאָמַרְנוּ בְּפֶרֶק שְׁלִישִׁי:

י. וְכָל שֶׁתִּמְצָא בַּגְּמָרָא מִדְּבָרִים שֶׁמַּרְאִין שֶׁבֵּית דִּין סוֹמְכִין עַל הַחֶשְׁבּוֹן וּמִפִּי מֹשֶׁה מִסִּינַי שֶׁהַדָּבָר מָסוּר לָהֶם וְהָרְשׁוּת בְּיָדָם לְחַסֵּר אוֹ לְעַבֵּר. וְכֵן זֶה שֶׁחָסֵר תִּשְׁעָה חֳדָשִׁים בְּשָׁנָה וְכָל כַּיּוֹצֵא בָּזֶה הַכֹּל עַל עִקָּר זֶה הוּא בָּנוּי בִּזְמַן שֶׁלֹּא נִרְאָה הַחֹדֶשׁ בִּזְמַנּוֹ:

יא. וְכֵן זֶה שֶׁאָמְרוּ חֲכָמִים שֶׁמְּעַבְּרִין אֶת הַחֹדֶשׁ לְצֹרֶךְ הוּא בְּחֳדָשִׁים אֵלּוּ שֶׁמְּעַבְּרִין אוֹתָן לְפִי חֶשְׁבּוֹן וְעוֹשִׂין אֶחָד מָלֵא וְאֶחָד חָסֵר. וְיֵשׁ לָהֶם לְעַבֵּר חֹדֶשׁ אַחַר חֹדֶשׁ אוֹ לְחַסֵּר. בָּזֶה הוּא שֶׁמְּעַבְּרִין לְצֹרֶךְ מִפְּנֵי שֶׁלֹּא נִרְאָה הַיָּרֵחַ בִּזְמַנּוֹ. אֶלָּא בְּעֵת שֶׁיֵּרָאֶה הַיָּרֵחַ בִּזְמַנּוֹ שֶׁהוּא תְּחִלַּת הֱיוֹתוֹ נִרְאֶה אַחַר שֶׁנִּתְקַבֵּץ עִם הַשֶּׁמֶשׁ מְקַדְּשִׁין לְעוֹלָם:

יב. וְכָל הַדְּבָרִים הָאֵלּוּ בִּזְמַן שֶׁיֵּשׁ שָׁם בֵּית דִּין וְסוֹמְכִין עַל הָרְאִיָּה. אֲבָל בִּזְמַנִּים אֵלּוּ אֵין סוֹמְכִין אֶלָּא עַל הַקְּבִיעָה בָּזֶה הַחֶשְׁבּוֹן הָאֶמְצָעִי הַפָּשׁוּט בְּכָל יִשְׂרָאֵל כְּמוֹ שֶׁבֵּאַרְנוּ בַּהֲלָכוֹת אֵלּוּ:

יג. יִתְבָּאֵר בְּסִפְרֵי הַחֶשְׁבּוֹן הַתְּקוּפוֹת וְהַגִּימַטְרִיָּאוֹת שֶׁאִם יֵרָאֶה הַיָּרֵחַ בְּאֶרֶץ יִשְׂרָאֵל יֵרָאֶה בְּכָל מְדִינוֹת הָעוֹלָם שֶׁהֵן לְמַעֲרַב אֶרֶץ יִשְׂרָאֵל וּמְכֻוָּנוֹת כְּנֶגְדָּהּ. וְאִם יִתֵּן הַחֶשְׁבּוֹן שֶׁלֹּא יֵרָאֶה בְּאֶרֶץ יִשְׂרָאֵל אֶפְשָׁר שֶׁיֵּרָאֶה בִּמְדִינוֹת אֲחֵרוֹת שֶׁהֵן לְמַעֲרַב אֶרֶץ יִשְׂרָאֵל וּמְכֻוָּנוֹת כְּנֶגְדָּהּ. לְפִיכָךְ אִם יֵרָאֶה הַיָּרֵחַ בִּמְדִינָה שֶׁהִיא לְמַעֲרַב אֶרֶץ יִשְׂרָאֵל אֵין בָּזֶה רְאָיָה שֶׁלֹּא יֵרָאֶה בְּאֶרֶץ יִשְׂרָאֵל אֶלָּא אֶפְשָׁר שֶׁנִּרְאָה הַיָּרֵחַ בְּאֶרֶץ יִשְׂרָאֵל:

יד. אֲבָל אִם לֹא יֵרָאֶה הַיָּרֵחַ בְּרֹאשׁ הֶהָרִים בַּמְּדִינָה הַמַּעֲרָבִית הַמְכֻוֶּנֶת כְּנֶגֶד אֶרֶץ יִשְׂרָאֵל בְּיָדוּעַ שֶׁלֹּא נִרְאָה בְּאֶרֶץ יִשְׂרָאֵל:

טו. וְכֵן אִם לֹא יֵרָאֶה הַיָּרֵחַ בְּאֶרֶץ יִשְׂרָאֵל בְּיָדוּעַ שֶׁלֹּא נִרְאָה בְּכָל מְדִינוֹת הָעוֹלָם שֶׁהֵן לְמִזְרַח אֶרֶץ יִשְׂרָאֵל וּמְכֻוָּנוֹת כְּנֶגְדָּהּ. וְאִם יֵרָאֶה בְּאֶרֶץ יִשְׂרָאֵל אֶפְשָׁר שֶׁיֵּרָאֶה בִּמְדִינוֹת מִזְרָחִיּוֹת וְאֶפְשָׁר שֶׁלֹּא יֵרָאֶה. לְפִיכָךְ אִם יֵרָאֶה בִּמְדִינָה שֶׁהִיא לְמִזְרַח אֶרֶץ יִשְׂרָאֵל וּמְכֻוֶּנֶת כְּנֶגְדָּהּ בְּיָדוּעַ שֶׁנִּרְאָה בְּאֶרֶץ יִשְׂרָאֵל. וְאִם לֹא נִרְאָה בַּמְּדִינָה הַמִּזְרָחִית אֵין בָּזֶה רְאָיָה אֶלָּא אֶפְשָׁר שֶׁיֵּרָאֶה בְּאֶרֶץ יִשְׂרָאֵל:

טז. וְכָל אֵלּוּ הַדְּבָרִים כְּשֶׁהָיוּ הַמְּדִינוֹת שֶׁבַּמַּעֲרָב וְשֶׁבַּמִּזְרָח מְכֻוָּנוֹת. כְּגוֹן שֶׁהָיוּ נוֹטוֹת לִצְפוֹן הָעוֹלָם מִשְּׁלֹשִׁים מַעֲלוֹת עַד ל״ה מַעֲלוֹת. אֲבָל אִם הָיוּ נוֹטוֹת לַצָּפוֹן יוֹתֵר מִזֶּה אוֹ פָּחוֹת. מִשְׁפָּטִים אֲחֵרִים יֵשׁ לָהֶן שֶׁהֲרֵי אֵינָן מְכֻוָּנוֹת כְּנֶגֶד אֶרֶץ יִשְׂרָאֵל. וּדְבָרִים אֵלּוּ שֶׁבֵּאַרְנוּ בְּעָרֵי מִזְרָח וּמַעֲרָב אֵינָן אֶלָּא לְהַגִּיד כָּל מִשְׁפְּטֵי הָרְאִיָּה לְהַגְדִּיל תּוֹרָה וּלְהַאְדִּירָהּ. לֹא שֶׁיִּהְיוּ בְּנֵי מִזְרָח אוֹ בְּנֵי מַעֲרָב סוֹמְכִין עַל רְאִיַּת הַיָּרֵחַ אוֹ תּוֹעִיל לָהֶם כְּלוּם. אֶלָּא לְעוֹלָם אֵין סוֹמְכִין אֶלָּא עַל קִדּוּשׁ בֵּית דִּין שֶׁבְּאֶרֶץ יִשְׂרָאֵל כְּמוֹ שֶׁבֵּאַרְנוּ כַּמָּה פְּעָמִים:

According to their calculations, the *Sanhedrin* would know what position the moon would locate.

They therefore questioned witnesses about this i.e.

- Direction of moon inclination to the equator
- Height of moon in sky

Reminder:
See Appendix at end of *Kidush Hachodesh* (Chapter 19)

פרק י״ט

א. לְפִי שֶׁאָמְרוּ חֲכָמִים שֶׁבִּכְלַל דְּבָרִים שֶׁהָיוּ בּוֹדְקִין בָּהֶן אֶת הָעֵדִים אוֹמְרִין לָהֶן לְהֵיכָן הָיָה הַיָּרֵחַ נוֹטֶה. כְּשֵׁר בְּעֵינַי לְהוֹדִיעַ דֶּרֶךְ חֶשְׁבּוֹן דָּבָר זֶה. וְאֵין אֲנִי מְדַקְדֵּק בּוֹ לְפִי שֶׁאֵינוֹ מוֹעִיל בִּרְאִיָּה כְּלָל. וּתְחִלַּת חֶשְׁבּוֹן זֶה לֵידַע נְטִיַּת הַמַּזָּלוֹת תְּחִלָּה:

ב. הָעֲגֻלָּה שֶׁהִיא עוֹבֶרֶת בְּמַחֲצִית הַמַּזָּלוֹת שֶׁבָּהּ מַהֲלַךְ הַשֶּׁמֶשׁ. אֵינָהּ עוֹבֶרֶת בְּאֶמְצַע הָעוֹלָם מֵחֲצִי הַמִּזְרָח לַחֲצִי הַמַּעֲרָב. אֶלָּא נוֹטָה הִיא מֵעַל הַקַּו הַשָּׁוֶה הַמְּסַבֵּב בְּאֶמְצַע הָעוֹלָם כְּנֶגֶד צָפוֹן וְדָרוֹם. חֶצְיָהּ נוֹטָה לַצָּפוֹן וְחֶצְיָהּ נוֹטָה לַדָּרוֹם:

ג. וּשְׁתֵּי נְקֻדּוֹת יֵשׁ בָּהּ שֶׁפּוֹגַעַת בָּהֶן בַּעֲגֻלַּת הַקַּו הַשָּׁוֶה הַמְּסַבֵּב בְּאֶמְצַע הָעוֹלָם. הַנְּקֻדָּה הָאַחַת רֹאשׁ מַזַּל טָלֶה. הַנְּקֻדָּה הַשְּׁנִיָּה שֶׁכְּנֶגְדָּהּ רֹאשׁ מַזַּל מֹאזְנַיִם. וְנִמְצְאוּ שִׁשָּׁה מַזָּלוֹת נוֹטוֹת לַצָּפוֹן מִתְּחִלַּת טָלֶה עַד סוֹף בְּתוּלָה. וְשִׁשָּׁה נוֹטוֹת לַדָּרוֹם מִתְּחִלַּת מַזַּל מֹאזְנַיִם עַד סוֹף מַזַּל דָּגִים:

ד. וּמֵרֹאשׁ מַזַּל טָלֶה יַתְחִילוּ הַמַּזָּלוֹת לִנְטוֹת מְעַט מְעַט וּלְהִתְרַחֵק מֵעַל הַקַּו הַשָּׁוֶה כְּנֶגֶד הַצָּפוֹן עַד רֹאשׁ סַרְטָן. וְיִהְיֶה רֹאשׁ סַרְטָן רָחוֹק מֵעַל הַקַּו הַשָּׁוֶה לְרוּחַ הַצָּפוֹן שָׁלֹשׁ וְעֶשְׂרִים מַעֲלוֹת וַחֲצִי מַעֲלָה בְּקֵרוּב. וְיַחְזְרוּ הַמַּזָּלוֹת לְהִתְקָרֵב לַקַּו הַשָּׁוֶה מְעַט מְעַט עַד רֹאשׁ מֹאזְנַיִם שֶׁהוּא עַל הַקַּו הַשָּׁוֶה. וּמֵרֹאשׁ מֹאזְנַיִם יַתְחִילוּ לִנְטוֹת וּלְהִתְרַחֵק כְּנֶגֶד רוּחַ דָּרוֹם עַד רֹאשׁ גְּדִי. וְיִהְיֶה רֹאשׁ גְּדִי רָחוֹק מֵעַל הַקַּו הַשָּׁוֶה לְרוּחַ דָּרוֹם שָׁלֹשׁ וְעֶשְׂרִים מַעֲלוֹת וַחֲצִי מַעֲלָה. וְיַחְזְרוּ הַמַּזָּלוֹת לְהִתְקָרֵב מְעַט מְעַט כְּנֶגֶד הַקַּו הַשָּׁוֶה עַד רֹאשׁ טָלֶה:

ה. נִמְצָא רֹאשׁ טָלֶה וְרֹאשׁ מֹאזְנַיִם מְסַבֵּב עַל הַקַּו הַשָּׁוֶה. וּלְפִיכָךְ כְּשֶׁתִּהְיֶה הַשֶּׁמֶשׁ בִּשְׁנֵי רָאשִׁים אֵלּוּ לֹא תִּהְיֶה נוֹטָה לֹא לַצָּפוֹן וְלֹא לַדָּרוֹם. וְתִזְרַח בַּחֲצִי מִזְרָח וְתִשְׁקַע בַּחֲצִי מַעֲרָב. וְיִהְיֶה הַיּוֹם וְהַלַּיְלָה שָׁוִין בְּכָל הַיִּשּׁוּב:

ו. הֲרֵי נִתְבָּרֵר לְךָ שֶׁכָּל מַעֲלָה וּמַעֲלָה מִמַּעֲלוֹת הַמַּזָּלוֹת נוֹטָה לַצָּפוֹן אוֹ לַדָּרוֹם וְיֵשׁ לִנְטִיָּתָהּ שִׁעוּר. (וְרֹב) [וְרֹחַב] הַנְּטִיָּה לֹא תִּהְיֶה יוֹתֵר עַל שָׁלֹשׁ וְעֶשְׂרִים מַעֲלוֹת וַחֲצִי בְּקֵרוּב:

ז. וְאֵלּוּ הֵם הַשִּׁעוּרִים שֶׁל נְטִיּוֹת לְפִי מִנְיַן הַמַּעֲלוֹת שֶׁל מַזָּלוֹת. וְהַתְחָלָה מִתְּחִלַּת מַזַּל טָלֶה. י׳ מַעֲלוֹת נְטִיָּתָם ד׳ מַעֲלוֹת. כ׳ מַעֲלוֹת נְטִיָּתָם ח׳ מַעֲלוֹת. ל׳ מַעֲלוֹת נְטִיָּתָם י״א מַעֲלוֹת וּמֶחֱצָה. וּמ׳ מַעֲלוֹת נְטִיָּתָם ט״ו מַעֲלוֹת. נ׳ מַעֲלוֹת נְטִיָּתָם י״ח מַעֲלוֹת. ס׳ מַעֲלוֹת נְטִיָּתָם כ׳ מַעֲלוֹת. ע׳ מַעֲלוֹת נְטִיָּתָם כ״ב מַעֲלוֹת. פ׳ מַעֲלוֹת נְטִיָּתָם כ״ג מַעֲלוֹת. צ׳ מַעֲלוֹת נְטִיָּתָם כ״ג מַעֲלוֹת וַחֲצִי מַעֲלָה:

ח. וְאִם יִהְיוּ אֲחָדִים בְּמִנְיָן תִּקַּח לָהֶם מִנְתָם מִבֵּין שְׁתֵּי הַנְּטִיּוֹת כְּמוֹ שֶׁבֵּאַרְנוּ בַּשֶּׁמֶשׁ וּבַיָּרֵחַ. כֵּיצַד. חָמֵשׁ מַעֲלוֹת נְטִיָּתָם שְׁתֵּי מַעֲלוֹת. וְאִם הָיָה מִנְיַן הַמַּעֲלוֹת כ״ג נְטִיָּתָם ט׳ מַעֲלוֹת. וְעַל דֶּרֶךְ זוֹ בְּכָל הָאֲחָדִים שֶׁהֵן עִם הָעֲשָׂרוֹת:

ט. וּמֵאַחַר שֶׁתֵּדַע הַנְּטִיָּה שֶׁל מַעֲלוֹת מֵאַחַת עַד צ׳. תֵּדַע נְטִיָּתָם כֻּלָּן כְּדֶרֶךְ שֶׁהוֹדַעְנוּךָ בְּרֹחַב הַיָּרֵחַ. שֶׁאִם הָיָה הַמִּנְיָן יָתֵר עַל צ׳ עַד ק״פ תִּגְרַע אוֹתוֹ מִק״פ. וְאִם הָיָה יוֹתֵר עַל ק״פ עַד ר״ע תִּגְרַע מִמֶּנּוּ ק״פ. וְאִם הָיָה יוֹתֵר עַל ר״ע עַד ש״ס תִּגְרַע אוֹתוֹ מִש״ס. וְהַנִּשְׁאָר תֵּדַע נְטִיָּתוֹ וְהוּא נְטִיַּת אוֹתוֹ הַמִּנְיָן שֶׁבְּיָדְךָ בְּלֹא גֵּרָעוֹן וְלֹא תוֹסֶפֶת:

י. אִם תִּרְצֶה לֵידַע כַּמָּה מַעֲלוֹת הוּא הַיָּרֵחַ נוֹטֶה מֵעַל הַקַּו הַשָּׁוֶה כְּנֶגֶד צְפוֹן הָעוֹלָם אוֹ כְּנֶגֶד דְּרוֹם הָעוֹלָם. תֵּדַע תְּחִלָּה כַּמָּה נְטִיַּת הַמַּעֲלָה שֶׁהִיא מְקוֹם הַיָּרֵחַ הָאֲמִתִּי וּלְאֵי זֶה רוּחַ הִיא נוֹטָה לַצָּפוֹן אוֹ לַדָּרוֹם. וְתַחֲזֹר וְתַחְשֹׁב וְתוֹצִיא רֹחַב הַיָּרֵחַ הָרִאשׁוֹן וְתִרְאֶה אִם הוּא צְפוֹנִי אוֹ דְּרוֹמִי. אִם נִמְצְאוּ רֹחַב הַיָּרֵחַ וּנְטִיַּת מַעֲלָתוֹ בְּרוּחַ אַחַת כְּגוֹן שֶׁהָיוּ שְׁנֵיהֶם צְפוֹנִים אוֹ דְּרוֹמִיִּים תְּקַבֵּץ שְׁנֵיהֶם. וְאִם נִמְצְאוּ בִּשְׁתֵּי רוּחוֹת כְּגוֹן שֶׁהָיָה הָאֶחָד דְּרוֹמִי וְהָאֶחָד צְפוֹנִי. תִּגְרַע הַמְעַט מִשְּׁנֵיהֶם מִן הָרַב וְהַנִּשְׁאָר הוּא מֶרְחַק הַיָּרֵחַ מֵעַל הַקַּו הַשָּׁוֶה בְּאוֹתָהּ הָרוּחַ שֶׁהָיָה בָּהּ הָרַב בִּשְׁנֵיהֶם:

יא. כֵּיצַד בָּאנוּ לֵידַע כַּמָּה הַיָּרֵחַ נוֹטֶה מֵעַל הַקַּו הַשָּׁוֶה בְּלֵיל הָרְאִיָּה שֶׁהוּא שֵׁנִי לְחֹדֶשׁ אִיָּר מִשָּׁנָה זוֹ. וּכְבָר יָדַעְתָּ שֶׁמַּעֲלַת הַיָּרֵחַ הָיְתָה י״ט מִמַּזַּל שׁוֹר. נְטִיָּתָהּ בַּצָּפוֹן כְּמוֹ י״ח מַעֲלוֹת. וְרֹחַב הַיָּרֵחַ הָיָה בַּדָּרוֹם כְּמוֹ ד׳ מַעֲלוֹת. תִּגְרַע הַמְעַט מִן הָרַב יִשָּׁאֵר י״ד מַעֲלוֹת. וְנִמְצָא הַיָּרֵחַ רָחוֹק מֵעַל הַקַּו הַשָּׁוֶה י״ד מַעֲלוֹת לְרוּחַ צָפוֹן. שֶׁהֲרֵי הַמִּנְיָן הָרַב שֶׁהוּא שְׁמוֹנֶה עֶשְׂרֵה מַעֲלוֹת הָיָה צְפוֹנִי. וְכָל חֶשְׁבּוֹן זֶה בְּקֵרוּב בְּלֹא דִּקְדּוּק לְפִי שֶׁאֵינוֹ מוֹעִיל בִּרְאִיָּה:

יב. אִם תִּרְצֶה לֵידַע לְאֵי זוֹ רוּחַ מֵרוּחוֹת הָעוֹלָם יֵרָאֶה הַיָּרֵחַ נוֹטֶה. תַּחְשֹׁב וְתֵדַע מֶרְחַקּוֹ מֵעַל הַקַּו הַשָּׁוֶה. אִם יִהְיֶה עַל הַקַּו הַשָּׁוֶה אוֹ קָרוֹב מִמֶּנּוּ בִּשְׁתַּיִם אוֹ שָׁלֹשׁ מַעֲלוֹת בַּצָּפוֹן אוֹ בַּדָּרוֹם. יֵרָאֶה מְכֻוָּן כְּנֶגֶד אֶמְצַע מַעֲרָב וְתֵרָאֶה פְּגִימָתוֹ מְכֻוֶּנֶת כְּנֶגֶד מִזְרַח הָעוֹלָם בְּשָׁוֶה:

יג. וְאִם יִהְיֶה רָחוֹק מֵעַל הַקַּו הַשָּׁוֶה לִצְפוֹן הָעוֹלָם. יֵרָאֶה בֵּין מַעֲרַב הָעוֹלָם וּבֵין צְפוֹנוֹ. וְתֵרָאֶה פְּגִימָתוֹ נוֹטָה מִכְּנֶגֶד מִזְרַח הָעוֹלָם כְּנֶגֶד דְּרוֹם הָעוֹלָם:

יד. וְאִם הָיָה רָחוֹק מֵעַל הַקַּו הַשָּׁוֶה לִדְרוֹם הָעוֹלָם. יֵרָאֶה בֵּין מַעֲרַב הָעוֹלָם וּבֵין דְּרוֹמוֹ. וְתֵרָאֶה פְּגִימָתוֹ נוֹטָה מִכְּנֶגֶד מִזְרַח הָעוֹלָם כְּנֶגֶד צְפוֹן הָעוֹלָם. וּלְפִי רֹב הַמֶּרְחָק וּלְפִי רֹב הַנְּטִיָּה:

טו. וּמֵחֲקִירַת הָעֵדִים שֶׁאוֹמְרִין לָהֶם כַּמָּה הָיָה גָּבוֹהַּ. וְדָבָר זֶה יִוָּדַע מִקֶּשֶׁת הָרְאִיָּה. שֶׁבִּזְמַן שֶׁתִּהְיֶה קֶשֶׁת הָרְאִיָּה קְצָרָה יֵרָאֶה הַיָּרֵחַ כְּאִלּוּ הוּא קָרוֹב מִן הָאָרֶץ. וּבִזְמַן שֶׁתִּהְיֶה אֲרֻכָּה יֵרָאֶה גָּבוֹהַּ מֵעַל הָאָרֶץ. וּלְפִי אֹרֶךְ קֶשֶׁת הָרְאִיָּה לְפִי גָּבְהוֹ מֵעַל הָאָרֶץ בִּרְאִיַּת הָעֵינַיִם:

טז. הֲרֵי בֵּאַרְנוּ חֶשְׁבּוֹנוֹת כָּל הַדְּרָכִים שֶׁצְּרִיכִין לָהֶם בִּידִיעַת הָרְאִיָּה וּבַחֲקִירַת הָעֵדִים. כְּדֵי שֶׁיִּהְיֶה הַכֹּל יָדוּעַ לַמְּבִינִים וְלֹא יֶחְסְרוּ דֶּרֶךְ מִדַּרְכֵי הַתּוֹרָה וְלֹא יְשׁוֹטְטוּ לְבַקֵּשׁ אַחֲרֶיהָ בִּסְפָרִים אֲחֵרִים. (ישעיה לד טז) ״דִּרְשׁוּ מֵעַל סֵפֶר ה׳״ וְקְרָאוּ, אַחַת מֵהֵנָּה לֹא נֶעְדָּרָה: סְלִיק הִלְכוֹת קִדּוּשׁ הַחֹדֶשׁ

Additional, Useful Features of Interest
for Studying Rambam's Mishneh Torah

Scan QR code onto your mobile device to link to our website.
https://rambampress.com/

Appendix

ROSH CHODESH CALCULATION – CALCULATION OF LUNAR MONTH

How to *practically* work out *Rosh Chodesh time*

- *Direct vision in sky*
- *Approximate calculation* (chapter 6–chapter 10)

This involves pure addition from a given starting point with units of Days, Hours, Units and Moments

- *Precise calculation* (chapter 11–chapter 17)

Involves measuring of true positions and movements of sun and moon.

Done by addition of Degrees, Minutes, Seconds, Thirds etc.

⦿ Reminder:

Astronomy Definitions

DIRECT VISION IN SKY

- Look for New Moon on western horizon (near where the sun sets)
- Is the latitude to the north or south of the sun?
- Is the crescent wide or narrow? (crescent grows as it moves further away from the sun)
- Which direction are corners of moon pointing?
- How high is the moon in the sky?

Moon sets in west with sun, or slightly north, or slightly south

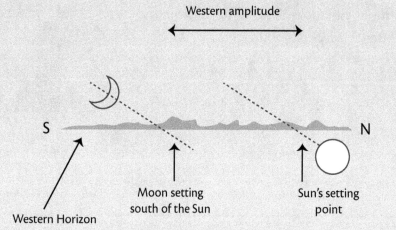

Western amplitude

Western Horizon

Moon setting
south of the Sun

Sun's setting
point

Western amplitude discussed
further in Chapter 19

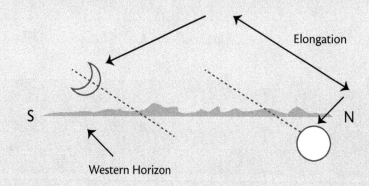

Elongation

Western Horizon

(Angular separation between
sun and moon)
See Chapter 16, 17
i.e. Moon position in relation
to horizon

Crescent

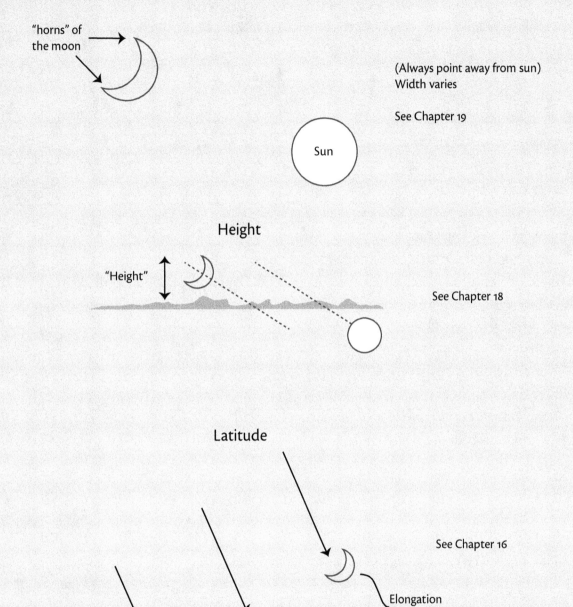

"horns" of
the moon
(Always point away from sun)
Width varies
See Chapter 19
Sun

Height

"Height"
See Chapter 18

Latitude

See Chapter 16
Elongation
S
N
Sun
Western Horizon

APPROXIMATE CALCULATION (Perek 6–Perek 10)

Units for calculation are

Days, Hours, Units, Moments

i.e. 10 days, 21 hours, 204 units and 70 moments = 10d 21h 209u 70m

1 Day = 12 hours (and 1 night = 12 hours)

1 Hour = 1080 units

1 Unit = 60 moments

1 Lunar Month = 29d 12h 793u

1 Lunar year = 354d 8h 876u

1 Leap year = 383d 21h 589u

1 Solar year = 365d 6h

Difference between a lunar and solar year = 10d 21h 204u

19-year cycle = 7 leap years + 12 ordinary years

(Leap years are at 3, 6, 8, 11, 14, 17 and 19)

Difference between solar calendar and lunar calendar in 19-year cycle is 0d 1h 485u

To allow us to determine which day of week the next month, year, or leap year will occur we also need *7-day groupings*

- Remainder for Lunar month = 1d 12h 793u
- Remainder for Lunar year = 4d 8h 876u
- Remainder for Leap year = 5d 21h 589u
- Remainder for 19-year cycle = 2d 16h 595u

There are 2 methods of calculation

1. Perek ט׳

   Based on

   - Solar year 365¼ days
   - 91 days and 7½ hours between seasons
   - First spring (vernal) Equinox of Creation 7d 9h 642u
   - Equinox falls at exact same time every 28 years
   - Difference in equinox from 1 year to next = 1 day and 6 hours

2. Perek י׳

   Based on

   Solar year of 365d 5h 997u 48m i.e. assumes a slightly shorter solar year.

   - Difference between solar and lunar year = 10d 21h 121u 48m
   - Difference between each 19-year cycle = 0
   - Difference between seasons = 91d 7h 519u 31m
   - First Vernal Equinox of creation = 0d 9h 642u

This is the calculation favoured by the Sages of *Yisrael*, and is the more accurate.

Besides these 2 different starting points, the actual calculations are the same, as follows:

LUNAR

- Starting points is 2d 5h 204u (First Year of Creation)
- Work out multiples of 19-year cycles
- Therefore, can work out how many leap years and how many ordinary years have passed.
- Add this all up
- Result will be conjunction of *Tishrei*
- For any other month add on multiples of 29d 12h 793u

SOLAR

Same, using figures of Season calculation i.e. equinox and solstices

PRECISE CALCULATION (Perek 11–Perek 17)

This calculation results from combining the following

- Basis of calculations (Perek 11)
- Distance moved by sun within constellations – Mean of sun (Perek 12)
- True position of sun (Perek 13)
- Distance moved by moon – Mean of moon (Perek 14)
- True position of moon (Perek 15)
- Moons latitude (Relation of orbits of sun and moon) (Perek 16)
- Moons longitudes and other adjustments due to incongruities of moons orbit) (Perek 17)

We need to visualise the celestial sphere around the earth (Zodiac) and the paths of celestial bodies within the sphere (mainly the sun and moon)

To site a point on the celestial sphere, there are a few co-ordinate systems.

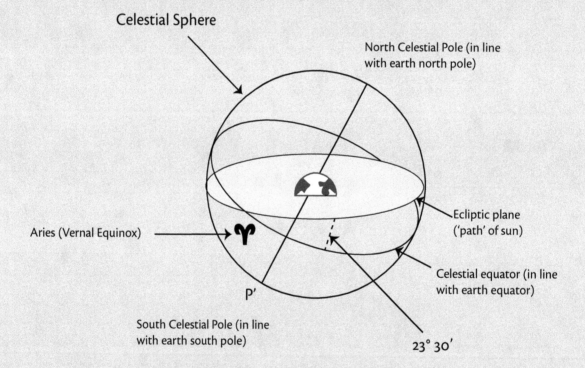

Celestial Sphere

North Celestial Pole (in line with earth north pole)

Aries (Vernal Equinox)

Ecliptic plane ('path' of sun)

Celestial equator (in line with earth equator)

P'

South Celestial Pole (in line with earth south pole)

23° 30'

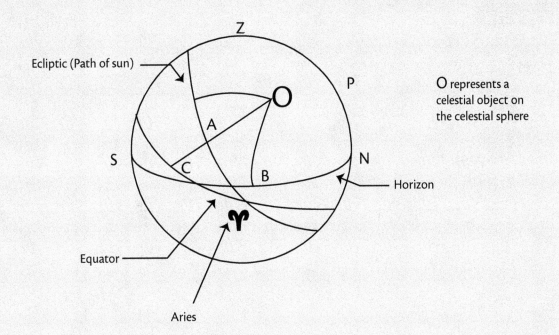

O represents a celestial object on the celestial sphere

Point O represents a celestial object on the celestial sphere. The following are its coordinates:

a. *Equatorial coordinates:* (Independent of geographic location)

- Declination   OC (Perpendicular [to equator] angular distance; 0–90°)
- Right ascension   γC (eastward from Aries, 0–360°)

b. *Ecliptic coordinates:* (Independent of geographic location)

- Latitude   OA (Perpendicular to ecliptic, 0–90°)
- Longitude   γA (Counter clockwise from Aries, 0–360°)
   - Latitude refers to a N – S separation
   - Longitude refers to an E – W separation

c. *Horizon coordinates:* (Varies according to geographic location)

- Altitude   OB (Perpendicular angle above horizon, 0–90°)
- Azimuth   NB (Clockwise from N, 360°)

Chapter 11

BASICS OF CALCULATIONS

Heavenly Sphere divided into 360° (degrees)

There are 12 Constellations

Therefore, each Constellation = 30°

$1° = 60'$ (minutes)

$1' = 60''$ (seconds)

$1'' = 60'''$ (thirds)

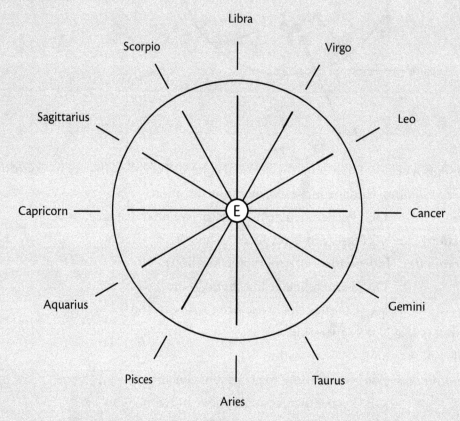

For reference, the start of the Zodiac is Aries.

The Earth (E) is at the centre of the Zodiac, but not at the centre of sun (or other planets). C is centre of orbit of say the sun. This position against the background of the Zodiac, varies from day to day.

So, if one looks up into the sky we see the celestial sphere of the Zodiac and imagine the plane of orbit of say sun or moon within the sphere.

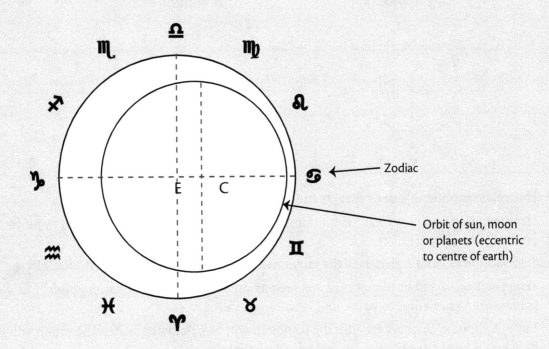

Zodiac

Orbit of sun, moon
or planets (eccentric
to centre of earth)

If we looked at the sun or moon against the Zodiac (position H) it would appear to be at point 1. If viewed from centre of planets orbit, it would appear at 2 on the Zodiac.

Thus the position of the sun relative to the Zodiac, will vary at different times of the year.

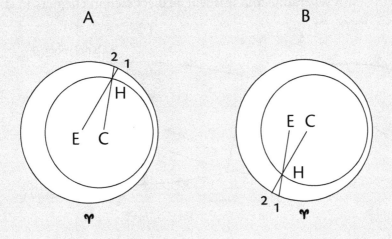

Mean Motion

Sun's orbit

E C

H

♈

True Motion

Zodiac

E C

H

A

♈

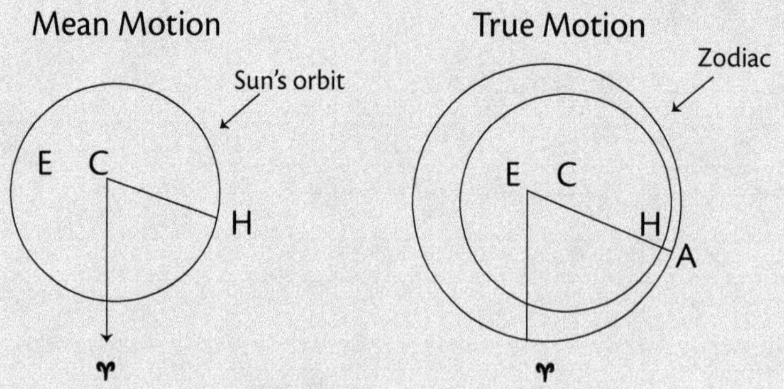

The steady motion of sun or planets in their orbit is called the *mean motion*.

The mean position of say sun (mean longitude) is measured in relation to first point in Aries, and is the angle γCH.

True motion of sun or planets is the movement as observed on the outer Zodiac circle.

True position of sun or planet is as it is seen against Zodiac i.e. A (*true longitude*) Similarly it is measured in relation to Aries, and is the angle γEA.

In the following chapters (12–16), the Rambam will be calculating when the moon will first be seen i.e. moon relative to sun (east west relation)

At conjunction the earth, moon and sun are in line.

Thereafter one gets angular separation (*elongation*) To know when this happens one needs to calculate the *true position of sun* and *true position of moon* (longitude)

There is also a north-south separation and this will be discussed in chapters 16 (Latitude)

Node

Orbit of moon

E

Node

Orbit of Sun

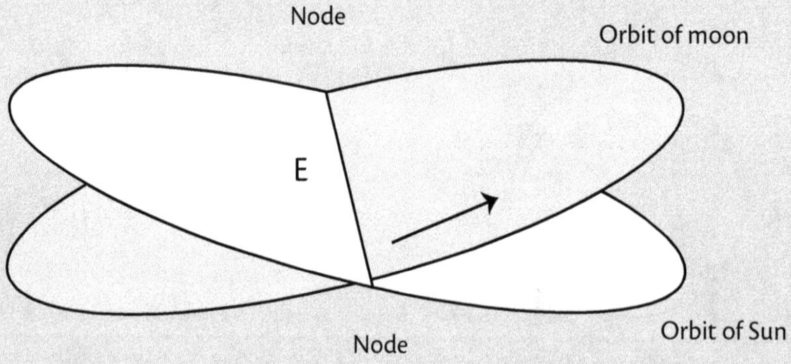

Moon relative to Horizon discussed in chapter 17

Chapter 12

MOTION OF SUN

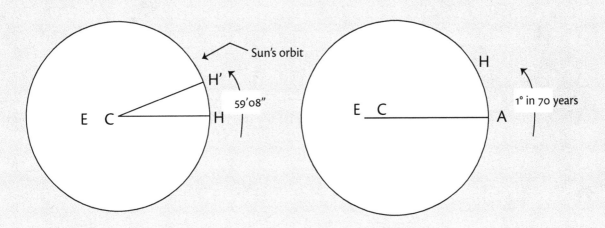

Motion of sun
Motion of apogee of sun
A

Mean distance travelled by sun

- 1 day i.e. 24 hours = 59′ 8″
- 10 days = 9° 51′ 23″
- 100 days = 98° 33′ 53″
- 1000 days = 265° 38′ 50″ (after subtracting excess units of 360°)
- 10,000 days = 136° 28′ 20″
- 29 days = 28° 35′ 1″ (when moon will be sighted)
- Regular year (354) = 348° 55′ 15″ (i.e. when every alternate month is *malei* and then *chaser*)

Mean distance travelled by apogee

In 70 years, travels 1°

- 10 days = 1.5″ (= 1 second 30 thirds)
- 100 days = 15″
- 1000 days = 2′ 30″
- 10,000 days = 25′
- 29 days = 4″ (+ fraction)
- Regular year = 53″ (354 days)

Evening of Thursday 3 Nissan 4938

Sun position in terms of Mean distance = 7° 3′ 32″ (In constellation of Aries)

Apogee = 26° 45′ 8″ (In constellation of Gemini)

To get to Friday night 14 *Tammuz* 4938 (100 days later)

i.e. **7° 3′ 32″** (in constellation of Aries)

98° 33′ 53″

$$\underline{\qquad\qquad} +$$
$$105° \ 37' \ 25''$$
$$= 15° \ 37' \text{ in Cancer}$$

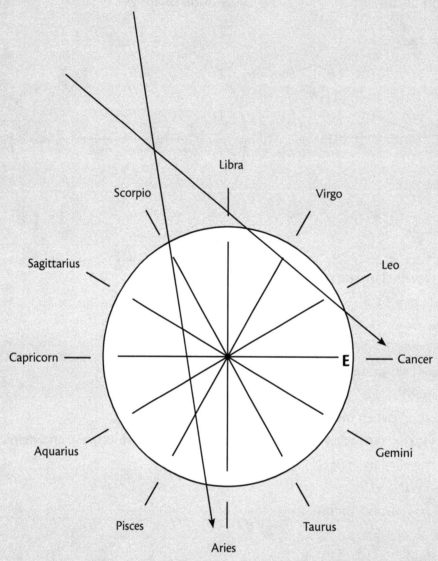

Explanation:
From Aries to Cancer travelling anti-clockwise, is 90°.
Therefore 105° 37' 25" is 15° 37' in cancer moving towards Leo.

Similarly, one may calculate the mean position of the moon or any other planet i.e.

- We have a starting point position
- We know the mean distance travelled in any given time
- Total the distance travelled up to the desired date
- Add this on to the starting point to find the new position within the constellation.

Chapter 13

TRUE POSITION OF SUN

Friday night 14 *Tammuz* 4938

(In relation to course of sun, if minutes less than 30, then disregard. If greater than 30, add 1 degree)

Mean position of sun	105° 37′ 25″
Position of apogee	86° 45′ 23″ –
Angular distance of course of sun i.e. 19°	18° 52′ 2″

Course of sun (anomaly of sun) = mean position – apogee

(Minutes of no consequence with course)

If (angular distance of) course is less than 180°, subtract angle from sun mean

If (angular distance of) course is more than 180°, add angle to sun mean.

If course is exactly 180° or 360° there will be no angle.

(Here sun mean position is its true position)

If course is 10°	resulting angle = 20′
	Resulting angle is calculated as 38′
20°	resulting angle = 40′
30°	resulting angle = 58′
40°	resulting angle = 1° 15′
50°	resulting angle = 1° 29′
60°	resulting angle = 1° 41′
70°	resulting angle = 1° 51′
80°	resulting angle = 1° 57′
90°	resulting angle = 1° 59′
100°	resulting angle = 1° 58′
110°	resulting angle = 1° 53′
120°	resulting angle = 1° 45′
130°	resulting angle = 1° 33′
140°	resulting angle = 1° 19′
150°	resulting angle = 1° 1′
160°	resulting angle = 42′
170°	resulting angle = 21′
180°	resulting angle = 0

If greater than 180 then subtract course from 360° and use same table.

True position of sun = mean position of sun minus angle

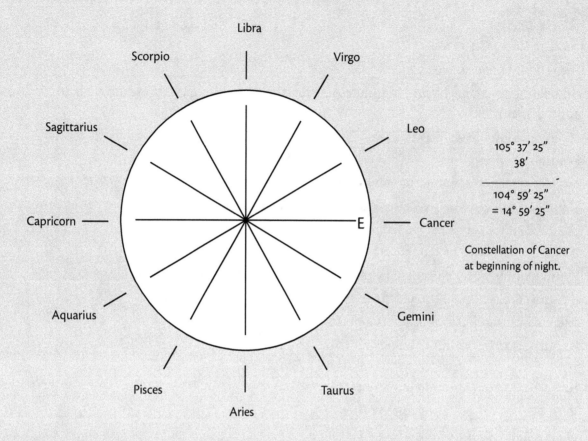

$$105° \ 37' \ 25''$$
$$38'$$
$$\overline{}$$
$$104° \ 59' \ 25''$$
$$= 14° \ 59' \ 25''$$

Constellation of Cancer
at beginning of night.

= **15° less 35″**   in Contellation of Cancer

Arc A₁ H₁ =   Course of sun (anomaly of sun)

Arc γH₁ is Mean longitude

Arc γH₂ is True longitude

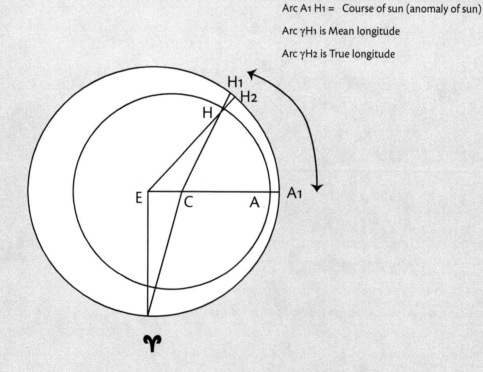

Apogee = Point A (A_1 is Apogee projected onto Zodiac)

- Angle $\gamma E A_1$ is longitude of suns apogee (arc γA_1)
- Angle ACH is course of sun (anomaly of sun) (arc $A_1 H_1$)

Therefore, course of sun = Mean longitude of sun – longitude of apogee (i.e. arc $A_1 H_1 = \gamma H_1 - \gamma A_1$)

Chapter 14

MOTION OF MOON

Object of this chapter is to calculate the mean longitude (position) of moon.

> ☾ **Reminder:**
> Longitude refers to positions in E – W plane
> Latitude refers to position in N – S plane

Rate of progress of moons mean. (Moves from east to west as seen from earth, but really it is a combination of several movements.)

1 day	13° 10′ 35″
10 days	131° 45′ 50″
100 days	237° 38′ 23″
1,000 days	216° 23′ 50″
10,000 days	3° 58′ 20″
29 days	22° 6′ 56″
Regular year	344° 26′ 43″

Rate of progress of moons mean within its path – epicycle (moves from west to east as seen from earth. Again, this is a combination of several movements.)

1 day	13° 3′ 54″
10 days	130° 39′
100 days	226° 29′ 53″
1000 days	104° 58′ 50″
10,000 days	329° 48′ 20″
29 days	18° 53′ 4″
Regular year	305° 0′ 13″

Since one knows mean rate of progress, and you know its position on a particular date, one will be able to calculate the position of moons mean on any date.

MEAN POSITION OF MOON

Mean position of moon **Wednesday night 3 *Nissan* 4938 located in constellation Taurus 1° 14′ 43″**

Mean within path (epicycle) **84° 28′ 42″**

Therefore, by adding or subtracting we can find the position on **2 *Iyar* 4938 (i.e. 53° 36′ 39″)**

Now look at the sun and see in which constellation it is located now. This is because moons position needs to relate to sunset, and sunset varies with the seasons.

Between mid-Pisces and mid Aries (345° – 15°)	Sunset and sunrise are at 6.00
Between mid-Aries and begin Gemini (15°– 60°)	+15′ Sunset is later
Between begin Gemini and begin Leo (60° – 120°)	+30′ Mid-summer ie longest days.
Between begin Leo and mid Virgo (120° – 165°)	+15′

Between mid-Virgo and mid Libra (165° – 195°)   0′ Beginning of Autumn

Between mid-Libra and begin Sagittarius (195° – 240)   -15′

Between begin Sagittarius and begin Aquarius (240° – 300°) -30′ Near middle of Winter

Between begin Aquarius and mid Pisces (300° – 345°)   -15′

CALCULATIONS FOR SECOND OF *IYAR* 4938

Moon longitude

30° + 1° 14′ 43″

=31° 14′ 43″

  22° 6′ 56″

_____ + (after 29 days)

  53° 21′ 39″

Sun longitude (from Chap. 12)

7° 03′ 32″ (Third *Nissan* 4938)

   28° 35′ 01″

_____ + (after 29 days) – Second *Iyar*

35° 38′ 33″

Therefore, adjustment to moon is +15′ (see above between mid-Aries and begin Gemini)

i.e.   53° 21′ 39″

  15′   +
_____

  53° 36′ 39″

Mean longitude of moon at time of sighting. Can therefore be calculated

Make amendment to mean of moon about 20 minutes after sunset.

Mean longitude of moon at time of sighting. Can therefore be calculated
Make amendment to mean of moon about 20minutes after sunset.

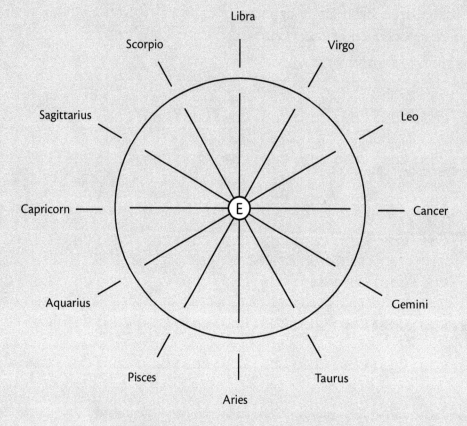

Movement of moon around itself (epicycle)

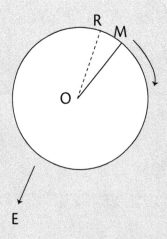

Movement of moon around the earth

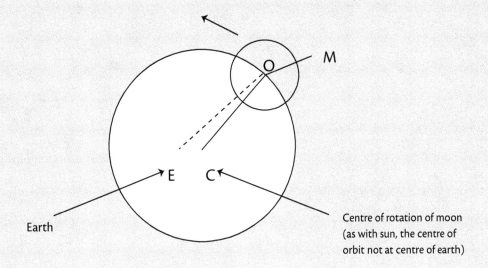

Earth

Centre of rotation of moon
(as with sun, the centre of
orbit not at centre of earth)

Moons mean longitude is angle KCO

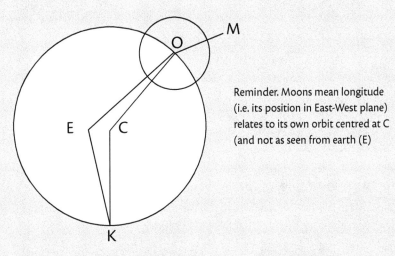

Reminder. Moons mean longitude
(i.e. its position in East-West plane)
relates to its own orbit centred at C
(and not as seen from earth (E)

Reference point (as with first point in Aries)

Chapter 15

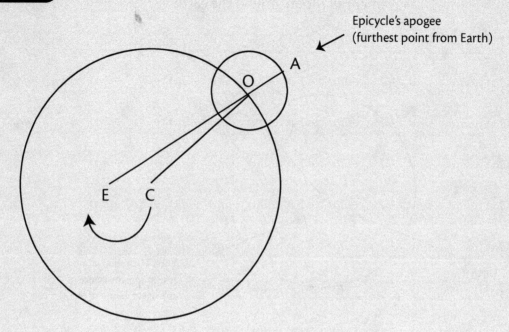

Epicycle's apogee
(furthest point from Earth)

Moons epicycle is the small circle.

EA is furthest point on epicycle.

Point C moves around point E, and causes apogee to move with it at the same rate.

TRUE POSITION OF THE MOON (LONGITUDE)

	Friday night 2 *Iyar* 4938
Mean of moon longitude at time of sighting	53° 36′ 39″
Mean of moon within path (epicycle / anomaly)	103° 21′ 46″
Angle of elongation	17° 58′ 6″
Double elongation	35° 56′ 12″

Explanation of above figures are as follows: Suns mean longitude is 35 degrees 38 minutes and 33 seconds. Moons mean longitude is 53 degrees 36 minutes and 39 seconds. If you subtract the sun's mean longitude from the moon's, one gets 17 degrees, 58 minutes and 6 seconds. This has to be doubled to get the double elongation.

Double elongation comes about because moon orbit around earth is anti-clockwise, and moons own movement (epicycle/ anomaly) is clockwise.

If double elongation is 5°, elongation will be 2.5° i.e. angular separation between moon and sun will be too small to see the moon.

If double elongation is 62°, then moon will be clearly visible in all places.

Therefore, adjustment is only needed if double elongation is between 5–62° as follows:

If 5°	add	0
If 6° – 11°	add	1° to mean of moon in path
If 12° – 18°	add	2° to mean of moon in path

If 19° – 24°	add	3° to mean of moon in path
If 25° – 31°	add	4° to mean of moon in path
If 32° – 38°	add	5° to mean of moon in path **Therefore add 5° to the course**
If 39° – 45°	add	6° to mean of moon in path
If 46° – 51°	add	7° to mean of moon in path
If 52° – 59°	add	8° to mean of moon in path
If 60° – 63°	add	9° to mean of moon in path

This gives *correct course* (i.e. corrected anomaly or epicycle) after adjusted **108° 21'** (can disregard minutes in course) (angular distance of correct course)

103° 21' 46"

 5°
_____ +

108° 21' 46"

If result less than 180° then angle of course should be subtracted from the 'mean of the moon at the time of sighting'.

If result more than 180°, the angle of the course should be added to the 'mean of the moon at the time of sighting'.

This gives true position of moon at time of sighting. (true longitude)

If course is	Angle of course
10°	angle is 50'
20°	angle is 1° 38'
30°	angle is 2° 24'
40°	angle is 3° 6'
50°	angle is 3° 44'
60°	angle is 4° 16'
70°	angle is 4° 41'
80°	angle is 5°
90°	angle is 5° 5'
100°	angle is 5° 8'
108°	**gives angle of 5° 1'**
110°	angle is 4° 59'
120°	angle is 4° 20'
130°	angle is 4° 11'
140°	angle is 3° 33'
150°	angle is 2° 48'
160°	angle is 1° 56'

170°   angle is 59'

180°   angle is 0

If course more than 180° then subtract from 360° to obtain angle   (as with the sun)

5° 1' should be deducted from mean of moon = 48° 35' 39"

True position of moon = **18° 36'** in the constellation of Taurus

$$53° 36' 39''$$
$$\underline{5° 1' \qquad -}$$
$$48° 35' 39''$$

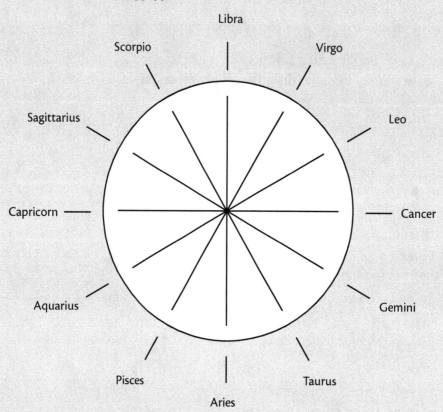

Chapter 16

MOONS LATITUDE

By having established the true longitudes of sun and moon, we now know if the moon is to the left or right of the sun i.e. east or west. The latitude position will now tell us whether the moon lies above or below sun i.e. north or south.

Thursday night (one month before Friday 2 *Iyar* 4938) is starting point for calculation.

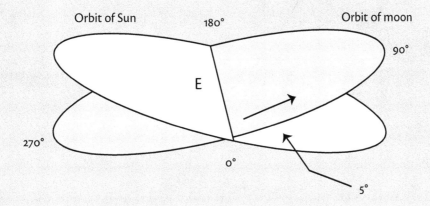

Where two orbits join, these are called nodes (head and tail)

The orbit of the moon moves anti-clockwise

The nodes move in the opposite direction – clockwise

This results in an anomaly of moons latitude.

From mean latitude of moon and node, we get to true latitude of moon and node.

True latitude moon minus true latitude of node = latitude anomaly.

Apply this to Table to find latitude of moon.

Mean position of head 180° 57′ 28″ – Starting point.

Head moves at uniform pace in opposite direction to sphere of constellations i.e. form Pisces to Aquarius.

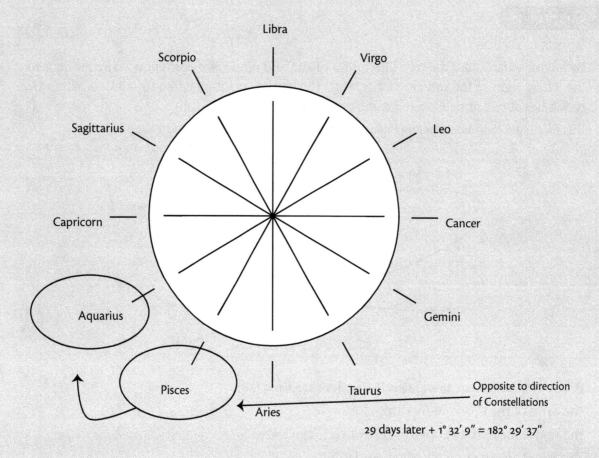

Normal movement of Heavenly bodies is normally anti-clockwise ie sun and moon move around earth in an anti-clockwise direction, starting at Aries.

HEAD MEAN MOVEMENT

1 day	3′ 11″
10 days	31′ 47″
100 days	5° 17′ 43″
1000 days	52° 57′ 10″
10,000 days	169° 31 40″
29 days	1° 32′ 9″
Regular year	18° 44′ 42″

When position is established we need to subtract this from 360° (because head is going from east to west, thus starting with a negative figure.)

If moon positioned at either the head or the tail, it will have 0° latitude

Friday night 2 *Iyar* 4938

Then 360°

182° 29' 37" –

177° 30' 23"

Therefore position of head is 27° 30' in constellation of Virgo

Mean position of tail will be directly opposite i.e. 27° 30' in Pisces (or 7 constellations later)

Position of head	Orbit of moon will be inclined to orbit of sun either to north or to South. i.e. Position of tail northerly latitude or southerly latitude. This will never exceed 5°.
Position of tail	
True position of moon	

If moon positioned at either the head or the tail, it will have 0° latitude

True position of moon	18° 36' in Taurus	i.e. 48° 36' (from Aries reference point)
Position of head	27° 30' in Virgo	177° 30'

To subtract large from small, first add 360°

i.e.　　408° 36'

　　　　177° 30' –

　　　　231° 06'

Moon position minus head = course of latitude = 231° 6' (For course disregard minutes)

☾ **Reminder: This is distance travelled by moon from the head to its current position**

If course　　1° – 180° latitude is northerly

　　　　　　180° + latitude is southerly

At 180° and 360° there is no latitude

Angle of 'course of latitude'

If course of latitude is 10° angle of latitude = 52'

　　　　　　　　20° angle of latitude = 1° 43'

　　　　　　　　30° angle of latitude = 2° 30'

　　　　　　　　40° angle of latitude = 3° 13'

　　　　　　　　50° angle of latitude = 3° 50'　　**Result is 3° 53'**

　　　　　　　　60° angle of latitude = 4° 20'　　**This is southerly because larger than**

　　　　　　　　70° angle of latitude = 4° 42'　　**180°**

　　　　　　　　80° angle of latitude = 4° 55'

　　　　　　　　90° angle of latitude = 5°

Thereafter if course 90° – 180° subtract course from 180 (angle increases or decreases in same proportion after the midpoint of 90°)

　　　　　　180° – 270° subtract 180 from course　　**Then 231**

　　　　　　270° – 360° subtract course from 360　　**180 –**

Therefore, moons latitude is 3° 53' southerly.　　**51**

(See Table at 51 degrees)

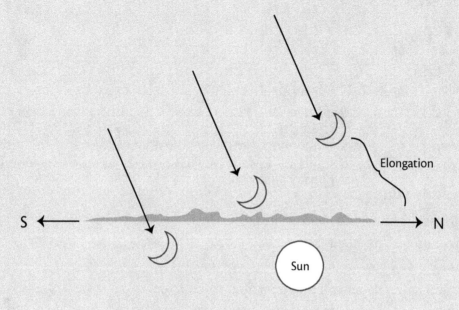

S
N
Western Horizon

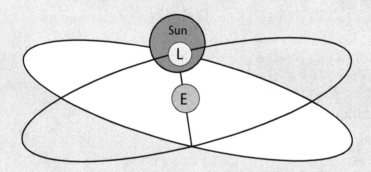

E

Eclipse of moon (bodies found at nodes and in this way, differs from a regular conjunction)

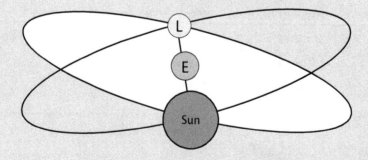

E

Eclipse of sun (bodies found at nodes and in this way, differs from a regular conjunction)

Chapter 17

ADJUSTMENT NEEDED TO SIGHT MOON

(Due to major incongruities in the moons orbit)

Friday night 2nd *Iyar* 4938

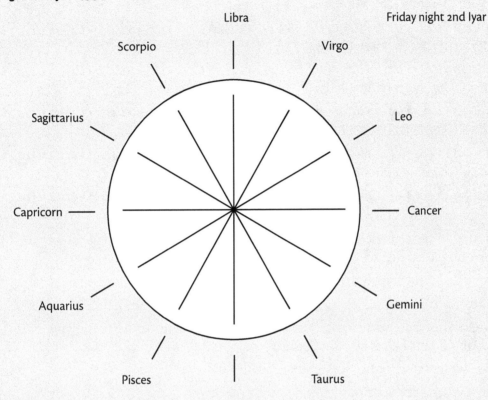

Friday night 2nd Iyar

Reminder:
Astronomy Definitions

True position (longitude) of sun (chap 13)   **7° 9' In constellation of Taurus**

True position (longitude) of moon (chap 15) **18° 36' In constellation of Taurus**

Moons latitude (chap 16) first latitude **3° 53' southerly**

Position of moon minus position of sun first longitude   **18° 36'**

                                                                                                   7° 9'   −

Adjustments (due to paralax errors)   **11° 27'**

When moon in constellation of Aries **subtract 59'** from longitude. (Enters here at southerly position but is inclined northward)

When moon in constellation of Taurus **subtract 1°** from longitude. (Enters at northerly position and is north inclined – large adjustment needed)

When moon in constellation of Gemini, **subtract 58'** from longitude. (Although constellation has a very northerly position, its northerly inclination is less)

When moon enters constellation of Cancer, **subtract 52'** from longitude (Cancer has the most northerly position, but the inclination is southerly)

When moon enters constellation of Leo **subtract 43′** from longitude (Has southerly inclination. Therefore, deduction less)

When moon enters constellation of Virgo **subtract 37′** from longitude (Has southerly inclination, therefore deduction less)

When moon enters constellation of Libra **subtract 34′** from longitude (Has southerly inclination. Therefore, deduction less.)

When moon enters constellation of Scorpio **subtract 34′** from longitude. (Has southerly inclination. Therefore, deduct less.)

When moon enters constellation of Sagittarius, **subtract 36′** from longitude. (Has southerly inclination. Therefore, deduct less)

When moon in constellation of Capricorn, **subtract 44′** from longitude. (Has northerly inclination. Therefore, deduction increases.)

When moon in constellation of Aquarius **subtract 53′** from longitude (Has northerly inclination. Therefore, increased deduction.)

When moon in constellation of Pisces **subtract 58′** from longitude. (Has northerly inclination. Therefore, increased deduction)

After these deductions made, the result is the *second longitude*.

Moon located in Taurus

Therefore, Sighting adjustment is 1° (deduct from first longitude. Always deducted) **11° 27′**
(see Sighting Limits below at 11–12 degrees)   **1° −**

This gives second longitude   **10° 27′**

Sighting adjustment for latitude is   **10′ 3° 53′**

Southerly therefore Add to moons latitude   **10′   +**

This gives second latitude   **4° 3′**

Circuit of moon (moon located in 18th degree of Taurus Therefore circuit = ¼ of second latitude) = **1° 1′**

Third longitude

Latitude of moon southerly   **10° 27′**

True position of moon between beginning of Capricorn and beginning of   **1° 1′ +**

Cancer. Therefore, add circuit of moon to second longitude.   **11° 28′**

Fourth longitude

Longitude located in Taurus   **⅕ × 11° 28′ = 2° 18′**   **11° 28′**

Therefore add ⅕ to third longitude i.e. 2° 18′   **2° 18′   +**

                                                                   13° 46′

ARC OF SIGHTING

(This is the arc that the moon travels, from the time of sunset, until it reaches the horizon)

Separate ⅔ from first latitude   **⅔ × 3° 53′ = 2° 35′**   **13° 46′**

Latitude is southerly therefore subtract from fourth longitude   **2° 35′ −**

(see 11–12 degrees below) **11° 11′**

This is due to the fact that the horizon is not parallel to the equator.

If arc of sighting is 9° or less it is impossible to be sighted in *Eretz Yisrael* (because it is too close to the horizon)

If arc of sighting is more than 14° it is impossible not to be seen in *Eretz Yisrael*

If arc of sighting is between 10°–14° then consider in relation to first longitude:

Sighting limits

- 9°–10° and first longitude is 13° or more, moon will surely be sighted
- Less than 9° arc and longitude less than 13°, moon will not be sighted
- 10°–11° arc and first longitude 12° or more, moon surely sighted
- Less than 10° arc longitude less than 12°, moon not sighted
- 11°–12° or more and first longitude is 11° or more, moon will be sighted
- Less than 11° or longitude less than 11°, moon will not be sighted
- 12°–13° and longitude 10° or more, moon will surely be sighted
- Less than 12° and longitude less than 10°, moon will not be sighted
- 13°–14° or more and longitude is 9° or more, moon will surely be sighted
- Less than 13° and longitude less than 9°, moon will not be sighted

Therefore, in our example we can be assured that moon will be sighted on this night. (the calculated angle falls into the 11–12 degree catagory)

Chapter 19

DIRECTION OF MOON INCLINATION (TO EQUATOR) WHEN SIGHTING

The Rambam says that these statements are approximate calculations based on degree of inclination of the Constellation (from the equator)

ARIES

A point located at **10°** in celestial sphere will be inclined at **4°**

A point located at **20°** in celestial sphere will be inclined at **8°**

A point located at **30°** in celestial sphere will be inclined at **11½°**

A point located at **40°** in celestial sphere will be inclined at **15°**

A point located at **50°** in celestial sphere will be inclined at **18°**

A point located at **60°** in celestial sphere will be inclined at **20°**

A point located at **70°** in celestial sphere will be inclined at **22°**

A point located at **80°** in celestial sphere will be inclined at **23°**

A point located at **90°** in celestial sphere will be inclined at **23½**

(This point would now be in beginning of constellation of Cancer)

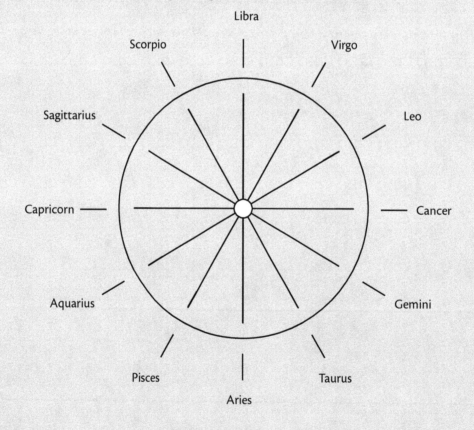

When the sun is at Aries or Libra, there is no deviation, and day and night are equal. The moon will be exactly in middle of Western horizon.

Thereafter, in moving from Aries in an anti-clockwise direction the deviation is to the N, to a maximum of 23.5 degrees at Cancer.

Then deviation starts to decrease, and after Libra it deviates in a Southerly direction.

The above angles would similarly reflect in the remaining 9 constellations

2nd *Iyar* 4938

Angle of moon in Taurus	**19°**
Inclination to the north will be	**± 18° to north**
Latitude of moon	**± 4° to south**
Subtract smaller from larger i.e.	**18**
	4 –
	14
Therefore, moon position	**= 14° to north of equator**

- If angular distance of moon from equator is within **2 or 3°** to north or south of equator moon will appear due to west and its crescent will appear pointing due east. (always points away from the sun)
- If moon inclined further north of equator, it will appear in the north-west and crescent will appear pointed south-east.
- If moon inclined further south, it will appear in the south-west, and crescent will appear to point to north-east.

HEIGHT IN SKY

- If arc of sighting is short, moon will appear close to earth
- If arc of sighting is long, moon will appear high above the earth

ASTRONOMY DEFINITIONS

(As per *Kidush Hachodesh*)

TIME

Day = 12 hours

Night = 12 hours

1 hour = 1080 units (chosen because it can be divided by 2, 4, 8, 3, 5, 6, 9 and 10)

1 unit = 76 moments

1 lunar month = 29 days, 12 hours, 793 units (Time between one *molad* – conjunction and next) – **(29d 12h 793u)**

1 lunar year = 354 days, 8 hours, 876 units (354d 8h 876u)

1 leap year = 383 days, 21 hours, 589 units (383d 21h 589u)

1 solar year = 365 days and 6 hours (365d 6h)

1 Solar year = 365d 5h 997u 48m (another opinion)

Difference between a lunar and solar year is 10d 21h 204u (10 days, 21 hours and 204 units) – lunar shorter than solar

According to 7-day groups Remainder for lunar month = 1d 12h 793u

Remainder for lunar year = 4d 8h 876u

Remainder for leap year = 5d 21h 589u

Seven-day groupings allow us to determine which day of the week that the next month, year or leap year will occur.

We begin calculation **2d 5h 204u (First Year of Creation)** – night of 2nd day of week at 5 hours and 204 units

19-year cycle = 7 leap years + 12 ordinary years = *machzor* (It takes approximately **19** years for the total of lunar years to equalise with the solar years)

Difference between solar calendar, and lunar (in 19-year cycle) is 1 hour and 485 units (0d 1h 485u) – lunar less than solar

In 19-year cycle, leap years occur at years 3, 6, 8, 11, 14, 17, 19

Remainder of 19 years' cycle = 2d 16h 595u (according to 7-day groups)

SEASONS

According to the opinion that a solar year is 365¼ days. **(365d – 6h)**

Solar year = 365¼ days.

91 days, 7½ hours between each season. (From a time aspect, each season starts 7½ hours later than the previous season)

Spring equinox (Vernal) of first year of Creation took place 7d 9h 642u before the *molad* **of the month of** *Nissan*.

In 19-year cycle, lunar time is shorter than solar time by 0d 1h 485u

Every *28 years* **equinox falls at exact same day of week and same time as the original. (Difference of 1 equinox from 1 year to next is 1 day, 6 hours. Therefore after 28 years this equals 35 days = 7 full weeks so every 28 years equinox occurs on same ay week and at same time)**

There are 30 hours between 1 equinox (or solstice) and the next. i.e. every year the season will start 6

hours later than the previous.

According to the opinion that solar year is 365d 5h 997u 48m i.e. slightly less than 365¼ days

Calculation are same as perek 'ט and is the one favoured by the Sages of Israel.

According to this calculation the difference between a solar and lunar year = **10d 21h 121u 48m** and difference between each 19-year cycle = **0**.

When you know the start of any one season, rest can be calculated as in perek 'ט. **91d 7h 519u 31m between each season.**

First Vernal Equinox of Creation = 9h – 642u (9 hours, 642 units) =Tuesday at 6pm

Of the two calculations, this one is the more accurate.

However, both are approximations based on the mean rate of progress of the sun.

When one considers the actual position of the sun at these times, the vernal equinox will take place approximately two days earlier.

CONSTELLATIONS

Fundamental Principle

Heavenly Sphere divided into **360°** (degrees)

There are 12 Constellations

Therefore, each Constellation = **30°**

1° = 60′ (minutes)

1′ = 60″ (seconds)

1″ = 60‴ (thirds)

Etc.

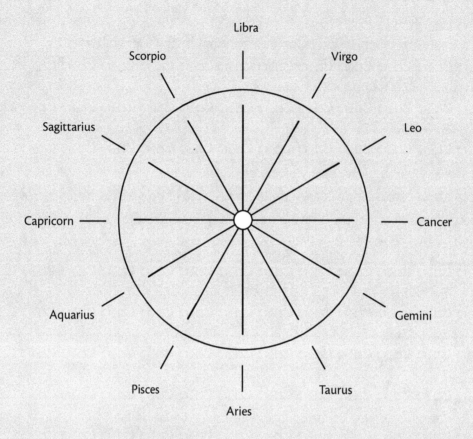

For reference, the start of the Zodiac is Aries.

The Earth (E) is at the centre of the Zodiac, but not at the centre of sun orbit (nor other planets).

Tleh (Aries) – **0–30°**

Shor (Taurus) – **30–60°**

Teomim (Gemini*)* – **60–90°**

Sartan (Cancer) – **90–120°**

Aryeh (Leo) – **120–150°**

Betulah (Virgo) –**150–180°**

Moznaim (Libra) – **180–210°**

Akrav (Scorpio) – **210–240°**

Keshet (Sagittarius) – **240–270°**

Gdi (Capricorn) – **270–300°**

Deli (Aquarius) –**300–330°**

Dagim (Pisces) – **330–360°**

When subtracting many degrees from smaller number one must add **360°** to the smaller number e.g. **100° – 200° = 460° – 200° = 260°**

Distance travelled by:

Sun – **59′ 8″ in 24 hours**

28′ 35′ 1″ in one month

Gavoha (apogee) – point of suns orbit furthest from earth – **± 1° in 70 years**

Moon around earth **13° 10′ 35″ in one day** (as seen from earth)

Epicycle of moon – its own movement – **13° 3′ 54″ in one day** (as seen from earth)

Head & tail of moon (Point where orbits of moon and sun meet) – **3′ 11″ per day**

Some Further Definitions

LATITUDE OF MOON

This is the moons inclination to the suns orbit. Never exceeds **5°**. The greater the inclination, the larger will be the visible crescent of moon. The orbit of moon intersects the orbit of the sun at an angle after intersecting the moon either to the north or south of suns orbit.

A northerly latitude (head orbit) caused moon to set later. A southerly latitude (tail of orbit) causes moon to set earlier.

At the points of intersection, the moon is not inclined at all.

The head moves from east to west, apposite to the direction of the sphere of the constellation at a uniform speed. Due to this there are several stages needed to calculate the longitude of the moon.

LONGITUDE

At time of conjunction (*molad*), sun and moon are at same longitudinal point. Also at time of full moon. Thereafter the distance in longitude between the sun and the moon determines how much moon is seen (the greater the distance i.e. longitude; the greater is the visible crescent)

This difference in latitude between sun and moon explains why there is not an eclipse at every new and full moon.

An eclipse will only occur when conjunction (or full moon) takes place at the point of intersection of these two orbits.

THE COURSE OF THE LATITUDE

This is the distance travelled by moon from the head to its current position.

SECOND LONGITUDE

For longitude adjustments, minutes are always subtracted. This adjustment is needed because it the evening the moon will always appear closer to the horizon than it actually is.

SECOND LATITUDE

Latitude adjustments could be added or subtracted. If moons latitude is northerly we subtract minutes. If southerly, we add minutes to first latitude.

The first and second latitude readings let us know if the moon crescent will be large enough to be visible.

THIRD AND FOURTH LONGITUDE

These readings allow us to see if there is enough time to see the moon before it sets.

It is also a process of translating the position in *Yerushalayim* to a position on the equator.

Additional, Useful Features of Interest
for Studying Rambam's Mishneh Torah

Scan QR code onto your mobile device to link to our website.
https://rambampress.com/

הלכות תעניות

Hilchot Taaniot

THE LAWS OF THE FASTS

מצות עשה אחת והיא להתענות ולזעוק לפני ה׳ בעת כל צרה גדולה שלא תבא על הצבור

They consist of one positive commandment, to fast and call out before G-d at times of great communal distress.

Perek 1

Introduction.

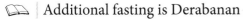

When there is a difficulty that affects the community, we fast, and call out to G-d[1].

Calling out to Hashem and sounding trumpets is from Torah,

Additional fasting is Derabanan

(In *Bet Hamikdash* (Temple) we also sound the *shofar* (horn) i.e. trumpets plus *shofar*

Examples of difficulty are wars, flooding, a sinking ship, an individual being pursued by gentiles or thieves etc. (even here it is a reason for the communities to fast)

The acceptance to fast is a sign of *teshuvah.* The opposite view, the view that the suffering is coincidence, is the cause for further distress.

The fasts should take place on Mondays and Thursdays.

We do not normally fast on *Shabbat* or *Yom Tov.* Nor *Rosh Chodesh, Chanukah, Purim* etc. But there are circumstances where one would fast on these days.

Pregnant or nursing mothers and children need not fast.

An individual can also fast for personal problems.

Normally, when an individual fasts he should make this decision on the previous day before sunset.

When a person fasts, his attitude should be of a serious nature and he should not indulge in pleasures.

פרק א׳

א. מִצְוַת עֲשֵׂה מִן הַתּוֹרָה לִזְעֹק וּלְהָרִיעַ בַּחֲצוֹצְרוֹת עַל כָּל צָרָה שֶׁתָּבוֹא עַל הַצִּבּוּר. שֶׁנֶּאֱמַר (במדבר י ט) ״עַל הַצַּר הַצֹּרֵר אֶתְכֶם וַהֲרֵעֹתֶם בַּחֲצֹצְרוֹת״. כְּלוֹמַר כָּל דָּבָר שֶׁיָּצֵר לָכֶם כְּגוֹן בַּצֹּרֶת וְדֶבֶר וְאַרְבֶּה וְכַיּוֹצֵא בָּהֶן זַעֲקוּ עֲלֵיהֶן וְהָרִיעוּ:

ב. וְדָבָר זֶה מִדַּרְכֵי הַתְּשׁוּבָה הוּא. שֶׁבִּזְמַן שֶׁתָּבוֹא צָרָה וְיִזְעֲקוּ עָלֶיהָ וְיָרִיעוּ יֵדְעוּ הַכֹּל שֶׁבִּגְלַל מַעֲשֵׂיהֶם הָרָעִים הוּרַע לָהֶן כַּכָּתוּב (ירמיה ה כה) ״עֲוֹנוֹתֵיכֶם הִטּוּ״ וְגוֹ׳. וְזֶה הוּא שֶׁיִּגְרֹם לָהֶם לְהָסִיר הַצָּרָה מֵעֲלֵיהֶם:

ג. אֲבָל אִם לֹא יִזְעֲקוּ וְלֹא יָרִיעוּ אֶלָּא יֹאמְרוּ דָּבָר זֶה מִמִּנְהַג הָעוֹלָם אֵרַע לָנוּ וְצָרָה זוֹ נִקְרָה נִקְרֵית. הֲרֵי זוֹ דֶּרֶךְ אַכְזָרִיּוּת וְגוֹרֶמֶת לָהֶם לְהִדַּבֵּק בְּמַעֲשֵׂיהֶם הָרָעִים. וְתוֹסִיף הַצָּרָה צָרוֹת אֲחֵרוֹת. הוּא שֶׁכָּתוּב בַּתּוֹרָה (ויקרא כו כז) ״וַהֲלַכְתֶּם עִמִּי בְּקֶרִי״ (ויקרא כו כח) ״וְהָלַכְתִּי גַּם אֲנִי עִמָּכֶם בַּחֲמַת

קֶרִי" כְּלוֹמַר כְּשֶׁאָבִיא עֲלֵיכֶם צָרָה כְּדֵי שֶׁתָּשׁוּבוּ אִם תֹּאמְרוּ שֶׁהִיא קֶרִי אוֹסִיף לָכֶם חֲמַת אוֹתוֹ קֶרִי:

ד. וּמִדִּבְרֵי סוֹפְרִים לְהִתְעַנּוֹת עַל כׇּל צָרָה שֶׁתָּבוֹא עַל הַצִּבּוּר עַד שֶׁיְּרֻחֲמוּ מִן הַשָּׁמַיִם. וּבִימֵי הַתַּעֲנִיּוֹת הָאֵלּוּ זוֹעֲקִין בִּתְפִלּוֹת וּמִתְחַנְּנִים וּמְרִיעִין בַּחֲצוֹצְרוֹת בִּלְבַד. וְאִם הָיוּ בַּמִּקְדָּשׁ מְרִיעִין בַּחֲצוֹצְרוֹת וּבְשׁוֹפָר. הַשּׁוֹפָר מְקַצֵּר וְהַחֲצוֹצְרוֹת מַאֲרִיכוֹת. שֶׁמִּצְוַת הַיּוֹם בַּחֲצוֹצְרוֹת. וְאֵין תּוֹקְעִין בַּחֲצוֹצְרוֹת וְשׁוֹפָר כְּאֶחָד אֶלָּא בַּמִּקְדָּשׁ שֶׁנֶּאֱמַר (תהלים צח ו) "בַּחֲצֹצְרוֹת וְקוֹל שׁוֹפָר הָרִיעוּ לִפְנֵי הַמֶּלֶךְ ה'":

ה. תַּעֲנִיּוֹת אֵלּוּ שֶׁגּוֹזְרִין עַל הַצִּבּוּר מִפְּנֵי הַצָּרוֹת אֵינָן יוֹם אַחַר יוֹם. שֶׁאֵין רֹב הַצִּבּוּר יְכוֹלִים לַעֲמֹד בְּדָבָר זֶה. וְאֵין גּוֹזְרִין בַּתְּחִלָּה תַּעֲנִית אֶלָּא בְּשֵׁנִי בְּשַׁבָּת וּבַחֲמִישִׁי שֶׁלְּאַחֲרָיו וּבְשֵׁנִי שֶׁלְּאַחֲרָיו וְכֵן עַל הַסֵּדֶר הַזֶּה שֵׁנִי וַחֲמִישִׁי וְשֵׁנִי עַד שֶׁיְּרֻחֲמוּ:

ו. אֵין גּוֹזְרִין תַּעֲנִית עַל הַצִּבּוּר לֹא בְּשַׁבָּתוֹת וְלֹא בְּיָמִים טוֹבִים. וְכֵן אֵין תּוֹקְעִין בָּהֶן לֹא בְּשׁוֹפָר וְלֹא בַּחֲצוֹצְרוֹת וְלֹא זוֹעֲקִים וּמִתְחַנְּנִים בָּהֶם בִּתְפִלָּה. אֶלָּא אִם כֵּן הָיְתָה עִיר שֶׁהִקִּיפוּהָ עכו"ם אוֹ נָהָר אוֹ סְפִינָה הַמִּטָּרֶפֶת בַּיָּם. אֲפִלּוּ יָחִיד הַנִּרְדָּף מִפְּנֵי עכו"ם מִפְּנֵי לִסְטִים וּמִפְּנֵי רוּחַ רָעָה (מִתְעַנִּין עֲלֵיהֶם בְּשַׁבָּת ו) זוֹעֲקִין וּמִתְחַנְּנִים עֲלֵיהֶם בִּתְפִלָּה. אֲבָל אֵין תּוֹקְעִין אֶלָּא אִם כֵּן תָּקְעוּ לְקַבֵּץ אֶת הָעָם לַעֲזֹר אוֹתָם וּלְהַצִּילָן:

ז. וְכֵן אֵין גּוֹזְרִין תַּעֲנִית בַּתְּחִלָּה בְּרָאשֵׁי חֳדָשִׁים אוֹ בַּחֲנֻכָּה וּפוּרִים אוֹ בְּחֻלּוֹ שֶׁל מוֹעֵד. וְאִם הִתְחִילוּ לְהִתְעַנּוֹת עַל הַצָּרָה אֲפִלּוּ יוֹם אֶחָד וּפָגַע בָּהֶן יוֹם מֵאֵלּוּ מִתְעַנִּין וּמַשְׁלִימִין הַיּוֹם בְּתַעֲנִית:

ח. תַּעֲנִיּוֹת אֵלּוּ שֶׁמִּתְעַנִּין עַל הַצָּרוֹת אֵין מִתְעַנִּין בָּהֶן לֹא עֻבָּרוֹת וְלֹא מֵינִיקוֹת וְלֹא קְטַנִּים. וּמֻתָּרִין לֶאֱכֹל בַּלַּיְלָה אַף עַל פִּי שֶׁמִּתְעַנִּין לְמָחָר חוּץ מִתַּעֲנִיּוֹת הַמָּטָר כְּמוֹ שֶׁיִּתְבָּאֵר. וְכׇל תַּעֲנִית שֶׁאוֹכְלִין בָּהּ בַּלַּיְלָה בֵּין צִבּוּר בֵּין יָחִיד הֲרֵי זֶה אוֹכֵל וְשׁוֹתֶה עַד שֶׁיַּעֲלֶה עַמּוּד הַשַּׁחַר. וְהוּא שֶׁלֹּא יָשַׁן אֲבָל אִם יָשַׁן אֵינוֹ חוֹזֵר וְאוֹכֵל:

ט. כְּשֵׁם שֶׁהַצִּבּוּר מִתְעַנִּים עַל צָרָתָן כָּךְ הַיָּחִיד מִתְעַנֶּה עַל צָרָתוֹ. כֵּיצַד. הֲרֵי שֶׁהָיָה לוֹ חוֹלֶה אוֹ תּוֹעֶה בַּמִּדְבָּר אוֹ אָסוּר בְּבֵית הָאֲסוּרִין. יֵשׁ לוֹ לְהִתְעַנּוֹת עָלָיו וּלְבַקֵּשׁ רַחֲמִים בִּתְפִלָּתוֹ. וְאוֹמֵר עֲנֵנוּ וְכוּ' בְּכׇל תְּפִלָּה שֶׁמִּתְפַּלֵּל. וְלֹא יִתְעַנֶּה בְּשַׁבָּתוֹת וְלֹא בְּמוֹעֲדוֹת וְלֹא בְּרָאשֵׁי חֳדָשִׁים וְלֹא בַּחֲנֻכָּה וּפוּרִים:

י. כׇּל תַּעֲנִית שֶׁלֹּא קִבְּלָהּ עָלָיו הַיָּחִיד מִבְּעוֹד יוֹם אֵינוֹ תַּעֲנִית. כֵּיצַד מְקַבְּלָהּ. כְּשֶׁיִּתְפַּלֵּל תְּפִלַּת מִנְחָה אוֹמֵר אַחַר הַתְּפִלָּה מָחָר אֱהֵא בְּתַעֲנִית וְגוֹמֵר בְּלִבּוֹ לְהִתְעַנּוֹת לְמָחָר. וְאַף עַל פִּי שֶׁהוּא אוֹכֵל בַּלַּיְלָה לֹא הִפְסִיד כְּלוּם. וְכֵן אִם גָּמַר בְּלִבּוֹ וְקִבֵּל עָלָיו לְהִתְעַנּוֹת שְׁלֹשָׁה אוֹ אַרְבָּעָה יָמִים זֶה אַחַר זֶה אַף עַל פִּי שֶׁהוּא אוֹכֵל כׇּל לַיְלָה וְלַיְלָה לֹא הִפְסִיד תַּעֲנִיתוֹ. וְאֵינוֹ צָרִיךְ כַּוָּנָה לְכׇל יוֹם וָיוֹם מִבְּעוֹדוֹ:

יא. קִבֵּל עָלָיו מִבְּעוֹד יוֹם לְהִתְעַנּוֹת לְמָחָר בִּלְבַד וְהִתְעַנָּה. וּבַלַּיְלָה נִמְלַךְ לְהִתְעַנּוֹת בְּיוֹם שֵׁנִי. אַף עַל פִּי שֶׁלָּן בְּתַעֲנִיתוֹ אֵינָהּ תַּעֲנִית מִפְּנֵי שֶׁלֹּא קִבְּלָהּ עָלָיו מִבְּעוֹד יוֹם. וְאֵין צָרִיךְ לוֹמַר שֶׁהָיָה אוֹכֵל וְשׁוֹתֶה בַּלַּיְלָה וְהִשְׁכִּים בַּבֹּקֶר וְנִמְלַךְ לְהִתְעַנּוֹת שֶׁאֵין זוֹ תַּעֲנִית כְּלָל:

יב. הָרוֹאֶה חֲלוֹם רַע צָרִיךְ לְהִתְעַנּוֹת לְמָחָר. כְּדֵי שֶׁיָּשׁוּב וְיֵעוֹר בְּמַעֲשָׂיו וִיחַפֵּשׂ בָּהֶן וְיַחֲזֹר בִּתְשׁוּבָה. וּמִתְעַנֶּה וַאֲפִלּוּ בְּשַׁבָּת. וּמִתְפַּלֵּל עֲנֵנוּ בְּכׇל תְּפִלָּה אַף עַל פִּי שֶׁלֹּא קִבְּלָהּ מִבְּעוֹד יוֹם. וְהַמִּתְעַנֶּה בְּשַׁבָּת מִתְעַנֶּה יוֹם אַחֵר מִפְּנֵי שֶׁבִּטֵּל עֹנֶג שַׁבָּת:

יג. מִתְעַנֶּה אָדָם שָׁעוֹת וְהוּא שֶׁלֹּא יֹאכַל כְּלוּם שְׁאָר הַיּוֹם. כֵּיצַד. הֲרֵי שֶׁהָיָה טָרוּד בַּחֲפָצָיו וּמִתְעַסֵּק בִּצְרָכָיו וְלֹא אָכַל עַד חֲצוֹת אוֹ עַד תֵּשַׁע שָׁעוֹת וְנִמְלַךְ לְהִתְעַנּוֹת בַּשָּׁעוֹת שֶׁנִּשְׁאֲרוּ מִן הַיּוֹם. הֲרֵי זֶה מִתְעַנֶּה אוֹתָן שָׁעוֹת וּמִתְפַּלֵּל בָּהֶן עֲנֵנוּ. שֶׁהֲרֵי קִבֵּל עָלָיו הַתַּעֲנִית קֹדֶם שְׁעוֹת הַתַּעֲנִית. וְכֵן אִם אָכַל וְשָׁתָה וְאַחַר כָּךְ הִתְחִיל לְהִתְעַנּוֹת שְׁאָר הַיּוֹם הֲרֵי זֶה תַּעֲנִית שָׁעוֹת:

יד. כׇּל הַשְּׁרוּי בְּתַעֲנִית. בֵּין שֶׁהָיָה מִתְעַנֶּה עַל צָרָתוֹ אוֹ עַל חֲלוֹמוֹ בֵּין שֶׁהָיָה מִתְעַנֶּה עִם הַצִּבּוּר עַל צָרָתָם. הֲרֵי זֶה לֹא יִנְהַג עִדּוּנִין בְּעַצְמוֹ וְלֹא יָקֵל רֹאשׁוֹ וְלֹא יִהְיֶה שָׂמֵחַ וְטוֹב לֵב אֶלָּא דּוֹאֵג וְאוֹנֵן כְּעִנְיָן שֶׁנֶּאֱמַר (איכה ג לט) "מַה יִּתְאוֹנֵן אָדָם חָי גֶּבֶר עַל חֲטָאָיו". וּמֻתָּר לוֹ לִטְעֹם אֶת הַתַּבְשִׁיל וַאֲפִלּוּ בִּכְדֵי רְבִיעִית וְהוּא שֶׁלֹּא יִבְלַע אֶלָּא טוֹעֵם וּפוֹלֵט. שָׁכַח וְאָכַל מַשְׁלִים תַּעֲנִיתוֹ:

טו. יָחִיד שֶׁהָיָה מִתְעַנֶּה עַל הַחוֹלֶה וְנִתְרַפֵּא. עַל צָרָה וְעָבְרָה. הֲרֵי זֶה מַשְׁלִים תַּעֲנִיתוֹ. הַהוֹלֵךְ מִמָּקוֹם שֶׁמִּתְעַנִּין לְמָקוֹם שֶׁאֵין מִתְעַנִּין הֲרֵי זֶה מִתְעַנֶּה וּמַשְׁלִים תַּעֲנִיתוֹ. הָלַךְ מִמָּקוֹם שֶׁאֵין מִתְעַנִּין לְמָקוֹם שֶׁמִּתְעַנִּין הֲרֵי זֶה מִתְעַנֶּה עִמָּהֶן. שָׁכַח וְאָכַל וְשָׁתָה אַל יִתְרָאֶה בִּפְנֵיהֶם וְאַל יִנְהַג עִדּוּנִין בְּעַצְמוֹ:

טז. צִבּוּר שֶׁהָיוּ מִתְעַנִּין עַל הַגְּשָׁמִים וְיָרְדוּ לָהֶן גְּשָׁמִים. אִם קֹדֶם חֲצוֹת יָרְדוּ לֹא יַשְׁלִימוּ אֶלָּא אוֹכְלִין וְשׁוֹתִין וּמִתְכַּנְּסִין וְקוֹרְאִין הַלֵּל הַגָּדוֹל. שֶׁאֵין אוֹמְרִין הַלֵּל הַגָּדוֹל

אֶלָּא בְּנֶפֶשׁ שְׂבֵעָה וְכֶרֶס מְלֵאָה. וְאִם אַחַר חֲצוֹת הוֹאִיל וְעָבַר רֹב הַיּוֹם בִּקְדֻשָּׁה יַשְׁלִימוּ תַּעֲנִיתָן. וְכֵן אִם הָיוּ מִתְעַנִּין עַל צָרָה וְעָבְרָה אוֹ עַל גְּזֵרָה וּבָטְלָה. אִם קֹדֶם חֲצוֹת לֹא יַשְׁלִימוּ וְאִם אַחַר חֲצוֹת יַשְׁלִימוּ:

יז. בְּכָל יוֹם תַּעֲנִית שֶׁגּוֹזְרִין עַל הַצִּבּוּר מִפְּנֵי הַצָּרוֹת. בֵּית דִּין וְהַזְּקֵנִים יוֹשְׁבִין בְּבֵית הַכְּנֶסֶת וּבוֹדְקִים עַל מַעֲשֵׂי אַנְשֵׁי הָעִיר מֵאַחַר תְּפִלַּת שַׁחֲרִית עַד חֲצוֹת הַיּוֹם. וּמְסִירִין הַמִּכְשׁוֹלוֹת שֶׁל עֲבֵרוֹת. וּמַזְהִירִין וְדוֹרְשִׁין וְחוֹקְרִין עַל בַּעֲלֵי חָמָס וַעֲבֵרוֹת וּמַפְרִישִׁין אוֹתָן. וְעַל בַּעֲלֵי זְרוֹעַ וּמַשְׁפִּילִין אוֹתָן. וְכַיּוֹצֵא בִּדְבָרִים אֵלּוּ. וּמֵחֲצִי הַיּוֹם וְלָעֶרֶב רְבִיעַ הַיּוֹם קוֹרְאִין בִּבְרָכוֹת וּקְלָלוֹת שֶׁבַּתּוֹרָה שֶׁנֶּאֱמַר (משלי ג יא) "מוּסַר ה' בְּנִי אַל תִּמְאָס וְאַל תָּקֹץ בְּתוֹכַחְתּוֹ". וּמַפְטִירִין בַּנָּבִיא בְּתוֹכָחוֹת מֵעִנְיַן הַצָּרָה. וּרְבִיעַ הַיּוֹם הָאַחֲרוֹן מִתְפַּלְּלִים מִנְחָה וּמִתְחַנְּנִים וְזוֹעֲקִים וּמִתְוַדִּים כְּפִי כֹּחָם:

Perek 2

Reasons to cause a communal fast.

Cause	Fast	Sound Trumpets	Fast on *Shabbat*	Explanation
Distress caused by enemies (*sonei yisrael*)	✓	✓		I.e. – war • Imposition of unfair tax • Confiscation of land • Restricting our faith
Presence of an army (*cherev*)	✓			Seeing signs of war is also stressful
Plague (*dever*)	✓	✓		Definition is if 3 people die on 3 consecutive days in a city of 500 males
Wild animal (*chayah raah*)	✓	✓		I.e. if animal shows brazenness. In their own territory, they are not usually called brazen
Locusts (*arbeh*)	✓	✓		Some species of locusts are more dangerous than others
Different species of locusts (*chasil*)	✓	✓		
Shidafon (black blight)	✓	✓		They spread very quickly from field to field
Yerakon (Yellow blight)	✓	✓		
Falling buildings (*mapolet*)	✓	✓		Also includes earthquakes and strong winds
Epidemic (*chalayim*)	✓	✓		E.g. polio
Loss of sustenance (*mezonot*)	✓	✓	✓	E.g. when price of articles upon which trade depends drops substantially i.e. it drops to 60% of its value
Rain (*matar*)	✓	✓		This could be also if there is too much rain

פרק ב'

א. אֵלּוּ הֵן הַצָּרוֹת שֶׁל צִבּוּר שֶׁמִּתְעַנִּין וּמַתְרִיעִין עֲלֵיהֶם. עַל הַצָּרַת שׂוֹנְאֵי יִשְׂרָאֵל לְיִשְׂרָאֵל. וְעַל הַחֶרֶב. וְעַל הַדֶּבֶר. וְעַל חַיָּה רָעָה. וְעַל הָאַרְבֶּה. וְעַל הֶחָסִיל. וְעַל הַשִּׁדָּפוֹן. וְעַל הַיֵּרָקוֹן. וְעַל הַמַּפֹּלֶת. וְעַל הֶחֳלָאִים. וְעַל הַמְּזוֹנוֹת. וְעַל הַמָּטָר:

ב. כָּל עִיר שֶׁיֵּשׁ בָּהּ צָרָה מִכָּל אֵלּוּ. אוֹתָהּ הָעִיר מִתְעַנָּה וּמִתְרַעַת עַד שֶׁתַּעֲבֹר הַצָּרָה. וְכָל סְבִיבוֹתֶיהָ מִתְעַנּוֹת וְלֹא מַתְרִיעוֹת אֲבָל מְבַקְשִׁים עֲלֵיהֶם רַחֲמִים. וּבְכָל מָקוֹם אֵין צוֹעֲקִין וְלֹא מַתְרִיעִין בְּשַׁבָּת כְּמוֹ שֶׁאָמַרְנוּ. חוּץ מִצָּרַת הַמְּזוֹנוֹת שֶׁצּוֹעֲקִין עָלֶיהָ אֲפִלּוּ בְּשַׁבָּת. אֲבָל אֵין מַתְרִיעִין עָלֶיהָ בַּחֲצוֹצְרוֹת בְּשַׁבָּת:

ג. עַל הַצָּרַת שׂוֹנְאֵי יִשְׂרָאֵל לְיִשְׂרָאֵל כֵּיצַד. עכו"ם שֶׁבָּאוּ לַעֲרֹךְ מִלְחָמָה עִם יִשְׂרָאֵל אוֹ לִטֹל מֵהֶם מַס אוֹ לִקַּח מִיָּדָם אֶרֶץ אוֹ לִגְזֹר עֲלֵיהֶם גְּזֵרָה אֲפִלּוּ בְּמִצְוָה קַלָּה הֲרֵי אֵלּוּ מִתְעַנִּין וּמַתְרִיעִין עַד שֶׁיְּרֻחֲמוּ. וְכָל הֶעָרִים שֶׁסְּבִיבוֹתֵיהֶם מִתְעַנִּין אֲבָל אֵין מַתְרִיעִין אֶלָּא אִם כֵּן תָּקְעוּ לְהִתְקַבֵּץ לְעֶזְרָתָן:

ד. עַל הַחֶרֶב כֵּיצַד. אֲפִלּוּ חֶרֶב שֶׁל שָׁלוֹם כְּגוֹן שֶׁעָרְכוּ מִלְחָמָה עכו"ם עִם עכו"ם וְעָבְרוּ בִּמְקוֹם יִשְׂרָאֵל אַף עַל פִּי שֶׁאֵין בֵּינֵיהֶם וּבֵין יִשְׂרָאֵל מִלְחָמָה הֲרֵי זוֹ צָרָה וּמִתְעַנִּין עָלֶיהָ שֶׁנֶּאֱמַר (ויקרא כו ו) "וְחֶרֶב לֹא תַעֲבֹר בְּאַרְצְכֶם" מִכְּלַל שֶׁרְאִיַּת הַמִּלְחָמָה צָרָה:

ה. וְעַל הַדֶּבֶר. אֵי זוֹ הִיא דֶּבֶר עִיר שֶׁיֵּשׁ בָּהּ חֲמֵשׁ מֵאוֹת רַגְלִי וְיָצְאוּ מִמֶּנָּה שְׁלֹשָׁה מֵתִים בִּשְׁלֹשָׁה יָמִים זֶה אַחַר זֶה הֲרֵי זֶה דֶּבֶר. יָצְאוּ בְּיוֹם אֶחָד אוֹ בְּאַרְבָּעָה יָמִים אֵין זֶה דֶּבֶר. הָיוּ בָהּ אֶלֶף וְיָצְאוּ מִמֶּנָּה שִׁשָּׁה מֵתִים בִּשְׁלֹשָׁה יָמִים זֶה אַחַר זֶה דֶּבֶר. יָצְאוּ בְּיוֹם אֶחָד אוֹ בְּאַרְבָּעָה אֵין זֶה דֶּבֶר. וְכֵן לְפִי חֶשְׁבּוֹן זֶה. וְאֵין הַנָּשִׁים וְהַקְּטַנִּים וְהַזְּקֵנִים שֶׁשָּׁבְתוּ מִמְּלָאכָה בִּכְלַל מִנְיַן אַנְשֵׁי הַמְּדִינָה לְעִנְיָן זֶה:

ו. הָיָה דֶּבֶר בְּאֶרֶץ יִשְׂרָאֵל מִתְעַנִּין שְׁאָר גָּלֻיּוֹת יִשְׂרָאֵל עֲלֵיהֶן. הָיָה דֶּבֶר בַּמְּדִינָה וְשַׁיָּרוֹת הוֹלְכוֹת וּבָאוֹת מִמֶּנָּה לִמְדִינָה אַחֶרֶת שְׁתֵּיהֶן מִתְעַנּוֹת אַף עַל פִּי שֶׁהֵן רְחוֹקוֹת זוֹ מִזּוֹ:

ז. אֵין מִתְעַנִּין עַל חַיָּה רָעָה אֶלָּא בִּזְמַן שֶׁהִיא מְשֻׁלַּחַת. כֵּיצַד. נִרְאֲתָה בָּעִיר בַּיּוֹם הֲרֵי זוֹ מְשֻׁלַּחַת. נִרְאֲתָה בַּשָּׂדֶה בַּיּוֹם אִם רָאֲתָה שְׁנֵי בְּנֵי אָדָם וְלֹא בָרְחָה מִפְּנֵיהֶם הֲרֵי זוֹ מְשֻׁלַּחַת. וְאִם הָיָה שָׂדֶה הַסְּמוּכָה לָאֲגַם וְרָאֲתָה שְׁנֵי בְּנֵי אָדָם וְרָדְפָה אַחֲרֵיהֶם הֲרֵי זוֹ מְשֻׁלַּחַת. לֹא רָדְפָה אַחֲרֵיהֶם הֲרֵי זוֹ

אֵינָהּ מְשֻׁלַּחַת. וְאִם הָיָה בָּאֲגַם אֲפִלּוּ רָדְפָה אַחֲרֵיהֶם אֵינָהּ מְשֻׁלַּחַת אֶלָּא אִם כֵּן טָרְפָה שְׁנֵיהֶם וְאָכְלָה אֶחָד מֵהֶן. אֲבָל אִם אָכְלָה שְׁנֵיהֶם בָּאֲגַם אֵינָהּ מְשֻׁלַּחַת מִפְּנֵי שֶׁזֶּה הוּא מְקוֹמָהּ וּמִפְּנֵי הָרְעָבוֹן טָרְפָה לֹא מִפְּנֵי שֶׁהִיא מְשֻׁלַּחַת:

ח. בָּתִּים הַבְּנוּיִים בְּמִדְבָּרוֹת וּבַאֲרָצוֹת הַנְשַׁמּוֹת הוֹאִיל וְהֵן מְקוֹם גְּדוּדֵי חַיָּה. אִם עָלְתָה לַגַּג וְנָטְלָה תִּינוֹק מֵעֲרִיסָה הֲרֵי זוֹ מְשֻׁלַּחַת. וְאִם לֹא הִגִּיעָה לְמִדָּה זוֹ אֵינָהּ מְשֻׁלַּחַת. שֶׁאֵלּוּ בְּנֵי אָדָם הֵם שֶׁסִּכְּנוּ בְּעַצְמָם וּבָאוּ לִמְקוֹם הַחַיּוֹת:

ט. שְׁאָר מִינֵי רֶמֶשׂ הָאָרֶץ וְרֶמֶשׂ הָעוֹף שֶׁשֻּׁלְּחוּ וְהִזִּיקוּ. כְּגוֹן שִׁלּוּחַ נְחָשִׁים וְעַקְרַבִּים וְאֵין צָרִיךְ לוֹמַר צִרְעִין וְיַתּוּשִׁין וְהַדּוֹמֶה לָהֶן אֵין מִתְעַנִּין עֲלֵיהֶם וְלֹא מַתְרִיעִין אֲבָל זוֹעֲקִין בְּלֹא תְּרוּעָה:

י. עַל הָאַרְבֶּה וְעַל הֶחָסִיל אֲפִלּוּ לֹא נִרְאָה מֵהֶן אֶלָּא כָּנָף אֶחָד בְּכָל אֶרֶץ יִשְׂרָאֵל מִתְעַנִּין וּמַתְרִיעִין עֲלֵיהֶן. וְעַל הַגּוֹבַאי בְּכָל שֶׁהוּא. אֲבָל עַל הֶחָגָב אֵין מִתְעַנִּין עָלָיו וְלֹא מַתְרִיעִין אֶלָּא זוֹעֲקִין בִּלְבַד:

יא. עַל הַשִּׁדָּפוֹן וְעַל הַיֵּרָקוֹן מִשֶּׁיַּתְחִיל בַּתְּבוּאָה. וַאֲפִלּוּ לֹא הִתְחִיל אֶלָּא מִמָּקוֹם קָטָן כִּמְלֹא פִּי תַנּוּר גּוֹזְרִין עָלָיו תַּעֲנִית וּמַתְרִיעִין:

יב. עַל הַמַּפֹּלֶת כֵּיצַד. הֲרֵי שֶׁרָבְתָה בָּעִיר מַפֹּלֶת כְּתָלִים בְּרִיאִים שֶׁאֵינָן עוֹמְדִין בְּצַד הַנָּהָר הֲרֵי זוֹ צָרָה וּמִתְעַנִּין עָלֶיהָ. וְכֵן עַל הָרַעַשׁ וְעַל הָרוּחוֹת שֶׁהֵן מַפִּילִין אֶת הַבִּנְיָן וְהוֹרְגִין מִתְעַנִּין וּמַתְרִיעִין עֲלֵיהֶן:

יג. עַל הֶחֳלָאִים כֵּיצַד. הֲרֵי שֶׁיָּרַד חֳלִי אֶחָד לַאֲנָשִׁים הַרְבֵּה בְּאוֹתָהּ הָעִיר כְּגוֹן אַסְכָּרָה אוֹ חַרְחוּר וְכַיּוֹצֵא בָּהֶן וְהָיוּ מֵתִים בְּאוֹתוֹ הַחֳלִי הֲרֵי זוֹ צָרַת צִבּוּר וְגוֹזְרִין לָהּ תַּעֲנִית וּמַתְרִיעִין. וְכֵן חִכּוּךְ לַח הֲרֵי הוּא כִּשְׁחִין פּוֹרֵחַ. וְאִם פָּשַׁט בְּרֹב הַצִּבּוּר מִתְעַנִּין וּמַתְרִיעִין עָלָיו. אֲבָל חִכּוּךְ יָבֵשׁ צוֹעֲקִים עָלָיו בִּלְבַד:

יד. עַל הַמְּזוֹנוֹת כֵּיצַד. הֲרֵי שֶׁהוּזְלוּ דְּבָרִים שֶׁל סְחוֹרָה שֶׁרֹב חַיֵּי אַנְשֵׁי אוֹתָהּ הָעִיר מֵהֶן. כְּגוֹן כְּלֵי פִשְׁתָּן בְּבָבֶל וְיַיִן וְשֶׁמֶן בְּאֶרֶץ יִשְׂרָאֵל. וְנִתְמַעֵט הַמַּשָּׂא וְהַמַּתָּן עַד שֶׁיִּצְטָרֵךְ הַתַּגָּר לְמִכֹּר שָׁוֶה עֲשָׂרָה בְּשִׁשָּׁה וְאַחַר כָּךְ יִמָּצֵא לוֹקֵחַ. הֲרֵי זוֹ צָרַת צִבּוּר וּמַתְרִיעִין עָלֶיהָ וְזוֹעֲקִין עָלֶיהָ בְּשַׁבָּת:

טו. עַל הַמָּטָר כֵּיצַד. הֲרֵי שֶׁרָבוּ עֲלֵיהֶן גְּשָׁמִים עַד שֶׁיִּצֵרוּ לָהֶן הֲרֵי אֵלּוּ מִתְפַּלְּלִין עֲלֵיהֶן. שֶׁאֵין לְךָ צָרָה יְתֵרָה מִזּוֹ שֶׁהַבָּתִּים נוֹפְלִין וְנִמְצְאוּ בָּתֵּיהֶן קִבְרֵיהֶן. וּבְאֶרֶץ יִשְׂרָאֵל

אֵין מִתְפַּלְּלִין עַל רֹב הַגְּשָׁמִים מִפְּנֵי שֶׁהִיא אֶרֶץ הָרִים וּבָתֵּיהֶם בְּנוּיִים בַּאֲבָנִים וְרֹב הַגְּשָׁמִים טוֹבָה לָהֶן וְאֵין מִתְעַנִּין לְהַעֲבִיר הַטּוֹבָה:

טז. תְּבוּאָה שֶׁצָּמְחָה וְנִמְנַע הַמָּטָר וְהִתְחִילוּ צְמָחִין לִיבַשׁ הֲרֵי אֵלּוּ מִתְעַנִּין וְזוֹעֲקִין עַד שֶׁיֵּרְדוּ גְּשָׁמִים אוֹ עַד שֶׁיִּיבְשׁוּ הַצְּמָחִים. וְכֵן אִם הִגִּיעַ זְמַן הַפֶּסַח אוֹ קָרוֹב לוֹ בְּאֶרֶץ יִשְׂרָאֵל שֶׁהוּא זְמַן פְּרִיחַת הָאִילָנוֹת שָׁם וְלֹא יָרְדוּ גְּשָׁמִים הֲרֵי אֵלּוּ מִתְעַנִּין וְזוֹעֲקִין עַד שֶׁיֵּרְדוּ גְּשָׁמִים הָרְאוּיִין לְאִילָנוֹת אוֹ עַד שֶׁיַּעֲבֹר זְמַנָּם:

יז. וְכֵן אִם הִגִּיעַ זְמַן חַג הַסֻּכּוֹת וְלֹא יָרְדוּ גְּשָׁמִים הַרְבֵּה כְּדֵי לְמַלְּאוֹת מֵהֶם הַבּוֹרוֹת הַשִּׁיחִין וְהַמְּעָרוֹת הֲרֵי אֵלּוּ מִתְעַנִּין עַד שֶׁיֵּרֵד גֶּשֶׁם הָרָאוּי לְבוֹרוֹת. וְאִם אֵין לָהֶם מַיִם לִשְׁתּוֹת מִתְעַנִּים עַל הַגְּשָׁמִים בְּכָל עֵת שֶׁלֹּא יִהְיֶה לָהֶם מַיִם לִשְׁתּוֹת וַאֲפִלּוּ בִּימוֹת הַחַמָּה:

יח. פָּסְקוּ הַגְּשָׁמִים בֵּין גֶּשֶׁם לְגֶשֶׁם אַרְבָּעִים יוֹם בִּימוֹת הַגְּשָׁמִים הֲרֵי זוֹ מַכַּת בַּצֹּרֶת וּמִתְעַנִּים וְזוֹעֲקִים עַד שֶׁיֵּרְדוּ הַגְּשָׁמִים אוֹ עַד שֶׁיַּעֲבֹר זְמַנָּם:

Perek 3

Procedure of fasting for rain.

Rainy season in *Eretz Yisrael* starts in *Cheshvan* (2nd month).

Normally fasting takes place on Mondays and Thursdays.

- If 17th *Cheshvan* arrives and no rains have occurred then Torah scholars fast a series of **3** fasts.
- At *Rosh Chodesh Kislev* (3rd month) the *Bet Din* decrees a series of **3** communal fasts – permitted to eat on night before.
- If no rain, *Bet Din* decrees a further **3** communal fasts – not permitted to eat on night before and further restrictions apply.
- If still no rain, *Bet Din* decrees another series of **7** communal fasts. Here pregnant and nursing women are also required to fast. There are additional degrees of severity here. E.g. people now come out onto the streets to pray etc.
- If still no rain, we start to reduce many of our normal activities i.e. reduce commercial activity, marriages etc.

Only **13** fasts are required by the community, but Torah scholars carry on fasting up until the end of *Nissan* (7th month) and then stop because rain at this stage would not be a blessing.

In the Diaspora procedure is different.

פרק ג׳

א. הֲרֵי שֶׁלֹּא יָרְדוּ לָהֶם גְּשָׁמִים כָּל עִקָּר מִתְּחִלַּת יְמוֹת הַגְּשָׁמִים. אִם הִגִּיעַ שִׁבְעָה עָשָׂר בְּמַרְחֶשְׁוָן וְלֹא יָרְדוּ גְּשָׁמִים מַתְחִילִין תַּלְמִידֵי חֲכָמִים בִּלְבַד לְהִתְעַנּוֹת שֵׁנִי וַחֲמִישִׁי וְשֵׁנִי. וְכָל הַתַּלְמִידִים רְאוּיִין לְכָךְ:

ב. הִגִּיעַ רֹאשׁ חֹדֶשׁ כִּסְלֵו וְלֹא יָרְדוּ גְּשָׁמִים בֵּית דִּין גּוֹזְרִין שָׁלֹשׁ תַּעֲנִיּוֹת עַל הַצִּבּוּר שֵׁנִי וַחֲמִישִׁי וְשֵׁנִי. וּמֻתָּרִין בָּהֶן לֶאֱכֹל וְלִשְׁתּוֹת בַּלַּיְלָה. וְאַנְשֵׁי מִשְׁמָר אֵין מִתְעַנִּין עִמָּהֶן מִפְּנֵי שֶׁהֵן עֲסוּקִין בַּעֲבוֹדָה. וְכָל הָעָם נִכְנָסִים לְבָתֵּי כְּנֵסִיּוֹת וּמִתְפַּלְּלִין וְזוֹעֲקִין וּמִתְחַנְּנִין כְּדֶרֶךְ שֶׁעוֹשִׂין בְּכָל הַתַּעֲנִיּוֹת:

ג. עָבְרוּ אֵלּוּ וְלֹא נַעֲנוּ בֵּית דִּין גּוֹזְרִין שָׁלֹשׁ תַּעֲנִיּוֹת אֲחֵרוֹת עַל הַצִּבּוּר שֵׁנִי וַחֲמִישִׁי וְשֵׁנִי. וּבְשָׁלֹשׁ אֵלּוּ אוֹכְלִין וְשׁוֹתִין מִבְּעוֹד יוֹם כְּמוֹ שֶׁעוֹשִׂין בְּצוֹם כִּפּוּר. וְאַנְשֵׁי מִשְׁמָר מִתְעַנִּין מִקְצָת הַיּוֹם וְלֹא מַשְׁלִימִין. וְאַנְשֵׁי בֵּית אָב וְהֵם הָעוֹסְקִין בַּעֲבוֹדָה בְּאוֹתוֹ הַיּוֹם לֹא יִהְיוּ מִתְעַנִּים כָּל עִקָּר. וְכָל תַּעֲנִית שֶׁאוֹכְלִין בָּהּ מִבְּעוֹד יוֹם אִם אָכַל וּפָסַק וְגָמַר שֶׁלֹּא לֶאֱכֹל אֵינוֹ חוֹזֵר וְאוֹכֵל אַף עַל פִּי שֶׁיֵּשׁ שְׁהוּת בַּיּוֹם:

ד. בְּשָׁלֹשׁ תַּעֲנִיּוֹת אֵלּוּ כָּל הָעָם אֲסוּרִין בַּעֲשִׂיַּת מְלָאכָה בַּיּוֹם וּמֻתָּרִין בַּלַּיְלָה. וַאֲסוּרִין בִּרְחִיצַת כָּל הַגּוּף בְּחַמִּין אֲבָל פָּנָיו יָדָיו וְרַגְלָיו מֻתָּר. לְפִיכָךְ נוֹעֲלִין אֶת הַמֶּרְחֲצָאוֹת. וַאֲסוּרִין בְּסִיכָה. וְאִם לְהַעֲבִיר אֶת הַזֻּהֲמָה מֻתָּר. וַאֲסוּרִין בְּתַשְׁמִישׁ הַמִּטָּה. וּבִנְעִילַת הַסַּנְדָּל בָּעִיר אֲבָל בַּדֶּרֶךְ מֻתָּר לִנְעֹל. וּמִתְפַּלְּלִין בְּבָתֵּי כְּנֵסִיּוֹת וְזוֹעֲקִין וּמִתְחַנְּנִין כִּשְׁאָר תַּעֲנִיּוֹת:

ה. עָבְרוּ אֵלּוּ וְלֹא נַעֲנוּ בֵּית דִּין גּוֹזְרִין שֶׁבַע תַּעֲנִיּוֹת אֲחֵרוֹת עַל הַצִּבּוּר שֵׁנִי וַחֲמִישִׁי וְשֵׁנִי וַחֲמִישִׁי וְשֵׁנִי וַחֲמִישִׁי וְשֵׁנִי. וּבְאֵלּוּ הַשֶּׁבַע בִּלְבַד עֵבָּרוֹת וּמֵינִיקוֹת מִתְעַנּוֹת אֲבָל בִּשְׁאָר הַתַּעֲנִיּוֹת אֵין עֵבָּרוֹת וּמֵינִיקוֹת מִתְעַנּוֹת. וְאַף עַל פִּי שֶׁאֵינָן מִתְעַנּוֹת אֵין מְעַנְּגוֹת עַצְמָן בְּתַפְנוּקִים אֶלָּא אוֹכְלוֹת וְשׁוֹתוֹת כְּדֵי קִיּוּם הַוָּלָד:

ו. וּבְשֶׁבַע תַּעֲנִיּוֹת אֵלּוּ אַנְשֵׁי מִשְׁמָר מִתְעַנִּין וּמַשְׁלִימִין. וְאַנְשֵׁי בֵּית אָב מִתְעַנִּין מִקְצָת הַיּוֹם וְלֹא מַשְׁלִימִין. וְכָל דָּבָר שֶׁהוּא אָסוּר בְּשָׁלֹשׁ אֶמְצָעִיּוֹת אָסוּר בְּאֵלּוּ הַשֶּׁבַע הָאַחֲרוֹנוֹת:

ז. וִיתֵרוֹת אֵלּוּ. שֶׁבָּהֶן בִּלְבַד מַתְרִיעִין וּמִתְפַּלְּלִין בִּרְחוֹב הָעִיר. וּמוֹרִידִין זָקֵן לְהוֹכִיחַ לָעָם כְּדֵי שֶׁיָּשׁוּבוּ מִדַּרְכָּם. וּמוֹסִיפִין שֵׁשׁ בְּרָכוֹת בִּתְפִלַּת שַׁחֲרִית וּבִתְפִלַּת מִנְחָה וְנִמְצְאוּ מִתְפַּלְּלִין כ״ד בְּרָכוֹת. וְנוֹעֲלִין אֶת הַחֲנֻיּוֹת. וּבַשֵּׁנִי מַטִּין לְעֵת עֶרֶב וּפוֹתְחִין אֶת הַחֲנֻיּוֹת. אֲבָל בַּחֲמִישִׁי פּוֹתְחִין כָּל הַיּוֹם מִפְּנֵי כְּבוֹד הַשַּׁבָּת. וְאִם יֵשׁ לַחֲנוּת שְׁנֵי פְּתָחִים פּוֹתֵחַ אֶחָד וְנוֹעֵל אֶחָד וְאִם יֵשׁ לַחֲנוּת אִצְטַבָּה פּוֹתֵחַ כְּדַרְכּוֹ בַּחֲמִישִׁי וְאֵינוֹ חוֹשֵׁשׁ:

ח. עָבְרוּ אֵלּוּ וְלֹא נַעֲנוּ. מְמַעֲטִין בְּמַשָּׂא וּמַתָּן וּבְבִנְיָן שֶׁל שִׂמְחָה כְּגוֹן צִיּוּר וְכִיּוּר. וּבִנְטִיעָה שֶׁל שִׂמְחָה כְּגוֹן מִינֵי הֲדַס וּמִינֵי אֲהָלִים. וּמְמַעֲטִין בְּאֵרוּסִין וְנִשּׂוּאִין אֶלָּא אִם כֵּן לֹא קִיֵּם מִצְוַת פְּרִיָּה וּרְבִיָּה. וְכָל מִי שֶׁקִּיֵּם מִצְוַת פְּרִיָּה וּרְבִיָּה אָסוּר לוֹ לְשַׁמֵּשׁ מִטָּתוֹ בִּשְׁנֵי רְעָבוֹן. וּמְמַעֲטִין בִּשְׁאֵלַת שָׁלוֹם בֵּין אָדָם לַחֲבֵרוֹ. וְתַלְמִידֵי חֲכָמִים לֹא יִשְׁאֲלוּ שָׁלוֹם אֶלָּא כִּנְזוּפִין וּכִמְנֻדִּין לַמָּקוֹם. וְעַם הָאָרֶץ שֶׁנָּתַן לָהֶם שָׁלוֹם מַחְזִירִין לוֹ בְּשָׂפָה רָפָה וְכֹבֶד רֹאשׁ:

ט. תַּלְמִידֵי חֲכָמִים חוֹזְרִין לְבַדָּם וּמִתְעַנִּים שֵׁנִי וַחֲמִישִׁי וְשֵׁנִי עַד שֶׁיֵּצֵא נִיסָן שֶׁל תְּקוּפָה אֲבָל לֹא הַצִּבּוּר. שֶׁאֵין גּוֹזְרִין עַל הַצִּבּוּר בִּשְׁבִיל גְּשָׁמִים שֶׁלֹּא יָרְדוּ יֶתֶר מִשְּׁלֹשׁ עֶשְׂרֵה תַּעֲנִיּוֹת אֵלּוּ. וּכְשֶׁמִּתְעַנִּין הַיְחִידִים עַד שֶׁיֵּצֵא נִיסָן מֻתָּרִין לֶאֱכֹל בַּלַּיְלָה וּמֻתָּרִין בַּעֲשִׂיַּת מְלָאכָה וּבִרְחִיצָה וּבְסִיכָה וְתַשְׁמִישׁ הַמִּטָּה וּנְעִילַת הַסַּנְדָּל כִּשְׁאָר כָּל הַתַּעֲנִיּוֹת. וּמַפְסִיקִין לְרָאשֵׁי חֳדָשִׁים וּפוּרִים. יָצָא נִיסָן שֶׁל תְּקוּפָה וְהוּא כְּשֶׁהִגִּיעַ הַשֶּׁמֶשׁ לִתְחִלַּת מַזַּל שׁוֹר אֵין מִתְעַנִּים. שֶׁאֵין הַגְּשָׁמִים בַּזְּמַן הַזֶּה אֶלָּא סִימַן קְלָלָה הוֹאִיל וְלֹא יָרְדוּ כָּל עִקָּר מִתְּחִלַּת הַשָּׁנָה:

י. בַּמֶּה דְּבָרִים אֲמוּרִים בְּאֶרֶץ יִשְׂרָאֵל וְכָל הַדּוֹמֶה לָהּ. אֲבָל מְקוֹמוֹת שֶׁעוֹנַת הַגְּשָׁמִים שֶׁלָּהֶן קֹדֶם י״ז בְּמַרְחֶשְׁוָן אוֹ אַחַר זְמַן זֶה כְּשֶׁיַּגִּיעַ זְמַנָּם וְלֹא יָרְדוּ גְּשָׁמִים יְחִידִים מִתְעַנִּים שֵׁנִי וַחֲמִישִׁי וְשֵׁנִי. וּמַפְסִיקִין בְּרָאשֵׁי חֳדָשִׁים וּבַחֲנֻכָּה וּבְפוּרִים. וְשׁוֹהִין אַחֲרֵי כֵן כְּמוֹ שִׁבְעָה יָמִים. אִם לֹא יָרְדוּ גְּשָׁמִים בֵּית דִּין גּוֹזְרִין עַל הַצִּבּוּר שְׁלֹשׁ עֶשְׂרֵה תַּעֲנִיּוֹת עַל הַסֵּדֶר שֶׁאָמַרְנוּ:

יא. כָּל תַּעֲנִיּוֹת שֶׁגּוֹזְרִין הַצִּבּוּר בְּחוּצָה לָאָרֶץ אוֹכְלִים בָּהֶם בַּלַּיְלָה וְדִינֵיהֶם כְּדִין שְׁאָר הַתַּעֲנִיּוֹת. שֶׁאֵין גּוֹזְרִין עַל הַצִּבּוּר תַּעֲנִית כְּגוֹן צוֹם כִּפּוּר אֶלָּא בְּאֶרֶץ יִשְׂרָאֵל בִּלְבַד וּבִגְלַל הַמָּטָר. וּבְאוֹתָן עֶשֶׂר תַּעֲנִיּוֹת שֶׁהֵן שָׁלֹשׁ אֶמְצָעִיּוֹת וְשֶׁבַע אַחֲרוֹנוֹת:

Perek 4

Fasting for rain continued

Procedure of prayer on final **7** fasts.

- Ark taken out onto streets
- People dress in sack cloth
- Ashes placed on Ark, Torah, head of *Nasi,* head of *Bet Din,* and everyone puts ash on own head.
- A wise elder addresses the people to arouse *teshuvah*
- *Shaliach Tzibur* chosen to lead prayers (needs many good qualities)
- *Tachanun* said
- *Trumpets* sounded (if Temple standing then also blow *shofar*)
- *Neilah* added to prayers i.e. a fourth prayer said just before sunset
- Thereafter people go to the cemetery to pray further

פרק ד׳

א. בְּכָל יוֹם וָיוֹם מִשֶּׁבַע תַּעֲנִיּוֹת הָאַחֲרוֹנוֹת שֶׁל מָטָר מִתְפַּלְּלִין עַל סֵדֶר זֶה. מוֹצִיאִין אֶת הַתֵּבָה לִרְחוֹבָהּ שֶׁל עִיר וְכָל הָעָם מִתְקַבְּצִים וּמִתְכַּסִּים בְּשַׂקִּים. וְנוֹתְנִין אֵפֶר מַקְלֶה עַל גַּבֵּי הַתֵּבָה וְעַל גַּבֵּי סֵפֶר תּוֹרָה כְּדֵי לְהַגְדִּיל אֶת הַבְּכִיָּה וּלְהַכְנִיעַ לִבָּם. וְאֶחָד מִן הָעָם נוֹטֵל מִן הָאֵפֶר וְנוֹתֵן בְּרֹאשׁ הַנָּשִׂיא וּבְרֹאשׁ אַב בֵּית דִּין בִּמְקוֹם הֲנָחַת תְּפִלִּין כְּדֵי שֶׁיִּכָּלְמוּ וְיָשׁוּבוּ. וְכָל אֶחָד וְאֶחָד נוֹטֵל וְנוֹתֵן בְּרֹאשׁוֹ:

ב. וְאַחַר כָּךְ מַעֲמִידִין בֵּינֵיהֶן זָקֵן חָכָם וְהֵן יוֹשְׁבִין. לֹא הָיָה שָׁם זָקֵן חָכָם מַעֲמִידִין חָכָם. לֹא הָיָה שָׁם לֹא זָקֵן וְלֹא חָכָם מַעֲמִידִין אָדָם שֶׁל צוּרָה. וְאוֹמֵר לִפְנֵיהֶם דִּבְרֵי כִּבּוּשִׁין. אַחֵינוּ לֹא שַׂק וְלֹא תַּעֲנִית גּוֹרְמִין אֶלָּא תְּשׁוּבָה וּמַעֲשִׂים טוֹבִים. שֶׁכֵּן מָצִינוּ בְּנִינְוֵה שֶׁלֹּא נֶאֱמַר בְּאַנְשֵׁי נִינְוֵה וַיַּרְא הָאֱלֹהִים אֶת שַׂקָּם וְאֶת תַּעֲנִיתָם אֶלָּא (יונה ג י) "וַיַּרְא הָאֱלֹהִים אֶת מַעֲשֵׂיהֶם". וּבְקַבָּלָה הוּא אוֹמֵר (יואל ב יג) "קִרְעוּ לְבַבְכֶם וְאַל בִּגְדֵיכֶם". וּמוֹסִיף בְּעִנְיָנוֹת אֵלּוּ כְּפִי כֹּחוֹ עַד שֶׁיַּכְנִיעַ לִבָּם וְיָשׁוּבוּ תְּשׁוּבָה גְּמוּרָה:

ג. וְאַחַר שֶׁגּוֹמֵר זֶה דִּבְרֵי כִּבּוּשִׁין עוֹמְדִין בִּתְפִלָּה וּמַעֲמִידִין שְׁלִיחַ צִבּוּר הָרָאוּי לְהִתְפַּלֵּל בְּתַעֲנִיּוֹת אֵלּוּ. וְאִם הָיָה אוֹתוֹ שֶׁאוֹמֵר דִּבְרֵי הַכִּבּוּשִׁין רָאוּי לְהִתְפַּלֵּל מִתְפַּלֵּל וְאִם לָאו מוֹרִידִין אַחֵר:

ד. וְאֵי זֶה הוּא הָרָאוּי לְהִתְפַּלֵּל בְּתַעֲנִיּוֹת אֵלּוּ. אִישׁ שֶׁהוּא רָגִיל בִּתְפִלָּה. וְרָגִיל לִקְרוֹת בַּתּוֹרָה נְבִיאִים וּכְתוּבִים. וּמְטֻפָּל וְאֵין לוֹ. וְיֵשׁ לוֹ יְגִיעָה בַּשָּׂדֶה. וְלֹא יִהְיֶה בְּבָנָיו וּבִבְנֵי בֵּיתוֹ וְכָל קְרוֹבָיו הַנִּלְוִים עָלָיו בַּעַל עֲבֵרָה. אֶלָּא יִהְיֶה בֵּיתוֹ רֵיקָן מִן הָעֲבֵרוֹת. וְלֹא יָצָא עָלָיו שֵׁם רַע בְּיַלְדוּתוֹ. שְׁפַל בֶּרֶךְ. וּמְרֻצֶּה לָעָם. וְיֵשׁ לוֹ נְעִימָה וְקוֹלוֹ עָרֵב. וְאִם הָיָה זָקֵן עִם כָּל הַמִּדּוֹת הָאֵלּוּ הֲרֵי זֶה מְפֹאָר. וְאִם אֵינוֹ זָקֵן הוֹאִיל וְיֵשׁ בּוֹ כָּל הַמִּדּוֹת הָאֵלּוּ יִתְפַּלֵּל:

ה. וּשְׁלִיחַ צִבּוּר מַתְחִיל וּמִתְפַּלֵּל עַד בִּרְכַּת גּוֹאֵל יִשְׂרָאֵל. וְאוֹמֵר זִכְרוֹנוֹת וְשׁוֹפָרוֹת מֵעֵין הַצָּרָה. וְאוֹמֵר (תהלים קכ א) "אֶל ה׳ בַּצָּרָתָה לִּי קָרָאתִי וַיַּעֲנֵנִי". (תהלים קכא א) "אֶשָּׂא עֵינַי אֶל הֶהָרִים" וְגוֹ׳. (תהלים קל א) "מִמַּעֲמַקִּים קְרָאתִיךָ ה׳". (תהלים קב א) "תְּפִלָּה לְעָנִי כִי יַעֲטֹף" וְגוֹ׳:

ו. וְאוֹמֵר דִּבְרֵי תַּחֲנוּנִים כְּפִי כֹּחוֹ. וְאוֹמֵר רְאֵה נָא בְעָנְיֵנוּ וְרִיבָה רִיבֵנוּ וּמַהֵר לְגָאֳלֵנוּ. וּמִתְחַנֵּן וְאוֹמֵר בְּסוֹף תַּחֲנוּנָיו מִי שֶׁעָנָה אֶת אַבְרָהָם אָבִינוּ בְּהַר הַמּוֹרִיָּה הוּא יַעֲנֶה אֶתְכֶם וְיִשְׁמַע קוֹל צַעֲקַתְכֶם בַּיּוֹם הַזֶּה. בָּרוּךְ אַתָּה ה׳ גּוֹאֵל יִשְׂרָאֵל:

ז. וּמַתְחִיל לְהוֹסִיף שֵׁשׁ בְּרָכוֹת שֶׁהוּא מוֹסִיף זוֹ אַחַר זוֹ. וּמִתְחַנֵּן בְּכָל אַחַת מֵהֶן בְּדִבְרֵי תַּחֲנוּנִים וּפְסוּקִים מִדִּבְרֵי קַבָּלָה וּמִכִּתְבֵי הַקֹּדֶשׁ כְּפִי שֶׁהוּא רָגִיל וְחוֹתֵם בְּכָל אַחַת מֵהֶן בַּחֲתִימוֹת אֵלּוּ:

ח. בָּרִאשׁוֹנָה הוּא חוֹתֵם מִי שֶׁעָנָה אֶת מֹשֶׁה וַאֲבוֹתֵינוּ עַל יַם סוּף הוּא יַעֲנֶה אֶתְכֶם וְיִשְׁמַע קוֹל צַעֲקַתְכֶם בַּיּוֹם הַזֶּה. בָּרוּךְ אַתָּה ה׳ זוֹכֵר הַנִּשְׁכָּחוֹת:

ט. בַּשְּׁנִיָּה הוּא חוֹתֵם מִי שֶׁעָנָה אֶת יְהוֹשֻׁעַ בַּגִּלְגָּל הוּא

יַעֲנֶה אֶתְכֶם וְיִשְׁמַע קוֹל צַעֲקַתְכֶם בַּיּוֹם הַזֶּה. בָּרוּךְ אַתָּה ה' שׁוֹמֵעַ תְּרוּעָה:

י. בַּשְּׁלִישִׁית הוּא חוֹתֵם מִי שֶׁעָנָה אֶת שְׁמוּאֵל בַּמִּצְפָּה הוּא יַעֲנֶה אֶתְכֶם וְיִשְׁמַע קוֹל צַעֲקַתְכֶם בַּיּוֹם הַזֶּה. בָּרוּךְ אַתָּה ה' שׁוֹמֵעַ צְעָקָה:

יא. בָּרְבִיעִית הוּא חוֹתֵם מִי שֶׁעָנָה אֶת אֵלִיָּהוּ בְּהַר הַכַּרְמֶל הוּא יַעֲנֶה אֶתְכֶם וְיִשְׁמַע קוֹל צַעֲקַתְכֶם בַּיּוֹם הַזֶּה. בָּרוּךְ אַתָּה ה' שׁוֹמֵעַ תְּפִלָּה:

יב. בַּחֲמִישִׁית הוּא חוֹתֵם מִי שֶׁעָנָה אֶת יוֹנָה בִּמְעֵי הַדָּגָה הוּא יַעֲנֶה אֶתְכֶם וְיִשְׁמַע קוֹל צַעֲקַתְכֶם בַּיּוֹם הַזֶּה. בָּרוּךְ אַתָּה ה' הָעוֹנֶה בְּעֵת צָרָה:

יג. בַּשִּׁשִּׁית הוּא חוֹתֵם מִי שֶׁעָנָה אֶת דָּוִד וּשְׁלֹמֹה בְּנוֹ בִּירוּשָׁלַיִם הוּא יַעֲנֶה אֶתְכֶם וְיִשְׁמַע קוֹל צַעֲקַתְכֶם בַּיּוֹם הַזֶּה. בָּרוּךְ אַתָּה ה' הַמְרַחֵם עַל הָאָרֶץ. וְכָל הָעָם עוֹנִין אָמֵן אַחַר כָּל בְּרָכָה וּבְרָכָה כְּדֶרֶךְ שֶׁעוֹנִין אַחַר כָּל הַבְּרָכוֹת:

יד. בַּשְּׁבִיעִית אוֹמֵר רְפָאֵנוּ ה' וְנֵרָפֵא וְכוּ'. וְגוֹמֵר הַתְּפִלָּה עַל הַסֵּדֶר וְתוֹקְעִין בַּחֲצוֹצְרוֹת. וְכַסֵּדֶר הַזֶּה עוֹשִׂין בְּכָל מָקוֹם:

טו. כְּשֶׁהָיוּ מִתְפַּלְּלִין עַל הַסֵּדֶר הַזֶּה בִּירוּשָׁלַיִם הָיוּ מִתְכַּנְּסִין לְהַר הַבַּיִת כְּנֶגֶד שַׁעַר הַמִּזְרָח וּמִתְפַּלְּלִין כַּסֵּדֶר הַזֶּה. וּכְשֶׁמַּגִּיעַ שְׁלִיחַ צִבּוּר לוֹמַר מִי שֶׁעָנָה אֶת אַבְרָהָם אוֹמֵר בָּרוּךְ אַתָּה ה' אֱלֹהֵינוּ אֱלֹהֵי יִשְׂרָאֵל מִן הָעוֹלָם וְעַד הָעוֹלָם בָּרוּךְ אַתָּה ה' גּוֹאֵל יִשְׂרָאֵל. וְהֵן עוֹנִין אַחֲרָיו בָּרוּךְ שֵׁם כְּבוֹד מַלְכוּתוֹ לְעוֹלָם וָעֶד. וְחַזַּן הַכְּנֶסֶת אוֹמֵר לַתּוֹקְעִים תִּקְעוּ בְּנֵי אַהֲרֹן תִּקְעוּ. וְחוֹזֵר הַמִּתְפַּלֵּל וְאוֹמֵר מִי שֶׁעָנָה אֶת אַבְרָהָם בְּהַר הַמּוֹרִיָּה הוּא יַעֲנֶה אֶתְכֶם וְיִשְׁמַע קוֹל צַעֲקַתְכֶם בַּיּוֹם הַזֶּה וְאַחַר כָּךְ תּוֹקְעִין הַכֹּהֲנִים וּמְרִיעִין וְתוֹקְעִין:

טז. וְכֵן בִּבְרָכָה הַשְּׁנִיָּה לָזוֹ שֶׁהִיא רִאשׁוֹנָה מִן הַשֵּׁשׁ שֶׁמּוֹסִיף חוֹתֵם בָּהּ בָּרוּךְ ה' אֱלֹהִים אֱלֹהֵי יִשְׂרָאֵל מִן הָעוֹלָם וְעַד הָעוֹלָם בָּרוּךְ אַתָּה ה' זוֹכֵר הַנִּשְׁכָּחוֹת. וְהֵן עוֹנִין בָּרוּךְ שֵׁם כְּבוֹד מַלְכוּתוֹ לְעוֹלָם וָעֶד. וְחַזַּן הַכְּנֶסֶת אוֹמֵר לָהֶן הָרִיעוּ בְּנֵי אַהֲרֹן הָרִיעוּ. וְחוֹזֵר שְׁלִיחַ צִבּוּר וְאוֹמֵר מִי שֶׁעָנָה אֶת מֹשֶׁה וַאֲבוֹתֵינוּ עַל יַם סוּף הוּא יַעֲנֶה אֶתְכֶם וְיִשְׁמַע קוֹל צַעֲקַתְכֶם בַּיּוֹם הַזֶּה. וְאַחַר כָּךְ מְרִיעִין וְתוֹקְעִין וּמְרִיעִין:

יז. וְכֵן עַל כָּל בְּרָכָה וּבְרָכָה בְּאַחַת אוֹמֵר תִּקְעוּ וּבְאַחַת אוֹמֵר הָרִיעוּ עַד שֶׁיִּגְמֹר כָּל שֶׁבַע הַבְּרָכוֹת. וְנִמְצְאוּ הַכֹּהֲנִים פַּעַם תּוֹקְעִין וּמְרִיעִין וְתוֹקְעִין. וּפַעַם מְרִיעִין וְתוֹקְעִין וּמְרִיעִין שֶׁבַע פְּעָמִים. וְאֵין עוֹשִׂים הַסֵּדֶר זֶה אֶלָּא בְּהַר הַבַּיִת בִּלְבַד. וּכְשֶׁהֵן תּוֹקְעִין וּמְרִיעִין שָׁם תּוֹקְעִין בַּחֲצוֹצְרוֹת וּבְשׁוֹפָר כְּאֶחָד כְּמוֹ שֶׁאָמַרְנוּ:

יח. שֶׁבַע תַּעֲנִיּוֹת הָאֵלּוּ כָּל מָקוֹם שֶׁגּוֹזְרִין אוֹתָם שָׁם אַחַר שֶׁמִּתְפַּלְּלִין יוֹצְאִין כָּל הָעָם לְבֵית הַקְּבָרוֹת וּבוֹכִין וּמִתְחַנְּנִים שָׁם. כְּלוֹמַר הֲרֵי אַתֶּם מֵתִים כְּאֵלּוּ אִם לֹא תָּשׁוּבוּ מִדַּרְכֵיכֶם. וּבְכָל תַּעֲנִית מִתַּעֲנִיּוֹת הַצָּרוֹת שֶׁגּוֹזְרִין עַל הַצִּבּוּר מִתְפַּלְּלִין תְּפִלַּת נְעִילָה בְּכָל מָקוֹם:

יט. יָרְדוּ לָהֶם גְּשָׁמִים עַד מָתַי יִהְיוּ יוֹרְדִין וְיִפְסְקוּ הַצִּבּוּר מִן הַתַּעֲנִית. מִשֶּׁיֵּרְדוּ בְּעֹמֶק הָאָרֶץ הַחֲרֵבָה טֶפַח. וּבַבֵּינוֹנִית טְפָחַיִם. וּבָעֲבוּדָה עַד שֶׁיֵּרְדוּ בְּעֹמֶק שְׁלֹשָׁה טְפָחִים:

Perek 5

Days when entire Jewish People fast

- *Tzom Gedalia – 3 Tishrei.*

Gedalia was a governor in time of Nebuchadnezzar. He was murdered, and most remaining Jews then fled *Eretz Yisrael,* thus completing the exile.

- *Asarah Betevet – 10 Tevet.*

Nebuchadnezzar, King of Babylon, started the siege of Jerusalem

- *Shivah Assar Betammuz – 17 Tammuz.*

5 Tragedies took place on this day.

- The *luchot* were smashed
- Daily *tamid* sacrifice was abolished in First Temple

– In Second Temple walls of *Yerushalayim* were breached
– Apostomos burned a Torah Scroll
– Apostomos erected an idol in the Temple

• *Tisha Beav – 10 Av.*

5 tragedies occurred
– Decreed that Jews in desert would not enter *Eretz Yisrael*
– First Temple destroyed
– Second Temple destroyed
– *Betar* (city) was defeated by the Romans and thousands of people were slain
– Tornoss Rupus ploughed the site of the Temple

• *Taanit Esther – 13 Adar*

Story of *Haman* and *Purim*.

All these fasts will be converted to celebrations in the times of *Mashiach*

פרק ה׳

א. יֵשׁ שָׁם יָמִים שֶׁכָּל יִשְׂרָאֵל מִתְעַנִּים בָּהֶם מִפְּנֵי הַצָּרוֹת שֶׁאֵרְעוּ בָּהֶן כְּדֵי לְעוֹרֵר הַלְּבָבוֹת לִפְתֹּחַ דַּרְכֵי הַתְּשׁוּבָה וְיִהְיֶה זֶה זִכָּרוֹן לְמַעֲשֵׂינוּ הָרָעִים וּמַעֲשֵׂה אֲבוֹתֵינוּ שֶׁהָיָה כְּמַעֲשֵׂינוּ עַתָּה עַד שֶׁגָּרַם לָהֶם וְלָנוּ אוֹתָן הַצָּרוֹת. שֶׁבְּזִכְרוֹן דְּבָרִים אֵלּוּ נָשׁוּב לְהֵיטִיב שֶׁנֶּאֱמַר (ויקרא כו, מ) "וְהִתְוַדּוּ אֶת עֲוֹנָם וְאֶת עֲוֹן אֲבֹתָם" וְגוֹ׳:

ב. וְאֵלּוּ הֵן יוֹם שְׁלִישִׁי בְּתִשְׁרֵי שֶׁבּוֹ נֶהֱרַג גְּדַלְיָה בֶּן אֲחִיקָם וְנִכְבַּת גַּחֶלֶת יִשְׂרָאֵל הַנִּשְׁאָרָה וְסִבֵּב לְהָתֵם גָּלוּתָן. וַעֲשִׂירִי בְּטֵבֵת שֶׁבּוֹ סָמַךְ מֶלֶךְ בָּבֶל נְבוּכַדְנֶאצַּר הָרָשָׁע עַל יְרוּשָׁלַיִם וֶהֱבִיאָהּ בְּמָצוֹר וּבְמָצוֹק. וְי״ז בְּתַמּוּז חֲמִשָּׁה דְּבָרִים אֵרְעוּ בּוֹ. נִשְׁתַּבְּרוּ הַלּוּחוֹת. וּבָטֵל הַתָּמִיד מִבַּיִת רִאשׁוֹן. וְהֻבְקְעָה יְרוּשָׁלַיִם בְּחֻרְבָּן שֵׁנִי. וְשָׂרַף אַפּוֹסְטוֹמוֹס הָרָשָׁע אֶת הַתּוֹרָה. וְהֶעֱמִיד צֶלֶם בַּהֵיכָל:

ג. וְתִשְׁעָה בְּאָב חֲמִשָּׁה דְּבָרִים אֵרְעוּ בּוֹ. נִגְזַר עַל יִשְׂרָאֵל בַּמִּדְבָּר שֶׁלֹּא יִכָּנְסוּ לָאָרֶץ. וְחָרַב הַבַּיִת בָּרִאשׁוֹנָה וּבַשְּׁנִיָּה. וְנִלְכְּדָה עִיר גְּדוֹלָה וּבֵיתָר שְׁמָהּ וְהָיוּ בָּהּ אֲלָפִים וּרְבָבוֹת מִיִּשְׂרָאֵל וְהָיָה לָהֶם מֶלֶךְ גָּדוֹל וְדִמּוּ כָּל יִשְׂרָאֵל וּגְדוֹלֵי הַחֲכָמִים שֶׁהוּא הַמֶּלֶךְ הַמָּשִׁיחַ. וְנָפַל בְּיַד הָרוֹמִיִּים וְנֶהֶרְגוּ כֻּלָּם וְהָיְתָה צָרָה גְּדוֹלָה כְּמוֹ חֻרְבַּן בֵּית הַמִּקְדָּשׁ. וּבוֹ בַּיּוֹם הַמּוּכָן לְפֻרְעָנוּת חָרַשׁ טוּרְנוּסְרוּפוּס הָרָשָׁע אֶת הַהֵיכָל וְאֶת סְבִיבָיו לְקַיֵּם מַה שֶּׁנֶּאֱמַר (ירמיה כו יח) (מיכה ג יב) "צִיּוֹן שָׂדֶה תֵחָרֵשׁ":

ד. וְאַרְבָּעָה יְמֵי הַצּוֹמוֹת הָאֵלּוּ הֲרֵי הֵן מְפֹרָשִׁין בַּקַּבָּלָה (זכריה ח יט) "צוֹם הָרְבִיעִי וְצוֹם הַחֲמִישִׁי" וְגוֹ׳. צוֹם הָרְבִיעִי זֶה שִׁבְעָה עָשָׂר בְּתַמּוּז שֶׁהוּא בַּחֹדֶשׁ הָרְבִיעִי. וְצוֹם הַחֲמִישִׁי זֶה תִּשְׁעָה בְּאָב שֶׁהוּא בַּחֹדֶשׁ הַחֲמִישִׁי. וְצוֹם הַשְּׁבִיעִי זֶה שְׁלֹשָׁה בְּתִשְׁרֵי שֶׁהוּא בַּחֹדֶשׁ הַשְּׁבִיעִי. וְצוֹם הָעֲשִׂירִי זֶה עֲשָׂרָה בְּטֵבֵת שֶׁהוּא בַּחֹדֶשׁ הָעֲשִׂירִי:

ה. וְנָהֲגוּ כָּל יִשְׂרָאֵל בִּזְמַנִּים אֵלּוּ לְהִתְעַנּוֹת. וּבְי״ג בַּאֲדָר זֵכֶר לַתַּעֲנִית שֶׁהִתְעַנּוּ בִּימֵי הָמָן שֶׁנֶּאֱמַר (אסתר ט לא) "דִּבְרֵי הַצּוֹמוֹת וְזַעֲקָתָם". וְאִם חָל י״ג בַּאֲדָר לִהְיוֹת בְּשַׁבָּת מַקְדִּימִין וּמִתְעַנִּין בַּחֲמִישִׁי שֶׁהוּא י״א. אֲבָל אֶחָד מֵאַרְבָּעָה יְמֵי הַצּוֹמוֹת שֶׁחָל לִהְיוֹת בְּשַׁבָּת דּוֹחִין אוֹתוֹ לְאַחַר הַשַּׁבָּת. חָל לִהְיוֹת בְּעֶרֶב שַׁבָּת מִתְעַנִּין בְּעֶרֶב שַׁבָּת. וּבְכָל הַצּוֹמוֹת הָאֵלּוּ אֵין מַתְרִיעִין וְלֹא מִתְפַּלְּלִין בָּהֶן תְּפִלַּת נְעִילָה. אֲבָל קוֹרִין בַּתּוֹרָה שַׁחֲרִית וּמִנְחָה בְּ(שמות לב יא) "וַיְחַל מֹשֶׁה". וּבְכֻלָּן אוֹכְלִים וְשׁוֹתִין בַּלַּיְלָה חוּץ מִתִּשְׁעָה בְּאָב:

ו. מִשֶּׁיִּכָּנֵס אָב מְמַעֲטִין בְּשִׂמְחָה. וְשַׁבָּת שֶׁחָל תִּשְׁעָה בְּאָב לִהְיוֹת בְּתוֹכָהּ אָסוּר לְסַפֵּר וּלְכַבֵּס וְלִלְבֹּשׁ כְּלִי מְגֹהָץ אֲפִלּוּ כְּלִי פִּשְׁתָּן עַד שֶׁיַּעֲבֹר הַתַּעֲנִית. וַאֲפִלּוּ לְכַבֵּס וּלְהַנִּיחַ לְאַחַר הַתַּעֲנִית אָסוּר. וּכְבָר נָהֲגוּ יִשְׂרָאֵל שֶׁלֹּא לֶאֱכֹל בָּשָׂר בְּשַׁבָּת זוֹ וְלֹא יִכָּנְסוּ לַמֶּרְחָץ עַד שֶׁיַּעֲבֹר הַתַּעֲנִית. וְיֵשׁ מְקוֹמוֹת שֶׁנָּהֲגוּ לְבַטֵּל הַשְּׁחִיטָה מֵרֹאשׁ הַחֹדֶשׁ עַד הַתַּעֲנִית:

ז. תִּשְׁעָה בְּאָב לֵילוֹ כְּיוֹמוֹ לְכָל דָּבָר. וְאֵין אוֹכְלִין אֶלָּא מִבְּעוֹד יוֹם. וּבֵין הַשְּׁמָשׁוֹת שֶׁלּוֹ אָסוּר כְּיוֹם הַכִּפּוּרִים. וְלֹא יֹאכַל בָּשָׂר וְלֹא יִשְׁתֶּה יַיִן בַּסְּעֻדָּה הַמַּפְסִיק בָּהּ. אֲבָל שׁוֹתֶה

הוּא יַיִן מִגִּתּוֹ שֶׁיֵּשׁ לוֹ שְׁלֹשָׁה יָמִים אוֹ פָּחוֹת. וְאוֹכֵל בָּשָׂר מָלִיחַ שֶׁיֵּשׁ לוֹ שְׁלֹשָׁה יָמִים אוֹ יֶתֶר. וְלֹא יֹאכַל שְׁנֵי תַּבְשִׁילִין:

ח. בַּמֶּה דְּבָרִים אֲמוּרִים שֶׁאָכַל עֶרֶב תִּשְׁעָה בְּאָב אַחַר חֲצוֹת. אֲבָל אִם סָעַד קֹדֶם חֲצוֹת אַף עַל פִּי שֶׁהוּא מַפְסִיק בָּהּ אוֹכֵל כָּל מַה שֶּׁיִּרְצֶה. וְעֶרֶב תִּשְׁעָה בְּאָב שֶׁחָל לִהְיוֹת בְּשַׁבָּת אוֹכֵל וְשׁוֹתֶה כָּל צָרְכּוֹ וּמַעֲלֶה עַל שֻׁלְחָנוֹ אֲפִלּוּ כִּסְעֻדַּת שְׁלֹמֹה. וְכֵן תִּשְׁעָה בְּאָב עַצְמוֹ שֶׁחָל לִהְיוֹת בְּשַׁבָּת אֵינוֹ מְחַסֵּר כְּלוּם:

ט. זוֹ הִיא מִדַּת כָּל הָעָם שֶׁאֵינָן יְכוֹלִין לִסְבֹּל יֶתֶר מִדַּאי. אֲבָל חֲסִידִים הָרִאשׁוֹנִים כָּךְ הָיְתָה מִדָּתָן. עֶרֶב תִּשְׁעָה בְּאָב הָיוּ מְבִיאִין לוֹ לָאָדָם לְבַדּוֹ פַּת חֲרֵבָה בְּמֶלַח וְשׁוֹרֶה בְּמַיִם וְיוֹשֵׁב בֵּין תַּנּוּר וְכִירַיִם וְאוֹכְלָהּ וְשׁוֹתֶה עָלֶיהָ קִיתוֹן שֶׁל מַיִם בִּדְאָגָה וּבְשִׁמָּמוֹן וּבְכִיָּה כְּמִי שֶׁמֵּתוֹ מֻטָּל לְפָנָיו. כָּזֶה רָאוּי לַחֲכָמִים לַעֲשׂוֹת אוֹ קָרוֹב מִזֶּה. וּמִיָּמֵינוּ לֹא אָכַלְנוּ עֶרֶב תִּשְׁעָה בְּאָב תַּבְשִׁיל אֲפִלּוּ שֶׁל עֲדָשִׁים אֶלָּא אִם כֵּן הָיָה בְּשַׁבָּת:

י. עֻבָּרוֹת וּמֵינִיקוֹת מִתְעַנּוֹת וּמַשְׁלִימוֹת בְּתִשְׁעָה בְּאָב. וְאָסוּר בִּרְחִיצָה בֵּין בְּחַמִּין בֵּין בְּצוֹנֵן וַאֲפִלּוּ לְהוֹשִׁיט אֶצְבָּעוֹ בְּמַיִם. וְאָסוּר בְּסִיכָה שֶׁל תַּעֲנוּג וּבִנְעִילַת הַסַּנְדָּל וּבְתַשְׁמִישׁ הַמִּטָּה כְּיוֹם הַכִּפּוּרִים. וּמָקוֹם שֶׁנָּהֲגוּ לַעֲשׂוֹת בּוֹ מְלָאכָה עוֹשִׂין. וּמָקוֹם שֶׁנָּהֲגוּ שֶׁלֹּא לַעֲשׂוֹת אֵין עוֹשִׂין. וּבְכָל מָקוֹם תַּלְמִידֵי חֲכָמִים בְּטֵלִין. וְאָמְרוּ חֲכָמִים שֶׁהָעוֹשֶׂה בּוֹ מְלָאכָה אֵינוֹ רוֹאֶה סִימַן בְּרָכָה לְעוֹלָם:

יא. תַּלְמִידֵי חֲכָמִים אֵין נוֹתְנִין זֶה לָזֶה שָׁלוֹם בְּתִשְׁעָה בְּאָב. אֶלָּא יוֹשְׁבִים דָּוִים וְנֶאֱנָחִים כַּאֲבֵלִים. וְאִם נָתַן לָהֶם עַם הָאָרֶץ שָׁלוֹם מַחֲזִירִים לוֹ בְּשָׂפָה רָפָה וְכֹבֶד רֹאשׁ. וְאָסוּר לִקְרוֹת בְּתִשְׁעָה בְּאָב בַּתּוֹרָה אוֹ בַּנְּבִיאִים אוֹ בַּכְּתוּבִים וּבְמִשְׁנָה וּבַהֲלָכוֹת וּבִגְמָרָא וּבְהַגָּדוֹת. וְאֵינוֹ קוֹרֵא אֶלָּא בְּאִיּוֹב וּבְקִינוֹת וּבַדְּבָרִים הָרָעִים שֶׁבְּיִרְמְיָהוּ. וְתִינוֹקוֹת שֶׁל בֵּית רַבָּן בְּטֵלִין בּוֹ. וּמִקְצָת הַחֲכָמִים נוֹהֲגִין שֶׁלֹּא לְהַנִּיחַ בּוֹ תְּפִלִּין שֶׁל רֹאשׁ:

יב. מִשֶּׁחָרַב בֵּית הַמִּקְדָּשׁ תִּקְּנוּ חֲכָמִים שֶׁהָיוּ בְּאוֹתוֹ הַדּוֹר שֶׁאֵין בּוֹנִין לְעוֹלָם בִּנְיָן מְסֻיָּד וּמְכֻיָּר כְּבִנְיַן הַמְּלָכִים. אֶלָּא טָח בֵּיתוֹ בְּטִיט וְסָד בְּסִיד וּמְשַׁיֵּר מָקוֹם אַמָּה עַל אַמָּה כְּנֶגֶד הַפֶּתַח בְּלֹא סִיד. וְהַלּוֹקֵחַ חָצֵר מְסֻיֶּדֶת וּמְכֻיֶּרֶת הֲרֵי זוֹ בְּחֶזְקָתָהּ וְאֵין מְחַיְּבִים אוֹתוֹ לִקְלֹף הַכְּתָלִים:

יג. וְכֵן הִתְקִינוּ שֶׁהָעוֹרֵךְ שֻׁלְחָן לַעֲשׂוֹת סְעֻדָּה לָאוֹרְחִים מְחַסֵּר מִמֶּנּוּ מְעַט וּמַנִּיחַ מָקוֹם פָּנוּי בְּלֹא קְעָרָה מִן הַקְּעָרוֹת הָרְאוּיוֹת לָתֵת שָׁם. וּכְשֶׁהָאִשָּׁה עוֹשָׂה תַּכְשִׁיטֵי הַכֶּסֶף וְהַזָּהָב מְשַׁיֶּרֶת מִין מִמִּינֵי הַתַּכְשִׁיט שֶׁנּוֹהֶגֶת בָּהֶן כְּדֵי שֶׁלֹּא יִהְיֶה תַּכְשִׁיט שָׁלֵם. וּכְשֶׁהֶחָתָן נוֹשֵׂא אִשָּׁה לוֹקֵחַ אֵפֶר מַקְלֶה וְנוֹתֵן בְּרֹאשׁוֹ מְקוֹם הֲנָחַת הַתְּפִלִּין. וְכָל אֵלּוּ הַדְּבָרִים כְּדֵי לִזְכֹּר יְרוּשָׁלַיִם שֶׁנֶּאֱמַר (תהלים קלז ה) "אִם אֶשְׁכָּחֵךְ יְרוּשָׁלָםִ תִּשְׁכַּח יְמִינִי" (תהלים קלז ו) "תִּדְבַּק לְשׁוֹנִי לְחִכִּי אִם לֹא אֶזְכְּרֵכִי אִם לֹא אַעֲלֶה אֶת יְרוּשָׁלַםִ עַל רֹאשׁ שִׂמְחָתִי":

יד. וְכֵן גָּזְרוּ שֶׁלֹּא לְנַגֵּן בִּכְלֵי שִׁיר. וְכָל מִינֵי זֶמֶר וְכָל מַשְׁמִיעֵי קוֹל שֶׁל שִׁיר אָסוּר לִשְׂמֹחַ בָּהֶן וְאָסוּר לְשָׁמְעָן מִפְּנֵי הַחֻרְבָּן. וַאֲפִלּוּ שִׁירָה בַּפֶּה עַל הַיַּיִן אֲסוּרָה שֶׁנֶּאֱמַר (ישעיה כד ט) "בַּשִּׁיר לֹא יִשְׁתּוּ יָיִן". וּכְבָר נָהֲגוּ כָּל יִשְׂרָאֵל לוֹמַר דִּבְרֵי תִּשְׁבָּחוֹת אוֹ שִׁיר שֶׁל הוֹדָאוֹת לָאֵל וְכַיּוֹצֵא בָּהֶן עַל הַיַּיִן:

טו. וְאַחַר כָּךְ גָּזְרוּ עַל עַטְרוֹת חֲתָנִים שֶׁלֹּא לְהַנִּיחָם כְּלָל. וְשֶׁלֹּא יַנִּיחַ הֶחָתָן בְּרֹאשׁוֹ שׁוּם כָּלִיל שֶׁנֶּאֱמַר (יחזקאל כא לא) "הָסֵר הַמִּצְנֶפֶת וְהָרֵם הָעֲטָרָה". וְכֵן גָּזְרוּ עַל עַטְרוֹת כַּלּוֹת אִם הָיָה שֶׁל כֶּסֶף אוֹ זָהָב אֲבָל שֶׁל גְּדִיל מֻתָּר לְכַלָּה:

טז. מִי שֶׁרָאָה עָרֵי יְהוּדָה בְּחֻרְבָּנָם אוֹמֵר (ישעיה סד ט) "עָרֵי קָדְשְׁךָ הָיוּ מִדְבָּר" וְקוֹרֵעַ. רָאָה יְרוּשָׁלַיִם בְּחֻרְבָּנָהּ אוֹמֵר (ישעיה סד ט) "יְרוּשָׁלַיִם מִדְבָּר"??? וְגוֹ'. בֵּית הַמִּקְדָּשׁ בְּחֻרְבָּנוֹ אוֹמֵר (ישעיה סד י) "בֵּית קָדְשֵׁנוּ וְתִפְאַרְתֵּנוּ" וְגוֹ' וְקוֹרֵעַ. וּמֵהֵיכָן חַיָּב לִקְרֹעַ מִן הַצּוֹפִים. וּכְשֶׁיַּגִּיעַ לַמִּקְדָּשׁ קוֹרֵעַ קֶרַע אַחֵר. וְאִם פָּגַע בַּמִּקְדָּשׁ תְּחִלָּה כְּשֶׁיָּבוֹא מִדֶּרֶךְ הַמִּדְבָּר קוֹרֵעַ עַל הַמִּקְדָּשׁ וּמוֹסִיף עַל יְרוּשָׁלַיִם:

יז. כָּל הַקְּרָעִים הָאֵלּוּ כֻּלָּם קוֹרֵעַ בְּיָדוֹ מְעֻמָּד וְקוֹרֵעַ כָּל כְּסוּת שֶׁעָלָיו עַד שֶׁיְּגַלֶּה אֶת לִבּוֹ. וְאֵינוֹ מְאַחֶה קְרָעִים אֵלּוּ לְעוֹלָם. אֲבָל רַשַּׁאי הוּא לְשָׁלְלָן לְמָלְלָן לְלַקְּטָן וּלְתָפְרָן כְּמִין סֻלָּמוֹת:

יח. הָיָה הוֹלֵךְ וּבָא לִירוּשָׁלַיִם הוֹלֵךְ וּבָא תּוֹךְ שְׁלֹשִׁים יוֹם אֵינוֹ קוֹרֵעַ קֶרַע אַחֵר. וְאִם לְאַחַר שְׁלֹשִׁים יוֹם חוֹזֵר וְקוֹרֵעַ:

יט. כָּל הַצּוֹמוֹת הָאֵלּוּ עֲתִידִים לִבָּטֵל לִימוֹת הַמָּשִׁיחַ. וְלֹא עוֹד אֶלָּא שֶׁהֵם עֲתִידִים לִהְיוֹת יוֹם טוֹב וִימֵי שָׂשׂוֹן וְשִׂמְחָה שֶׁנֶּאֱמַר (זכריה ח יט) "כֹּה אָמַר ה' צְבָאוֹת צוֹם הָרְבִיעִי וְצוֹם הַחֲמִישִׁי וְצוֹם הַשְּׁבִיעִי וְצוֹם הָעֲשִׂירִי יִהְיֶה לְבֵית יְהוּדָה לְשָׂשׂוֹן וּלְשִׂמְחָה וּלְמֹעֲדִים טוֹבִים וְהָאֱמֶת וְהַשָּׁלוֹם אֱהָבוּ": סָלִיק הִלְכוֹת תַּעֲנִיּוֹת

הלכות מגילה וחנוכה

Hilchot Megilah Vechanukah

THE LAWS OF THE MEGILAH AND OF CHANUKAH

They consist of two positive commandments, which are Rabbinic in origin and are not included among the 613 commandments of the Torah.

יש בכללן ב׳ מצות עשב מדברי סופרים. ואינם מן המנין.

Perek 1

Purim

Megilah

It is a *Mitzvah Derabanan* to read *megilah.*

	Fulfils obligation	Explanation
Everyone obligated to either read or listen to *megilah*	✓	Children should be trained into this practice
Entire *megilah* must be read	✓	
Read at night and during day	✓	
Blessings recited before and after	✓	
Walled cities, and *Shushan* itself read *megilah* on 15th Adar	✓	
Other cities read on 14th *Adar*	✓	
Megilah not read on *Shabbat*		

פרק א׳

א. קְרִיאַת הַמְּגִלָּה בִּזְמַנָּהּ מִצְוַת עֲשֵׂה מִדִּבְרֵי סוֹפְרִים. וְהַדְּבָרִים יְדוּעִים שֶׁהִיא תַּקָּנַת הַנְּבִיאִים. וְהַכֹּל חַיָּבִים בִּקְרִיאָתָהּ אֲנָשִׁים וְנָשִׁים וְגֵרִים וַעֲבָדִים מְשֻׁחְרָרִים. וּמְחַנְּכִין אֶת הַקְּטַנִּים לִקְרוֹתָהּ. וַאֲפִלּוּ כֹּהֲנִים בַּעֲבוֹדָתָן מְבַטְּלִין עֲבוֹדָתָן וּבָאִין לִשְׁמֹעַ מִקְרָא מְגִלָּה. וְכֵן מְבַטְּלִים תַּלְמוּד תּוֹרָה לִשְׁמֹעַ מִקְרָא מְגִלָּה קַל וָחֹמֶר לִשְׁאָר מִצְוֹת שֶׁל תּוֹרָה שֶׁכֻּלָּן נִדְחִין מִפְּנֵי מִקְרָא מְגִלָּה. וְאֵין לְךָ דָּבָר שֶׁנִּדְחֶה מִקְרָא מְגִלָּה מִפָּנָיו חוּץ מִמֵּת מִצְוָה שֶׁאֵין לוֹ קוֹבְרִין שֶׁהַפּוֹגֵעַ בּוֹ קוֹבְרוֹ תְּחִלָּה וְאַחַר כָּךְ קוֹרֵא:

ב. אֶחָד הַקּוֹרֵא וְאֶחָד הַשּׁוֹמֵעַ מִן הַקּוֹרֵא יָצָא יְדֵי חוֹבָתוֹ וְהוּא שֶׁיִּשְׁמַע מִפִּי מִי שֶׁהוּא חַיָּב בִּקְרִיאָתָהּ. לְפִיכָךְ אִם הָיָה הַקּוֹרֵא קָטָן אוֹ שׁוֹטֶה הַשּׁוֹמֵעַ מִמֶּנּוּ לֹא יָצָא:

ג. מִצְוָה לִקְרוֹת אֶת כֻּלָּהּ. וּמִצְוָה לִקְרוֹתָהּ בַּלַּיְלָה וּבַיּוֹם. וְכָל הַלַּיְלָה כָּשֵׁר לִקְרִיאַת הַלַּיְלָה. וְכָל הַיּוֹם כָּשֵׁר לִקְרִיאַת הַיּוֹם. וּמְבָרֵךְ קֹדֶם קְרִיאָתָהּ בַּלַּיְלָה שָׁלֹשׁ בְּרָכוֹת וְאֵלּוּ הֵן. בָּרוּךְ אַתָּה ה׳ אֱלֹקֵינוּ מֶלֶךְ הָעוֹלָם אֲשֶׁר קִדְּשָׁנוּ בְּמִצְוֹתָיו וְצִוָּנוּ עַל מִקְרָא מְגִלָּה. בָּרוּךְ אַתָּה ה׳ אֱלֹקֵינוּ מֶלֶךְ הָעוֹלָם שֶׁעָשָׂה נִסִּים לַאֲבוֹתֵינוּ בַּיָּמִים הָהֵם וּבַזְּמַן הַזֶּה. בָּרוּךְ

אַתָּה ה׳ אֱלֹקֵינוּ מֶלֶךְ הָעוֹלָם שֶׁהֶחֱיָנוּ וְקִיְּמָנוּ וְהִגִּיעָנוּ לַזְּמַן הַזֶּה. וּבַיּוֹם אֵינוֹ חוֹזֵר וּמְבָרֵךְ שֶׁהֶחֱיָנוּ. וּמָקוֹם שֶׁנָּהֲגוּ לְבָרֵךְ אַחֲרֶיהָ מְבָרֵךְ בָּרוּךְ אַתָּה ה׳ אֱלֹקֵינוּ מֶלֶךְ הָעוֹלָם הָאֵל הָרָב אֶת רִיבֵנוּ וְהַדָּן אֶת דִּינֵנוּ וְהַנּוֹקֵם אֶת נִקְמָתֵנוּ וְהַנִּפְרָע לָנוּ מִצָּרֵינוּ וְהַמְשַׁלֵּם גְּמוּל לְכָל אוֹיְבֵי נַפְשֵׁנוּ בָּרוּךְ אַתָּה ה׳ הַנִּפְרָע לְיִשְׂרָאֵל מִכָּל צָרֵיהֶם הָאֵל הַמּוֹשִׁיעַ:

ד. אֵיזֶהוּ זְמַן קְרִיאָתָהּ. זְמַנִּים הַרְבֵּה תִּקְנוּ לָהּ חֲכָמִים שֶׁנֶּאֱמַר (אסתר ט לא) ״בִּזְמַנֵּיהֶם״. וְאֵלּוּ הֵן זְמַנֵּי קְרִיאָתָהּ. כָּל מְדִינָה שֶׁהָיְתָה מֻקֶּפֶת חוֹמָה מִימֵי יְהוֹשֻׁעַ בִּן נוּן בֵּין בָּאָרֶץ בֵּין בְּחוּצָה לָאָרֶץ אַף עַל פִּי שֶׁאֵין לָהּ עַכְשָׁו חוֹמָה קוֹרִין בְּט״ו בַּאֲדָר. וּמְדִינָה זוֹ הִיא הַנִּקְרֵאת כְּרַךְ. וְכָל מְדִינָה שֶׁלֹּא הָיְתָה מֻקֶּפֶת חוֹמָה בִּימוֹת יְהוֹשֻׁעַ וְאַף עַל פִּי שֶׁהִיא מֻקֶּפֶת עַתָּה קוֹרְאִין בְּי״ד. וּמְדִינָה זוֹ הִיא הַנִּקְרֵאת עִיר:

ה. שׁוּשַׁן הַבִּירָה אַף עַל פִּי שֶׁלֹּא הָיְתָה מֻקֶּפֶת חוֹמָה בִּימֵי יְהוֹשֻׁעַ בִּן נוּן קוֹרְאִין בְּט״ו שֶׁבָּהּ הָיָה הַנֵּס שֶׁנֶּאֱמַר (אסתר ט יח) ״וְנוֹחַ בַּחֲמִשָּׁה עָשָׂר בּוֹ״. וְלָמָּה תָּלוּ הַדָּבָר בִּימֵי יְהוֹשֻׁעַ כְּדֵי לַחֲלֹק כָּבוֹד לְאֶרֶץ יִשְׂרָאֵל שֶׁהָיְתָה חֲרֵבָה בְּאוֹתוֹ הַזְּמַן. כְּדֵי שֶׁיִּהְיוּ קוֹרְאִין כִּבְנֵי שׁוּשָׁן וְיֵחָשְׁבוּ כְּאִלּוּ הֵן כְּרַכִּין הַמֻּקָּפִין חוֹמָה אַף עַל פִּי שֶׁהֵן עַתָּה חֲרֵבִין הוֹאִיל וְהָיוּ מֻקָּפִין בִּימֵי יְהוֹשֻׁעַ קוֹרִין בְּט״ו וְיִהְיֶה זִכָּרוֹן לְאֶרֶץ יִשְׂרָאֵל בְּנֵס זֶה:

ו. בְּנֵי הַכְּפָרִים שֶׁאֵינָם מִתְקַבְּצִים בְּבָתֵּי כְּנֵסִיּוֹת אֶלָּא בְּשֵׁנִי וּבַחֲמִישִׁי תִּקְנוּ לָהֶם שֶׁיִּהְיוּ מַקְדִּימִין וְקוֹרְאִים בְּיוֹם הַכְּנִיסָה. כֵּיצַד. אִם חָל יוֹם י״ד לִהְיוֹת בְּשֵׁנִי אוֹ בַּחֲמִישִׁי קוֹרְאִין בּוֹ בַּיּוֹם. וְאִם חָל בְּיוֹם אַחֵר חוּץ מִשֵּׁנִי וַחֲמִישִׁי מַקְדִּימִין וְקוֹרְאִין בְּשֵׁנִי אוֹ בַּחֲמִישִׁי הַסָּמוּךְ לְי״ד:

ז. כֵּיצַד. חָל י״ד לִהְיוֹת בְּאֶחָד בְּשַׁבָּת מַקְדִּימִין וְקוֹרְאִין בַּחֲמִישִׁי שֶׁהוּא יוֹם י״א. חָל לִהְיוֹת בִּשְׁלִישִׁי קוֹרְאִין בְּשֵׁנִי שֶׁהוּא יוֹם י״ג. חָל לִהְיוֹת בִּרְבִיעִי קוֹרְאִין בְּשֵׁנִי שֶׁהוּא יוֹם י״ב. וְכָל אֵלּוּ שֶׁמַּקְדִּימִין וְקוֹרְאִין קֹדֶם י״ד אֵין קוֹרְאִין אוֹתָהּ בְּפָחוֹת מֵעֲשָׂרָה:

ח. כְּפָר שֶׁמַּקְדִּימִין וְקוֹרְאִין בְּיוֹם הַכְּנִיסָה בִּזְמַן שֶׁאֵין נִכְנָסִין בּוֹ בְּשֵׁנִי וּבַחֲמִישִׁי אֵין קוֹרְאִין אוֹתָהּ אֶלָּא בְּי״ד. וְכָל עִיר שֶׁאֵין בָּהּ עֲשָׂרָה בַּטְלָנִין קְבוּעִין בְּבֵית הַכְּנֶסֶת לְצָרְכֵי הַצִּבּוּר הֲרֵי הִיא כִּכְפָר וּמַקְדִּימִין וְקוֹרְאִין בְּיוֹם הַכְּנִיסָה. וְאִם אֵין שָׁם עֲשָׂרָה בְּנֵי אָדָם תַּקָּנָתוֹ קַלְקָלָתוֹ וַהֲרֵי הֵם כְּאַנְשֵׁי עִיר גְּדוֹלָה וְאֵין קוֹרְאִין אֶלָּא בְּי״ד:

ט. בַּמֶּה דְּבָרִים אֲמוּרִים שֶׁמַּקְדִּימִין וְקוֹרְאִין בְּיוֹם הַכְּנִיסָה בִּזְמַן שֶׁיֵּשׁ לָהֶם לְיִשְׂרָאֵל מַלְכוּת. אֲבָל בַּזְּמַן הַזֶּה אֵין קוֹרְאִין אוֹתָהּ אֶלָּא בִּזְמַנָּהּ שֶׁהוּא יוֹם י״ד וְיוֹם ט״ו. בְּנֵי הַכְּפָרִים וּבְנֵי עֲיָרוֹת קוֹרְאִין בְּי״ד. וּבְנֵי כְּרַכִּין קוֹרְאִין בְּט״ו:

י. בֶּן עִיר שֶׁהָלַךְ לִכְרַךְ אוֹ בֶּן כְּרַךְ שֶׁהָלַךְ לְעִיר אִם הָיָה דַּעְתּוֹ לַחֲזֹר לִמְקוֹמוֹ בִּזְמַן קְרִיאָה וְנִתְעַכֵּב וְלֹא חָזַר קוֹרֵא כִּמְקוֹמוֹ. וְאִם לֹא הָיָה בְּדַעְתּוֹ לַחֲזֹר אֶלָּא לְאַחַר זְמַן הַקְּרִיאָה קוֹרֵא עִם אַנְשֵׁי הַמָּקוֹם שֶׁהוּא שָׁם. וּכְרַךְ וְכָל הַסָּמוּךְ לוֹ וְכָל הַנִּרְאֶה עִמּוֹ אִם אֵין בֵּינֵיהֶם יֶתֶר עַל אַלְפַּיִם אַמָּה הֲרֵי זֶה כִּכְרַךְ וְקוֹרְאִין בַּחֲמִשָּׁה עָשָׂר:

יא. עִיר שֶׁהִיא סָפֵק וְאֵין יָדוּעַ אִם הָיְתָה מֻקֶּפֶת חוֹמָה בִּימוֹת יְהוֹשֻׁעַ בִּן נוּן אוֹ אַחַר כֵּן הֻקְּפָה קוֹרְאִין בִּשְׁנֵי הַיָּמִים שֶׁהֵן י״ד וְט״ו וּבְלֵילֵיהֶם. וּמְבָרְכִין עַל קְרִיאָתָהּ בְּי״ד בִּלְבַד הוֹאִיל וְהוּא זְמַן קְרִיאָתָהּ לְרֹב הָעוֹלָם:

יב. קָרְאוּ אֶת הַמְּגִלָּה בַּאֲדָר רִאשׁוֹן וְאַחַר כָּךְ עִבְּרוּ בֵּית דִּין אֶת הַשָּׁנָה חוֹזְרִים וְקוֹרְאִים אוֹתָהּ בַּאֲדָר הַשֵּׁנִי בִּזְמַנָּהּ:

יג. אֵין קוֹרְאִין אֶת הַמְּגִלָּה בְּשַׁבָּת גְּזֵרָה שֶׁמָּא יִטֹּל אוֹתָהּ בְּיָדוֹ וְיֵלֵךְ אֵצֶל מִי שֶׁהוּא בָּקִי לִקְרוֹתָהּ וְיַעֲבִירֶנָּה אַרְבַּע אַמּוֹת בִּרְשׁוּת הָרַבִּים. שֶׁהַכֹּל חַיָּבִים בִּקְרִיאָתָהּ וְאֵין הַכֹּל בְּקִיאִין בִּקְרִיאָתָהּ. לְפִיכָךְ אִם חָל זְמַן קְרִיאָתָהּ בְּשַׁבָּת מַקְדִּימִין וְקוֹרְאִין אוֹתָהּ קֹדֶם הַשַּׁבָּת. וְשׁוֹאֲלִין וְדוֹרְשִׁין בְּהִלְכוֹת פּוּרִים בְּאוֹתָהּ שַׁבָּת כְּדֵי לְהַזְכִּיר שֶׁהוּא פּוּרִים:

יד. כֵּיצַד. יוֹם אַרְבָּעָה עָשָׂר שֶׁחָל לִהְיוֹת בְּשַׁבָּת בְּנֵי עֲיָרוֹת מַקְדִּימִין וְקוֹרְאִין בְּעֶרֶב שַׁבָּת וּבְנֵי כְּרַכִּים קוֹרְאִים בִּזְמַנָּם בְּאֶחָד בְּשַׁבָּת. חָל יוֹם ט״ו לִהְיוֹת בְּשַׁבָּת בְּנֵי כְּרַכִּים מַקְדִּימִין וְקוֹרְאִין בְּעֶרֶב שַׁבָּת שֶׁהוּא יוֹם אַרְבָּעָה עָשָׂר וּבְנֵי עֲיָרוֹת קוֹרְאִין בּוֹ בַּיּוֹם שֶׁהוּא זְמַנָּם וְנִמְצְאוּ הַכֹּל קוֹרְאִין בְּאַרְבָּעָה עָשָׂר:

Perek 2

Purim.

Megilah continued

4 *Mitzvot Derabanan* on *Purim*

Megilah – Read twice (evening and following morning)

Mishloach manot – Sends gift of food to friends

Matanot laevyonim – Distribute charity to poor

Seudat Purim – Purim feast

	Fulfils obligation	Explanation
Reads *megilah* in improper sequence	✗	One may pause and continue if necessary but not to change sequence
Reads *megilah* by heart	✗	
Reads with incorrect intention	✗	e.g. he reads *megilah* to check it
Makes mistakes while reading	✓	
Reads while standing or sitting	✓	However out of respect, the main reader should stand
Written with ink on *gvil* or *klaf* (i.e. *megilah*)	✓	Same as *Sefer Torah*
Parchment should be ruled	✓	Same as *Sefer Torah*
Parchment processed without intent	✓	
Written on paper	✗	
Written on unprocessed parchment	✗	
Written by gentile	✗	
Some letters rubbed out or missing	✓	As long as most letters in scroll are whole
Parchment sewn together as single scroll	✓	Only animal sinews allowed
Sewn with thread	✗	Only animal sinews allowed
When reading, *megilah* should be folded like a document	✓	
Names of *Haman's* sons and following word *aseret* are read in one breath	✓	To show they were all killed together

> **ℓ Reminder:**
> Comparison in Writing of Torah, Tefillin and Mezuzah Ref: Sefer Ahavah, Hilchot Tefillin, Chapter 1. Comparison of Torah, Tefillin and Mezuzah Ref: Sefer Ahavah Hilchot Tefillin, Chapters 2–10

Forbidden to mourn on *Purim* **Reminder:** Pack on Mourning	✓	*Purim* is a day of happiness and festivity
Works on *Purim*	✓	However, one should not work on *Purim*
Conducts *Purim* feast at night (*seudat Purim*)	×	If started during the day, one may continue into the night
Becomes intoxicated on *Purim*	✓	
Mishloach manot sends gifts of food to friends	✓	
Matanot Laevyonim. Distribute charity to the poor	✓	

It is better for a person to be more generous with the donations to the poor than with *seudat Purim* and *mishloach manot*. Because there is no greater happiness than to gladden the hearts of the poor.

One who gladdens the hearts of the poor are equated to G-d.

Although in the *Messianic* era, many items will be nullified (e.g. all the Books of Prophets – *Neviim* and *Ketuvim*), the *megilah* (of Esther) and the celebration of *Purim* will continue without end.

פרק ב׳

א. הַקּוֹרֵא אֶת הַמְּגִלָּה לְמַפְרֵעַ לֹא יָצָא. קָרָא וְשָׁכַח פָּסוּק אֶחָד וְקָרָא פָּסוּק שֵׁנִי לוֹ וְחָזַר וְקָרָא פָּסוּק שֶׁשָּׁכַח וְחָזַר וְקָרָא פָּסוּק שְׁלִישִׁי לֹא יָצָא מִפְּנֵי שֶׁקָּרָא פָּסוּק אֶחָד לְמַפְרֵעַ. אֶלָּא כֵּיצַד עוֹשֶׂה. מַתְחִיל מִפָּסוּק שֵׁנִי שֶׁשָּׁכַח וְקוֹרֵא עַל הַסֵּדֶר:

ב. מָצָא צִבּוּר שֶׁקָּרְאוּ חֶצְיָהּ לֹא יֹאמַר אֶקְרָא חֶצְיָהּ הָאַחֲרוֹן עִם הַצִּבּוּר וְאֶחֱזֹר וְאֶקְרָא חֶצְיָהּ רִאשׁוֹן, שֶׁזֶּה קוֹרֵא לְמַפְרֵעַ. אֶלָּא קוֹרֵא מִתְּחִלָּה וְעַד סוֹף עַל הַסֵּדֶר. קָרָא וְשָׁהָה מְעַט וְחָזַר וְקָרָא אַף עַל פִּי שֶׁשָּׁהָה כְּדֵי לִגְמֹר אֶת כֻּלָּהּ הוֹאִיל וְקָרָא עַל הַסֵּדֶר יָצָא:

ג. הַקּוֹרֵא אֶת הַמְּגִלָּה עַל פֶּה לֹא יָצָא יְדֵי חוֹבָתוֹ. הַלּוֹעֵז שֶׁשָּׁמַע אֶת הַמְּגִלָּה הַכְּתוּבָה בִּלְשׁוֹן הַקֹּדֶשׁ וּבִכְתַב הַקֹּדֶשׁ אַף עַל פִּי שֶׁאֵינוֹ יוֹדֵעַ מַה הֵן אוֹמְרִין יָצָא יְדֵי חוֹבָתוֹ. וְכֵן אִם הָיְתָה כְּתוּבָה יְוָנִית וּשְׁמָעָהּ יָצָא אַף עַל פִּי שֶׁאֵינוֹ מַכִּיר, וַאֲפִלּוּ הָיָה הַשּׁוֹמֵעַ עִבְרִי:

ד. הָיְתָה כְּתוּבָה תַּרְגּוּם אוֹ בְּלָשׁוֹן אַחֶרֶת מִלְּשׁוֹנוֹת הַגּוֹיִם לֹא יָצָא יְדֵי חוֹבָתוֹ בִּקְרִיאָתָהּ אֶלָּא הַמַּכִּיר אוֹתָהּ הַלָּשׁוֹן בִּלְבַד. וְהוּא שֶׁתִּהְיֶה כְּתוּבָה בִּכְתַב אוֹתוֹ הַלָּשׁוֹן. אֲבָל אִם הָיְתָה כְּתוּבָה בִּכְתָב עִבְרִי וּקְרָאָהּ אֲרָמִית לַאֲרַמִּי לֹא יָצָא שֶׁנִּמְצָא זֶה קוֹרֵא עַל פֶּה. וְכֵיוָן שֶׁלֹּא יָצָא יְדֵי חוֹבָתוֹ הַקּוֹרֵא לֹא יָצָא הַשּׁוֹמֵעַ מִמֶּנּוּ:

ה. הַקּוֹרֵא אֶת הַמְּגִלָּה בְּלֹא כַּוָּנָה לֹא יָצָא. כֵּיצַד. הָיָה כּוֹתְבָהּ אוֹ דּוֹרְשָׁהּ אוֹ מַגִּיהָהּ אִם כִּוֵּן אֶת לִבּוֹ לָצֵאת בִּקְרִיאָה זוֹ יָצָא וְאִם לֹא כִּוֵּן לִבּוֹ לֹא יָצָא. קָרָא וְהוּא מִתְנַמְנֵם הוֹאִיל וְלֹא נִרְדַּם בַּשֵּׁנָה יָצָא:

ו. בַּמֶּה דְּבָרִים אֲמוּרִים שֶׁהַמְכַוֵּן לִבּוֹ בַּכְּתִיבָה יָצָא. בְּשֶׁנִּתְכַּוֵּן לָצֵאת בַּקְּרִיאָה שֶׁקּוֹרֵא בְּסֵפֶר שֶׁמַּעְתִּיק מִמֶּנּוּ בְּשָׁעָה שֶׁהוּא כּוֹתֵב. אֲבָל אִם לֹא נִתְכַּוֵּן לָצֵאת בִּקְרִיאָה זוֹ שֶׁכָּתַב לֹא יָצָא. שֶׁאֵינוֹ יוֹצֵא יְדֵי חוֹבָתוֹ אֶלָּא בִּקְרִיאָתָהּ מִסֵּפֶר שֶׁכֻּלָּהּ כְּתוּבָה בּוֹ בִּשְׁעַת קְרִיאָה:

ז. הַקּוֹרֵא אֶת הַמְּגִלָּה וְטָעָה בִּקְרִיאָתָהּ וְקָרָא קְרִיאָה מְשֻׁבֶּשֶׁת יָצָא. לְפִי שֶׁאֵין מְדַקְדְּקִין בִּקְרִיאָתָהּ. קְרָאָהּ

עוֹמֵד אוֹ יוֹשֵׁב יָצָא וַאֲפִלּוּ בְּצִבּוּר. אֲבָל לֹא יִקְרָא בְּצִבּוּר יוֹשֵׁב לְכַתְּחִלָּה מִפְּנֵי כְּבוֹד הַצִּבּוּר. קְרָאוּהָ שְׁנַיִם אֲפִלּוּ עֲשָׂרָה כְּאֶחָד יָצְאוּ הַקּוֹרְאִין וְהַשּׁוֹמְעִים מִן הַקּוֹרְאִין. וְקוֹרֵא אוֹתָהּ גָּדוֹל עִם הַקָּטָן וַאֲפִלּוּ בְּצִבּוּר:

ח. אֵין קוֹרְאִין בְּצִבּוּר בִּמְגִלָּה הַכְּתוּבָה בֵּין הַכְּתוּבִים. וְאִם קָרָא לֹא יָצָא. אֶלָּא אִם כֵּן הָיְתָה יְתֵרָה עַל שְׁאָר הַיְרִיעוֹת אוֹ חֲסֵרָה כְּדֵי שֶׁיְּהֵא לָהּ הֶכֵּר. אֲבָל הַיָּחִיד קוֹרֵא בָּהּ וַאֲפִלּוּ אֵינָהּ חֲסֵרָה וְלֹא יְתֵרָה וְיוֹצֵא בָּהּ יְדֵי חוֹבָתוֹ:

ט. אֵין כּוֹתְבִין הַמְּגִלָּה אֶלָּא בִּדְיוֹ עַל הַגְּוִיל אוֹ עַל הַקְּלָף כְּסֵפֶר תּוֹרָה. וְאִם כְּתָבָהּ בְּמֵי עַפְצָא וְקַנְקַנְתּוֹם כְּשֵׁרָה. כְּתָבָהּ בִּשְׁאָר מִינֵי צִבְעוֹנִין פְּסוּלָה. וּצְרִיכָה שִׂרְטוּט כַּתּוֹרָה עַצְמָהּ. וְאֵין הָעוֹר שֶׁלָּהּ צָרִיךְ לְעַבֵּד לִשְׁמָהּ. הָיְתָה כְּתוּבָה עַל הַנְּיָר אוֹ עַל עוֹר שֶׁאֵינוֹ מְעֻבָּד אוֹ שֶׁכְּתָבָהּ עַכּוּ"ם אוֹ אֶפִּיקוֹרוֹס פְּסוּלָה:

י. הָיוּ בָּהּ אוֹתִיּוֹת מְטֻשְׁטָשׁוֹת אוֹ מְקֹרָעוֹת. אִם רִשּׁוּמָן נִכָּר אֲפִלּוּ הָיוּ רֻבָּהּ כְּשֵׁרָה. וְאִם אֵין רִשּׁוּמָן נִכָּר אִם הָיָה רֻבָּהּ שָׁלֵם כְּשֵׁרָה. וְאִם לָאו פְּסוּלָה וְהַקּוֹרֵא בָּהּ לֹא יָצָא. הִשְׁמִיט בָּהּ הַסּוֹפֵר אוֹתִיּוֹת אוֹ פְּסוּקִים וּקְרָאָן הַקּוֹרֵא אֶת הַמְּגִלָּה עַל פֶּה יָצָא:

יא. הַמְּגִלָּה צְרִיכָה שֶׁתְּהֵא תְּפוּרָה כֻּלָּהּ עַד שֶׁיִּהְיוּ כָּל עוֹרוֹתֶיהָ מְגִלָּה אַחַת. וְאֵינָהּ נִתְפֶּרֶת אֶלָּא בְּגִידִין כְּסֵפֶר תּוֹרָה. וְאִם תְּפָרָהּ שֶׁלֹּא בְּגִידִין פְּסוּלָה. וְאֵינוֹ צָרִיךְ לִתְפֹּר אֶת כָּל הַיְרִיעָה בְּגִידִין כְּסֵפֶר תּוֹרָה אֶלָּא אֲפִלּוּ תָּפַר בְּגִידִין שָׁלֹשׁ תְּפִירוֹת בִּקְצֵה הַיְרִיעָה וְשָׁלֹשׁ בְּאֶמְצָעָהּ וְשָׁלֹשׁ בַּקָּצֶה הַשֵּׁנִי כְּשֵׁרָה מִפְּנֵי שֶׁנִּקְרֵאת אִגֶּרֶת:

יב. וְצָרִיךְ הַקּוֹרֵא לִקְרוֹת עֲשֶׂרֶת בְּנֵי הָמָן וַעֲשֶׂרֶת בִּנְשִׁימָה אַחַת כְּדֵי לְהוֹדִיעַ לְכָל הָעָם שֶׁכֻּלָּם נִתְלוּ וְנֶהֶרְגוּ כְּאֶחָד. וּמִנְהַג כָּל יִשְׂרָאֵל שֶׁהַקּוֹרֵא הַמְּגִלָּה קוֹרֵא וּפוֹשֵׁט כְּאִגֶּרֶת לְהַרְאוֹת הַנֵּס וּכְשֶׁיִּגְמֹר חוֹזֵר וְכוֹרְכָהּ כֻּלָּהּ וּמְבָרֵךְ:

יג. שְׁנֵי הַיָּמִים הָאֵלּוּ שֶׁהֵן י"ד וְט"ו אֲסוּרִין בְּהֶסְפֵּד וְתַעֲנִית לְכָל אָדָם בְּכָל מָקוֹם. בֵּין לִבְנֵי כְּרַכִּין שֶׁהֵן עוֹשִׂין ט"ו בִּלְבַד. בֵּין לִבְנֵי עֲיָרוֹת שֶׁהֵן עוֹשִׂין י"ד בִּלְבַד. וּשְׁנֵי הַיָּמִים אֲסוּרִין בְּהֶסְפֵּד וְתַעֲנִית בַּאֲדָר הָרִאשׁוֹן וּבַאֲדָר הַשֵּׁנִי. אַנְשֵׁי כְּפָרִים שֶׁהִקְדִּימוּ וְקָרְאוּ בְּשֵׁנִי אוֹ בַּחֲמִישִׁי הַסָּמוּךְ לְפוּרִים מֻתָּרִים בְּהֶסְפֵּד וְתַעֲנִית בְּיוֹם קְרִיאָתָהּ וַאֲסוּרִין בְּהֶסְפֵּד וְתַעֲנִית בִּשְׁנֵי הַיָּמִים הָאֵלּוּ אַף עַל פִּי שֶׁאֵין קוֹרְאִין בָּהֶן:

יד. מִצְוַת יוֹם י"ד לִבְנֵי כְּפָרִים וַעֲיָרוֹת וְיוֹם ט"ו לִבְנֵי כְּרַכִּים לִהְיוֹת יוֹם שִׂמְחָה וּמִשְׁתֶּה וּמִשְׁלוֹחַ מָנוֹת לְרֵעִים וּמַתָּנוֹת לָאֶבְיוֹנִים. וּמֻתָּר בַּעֲשִׂיַּת מְלָאכָה, וְאַף עַל פִּי כֵן אֵין רָאוּי לַעֲשׂוֹת בּוֹ מְלָאכָה. אָמְרוּ חֲכָמִים כָּל הָעוֹשֶׂה מְלָאכָה בְּיוֹם פּוּרִים אֵינוֹ רוֹאֶה סִימַן בְּרָכָה לְעוֹלָם. בְּנֵי כְּפָרִים שֶׁקָּדְמוּ וְקָרְאוּ בְּשֵׁנִי אוֹ בַּחֲמִישִׁי אִם חִלְּקוּ מָעוֹת לָאֶבְיוֹנִים בְּיוֹם קְרִיאָתָן יָצְאוּ. אֲבָל הַשִּׂמְחָה וְהַמִּשְׁתֶּה אֵין עוֹשִׂין אוֹתָם אֶלָּא בְּיוֹם י"ד. וְאִם הִקְדִּימוּ לֹא יָצְאוּ. וּסְעֻדַּת פּוּרִים שֶׁעֲשָׂאָהּ בַּלַּיְלָה לֹא יָצָא יְדֵי חוֹבָתוֹ:

טו. כֵּיצַד חוֹבַת סְעֻדָּה זוֹ. שֶׁיֹּאכַל בָּשָׂר וִיתַקֵּן סְעֻדָּה נָאָה כְּפִי אֲשֶׁר תִּמְצָא יָדוֹ. וְשׁוֹתֶה יַיִן עַד שֶׁיִּשְׁתַּכֵּר וְיֵרָדֵם בְּשִׁכְרוּתוֹ. וְכֵן חַיָּב אָדָם לִשְׁלֹחַ שְׁתֵּי מְנוֹת בָּשָׂר אוֹ שְׁנֵי מִינֵי תַּבְשִׁיל אוֹ שְׁנֵי מִינֵי אֳכָלִין לַחֲבֵרוֹ שֶׁנֶּאֱמַר (אסתר ט יט) "וּמִשְׁלוֹחַ מָנוֹת אִישׁ לְרֵעֵהוּ", שְׁתֵּי מָנוֹת לְאִישׁ אֶחָד. וְכָל הַמַּרְבֶּה לִשְׁלֹחַ לְרֵעִים מְשֻׁבָּח. וְאִם אֵין לוֹ מַחֲלִיף עִם חֲבֵרוֹ זֶה שׁוֹלֵחַ לָזֶה סְעֻדָּתוֹ וְזֶה שׁוֹלֵחַ לָזֶה סְעֻדָּתוֹ כְּדֵי לְקַיֵּם וּמִשְׁלוֹחַ מָנוֹת אִישׁ לְרֵעֵהוּ:

טז. וְחַיָּב לְחַלֵּק לָעֲנִיִּים בְּיוֹם הַפּוּרִים. אֵין פּוֹחֲתִין מִשְּׁנֵי עֲנִיִּים נוֹתֵן לְכָל אֶחָד מַתָּנָה אַחַת אוֹ מָעוֹת אוֹ מִינֵי תַּבְשִׁיל אוֹ מִינֵי אֳכָלִין שֶׁנֶּאֱמַר (אסתר ט כב) "וּמַתָּנוֹת לָאֶבְיוֹנִים", שְׁתֵּי מַתָּנוֹת לִשְׁנֵי עֲנִיִּים. וְאֵין מְדַקְדְּקִין בִּמְעוֹת פּוּרִים אֶלָּא כָּל הַפּוֹשֵׁט יָדוֹ לִטֹּל נוֹתְנִין לוֹ. וְאֵין מְשַׁנִּין מָעוֹת פּוּרִים לִצְדָקָה אַחֶרֶת:

יז. מוּטָב לָאָדָם לְהַרְבּוֹת בְּמַתְּנוֹת אֶבְיוֹנִים מִלְּהַרְבּוֹת בִּסְעֻדָּתוֹ וּבְשִׁלּוּחַ מָנוֹת לְרֵעָיו. שֶׁאֵין שָׁם שִׂמְחָה גְּדוֹלָה וּמְפֹאָרָה אֶלָּא לְשַׂמֵּחַ לֵב עֲנִיִּים וִיתוֹמִים וְאַלְמָנוֹת וְגֵרִים. שֶׁהַמְשַׂמֵּחַ לֵב הָאֻמְלָלִים הָאֵלּוּ דּוֹמֶה לַשְּׁכִינָה שֶׁנֶּאֱמַר (ישעיה נז טו) "לְהַחֲיוֹת רוּחַ שְׁפָלִים וּלְהַחֲיוֹת לֵב נִדְכָּאִים":

יח. כָּל סִפְרֵי הַנְּבִיאִים וְכָל הַכְּתוּבִים עֲתִידִין לִבָּטֵל לִימוֹת הַמָּשִׁיחַ חוּץ מִמְּגִלַּת אֶסְתֵּר וַהֲרֵי הִיא קַיֶּמֶת כַּחֲמִשָּׁה חֻמְשֵׁי תּוֹרָה וְכַהֲלָכוֹת שֶׁל תּוֹרָה שֶׁבְּעַל פֶּה שֶׁאֵינָן בְּטֵלִין לְעוֹלָם. וְאַף עַל פִּי שֶׁכָּל זִכְרוֹן הַצָּרוֹת יְבֻטַּל שֶׁנֶּאֱמַר (ישעיה סה טז) "כִּי נִשְׁכְּחוּ הַצָּרוֹת הָרִאשֹׁנוֹת וְכִי נִסְתְּרוּ מֵעֵינָי". יְמֵי הַפּוּרִים לֹא יִבָּטְלוּ שֶׁנֶּאֱמַר (אסתר ט כח) "וִימֵי הַפּוּרִים הָאֵלֶּה לֹא יַעַבְרוּ מִתּוֹךְ הַיְּהוּדִים וְזִכְרָם לֹא יָסוּף מִזַּרְעָם":

Perek 3
Chanukah

While the Second Temple was standing, the Greeks issued decrees against the Jews to try and annul their faith. There was much suffering.

Then the Hasmoneans (from the High Priest) arose and defeated the Greeks through miracles.

When the Jews entered the Sanctuary on the 25th *Kislev,* only one jug of pure oil could be found for the *Menorah,* and again miracles occurred to allow this.

They appointed a King and sovereignty returned to Israel for more than 200 years until the destruction of the Second Temple.

2 Mitzvot Derabanan

The Sages therefore ordained that **8 days** should be celebrated from 25th *Kislev* i.e. days of happiness and *hallel* (praise to Hashem) and that candles should be lit.

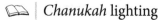 *Chanukah* lighting

We light candles for 8 days on Chanukah to commemorate the miracle victory of the Hasmoneans against the Greeks. One day's oil lasted for 8 days in the lighting of the Temple Menorah.

Everyone is obligated in lighting *Chanukah* candles.

On the first night, we say **3** *brachot* before lighting. On the second night, we say **2** *brachot* before lighting.

Hallel (entire).

The part *hallel* of *Rosh Chodesh* is a *minhag* and not *mitzvah.*

In the Diaspora, we recite the full *hallel* on **21 days**

In *Eretz Yisroel* we recite the full *hallel* on **18 days**

The word *halleluyah* is said **123** times in *hallel,* (when recited according to custom of early sages), which equals to the years of the life of *Aharon.*

A blessing is recited before saying *hallel.*

פרק ג׳

א. בְּבַיִת שֵׁנִי כְּשֶׁמַּלְכֵי יָוָן גָּזְרוּ גְּזֵרוֹת עַל יִשְׂרָאֵל וּבִטְּלוּ דָּתָם וְלֹא הִנִּיחוּ אוֹתָם לַעֲסֹק בַּתּוֹרָה וּבַמִּצְוֹת. וּפָשְׁטוּ יָדָם בְּמָמוֹנָם וּבִבְנוֹתֵיהֶם וְנִכְנְסוּ לַהֵיכָל וּפָרְצוּ בוֹ פְּרָצוֹת וְטִמְּאוּ הַטָּהֳרוֹת. וְצַר לָהֶם לְיִשְׂרָאֵל מְאֹד מִפְּנֵיהֶם וּלְחָצוּם לַחַץ גָּדוֹל עַד שֶׁרִחֵם עֲלֵיהֶם אֱלֹהֵי אֲבוֹתֵינוּ וְהוֹשִׁיעָם מִיָּדָם וְהִצִּילָם וְגָבְרוּ בְּנֵי חַשְׁמוֹנַאי הַכֹּהֲנִים הַגְּדוֹלִים וַהֲרָגוּם וְהוֹשִׁיעוּ יִשְׂרָאֵל מִיָּדָם וְהֶעֱמִידוּ מֶלֶךְ מִן הַכֹּהֲנִים וְחָזְרָה מַלְכוּת לְיִשְׂרָאֵל יֶתֶר עַל מָאתַיִם שָׁנָה עַד הַחֻרְבָּן הַשֵּׁנִי:

ב. וּכְשֶׁגָּבְרוּ יִשְׂרָאֵל עַל אוֹיְבֵיהֶם וְאִבְּדוּם בְּכ״ה בְּחֹדֶשׁ כִּסְלֵו הָיָה וְנִכְנְסוּ לַהֵיכָל וְלֹא מָצְאוּ שֶׁמֶן טָהוֹר בַּמִּקְדָּשׁ אֶלָּא פַּךְ אֶחָד וְלֹא הָיָה בּוֹ לְהַדְלִיק אֶלָּא יוֹם אֶחָד בִּלְבַד וְהִדְלִיקוּ מִמֶּנּוּ נֵרוֹת הַמַּעֲרָכָה שְׁמוֹנָה יָמִים עַד שֶׁכָּתְשׁוּ זֵיתִים וְהוֹצִיאוּ שֶׁמֶן טָהוֹר:

ג. וּמִפְּנֵי זֶה הִתְקִינוּ חֲכָמִים שֶׁבְּאוֹתוֹ הַדּוֹר שֶׁיִּהְיוּ שְׁמוֹנַת הַיָּמִים הָאֵלּוּ שֶׁתְּחִלָּתָן כ״ה בְּכִסְלֵו יְמֵי שִׂמְחָה וְהַלֵּל וּמַדְלִיקִין בָּהֶן הַנֵּרוֹת בָּעֶרֶב עַל פִּתְחֵי הַבָּתִּים בְּכָל לַיְלָה וְלַיְלָה מִשְּׁמוֹנַת הַלֵּילוֹת לְהַרְאוֹת וּלְגַלּוֹת הַנֵּס. וְיָמִים אֵלּוּ הֵן הַנִּקְרָאִין חֲנֻכָּה וְהֵן אֲסוּרִין בְּהֶסְפֵּד וְתַעֲנִית כִּימֵי

הַפּוּרִים. וְהַדְלָקַת הַנֵּרוֹת בָּהֶן מִצְוָה מִדִּבְרֵי סוֹפְרִים כִּקְרִיאַת הַמְּגִלָּה:

ד. כָּל שֶׁחַיָּב בִּקְרִיאַת הַמְּגִלָּה חַיָּב בְּהַדְלָקַת נֵר חֲנֻכָּה וְהַמַּדְלִיק אוֹתָהּ בַּלַּיְלָה הָרִאשׁוֹן מְבָרֵךְ שָׁלֹשׁ בְּרָכוֹת וְאֵלּוּ הֵן. בָּרוּךְ אַתָּה ה' אֱלֹקֵינוּ מֶלֶךְ הָעוֹלָם אֲשֶׁר קִדְּשָׁנוּ בְּמִצְוֹתָיו וְצִוָּנוּ לְהַדְלִיק נֵר שֶׁל חֲנֻכָּה וְשֶׁעָשָׂה נִסִּים לַאֲבוֹתֵינוּ וְכוּ'. וְשֶׁהֶחֱיָנוּ וְקִיְּמָנוּ וְכוּ'. וְכָל הָרוֹאֶה אוֹתָהּ וְלֹא בֵּרֵךְ מְבָרֵךְ שְׁתַּיִם. שֶׁעָשָׂה נִסִּים לַאֲבוֹתֵינוּ וְשֶׁהֶחֱיָנוּ. וּבִשְׁאָר הַלֵּילוֹת הַמַּדְלִיק מְבָרֵךְ שְׁתַּיִם וְהָרוֹאֶה מְבָרֵךְ אַחַת שֶׁאֵין מְבָרְכִין שֶׁהֶחֱיָנוּ אֶלָּא בַּלַּיְלָה הָרִאשׁוֹן:

ה. בְּכָל יוֹם וָיוֹם מִשְּׁמוֹנַת הַיָּמִים אֵלּוּ גּוֹמְרִין אֶת הַהַלֵּל וּמְבָרֵךְ לְפָנָיו אֲשֶׁר קִדְּשָׁנוּ בְּמִצְוֹתָיו וְצִוָּנוּ לִגְמֹר אֶת הַהַלֵּל בֵּין יָחִיד בֵּין צִבּוּר. אַף עַל פִּי שֶׁקְּרִיאַת הַהַלֵּל מִצְוָה מִדִּבְרֵי סוֹפְרִים מְבָרֵךְ עָלָיו אֲשֶׁר קִדְּשָׁנוּ בְּמִצְוֹתָיו וְצִוָּנוּ כְּדֶרֶךְ שֶׁמְּבָרֵךְ עַל הַמְּגִלָּה וְעַל הָעֵרוּב. שֶׁכָּל וַדַּאי שֶׁל דִּבְרֵיהֶם מְבָרְכִין עָלָיו. אֲבָל דָּבָר שֶׁהוּא מִדִּבְרֵיהֶם וְעִקַּר עֲשִׂיָּתָן לוֹ מִפְּנֵי הַסָּפֵק כְּגוֹן מַעֲשֵׂר דְּמַאי אֵין מְבָרְכִין עָלָיו. וְלָמָּה מְבָרְכִין עַל יוֹם טוֹב שֵׁנִי וְהֵם לֹא תִּקְּנוּהוּ אֶלָּא מִפְּנֵי הַסָּפֵק כְּדֵי שֶׁלֹּא יְזַלְזְלוּ בּוֹ:

ו. וְלֹא הַלֵּל שֶׁל חֲנֻכָּה בִּלְבַד הוּא שֶׁמִּדִּבְרֵי סוֹפְרִים אֶלָּא קְרִיאַת הַהַלֵּל לְעוֹלָם מִדִּבְרֵי סוֹפְרִים בְּכָל הַיָּמִים שֶׁגּוֹמְרִין בָּהֶן אֶת הַהַלֵּל. וּשְׁמוֹנָה עָשָׂר יוֹם בַּשָּׁנָה מִצְוָה לִגְמֹר בָּהֶן אֶת הַהַלֵּל. וְאֵלּוּ הֵן. שְׁמוֹנַת יְמֵי הֶחָג. וּשְׁמוֹנַת יְמֵי חֲנֻכָּה. וְרִאשׁוֹן שֶׁל פֶּסַח וְיוֹם עֲצֶרֶת. אֲבָל רֹאשׁ הַשָּׁנָה וְיוֹם הַכִּפּוּרִים אֵין בָּהֶן הַלֵּל לְפִי שֶׁהֵן יְמֵי תְּשׁוּבָה וְיִרְאָה וָפַחַד לֹא יְמֵי שִׂמְחָה יְתֵרָה. וְלֹא תִּקְּנוּ הַלֵּל בְּפוּרִים שֶׁקְּרִיאַת הַמְּגִלָּה הִיא הַהַלֵּל:

ז. מְקוֹמוֹת שֶׁעוֹשִׂין יוֹם טוֹב שְׁנֵי יָמִים גּוֹמְרִין אֶת הַהַלֵּל עֶשְׂרִים וְאֶחָד יוֹם. תִּשְׁעָה יְמֵי הֶחָג. וּשְׁמוֹנָה יְמֵי חֲנֻכָּה. וּשְׁנֵי יָמִים שֶׁל פֶּסַח. וּשְׁנֵי יָמִים שֶׁל עֲצֶרֶת. אֲבָל בְּרָאשֵׁי חֳדָשִׁים קְרִיאַת הַהַלֵּל מִנְהָג וְאֵינוֹ מִצְוָה. וּמִנְהָג זֶה בְּצִבּוּר לְפִיכָךְ קוֹרְאִין בְּדִלּוּג. וְאֵין מְבָרְכִין עָלָיו שֶׁאֵין מְבָרְכִין עַל הַמִּנְהָג. וְיָחִיד לֹא יִקְרָא כְּלָל. וְאִם הִתְחִיל יַשְׁלִים וְיִקְרָא בְּדִלּוּג כְּדֶרֶךְ שֶׁקּוֹרְאִין הַצִּבּוּר. וְכֵן בִּשְׁאָר יְמֵי הַפֶּסַח קוֹרְאִין בְּדִלּוּג כְּרָאשֵׁי חֳדָשִׁים:

ח. כֵּיצַד מְדַלְּגִין. מַתְחִילִין מִתְּחִלַּת הַהַלֵּל עַד (תהלים קיד ח) "חַלָּמִישׁ לְמַעְיְנוֹ מָיִם" וּמְדַלֵּג וְאוֹמֵר (תהלים קטו יב) "ה' זְכָרָנוּ יְבָרֵךְ" כּוּ' עַד (תהלים קטו יח) "הַלְלוּיָהּ" וּמְדַלֵּג וְאוֹמֵר (תהלים קטז יב) "מָה אָשִׁיב לַה'" עַד (תהלים קטז יט) "הַלְלוּיָהּ" וּמְדַלֵּג וְאוֹמֵר (תהלים קיח ה) "מִן הַמֵּצַר קָרָאתִי יָּהּ" עַד סוֹף הַהַלֵּל. זֶה הוּא הַמִּנְהָג הַפָּשׁוּט. וְיֵשׁ מְדַלְּגִין דִּלּוּג אַחֵר:

ט. כָּל הַיּוֹם כָּשֵׁר לִקְרִיאַת הַהַלֵּל. וְהַקּוֹרֵא אֶת הַהַלֵּל לְמַפְרֵעַ לֹא יָצָא. קָרָא וְשָׁהָה וְחָזַר וְקָרָא אַף עַל פִּי שֶׁשָּׁהָה כְּדֵי לִגְמֹר אֶת כֻּלּוֹ יָצָא. יָמִים שֶׁגּוֹמְרִין בָּהֶן אֶת הַהַלֵּל יֵשׁ לוֹ לְהַפְסִיק בֵּין פֶּרֶק לְפֶרֶק אֲבָל בְּאֶמְצַע הַפֶּרֶק לֹא יַפְסִיק. וְיָמִים שֶׁקּוֹרְאִין בָּהֶן בְּדִלּוּג אֲפִלּוּ בְּאֶמְצַע הַפֶּרֶק פּוֹסֵק:

י. כָּל יוֹם שֶׁגּוֹמְרִין בּוֹ אֶת הַהַלֵּל מְבָרֵךְ לְפָנָיו. וּמָקוֹם שֶׁנָּהֲגוּ לְבָרֵךְ אַחֲרָיו מְבָרֵךְ. כֵּיצַד מְבָרֵךְ. יְהַלְלוּךָ ה' אֱלֹהֵינוּ כָּל מַעֲשֶׂיךָ וְצַדִּיקִים וַחֲסִידִים עוֹשֵׂי רְצוֹנֶךָ וְכָל עַמְּךָ בֵּית יִשְׂרָאֵל בְּרִנָּה יוֹדוּ לְשִׁמְךָ כִּי אַתָּה ה' לְךָ טוֹב לְהוֹדוֹת וְנָעִים לְשִׁמְךָ לְזַמֵּר וּמֵעוֹלָם וְעַד עוֹלָם אַתָּה הָאֵל בָּרוּךְ אַתָּה ה' הַמֶּלֶךְ הַמְהֻלָּל הַמְשֻׁבָּח הַמְפֹאָר חַי וְקַיָּם תָּמִיד יִמְלוֹךְ לְעוֹלָם וָעֶד:

יא. יֵשׁ מְקוֹמוֹת שֶׁנָּהֲגוּ לִכְפֹּל מִ (תהלים קיח כא) "אוֹדְךָ כִּי עֲנִיתָנִי" עַד סוֹף הַהַלֵּל כּוֹפְלִין כָּל דָּבָר וְדָבָר שְׁתֵּי פְּעָמִים. וּמָקוֹם שֶׁנָּהֲגוּ לִכְפֹּל יִכְפֹּל וּמָקוֹם שֶׁנָּהֲגוּ שֶׁלֹּא לִכְפֹּל אֵין כּוֹפְלִין:

יב. מִנְהַג קְרִיאַת הַהַלֵּל בִּימֵי חֲכָמִים הָרִאשׁוֹנִים כָּךְ הָיָה. אַחַר שֶׁמְּבָרֵךְ הַגָּדוֹל שֶׁמַּקְרֵא אֶת הַהַלֵּל מַתְחִיל וְאוֹמֵר הַלְלוּיָהּ וְכָל הָעָם עוֹנִין הַלְלוּיָהּ וְחוֹזֵר וְאוֹמֵר הַלְלוּ עַבְדֵי ה' וְכָל הָעָם עוֹנִין הַלְלוּיָהּ וְחוֹזֵר וְאוֹמֵר הַלְלוּ אֶת שֵׁם ה' וְכָל הָעָם עוֹנִין הַלְלוּיָהּ וְחוֹזֵר וְאוֹמֵר יְהִי שֵׁם ה' מְבֹרָךְ מֵעַתָּה וְעַד עוֹלָם וְכָל הָעָם עוֹנִין הַלְלוּיָהּ וְכֵן עַל כָּל דָּבָר. עַד שֶׁנִּמְצְאוּ עוֹנִין בְּכָל הַהַלֵּל הַלְלוּיָהּ מֵאָה וְשָׁלֹשׁ וְעֶשְׂרִים פְּעָמִים סִימָן לָהֶם שְׁנוֹתָיו שֶׁל אַהֲרֹן:

יג. וְכֵן כְּשֶׁהַקּוֹרֵא מַגִּיעַ לְרֹאשׁ כָּל פֶּרֶק וּפֶרֶק הֵן חוֹזְרִין וְאוֹמְרִין מַה שֶּׁאָמַר. כֵּיצַד. כְּשֶׁהוּא אוֹמֵר בְּצֵאת יִשְׂרָאֵל מִמִּצְרַיִם כָּל הָעָם חוֹזְרִין וְאוֹמְרִין בְּצֵאת יִשְׂרָאֵל מִמִּצְרָיִם. וְהַקּוֹרֵא אוֹמֵר בֵּית יַעֲקֹב מֵעַם לֹעֵז וְכָל הָעָם עוֹנִין הַלְלוּיָהּ עַד שֶׁיֹּאמַר אָהַבְתִּי כִּי יִשְׁמַע ה' אֶת קוֹלִי תַּחֲנוּנָי וְכָל הָעָם חוֹזְרִין וְאוֹמְרִין אָהַבְתִּי כִּי יִשְׁמַע ה' וְכוּ'. וְכֵן כְּשֶׁיֹּאמַר הַקּוֹרֵא הַלְלוּ אֶת ה' כָּל גּוֹיִם כָּל הָעָם חוֹזְרִין וְאוֹמְרִין הַלְלוּ אֶת ה' כָּל גּוֹיִם:

יד. הַקּוֹרֵא אוֹמֵר אָנָּא ה' הוֹשִׁיעָה נָּא וְהֵם עוֹנִין אַחֲרָיו אָנָּא ה' הוֹשִׁיעָה נָּא. אַף עַל פִּי שֶׁאֵינוֹ רֹאשׁ פֶּרֶק. הוּא אוֹמֵר אָנָּא ה' הַצְלִיחָה נָּא וְהֵם עוֹנִים אָנָּא ה' הַצְלִיחָה נָּא. הוּא אוֹמֵר בָּרוּךְ הַבָּא וְכָל הָעָם אוֹמְרִים בָּרוּךְ הַבָּא.

וְאִם הָיָה הַמַּקְרֵא אֶת הַהַלֵּל קָטָן אוֹ עֶבֶד אוֹ אִשָּׁה עוֹנֶה אַחֲרֵיהֶם מַה שֶּׁהֵן אוֹמְרִין מִלָּה מִלָּה בְּכָל הַהַלֵּל. זֶהוּ הַמִּנְהָג הָרִאשׁוֹן וּבוֹ רָאוּי לֵילֵךְ. אֲבָל בִּזְמַנִּים אֵלּוּ רָאִיתִי בְּכָל הַמְּקוֹמוֹת מִנְהָגוֹת מְשֻׁנּוֹת בִּקְרִיאָתוֹ וּבַעֲנִיַּת הָעָם וְאֵין אֶחָד מֵהֶם דּוֹמֶה לְאֶחָד:

Perek 4

Chanukah

	Fulfils obligation	Explanation
Candles lit for each member of household in an increasing manner each day for **8 days**	✓	One's obligation fulfilled even if only 1 candle lit per household each night
Should be kindled at sunset	✓	One may light later if circumstances delay one
All oils and all kinds of wicks may be used	✓	
Forbidden to make use of *chanukah* candles for one's own benefit		
Places *menorah* outside the entrance of one's home, or by a front window, or *opposite* the *mezuzah* of a door.	✓	
Chanukah lamp higher than **20 *amah***	×	Because lamps cannot be seen well when so high.

Lighting the *Menorah.*

The *mitzvah* of lighting *Chanukah* candles is a very dear one. A person should be very careful in its observance to demonstrate his gratitude to Hashem for the miracles which He performed for us. Even if a person has no money for food, he should pawn his possessions to buy *Chanukah* candles.

However, if a person has only enough resources to buy either *Chanukah* lights or *Shabbat* candles he should purchase Shabbat candles, because this brings about *shalom* (peace) between husband and wife.

And the entire Torah was given to bring about peace in the world. 'Its ways are pleasant and all its paths are Peace.'

פרק ד׳

א. כַּמָּה נֵרוֹת הוּא מַדְלִיק בַּחֲנֻכָּה. מִצְוָתָהּ שֶׁיִּהְיֶה כָּל בַּיִת וּבַיִת מַדְלִיק נֵר אֶחָד בֵּין שֶׁהָיוּ אַנְשֵׁי הַבַּיִת מְרֻבִּין בֵּין שֶׁלֹּא הָיָה בּוֹ אֶלָּא אָדָם אֶחָד. וְהַמְהַדֵּר אֶת הַמִּצְוָה מַדְלִיק נֵרוֹת כְּמִנְיַן אַנְשֵׁי הַבַּיִת נֵר לְכָל אֶחָד וְאֶחָד בֵּין אֲנָשִׁים בֵּין נָשִׁים. וְהַמְהַדֵּר יוֹתֵר עַל זֶה וְעוֹשֶׂה מִצְוָה מִן הַמֻּבְחָר מַדְלִיק נֵר לְכָל אֶחָד בַּלַּיְלָה הָרִאשׁוֹן וּמוֹסִיף וְהוֹלֵךְ בְּכָל לַיְלָה וְלַיְלָה נֵר אֶחָד:

ב. כֵּיצַד. הֲרֵי שֶׁהָיוּ אַנְשֵׁי הַבַּיִת עֲשָׂרָה. בַּלַּיְלָה הָרִאשׁוֹן

מַדְלִיק עֲשָׂרָה נֵרוֹת וּבְלֵיל שְׁנֵי עֶשְׂרִים וּבְלֵיל שְׁלִישִׁי שְׁלֹשִׁים עַד שֶׁנִּמְצָא מַדְלִיק בְּלֵיל שְׁמִינִי שְׁמוֹנִים נֵרוֹת:

ג. מִנְהָג פָּשׁוּט בְּכָל עָרֵינוּ בִּסְפָרַד שֶׁיִּהְיוּ כָּל אַנְשֵׁי הַבַּיִת מַדְלִיקִין נֵר אֶחָד בַּלַּיְלָה הָרִאשׁוֹן וּמוֹסִיפִין וְהוֹלְכִין נֵר בְּכָל לַיְלָה עַד שֶׁנִּמְצָא מַדְלִיק בְּלֵיל שְׁמִינִי שְׁמוֹנָה נֵרוֹת בֵּין שֶׁהָיוּ אַנְשֵׁי הַבַּיִת מְרֻבִּים בֵּין שֶׁהָיָה אָדָם אֶחָד:

ד. נֵר שֶׁיֵּשׁ לוֹ שְׁתֵּי פִיּוֹת עוֹלֶה לִשְׁנֵי בְּנֵי אָדָם. מִלֵּא קְעָרָה שֶׁמֶן וְהִקִּיפָה פְּתִילוֹת. אִם כָּפָה עָלֶיהָ כְּלִי כָּל פְּתִילָה וּפְתִילָה נֶחְשֶׁבֶת כְּנֵר אֶחָד. לֹא כָפָה עָלֶיהָ כְּלִי נַעֲשֵׂית כִּמְדוּרָה וַאֲפִלּוּ כְּנֵר אֶחָד אֵינָהּ נֶחְשֶׁבֶת:

ה. אֵין מַדְלִיקִין נֵרוֹת חֲנֻכָּה קֹדֶם שֶׁתִּשְׁקַע הַחַמָּה אֶלָּא עִם שְׁקִיעָתָהּ לֹא מְאַחֲרִין וְלֹא מַקְדִּימִין. שָׁכַח אוֹ הֵזִיד וְלֹא הִדְלִיק עִם שְׁקִיעַת הַחַמָּה מַדְלִיק וְהוֹלֵךְ עַד שֶׁתִּכְלֶה רֶגֶל מִן הַשּׁוּק. וְכַמָּה הוּא זְמַן זֶה כְּמוֹ חֲצִי שָׁעָה אוֹ יֶתֶר. עָבַר זְמַן זֶה אֵינוֹ מַדְלִיק. וְצָרִיךְ שֶׁיִּתֵּן שֶׁמֶן בַּנֵּר כְּדֵי שֶׁתִּהְיֶה דּוֹלֶקֶת וְהוֹלֶכֶת עַד שֶׁתִּכְלֶה רֶגֶל מִן הַשּׁוּק. הִדְלִיקָהּ וְכָבְתָה אֵינוֹ זָקוּק לְהַדְלִיקָהּ פַּעַם אַחֶרֶת. נִשְׁאֲרָה דּוֹלֶקֶת אַחַר שֶׁכָּלְתָה רֶגֶל מִן הַשּׁוּק אִם רָצָה לְכַבּוֹתָהּ אוֹ לְסַלְּקָהּ עוֹשֶׂה:

ו. כָּל הַשְּׁמָנִים וְכָל הַפְּתִילוֹת כְּשֵׁרוֹת לְנֵר חֲנֻכָּה וְאַף עַל פִּי שֶׁאֵין הַשְּׁמָנִים נִמְשָׁכִים אַחַר הַפְּתִילָה וְאֵין הָאוּר נִתְלֵית יָפֶה בְּאוֹתָן הַפְּתִילוֹת. וַאֲפִלּוּ בְּלֵילֵי שַׁבָּת שֶׁבְּתוֹךְ יְמֵי חֲנֻכָּה מֻתָּר לְהַדְלִיק הַשְּׁמָנִים וְהַפְּתִילוֹת שֶׁאָסוּר לְהַדְלִיק בָּהֶן נֵר שַׁבָּת. לְפִי שֶׁאָסוּר לְהִשְׁתַּמֵּשׁ לְנֵר חֲנֻכָּה בֵּין בְּשַׁבָּת בֵּין בְּחֹל וַאֲפִלּוּ לִבְדֹּק מָעוֹת אוֹ לִמְנוֹתָן לְאוֹרָהּ אָסוּר:

ז. נֵר חֲנֻכָּה מִצְוָה לְהַנִּיחוֹ עַל פֶּתַח בֵּיתוֹ מִבַּחוּץ בַּטֶּפַח הַסָּמוּךְ לַפֶּתַח עַל שְׂמֹאל הַנִּכְנָס לַבַּיִת כְּדֵי שֶׁתִּהְיֶה מְזוּזָה מִיָּמִין וְנֵר חֲנֻכָּה מִשְּׂמֹאל. וְאִם הָיָה דָּר בַּעֲלִיָּה מַנִּיחוֹ בַּחַלּוֹן הַסְּמוּכָה לִרְשׁוּת הָרַבִּים. וְנֵר חֲנֻכָּה שֶׁהִנִּיחוֹ לְמַעְלָה מֵעֶשְׂרִים אַמָּה לֹא עָשָׂה כְּלוּם לְפִי שֶׁאֵינוֹ נִכָּר:

ח. בִּימֵי הַסַּכָּנָה מַנִּיחַ אָדָם נֵר חֲנֻכָּה בְּתוֹךְ בֵּיתוֹ מִבִּפְנִים וַאֲפִלּוּ הִנִּיחוֹ עַל שֻׁלְחָנוֹ דַּיּוֹ. וְצָרִיךְ לִהְיוֹת בְּתוֹךְ הַבַּיִת נֵר אַחֵר לְהִשְׁתַּמֵּשׁ לְאוֹרוֹ. וְאִם הָיְתָה שָׁם מְדוּרָה אֵינוֹ

צָרִיךְ נֵר אַחֵר. וְאִם אָדָם חָשׁוּב הוּא שֶׁאֵין דַּרְכּוֹ לְהִשְׁתַּמֵּשׁ לִמְדוּרָה צָרִיךְ נֵר אַחֵר:

ט. נֵר חֲנֻכָּה שֶׁהִדְלִיקוֹ חֵרֵשׁ שׁוֹטֶה וְקָטָן אוֹ עַכּוּ"ם לֹא עָשָׂה כְּלוּם עַד שֶׁיַּדְלִיקֶנּוּ מִי שֶׁהוּא חַיָּב בַּהַדְלָקָה. הִדְלִיקוֹ מִבִּפְנִים וְהוֹצִיאוֹ דָלוּק וְהִנִּיחוֹ עַל פֶּתַח בֵּיתוֹ לֹא עָשָׂה כְּלוּם עַד שֶׁיַּדְלִיקֶנּוּ בִּמְקוֹמוֹ. אָחַז הַנֵּר בְּיָדוֹ וְעָמַד לֹא עָשָׂה כְּלוּם שֶׁהָרוֹאֶה אוֹמֵר לְצָרְכּוֹ הוּא עוֹמֵד. עֲשָׂשִׁית שֶׁהָיְתָה דּוֹלֶקֶת כָּל הַיּוֹם כֻּלּוֹ לְמוֹצָאֵי שַׁבָּת מְכַבֶּה וּמְבָרֵךְ וּמַדְלִיקָהּ שֶׁהַהַדְלָקָה הִיא הַמִּצְוָה וְלֹא הַהַנָּחָה. וּמֻתָּר לְהַדְלִיק נֵר חֲנֻכָּה מִנֵּר חֲנֻכָּה:

י. חָצֵר שֶׁיֵּשׁ לָהּ שְׁנֵי פְתָחִים בִּשְׁתֵּי רוּחוֹת צְרִיכָה שְׁתֵּי נֵרוֹת. שֶׁמָּא יֹאמְרוּ הָעוֹבְרִים בָּרוּחַ זוֹ לֹא הִנִּיחַ נֵר חֲנֻכָּה. אֲבָל אִם הָיוּ בְּרוּחַ אַחַת מַדְלִיק בְּאֶחָד מֵהֶן:

יא. אוֹרֵחַ שֶׁמַּדְלִיקִין עָלָיו בְּתוֹךְ בֵּיתוֹ אֵינוֹ צָרִיךְ לְהַדְלִיק עָלָיו בַּמָּקוֹם שֶׁנִּתְאָרֵחַ בּוֹ. אֵין לוֹ בַּיִת לְהַדְלִיק עָלָיו בּוֹ צָרִיךְ לְהַדְלִיק בַּמָּקוֹם שֶׁנִּתְאָרֵחַ בּוֹ. וּמִשְׁתַּתֵּף עִמָּהֶן בַּשֶּׁמֶן. וְאִם הָיָה לוֹ בַּיִת בִּפְנֵי עַצְמוֹ אַף עַל פִּי שֶׁמַּדְלִיקִין עָלָיו בְּתוֹךְ בֵּיתוֹ צָרִיךְ לְהַדְלִיק בַּבַּיִת שֶׁהוּא בּוֹ מִפְּנֵי הָעוֹבְרִין:

יב. מִצְוַת נֵר חֲנֻכָּה מִצְוָה חֲבִיבָה הִיא עַד מְאֹד וְצָרִיךְ אָדָם לְהִזָּהֵר בָּהּ כְּדֵי לְהוֹדִיעַ הַנֵּס וּלְהוֹסִיף בְּשֶׁבַח הָאֵל וְהוֹדָיָה לוֹ עַל הַנִּסִּים שֶׁעָשָׂה לָנוּ. אֲפִלּוּ אֵין לוֹ מַה יֹּאכַל אֶלָּא מִן הַצְּדָקָה שׁוֹאֵל אוֹ מוֹכֵר כְּסוּתוֹ וְלוֹקֵחַ שֶׁמֶן וְנֵרוֹת וּמַדְלִיק:

יג. הֲרֵי שֶׁאֵין לוֹ אֶלָּא פְּרוּטָה אַחַת וּלְפָנָיו קִדּוּשׁ הַיּוֹם וְהַדְלָקַת נֵר חֲנֻכָּה מַקְדִּים לִקְנוֹת שֶׁמֶן לְהַדְלִיק נֵר חֲנֻכָּה עַל הַיַּיִן לְקִדּוּשׁ הַיּוֹם. הוֹאִיל וּשְׁנֵיהֶם מִדִּבְרֵי סוֹפְרִים מוּטָב לְהַקְדִּים נֵר חֲנֻכָּה שֶׁיֵּשׁ בּוֹ זִכְרוֹן הַנֵּס:

יד. הָיָה לְפָנָיו נֵר בֵּיתוֹ וְנֵר חֲנֻכָּה אוֹ נֵר בֵּיתוֹ וְקִדּוּשׁ הַיּוֹם נֵר בֵּיתוֹ קוֹדֵם מִשּׁוּם שְׁלוֹם בֵּיתוֹ שֶׁהֲרֵי הַשֵּׁם נִמְחָק לַעֲשׂוֹת שָׁלוֹם בֵּין אִישׁ לְאִשְׁתּוֹ. גָּדוֹל הַשָּׁלוֹם שֶׁכָּל הַתּוֹרָה נִתְּנָה לַעֲשׂוֹת שָׁלוֹם בָּעוֹלָם שֶׁנֶּאֱמַר (משלי ג יז) "דְּרָכֶיהָ דַרְכֵי נֹעַם וְכָל נְתִיבֹתֶיהָ שָׁלוֹם":

נִמְצְאוּ כָּל הַמִּצְווֹת שֶׁל תּוֹרָה הַנִּכְלָלוֹת בְּסֵפֶר זֶה חָמֵשׁ וּשְׁלֹשִׁים. י"ט מֵהֶם מִצְווֹת עֲשֵׂה, וְט"ז מִצְווֹת לֹא תַעֲשֶׂה. וְיֵשׁ בּוֹ ג' מִצְווֹת מִדִּבְרֵי סוֹפְרִים.

Thus, this book contains a total of 35 of the Torah's commandments: 19 positive commandments and 16 negative commandments. It also contains three commandments which are Rabbinic in origin.

Printed in the USA
CPSIA information can be obtained
at www.ICGtesting.com
LVHW080259151023
761120LV00009B/642

9 781912 744107